叶秉诚（1877—1937）

1929年国立成都大学教育研究会周年纪念合影
（前排左五为叶秉诚）

1935年国立四川大学史学系第四班毕业纪念留影
（前排左五为叶秉诚）

家人合影（前排左起：外孙女梁明芙、夫人麻静萱、次孙叶家森；后排左起：三女叶季璠、次子叶平瑞）

长子叶平琦（左）、侄子叶庭槐（右）合影

成都奎星楼街
故居"诚庐"旧影

壹卷
YE BOOK

洞 见 人 和 时 代

叶秉诚 著
王承军 整理

# 中国通史讲义

四川人民出版社

**图书在版编目（CIP）数据**

中国通史讲义 / 叶秉诚著；王承军整理. -- 成都：四川人民出版社, 2025. 5. -- ISBN 978-7-220-14039-6

Ⅰ. K20

中国国家版本馆CIP数据核字第2025W4F667号

本书系四川师范大学巴蜀文化研究中心资助项目

ZHONGGUO TONGSHI JIANGYI

## 中 国 通 史 讲 义

叶秉诚　著
王承军　整理

| | |
|---|---|
| 出 版 人 | 黄立新 |
| 策划统筹 | 封　龙 |
| 责任编辑 | 封　龙 |
| 版式设计 | 张迪茗 |
| 装帧设计 | 周伟伟 |
| 责任印制 | 周　奇 |
| 出版发行 | 四川人民出版社（成都市三色路238号） |
| 网　　址 | http://www.scpph.com |
| E-mail | scrmcbs@sina.com |
| 新浪微博 | @四川人民出版社 |
| 微信公众号 | 四川人民出版社 |
| 发行部业务电话 | （028）86361653　86361656 |
| 防盗版举报电话 | （028）86361653 |
| 照　　排 | 四川胜翔数码印务设计有限公司 |
| 印　　刷 | 成都东江印务有限公司 |
| 成品尺寸 | 150mm×230mm |
| 印　　张 | 62.75 |
| 字　　数 | 900千 |
| 版　　次 | 2025年5月第1版 |
| 印　　次 | 2025年5月第1次印刷 |
| 书　　号 | ISBN 978-7-220-14039-6 |
| 定　　价 | 148.00元 |

■版权所有·侵权必究
本书若出现印装质量问题，请与我社发行部联系调换
电话：（028）86361656

# 整理凡例

一、本书系叶秉诚任教成都高等师范学校、国立成都大学、国立四川大学时讲义，由《历史通论》《中国上古史》《中国中古史》《中国近古史》《中国近世史》《高师预科国史讲义》六部分组成。其中《历史通论》、《中国上古史》第一章署"国立四川大学""云雪印字馆印"；《中国上古史》第二章署"国立四川大学""福民公司代印"；《中国中古史》第一章署"国立成都大学""日新工业社印"（第1—49页）"球新印刷厂印"（第50—92页）；《中国中古史》第二章、第三章署"国立四川大学""福民公司代印"；《中国近古史》第一章署"国立四川大学讲义"；《中国近世史》原题"中国近三百年史"，中缝题"近世史"，故改题"中国近世史"；《高师预科国史讲义》原题"国史"，由成都昌福公司代印。此次整理，《历史通论》《中国上古史》《中国近古史》、《中国中古史》第一章以四川大学图书馆藏本为底本；《中国中古史》第二章、第三章以《民国史学丛刊》影印本为底本；《中国近三百年史》以四川省图书馆藏石印本为底本；《高师预科国史讲义》以自购成都昌福公司代印本为底本。

二、本书原系讲义，校刻不精，我们在整理过程中，尽量复核原文，对明显错讹，径改不出校。

三、叶秉诚著作甚多，除本书所收外，尚有《中国最近世史》《中国哲学史》《西洋思想方法之概要》《罗素学说之概要》等，但皆散佚不存。

四、本书备注地名皆清末民国时期地名，为保持讲义原貌，未统一改为现今地名，尚请读者注意查核。

五、为方便读者对叶秉诚的生平事迹、学术成就有一整体认识，特附其存世文章若干篇，并编一年谱简编，以起知人论世之效。

六、本书系首次对叶秉诚存世著作进行系统整理，疏漏错误在所难免，尚祈读者批评指正，以冀将来能够修订完善。

# 目 录

**历史通论**　　001

　第一节　历史定义　　001

　第二节　历史范围及派别　　002

　第三节　中国地理与历史　　007

　第四节　中国民族之由来　　011

　第五节　先史时代　　014

　第六节　区分时代　　017

## 中国上古史·自草昧至周末

**第一章　自开辟至周初为传疑时代**　　023

　第一节　开辟原始　　023

　第二节　三皇五帝之异说　　025

　第三节　古代社会之开化　　027

第四节　黄帝之开国　　　　　　　　　　029

第五节　少昊氏、颛顼氏、帝喾　　　　　033

第六节　尧舜禅让　　　　　　　　　　　036

第七节　尧舜之政教　　　　　　　　　　038

第八节　禹之政教　　　　　　　　　　　040

第九节　夏之盛衰　　　　　　　　　　　043

第十节　成汤放桀　　　　　　　　　　　045

第十一节　殷商之盛衰　　　　　　　　　048

第十二节　古代文明之大概　　　　　　　050

第二章　自周初至列国为宗法时代　　　　　　059

第一节　周之关系　　　　　　　　　　　059

第二节　周之创业　　　　　　　　　　　060

第三节　周之盛衰　　　　　　　　　　　064

第四节　周之政教　　　　　　　　　　　067

第五节　东周大势　　　　　　　　　　　082

第六节　五霸总论　　　　　　　　　　　085

第七节　齐桓创霸及宋襄图霸　　　　　　086

第八节　晋楚争霸　　　　　　　　　　　088

第九节　吴越争霸　　　　　　　　　　　091

第十节　春秋末世卿专政之局　　　　　　　　　093

第十一节　春秋时制度之大概　　　　　　　　096

第十二节　春秋时学术之大势　　　　　　　　098

第十三节　老子之道　　　　　　　　　　　　099

第十四节　孔子　　　　　　　　　　　　　　099

第十五节　墨子之道　　　　　　　　　　　　103

第十六节　三家结论　　　　　　　　　　　　104

## 第三章　自列国末至秦灭六国为过渡时代　　106

第一节　战国大势　　　　　　　　　　　　　106

第二节　七雄分立　　　　　　　　　　　　　107

第三节　六国兴亡　　　　　　　　　　　　　108

第四节　合从连衡之政策　　　　　　　　　　112

第五节　秦之勃兴　　　　　　　　　　　　　116

第六节　商君变法　　　　　　　　　　　　　118

第七节　秦人兼并之策　　　　　　　　　　　120

第八节　周秦之际之学派　　　　　　　　　　121

第九节　周秦之际之学说　　　　　　　　　　124

第十节　战国之变古　　　　　　　　　　　　128

第十一节　古代异民族与中国之关系　　　　　132

# 中国中古史·自秦至五代

## 第一章 自秦至三国为汉族极盛时代　141

  第一节　本期历史大旨　141

  第二节　秦之兴亡　142

  第三节　秦于中国之关系　144

  第四节　豪杰亡秦（上）　152

  第五节　豪杰亡秦（下）　154

  第六节　楚汉相争（上）　156

  第七节　楚汉相争（下）　160

  第八节　高帝之治　163

  第九节　汉初及文景之治　166

  第十节　汉武于中国之关系　168

  第十一节　汉武之内治　169

  第十二节　汉武之外攘　170

  第十三节　武帝时财政之扩张　178

  第十四节　武帝之晚年及霍光废立　181

  第十五节　汉宣帝之治及诸帝　182

  第十六节　汉外戚之祸（一）　自汉初至宣帝　184

  第十七节　汉外戚之祸（二）　自元帝至平帝　186

| 第十八节 | 汉外戚之祸（三） 王莽 | 189 |
| --- | --- | --- |
| 第十九节 | 西汉民生问题及政策 | 192 |
| 第二十节 | 光武中兴 | 194 |
| 第二十一节 | 光武平群盗 | 197 |
| 第二十二节 | 光武之治 | 200 |
| 第二十三节 | 后汉帝室之概略 | 201 |
| 第二十四节 | 东汉宦官外戚之冲突（一） | 203 |
| 第二十五节 | 东汉宦官外戚之冲突（二） | 205 |
| 第二十六节 | 党锢之祸 | 208 |
| 第二十七节 | 东汉气节之盛 | 210 |
| 第二十八节 | 东汉与塞外诸民族之关系 | 214 |
| 第二十九节 | 东汉与亚欧诸国之交通 | 225 |
| 第三十节 | 凉州诸将之乱 | 228 |
| 第三十一节 | 三国之成立 | 229 |
| 第三十二节 | 三国之和战及其灭亡 | 231 |
| 第三十三节 | 两汉之制度 | 234 |
| 第三十四节 | 两汉之学术（上） | 243 |
| 第三十五节 | 两汉之学术（下） | 248 |
| 第三十六节 | 秦汉三国社会之变迁 | 255 |

### 第二章　自晋至隋为汉族中衰时代　　　　　　258

第一节　本期历史大旨　　　　　　258

第二节　晋之开基　　　　　　259

第三节　西晋诸帝　　　　　　260

第四节　贾后八王之乱　　　　　　262

第五节　五胡之盗有中原（上）　北汉　赵　后赵　魏　　266

第六节　五胡之盗有中原（下）　前燕　前秦　　270

第七节　东晋始末　　　　　　273

第八节　晋人与五胡之战争　　　　　　275

第九节　二秦三燕四梁之兴亡　　　　　　278

第十节　南朝之成立　　　　　　280

第十一节　宋齐梁陈之兴亡　　　　　　283

第十二节　北朝之成立　　　　　　287

第十三节　北魏、北齐、后周之兴亡　　　　　　288

第十四节　南北交兵　　　　　　292

第十五节　隋之统一及其乱亡　　　　　　296

第十六节　两晋南北朝隋制度之大概　　　　　　299

第十七节　两晋南北朝隋学术之大概　　　　　　311

第十八节　佛道两教之流行　　　　　　318

第十九节　两晋南北朝隋之风俗　　　　　　321

## 第三章　自唐至五代为汉族复盛时代　　　　326

### 第一节　本期历史大旨　　　　326

### 第二节　唐之开创　　　　327

### 第三节　唐平群雄　　　　329

### 第四节　唐平江淮　　　　332

### 第五节　太宗内治　　　　334

### 第六节　太宗外治　　　　336

### 第七节　唐之诸帝　　　　347

### 第八节　唐代女后之祸（一）　则天武氏　　　　349

### 第九节　唐代女后之祸（二）　庶人韦氏　　　　351

### 第十节　玄宗中兴及安史之乱　　　　352

### 第十一节　唐代藩镇之祸（一）　　　　357

### 第十二节　唐代藩镇之祸（二）　　　　361

### 第十三节　唐代宦官之祸（一）　　　　367

### 第十四节　唐代宦官之祸（二）　　　　368

### 第十五节　唐代朋党之祸　　　　374

### 第十六节　唐代流贼之祸　　　　376

### 第十七节　唐蕃属羁縻权之丧失及外患　　　　380

### 第十八节　五代十国之兴亡（上）　　　　391

### 第十九节　五代十国之兴亡（下）　　　　400

第二十节　契丹之勃兴及入侵　　410

　　第二十一节　唐代制度之大概　　413

　　第二十二节　唐代学术之大概　　436

　　第二十三节　唐代宗教之大概　　443

　　第二十四节　唐代社会之大概　　452

## 中国近古史·自宋至清末

**第一章　自宋至元为南北对抗时代**　　457

　　第一节　本期历史大旨　　457

　　第二节　宋之开基　　458

　　第三节　宋初之政治　　464

　　第四节　太宗真宗仁宗英宗四朝之政治　　466

　　第五节　辽之和战　　468

　　第六节　西夏之叛服　　473

　　第七节　神宗与王安石之变法　　476

　　第八节　元祐前后之党祸　　484

　　第九节　熙丰以来之边防　　488

　　第十节　金人灭辽　　493

| 第十一节 | 北宋之倾覆 | 499 |
| --- | --- | --- |
| 第十二节 | 宋高宗之南渡 | 505 |
| 第十三节 | 南宋与金之和战 | 514 |
| 第十四节 | 南宋事略 | 520 |
| 第十五节 | 金之事迹 | 522 |
| 第十六节 | 辽金时代与蒙古之关系 | 527 |
| 第十七节 | 蒙古初年漠北及西域之情势 | 529 |
| 第十八节 | 成吉思汗之统一漠北 | 533 |
| 第十九节 | 成吉思汗之征西域 | 539 |
| 第二十节 | 蒙古太宗朝之西征 | 547 |
| 第二十一节 | 宪宗蒙哥汗朝旭烈兀之西征 | 555 |
| 第二十二节 | 蒙古三次西征之结果 | 559 |
| 第二十三节 | 蒙古之灭金 | 562 |
| 第二十四节 | 元之灭宋 | 568 |
| 第二十五节 | 元之事迹 | 576 |
| 第二十六节 | 元朝崩溃之原因 | 581 |
| 第二十七节 | 宋之制度概况 | 588 |
| 第二十八节 | 辽金元制度之概要 | 602 |
| 第二十九节 | 宋辽金元之文化（上） | 616 |

第三十节　宋辽金元之文化（下）　621

　　第三十一节　宋辽金元宗教之概要　631

　　第三十二节　本期之社会状况　635

# 中国近世史

## 第一章　中华民族形成时期　645

　　第一节　汉族势力之衰微　645

　　第二节　满族之入主中国　646

　　第三节　蒙古族之归服　649

　　第四节　藏族之归服　651

　　第五节　回族之平定　653

　　第六节　顺康雍乾四朝之政治　654

## 第二章　西力东渐时期　656

　　第一节　清初对俄关系　656

　　第二节　鸦片战役后对外关系　658

　　第三节　英法联军战役后对外关系　661

　　第四节　中日战争后对外关系　663

## 第三章　中国革命时期　666

　　第一节　中华民国之成立　666

　　第二节　民国十五年来之政变　668

| 第三节 | 南方国民政府之崛起 | 673 |
| 第四节 | 欧战前后之对外关系 | 675 |
| 第五节 | 三百年法制之大概 | 679 |
| 第六节 | 文化之要 | 683 |

# 高师预科国史讲义

| 第一章 上古三代史 | | 689 |
| 第一节 | 开辟原始及五帝 | 689 |
| 第二节 | 夏商及西周 | 690 |
| 第三节 | 春秋诸霸 | 692 |
| 第四节 | 战国 | 693 |
| 第五节 | 春秋战国学术 | 694 |
| 第二章 秦汉史 | | 696 |
| 第一节 | 秦之兴亡及汉初之政 | 696 |
| 第二节 | 文景武之治讫王莽篡汉 | 697 |
| 第三节 | 光武中兴及外戚宦官之祸 | 699 |
| 第四节 | 汉末群雄 | 700 |
| 第五节 | 两汉与外族之关系 | 701 |
| 第六节 | 两汉学术 | 704 |

## 第三章　三国两晋南北朝史　　707

第一节　三国大势　　707

第二节　晋初之政及八王之乱　　708

第三节　赵燕秦凉之始末　　708

第四节　晋偏安江左及桓温北伐　　710

第五节　淝水战后北方情势及刘裕功业　　711

第六节　南朝始末　　713

第七节　北朝始末　　714

第八节　三国两晋南北朝之学术宗教　　716

## 第四章　隋唐五代史　　718

第一节　隋之兴亡　　718

第二节　贞观之治及武后篡唐　　719

第三节　开元天宝之政　　720

第四节　藩镇连兵　　722

第五节　宪宗平藩镇　　723

第六节　甘露之变　　724

第七节　河朔再叛及平泽潞　　724

第八节　黄巢秦宗权之乱及朱全忠之篡　　725

第九节　五代之兴亡　　727

第十节　十国之兴亡　　728

  第十一节 唐与外族之交际  729

  第十二节 隋唐五代之学术  731

## 第五章 宋元史  733

  第一节 太祖太宗之政及澶渊之役  733

  第二节 西夏拒命及庆历党议  734

  第三节 新旧党之政争  734

  第四节 金灭辽及二帝北狩  735

  第五节 宋之南渡  737

  第六节 金亮南侵及开禧用兵  738

  第七节 蒙古灭金及南宋之亡  739

  第八节 元初之军事政事  741

  第九节 元一代大政  742

  第十节 至正群雄之争及元帝北去  743

  第十一节 宋金元之学术  745

## 第六章 明史  748

  第一节 明初之统一及其政治  748

  第二节 靖难之师及永乐之政  750

  第三节 洪宣之治及土木之变  751

  第四节 景泰至正德之政  752

  第五节 嘉靖隆庆之政  754

第六节　万历之政　　　　　　　　　755

第七节　魏奄乱政及崇祯治乱　　　757

第八节　福唐桂三王之始末　　　　759

第九节　中西国际之起原　　　　　761

第十节　明代之学术及宗教　　　　763

## 第七章　清史　　　　　　　　　　765

第一节　康熙之内政及武功　　　　765

第二节　雍乾内治及改定制度　　　767

第三节　雍乾时之武功　　　　　　768

第四节　康雍乾与俄罗斯及英吉利之交涉　771

第五节　嘉庆朝内外诸政　　　　　772

第六节　鸦片战争及太平军始末　　773

第七节　英法联军之役及属国之丧失　774

第八节　同光时之内政外交及清帝逊位　776

第九节　清代学术　　　　　　　　778

# 附 录

**中国通史教材研究** 783

  第一讲　研究中史教材概论 783

  第二讲　中国上古史之教材研究（自太古至先秦） 785

  第三讲　中国中古史之教材研究（自秦汉至五代） 787

  第四讲　中国近古史之教材研究（自宋至清鸦片战前） 795

  第五讲　中国现代史之教材研究（自鸦片战争至现在） 802

废约运动与革命外交 805

金会宁考 828

复宋芸子论国学学校书 836

史　心 843

青年修学之方法 846

《蜀报》发刊词 849

论沪庄倒欠川路公司存款 852

吴爵五先生事略 855

论国民对于国会之预备 859

中国组织责任内阁私议 862

西藏交涉之研究 866

山东交涉之讨论 870

庚申川军阵亡将士诔 874

复省议会电 876

| | |
|---|---|
| 致政务厅函 | 879 |
| 再驳省议会 | 880 |
| 驳省议会宥电 | 883 |
| 再请辞职函 | 886 |
| 自劾辞职函 | 888 |
| 川东教育研究会演说 | 890 |
| 对省宪之意见 | 891 |
| 东川道巡毕呈报 | 893 |
| 四川善后会议录叙 | 901 |
| 何法恢复东三省 | |
| ——国立四川大学九一八纪念讲演 | 902 |
| 国难中所需之县政人员 | |
| ——在四川县政人员训练所大礼堂讲演 | 907 |
| 县政最感困难之田赋问题 | 911 |
| 科学与道德之关系 | 914 |
| 严毅精神 | |
| ——悼念叶秉诚先生 | 917 |
| 叶秉诚先生年谱简编 | 921 |

| | |
|---|---|
| 后　记 | 977 |

# 历史通论

## 第一节　历史定义

定义者，所以概括全学之精要者也。历史之定义，古今观察不同，今举其著者如下：

（一）**文学观**　孔子云："文胜质则史。"孟子云："其文则史。"

（二）**记事观**　《说文》云："史，记事者也。"朱子曰："《春秋》据事直书而善恶自著。"（《语类》卷八十三）

（三）**通变观**　司马迁作《史记》，网罗天下放失旧闻，略考其行事，综其终始，稽其成败兴坏之纪，欲以究天人之际，通古今之变。

（四）**因果观**　梁启超曰："史者何？纪述人类社会继续活动之体，相校其总成绩，求得其因果关系，以为现代一般人活动之资鉴者，历史也。"（《研究法》）

（五）**社会观**　阿洛都曰："历史者，社会之传记也。"

（六）**政治观**　弗利门曰："历史者，过去之政治也；政治者，现在之历史也。"

（七）**传记观**　嘉赖尔曰："世界之历史，独大人之传记耳。"

（八）**进化观**　浮田和民曰："历史者，进化之义也。"

以上中外各家对于历史之观察，其大要可分为二端：（一）为逐渐进步的历史，由文学的方面进于记事确实，由叙述事实而进于推见至隐。（二）为偏重一面的社会政治，英雄固占历史之重要部分，然不过居其一部。历史为全人类之活动表现，决不限于一方面。惟日儒浮田氏借生物进化之义以说明历史，其义较深，惟分析未明耳。兹为下一定义如次：

历史学者，人类心理的行为影响于社会而得其因果之关系之学也。

（一）人类心理的行为　历史分为广狭二义。广义的历史，凡事有其变迁之迹，可以过去、现在、未来说明之者，皆自有其历史，故广义历史为天然界。狭义的历史，专属于人为界。但人类行为有有意识与无意识之分，无意识的行为，乃本于生理之自然状态；有意识的行为，乃出于心理之作用表现。兹所谓人类历史的行为者，乃以有意识为其条件也。

（二）影响于社会　历史为群众心理的现象，非如培根所言"邻猫生子"之单纯的事实。故其行为，无论出于个人与一部分，而必对于社会生出若干之影响。其影响不限于一时一地，不限于物质与精神，但于社会有一部或全部之影响者，均为历史的行为。

（三）因果关系　因果律为成立科学之唯一要件，现代历史学之所以进步者，即以科学方法研究之也。从前历史偏重于文学或叙述，近则进步为科学化。科学的历史学，非片段的，而为统系的；非偶然的，而为必然的。其所以能成立此必然之系统者，则以有因果律为之基也。然历史之因果，较之物理诸科，最为繁赜，而变动每有种因在此，而结果在彼；或因种于数百年前，而果结于数百年后；或以一因生众果，或以一果结众因。苟非精研其事实与原理，必不能将时间上之过去、现在、未来之关系，与空间、五洲、全人类之影响，为根本的说明。此因果关系所以为历史之真髓，而引导吾人之进步于无穷也。

## 第二节　历史范围及派别

学问须先明范围，乃知学问全体之关系及局部之特点。兹以表明之。

历史通论 003

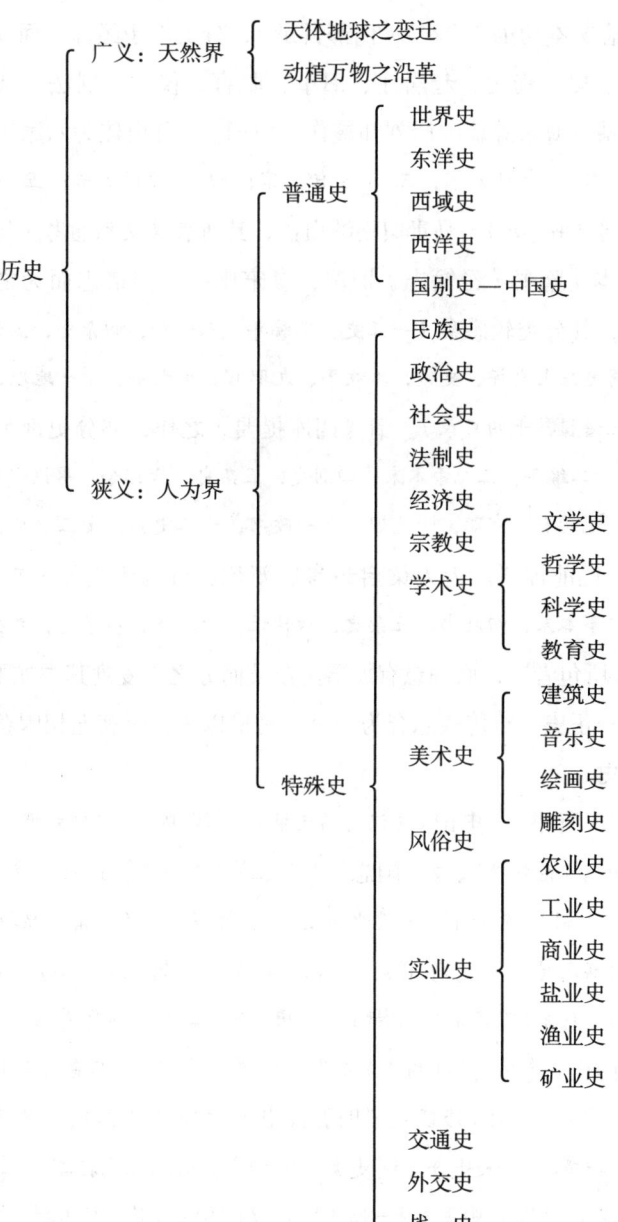

范围既明，须知派别。派别者，求学之门径也。中史派别，在汉属于《春秋》家，故《太史公书》附于《春秋》之末（《艺文志》）。自《隋志》本荀勖（晋人）《四部目录》，分史部于经部，而立正史、古史、杂史、霸史、起居注、旧事、职官、仪注、刑法、杂传、地理、谱系、簿录等篇。唐刘知幾作《史通》，分史体为六家（一、《尚书》家；二、《春秋》家；三、《左传》家；四、《国语》家；五、《史记》家；六、《汉书》家）。马贵舆斟酌损益，其所著《文献通考·经籍考》史部原本《隋书·经籍志》旧法，参宋中兴以前诸志而为之，分为十四门，其分类较悉矣（一正史，二编年，三起居，四杂史，五传记，六伪史、霸史，七史评、史钞，八故事，九职官，十刑法，十一地理，十二时令，十三谱牒，十四目录）。清《四库提要》之作，亦分史部为十四类（一正史，二编年，三纪事本末，四别史，五杂史，六诏令、奏议，七传记，八载记，九时令、官职，十地理，十一政书，十二史钞，十三史评，十四目录），尤视前加详。近人梁启超参以新说，分为十类（一正史，二编年，三纪事本末，四政书，五杂史，六传记，七地志，八学史，九史论，十附庸）。所包者广，而理想有加焉。今较而分之，爰列其类如下：

第一正史　纪传表志合为一书，马班以来，累朝迭相因袭，故谓之曰正史。

（甲）官书　《史记》（汉司马迁撰）、《汉书》（汉班固撰）、《后汉书》（南朝宋范晔撰）、《三国志》（晋陈寿撰）、《晋书》（唐房乔等撰，题为太宗御制）、《宋书》（梁沈约撰）、《南齐书》（梁萧子显撰）、《梁书》（唐姚思廉撰）、《陈书》（唐姚思廉撰）、《魏书》（北齐魏收撰）、《北齐书》（唐李百药撰）、《周书》（唐令狐德棻撰）、《隋书》（唐魏徵等撰）、《南史》《北史》（均唐李百药撰）、《旧唐书》（后晋刘昫撰）、《新唐书》（宋宋祁、欧阳修撰）、《旧五代史》（宋薛居正撰）、《新五代史》（宋欧阳修撰）、《宋史》《辽史》《金史》（均元托克托撰）、《元史》（明宋濂撰）、《新元史》（清柯劭忞撰）、《明史》（清张廷玉撰）等是也。

（乙）别体　华峤《后汉书》、习凿齿《蜀汉春秋》等，皆与正史体例略同。

第二编年　编年之体，年月为经，事实为体，《春秋》尚已。自司马迁改编年为纪传，荀悦又改纪传为编年，刘知幾史分六家，统归《春秋》《史记》二体，则编年、纪传均属正史。

（甲）通体　《汉纪》（汉荀悦撰，《竹书纪年》为编年之最古书，以不尽真，故不列）、《资治通鉴》（宋司马光撰）。

（乙）别体　《资治通鉴纲目》（朱子门人赵师渊撰），体仿《通鉴》，而分大书者为纲，细书者为目，故列为编年之别体。

第三纪事本末　编年之体，至温公《通鉴》始集大成，然事以年分，贯穿为难，宋袁枢以《通鉴》旧文每事为篇，排比次第，详序首尾，名曰《通鉴纪事本末》，前后始终，一览了然，最便学者。

（甲）通体　《通鉴纪事本末》（宋袁枢撰）及八种纪事本末、《绎史》（马骕撰）等是。

（乙）别体　清代"平定某某方略"是也。

第四别史　宋陈振孙《书录题解》立别史一门，以处上不至于正史，下不至于杂史，《四库提要》谓其体例独善。凡足为正史之先资草创、互取证明、检校异同者，皆归此体。

（甲）通体　《逸周书》、《东都事略》（宋王偁撰）、《通志》（宋郑樵撰）等是。

（乙）别体　《历代史表》是（清万斯同撰）。

第五杂史　杂史之名，肇于《隋书》，义取乎兼包众体、宏括殊名。凡一事始末，一家私记，足以存掌故、资考证者，皆归此体。

（甲）综记　《国语》《战国策》等。

（乙）琐记　《唐代丛书》《明季稗史》等是。

第六载记　《后汉书·班固传》称撰平林、新市、公孙述事为载记，《晋书》附叙十六国亦云载记。盖当时群雄割据，偏方僭窃，立夫中朝以叙述列国之名。

（甲）专录　《吴越春秋》（汉赵晔撰）、《华阳国志》（晋常璩撰）等是。

（乙）综录　《十六国春秋》（魏崔鸿撰）、《十国春秋》（清吴任臣撰）等是。

**第七传记** 传记者，即正史中列传之体，凡一人之生平，及其一事之经验，或总述人之事实者，举归此体。

（甲）总录 《列女传》（汉刘向撰）、《满汉名臣传》、《先正事略》（清李元度撰）等是。

（乙）别录 《孔子编年》（宋胡舜陟、子仔撰）、《魏郑公谏录》（唐王芳庆撰）等是。

（丙）杂录 《孙威敏征南录》（宋滕元发撰）、《西使记》（元刘郁撰）等是。

**第八诏令奏议** 记言为古者左史之职，奏事附《汉志》"春秋"之末，故自为一体，与纪传互考焉。

（甲）王言录 《两汉诏令》（宋林虙、楼昉等编）、《大唐诏令集》（宋宋敏求编）等是。

（乙）臣言录 《政府奏议》（宋范仲淹撰）、《历代名臣奏议》（明黄淮、杨士奇等撰）等是。

**第九政书** 编年详于人事治乱，政书详于制度典章，体有攸分，互资考镜。

（甲）历代通制 《通典》（唐杜佑撰）、《文献通考》（宋马贵舆撰）等是。

（乙）古制 《西汉会要》（宋徐天麟撰）等是。

（丙）今制 《法令全书》《中国年鉴》等是。

**第十地制** 土地风俗，山川通塞，边塞要隘，异域闻见，均占历史重要之部，故论史学流派者，莫不以地理隶史部焉。

（甲）古地志 《三辅皇图》（失名）、《元和郡县志》（唐李吉甫撰）等是。

（乙）今地志 《中国地理大全》是。

（丙）水道 《水经》（汉桑钦撰，魏郦道元注）、《水道提纲》（清齐召南撰）等是。

（丁）边防 《藩部要略》（清祁韵士撰）、《中俄界记》（清邹代钧撰）等是。

（戊）外记　《海国图志》（清魏源撰）是。

（己）杂记　《大唐西域记》（唐玄奘撰）、《出使四国日记》（清薛福成撰）等是。

第十一　学术史　学术者，一代人材之盛衰，政治之隆污，社会之美恶系焉。故近人特立此一体，庶足以考历代思想变迁之大略也。

（甲）通体　《宋元学案》（清黄宗羲、全祖望撰）、《明儒学案》（黄宗羲撰）等是。

（乙）别体　《汉学师承记》（清江藩撰）是。

第十二　史论　《春秋》笔削，议而不辨，后儒读书，各抒所见，而史论繁兴矣。然批评为求学之一道，考辨尤先儒所重视，特非博览精思，心通著作之意者，固不足以扬榷史法、上下古今也。

（甲）史法　《史通》（唐刘知幾撰）、《文史通义》（清章学诚撰）等是。

（乙）史事　《唐鉴》（宋范祖禹撰）、《读通鉴论》《宋论》（清王夫之撰）等是。

（丙）杂论　《廿二史札记》（清赵翼撰）、《十七史商榷》（清王鸣盛撰）等是。

中国旧史为古代学术社会之总合，故其所包络者广。至近世则学贵专精，趋重分析，所有各种专门之史，皆自通史分出，而日新未已。然历史为人群全体行为所表现，非通观其全部，不足以明人类进化之情状。有专史为部分之发达，有通史为纲领之提挈，交资互证，其道固相须而进步者也。

## 第三节　中国地理与历史

亚细亚居地球六洲之一，中国居亚细亚各国之一。在昔四千年前，中国为地球五大文明祖国之一（一中国，二印度，三美索不达米亚，四埃及，五希腊。世有以墨西哥充数者，因无影响于世界，故不及），开东亚之文化，而首出庶国，常握东亚文明之中枢，而为诸国之原动力，非独其民族伟大，亦以地居温洲中，江河灌输，文明易于发达故也。今世界文明古国衰亡久矣，独中国尚巍然峙立于东亚，则其国民性必有特别之优点存焉。夫国民性之形成，其原因甚夥，而要以受地理之影响为最大，合采梁启超之言地理者于下（题为"五千年地势鸟瞰"）：

  中国领土，以地势言之，可略分为六部：第一部，十八行省；第二部，东三省及三特别区域；第三部，新疆；第四部，外蒙古；第五部，青海及川边；第六部，西藏。

  此六部者，其文化之开发有先后，其历史之关系有深浅，即在今日，其统治权行使之所及亦有松密。大概言之，则第一部为中华民族（狭义的）历古之根据地，而其西南一隅，至今犹有苗蛮族未尽同化；第二部历古为东胡、北胡与我族交争之区，今则在广义的中华民族完全支配之下；第三部则历古为西羌、北胡乃至中亚、东欧诸族杂处代兴，今亦完全在我主权之下，而人种同化犹未尽；第四部历古为北胡根据地，至今犹为东北杂种之一族（蒙古）居之，所谓主权者，羁縻而已。然我族势力之向此地发展者，今方兴未艾；第五部西羌及北胡居之，统治权之行使较优于第四、第六两部，而住民中我族势力之微弱，亦仅与第四部相埒耳；第六部名义上虽为领土，事实上则住民与统治权皆属西羌族。

  地理形势，非本文所宜喋述，今惟抽出其与史迹关系最巨之数特点，略为推论。当推论之前，有一义应先商榷者，则历史现象受地理之影响支配，果至若何程度耶？历史为人类心力所构成，人类惟常运其心力以征服自然界，是以有历史。若谓地理能支配历史，则五百年前之美洲，地形、气候皆非有以大异于今日，而声明文物判若天渊，此何以称焉。虽然，人类征服自然之力，本自有限，且当文化愈低度时，则其力愈薄弱，故愈古代则地理规定历史之程度愈强，且其所规定者不徒在物的方面，而兼及心的方面，往往因地理影响形成民族特别性格，而此种性格递代遗传，旋为历史上主要之原动力。近代以科学昌明之结果，其能嬗变地理而减杀其权威者不少，然衡以总量，究属微末，且前此影响之镌入民族性中者，益非可以骤变，故治史者于地理之背景，终不能蔑视也。今试列举中国地理特点数端，而说明其与史迹之关系。

一　中国黄河流域，原大而饶，宜畜牧耕稼，有交通之便，于产育初民文化为最适宜，故能于邃古时即组成一独立之文化系。

二　该流域为世界最大平原之一，千里平衍，无冈峦崎岖起伏，无湾碕华离旋折，气候四时寒暖俱备，然规则甚正，无急剧之变化，故能形成一种平原的文化，其人以尊中庸、爱平和为天性。

三　以地势平衍且规则故，其人觉自然界可亲可爱，而不觉其可惊可怖，故其文化绝不含神秘性，与希伯来、埃及异。居其地者，非有相当之劳作不能生活，不容纯耽悦微眇之理想，故其文化为现世的，与印度异。

四　天惠比较的丰厚，不必费极大之劳力，以求克复天然，但能顺应之即已得安适，故科学思想发达甚缓。又以第二项所言，地势、气候皆平正少变化故，故乏颖异深刻之美术思想。又以爱乐天然、顺应天然之故，故伦理的人生哲学最为发达。

五　此一区域中，别无第二种文化系，而本部（即第一部）地势毗连不可分割，故随民族势力之发展，文化亦愈益扩大，结成单一性的基础。

六　以第二项理由故，中庸性质特别发展，惟其好中庸，万事不肯为主我极端的偏执，有宏纳众流之量，故可以容受无数复杂之民族，使之迅速同化。亦惟因周围之野蛮或未开化之民族太多，我族深感有迅令同化之必要，而中庸性格实为同化利器，故演化愈深而此性亦愈显著。

七　国境西界葱岭，以与中亚及欧洲之文化隔绝；南界喜马拉耶，以与印度文化隔绝，缺乏机缘以与他系文化相摩厉、相资长，故其文化为孤立的、单调的、保守的。

八　以下文第十项之理由，其文化屡受北方蛮族之蹂躏，我族常须耗其精力以从事于抵抗及恢复，故愈益养成保守性。

九　东南虽濒海，然其地之岛民，无文化足以裨我，又以地大物博之故，凡百闭关皆足自给，故民族从不作海外发展之想，益无以改其单调的、保守的之特性。

十　西北徼之中亚细亚、西伯利亚诸区，夙为群蛮所产育出没，其人生苦寒之域，习于勇敢，而常觊觎内地之温沃富殖，狡焉思逞，北境既无重洋峻岭以为限，而我土著之民，爱护其耕稼室庐，以平和为职志，其势易为所蹂躏，故三千年来北狄之患，几无宁岁，其所影响于文化及政治者甚大。

十一　文化发源，起自黄河流域，次及长江流域，此两流域之下游平原毗连，殆无复天然境界可以析划，与欧陆形势绝异。我民族既以此地为枢核，则所谓大一统主义自然发生，故幅员虽大于欧陆，而欧陆以分立为原则，以统一为例外，吾土正反是。

十二　以第十项之理由，吾族有集权御侮之必要，此种必要与第十一项之理由相结合，遂产生中枢专制的政治，而此中枢时复为外族所劫夺，则其助长专制也益甚。

十三　因下列各理由，致地方自治不能发展：（甲）因地势地理关系，始终以农立国，乡村农民惟安习于家族的统治。（乙）都市尝为政治或军事之中心地，专制干涉力极强。（丙）如第十一项所说，无画疆自保之凭借。（丁）如第十项所说，悍蛮恣暴，地方事业易被摧坏。

十四　地势既不适于诸国分立，又艰于发育自治，其势自然趋于中枢专制，而又以幅员太广之故，统制力不能贯彻，故内乱屡起，或为外族所乘，此种野蛮革命既成为历史上常态，故文化恒屡进而屡踬。

十五　地势虽不可分裂，然因山脉与河流皆自西而东（专就第一部言），且气候有寒温热带之异，故南北常不免自为风气，而当政象有异动时，亦恒以南北对峙为暂局。

十六　西南与东北两边徼，以位置窎僻及地形有特别构造故，虽加入我族文化系，而讫未成熟，远心力常常发动，故朝鲜、安南屡次编为郡县，屡次自立，至今竟排出中国历史圈外，而辽东、滇南往往蒙其影响，其不自绝于中国，乃间不容发。

十七　第三四五六之四部，地理上各有其特色，而形势上各有其与中国不可离之关系，故吾族常努力吸收之以自卫，所以促其住民同化者亦多术，而其愿望至今犹未能全达，则吾国历史此后之所当从事完成者也。

十八　以全势论之，则此一片大地，最不宜于国家主义之发育，故吾向不认国家为人类最高团体，而常以修身为出发，以平天下为究竟义，全部文化皆含此精神，故其历史或不在过去而在将来也。

上所举地理影响于历史者，崖略可观矣。然此类地理之权威，讫近代既日以锐减。例如海运及国境上之铁路既通，则连山大漠不足为对外交通之障；国内铁路邮电诸机关渐备，则幅员虽广，不难于统治；周遭诸民族同化略尽，则野蛮的侵掠蹂躏不复成问题；工商业渐发展，则重心趋于都市，而自治之可能性愈大。诸如此类，今皆以异于古所云。特前此影响之留迹于心理者，则其蜕变非旦夕间事也。

按：梁任公云地理与历史之关系至为详尽，惟自海通以来，中国地理已全易其位置。前此黄河、长江为政治、文化之重心，已有渐次移于珠江流域之趋势；前此中国居于东洋之主位，今则为世界各国竞争之场。此后中国之历史，直接、间接无一不发生世界之关系，不惟增加地理之价值，亦且扩大历史之范围矣。

## 第四节　中国民族之由来

华族名称，在古代自称曰夏，《虞书》所谓"蛮夷滑夏"是也；

又称曰华，孔子所谓"夷不乱华"是也。外族之称中国亦曰华，《左传》所载戎子驹支曰"我诸戎饮食衣服，不与华同"是也。此种狭数华族之由来，为土著民族乎？抑为外来民族乎？说各不同，今举其要点于下：

（一）华族西来说

法儒拉克伯里于西历一八九四年著《支那太古文明西元论》，考据亚洲、西方古文，证中西事物、法制之多同，而彼间亦实有民族东来之事，其说谓："中国人种原为丢那尼安族，其族分二派，一思米尔，一阿加逖，皆起于亚洲中境。思米尔人先入美索不达米亚南境，建立加迦勒底国（在幼发拉底河西附近）。阿加逖人后自沙峻山麓，建都城于苏撒，称伊兰国（今波斯古普斯坦西部）。其主尼科黄特兼并迦勒底诸部，既乃率其种人迁入中华，谓即黄帝，以此王时代在西元前二三八零年间也。其他历法岁阳、岁阴之名，中国黔首之称八卦，与巴比仑楔形文字之同形，萨宫与神农、当颉与仓颉之同号，此皆西亚巴克民族之文化自西东移之证也。"（巴克德里亚即中国古代所称之大夏，地跨今阿母河地。见英人所著《波斯志》，西人称其民族曰巴克民族。）

按：自拉克伯里倡汉族西来说，章氏炳麟《序种姓篇》，刘氏光汉之《华夏篇》，蒋氏观云之《中国人种考》，丁氏谦之《中国人种从来考》，日本人所著之《兴国谈》等，虽各有所主张，无不以人种西来之说为可信。然证以中国古籍，如《山海经》《穆天子传》《拾遗记》《轩辕黄帝传》皆言自东徂西之迹，并无言黄帝自西移东之事。又古代交通不便，舟车不精，万里徒行，后世所难，揆诸古初，决非当时智力所能远徙。历法、制度虽有偶同，以中国开化之早，其发明何尝不可与巴克暗合。西亚神王世系表所列帝王名称，其音颇与三皇五帝相近，转变拟似，尤属附会。苟非地学大明，次第由美索不达米亚、中央亚细亚、新疆黄河流域掘出古代人种枯骨遗器，发次第自西东渐之迹，则中国人种西来之说绝无确据，而不可以入学术之林也。

（二）华族东来说

日本某学者根据《山海经》、《春秋元命苞》、任昉《述异记》、王嘉《拾遗记》所载大荒、华胥、扶桑等地名，皆在东方海中，中国古代帝王又大都出于东方，遂据以为华族东来之证。

> 按：日人所引书本不足据，如《山海经》为汉间人所述，而托名大禹，后人又从而附益之；《元命苞》为纬书，出汉哀、平之后；《述异记》语多剽掇，为后所依托；《拾遗记》其言荒诞，不合史传，且原书载东方各岛之名，并未载华族移殖之事。此盖日人欲颂以自重，而绝非事实者也。

此外，法人卫格尔谓来自印度支那半岛，英人赫胥黎谓来自美洲，德人利希和芬谓来自于阗，言皆不经。近人蒋观云、吕思勉又谓华族皆来自昆仑，说者遂谓昆仑为华山，为华胥之国所在，不知昆仑为横岭之发，以托古兹大坂自西东亘之形而得名，绝非华得名之原，此皆不足置辩。余既非外来说，而所主者乃土著说也。

（三）华族土著说

中国古代文明发源黄河流域，而基抵华山之下，章氏炳麟曰："中国神灵之胄，以雍、梁二州为根本。伏羲生成纪（今甘肃秦安县），神农产姜水（今陕西岐山县东），黄帝宅桥山（今陕西中部县北），是皆雍州之地。高阳起于若水（今川边雅砻江），高辛起于江水，舜居西城（《世本》西城为汉汉中郡属县），禹生石纽（今四川汶川县），是皆梁州之地。观其帝王所产，而知民族奥区，斯为根极。雍州之地，东南至于华阴而止；梁州之地，东北至于华阳而止。就华山以定限，名其国土曰华，则缘起如是也。其后人迹所至，遍及九州，至于秦汉，则朝鲜、越南皆为华民耕稼之乡，华之名于是始广。"章氏此说，足为华族土著之确证。其后文化日进，乃以华夷别文化之高下，不仅非一地域之国名，亦且非一血统之种名，乃为一文化之华之共名。《春秋》"中国用夷礼则夷之，进于中国则中国之"，此其义矣。故今汉、满、蒙、回、藏，血统虽有不同，而同为组织中国之一族矣。

## 第五节　先史时代

美史家梵尔斯·鲁利滨孙曰："人类经过实录，假令分装十册，册有千页，吾人所知，尚不足末页所载。盖自亚西里亚、埃及以降，不过史中至小一部耳。"（《新史学》）以此观之，则未有文字以前，史期尤长，欧人谓此时代为先史时代。据地质学家所考定，地球之生成分为四大时期：（甲）太古纪；（乙）上古纪；（丙）中古纪；（丁）近世纪。而近世纪中又分三纪：（一）第三纪；（二）洪积纪；（三）冲积纪。人类之发生，肇始于洪积纪至冲积纪，而人类之权威始盛，其始生之年代，德国之最有名地质学家霍内斯氏谓，少则有二十五万年，多或至于五十万年（英麦开柏《荒古原人史》）。经多数学者搜求之结果，本其发掘地层所得之遗骸、遗器，定为石器、金器之二大时期。石器期又分旧石器、新石器两时代；金器期又分为红铜期、青铜期、铁器期三时代，今分别言之。

（一）旧石器时代　西儒穆提来氏以人类少则二十五万年之数相推算，除去书契以来迄于今日之万年，所余万年者为二十有四，之中旧石器之一代必居其二十，以二十万年最长之岁月，人类所发明者仅此粗断之石器，则荒古人类进化之迟迟，为何如之绵绵长夜乎？（《荒古原人史》）。当此时代之中，不独无弓矢而猎，无耰助而耕，且无陶器、无织物，或者无所蔽体，亦无条理分明之语言，仅挟此粗劣之石器。今所发见荒古之石器，大都为大自然各种之石英亦已。参伍其类，则有削边之石凿，从而又有断物之石刀，凿穴之石钻，有石斧。然此诸种之石器，拘极粗略，不过略其形似，未可真以凿刀钻斧名也。旧石器之遗物如此，则荒古人类之生活状况，盖可知也。

（二）新石器时代　当石器之一时代延长至于数十万年，必至其末造，始于有柯之斧、泽磨之器、弓矢之制、衣被之具，各有疑似之迹。至陶具、织物、农具、庐舍，仍绝无可指言，必有待于新石器之子孙。新石器时代之命名，因彼时所制作之石器，大较旧器为改良，故有时亦可称之曰精石器时代，因诸器皆琢磨甚泽之故（《荒古原人史》）。在此时代之特征，有纺织与陶器之两大发明。旧石器时代之游猎民族，虽知制网而不知如何纺织，新石器时代之人类则能用纺锤纺线，其后渐进，并能用练与小球织布，于是御寒之衣被渐具，而始全脱衣薪之旧习。至陶器之发明，尤为重要。瓦缶一物，为表示古代安居之符号。自有瓦缶，而后烹饪之技术乃有所施，人类乃免鲜食（《尚书释文》马融注："鲜，生也"）。至若由涂泥加粕，最易发生简单装饰之机会。最古工作之装饰，肇于手指之印文，其后遂成为各种装饰之美术矣（陶孟和译《德人社会进化史》）。

（三）红铜器时代　金器之发明，其时代为最短，不过近在于书契未兴以前，或在书契肇兴以后，如埃及与巴比伦、中国，书契之发明，皆在未用金器以前故也。至金器最初之时代，必用红铜者，一因此金之显见于矿苗，最足惹人注目之故；二因铜质体之柔软，较诸金为易于铸造。故金类之发见，经多数学者之论争，始得一普通之定论。则青铜器之出现必先于铁器，红铜之器又必先于青铜器。红铜之出现于埃及，约在西元前八千年。书契以前之文明，所有辅石器而参用者，皆铸之以红铜。故在爱尔兰、匈牙利、意大利等处，皆有确据。其最初出现之金类，亦为红铜。今日红铜之矿，往往可遇纯铜，其质易铸为工具与武器。

（四）青铜器时代　近世地质学家在小亚细亚赤洛之地发见一积层之废墟，最下一层为桎古之旧色，则为新石器末造始有红铜；于是居其上者，含有甚好之青铜器，足推见红铜之器过于柔软，而合金之法遂为当时所急需；需之甚殷，自然遇之较速，而合锡之青铜因而倏然继兴，为最早之青铜器，发见于埃及，约在西元前四千八百年中。至英国、瑞典、挪威、丹麦各境，掘获青铜器亦至多，推论其时期皆为西元前十七、十八世纪之物，较之埃及皆为晚出。然以青铜器最早产生地归之埃及，近世反对者至多，以其地不产锡故也。古时产锡者惟有波斯，故英人吕德氏最新之推定，以为青铜乃发始于中国，因而转输于西方。中国青铜之发明，或较埃及为早，然因古物未出于地，无可据以为论断也。综括全欧所发见之青铜器，有为武器，若刀枪之类者；有为工具，若鱼钩针鬻之类者；有为饰品，若簪镯之类者。就中则以铜斧为参考之要品，因彼初摹石斧而锻铸，形式以渐而改良，其迹甚显。其余美术品及陶器等皆良好，远加于前，而与今制不相远矣。

（五）铁器时代　铁器之起源，以埃及人知有铁之金类为最早，然以其质坚，初未能冶之而为器也。埃及之正式铁器时代，名与实副者，当在西元前八百年，为中国西周之末。至于欧洲冶铁之技，近在奥境阿尔卑斯山麓霍尔斯城掘获最早之铁器，其时当在西元前一千二三百年间，正中国商王武丁之世。自铁器发明，而建筑、犁耕、工业皆呈极大之进步，而武器之完成尤为显著。盖野蛮时代之武器为弓、箭、弩、矢，半开化时代之武器为铁剑、戈、戟，文明时代之武器为铁炮。故铁器时代之前半期，以铁器为表示开化之特征；其后半期则以机器为征服天然之利器。今世之物质文明，大都为铁器所造成，其势尚弥漫全人类，方孟晋而未知所底也。

按：《越绝书·说剑篇》："风胡子曰：'轩辕、神农、赫胥之时，以石为兵，断树木为官室。禹穴之时，以铜为兵，以凿伊阙、通龙门，决江导河，东注于东海。当战国之时，作铁兵，威服天下。'"其言石器、铜器、铁器三时期，与地质学家暗合。然据《山海经》《管子》，并言蚩尤受金作兵。《越绝·计倪内经》又言："蚩尤仕黄帝，为主金之官。"《子华子》："黄帝采铜于首山，铸神鼎于山上。"是黄帝之世，已发明金器。而王嘉《拾遗记》"炎帝采峻锾之铜以为器"，是铜器之发明又远在黄帝以前。陶弘景《刀剑录》："孔甲在位，采牛首山铁铸剑。"又远在战国之前。盖石兵、铜兵、铁兵之分期，不过言其大例。每一新式之发明，在当时仅居其最少数，而社会通常之习用，必大多数因沿旧器，此其常也。揆之古代埃及、巴比伦之青铜器，虽未可遽定为中国所远输,然其发明之早,远在西元五千年前,则固班班见诸载籍,而吾族文化之源远流长,即此可见一端矣。

## 第六节　区分时代

时间者,亘往古来今而为一不可分割者也。历史所占之时间,如江河之滚滚长流,绝前后际而不可以时代区分者也。然为研究便利起见,于本不可区分中而划分为若干之时代,使范围缩小而精神易周,亦为学之一道。中国历史,通例可分为四大时代。四大时代中,又可各自区分为数小时代。每一时代,于普通之事则从略,于特别之事则加详。

上古史　自草昧至周末为上古时代。若细分之,此时代中可分为三期。

一、自开辟至商末为传疑时代

此时代中,古无信史,皆于群经诸子百家见之,往往实事、理论、寓言杂出于其间。今特评其演猎游牧之变迁,部落国家之组成,以明吾国古代社会进化之迹,而其时代、社会之思想,多于崇拜鬼神见之。故政治学家多谓此等时代为神权时代政体,今于神道设教之事尤著意焉。

二、自周初至列国为宗法时代

此时代中,承上古家族之社会,而宗法底于完备。其始由家而衍为小宗,为大宗;大宗为君主,为世族;家人对于小宗负责任,小宗对于大宗负责任,大宗之所以统御其家族者,其权为至重。此家国之一致而王者专制之先驱也。是时之道德、法律,在在皆与宗法维系。故政治学家多谓此等时代为家族政体,今于封建贵族之制特加详焉。

三、自战国至秦为过渡时代

此时代中,由宗法国家而渐入于军国国家,一时人材初脱家族之束缚,各抒政治之思想,故于中国文化,上足以集往古之大成,下足以开后来之流派,其所发明之学术、政治,后代不过各行其一端,而结果因以互异，故于此二者尤加详焉。

**中古史**　自秦至五代为中古时代

**一、自秦至三国为汉族极盛时代**

此时代中，以军国主义立国，而杂出于宗法，遂成完全之君主专制政体，一变其从前纷裂散漫之社会，而凝成统一集权之国家。故以政治言，则秦制为二千年来之所称；以民族言，汉族则人材极盛，民气极强，抵抗匈奴之侵略，开拓珠江之文化，此皆由于实行第三时代之理思，而于群治演进之阶级得其最宜，所以能收善良之结果也。

**二、自晋至隋为中衰时代**

此时代中，际三国战争之余，民气既已耗伤，而魏武专以法术驾驭人材，人士多逾于防检，故外族乘其弱点，侵入黄河流域，执其政权，而人心、思想亦呈混乱，故宗教亦受外来之影响。此专制政体之敝，不知挽救，又从而厚其毒，致汉族政治文化几行于不振，故于中外所以盛衰之原因，尤注意焉。

**三、自唐至五代为复盛时代**

此时代，中国武力、政治略与汉等，而风俗不逮后，已远盛行于后世。盖以专制之政体，而杂行军国主义与法制主义之粗制也。然其季世，东北崛起，遂开近世史之新制，故于政典之沿革，国势之强弱，尤所加详。

**近古史**　自宋至清末为近古时代

**一、自宋至元为南北对抗时代**

此时代中，汉族之政治文化已生极大之变迁，而北方民族又有辽、金、元之变动。以汉族之势力言，在历史不免退化；以蒙古之勃兴言，在世界生出大波，故于宋朝之外交，蒙古之远征，尤致意焉。

**二、自明至清中叶为专制极盛时代**

此时代中，明虽斥逐胡元，而一切政治绍袭元朝不少，大抵元开其端，明集其成，清踵复而用之，加以积防之制，故君主专制之力达于极点，而为中国旧史历史之最后期。然藉其力以开拓最大之疆土，镕化复杂之民族，成为现在之局势者，亦未始不自此期中来也。

### 三、自西力东渐至革命成功为更化时代

此时代中，开中国历史未有之新局，是中国受外力压迫之时代。人心受外界之激刺，力求变法，以与世界潮流相适应。因变法而革命成功，自秦以来之专制政体告终，而对内共和之建设、对外国际之抗争，则方始也。

**现世史**　从民国共和告成至今

此期之历史，为时最短，而世变亦最繁，撮其要点：一则关于宪法争执而生政变，二则关于中央与地方之争执而生政争，三则因国际关系之争执而影响于内乱。此真吾国多事之秋，亟宜详考各方事变之真相，而力谋建设之方者也。

历史通论卷终

# 中国上古史

## 自草昧至周末

# 第一章
# 自开辟至周初为传疑时代

## 第一节 开辟原始

　　杨朱曰："太古之事灭矣，孰志之哉？"屈原曰："邃古之初，谁传道之？"故中国史家，感考信于六艺，然书缺有间，其轶乃时时见于他说，此亦远古千口之相传，而人类求知心理之表现也。中国最古之传说，厥惟盘古。天地混沌如鸡子，盘古生其中，万八千岁，天地开辟，阳清为天，阴浊为地（《三五历记》）。盘古氏，天地万物之始祖也，然则生物始于盘古（《述异记》）。盘古垂死化身，气成风云，声为雷霆，眼为日月，四肢五体为四极五岳，血液为江河，筋脉为地里，肌肉为田土，发髭为星辰，皮毛为草木，齿骨为金石，精髓为珠玉，汗流为雨泽，身之诸虫，因风所感，化为黎甿（《五运历年纪》）。此等荒唐无稽之神话，不过以散漫想像之结果而形成（日史家久保天随语）。然其注重现实人生观，在中国初民已见端矣。

　　按：近人疑盘古为《后汉书·南蛮传》始祖之槃瓠，谓此种开辟神话为南方苗族所自出，其后流入中原，而华族引以己有。窃以为"盘者，大也"（《文选·七发》注"广大貌"）。盘古犹言太古，非必实有其人。至槃瓠为高辛氏之畜狗，而《南蛮传》并无此等神话，不得以南海有盘古氏墓（《述异记》）而附会之也。犹太

《创世纪》以天地万物归功于上帝所创造，东西古代之神话，大略相同，然彼则含有宗教之观念，而此则缺乏想像力矣。

《春秋纬》称："自开辟至于获麟，此三百二十七万六千岁，分为十纪，凡世七万六百年。一曰九头纪，二曰五龙纪，三曰摄提纪，四曰合雒纪，五曰连通纪，六曰叙命纪，七曰循蜚纪，八曰因提纪，九曰禅通纪，十曰流讫纪。"郑康成《六艺论》以遂皇之后，历六纪至伏羲。一云伏羲前六纪后三纪，流讫纪自黄帝为始，自循蜚以来始有氏可考，凡二十有二氏，自因提纪以来始有传典可考，凡十有三氏，其最著曰辰放氏、有巢氏、燧人氏。

太古之民，被发卉服，蔽前而不蔽后，有辰放氏作，教之搴木茹皮，以御风雪，绚发闻首，以去灵雨，而民从之，命之曰衣皮之民，此开后世衣服之始。

太古民食果蓏，穴居野处，与物相友，无妎伤之心，其后人民渐多，草木之食不足，乃猎取鸟兽虫蛇以为鲜食，而物始与人为敌，爪牙角毒，不胜其害，太巢氏（一名有巢氏）始教民构木为巢，以避其患，此开后世宫室之始。

太古之民，未有文化，山居则食鸟兽，近水食鱼鳖蠃蚌，腥臊臭恶，伤害腹胃，而多疾病，燧人氏作，上观星象，知空中有火，丽木则明，下察五木，钻燧取火，炮生为熟，是为火教发明之始。自发明用火之道，民生日用之进化较为速矣（案：火之为物，生热则可以御寒气，烛暗则可以便行事，烹饪则可以得熟物，故离火为文明之象）。时无文字，未有甲历纪年，始作结绳之政。

按：《韩诗外传》曰："古封泰山、禅梁父者万余人，仲尼观焉，不能尽识。"《封禅书》曰："封泰山、禅梁父者七十二家，夷吾所记，十二而已。"则庖牺以前，人群之生久矣。古事荒远，芒昧难明，虽有制作，未可征信。史乘所记，天皇氏君臣道生；地皇氏定星辰、分昼夜，以三十日为月，十一月为冬至；人皇氏财度九州为九囿，洪荒未辟之时，恐难骤臻文明，且其制作多与后代犯复，似为后人泛设其名，借以表三才开始之顺序而已。

日史家久保天随曰："中国神话，残缺不完，远于原始之意义，有疑为后人所伪出，斯固然矣。虽然，其真实者，非难臆度也。窃断言其失于散漫而乏兴趣，且缺情致，此殆由国民本来之特质，想像力短而美的情操之极不发达也。中国神话之特征，在对唯一造物者之观念晦而不明，以故死后灵魂殊不道及，唯知天地人三才均摄于同一理法。盖人种之特性，现实世界以外，无费思索之所致也。凡国民原始之神话，对于文学、宗教、技学皆有密切之关系。惟中国不然，神话之事实，无以华丽之诗歌而表彰神人，惟口传其名，无以庄严之祭祀而礼拜，无绘画、塑像等为精巧诸种艺术之对象，崇高、优美，两者俱缺，其不调和、不自然之极致，非造化理想极幼稚浅薄而不发达之左证欤？"

案：此言盖以中国神话与犹太、希腊相比较，固自有其缺点。然着重人生现实之创造，亦东洋文明独立之特色也（《遁甲开山图》："天皇被迹，在柱州昆仑山下。"柱州即昆仑。以昆仑高若天柱，故云然）。地皇兴于熊耳、龙门山（今河南境），人皇生于刑马山提地之国（提地即图伯特，今卫藏）。《尚书璇玑钤》："人皇氏九头，驾六羽，乘云车，出谷口（今陕西斜谷），分九州。"以上皆出纬书，不足据。惟《华阳国志》称"蜀之为国，肇于人皇"，其言必有所传；且地居华阳，则人皇似确有其人；第称九头，即当日必为九部分，地当甚广也。

## 第二节　三皇五帝之异说

三皇五帝之名，见于《周官》："外史掌三皇五帝之书。"杨朱曰："三皇之事，若存若亡，五帝之事，若觉若梦。"是以古今说者，纷如聚讼，兹列举重要之说如下：

（一）三皇异说

《史记·秦本纪》："古有天皇、地皇、泰皇。"

《尚书大传》："遂人为遂皇，伏羲为戏皇，神农为农皇。"（《风俗通》引《礼含文嘉》，以虙戏、遂人、神农为三皇。《尚书大传》用礼说，而置遂人于虙戏之前。）

《礼号谥记》："伏羲、祝融、神农为三皇。"（《风俗通》引。）

《中候敕省图》引《运斗枢》："伏羲、女娲、神农为三皇。"（《礼记·曲礼》正义引郑玄注。）

《三五历记》："天皇、地皇、人皇为三皇。"

《尚书伪孔传序》："伏羲、神农、黄帝为三皇。"

（二）五帝异说

《大戴礼》："黄帝、颛顼、帝喾、尧、舜为五帝。"（本《鲁语》，《史记》因之。）

《吕氏春秋》："黄帝、炎帝、太昊、少昊、颛顼为五帝。"（本《左传》郯子论官，《月令》因之。）

《中候敕省图》注："黄帝、金天氏、高阳氏、高辛氏、陶唐氏、有虞氏为五帝。"（郑玄说六人而称五者，以德合五帝座星故。）

《尚书伪孔传序》："少昊、颛顼、帝喾、尧、舜为五帝。"

刘歆《三统历》："包羲、神农、黄帝、尧、舜为五帝。"（本《易传》。）

三皇说，陈立疏《白虎通》谓，班氏以燧人与羲、农为三皇，与应劭说同。五帝说，孙诒让疏《周礼》谓，史迁说义据最确。然三皇五帝之称不见于《易》《诗》《书》《春秋》。宋刘恕有曰："《易·下系》云：'古者包牺氏之王天下也。包牺氏殁，神农氏作；神农氏殁，黄帝、尧、舜氏作。'载继世更王而无三五之数。或以包牺至舜，是为五帝。然孔子未尝道，学者不可附会臆说也。《周礼》在汉世最晚出，孝成时，刘歆始著于《录》《略》，何休谓为六国阴谋之书。《六韬》称三皇，《管子》称三帝，二书皆杂孔子后人之语，校其岁月，非本书也。先秦之书存于今者，《周书》《老子》《慎子》《邓析子》《尹文子》《孙子》《吴子》《尉缭子》，皆不言三皇五帝；惟《文子》《列子》《庄子》《吕氏春秋》《五经纬》，始称三皇。文、庄、列远出孔子后（案：《列子》近又改订为魏书），又皆寓言，诞妄不可为据。秦汉学者，宗其文辞富美，论议辨博，故竞称三皇五帝，而不究古无其人，仲尼未尝道也。先儒云，女娲至无怀氏十五帝，临魁至榆罔七帝，承袭牺农而王。然则少昊以后，亦嗣黄帝，如无怀、临魁比也。至尧功德特高，别为一代；又尧而舜皆择贤而授，不私其亲，上古以来，二人而已。故可上绍黄帝而继羲、农。"又清儒崔适历引《诗》《书》皇帝、皇王、皇祖、皇尸诸名，《离骚》称朕皇考，则皇乃尊大之称，非帝王之外别有所谓皇者也。至于五帝之名，亦由后世五德之说附会之。盖三皇五帝之名，本起于战国以后。《周官》后人所撰，是以从而述之。学者不求其始，习于其名，遂若断然不可增减者。虽或觉其不通，亦必别为之说，以曲合其数。是以各据传注，互相诋諆，不知古者本无皇，而帝亦不以五限，又何必夺彼以与此也。

按：中国古史见于记载者，书愈古则世愈近，书愈近则世愈古。仲尼不称三皇，而汉代纬书、谯周之《古史考》、皇甫谧之《皇王世纪》，必远溯开辟，近称三五，穿凿支离，莫可究诘，学者当以刘、崔二氏之说为定可也。

## 第三节　古代社会之开化

《白虎通》曰："古之时未有三纲六纪，民人但知其母，不知其父（社会学家所谓母系时代）。能蔽前而不蔽后（《五经异义》："太古之时，未有布帛，人民食禽兽而衣其皮，知蔽前未知蔽后"），卧之詓詓，行之吁吁（初民语言器官尚未发达，此状其语言无条理，欠明了之态度），饥即求食，饱即弃余（思想单简，不识未来），茹毛饮血，而衣皮苇（"苇"疑"革"

之误，一指草衣卉服言）。于是伏羲仰观象于天，俯察法于地，因夫妇正五行，始定人道。画八卦以治下，下伏而化之，故谓之伏羲也。谓之神农何？古之人民，皆食禽兽肉，至于神农，神而化之，故谓之神农也。谓之燧人何？（案：依《尚书大传》，燧人宜在伏羲、神农前。）钻木燧取火，教民熟食，养人利性，避臭去毒，谓之燧人也。"

  按：《帝王世纪》称，伏羲氏蛇身人首，神农氏人身牛首，此盖英儒甄克斯所谓图腾社会，建虫鱼鸟兽百物之形，揭橥之为徽帜，以自别其部落者也。凡图腾之社会，为群体之婚姻，故知有母而不知有父，《丧服传》所谓野人是也。然同图腾者不婚，故成立母系之血统，而为建立氏族之基础。《说文》"姓"字从女、生，古之种姓，姬、姜从女，其遗迹已。伏羲氏制嫁娶，以俪皮为礼，夫妇之道始立，为建立家族之始，由是母系进而为父系矣。此社会组织之开化也。

  《易·系辞》："上古结绳而治，后世圣人易之以书契。"则书契之兴，非一时一人之所能就。包牺氏始画八卦，有画无文，遂以图画开文字之始。《易纬乾凿度》之解八卦："☰乾为古天字，☷坤为古地字，☴巽为古风字，☶艮为古山字，☵坎为古水字，☲离为古火字，☳震为古雷字，☱兑为古泽字。"是画卦之初，原以纪载天、地、风、山、水、火、雷、泽之象，乃八卦成列，因而重之，遂为六十四卦，以通神明之德，以类万物之情。（重卦始于伏羲。既画八卦，即自重为六十四卦。王辅嗣主之，为得其实。郑玄以为神农重卦，史迁以为文王重卦，孙盛以为夏禹重卦。孔颖达辨之，详见《易正义》。）

  古初人民，迷信最重，其视文字，有同后世之符箓。包羲作卦，即借以为神道设教，使人变易从道，趋吉辟凶，于是始有卜筮，天下变化，渐启文明。此书契发明之开化也。

  《尸子》曰："宓牺氏之世，天下多兽，故教民以猎。"《春秋命历序》："伏羲始名物、虫、鸟、兽。"盖古者民食果蓏蜯蛤（《韩非子·五蠹篇》），多自然之品，包牺氏作结绳而为网罟，以佃以渔（《易·系辞》），取牺牲以充庖厨（《帝王世纪》），是由渔猎社会，发明畜牧。自是人民不必入重山深林，伺攫禽兽，而自得卵、乳、血食、骨角、毛羽，以供人用。及后人民多而禽兽寡，神农乃求可食之物，相土地燥湿、肥硗、高下，因天之时，分地之利，教民播种五谷，作陶冶斤斧，为耒耜锄耨，以垦草莽，然后五谷兴，以助果蓏食而食之（《通鉴外纪》约《周书》文）。于是社会由畜牧时代而进于农业时代。农业既兴，人归土著，居处有屋庐之安，种植获蓓蕟之利，较诸饲牛羊、逐水草者，生事为充裕矣。农事全需人工，人工资于器械。由是工业相因而起，供求日繁，交易自生。神农氏日中为市，致天下之民，聚天下之货（《易·系辞》），商业自是繁兴。生活既趋于复杂，智识自易于扩充。此经济组织之开化也。

## 第四节　黄帝之开国

中国关于古代之纪载，《易》首包牺，《尚书》首唐虞，《史记》首黄帝，谯周《古史考》、皇甫谧《帝王世纪》首伏羲，徐整《三五历纪》上溯至开辟之初。大抵时代愈后，其所纪载者愈远，故近人以中国古史为后人层累所积成。然史迁《自序》"闻之先人：'伏羲至纯厚，作《易》八卦'"。而《史记》顾首黄帝者，以黄帝以上尚杂游牧，未成国家；自黄帝以来，土地、人民、主权三者悉备，中国国家完全成立，故定为历史开卷之时代。兹从《史记》自黄帝始。

黄帝有熊氏，据《史记》："少典之子，姓公孙，名曰轩辕。"据《晋语》："昔少典娶于有蟜氏，生黄帝、炎帝。黄帝以姬水成，炎帝以姜水成，成而异德，故黄帝为姬，炎帝为姜。"由是观之，黄帝盖出于少典氏而为姬姓矣。

案：少典、有蟜，俱当时国名，非人名也。盖少典与有蟜部相为婚姻，故黄帝与炎帝同出于少典、有蟜。此炎帝与神农各为一人，非包牺后之神农氏也（见谯周《古史考》，《左传》昭公十七年《正义》引）。崔述曰："公孙者，公之孙也。公族未及三世则无氏，氏之以公孙，非姓也，况上古之时安有是哉！《大戴礼》云：'黄帝曰轩辕。'又曰：'黄帝居轩辕之丘。'盖谓因所居以为号耳，非谓轩辕为黄帝名也。"（《补上古考信录》上）

黄帝之时，中国大势，荤粥在北，黎族在南，黄帝与炎帝、蚩尤并居于黄河流域，而黄帝兴于阪泉、涿鹿之间（涿鹿，今直隶涿鹿县，阪泉在涿鹿县城东）。神农氏衰（《史记》），至帝榆罔（《帝王世纪》），神农八世孙也（《通鉴外纪》），诸侯相侵伐，暴虐百姓，而神农氏弗能征。于是轩辕乃习用干戈，以征不享，诸侯咸来宾从。而蚩尤最为暴，莫能伐。炎帝欲侵凌诸侯，诸侯咸归轩辕（《史记》）。当日黄河流域之形势，神农既不能服诸侯，而少典部崛起之有势力者，一为黄帝，一为炎帝，炎帝与黄帝争诸侯，地近势逼，轩辕乃教熊、罴、貔、貅、䝙、虎，以与炎帝战于阪泉之野（今涿鹿县城东一里有阪泉），三战然后得其志。炎黄之战，《晋语》所谓"二帝用师，以相济也（韦昭注："济当为挤。挤，灭也"）。异德之故也"。夫曰得其志，则黄帝之欲首先统一本部，以定天下之计划，其预定久矣。炎帝既灭，然后乃与蚩尤争矣。

蚩尤之战为中国建立国家第一之大战争，故古籍传说最多，各异其辞。《周书·尝麦解》曰："赤帝分正二卿，命蚩尤宇于少昊，以临四方，司百工。"是蚩尤为赤帝之诸侯也。《管子》曰："蚩尤受葛卢之金，而作五兵。"唐司马贞以为"明非庶人，盖诸侯号也"。《孔子三朝记》曰："蚩尤，庶人之贪者。"《龙鱼河图》云："蚩尤兄弟八十一人，并兽声人语，铜头铁额，食沙，造五兵，仗刀戟大弩，威振天下。"此以蚩尤为平民之始作乱者也。应劭曰："蚩尤，古天子。"（《风俗通》）郑玄曰："蚩尤，霸天下。"（《尚书正义》）是以蚩尤为霸主也。马融曰："蚩尤，少昊之末，九黎君名。"（《经典释文》）是以蚩尤为黎族君长也。《通鉴注》曰："蚩尤姜姓，炎帝之裔也。好兵喜乱，作刀戟大弩，以暴虐天下。并诸侯无度，炎帝榆罔不能制之，令居少昊，以临四方。蚩尤益肆其恶，出洋水，登九淖，以伐炎帝榆罔于空桑（在今河南陈留县南一十五里）。炎帝避居涿鹿，轩辕乃征师诸侯，与蚩尤战于涿鹿之野，遂禽蚩尤，戮之中冀，因名其地曰绝辔之野。"此用《尝麦解》之说，而以蚩尤与炎帝为同姓之诸侯也。据《左传》鲁僖公二十五年："周襄王以叔带之难，出居于郑，晋文公将纳王，使卜偃卜之，曰：'吉。遇黄帝战于阪泉之兆。'曰：'战克而王飨，吉孰大焉。'"是明以黄帝因救榆罔而与蚩尤战，拟晋文因纳襄王而与叔带战也。（北大杨敏曾《中国史讲义》）此与《周书》之言相符，颇合于当日情事矣。

蚩尤为黄帝劲敌，故涿鹿之战为诸夏之大事，古人述此战者，言人人殊。《山海经》曰："黄帝下天女曰魃，遂杀蚩尤。"（《大荒北经》）《黄帝本行记》曰："黄帝受玄女兵符，杀蚩尤。"《帝王世纪》曰："黄帝使应龙畜水，杀蚩尤。"皆古之神话，史迁所谓"百家言黄帝者不雅训"也。当日战争实况虽不可知，然古籍状蚩尤兵势之强，有铜头铁额之固（《史记索隐》引《龙鱼河图》），风伯、雨师之从（《山海经》）；又云蚩尤作大雾，兵士皆迷（《古今注》）。则其战斗之剧烈可知矣。其后黄帝画蚩尤形像以威天下八方，万邦皆为弭服（《龙鱼河图》）。其余威之震叠尚如此。黄帝既去蚩尤之元凶，迁其民之善者于邹屠之地，迁恶者于有北之乡。其先以地名族，后分为邹氏、屠氏。此战胜之族对于战败之族之处置，古代民族阶级自是益显然分矣。

黄帝既禽杀蚩尤，而诸侯咸尊轩辕为天子，代神农氏，是为黄帝（《史记》）。黄者，中和之色，自然之性，万世不易。黄帝作制度，得其中和，万世常存，故称黄帝也（《白虎通》。案：此是黄帝为后世追美之称）。天下有不顺者，黄帝从而征之，平者去之。披山通道，未尝宁居。东至于海，西至于空同（今甘肃高台县西南），南至于江，北逐荤粥，合符釜山（今直隶涿鹿县西南），而邑于涿鹿之阿。迁徙往来无常处，以师兵为营卫（据此，尚未尽脱北方游牧习惯，纯以军警之至为立国基础），官名皆以云命为云师，置左右大监，监于万国（政府权力渐与各地部落生关系矣），万国和，而鬼神山川封禅与多焉（此足见古代以神道得民）。黄帝二十五子，其得姓氏者十四人。崩葬桥山（《册府元龟》："桥山在陕西中部县北。"据洪亮吉《乾隆府厅州县志》所考定，当在安定县北），然后之言神仙者，方谓黄帝不死（《封禅书》武帝语），而道家言自然者亦托之，以其为道也法自然，又号自然氏云。

案：黄帝事迹，最为纠纷者有二：一为神农与炎帝之纠纷。《帝系》《世本》皆谓炎帝即神农氏（孔颖达《正义》）；刘歆《三统历》"神农氏以火承木，故为炎帝"，后之纂古史者因之。崔述《考信录》据《春秋》昭公十七年《左传》曰："黄帝氏以云纪，故为云师而云名；炎帝氏以火纪，故为火师而火名；共工氏以水纪，故为水师而水名；太皞氏以龙纪，故为龙师而龙名。"是炎帝、太皞在黄帝之后也，庖牺、神农在黄帝之前，则庖牺之非太昊，神农之非炎帝也明矣。《史记》所叙神农、炎帝前后数见，若以神农氏即炎帝，则"神农世衰，弗能征诸侯"，何以又云"炎帝欲侵凌诸侯"。虽以黄帝新兴之师，乃经三战然后得其志，则是强也，非衰也，胡为自相矛盾至此。前言衰弱，两称神农氏，皆不言炎帝；后言征伐，两称炎帝，皆不言神农氏。然则与黄帝战者自炎帝，与神农无涉也。其后又云轩辕代神农氏，又不言炎帝，然则帝于黄帝之前者自神农氏，与炎帝无涉也。《封禅书》称管仲所记封禅之十二家，神农与炎帝并列。盖自《史记》以前，未有言庖牺为太昊，神农为炎帝者。自战国以后，阴阳术兴，始以五行分配五帝，而吕氏采之《春秋》，《月令》又述之。及刘歆作《三统历》，遂以五行相生之序为五帝先后之序，而太昊、炎帝遂反前于黄帝矣。然与《左传》世次不合，乃谓太昊即庖牺氏，炎帝即神农氏，而《左传》为逆数，故先言黄帝，而黄、炎之世次历二千年不可复正矣。兹据崔述之说而征之《晋语》，则黄帝与炎帝为同部、同时之人，而《史记》所载炎帝与神农之事，始截然分明，不相牵混。又谯周《古史考》亦以神农与炎帝各为一人。或者谓蚩尤冒炎帝之号（《绎史》注），反谓史公误分涿鹿、阪泉之战为二事，盖不得其说而妄附会之也。

二为蚩尤与苗民之纠纷。自中华民族西来之说出，于是说者推求古代中国之人种，多以今之苗族为上古之地主，古代苗族之君长为蚩尤，黄帝与蚩尤之战争，为汉族与苗族之战争。此皆无据之谈，为历代载籍所未著闻者也。原其致此之由，则以《伪孔传》"以九黎之君，号曰蚩尤"（《吕刑》注），误之。据《楚语》"少昊氏之衰也，九黎乱德"，则九黎在少昊之末，与蚩尤当黄帝之初，时代悬殊矣，二者焉能强同。其蚩尤为姜姓诸侯，见于《通鉴》注（《竹书统笺》引）及《绎史》案语，则蚩尤并非黎族。以地望言之，三苗当虞夏时，左洞庭，右彭蠡（《吴越列传》），安能越江河而至涿鹿？且太昊都陈（今河南淮阳县），固已南封淮汝，安得幽并之地尚有苗人？且考苗族之称，自宋始著，自周及唐，通谓大江以南之异族曰南蛮。汉代说《尚书》者，固不以三苗为荆蛮之族。马融曰："三苗，国名也，缙云氏之后为诸侯，盖饕餮也。"（《尚书·尧典》释文）《淮南·修务训》高诱注曰："三苗盖谓帝鸿氏之裔子浑敦、少昊氏之裔子穷奇、缙云氏之裔子饕餮，三族之苗裔，故谓之三苗。"此则先汉诸师说三苗者，皆谓是神灵苗裔，与今时苗族无涉。下至宋时郑樵著《氏族略》亦曰"三苗氏，姜姓，炎帝之后，为侯国，因氏焉"，尚不以当时苗族附会之也。苗氏既不见于黄帝时，而郑康成注《吕刑》之苗民，谓九黎之君也，必变九黎言苗民者，有苗九黎之后也。就令黎族与苗民为一，是居其地者为异族，而降居边方之诸侯，则炎黄之苗裔也。此固当分别言之，不得以同部个人之竞争而谓为异族种族之剧战也。

## 第五节　少昊氏、颛顼氏、帝喾

少昊金天氏，黄帝之子。母曰嫘祖，黄帝之四妃而嫘祖为正（见《史记索隐》，足征上古一夫多妻之制）。生二子，一曰玄嚣，是为青阳，即少昊氏（《帝王世纪》）。一说非也（《索隐》）。少昊名挚，母女节感火星如虹而生（《御览》引《帝王世纪》）青阳，降居江水。二曰昌意，降居若水（川边雅砻江下流之江冲河）。少昊氏之立也，凤鸟适至，故为鸟师而鸟名（《左传》）。崩而颛顼嗣位，为高阳氏。颛顼出于昌意，黄帝之曾孙也。母曰昌仆，为蜀山女（《史记》），生颛顼于若水之野（《水经注》，本《吕氏春秋》）。都于帝丘（今直隶濮阳县），后徙高阳（今河南杞县高阳城），故号高阳氏。少昊之前，天子之号象其德，百官之号象其征；颛顼以来，天子之号因其地，百官之号因其事（服虔《左传解谊》文）。始以民事纪官。作历法，以孟春之月为历元，后世称颛顼圣人，为历宗（《古史考》）。古者民神异业，少昊之衰，九黎乱德，民神杂糅，不可方物，颛顼受之，诛九黎，居长流，其子孙居于西裔，为三国，分曰三苗，亦曰有苗，言九黎之苗裔也（约郑玄《吕刑注》）。乃命南正重司天以属神，北正黎司地以属民，使复旧常，无相侵渎，是谓绝地天通（《楚语》）。其后三苗复九黎之德，故二官咸废所职。驯至周室衰微，畴人子弟分散，或在诸夏，或在夷狄，是以其机祥废而不统（《史记·律书》）。颛顼崩而玄嚣之孙高辛立，是为帝喾。共工氏作乱，喾使重黎诛之而不尽。帝以庚寅日诛重黎，而以其弟吴回为重黎后，复居火正，为祝融（《史记·楚世家》）。帝喾四妃，元妃姜嫄（有邰氏女），生弃；次妃简狄（有娀氏女），生契；三妃庆都（陈锋氏女），生放勋；四妃常仪（娵訾氏女），生挚。帝喾崩而挚代立。在位九年，政微弱，而唐侯放勋德盛，诸侯归之。挚服其义，乃率群臣造唐而致禅焉（《帝王世纪》）。放勋立，是为帝尧。自黄帝至帝喾，据《史记》则父子相承，厘然可考。郑康成据《春秋历命序》，以为黄帝传十世，一千五百二十岁；次曰帝宣（即少昊氏），则穷桑氏，传八世，五百岁；次曰颛顼，则高阳氏，传二十世，三百五十岁；次曰帝喾，即高辛氏，传十世，四百岁。其年代睽隔，立说违反如此。然观史迁作《历书》，叙少昊、颛顼之衰，则其间必非一世。且《史记》自黄帝至三代，世系颇多龃龉。今就原书为《古代帝王表》，而录欧阳修论文于后，以明其得失焉。（表见下页）

欧阳修《帝王世次图序》曰："司马迁作《本纪》，出于《大戴礼》《世本》诸书，今依其说，图而考之。尧、舜、夏、商、周，皆同出于黄帝。尧之崩也，下传其四世孙舜；舜之崩也，复上传其四世祖禹，而舜、禹皆寿百岁。稷、契于高辛为子，乃同父异母之兄弟，今以其世次而下之，汤与王季同世。汤下传十六世而为纣，王季下传一世而为文王，二世而为武王。是文王以十五世祖臣事十五世孙纣，而武王以十四世祖伐十四孙而代之王，何其谬哉？"（节录《欧阳文忠公全集》卷四十一）

**古代帝王世系表**

黄帝 ┬ （一）玄嚣（二）蟜极（三）帝喾（四） ┬ 帝挚
     │                                        │ 放勋
     │                                        │ 契（五）昭明（六）相土（七）昌若（八）曹圉（九）冥（十）振（十一）微（十二）报丁（十三）报乙（十四）报丙（十五）主壬（十六）主癸（十七）天乙（成汤）
     │                                        └ 弃（五）不窋（六）鞠（七）公刘（八）庆节（九）皇仆（十）差弗（十一）毁隃（十二）公非（十三）高圉（十四）亚圉（十五）公叔祖类（十六）古公亶父（十七）季历（十八）昌（十九）发（武王）
     │
     └ （一）昌意（二）颛顼（三） ┬ 穷蝉（四）敬康（五）句望（六）桥牛（七）瞽瞍（八）虞舜
                                  └ 鲧（四）夏禹

## 第六节 尧舜禅让

崔述曰："唐、虞以前，未有父子相继为天子者。黄帝之子不继，颛顼之子不继。尧之得天下也，《尧典》固尝言之。经曰：'克明峻德，以亲九族，九族既睦。'言尧能明其德以施于同姓，而同姓皆归之，而尧始立家也。姓同，故以族别之。'平章百姓，百姓昭明'，言尧能推其德以渐于异姓，而异姓之长亦各率其九族归之。邦同，故以姓别之。能'协和万邦，黎民于变时雍'，言尧能推其德以大布于天下，而天下之居亦无不各率其百姓归之，而尧始为海内生民主也。盖古之天下，原无父子相传之事，故孰为有德，则人皆归之，羲、农、黄帝胥是道也。"（《唐虞考信录》一）崔氏此论，于知古代部落初成国民之时，情势颇合，兹据之以论尧舜之禅让。

帝尧，陶唐氏，祁姓也，名放勋（《帝王世纪》），号伊耆氏（初育于母家尹侯，后徙耆，改名）。封于唐（今直隶唐县），因曰陶唐氏，都于平阳（今山西临汾县）。黄帝以来，少昊氏都曲阜（今山东县），颛顼氏都帝丘（今直隶濮阳县），高辛氏都亳（今河南偃师县西有亳城），大抵在直隶、山东间。至是西迁，岂以雄壮山河而表帝国之隆盛欤？帝置敢谏之鼓（《帝王世纪》），使天下得尽其言；立毁谤之木（《古今注》），使天下得书其过。一民饥，则曰我饥之也；一民寒，则曰我寒之也；一民有罪，则曰我陷之也（《说苑·君道篇》）。在位七十载，四岳举舜，乃令舜摄行天子之政。尧知子丹朱之不肖，不足授天下，授舜，则天下得其利而丹朱病；授丹朱，则天下病而丹朱得其利。尧曰："终不以天下之病而利一人。"而卒授舜以天下（《史记》）。

帝舜，有虞氏（虞，国名，今山西平陆县），名重华，昌意七世孙。父瞽瞍，自幕至于瞽瞍，无违命（《左传》昭公八年）。瞽瞍爱后妻子象，常欲杀舜，舜逃避不可得，即求常在侧，耕于历山（即雷首山，今日中条，在山西永济县界），人皆让畔；渔于雷泽（在雷首山下，亦曰雷水），人皆让居；陶于河滨，器不苦窳（今永济县北有陶城。《寰宇记》舜陶河滨即此）；作什器于寿丘（今山东曲阜县东），就时于负夏（郑玄注："卫地"）。所居一年成聚，二年成邑，三年成都，故曰舜有羶行，盖执玄德于心（《淮南子》）。从事于农渔工商诸学，必有所发明以利益于世，故能化驰若神而众皆趋之也。其后命官以农工商为重，知所得于历练者深矣。尧闻其贤，征之草茅之中，与之语礼乐而不逆，与之语政至简而行，与之语道广大而不穷。乃以二女妻舜，以观其内；使九男与处，以观其外。舜内行弥谨，尧二女不敢以贵骄，事舜亲戚甚有妇道，九男皆益焉（《史记》）。于是尧乃试舜《五典》（郑康成曰："五典，五教也，盖试以司徒之职"），纳于百揆（《古史考》曰："首居百揆，总领百事"），皆有功。舜使禹治洪水而水土平，举八元、八恺而地平天成（《左传》），流四凶族而四门辟（《史记》）。尧知舜之足授天下，使舜摄行天子政。八年而尧崩，三年丧毕，让丹朱，而诸侯讼狱，天下讴歌，皆归焉，四海之内，咸戴帝舜之功，天下明德皆自虞帝始。舜生三十登庸（言始见用），三十在位（摄政三十年），五十载（即帝位五十年）南巡狩，崩于苍梧之野（今湖南宁远县）。

案：尧、舜为儒家所法，为中国政治模范之极则。孔子删《书》，断自唐虞，《春秋》乐道尧舜之道。《孟子》所谓守先王，由三代前擢之也；《荀子》所谓法后王，由五帝后数之也，故其言禅让也，以为天与人归。然《韩非子·外储说》曰："尧欲传天下于舜，鲧与共工先后谏曰：'孰以天下而传之匹夫乎？'尧不听，举兵而诛杀鲧于羽山之郊（今江苏赣榆县北），流共工于幽州之都，于是天下莫敢言无传天下于舜。"法家与儒家俱道尧舜，而取舍不同若此。刘子玄引《汲冢琐语》云"舜放尧于平阳"，张守节《史记正义》引《竹书》云"昔尧德衰，为舜所囚"，遂疑尧舜之禅让同于后世之篡窃。近人以元首出于选举，而同于现代之民政。综观诸说，儒家近于托古，法家意在明法，《竹书》经战国之窜乱，刘子玄为讽魏隋之禅让，俱未可以尽信也。若民主必有下议院，而《帝典》无之。且列代总统，岂能全出一族，如尧、舜、禹者？大抵上古万国群立，各君其国，各子其民，有大德者出，则其所服者众，各国诸侯咸率其群而归焉。羲、农以来，胥是道也。中经黄帝之力征经营，而黄帝一部遂取得首长地位之资格。但其是否为天下之共主，须经诸侯所承认。此等政治，全为贵族政体，帝位必选择于黄帝一族之中；而选举之权则操之岳、牧，观于挚以不善为诸侯所废（《通鉴外纪》），尧以德为诸侯所迎立，尧闻舜贤而不遽举，必先让位于四岳，待四岳之荐而后试。尧知鲧之方命圮族，而俯从四岳试，可之，请尧以天下让舜，而鲧怒为患（《吕氏春秋》）。此足明当时贵族之权力矣。惟尧舜均不以天下为利，而为天下得人，若释重负。然诸侯讼狱、百姓讴歌、天下归往，亦圣德有以致之，其孟德斯鸠所谓贵族政体中之贤政体欤！

## 第七节　尧舜之政教

尧舜以前之制作，往往见于载籍。然《易》称黄帝、尧、舜垂衣裳而天下治，则治法自黄帝开之，由尧舜成之。是尧舜以上，治法尚未臻于大成也，且尧舜二代之事，典籍始具明文，非若颛顼以前之荒渺难稽也，故言政教自尧舜始。

（一）授时　黄河流域，地居平原，便于天象之观察，故历法发达最早。《史记》称黄帝考定星历，建立五行，起消息（皇侃注："乾者，阳生，为息；坤者，阴死，为消"），正闰余（《历书》）。盖以羲和占日，常仪占月，鬼臾区占星气，大挠作甲子，伶伦造律吕，隶首作算术，容成综此六术，而作《盖天》及《调历》（本《吕氏春秋》）。颛顼作《调历》（《晋志》已议重），造浑天（《刘氏历正问》），以甲寅为春正（本唐志《日度议》），是历象之法已起于尧前。惟古代但详于天道，至尧则详于人事。尧命羲和，钦若昊天，历象日月星辰，所以为敬授人时之计。恐其有差也，复分宅四表，以中星定二分二至，实验厥民之析因夷隩，匪独天时正而人工举，其所以顺时布令，通俗立教，因天地之寒暖燥湿以居民材，别性情之刚柔迟速以齐民气，举修教齐政之道，悉寓于其中矣（案：《管子》之《四时篇》，《吕氏览》之《月令》，皆略师此意。盖一国法典治术必与其风土相对待也）。因之审四时之测候，推日月之运行，大地有高下之形，四时有升降之理，日月有轨道之度，星辰有次舍之常（《尔雅·释天》疏），地以四游而成四时（《考灵曜》），为期三百有六旬有六日，而天有余度，岁有余日，遂三岁置一闰，七年为一章，历法于是大备焉。

（二）统治　黄帝定天下，中央对于诸侯仅能监视而已，其关系至为阔略。至尧舜时，始定巡狩朝觐之礼。天子五载一巡狩，群后四朝，敷奏以言，明试以功，车服以庸，而考绩黜陟之法始可得而施，于是中央统治之权乃实行于各地方矣。

（三）治水　当尧之时，天下犹未平，洪水横流，泛滥于中国（《孟子》），是洪水不自尧始也。然尧时为患特甚者，则以人口较古代为繁殖，与水争地，加以从古未加施治之功，水潦积久，一遇汛涨，遂致浩浩滔天之势。盖上古龙门（山西河津县西北廿五里），本辟吕梁（山西保德县南），未凿黄河九曲之流，自今山西吉县之西南而出孟门山上，江淮之水，流通其间，大溢逆流，无有丘阜高陵，尽皆灭之。民无定居，尧询治水才于四岳，四岳举鲧，乃大兴徒役，作九仞之城以捍御水，九载绩用弗成。至舜摄政，始殛（谴责也）鲧于羽山（江苏赣榆西北八十里），天下皆以舜之诛（责也）为是。于是，舜举鲧子禹而使续鲧之业，禹乃遂与益、后稷奉帝命，命诸侯百姓兴人徒以傅土（傅，《尚书》作敷，分也），行山表木，定高山大川。禹伤先人父鲧功之不成受诛，乃劳身焦思，居外十三年，过家门不敢入（《史记》）。时河灾衍溢，害中国也尤甚。禹以为河所从来者，高水湍悍，难以行平地，数为败，乃导河自积石（今甘肃导河县。《水经注》："积石在葱岭之北"），凿龙门，辟伊阙（《淮南子·本经训》），所以杀上流之势，瀹济漯而注诸海，决汝汉、排淮泗而注之江，所以分江河之流。然禹治水施功之次序，则以下流为始。九河既疏，以受大陆之水（九河，一曰徒骇，二曰太史，三曰马颊，四曰覆釜，五曰胡苏，六曰简，七曰絜，八曰钩盘，九曰鬲津。大陆泽跨今直隶束鹿、巨鹿、隆平、宁晋、深等县），同为逆河，入于海（在今直隶滦县三十里）。盖疏为九则水势自杀，下流治则水有所归，皆顺水势自然之性，此所以功施于三代欤！

（四）命官 《管子·五行篇》："昔者黄帝立六相，以风后明乎天道，故为当时；太常察乎地利，故为廪者；奢龙辨乎东方，故为士师；祝融辨乎南方，故为司徒；大封辨乎西方，故为司马；后土辨乎北方，故为李。"纪官虽始于黄帝，然其名多与后代犯复，颇似周世六官之制，其言未可依据。尧之时，除四岳群牧见于《尚书》外，舜为司徒，契为司马，禹为司空，后稷为大田师，奚仲为工（《淮南·齐俗训》及《说苑·君道篇》），然其制尚疏略。至虞廷九官，禹为司空，掌平水土；稷为农官，掌播百谷；垂作工官，掌制器用；益作虞官，掌若上下草木鸟兽，此四官为养民之官。契为司徒，以敷五教；皋陶作士（士，理也），明刑弼教；伯夷作秩宗，以典三礼；夔为乐官，以教胄子，此四官为教民之官。龙作纳言，以通上下之情，其制有数善焉：一，设官为民事；二，分职甚多，皆应当时之需要；三，每职专用大臣一员，以专其责，不用多人分权，以掣其肘；四，百揆为兼官而总行政之全权，纲举目张，收指臂应用之灵，无机关窒碍之弊，然此第就治内之官言之也。若十二牧分于十二州，分统外藩，不忧地广而难治，四岳设专官于京师，居中驭外，不至尾大而难掉，此又治外官制之善者也。且四岳会议兼具选主法举之权，三载考绩，深得久任化成之道者，唐虞官制所以为中国政治之模范欤！

## 第八节 禹之政教

禹名文命，姓姒氏，生于石纽（今四川汶川县），以治水功为天下所归。舜崩，践天子位于阳城（县本曰禹都。阳城，今河南登封县），盖避舜子商均地也。初，禹封为夏伯，称为夏后（《汉志》颍川阳翟夏禹国，今河南禹县）。禹有天下，因以为名，后遂以为中国本部之通称焉。禹承洪水初平之后，欲休养民力，以恶衣菲食先天下，其定车服以别尊卑（适典礼部，禹命奚仲为车正，建旌旗旞旌，以别尊卑之等），戮防风氏以惩诸侯，而主权者之地位愈高，中央之集权较固矣。故近人谓中国进化始于禹者，以禹之于黄帝、尧、舜多所异同，亦古今之一大界也。今分胪如下：

（一）洪水至禹而始平　禹治水事，后人见"尧有九年之水"之语，遂谓尧时偶然有水而禹治之，非也。上古之时，本无水道，此乃开辟以来积渐之水，日积日多，遂至怀山而襄陵耳。至禹然后相视地形高卑，疏为水道，使皆流入于海，由是地皆涸出，人有宁居，孟子所谓"禹掘地而注诸海，然后人得平土而居之"是也。然则今之水道皆自禹而始有之，禹以前固无所谓水道也，故春秋时刘定公曰："美哉禹功，明德远矣。微禹，吾其鱼乎！"则禹创始治水之功之大，固非后世治河言水利者比矣（本崔述《考信录》。案：《淮南子》有女娲氏积芦灰以止淫水，共工氏振滔洪水以薄空桑之说，可为洪水在尧以前之证。至世界各族言其古事，如巴比伦古砖、希伯来《创世纪》，最近发现云南猡猡古史书，皆有洪水之说，况此或为地质学古代大洪水之传说，非尧时洪水也）。

（二）贡赋至禹而始定　班固曰："昔在黄帝，方制万里，画野分州，得百里之国万区。"《周公职录》曰："黄帝割地布九州。"《世纪》言："九州，颛顼所建，帝喾受之，尧遭洪水，天下分绝为十二州。禹平水土，更治九州，任土作贡。"据《尧典》"肇十有二州"，则分州之治当自尧始。黄帝分州，既无经典确据，揆之酋长征服之初，事势亦有所不能，固不若尧肇分州之有明文也。主田赋之制，至禹时始有定法，《禹贡》称："庶土交正，咸则三壤成赋。冀州厥土惟白壤，厥赋惟上上错，厥田惟中中。兖州厥土黑坟，厥田惟中下，厥赋贞。青州厥土白坟，厥田惟上下，厥赋中上。徐州厥土赤埴坟，厥田惟上中，厥赋中中。豫州厥土惟壤，下土坟垆，厥田惟中上，厥赋错上中。梁州厥土青黎，厥田惟上下，厥赋下中三错。雍州厥土惟黄壤，厥田惟上上，厥赋中下（江声曰："九州上中下之等，据高下差之"）。"赋之高下，视土之肥瘠以为等差。而土地之考察，又多出于禹迹之所亲历,《夏本纪》所云"禹乃行,相地宜所有以贡,及山川之便利"是也。禹既始创为田赋之制,后之王者不过因其成迹,三代什一之赋,盖不能出其范围已。

（三）五行至禹而始传　五行之说为中国学术所祖,而其理莫精于《洪范》书称"天乃锡禹洪范九畴,彝伦攸叙",是天人合一之伦理学实自夏禹开之。盖古之河图不过帝王托神权以为天命之据,禹借此以通天道而明人事,遂为我国四千年来之哲理根本思想矣。

（四）三苗至禹而始平　黎族当黄帝时,以蚩尤故,其类之善者迁于邹屠之乡,其不善者以木械之（《广黄帝本行记》）。及少昊氏之衰也,九黎乱德（《楚语解》:"黎氏九人"）。其后高辛氏之季年,三苗复九黎之德（《楚语解》:"三苗,九黎之后"）,至于历数失序,尧征而克之于丹水之浦（今河南淅川县）,以服南蛮。当舜之时,有苗不服,其不服者,衡山在南,岐山在北,左洞庭之陂,右彭蠡之水（《韩诗外传》）,恃险数为乱。舜迁三苗于三危（孙星衍曰:"三危,郑注在岷山之西南,非甘肃敦煌县之三危山也。"吕思勉曰:"三危山当即今巴颜喀喇山脉"）,稍以衰落。禹摄位,又在洞庭逆命,禹又诛之。三危既宅（言可居）,三苗丕叙（谓服教）,于是洞庭、彭蠡之间皆王迹之所经略。此族自黄帝以来,常与汉族相竞争,上下几亘千年,至禹而兴亡乃定,是后南顾无复苗民之忧矣（案:《山海经》:苗民厘或黎姓,即之昔变。《后汉书·西羌传》:"西羌之本,出自三苗,姜姓之别也。"马融《尚书注》以缙云氏之后饕餮为三苗,杜预注《左传》:"缙云氏,黄帝时官名。"三苗是否为汉族同种,未有明文。惟郑康成《吕刑注》:"穆王恶此族三生凶恶,故著其氏而谓之民。民者,冥也,言未见仁道。"以与汉族异族,然要与今之苗族异其所出也）。

（五）家天下至禹而始开　尧舜以前之天下,非天子所得而予夺。尧荐舜,舜荐禹,皆由百姓诸侯之归往,不强身后之天下以从一人也。禹崩,虽荐益,而启贤,能敬承继禹之德,天下不归于益而归于启,遂开后世君位传子之局。后人但见商周以来天子世世相继,遂以之例虞夏,而以为天子之后必当更以天下授之一人,遂以为禹传之启，于是乎有德衰之讥（万章之说），有益干启位、启杀之之谤（《汲冢书钞》），有禹名传天下于益而实令启自取之说（《韩非子·外储说右下》潘寿说），有禹之传子为忧后世之乱之对（韩愈《对禹问》），是皆未明古代之时势，而以后代传子之定局以例启承禹位之适然也。盖自黄帝以来，中国之文明创作，人多归功于帝王，故"天亶聪明，作民元后"之思想已渐渍于人心，至禹而明德尤远，遂由官天下而成家天下，亦世运推移之使然也。

## 第九节　夏之盛衰

禹承尧舜之后，禅让为当时所习见，至启以子世及，有扈氏（今陕西鄠县）不服，以尧舜传贤、禹传子故伐启（《世本》）。启召六卿誓师，大战于甘之野（今鄠县西南有甘亭），遂灭有扈氏。故《淮南子》曰"有扈氏为义而亡"，则天位世及之制，当时亦未必尽出于人心之公认也。启之季年，其季子武观以西河畔（孔颖达《尚书疏》："河在冀州之西，故谓之西河。时夏启都冀，则观在西河也"），为彭伯寿所灭（《竹书纪年》及《周书·尝麦解》）。盖自禹一传而祸变已两见，至启子太康，遂有失国之事。

夏四百三十二年之史事，以太康失国、少康中兴为第一大事，而《史记·夏本纪》所载最为疏略，今取与《左传》魏绛（襄公四年）及伍员（哀公元年）之语以补之。

太康失国之原因，《伪古文尚书》："太康以逸豫灭厥德，盘游无度，畋于有洛之表，十旬弗反，有穷（《水经注》："大河故渎西流经平原鬲县故城西，故有穷后羿国也。"案：鬲县，今山东德县）后羿因民弗忍，距于河。"是以盘游畋猎失国也。《离骚》："启九辩与九歌兮，夏康娱以自纵；不顾难以图后兮，五子用失乎家巷。"王逸注言："太康不遵禹启之乐，而更作淫声，放纵情欲，以自娱乐，不顾患难，不谋后世，卒以失国，兄弟五人，家居闾巷，失尊位也。"是太康以娱乐淫声而失国也。后羿因夏民以代夏政，恃其射也，不修民事而淫于原兽。任用寒浞（寒，国名，今山东潍县），以为己相。浞行媚于内而施赂于外，愚弄其民，而虞羿于田，树之诈慝，以取其国家，外内咸服。羿犹不悛，将归自田，家众杀而烹之。靡（夏遗臣伯靡）奔有鬲氏（今山东德平县东）。浞因羿室，生浇（同奡）及豷，使浇用师杀斟灌，以伐斟鄩（伐斟鄩，《左传》），覆舟取之（《天问》），遂灭二国（二国，夏同姓诸侯。斟灌，今山东寿光县东北。鄩，今山东濮县西南）。浞处浇于过（今山东掖县北过乡），处豷于戈（今河南杞县、太康、淮阳三县地）。时太康失国崩，历仲康至其子，相依于二斟，后为浇所灭，后缗方娠，逃出自窦，归于有仍（今直隶任县。一说今山东金乡县西北），生少康焉，为仍牧正，惎浇能戒之。浇使椒求之，逃奔有虞（今河南虞城县），为之庖正，以除其害。虞思于是妻之以二姚，邑诸纶（在今虞城县东）。有田一成（方十里为成），有众一旅（五百人为旅），能布其德而兆其谋，以收夏众，抚其官职。靡自有鬲氏收二国之烬以灭浞，而立少康，使女艾谍浇，使季杼诱豷，遂灭过、戈，复禹之绩。少康崩，杼继立，能师禹者，其后渐衰。孔甲以来，诸侯多畔，至桀无道，为汤所灭。禹至桀共十七君，通后羿、寒浞四百三十二年。刘恕曰："寒浞杀羿，因羿室生浇。浇长大，能用师，灭夏后相。相死之后，少康始生。及灭浞，少康子杼又长，已堪诱杀豷。计太康失邦及少康绍国向百年，夏乱甚矣。而《史记·夏本纪》不载，最为疏略。"

案：太康以一成一旅起于夏室衰灭之后，其所以能恢复禹绩者：一由于惎浇能戒；二由于布德行惠；三由于遗臣靡收二国之烬，以为其羽翼；四由于善用间谍，故能卓然为夏室中兴之主，以巩固中国君主世袭之制度。然观于有穷之伐夏，不闻各地诸侯之兴讨，而少康之中兴，除其遗臣及同姓诸侯之遗民外，亦不闻各地诸侯之出师相助，王室之兴衰与诸国若不相干涉者。盖诸国皆建立于古代，不必借王朝之声灵，而其时去禅让仅百余年，而效忠一姓之信条尚未确定。不独当时君臣之义与后代观念不同，即羿、浞之在夏室，亦与蚩尤之在上古、嬴秦之在战国相似，初非若后世新莽、周墨之窃正统，足以号令天下而代兴也。

## 第十节　成汤放桀

汤为契之十四代孙。契兴于唐、虞、大禹之际，尧封契于商，赐姓子氏。自契至汤八迁（八迁之说，前人以为无考，今据《世本》"契居番，昭明居砥石，相土居商丘，子亥迁殷"；《路史》"上甲微居邺"；《竹书》"夏后孔甲九年，殷侯复归于商丘"，徐文靖以为当是汤祖父主壬及主癸，合以汤之居亳，大略得其数矣）。汤始居亳，从先主居，聘伊尹于莘野（今陕西郃阳县，一说在河南），五反然后肯往从汤，言素王及九主之事（刘向《别录》："九主者，有法君、专君、授君、劳君、等君、寄君、破君、国君、三岁社君。"其说不传，盖古代之政体分类法也），汤举任以国政。伊尹去汤适夏，既丑有夏，复归于亳。当是时，夏桀为虐政荒淫，而诸侯昆吾氏为乱，汤率诸侯以伐昆吾，遂伐桀，桀败于有娀之墟（张守节谓有娀当在蒲洲北），桀奔于鸣条。夏师败绩，汤遂伐三朡。汤既胜夏，欲迁其社，不可，作夏社。桀奔南巢，汤归，至于泰卷陶。既绌夏命，还亳，践天子位。

案：成汤放桀一事，《书序》与《伪孔传》之说与《史记》异。使成汤创业之绩不明于后世，而又厚诬圣人以诡诈之行，今列《书序》《伪孔传》之说于下，以资辩证。

《书序》："伊尹相汤伐桀，升自陑，遂与桀战于鸣条之野。"《传》："桀都安邑，汤升道从陑，出其不意。陑在河曲之南。鸣条地在安邑之西，桀遂拒汤。"孔疏："桀都安邑，相传为然，即汉之河东郡安邑县是也。今安邑有鸣条陌、昆吾亭。《左氏》以为昆吾与桀同以乙卯日亡。于《左氏》，昆吾在卫，乃在濮阳，不得与桀异处同日而亡。明昆吾亦来安邑，欲以卫桀，故同日亡。"

欲明《伪孔传》之非，必先定桀与汤都之所在，然后当日征伐之形势乃可明。桀都经传既无明文，而汤亳尤多异说，今分列于下：

**桀都说**

（一）《竹书纪年》："桀元年即位，居斟鄩（徐《笺》引《括地志》："故鄩城在洛州巩县西南八十里。"案：《汉志》北海郡有斟县。京相璠云："故斟鄩国，禹后。"则斟鄩地应以山东掖县为可据）。十三年，迁于河南（河南，汉县，今洛阳。金鹗据此以为桀都洛阳之证，其说详见《求古录礼说·桀都安邑辨》）。

（二）《史记》："吴起对魏武侯曰：'昔夏桀之居，左河济，右太华，伊阙在其南，羊肠在其北。'"臣瓒于《汉志》北海郡平寿县注引之，以河南城为值之。

（三）《书古微》魏源曰："《竹书纪年》：'桀始居斟鄩。十三年，迁于河南。'古无以河南名地者，盖河内之讹。且《国语》伯阳父言：'昔伊洛竭而夏亡。'韦昭注言：'禹都阳城，今河南登封县地。'伊、洛皆经其北入河，故以卜夏之存亡。苟桀都洛阳，韦昭曷为舍桀溯禹？故知桀都河内，决非河南。"

　　案：《伪孔传》"桀都安邑"之说，孔疏云"相传为然"，固无经典明文，而皇甫谧又引"鸣条陌、昆吾亭"以实之，其说亦出于相传云然，无他确据。且安邑之形势，河在其西，是右河而非左河也。且其地与伊洛相隔，显与吴起、伯阳父之言不合，固不足取信也。至魏源以河南为河内，并无正证，不足以明河南之非桀都。《孟子》云"舜避尧之子于南河之南"（今山东濮县），南河之南，以古人名地，不与，河南同乎？至韦昭舍桀溯禹，正以见有夏一代兴亡之所自，亦以桀都河南同在伊洛之域故也。故今从《竹书》"桀都河南"之说，而与吴起、伯阳父所言之形势相吻合矣。

**汤都说**

《书传》言"汤居亳"，而亳之说至为不一。今举其说之最著者于下。

（一）《汉书·地理志》于偃师注云"汤都"（今河南偃师县）。

（二）郑康成注《书·帝告序》"汤始居亳"云："亳，今河南偃师县，有汤亭。"

（三）杜预云："梁国蒙县北有亳城，城中有成汤冢。"（蒙县故城，在今河南商丘县东北。）

（四）皇甫谧云："学者咸以为亳在河洛之间，今河南偃师西二十里有尸乡亭是也。谧考之事实，失其正也。《孟子》称：'汤居亳，与葛为邻。'案《地理志》：'葛，今梁国宁陵之葛乡是也。'《仲虺之诰》曰：'汤征自葛始。'计宁陵去偃师八百里，而使亳众为耕，有童子饷食，非其理也。今梁国自有二亳，合《盘庚序》则殷有三亳。谷熟为南亳，即汤都也。蒙为北亳，即景亳，是汤所受命也。偃师为西亳，即盘庚所徙者也。"

案：汤都之异说，由于所居之地皆以亳为名，故前后之亳虽同一名，而其实非一地。皇甫谧以汤初年征葛之东亳，而例以伐桀时为同地，故其说扞格不通。今据俞正燮、魏源两家之说，以汤初年居东亳，伐桀时居西亳，定都时定居景亳。盖《盘庚》明云"先王有服，不常厥邑"，则汤前后所居之邑，必非一地明矣。《书序》："自契至于成汤八迁。汤始居亳，从先王居。"郑玄注云："契本封商，国在太华之阳。"（即战国商於地，今陕西商县。）《史记·六国表序》以汤起于亳，在西方。《尚书中候》及《洛予命》咸称"天乙在亳，东观于洛"，是亳为商县旧名，汤所居亳，即玄王契始封商县之地是也。至汤征葛，伐韦、顾。葛在今河南宁陵之葛乡；韦即豕韦，今河南滑县；顾，今山东范县。是汤初年用兵于山东、河北之时，或居商丘之南北亳。及被桀囚于夏台（在今河南巩县西南），既而释之，诸侯来朝者六国（《书大传》），汉南诸侯闻而归者四十国（《吕览》）。东征西怨，南征北怨，则自汝汉辟地益西三分有二，遂复居于玄王始封之商县，受大小两球，已将朝诸侯有天下，故《书序》特存《帝告》《厘沃》以著成汤受命之本，固不得以初年邻葛之事疑中年从先王居之事也。汤师伐桀，自太华之阳，渡河升陑（《太平寰宇记》：雷首山即陑山，汤伐夏所也。雷首山在今山西永济县四十五里），升以败桀于安邑。桀走渡河，东依昆吾。昆吾时迁于许（今河南许县），汤与桀、昆吾战于鸣条（今河南陈留县鸣条之野，非《孔传》安邑西之鸣条陌也），大败其师，故夏桀与昆吾同以乙卯日亡（《左传》昭公十八年）。桀又走依三朡，今之山东定陶县。汤遂伐三朡，俘厥宝玉，缓追不迫，桀奔南巢（今安徽巢县），因而放之。是汤之用师，自西徂东，乘胜东追，形势历然，何有《孔传》及疏出不意而掩不备之妄说哉？汤归自夏，徙都偃师之景亳，《商颂》所称"商邑翼翼，四方之极"者是也。乃仍西亳于商县，建东亳于商丘，各设尹以治之，与景亳相辅，是谓"邦畿千里"，故亳训为大也。

汤之放桀，儒家以为顺天应人之革命。观其十一征而有天下（《孟子》），及"作《汤誓》，于是汤曰：'吾甚武，号曰武王'"。固未尝不以力征经营也。且《国语》云："末喜与伊尹比而亡夏。"《管子》云："女华者，桀之所爱也，汤事之以千金。曲逆者，桀之所善也，汤事之以千金。内则有女华之阴，外则有曲逆之阳，阴阳之议合而得成其天子。"此其言虽不可尽信，然当日之以武力权谋济其仁义者，亦略可睹矣。

## 第十一节　殷商之盛衰

商为契之始封，地在太华之阳（郑玄说），殷墟南去邺四十里（《括地志》），司马贞以盘庚迁殷，殷在邺南，遂为天下号。崔述曰："案《尚书·盘庚篇》云'殷降大虐'，是盘庚未迁以前已称殷也。《商颂·殷武篇》云'商邑翼翼'，是盘庚既迁以后犹称商也。《诗》云'殷商之旅'，又云'咨汝殷商'，而《书·微子》一篇或称殷，或称商，参差不一，是殷与商可以连称，亦可以互称也。盖商者汤之国号，而殷者则商之异名，后世所谓建都之地是也。其称为殷商，犹其称为京周也。商邑于殷而遂号为殷，犹魏邑于梁而号为梁也。商迁于他邑而皆名之为殷，犹晋迁于新田而仍名之为绛也。"案：崔说是为殷商之确话云。

《伪古文尚书》："成汤放桀于南巢，惟有惭德，曰：'予恐来世以台为口实。'"仲虺乃作诰以解之（时以伊尹为左相，仲虺为右相。仲虺一名来朱）。案：《仲虺之诰》，伏生书无之，系东晋梅赜所献。桀之残贼，正《孟子》所谓"一夫"，"汤武革命，顺乎天而应乎人"，何惭之有？《伪书》窃《左氏》襄公二十九年传，季札观乐，见舞《韶》《濩》（汤乐名），曰："圣人之宏也，而犹有惭德。"不知彼第据乐论乐，非所论于征诛之事也。汤崩，太丁未立，外丙二年、仲壬四年相继崩，伊尹乃立太丁之子太甲，成汤嫡长孙也。帝太甲既立三年，不明暴虐，不遵汤法，乱德，于是伊尹放之桐宫（《晋太康地记》云："尸乡南有亳坂，东有城，太甲所放处也。"张守节云："案尸乡在洛州偃师西南五里也"），以远其左右之近习，使思慕先王之遗德。伊尹摄行政当国，以朝诸侯。帝太甲居桐宫二年，悔过自责反善，于是伊尹乃迎帝太甲而授之政（案《书序》云："成汤既没，太甲元年，伊尹作《伊训》。"又云："太甲既立，不明。伊尹放诸桐。"与《史记》异，兹从《史记》，以太史公从孔安国问故，其言又与《孟子》合故也）。伊尹废立，儒家以其志在救民，自任以天下之重，而《竹书纪年》则云"七年，王潜出自桐，杀伊尹，乃立其子伊陟、伊奋，命复其父之田宅而中分之"，杜预谓其与《尚书序》说太甲事乖异，未足以取审也。

　　商自成汤以来凡五迁。汤自商徙亳，仲丁迁敖（《书序》作嚣，今河南荥泽县），河亶甲迁相（今河南内黄县东十三里），祖乙迁邢（一作耿，与邢通，今直隶邢台县），南庚迁奄（今山东曲阜县。五迁之说，郑玄、伪孔传、罗泌各异。兹据《竹书》《史记》，合诸郑说），盘庚复迁于亳。大抵因河决之患，中兴之君凡五作。太甲修德，成汤之业大振。至雍己而殷道渐衰。帝太戊立，以伊陟为相，巫咸乂王家，君臣图治，商道复兴。至河亶甲，商道复衰。祖乙欲大图治，举巫咸子巫贤为相，商道三兴。自太戊之后，父子不相承，立诸弟子，故王族相争，扰乱不绝。至于阳甲，殷道复衰。于是由传子而变为传嫡，以杜同姓觊觎之弊也。盘庚迁都，命众至庭，以通上下之情，悉遵汤之遗制，殷道四兴。弟小辛立，复少衰。弟小乙立，其子武丁初在民间，学于甘盘；及即位，思得良佐，以兴殷室。托诸梦，帝赉予良弼，使图其形以求天下，而得说焉。说筑于傅岩之野（山西平陆县），维肖厥象。武丁见之，与语而知其贤，爰立作相而命之氏。（案：武丁必素悉说贤，恐其骤举草泽而加诸上位，为贵族所不服，故神其说以压服当日之人心耳。）武丁内修德政，外伐鬼方（即西戎地），殷道五兴。至武乙射天，盖反对当时之鬼神派，而当时遂诬以为暴雷震死。至帝乙益衰，传其子辛，天下谓之纣。纣智足以拒谏，言足以饰非，矜人臣以能，高天下以贤，以为皆出己之下。当是时，纣为不道，周实滋大，至武王伐纣，败之牧野（河南淇县南），走鹿台，衣宝玉衣焚死。商自汤至纣，共三十君、十八世，计六百二十九年（据《三统历》《左传》说，《竹书纪年》作二十九王、四百九十六年）。

## 第十二节　古代文明之大概

（甲）政治方面

（一）封建　封建不知其所自始，盖古代部落进化所形成。中国地为大陆，其民族发于多元。就古代传说观之，所谓天皇十三头，地皇十一头，人皇九头（《始学篇》），即天皇同时有十三部，地皇同时有十一部，人皇同时有九部。此举其最著者，其余之各君其地、各子其民者，盖不知凡几也。地丑德齐，莫能相尚，其时有圣人出焉，其才德为多数部落君长所服，则推之为各部之共主，伏羲、神农是也。黄帝之时，号称万国，虽召会征讨之事见于《史记》，巡守朝觐之典见于《虞书》，然有德则诸侯来归，失道则诸侯莫至。自夏及殷，尚沿古代之惯习，故太康失国、少康中兴，仅王室及夏之同姓共其兴废，其他涂山所会万国之诸侯，盖无与也。即至夏桀暴虐，其罪只及于国中，故《汤誓》一则曰"率割夏邑"，再则曰"夏罪其如台"，足见当时诸侯之视中央，不过视如大国，休戚不甚相关也。夏自孔甲之乱以来，遭桀暴政，诸侯相兼，逮汤受命，其能存者三千余国，方于涂山，十损其七，足见世运日进而竞争愈烈矣。

（二）疆域　九州之名，始见于《祭法》。共工氏霸九州，《周公职录》以为"制自黄帝"，或曰"九州，颛顼所建，帝喾受之"（见《帝王世纪》及《通典》)，似皆后人追溯之词，要当以《尧典》"肇十有二州"为断。十二州之名，说者以为冀、青地广，分冀东恒山之地为并州（恒山，今直隶曲阳县北），又分东北医无闾之地为幽州（医无闾山，在奉天广宁县西五里），又分青州西北辽东之地为营州（辽东，今奉天省）。夏有天下，以冀、兖、青、徐、扬、荆、豫、梁、雍为九州。殷商革命，《诗》称"九有"，冀、幽、兖、营、徐、扬、荆、豫、雍（见《尔雅》郭璞注）。命名虽殊，其疆域不出禹封之旧也。尧之时，中国土广五千里，禹弼成五服，土广万里（马融《尚书说》)，东渐于海，西被于流沙，朔南暨声教，讫于四海。所谓四海者，即《尔雅》之九夷、八狄、七戎、六蛮，谓之四海也。推古代汉族疆域经理之所至，据《尔雅·释地》"东至于泰远，西至于邠国（今陕西邠县），南至于濮沿（即百濮），北至于祝栗"（邵晋涵说：祝栗为涿鹿声转），与《王制》"东不尽东海，西不尽流沙，南不尽衡山，北不尽恒山"之说相合，亦足以明古代疆域之四至，而见汉族实力之所及矣。

（三）官制　古者天子为爵称，居职官之一位（本《钩命决》与《孟子》说），其称始于尧，《尚书中候》曰"天子臣放勋"是也。尧以前之官名，庖牺立九相、六佐（《通鉴外纪》)，黄帝得六相而天地治（《管子》)。其言似出于后人所拟议，以后世官名附会之也。惟少昊挚以鸟名官，有历正以司天（司分、司至、司启、司闭），五鸠以鸠民（司徒、司马、司空、司寇、司事），五雉为五工正，以夷民九扈为九农正，分天事、民事、工事、农事为四大端，见于《左传》为可据。自颛顼以来，不能纪远，乃纪于近，为民师而命以民事。又有五行之官，大抵陶唐氏以前之官，所治天事为多，至唐犹以羲相为命官之首，犹沿古代重天官之遗意也。尧时内有百揆四岳，外有州牧侯伯。舜有九官十二牧，始一于治民矣。虞官六十，夏官百二十，殷官二百四十（郑玄《尚书》注）。世进则事繁，事繁则官倍。夏官有六卿之名，见于《甘誓》，殷官有六太（太宰、太宗、太史、太祝、太士、太卜）、六府（司土、司木、司水、司草、司器、司货）、六工（土工、金工、石工、木工、兽工、草工）、五官（司徒、司马、司空、司士、司寇）之称，著于《曲礼》，而三等之爵（公一等、侯二等、伯子男合为三等）亦于殷始见（《含文嘉》"殷爵三等"），是颁爵详而尊卑之等级愈著矣。

（四）田赋　成赋始于夏时，夏以前无所考。夏后氏五十而贡，殷人七十而助。朱子谓："夏时一夫受田五十亩，而每夫计其五亩之入以为贡。商人始为井田之制，以六百三十亩之地，画为九区，区七十亩。中为公田，其外八家，各授一区，但借其力以助耕公田，而不复税其私田。"五十、七十之数不同者，所异不在井疆，以尽力沟洫，非一手一足之功，殷当承而不改，不过步尺之有异耳。蔡邕《独断》云："夏以十寸为尺，殷以九寸为尺，周以八寸为尺。"以三代尺步不同，其名虽有五十、七十之差，而其实皆为百亩之地，故什一之赋遂为中国赋税之原则。不过贡法较数岁之中以为常，不足以调剂年岁之凶丰，至助法则视年岁为伸缩，较诸贡法为改善矣。

（五）刑法　黄帝以兵定天下，此刑之大者（《通典》）。故古者大刑用甲兵，其次用斧钺，中刑用刀锯，其次用钻笮，薄刑用鞭扑（《鲁语》），是为中国最古之五刑。至黄帝时，苗民作五虐之刑，爰始淫为劓、刵、椓、黥（《吕刑》），即截鼻、断耳、椓阴、黥面之肉刑也（本《尚书》夏侯说）。至颛顼与尧再诛苗民，清问下民，除蚩尤有苗之刑（《三国志·钟繇传》），而象以典刑，以蒙巾当墨，以草缨当劓，以菲屦当剕，以艾韡当宫，布衣无领当大辟，有虞氏承之（以上本《慎子》说）。禹承尧舜之后，以苗顽弗即功，或即以其法治其人之身，故有禹德衰而制肉刑之说（本《汉书·刑法志》）。其后遂沿用于夏殷，夏有乱政而作《禹刑》，商有乱政而作《汤刑》，皆兴于二代之叔世（《左传》）。然以夏商较，则夏刑轻而疏，商刑重而密，是以《荀子》有"刑名从商"之语也（黄以周说）。

（六）**教育** 学制之见于书者，自五帝始。董仲舒云："成均，五帝之学。"（郑玄《大司乐》注所引）均谓乐调，以六律调五声之均也（《乐纬叶图征》），足见古代教育以声乐为重，是以舜命夔典乐以教胄子。有虞氏之学则上庠、下庠，以养老为义；夏后氏之学则东序、西序，以射造士而检其行；殷人之学，右学、左学，又曰瞽宗，则以乐造士而成其德。学之名盖昉于殷人，学之音则校，校之义则教也，教之主义，则所以昭人伦也，是以中国之伦理学发达最早而亦最备焉。

（乙）**学术方面**

（一）**宗教** 古代思想幼稚，不能解释天然之现象，故多迷信而乏理知，有宗教而无学术。其后人智渐开，对于宗教而加以研究，然后学术生焉。是以欲明古代之学术，必先明古代之宗教。中国古代之宗教为拜物之多神教，而物之现象最大、与人生关系最切者，莫如天地。天神曰神，引出万物者也；地神曰祇，提出万物者也（《说文》注）。是古人对于万物，皆以为天神地祇所肇造，故《易·序卦传》曰"有天地然后有万物"，《郊特牲》曰"万物本于天报"。天为古代大祭，而郊祀为后世所特重。帝曰天子，民曰天生，此以拜天思想为政治之根本也。"道之大原出于天"（董子），此以拜天思想为哲理之根本也。知古代宗教之特重拜天，而古代学术发生之渊源可明矣。

（二）**古典** 古书有《三坟》《五典》《八索》《九丘》（《左传》昭公十二年），伪孔安国《尚书序》以伏羲、神农、黄帝之书谓之三坟，言大道也；少昊、颛顼、高辛、唐、虞之书谓之五典，言常道也；八卦之志，谓之八索；九山之志，谓之九丘。其书早亡，今所存《三坟》，全为后世伪作。求其可为典据者，以《易》《书》《诗》为三大古典。《易》之画卦，始于伏羲，远在五六千年以前。《系辞》称"河出图，洛出书，圣人则之"。初用之于卜筮。然以一画开天，表明天道不易之根本。一动而之阳成乾，静而之阴成坤，动静相生而成八卦，八卦相荡而重为六十四卦，足见万物变化之由来。要其会归，不出太极阴阳之作用，是示人以简易之法，则伏羲八卦之发明，盖已由拜天之宗教，进而研究天道之本原，而为一种宇宙观及人生观矣。《书》为古史之记言。《夏书》四篇，作于四千年以前，为世界最古文献之一。《商书》五篇，均为后世政治之模范，殷末箕子所传。大禹之《洪范九畴》：一五行，二五事，三八政，四五纪，五皇极，六三德，七稽疑，八庶征，九五福六极。从物质方面以说明宇宙及人生与《大易》之推理的宇宙论，同为后世思想之源泉也。《诗》始于《商颂》，以盛德成功告于神明，而古代神事重于人事，故颂诗发达最早，是后世之诗歌肇源于古代之祀神曲矣。

（三）礼乐　礼有三起：礼理起于太一，礼事起于遂皇，礼名起于黄帝（皇侃说）。天秩五礼，见于《尧典》，则五礼之名尚已。伏羲以俪皮，可谓嘉礼；神农播种，始诸饮食，致敬鬼神，褅为田祭，可为吉礼；黄帝与蚩尤战于涿鹿，可为军礼；九牧倡教，可为宾礼；《易》称古者葬于中野，厚衣之以薪，可为凶礼。尧舜之时，五礼咸备，修贽类帝，则吉礼也；群后四朝，则宾礼也；征于有苗，则军礼也；遏密八音，则凶礼也（《通典》）。夏商二代之礼，文献不足征矣。音乐之起，由人心生者也。太古朱襄氏之治天下也，多风而阳气畜积，士达作为五弦瑟，以采阴气；葛天氏之乐，三人操牛尾，投足以歌八阕；伏羲乐曰《扶来》，亦曰《立本》；神农乐曰《扶持》，亦曰《下谋》（《孝经纬》）；黄帝乐曰《咸池》，颛顼乐曰《六茎》，帝喾乐曰《五音》，尧乐曰《大章》，舜乐曰《箫韶》，禹乐曰《大夏》，汤乐曰《大濩》，皆古之帝王治定功成，所以移风易俗之道也。

（四）历象　包羲氏观象于天，已引起天文之研究，故有作甲历之说。神农发明农业，尤重天时，故《尸子》云"神农正四时之制，黄帝臣大挠作甲子"（《世本·作篇》）。占斗纲所建，于是始作甲乙以名日，谓之干；作子丑以名月，谓之支；支干相配，以成六旬（《月令章句》），是为支干纪年之始。容成作盖天，以象周天之形，是为测天仪器之始。颛顼作历，以建寅之月为历元，是为后世阴历之始。尧时用璇玑玉衡，以齐七政（日月五星），分命羲仲、羲叔、和仲、和叔于四方，从事实地之测验，而天文学愈进步矣。夏历以建寅之月为定首，是为人正，而《夏小正》一书为后代言时令者所祖焉。

（五）文学　中国古代语言为单音，故其文字为象形。《易纬》曰："虙戏作《易》，无书以画。"是图画为文字之原。伏羲画卦，三奇为之乾，三偶为之坤，而未有乾字、坤字。传至于苍颉，乃后有其字。坤则特造之，乾、震、坎、离、艮、兑，以音义相同之字为之，故文字之始作也，有义而后有音，有音而后有形，音必先乎形。名之曰乾坤者，伏羲也；字之者，苍颉也；画卦，造字之先声也（段玉裁《说文》坤字注）。及神农结绳为治，而统其事。黄帝之史苍颉见鸟兽蹄迒之迹，知分理之可相别异也，初造书契。依类象形，故谓之文。其后形声相益，即谓之字。著于竹帛，谓之书（《说文序》）。《荀子·解蔽篇》曰："好书者众矣，而苍颉独传者，一也"，明造字不止苍颉一人也。讫五帝三王之世，改易殊体（《说文》），明古代所造之字非一体也。惟苍颉之体独传于后世，以发明六书之法也。江式曰："六书，盖是史颉之遗法。"（《上古今文字表》）梁顾希冯曰："暨乎苍颉，肇创六爻，政罢结绳，教兴书契。"（《上玉篇启》）其言必有所受。至六书之次第，象形、谐声为制字之法，指事为象形之抽象，会意为谐声之涵义，所以尽形声之变而补象形、谐声之不足，转注、假借明用字之法，使形声相类者而得其会通，即形声所无者亦有以应用，所以济制字之穷而御事物之蕃也。

（丙）社会方面

（一）衣服　古衣羽服皮，伏羲作布，神农有不织之令（《白帖》）。黄帝初作冕（《说文》），垂衣裳（《易·系词》），其臣荀始作冠（《世本》）。太古曰缁布冠，夏曰毋追，殷曰章甫（《士冠礼》），其质料以布帛为之。古代布为枲（即麻草），织帛为丝织（《急就篇》颜注），无今之布棉也（约《说文》）。尧之王天下也，夏曰葛衣，冬曰麑裘（《韩非子·五蠹篇》），是其证也。丝织为黄帝元妃嫘祖所发明，舜时以五采彰施于五色，作服已有绘画与刺绣。郑康成《尚书注》曰："日月星辰，山龙华虫，作会。凡画者为绘，宗彝、藻火、粉米、黼黻、缔绣，刺者为绣。此绣与绘，各有六，衣用绘，裳用绣，凡十二章。"夏有褐裘（褐，毛布也。见《庄子·天地篇》）、缯帛（丝织之杂色。《帝王世纪》："妹喜好闻裂缯之声"），殷纣有玉衣，则衣饰日趋于华美矣。

（二）建筑　上古穴居而野处，后世圣人易之以宫室。上栋下宇，以避风雨（《易·系词》）。《风俗通》引《书大传》谓"宫室始于黄帝"，故《管子》曰："黄帝有合宫以听政。"（《御览》百七十三引）夏后氏时，乌曹作砖（《古史考》），桀作瓦屋（《世本·作篇》），较之尧时之茅茨土阶，已足为古代建筑术之一大进步。桀时又作璇室瑶台（《尸子》）、琼室玉门（《竹书纪年》），居处日流于奢侈。殷有太室、祠室、南室（《殷虚书契》）、血室（《铁云藏龟》），皆为庙室，其尚鬼而纪可知也。

（三）器用　民国十年（西历一九二一年）冬，河南渑池发现古代地层之石器、骨器、陶器，为中国新石器时代之遗物。石器中有石镰、石锛、石凿、石圈、石矢、石斧，骨器中有骨针、骨圈、骨珙，陶器中有鼎、鬲、瓮、碗等器。后代日用之器皿，多为新石器皿所演出（袁复礼《记新发现石器时代之文化》）。包羲氏有网罟以佃渔（《易·系词》）；神农臣垂作铫、耨、耒、耜（《世本·作篇》）；黄帝时命垂作弓矢，命共鼓、化狄刳木为舟；命邑夷法斗周旋作大辂（《五帝外纪》）；命风后作指南车（虞喜《志林》），是为木器发达时代。虞夏之盛，使九牧贡九金，铸九鼎于荆山之下，图其山川奇怪百物（虞荔《鼎录》）。帝启以庚戌八年铸铜剑，是为铜器时代。殷器用之可考者，多为鼎、尊、彝、卣、爵、觚，大都为祭祀之具（见薛尚功《钟鼎彝器款识》及《殷虚书契考释》）。其社会用物亦必完备可知矣。雕刻之术与书契同时发明，张华《史补》称"黄帝臣左彻削木象黄帝，帅诸侯以朝之"，是为刻象之始焉。

（四）民生　黄帝与炎帝虽同出于少典之部，然一为耕稼生活，一为游牧生活。观《史记》称黄帝未尝宁居，迁徙无常处，以师兵为营卫，是以游牧之民征服耕稼之部民也。其统治耕稼部民之法，《通典》称："昔黄帝始经土设井，以塞争端；立步制亩，以防不足。使八家为井，井开四道，而分八宅。凿井于中，一则不泄地气，二则无贡一家，三则同风俗，四则齐巧拙，五则通财货，六则存亡更守，七则出入相同，八则嫁娶相媒，九则有无相贷，十则急病相救。是以情性可得而亲，生产可得而均，均则欺凌之路塞，亲则斗讼之心弭。"此或出于后儒理想之推论，然当日必以游牧之部任战，以耕稼之部给养，为战胜者对于被征服者一定形势。部众既资其给养，则必为之经理其疆界，以防争斗而俾平均，亦为政策所当定。窃意太古部落时代，土地为酋长所专有，耕者为其附土之农奴，如印度古代之喀私德，以农牧为贱民；雅典之斯巴达，以土著供耕作，是其例也。虞夏之时，犹称田赋曰贡，则井田创立之初意可推而知已。至禹浚畎浍距川，尽力沟洫，田制愈益修明，以农立国由是大定，三代承之，无所改也。

（五）民俗　上古之世，其民朴重端悫。神农治天下，天下一俗，莫怀奸心，不劳形而功成（《淮南子·主术训》）。神农既没，以强胜弱，以众暴寡，故黄帝作为君臣上下之义，父子兄弟之礼，夫妇妃匹之合（《商君书·画策篇》），使强不掩弱，众不暴寡（《淮南子》）。当尧之时，仁昭而义立，德博而化广（《说苑·君道篇》），其民凿井而饮，耕田而食，不识不知，顺帝之则（本《击壤歌》《康衢谣》），诚《孟子》所谓"王者之民，皞皞如也"。夏之政忠（《史记·高帝本纪赞》），故民情质，其民之敝，蠢而愚，乔而野，朴而不文（《礼记·表记》）。殷人尊神，先鬼而后礼（《表记》），巫贤世为辅相（《尚书》），大事小事，无不贞卜（《殷商贞卜文字考》），无惑乎小人之弊也鬼。然成汤以武建国，伊尹以任救民，其一世刚强严毅之风，读《商颂》《商书》而如见矣（《乐记》："明乎商之音者，临事而屡断。"《法言》："《商书》灏灏尔"）。故古代之民风，惟商为最强。有圣贤起，其振作也较易。此殷所以多中兴之君欤？虽经纣之暴虐亡国之后，而士多肤敏，人称顽民，足以见其概矣。

案：《史记·五帝本纪》太史公称："书缺有间，搢绅先生难言之。"则五帝以前可知矣。《尚书》独载尧以来，似尧舜之事固可征信，而孔子何以称"杞宋文献之不足征"也？是知文明初起，纪载无多，今之所明，不过取其轶于他说而已。但旷观太古之人群，莫不肇始于神权。黄帝以前之帝王，其疑鬼疑神者固无论已；即黄帝之胜蚩尤、夏禹之平水土，奇诡怪异之说，何可胜道！降自殷商，而巫犹世为辅相，每事皆有卜筮，足以征当日人心之趋向矣。故太古以神意为主权，后世帝王即为神权之表，而一切感生受命之说皆自此起，暨人事日进、制作繁兴，而神道渐退处于无权，于是向之崇拜神教者，转而崇拜事神治人之人，而宗法社会遂浸浸乎有代兴之势矣。

# 第二章
## 自周初至列国为宗法时代

### 第一节 周之关系

中国周以前无信史，其史事皆出于后人之纪载，辗转增加附益，经时代之变化，逐次积累而后成。至周则史料较丰，纪载较详，不似以前之茫昧难稽矣。故说者谓，中国信史当断自周史，即中国数千年之政教，溯其渊源，亦莫不出于成周。以中国后世之政，多本于周公；后世之教，多本于孔子。中国之有成周，犹泰西之有希腊矣。然周公制治、孔子立教，皆期与当日之时势相适，以渐进于至美。当周之时，神权之时代渐去，而古来种族酋长之进化，大则为一国之诸侯，小亦为一家之宗子，其一切制度规画，以时代之演进，渐次趋于完密，遂成一完全宗法之国家。然欲巩固宗法之权力，必行封建；欲养成宗法之道德，必先孝弟。《礼记大传》云："人道亲亲也，亲亲故尊祖，尊祖故敬宗，敬宗故收族，收族故宗庙严，宗庙严故重社稷，重社稷故爱百姓，爱百姓故刑罚中，刑罚中故庶民安，庶民安故财用足，财用足故百志成，百志成故礼俗刑（注：刑犹成也），礼俗刑然后乐。"诚得宗法制治之精神矣。孔子欲改宗法社会进于军国，是以《春秋》拨乱而大一统。然其改革宗法之道，不得不借径于君权，故其言治、言学皆本于身，始于家，终于天下，以善宗法社会之末路，而开一统君道之权舆。至君权之专制日重，而宗法之政教亦遂附丽而不能尽去，所以演成中国数千年之政体社会也。故读此期之历史，必先知周公之政为宗法之善制，孔子之教欲改革宗法而未尽脱于宗法，为时中之至圣。至历年多、世变大，乃犹墨守周孔之政教，遂为进化之阻碍矣，是岂周孔制治立教之意哉？今先叙周室与列国之治乱，而后详周孔之政教焉。

## 第二节　周之创业

（一）周之先世　《史记》："周后稷名弃，其母有邰氏女，曰姜嫄。姜嫄为帝喾元妃。姜嫄出野，见巨人迹，心忻然说，欲践之，践之而身动如孕者。居期而生子，以为不祥，弃之隘巷，马牛过者皆辟不践；徙置之林中，适会山林多人，迁之；而弃渠中冰上，飞鸟以其翼覆荐之。姜嫄以为神，遂收养长之。初欲弃之，因名曰弃（案：魏博士张融以稷、契非喾子，见《史记正义》。盖此为古代神话，用明周之民族为天子也）。弃为儿时，其游戏好树艺；及成人，好耕农。相地之宜，宜谷者稼焉，民皆法则之。帝尧闻之，举弃为农师，舜命弃后稷。（案：后，主也。《左》昭二十九年传"土正曰后土"，杜注："土为群物主，故称后也。"以此例之，则稷五谷之长，故谓之后稷。又应劭《汉志百官表》注："后，主也。稷，今之高粱也。"）播时百谷，封弃于邰（今陕西武功县），号曰后稷，别姓姬氏。"后稷之兴，在陶唐虞夏之际，皆有令德。后稷卒（案：此指世官之后稷，非指弃本身也。观皆有令德，是后稷不止一人也），子不窋立。不窋末年，夏后氏政衰，去稷不务，不窋以失其官而奔戎狄之间。不窋卒，子鞠立。鞠卒，子公刘立。公刘虽在戎狄之间，复修后稷之业，务耕种，行地宜，自漆（案：《说文通训定声》云："今漆水出陕西同官县北高山，至耀州，合沮水，同入渭。"古水道则出今邠州，至凤翔入渭也）、沮（出今陕西中部县，下游与漆合，南入渭）渡渭，取材用，行者有资，居者有畜积，民赖其庆，百姓怀之，多徙而保归焉。周道之兴自此始。九传而至古公亶父，复修后稷、公刘之业，积德行义，国人皆戴之。薰育、戎狄攻之，遂去豳（今陕西豳县），至于岐山之下（今陕西岐山县），居于周原，遂号曰周。豳人及他旁国多归之。于是古公贬戎狄之俗，而营筑城郭室屋，周之王业自此基矣。《诗》所谓"后稷之孙，实维太王"是也。太王长子曰泰伯，次虞仲、季历。季历生子昌，有圣瑞（《尚书帝命验》："赤雀衔丹书入于鄷"），古公曰："我世当有兴者，其在昌乎？"泰伯、虞仲知古公欲立季历以传昌，乃亡如荆蛮，以让季历，《诗》所谓"维此王季"是也。季历修古公遗道，笃于行义，诸侯顺之。季历卒，子昌立，是为西伯。西伯者，周之文王，三分天下有其二者也。

案：周之初兴，其迹在今甘肃与陕西之间，为中国古代西方之新兴耕稼民族。其先世是否出于帝喾，《诗》《书》均无明文。司马迁本《大戴礼·帝系篇》"帝喾上妃姜嫄"之文，以为出于帝喾，不知此乃失实之辞，戴氏徒以傅会周人于帝喾云尔。戴震曰："使喾为周家祖之所自出，何《雅》《颂》中言姜嫄、言后稷，竟无一语上溯及喾？且姜嫄有庙而喾无庙，则喾非其祖明矣。由是言之，周祖后稷以上，更无可推。后稷非无母之子，故姜嫄不可无庙。"（《诗生民解》）案：《诗》云"厥初生民，时维姜嫄"，则姜嫄为周民族之肇造者，其无夫生子，为周族历来相传之神话，或其时为古代母系社会亦未可定，然必与中原民族非同出一祖明矣。纵弃在尧舜时为后稷，亦如后世诸侯入为王朝卿士之例，固不必竟出自黄帝之一系也。自不窋失官以来，上距后稷已十余世（汉刘敬对高帝曰"周之先，自后稷，尧封之邰。积德累善，十有余世，公刘避桀居豳"云云）。未有家室（当古公亶父避狄居豳之初，尚陶复陶穴。复工家，《诗》作窑陶，毛读陶为陶窑穴，均地室。段玉裁曰："覆谓旁穿之，则地覆于上；穴则正穿之，上为中霤"），则其民族开化未久，可知周至太王虽始强大，为豳人远近所归，然不过俾立室家、疆理土田、建国不拔之基而已，而《鲁颂》以为实始剪商，未免夸大之词耳。

（二）文王与纣之关系　《史记》："文王遵后稷、公刘之业，则古公、公季之法，笃仁，敬老，慈少。礼下贤者，日中不暇食以待士，士以此多归之。崇侯虎潛西伯于殷纣曰：'西伯积善累德，诸侯皆向之，将不利于帝。'帝纣乃囚西伯于羑里（在河南汤阴县北）。西伯之臣闳夭之徒，乃求有莘氏美女，献之纣，纣乃赦西伯，赐之弓矢斧钺，使西伯得征伐。西伯乃献洛西之地，以请纣去炮烙之刑，纣许之。西伯阴行善，诸侯皆来决平。于是虞、芮之人有狱不能决，乃如周。入界，耕者皆让畔，民俗皆让长。虞、芮之人皆惭，遂还，俱让而去。诸侯闻之，曰'西伯盖受命之君'。明年，伐犬戎（即獫狁）。明年，伐密须（今甘肃灵台县）。明年，败耆国（即黎国也。今山西黎城县。《尚书》曰"西伯戡黎"是也）。明年，伐邘（今河南河内县）。明年，闻崇德乱而伐之（见《左传》。崇，今陕西鄠县）。作邑于丰，自岐下而徙都丰，三分天下有其二。以服事殷。明年，西伯崩。西伯盖即位五十年。诗人道西伯，盖受命之年称王而断虞、芮之讼。后十年而崩。子发立，是为武王。"

案：文王受命称王，为古今所聚讼，观《诗序·文王之什》"文王受命作周也"，《书·无逸》"文王受命惟中身"，则文王受命称王久矣。后人之所以致疑者，则以文王为纣之臣子故也。不知周家起于陕甘戎狄之间，与殷商无隶属之关系，夏商之政府亦迥非后代统一之规模。当太王、王季之时，商政久不行于河关以西，周自立国称王，于商无涉。此亦如楚当周成王之时，自王于南服，而周未尝过问之。比观于獫狁来侵，商之方伯州牧不闻有救之者。文王灭密则取之，灭崇则取之，在文王不以为嫌，在纣王不以过问，在殷之诸臣不以为言。驯至三分有二之国相率归周，商之君臣不以为非。是文王固非商之臣子，而诸侯亦已久非商之诸侯也。文王自以其德服之，其力取之，故商人亦相与安之。至史公"纣囚文王于羑里"及"赐斧钺得专征伐"之说，《诗》《书》初无一言及之，其说始见于《左氏》襄三十一年传，云"纣囚文王七年，诸侯皆从之囚，纣于是乎惧而归之"，固已失于诞矣，然初未言文王立于纣之朝也。其后《战国策》衍之，始以文王为纣三公，而有窃叹鬼鄂脯醢之事，然尚未有美女、善马之献也。《尚书大传》再衍之，始谓散宜生、闳夭等取良马、怪兽、美女、大贝以赂纣，而后得归，然亦尚未有弓矢、斧钺之赐也。逮至《史记》，遂合《国策》《大传》之文而兼载之，复益之以"西伯专征伐"之语。岂非时代益后则其诬益多，其说愈传则其真亦愈失乎？（约崔述《考信录》）

（三）武王伐纣之事实　武王伐纣，颇多异说：一曰年岁之异。《书·泰誓序》："惟十有一年，武王伐殷，一月戊午，师渡孟津。"（今河南孟县西南）《史记》："九年，武王上祭于毕（马融曰："毕，文王墓地名也。"案：即毕原，在今长安县北）。东观兵，至于盟津（今河南孟县）。为文王木主，载以车，中军，自称太子发，言奉文王以伐，不敢自专。是时，诸侯不期而会盟津者八百诸侯，皆曰：'纣可伐矣。'武王曰：'女未知天命，未可也。'乃还师归。居二年，闻纣昏乱，暴虐滋甚，杀王子比干，囚箕子。太师疵、少师彊抱其乐器而奔周。于是武王遍告诸侯曰：'殷有重罪，不可以不毕伐。'乃遵文王，遂率戎车三百乘，虎贲三千人，甲士四万五千人，以东伐纣。十一年十二月戊午，师毕渡盟津。"（案：《书序》无观兵之文，而十一年伐殷则与《史记》同。此皆冒文王之年以为说者也。《逸周书·柔武解》"维王元祀"，孔晁注："此文王卒之明年也。"《大开武解》称"维王一祀"，《小开武解》"维王二祀"，此武王即位改元之说，未尝上冒文王之年也。《汉书·律历志》曰："文王受命九年而崩，再期，在大祥而伐纣，观兵归。二年，乃遂伐纣克殷，以箕子归，十三年也。"案：此上冒文王之年与《史记》同，而以伐殷在十三年为说者也。此三说者，各有所主，要以《书序》为可信。而观兵之说，后儒颇以为疑也。）二曰事实之异。《史记》："二月甲子，武王与纣战于商郊牧野（今河南淇县南二十里）。诸侯兵会者车四千乘，帝纣亦发兵七十万人距武王。武王使师尚父与百夫致师，以大卒（戎车也）驰帝纣师。纣师虽众，皆无战之心，心欲武王亟入。纣师皆倒兵以战，以开武王。武王驰之，纣兵皆崩畔纣。纣走，反，入登于鹿台之上，蒙衣其珠玉，自燔于火而死。武王入，至纣死所，三发而后下车，以轻剑击之，以黄钺斩纣头，悬太白之旗。"此以纣自焚为说者也。《墨子·明鬼篇》："武王与殷人战乎牧之野，王手禽费中、恶来，众畔皆走。武王逐奔入宫，万年梓株，折纣而系之赤环，载之白旗，以为天下诸侯僇。"此以武王僇纣为说者也。案：《墨子》"僇纣"之论，他无所征。史公说与《汲冢周书·克殷解》同，惟三发斩尸之说，似出于战国愼人所窜入。考《逸周书·世俘解》云："纣取天智玉琰（孔晁注："天智，玉之善者"）缝身，厚以自焚。凡告（凡庶告武王也）：焚玉四千皆销，惟天智玉不销。"则是煴烬之余，玉石俱焚，何况骨肉，尚何有首可斩乎？律以成汤放桀南巢之事，武王必不快心于煴烬之仇雠也审矣。

武王封比干之墓，表商容之闾，发巨桥之粟，散鹿台之赐，归倾宫之女，而民知方，曰："王之于仁人也，死者犹封其墓，况生者乎？王之于贤人也，亡者表其闾，况于在者乎？王之于财也，取者散之，况于复藉乎？王之于女也，在者归其父，况于复征乎？"（《尚书大传·大战篇》）武王遂征四方，灭国者五十（《孟子》），凡服国六百五十有二（孔晁注："此皆属纣也。"见《世俘解》）。武王克殷二年，天下未宁而崩，太子诵立，是为成王（《史记·封禅书》）。案：周之征诛，儒者谓其无殊于禅让，而文王之伐阮、共、密、崇，与汤之先征韦、顾、昆吾以剪桀之羽翼者，何以异哉？武王之审时，太公之阴谋，虽后世善兵者不是过焉，恶在至德之主不以力征经营天下者乎？

## 第三节　周之盛衰

成周一代之史，可分为三世。周公辅成王为盛世，宣王修政为中兴，平王东迁为衰世，其余列王于世变皆少所关系。成王即位年少，武王弟周公旦相成王，摄政当国（案：摄政非摄位，详见《愈愚录》）。初，武王封纣子禄父，使管叔鲜、蔡叔度监殷。至是二叔流言，谓公将不利于孺子。周公乃告太公、召公，辟居于东二年，罪人斯得（案：当时习见殷制兄终弟及，故管叔流言，群弟大臣必有不释然于心者。周公以为弗辟则无以自明，辟之则奸人无所借口，其情自见。且太公、召公夹辅王室，朝廷可保无虞。此周公居东，所以释天下之疑、破奸人之谋，非惧罪也。《伪孔传》训辟为法，而以诛杀之意解之。于是以居东为东征，唐宋学者靡然从之。朱子以二叔方流言，周公处骨肉之间，岂应以片言半语，遽然兴师以征之夫？成王方疑，周公固不应不请而自诛之也。故今从郑玄退避之说以正之）。成王复迎归周公于周，于是周公东征。是时，武庚瞰其内乱，资二叔、淮夷、徐、奄为羽翼，以为恢复之计；管、蔡借武庚、淮夷、徐、奄为声援，以清君侧为名。淮夷、徐、奄地近于鲁，外以应武庚之势，内以窥新造之邦，声势远应，人心骚动。故周公作《大诰》，托于吉卜，以安人心而作士气。命太公征五侯九伯，则自陕以东无虞他变；鲁公誓师征淮，以离四国之党。或破其掎角之势，或倚为牵制之资。三年然后克之。归七年，致政于成王。作洛邑（今河南洛阳），为朝会之所。周公于是兴礼乐，改制度，封同姓。黄帝之后、孔子之前，于中国有大关系者，周公一人而已。

成王崩，子康王钊立。刑措四十余年不用，为中国古今极治之时。子昭王瑕立。王道微缺，南伐荆楚（据《吕氏春秋·季夏纪》及宋忠说），涉汉，中流而陨。是盖伐楚而败死。《竹书》所谓"丧六师于汉王陟"是也（《左传》僖公四年："昭王南征而不复，君其问诸水滨。"杜注："昭王时，汉非楚境，故不受罪。"案：杜说非也。宋翔凤以楚鬻熊居丹阳，即丹水、析水入汉之处，今河南淅川县地）。子穆王满立，任君牙、伯冏以政，周室复宁。北征犬戎（犬戎居甘肃西宁县西北树敦城）。又西巡狩，升昆仑之丘（今新疆和阗县南境），以视黄帝之宫。北升于春山之上（今葱岭），铭迹于悬圃（今帕米尔高原。以地高若悬，又动植物繁盛，有类园圃，故名）。至于群玉之山（今密尔岱山，在新疆省叶尔羌西南），容城氏之所守，先王之所谓策府。更西至于西王母之邦（丁谦说以西王母为古加勒底国之月神,其邦即亚西里亚国。邹代钧以西王母为印度。印度古称身毒。西、身音近,王母为毒之误。未知孰是),宾于西王母,宴于瑶池,乐而亡反(以上据《穆天子传》及《山海经》)。徐偃王作乱,处潢池东,地方五百里。行仁义,通沟陈、蔡之间,欲舟行上国。是时,中国无主,诸侯陆地而朝者三十六国。穆王恐其遂称受命,使造父驾八骏,长驱而归(八骏,案《穆天子传》曰:"赤骥、盗骊、白义、渠黄、骅骝、騟轮、騄耳、山子")。遣使至楚,使伐之。偃王仁,不忍斗害其民,走死彭城武原县东山下,百姓随之者万数,因名其山为徐山(今江苏徐海道铜山县南七十里,据《博物志》)。足征征诛局开,而古代以仁义朝诸侯、有天下之事,不复见于后世矣。《穆王书序》称其"耄荒",《左传》谓"欲肆其心,周行天下"(昭公十二年),似非令主。然周世以犬戎为患,穆王用兵征伐而西游无阻,未始非有为之君也。至懿王囏立,王室遂衰,始下堂而见诸侯(《觐礼》:"天子设斧依于户牖之间,左右几。天子衮冕,负斧依。啬夫承命,告于天子。天子曰:'非他,伯父实来,予一人嘉之。伯父其入,予一人将受之。'侯氏入门右,坐奠圭,再拜稽首。擯者延之,曰:'升。'升成拜,乃退。"夷王时,诸侯强,故下堂见之)。子厉王胡立,暴虐好利,国人谤王,王使卫巫监谤者。国人莫敢言,道路以目(《国语》)。三年,国民起而逐王,流之于彘(今山西河东道霍县),遂立共和之政,是为中国人民革命之始。

共和行政有二说,一说以为周公、召公二相行政(《周本纪》),一说以为共国之伯名和者摄政(《竹书纪年》及《鲁连子》)。以当日事势及贵族社会衡之,似以周、召行政为宜也。共和十四年,厉王崩于彘,子宣王静立。初,厉王遂逐之时,太子静愿召公之家得脱,至是立。是时,周道衰,中国微,四夷交侵(《六月诗序》)。宣王幼经患难,侧身修行,知为治在于得民,故因大旱而见忧百姓(《云汉诗序》),以施劳还定安集之政(《鸿雁诗序》);又知巩固中央王权在于厚集兵力,故修车马,备器械,复会诸侯于东都,因田猎而选车徒焉(《车攻诗序》)。内政既修,然后外攘,命尹吉甫以北伐狁,命方叔以南征荆蛮，诸侯复宗周。至晚年，不籍千亩，料民太原，立鲁侯戏不以适，杀杜伯而非罪。中兴之业，及身衰矣。子幽王宫涅立，嬖褒姒，废申后及太子宜臼。申侯（姜姓诸侯国，在今河南汝阳道南阳县北二十里）与犬戎共攻幽王。先是，王数举烽火以戏褒姒，至是举烽燧征兵，诸侯莫至。犬戎遂杀幽王骊山下（今陕西关中道临潼县），取周赂而去。诸侯即申共立宜臼，是为平王。经犬戎之乱，丰镐荡然；又以犬戎侵逼近郊，遂东迁于雒，而王室自是不复振，大权移于列国诸侯矣。史家以平王以前为西周，自武王灭殷至幽王，共二百七十五年（据《竹书纪年》）。

## 第四节　周之政教

自黄帝以来至于成周，因家族社会自然之发达，遂演成完全宗法，而为封建制度之基础。周初因势利导，组织愈趋于完密。上以增天子之主权，下以维社会之统系。使政治日加巩固，社会愈益团结者，皆宗法为之干也。今欲明其政教所从出，必先知宗法之大概，庶几有以得其真相焉。《礼记》曰："别子为祖（诸侯之庶子，列为后世，为始祖也），继别为宗（别子之世嫡，族人尊之，谓之大宗），继祢者为小宗（别子、庶子之长子，为其昆弟为宗也）。"有百世不迁之宗，有五世则迁之宗。百世不迁者，别子之后也。宗其继别子之所自出者，百世不迁者也。宗其继高祖者，五世则迁者也（《大传》）。高祖迁于上，宗则易于下。宗其为曾祖后者为曾祖宗，宗其为祖后者为祖宗，宗其为父后者为祢宗。以上至高祖宗，皆为小宗，以其转迁，别于大宗也。别子者，自与其子孙为祖；继别者，各自为宗。小宗有四，大宗有一，凡有五宗，人之亲所以备矣《（白虎通）》。

## 宗法表

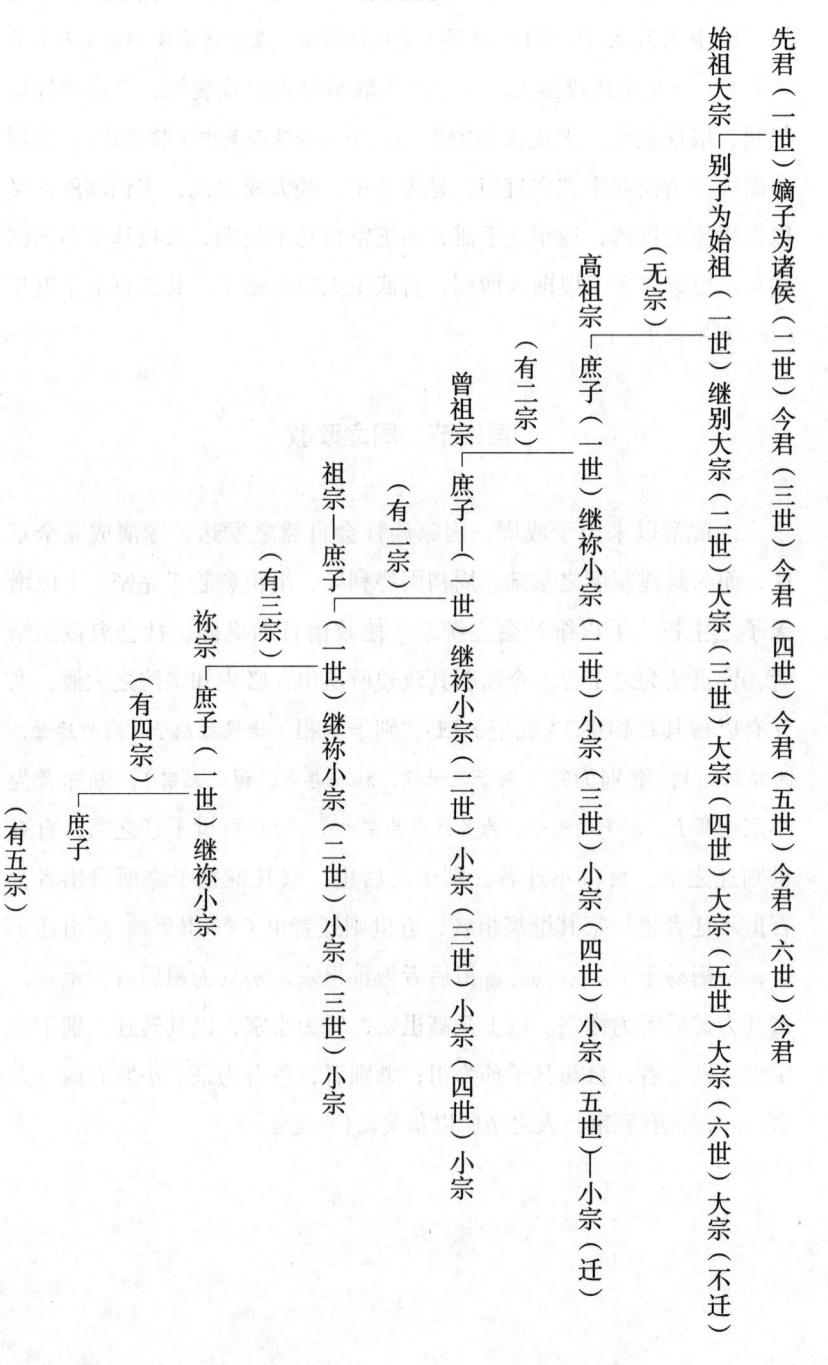

```
先君（一世）——嫡子为诸侯（二世）——今君（三世）——今君（四世）——今君（五世）——今君（六世）——今君
                │
                └─别子为始祖
                   │
始祖大宗（一世）——继别大宗（二世）——大宗（三世）——大宗（四世）——大宗（五世）——大宗（六世）大宗（不迁）
          │
          └─庶子（一世）——继祢小宗（二世）——小宗（三世）——小宗（四世）——小宗（五世）小宗（迁）
（无宗）        │
高祖宗         └─庶子（一世）——继祢小宗（二世）——小宗（三世）——小宗（四世）小宗
（有二宗）           │
曾祖宗              └─庶子（一世）——继祢小宗（二世）——小宗（三世）小宗
（有二宗）                │
祖宗——庶子              └─庶子（一世）——继祢小宗（二世）小宗
（有三宗）                     │
祢宗——庶子（一世）——继祢小宗
（有四宗）
         │
         └─庶子
（有五宗）
```

宗者，小尊也。为先祖主者，宗人之所尊也。古者所以必有宗，何也？所以长和睦也。大宗者，尊之统也。大宗能率小宗，小宗能率群弟，通其有无，所以纪理族人者也（《白虎通》）。后世国家之君主，原为古代族制之家长演化而成。《诗》称"君之宗之"，《毛传》以为大宗是大君，与大宗不分也。《家语》称"国君之于同姓，皆有宗道焉"，故君有合族之道（《礼记大传》），宗子有收族之义。族人奉宗子加于常礼，平居即每事咨告。凡告宗之例，宗内祭祀、嫁女、娶妻、死亡、子生、行求、改易名字，必告宗内。吉凶之事，宗子普率宗党以赴役之。若宗子时祭，则宗内男女毕会。其有一人不悖者，则会宗而议其罚。宗位既定，则常尊归之（《通典》贺循宗议）。故大宗不可以绝（《仪礼》）。支子不祭，祭必告于宗子（《曲礼下》）。子弟犹（注：犹，若也）归器、衣服、裘衾、车马，则必献其上，而后敢服用其次（《内则》）。观此则宗子有统治家族之权利，家族有服从宗子之义务；而一切督制之名义、尊卑之等级、世禄之制度、齐家治国之学说，由是繁然兴矣。要之，宗法时代盖以族制为政治与社会之本位者也。

（一）封建 《春秋左氏传》说："禹会诸侯于涂山，执玉帛者万国。"《逸周书·殷祝解》："汤放桀而复薄，三千诸侯大会。武王伐纣，会于孟津者八百诸侯。"此皆古代所建国，未尝借王朝之封典也。武王既借其力以灭殷，除纣之与国被灭者五十外，其余固不得无故而易之也。第于原有之封建，加以新朝之制度，以整齐画一之而已。列爵五等，为公、侯、伯、子、男。分土为三，大国地方百里，次国七十里，小国五十里，其余附于诸侯曰附庸。中央对于诸侯之统御，其组织要点有三：

（甲）定统系 《王制》云："五国为属，属有长。十里为连，连有帅。三十国为卒，卒有正。二百一十国为州，州有伯。八州、八伯，各以其属，属于天子之老二人。分天下以为左右，曰二伯。"自陕（河南河洛道陕县）以东，周公主之；自陕以西，召公主之（《公羊传》）。

（乙）置监　《王制》云："天子使其大夫为三监，监于方伯之国。国三人。大国三卿，皆命于天子。次国三卿，二卿命于天子。"皆收爵命大权于天子，所以监视各国诸侯者也。

（丙）黜陟　天子五年一巡狩，集诸侯于方岳之下，以行黜陟。恶有削地流讨之罚，善有加地进律之赏。诸侯于天子，比年一小聘，三年一大聘，五年一朝。朝以述职，以供天子之考绩。

周初虽定封建严密之制度，然欲实行于各国，以收中央集权之效，其可能性实为有限。乃乘革命之际，大封新国，以藩屏王室而镇抚诸侯。其新封之种类，大别为四：（一）以继祀封。三恪二王之后是也（黄帝后封于蓟，尧后封于祝，舜后封于陈，是谓三恪。夏后封于杞，殷后封于宋，是为二王）；（二）以尊贤封。箕子封于朝鲜是也；（三）以功臣封。太公封于齐是也；（四）以同姓封。鲁、燕、管、蔡等是也。四者所封共七十一国，而兄弟之国居十五，姬姓之国居四十。周之子孙不狂惑者，皆为诸侯。其强干弱枝之计，至为深远。当成王朝会时，千八百国，至入春秋之世，大国多为周室所新封，其古代旧国，次第凌夷削灭，是则周初封建政策之成效也。

（二）官制　周官三百六十，盖监夏商二代而损益之。今分其官为治内、治外二类，列表以明职掌，加以说明。

治内官制又分为中央官制与地方官制二表。

### 中央官制表

| 官爵 | 属员 | 职员 | 职掌 | 附注 |
| --- | --- | --- | --- | --- |
| 天官冢宰 | 卿一人，小宰、中大夫二人 | 六十 | 掌邦治，以平邦国，以均万民，以节财用 | 共三百六十员 |
| 地官司徒 | 卿一人，小司徒、中大夫二人 | 六十 | 掌邦教，以安邦国，以宁万民，以怀宾客 | |
| 春官宗伯 | 卿一人，小宗宰、中大夫二人 | 六十 | 掌邦礼，以和邦国，以谐万民，以事鬼神 | |
| 夏官司马 | 卿一人，小司马、中大夫二人 | 六十 | 掌邦政，以服邦国，以正万民，以聚百物 | |

续表

| 官爵 | 属员 | 职员 | 职掌 | 附注 |
|---|---|---|---|---|
| 秋官司寇 | 卿一人，小司寇、中大夫二人 | 六十 | 掌邦刑，以诘邦国，以纠万民，以除盗贼 | |
| 冬官司空 | 卿一人，小司空、中大夫二人 | 六十 | 掌邦事，以富邦国，以养万民，以生百物 | |

**地方官制六乡表**（郑司农云："距王城百里内为六乡。"）

| 官爵 | 属地 | 职掌 | 六乡官职总数 |
|---|---|---|---|
| 乡老 | 二万五千家 | 以道倡率一乡，不烦以事，故无专职 | 三人 |
| 乡大夫（卿） | 一乡（万二千五百家） | 各掌其乡之政治教令 | 六人 |
| 州长（中大夫） | 一州（千二百五家） | 各掌其州之教治政令之法 | 三十人 |
| 党正（下大夫） | 一党（五百家） | 各掌其党之政令教治 | 百五十人 |
| 族师（上士） | 一族（百家） | 各掌其族之戒令政事 | 七百五十人 |
| 闾胥（中士） | 一闾（二十五家） | 各掌其闾之征令 | 三千人 |
| 比长（下士） | 一比（五家） | 各掌其比之治 | 一万五千人 |

**地方官制六遂表**（郑司农云："王国百里外曰遂。"）

| 官爵 | 属地 | 职掌 | 六遂官职总数 |
|---|---|---|---|
| 遂大夫（中大夫） | 一遂（万二千五百家） | 各掌其遂之政令 | 六人 |
| 县正（下大夫） | 一县（二千五百家） | 各掌其县之政令征比 | 三十人 |
| 鄙师（上士） | 一鄙（五百家） | 各掌其鄙之政令祭祀 | 百五十人 |
| 酂长（中士） | 一酂（一百家） | 各掌其酂之政令 | 七百五十人 |
| 里宰（下士） | 一里（二十五家） | 各掌其邑之众寡，六畜兵器之政令 | 三千人 |
| 邻长 | 一邻（五家） | 各掌其邻相纠相受之事 | 一万五千人 |

附注：六乡、六遂两表，职官数目合共三万七千八百七十二人。

周之治内官制，多为后代所祖述，然远不及唐虞之善。一则分职不明，六官不足以尽天下之大政；二则责任不专，六官各有副贰；三则统驭太繁，而行政难期于精密；四则奉君事神之官多错杂于六官之内。故近人以为刘歆之伪造。然其制度周详，多有非后世所及者。（一）乡官最众，颇立地方自治之基；（二）禄养甚厚，无身家内顾之虑；（三）周知地域民数，行政乃合民情；（四）市政讲求极详，无重农抑商之弊；（五）道路皆有定式，则收交通卫生之益；（六）政法留意教俗，则有鼓舞兴行之功。此则周代官制之优点也。

治外官制表（周以八州封诸侯，所列外官除二伯外，乃一州官制之总数。）

| 官名 | 爵位 | 职掌 |
| --- | --- | --- |
| 二伯 | 天子之老 | 分理天下诸国 |
| 州伯（八州八伯） | 二百一十国之长 | 领其州之诸国，属于天子之老 |
| 卒正 | 三十国之长 | 领其卒之诸国，属于州伯 |
| 连帅 | 十国之长 | 领其连之诸国，属于卒正 |
| 属长 | 五国之长 | 领其属之诸国，属于连帅 |
| 三监 | 天子之大夫 | 监于方伯之国 |

侯国官制表

| 国别 | 卿（即上大夫） | 大夫（即下大夫） | 上士 |
| --- | --- | --- | --- |
| 大国 | 三人：司徒、司马、司空，皆命于天子 | 五人：小宰、小司寇、小司徒、小司马、小司空 | 二十七人 |
| 次国 | 三人：司徒、司马，命于天子；司空，命于其君 | 五人：小宰、小司寇、小司徒、小司马、小司空 | 二十七人 |
| 小国 | 二人：司徒、司马，皆命于其君 | 五人：小宰、小司寇、小司徒、小司马、小司空 | 二十七人 |

上表据《王制》及《礼书通故》说。

案：治外官制之精意在于上下直接，而中间少间接之官吏，则事简而易行，精通而意达。今周之统驭诸国，天子既不直治群侯而发号施令，经无数之层累曲折而使递及于下，则繁文盛而阻滞生，阶级多而壅蔽起，此其制之所以终成为具文，而致尾大不掉之弊欤！至诸侯百里至七十里之地，其间所设官吏，视中央政府具体而微，故庶政以众擎而举，人材以摩厉而出现。后世之体制苟简荒而不治者迥异，此亦古今治忽之一大界也。

（三）颁田之制　封建虽演成于宗法，而其维持封建之形式则在于田制。故颁田所以固封建之基础，而组织当日之社会者也。但其制有官民二种，兹各列表以明之。

· 颁官田表

| 王国官名 | 采地田数 | 侯国官名 | 食禄田数 |
| --- | --- | --- | --- |
| 三公 | 各三十里 | 卿 | 三千二百亩 |
| 六卿 | 各三十里 | 下大夫 | 八百亩 |
| 大夫 | 二十里 | 上士 | 四百亩 |
| 元士 | 十里 | 中士 | 二百亩 |
|  |  | 下士 | 百亩 |

上据《韩诗外传》畿内封邑采地所推　　上据《孟子》朱子集注所引徐氏说

中国以农业立国，故其制禄差，率以上农夫耕百亩之田、食九人为单位。诸侯之下士视上农夫，禄足以代其耕也。中士倍下士，上士倍中士，下大夫倍上士。卿四大夫禄，次国之卿三大夫禄，小国之卿倍大夫禄。其所食之禄，皆助法之公田，借农夫之力而收其租。其制禄颇为优厚，朝廷既有以养其廉耻，士大夫自可专心奉公，此制之得也。惟贵族制度划士君子为治者阶级，野人为被治阶级，此则沿于古代部落社会之积习而演化尚浅者也。

## 颁民田表

| 类别 | 田数 | 受田之期 | 归田之期 |
| --- | --- | --- | --- |
| 家主 | 百亩 | 年二十 | 年六十 |
| 余夫 | 二十五亩 | 年二十九以下未受室者 | |
| 士工商 | 五口当农夫一人，二十五亩 | | |

周之田制名为彻，郑玄训"彻"为"通"，谓"周制畿内用夏之贡法，税夫无公田；邦国用殷之助法，制公田不税"。夫周之畿内，税有轻重，诸侯谓之彻者，通其率以十一为正，为天子之通法（见《周礼·匠人》及《论语》注）。赵岐训"彻"为"取"，民耕百亩者，彻取十亩以为赋（《孟子》注）。如郑氏说，则贡助兼行为彻，贡助之外无彻也。如赵氏说，则彻法即助法也。案：彻为一代之王制，与贡助并称，则其立法大制，必与贡助相异而不相沿。考周公刘当殷助法盛行之际，而云"彻田为粮，豳居允荒"，则彻法为周之所创始明矣。当宣王中兴之盛，"王命召伯：彻申伯土疆"（《崧高诗》），"王命召虎：式辟四方，彻我疆土"（《江汉诗》），则彻法行畿内，或新封及同姓之国。虽当文武成康之际，初未尽废殷之助法，而强天下千八百国以必从彻法也。彻法之所以与贡法异者，贡之所税有定，而彻法之所税则无定，盖以地之远近（即《周礼》载师之法）、年之上下（即《周礼》司稼之法）为差。其税法虽无定额，要不违什一之率，此其所以善于贡法也。彻法之所以与助法异者，助法有公田、有私田，彻法无公田、无私田。受田之民共耕此沟间之田，待粟既熟，而后以一奉君而分其九者也。彻法之常制既如是矣，而前代之故法留遗于周者，武王、周公疆理天下物土之宜，因民之利，自有不能更异者，此《诗》所以有"雨我公田，遂及于私"之例外也。大抵助彻之法，民隶于君，而计民以授田。故十一以上，上所强也；七十以上，上所养也；十岁以下，上所长也。由是古代酋长农奴之社会一变而为君民一体之关系矣（彻法，先儒之异说甚多，而其谬误亦最甚。今据崔东壁、

徐养原、黄以周、孙诒让诸家之说，而略参己意以明之）。又案：井田之制，儒者称为王者之高致（何休说），所以使匹夫匹妇各得其所，胥由是道。但土有肥瘠广狭之异，人民有强弱智愚之差，其分划配合终难使之适当而齐一（《周官》有一易、再易、三易之田及沟洫法，皆所以通其变）。且土地之为数有定，人口之生息无穷，二十年中生齿已增加数倍，以有定之地待无穷之民，此终必不给之势也。意当时或仅行于王朝及新国，范围甚狭，故略奏其效欤。然封建之世，社会以阶级而成，大小贵贱相间，自难免兼并之患，所以至孟子时而遽废坠。盖其人口之增殖、生计之困难、封建之流弊，皆势所必至者矣。

（四）赋税之制　夏殷赋税仅见田赋一端，周初征民之常经有粟米、力田二征。粟米之征，乡遂用贡法，都鄙用助法，率什一为常。力役之征，丰年则公旬用三日，中年则公旬用二日，无年则公旬用一日（旬，均也。见《周官·均人》注）。其征役之法，国中自七尺（谓年二十）以及六十，野自六尺（谓年十五）以及六十有五，皆受役焉（《周官》乡大夫之职）。至于布帛，则贡之嫔妇（人之美称。见《闾师》），里布则罚诸受田而不毛者。初未于田租、力役之外，有所谓布缕之征也。孟子时，粟米、力役、布缕三赋，并征于农夫之一身，此乃战国横征之弊政，非西周用一有常之经制也。然后世之论赋税者，且以租庸调为良法，亦可以观世变矣（田赋之详，见黄以周《礼说略·职赋篇》）。

（五）兵制　周以兵定天下，立司马之官，设六军之众（案：万二千五百人为军。天子六军，大国三军，次国二军，小国一军。军将，天子以六卿，诸侯以命卿）。因井田而制军赋，地方一里为井，六十四井为甸，甸有戎马四匹，兵车一乘，牛十二头，甲士三人，卒七十二人，干戈毕具，是谓乘马之法（《司马法》）。此有事调发之数也。小司徒会万民卒伍而用之，五人为伍，五伍为两，四两为卒，五卒为旅，五旅为师，五师为军，以起军旅，以作田役。凡起徒役，毋过家一人，以其余为羡。此平时教练之数。春蒐、夏苗、秋狝、冬狩，皆于农隙以讲武事。侯国则连帅比年简车，卒正三年简徒，群牧五年大简车徒。

此操练分合之法也。教练不厌其多，故凡可任兵之民，皆家家使之为兵，人人使之知战，而人皆习于兵革。此近世欧洲征兵制豫备、后备之意也。调发则不厌其简，甸为五百一十二家，而所征调者止七十五人，以中地二家五人可任之数计之，一甸可任者一千二百八十人，是十次调发方及一人，而人不疲于征战。此近世欧洲常备兵限年之意也。民与兵合而为一，则民气强而国用省；兵与民分而为二，则民气弱而军需烦。此周之民兵所以为善制，而古今治乱之大界也。

（六）学制　古者明堂为大教之官（蔡邕说），故太庙、大学、辟雍皆总于明堂之法（惠栋说）。是学校本原于宗教，其后乃与明堂相分离（阮元《明堂论》）。周建四代之学，辟雍居中，东为夏之东序，学干戈羽籥者居之；西为殷之瞽宗，学礼者居之；南为五帝之成均，学乐德、乐语、乐舞者居之；北为虞之上庠，学《书》者居之（《大戴礼·保傅篇》及黄式三《释学篇》说）。以辟雍对四学言之，辟雍为大学；以国学对诸小学言之，则四学亦称大学。诸侯学曰泮宫。此皆所以造完全之人材也。小学家有塾（二十五家共一塾），党有庠（五百家为党），遂有序（万二千五百家为序），所以谋教育之普及也。入学之年八岁，自王公以至庶人子弟，皆入小学。七年卒业，谓之小成。十五岁，王世子及群后、公、卿、大夫之子弟，与夫乡中所升俊选之士，皆入大学。九年卒业，谓之大成（案：周时学制卒业年限，见于《学记》。自八岁入学，至七年小成，与十五岁升学之期适合，为《学记》所称。九年谓之大成，似专指大学而言。以《王制》"司徒论选士之秀者而升之学，曰俊士"，郑注："可使习礼者学大学。"据《内则》"二十而冠，始学礼"，则大学断非二年卒业可知。故定为九年，不与小成七年共计也）。其学期则比年入学，以期无间试验，则中年考校，以课其成（案：中年谓每年之中，必行考验，非谓间岁也）。学课能言，则男唯女俞（即古之国语学）。六年教数与方名（案：数即算学。方名，郑注谓东西，即地理学）。此家庭教育也。八年始教之让（即伦理学），九年教之数日（即粗浅天文学），十年学书计（即国文、算学）、习幼仪（洒扫应对之节）、请肄简谅（案：肄简谓习所书篇数，肄谅谓习应对之言），十有三年学乐（即音乐学）、诵诗（即唱歌）、舞勺（勺，籥舞，即古之柔术体操）。此小学普通学科之大略也。成童（十五以上）学射御，春夏学干戈，秋冬羽籥，春诵夏弦，秋学礼，冬读书，曲艺亦为一科（案：《文王世子》云："凡语于郊者，曲艺皆誓之。"可知其列于学科，其不与弦诵诗礼并言者，如今学校列手工、实业为随意科也）。以各科分配四时，盖略具豫备专门之意。此大学学科之大略也。而其教育之目的，则以知类通达、强立不反、养成国家天下之用为宗旨。其教授法之见于《学记》者，"禁于未发之谓豫，当其可之谓时，不凌节而施之谓逊，相观而善之谓摩"，其大要也。

（七）选举　周代选举，其法有二：（一）由学校而升者。乡论秀士升之司徒，曰选士；司徒论选士之秀者而升之学，曰俊士；升于司徒者不征于乡，升于学者不征于司徒，曰造士；大乐正论造士之秀者，以告于王而升诸司马，曰进士；司马辨论官材，论定然后官之。其教之有素，其任之有方，此所以合仕学而为一，而无后世所学非所用之患。（二）由乡里所举者。《周官·大司徒》："以乡三物教万民而宾兴之：一曰六德，智、仁、圣、义、中、和；二曰六行，孝、友、睦、姻、任、恤；三曰六艺，礼、乐、射、御、书、数。"《闾胥》："聚众庶则读法，书其敬敏任恤者。"《族师》："月吉，属民而读邦法，书其孝弟睦姻有学者。"《党正》："孟月月吉，属民读邦法，以考其德行道艺而劝之。"《乡大夫》："三年则大比，考其德行道艺而兴贤者、能者。献贤能之书于王，王拜受之。"此所谓"使民兴贤，出使长之；使民兴能，入使治之"。其考察非一人，其蓄积非一日，合于"爵禄与众共之"之意，而无后世科目遗材之患（以上参考《文献通考》）。惟周以宗法而行封建，王族辅王，公族治国，大夫以上皆世族，不在选举也。其所谓"兴贤出使长之"者，用为伍长也；"兴能入使治之"者，用为乡吏也，其用之止此。诸侯贡士于王，以为士焉止矣。学校升诸司马，曰进士焉止矣。美仕大权，固非选举及学士之所得与者也（以上参考俞正燮《癸巳类稿·乡兴贤能论》）。

（八）法律　周以前，法律偏于刑法。至周则人事日繁，文化猛进，其所规定国家人民相关系之法制，渐次达于完全，一切公法、私法，无不备著。周之公法四：一曰治法，所以定国家与人民相关系之道，即太宰"正月之吉，布法于邦国都鄙，乃悬治象之法于象魏"是也；二曰国法，所以定王朝与列国、诸侯与诸侯相交际之道，即掌交"掌邦国之通事（郑注谓朝、觐、聘、问也），而结其交好，以谕九礼之亲（一，春朝；二，秋觐；三，夏宗；四，冬遇；五，时会；六，殷同，此六事者，以王见诸侯为文。七，时聘；八，殷覜，此二事以王见诸侯之臣来使者。九间问，以谕诸侯之志）、九禁之难"是也（九法之禁：一，制畿封国；二，设仪辨位；三，进贤兴功；四，建牧立监；五，制军诘禁；六，施贡分职；七，简稽乡民；八，均守平则；九，比小事大）。三曰刑法，所以定处罚犯罪人之法律，即司刑"掌五刑之罚，以丽万民之罪"是也。四曰诉讼法，所以定裁判之法以证明犯罪之道，即大司寇"以两造禁民讼，两剂禁民狱，疑泛与众共之"是也。周之私法二：一曰民法，定民与民相关系之道，即司约"掌万民之约剂，有治民、治地、治功、治器之约"是也。二曰商法，定商事与人民相关系之道，即司市"掌市之治教政刑、量度禁令"是也。就以上各法言之，刑法最为发达，司刑所掌墨罪、劓罪、宫罪、刖罪、杀罪之法，至有二千五百之多。讫于穆王，而五刑之属三千，法律之繁极矣。穆王哀之，而作《吕刑》，五刑之疑，各以赎论，盖以处夫疑似之罪，与夫罪之可疑，而情有可矜、法有可议者也。其制虽不合于古，而一出于哀矜庶狱之旨，其亦有得于周公立法之意也夫（《文献通考》）。

（九）实业　周以九职任万民（一曰三农，生九谷；二曰园圃，毓草木；三曰虞衡，作山泽之材；四曰薮牧，养蕃鸟兽；五曰百工，饬化八材；六曰商贾，阜通货贿；七曰嫔妇，化治丝枲；八曰臣妾，聚敛疏材；九曰闲民，无常职，转移执事），故天下无失职之民。其规定实业之法綦详，兹举其略有七：（一）农业：天子亲耕籍田，以为民率；立稻人、田畯等官，以为之督。不耕者有罚，不给者有助。草人司稼，又辨其地宜、察其种植、别其肥料以教之。（二）蚕业：后妃亲蚕，以为民率。民间五亩之宅，树之以桑。任嫔以女事，使贡布帛。（三）林业：

有山虞、林衡掌其禁令。斩木材有法，斩伐有期日，窃木有刑罚。（四）水产业：有川衡、泽虞等官掌其禁令。如"獭祭鱼，然后虞人入泽梁"（本《夏小正》），及"数罟不入洿池"（本《孟子》）之类是也。（五）矿业：有矿人"掌金玉锡石之地。以时取者，则物其地，图而授之"（郑注："物地，占其形色，知咸淡也"）。（六）工业：周以百工之事皆圣人之作，故国有六职，百工与居一焉。攻木、攻金、攻皮、设色、刮摩、抟埴（黏土也）之事，皆设专官为之，故物毋不良，其详见于《考工记》。（七）商业：有司市"掌市之治教政刑，量度禁令，辨物平市，禁伪去盗，通其有亡，微其奢靡"。文王治岐，市廛而不税（《王制》），关讥而不征。周公以后，则关市有征（见《周礼·司官职》），盖渐以抑末业矣。周之农民，既制有恒产，此外实业亦分途发达。其时地无旷土，野无游民，所以致成康刑措之郅治也。

（十）礼俗　周公以礼治天下，使人人纳于轨物之中。自其少时，已有弟子职少仪以教之。既长，则教之冠礼，以责成人之道；教之昏礼，以明厚别之义；教之丧祭，以笃终而报本。其出而应世，则有士相见礼以重交，乡饮酒礼以讲让，乡射礼以养德，朝觐以劝忠。终其身于礼教之中，而须臾不可离者也。兹分为五礼述之：

（甲）吉礼　祭祀之礼是也。古者政治与宗教相附丽，故祭礼极为繁重。其祭天地之礼在南北郊。筑坛于南郊，曰圜丘，燔柴而祀之，郊天之仪也；为坎于北郊，瘗埋而祀之，社地之仪也。郊，惟天子得行之。社稷则王者、诸侯、大夫皆祭之，所以求福报功也。天子为天下立社曰太社，自为立社曰王社；诸侯为百姓立社曰国社，自为立社曰侯社。天子、诸侯又有诫社（即亡国之社），大夫以下成群立社曰置社（《白虎通》）。社一岁再祭，仲春曰祈谷，仲秋曰赛成。天子祭天地四方、山川、五祀（门、户、井、灶、中霤），岁遍。诸侯方祀，祭山川、五祀，岁遍。卿大夫祭五祀（《曲礼下》）。其祭人鬼之礼在宗庙，天子七庙，诸侯五庙，卿大夫三庙，士二庙（《王制》）。三年一祫，五年一禘（《礼纬》）。时祭则春曰祠（物微，故祠之），夏曰禴（麦熟，进之），秋曰尝（新谷熟，尝之），冬曰烝（众也。冬之物成者众。本《白虎通》补）。诸侯只用其一，不得兼备。庶人无庙，祭于寝。此外群祀尚多，不暇备举。盖古代多神教之遗留，而特重祖先教者也。

（乙）凶礼　丧葬之礼是也。天子崩，七月而葬，同轨毕至。诸侯薨，五月而葬，同会毕至（《左传》隐公元年）。大夫三月而葬，同位至。士、庶人逾月而葬，外姻至。其衣衾多寡、棺椁厚薄，皆有等差。下至于士，棺椁再重，衣衾三十称（《白虎通》）。此墨子所讥"厚葬靡财而贫民"者也。丧服则有斩衰三年、齐衰、大功九月、小功五月、缌麻三月之五服。此墨子所讥"服伤生而害事"者也。然古者丧以致情、服以义起，宗法时代视为团结巩固社会之关键，一切亲亲之杀，尊尊之等，礼所由生，刑所由制，皆视丧服为准则矣。

（丙）军礼　大师（郑注："王出征伐也"）、大均（孙诒让注："校比户口，以均平征赋之事"）、大田（郑注："因田习兵"）、大役（建国筑城）、大封（郑注："正封疆沟涂之固"）之礼是也。大师所以用众，大均所以恤众，大田所以简众，大役所以任众，大封所以合众（约《春官·宗伯》文）。五者皆资众力，故以军礼部勒整齐之。四时治兵，则大司马以旗致民，列陈以教坐作、进退、疾徐、疏数之节。天子将出征，受命于祖，受成于学；反，释奠于学，以讯馘告。其命将也，跪而推毂，以阃外付将军制之。故将在外，君命有所不受。其礼至为严重。

（丁）宾礼　相见之礼是也。宾礼之别有八，春朝、夏宗、秋觐、冬遇、时会、殷同，六者是五等诸侯见天子，兼有自相朝觐之礼。时聘曰问、殷覜曰视，二者是诸侯使臣出聘天子及自相聘之礼。至士见于大夫，天子之孤卿、大夫、士，与诸侯之孤卿、大夫、士之相见，及士、庶人见君之礼，亦与士相见礼无别，故统于《士相见礼》（贾公彦《仪礼疏》）。凡相见，自天子至于庶人皆有挚。天子之挚鬯，诸侯至卿羔，大夫雁，士雉。诸侯相见，必有介士，相见必依于介绍，以明其不苟合者也（《礼记·士相见义》）。大夫见于国君，国君拜其辱。士见于大夫，大夫拜其辱。同国始相见，主人拜其辱。士于大夫，不敢拜迎，而拜送。非见国君，无不答拜者（《曲礼》），所以相尊敬、长和睦也。

（戊）嘉礼　冠婚之礼是也。古者男子二十冠而字，女子十五笄而字（《曲礼》）。冠者，礼之始。筮日、筮宾，所以敬冠事。适子冠于阼，以著代也；醮于客位（户西为客位），嘉有成也；三加弥尊（冠者初加缁布冠，次加皮弁，次加爵），喻其志也；冠而字之，敬其名也；见于乡大夫、乡先生，以成人见也。成人者，将责为人子、为人弟、为人臣、为人少者之礼也。故古者圣王重冠（《礼记·冠礼》）。昏礼则男三十而娶，女二十而嫁。其礼有六：（一）纳采；（二）问名；（三）纳吉；（四）纳征；（五）请期；（六）亲迎。天子以下及庶子同礼（《大戴礼记》）。古之昏礼，上以事宗庙，下以继后世（《礼记·昏义》），男女不得自专，必由父母之命、媒妁之言。此盖宗法时代以家族为主体，而无个人身体之自由也。惟同姓百世不婚，周道始然（《礼记》）。《春秋》讥娶母党，则外属小功以上皆不得娶，于是古代血族婚姻始绝迹矣。

此外，乡饮酒礼亦属于嘉礼，尤为普遍。其礼分四种：（一）乡大夫三年大比礼宾之礼，所以宾兴贤能也。（二）州长春秋以礼会民而射于序之礼，所以习射尚功也。（三）党正腊祭以礼属民而饮酒于序之礼，所以习乡尚齿也。（四）乡大夫士饮国中贤者之礼，所以尊贤养老也。凡饮酒必立三宾，行礼必三让拜。至拜、洗拜、受拜、送拜，既所以明尊让絜敬也。故孔子曰："观于乡而知王道之易也。"

周之礼制仅行于士大夫之间，盖士大夫为当日贵族阶级，皆有田地恒产以维持其地位而世守其宗庙，与庶人所享之权利不同。士大夫为君子，为治者；庶人为小人，为被治者。故礼不下庶人、刑不上大夫，是礼为贵族之专有权也。

案：周代政教，其规模之宏远，组织之精密，为中国政治社会之模范，常为后世所祖述。然其定制之精意在维持宗法于不敝，使天下之族各统于其大宗，天下之家各统于其小宗，使天下之小己各统于其家，而亲疏尊卑各得其分际，以相安而相系而已。然等级之分严而社会之障碍生，统治之制繁而上下之壅蔽起，或过欲整齐而失于烦杂，或力求精密而失于破碎。其于政治各部之联络，使为灵通转运之机关者，盖犹有所不足者也。故自成康以后，改进无人，遂全归于颓废，而政法徒成为具文，仅使与繁文缛节相伴，而成之退婴柔弱之风气，流为中国数千年之形式主义与保守思想，未始非周公之制法为之起因也。

## 第五节　东周大势

周自平王东迁，王室遂微，以讫于亡，皆于历史无重要之关系。然就东周史学言，其与前代相异者有二：（一）三代史实虽散见于《诗》《书》，仅为片段之史料，并无正确之统系。自东周以来，年经月纬，事实连贯，与古代之传说及断章者迥异，中国于是始有真历史。（二）西周以上之历史，仅专载中央政府之事迹，而不及各处地方之情状；东周则各国皆有专史，其目光从中央转注于地方，中国于是始有国别史。后世称此时代谓之为春秋列国，则以孔子本鲁史作《春秋》，托始于隐公之元年，实周平王之四十九年也（民国纪元前二六三三年，西历纪元前七二二年）；至孔子卒之岁为哀公十六年，实周敬王之四十一年也（民国纪元前二三九〇年，西历纪元前四七九年）。凡二百四十二年。入春秋后之世局，与西周大异，列强并起，迭为兴替，戎狄交侵，中国不绝如线。周天子不过度空名于诸侯之上，而政治上之实权全在于诸侯。周之始封诸侯也，成王时有千八百国焉，至入春秋之世，列国之见于经传者，仅一百四十余国。然大半无事可纪，其可纪者仅十余国而已。且此十余国者，又多周初新建之邦，而古代多数之国家，非沦于灭亡，则微弱不振者，何也？盖国家由族制而进化，大抵古国即是家族，一国之君，殆一族之长耳。故禹会万国，汤时三千，其具完全国家之资格者，殆属寥寥。周之治法较古代为美备，新封诸国承其政教，其组织自较旧国为健全。且当周公摄政致太平，斥九大州之界，新封诸国增益，公地至方五百里，侯四百里，伯三百里，子二百里，男百里（约郑玄说），则新国势力大于旧国，竞争兼并，故较前此为剧烈矣。至春秋二百四十二年，时势凡三大变。隐、桓、庄、闵之世，伯事未兴，诸侯无统，会盟不信，征伐屡兴，戎狄荆楚交炽，赖齐桓出而复定，襄、灵、成、景嗣其成业，与楚迭胜迭负。此世道之又一变也。襄、昭、定、哀之世，晋悼再霸，几轶桓、文，然实开大夫执政之渐。嗣后晋六卿、齐陈氏、鲁三家、宋华向、卫孙宁交政，中国政出大夫（顾栋高《春秋大事表》）。中原既已有夷为战国之势，楚亦内乱不绝，吴越起而代之，浸浸雄长于上国，遂结春秋之局。今欲详当日之大势，则以史公所表十二诸侯为最要。十二诸侯者，鲁、齐、晋、秦、楚、宋、卫、陈、蔡、曹、郑、燕、吴。此十二国势力之分布，晋附三河（河北、河南、河东），居古代中原之北部；齐负山海，居中国之东部；秦负雍州之固；楚居江淮流域，四国迭兴，更为霸主。其余各国第视霸主之威权，以为去就。而骚乱之中心，则为北晋、南楚。换言之，实汉族与交趾、支那族之冲突也。然郑庄小霸于春秋之初年，开五霸之先声；吴越崛起于长江之下游，为南方之后劲，亦为特出。今惟取五霸之最著者述之，以代表其时代。余则读《十二诸侯年表》，足以知其厓略矣。

**春秋十四国表**

| 国别 | 爵 | 姓 | 始封 | 都 | 今地 | 灭年 | 被灭者 | 灭者 |
|---|---|---|---|---|---|---|---|---|
| 齐 | 侯 | 姜 | 太公尚父 | 营丘 | 山东临淄县 | 获麟后五十九年 | 齐公 | 田太公和 |
| 宋 | 公 | 子 | 殷后微子启 | 商丘 | 河南商丘县 | 获麟后一九五年 | 王偃 | 齐 |
| 晋 | 侯 | 姬 | 武王子叔虞 | 大夏；穆侯徙绛；新田 | 山西太原县北古唐城；山西冀城县东南十五里；山西曲沃县西南二里 | 获麟后七十八年，周威烈王二十三年 | 静公 | 韩、赵、魏三家 |

续 表

| 国别 | 爵 | 姓 | 始封 | 都 | 今地 | 灭年 | 被灭者 | 灭者 |
|---|---|---|---|---|---|---|---|---|
| 楚 | 子 | 芈 | 颛顼后熊绎 | 丹阳；文王迁郢，昭王迁都，旋还郢 | 湖北秭归县东南七里；湖北江陵城北十里纪南城 | 获麟后二百八十年 | 负刍 | 秦 |
| 鲁 | 侯 | 姬 | 周公子伯禽 | 曲阜 | 山东曲阜县 | 获麟后二三二年 | 顷公 | 楚 |
| 卫 | 侯 | 姬 | 文王子康叔 | 朝歌；文王迁楚丘；成公迁帝丘 | 河南淇县东北；河南滑县东卫南城；直隶开县 | 获麟后二七二年 | 卫君角 | 秦二世 |
| 陈 | 侯 | 妫 | 舜后胡公 | 宛丘 | 河南淮宁县 | 获麟后三年 | 闵公 | 楚 |
| 蔡 | 侯 | 姬 | 文王子叔度 | 蔡；平侯迁新蔡；昭侯迁州来 | 河南上蔡县；河南新蔡县；安徽寿县北下蔡城 | 获麟后三十四年 | 蔡侯齐 | 楚 |
| 曹 | 伯 | 姬 | 文王子叔振铎 | 陶丘 | 山东定陶县 | 周敬王三十三年 | 曹伯阳 | 宋 |
| 郑 | 伯 | 姬 | 厉王子友 | 咸林；武公迁溱洧 | 陕西华县；河南新郑县 | 获麟后一〇六年 | 康公 | 韩 |
| 燕 | 侯 | 姬 | 召公奭 | 蓟 | 北京 | 获麟后二五九年 | 王喜 | 秦 |
| 秦 | 伯 | 嬴 | 伯益后非子 | 秦庄公徙犬丘；宁公迁平阳；德公迁雍 | 甘肃清水县；甘肃陇西县；陕西郿县西；陕西凤翔县 | | | |
| 吴 | 子 | 姬 | 太伯仲雍 | 梅里；诸樊徙吴 | 江苏无锡县东南三十里；江苏吴县 | 获麟后八年 | 夫差 | 越 |
| 越 | 子 | 姒 | 夏少康子 | 会稽 | 浙江山阴县 | 获麟后二五九年 | | 秦 |

## 第六节　五霸总论

霸之名不始于东周,《礼记》称"共工氏霸九域而不王",似为古代之僭主。然西周以后、战国以前,霸主之局决非出于偶然。此固有其特殊之时势与鲜明之标识,固非古代之僭主所可拟,亦非周初方伯之意义,盖一朝诸侯有天下者之变相也。五霸莫盛于桓、文:齐为周之勋戚,而桓公则欲封禅(案:《史记》"帝王受命,曷尝不封禅",桓公亦自以功伐比三代之王,故欲封禅);晋为周之懿亲,而晋文则欲请隧。其余如楚与吴、越之称王者,固无论矣。兹特晰言之于下:

(一)霸之释名　《白虎通》云:"霸,犹迫也、把也。迫胁诸侯,把持王政。"《风俗通》云:"霸者,把也、驳也,言把持天子政令,纠率同盟也。"此盖以力假仁、代行天子礼乐征伐之权者也。

(二)五霸异说　古言五霸者凡四:(一)杜预注"齐国佐曰:'五伯之霸也'"(《左传》成公二年)云:"夏伯昆吾,商伯大彭、豕韦,周伯齐桓、晋文,此三代之五霸也。"(二)赵岐注《孟子》"五霸者,三王之罪人也"云:"齐桓、晋文、秦穆、宋襄、楚庄,此春秋之五霸也。"(《日知录》)(三)《荀子·王霸篇》以齐桓、晋文、楚庄、吴阖庐、越勾践为五霸,此战国时所定之五霸也。(四)《白虎通》之或说,以齐桓、晋文、秦穆、楚庄、吴阖庐为五霸。此汉儒异说之五霸也。以其名论之,则赵岐之说为正,证以董仲舒云:"仲尼之门,五尺之童,羞称五霸。"是五霸皆在孔子之前者也。以其实论之,宋襄当齐桓初谢、晋文未起之间,欲代齐霸而被执于楚,丧师于泓(在今河南松城县),为当世笑,殆不成其为霸也。秦穆违蹇叔之谏而败于崤,死以三良为殉,虽霸西戎,无关天下之大计。楚庄观兵京师,问鼎轻重,悍然无所顾忌,此《春秋》之所以夷狄楚也。唯晋悼继桓、文之业,楚不能与争诸侯;夫差黄池(今河南封丘县)之盟,先于晋人;勾践致贡于周,令齐、楚、晋诸大国皆辅王室。是三君者,虽崛起在后,然皆能举霸者之实,故顾炎武欲以勾践易宋襄,而全祖望欲以晋悼易楚庄也。

（三）**霸者之起原** 殷周之勃兴，汤以七十里，文王以百里。是时诸侯众多，地小力分，其有积德蓄力足以威服他侯者，则借诸侯之力以取王室而代之，非难事也。西周之末，强吞弱，大并小，诸侯争乱，养成地方分权之状态，以十数大诸侯势均力敌，各自代表其一方之势力，王者不作，非偶然也。当时强大之诸侯，其力本易以亡王室，观周桓王之败于郑庄公，其已事也。然卒无有取周而代之者，非先有以威服强大之诸侯，则其势固有所不可也。于是野心之诸侯，遂变易古代力征中央之观念，而出于经营诸侯之政策。此霸者之起因一也。中国君主政体，自夏后以来，已历千余年，天下奉戴王室之习惯已成一种宗教式之崇拜。霸者挟天子以令诸侯，其名既美，而诸侯亦以为意虽由于霸者，名则出自天子，奉令无损，违命有罚。弱小既乐于服从，强者亦不敢公然抵抗。于是霸者之成立，遂为天下所公认。此霸者之起因二也。当时环居中国之夷狄，至周衰而渐大，上无明天子以挞伐四夷，下无贤方伯以保障一方。列国分立，华族之形势极为散漫。南则荆楚勃兴，尽灭江汉诸姬；西有犬戎、骊戎之蔓延，义渠、大荔蟠踞；北则猃狁数数入寇，赤、白两狄自山西东及直隶；东北则山戎逐渐南下。诸侯兴于游牧，慓悍暴戾，聚散无时，乘中国之骚扰，争相侵入内地，杂居中原，为中国患，亟须有大力者统率各国之实力，共同抵抗蛮夷戎狄之凌暴。此霸者之起因三也。有此三因，故当日霸者应此时势需要而生，而其惟一之政策则不外尊王、攘夷二途。由是此二百余年历史之盛衰，遂视霸者之有无为断矣。

## 第七节　齐桓创霸及宋襄图霸

齐地负山海，膏壤千里（太史公《齐世家》语，当指战国齐地言之），民阔达多匿智。太公开国修政，因其俗，简其礼，通工商之业，便鱼盐之利。管蔡之乱，周命以"东至海，西至河（山东德县），南至穆陵（案：穆陵关在今山东临朐县东南一百五里），北至无棣（今山东县名，至直隶庆云），五侯九伯，实得征之"。齐由此得专征伐，为大国。桓公资之，遂霸诸侯。

初，桓公小白以无知之乱，鲍叔牙奉之奔莒（山东莒县），管仲、召忽奉公子纠奔鲁，及雍廪杀无知。高、国（二姓皆天子命卿）先阴召小白于莒，鲁发兵送子纠，而使管仲别将兵遮莒道，射中小白带钩。小白佯死，已而载温车中先行，亦有国、高内应，故先得入立，发兵拒鲁，败之乾时（齐地，今山东临淄县西南二十五里）。鲍叔牙荐管仲于桓公，以诡辞请于鲁，杀子纠，召忽死之，囚管仲。比至三薰三浴，问以定齐之策，管仲勉桓公以霸王。作内政而寓军令，三分其国为二十一乡。工商之乡六（工商各三也，二者不从征役），士乡十五（士，军士也。十五乡，合三万人）。农居五鄙。是四民之外特有所谓士卒，以变周兵农合一之制。制军为轨（五家为轨）、里（十轨为里）、连（四里为连）、乡（十连为乡）之法。五乡为帅，故万人为一军，以变周伍两卒旅师军之制。制鄙为邑（三十家为邑）、卒（十邑为卒）、乡（十卒为乡）、县（三乡为县）、属（十县为属）之法，使鄙为五属，属立五正（长也），各使听一属长。自邑积至于五属，为四十五万家，率九家得一兵，得甲十万；九十家一车，得车五千乘，每乘五十人，以变周司马法一乘步卒七十二人之制。大抵变周制之委曲繁重为径直简易，故以守则固，以征则强。又严蔽贤、蔽才下比之罚。其贤者则乡长进之、官长书之、公省相之，谓之三选之法。官山海之利，设轻重之法，而国用饶。内政既举，乃从事于诸侯。

当是时，狄病邢、卫，山戎病燕，淮夷病杞，伊雒之戎为患王室，而楚崛起长江流域，凭陵上国，尤为天下之大患。桓公乃封杞于缘陵（今山东昌乐县），封邢于夷仪（今山东聊城县西南十二里），封卫于楚丘（今河南滑县）。不救而封之者，内竞于政而外市德于诸侯也。于是天下诸侯知桓公之非为己动也，是故诸侯归之。桓公乃东救徐、存鲁、分吴、割越，南伐楚，济汝水，盟于召陵（今河南郾城县），使贡丝于周室。中间救晋、擒狄王、败胡貉、破屠何（即东胡之先），而骑寇始服。北伐山戎（今直隶卢龙县，前清永平府属地）、令支（今直隶迁安县），斩孤竹（今直隶卢龙县），而九夷始听（东方之夷，有九种）。西征攘白狄、拘秦夏。西服流沙、要虞（国名），而秦戎始从。然后率天下诸侯定周室（定周襄王）。凡衣裳之会十一（一，庄十三年春会诸侯于北杏；二，庄十四年冬会诸侯于鄄；三，庄十五年春会诸侯于鄄；四，庄十六年冬会诸侯于幽；五，庄二十七年夏会诸侯于幽；六，僖元年八月会诸侯于柽；七，僖二年秋会诸侯于贯；八，僖三年秋会诸侯于阳谷；九，僖五年夏会诸侯于首止；十，僖七年秋会诸侯于宁母；十一，僖九年夏会诸侯于葵丘），兵车之会四（一，僖八年春会诸侯于洮；二，僖十三年夏会诸侯于盐；三，僖十四年三月会诸侯于牡丘；四，僖十六年冬会诸侯于淮），九（朱子训"九"为"纠"，本鲁展喜言）合诸侯，一匡天下，桓公能用管仲之力以致此也。管仲卒而齐霸业衰，桓公薨而齐国内乱，五公子争立。宋襄公帅诸侯伐齐，纳太子昭，是为孝公。宋襄公遂骎骎乎有图霸之意矣。

宋故殷微子之封，传十九世而至襄公，都于商丘（今河南县）。其封域跨今河南东部、山东西部、江苏西北部三省之地，为古代中原及南北之冲。当齐桓称霸，宋以先王之后地迩于齐，征伐会盟，无役不从，颇为中外诸侯所尊崇。宋襄既以兵定齐孝公之位，欲代齐桓之霸业，以为诸侯可以力服。五年之中，伐曹、伐郑，执滕宣公婴齐，用鄫子于次睢之社（山东兰山县）。周襄王十三年，与齐、楚盟于鹿上（今安徽太和县西），见楚之强盛，求诸侯于楚。又与楚子、陈侯、蔡侯、郑伯、许男、曹伯会于盂（今河南睢县西北）。楚成王执襄以伐宋，既而释之。周襄王十五年，宋襄公与楚成王战于泓（今河南柘城县涣水之支流），宋师败绩。以其不击楚师于未济及未成列之时而致败，故后世以宋襄之仁为笑柄。于是代表长江流域荆楚民族之楚国侵入中原，压迫黄河流域之华族矣。

### 第八节 晋楚争霸

楚为颛顼之苗裔（《楚辞》及《史记》），其后有鬻熊者为周师，自文王以下问焉(《汉书·艺文志》注)。当成王之时，封其曾孙熊绎于楚蛮，封以子男之田，居丹阳(《汉志》丹阳郡丹阳县注："楚之先熊绎所封也。"《水经》江水注："江水又东迳秭归城北，其城北对丹阳城，楚子熊绎始封丹阳之所都也。《地理志》以为吴之丹阳，非也。"宋翔凤《过庭录》四以"鬻熊自封丹阳，战国时丹阳在商州之东、南阳之西，当丹水、析水入汉之处，故亦名丹析。鬻子所封，正在于此"，今从其说)。其后南迁荆山(今湖北南漳县西八十里)，不通中国，而壹用力于蛮夷。荆楚之地，自古为群蛮、百濮所杂居，其种类实繁，无大部豪酋，各以邑落自聚(杜预《释例》)。楚据荆山之险，北阻中国，役属南蛮，五传至熊渠而始大兴兵，伐庸(今湖北竹山县东四十里有上庸故城)、杨粤(谯周作"杨越"。宋翔凤曰："扬、杨通用。地在杨州，故名杨越，即越章也。越章亦作豫章。越，豫声之转")，至于鄂(今武昌)，尽有江上楚蛮之地。春秋之初，熊通自立为武王，始开濮地而有之。子文王熊赀立，始都郢(今湖北江陵县境)，凭陵江汉间诸小国，小国皆畏之(《史记·楚世家》)。盖濮在江汉之南(《书·牧誓》伪孔传)，楚已拓地于江南，至是迁郢，俯江滨以临之，江南蛮夷诸国尤畏楚之逼已而不敢畔，而后专力从事于汉东诸侯。楚既全抚蛮夷之区，拥新兴民族之锐气，遂崭然为南方代表，浸浸与中原争衡。北向灭邓(今河南邓县)、县申(今河南南阳县北二十里申城)息(今河南息县)，封畛于汝，盖已蚕食至于汝水流域矣。是时，齐桓公始霸中国，楚成王恽虽暂为齐桓召陵之师所屈，然未几即伐许(今河南许县东三十里)、伐黄(今河南潢川西十二里有黄城)、灭英(张守节《正义》："英盖蓼国，不知改名时也。"案：蓼，今河南唐县南九十里湖阳故城是)、伐徐(今安徽泗县北八十里有古徐城)，楚固毫无忌惮而肆其侵略如故也。及执宋襄于盂，败宋师于泓，楚之声威震于中原，乃至鲁秉周礼之国，僖公亲来请兵以伐齐。齐为霸国之后，桓公七子皆奔于楚，中国诸侯大有折而从楚之势。使北方无晋文崛起者，楚殆以南方民族继齐桓而霸天下矣。

晋之先为周武王子叔虞，成王封叔虞于唐，在河汾之东，方百里(《史记》。朱右曾曰："东为间之讹字。"案：唐，今山西太原县)。南有晋水，至子燮改为晋侯（《诗谱》）。四世至成侯，南徙曲沃（今山西闻喜县）。又五世至穆侯，复迁于绛（今山西翼城县）。孝侯改绛为翼（今翼城县东南十五里）。后景公迁新田（今山西曲沃县）。此即所谓故绛者也。穆侯生太子仇、少子成师。仇立，为文侯。卒，子昭侯立，封文侯弟成师于曲沃。曲沃邑大于翼。翼，晋君都邑也（《史记》）。自成叔封曲沃以来，其后屡争晋国，传至曲沃武公称，卒灭晋侯缗而代之。曲沃与晋之内讧，至是凡七十六岁矣。子献公诡诸立，尽杀群公子，始都绛（案：是时之绛都为聚，《史记》以"城聚都之，命曰绛"。聚在今绛县东南十里，与绛非一地。《史记》混而一，似误），而以曲沃为别都。晋群公子奔虢（今河南陕县东南），武公遂灭虢。于是，自今渑池迄灵宝以东，崤函四百余里之地尽为晋有。其后晋人得以西向制秦，秦人抑首而不敢出者，以得虢扼其咽喉也；东向制郑，郑人朝夕惟恐受兵者，以得虢蹠其形胜也。献公卒而国有内乱，其公子重耳出亡在外，遍历诸国，凡十九年，得秦穆公之助而反晋，是为文公。文公始入而教其民，任赵衰、狐偃为之谋，使郤谷、栾枝为之将。当是时，周室微弱，襄王避狄乱而出居于郑；楚势方张，伐宋、齐，结曹、卫，而凌轹中国。文公先勤王以定周室，次伐曹、卫以救齐、宋。周襄王二十年（公历前六百三十二年），文公与楚战于城濮（今山东濮县南）。是役也，宋、齐、秦从晋，陈、蔡从楚，晋胥臣蒙马以虎皮，先犯陈、蔡。陈、蔡奔，楚右师溃，狐毛设二旆而退之。栾枝使舆曳柴而伪遁，楚师驰之，先轸、郤臻以中军公族横击之。狐毛、狐偃以上军夹攻，楚左师溃。楚师败绩。城濮一战，楚国屡世北进之经营至是始受一大挫，而鲁、陈、蔡、郑、卫，向之从楚者，今俱改图从晋。晋自是定霸，为中国盟主者近百年。其间襄公败秦师于崤（今河南永宁县），以遏秦之东出，足以继霸。然晋、秦遂分而无以制楚之强矣。楚庄勃起，伐陈、伐郑。景公之世，楚庄败晋荀林父之师于邲（今河南郑县东），而宋、郑、陈、蔡皆服于楚。于是晋、楚成中分南北之势，而以争郑为焦点。厉公之世，与楚共王战于鄢陵（今河南鄢陵县）。楚师败绩。至悼公城虎牢（今河南汜水县西二里，亦名城皋），而郑始服。晋、楚争郑五十年，叛服无常，惟强是视。至虎牢城，以扼郑之南向，晋三驾（鲁襄公十一年，晋伐郑戍虎牢为一驾；十一年秋七月，晋伐郑为二驾；九月，复伐郑为三驾）而楚不能与之争。郑至此不复背晋者二十四年，其功与城濮比烈矣。然其末年，萧鱼（郑地）之会（在鲁襄公十一年），服郑最难，诸侯劳倦，莫肯复出，而大夫常行，君遂失权（《春秋公羊传》襄公十六年何休《解诂》）。春秋之季，列国权移于大夫，实基于此。平公继立，晋、楚皆不竞，宋向戌合晋、楚之成，为弭兵之会，晋赵武、楚屈建会诸侯之大夫盟于宋（鲁襄公二十七年）。除齐、秦外，晋、楚之从交相会见，于是中国两霸之势成，而天下诸侯皆属于晋、楚焉。是后晋、楚俱衰，而吴、越崛起于江海之滨，中国之霸权遂转移于东南矣。计自晋文公创霸于鲁僖公之二十八年，历襄、灵、成、景、厉、悼、平、昭，凡九世，共一百零四年。

## 第九节　吴越争霸

吴居长江之下游，自古为荆蛮地，不与中国通。当殷之季，周太王长子泰伯以让国故，偕其弟仲雍奔吴，而吴始开化。周初求泰伯、仲雍之后，得周章，周章已君吴，因而封之。自泰伯十九世而至寿梦，寿梦立而吴始益大，称王，与中国时通朝会。当是时，晋景公患楚共王之强，听楚申公巫臣之言，求通吴以霸楚。惟长江之险，楚、吴所共，楚居上游，其形势足以控吴，故巫臣教吴乘车，教之战陈。自是吴常与楚相争于淮汭州来之间（今安徽寿县），而楚始病。寿梦卒，公子季札让国，《春秋》贤之。至阖闾僚立，用楚亡臣伍员三师肄楚之策，任孙武为将以教兵，合蔡侯、唐侯之师以伐楚，舍舟淮汭，败楚师于柏举（今湖北麻城东三十里）。五战及郢，楚昭王出奔随（今湖北随县。见《左传》定公四年）。越闻吴王之在郢，国空，乃伐吴，而楚臣申包胥求救于秦哀公，秦出兵救楚，阖闾归而伐越，为越王勾践败于槜李（今浙江嘉兴县南四十里）而卒。其子夫差立，习战射。三年，乃报越，听勾践行成。吴屏处蛮夷，自寿梦以来，不与中国之盟会，至此已七十年矣。夫差欲霸中国，十年之间，伐齐，伐鲁，召鲁卫之君会，会诸侯于黄池（今河南封丘县西南七里），与晋定公争长，卒先晋盟（详《左传》襄公十一年。惟《左传》"先晋人"，《国语》及《吴越春秋》均"吴先歃"，《春秋》外吴，故先晋耳），而越王勾践已乘虚攻入吴，俘杀其太子。吴师远征罢弊，夫差厚礼请成于越，越自度未能即灭吴，乃与吴平。其后四年，越卒灭吴，夫差死之，吴地遂尽并于越。

越素为蛮夷之国（《释名》）。夏少康封其庶子无余于会稽（今浙江绍兴县），以奉禹祀。文身断发，披草莱而邑焉。后二十余世至于允常（《舆地志》作"传国三十余叶"为是），时与吴王阖庐战而相怨。允子勾践王，越败吴师于欈李，射伤吴王阖庐。三年，为吴夫差败于夫椒（今椒山，在江苏太湖中洞庭山西北，说详《徼季杂著·夫椒考》），赂吴太宰嚭以请成，身与范蠡入臣于吴。及归，欲复吴仇，苦身焦思，置胆于坐，坐卧仰瞻，饮食尝之（《史记》）。吊死养生，定嫁娶之制，以蕃人民（《国语》）；式怒蛙之气，以励勇士（《韩非子》）；用计然贵贱之术，以富国；用文种之智谋，以治民；用范蠡之强忍，以治兵。生聚教训十余年，及吴伐齐而杀伍子胥，兵敝于外，国虚于内，乘夫差之与诸侯会于黄池也，出师以覆吴国，其后复起倾国之师以伐吴。夫差军于江北（今松江），勾践军于江南。越王乃中分其师以为左右军，以其私卒君子六千人为中军。明日，将舟战于江。及昏，乃令左军衔枚泝江五里以须，亦令右军衔枚逾江五里以须。夜中，乃命左军、右军涉江鸣鼓中水以须。吴师闻之大骇，曰："越人分为二师，将以夹攻我师。"乃不待旦，且亦中分其师，将以御越。越王乃令其中军衔枚潜涉以袭吴，吴师大北。越之左军、右军乃遂涉而从之，又大败之，遂灭吴（《国语》。据《左传》，鲁襄公十三年越入吴，二十二年越灭吴）。勾践已平吴，乃以淮上地与楚，归吴所侵宋地于宋，与鲁泗东方百里。当是时，越兵横行江淮东，诸侯毕贺，号称霸王。数传至无疆，越兴师北伐齐、西伐楚，与中国争强。楚威王举兵袭越，杀无疆，遂取江淮南故吴地至浙江。而越以此散，诸族子争立，或为王，或为君，滨于江南海上（《史记》），保有浙东，服朝于楚。至秦始皇时，使王翦定楚，置江南郡；又降越君，置会稽郡。由是越失无余旧都，其子孙或都东瓯，君海上，为东越（今浙江永嘉县）；或都东冶（今福建侯官县），为闽越。至汉武时，始尽灭越而虚其地。南方吴、越、楚三国之相争至是结局。楚初大失败，而吴、越鹬蚌之争，致楚坐收渔人之利，终得并吞吴、越二国，至战国其势益大。

## 第十节　春秋末世卿专政之局

世卿之制为春秋时之大弊，当时国家政权、社会优势俱完全操于世卿之手，而演成为贵族特殊之阶级。推原其始，肇于封建，至周而宗法发达，遂致形成家国合一之天下。盖先王建侯树屏，其嫡长嗣世为君，支庶则推恩列为大夫，掌国事，食采邑，称公子。其公子之子称公孙，公孙之子以王父子为氏，世世不绝。若异姓积功劳为列卿，世掌国事，亦视公子、公孙之例。世卿之祸小者，淫侈越法，陨世丧宗；或族大宠多，权逼主上；甚者强私弱公，厚施窃国，如三桓擅鲁、陈氏篡齐、三家分晋，其最著者也。兹特略为分述，以著春秋之积弊而明世变之趋势焉。

（一）鲁三桓　三桓者，鲁桓公之子而庄公之弟也（见《公羊传》）。桓公四子：长庄公；次庆父，其后为孟孙氏；次叔牙，其后为叔孙氏；次季友，其后为季孙氏。孟孙氏封于成（今山东宁阳县东北九十里），叔孙氏封于郈（今山东东平县东南十里），季孙氏封于费（今山东费县西南七十里）。庄公卒，叔牙、庆父首行弑逆，为公室削弱之由。季友酖叔牙，走庆父，拥立闵、僖二君，忠于公室，而季氏专鲁国之政亦自此始。宣公之世，公孙归父欲去三桓以张公室（《左传》宣公十八年），而为季文子所逐。其子武子作三军，与孟孙、叔孙三分公室而各有其一。昭公四年，季武子复合中军，四分公室，而季氏择二，孟孙、叔孙氏各一。于是鲁公室无其民而季孙氏强于叔、孟矣

（说详《礼书通故》）。鲁以相忍为国，至是舍民数世矣。昭公不能堪，伐季平子，不克而出奔（《左传》昭公二十五年）。是时，晋霸已衰，权归六卿，范献子受季平子货，坐视季氏逐君之罪而不问，昭公遂客死于外。季氏之家臣阳虎复窃季氏之权而执鲁政，欲去三桓，而为孟孙氏所败。季桓子受创于家臣，始听孔子秉鲁政，孔子乘机堕费、堕郈，欲以抑陪臣者，抑三家而强公室。孟孙氏不肯堕成，而孔子去鲁，于是鲁事不可为矣（事在定公十三年）。其后哀公患三桓之侈，欲借诸侯之力以去之，为季孙之党所逼而出孙于越。哀公子宁立，是为悼公。悼公之世，三桓胜，鲁如小侯，卑于三桓之家。

（二）齐陈公　齐之有陈氏也，自陈公子完之奔齐始。公子完者，陈厉公之子也。以陈乱奔齐，齐桓公使为工正。齐自桓伯以后，五公子争立，骨肉相残。至于惠、灵、庄、景，罢民自奉，刑政日弛，暴敛则参分取二（《左传》昭公三年："民参其力，二入于公，而衣食其一"），繁刑则踊贵屦贱（《左传》杜注："踊，刖足者屦也"）。陈桓子乃乘民人之痛疾而燠休之，厚施于民，齐民归之，陈桓子于是始大（约《左传》文）。至其孙僖子乞，行阴德于民，其收赋税于民以小斗受之，其粟予民以大斗。由此陈氏得齐众心，宗族益强（《史记》）。僖子攻国惠子，杀高昭子，立景公他子阳生为悼公，遂专齐政。子恒，是为陈成子，弑其君简公，诸侯偃然弗讨。陈成子遂西约晋、韩、魏、赵氏，南通吴、越之使，修功行赏，亲于百姓，齐国之政皆归田恒。田恒于是尽诛鲍、晏、监止及公族之强者。其子襄子，且有齐国。襄子之孙和，遂迁齐康公于海上，会魏文侯，以请于周，求为诸侯。周安王十六年，命田和为诸侯，于是陈称田氏，和为田齐之太公，并有齐国（《日知录》："《春秋传》未有称陈氏为田氏者，至战国时始为田耳。"今从之）。

（三）晋六卿　晋武公起于曲沃以伐晋，其后世咸忌群公子，故晋无公族。文公图霸，作三军（《左传》僖公二十六年），以卿为将及佐，于是为卿者遂兼军政两大权。至悼公时，以荀偃将中军，士匄佐之；赵武将上军，韩起佐之；栾黡将下军，魏绛佐之。以后六氏更迭为政，号为六卿。荀氏出于晋大夫荀息，其后分为中行氏、知氏二族。士氏即范氏，出自周隰叔之后（《晋语》）。赵之先，与秦同祖伯翳，出于造父（《史记》）。韩氏出于韩万，为曲沃庄伯之弟（杜注）。栾氏出于栾叔，为晋靖侯之后（《世本》）。魏氏出于毕万，为毕公高之后（《史记》）。六卿之中，赵氏自赵衰、赵盾、赵武，世秉晋政；魏氏之魏绛、魏舒，韩氏之韩厥、韩起，亦均著贤声，故赵、魏、韩三家为最著。栾氏先亡。顷公之时，晋之宗家祁傒孙、叔向子，相恶于君（详《左传》昭公二十八年）。六卿欲弱公室，乃遂以法尽灭祁氏、羊舌氏，而分其邑为十县，各令其子为大夫。晋益弱，六卿皆大（《史记》）。定公之世，中行寅、范吉射与赵鞅相攻，荀跞、韩不信、魏曼多助赵鞅，奉定公以伐范氏、中行氏，二氏败亡（详《左传》鲁定公十三年）。其后，知伯（名瑶，荀跞之孙）与赵、韩、魏共分范、中行地而为四卿。当是时，晋政皆决于知伯，知氏最强，索地于韩、魏、赵，韩、魏与之赵襄子，不与知伯师，韩、魏之师攻赵与晋阳（今山西阳曲县），赵襄子、魏桓子、韩康子共杀知伯，尽并其地，晋幽公反畏三家而朝韩、赵、魏之君，春秋遂夷而为战国之时代矣。

春秋灭国一览表（参考顾栋高《春秋大事表》）

| 灭国者 | 被灭国者 |
| --- | --- |
| 晋 | 虢 耿 霍 魏 虞 逼阳 肥 鼓 焦 扬 韩 芮 梁 郇 贾 赤狄 潞氏 甲氏 留氏 铎辰 陆浑 |
| 楚 | 谷 权 申 吕 罗 邓 息 弦 黄 江 夔 糜 六 邾 蒋 莒 庸 舒庸 舒蓼 舒鸠 萧 赖 陈 蔡 唐 顿 胡 鄾 徐 英 眂 蛮氏 |
| 齐 | 纪 郕 谭 遂 阳 莱 郸 滕 薛 |
| 鲁 | 项 郜 鄟 |
| 卫 | 邢 共 邯 廧 |
| 宋 | 宿 曹 戴 |
| 郑 | 许 桧 |
| 蔡 | 沈 |

续表

| 灭国者 | 被灭国者 |
|---|---|
| 秦 | 梁 滑 鄀 |
| 邾 | 须 句 |
| 莒 | 鄫 杞 淳于 |
| 吴 | 徐 巢 州来 钟离 钟吾 |
| 狄 | 卫 邢 温 黎 |

## 第十一节　春秋时制度之大概

春秋列国之制度，其可征信者，散见于《左传》《国语》诸书。然皆偏而不全，其大要与《周官》相出入，而时多僭窃，变乱旧制。楚起南服，其制度与中原诸国特异，在春秋时自成为一系统焉。今略举其大端如下：

（一）官制　春秋官制，列国虽小有异同，然大致降于王朝，其间变易之最大者，以宋、晋为甚。盖宋为三恪之后，晋主诸侯之盟，一则体制不同，一则趣应时变故也。兹分三项言之：

（甲）朝廷官制　各国所同者，有太宰、司徒、司马、司寇、司空。惟楚则以令尹执国政，宋以右师、左师为政卿之首。晋以三军将佐代六卿之任而执政权，其政卿亦称元帅，《左传》僖公二十七年作"三军谋元帅"是也；亦称将军，《左传》昭公二十八年"岂将军食之而有不足"是也。后世元帅、将军之名实始于此。齐左相（《左传》襄公二十五年）、右相，在齐卿国、高之外。

（乙）地方官制　分公邑、私邑二类。公邑称县大夫，私邑称宰（《左传正义》）。晋亦谓之守，"晋侯问原守于寺人勃鞮"是也（《左传》僖公二十五年）。楚称县尹、郊尹。宋、郑、卫有封人。齐有轨长、里有司、连长、乡良人。

（丙）宗族官制　晋有九宗、公族、余子等秩，宋有宗，鲁、郑有宗人。

以上三种，足见列国官制之大概。然当时重要官职，多为宗族所世袭，如鲁之三卿为季、叔、孟三家，宋之六卿多属戴、庄、桓之族。平民之中，虽贤如孔门诸子，亦不过为邑宰、家臣，无崛起而执政柄者。此固宗法制度之使然也。

（二）军赋　春秋时，以农立国，因井田而制军赋。有税有赋，税以足食，赋以足兵（《汉书·食货志》）。是税赋、兵事皆属于农，二者常不可分。其制之可考者，鲁有税亩（见宣公十五年）、甲丘（见成公元年）、三军（见襄公十一年）、四军（见昭公五年）、田赋（见哀公十二年）之法，郑有鱼丽之陈（见桓公五年）、丘赋之法（见昭公四年），晋作州兵（见僖公十五年）、毁车崇卒（见昭公元年。此即废车战之渐），齐有轨里连乡之法。大抵赋税则加于什一，战术则主于兵车。出兵之数，周制甸（六十四井）出甲士三人者，今则丘出甲士一人矣。楚有乘广之制（见宣公十二年），一乘至用百有五十人，较之周制一乘甲士三人、步卒七十二人，则数多一倍。此楚兵之所以常强于中国也。兵器，则僖公十八年，楚子赐郑伯金，与之盟曰"无以铸兵"，知当时以铜为兵。迨战国时，有"铁剑利而勇士倡"之说（《史记·范雎传》），则战国以铁为兵矣。中国自黄帝、蚩尤之战已发明五兵之制，然犹木刀、石刀与铜刀杂用，至春秋战国，纯然进于铜刀期与铁刀期矣。

（三）刑法　春秋之刑法不甚可知，大抵仍西周《吕刑》之旧。盖古人立国，分全国之人为二等，一为贵族，一为贱族。此二族者，所享权利至为悬殊，即《曲礼》所谓"礼不下庶人，刑不上大夫"也。《吕刑》述五刑之法而推原于蚩尤，《士礼》十七篇，自天子以至大夫，皆概之于士，此其证矣。故其时黥、劓、椓、刖之刑，惟行之于庶民，而贵族无之。有罪止于杀而已，其次则为执、为放，见于《春秋》者至夥。若刑人，则为国君所不近（《公羊传》），其施于贱者可知。其杀人之法，尸诸市朝，又有戮尸（《左传》襄公二十八年："齐人迁庄公，殡于大寝。以其棺尸崔杼于市。"昭公十四年："晋尸雍子与叔鱼于市"是也)、醢刑（南宫万、猛获被醢于宋，子路被醢于卫是也），至为残酷。宋用鄫子于次睢之社（《左传》僖公十五年），楚用隐太子于冈山，则杀人以祭，近于夷风矣。又此时虽无灭族之刑，而有降族之法。昭公三年，叔向曰："栾、郤、胥、原、狐、续、庆、伯，降在皂隶。"八氏为晋世卿，皆有罪被杀或出奔者，而其子孙遂不得列于贵族。以昭公十七年申无宇曰"天有十日，人有十等。故王臣公、公臣大夫、大夫臣士、士臣皂、皂臣舆、舆臣隶、隶臣僚、僚臣仆、仆臣台"（仆则三代奴戮，今罪人为奴矣。台者，罪人为奴，又逃亡，复获之，则为陪台。说详俞正燮《癸巳类稿》）证之，即可知其所降之等级，故昭六年楚弃疾誓云"不用命者，君子废，小人降"。至战国时，贵族阶级渐破，而此制亦随之而除。其余如刑书（见昭公六年）、刑鼎（见昭公十九年）、仆区之法（见昭公七年）、被庐之法（见昭公十九年），皆已失传。

## 第十二节　春秋时学术之大势

春秋二百四十二年之间，弑君三十六，亡国五十二，诸侯奔走，不得保其社稷者不可胜数（《史记叙传》）。当时社会之杌隉，民生之多艰，概可想见。故其时先觉之人，辄思以道易天下，图救民于水火之中。既无位无时，其道不行，乃以其救世之道垂为学说。于是，孔、老、墨三圣先后出现于春秋之世，首倡改革之说者，厥为老子。老子崛起于楚，为南方学派之创始者。其幽深玄眇之思，于黄河流域正统派之文化外，独树一帜，以相对抗。老子之明自然、尚无为，盖从北派所因习之礼治文化为根本之推翻。大抵首倡改革之人，不免矫枉过正，老子之革周制，有破坏而无建设。孔子生于鲁，为周代礼治之策源地，既承受北派正统之文化，集尧、舜、禹、汤、文、周之大成，又见夫老子所倡之改革说穷，其弊必使文化日趋于退化。故革世族以治一时，张三世以治万世，重人治以矫自然之说，贵时中以立进化之方，遂成立中国学术之根本思想，而范围古今之政学矣。日人远藤隆吉以孔子出于支那，则支那之祸本也。盖以其卓跞过人，后生自以瞻望弗及，重神其言，革一义，若有刑戮，则一意循旧，自此始矣（见远藤隆吉《支那哲学史》）。然此非孔子之过，而后世过于尊孔子者之过也。墨子起于中部，当南北之要冲，既学北派儒者之业（见《淮南子》），复受南学之影响，故一变儒家之烦扰，为兼爱、贵俭主义，而于南北两学派之外，成为鼎足之势。中国学术虽以孔子为正宗，然老子言道较为深远（《史记》语），而墨子备世之急，舍身以利天下，其精神尤为积极。秦以前，儒、墨并称；秦以后，孔、老迭用，咸为建造中国思想界之原素焉。

## 第十三节　老子之道

老子，楚苦县（今河南鹿邑县）厉乡人。姓李氏，名耳，字伯阳，谥曰聃。周守藏室之史，习于礼，孔子适周问焉（见《史记》）。故孔子言礼，亦云"盖得诸老聃云"（见《礼记·曾子问》）。老子见周末文胜，天下皆为礼教所束缚，乃明大道之要，以法自然，而可名可道之事，皆以为非其常。故绝弃圣智仁义，而使之无为自化，处礼法缴扰之时，为反本还淳之学。盖疾礼教之流弊，而欲返诸太古，不自知其立说为过激，而复古之不可期也。自老子唱改革之风，学界遂呈一活泼之现象，而儒家之说兴。然世之学老子者则绌儒，儒学亦绌老子（见《史记》），盖改革同，而其所以为改革之道固不相同也。老子之学，至战国时大盛，其后分为两大派，一为杨朱（崔述《洙泗考信录》说），一为庄周。

## 第十四节　孔子

（甲）传略　孔子生鲁昌平乡陬邑（今山东曲阜县），其先宋人也（《史记》）。父邹大夫叔梁纥，母颜氏徵在（《家语》）。自其祖弗父何以来，世有明德，鲁孟僖子已知其后必有达人。孔子生于鲁襄公二十一年（本《公羊传》，《史记》作二十二年，《索隐》云："盖以周正十一月属明年，故误也"），生而首上圩顶（圩音乌，窊也。《尔雅·释丘》："四方而高曰丘。"是孔子首四方高、中央下，有似于丘，故取名焉），故因名曰丘云，字仲尼。孔子少孤贫且贱，及长，常为委吏会计当，常为乘田畜蕃息（赵岐曰："委吏，主委积仓庾之吏也。乘田，苑囿之吏也"）。由是为司空，为大司寇，相（傧也）鲁定公会齐侯于夹谷（在今山东博山县东），齐侯遂归鲁郓（今山东郓城县地）、汶阳（今宁阳县东）、龟阴（今新泰县北）之田（《左传》）。孔子与闻国政三月，鬻羔豚者弗饰贾，男女行者别于涂，涂不拾遗，四方之客至乎邑者皆如归（《家语》）。是时，鲁政在三家，孔子行乎季孙，三月不违（《公羊传》），志欲张公室。于是堕郈、堕费（叔孙、季孙二氏私邑），孟孙氏不肯堕成。适季桓子之志变，受齐女乐。孔子遂去鲁，斥乎齐，逐乎宋、卫，困于陈、蔡之间。去十四岁而反乎鲁。孔子知鲁终不能用，以诗书礼乐教，弟子盖三千焉，身通六艺者七十有二人。卒于鲁哀公之十六年，年七十三。葬鲁城北泗上，弟子及鲁人往从冢而家者百有余室，因命曰孔里。鲁世世相传，以岁时奉祀孔子。自汉以后，历朝莫不崇祀孔子，封其后嗣以奉其祀，直至民国十七年而始黜焉。

（乙）异闻　宗法时代，政教一归于帝王。孔子生当周末，毅然为天下改制、万世立法，开前古圣贤所未有。后世见其以布衣而行天子之事，遂以天命神权之说推尊孔子，后儒用以解经，谶纬之说于是大盛。据《演孔图》，孔子母徵在梦感黑帝而生，故曰玄圣（见《后汉书·班固传》注）。此盖古代帝王感生之说，以圣人必受天命而生，使改制以应天。虽孔子不有天下，后儒以为实受天命，比于文王，应亦以王者之瑞归之。故汉儒之言制定六经也，以获麟之后，天降血书鲁端门内，曰："趋作法，孔圣没。周姬亡，彗东出。秦政起，胡破术。书纪散，孔不绝。"子夏明日往视之，血书飞为赤鸟，化为白书，署曰"演孔图"，中有作法、制图之状。孔子仰推天命，俯察时变，却观未来，豫解无穷，知汉当继大战之后，故作拨乱之法以授之（《公羊传》哀公十四年《解诂》）。盖待以帝王受命之瑞，如文王赤鸟衔书之例。更附以五运之说，谓文王以木德王（《汉书·律历志》），木当生火，而丘为制法，主黑绿，不代苍黄（《孝经援神契》），故号之以素王也（《论语摘辅象》）。此等孔子继周而王、为汉制法之说极盛于前汉。盖曲儒媚时以希进，附会孔子改制之义而为此也。至后汉时，渐有不信其说者，然郑康成为群经作注，仍用其说。至唐作注疏，无甚大异。洎乎宋儒，乃毅然黜之，似于孔学有摧陷廓清之功，然以解群经之制度名物、微言大义，无一能合。然则宋学所持，其具之优劣，固当别论，而其非孔子之道则断然也。元明二代，不越宋学之范围。清儒病宋学之空虚，而又畏汉儒之诡诞，于是专从训诂名物求之，寻枝叶而忘根本，其去孔学愈远矣（采夏曾佑说）。盖当时君权之制，其法度已趋于完密，而宗法礼教渐溃于人心，深固而不可解，孔子怀改革之志，不获见诸施行，乃以著述行吾王事而加吾王心焉，必为当日社会所大忌。故隐微其词以辟时难，而大义微言传诸弟子之口授，弟子习见孔子以前议礼制度非天子不敢出，孔子乃以布衣而空言垂教，不知者方以为罪，故假古代帝王神权之术以自伸其学说，始可以辟时难。是以谶纬与经义相附丽，遂杂糅而不可去。盖谶纬、术数固非孔学，而孔学古义亦时或借之以存，是在学者抉择观之耳。

（丙）学说　孔子在当时已有"大哉"之称，其学几无能名。今从《论语》观之，言仁为多，似孔学以仁为宗旨，故其弟子亦以求仁为指归。仁者，相人偶（郑康成说），义在爱人（《春秋繁露》）。孔席不暇暖，仁天下也；制作以俟后圣，仁万世也。而其下手之方，则莫切于"己欲立而立人，己欲达而达人"二语。兹本此义，以推论孔学，而分为道德、政治、教育、制作四端，盖皆仁之所发见者也。

（一）**孔子之道德学**　以造就完全之人格为目的，以人人达于完全之域，而后为满其一己道德之分量。故对于一身则"明明德于天下"，对于社会则曰"吾非斯人之徒与而谁与"。此孔子之所实行而立以为教者也。

（二）**孔子之政治学**　以改进为志，常思以其道易天下。其道有二：一曰小康。天下为家，大人世及以为礼，礼义以为纪。一曰大同。天下为公（郑康成注："公，犹共也"），选贤与能，讲信修睦，人不独亲其亲，不独子其子。货恶其弃于地，不必藏于己；力恶其不出于身，不必为己（《礼运》）。春秋之时，上则群侯纷立，下则宗法束缚，庶民困于贵族阶级之压抑，而末由限制其权，拨乱世反之正，莫若集权而大一统，以铲除无限贵族之专横。此《春秋》之作，所以据乱世而以鲁当新王也（《公羊》家说）。顾大权归于独制，其事为甚危，乃以天之端正王之政，以元之气正天之端（《春秋繁露》），用小康之道以致升平，此为乱世必经之阶级。若夫大道之行天下，远近、大小若一，此大同之量，其进化当以渐，不以顿，固将俟诸后世者矣。

（三）**孔子之教育** 在因材施教（如"中人以上，不可以语下；中人以下，不可以语上"是），而务发达学者之心意（如"不愤不启，不悱不发，举一隅不以三隅反，则不复也"是）。故其德育以激发人之情感为主（如因子路之"行行如也"，而警以"由也，不得其死然"是），不驰骛于性命天道（如子贡言"性与天道，不可得闻"是）；智育以因学术之顺序为主，循循然于博文约礼，皆各因其人材性之所近而裁之，以归于中道，俾成完全之智识、道德而已。

（四）**孔子之制作** 孔子自卫反鲁，知言之不用、道之不行，乃述作六经，以诏万世。追迹三代之礼，序《书传》，上纪唐虞之际，下至秦穆，编制其事。以夏殷礼不足征，观其所损益与周代之郁郁，以一文一质而定制度，故《书传》《礼记》自孔氏。取《诗》三百五篇，皆弦歌之，以求合《韶》《武》《雅》《颂》之音。正乐，使《雅》《颂》各得其所。礼乐自此可得而述，以备王道。孔子晚而喜《易》，作《十翼》（《上象》《下象》《上象》《下象》《上系》《下系》《文言》《序卦》《说卦》《杂卦》是也），以明天地之道、乾坤之德、万物之宝。因史记作《春秋》，上自隐公，下讫哀公，十二公。据鲁，亲（当读为新）周，故殷，运之三代。约其文词而指博。笔则笔，削则削，游夏之徒不能赞一词。子曰："我欲载之空言，不如见之于行事之深切著明也。"故《易》长于变，《礼》长于行，《书》长于政，《诗》长于风，《乐》长于和，《春秋》长于治人。六艺虽因旧文,但一经孔子之制作则自出新义。如《诗》首文王,著人伦之至德;《书》首《尧典》,著揖让为独隆;《春秋》首文王(案:文王谓文明王,即素王也。素者,空也,谓王者道也,即《春秋》以明王道之旨)、终尧舜(《公羊传》文),著人事王道之大备;《易》首乾元,著通变不倦而归于不易之一元。皆兼采四代之遗文,损益前圣之典礼,以表见著作之精意,则虽谓尧、舜、禹、汤、文、武之所遗留,均归诸孔子一家之言,亦无不可。此孟子之所谓"集大成"而宰我以为远贤尧舜者欤!

要之,太古之治术皆囿于一隅,如殷尚文、周尚质是。此孔子则通三统。太古之学行皆偏于一端,如伊尹之任、伯夷之清是。而孔子则守时中,故其学说之周密,人格之伟大,实足以建设中国思想界之正统。然在当世已兼寿不能殚其教,当年不能究其礼(《晏子春秋》)。其学之繁重,已足束缚人类之思想,后世尊信太过,统于一尊,而学术遂无长足之进步,未始非受孔学之影响也。

## 第十五节　墨子之道

墨子,名翟,鲁人(《吕览》高诱注,孙诒让《墨子传略》从之),为宋大夫(《史记》),在孔子后(《汉书·艺文志》)。《七略》以为墨家者流,出于清庙之守,其学与老子同出于史官,故《吕览》以墨子为史角弟子(见《当染篇》),《淮南子》则云:"墨子学儒者之业,受孔子之术,以为其礼烦扰而不说(高诱注:"说,易也")。厚葬糜财而病民,服伤生而害事,故背周道而用夏政(《要略》)。"墨子法禹之形劳天下,以自苦为极,孰察当时社会国家众乱之所坐,皆起于人类之不相爱;人类之所以不相爱,皆起于自利自私之一念,而视人之利害与己相别,故其言曰:"然即之交别者(孙诒让注:"即则同。交别,犹言交相别"),果生天下之大害者与,是故别非也。"(《墨子·兼爱下篇》)墨子乃"兼以易别"而建篇。兼爱主义为社会根本之改革,不与先王同,毁古之礼乐(《庄子·天下篇》)。此与孔子之改革宗法,老子之破坏礼教同一思想。其道能风靡天下，几胜孔学者，则以利为实行兼爱之具。所谓兼爱者，即交相利也。且其所谓利，又以谋最大多数之幸福为归（《墨子·鲁问篇》所谓"巧利于人谓之巧，不利于人谓之拙"，是墨子爱利主义为利人主义），故孟子称之曰："摩（一作糜）顶放踵而利天下，为之。"墨子既以利为实行兼爱主义，故于政治、社会皆以利之有无多寡为衡，而自以爱利成一家之学说。当时周流诸国，以兼爱、兼利天下为务，至突不得黔。及闻公输般将攻宋，起于齐，百舍重茧，裂裳裹足，行十日十夜以至于郢，而谋救宋（《墨子·公输篇》）。其弟子服役者百八十人，皆可使赴汤蹈火，死不还踵，其"忘己济物"（《列子·杨朱篇》张湛注禹翟语）之热诚，牺牲精神之教条，洵中国思想界之第一实行家，而为布衣之王哉！墨子卒后，其教分为三支，有相里氏之墨，有相夫氏之墨，有邓陵氏之墨（《韩非子·显学篇》）。至西汉间，儒兴而墨微，一变为游侠之风云。

## 第十六节　三家结论

古代诗、书、礼、乐以为教，皆切于人事而在官，在野未尝有倡独立之学说者。有之，自老、孔、墨始。老、孔、墨三也，学派同出于春秋之季，皆因宗法、礼教之流弊，一切改革之说，为时势所需要而并兴。道家之学，清静无为，颇足以药当时繁缛形式之弊，而欲民复归于朴，老死不相往来（《道德经》），与进化之理相违反，故在战国之时，无大影响。墨家之学，以形劳天下，不侈不糜，而备世之急，真天下之好也。第其道太觳，其行难为，虽能独任，而反天下之心（《庄子·天下篇》），故其道传之而不久。惟孔学专重人治，不蹈老庄之空虚；仁有等差，不致如墨学之自离于天下。其亲亲尊贤之道，与当日社会程度不相远；其大同太平之说，又为后世政学所莫能外。虽其学以后王尊崇而愈显，然其中正无偏之学说，固与国民之中庸性相适合也。惟三家皆发明学理，对于原始迷信之宗教，皆在所斥。老子以道治天下，其鬼不神，不取鬼神术数，固无论已。即孔学之言祭神，不过欲改当时之多神教而为祖先教，初无所迷信于其间。其言天命天道，殆不过以自然法则视之而已。至墨子之明鬼，亦以有鬼神而后生死轻，则肉体非所重，而游侠犯难之风起，兼爱兼利之义伸，其与耶、回、佛之有礼拜仪式者迥异。至后世，孔子定为国教，老子为神仙方技所假托，几以宗教视孔、老，则后世末流之失也。

# 第三章
# 自列国末至秦灭六国为过渡时代

## 第一节 战国大势

《春秋》终于西狩获麟,是为周敬王三十九年(西历纪元前四八一年);《左传》终于鲁哀公出奔,卒于有山氏,是为周贞定王元年(西历纪元前四六八年);《通鉴》始于命晋大夫魏斯(文侯)、赵籍(烈侯)、韩虔(景侯)为诸侯,是为周威烈王二十三年(西历纪元前四〇三年)。此六十余年中,为列国入于战国之关键,一切政治、礼俗与列国时大异。综其前后之变革,不过百数十年间事耳,而史文缺轶,无从得其变迁之迹,是以论古者多为茫昧。顾炎武曰:"春秋时犹尊礼重信,而七国则绝不言礼与信矣;春秋时犹宗周王,而七国则绝不言王矣;春秋时犹严祭祀、重聘享,而七国则无其事矣;春秋时犹论宗姓、氏族,而七国则无一言及之矣;春秋时犹宴飨赋诗,而七国则不闻矣;春秋时犹有赴告、策书,而七国则无有矣。邦无定交,士无定主,此皆变于一百三十三年之间,盖不待始皇之并天下,而文武之道尽矣。"(《日知录》卷十三)由顾氏之言观之,战国为古今变迁之一大界限。推其所以致此变迁之由,盖自春秋霸者以尊王攘夷相号召,其帜志固以兴复王室为名,乃五霸迭兴而周室之衰弱愈甚,天下既绝望于王室之恢复,而霸者复欲以野心谋统一。于是战争日亟,兼并日甚,列国由百七十余国变为十余国。天演之竞争既日趋剧烈,则古代宗法之旧制已不适于时势而自归于销亡。孔、老、墨复大倡改革之学说，周家礼治主义既已根本动摇，而人心骤被解放，思想遂为各方面之发展，经百余年之蕴酿，而大局遂大为变动。故战国者，自宗法入军国、自封建入郡县之过渡时代，乃进化而非退化也。历史惟过渡时代为最盛，既无旧法之束缚，群思新制之完成，天下竞奋其心思材力，以发抒思想、言论，求与时势之趋势相适合，以易当日之天下。此战国之所以大异于古昔，而诸子百家之学说亦群起于一时，为中国文化极盛之时代欤。第以战国二百五十七年而论，其前半期，山东之强国六，各务扩充其本国之势力，而秦处西僻，诸夏宾之（宾与摈通），比于戎狄，其势尚微；后半期，秦以变法崛兴，东出以争诸侯，而六国咸被其侵凌。是前为六国均势之时期，而后为秦国独强之时期，终至于六国次第破灭，而秦遂开古代未有统一之局矣。

## 第二节　七雄分立

列国十四诸侯，至战国时，鲁、陈、蔡、杞灭于楚，吴、越故地朝服于楚；郑灭于韩，曹灭于宋，宋分于齐、魏、楚三国，而卫、中山及泗上小诸侯犹有存者。然关东唯韩、赵、魏、楚、齐、燕六国为最强大。齐、韩、魏、赵之起也，自田常杀简公而相齐国，诸侯晏然弗讨，海内争于战功，三国终之卒分晋；田和亦灭齐而有之，六国之盛自此始（《史记·六国表序》）。韩、魏、赵，故晋地，当大河南北，为古代天下必争之地。赵分其北，有今直隶南部、山西东部及察哈尔、绥远二特别区，都邯郸。魏分其中，地跨今陕西、山西、河南三省界，都安邑。韩分其南，有今山西、河南各一部，都平阳（今山西临汾县）。三国之中，惟韩疆域最小，平阳又与魏都安邑相密迩，韩乃避强攻弱，逾太行山脉，东侵魏，越河南灭郑，徙都阳翟（今河南禹县），于是韩之根据地由河北而移于河南。魏地与秦接壤，安邑尤扼河关之隘，故攻战每先起于魏、秦之间，然后渐次他及。魏初莫强于天下，据有河西之地，筑长城，自郑（今陕西华县）滨洛（今陕西之北洛水，至朝邑县南入渭），以北有上郡（今陕西榆林道属）。自惠王失河西地，乃去安邑而徙都大梁（今河南开封）。于是魏之根据地亦移于河南，秦人乃东下中原而无阻矣。楚在战国初，东南收吴、越故地，复命庄蹻将军南循江略巴（今四川保宁一带）、黔中（今湖北、湖南、四川交界之处），遂定滇地以旁诸部落（今云南昆明一带）；复北越汉水、淮水，与齐、魏争雄于中原。于是扬子江、淮水、汉水三大流域皆入于楚。楚于六国，最号强大。燕在春秋初，北迫蛮貊，内措（措与错通）齐、晋，最为弱小，自齐桓公灭山戎，以其地予燕，于是燕国始大。以僻处东北，不与中原之战争，得以休养其民，入战国时，蔚为强国。其地有今辽宁、河北一部，都蓟北。齐素为山东强国，都临淄，富山海之利，常窥诸侯之隙而欲为东帝。秦地据函谷关（今河南灵宝县地，汉武帝东移于新安县北）以西，有今陕西、甘肃等地。自孝公用商鞅，始由栎阳（今陕西临潼县）徙都咸阳，欲东向并吞山东之诸侯，由是列国南北人种之争斗，一变而为东西地形上之攻守，函谷关内之一雄与黄河、华岳以东之六雄相对峙。六国习见古代王霸多起黄河南北，故常自相侵伐，争为雄长，内讧不休，使秦得乘其敝而收次第削灭之功矣。

## 第三节　六国兴亡

战国之时，以国际竞争之烈务在强兵并敌，故尽弃古制，诈谋用而纵横短长之说起。然世变大，战国之权变亦颇有可采者，今略著其兴坏之端云。

魏以文侯之时为最盛，师事卜子夏、田子方、段干木之间。其相李悝明于法术，作《法经》六篇（《晋书·刑法志》），李克尽地力之教（《史记》作李克，《食货志》作李悝。克、悝叠韵，说者谓即一人）。西门豹为邺令（今河南安阳县，即清彰德府），引用漳水（清漳出山西乐平县沾岭，浊漳出长子县发鸠山，二水分流，至河南涉县始合，东北入河北界，复分二支，一东入卫河，一东北合滹阳、滹沱诸水，至天津入海），穿十二渠以溉邺田。任乐羊为将，克中山（今河北正定县）。以吴起为将，击秦，拔五城，守西河，秦兵不敢东向。于是，魏之版图扩张至现今河北中部及陕西东北部。文侯卒，子击立，是为武侯。十一年（周安王二十六年），与韩、赵三分晋地，灭其后。武侯时，尚能维持其优势，及卒而国内乱，韩懿侯与赵成侯乘之，合军并兵以伐魏，大败魏师于浊泽（胡三省曰：《括地志》：'浊水源出蒲州解县东北平地。'案：解县在今安邑县西南，与魏都近），遂围安邑。以韩、赵不和，解围去。魏惠王䓨仅免于死。魏由是与韩、赵为仇，数相攻伐。惠王三十年，魏以庞涓伐韩。韩告急于齐，齐宣王用孙膑计，直伐魏都以救韩，杀庞涓于马陵（今河北元城县境），虏魏太子申，军遂大破。秦魏鞅乘魏之败，诈魏公子卬，袭夺其军。惠王惧于秦，去安邑，徙都大梁。魏由是遂弱，西丧地于秦七百里，秦人拱手而得华阴、河西、上郡之地。自惠王迁大梁，至梁昭王七十年间，与韩逼处，常与韩、赵、齐、楚相攻伐。秦人乘之，割魏河东地方四百里。秦兵到大梁。魏安釐王时，秦围赵邯郸，魏令晋鄙将兵十万救赵，留兵壁邺（今河南安阳县），畏秦不敢进。信陵君者，魏公子无忌也，矫夺晋鄙军以救赵，大破秦军于邯郸下。信陵君留赵不敢归。秦闻公子在赵，日夜出兵东伐魏。公子归救魏，使遍告诸侯。诸侯闻公子将，各遣将将兵救魏。公子率五国之军破秦军于河外，走蒙骜，遂乘胜逐秦军至函谷关，抑秦兵，秦兵不敢出。安釐王以秦间使人代公子将，公子乃谢病，四岁而卒。十八岁，而秦虏魏王假，屠大梁，魏遂亡。

韩自景侯虔开国，三传至其曾孙哀侯，与赵、魏分晋国。二年，灭郑，因自平阳徙都郑（今河南新郑县）。哀侯又再传而至昭侯，韩以昭侯之时为最盛。申不害相韩，修术行道，国治兵强，十五年间，诸侯不来侵伐。申不害死，而秦拔宜阳，遂失西境之险。是时，魏惠王徙梁，韩当秦东出之冲，南防楚，东防梁，地小而兵分，数为秦所败。至桓惠王时，欲疲秦人，使无东伐，乃使水工郑国为间于秦，凿泾水注洛（泾水出甘肃固原县笄头山，流至陕西高陵县入渭。洛，北洛河也，出自陕西靖边县西境，流至大荔县南入渭。引泾水自泾阳县西北仲山下,分泾水东流,经三原、富平、蒲城,至大荔入洛),注塡阏之水,溉舄卤之地,关中由是益富饶。子王安立。秦攻韩,韩急,使公子非使秦,欲以存韩(《韩非子》书有《存韩篇》)。秦杀之,虏王安,韩遂亡。

赵自简子(名鞅)以来,素以拓地东北为志。东北之国,代为大。代之先为翟犬,是为北狄之后裔(翟为北之借字。其地跨今山西大同、河北蔚县一带)。简子以其女取代王,及襄子无恤立,遂并代地而有之。襄子为智伯所围,反结韩康子(名虔)、魏桓子(名驹)以灭智伯,共分其地。于是赵北有代,南并智氏,强于韩、魏。至其孙烈侯籍,与韩、魏相立为诸侯。子敬侯章始都邯郸,地与魏、齐接壤,数相构兵。三传至武灵王立,始变其南争之政策,经营胡翟,以继简、襄之遗烈,变中国之俗为胡服,习骑射之利,以备边。王略中山地(今河北灵寿县一带,为西周桓公支庶之后),至宁葭(今河北深县)。西略胡地(即林胡、楼烦二部族),至榆中(今甘肃皋兰县西)。筑长城,自代并阴山,至高阙(在河套北,距大碛口三百里)。欲从九原(今河套北、五原县东北)、云中(今河套东、归绥县西北),直南袭秦,身诈为使入秦,自略地形,以国有内乱,不果。然其兵常强于山东诸国。子惠文王时,秦已有魏安邑(魏昭王十年,献安邑于秦),下兵太行,南拊韩、魏之背,东与赵相冲突。秦、韩相攻,赵使赵奢将,击秦,大破秦军阏与下(今河南武安县)。子孝成王立,秦急攻韩上党(今山西长治、晋城等地),守冯亭以上党城市邑十七降赵,秦即移军攻赵,赵将廉颇与秦军相持于长平(今山西高平县西二十一里)。孝成王入秦,间免廉颇,而使赵括代将,为秦将白起所破,坑赵降卒四十余万人。秦围邯郸,平原君赵胜求救于楚、魏,虽以魏公子无忌来救解围,然赵卒由是弱矣。孝成王卒后,赵之良将廉颇以罪废,李牧以间诛,秦将王翦击破赵军,虏王迁,赵遂亡。

楚在六国之中,地方五千里,带甲百万,地广而兵多。然自宣王以来,常为秦所侵。楚急则与齐合,缓则构兵于齐、魏。至怀王,常为从约长,率山东六国兵攻秦,至函谷关。其后贪秦商於(今陕西商县至河南淅川县地)之地,见欺于张仪,而与齐绝从亲,为秦大败于丹阳（今河南内乡县），秦遂取楚汉中郡。怀王不听其宗臣屈原之谏，与秦昭王会于武关（在今陕西商县东南），为秦所劫留。怀王客死于秦，楚人怜之。子顷襄王立，畏秦，复与秦结和亲。其后复欲与诸侯为从以伐秦，秦将白起攻拔西陵（在今湖北宜昌县西），遂破郢。襄王兵散，遂不服，战东北，保于陈城（今河南淮宁县）。秦遂有巫（今湖北巫山以西）、黔中郡（今湖南常德西及贵州境）。楚既尽失汉水、长江上流地，国势益弱。考烈王时，与诸侯共伐秦，不利，徙都寿春（今安徽县），命曰郢。至楚王负刍立，秦已灭三晋，始皇以王翦将大军六十万，大破楚军于蕲（今安徽宿县有废蕲县），略定荆地，虏王负刍，楚遂亡。

燕为召公之后。春秋时，齐桓公救燕，伐山戎，割地于燕，燕渐大。至战国初，以其地近边，民气刚勇，故国渐强。燕南与齐接壤，常相侵伐。及燕王哙立，让国于其相子之。三年，国大乱，齐湣王因而伐之。燕国破，王哙、子之皆死。二年，而燕人共立太子平，是为昭王。燕昭王即位于破燕之后，志欲雪先王之耻，卑身厚币以招贤者，师事郭隗。于是乐毅自魏往，邹衍自齐往，剧辛自赵往，士争趋燕。燕王吊死问孤，与百姓同甘苦。二十八年，燕国殷富，士卒乐轶轻战，乃以乐毅为上将军，与秦、楚、三晋合谋以伐齐。齐兵败，湣王走，燕兵入临淄。乐毅徇下齐七十余城，其未下者唯莒、即墨（均今山东县名）而已。会昭王卒，子惠王立。惠王素与乐毅有隙，莒、即墨三年不拔，惠文中谗疑之，使骑劫代将。乐毅亡去赵，而燕军为齐田单所败，杀骑劫，悉复其故城，燕自是不振。至王喜时，乘赵长平之败伐赵，为赵将廉颇所击破。是时，秦已拔赵榆次三十七城，置太原郡。王喜畏秦，质太子丹于秦，其后亡归。秦既灭韩，赵兵临易水（易水源出直隶易县西山，经定兴、新城县境，入巨马河。易水至清，俗曰白沟河），祸且至。燕太子丹阴求勇士荆轲，使献督亢地图于秦（今直隶新城县），因袭刺秦王，不中，死。秦使王翦击燕，燕王喜亡走辽东。其后秦拔辽东，虏燕王喜，卒灭燕。

齐自田太公和列为诸侯以来，北与燕、西与三晋构兵，至其孙威王，因齐立而国始强。威王初即位，不治，委政卿大夫。九年之间，诸侯并伐，威王乃封即墨大夫之贤，而烹阿大夫之饰非。起兵西击赵、魏，败魏于浊泽（在今河南许县西）。魏献观（今山东观城县）以和解，赵人归齐长城。于是齐国震惧，人人务尽其诚，齐国大治，诸侯莫敢致兵于齐。子宣王辟疆立。魏攻韩、赵，宣王使田忌、田婴将兵，孙子为帅，攻魏以救韩。赵大败魏兵于马陵（今河北大名县东南十里），杀其将庞涓，虏魏太子申。宣王喜文学游说之士，自如驺衍、淳于髡、田骈、接予、慎到、环渊之徒七十六人，皆赐列第为上大夫，不治而议论。是以齐稷下（齐有稷门，城门也，学者会于其下）学士复盛，且数百千人。时燕有子之之乱，宣王使人诱太子平攻子之，燕大乱。宣王使章子伐燕，五旬而取之。宣王卒，子湣王立。时宋康王无道，天下之人谓之桀宋。湣王起兵伐之，民散，城不守，遂灭宋。湣王既灭宋而骄，乃南侵楚，西侵三晋。燕昭王乘诸侯害齐骄暴，合秦、魏、韩、赵之兵以伐齐，几灭齐。莒人拥太子法章立，是为襄王。田单守即墨，以火牛奇计大破燕军，尽复其故地。襄王卒，子建立。秦日夜攻三晋，燕、楚五国各自救于秦以放。王建立，四十余年不受兵。后胜相齐，多受秦间金，多使宾客入秦，秦又多予金，客皆为反间，劝王去从朝秦，不修攻战之备，不助五国攻秦，秦以故得灭五国。五国已亡，秦兵卒入临淄，民莫敢格者。王建遂降，迁于共。齐人怨王建不早与诸侯合从攻秦，听奸臣宾客以亡其国，歌之曰："松耶柏耶？住建共者客耶！"（在今河南济源县）疾建用客之不详也。

## 第四节　合从连衡之政策

　　战国列强并立，国际竞争重于内治，故一时政流之材，多趋重于外交，于是从衡家出焉。从衡家之初祖为鬼谷子（姓名不传，隐鬼谷山中，或作王诩。鬼谷山在今河南登封县），苏秦、张仪俱祖述其师说，以见诸政策。南北为从，从家为六国，其政策在六国联盟以拒秦，此苏秦所持之主义。东西为衡，衡家为秦，其政策在使六国解散联盟而与秦和，此张仪所持之主义。苏、张倡此二大主义，当时外交政策，即以此为名。今欲明二策之利害，必先论当日之形势。韩、魏处四战之地，为燕、赵之南蔽，故受兵最先，而其势不足以敌秦，必借燕、齐、楚之力以为助，韩、魏无患而六国始安，故六国利在合从。秦地既处于六国之外，道在离六国诸侯而使之自斗，秦以全力乘其蔽而制其后，以坐收渔人之利，故秦利在连衡。自苏秦以联合六国摈秦之策说燕文公，文公从之，资之车马，以使于诸侯，于是赵肃侯、韩宣惠王、魏襄王、齐宣王、楚威王皆许之。诸侯之将会盟于洹水上（源出河南林县隆虑山，至内黄县入于卫河），约秦攻一国，五国各出锐师，或挠秦，或救之，有不如约者，五国伐之。时周显王三十六年也（西历纪元前三三三年）。约定，以苏秦为从约长，并佩六国相印。然苏秦对秦之策则是，而使六国长守盟约之方则未备。且列国虽共患秦，然以地势所处不同，故利害不能一致。故合从政策成立之翌年，秦使公孙衍欺齐、魏与伐赵，诸侯之从约皆解。及苏秦死而张仪相秦，连衡之策大盛。其有不从其说者，则随之以兵，胁之以威，使魏卒背从约，以请成于秦是也（在周显王四十五年）。其有兵力所不能及者，则欺之以赂，以离其交，使怀王绝齐而因以败楚是也（在周赧王三年）。其于韩、赵、燕、齐，或以离间行之，或以虚声恫喝之，而诸侯皆风靡于秦矣。然诸侯割地以事秦，诸侯之地有尽，而秦之求无已，以有尽之地而逆无尽之求，此所谓市怨结祸者也（苏秦说韩语），故连衡政策亦未久而瓦解。时复循从衡政策，以为抵抗强秦之计。当周显王三十七年（西历纪元前三三二年），第一次从衡之失败也。至周慎靓王三年（西历纪元前三一八年），楚、赵、韩、魏、燕五国组织第二次合从，连兵伐秦，攻函谷关，秦出逆之，五国皆败走，是为第二次合从策之失败。周赧王九年（西历纪元前三〇六年），楚、齐、韩三国组织第三次合从以摈秦，楚怀王首败约，与秦盟，齐、韩怨楚，与魏连兵伐楚，秦人救之，三国引去，是为第三次合从之失败。赧王十七年，孟尝君田文相齐，与韩、赵二国组织第四次合从，连兵伐秦，败其军于函谷关，河、渭绝一日，秦割河东三邑以和，是为第四次合从之小效。赧王四十五年，魏复与齐合从，秦魏冉伐魏，拔四城，齐坐视不敢救，是为第五次合从之无效。周亡后之九年（西历纪元前二四七年），魏信陵君无忌率五国之师败秦兵，攻至函谷关而还，是为第六次合从之收效。秦始皇六年（西历纪元前二四一年），五国合从攻秦，楚春申君黄歇为从约长，不克，是为第七次合从之失败。自苏秦倡合从政策以来，虽屡次失败，然前后百余年间，六国对秦，终不能不出此一途，亦足见其政策为当日时势之所需。合从之终于失败者，一由六国采用之不一贯，二由运用此政策之难得其人故也。至于修内政以为外交之本，尤非六国之所及已。

春秋变为六国图

| 春秋十四诸侯 | | 战国 | 秦一统 |
|---|---|---|---|
| 周 | | 东周　西周 | 秦 |
| 郑 | | 韩　赵　魏 | |
| 晋 | | | |
| 曹 | 宋 | 齐 | |
| 宋 | | | |
| 齐 | | | |
| 秦 | | 秦 | |
| 鲁 | | 楚 | |
| 蔡 | | | |
| 陈 | | | |
| 楚 | | | |
| 吴 | 越 | | |
| 越 | | | |
| 燕 | | 燕 | |
| 卫 | | 卫 | |

## 战国七雄兴亡表

| 国别 | 姓 | 入战国之君 | 国都 | 今地 | 占地大势 | 见灭者 | 灭者之年 | 附考 |
|---|---|---|---|---|---|---|---|---|
| 燕 | 姬 | 献公 | 蓟 | 北京 | 直隶东北部及奉天西南部 | 王喜 | 秦王政二十五年 | |
| 韩 | 韩武子后 | 景侯虔 | 阳翟；哀侯迁新郑 | 河南禹县；河南郑县 | 山西东南部、河南省中西各一部 | 王安 | 秦王政十七年 | |
| 魏 | 毕万后 | 文侯斯 | 安邑；惠王徙大梁 | 山西芮城县；河南开封县 | 陕西省北部、山西省西南部及河南省之北部 | 王假 | 秦王政二十二年 | |
| 赵 | 赵文子后 | 烈侯籍 | 邯郸 | 直隶邯郸县 | 直隶西北部及山西之大部 | 幽缪王迁 | 秦王政十九年 | 赵公子嘉立为代王，历六年灭于秦 |
| 齐 | 田 | 平公骜 | 临淄 | 山东临淄县 | 山东省大部及直隶东南之一部 | 王建 | 秦王政二十六年 | |
| 楚 | 芈 | 惠王章 | 郢；顷襄王迁陈；考烈王迁寿春 | 湖北江陵县；河南淮宁县；安徽寿春县 | 江汉淮三水流域，东北至于泰山，西至于巴 | 王负刍 | 秦王政二十四年 | |
| 秦 | 嬴 | 厉共公 | 雍；献公迁栎阳；孝公迁咸阳 | 陕西鄠县；陕西临潼县；陕西咸阳县 | 陕西省大部及甘肃省之一部 | | | |

## 第五节　秦之勃兴

秦于中国关系最大，秦以前为古人之世界。秦始皇元年至民国二千一百五十七年间，所有中国之政治社会，大抵皆为秦之所造成。是秦者，中国古今之一大关键，不仅为战国之主动已也。秦之先，帝颛顼之苗裔，至大费时，舜始赐姓嬴氏。嬴姓多显于殷，遂尔诸侯，在西戎，保西垂（今甘肃渭川道天水县）。殷末蜚廉有二子，一曰季胜，四传而生造父，以善御幸于周穆王，王封以赵城（今山西河东道属赵城县），造父族由此为赵氏，别居赵；一曰恶来，五传而生非子，居犬丘（即今天水），为周孝王主马于汧、渭之间（今陕西陇县），邑之秦（今甘肃清水县故秦城），使复续嬴氏祀，号曰嬴秦。犬戎败幽王，周东徙雒邑，襄公以平西戎功，平王封之为诸侯，赐以岐以西之地，襄公于是始国，与诸侯通使聘享之礼，而僭事上帝，君子惧焉（以上约《史记》。案：足见秦原为西北游牧民族，礼俗、宗教咸不与中国同）。子文公逾陇攘夷狄，卜居于汧、渭之会（当即今陕西宝鸡县东南二十里之陈仓废县。《后汉续志》刘昭注："秦武公都雍，陈仓城是。当是秦武公由平阳复回文公故都耳"），初有史以纪事，民多化者。文公七传而至任好，是为穆公。秦自德公居雍以来（雍在今陕西凤翔县南），始渐图东向。宣公与晋战河阳（当在今河南陕县地）。穆公时，周襄王辟狄难，出居于郑，穆公师于河上，将纳王而不果（《左传》僖公二十五年），从晋文公败楚人于城濮，秦自是始与中国会盟征伐矣。晋文死，而秦穆潜师以袭郑，其志将以东征诸侯，终直为郑滑（在今河南偃师县南二十里）而已，乃为晋襄公败于崤。其后虽大败晋师，报崤之役，然秦自是不复东出，一意扩地于西，益国四十二，开地千里，遂霸西戎，与齐桓、晋文中原侯伯侔矣。历二百余年，中经厉、躁、简公、出子之不宁，国家内忧，未遑外事。

及献公之子孝公立，当是时，河山以东强国六，与齐威、楚宣、魏惠、燕悼、韩哀、赵成侯并，淮、泗之间小国十余。周室微，诸侯力政，争相并。秦僻在雍州，不与中国之会盟，夷翟遇之。孝公于是布惠，振孤寡，招战士，明功赏，下令国中，求能出奇计以谋强秦者。魏人卫鞅闻是令下，西入秦，说孝公变法修刑，内务耕稼，外劝战死之赏罚，秦用富强。孝公十二年（周显王十九年，西历纪元前三百五十年），徙都咸阳，以新全国之耳目。初并小乡，聚集为大县。为田开阡陌，废井田，平赋税（阡陌，田间之道，东西为阡，南北为陌。《蔡泽传》曰："决裂阡陌，以静生民之业而一其俗。"则开乃破坏铲削之意，详见朱子《开阡陌辨》）。乘魏马陵之败，使卫鞅伐魏，大破魏兵。魏惠王惧，徙都大梁。秦由是确立东向以制诸侯之基础。惠王立，魏献华及河西地，秦得以据河山之固矣。又命司马错伐蜀。蜀山氏出自人皇，历夏、殷、周为古王国，至是与巴（今四川重庆）同为秦所灭。司马错率巴、蜀众十万，大舶船万艘，浮江伐楚，取商於之地为黔中郡（《华阳国志》。案：秦黔中郡为湖南旧辰州府、常德府，至岳州府之澧州及永顺府皆是。今谓之商於者，以其地膏腴如秦商於，故因以名之欤），益富强，轻诸侯。其后秦竟资蜀之财赋，秦之强兵，以兼并天下。是时，惠王任张仪，以连衡说诸侯，破苏秦合从之政策。子武王立，攻韩，拔宜阳。自是秦兵东出河南而无阻矣。武王异母弟昭襄王立，任魏冉为相，白起为将，东败韩、魏之师于伊阙，北败赵军于长平，南伐楚，拔郢。天下诸侯稽首而事秦，秦益强大（《通鉴》五）。周赧王五十九年（秦昭襄王五十一年，西历纪元前二百五十六年），秦取韩阳城、负黍（均在今河南登封县）。赧王恐，倍秦，与诸侯约从，将天下锐师出伊阙攻秦，令毋得通阳城。秦遣将攻西周，赧王入秦受罪，尽献其邑三十六，口三万。赧王还而崩。后七岁，秦尽灭东、西周。周凡三十七王，约八百年。历孝文王、庄襄王，在位皆不久。自周赧王亡后八年，而秦王政立。其初，国事决于文信侯吕不韦。秦连攻各国不已，复败楚、赵、韩、魏、卫，最后合从之师于函谷关。秦王政立十年而免吕不韦相，任用李斯，以王翦为将。十七年，内史胜击灭韩。十九年，王翦击灭赵。二十二年，翦子王贲击灭魏。二十四年，王翦击灭楚。二十五年，王贲击灭燕、代，又击灭齐。古代数千年相传封建之天下，自是一统于秦矣。

案：司马迁曰："论秦之德义不如鲁、魏之暴戾者，量秦之兵不如三晋之强也。"（《六国年表序》）然自穆公至始皇二十余君，常为诸侯雄，威强乎汤、武，广大乎舜、禹者，何也？孙卿子有言曰："其固塞险，形势便，山林川谷美，天材之利多，是形胜也。入境，观其风俗，其百姓朴，其声乐不流污，其服不挑，甚畏有司而顺，古之民也。及都邑官府，其百吏肃然，莫不恭俭、敦敬、忠信而不楛，古之吏也。入其国，观其士大夫，出于其门，入于公门，出于公门，归于其家，无有私事也，不比周，不朋党，倜然莫不明道而公也，古之士大夫也。观其朝廷，其间听决，百事不留，恬然如无治者，古之朝也。故四世有胜，非幸也，数也。"（《荀子·强国篇》）又曰："兼并易能也，唯坚凝之难焉。"（《议兵篇》）秦以百年而后能兼并六国，乃十四年而遽亡天下者，贾生所谓仁义不施而攻守之势异也。

## 第六节　商君变法

三代以后，中国之制多本于秦。秦起自西北，风俗、制度自成为一特别之系统，不与中原诸国同。然其制多肇于商鞅，商鞅以法治，为秦立富强之基，而为中国军国主义之发明家，故论者以为与希腊之来格谷士同功。商君之为治也，不法古，不修今，因世而为之制，度俗而为之法（《商君书·壹言篇》），故其为效速而见功多。今叙其变法之理论与其制度之大概。

（一）变法之决议　秦孝公既用卫鞅，鞅欲变法，孝公恐天下议己，卫鞅曰："疑行无成，疑事无功。有高人之行者，固见负于世；有独知之虑者，必见骜于民。愚者暗于成事，知者见于未萌。民不可与虑始，而可与乐成。论至德者不和于俗，成大功者不谋于众。是以圣人苟可以强国，不法其故；苟可以利民，不循其礼。"廷臣甘龙、杜挚，执法古循礼之说以相难，卫鞅以"常人安于故习，学者溺于所闻，以之居官守法则可，非所与论于法之外。三代不同礼而王，五伯不同法而霸。故治世不一道，便国不法古"。孝公以为善，卒定变法之令。

（二）法治之主义　卫鞅以民之乐有君，将以为治，今于主而无法，其害与无主同；有法不胜，其乱与不法同（《商君书·开塞篇》），故以法为君臣之所共操（《修权篇》），而法重于人主，置法官吏为师，以导民知，使天下之吏民无不知法（《定分篇》），而法律思想普及于民。是以任法则治不听（《君说民篇》），重刑则法在必行，而一切严正之制度生矣。

（三）连坐之法　令民为什伍，而相收司连坐。不告奸者腰斩，告奸者与斩敌首同赏，匿奸者与降敌同罚。盖古代国家防奸之术未周，欲奸无所容而法无所漏，必使民自相纠察而以重赏必罚督其后。故其法虽至严酷，而卒收道不拾遗、山无盗贼之效。

（四）异室之法　始秦戎狄之教，父子无别，同室而居，鞅更制其教，令民有二男以上不分异者倍其赋（见《商鞅传》）。一以重男女之别，一以去倚赖之习。一扫族制社会之余习，使人人皆直接受治于国家，而个人始居于构成国家之本位矣。

（五）耕战之法　秦地广漠，图富莫如农；六国竞争，图强莫如战。然农为民之所苦，战为民之所恶，欲移民于农战，必使民趋耕而乐战。鞅令大小僇力本业，耕织致粟帛多者复其身，事末利及怠而贫者举以为收孥，故民贱商贾游艺而归心于农。宗室非有军功论不得为属籍，有功者显荣，无功者虽富无所芬华，故国退诗、书、礼、乐、善、修、仁、廉、辩、惠，而作民于战。是以民闻战而相贺，起居饮食所歌谣者，战也。秦于是四世有胜于诸侯（约《史记·商君传》及《商君书·去强篇》《画策篇》）。

（六）行法之信　商君令既具，恐民之不信己，乃赏徙木者以明不欺。太子犯法，鞅以法之不行，自上犯之，刑其傅，而秦人趋令，故其书曰刑无等级（《商君书·赏刑篇》），欲法之必行而一之于刑也。

商君之法，盖以人民为国家而设，而国家以法制为枢机，故知有国家而不知有人民（《弱民篇》："民弱国强，国强民弱，故有道之国务在弱民"），纯用法制而不用道德，用之列强之世则足以抟国力而致强盛，用之一统之世则适以增压制而阻民气。然古代家族本位之社会，封建阶级之政治，皆赖商君法治之精神为根本上之扫除，若猥以鞅受恶名于秦而以为法之敝，岂明于秦之时势而知古今世运升降之论者哉！

## 第七节　秦人兼并之策

秦取天下多暴，世以其先诈力、后仁义，鄙夷之而不敢道，然其术数权略为后世攻取天下者所莫能外。今详其政策如下：

（一）徕民损敌之策　秦地广而待垦，三晋土狭而民众。商鞅徕三晋之民，使新民作本，以故秦事敌，三晋日损而秦以富强（参考《商君书·徕民篇》）。

（二）远交近攻之策　范雎以远交近攻之策说秦昭王，谓："韩、魏中国之虞而天下之枢，王若欲霸，必亲中国为天下枢，以威楚、赵。楚强则赵附，赵强则楚附，楚、赵皆附，齐必惧矣；齐惧，必卑辞重币以事秦，齐附而韩、魏因可虏也。"秦累世用之，以为外交方针，始皇卒以此策灭六国（参考《秦策》）。

（三）阴谋用间之策　尉缭说始皇以财货赂诸侯之豪臣，李斯说始皇以统一之计。阴遣谋士，赍持金玉，以游说诸侯。诸侯名士可下以财者厚遗结之，不肯者利剑刺之。离其君臣之计，秦王乃使良将随其后（参考《秦始皇本纪》及《李斯列传》）。

（四）攻取次第之策　秦有韩、魏，如人有腹心之疾，故其用兵之次第，先灭韩、魏，东面略定，而后北举赵，赵灭然后作两军，一北灭燕，一南灭楚，即以灭燕之军南面袭齐，而六王毕矣。此战法当是兵家素定，非漫然而为之也（参考《白起王翦列传》）。

案：商鞅之策，与欧洲近日军国民主义略同；而李斯之计，则欧洲近世列强之外交家多用之。夫秦内则务农殖、奖战功以立其本，外则审时势、离与国以乘其敝，以区区西隅之地而卒并天下，有以夫！

## 第八节　周秦之际之学派

周秦之际，至要之事莫如诸子百家之学派。中国自古至今，至深之哲理，至精之政论，至美之文章，并在其中。百世之后，研究终不能尽，亦犹欧洲之于希腊学派也。推其所以致盛之由，一为封建之阶级崩坏，而学问不致为贵族所垄断；二为孔子以布衣倡教于洙泗，开庶人自由研究学术之风；三为暴政苛赋之压迫，而志士仁人咸思所以挽救之道；四为国际竞争剧烈，而人材因需要而见尊重；五则齐有宣王、襄王、孟尝，赵有平原，魏有信陵，楚有春申，秦有文信侯，皆尊养文学，招致游士，多者万人，少亦数千，智识得以交换，故讲学之风甚盛。然诸子并兴，群言淆乱，欲讨其源流，寻其得失，甚不易言。今略举诸子之所论列，撮要以明之。

（一）《孟子》所列之学派　《孟子》书所称所距者凡四家：一孔子，二墨翟，三杨朱（崔述《洙泗考信录》一谓："老聃之书皆为杨氏说者所托。"陈澧《东塾读书记》卷十二谓："杨朱是老子弟子。据《列子·黄帝篇》及《庄子·寓言篇》'杨子居'，居盖朱之假字"），四子莫（子莫即子牟，荀子所非之魏牟也），皆胪举其学说而不著其所自出。今案其学说，孔子为儒家，墨翟为墨家，杨朱、子牟均为道家（《艺文志》公子牟入道家，即《赵策》之公子魏牟也）。

（二）《庄子》所列之学派　《庄子·天下篇》所列凡六家：一墨翟、禽滑厘；二宋钘（即《孟子》之宋牼）、尹文；三彭蒙、田骈、慎到；四关尹、老聃；五庄周自表其学；六惠施，皆胪举其学说而以为出于古之道术。今案其学说，墨翟、禽滑厘为墨家，宋钘近于墨家（《艺文志》入小说家），田骈（《艺文志》道家有《田子》二十五篇，班固

注："名骈，齐人。"《史记》："田骈，齐人，学黄老道德之术"）、关尹、老聃、庄周为道家，慎到（《艺文志》法家有《慎子》四十二篇，班固注："名到，赵人"）为法家，尹文、惠施为名家，惟彭蒙无考。

（三）《荀子》所列之学派 《荀子·非十二子篇》所列凡六家：一它嚣、魏牟；二陈仲、史䲡；三墨翟、宋钘；四田骈、慎到；五惠施、邓析；六子思、孟轲，皆胪举其学说而不著其所自出。今案其学说，它嚣、魏牟、田骈为道家，墨翟、宋钘为墨家，陈仲、史䲡近于墨家，慎到为法家，惠施、邓析为名家，子思、孟轲为儒家。

（四）《韩非子》所列之学派 《韩非子·显学篇》分天下显学为儒、墨二大派。以仲尼为儒之所至，而儒分为八，有子张之儒，有子思之儒，有颜氏之儒，有孟氏之儒，有漆雕氏之儒，有仲良氏之儒，有孙氏之儒，有乐正氏之儒。以墨翟为墨之所至，而墨分为三，有相里氏之墨，有相夫氏之墨，有邓陵氏之墨。

（五）司马谈（汉武时人，司马迁之父）所列之学派 《史记叙》太史公谈《论六家要旨》，一阴阳家，二儒家，三墨家，四名家，五法家，六道德家，皆胪举其学说，论其长短，而不著其所从出，亦不举其人。

（六）《淮南子》所列之学派 《淮南子·要略》所列凡八家：一孔子，为儒家，以为出于成周；二墨子，为墨家，以为出于夏禹；三管子，为法家（《艺文志》入管子于道家。案：《史记·管晏传赞》正义引《七略》曰："《管子》十八篇，在法家。"今从之），以为生于齐桓之图霸；第四为晏子，亦儒家（案：《郡斋读书志》《文献通考》均入晏子于墨子，盖因柳宗元之说故也。然《七略》晏子在儒家，见《管晏列传》正义所引，今从之），以为生于谏齐景之失道；五从衡修短家，以为生于战国之力争；六申子，为刑名家，以为生于矫正韩国之法令；七商鞅，为法家，以为生于佐秦孝公强秦以吞诸侯；八刘安，自叙其学盖杂家而近于道家者，其叙述诸家多以为应时势而生。

（七）刘向、刘歆所列之学派 《汉书·艺文志》（《汉书》为班固所撰，而《艺文志》则向、歆父子之成说）所列凡六略：一六艺，二诸子，三诗赋，四兵书，五术数，六方技。《六艺略》分为九类：一《易》，十三家；二《书》，九家；三《诗》，六家；四《礼》，十三家；五《乐》，六家；六《春秋》，二十三家；七《论语》，十二家；八《孝经》，十一家；九小学，十家。《诸子略》分为九流：一儒家，出于司徒之官；二道家，出于史官；三阴阳家，出于羲和之官；四法家，出于理官；五名家，出于礼官；六墨家，出于清庙之守；七从衡家，出于行人之官；八杂家，出于议官；九农家，出于农稷之官；十小说家，出于稗官。《诗赋略》分五属：屈原赋为一属，陆贾赋为一属，荀卿赋为一属，杂赋为一属，歌诗为一属。《兵家略》出于司马之官，分权谋、形势、阴阳、技巧为四种。《术数略》出于明堂羲和史卜之职，分天文、历谱、五行、蓍龟、杂占、形法为六种。《方技略》为王官之一，守生生之具，分医经、经方、房中、神仙为四种。刘氏以六略皆出于王官之所守。

综观诸家所列之派别，大都以儒、道、墨为大宗，而太史公谈所分六家轻重尤当。至著录百家之书，始于《汉志》，后人皆遵用其说。今文学家以六艺为儒家所专有（康有为《孔子改制考》），而《汉志》则以六艺为史籍，《淮南》以诸子为时势之所生，而《艺文志》则皆以为出于王官（参考胡适《诸子不出于王官论》），为中国学术史上之一重大公案。然顺先王《诗》《书》《礼》《乐》以教士，《王制》与《孔子世家》均有明文，是《诗》《书》《礼》《乐》为诸子所共习，不过经孔子删定之后，而后六艺始别于古代之四术，此自儒者一家之言，不能抹煞古代教育传统之迹也。诸子学说虽皆为时势所造成，然专家之称实沿于宗法社会政教一致之残影，况学校与明堂合一，远有端绪可寻者乎（惠栋《明堂大道录》）！故求一网罗古代之著录，究以《艺文志》为适宜。不过纵横为一时之政策，农业仅治道之一端，皆非儒、墨、道德比也。且既名曰杂，何以名家、小说一类史之别体，尤觉轻重失伦矣！至儒、墨、道、名、法、阴阳各家，学有本原，各自独立，而《艺文志》以为皆六艺之支流余裔，此则承汉武尊儒，而后为此笼统附会之词，不足以明诸子之真相已。

## 第九节　周秦之际之学说

儒、墨、道德，中国学术之大宗。然儒家长于序君臣父子之礼，列夫妇长幼之别，而事难尽从；墨家长于强本节用，而俭而难遵；道家以虚无为本，以因循为用，无成势，无常形，因时为业，因物与合，故能究万物之情而为万物主。此三家者，大要混合道德、名、法而为一，以范围中国古今之政教。其余如阴阳五行，本古代神权之旧教，其上者发天人合一之理，其下者杂占验神仙之说，而学术风俗常受其影响，为其所束缚。法家无亲疏贵贱，一断于法，而严而寡恩。名家控名责实，参伍不失，而苛察缴绕，使人俭而善失真。今除孔、老、墨已见于前论外，特叙各家之巨子而著其概（参考太史公谈《论六家要旨》）。

儒家为孔子所创之学派，其门弟子有德行、言语、政事、文学四科。诸弟子中，曾参（字子舆）、卜商（字子夏），其年最少。曾子得一贯之传，子夏居文学之科，故两派之传为最广。曾子为德性派，先儒多以《礼记》中之《大学》为曾子或其门人所述。一传而为子思，作《中庸》。再传而为孟子。孟轲，邹人，著书七篇。其学以性善为宗，言治则发君轻民贵之说，井田学校之规，而其善养浩然之气，以塞乎天地之间，尤为孟子一生之本领，故能以平治天下，自在此一派。内圣外王，其道甚大，非其人莫能传，故其后渐微。子夏为文学派，发明章句，于《易》则有传，于《诗》则有序，于《礼》则有《仪礼丧服》一篇。《公羊》《穀梁》两传，皆传自子夏。虽传记杂言，不无伪托，然传经之功，子夏为大。晚而教授西河（今山西汾阳县），孔学被于三晋，数传为赵人荀卿，推儒、墨、道德之行事，兴怀序列，著数万言。其说重人为，故以人之性恶，其善者伪也（古"为"与"伪"通）。何谓伪？可学而能，可事而成之在人者，谓之伪。盖性不自善，必人治之以礼义然后正。故其言学，始于劝学，以至乎礼而止（《劝学篇》）；言治，以修礼为王（《王制篇》）；论政，以分尊卑、明贤不肖、谨仪节为法式。荀卿于礼为最长，故其书采入于大、小《戴记》者至多，李斯、韩非皆其弟子。礼义既出于人为而矫性，刑法亦出于人为而正恶，故荀学一传而变为法家。而荀卿传《诗》于毛公、浮丘伯，传《左传》于张苍，传《穀梁传》于鲁申公。当七十子之徒既没，汉诸儒未兴，中更战国、暴秦之乱，六艺之传赖以不绝者，荀卿之力也（参考《述学·荀卿子通论》）。

道家自老子创立后，其学分为二派，一为杨朱之为我派，一为庄周之天然派（《荀子·正论篇》："庄子蔽于天而不知人"）。杨朱即《庄子·寓言篇》之阳子居（见《释文》），本老子"贵以身为天下，爱以身为天下"之说，而变为极端之个人主义（本吴草庐说）。其学说以人人不损一毫，人人不利天下，天下治矣（《列子·杨朱篇》）。此发达个人独立之精神而倡极端自由论者，故能与孔、墨学说鼎盛于天下。庄子名周，与梁惠王、齐宣王同时，深观老子天然无为之道，著书内外篇。其说一死生，均天地，通神明，毕罗万物，洸洋自恣，独与天地精神往来。故言道则以养生为主，因其固然；言治则藏天下于天下，而不得所遁。斯至德充符，应为帝王，然必扩之以逍遥之游，充之以齐物之论，而后天然之本体乃可窥见，此其大较也。中国学术偏重伦理、政法方面，独《庄子》一书为纯理哲学诣极之作矣。此外道家之著者有《文子》《列子》，然自柳宗元以来，已疑其书似依托者所为，且多增窜，盖后世道家者流之伪作也。惟其书多黄帝、老子、杨朱、魏牟之遗说，分别观之，亦足通知古之多异术矣。

法家以管仲开其先，其书多出于后人所附会。大抵古代子书，不过表明其为某家学派之标帜，初非其人所自著。故《管子》一书，盖后之法家所追述缀辑，至为驳杂。其后申不害言术，而公孙鞅为法（《韩非子·定法篇》）。及韩非子出，喜法术刑名之学，而其归本于黄老，又与李斯俱事荀卿，遂融合道、儒、法、术之说而著书，集法家之大成矣。非见韩之削弱，数以书谏韩王安而不能用。于是韩非疾治国不务修明其法制，执势以御其臣下，富国强兵而以求人任贤，反举浮淫之蠹而加之于功实之上。以为儒者用文乱法，而侠者以武犯禁，宽则宠名誉之人，急则用介胄之士，所养非所用，所用非所养，悲廉直不容于邪枉之臣，观往者得失之变，故作《孤愤》《五蠹》《内外储》《说林》《说难》十余万言。大抵引绳墨，切事情，明是非，信赏罚。惟推重法律至于极端，而不明团体个人之界限，将使社会人伦之间，皆以利益相合，权势相驭，而无恩谊之相联。史公谓为惨礉少恩，盖推其极而言之也。

名家自黄帝正名百物以来，而商以刑名著，周以爵名著。文名从礼，散名之加于万物者，则从诸夏之成俗（参考《荀子·正名篇》，从郝懿行句读）。至春秋战国则称其学为辩者，而以邓析、惠施为称首（参考《庄子·天下》及《荀子·解蔽篇》），盖其学始在正名，而其后流为诡辩。邓析之《竹书》不传，惠施倡大小同异之说，公孙龙为白马坚白之辩，其书多亡，而散见于《墨子·经说》云（案：胡适《中国哲学史大纲》以名家为墨家的别派，主张古来有名学无名家，其说非也。邓析与子产同时，在墨翟前早已有名家存在，且惠施、公孙龙自以辩者名家，乃无一言涉及墨学宗旨，安得谓之别墨乎？是名家之说为后世墨学所收入则有之，而非辩者之出自墨家也）。

阴阳家为古代天文术数、鬼神迷信所混合而成，其最著者为邹衍，后孟子。邹衍，齐人，睹有国者益淫侈，不能尚德，若《大雅》整之于身，施及黎庶矣。乃深观阴阳消息，而作怪迂之变、《终始》《大圣》之篇十余万言。其语闳大不经，必先验小物，推而大之，至于无垠。先叙今以上至黄帝学者所共术，大并世盛衰，因载其机祥度制，推而远之，至天地未生，窈冥不可考而原也。先列中国名山大川，通谷禽兽，水土所殖，物类所珍，因而推之，及海外人之所不能睹。称引天地剖判以来，五德转移，治各有宜，而符应若兹。以为儒者所谓中国者，于天下乃八十一分居其一分耳。中国名曰赤县神州，赤县神州内自有九州，禹之序九州是也，不得为州数。中国外如赤县神州者九，乃所谓九州也。于是有裨海环之，人民禽兽莫能相通者，如一区中者，乃为一州。如此者九，乃有大瀛海环其外，天地之际焉。其术皆此类也。然要其归，必止乎仁义节俭，君臣上下六亲之施,始也滥耳。王公大人初见其术,惧然顾化,其后不能行之,然常见尊礼于诸侯(《史记》卷七十四)。

案:阴阳消息,本大《易》之言天道,至邹衍一变而为五德帝王代运之说,自是燕、齐之士迂怪方术之说日滋多矣。

此外,尸子主义之必利之论,《鹖冠子》为道、儒之折衷,《鬼谷子》为纵横所从出,《吕氏春秋》为儒、道、名、法之杂序,李悝为《法经》之创作,兵家则司马穰苴、孙膑、吴起,货殖则陶朱、白圭,古代思想盛于此矣。然其思想多属于哲学、伦理、政治、社会、人生实用之方面,而冷静理智之客观科学,虽偶见于《墨经》,其学终未发达。盖中国自古相传之学问,皆以主观方面为立足点,而求现世实际之效果。关于客观方面之求,真非其目前之急务也。

文学,日儒久保天随曰:"先秦时代之纯文学,惟《诗经》《楚辞》备律语之形式。一北方,一南方,由人种的特色而生言语之差异,故其声调各自特殊。"今从其说分述之:

(一)《诗三百篇》为北方之作品,代表古代正统文学之特色。颂诗为祀神之歌,故其发达为特早。论其体裁,以周代尚文之结果,而各式俱备。故郑康成《六艺论》云:"唐、虞始造其初,至周分为六诗。"一部为风、雅、颂,诗篇之体制也。一部为赋、兴、比,诗文之异辞也。风采自地方之歌谣,推咏王政之废兴,颂美盛德之形容,大抵长于抒情,而短于写景纪事。古代以《诗》为重要之教科,而抒情亦以发乎情、止乎礼义为准则,不能自由发挥人类天性之至情。此《诗经》所以为伦理之副属品,而缺乏纯文学之真价值也。且其体必四言,其五言、七言、九言者,居于例外之最少数。思想与艺术均为格式所拘束,实不便于文学之充分发展也。

(二)《楚辞》为南方之作品,代表新体文学之创作。自楚屈原倡为《离骚》,本忠爱之热情,以写其芬芳哀恐之极致。司马迁称:"其称文小而其指极大,举类迩而见义远。其志洁,故其称物芳;其行廉，故死而不容。"可谓达性情之极致，尽词赋之眇巧者矣。屈原不忍见其宗国危亡，怀石自投汨罗以死（今湖南湘阴县北有汨罗江）。其后有宋玉、唐勒、景差之徒，皆好辞赋，祖述屈原。由是南方词赋之发达，遂代北方四言诗而迭兴矣。

## 第十节　战国之变古

战国既为古今世运之一大界，为后代一切变迁之所由来。然世运递变，必经无数之酝酿，虽以秦之暴力改革，亦非突然而呈此变局也。盖其因已种于战国，秦不过因时势而能成此新制耳。且战国之变古，一方为时势所迫，而一方又为孔、老、墨改革论之成熟，天下晓然于旧俗之未善，而古制之难复也。故战国时社会之一切情状，无不与古相离，而进于新世界之祈响矣。兹分述其要：

（一）宗教之变　上古神权，至周初犹杂于政教。观《周官》一书，其神祇之多，祭祀之繁，已占人事之大半。自老子称"以道莅天下，其鬼不神"，孔子不语怪力乱神，以排斥古代多神教之迷信而重人事。故春秋时祭祀之典，鬼神之谈，不见于战国，足见人心脱宗教之束缚，一改其保守之性质，遂为战国进化之起原矣。

（二）族制之变　宗法制度为春秋前组织社会之根本基础。此制既已崩坏，则其他之政治法律、道德生活，无不随之而改移者。盖古代封建之制，皆为维持宗法而起。其君为天子之同姓者十之六，天子之勋戚者十之三，前代之遗留者十之一。国中之卿大夫，皆公族也，皆世官也，无由布衣以至卿相者，故其时有姓有氏。姓为君主所独有，乃出于天子之符号。国之大臣，皆与君同姓，难于识别，乃各就其所出及职业居处之异，以为之氏。自战国竞争既烈，需材甚殷，不复能拘世及之制。游说则苏秦、张仪、公孙衍、范雎、蔡泽等，徒步而为相；征战则孙膑、白起、乐毅、廉颇、王翦等，白身而为将。于时国君以外无世禄，一变数千年贵族世卿之局，而姓氏亦因之无别矣。

（三）官制之变　战国官制与三代相去远，与后世相去近。大抵各国执政之官为相，地方之官为县令，与后世官制略同。其他如师、傅、尉、廷尉、都尉、卫尉、御史郎、郎中、舍人、祭酒、学士、博士、将军、县丞、长史，多古无而今为，与后世相同者大半矣。以官制之变更，则其时政治上之组织必大异于古可知也。

（四）地方制度之变　周制，天子地方千里，分为百县，县有四郡（见《说文》），是周制县大而郡小也。春秋时，楚子县陈（《左传》宣公十一年），郑伯逆楚子之辞曰："使改事君，夷于九县。"（《左传》宣公十二年）杜注："楚灭诸小国为九县。"是灭国而县其地矣。晋分祁氏之田以为七县，分羊舌氏之田以为三县（《左传》昭公二十八年），是破世家而县其地矣。《秦本纪》："武公十年，伐邽、冀戎，初县之。"是灭边夷而县其地矣。然至战国之时，则郡大而县小。甘茂谓秦王曰："宜阳大县，名曰县，其实郡也。"春申君谓楚王曰："淮北地边齐，其事急，请以为郡便。"《匈奴传》言："赵武灵王置云中、雁门、代郡，燕置上谷、渔阳、右北平、辽西、辽东郡以拒胡。"又言："魏有河西、上郡。"则七国之世，固已有郡，而郡之统县，楚、燕已开其端矣。至郡之称守，县之称令，吴起为魏西河守，荀卿为楚兰陵令，齐威王朝诸县令长七十二人，则六国之未入于秦，固已为郡县守令长矣（参考《日知录》卷二十二）。

（五）田赋之变　井田之制，古今聚讼，近人尤多疑之。然据秦汉之载籍证之，似实有其制，但非如儒家之所言，而反为当日之大梗。究其实情，古代土地为贵族所专有，而当时之农夫，或不过为其附田之奴，此即民与百姓之分所由来也。有圣王起，为之经其疆理，均其土地，平其赋税，使贵族与田农利益不至悬殊，故上下得以相安。战国之时，暴君污吏慢其经界以取盈于民，故商鞅废井田，"开阡陌封疆而赋税平"（《史记·商君列传》）。任其所耕，不限多少，数年之间，天下无敌（《通典·食货一》）。是商君废贵族专田之制，解放农人为自由之耕作，且诱三晋之人利其田地，复三代不知兵事，务本于内，使秦人应敌于外，故不久而收富强之实效。然人民得蓄私产之法自此而起，此亦从族制改革而来也。

（六）军政之变　此事于家族社会与军国民社会不同之界，较他事为尤甚。战国之于春秋，其军政之异，当分三途言之。

（甲）军额之异　周制：万有二千五百人为军，天子六军，大国三军，次国二军，小国一军。其后五霸迭兴，此制遂见破坏。齐桓公作内政以寄军令，国有三军。晋文公城濮之战，有兵车七百乘，杜预以为五万二千五百人。是春秋时霸国全军皆不及十万人。至战国时，则燕带甲数十万，车六百乘，骑六千匹；赵带甲数十万，车千乘，骑万匹；韩带甲十数万；魏武士二十万，苍头二十万，奋击二十万，厮徒十万，车六百乘，骑五千匹；齐带甲数十万；楚带甲百万，车千乘，骑万匹。是其数皆十倍于春秋矣。

（乙）战术之异　周制：《司马法》："甸六十四井，出长毂一乘，马四匹，牛十二头，甲士三人，步卒七十二人，戈楯具，谓之乘马。"是战事以车为主要。自战国赵武灵王胡服习骑射，为古今战术之一大转关，各国皆仿之，废车乘而用骑兵。是后魏有武卒以度取之，衣三属之甲，操十二石弩，负服矢五十个，置戈其上，冠胄带甲，赢（杨倞注："负担也"）三日之粮，日中而趋百里，中式则复其户，利其田宅。齐人隆技击，得一首者则赐赎锱金（杨倞注："八两曰锱"）。秦人尚锐士，使天下之民所以要利于上者，非斗无由也。相赏相长，五甲首而隶之五家（案：获得五甲首，则役隶乡里之五家也。秦法以客民任耕，以秦民任战，此制即以秦民役属客民，如希腊斯巴达之法）。战术既异，故杀人之数亦多。试以秦将白起一人征之：秦昭王十三年攻韩，于伊阙斩首二十四万。昭王三十四年，攻魏，拔华阳，走芒卯，斩首十三万。与赵将贾偃战，沉其卒二万人于河中。昭王四十三年，攻韩陉城（今山西绛县东北），斩首五万。昭王四十七年，上党、长平之役，坑杀赵卒四十万，斩首虏五万人。此外攻楚拔郢，大小数十百战，史不载杀人之数者，合之必在百万以上。此等杀人盈城、盈野之事，春秋时绝未有闻者也。

（丙）征发之异　春秋以前为征兵，战国以后为召募。其故由于用兵日繁，征兵则不堪其扰；兵事日精，非专习不足以制胜；兵事既变，则一切行治理田赋之事亦皆随之而变矣（本条参考夏曾佑《中国古代史》）。

（七）刑法之变　刑制于苗民，礼出于黄帝，故礼不下庶人，刑不上大夫，五帝三王之制然也。春秋之世，尚守此例，至战国时，封建贵族之制次第崩坏，各国皆以严刑峻法驱使其下，而五刑遂普及于贵族，其残酷又加甚焉。魏刑有《法经》（桓谭《新论》引李悝《法经》有正律、杂律、减律等略），韩刑有《刑符》（《论衡》引申不害《刑符》。案：此为韩非所从出），赵刑有夷（《赵世家》），齐刑有烹（《田敬仲世家》），楚刑有冥室椓棺（《古文苑》诅楚文）。此等深刻之刑，已全失周初三千之刑之遗意。至秦地陿陋，俗杂戎狄，其使民也酷烈，故其刑罚自成一系，不与山东诸国同。有三族（《秦本纪》）、七族（《汉书·邹阳传》）、十族（《韩诗外传》）之诛。商鞅车裂，李斯先具五刑而后腰斩。此外有凿颠、抽胁（《汉书·刑法志》）、弃市（《秦本纪》）、连坐、黥、劓、迁（并见《商君传》）、鬼薪（《秦始皇本纪》）等刑。至律文出于魏文侯师李悝，著《法经》六篇：一盗法，二贼法，三囚法，四捕法，五杂法，六具法（《唐律疏义》），是为中国刑律法典之祖。其后魏公子鞅受之以相秦，益以严刑为达变法之手段，于是中国古代之法律，与秦国固有之严刑，遂混合而不可分。及始皇资以灭六国，一以秦法威天下，而中国三代相传之刑典，荡然澌灭，不可复见矣。此为中国法律史之第一大变革也。

（八）社会生计之变　中国自黄帝以来，以农立国，周家王迹，基于稼穑，故春秋社会，大率以农为本业。至战国时，拓地日广，交通日繁，工商诸业，较为发达。今考当时农民生计，仅据李悝"尽地力之教"征之，其言曰："今一夫挟五口，治田百亩，岁收亩一石半，为粟百五十石。除什一之税十五石，余百三十五石。食，人月一石半，五人终岁为粟九十石，余有四十五石。石三十，为钱一千三百五十。除闾社尝新、春秋之祠，用钱三百，余千五十。衣，人率用钱三百，五人终岁用千五百，不足四百五十。不幸疾病死丧之费，又未与此。此农所以困，有不劝农之心，而令籴至于甚贵也。"(《汉书·食货志》)若以各国社会而论，则地势不同，生计各异。"楚、越之地，地广人稀，饭稻羹鱼，或火耕而水耨，果隋（《汉书·地理志》作蓏，同音假借字）蠃蛤，不待贾而足，地势饶食，无饥馑之患，以故呰窳偷生，无积聚而多贫。是故江、淮以南，无冻饿之人，亦无千金之家。沂、泗水以北，宜五谷桑麻六畜，地小人众，数被水旱之害，民好畜藏，故秦、夏、梁、鲁好农而重民。三河、宛、陈亦然，加以商贾。齐、赵设智巧，仰机利。燕、代田畜而事蚕。"（《史记·货殖列传》。其所言生活，与今略异。）此其大较也。惟当时井田废坏，王制遂灭，个人主义发达，社会僭差无度，庶人之富者累巨万，而贫者食糟糠，是古代政治上之贵贱阶级方破，而后世社会上之贫富阶级发生。从此贫富兼并之问题，遂常为国家政治根本之要务矣。

（九）人民风俗之变　战国处竞争剧烈之世，各国之民风一变周代文弱虚伪之习，而为发扬蹈厉之慨。不任侠之行，重然诺，轻生死，尤为战国时特别之风尚。如晋之豫让为智伯而刺赵襄子，轵人聂政为严仲子而刺韩相侠累，卫人荆轲为燕太子丹而刺秦王政，或舍身以报知己，或犯难以挫强权，其志皎然，名垂于当世。此外如游侠之士，赒缓急，重意气，虽以武犯禁，而义声无穷。《韩非子》至与儒相并称，则风行一时可知矣。论者谓为墨家之别传，中国之国魂，有以也（参考《史记·刺客游侠列传》）。

## 第十一节　古代异民族与中国之关系

中国地大物博，古代华族仅散布于黄河流域。此外，东、西、南、北所有之异民族，种类实繁。华族唯以其所居方域概括名之，东方曰夷，西方曰戎，北方曰狄，南方曰蛮。《尔雅》以九夷、八蛮、七戎、六狄谓之四海。海之为言晦也，谓其荒远晦昧不可知也。《说文》南方蛮闽从虫，北方狄从犬，东北方貊从豸，西方羌从羊，皆异种也（从段玉裁改订说）。唯东夷从大，大，人也。夷俗仁，故从人。

案：近世社会学家谓古代图腾社会，各象形为标帜，以自成为部落，所以别异于他群也。今绎古人制字之意，非以其出于异种而相轻蔑，盖羌以羊，蛮以蛇，狄以犬，貊以豸，夷以弓，人各绘其地特别之物以为标帜，遂沿为种人之名称矣。及后世文明稍进，异族习闻中国为炎帝神明之胄裔，遂托为出自古代帝王，以自附于华族。如匈奴出自夏后氏之苗裔，曰淳维（《史记》），西羌出自三苗姜姓之别（《后汉书》），氐出自有扈之苗裔（《晋书·苻洪载记》），鲜卑出自黄帝之少子昌意（《魏书》）。此等不过表明其向化归慕之迹而已，然古代种族之纠纷，益难董理矣。兹仍依古代东夷、西戎、北狄、南蛮之旧例，以为异族纲领，而于其种类之有关于中国者，分别详隶于其下焉。

（一）东夷 东夷古有九种，曰畎夷、方夷、于夷、黄夷、白夷、赤夷、元夷、风夷、阳夷，率皆土著。九夷又谓之九貊（《郑志》），昔尧命羲仲宅嵎夷，曰旸谷，盖日之所出也（段玉裁曰："嵎，《说文》作堣，本《古文尚书》。"许慎曰："嵎夷在冀州旸谷。"《说文·山部》曰："首旸山在辽西。"案：在今直隶永平县东南二十五里）。夏后氏太康失德，夷人始叛。其后至后发即位，宾于王门，献其乐舞（史称九夷喜歌舞）。桀为暴虐，诸夷内侵，商汤革命，伐而定之。至于仲丁，蓝夷作寇。自是或服或叛，三百余年。武乙衰弊，东夷浸盛，遂分迁淮、岱，渐居中土。周初封商太师箕子国于朝鲜，教以礼义田蚕，作八条之教（《后汉书》八十五卷），无门户之闭，而人不为盗，是为东夷开化之始。其居岱东者为莱夷（当今山东旧登、莱二府地），与齐太公争营丘（今山东临淄县）。成王时，淮夷、徐戎与管、蔡为乱，周公征定之。其后徐偃王僭号，诸侯陆地而朝者三十六国，周穆王命楚灭之。春秋时，淮夷居今江苏山阳、安东之间，后附于楚（昭公四年，楚子及淮夷伐吴），齐灭莱国（襄公六年），鲁取根牟（杜注：根牟，东夷国也，在今山东沂水县东南。事见宣公九年）。是山东半岛所有之东夷，全为齐、鲁所融化矣。秦并天下，其淮、泗夷皆散入人户。朝鲜历千余年，传四十余世，至侯箕准自称王。秦汉之间，中国大乱，燕、齐、赵人往避地者数万口，而燕人卫满击破准而自王焉。此外，貊族蔓延于辽东、朝鲜半岛者其夥。其东北在辽东之东者为夫余（地在今吉林省西部，凡阿城县、双城县、五常县、宾县、夫余县等处皆是也），为古高句骊，夫余别种也（《后汉书》），其立国最古。《逸周书·王会篇》有"高夷嗛羊"，孔晁注曰："高夷，东北夷高句骊也。"其在朝鲜东部者为辰国，亦古国。《逸周书·王会篇》有"秽人前儿"之文，注："东夷别种。"（今朝鲜江原道等地）秽即濊也。东夷之在辽东、朝鲜者，在古代与中国交涉颇少，及秦以来，与中国关系最密切矣。

（二）北狄 北狄随水草、畜牧而转移，为游牧行国，其最初根据地在黄河以北。自华族黄帝起，北逐荤粥，此族始退至阴山山脉一带，其种类至为繁多。成汤之时，伊尹为献令，正北有空同、大夏、莎车、姑他、旦略、豹胡、代翟、匈奴、楼烦、月支、孅犁其龙、东胡十二种（《逸周书》："伊尹朝献。"案：空同，钱坫以为直隶蓟县东北空同山。大夏，《括地志》云："今并州晋阳及汾、绛等州地。或曰在西域。"莎车，今新疆县名。姑他、旦略，未详，《赵世家》有灭黑姑之文。豹胡，北胡也。代，北狄之别，今河北省蔚县。楼烦，今山西崞县东北。月支，居敦煌祁连山间。孅犁其龙，疑即《汉书·匈奴传》之昆龙。新犁国在匈奴北。东胡，在今热河区承德县以东），其部落广布于今之河北、山西北部，而以陕西为最盛。商之中叶，戎狄攻古公亶父于豳（今陕西邠县），所谓串夷者是也。串夷即昆夷，为獯鬻合音，其后又音转为猃狁。周懿王德衰，侵暴泾阳地。宣王中兴，命将薄伐，至于太原（今甘肃固原县）。幽王为犬戎所杀，戎狄遂交侵于中国，邢、卫、晋、郑，遍受其祸。狄人攻周，襄王奔汜（郑地，今河南汜水县）。晋文公起而攘之，逐翟，居于西河圁水之间。当是时，狄之人别为三：一曰山戎，二曰白狄，三曰赤狄。山戎即古之东胡（即今之通古斯族人种），居于辽河流域，屡为燕病。燕病，求救于齐桓公，遂北伐山戎，斩孤竹（今河北永平县南），刜令支（今迁安县西），而山戎始戢。赤狄之种有六：曰东山皋落氏（今山西晋阳县），曰廧皋如（今乐平县），曰潞氏（今潞城县），曰甲氏（今河北鸡泽县），曰留吁（今山西屯留县），曰铎辰（今长治县）。白狄居西河圁水之间，与秦同州，今陕西延安地也。其别种之在今直隶境者有三：曰鲜虞（今河北定县），曰肥（今藁城县），曰鼓（今晋县）。诸狄之中，赤狄最强，尝与晋为敌，然皆先后为晋所破灭。唯鲜虞至战国时，号为中山，为赵襄子所灭。晋灭诸狄，东西拓地千里，狄之归化于华族，晋之力为大矣。其晋北之林胡、楼烦，燕北之东胡、山戎，各分散溪谷，自相君长，莫能统一焉。当武灵王时，林胡、楼烦咸役属于赵。赵自代旁阴山至高阙为塞（今河套北），而置云中、雁门、代郡。其后燕将秦开袭破东胡，却地千余里，置上谷、渔阳、右北平、辽西、辽东郡以距胡。当秦灭六国时，匈奴居河套，日益强大，浸浸与中国为敌矣。

（三）**西戎** 四裔之中，戎类最复杂难稽，或数名而为一族，或一种而随地立名，随时易号，至五六而未已。夏殷之间，有氐羌之名，推其所自，本出三苗，盖姜姓也（本《后汉书·西羌列传》说）。其国近衡山（今湖南长沙、衡阳、零陵、江华等地），及舜，徙之三危（今甘肃敦煌县东南），滨于赐支（即《水经》之浩亹河，今名大通河），至于河首（今青海黄河发源处），绵地千里，南接蜀汉，彻外蛮夷，西至西域。所居无常处，随水草产牧为业，以力为雄。俗如北狄，自古不立君臣，无相统一，强则分种为豪酋，弱则为人附落，更相抄掠。昔夏启之子太康失国，四夷背叛，及后相立，乃征畎夷（即犬戎也。夷者，四蕃之总称），七年然后来宾。后桀之乱，犬夷入居邠岐之间。成汤既兴，伐而攘之，氐羌咸来享王廷。及殷室中衰，诸戎皆叛，至于武丁，伐西戎鬼方，三年然后克之。及武乙暴虐，犬戎寇边，周之王季遂伐西落鬼戎，虏二十翟王。是季历先用兵于西方河湟之间，其后遂伐燕京之戎（燕京山在太原汾阳县，即管涔之异名。燕京之戎，盖居此山。徐文靖说）、余无之戎（今山西屯留县邑有余吾城，余吾即余无之戎所居也）、始呼之戎、翳徒之戎（未详），皆克之。是周之初兴，与西戎族为劲敌，征伐屡世，而后始能东西辟地者也。及武王伐商，羌、髳率师会于牧野。至穆王时，戎狄不贡，王乃西征犬戎，获其五王，遂迁戎于太原。至幽王昏虐，西戎寇周，杀幽王于郦山（今陕西临潼县北），周乃东迁洛邑。平王之末，周遂凌迟，戎逼诸夏至陇山，及乎伊洛。于是渭首有狄獂、邽冀之戎（狄獂，今陕西旧汉中府。邽冀，今甘肃渭川道），泾北有义渠之戎（今甘肃宁县、庆阳县境），洛川有大荔之戎（洛川即北洛河，大荔今陕西县名），渭南有骊戎（今陕西临潼县东二十四里有骊戎城），伊洛有扬拒泉皋之戎（今河南洛阳南），颍洛以西有蛮氏之戎（今河南临汝县西南有戎蛮子城），间在中国，与诸夏盟会。后晋灭骊戎（庄公二十五年）。是时伊、洛戎强，东侵曹、鲁，北伐京师（僖公十一年），为祸最烈，秦、晋乃迁陆浑之戎于伊川以制之（僖公二十二年。陆浑地在今甘肃安西县）。允姓之戎（与陆浑戎同居瓜州）迁于渭汭，东至轘辕（今河南登封县西北有轘辕关），在河南山北者号曰阴戎。自陆浑东迁，而伊、洛之戎受其牵制，渐以衰弱。陆浑世役于晋，其后为晋荀吴所灭（昭公十七年）。秦穆公用戎人由余谋伐戎王，益国十二，开地千里，西戎西方之戎大抵归化于秦矣。河南之戎，晋既灭陆浑，城汝滨地而有之，其余服属于晋者，谓之九州戎。楚亦灭蛮氏，拓地至汝南，而汝水南北遂为晋、楚分界。至周贞王八年，秦厉公灭大荔，取其地，赵亦灭北戎，韩、魏后稍并伊、洛诸戎灭之，其遗脱者皆走，西逾汧、陇，自是中国无戎寇，其种人在大河南北者完全同化于三晋矣。唯义渠种之在陇西者，最称强盛，屡为秦患，及昭王起兵灭之，始置陇西（甘肃东南部）、北地（甘肃东北部）、上郡（陕西北部），而陕北、甘肃始全入中国之版图矣。

（四）南蛮　南蛮之最早见于载籍者，厥为黎族。其地左洞庭，右彭蠡，与黄帝同时。蚩尤、三苗先后有九黎之君，与华族相竞争，其后谓之有苗。历黄帝、少昊、颛顼、尧、舜之诛窜，至禹而三苗丕叙，为时盖千余年矣。苗民平而南蛮之号兴，成汤之时，其种类已有瓯（即瓯骆，今福建地）、邓（即《荀子》所称邓林，盖楚地）、桂国（今广西桂林地）、损子、产里（疑即黎族之音变。《后汉书·南蛮传》："九真徼外蛮里张游，率种人慕化内属，封为归汉里君。"注："里，蛮之别号。"即黎为产里音变之证）、百濮（在巴中，或云今云南曲靖县）、九菌（盖即九真，汉为郡，今安南清化、新中二府地）之名称。武王伐殷，巴、髳、卢、濮曾与其役。周时党众弥盛，《诗》所谓"蠢尔蛮荆，大邦为雠"者也。大抵当时南蛮约分三部，其在江汉西南者为百濮，其在大江南北者为群蛮,其在东南沿海者为於越。楚武王时,罗(在今湖北宜城县西二十里)与卢戎(在南漳县东二十里),共败楚师。其后楚强,遂共服属于楚。及吴起相悼王,南并蚕越,遂有洞庭、苍梧之地(今湖南长沙、衡阳境)。楚顷襄王时,使将军庄蹻循江上(牂柯江),略巴、黔以西。蹻至,滇池方三百里(在今云南昆明县),旁平地肥饶数千里,以兵威定属楚。欲归报,会秦击楚,巴、黔中郡道塞不通,因西以其众王滇,是为中国初通西南夷之始。於越与百粤同俗,盖今之马来人种,其根据地在南海、东海沿岸,因五岭(大庾岭、骑田岭、都庞岭、越城岭、萌渚岭)之隔,末由自通于中国。惟於越开化最早,勾践用之,遂称霸于上国。此外则交趾之南有越裳国,周公居摄六年,天下和平,越裳以重译而献白雉,是为安南通中国之始。及周德既衰,于是稍绝,直至秦始皇开岭外而后复通焉。

**本节参考书目**

《逸周书·王会解》
《国语·齐语》
《史记·秦本纪》《齐、晋、楚、韩、赵、燕世家》《匈奴列传》
《后汉书·外夷列传》
《通典·边防》
顾栋高《春秋四裔大事表》

# 中国中古史

## 自秦至五代

# 第一章
# 自秦至三国为汉族极盛时代

## 第一节　本期历史大旨

中国自黄帝以来，分为万国，推其原始，莫得而详焉，历千余年而并为七国。秦据周家发祥之地，崛兴于戎狄之间，内立法制，富强其国，吞并六国，统一天下，于是古代三千年帝王相传之法制、礼仪，秦从根本灭绝之，以极端的法治主义建立君主专制之国家，虽二世而灭，然至民国以前二千年来，其法制政体之精神咸承继秦之天下，是中国国家之政治自秦始皇而始定。古代夏后、殷、周之盛，地方不过千里，其外为诸侯及夷狄，秦则禹迹所及，咸隶中央政府，而又北逐匈奴，南开桂林、象郡，规模已较三代恢廓矣。汉武继起，北破匈奴，西并西域（今新疆省）以及西羌（今青海），西南开筰（今四川省越嶲县）、僰（今宜宾县），南廓日南、交趾（今安南北宁道、河清道等地），东南灭瓯粤（今浙江南部与福建、广东），东北平獩貊（今朝鲜地）。五十年间，威加率土，于是汉族遂巍然独立，为亚洲之最大帝国，是中国之领域至汉武而后定。儒家被黜于秦，汉武鉴秦之尚法而速亡，乃罢黜百家，表章六艺，以孔学为国教，是中国之儒教至汉武而后定。夫秦皇、汉武所定国体、国境、国教，其是非得失姑不具论，然其支配亿万汉族之人心，造成二千年来之历史，其事实固彰明较著者也。自秦以来，虽百王代兴，时有损益，然要其大端，莫能外也。故秦汉两朝，实中国国力之澎涨、文化之标准，而因果之及于现在与将来者，尚未有已。今者国体已更，而世界方挟其武力与文化以高压中国，然中国席秦汉以来之潜势力，庞然自成为东洋之文化系，前途祸福虽不可知，而古人之为功为罪，固自不可没也。今撮述其内政之关于朝廷者为完全专制，其流弊为宦官、为外戚；关于社会者为尊崇儒术，其结果为气节、为忠爱；外竞之关于本部者，见文化之发展焉；关于外藩者，见民族之融化焉。本期区区数百年中，已为中国千余年来治乱盛衰之局立其雏型，斯诚古今得失之林已。

## 第二节　秦之兴亡

秦王政二十六年，初并天下，自以为德兼三皇，功高五帝，乃更号曰皇帝，命为制，令为诏，自称曰朕（古者君臣之间，通称曰朕。《书》皋陶、《离骚》屈原皆自称朕。蔡邕曰："朕，我也"），除谥法，自号始皇帝，令后世以计数，二世、三世至于万世，传之无穷（周公立谥法，以劝善戒恶，秦始皇专制，恶其以下议上，故废之。汉兴，复置，相沿至清）。采用邹衍终始五德五运之说，以为周得火德，秦代周，从所不胜，为水德，始改十月为正朔，色以黑，于是刻削急法，毋仁恩和义，以合水德阴肃刑杀之数。丞相王绾请分地王诸子，廷尉李斯议以众建诸侯则更相攻，一统郡县则天下易制，于是分天下以为三十六郡，而大权集于中央政府矣。大作宫室于咸阳北阪上，南临渭，自雍门以东（今陕西岐山县）至泾渭（谓二水相交处。今陕西高陵县南泾水口），殿屋复道，周阁相属，盖欲表示皇帝之尊严，震骇天下之耳目。销天下兵为钟虡（虡与簴同，所以悬钟），徙天下豪富于咸阳。东行郡县，登泰山，行封禅，登之罘（山名。在山东福山县东北）、琅琊（山名。在山东诸城县东南四十里）。南渡淮水，之衡山（在今湖南衡阳县）、南郡（今湖北东南部），浮江至湘山（今湖南湘阴县北一百六十里）。北巡边，至碣石（山名。今直隶昌黎县西南海中）。所至立石颂功德（以上撮叙始皇在位游巡之事，时非一年，详见《始皇本纪》）。当天下初定，借此以镇压四方之反侧。三十三年,发诸尝逋亡人、赘婿、贾人为兵,略南越陆梁地(言南方之人多居山陆,其性强梁),置桂林(今广西)、南海(今广东)、象郡(今安南北部),以谪徙民五十万人戍五岭,与越杂处,而五岭以南始通于中国。将军蒙恬将兵三十万人,北斥逐匈奴,收河南地(今河套地),为四十四县。筑长城,起临洮(今甘肃岷县),至辽东,因地形用制险塞,延袤万余里(今存五千余里),为世界第一之大工程,而华夷隔阂遂永以此为大界矣。于是渡河,据阳山(在河套北、阴山西北,今称翁金朔龙山),逶迤而北,暴师于外十余年。蒙恬尝居上郡(今陕西绥德县),统治之威振匈奴。三十四年,用李斯言:"史官非秦纪皆烧之,天下有藏《诗》《书》、百家语者,皆诣守尉杂烧之;有敢偶语《诗》《书》,弃市;以古非今者族。"具束缚言论以愚黔首至矣。然博士所职之《诗》《书》如故也,"有欲学法令者(法令二字,徐广注"一无"),以吏为师",盖复古代官师合一之制,而以官学统一天下之思想也。三十五年,发隐宫徒刑者七十万人作阿房宫,关中计宫三百(自函谷关西至陇关),关外四百余。因卢生讥议始皇,遂坑诸生四百六十余人于咸阳以惩后。三十七年,始皇出游,左丞相李斯、中车府令赵高、少子胡亥从,至平原津(今山东德县境内)而病。长子扶苏前以谏坑诸生故,始皇怒,使出监蒙恬军于上郡,至是病益甚,乃为书赐扶苏曰:"与丧会咸阳而葬。"书已封,在中车府令赵高行符玺事所。书未付使,而始皇崩于沙丘平台(在今直隶平乡县)。丞相斯为上崩在外,恐天下有变,乃秘之不发丧。赵高故尝教胡亥书及狱律令法事,胡亥私幸之。高乃与胡亥、李斯阴谋立胡亥,诈为始皇遗诏赐太子扶苏、蒙恬死,胡亥遂袭位为秦二世皇帝。葬始皇骊山(今陕西临潼县东南),下锢三泉,具诸宫观、珍怪、机巧、奇器。

二世任用赵高,恐天下大臣及诸公子不服己,遂更为法律,务益刻深,诛大臣诸公子甚众。谏者以为诽谤,大吏持禄取容,黔首震恐。复作阿房宫,尽征材士五万人屯卫咸阳,令教射,狗马禽兽当食者多,调郡县转输菽粟刍藁以供之,咸阳三百里内不得食其谷。元年秋七月,戍卒陈胜、吴广等反故荆楚地,号为张楚,遣诸将巡地。山东郡县少年苦秦吏，皆杀其守尉令丞，以应陈涉。楚将武臣自立为赵王，齐田儋自立为齐王，赵将韩广自立为燕王，楚将周市立魏公子咎为魏王，沛人刘邦起兵称沛公，楚人项梁起兵于吴，合从西向。名为伐秦者，不可胜数也。二世恶闻盗。二年冬，陈涉所遣周章等西至戏（水名，在今陕西临潼县东），二世大惊，乃使少府（秦官，掌山泽陂地之税，名曰禁钱，以给私养，自别为藏）章邯将骊山徒以击之。时赵高专恣，用事久，私怨多，恐大臣朝士言之，乃教二世常居禁中，与高决诸事。其后公卿希得朝见，盗贼益多，而关中卒发东击盗者毋已。丞相李斯进谏，赵高以计激怒二世，二世责李斯曰："凡所为贵有天下者，得肆意极欲，主重明法，下不敢为非，以制御海内（此数语足为无道专制君主代表，故载之）。今丞相欲罢阿房宫作，是上无以报先帝；二年之间，群盗并起，次不为朕尽忠。"下李斯吏案责，赵高诬斯与子由谋反，具斯五刑，论腰斩咸阳市，夷三族。

初，赵高前数言关东盗毋能为也，及项羽虏秦将王离，降章邯，燕、赵、齐、楚、韩、魏皆立为王，自关以东，大抵尽畔秦吏应诸侯，诸侯咸率其众西向。沛公将数万人已屠武关（在今陕西关中道商县东南），高惧诛，乃阴与其婿阎乐、弟赵成谋，诈有大贼，令乐召吏发卒，将千余人，逼二世于望夷宫（在咸阳县东南八里）。二世请与妻子为黔首，不许，遂自杀。赵高立公子婴，复称王。子婴与二子谋，刺杀高于斋宫。子婴为秦王四十六日，沛公军至霸上（今陕西长安县东三十里）。子婴系颈以组，奉皇帝符玺降轵道旁（亭名，在长安东十三里）。秦亡，凡三主，自一统后共十五年（西历纪元前二○七年）。

### 第三节　秦于中国之关系

世界各国文明，无不经家族嬗变而来。秦承春秋宗法之已敝，而独变为专制政体者，则以中国之地及中国之教为之也。中国地居大陆，无华离乖隔之势，故其国之民族、风俗，大抵从同宗子督制，族人服从，习惯已成天性，秦不过取君民中间之督制者而尽去之，以收其督制权于一人而已。且自孔学倡大一统之说，至战国而儒者咸望天下定于一。始皇喜法家之权术，利用李斯之儒学（司马迁称李斯学帝王之术于荀子，知六艺之归，则李斯为儒家），以造成一代之新制，而为后世专制君主所莫能外。今取其关系古今变迁之大者列之：

（一）并天下为一统　数千年来，中央之王室易姓，而封建相传之诸侯自若，自秦尽灭诸侯之地而有天下，于是古代分立之天下至是而合，而春秋大一统之理想始为实现。

（二）制郡县以集权中央　自五帝以来，所谓中央政府不过王畿千里，诸侯或朝或否，天子不能制。秦废封建为郡县，立郡三十六，郡置守、尉、监，守治其郡，尉典武职甲卒以佐守，监御史掌监郡地方所有之政权、兵权、监督权，完全听中央之指挥，故法令由一统，而国家最高之主权，始由君主运用而无所分。

附：秦郡表

案：秦三十六郡，班固以为秦一代之郡数而史家追纪之，《晋·地理志》以为始皇二十六年之郡数，后此所置者不与焉。全祖望、钱大昕、姚鼐、黄以周皆有考辨，王国维以《史记》证《史记》，求得郡数如下表：

| 大别 | 郡名 | 初置国 | 入秦之年或初置之年 | 治地及今地 | 见于《史记》篇名 | 全郡今地 | 备考 |
|---|---|---|---|---|---|---|---|
| 秦王政二十六年所定之三十六郡 | 上郡 | 魏置 | 惠文君十年 | 治上县，今陕西绥德县治 | 《秦本纪》 | 陕西榆林道 | |
| | 蜀郡 | 秦置 | 惠文君后九年 | 治蜀，今四川成都县治 | 《秦本纪》 | 四川西川道、建昌道及嘉陵道西部 | |
| | 汉中 | 楚置 | 惠文君后十三年 | 治南郑，今陕西南郑县治 | 《秦本纪》 | 陕西汉中道及湖北襄阳道西北部 | |

续 表

| 大别 | 郡名 | 初置国 | 入秦之年或初置之年 | 治地及今地 | 见于《史记》篇名 | 全郡今地 | 备考 |
|---|---|---|---|---|---|---|---|
| 秦王政二十六年所定之三十六郡 | 南郡 | 秦置 | 昭襄王二十九年 | 治郢，今湖北江陵县东南 | 《秦本纪》 | 湖北江汉道及荆南道、襄阳道东部 | |
| | 黔中 | 楚置 | 昭襄王三十年 | 治临沅，今湖南常德县治 | 《秦本纪》 | 湖南辰沅道 | |
| | 南阳 | 秦置 | 昭襄王三十五年 | 治宛，今河南南阳县治 | 《秦本纪》 | 河南汝阳道西部、湖北襄阳道东北部 | |
| | 三川 | 秦置 | 昭襄王元年 | 治荥阳，今河南荥泽县西南 | 《秦本纪》 | 河南河北道及开封道、河洛道北部 | |
| | 太原 | 秦置 | 庄襄王四年 | 治晋阳，今山西太原县西 | 《秦本纪》 | 山西河东道西部、冀宁道北部 | |
| | 巴郡 | 秦置 | 不详 | 治江州，今四川巴县西 | 《秦始皇本纪》 | 四川东川道、嘉陵道 | 《秦始皇本纪》谓始皇即位时，已并巴、蜀、汉中，越宛有郢，置南郡，北收上郡，以东有河东、太原、上党郡，则巴郡、河东、上党亦始皇前置。 |
| | 河东 | 秦置 | 不详 | 治安邑，今山西夏县西 | 《秦始皇本纪》 | 山西河东道东部 | |
| | 上党 | 秦置 | 不详 | 治壶关，今山西长治县东南 | 《秦始皇本纪》 | 山西冀宁道南部 | |
| | 东郡 | 秦置 | 秦王政五年 | 治濮阳，今直隶濮阳县南 | 《秦始皇本纪》 | 直隶大名道南部、山东东临道西部 | |

续 表

| 大别 | 郡名 | 初置国 | 入秦之年或初置之年 | 治地及今地 | 见于《史记》篇名 | 全郡今地 | 备考 |
|---|---|---|---|---|---|---|---|
| 秦王政二十六年所定之三十六郡 | 颍川 | 秦置 | 秦王政十七年 | 治阳翟，今河南禹县 | 《秦始皇本纪》 | 河南开封道南部及汝阳道东部 | |
| | 会稽 | 秦置 | 秦王政廿五年 | 治吴，今江苏吴县治 | 《秦始皇本纪》 | 江苏苏常道、沪海道南部及浙江北部 | |
| | 陶郡 | 秦置 | 不详 | 治定陶，今山东定陶县西北 | 《穰侯列传》 | 直隶大名道东南部、山东东临道东部 | 穰侯卒于陶而因葬焉，秦复收陶为郡。案：昭王十六年，封魏冉陶，为诸侯。陶在齐魏之间，蕞尔一县，难以立国。廿二年，蒙武伐齐，河东为九县。齐之九县，秦不能越韩、魏而有之，其地当入于陶。卅六年，客卿灶攻齐，取刚、寿予穰侯，则陶固有一郡之地矣。 |
| | 河间 | 秦置 | 不详 | 治乐城，今河北献县治 | 《甘茂传》 | 河北津海道大部 | 《赵策》："秦下甲攻赵，赵赂以河间十二县。"又云："甘茂说赵，令割五城，以广河间。"《史记·甘茂传》实用此文。河间共十七城，则亦有一郡之地矣。 |
| | 闽中 | 秦置 | 不详 | 治冶，今福建闽侯县治 | 《东越列传》及《秦始皇本纪》 | 福建大部 | 《东越列传》云："闽越王无诸及越东海王摇者，皆越王勾践之后也。秦已并天下，皆废为君长，以其地为闽中郡。"而《始皇本纪》系降越君于廿五年，则闽中郡之置亦当在是年。 |

续表

| 大别 | 郡名 | 初置国 | 入秦之年或初置之年 | 治地及今地 | 见于《史记》篇名 | 全郡今地 | 备考 |
|---|---|---|---|---|---|---|---|
| 秦王政二十六年所定之三十六郡 | 陇西 | 秦置 | 不详 | 治临洮,今甘肃岷县治 | 《匈奴列传》 | 甘肃兰山道 | |
| | 北地 | 秦置 | 不详 | 治马岭,今甘肃环县东南 | 《匈奴列传》 | 甘肃泾原道、宁夏道 | |
| | 云中 | 赵置 | 秦王政十三年 | 治云中,今绥远特别区土默特西黄河东岸 | 《匈奴列传》 | 陕西榆林道东北境及绥远区归绥道西南一带 | |
| | 雁门 | 赵置 | 秦王政十九年 | 治雁门,今山西代县西北四十里 | 《匈奴列传》 | 山西雁门道东北部 | |
| | 代郡 | 赵置 | 秦王政廿五年 | 治代,今直隶蔚县东北 | 《匈奴列传》 | 山西雁门道治以北、河北口北道一小部 | |
| | 上谷 | 燕置 | 秦王政廿一年 | 治易,直隶宣化县北十里 | 《匈奴列传》 | 河北口北道大部、保定道东部 | |
| | 渔阳 | 燕置 | 秦王政廿一年 | 治路,今河北密云县西南 | 《匈奴列传》 | 河北市东至蓟县一带 | |
| | 右北平 | 燕置 | 秦王政廿五年 | 治徐吾,今河北遵化县西 | 《匈奴列传》 | 河北津海道东北部 | |
| | 辽西 | 燕置 | 秦王政廿五年 | 治交黎,今直隶昌黎县治 | 《匈奴列传》 | 河北津海道境东北 | |
| | 辽东 | 燕置 | 秦王政廿五年 | 治襄平,今辽宁辽阳县北七十里 | 《匈奴列传》 | 辽宁辽沈道 | |

续 表

| 大别 | 郡名 | 初置国 | 入秦之年或初置之年 | 治地及今地 | 见于《史记》篇名 | 全郡今地 | 备考 |
|---|---|---|---|---|---|---|---|
| 秦王政二十六年所定之三十六郡 | 邯郸 | 秦置 | 秦王政十九年 | 治邯郸,河北邯郸县西南 | 《赵世家》及《汉书·地理志》 | 河北大名道中部、河南河北道东部 | |
| | 巨鹿 | 秦置 | 秦王政廿三年 | 治巨鹿,今河北平乡县治 | 《赵世家》及《汉书·地理志》 | 河北保定东南部、大名道北部 | |
| | 砀郡 | 秦置 | 秦王政廿二年 | 治砀,今江苏砀山县南 | 《魏世家》及《汉书·地理志》 | 河南开封道东部、山东济宁道西部及江苏徐海道之砀山县至安徽淮泗道之泗县 | |
| | 长沙 | 秦置 | 秦王政廿五年 | 治临湘,今湖南长沙县治 | 《楚世家》及《汉书·地理志》 | 湖南湘江道及衡阳道 | |
| | 九江 | 秦置 | 秦王政廿四年 | 治寿春,今安徽寿县治 | 《楚世家》及《汉书·地理志》 | 江苏淮扬道及安徽安庆道 | |
| | 泗水 | 秦置 | 秦王政廿四年 | 治相,今江苏宿迁县西九十里故相城是 | 《楚世家》及《汉书·地理志》 | 安徽淮泗道东北部 | |
| | 薛郡 | 秦置 | 秦王政廿四年 | 治鲁,今山东曲阜县 | 《楚世家》及《汉书·地理志》 | 山东济宁道中部 | |
| | 齐郡 | 秦置 | 秦王政廿六年 | 治临淄,今山东临淄县治 | 《汉书·地理志》 | 山东胶东道、济南道 | |

续 表

| 大别 | 郡名 | 初置国 | 入秦之年或初置之年 | 治地及今地 | 见于《史记》篇名 | 全郡今地 | 备考 |
|---|---|---|---|---|---|---|---|
| 二十六年以后所置四郡 | 琅邪 | 秦置 | 秦王政廿六年 | 治琅邪，今山东诸城县治 | 《汉书·地理志》 | 山东济宁道东南部、胶东道南部 | |
| | 桂林 | 秦置 | 始皇三十三年 | 治桂林，今广西桂林北八十里 | 《秦始皇本纪》 | 广西大部 | |
| | 象郡 | 秦置 | 始皇三十三年 | | 《秦始皇本纪》 | 今弃入安南国 | |
| | 南海 | 秦置 | 始皇三十三年 | 治番禺，今广东番禺县治 | 《秦始皇本纪》 | 广东全境、广西桂林道苍梧之东境 | |
| | 九原 | 秦置 | 详备考 | 治九原，今内蒙古乌拉特北 | 《秦始皇本纪》 | 陕西榆林道北境及河套鄂尔多斯旗 | 始皇三十一年，使蒙恬将兵北击胡，略取河南地。是年，又西北斥逐匈奴，自榆中并河以东属之阴山，以为三十四县。此三十四县，足以置一大郡。以地理准之，实即九原之地。三十五年，除道九原，抵云阳，自是九原之名始见于《史记》。 |
| 二世所置二郡 | 陈郡 | 秦置 | 不详 | 不详 | 《陈涉世家》 | 河南开封道 | 二世时有陈守、东海守，见于《陈涉世家》，则秦之末年，又置陈与东海二郡明矣。 |
| | 东海 | 秦置 | 不详 | 不详 | 《陈涉世家》 | 山东济宁道东南部至江苏徐海道东海县一带 | |

（三）尊君卑臣　古者天子视朝听政，君臣皆立，三公则坐而论道。《周官·司仪》："王见诸侯，土揖（推手小下之也）庶姓，时揖（平推手也）异姓（婚姻），天揖（推手小举之）同姓。"至秦则君坐而臣伏，汉高祖用秦博士叔孙通起朝仪，始知皇帝之贵，通盖阴袭秦仪，而伪称杂采古礼，历代君主利用之，而尊卑之分日严、上下之情愈隔矣。

（四）剥公权、张私权　古者官师相规，工执艺事以谏，士传言，庶人谤，商贾于市。《周礼》："小司寇掌外朝之政，致万民而询百姓，百姓并三公、州长北面。"是国家有大事，未有不谋及庶人，百姓未有不与闻政治者也。秦以人主独制于天下而无所制（《李斯传》上二世督责书），则国政非人民所得过问，故以古非今者族，以学议令者禁，是对于人民与政之公权完全剥夺。至秦自颂其功德，则诸产得宜，皆有法式也；男女礼顺，昭隔内外也（《始皇本纪》泰山刻石）。是转移人民权利之心，使得各自私其土地、家室也。至专制政体之已久，人民习于固然，孳孳惟身家之是恤，而不复知国家社会为何物矣。

（五）道德与刑法始分　唐、虞明刑以弼教，三代以来，咸以德治为本，刑法为辅。至秦遗礼义、弃仁恩，专任刑法行督责，李斯刻石颂秦功德，一则曰"作制明法"（泰山石刻），再则曰"端平法度"（琅邪石刻），三则曰"建定法度"（之罘石刻），初无一语及于道德。始皇又贪权势，天下之事，无大小皆决于上，上至以衡石量书，日夜有呈，不中呈不得休息，是始皇以权自专，以法驭下，合申商法术于一身，后世君主虽訾其暴，实多阴用其术，以操大柄而制臣民。至汉萧何捃摭秦法，作律九章（《汉书·刑法志》），为累代所承用者，此尤其显然者也。

（六）方士与儒术相混　神仙之说，传于黄帝，自孔子不语怪神而其术稍绌。战国邹衍之徒，论著始终五德之运，及秦帝而齐人奏之，故始皇采用之。而宋毋忌、正伯侨、充尚、羡门高，最后皆燕人，为方仙道，形解销化，依于鬼神之事。邹衍以阴阳主运显于诸侯，而燕、齐海上之方士传其术不能通，然则怪迂阿谀苟合之徒自此兴，不可胜数也（《封禅书》）。是神仙方士之说，由邹衍之术转变而来，史公《孟子列传》缀邹衍于其下，是阴阳五行家原与儒术相出入。观始皇怒卢生（方士，求神仙者）亡去，乃使御史悉案问诸生，诸生传相告引，乃自绌犯禁者四百六十余人，皆坑之咸阳（始皇三十五年），是诸生必与方士有连，故及于祸。三十六年，使博士为《仙真人诗》，及行所游天下，传令乐人歌弦之，是博士言神仙之事矣。三十七年，博士曰："水神不可见，以大鱼蛟龙为候，今上祷祠备谨而有此，恶神当除去，而善神可致。"是博士言神怪以自附会于方士之言矣。此虽博士诸生曲学阿世，迎合时尚，以苟窃一时之利禄，然儒术与方士杂糅之风自此而开。汉儒如刘向、李寻等莫不笃好神仙方士之说，其后今文学家用谶纬之说以解经，而经术几于方士化矣。

此外影响于中国后世最大者，以压制天下之思想、齐一天下之言论，使战国思想言论自由之风气从根本上铲除之，虽处士横议之弊由此而息，而古代灿烂之文化受此重大之摧残，遽忽焉而停滞。从汉以后之文化，皆不过就先秦文化之绪余，推阐而修正之，或间以外来之文化润色于其间，绝少创作之新文化，此则不得不归咎于始皇专制之罪矣。

## 第四节　豪杰亡秦（上）

天下一种制度之崩颓常自含其惰力，而凡政治之大改革常生一种反动，此几为物理、人事之公例，而消息盈虚于其间者之不易易也。秦以暴力兼并六国，六国之故族遗臣无日不思伺秦之隙以图恢复，特劫于始皇之淫威而不敢发耳。当始皇之存也，而高渐离之筑，张良博浪之椎，"亡秦者胡"之图书，"始皇帝死而地分"之刻石，天下仇视暴秦之心理已岌岌不可终日矣。秦纵逆取顺守，尚恐无以善其后，而始皇、二世复益之以刻削，重之以严刑，加以兴作力役，阿房、骊山徒卒数十百万，离宫别馆遍于天下，北筑长城。斯时之民，内困于赋税，外胁于威刑，力竭于土木，命尽于甲兵。陈胜、吴广起于戍卒，攘臂一呼而天下响应，风起云合，群起而亡秦矣。

陈胜者，字涉，阳城人（今河南登封县东南三十五里）。吴广者，字叔，阳夏人（今太康县）。秦二世元年秋七月，发闾左戍渔阳（今河北密云县西南三十里）九百人，屯大泽乡（今安徽宿县南大泽乡名），陈胜、吴广皆为屯长。大雨失期，法皆斩，乃谋曰："今亡亦死，失期亦死，等死，死国可乎？"遂率众起兵于蕲（今安徽宿县），诈称公子扶苏、楚将项燕，称大楚，从民望也。行收兵，比至陈（今河南淮阳县），兵车六七百乘，骑千余，卒数万人。攻陈，据之，陈中豪杰父老请立胜为陈王，大梁人张耳、陈余有贤名，谏曰："将军出万死之计，为天下除残也。今始至陈而王之，示天下私。愿将军毋王，急引兵而西，遣人立六国后，自为树党，为秦益敌，诛暴秦而号令诸侯，此帝业也。"胜不听，自立为楚王，分遣诸将徇地，郡县苦秦苛虐，争杀长吏以应之。胜遣吴广围三川守李由，令陈人武臣与张耳、陈余渡河徇赵地，令汝阴人邓宗徇九江郡（今江西省北部），令魏人周市北徇魏地。与陈贤人周文将军印，西击秦。行收兵至关，车千乘，卒数十万，至戏（水名。今陕西临潼新丰镇东南三十里），军焉。

先是，使者从东方来，言胜等反，二世怒，下之吏，有言群盗不足忧则悦，由是反者半天下而二世不知，至是二世乃大惊，免骊山徒、人奴产子（奴产子，今田客家儿也），使少府章邯将之，悉发以击楚军，大破之。周文败死，而陈王所遣将武臣已徇下燕、赵四十余城，张耳、陈余闻诸将为陈王徇地，还者多以谗毁诛，乃劝武臣自立为赵王。陈王遣使贺赵，趣其兵西击秦，耳、余说王毋西兵。遣将韩广徇燕，广至燕，自立为燕王。周市至魏，立魏之诸公子咎为魏王。周市徇地至狄（今山东高苑县），狄人田儋，故齐王族也，儋从弟荣，荣弟横，皆豪健宗强能得人，因击杀狄令而自立为齐王，略定齐地。二世二年，吴广围荥阳，弗能下，周文军已破秦兵，旦暮至楚，将军田臧等矫王令以诛吴广，留李归守荥阳，自以精兵西迎秦军于敖仓（在荥阳西北山上，临河有大仓），与战，田臧死，军破，章邯遂击破李归等荥阳下，复连败楚军，进击至陈西，陈胜为其御庄贾所杀以降秦，后谥曰隐王胜。故涓人将军吕臣攻陈，下之，杀庄贾，复以陈为楚。陈胜王仅六阅月，虽已死，其所置遣侯王将相竟亡秦，由胜首事也。陈胜以匹夫首倡平民革命之局，其事为前古所未有，司马迁列之世家，有以哉！

## 第五节　豪杰亡秦（下）

当陈涉之败也，下相人（今江苏宿迁县西七里）项梁已举兵于吴中（今江苏吴县）。项梁者，楚将项燕子也，与兄子籍避仇吴中，吴中贤士大夫皆出其下，吴中有大繇役及丧，阴以兵法部勒宾客及子弟，以是知其能。籍字羽，学兵法，略知其意。力能扛鼎，才气过人，虽吴中子弟皆已惮籍矣。项梁闻陈胜起兵，以二世元年九月，杀会稽守殷通，遂举吴中兵，得精兵八千人。是时，召平为陈王徇广陵（旧江苏扬州府治，今江都县），闻陈王败走，秦兵又且至，乃渡江矫陈王命，拜梁为楚上柱国，令急引兵西击秦。项梁乃以八千人渡江而西，收陈婴兵。渡淮，黥布、蒲将军亦以兵属焉，项梁军已增至六七万人矣。至薛（在今山东滕县东南境），闻陈王定死，梁召诸别将会薛计事。

是时，沛公刘邦亦起沛（今江苏沛县），往焉。邦字季，豁达有大度，不事家人产业，沛中子弟闻刘季多珍怪，多欲附者。沛令欲沛应陈涉，县吏萧何、曹参劝令召刘邦，邦已有众数十百人。令悔，闭城，沛父老子弟杀令迎邦，立为沛公。萧、曹等为收众，得三千人，以应诸侯。闻项梁在薛，从百余骑往见之。居巢人（今安徽巢县）范增，年七十，好奇计，说项梁立楚怀王孙心为楚王，从民所望（案：此为项氏之失计）。张良劝梁立韩后，梁使良立韩公子成为韩王，西略韩地（至此六国后皆立）。章邯伐魏，齐、楚救之。齐王田儋、魏王咎、周市皆败死。田儋弟荣收其余兵，走保东阿（今山东县名）。齐人立齐王建之弟假为王。章邯进围东阿，项梁引兵救之，大破秦军于东阿。田荣即引兵归临淄，逐王假，假亡走楚。田荣立儋子市为齐王。章邯之败而西也，项梁因追之，使使趣齐兵，欲与俱西。田荣以田假在楚，不肯发兵助楚。梁使项羽与沛公西略地，连破秦军于雍丘（今河南杞县治）。又斩李由。项梁益轻秦，有骄色。宋义谏之，不听。秦悉起兵益章邯，夜衔枚击楚，大破楚军于定陶（今山东县）。项梁死。章邯既大破楚军，则以为楚地兵不足忧，乃渡河北击赵，大破之。

是时，武臣已为李良所杀。陈余求得赵歇，立为赵王，走入巨鹿城（今直隶平乡县治）。章邯令王离、涉间围之。邯军其南，筑甬道而输之粟。陈余为将，将卒数万人而军巨鹿之北，此所谓河北之军也。楚军已破于定陶，怀王恐，徙盱眙（今安徽泗县），都彭城（今江苏铜山县），并吕臣、项羽军自将之。以宋义为上将军，项羽为次将，范增为末将，率兵救赵。令沛公西略地入关，与诸将约："先入定关中者王之。"

当是时，秦兵强，常乘胜逐北，诸将莫利先入关，独项羽怨秦破项梁军，奋，愿与沛公西入关。怀王用诸老将之议，以项羽慓悍残杀，沛公宽厚长者，故卒不许羽而遣沛公。宋义至安阳（今山东曹县东），不进。项羽数宋义罪而杀之，将其军，引兵渡河，皆沉船，破釜甑，烧庐舍，持三日粮，以示士卒必死，无一还心。于是至则围王离，与秦军遇，九战，绝其甬道，杀苏角，虏王离，涉间自杀。当是时，楚兵冠诸侯，诸侯军救巨鹿下者十余壁，莫敢纵兵。及楚击秦，诸侯将皆从壁上观，楚战士无不一以当十，楚兵呼声动天地，诸侯军无不人人惴恐。于是已破秦军，召见诸侯将，诸侯将莫敢仰视。项羽由是为诸侯上将军，诸侯军皆属焉。

时章邯军棘原（在巨鹿南），相持未战，使长使司马欣请事咸阳，留司马门三日，赵高不见，有不信之心。项羽军漳南，乘章邯狐疑，再战破之，邯遂降于洹水南殷虚上（今河南安阳县）。羽将诸侯军三十余万人，行略地至河南，忌秦吏尚众，于是夜击，坑降卒二十余万人于新安城南。至函谷关（今河南陕县古桃林塞），有兵守关，不得入。盖沛公已于二世三年十月，先诸侯定关中矣。方沛公之引兵而西也，下陈留（今河南县），略南阳郡，南阳守齮走，保城守宛（今河南宛县）。用张良计围之，与之约降，引其甲卒而西，啗秦将以利，因袭破武关（今陕西商县东）。又与秦战于蓝田（即峣关，在陕西蓝田县东九十八里），益张疑兵旗帜，诸所过毋得卤掠。秦人意，秦军解，因连破之。遂乘胜至霸上（长安县东三十里），秦王子婴降于轵道旁（亭名，今长安城东十三里）。沛公西入咸阳，以樊哙、张良谏，还军霸上，与父老约法三章耳："杀人者死，伤人及盗抵罪。"余悉除秦苛法，秦人皆悦。计陈涉首事六月而死，涉死二年而秦亡，秦亡而楚汉相争，又历四年，而后天下始定于汉。

案：武关，今商雒，道险僻，汉高不向函谷而出商雒者，攻秦所不备也。秦悉发关中卒益章邯军，守备亦空虚矣。项羽战河北，摧劲敌，汉高乃得鼓行而西，羽之功曷可少哉！

## 第六节　楚汉相争（上）

沛公之西定关中也，项羽已号章邯为雍王，王关中。沛公恐不得有秦地，遣兵守函谷关，欲无内诸侯军。项羽闻之，大怒，使黥布等先从间道破关下军（《史记·黥布列传》）。项羽遂得入关，进至戏，闻沛公左司马曹无伤言沛公欲王关中，珍宝尽有之。项羽大怒，飨士卒，期旦日击沛公军。范增以沛公志不在小，劝项羽急击勿失。

当是时，项羽军四十万，在鸿门（今陕西临潼县东十七里新丰故城东阪谓之鸿门）。沛公兵十万，在霸上（梁玉绳曰："霸上至新丰，据《水经注》相隔六十里，是霸上与鸿门相距七十七里矣，其事可疑。郭缘生《述征记》谓鸿门在霸城南门数十里，稍为近之"）。楚左尹项伯，羽季父也，素善张良。夜驰沛公军见张良，具告其事，欲呼与俱去。张良入告沛公。沛公大惊，固要项伯入见，约旦日早自来谢项王。于是项伯复夜去，至军中，具言沛公不敢倍德，今人有大功而击之，不义，不如因善遇之。项羽许诺。沛公旦日从百余骑来见鸿门，谢项羽。项因留沛公与饮。项王、项伯东向坐，亚父南向坐。亚父者，范增也。沛公北向坐，张良西向侍。范增数目项王，举所佩玉玦以示之者三，项王默然不应。范增起，出召项庄曰："君王为人不忍，若入前为寿，寿毕，请以剑舞，因击沛公于坐，杀之。不者，若属皆且为所虏。"项庄入，如范增语，拔剑起舞。项伯亦拔剑起舞，常以身翼被沛公，庄不得击。于是张良至军门，见樊哙曰："今项庄拔剑舞，意常在沛公也。"樊哙入，瞋目视项王，曰："秦王有虎狼之心，天下叛之。怀王与诸将约曰：'先破秦入咸阳者王之。'今沛公先破秦入咸阳，毫毛不敢有所近，封闭宫室，还军霸上，以待大王来。故遣将守关者，备他盗出入与非常也。劳苦而功高如此，未有封侯之赏，而听细说，欲诛有功之人，此亡秦之续耳，窃为大王不取也。"项王未有以应，曰："坐。"樊哙从良坐。须臾，沛公起如厕，因招樊哙出，令张良留谢。于是遂去，鸿门去霸上四十里，沛公则置车骑，脱身独骑，与樊哙、夏侯婴、靳彊、纪侯等四人持剑盾步从，从间道行，谓张良曰："从此道至吾军，不过二十里耳。度我至军中，公乃入。"沛公已去，间至军中，张良入谢，以白璧一双献项羽，玉斗一双献范增。范增受玉斗，置之地，拔剑撞而破之，曰："唉！竖子不足与谋。夺项王天下者，必沛公也，吾属今为之虏矣。"项羽遂西屠，烧咸阳宫室，所过无不残破。秦人大失望，然恐，不敢不服耳。韩生说项羽曰："关中阻山带河，四塞之地，地肥饶，可都以霸。"项羽见秦宫室皆烧残，又心怀思欲东归，曰："富贵不归故乡，如衣绣夜行，谁知之者？"项羽使人还报怀王，怀王曰："如约。"项王乃佯尊怀王为义帝，不用其命。乃分天下，立诸将为侯王。

项王、范增疑沛公之有天下，业已讲解，又恶负约，恐诸侯叛之，乃曰："巴、蜀亦关中地。"故立沛公为汉王，王巴（旧四川重庆、夔州、绥定、保宁、顺庆五府）、蜀（旧四川成都、潼川二府）、汉中（旧陕西汉中、兴安二府及湖北郧阳府），都南郑（今陕西汉中道属县名）。而三分关中，王秦降将三人以距汉路：章邯为雍王，王咸阳以西；长史欣为塞王，王咸阳以东；董翳为翟王，王上郡。徙赵、魏、燕、齐故王：赵王歇为代王，魏王豹为西魏王，燕王韩广为辽东王，齐王田市为胶东王。更立诸将之有战功及从入关者九人为王：楚将黥布为九江王，鄱君吴芮为衡山王，义帝柱国共敖为临江王，赵将司马卬为殷王，赵相张耳为常山王，张耳嬖臣申阳为河南王，燕将臧荼为燕王，齐将田都为齐王，故齐王建孙安为济北王。项羽自立为西楚霸王（时人名郢为南楚，吴为东楚，彭城为西楚。羽都彭城，故国号西楚），王梁、楚地，都彭城。使使徙义帝长沙郴县，阴令衡山、临江王击杀之江中。汉之元年（西历纪元前二〇六年）四月，诸侯罢戏下兵（颜师古曰："戏，谓军之旌麾也"），各就国。于是秦始皇所废之封建复活，是为封建制第一次之反动。

## 附：秦楚之际诸侯兴亡表

| 古国地 | 国名 | 人名 | 得封原因 | 都邑 | 今地 | 封地 | 灭存 | 附考 |
|---|---|---|---|---|---|---|---|---|
| 秦分为四 | 汉 | 刘邦 | 先入关 | 南郑 | 陕西县名 | 巴郡、蜀郡、汉中郡 | 后为帝 | |
| | 雍 | 章邯 | 降项羽 | 废丘 | 陕西兴平县东 | 汉为陇西、北地二郡 | 汉二年为汉所杀 | |
| | 塞 | 司马欣 | 旧有德于项梁 | 栎阳 | 陕西临潼东北 | 汉为河南郡 | 汉元年六月降汉 | |
| | 翟 | 董翳 | 劝章邯降项羽 | 高奴 | 陕西鄜县 | 汉为上郡 | 汉元年六月降汉 | |
| 魏分为二 | 西魏 | 魏王咎之弟豹 | 旧国新徙 | 平阳 | 山西临汾县西南 | 汉为河东、上党二郡，五年改为梁国 | 二年降汉，复叛，后为韩信所虏 | |
| | 殷 | 司马卬 | 赵将，取河内有功 | 朝歌 | 河南淇县东北 | 汉河内郡 | 二年为汉所虏 | |
| 韩分为二 | 韩 | 韩成 | 旧国 | 阳翟 | 河南禹县 | | 元年五月为羽所杀 | 立故吴令郑昌为韩王，汉二年为汉所破 |
| | 河南 | 申阳 | 先下河南迎楚 | 洛阳 | 河南洛阳 | 汉河南郡 | 汉二年降汉 | |
| 赵分为二 | 代 | 赵王歇 | 旧国新徙 | 代 | 直隶蔚县东二十里 | 汉代郡 | 汉三年为韩信所虏 | 张耳降汉，歇复王赵，以陈余为代王，三年为韩信所杀 |
| | 常山 | 张耳 | 为赵相，从入关 | 襄国 | 直隶邢台县西南 | 汉太原郡 | 元年降汉 | 地属于赵王歇 |

续 表

| 古国地 | 国名 | 人名 | 得封原因 | 都邑 | 今地 | 封地 | 灭存 | 附考 |
|---|---|---|---|---|---|---|---|---|
| 燕分为二 | 辽东 | 韩广 | 旧国新徙 | 无终 | 直隶玉田县 | 汉辽东郡 | 元年六月为臧荼所杀 | 无终属燕 |
| | 燕 | 臧荼 | 燕将，从楚救赵入关 | 蓟 | 直隶蓟县 | 汉渔阳、右北平郡 | 五年反，汉击灭之 | |
| 齐分为三 | 齐 | 田都 | 齐将，从楚救赵入关 | 临淄 | 山东临淄县 | 汉北海郡、千乘郡 | 汉元年三月为田荣所击走 | 田荣尽王三齐地，汉二年为项羽所击杀，立田假为王，为横弟荣所击走 |
| | 胶东 | 田市 | 旧国新徙 | 即墨 | 山东即墨县 | 汉胶东国、高密国地 | 元年四月为田荣击杀 | |
| | 济北 | 田安 | 王建孙，下济北，引兵降楚 | 博阳 | 山东泰安县东南 | 汉平原郡 | 元年五月为田荣击杀 | 立荣子广为王，汉三年为韩信所房 |
| 楚分为四 | 西楚 | 项羽 | 亡秦，号令诸侯王 | 彭城 | 江苏铜山县 | 秦楚郡、泗水郡、薛郡、东海郡、黔中郡、会稽郡、南阳郡、砀郡、东郡 | 汉五年败死于汉 | |
| | 九江 | 英布 | 楚将，常冠军 | 六 | 安徽六安县北 | 秦九江郡 | 二年降汉 | 汉封布为淮南王，十一年反，败死 |
| | 衡山 | 吴芮 | 率百越佐诸侯，从入关 | 邾 | 湖北黄冈县 | 秦长沙郡 | 后为长沙国，传至汉末 | |
| | 临江 | 共敖 | 楚柱国，击南郡功多 | 江陵 | 湖北江陵县 | 秦南郡 | 汉五年子骧为汉所房 | |

## 第七节 楚汉相争（下）

项王之弃关中而都彭城也，盖欲据天下南北之脊，以通三川之险（今河南洛阳），而遥控三秦，徐以俟天下之变。讵四月兵罢戏下，五月即有田荣、陈余之变。项羽以田荣不出兵助楚攻秦，故不得王；陈余以不从楚入关，亦失职，不得王。二人俱怨项王。田荣使人将兵助陈余，令反赵地；而荣亦发兵击走田都，追杀齐王市于即墨。

是时，彭越在巨野（今山东巨野县），有众万余人，无所属。田荣与越将军印击杀济北王安，荣乃并王三齐之地。陈余亦击破常山王张耳，耳走归汉。余迎赵王歇于代，反之赵。汉王之以三万人之国也，楚与诸侯之慕从者数万人，从杜南入蚀中（今长安南之子午谷）。用张良计，烧绝所过栈道，以备诸侯盗兵，且示项羽无东意。八月，汉王拜韩信为大将。信说以因思归之士东定三秦。汉王留萧何于汉中，收巴、蜀租，引兵东从故道（今凤县驿路）袭雍，败章邯军，遂定雍地。章邯走废丘。汉王东至咸阳，引兵围雍王章邯于废丘，而遣诸将略地。塞王欣、翟王翳皆降。项王闻之，大怒，乃以故吴令郑昌为韩王以拒汉。令萧公角等击彭越，彭越败萧公角等。汉使张良徇韩，良乃遗项王书曰："汉王失职，欲得关中，如约即止，不敢东。"又以齐、梁反书遗项王曰："齐欲与赵并灭楚。"楚以此故无西意，而北击齐。自是而天下形势遂一变矣。

项王自将击齐，齐王荣走死。项王复立田假为齐王。坑田荣降卒，虏其老弱妇女，烧夷城郭室屋，齐民相聚叛之。田荣弟横立荣子广为齐王以拒楚。项王因留，连战未能下，汉王以故得渡河，降魏王豹，虏殷王卬，率五诸侯兵（是时，河南王申阳、韩王郑昌皆降，合魏王豹、殷王司马卬、代王陈余，凡五）五十六万，以诛放杀义帝为名，东伐楚。汉兵至外黄（今河南杞县东六十里），彭越将其兵三万余人归汉。汉令彭越将兵略定梁地，汉王遂入彭城。项王闻之，即令诸将击齐，而自以精兵三万人，南从鲁（今山东曲阜县）出胡陵（今济宁县北、鱼台县南)。二年四月,汉王方在彭城,日置酒高会。项王已西从萧(今江苏萧县),绝汉后路。晨击汉军而东,至彭城,日中大破汉军。汉军入穀、泗水(二水名,皆在铜山县),死者十余万人。汉卒皆南走山,楚又追击至灵璧东(今安徽灵璧县)睢水上。汉军却,为楚所挤,卒十余万人皆入睢水,睢水为之不流(《水经注》:"睢水经萧县南,东通穀、泗"),围汉王三匝。会大风昼晦,汉王乃与数十骑遁去。汉王家室在沛,父母妻子为楚军所获。于是诸侯皆背汉,复与楚。盖汉王军行太速,未经抚循其民,且无后继,故一败而诸侯尽叛也。汉王至荥阳(今河南荥泽县,扼黄河津渡之要),诸败军皆会。萧何亦发关中卒诣荥阳,汉军复振。何守关中,为法令约束,立宗庙社稷,计关中户口,转漕调兵,未尝乏绝。汉王屡败而不困者,何之力也。

楚起于彭城,常乘胜逐北,与汉战荥阳南京、索间(二水名,在荥阳县东南)。楚骑兵众,汉王用灌婴、李必、骆甲为骑将,大破楚骑于荥阳东,楚以故不能过荥阳而西。汉王问群臣曰:"吾欲捐关以东等弃之,谁可与共功者?"张良曰:"九江王布,楚枭将,与项王有隙,彭越与齐反梁地,此二人可急使。而汉王之将独韩信可图大事,当一面,即欲捐之,捐之此三人,则楚可破也。"于是汉使随何说下九江王布反楚地,项王使项声、龙且败九江军,布与随何间行归汉。汉之败于彭城也,魏王豹归,反为楚。陈余亦以张耳在汉,故即背汉。汉遣韩信击魏,虏魏王豹与张耳,以兵数万东击赵。赵聚兵井陉(今河北井陉县之井陉关),号二十万。李左车说陈余:"深沟高垒,勿与战,请以骑兵三万,从间道断其辎重。"陈余不听。韩信引兵未至井陉口三十里,止舍,选二千骑,人持一赤帜,蔽山而望赵军,诫曰:"赵空壁逐我,若疾入赵壁,拔赵帜,立汉赤帜。"乃使万人先出,背水陈,赵军望而大笑。平旦,信建大将旗鼓,出井陉口,赵开壁击之,大战良久。信与耳佯弃旗鼓走,水上军复疾战,赵果空壁争汉旗鼓,逐信、耳。水上军皆殊死战,不可败,所出奇兵二千骑,则驰入赵壁,皆拔赵帜,立汉赤帜。赵军既不能得信等,欲还壁,壁皆汉赤帜,见而大惊,以为汉已得赵王将矣,遂乱。于是汉军夹击,大破赵军,禽赵王歇,斩陈余泜水上(即井陉山水)。从李左车策,遂北定燕。

是时,楚急围汉王荥阳,汉王用陈平计,以间疏楚君臣。亚父遂辞老归死。汉军绝食,纪信乃诈为汉王,诳楚军出东门降。汉王以数十骑从西门遁去,项王烧杀纪信。汉王入关收兵,从辕生计,出军宛、叶间(旧河南南阳府),欲令荥阳、成皋得休息,韩信得安辑河北赵地。羽果引兵南,汉王坚壁不与战。是时,彭越北居河上,常往来为汉游兵击楚,绝其后粮,遂渡睢,败楚军于下邳(今江苏邳县)。羽乃使终公守成皋(今汜水县西,即虎牢关),而自东击彭越。汉王亦引兵北,击破终公,复军成皋。项羽已破彭越,乃引兵西拔荥阳,遂围成皋。汉王逃,北渡河,至小修武(今河南获嘉县北),晨驰入赵壁,夺韩信、张耳军。使张耳徇赵守备,韩信击齐。当楚、汉之相距荥阳也,田横复得收齐城邑,立田荣子广为齐王。信兵未渡平原(今山东平原县),汉王复使郦食其说下齐,田广乃罢历下(山东省历城县)守战备。韩信从蒯通说,袭破齐。

是时,汉王得韩信军则复振,军小修武,用赵忠计,高垒深堑,勿与战。使卢绾、刘贾将兵渡白马津(今河南滑县境),入楚地,佐彭越烧楚积聚,以破其业。彭越攻下梁地,项王留大司马曹咎守成皋,戒勿与汉战。羽引兵东击彭越。四年,汉王引兵渡河,大破楚军于汜水,复取成皋,军广武(河南荥阳县西),就敖仓食。项羽于十五日内已攻下梁地十余城,闻成皋破,乃西引兵还。汉兵闻项王至,则尽走险阻。羽亦军广武,与汉相守数月。项王与汉王临广武之间而语,汉王数项王之罪十(一、背约不王沛公关中;二、杀宋义;三、擅劫诸侯入关;四、烧秦宫室,劫始皇冢,收私其财;五、杀秦降王子婴;六、诈坑秦子弟新安二十万;七、王诸将善地,而徙逐故主;八、并王梁楚,多自与;九、弑义帝;十、为政不平,主约不信)。项王大怒,伏弩射中汉王,伤胸。

是时,关中益出兵,汉兵盛食多。项羽数击彭越等,兵罢食绝。所遣龙且救齐之二十万大军,又为韩信破杀于潍水上(今山东高密县境)。项羽大惧,遣武涉以三分天下说韩信。韩信不听,进兵击楚。项羽患之,乃归汉王父母妻子。与汉约中分天下,割鸿沟(在荥阳东南,引河为蒗宕渠之所也)以西为汉,以东为楚。九月,楚引兵解而东归。汉王用张良、陈平计,进兵追项羽至固陵(今河南太康县)。齐王、韩王、魏相国彭越期不至,楚击汉,大破之。张良劝益韩信以楚地,而以梁地王彭越,汉王从之。于是韩信、彭越皆引兵来,以五年十二月会垓下(今安徽灵璧县东南),与项羽决胜。韩信将三十万自当之,孔将军居左,费将军居右,汉王在后。项王卒可十万,韩信先合,不利,却孔将军。费将军纵楚兵,不利,韩信复乘之,大败垓下。汉兵及诸侯兵围之数重。项王夜闻汉军四面皆楚歌,乃大惊曰:"汉皆已得楚乎?是何楚人之多也!"于是项王乘其骏马名骓,麾下壮士骑从者八百余人,直夜溃围出。平明,汉军乃觉之,令灌婴以五千骑追之。项王至东城(今安徽定远县东南),乃自刎死,羽死而天下遂定于汉。后高祖置酒洛阳,与群臣言楚汉得失之故,曰:"运筹帷幄之中,决胜千里之外,吾不如子房;镇国家,抚百姓,给馈饷,不绝粮道,吾不如萧何;连百万之众,战必胜,攻必取,吾不如韩信。三人者,皆人杰,吾能用之,此吾所以取天下者也。项羽有一范增而不能用,此所以为我擒也。"

## 第八节　高帝之治

汉五年(西历纪元前二〇二年),高帝已定天下,诸侯王皆上疏请尊汉王为皇帝,二月甲午,王即皇帝位于汜水之阳(今河南汜水县),遂开中国布衣为皇帝之新局。古代封建之世尚德,殷、周修仁行义十余世而后王;战国之世尚力,秦蚕食六国,百余年而后帝,盖一统若斯之难也。高祖起布衣,无殷、周之积德,无秦之凭藉,乃不数年而成帝业者,时势之适然也。蒯彻之对帝曰:"秦失其鹿,天下共逐之,高材疾足者先得焉。……天下锐精持锋欲为陛下所为者甚众,顾力不能耳。"(事在高帝十一年,见《通鉴·汉纪四》)黥布之反也,曰:"欲为帝耳。"(事在高帝十二年)可见皇帝帝位为当时争夺之唯一目标,即高帝起兵之动机,观其微时之咸阳观秦始皇,喟然叹曰:"嗟乎!大丈夫当如此也！"其歆羡帝位之尊荣，情见乎辞。及其既为皇帝也，上太上皇寿曰："始大人常以臣亡赖，不能治产业，不如仲力。今某之业所就孰与仲多？"（事在高帝九年，见《史记》）其征黥布也，吕后涕泣，说帝曰："上虽苦，为妻子自强。"（事在高帝十一年）足见其以帝位为私产，所有经营缔造，不过为本身及妻子享受计耳。要之，自汉以来，皇帝之基础皆建筑于野心家利己观念之上，故其未得之也，"使天下之民肝脑涂地，父子暴骨中野，不可胜数"（娄敬说高帝语）；其既得之也，则诛锄功臣以除其逼，重用宗戚以固其位，而为种种防微杜渐之制度，以遂其子孙帝王万世之私图。此实皇帝之制度与夫民群之程度使然，虽有知勇之人，不能不循其途辙以求自利而利人也。故观于高帝十余年之为治，而君主制度之利弊了然矣。兹分别言之：

（一）迁都长安以据形胜　帝平项羽，西都洛阳。齐人娄敬戍陇西，过洛阳，脱挽辂，衣羊裘，因齐人虞将军求见上。上召见之，娄敬说："取汉天下与周异。周以德兴，故都洛阳，以居天下之中。汉以战胜，不得比隆于成、康之时。秦地被山带河，四塞以为固，卒然有急，百万之众可立具。因秦之故，资甚美膏腴之地，此所谓天府者也。入关而都之，山东虽乱，秦之故地可全而有也。夫与人敌，不扼其亢，拊其背，未能全其胜也。陛下案秦之故地，此亦扼天下之亢而拊其背也。"高帝问群臣，群臣皆山东人，争主都洛阳，独张良言入关便。帝即日驾，西都长安（事在高帝五年，见《通鉴·汉纪三》）。其后刘敬复言："匈奴河南（今河套）白羊、楼烦王，去长安近者七百里，轻骑一日一夜可以至。秦中新破，少民，地肥饶，可益实。夫诸侯初起时，非齐诸田、楚昭、屈、景莫能兴。今陛下虽都关中，实少民。东有六国之强族，一日有变，陛下亦未得高枕而卧也。愿陛下徙六国后及豪桀名家居关中，无事可以备胡，诸侯有变，亦足率以东伐。此强本弱末之术也。"帝乃徙齐、楚大族昭氏、屈氏、景氏、怀氏、田氏五族及豪桀于关中，与利田、宅，凡十余万口（事在高帝九年，见《通鉴·汉纪四》）。

（二）采秦制以起朝仪　帝悉去秦苛仪，法为简易。群臣饮酒争功，醉，或妄呼，拔剑击柱，帝益厌之。故秦博士叔孙通说上曰："夫儒者难与进取，可与守成。臣愿征鲁诸生，与臣弟子共起朝仪。"帝曰："得无难乎？"叔孙通曰："五帝异乐，三王不同礼。礼者，因时世、人情为之节文者也。臣愿颇采古礼，与秦仪杂就之。"上曰："可试为之，令易知，度吾所能行者为之。"于是叔孙通使，征鲁诸生三十余人。鲁有两生以叔孙通面谀以得亲贵，不肯行。叔孙通笑其不知时变，遂先为绵蕞，习之野外。七年冬十月，长乐宫成，诸侯群臣皆朝贺。先平明，谒者治礼，以次引入殿，陈东、西乡。卫官侠陛及罗立廷中，皆执兵，张旗帜。于是皇帝传警，辇出房；引诸侯王以下至吏六百石以次奉贺，莫不振恐肃敬。至礼毕，复置法酒。诸侍坐殿上，皆伏，抑首；以尊卑次起上寿。觞九行，谒者言罢酒，御史执法举不如仪者，辄引去。竟朝置酒，无敢欢哗失礼者。于是帝曰："吾乃今日知为皇帝之贵也！"初，秦有天下，悉内六国礼仪，采择其尊君、抑臣者存之。及通制礼，颇有所增损，大抵皆袭秦故焉（事在高帝六年、七年，见《通鉴·汉纪三》）。

　　（三）诛锄功臣以封同姓　汉初去古封建未远，惩戒亡秦孤立之败，故杂行封建、郡国制。且当时功臣多与高帝并起亡秦之人，在未灭项羽之前，早已分地封王，高帝固不得不采封建制以相酬庸也。汉初，立二等之爵（大者王，小者侯），功臣非同姓疆土而王者八国，楚王韩信，韩王韩信，燕王卢绾，梁王彭越，赵王张耳，淮南王黥布，临江王共敖，长沙王吴芮也。高帝畏恶诸侯之能，六年，用陈平计，伪游云梦，诱执楚王韩信，废为淮阴侯。于是，数年之间，韩王信叛于匈奴（六年），陈豨反于代（十年），淮阴侯韩信斩于钟室（十二年），彭越附于梁（十一年），黥布反于淮南（十年），卢绾反于燕（十二年）。高帝末年，异姓王者尽矣，独长沙以国小特存，乃刑白马而盟曰："非刘氏而王者，天下共击之。"乃尽以所灭功臣之封地而封其同姓，尊王子弟，大启九国。自雁门以东，尽辽阳，为燕、代，以王燕王建、代王恒。常山以南，太行左转，度河、济，渐于海，为齐、赵，以王齐王肥、赵王如意。谷、泗以往，奄有龟、蒙，为梁、楚，以王梁王恢、楚王交。东带江、湖，薄会稽，为荆、吴，以王吴王濞。北界淮濒，略庐、衡，为淮南，以王淮南王友。波汉之阳，亘九嶷，为长沙，以王吴芮。其间吴为高帝兄子，楚为高帝弟，余皆高帝庶子。其地最大者，齐、代、赵、吴、楚。天子自有三河、东郡、颍川、南阳，自江陵以西至巴蜀，北自云中至陇西，与京师内史，凡十五郡（齐召南曰："十五郡，以秦地计之，内史一，河东二，三川郡三，东郡四，颍川五，南阳六，南郡七，蜀郡八，巴郡九，汉中十，陇西十一，北地十二，上郡十三，云中十四，上党郡十五）。公主列侯，颇邑其中。而藩国大者跨州兼郡，连城数十，宫室百官同制京师，可谓矫枉过其正矣（《汉书·诸侯王表》）。

案：汉高宽仁爱人，豁达大度，观其初去秦苛仪法，本易引之于当道。乃叔孙通、娄敬、陈平等惟汲汲焉导以私天下之术，高帝于是不务求治而惟防乱；其初唯患异姓，剪灭之唯恐不及，卒之患生所防之外，而所立同姓以为国防者，乃转以为乱焉。自是削弱诸侯王遂为异时治乱重大之问题矣。

## 第九节　汉初及文景之治

中国历史有一公例，大约太平之时必在革命用兵之后四五十年，从此以后，隆盛约可及百年，百年之后生乱象，又酝酿数十年，遂至大乱，复成革命之局。汉、唐、宋、明，其例一也。其间除南北朝、五代与元，具有特别之原因外，皆可以汉为之代表。汉之盛世，实在文、景，此时距秦、楚、汉三世递续之相争，已近三十年矣。大乱之后，民数减少，天然之产养之有余；而豪杰敢乱之徒，并已前死，余者厌乱苟合之外，无所奢望，此皆太平之原理与地产相消息，初无关于君相（以上采夏曾佑说）。若为君相者更能清静不扰，则效益著矣。

汉兴，黎民得离战国之苦，高帝乃约法省禁，与民休息，萧、曹为相，填以无为，故惠帝（名盈）垂拱，高后（姓吕，名雉，高帝后）女主称制，政不出房户，天下晏然，刑罚罕用，罪人是希，民务稼稼，衣服滋殖。及高后崩，周勃、陈平、刘章平诸吕之乱，迎高祖子代王恒立之，是为太宗孝文皇帝（景帝时，号文帝庙曰太宗，是为帝王庙号之始。然两汉庙号不常置，必有功德然后置也）。帝好黄老家言，躬修玄默。其为政也，专务以德化民，劝趣农桑，减省租赋，而将相皆旧功臣，少文多质，惩恶亡秦之政，论议务在宽厚，耻言人之过失，故其时风流笃厚，禁网疏阔。选张释之为廷尉（秦官，掌刑），辟罪疑者予民，是以刑罚大省。至于断狱四百，有刑措之风。帝之初即位也，有献千里马者，帝还其马，下诏曰："朕不受献也，其令四方无求来献。"（事在文帝元年）此事为战国以来人君之创举。

秦将尉佗乘秦之乱，据有南越，以兵威财物役属闽越（蛮族名，今福建省）、欧骆（亦蛮族名。今广西西南与安南国地），东西万余里，自称武帝，与中国侔。帝乃为佗修祀亲冢在真定者，召贵其兄弟，赐佗书曰："前日闻王发兵于边，为寇灾不止，长沙苦之，南郡尤甚。虽王之国，庸独利乎？寡人之妻，孤人之子，独人父母，得一亡十，朕不忍为也。"此言为战国以来人君之创论，佗遂称藩臣，去帝号（事在文帝元年）。

帝于刑法一端，其仁后世尤大。元年，除收孥相坐律令。二年，除诽谤妖言之罪。十三年，齐太仓令淳于意有罪当刑，其少女缇萦上书曰："妾伤夫死者不可复生，刑者不可复属，虽后欲改过自新，其道无由。妾愿没入为官婢，以赎父刑罪，使得自新。"帝怜悲其意，遂下诏除肉刑。及帝之崩也，下诏曰："朕闻之，盖天下万物之萌生，靡不有死。死者天地之理，物之自然，奚可甚哀？其令天下吏民，令到，出临三日，皆释服。服大红十五日，小红十四日，纤七日，释服。"（案：红与功同。纤，细布衣也。此为葬后之服。）此与儒家三年丧制相违戾，然遂为后世所承用。

其在帝世，关系于国家之治乱者，莫急于诸王骄僭之事。帝待诸王至宽大，淮南王长至称帝大兄，而椎杀辟阳侯审食其于阙下，帝皆不问。贾谊、袁盎等谏说虽切，帝假借纳用焉。其后济北王兴居、淮南王长皆以反死。吴王濞招致郡国亡命，采豫章之铜以铸钱，煮海为盐，反迹日著。帝赐之几杖，不朝。帝且崩时，诫太子曰："即有缓急，周亚夫直可任将兵。"盖为其实而不有其名，真黄老之精义矣。

景帝讳启，亦治黄老学，兼喜晁错之刑名术数。帝遵文帝之业，无所更张，惟听幸晁错。错在文帝时，数上书言吴过可削。至是复说上，以吴削之亦反，不削亦反，削之，其反亟祸小，不削，反迟祸大。遂因罪先削楚、赵、胶西三王地。廷臣方议削吴，吴王濞恐削地无已，乃联合胶西王卬、楚王戊、赵王遂、济南王辟光、淄川王贤、胶东王雄渠共举兵反，以诛晁错为名。帝纳袁盎言，给错衣朝衣，斩错东市，而吴、楚兵不罢。初，七国反书闻，帝以周亚夫为太尉，将三十六将军兵东击吴、楚。亚夫请上曰："楚兵剽轻，难与争锋，愿以梁委之（时帝弟孝王武封于梁），绝其食道，乃可制也。"后终守此策以破吴，三月而七国平。帝既遭七国之乱，损抑诸侯，不得自治民补吏，令内史治之，减黜其百官，又留列侯于京师，不使就国。至武帝时，施主父之策，下推恩之令，使诸侯王得分户邑以封子弟，不行黜陟，而藩国自析。后以衡山王赐、淮南王安之谋乱，遂作左官之律，设附益之法，诸侯惟得衣食租税，不与政事。其后哀、平之际，宗室微弱，势与富室无异。王莽以外戚窃权，知汉中外殚微，本末俱弱，无所忌惮，生其奸心，此又非贾谊等之所及料矣。

## 第十节　汉武于中国之关系

汉高帝初定天下，日不暇给，命萧何次律令，韩信申军法，张苍定章程，叔孙通制礼仪，粗具规摹。文帝时，贾谊以汉兴二十余年，宜当改正朔、易服色、立制度、定官名、兴礼乐，乃草具其仪法上之。文帝谦让，未遑制作（以其非黄老清静无为之旨）。至景帝子彻立，是为武帝，以雄才大略继文、景休养富庶之余，锐意有为，进用英隽，内兴儒术，外攘夷狄，遂定年号，开察举，立太学，修郊祀，改正朔（以建寅为岁首），定历数（即太初历），色尚黄，协音律，作诗乐，建封禅，绍周后，其制多为后世所承用。故中国之帝制，开自秦皇，成于汉武。是二君者，皆有造成中国之力，二千年来，为利为害，多蒙二君之影响，谓之为廿四朝之皇帝可也。综两君生平而论之，其行事皆可分为三大端：一曰尊儒术，二曰好用兵，三曰信方士。此三事，就其表面观之，似互相牴牾；若论其精微，则事乃一贯，盖皆专制之一念所发现而已。其尊儒术者，非有契于仁义恭俭，实视儒术为最便于专制之教；其开边之意，则不欲一己之外，别有君长，必使天下归于一人而后快意，非若今日之国际竞争也；至于求仙，则因富贵已极，他无可希，惟望不死以长享此乐。此皆人心所动于不得不然，故两君异世而同心如此。至其功罪，则功莫大于攘夷，而罪莫大于方士。攘夷之功，使中国并东西南北各小族而成为大国，削弱匈奴，其绩尤伟，不然金、元之祸或见于秦、汉之间，而中国古代之文物且不存矣；方士之罪则使鬼神荒诞之说渐溃于中国之社会而不可去，近肇汉末黄巾之变，远贻清代教匪之祸，其为害于中国，何其烈哉！若夫尊儒术一端，则功罪之间，尚难论定也（采夏曾佑说）。

## 第十一节　汉武之内治

汉初之治术，实一道、法、儒争胜之局也。高帝素不喜儒（《郦食其传》），及定天下，陆贾时时前说，称《诗》《书》，高帝骂之曰："乃公居马上得之，安事《诗》《书》？"（《陆贾传》）一时公卿皆起自刀笔武人，不好文学，如萧何、曹参皆务与民休息，以清靖为治，号称贤相，故黄老之学盛行于汉初，然一代制度未能尽备也（参《萧曹列传》及《礼乐志》）。文帝任黄老为治，而好刑名之言（《汉书·儒林传》），专务以德化民（《文帝纪》），故贾谊说以定制度、兴礼乐，虽草具其仪，而文帝始终谦让未遑也（《汉书·礼乐志》）。孝景不任儒，晁错以申商刑名得幸，法令多所更定（《晁错传》）。至武帝即位，汉兴六十六年矣，乃始登用英隽，议立明堂、制礼服，以兴太平。会窦太后好黄老言，不说儒术，以事下御史大夫赵绾于狱，绾为改制之主议者，故明堂事及诸所兴为皆废，而丞相窦婴、太尉田蚡俱以好儒免（《通鉴》十七卷），是为儒术与道家剧烈之政争。及窦太后崩，武帝感于即位之初年，董仲舒《对贤良方正策》有曰："立太学以教于国，设庠序以化于邑，诸不在孔子之术、六艺之科，皆绝其道，勿使并进。"遂黜黄老刑名百家之言，延文学儒者以百数，而公孙弘以布衣治《春秋》为丞相封侯，天下学士靡然向风矣。弘等复请为五经博士，置弟子五十人，一岁皆辄课，能通一艺以上，补文学掌故缺，其高第可以补郎中，太常籍奏，即有秀才异等，辄以名闻。又吏百石通一艺以上者请皆选择以补右职（右职谓中二千石、二千石之卒史）。自此以来，公卿大夫士吏彬彬多文学之士矣。自武帝以儒术为国教，是后诸帝皆承用其政策，昭帝、宣帝皆增置博士弟子，元帝好儒，能通一经者，皆复郡国，置五经百石卒史（沈钦韩曰："此乡学教官之始"）。自武帝讫于元始（平帝年号），百有余年，传儒业者浸盛，一经说至百余万言，大师众至千余人，班固以为禄利之路然也。由是儒术遂确立为中国之国教，历二千余年之久，至民国十七年而始除。其端发于董仲舒，其事成于汉武帝，说者咸以崇正学多之，然学问统一而思想反为之不进，致养成后世儒教之保守形式主义，而妨害中国之人文进步。日人久保天随曰："汉武之表章六经，与始皇之焚书坑儒同一精神，不过其表面有宽猛之差而已。"盖二帝对于儒术之动机，虽有善恶之异，然其足以束缚人类思想之自由，以便于君主之专制者则一也。

## 第十二节　汉武之外攘

中国历史上之民族性，可分为二大派，一派为居国民族（即城郭民族），一派为行国民族（即游牧民族）。居国民族性尚服，从事文化，其弊流于保守与文弱；行国民族富自由，喜天然，其弊流为侵略与粗野。数千年来之历史，皆此两派民族特性之消长分化所演成，而其最显明重大之事实，莫过于汉武时两派民族之竞争。盖当时汉族既完成统一内部之功，而外族亦日臻强大之势。外族之为中国患者，以北狄为最甚，故汉武之用兵，以匈奴为最多，其东拔朝鲜，西通西域，皆所以图制匈奴也；而南平两粤，开西南夷，不过以余力及之。今分叙其概略如下：

（一）北方经略　自秦蒙恬收河南地而匈奴北徙，是后中国扰乱，诸秦所徙适边者皆复去，于是匈奴得宽，复稍度河南，与中国界于故塞（案:《汉书》云"至朝那、肤施"。朝那，今甘肃平凉县西北；肤施，今陕西绥德县西南）。至冒顿崛起，东破灭东胡（今辽河流域境），西击走月氏（今甘肃甘凉道、安肃道境），南并楼烦、白羊河南王（二族居今河套境），悉收复秦蒙恬所夺匈奴地。是时中国罢于兵革，以故冒顿得自强，控弦之士三十余万，尽服从北夷，而南与诸夏为敌国，自称单于（广大之貌。匈奴汗称）。置左、右贤王等官号，凡二十四长。左王将居东方，直上谷以东（今北平宣化境），接濊貊朝鲜（濊貊，今东三省东部及朝鲜之北部）；右王将居西方，直上郡以西（今陕西延安境），接氐羌（今青海境）；而单于庭（丁谦曰："在今三音诺颜部喀米尔河北"）直代、云中（今山西大同及察哈尔特别区归化城土默特等之地），各有分地，逐水草转徙。高帝七年，匈奴围马邑（今山西朔县东之马邑乡），高帝以三十万众被困于平城（今山西大同县），七日而后解，遂纳刘敬和亲之策，奉宗室女翁主为单于阏氏（单于妻号），岁奉匈奴絮缯酒食各有数。高后时，以嫚书遗高后，高后不敢报。逮文、景时，匈奴时战时和亲，候骑至雍甘泉（今陕西凤翔境），烽火通于长安。孝武接位，兵端始于聂翁壹之诱匈奴入马邑。是后五岁（即元朔元年），帝遣四将分道击胡，独将军卫青出上谷，至龙城（今察哈尔左翼旗界），得胡首虏七百人。匈奴数寇边，入辽西（今河北卢龙境）、雁门（今山西平鲁县境），杀太守及人民千余人。元朔六年，帝使卫青将兵出云中（今察哈尔特别区之归化城），以西至陇西（今甘肃巩昌秦县皋兰境），遂取河南地，筑朔方（今阿拉善额鲁特旗东北地），复缮故秦时蒙恬所为塞，因河而为固。自此，青数击破匈奴，伊稚斜单于恐，听赵信谋，益北绝幕（即大漠），以诱疲汉兵，徼极而取之。元狩二年，昆邪王降汉，已得昆邪，则陇西、北地（今甘肃宁夏、庆阳及陕西廊县地）、河西益少胡寇，徙关东贫民处所夺匈奴河南地，新秦中（今鄂尔多斯旗地）以实之，西减北地以西戍卒半。元狩四年，帝谋深入，乃大发士卒，粟马十万，令大将军卫青、骠骑将军霍去病各将五万骑，私负从马复四万匹，步兵转输者踵军后，又数十万人。两将军中分军，青出定襄（今察哈尔和林格尔厅地），绝幕，败单于精兵于幕北，北至寘颜山（今外蒙古土谢图左旗北纳那特山）、赵信城（在今纳那特山与商喀山之间）而还。霍去病出代郡（今北平口北道宣化县境）二千余里，败左王兵，封狼居胥山（当在今察哈尔特别区之多伦诺尔北之德尔山），禅姑衍（当在今多伦诺尔西），临瀚海（即今苏尼特旗北大戈壁）。此为汉兵入漠北之始。是后匈奴远遁，而漠南无王庭。汉渡河，自朔方（今河套地）以西，至令居（今甘肃甘凉道之平番县），往往通渠置田官，吏卒五六万人，稍蚕食匈奴以北。初，汉两将大出围单于，所杀虏匈奴合八九万，而汉士物故者亦数万，汉马死者十余万匹（时汉马入幕者三万余匹），匈奴虽病远去，而汉亦以马少，不复大出击匈奴矣。是时，汉已灭两粤，东拔濊貊、朝鲜以为郡，而西置酒泉郡（今甘肃安肃道之酒泉、玉门、敦煌等县地），以隔绝胡与羌通之路。又西通月氏（此大月氏当在今布哈尔地）、大夏（即西史之巴克特里亚，其盛时国境，东扼葱岭，西接波斯，南大雪山，北据铁门，略有今布哈尔、阿富汗两国地），以翁主妻乌孙王（今新疆伊犁地），以断匈奴西方之援国。又北益广田，至眩雷为塞（当在今新疆塔尔巴哈台地），而匈奴终不敢以为言。征和二年，帝遣贰师将军李广利将七万人出五原（即秦九原郡地），屡战深入，北至郅居水上（今外蒙古土谢图汗部之鄂尔坤河），渡水击败左贤王军，还至燕然山（今杭爱山脉，胡林翼推测在外蒙三音诺颜部鄂尔哲图和兰哈拉山口）。狐鹿孤单于知汉军劳倦，自将五万骑遮击贰师，夜堑汉军前，从后急击之，汉军大败乱，贰师惧罪降。汉既新失大将军、士卒数万人，不复出兵。三岁，武帝崩（西历纪元前八十七年）。前此者，汉兵深入穷追二十余年，匈奴孕重堕殰，罢极，苦之。自单于以下，常有和亲计。至宣帝时，五单于争立，而呼韩邪单于为其兄郅支单于所败，谋降汉。大臣皆曰："匈奴之俗，本上气力而下服役，以马上战斗为国，故有威名于百蛮。战死，壮士所有也。今兄弟争国，不在兄则在弟，虽死犹有威名，子孙尝长诸国。汉虽强，犹不能兼并匈奴，奈何乱先古之制，臣事于汉，卑辱先单于，为诸国所笑？"呼韩邪不听，引兵南近塞，朝天子于甘泉宫（在今陕西淳化县地）。自此，匈奴分为南北，南匈奴终西汉时长为属国者，武帝奋击匈奴之效也（参考《史汉·匈奴列传》《卫青霍去病列传》、《通鉴·武帝纪》各卷）。

附：汉与匈奴交兵表

| 年次 | 主将 | 士马 | 所至地 | 胜负 | 结果 |
| --- | --- | --- | --- | --- | --- |
| 元光二年 | 韩安国护军将军 | 二十余万 | 马邑旁 | 匈奴十万骑入武州塞，惊去 | 汉无所得，匈奴入盗于边，不可胜数。 |
| 元光六年 | 卫青出上谷；公孙敖出代；公孙贺出云中；李广出雁门 | 万骑 万骑 万骑 万骑 | 龙城 | 得胡首虏七百人；败亡七千人；无所得；败，为胡所得，脱归 | 匈奴数寇边，渔阳尤甚。 |
| 元朔元年 | 卫青出雁门 | 三万骑 | | 斩首虏数千人 | 匈奴入上谷、渔阳。 |
| 元朔二年 | 卫青出云中以西，至陇西；李息 | | 击胡楼烦白羊王于河南 | 得胡首虏数千，羊、牛百余万 | 取河南地，筑城，立为朔方郡。 |
| 元朔五年 | 卫青领四将军 | 十余万人 | 出塞六七百里 | 败右贤王，得男女万五千余人，畜数十百万 | 匈奴入代 |
| 元朔六年 | 卫青领六将军 | | 出塞 | 斩首数千级 | 休士马于定襄、云中、雁门。 |
| 元朔六年 | 卫青复将六将军 | | 出塞 | 斩首虏万余人，赵信败降匈奴 | 汉失两将军，功不多。 |
| 元狩二年 | 霍去病出陇西 | 万骑 | 过焉支山千余里 | 获首虏八千九百级 | |
| 元狩二年 | 霍去病与公孙敖出北地 | 数万骑 | 祁连山 | 斩首级三万二百级，降二千五百人 | 浑邪王降，其部众四万余人 |

续表

| 年次 | 主将 | 士马 | 所至地 | 胜负 | 结果 |
|---|---|---|---|---|---|
|  | 李广与张骞出右北平 | 万四千骑 | 出塞数百里 | 为匈奴左贤王四万骑所围,杀伤相当 | 匈奴入代、雁门。 |
| 元狩四年 | 卫青将四将军出定襄 | 五万骑 | 置颜山赵信城 | 斩首虏万九千级 | 匈奴远遁,幕南无王庭,汉渡河至令居,通渠置田官。 |
|  | 霍去病出代郡 | 五万骑 | 狼居胥山 | 获七万四百四十级 |  |
| 元鼎六年 | 公孙贺出九原 | 万五千骑 | 浮沮井 | 不见匈奴 | 分武威、酒泉地置张掖、敦煌郡。 |
|  | 赵破奴出令居 | 万余骑 | 匈河水 |  | 徙民以实之 |
| 元封元年 | 武帝巡北边 | 十八万骑 | 登单于台 | 遣使责让单于 | 匈奴暂不敢出 |
| 太初二年 | 赵破奴出朔方 | 二万余骑 | 浚稽山 | 军尽没 | 匈奴寇入边而去 |
| 天汉二年 | 李广利出酒泉 | 三万骑 | 天山 | 得首虏万余级 | 汉兵物故什六七 |
|  | 李陵出居延 | 五千人 | 浚稽山 | 为匈奴三万骑所败,遂降 |  |
| 天汉四年 | 李广利出朔方 | 骑六万,步兵七万 | 余吾水 | 与单于兵十万连斗十余日 | 无所得 |
|  | 公孙敖出雁门 | 骑万,步兵三万 |  | 与左贤王战,不利 |  |
| 征和三年 | 李广利出五原 | 七万人 | 郅居水 | 先胜,后败降 | 汉兵自是不复出 |
|  | 商丘成出西河 | 二万人 | 追邪径 | 无所见,还 |  |
|  | 马通出酒泉 | 四万骑 | 天山 | 匈奴见汉兵强,引去 | 无所得失 |

（二）西方经略　西域以孝武时始通其地,起自玉门、阳关(玉门在今甘肃敦煌县西北百余里,阳关故地在今敦煌县西一百二十里红山嘴

地），逾葱岭而西，讫于今欧洲地中海之东岸，其为汉校尉所属者三十六国（校尉，汉所置统领西域官名，宣帝时改曰都护。都护掌兵，驻乌垒城。元帝时，又置戊、已二校尉，掌屯田），皆在匈奴之西、西羌之北、乌孙之南，即今所谓新疆地也。南北有大山，中央有河（今名塔里木河）。自玉门、阳关出西域有两道，从鄯善（今沦为戈壁，当在罗布泊附近。按：汉时由今敦煌县布隆吉河而西，过白龙堆，即至鄯善，非由今驿路北由哈密也），傍南山北（今新疆中昆仑山脉之阿勒腾塔格岭），波河西行（波，循也。凡言河，皆指今塔里木河），至莎车（今莎车县），为南道。南道西逾葱岭，则出大月氏（今布哈尔。其国都城在妫水北，为大夏故都。妫水，今阿母河也）、安息（今波斯北部哥剌森马、三德兰、以拉亚、日迷尔义兰、亚塞尔、亚尔的兰、鲁利斯丹、古西斯丹八部地。即今亚细亚称名之由来）。自车师前王庭（今吐鲁番厅西二十里），随北山（今天山之额德灭克达巴山及纳林哈喇山），波河西行，至疏勒（今疏勒县），为北道。北道西逾葱岭，则出大宛（今俄属浩罕八城西北，抵塔什干）、康居（今黑海南、里海东，俄属哥萨克右部地）、奄蔡（今高嘎斯山北境南俄之地）。西域诸国，大率土著，有城郭田畜，与匈奴、乌孙异俗，故皆役属匈奴。武帝图制匈奴，患其兼从西国，结党南羌，乃开玉门，通西域，谋断匈奴右臂，以隔绝胡与南羌、月氏相通之路，而汉中张骞应募为使，历匈奴、月氏、大宛、大夏、康居、大月氏，凡十三岁而后归，具为天子言其地形所有，帝复使骞西连乌孙（今新疆伊犁）及以西诸国，将牛羊万数，赍金币帛直数千巨万，多持节副使，道可便遣之旁国。骞既至，乌孙偕其国使数十人来谢，而所遣副使通大夏之属者，皆颇与其人俱来。于是，西域诸国始通于汉矣。是时内属者三十六国（国名详具荀悦《汉纪》），而匈奴与羌通之道绝。汉兵威远及，匈奴益西北徙。其后乌孙竟与汉结婚，帝因益发使抵安息、奄蔡、犂轩（今地中海东境叙里亚，汉时属罗马东境，后汉时谓之大秦）、条支（今西亚底格利斯河、阿富腊底河间之义拉克、阿拉伯地）、身毒国（今南印度），而汉使足迹穷极亚洲矣。太初三年，以大宛攻杀汉使，令贰师将军李广利击大宛，斩其王毋寡。于是汉兵度葱岭而西，西域震惧，争遣使来献，见天子。安息以大鸟卵（今驼鸟之卵）及犂轩善眩人（即幻术。张衡所谓鱼龙曼衍、唐梯追人之属）献。大宛以天马献。大宛以多葡萄，可以为酒，天子种之离宫馆旁，极望焉（是为中国有葡萄酒之始）。于是自敦煌西至盐泽（即今罗布泊），往往起亭，而轮台（今新疆阿克苏道之轮台县）、渠犁（今新疆焉耆县西南之车尔楚），皆有田卒数百人，置使者校尉领护焉。至昭帝元凤四年，傅介子击杀楼兰（后改鄯善）王安，西域之通始定。宣帝神爵三年，匈奴日逐王先贤掸降汉，乃以安远侯郑吉为都护，开幕府于乌垒城（今新疆库车县东策特尔军台及车尔楚皆其地）。汉之号令，行于西域矣（参考《汉书·西域列传》《张骞列传》、《西域传补注》、《西域图考》）。

（三）南方经略　秦并天下，略定扬粤，及秦乱汉兴，而真定赵佗据有南粤（今广东、广西地）。汉初定天下，未遑过问，令陆贾立之为王，使备外臣而已，是为南粤。其越王勾践之后驺氏无诸及摇，从诸侯灭秦，佐汉击楚，以故汉立无诸为闽粤王，王闽中（今福建省地）；摇为东海王，都东瓯（今浙江永嘉县），世号曰东瓯王。至武帝建元三年，闽粤发兵围东瓯，东瓯使人告急天子，天子发兵救之，未至而闽粤引兵去，东瓯请举国内徙，乃处之江淮间。六年，闽粤击南越，天子遣将讨之。兵未逾岭（今福建浦城县北百二十里之仙霞岭山脉），闽粤王郢发兵拒险，其弟余善杀王郢以谢，武帝立无诸孙繇君丑为粤繇王，立余善为东粤王，与繇王并处。至元鼎五年，南粤相吕嘉攻杀汉使者及其国王与王太后，更立建德为王，天子遣路博德、杨仆等五将军分道伐粤，斩建德及吕嘉，以其地为儋耳（今广东琼崖道之儋县）、珠崖（今琼山县）、南海（今广东粤海道之番禺县）、苍梧（今广西苍梧道之苍梧县）、郁林（今苍梧道之桂平县）、合浦（今广东高雷道之海康县）、交趾（今越南北宁县）、九真（今越南清华道）、日南（今越南河靖道）九郡，自是而南徼列于内郡矣。方汉之伐南粤也，帝遣东粤王余善会兵，余善不行，持两端；六年，又发兵拒汉，帝遣杨仆、韩说等四将军伐之，斩余善。于是，天子曰："东粤狭多阻，闽粤悍，数反复。"诏军吏皆将其民徙处江淮之间，东粤地遂虚。至是而南粤、东粤、闽粤悉定。初，帝方事南粤，而番阳令唐蒙请通夜郎（今贵州普安、遵义等地），浮船牂牁（即西江上游之可渡河），出不意以制粤。夜郎者，在南夷君长十数中为最大。其西靡莫之属以十数，滇最大（今云南昆明县）。自滇以北君长以十数，邛都最大（今四川建昌道之邛崃县）。其外自桐师（今云南腾越道之龙陵县）以北至叶榆（今云南滇中道之楚雄县），名为嶲、昆明（嶲，今建昌道之西昌县。昆明，今盐源县），亡君长，地方数千里。自嶲以东北君长以十数，徙、筰都最大（徙，今天泉县东境。筰都，今清溪县东南）。自筰以东北君长以十数，冉駹最大（今四川川西道之茂县）。在蜀之西，自駹以东北君长以十数，白马最大（今甘肃渭川道之武都、成县），皆氐类也。此皆巴蜀西南外蛮夷也。自唐蒙使夜郎，夜郎听约，乃置犍为郡（即今四川旧叙府、嘉定、眉州、泸州及贵州省西边地）。及元狩元年，张骞言可从西南夷通身毒（今印度）、大夏，乃至滇，而使者闭于昆明，不得通。会汉已平南粤，使中郎将郭昌、卫广诛且兰（今贵州贵阳县）、邛君，并杀筰侯，遂平南夷，置牂牁郡（今贵州贵阳、遵义地），夜郎侯遂入朝，冉駹皆震恐，请臣置吏，遂以邛都为越嶲郡（今四川邛州、宁远及与云南接境地），以筰都为沈黎郡（今四川雅州、嘉定东南地），冉駹为汶山郡（今四川茂县北），白马为武都郡（今甘肃武都、成县、徽县及陕西宁羌县地）。于是滇王举国降，以其地为益州郡（今云南大理地）。自是西南从古未通中国者，皆得被大汉声教矣。

（四）东方经略　汉通西域（元鼎二年，西域始遣使入贡），而匈奴右臂断；及并朝鲜（元封三年，击灭朝鲜），而匈奴左臂亦断。朝鲜（今朝鲜北境及辽宁省东南境）自箕子受封，传世四十有一，至箕准自称王。汉初大乱，燕、齐、赵人往避地者数万口，而燕人卫满逐准而自王，定都王险（今朝鲜平壤城），役属番真（今辽宁兴京地）、临屯（今朝鲜江东道江宁府），朝鲜蛮夷方数千里。至孙石渠，武帝谕以入朝，不从。元封元年，遣楼船将军杨仆从齐浮渤海，兵五万，左将军荀彘出辽东，诛石渠。连兵年余，朝鲜杀石渠以降，汉以其地为真番（奉天东部）、临屯（朝鲜江源道地）、玄菟（咸镜道地）、乐浪（平安、黄海二道地）四郡。自是朝鲜北部始收入中国之版图。初，箕子封朝鲜，教以礼义田蚕，作八条之教，无门户之闭而人不为盗；及内属以后，风俗稍薄，法禁亦浸多，至于六十余条焉（参考《汉书·朝鲜列传》《通典·边防·东夷门》）。

**汉武外攘之结果** 开疆拓境，其广大约倍于秦时。然夷考其用兵，则屠大宛之城，躏且兰之壁，艾朝鲜之旗，拔两粤之旗，近不过旬月之役，远不离二时之劳，固已犁其庭、扫其闾，郡县而置之，云撤席卷，后无余甾。唯北狄为不然，操兵二十余年，大兴师数十万，倾府库之财无量数，匈奴强敝，中国亦罢。帝岂乐于出此，而求快心于狼望之北哉！（采扬雄《谏不受单于朝书》）昔武帝尝言之于卫青矣，"汉家庶事草创，加四夷侵陵中国，朕不变更制度，后世无法；不出师征伐，天下不安；为此者，不得不劳民。若后世又如朕所为，是袭亡秦之迹也"（《通鉴》卷二十二）。由此观之，武帝之攘四夷，固处于时势之不得不然，实有广土斥境之功（见《汉书·夏侯胜传》）。且当元狩三年，山东大水，民多饥乏，天子乃徙平民于关以西，及充朔方以南新秦中七十余万口，是实行殖民之政策也。汉既得浑邪王地，陇西、北地、上郡，益少胡寇，诏减三郡戍卒之半以宽天下之繇（《通鉴》卷十九），其有裨于民生国计彰彰如是，固不得以好大喜功少之也。

## 第十三节　武帝时财政之扩张

武帝之初，汉兴七十年间，国家无事，非遇水旱，则民人给家足，都鄙廪庾皆满，而府库余财，京师之钱，累百巨万，贯朽而不可校。太仓之粟，陈陈相因，充溢露积于外，腐败不可食。众庶街巷有马，阡陌之间成群，乘牸牝者摈而不得会聚。守闾者食粱肉，为吏者长子孙，居官者以为姓号。人人自爱而重犯法，先行谊而黜愧辱焉。于是罔疏而民富，豪强或至兼并。宗室有土，公卿大夫以下争于奢侈。物盛而衰，固其变也（《食货志》）。武帝因文、景之畜，忿胡、粤之害，即位数年，严助、朱买臣等招徕东瓯，事两粤，江、淮之间萧然烦费矣。唐蒙、司马相如始开西南夷，凿山通道千余里，以广巴、蜀，巴、蜀之民罢焉。彭、吴穿濊貊、朝鲜，置沧海郡，则燕、齐之间靡然发动。及王恢谋马邑，匈奴绝和亲，侵扰北边，兵连而不解，天下共其劳。干戈日滋，行者赍，居者送，中外骚扰相奉，百姓抏敝以巧法，财赂衰耗而不赡。入物者补官，出货者除罪，选举陵夷，廉耻相冒，武力进用，法严令具。兴利之臣自此始。自公孙弘以《春秋》之义绳臣下取汉相，张汤以峻文决理为廷尉，于是见知之法生，而废格沮诽穷治之狱用矣。自官铸铁器、煮盐，船、车缗钱之算兴，而杨可告缗遍天下，中家以上大抵皆遇告矣。自造白金改五铢钱后，民之坐盗铸金钱死者数十万人，民益轻犯法，盗贼滋起，而直指绣衣之使出矣（约《汉书·食货志》）。今综武帝时理财之大端，分别述之：

（一）盐铁　汉初，盐铁遗在民间，岁输山泽之税以属少府，盖未始有禁也。豪势乘时射利，擅而有之，冶铸鬻盐，财累万金而不济公家之急。吴王擅铜山、东海之利，富埒王室。武帝时，公家用不足，乃始用咸阳、孔仅领盐铁事，而自权之（《汉唐事笺》）。募民自给费，因官器作鬻盐，官与牢盆（苏林曰："牢，价值也。今世人言雇手"），敢私铸铁器煮盐者，釱左趾（颜师古曰："釱，足钳也"），没入其器物；郡不出铁者，置小铁官，使属在所县。使仅、咸阳乘传举行天下盐铁，作官府（《食货志》），是犹近世官专卖之法也。其后郡国多不便，县官作盐铁器苦恶，贾贵，或强令民买之，是其蔽也。

（二）平准均输　元封元年，桑弘羊为治粟都尉，领大农。弘羊以往者郡国诸侯各以其物贡输，往来烦杂，物多苦恶，或不偿其费，故郡置输官以相给运，而便远方之贡，故曰均输。开委府于京，以笼货物，贱即买，贵则卖，是以县官不失实，商贾无所贸利，故曰平准（《盐铁论·本议篇》）。于是天子北至朔方，东封泰山，巡海上，旁北边以归，所过赏赐，用帛百余万疋、金钱以巨万计，皆取足大农。其后小旱，上令百官求雨，卜式言曰："县官当食租衣税而已。今弘羊

令吏坐市列肆，贩物求利，烹弘羊，天乃雨。"（《史记·平准书》）

（三）币制　元狩四年，时县官大空，天子与公卿议更造钱币以赡用。时禁苑有白鹿而少府多银锡，遂以白鹿皮方尺，缘以缋，为皮币，直四十万，王侯宗室朝觐，必以皮币荐璧，然后得行。又造银锡白金三品（一重八两、二重六两、三重四两）。其后官铸赤仄（赤铜为郭，以一当五），白金稍贱，民弗宝用，县官以令禁之无益，岁余终废不行。自造白金五铢钱后五岁，而赦吏民之坐盗铸金钱死者数十万人，其不发觉相杀者不可胜计，赦自出者百余万人，然不能半自出，天下大抵无虑皆铸金钱矣。武帝鉴于币制之多扰，乃悉禁郡国毋铸钱，专令上林三官（一上林均输，二钟官，三辨铜令）。铸钱既多，而令天下非三官钱不能行，诸国前所铸钱皆销废之，输入其铜三官，而民之铸钱益少，计其费不能相当故也。是后五铢钱遂为汉家定制，行之百余年而无畸重畸轻之弊焉（参考《食货志》、《文献通考》卷八、《汉唐事笺》卷十）。

（四）杂税　武帝所取之杂税有四：一曰酒税。天汉三年，初榷酒酤（韦昭曰："以木渡水曰榷，谓禁民酤酿，独官开置，如道路设木为榷，独取利也"）。此近世官专卖之法也。二曰缗钱税。元狩四年，初算缗钱，诸贾人末作，各以其物自占，率缗钱二千而一算（一算为钱百有二十）；诸作有租及铸，率缗钱四千一算。此近世之收益税法也。三曰舟车税。非吏比者，三老、北边骑士，轻车以一算，商贾轺（小车也）车二算，商船五丈以上一算。此近世之用器税也。四曰关税。太初四年，从弘农都尉治武关税出入者。此近世之通过税也。

武帝之理财政策，大都创自桑弘羊，在当时不免烦扰，致为世所诟病。然其政策之要点有二：一则不加农民租税，不加人民口赋，故于以农立国之根本无损；一则抑损封君有土兼并之家，使利归于公，悉取商贾所得之利，以裨助于国。此固非横征暴敛于民所可比，不得以言利少之也。当是时，汉连出兵，皆仰大农，大农以均输、调盐铁助赋，民不益赋而天下用饶，亦足以征桑弘羊理财之成效矣。

## 第十四节 武帝之晚年及霍光废立

武帝之为人，内多欲而外施仁义。一方征伐四夷，兴造制度；一方好信神仙，前后信用李少君、文成、栾大、公孙卿等。修封禅，祠鬼神，而方士之候神入海求蓬莱者终无验。公孙卿言仙人好楼居，于是上令长安则作飞廉、桂馆，甘泉则作益寿、延寿馆及通天台，高三十丈，置祠其下，将招来神仙之属。其后帝以柏梁台灾故，用粤人勇之言，作建昌宫，度为千门万户。前殿度高未央；其东则凤阙，高二十余丈；其西则商中，数十里虎圈；其北治大池、渐台，高二十余丈，名曰泰液池，中有蓬莱、方丈、瀛洲、壶梁，象海中神仙龟鱼；其南有玉堂、璧门、大鸟之属。立神明台、井幹楼，高五十丈，辇道相属焉（《郊祀志》）。是后方士及诸神巫多聚京师，率皆左道惑众，变幻无所不为。女巫往来宫中，教美人度厄，每屋辄埋木人祭祀之。因妒忌恚詈，更相告讦，以为祝诅上，无道。

帝春秋高，多疑忌。水衡都尉江充与卫皇后、太子有隙，因是为奸，言上病祟在巫蛊。于是上以充为使者，治巫蛊狱。充将胡巫掘地求偶人，捕蛊及夜祠，视鬼，染污令有处，辄收捕验治，烧铁钳灼，强服之。民转相诬以巫蛊，吏辄劾以大逆无道，自京师、三辅连及郡国，坐而死者前后数万人。充因胡巫檀何言宫中有蛊气，上乃使充入宫，至省中，坏御座，掘地求蛊。充先治后宫希幸夫人，以次及皇后、太子宫，掘地纵横，太子、皇后无复施床处。充云："于太子宫得木人尤多，又有帛书，所言不道，当奏闻。"太子惧。时上疾，在甘泉（顾祖禹曰："甘泉宫，在今陕西泾阳县北百二十里，去长安三百里"），皇后及家吏请问，皆不报。太子少傅石德以上存亡未可知，劝太子发兵诛充。太子乃收捕江充，斩之。长安扰乱，言太子反。帝赐丞相玺书，捕斩反者。丞相刘屈氂发兵，与太子军战长安中五日，死者数万人。太子兵败亡，东至湖（今河南阌乡县），缢死。壶关（今山西壶关县）三老上书，言："太子杀充，恐惧逋逃，子盗父兵，以救难自免，明其无邪心。"高寝郎田千秋亦上急变，讼太子冤。帝大感悟，乃作思子宫，为归来望思之台于湖。时丞相、御史与桑弘羊奏请屯田轮台东，以威西国，辅乌孙。上乃下诏，深陈既往之悔。封丞相田千秋为富民侯，以明休息，思富养民也。是后，上每对君臣自叹："向时愚惑，为方士所欺。天下岂有仙人？尽妖妄耳。节食服药，差可少病而已。"后元二年，帝寝疾，立少子弗陵为太子，以霍光、金日䃅、上官桀等辅政。帝年七十而崩，时在位五十四年也（参考《通鉴》卷二十二）。弗陵即位，是为昭帝。

　　霍光为霍去病之异母弟，以任为郎，后迁至奉车都尉，出入禁闼二十余年，每出入，下殿门，止进有常处，不失尺寸，小心谨慎，未尝有过。武帝察其可任大事，故托立少子，使光行周公辅成王之事。时帝八岁，政由光出，修孝文之政，俭约宽和，举贤良，议盐铁，罢榷酤，与民休息。是时匈奴畏汉，益求和亲，十三年间，百姓充实，四夷宾服，光之功也。元平元年，昭帝崩，无子，迎立昌邑王贺。贺立，荒淫迷惑，失帝王礼谊，乱汉制度，历二十八日。霍光召丞相、御史、将军、列侯、中二千石议，奏皇太后废之，迎立戾太子孙病已于民间，是为宣帝。霍光处废置之际，临大节而不可夺，遂匡国家，安社稷，伊尹之后，一人而已。光归政于宣帝，帝时年十八，谦让不受，诸事皆先关白光，然后奏御。昭帝即位六年后，光薨，光前后秉政二十年矣。宣帝自在民间，闻知霍氏尊盛日久，内不能善，及帝亲政，裁抑霍氏，光妻显及子侄禹、云、山等谋变，帝遂族诛之。当宣帝之始立也，谒见高庙，大将军光从骖乘，帝内严惮之，若有芒刺在背。后车骑将军张安世代光骖乘，天子从容肆体，甚安近焉。及光身死，而宗族竟诛，故俗传之曰："威震主者不畜，霍氏之祸，萌于骖乘。"（参考《霍光传》及《通鉴》卷二十三至二十五）。

## 第十五节　汉宣帝之治及诸帝

　　宣帝称为汉代中兴之主，以其起自闾阎，具知闾阎奸邪、吏治得失,故其为治,赏罚必信,综核名实,政事、文学、法理之士咸精其能,每拜刺史、守相,辄亲见问,常称曰:"与我共治庶民者,其为良二千石乎?"其有治理效者,辄玺书勉励,增秩赐金,或爵至关内侯;公卿缺,则迁诸所表,以次用之。是故汉世良吏于斯为盛。其时上下相安,莫有苟且之意。至于技巧、工匠、器械,自元、成间鲜能及之,亦足以知吏称其职、民安其业也(《汉书·宣帝纪赞》)。帝所用多文法吏,以刑名绳下。太子奭常侍燕,从容言:"陛下持刑太深,宜用儒生。"宣帝作色曰:"汉家自有制度,本以霸王道杂之,奈何纯任德教,用周政乎!且俗儒不达时宜,好是古非今,使人眩于名实,不知所守。"(案:此足见汉家一代之治,不与古同,当世儒风亦可想见矣)乃叹曰:"乱我家者,太子也。"(《通鉴》卷二十七)

帝在位二十五年崩,子奭立,是为元帝。元帝少而好儒,及即位,征用儒生,委之以政,贡禹、薛广德、韦贤、匡衡,迭为宰相。而上牵制文义,优游不断,孝宣之业衰焉(《元帝纪赞》)。在位十六年崩,子骜立,是为成帝。帝母,王皇后也(即元后),以其舅王凤秉政,倚太后专国权,王氏之盛自此而始。时帝师张禹以经生为丞相,帝敬重之过于其舅,帝因灾异,吏民多讥切王氏专权所致,持密以问禹,而禹持禄保位,为子孙计,阿附王氏,帝由此不疑王氏焉(详见《张禹列传》)。在位二十六年崩,所养定陶共王子欣立,是为哀帝。哀帝睹孝成世禄去王室,权柄外移,是故临朝屡诛大臣,欲强主威(《哀帝纪》赞)。然帝胁于定陶傅太后,不得直道行(《孔光传》),其后宠信谗谄,憎疾忠直,由是遂衰(《通鉴》卷三十五)。在位六年而崩,无嗣。元后(成帝母,王莽之姑也)自用王莽为大司马,领尚书事,迎中山王子衎立之,是为平帝,年九岁,元后临朝,王莽秉政,百官总己以听于莽。在位五年,为莽所鸩杀。立宣帝玄孙婴为孺子,莽遂居摄篡立,改国号曰新。莽年五十一居摄,五十四即真,六十三为汉兵所杀。凡西汉十二帝,共二百十二年,而为王莽所篡。

## 第十六节　汉外戚之祸（一）　自汉初至宣帝

古者，天子崩，太子即位，谅阴（伏生《大传》曰："凶庐之谓梁暗。"马融《伪孔》曰："谅，信；阴，默也"）三年，政事决之冢宰，未有母后临朝者也。自宗法时代之贵族政体废，而中国母后临朝之制，遂与专制政体相终始。肇端于秦之宣太后（秦昭襄王母）、穰侯（即太后弟魏冉），而大盛于汉之吕后，其后遂成为故事，渐积于王莽之篡汉，毒流天下，而外戚之祸亟矣。推其原理，大约均与专制政体相表里，盖古代贵族政体，君相皆有定族，不易篡窃，故主少国疑，不难委之宰相。至贵族之制去，则王势孤危，在朝皆羁旅之臣，无可托信者，猝有大丧，不能不听于母后，而母后素不接廷臣，不能不听于己之兄弟，或旧所奔走嬖御之人，而外戚、宦官之局起矣。

汉起布衣，其自危之心愈甚，故吕后当高祖在时，绐斩韩信，劝诛彭越，已一意以灭剪功臣为急务，而高祖亦听之，遂开女后干政之渐，而养成诸吕之祸。吕后与高祖共起草泽之中，为人刚毅，佐高祖定天下，生孝惠，高祖以为不类己，爱所幸戚夫人子如意，欲以易太子者数矣，赖张良、叔孙通等，得毋以易，故吕后怨戚夫人。孝惠既即位，太后召赵王如意杀之，断戚夫人手足，去眼，煇耳，饮瘖药，使居鞠城厕中（谓窟室），名曰人彘，召帝观之，帝因大哭发病，岁余不能起。七年秋，帝崩，太后遂立张后所养他人子为太子（孝惠后，鲁元公主女也）。即位年幼，太后临朝称制，王诸吕，持天下凡八年。及病甚，乃命赵王吕禄为上将军，居北军；梁王吕产为相国，居南军（案：《刑法志》："京师有南北军之屯。"朱礼曰："屯宫门外为南军，凡宫卫屯兵皆属焉，卫尉主之。京师门内为北军，以中垒校尉营地在未央宫之北，故名。凡京辅皆属焉，中尉主之。"惟汉初南北军数史无明文，而说者率多臆测。据《高纪》十一年发中尉卒三万人军霸上，此北军数之见于史者也；《武纪》建元元年诏卫士转置送迎常二万人，此南军之见于史者也，较为近之）。辛巳，太后崩，诸吕欲为乱，畏大臣绛、灌等，未敢发。朱虚侯刘章知其谋，召齐王襄举兵，数诸吕之罪。吕产等遣灌婴将兵击之，婴至荥阳，与齐王、诸侯连和，以待吕氏变。

先是，陈平患诸吕不能制，陆贾说以"天下安，注意相；天下危，注意将。将相和调，则士豫附，天下虽有变，权不分"，平遂与太尉周勃交欢，深相结。至是中外相持，列侯群臣莫自坚其命，而太尉勃不得兵。勃乃与陈平谋劫郦商，使其子寄绐吕禄，劝归相国印而之国，以兵属太尉，齐兵必罢。吕禄信然其计，时与寄游出猎，过其姑吕嬃（吕后女弟），嬃大怒曰："若为将而弃军，吕氏今无处矣。"会平阳侯曹窋见吕产计事，适郎中令贾寿从齐来，具以灌婴与齐、楚合从之谋告产，且趣产急入宫。平阳侯颇闻其语，驰告丞相、太尉。太尉欲入北军，不得入。襄平侯纪通尚符节，乃令持节矫纳太尉北军。太尉复令郦寄、刘揭说吕禄，禄乃以印属揭，而以兵授太尉。入军门，行令曰："为吕氏右袒，为刘氏左袒。"军中皆左袒，太尉遂将北军。然尚有南军，太尉令朱虚侯将卒千人入未央宫门，见产廷中，遂击杀产。太尉遣人分捕诸吕男女，尽诛之。令朱虚侯以诛诸吕事告齐王、灌婴，使罢兵迎孝文于代而立之（参考《高后纪》及《通鉴》卷十、十三）。汉室之所以危而复安者，固幸将相之和调，亦赖之于诸侯也。自此以后，文帝母薄太后、景帝母窦太后两家，皆以退让君子闻。然观当时绛、灌等曰："吾属不死，命耳。"悬此两人（谓窦后兄弟），则其气焰亦可知矣。

武帝母王太后以武帝之英武，外家无所表见，至昭、宣之间，而有霍氏事。霍光既废昌邑王而迎立宣帝，时光有小女，公卿议更立后，皆心拟光女，上乃诏求微时故剑，大臣知指，白立故许氏为皇后，霍氏弗善也。暨许后当娠，霍光夫人显赂女医淳于衍，捣附子，毒杀许后。后人有上书言诸医待疾无状者，上将治之，显告光，光大惊，欲自发举，不忍，犹与会奏，上因署衍勿论，而纳其女为后。光薨后，语稍泄，上始闻之而未察，乃悉徙霍氏诸亲党于外，而以许、史（许即许后，史为宣帝母家）子弟代之。以霍禹为大司马，小冠（故事，大司马大冠），无印绶，徒名与光同，霍氏忧惧，始有邪谋矣。地节三年，禹等谋反事觉，霍氏昆弟诸女及其党皆弃市，相连坐诛灭者数十家。废霍后（参考《霍光传》及《通鉴》卷二十五）。或者以霍氏秉权日久，害之者多（徐福语），致使光蒙不白之谤，以毒许后事出于霍显，为光所不知（说详《历代史案》）。然霍氏骄奢专横，亦由外戚积盛之势使之然也。宣帝既蒙霍氏之难，于外家许、史之外不敢轻任，于是外戚执政之势再盛。

## 第十七节　汉外戚之祸（二）自元帝至平帝

宣帝临崩，以外戚史高为车骑将军，太傅萧望之为前将军，少傅周堪为光禄大夫，并受遗诏辅政，领尚书事。元帝既即位，萧望之、周堪皆以师傅旧恩，天子任之，数宴见，言治乱，陈王事，史高充位而已，由此与望之等有隙。中书令弘恭、仆射石显（中书令、仆射，汉时皆属少府），自宣帝时久典枢机，帝以显中人（谓宦者）无外党，精专可信任，遂委以政（此历代信任宦者之原理）。显为人巧慧习事，能探得人主微指，与史高等相表里。望之荐刘更生（后更名向）、金敞等，而患苦外戚许、史在位，放纵中书宦官恭、显弄权，议欲白罢退之，未白而语泄，遂为许、史及恭、显所潜愬，卒下望之吏，望之自杀，堪、更生免为庶人。成帝即位，罢后父许嘉辅政，专任元舅王凤为大司马、大将军、录尚书事。王氏之兴自凤始。元后同产兄弟八人，唯曼（王莽父）早卒，余次弟毕侯矣。王氏子弟皆卿、大夫、侍中、诸曹，分据势官满朝廷。以大将军凤用事，上遂谦让无所专。凤潜杀前丞相乐昌侯王商（宣帝母后王皇后之兄子，后为史皇孙之妻），京兆尹王章言凤专权而陷以大逆，自是公卿见凤侧目而视，郡国守相刺史咸出其门。王侯群弟，争为奢侈，赂遗珍宝，四面而至。然皆通敏人事，好士养贤，倾财施与以相高，宾客满门，竞为之声誉。此王氏之所以能篡汉，与古今之外戚异也。

是时刘向上书极谏，以为王氏权太盛，必危刘氏，刘氏与王氏不并立，宜皆罢令就第。其言至为痛切，帝叹息悲伤其意，而不能用其言。三年八月，王凤卒，王音、王商（此元后弟成都侯）、王根相继辅政。成帝无嗣，根受定陶共王祖母傅太后重赂，为王求汉嗣。帝遂征定陶王欣为太子，时辅政五岁矣。乞骸骨，荐莽以自代，遂以莽为大司马，年三十八。初，元后兄弟八人，独弟曼早死，不侯，元后怜之。子莽幼孤，不及等比。其群兄弟皆将军王侯子，乘时侈靡，莽因折节为恭俭，勤身博学，被服如儒生，事母及寡嫂，养孤兄子，行甚敕备。又外交英俊，内事诸父，曲有礼意。大将军凤病，莽侍疾，亲尝药，乱首垢面，不解衣带者连月。凤且死，以托元后。及成帝在位，如戴崇、金敞、陈汤皆世名士，咸为莽言，帝由是贤莽。元后又数以为言。永始元年，乃封莽为新都侯（汉新野县之都乡，今河南新野县），迁侍中，爵位益高，节操愈坚，散舆马衣裘，振施宾客，家无所余；收赡名士，交结将相卿大夫甚众，故在位者更推荐之，游者为之谈说，虚誉隆洽，倾其诸父矣。莽既拔出同列，继四父而辅政，欲令名誉过前人，遂克己不倦，聘诸贤良以为掾吏，赏赐邑钱，悉以飨士。二年三月，帝崩，民间讙哗，归罪赵昭仪（名飞燕），昭仪自杀。哀帝即位，祖母傅太后求称尊号，贵其亲属，王莽以为不可。上新立，谦让纳用莽言。傅太后大怒，要上必欲称尊号。帝乃白太皇太后（即元后），追尊定陶恭王康为恭皇，尊帝祖母傅太后曰恭皇太后，母丁姬曰恭皇后，而封诸舅为列侯。于是，元后诏莽就第，避帝外家，帝慰留之。会帝置酒未央宫，傅太后张幄坐于太皇太后坐旁，为莽彻去，更设坐。傅太后重怨莽，帝乃许莽罢就第，公卿大夫多称之者。哀帝在位六年，宠任嬖人董贤，为大司马，领尚书事，百官因贤奏事，权与人主侔矣。元寿二年，帝崩。

当王莽之罢就国也，闭门自守，诸史上书讼莽冤者以百数，贤良对策亦均以为言。哀帝乃诏莽还京师，侍太皇太后。及帝崩，太皇太后即日驾之未央宫，收取玺绶，遣使驰召莽，诏尚书诸发兵符节、百官奏事、中黄门、期门兵皆属莽（中黄门，守禁门黄阁者也；期门兵，守卫殿门者也）。莽即阙下收董贤印绶，贤及妻即日皆自杀。太皇太后自用莽为大司马，领尚书事。莽白使王舜迎中山王衎奉成帝后，是为平帝,时年九岁。元后临朝称制,委政于莽。莽以大司徒孔光名儒,相三主,太后所敬,天下信之,于是盛尊事光,引光女婿甄邯为侍中、奉车都尉。诸哀帝外戚及大臣居位素所恶者,莽皆傅致其罪,为请奏,令邯持与光。光素畏惧,不敢不上之。莽白太后,辄可其奏。于是附顺者拔擢,忤恨者诛灭。王舜、王邑为心腹,甄丰、甄邯主击断,平晏领机事,刘歆典文章,孙建为爪牙。丰子寻、歆子棻、崔发、陈崇皆以材能幸于莽。莽色厉而言方,欲有所为,微见风采,党与承其指意而显奏之。莽稽首泣涕,固推让焉。上以感太后,下用示信于众庶。莽务施恩泽之政,以说众意,又欲专断,知太后年老厌政,乃令太后下诏:"自今以来,唯封爵以闻,他事安汉公平决(时莽封安汉公)。州牧及茂材吏(初被举之吏也)初除,辄引对安汉公考问称否。"于是莽人人延问,密致恩意,厚加赠送;不合指,显奏免之。郡国豪杰及汉旧臣、帝舅卫氏,凡不附己者,悉诛之。天下震惧。四年,莽纳其女为皇后,号莽宰衡,位在诸侯王上。益封以新野之田,莽辞不受。吏民为莽上书者四十八万七千五百七十二人,及诸侯王、公、列侯、宗室见者,皆叩头言:"亟宜加赏。"于是有九锡之议(九锡:一车马,二衣服,三乐器,四朱户,五纳陛,六虎贲百人,七铁钺,八弓矢,九秬鬯。此皆天子制度尊之,故事事锡予,但数少耳)。莽既受九锡,自以功德洽于天下,遣风俗使者八人循行郡国。及还,皆言天下风俗齐同,诈为郡国造歌谣,颂功德,凡三万言。于是泉陵侯刘庆上书:"宜令安汉公行天子事。"群臣皆曰:"宜如庆言。"始谋篡矣。

时帝春秋益壮,以莽留其母卫后于中山,故怨不悦。元始五年冬十二月,莽因腊日上椒酒,毒弑平帝。时元帝世绝,而宣帝曾孙有王五人,列侯四十八人。莽恶其长大,曰:"兄弟不得相为后。"乃悉征宣帝玄孙选立之。是月,称浚井得白石,有丹书著石,文曰:"告安汉公莽为皇帝。"符命之兴,自此始矣。莽使群公白太后,太后心以为不可,然力不能制,乃下诏令安汉公居摄践阼,如周公故事。居摄元年三月,立宣帝玄孙婴为皇太子,称曰孺子,时年二岁也。

## 第十八节　汉外戚之祸（三）　王莽

莽居摄元年四月，安众侯刘崇与相张绍谋曰："莽必危刘氏，吾辈宗室先举，海内必和。"绍等从者百余人，进攻宛（今河南南阳县），不得入，败死。于是群臣白太后，诏莽假皇帝，重其权，以镇压反者。二年，东郡太守翟义，故丞相翟方进之子也，与其姊子陈丰谋曰："新都侯必代汉家，其渐可见。方今宗室衰弱，外无强藩，天下倾首服从，莫能抗捍国难。吾欲举兵西，诛不当摄者。"遂移檄郡国，数莽罪恶，比至山阳（今河南修武县），莽惶惧不能食。三辅闻翟义起兵，男子赵朋、霍鸿皆自称将军，攻烧官寺，众至十余万。莽依《周书》作大诰，谕诏天下，遣其党孙建、王邑、王骏、王况等，击败翟义于陈留（今河南陈留县）。义走死，王邑等还西，与王级等合击赵朋、霍鸿。二月，悉平。莽于是自谓德威日盛，遂谋即真之事矣。时天下争为符命，荒诞无所不至，遂改居摄二年为始初元年，以示即真之渐。梓潼（今四川梓潼县）人哀章遂伪造铜匮，为两检，书言"王莽为真天子"，置高庙。莽亲拜金匮神检，遂即真天子位，定有天下之号曰新，逼元后取其玺。莽因汉累世承平之业，百蛮宾服，匈奴称藩，宫室苑囿府库之藏已侈，百姓訾富。莽一朝有之，其心意未满慊，小汉家制度以为疏阔，动欲慕古，不度时宜。自是更易制度，反复纷纭，不可纪极，以至于亡。兹撮其要，分内外言之。

（一）内政之纷更　莽用《周官》《王制》之文，改汉官名，变更郡县，一郡至五易名，吏民不能纪，而其致乱之大者，则在井田、货币、五均、六斡。井田者，莽惩汉时兼并之弊，更名天下田曰王田，奴婢曰私属，皆不得买卖。其男口不满八而田过一井者，分余田与九族，乡党犯令法至死，制度不定，吏缘为奸，天下謷謷然陷刑者众。莽尤好纷更货币，数易钱法，以为轻重、大小各有差品，则用便而民乐，于是造钱货六品、银货三品、龟宝四品、贝货五品、布货十品，凡宝货五物（钱货、银货、龟宝、贝货、布货，共五物也）、六名（一钱货,二银货,三龟宝,四贝货,五布货,合之黄金,凡六名也)、二十八品(钱货六品,银货二品,龟宝四品,贝货五品,布货十品,合之黄金,共二十八品也)。百姓溃乱,其货不行。民私以汉五铢钱市买,莽患之,乃诏挟五铢钱有诛。于是农商失业,食货俱废,民涕泣于市道,而盗铸钱者不可察,乃重以五家连坐之法。民愁法禁烦苛,不得举手,力作所得,不足以给贡税;闭门自守,又坐邻伍铸钱挟铜。奸吏因以愁民,民穷,悉起为盗矣。莽以周有泉府之官,遂于长安及洛阳、邯郸、宛、临淄、成都,皆立五均官,设诸斡以掌赊贷,平市价。凡采金、银、铜、连、锡,登龟取贝者,皆自占。下至取众物、鸟兽、鱼鳖、百虫于山林水泽,及牧畜者,嫔妇、桑蚕、织纴、纺织、补缝,工匠、巫医、卜祝,及他方技、商贩、贾人坐肆,及里区谒舍,皆各自占,除其本,计其利,十一分之,而以其一为贡。羲和鲁匡又请官为作酒,置命士,督五均六斡(五均,官名,见《周书·大聚解》。六斡者,一盐,二酒,三铁,四名山大泽饶衍之藏,五五均赊贷,六钱布铜冶)。郡有数人,皆用富贾,乘传求利,交错天下。每一斡为设科条防禁,犯者罪至死。奸吏猾民,并侵众庶,各不安生。天下既摇手触禁,不得耕桑,徭役繁而枯旱、蝗虫相因。又因制作未定,上自公侯,下至小吏,皆不得俸禄,而私赋敛,货赂上流,讼狱不决。吏用苛暴立威,旁缘莽禁,侵刻小民,富者不得自保,贫者无以自存,起为贼盗,依阻山泽,吏不能擒而覆被之,浸淫日广。

(二)外治之扰乱　匈奴自宣帝以来,世朝于汉。莽欲文致太平,风单于囊知牙斯,更名曰知,以符《春秋》太平世不二名之义;及篡位后,又更宣帝所散单于玺曰章,以故匈奴怨恨,发兵寇盗,缘边虚耗。莽恃府库之富,欲立威,遣十二将军,募天下囚徒、丁男、甲卒三十万人,转众郡委输,自负海、江、淮至北边,使者驰传督趣,以军兴法从事,天下骚动。先至者屯边郡,须大众集,乃同时出。吏士放纵,而内郡愁于征发,民弃城郭,流亡为盗贼。莽令中郎将绣衣执法,分填缘边大郡,督大奸猾擅弄兵者,皆乘便为奸于外,挠乱州郡,货赂为市,侵渔百姓。十二将军兵久屯而不出,吏士罢敝。数年之间，北边空矣。先是，莽发高勾骊兵当伐胡，不欲行，郡县迫之，皆亡出塞，因犯法为寇。令严尤诱杀高勾骊侯骓，更名高勾骊为下勾骊。于是貊人愈犯边。莽前改句町王为侯（句町，今云南蒙自道之临安县），句町叛，杀牂牁大尹周歆。莽遣平蛮将军冯茂击之，积且十年，士卒疾疫死者十六七，赋敛民财十取五，益州虚耗而不克。自王骏为马眘所杀，而西域自此绝（详见《通鉴》卷三十八）。是时，东北与西南夷、西域皆乱，莽志方盛，以为四夷不足吞灭，专念稽古之事，将军严尤素有智略，非莽攻伐四夷，数谏不从，莽卒以败。

莽当是时，非不知百姓愁苦，四夷交侵，意以为制定则天下自平，故锐思于地理，制礼作乐，讲合六经之说，公卿旦入暮出，议论连年不决。不暇省讼狱冤结民之急务，县宰缺者数年，守兼一切，贪残日甚。中郎将绣衣执法在郡国者，并乘权势，传相举奏。又十一公士分布劝农桑，班时令，案诸章，冠盖相望，交错道路，召会吏民，逮捕证佐，郡县赋敛，递相赇赂，白黑纷然，守阙告诉者多。莽自见前专权以得从政，故务自揽众事，有司受成苟免。诸宝物名、帑藏、钱谷官，皆宦者领之。吏民上封事书，宦者左右开发，尚书不得知，其畏备臣下如此。又好变更制度，政令烦多。莽常御灯火，至明犹不能胜。尚书因是为奸寝事，上书待报者连年不得去，拘系郡县者逢赦而后出，卫卒不交代者三岁矣。沿边尤愁苦，起为盗贼，数千人为辈，转入旁郡。而琅琊（今山东诸城县）吕母聚众万数，新市（今湖北京山县）王匡、王凤，南阳马武，颍川（今河南禹县）王常、王丹聚众藏绿林山中（今湖北当阳县东北），皆七八千人。又有南郡（今湖北江陵县）张霸，江夏（今湖北省城武昌县）羊牧等，众皆万人。然匡等以饥寒穷愁，起为盗贼，常思岁熟，得归乡里，虽万众，不敢略有城邑。莽终不喻其故，大发兵击之。地皇二年，荆州牧为绿林贼大败于云杜（今湖北沔阳县），死数千人，始不制矣。而琅琊樊崇之众号赤眉，尤盛。三年，南阳刘縯、刘秀起兵。明年，大破莽兵于昆阳（今河南叶县北六十里）。关中闻之震恐，盗贼并起。莽国师刘歆（改名秀）、卫将军王涉谋劫莽，东降南阳，事泄自杀。莽军师外破，大臣内叛，左右无所信，不复能远念郡国。

时新市（王匡、王凤等）、平林（与新市近，今湖北随县，指陈牧等）诸将，共立更始将军刘玄为帝，遣王匡攻洛阳，申屠建、李松攻武关，三辅震动，淅人（今河南内乡县）邓晔、于匡等亦起兵南乡（今河南淅川县），以应汉，遂入武关，西拔湖（今河南阌乡县）。邓晔遣校尉王宪北渡渭，诸县大姓各起兵，称汉将军，率众随宪，皆争欲入城，贪卤掠之利。莽赦囚徒，授兵，令史谌将之，渡渭桥，皆散走。九月戊申，汉兵入城。己酉，城中少年朱弟等，斧敬法闼，火及掖庭、承明（殿名）。莽避火宣室，旋席随斗柄而坐，曰："天生德于予，汉兵其如予何！"庚戌之渐台（在未央宫中），乱军围之数百重，为其所杀。长安惟未央被焚，余皆如故。明年，赤眉入长安，焚宫室市里，发掘园陵，长安始墟矣。

  案：汉景削弱宗藩，而王莽乘之，得肆奸慝；汉武推尊儒术，而王莽藉之，以文奸言。然则向之所谓尊主而明教者，不乃为大盗积者也。

## 第十九节　西汉民生问题及政策

汉初革秦之命，不过帝位之移转，而政治则多沿秦制，社会方面之问题尤未尝注意及之也。故承秦人阡陌之后，因陋就简，不立田制，以为久远之利。然高祖及一时功臣多起自田间，深悉民间之疾苦，约法省禁，轻田租，什五而税一（《食货志》），令民得田故秦苑囿、园池（《高纪》二年），贾人不得衣丝乘车，重租税以困辱之（《食货志》），已示崇本抑末之意。至文帝，遂除民之田税（《文帝纪》十三年），历十三年之久。至景帝二年，始令民半出田税，三十而税一（《文献通考》卷一），甚或百一而税（荀悦说）。免除租税，无代无之，其重农富民之意可谓至矣。然豪强人占田逾侈，输其赋大半，官家之惠优于三代，豪强之暴酷于亡秦（荀悦《汉纪》论），故虽当文、景加惠农民之时，而农民之困苦自若也。晁错说文帝，有言曰："今农夫五口之家，其服役者，不下二人；其能耕者，不过百亩；百亩之收，不过百石。春耕夏耘，秋获冬藏，伐薪樵，治官府，给徭役，春不得避风尘，夏不得避暑热，秋不得避阴雨，冬不得避寒冻，四时之间，亡日休息。又私自送往迎来，吊死问疾，养孤长幼在其中。勤苦如此，尚复被水旱之灾，急政暴虐，赋敛不时，朝令而暮改。当其有者，半贾而卖；亡者，取倍称之息。于是有卖田宅、鬻子孙以偿债者矣。而商贾大者积贮倍息，小者坐列贩卖，操有奇赢，日游都市，乘上之急，所卖必倍。故其男不耕耘，女不蚕织，衣必文采，食必粱肉，亡农夫之苦，有仟百之得。因其富厚，交通王侯，力过吏势，以利相倾。千里游遨，冠盖相望，乘坚策肥，履丝曳缟。此商人所以兼并农人，农人所以流亡者也。"观晁错之言，则农民生活状况之艰难已历历如绘矣。是后醇儒如董仲舒等，思为社会之根本救济，其说武帝曰："秦除井田，民得买卖，富者田连阡陌，贫者无立锥之地。又颛川泽之利，管山林之饶，荒淫越制，逾侈以相高。邑有人君之尊，里有公侯之富，小民安得不困。或耕豪民之田，见税什五，故贫民常衣牛马之衣，食犬彘之食。汉兴，循而未改，古井田法虽难卒行，宜少近古，限民名田，以赡不足，塞兼并之路，去奴婢，除专杀之威，然后可善治也。"（节录《食货志》）仲舒死后，功费愈甚，天下虚耗。至宣帝五凤四年，岁数丰穰，谷贱，农人少利。白令边郡皆筑仓，以谷贱增其贾而籴以利农，谷贵时减贾而粜，名曰常平仓，民便之（《通鉴》卷二十七）。此虽小有所救济，然无与社会根本之问题，且其所救济者仅限于边郡之一隅而已。

元、成之间，天下亡兵革之事，俗尚奢侈，不以畜聚为意，遇有大饥、水灾，民多饿死，至人相食。哀帝时，师丹辅政，建言："累世承平，豪富吏民訾数巨万，而贫弱愈困，请为民田及奴婢设限。"丞相孔光、大司马何武议："请诸侯王、列侯皆得名田国中，列侯在长安，公主名田县道，及关内侯、吏民名田，皆勿过三十顷。诸侯王奴婢二百人，关内侯、吏民三十人，期尽三年，犯者没入官。"时田宅奴仆贾为减贱，外戚丁傅用事，宠臣董贤隆贵，皆不便也。诏书且须后，遂寝不行（《食货志》）。王莽始建国元年诏曰："古者设庐井八家，一夫一妇百亩，什一而税，则国给民富而颂声作。此唐、虞之道，三代之所遵行也。秦为无道，厚赋税以自供奉，罢民力以极欲，坏圣制，废井田，是以兼并起，贪鄙生。强者规田以千数，弱者曾无立锥之居。又置奴婢之市，与牛马同栏。制于民臣，颛断其命，缪于'天地之性人为贵'之义。减轻田租，三十而税一。常有更赋，罢癃咸出，而豪民侵陵，分田劫假。厥名三十税一，实什税五也。故富者犬马余菽粟，骄而为邪；贫者不厌糟糠，穷而为奸。俱陷于辜，刑用不错。今更名天下田曰王田，奴婢曰私属，皆不得卖买。其男口不盈八而田过一井者，分余田与九族邻里乡党。故无田今当受田者，如制度。敢有非井田圣制，无法惑众者，投诸四裔，以御魑魅。"莽制度既不定，官吏因缘为奸，三年之间，坐卖买田宅奴婢，自诸侯卿大夫至于庶民，抵罪者不可胜数。莽知民愁，复听诸名食王田，皆得卖之，勿拘以法（《王莽列传》）。

自王莽复古井田之法失败，后世方引以为迂阔之诫，而社会根本问题，遂鲜有议者矣。宋叶水心有言曰："自黄帝至于成周，天子所自治者，皆是一国之地，而诸侯亦各自治其国，百世不移，故井田之法，可颁行于天下。今天下为一国，虽有郡县吏，皆总于上，率二三岁一代，其间大吏有不能一岁半岁而代去者，是将使谁为之乎？"观此，则田制之推行，须视其时之制度。汉时郡县异于古之封建，欲行封建田制于郡县之时，难矣。故莽之王田，其目的虽是，而所以行法之手段则非也。

## 第二十节　光武中兴

汉自高、惠以后，世多仁厚之主，下至成、哀，亦绝无虐民之政。王莽以外戚窃位，危自上起，伤不及下，故虽时代改易而民心未去，加以莽政烦苛，愈以坚人民思汉之心。故其时群雄之起兵者，多以刘氏为号。当新市、平林兵起，南阳骚动，而光武与其兄縯始兴。縯字伯升，秀字文叔，出于景帝之子、长沙定王发，为高祖九世孙，而家于南阳之蔡阳（汉县，属南阳郡，在今湖北襄阳道之枣阳县西南境，其地有舂陵故城，白水乡在焉）。縯慷慨有大节，自莽篡汉，常愤愤怀复社稷之虑，不事家人居业，倾身破产，交结天下雄俊。秀性勤稼穑，縯常非笑之，比于高祖兄仲。地皇三年，秀与宛人李通、李轶定谋，市弓弩，起兵于宛，时年二十八。及还舂陵时，伯升已会众起兵。

初，诸家子弟皆亡逃自匿曰："伯升杀我。"及见秀绛衣大冠，皆惊曰："谨厚者亦复为之！"乃稍自安。伯升使族人嘉招说新市、平林兵，遂进拔棘阳（今河南唐县东南），李轶、邓晨等皆将宾客来会。伯升进攻宛，为甄阜、梁丘赐大败于小长安聚（今河南南阳宛城县南），还保棘阳，而阜、赐兵大至，会下江兵（绿林贼之西入南郡者。南郡，湖北江陵地）五千余人至宜秋（在今河南桐柏县西南），伯升与秀及李通造其壁，说其将王常以合纵之利，遂合兵共攻破阜、赐军，进围宛城。时汉兵已十余万，无所统一。新市、平林诸将帅于更始元年（即莽地皇四年）二月，立平林兵中更始将军刘玄为皇帝。

先是，青、徐贼众虽数十万人，讫无文书、号令、旌旗、部曲，及汉兵起，皆称将军，攻城略地，移书称说，莽闻之始惧，谋大举以讨汉兵，遣司徒王寻、司空王邑将兵，号百万，驱诸猛兽虎豹犀象之属以助威武，五月至颍川（今河南汝县），与莽将军严尤、陈茂合。是时，秀已与诸将徇下昆阳（今河南叶县北六十里）、定陵（今河南舞阳县北六十里）、郾（今河南郾城县）。诸将见寻、邑兵盛，皆惶怖忧念妻孥，欲散归，秀曰："今兵谷少而外寇强大，并力御之，庶可立；如欲分散，一日之间，诸将皆灭矣。"诸将初不以为然，会寻、邑兵且至，诸将见事急，乃相谓曰："更请刘将军计之。"秀复为图画成败，诸将皆曰诺。时昆阳城中惟八九千人，秀使王凤、王常守之，而自与李轶等十三骑至城外收兵。寻、邑兵至，围昆阳数十重，王凤等请降，不许。秀至郾、定陵，悉发诸营兵，自将步骑千余为前锋，去大军四五里而陈，败寻、邑所遣数千人，诸将喜曰："刘将军平时见小敌怯，见大敌勇。"乃共乘之，连胜遂前，诸将胆气益壮，无不一当百。秀乃与敢死士三千人，从城西水上冲其中坚。寻、邑易之，自将万余人行陈，敕诸营皆按部毋得动，独迎与汉兵战，不利。大军不敢擅相救，寻、邑陈乱，汉兵乘锐奔之，遂杀王寻。城中亦鼓噪而出，中外合势，震呼动天地。莽兵大溃，走者相腾践，伏尸百余里。会大雷雨，屋瓦皆飞，雨下如注，滍川（滍水源出鲁山县西，尧山东南）盛溢，虎豹皆股战，士卒赴水溺死者以万数，水为不流。王邑、严尤、陈茂轻骑乘死人渡水逃去，尽获其军实辎重，不可胜算。举之连月不尽，士卒奔走，各还其郡。关中闻之震恐，于是海内豪杰翕然响应矣。

时新市、平林诸将忌伯升兄弟威名日盛，李轶、朱鲔等劝更始执伯升杀之。秀闻之，驰诣宛谢，未尝自伐昆阳之功，又不敢为缜发丧，饮食言笑如平常。更始以是惭。是年九月，三辅豪杰杀王莽。更始将都洛阳，以秀行司隶校尉（掌举百官以下及京师近郡犯法者），整修宫室。秀乃置僚属，作文移如旧章。时三辅吏士东迎更始，见诸将过，皆冠帻（《方言》曰："覆髻谓之帻"）而服妇人衣，莫不笑之。及见司隶僚属，皆欢喜不自胜。老吏或垂涕曰："不图今日复见汉官威仪。"由是识者皆心属焉。

更始自宛北都洛阳，分遣使者徇郡国。以大司徒刘赐言，使秀行大司马事，持节北渡河，镇慰州郡。秀至河北，南阳邓禹杖策追秀于邺（今河南河北道临漳县），说以延揽英雄，务悦民心，立高祖之业。秀大悦，留禹计事，用主簿冯异言，分遣官属徇行郡县，宣布惠泽。邯郸卜者王郎诈称成帝子舆，刘林等立郎为天子，都邯郸（今直隶县），移檄郡国，皆望风响应，购秀十万户。秀以王郎新盛，乃北徇蓟（今北平）。会故广阳王子接起兵蓟中，以应王郎，城中扰乱。于是秀趣驾南辕，至滹沱河（在今北平保定道饶阳县），无船，适冰合，仅得过。至南宫（今北平南宫县），遇大风雨，秀仅得麦饭以自给。既知信都（今北平冀县）太守任光为长安守，驰赴之，发其旁县兵，得四千人，击降近邑，于是众稍附，至数万人。会上谷（今北平口北道宣化县）太守耿况、渔阳（今北平密云县）太守彭宠，各遣其将吴汉、寇恂等将兵来助。更始时迁都长安，亦遣尚书令谢躬率军讨王郎，秀与合兵围巨鹿。王郎遣将倪宏、刘奉率众数万人来救，寇恂、吴汉纵突骑击之，大败宏军。秀曰："吾闻突骑天下精兵，今见其战，乐可言耶？"耿纯言于秀曰："久守巨鹿，不如进攻邯郸。若王郎已诛，巨鹿不战自服矣。"秀从之，遂进拔邯郸，斩王郎，得诸吏民与郎交关诱毁者数千章，悉会诸将烧之，曰："令反侧子自安。"更始遣使立秀为萧王，令罢兵诣行在。时长安政乱，秀纳耿弇言，乃辞以河北未平，不就征，始贰于更始矣。

### 第二十一节　光武平群盗

光武起兵一岁而王莽就诛，即位十三年而后群盗始平，是光武之功不难于诛王莽而难于平群盗也。当萧王之平王郎也，是时更始政乱，四方背叛，梁王刘永擅命睢阳（今河南商丘县），公孙述称王巴蜀，李宪自立为淮南王（今安徽寿县），秦丰自号楚黎王（黎丘，楚地，今湖北襄阳道宜城县），张步起琅琊（今山东胶东道诸城县），董宪起东海（今山东济宁道临沂县），延岑起汉中（今陕西汉中道南郑县），田戎起夷陵（今湖北宜昌），并置将帅，侵略郡县；而窦融保河西张掖、金城、武威、酒泉、敦煌五郡（甘肃西北，其地多在黄河以北），隗嚣据天水、安定、北地、陇西四郡（甘肃东南，其地多在黄河以南）；赤眉、铜马之属数十辈，辈数十百万，暨别号诸贼，大肜、高湖、重连、铁胫、大枪、尤来、上江、青犊、五校、檀乡、五幡、五楼、富平、索获等众，合数百万人，所在寇掠。萧王资上谷、渔阳兵马之用，击降铜马、高湖、重连诸贼，众遂数十万，乃北徇燕、赵，以定根本之计；又欲乘衅并关中，而未知所寄，乃拜邓禹为前将军，分麾下精兵二万人，遣西入关，以乘更始、赤眉之乱。更始之迁都长安也，以朱鲔、李轶将兵三十万守洛阳，以备河北萧王；以河内（即河南怀庆，今为河北道沁阳县）险要富实，拜寇恂为河内太守，冯异为孟津（今河南河北道孟县）将军，将魏郡、河内兵于河上，以拒洛阳。寇恂调粮粮、治器械以供军，军虽远征，未尝乏绝。萧王乃引兵北，击破尤来、大枪、五幡等贼，北方弭定。

是时，冯异以书间李轶、朱鲔，遂得北拔天井（关名，在今山西省凤台县南）、上党（今山西长治县），南下河南成皋（今河南开封道汜水县）以东十三县。朱鲔遣将渡河击温（今河南河北道温县），为寇恂所败。恂与异渡河追鲔至洛阳，环城一匝而归。自是洛阳震恐，城门昼闭，异、恂移檄上状，诸将入贺，劝上尊号。会儒生强华自关中奉《赤伏符》至，乃以六月己未即皇帝位于鄗南（今北平赵县），改元建武，是为光武世祖。赤眉、樊崇等已于九月西入长安，奉刘盆子为帝，更始败走，朱鲔乃以洛阳降光武。冬十月，帝入洛阳，遂定都焉。长安食尽，赤眉得更始，杀之，乃焚西京宫室，发掘园陵，大掠而西，遂入北地（甘肃前庆阳府、宁夏府及陕西前鄜州境）、安定（甘肃前平凉府及固原州境）。邓禹乘虚入长安，赤眉为隗嚣将杨广所败，复还长安，邓禹与战不利，出之云阳（今陕西关中道淳化县）。帝乃遣偏将军冯异代禹讨之，赤眉为异所败。帝以赤眉无谷，当来东，乃遣侯进屯新安，耿弇屯宜阳（二县均在洛阳西，新安在北，宜阳在南），以要其还路。至是赤眉乏食，东向宜阳，帝亲勒六军严阵以待之。赤眉忽遇大军，惊震乞降，余众尚十余万人，积兵甲宜阳城西，与熊耳山齐。

是时，关中余盗犹盛，冯异诛击豪杰不从令者，褒赏降附有功劳者，悉遣其渠帅诣京师，散其众归本业。出入三岁，威行关中，函谷以西，异功为多焉。而山东诸贼张步最强，耿弇自请北收上谷兵未发者，于建武五年东攻张步，降其众十余万及五校余党，齐地悉平。其余诸将，盖延获刘永，朱祐获秦丰，马成获李宪，吴汉获董宪、庞萌。六年之间，群雄略定，惟隗嚣反复于西州，公孙述称帝于巴蜀。帝积苦兵间，数腾书陇、蜀，告示祸福，嚣、述终不听。时窦融前已归命本朝，隗嚣失助，帝乃用马援之策，先后遣来歙、耿弇、吴汉、岑彭等攻嚣。九年，嚣败死，于是并力攻蜀。

初，岑彭之破田戎、拔夷陵也（夷陵在今湖北宜昌西境，事在建武五年），知将伐蜀，乃分据要会，移檄江南，谕告诸蛮夷，于是方城以南（方城在湖北江陵县东境）至于交趾，莫不遣使贡献，江南之珍始流通焉。至是彭发楼船数千艘，桂阳、零陵、长沙棹卒六万人，攻烧横江桥、楼、橹柱，所向无前，势若风雨，进至武阳（今四川新津县），为述客刺杀于彭亡山（在今彭山县境），中郎将来歙亦为述客刺死。吴汉乃自夷陵将三万众，溯江而上，进至广都（今四川双流县）。述与汉战于城下，汉兵刺杀述，成都遂降，时建武十二年也，蜀平而天下乃大定。

案：自古盗贼之众，未有如后汉初者也。以史载光武所降贼考之：铜马贼数几百万，降之河北（更始二年）；刘茂十余万，降之京密（建武元年）；朱鲔三十万，降之洛阳（建武元年）；檀乡十万，降之邺东（建武二年）；五校五万，降之萧阳（建武二年）；孙登五万，降之河北（建武二年）；赤眉先后降者无算，其东归之余，尚十余万人，降之宜阳（建武三年）；吴汉降青犊，冯异降延岑、张邯之众（建武三年）；盖延降刘永之余（建武三年）；王常降富平、索获四万余人（建武五年）；耿弇降张步之卒十余万（建武五年）。盖先后所受降者穷于指数矣（参考王船山《读通鉴论》卷六），而史文不详其所以安辑镇抚之策，今推求其故，盖有数端焉：一散其众，使归本业。此见于《冯异传》者也；一奖厚重循良之吏以抚之，如征伏湛、擢卓茂于兵戈之际是也（建武六年）；一减官省刑，并损四百余县吏职，减省十置其一，使民不扰是也（建武六年）；一捐除苛税，令郡国收见田租三十税一，如旧制是也（建武六年）；一严守令蔽匿盗贼之罪，逗遛回避故纵者皆勿问，听以检讨为效是也（建武十六年）。夫渠帅大憝不死于锋镝，则悉遣诣京师；其遣散者已非倡首敢乱之徒，而又复本业以安之，择良吏以理之，相与休息于禁网疏阔之下，民亦安肯舍安乐而就危亡哉？间有不逞之徒，动被发觉，无所逃法，则群然相戒，不敢动其徼倖之心矣。此光武所以化数百千万之暴桀悉为善良而不觉也。

**东汉初年群雄割据起灭表**

| 人名 | 称号 | 根据地 | 占地今释 | 起 | 灭 |
| --- | --- | --- | --- | --- | --- |
| 刘永 | 汉梁王 | 睢阳 | 山东、江苏、河南、安徽四省之交 | 更始元年 | 建武三年 |
| 彭宠 | 燕王 | 渔阳 | 北平东部 | 建武二年 | 建武五年 |
| 王郎 | 汉帝 | 邯郸 | 河北西南部 | 更始元年 | 更始二年 |
| 公孙述 | 成帝 | 成都 | 四川 | 更始二年 | 建武十二年 |
| 隗嚣 | 西州上将军 | 陇西 | 甘肃东南部 | 建武元年 | 建武十年 |
| 窦融 | 河西五州大将军 | 河西 | 甘肃西北部 | 建武元年 | 建武十二年入朝 |
| 卢芳 | 西平王 | 安定 | 甘肃东北部 | 建武元年 | 建武十六年降 |
| 樊崇 | 赤眉 | 无定 | 山东、河南、山西、陕西一带 | 王莽天凤五年 | 建武三年 |
| 张步 | 齐王 | 祝阿 | 山东北部 | 更始二年 | 建武五年 |
| 李宪 | 淮南王 | 舒 | 安徽、江苏一带 | 更始元年 | 建武六年 |
| 董宪 | 海西王 | 郯 | 山东东南部 | 建武三年 | 建武六年 |
| 秦丰 | 楚黎王 | 黎丘 | 湖北中部 | 更始二年 | 建武五年 |
|  | 铜马贼 | 无定 | 河北一带 | 王莽末年 | 更始二年 |

## 第二十二节　光武之治

中国自秦汉以来之政治，所有一代之规模，每视开创君主之贤否以为断，当时成为风气，后世奉为成法，此固君主专制政体之势然也。后汉惩艾王莽以变法而致乱，故惟从事于消极方面，一意恢复前汉之旧制，务用安静而已。且光武为人谨信（见《后汉书·光武帝纪》），起自儒学（《严光传》："少与光武同游学"），一时功臣亦多恂恂有儒者风（详见《廿二史札记》"后汉功臣多近儒"一条），故虽当东西诛战不遑启处，然犹投戈讲艺，息马论道（樊准称光武语）。即位以后，勤于政事，每旦视朝，日昃乃罢；数引公卿郎将讲论经理，夜分乃寐。邓禹、贾复等知帝偃干戈，修文德，乃去甲兵，敦儒学。帝方以吏事责三公，不欲功臣以吏职为过，令诸将皆以列侯就第，俾得保爵土，一时言者亦多以任功臣故旧为戒（详见郑兴、郭伋等传），帝皆纳用之，故能总揽权纲，修明吏事，蔚成中兴之治，而东汉无诛锄功臣之事，累世多好学崇儒之主，尤为历代雄主所不逮矣。然其有大功于中国者，则在于崇尚气节一事，侧席幽人，求之若不及，旌帛蒲轮之所征赉，相望于岩中矣。若薛方、逄萌聘而不肯至，严光、周党至不能屈，降天子之尊严，全布衣之高节，尤为专制政体所仅见。故东汉二百年来，风俗醇美，气节矫然，为古今所莫及者，皆帝有以养成之也。然观于前代之覆辙，则不知改作。符命者，王莽所伪托以愚天下者也。帝以《赤伏符》即位，信用谶文，多以决定嫌疑。桓谭菲薄谶记，几被诛戮；郑兴不为谶书，逊辞乃免。流风所煽，儒者傅会图谶以说经，其后支流余裔，乃为张角之徒所利用以乱汉。女主者，西汉之所以失天下也。帝因循不改，以阴兴为大司徒，其后皇统屡绝，权归女主，外立者四帝（安、质、桓、灵），临朝者六后（窦、邓、阎、梁、窦、何），莫不定策帷帟，委事父兄，贪孩童以久其政，抑明贤以专其威，任重道悠，利深祸速，终于陵夷大运，沦亡神宝（《后纪》）。凡此二事，皆兆端于古人，而败极于前汉。光武宜睹覆辙，思垂鉴戒，乃往车虽折，来轸方遒，其害遂与君主政体相终始，固非独东汉一代受其祸败者也。

## 第二十三节　后汉帝室之概略

　　光武在位三十三年而崩，子庄立，是为明帝。光武承王莽之余，颇以严猛为政，后代因之，遂成风化（第五伦上章帝疏）。明帝性尤褊察，好以耳目隐发为明（见《钟离意传》）。永平十三年，治楚王英谋反之狱，其辞语相连，自京师亲戚、诸侯、州郡豪杰及考案吏，阿附坐死徙者以千数，而系狱者尚数千人（《通鉴》卷四十五），亦足以见当时以苛刻为俗矣。然帝善刑理，法令分明，幽柱必达，断狱得情，号居前代十二；尤垂情古典，游意经艺，每飨射礼毕，正坐自讲，诸儒执经问难于前，冠带搢绅之人圜桥门而观听者，盖亿万计。功臣子孙，立校受业，自期门、羽林之士，悉令通《孝经章句》。匈奴亦遣子入学，济济称盛。在位十八年崩，子炟立，是为章帝。帝号称长者，事从宽厚，除惨狱之科，著胎养之令，平徭简赋，人赖其庆。然宠任皇后外家，窦氏一门贵盛，窦宪典司禁兵，出入省闼，外戚之盛，始于此矣。帝在位十三年崩，子肇即位。母梁贵人也，为窦皇后所谮，以忧卒。窦后以为己子，是为和帝，年方十岁，而窦太后临朝，诸窦专政，朝臣震慑。司徒袁安以天子幼弱，外戚擅权，每朝会进见，及与公卿言国家事，未尝不喑呜流涕，自天子及大臣皆恃赖之。永元四年，帝诛窦宪，始亲政事，省刑减赋，号称不扰。在位十七年而崩，子隆立，是为殇帝，一岁而崩。邓太后与大将军邓骘定策，立章帝孙长安侯祜，是为安帝。太后临朝，自是外戚、宦官遂盛。帝虽称尊享御，权归邓氏，令自房帷，威不逮远，始失根统，终成陵敝（《安帝纪论》语）。邓太后称制十三年崩，帝始亲政事，宠用乳母王圣。中黄门李闰、江京等谮害太尉杨震，废太子保为济阴王，汉业自此衰敝矣。安帝在位十九年崩，阎皇后与其兄大将军阎显策立章帝曾孙北乡侯懿。立数月崩，汉人不以为帝。中黄门孙程等十九人以太子无过被废，合谋迎立保于西钟下（西钟在北宫掖庭中，德阳殿内），是为顺帝。废阎后，杀阎显。顺帝初勤王政纪纲，四方几以获安。其后宦官近习预政，外戚梁氏秉权，受赂卖爵，宾客交错，天下扰忧，从乱如归，官民并竭，上下穷虚矣（皇甫规对策）。在位十八年崩，子炳立，是为冲帝。在位一年崩，梁太后与其侄梁冀策立章帝玄孙建平侯缵，是为质帝。在位一年，为梁冀所弑。冀复与梁太后策立章帝曾孙志，是为桓帝。宠任宦官，杀戮名士，党祸之兴自此始，东汉之亡决矣。在位十八年崩，窦皇后与其父大将军窦武策立章帝玄孙解渎亭侯宏，是为灵帝。张角之乱始起，汉祚遂因之以倾。在位二十一年崩，子辩立。六月，为董卓所废，立其弟协，是为献帝。帝屡经丧乱，政归曹氏。在位三十一年，禅位于魏，而天下三分矣。后汉凡十二帝，一百九十五年。

## 第二十四节　东汉宦官外戚之冲突（一）

西汉以外戚亡天下，东汉复蹈其弊，而更重之以宦官，其为祸尤烈。中国宦官之祸较外戚为古，周有寺人之官（《周礼》："寺人，掌王之正内五人"），春秋有齐貂（齐桓公之竖乱齐国）、伊戾（宋寺人，杀平公太子痤，事见《左传》成公二十六年）之祸，赵高肆毒于二世，石显为患于孝元，迹其所自，殆与外戚同科。盖有吕后之任诸吕、忌大臣，而后有张释卿之为大谒者（事见《高后纪》八年）；有宣帝之忌诸霍，任许、史，而后有石显之典中书。二者之相为表里者，势也。其不同者，西汉外戚与宦官常相结，而东汉外戚与宦官常相诛。相结之极而王氏盗汉，相诛之极而天下土崩。二千载以还，遂与君主国家相终始。此岂尽古人之愚而甘于酖毒乐祸哉！盖出于专制政体之所生，而为家天下者动于不得不然者也。家天下之极端，人主一家之安危，常与天下之利害相连，每遇皇家变动之时，外庭尚不及知，仓卒之间，其权必归外戚、宦官之手，而其影响遂及于天下焉。故后汉二百年之史，即外戚、宦官之冲突史也（采夏曾佑说）。

汉兴，因袭秦制，置中常侍，然亦引用士人以参其选。中兴之初，宦（当作"内"，谓省内官）官悉用阉人，不复杂调他士；而明帝外家阴识、阴就、阴庆，侯者三人，已非复高帝"异姓非有功不侯"之制矣。虽阴氏谦退，明帝后宫之家，不得封侯与政，然开国之初，立法已属不善。故章帝封外家马廖、马防、马光为列侯，卒以奢侈逾僭就国。诸马既得罪，而窦皇后外戚愈贵盛。当时三辅论议者，至云以贵戚废锢，当复以贵族浣濯之，犹解醒当以酒也（第五伦疏语，见《通鉴》卷四十六）。此足见外戚权势之焰灼矣。窦皇后兄弟窦宪、窦笃并侍宫省，自王、主及阴、马诸家，莫不畏惮其声势。及和帝即位，方十岁，窦太后临朝，窦宪以侍中内干机密，出宣诏命。弟笃为虎贲中郎将，笃弟景、瓌并为中常侍，兄弟皆在亲要之地。时齐都乡侯畅来吊国忧，窦太后数召见之，窦宪惧畅分宫省之权，遣客刺杀畅于屯卫之中，太后不能正其罪，反令窦宪为车骑将军，将兵击北匈奴以自赎。及窦宪破匈奴，拜为大将军，及弟笃、景、瑰皆封侯，威名益盛，党与充满朝廷，共相交结，遂图共为弑逆。和帝阴知其谋，以宪兄弟专权，帝与内外臣僚莫由亲接，所与居者阉宦而已，故与中常侍郑众专谋禁中，诏执金吾、五校尉勒兵屯卫南北宫，闭城门，捕杀其党与，免宪、笃、景等，遣就国，迫令自杀。遂以郑众为大长秋，常与之议论政事。宦官用权，自此始矣。此宦官之诛外戚一也。

和帝、殇帝相继崩，邓太后（和帝皇后）与其兄车骑将军骘定策禁中，不与廷臣共议，迎立安帝，自后遂为故事。骘以定策功，官大将军，弟悝、宏、阊皆封侯。骘及诸弟皆辞让，逃避封爵，连求还第。邓后以女主临朝，廷臣无由参断帷幄，不得不委用阉人，寄之国命。大长秋郑众、中常侍蔡伦皆乘时预政，与诸邓等，非复掖庭永巷之职矣。帝乳母王圣见太后久不归政，虑有废置，常与中黄门李闰候伺左右，共短太后于帝。及太后崩，因诬告悝、宏、阊有废立之谋，遂废诸邓为庶人，骘与诸邓多自杀者。骘素号谦逊节俭，众庶多为骘称枉。此宦官之陷外戚二也。

安帝时，中常侍江京、樊丰及王圣、圣女伯荣扇动内外，竞为侈虐；又帝舅大将军耿宝、皇后兄大鸿胪阎显更相阿党，遂枉杀名贤杨震，废皇太子保为济阴王。明年，帝崩（在延光四年），阎后欲久专国政，贪立幼年，与显定策禁中，立北乡侯懿为帝。阎显等遂专朝争权，乃讽有司奏诛樊丰，废耿宝、王圣。数月，北乡侯薨，中黄门孙程等十九人潜谋，迎废太子济阴王于西钟下。顺帝时年十一，召尚书令、仆射以下从辇幸南宫，程等留守省门，遮扞内外。帝登云台，召公卿百僚，使虎贲、羽林士屯南北宫诸门。朝臣以太子无辜，为显等所谮废，故人心不附显。越骑校尉冯诗受太后印而遽背，尚书郭镇闻召，收阎景而即起，景、显皆伏诛，于是遂定（详见《通鉴》卷五十一）。孙程等以拥立功，皆封为侯，是为十九侯。此宦官之诛外戚三也。

顺帝立，梁皇后以父梁商为大将军辅政。商性慎弱，无威断，颇溺于内竖，与小黄门曹节相结。商薨，而子冀嗣为大将军。冀专肆贪叨，纵恣无极（语见张纲劾奏），当时谓之豺狼当道。赖杜乔、李固、左雄、黄琼诸人左右其间，东京之士于兹盛焉（《左雄传论》）。顺帝崩而冲帝继崩，征清河王蒜及勃海孝王子缵皆至京师。清河王为人严重，动止有法度，公卿皆归心焉。李固劝梁冀择长立德。缵年八岁，梁冀与太后利其幼弱，定策禁中，立缵为帝。质帝少而聪慧，常因朝会，目梁冀曰："此跋扈将军也。"旋为冀所毒，弑大尉李固、大鸿胪杜乔，议立清河王蒜。梁冀与中常侍曹腾畏蒜严明，主立平原王翼子志，遂召收公卿之异议者，而枉害李固、杜乔、清河王蒜，海内嗟惧。志竟立为桓帝，时年十五。太后犹临朝，而梁冀与妻孙寿骄横日甚。梁氏一门前后七侯，卿尹将校五十余人，孙氏宗亲冒名侍中、卿校、郡守、长史者，皆贪饕凶淫，所在怨毒。梁冀秉政几二十年，天子拱手，不得有所亲豫。及太后崩，帝不平愈甚，潜与中常侍单超、具瑗、唐衡、左悺、徐璜等五人成谋诛冀。帝御前殿，召诸尚书入，使尚书令尹勋持节勒令丞以下皆操兵过省阁，敛诸符节送省中，使黄门令具瑗将千余人与司隶校尉张彪共围冀第。冀及妻寿皆自杀，宗亲党与悉伏诛，朝庭为空。单超等五人同日受封，世谓之五侯。时桓帝已立十三年矣。此宦官之诛外戚四也。自是权归宦官，朝故益乱矣。

## 第二十五节 东汉宦官外戚之冲突（二）

五侯恃功骄横，殆甚外戚，天下为之语曰："左回天，具独坐，徐卧虎，唐雨堕。"其兄弟、宗族、姻戚、宾客皆宰州临郡，虐遍天下，民不堪命，起为盗贼。是时，忠贤力争，屡折奸锋，李膺、陈蕃、窦武、黄琼、朱穆、杨秉、刘陶、刘淑谏诤于内，成瑨、岑晊、刘瓆、王允、翟超、张俭、黄浮诛击于外。宦官诉冤于帝，桓帝大怒，瑨、瓆、超、浮皆坐罪（详见《通鉴》卷五十五）。河南张成以方伎交通宦官，杀人逢赦，司隶校尉李膺竟案诛之，宦官教成弟子牢修上书，告膺等养太学游士，交结诸郡生徒，更相驰驱，共为部党，讪谤朝廷，疑乱风俗。于是天子震怒，延熹九年，大捕党人，布告天下，党锢之祸作矣。

桓帝崩，无嗣，窦皇后父窦武纳侍御史刘儵言，迎立解渎亭侯宏，是为灵帝，时年十二，拜武为大将军辅政。武少以经行著称，在位清身疾恶，常有诛剪宦官之意；太傅陈蕃以硕德名臣，亦素有谋。于是征天下名士废黜者李膺、杜密、刘猛、朱寓，列于朝廷；辟荀昱、陈实共定计策，天下雄俊知其风旨，莫不思奋智力，想望太平。于是武白太后，先诛中常侍管霸、苏康，复欲尽废中官与政，诛锄曹节、王甫等。太后冘豫未忍，武乃先奏免黄门令魏彪，以所亲小黄门山冰代之，使冰奏素狡猾尤无状者。长乐尚书郑飒，送北寺狱，蕃谓武曰："此曹子便当收杀，何复考为？"武不从，飒辞连曹节、王甫，山冰与尹勋即奏收节等。时武出宿归府，长乐五官史朱瑀盗发武奏，即夜召共普、张亮等十七人，喋血共盟，谋诛武等。曹节请帝出御德阳前殿，取棨信，闭诸禁门，胁尚书官属作诏板。于是王甫持节至北寺狱，杀尹勋、山冰，出郑飒，使持节捕收武等，武驰入步兵校尉窦绍营（绍，武之兄子），召会北军五校士数千人，屯都亭（洛阳都亭也）。下令曰："黄门常侍反，尽力者封侯重赏。"陈蕃闻难，将官属诸生八十余人，并拔刀突入承明门，为王甫所收杀。时征匈奴中郎将张奂新至京师，曹节等以奂不知本谋，欲借其声威，矫诏令奂与少府周靖率五营士讨武。王甫将虎贲、羽林等千余人，与奂军合，悉军阙下，与武对陈。营府兵（胡三省曰："谓五营校尉府也"）素畏服中官，于是武军稍稍归甫。自旦至食时，兵降略尽。武、绍皆自杀，甫等并诛其宗亲、宾客、姻属，迁太后于云台（详见《窦武陈蕃列传》）。郭林宗闻而哭之曰："人之云亡，邦国殄瘁。"自是凶竖得志，士大夫皆丧其气矣。

光和元年，帝与宦官谋，初开西邸卖官，又私令左右卖公卿。王甫、曹节等奸虐弄权，扇动内外，太尉段颎阿附之。甫、节兄弟父子为卿、校、牧、守、令、长者，布满天下，所在贪横，州郡牧守望风承旨，辟召选举，释贤取愚。后甫为京兆尹，杨彪（杨震曾孙）发其奸，下司隶校尉阳球拷死。寻阳球以与司徒刘郃、尚书刘纳、尹乐、少府陈球谋诛宦官，为曹节所诬告，皆下狱死。光和六年，而黄巾起矣。

初，巨鹿张角奉事黄、老，以妖术教授，号太平道，咒符水以疗病，令病者跪拜首过，或时病愈，众共神而信之。角遣分弟子周行四方，转相诳诱，十余年间，众数十万，自青、徐、幽、冀、荆、扬、兖、豫八州之人，莫不毕应。角遂置三十六方，方立渠帅。大方马元义等数往来京师，以中常侍封谞、徐奉等为内应，约以三月五日内外俱起。先期事泄，下冀州，遂捕角等。角等晨夜驰勅诸方，一时俱起，皆著黄巾以为标帜，故时人谓之黄巾贼，京师大震。以何皇后兄何进为大将军，屯兵都亭，以镇京师。遣中郎将卢植、朱俊、皇甫嵩等出兵分讨。是时，中常侍赵忠、张让、夏恽、郭胜、段珪、宋典、孙璋、毕岚、栗嵩、高望、韩悝、张恭皆贵宠封侯，流毒天下。帝常言："张常侍是我公，赵常侍是我母。"于是宦官无所忌惮。郎中张钧上书言："张角所以能兴兵作乱，万民所以乐附之者，其源皆由十常侍（胡三省曰："本十二，而言十常侍者，举大数也"）多放父兄、子弟、婚亲、宾客典据州郡，百姓冤无所告，故聚为盗贼。宜斩十常侍以谢百姓。"帝大怒。御史承旨反诬钧学黄巾道，掠死狱中。诸将击破黄巾，张角病死。皇甫嵩斩张梁于广宗（今河北省广宗县），斩张宝于下曲阳（今河北省晋县），朱俊平其余党于宛城。然四方盗贼蜂起，不可胜数，终汉之世，不能定也。

灵帝崩，而皇子辩即位，母何太后临朝，兄何进辅政。先是，小黄门蹇硕与进有隙，至是遂诛蹇硕，因悉领其屯兵。进素知中官天下所疾，听袁绍说，欲尽废宦官，而太后不听。乃多召四方猛将及诸豪杰，使并引兵向京城，以胁太后。主簿陈琳谏进以行权立断，不必更征外助；若大兵既集，强者为雄，所谓倒干戈，授人以柄，功必不成，只为乱阶耳。进不听，所召董卓兵已至渑池（今河南渑池县），而进更狐疑。袁绍促之，进乃以绍为司隶校尉，专命击断。进入奏，欲尽诛诸常侍，为张让、段珪等所潜闻。及进出，至省阁，因矫太后诏，召入杀之。时进部曲将吴匡、张璋在外，闻进被害，与虎贲中郎将袁术斫宫门。让等遂将少帝及陈留王协，劫省内官属出走，夜至小平津（在今河南巩县西北），为从官闵贡等所责逼，让等乃投河死。而袁绍勒兵捕诸宦者，无少长皆杀之，凡二千余人，或有无须而误杀者。是时，董卓引兵至，步骑不满三千，骑都尉鲍信劝袁绍："及其新至疲劳，袭之可擒也。"绍不敢发。后卓兵盛，遂废少帝，立协为献帝，袁绍奔于冀州。自此以后，汉名号仅存，威福尽失矣。此外戚谋诛宦官而反为宦官所害，至宦官尽诛而汉鼎亦随之而倾，迹其祸败，夫岂一朝一夕之故哉！

## 第二十六节　党锢之祸

　　光武中兴以来，累世敦崇儒学，故人识君臣父子之纲，家知违邪归正之路（《后汉书·儒林传》论）。复增敦朴、有道、贤能、直言、独行、高节、质直、清白、敦厚之科（左雄等传论），以风厉天下。玄纁玉帛，相望于丘园。"天子降寝殿，设坛席，急登贤之举，虚降己之礼"（《左雄传论》语）。上好下甚，遂成风俗。故其后声教废于上，而风俗溃于下，桓、灵之间，"时政弥惛而其风愈往"（《后汉书·陈实传论》）。是时，国命委于阉寺，士子羞与为伍，故匹夫抗愤，处士横议，遂乃激扬名声，互相题拂，品覈公卿，裁量执政，婞直之风于斯行矣（《党锢列传》）。

　　党事始于甘陵周福、房植，二家宾客互相讥揣，遂各树朋党，渐成尤隙。由是甘陵（今山东清平县）有南北部，党人之议自此始矣。后汝南太守宗资任功曹范滂，南阳太守成瑨亦委功曹岑晊，二郡又为谣曰："汝南太守范孟博，南阳宗资主画诺。南阳太守岑公孝，弘农成瑨但坐啸。"因此流言转入太学，诸生三万余人，郭林宗、贾伟节为其冠，并与李膺、陈蕃、王畅更相褒重，并危言深论，不隐豪强。自公卿以下，莫不畏其贬议，折节下之。会河南尹李膺赦后案杀张成，为成弟子牢修所诬告，桓帝收执膺，系黄门狱，班下郡国，逮捕党人。其辞所连及陈实之徒二百余人，皆海内人誉、忧国公忠之臣，或有逃遁不获，皆悬金购券。颍川陈实曰："吾不就狱，众无所恃。"乃请囚焉。定陵贾伟节闻之曰："吾不西行，大祸不解。"乃入洛阳，说城门校尉窦武、尚书霍谞，武等连章讼之，桓帝以此大赦党人，然犹书名三府，禁锢终身。天下士大夫皆高尚其道而污秽朝廷，故俗遂以遁身矫絜放言为高。士有不谈此者，则芸夫牧竖已叫呼之矣（《陈实传论》）。海内希风之流，遂共相标榜，指天下名士为之称号。以窦武、刘淑、陈蕃为三君，君者，言一世之所宗也。李膺、荀昱、杜密、王畅、刘祐、魏朗、赵典、朱寓为八俊，俊者，言人之英也。郭林宗、宗慈、巴肃、夏馥、范滂、尹勋、蔡衍、羊陟为八顾，顾者，言能以德行引人者也。张俭、岑晊、刘表、陈翔、孔昱、范康、檀敷、翟超为八及，及者，言其能导人追宗者也。度尚、张邈、王考、刘儒、胡毋班、秦周、蕃向、王章为八厨，厨者，言能以财救人者也。而张俭乡人朱并（俭为山阳高平人），承望中常侍侯览意旨，上书告俭与同乡二十四人，别相署号，共为部党，图危社稷。灵帝诏刊捕俭等，而党祸再兴，俭得亡命，困迫遁走，望门投止，莫不重其名行，破家相容。而经历之处，皆被收考，辞所连引，布满天下。卒以东莱李笃力，因缘送俭出塞，故卒得免。大长秋曹节因此讽有司奏捕前党。颍川乡人谓李膺曰："可去矣。"膺曰："死生有命，去将安之？"乃诣诏狱考死。督邮吴导至汝南，抱诏书，闭传舍，伏床而泣。范滂闻之曰："必为我也。"即自诣狱。县令郭楫大惊，出解印绶，引与俱亡，曰："天下大矣，子何为在此？"滂曰："滂死则祸塞，何敢以罪累君，又令老母流离乎？"其母即与之诀，谓曰："汝今得与李、杜齐名，死亦何恨？既有令名，复求寿考，可兼得乎？"滂遂与故司空虞放、太仆杜密、司隶校尉朱寓、颍川太守巴肃、沛相荀昱、河内太守魏朗、山阳太守翟超、任城相刘儒皆死狱中。余或先殁不及，亡命获免。自此诸为怨隙，因相陷害，睚眦之忿，滥入党中，州郡承旨，或有未尝交关，亦罹祸毒，其死徙废禁者六七百人。

党事之再作也，南阳何颙与袁绍常结为奔走之友，私入洛阳，从绍计议。其困穷闭阨者，为求援救，以济其患；有被掩捕者，则广设权计，使得逃隐，全免者甚众。熹平五年，永昌太守曹鸾以上书大讼党人被诛，灵帝又诏州郡更考党人门生故吏、父子兄弟，其在位者免官禁锢，爰及五属。时侍御史蜀郡景毅子固为膺门徒，而未有录牒，故不及于谴，景乃慨然曰："本谓膺贤，遣子师之，岂可以漏夺名籍，苟安而已。"遂自表免归。度辽将军皇甫规（安定朝那人），自以西州豪杰，耻不得豫，自请坐党锢，朝廷知而不问。至中平元年，黄巾贼起，中常侍吕强言于帝曰："党锢久积，人情多怨，若久不赦宥，轻与张角合谋，为变滋大。"帝惧其言，乃大赦党人。其后黄巾遂盛，朝野奔离，纪纲文章荡然矣。凡党事始自甘陵、汝南，成于李膺、张俭，海内涂炭二十余年，诸所蔓延，皆天下善士焉（本节参考《党锢列传》）。

范晔论曰："李膺振拔污险之中，蕴义生风，以鼓动流俗，激素行以耻威权，立廉尚以振贵势，使天下之士奋迅感慨，波荡而从之，幽深牢破室族而不顾，至于子伏其死而母欢其义，壮矣哉！"（见《范滂传论》）"桓、灵之间，所以倾而未颠、决而未溃，岂非仁人君子心力之为乎？呜呼！"（见《左雄传论》）

## 第二十七节 东汉气节之盛

中国气节之盛，无过于东汉一代者，揆其原因，固由光武之表章节义、尊尚隐逸有以致之，亦由儒术之道积渐养成，酿为风气，遂令顽夫廉而懦夫立焉。

当王莽之末，已不乏气节之士。阆中谯玄，当王莽居摄，玄方以绣衣使者分行天下，事未及终，遂纵使者车，变易姓名，间窜归家，因以隐遁。后公孙述僭号于蜀，连聘不诣，述乃遣使者备礼征之；若玄不肯起，便赐以毒药。玄受毒药，将饮，子瑛愿奉家钱千万以赎父死，述听许之，玄遂隐藏田野，终述之世。时有犍为费贻不肯仕述，乃漆身为厉，阳狂以避之，退藏山数十余年（《谯玄传》）。梓潼李业少有志操,习《鲁诗》,当王莽世举方正,莽以业为酒士,病不之官,遂隐藏山谷,绝匿名迹,终莽之世。及公孙述僭号,素闻业贤,征之欲以为博士,业固疾不起数年,述羞不致之,乃使大鸿胪尹融持毒酒奉诏命以劫业,若起则受公侯之位,不起赐之以药。融诱以高位重饵,业辞志不屈。融复说曰:"宜呼室家计之。"业曰:"以丈夫断之于心久矣,何妻子之为?"遂饮药而死。蜀郡王皓、王嘉,当莽世弃官西归,及公孙述称帝,遣使征皓、嘉,恐不至,遂先系其妻子,王皓乃先自刎,以首付使者,王嘉闻而叹之曰:"后之哉!"乃对使者伏剑而死(《李业传》)。此外如宣秉少修名节,显名三辅,王莽篡位,遣使者征之,固称疾病。宛县卓茂为京都丞,及莽居摄,以病免归郡,与同县孔休、陈留蔡勋、安众刘宣、楚国龚胜、上党鲍宣六人同志,不仕王莽。此气节之著于东汉初年者也。

杜林客河西,隗嚣素闻其志节,深相敬待,以为持书平。林因疾告去,辞还禄食。嚣欲复令强起,遂称笃。嚣意虽相望,且欲优容之,乃出令曰:"杜伯山,天子所不能臣,诸侯所不能有。盖伯夷、叔齐耻食周粟,今且从师友之位,须道开通,使顺所志。"林虽拘于嚣,而终不屈节(《杜林传》)。是东汉初年之儒生,已甚重出处之节,固不仅严光、周党等之为光武所褒称也。桓、灵以来,此风尤厉。徐稺家贫,常自耕稼,非其力不食。恭俭义让,所居服其德。屡辟公府,不起。桓帝以安车玄纁备礼征之,不至(《徐稺传》)。王烈以义行称乡里,诸有争讼曲直,将质之于烈,或至途而反,或望庐而还,其以德感人若此。察孝廉,三府并辟,皆不就。遭黄巾、董卓之乱,乃避地辽东,夷人尊奉之。太守公孙度接以昆弟之礼,访州政事,欲以为长史。烈乃为商贾自秽,得免(《王烈传》)。此气节之见于出处者也。

其他气节之见于故吏、门生、兄弟、朋友之间者,尤在在可数。建武初,平狄将军庞萌反于彭城,攻败郡守孙萌。刘平时为郡吏,冒白刃伏萌身上,被十创,困顿不知所为,号泣请曰:"愿以身代府君。"贼乃敛兵止曰:"此义士也,毋杀。"遂解去(《刘平传》)。窦武既为宦臣所杀,收捕宗亲、宾客、姻属,悉诛之。武府掾桂阳胡腾少师事武,独殡殓行丧,坐以禁锢。武孙辅,时年二岁,逃窜得全。事觉,节等捕之急,胡腾及令史南阳张敞共逃辅于零陵界,诈云已死,腾以为己子,而使聘焉(《窦武传》)。此犹现为属官者,而故吏气节之事,尤不少概见。杜乔为梁冀所陷,与李固俱暴尸于城北,家属故人莫敢视者。乔故掾陈留杨匡闻之,号泣星行,到洛阳,乃著故赤帻,托为夏门亭吏,守卫尸丧,驱护蝇虫,积十二日,带铁锧诣阙上书,并乞李、杜二公骸骨。太后许之,成礼殡殓,送乔丧还家,葬送行服,隐匿不仕。先是,匡为平原令时,国相徐曾,中常侍璜之兄也,匡耻与接事,托疾牧豕去(《杜乔传》)。王允为李傕所杀,天子感恸,百姓丧气,莫敢收允尸者,惟故吏平陵令赵戬弃官营丧(《王允传》)。此气节之见于属吏者也。

太尉李固以主立清河王蒜议,忤大将军梁冀,冀说太后,先策免固。后岁余,甘陵刘文、魏郡刘鲔各谋立蒜为天子,梁冀因此诬固与文、鲔共为妖言,下狱。门生勃海王调贯械上书,证固之枉,河内赵承等数十人亦要斧锧诣阙通诉,太后明之,乃赦焉。及出狱,京师市里皆称万岁。冀闻之大惊,畏固名德终为己害,乃更据奏前事,遂诛之,收固二子基、兹于郾城,皆死狱中,小子燮得脱亡命。冀露固尸于四卫,令有敢临者加其罪。固弟子汝南郭亮,年始成童,游学洛阳,乃左提章越,右秉斧锧,诣阙上书,乞收固尸,不许,因往临哭,陈辞于前,遂守丧不去。南阳人董班亦往哭固,而殉尸不肯去。太后怜之,乃听得襚敛归葬。二人由此显名,三公并辟,班遂隐身,莫知所归。固少子燮,年十三,事前为其姊文姬藏匿。及二兄受害,文姬乃以燮付父门生王成。成将燮乘江东下,入徐州界内,令变名姓为酒家佣,而成卖卜于市,各为异人,阴相往来。燮从受学,专精经学。十余年间,会赦归里(《李固传》)。此气节之见于师弟者也。

崔瑗为诸儒所宗。初,其兄章为州人所杀,瑗手刃报仇(《崔瑗传》)。党锢再起,山阳张俭为中常侍侯览所怨,览为刊章下州郡,以名捕俭。俭与孔融兄褒有旧,亡抵于褒,不遇。时融年十六,俭少之而不告。融见其有窘色,谓曰:"兄虽在外,吾独不能为君生邪?"

因留舍之。后事泄，国相以下密就掩捕，俭得脱走，遂并收褒、融送狱。二人未知所坐，融曰："保纳舍藏者，融也，当坐之。"褒曰："彼乃求我，非弟之过，请甘其罪。"吏问其母，母曰："家事任长，妾当其辜。"一门争死（《孔融传》）。此气节之见于兄弟也。

陈重，豫章宜春人。少与同郡雷义为友，俱学《鲁诗》《颜氏春秋》。太守张云举重孝廉，重以让义，前后十余通记，云不听。重后与义俱拜尚书郎，义代同时人受罪，以此黜退。重见义去，亦以病免。义除刑后，归举茂才，让于陈重，刺史不听，义遂佯狂被发走，不应命（参考《陈重雷义传》）。朱晖游太学，同县张堪素有名称，尝于太学见晖，甚重之，接以友道，乃把晖臂曰："欲以妻子托朱生。"晖以堪先达，举手未敢对，自后不复相见。堪卒，晖闻其妻子贫困，乃自往候视，厚振赡之。晖又与同郡陈揖交善，揖早卒，有遗腹子友，晖常哀之。及司徒桓虞为南阳太守，召晖子骈为吏，晖辞骈而荐友，虞叹息，遂召之。其义烈若此（《朱晖传》）。申屠蟠始与济阴王子居同在太学，子居临没，以身托蟠，蟠乃躬推辇车，送丧归乡里。遇司徒从事于河、巩之间，从事义之，为封传护送，蟠不肯受，投传于地而去（《申屠蟠传》）。赵岐为皮氏长，会河东太守刘祐去郡，而中常侍左悺兄胜代之，岐耻疾宦官，即日西归。后为中常侍唐衡兄玹所陷，逃难四方，自匿姓名，卖饼北海市中。时安丘孙嵩年二十余，游市见岐，察非常人，载以俱归。嵩先入白母曰："出行乃得死友。"迎入上堂，飨之极欢，藏岐复室中数年。后诸唐死灭，因赦乃出（《赵岐传》）。何颙少游学洛阳，显名太学。友人虞伟高有父仇未报，而笃疾将终，颙往候之，伟高泣而诉。颙感其义，为复仇，以头醊其墓（《何颙传》）。范式到京师，受业太学。时诸生长沙陈平子亦同在学，与式未相见，而平子被病将亡，谓其妻曰："吾闻山阳范巨卿，烈士也，可以托死。吾殁后，但以尸埋巨卿户前。"乃裂素为书，以遗巨卿。既终，妻从其言。时式出行适还，省书，怆然感之，向坟揖哭，以为死友。乃营护平子妻儿，身自送丧于临湘。未至四五里，乃委素书于柩上，哭别而去。其兄弟闻之，寻求不复见（《范式传》）。此气节之于友朋者也。

以上所举，皆其人微而行谊甚著者，已彰彰若是。此外类是者，何可胜道，则其风气为何如哉！然此特在下者之以气节相激厉也，而当日之在上位者，亦恒重视气节之士，瞻望若弗及焉。陈蕃之为三公也，临朝叹曰："叔度若在，吾不敢先佩印绶矣。"（《黄宪传》）太尉杨赐、司徒陈耽，每拜公卿，群僚毕贺，赐等常叹陈实大位未登，愧于先之。及党禁解，三公每缺，议者归之，屡见征命，遂不起（《陈实传》）。故气节之始也，在少数人倡之，为独行；其继也，天下慕之，而蒸为风气。及风气既成，朝野莫不降心以相从。故东汉宦官、外戚乱于上而风俗清于下者，气节演成为清议之效也。桓、灵之季，正气消亡，而许邵少励名节，初为郡功曹，太守徐璆甚敬之。府中闻子将为吏，莫不改操饬行。同郡袁绍，公族豪侠，去濮阳令，车徒甚盛。将入郡界，乃谢遣客曰："吾舆服，岂可令许子将见！"遂以单车归家。邵与从兄靖，好共核论乡党人物，每月辄更其品题，故汝南俗有"月旦评"焉（《许邵传》）。观此，则气节之流风余韵远矣哉！

## 第二十八节　东汉与塞外诸民族之关系

光武中兴以来，务在息民，故闭玉门以谢西域之质，卑辞厚币以礼匈奴之使。暨匈奴分为南北，方之前汉，势益衰弱矣；而西羌渐大，作逆上国。安帝永初以来，边患遂与东汉相终始。灵、献之间，乌桓与鲜卑迭盛，此东汉边事之大较也。西域则三通三绝，而班超之功为烈，其使甘英，至乃抵条支而历安息，临西海以望大秦。远矣哉！声教之所暨已。今试分言其略：

（一）匈奴　自王莽构乱，匈奴北边败坏，光武中兴，屡为边患，汉为徙幽、并边人于常山（关名，在今河北省井陉县西）、居庸（关名，今河北省昌平县西）以东以避之。建武二十二年，匈奴单于舆死。先是，单于舆杀其弟，而使其子为左贤王，至是立为蒲奴单于。呼韩邪之孙比以单于舆乱呼韩邪传弟之约，而为八部大人所拥立。以其大父常依汉得安，故袭其号为呼韩邪。单于比，《后汉书》所称为南匈奴者也。单于比于建武二十四年款五原塞（在今河套乌拉特旗），愿永为藩蔽，扞御北虏；复遣使诣阙称臣，求使者监护。遣侍子修旧约，复呼韩邪故事。诏听南单于入居云中（今绥远特别区归绥县），始置使匈奴中郎将卫护之。匈奴自此分为南北焉。南匈奴事汉，徙居于西河美稷（美稷，汉县，西河郡治也，今山西雁门道属之偏关县），分屯于北地（前甘肃庆阳府至宁夏卫等地）、朔方（今河套西北黄河两岸地）、五原（今河套之五原县地）、云中（今山西右玉县及归绥特别区归绥等县）、定襄（今山西大同地）、雁门（今山西代县及朔县等地）、代郡（今山西大同东境至河北省口北道宣化县等地），皆领部众为郡县侦逻耳目。自是匈奴与汉族杂居，虽收一时捍御之效，然二百年后晋代刘胡之祸肇于此矣。汉家方设校尉并骑兵二千卫护单于，岁给南单于费一亿九十余万以为常（见袁安封事），而匈奴亦遣子入侍，单于岁尽辄遣奉奏，送侍子入朝。汉遣谒者送前侍子还单于庭，并赐单于及阏氏、左右贤王以下缯彩各万匹（《通鉴》卷四十四）。北匈奴蒲奴单于见南单于来附，惧谋其国，数乞和亲，光武第羁縻之而已（约班彪《议酬答北匈奴之宜奏》）。明帝永平中，北匈奴犹盛，数寇边。十六年，帝遣祭肜、吴棠、窦固、耿忠、耿秉、秦彭、来苗、文穆等将兵，分四道出塞，伐北匈奴。窦固、耿忠独有功，追匈奴至蒲类海（今新疆罗布泊），取伊吾庐地（今新疆哈密县）。章帝元和二年，时北虏衰耗，党众离畔，南部攻其前，丁零（在今贝加尔湖境）寇其后，鲜卑击其左，西域侵其右，不复自立，乃远引而去。章帝元和中，鲜卑入左地，击北匈奴，大破之，斩优留单于，取其胸皮而还（此据《通典·边防》，《后汉书·南匈奴列传》作"取其匈奴皮而还"）。北庭大乱，屈兰、储卑、胡都须等五十八部，口二十万，诣云中、五原、朔方、北地，降南单于。屯屠何上书，请及北虏分争，出兵讨罚，破北成南，并为一国。和帝永元初，乃以窦宪、耿秉等为将军，率骑八千，与度辽兵及南单于众三万骑，出朔方，击北虏，大破之。北单于奔走，斩首虏二十余万人（此据《通典》，《后汉书·窦宪传》作"万三千级"）。宪、秉遂登燕然山（沈钦韩曰："即今外蒙古之杭爱山"），去塞三千余里，刻石勒功，令班固作铭，纪汉威德。

永元三年，北单于复为右校尉耿夔所破，逃亡不知所在（《南单于列传》）。案《北史·西域传》："北匈奴为窦宪所破，度金微山（即今科布多西北之阿尔泰山），西走康居，别立为悦般国（地在汉时乌孙西北，今中亚细亚境）。"西书言："晋时匈奴西徙，遂致日耳曼种族之大迁移，其酋遏底拉（Attila）称霸于欧洲，殆即北匈奴之苗裔欤？"（详见丁谦《汉以后匈奴事迹考》）南匈奴自屯屠何以后，屡有内乱，汉辄遣兵平定之。灵帝中平中，南匈奴於扶罗及须卜骨都侯两单于争立，於扶罗诣阙自讼。会灵帝崩，天下大乱，不能归，死于河东，其弟呼厨泉立为单于。献帝自长安东归，匈奴右贤王去卑与白波贼帅韩暹等侍卫天子，拒击李傕、郭汜。及帝还洛阳，又从迁许，然后归国。建安二十一年，单于来朝，曹操因留单于于邺，而遣去卑归监其国焉。

（二）乌桓　乌桓者，本东胡也。汉初，匈奴冒顿灭其国，余类保乌桓山（乌桓为乌兰之转音。考《蒙古游牧记》："阿噜科尔沁旗北至乌兰峰，与乌珠穆沁旗接界。"又云："西北有乌辽山，知乌桓、乌兰、乌辽、乌丸，名虽小异，实即一山。此山高大，为内兴安岭正干。"地在今奉天省洮南西北），因以为号。俗与匈奴多同，常臣服匈奴。汉武帝遣霍去病击破匈奴左地，因徙乌桓于上谷、渔阳、右北平、辽东五郡塞外（案：当有辽西郡，乃合五郡之数），为汉侦察匈奴动静。其大人岁一朝见。于是始置护乌桓校尉监领之，使不得与匈奴交通。后渐强盛，建武初，其大人郝旦等诣阙朝贡，于是封其渠帅为侯王君长者八十一人，皆居塞内，布于缘边诸郡。复置乌桓校尉于上谷宁城（前清《一统志》："故城在直隶宣化县西北，今县属之清水铺地"）。自建武以至明、章、和三世，皆保塞无事。安帝永初三年以后，屡寇边境，先后为何熙、梁懂（在安帝时事）、耿晔、张耽（在顺帝时事）、张奂（在桓帝时事）所破。灵帝初，乌桓大人著者上谷难楼、辽西丘力居、辽东苏仆延、右北平乌延皆自称王。丘力居死，其从子蹋顿代立，尤有武略，总摄三部，众皆从其号令。献帝建安中，广阳人阎柔少没乌桓、鲜卑中，为其种人所归信，乃因鲜卑众杀乌桓校尉邢举而代之。会曹操平河北，阎柔率鲜卑、乌桓归附，拜柔为乌桓校尉。建安十二年，曹操自征乌桓，令右北平田畴将其众为乡导，上徐无山（在今河北省玉田县东北二十里，遵化县西境），堑山堙谷，五百余里；经白檀（汉县名，在今河北省古北口东北、热河特别区承德县西南），历平冈（当在今哈喇沁中旗界），涉鲜卑庭（时盖在哈喇沁中旗境内），去柳城（今热河区朝阳县）二百余里，大破虏众于白狼山下（《热河志》："白狼山，今名布祐图山，在建昌县南"），斩蹋顿及名王已下（吴熙载曰："此道由今顺天府密云县出喜峰口，经承德府滦平县及平昌、建昌、哈喇沁旗左翼，东南至锦州府宁远州也"），胡汉降者二十余万口，其余众部落悉徙居中国为齐民焉（参考《后汉书·乌桓列传》《通典·边防》《通鉴·后汉纪》）。

（三）鲜卑　亦东胡之支也，别依鲜卑山（《隋图经》云："山在柳城东南二百里。"今科尔沁部西境），因号焉（此据《后汉书》。丁谦据《魏书》本纪"有大鲜卑山，因以为号"之语，谓鲜卑为塞北三大种族之一，族派繁衍，部落极多，东胡仅其一支而已。大鲜卑山在俄属尔古斯克省北，东姑斯河南。今外蒙古以北之地，西人称为悉比利亚。悉比即鲜卑转音，以其地皆鲜卑人种所分布故也）。前汉初为冒顿所破，远窜辽东塞外，地与乌桓相接（当即今奉天以北科尔沁、郭尔罗斯诸部境。时乌桓所部在其西，故曰相接），未常通中国。后汉光武建武二十五年，始通译使诣辽东太守祭肜，求自效功，因令击北匈奴，还，辄持首级诣辽东受赏赐。三十年，鲜卑大人於仇贲、满头等率种人慕义来归，帝封於仇贲为王，满头为侯。其后鲜卑大人多来归附，并诣辽东受赏赐，青、徐二州给钱岁二亿七千万为常。明、章二世，保塞无事。和帝永元中，大将军窦宪遣右校尉耿夔击破匈奴，北单于逃走，漠北地空，鲜卑因此转徙据其地。匈奴余种留者尚有十余万落，皆自号鲜卑，鲜卑由此渐盛，入寇右北平、渔阳缘边郡县。安帝永初中，鲜卑大人燕荔阳诣阙朝贺，朝廷赐以王印绶，令止乌桓校尉所居宁城下，通胡市，因筑南北两部质馆，鲜卑邑落百二十部各遣入质。是后或降或叛，与匈奴、乌桓更相攻击，汉廷亦利用乌桓、南匈奴等，合边郡兵以御鲜卑。安帝时，辽西鲜卑其至鞬控弦数万骑，入寇尤数，屡杀郡守，后其至鞬死，鲜卑抄盗差稀。桓帝时，鲜卑檀石槐者，勇健有智略，部落畏服，乃施法禁，平曲直，无敢犯者，遂推以为大人。檀石槐乃立廷于弹汗山（疑即今昭哈山），歠仇水上（疑即今昭哈河，在察哈尔特别区域兴和县附近），去高柳（今河北省口北道属之怀安县）北三百余里，兵马甚盛，东西部大人皆归焉。因南抄缘边，北拒丁零，东却夫余（今吉林西部），西击乌孙，尽有匈奴故地，东西万四千余里，南北七千余里（据《魏书》），称兵十万（见蔡邕奏议），分其地为三部：从右北平以东至辽东接夫余、濊貊二千余邑为东部；从右北平以西上谷十余邑为中部；从上谷以西至敦煌、乌孙二十余邑为西部。各置大人主领之，皆属檀石槐。灵帝立，幽、并、凉三州缘边诸郡无岁不被鲜卑寇抄，杀略不可胜数。帝遣夏育等率三万骑三道出塞讨之，檀石槐命三部大人各率众逆战，夏育等大败奔还，死者什七八。光和中，檀石槐死而势少衰，其后子弟争国，众遂离散。

（四）西羌　羌为古之西戎，其种类极多。《汉书·西域传》阳关西南有婼羌（今新疆罗布泊南有婼羌县），而戎卢国南、渠勒国西、难兜国南均与婼羌相接，知婼羌部落自敦煌西南直蔓延至西藏阿里诸境。两汉时之与中国生关系者，仅无弋爱剑之一支耳（丁谦说）。羌无弋爱剑者，戎之别种也，秦厉公时为秦所拘执，后得亡归，入三河间（今甘肃大通河、湟河、黄河间地），诸羌共畏事之。其后世世为豪，至爱剑曾孙忍时，秦献公初立，欲复穆公之迹，忍季父卬畏秦之威，将其种众人附落而南，出析支河曲（案：《水经》河水注："河水曲而东北流，经析支之地，是为河曲矣。"董祐诚曰："析支地在贵德西"）西数千里，与诸羌远绝，不复交通。其后子孙分别，各自为种，任随所之。或为牦牛种，越巂羌是也（四川越巂、宁远地）；或为白马种，广汉羌是也（梓潼、遂宁以西至德阳地）；或为参狼种，武都羌是也（甘肃文县、四川江油等地）。忍及弟舞独留湟中。忍生九子，为九种；舞生十七子，为十七种。羌之兴盛从此起矣。忍子研立，豪健，故羌中号其后为研种。及汉武帝初开河西，列置四郡（酒泉、武威、张掖、敦煌），通道玉门，隔绝羌胡。先零羌与匈奴通，合兵十余万人，寇围枹罕（今甘肃导河县），汉遣将军李息讨平之，始置护羌校尉，统领马羌，乃去湟中，依西海盐池之左右（今青海西和硕特南左翼右旗有大盐池），汉遂因山为塞。河西地空，稍徙人以实之。至宣帝时，诸羌解仇，共攻金城（汉郡名。今甘肃皋兰县西北），帝遣赵充国、辛武贤共讨之。武贤出击羌，降破数千人。充国独留屯田，自临羌（今西宁县治）至浩亹（今碾伯县东），羌人降者三万余人，初置金城属国以处降羌。研传十三世至烧当，复豪健，其子孙更以烧当为种号。王莽末年，烧当元孙豪滇良内侵，及后汉初，遂寇金城、陇西。司徒掾班彪上言："今凉州部郡皆有降羌，被发左衽，而与汉人杂处，数为小吏黠民所侵夺，穷恚无聊，故至反乱。请依旧制，凉州部置护羌校尉以领护之。"光武从之。建武十一年，先零种寇临洮（今西宁道临洮县及岷县等地）、陇西（今甘肃兰山道属之狄道至陇西等县），太守马援破降之，后徙置天水（汉郡名。今甘肃渭川道天水等县）、陇西、扶风（汉三辅之一。今陕西西安以西至凤翔等地）三郡。于是羌族始杂居渭水内地矣。光武以后，羌患渐大，烧当种世居大、小榆谷（在今甘肃黄河南循化县境），土地肥美，又近塞内，诸种素行犯法（本隃縻相曹凤语），或降或叛，少有宁岁。和帝时，烧当种迷唐将兵向塞，为金城守侯霸及诸郡率师破之，羌众折伤，种人瓦解，汉乃建复西海郡县（前王莽置西海郡），规固二榆，广设屯田，列屯夹河，合三十四部。是时诸降羌散布郡县，居安定、北地、上郡者谓之东羌；居陇西、汉阳、金城者谓之西羌，多为吏人豪右所徭役，积以愁怨。及安帝永初九年，降居安定之烧当种麻奴者，因此遂与种人俱西出塞，与先零别种滇零及钟羌（即钟仔羌）诸种大为寇掠，郡县畏懦不能制。邓太后大发五营及三河、三辅、汝南、南阳、颍川、太原、上党兵合五万人，遣车骑将军邓骘为将，征西校尉任尚副之，咸为羌兵所败。于是滇零等自称天子于北地（汉郡名。今甘肃宁夏地），招集武都、参狼、上郡、西河诸杂种，众遂大盛。东犯赵、魏，南入益州，遂寇抄三辅，断陇道。西寇汉中至褒中（今陕西褒城县），东寇河东至河内，朝廷至使朱宠将五营士屯孟津（县名。今河南洛阳东北）以备之。羌既转盛，朝廷不能制，遂移陇西徙襄武（今甘肃陇西县），安定徙美阳（今陕西扶风县），北池徙池阳（今陕西泾阳县),上郡徙衙(今陕西白水县)。驱蹙百姓,流离死亡,丧其大半,凉州由是残破矣。元初元年,讨羌中郎将任尚用怀令虞诩计,罢诸郡兵,令出钱数千,二十人共市一马,遂以轻骑抄击,频破羌众,诸羌瓦解,三辅、益州无复寇警。自羌叛十余年间,兵连师老,不暂宁息,军旅之费,转运委输,用二百四十余亿,府帑空竭。顺帝永建四年,用尚书仆射虞诩策,复安定、北地、上郡归于旧治,缮城郭,置候驿,激河浚渠为屯田,省内郡岁费一亿计,凉州始复旧观焉。顺帝永和五年,且冻、傅难种羌等反叛,金城与西塞及湟中杂种羌胡大寇三辅,掠关中,马贤、赵冲讨之,前后历十余年,费用八十余亿。桓帝延熹二年,烧当八种寇陇右,以段颎为校尉,将兵击之,昼夜征战三十余日,遂至河首积石山,出塞二千余里,前后斩首虏并受降各万余人。会段颎坐事征还,寇遂陆梁,中郎将皇甫规、张奂虽屡破之,而寇害不已,复遣段颎击之,自春及秋,无日不战,虏遂饥困败散,西羌于是弭定。而东羌先零既降又叛,灵帝建宁初,段颎将骑五千、步兵万人、车三千辆讨之,大破先零于逢义山(在今甘肃固原县),追至泾阳,余寇四千落散入汉阳山谷间(今甘肃渭川道天水等县)。颎进营逼之,羌溃东奔,复聚射虎谷(在今天水县西),颎仍分守诸谷上下门,又先令千余人于西县(汉西县故城,在今天水县西南)结木为栅,广二十步,长四十里,遮之,然后纵兵击之,斩其渠帅以下于深山穷谷之中,凡万九千级,于是东羌悉平。计八百余战,用费四十四亿。羌寇虽略定矣,而汉祚亦衰焉(参考《后汉书·西羌列传》、邓骘、任尚、马贤、虞诩、段颎、皇甫规、张奂等传及《通典·边防》)。

(五)西域　武帝时,西域内属有三十六国,至哀、平间,分割为五十五国(案《后汉书》云:"自相分割。"王先谦曰:"案《前书》云:'及破姑师,未尽殄,分以为车前后王及山北六国。'"明都护分之,非自分也)。王莽篡位,贬易侯王,由是西域怨叛,与中国遂绝,并复役属匈奴。匈奴敛税重刻,诸国不堪命,建武中皆遣使求内属,愿请都护。光武以天下初定,未遑外事,竟不许之。明帝永平中,北虏乃胁诸国共寇河西,郡县城门昼闭。十六年,明帝乃命将帅北征匈奴,取伊吾虑地（今新疆哈密县），置宜禾都尉以屯田，遂通西域，于阗诸国皆遣子入侍，西域自绝六十五载，乃复通焉。明帝崩，焉耆、龟兹攻没都护陈睦，北匈奴因遣兵守伊吾地。和帝初，窦宪大破匈奴，因遣副校尉阎槃将二千骑击破伊吾军，而司马班超遂以三十六人定西域。初，班超之至鄯善也（事在明帝永平十六年），攻杀匈奴使者，而鄯善纳质，及至于阗，于阗王广德信巫言，就超请马，超因诱斩其巫，而广德惶恐，乃攻杀匈奴使者而降超（以上永平十六年事）。当是时，疏勒王兜题乃龟兹人，为龟兹王建所立，国人不附。超间道至疏勒，遣吏田虑先往，出其不意，缚疏勒王。超因立故王兄子忠为王，国人大悦。疏勒由是与龟兹结怨（以上永平十七年事）。逮焉耆攻没陈睦，而龟兹、姑墨数攻疏勒，超孤军与忠拒守岁余（以上永平十八年事）。章帝初即位，不欲疲敝中国以事夷狄，乃遣兵迎还戊己校尉耿恭，不复遣都护，诏征超还。超发疏勒，至于阗，王侯以下皆号泣，互抱超马脚不得行。超欲遂立功异域之本志，乃还疏勒。疏勒两城自超去后，复降龟兹，而与尉头连兵。超至，捕斩反者，击破尉头，而疏勒复安（以上章帝建初元年事）。超率疏勒、康居、于阗、拘弥兵一万人攻姑墨石城，破之，斩首七百级。超欲因此匡平诸国，疏陈以夷狄攻夷狄之策，并言"莎车、疏勒田地肥广，草木饶衍，兵可不费中国而粮食自足。西域城郭大小皆言依汉与依天等，以是效之，则葱岭可通"等语。书奏，帝知其功可成，乃遣徐干为假司马，将千人就超（以上章帝永初五年前事）。时西域诸国，以龟兹为最崛强，数与汉为难。超图攻龟兹，乃北结乌孙，西使月氏。适超发疏勒、于阗兵击莎车，而疏勒王忠阴通莎车，受其重利，遂反。超乃更立疏勒府丞成大为疏勒王，悉发其不反者以攻忠。积半岁，而康居遣精兵救之。超乃遗月氏主锦帛，令晓示康居王。康居王乃罢兵，执忠以归其国。后忠复说康居王借兵谋复国，诈降于超。超伪许，而密勒兵缚斩之（以上章帝元和三年以前事）。自超始至疏勒，以至大定，中间凡十四年，其经营亦艰难矣。疏勒既大定，南道于是遂通。明年，超发于阗诸国兵二万五千人，复击莎车。而龟兹王发温宿、姑墨、尉头合五万人救之。超以计败其援兵，莎车遂降。龟兹等因各退散，自是威震西域（以上章帝章和元年事）。和帝永元二年，月氏副王谢率兵七万，逾葱岭攻超。超收谷坚守，复击杀其求救龟兹之使者。谢大惊，遣使者请罪，愿得生归。超纵遣之，月氏由是大震，岁奉贡献。明年，龟兹、姑墨、温宿皆降，唯焉耆、危须、尉犁，以前设都护，怀二心，超发龟兹、鄯善等八国兵七万人讨之，收斩焉耆王广、尉犁王汎，于是西域五十余国悉皆纳质内属焉（以上和帝永元六年以前事）。超在西域三十一年，逾葱岭，迄悬度，莫不宾从，改立其王而绥其人，不动中国，不烦戎士。其条支、安息诸国，至于海滨四万里外，皆重译贡献。超以老病征归。和帝永元十四年，去西域。阅五年，至安帝永初元年，而西域倍畔，遂弃西域，北匈奴即复收属诸国，共为边寇十余岁。尚书陈忠请复通西域诸国，以纾边患。安帝延光元年，乃以班超之子勇为西域长史，将弛刑士五百人，西屯柳中（《一统志》："辟展城西南二百十里之鲁克沁，为辟展西一大聚落，为汉柳中长史所居"），勇遂破平车师。自建武至于延光，西域三通三绝。顺帝永建二年，勇复击降焉耆，于是龟兹、疏勒、于阗、莎车等十七国皆来服从，而乌孙、葱岭已西遂绝。自阳嘉（顺帝年号）以后，朝威稍损，诸国骄放，转相凌伐矣。

**汉西域三十六国表**

案：三十六国之名目，具见于荀悦《汉纪》，其国名与《汉书》有异，今据徐松《西域传补注》所列，其方位则本于李光庭《西域图考》云。

| 方位 | 国名 | 今地 | 户口 | 治所 | 今地 |
|---|---|---|---|---|---|
| 天山南道诸国 | 婼羌 | 当在柴达木郭斯特地 | 户四百五十，口千七百五十 | 未详 | |
| | 楼兰后改鄯善 | 罗布泊南 | 户千五百七十，口万四千一百 | 扜泥城 | 阿勒腾塔克山麓占布拉克 |
| | 且末 | 车尔成河东岸 | 户二百三十，口千六百一十 | 且末城 | 沦入喀喇布朗湖中 |

续 表

| 方位 | 国名 | 今地 | 户口 | 治所 | 今地 |
|---|---|---|---|---|---|
| 天山南道诸国 | 小宛 | 阿勒腾塔克山南 | 户百五十,口千五十 | 扜零城 | 未详 |
| | 精绝 | 今车尔成西一带 | 户四百八十,口三千三百六十 | 精绝城 | |
| | 戎卢 | 当在今车尔成东南乌鲁克河源处 | 户二百四十,口千六百一十 | 卑品城 | |
| | 扜弥 | 今和阗所属之克里雅城 | 户三千三百四十,口二万四十 | 扜弥城 | 在建德力河岸 |
| | 渠勒 | 今和阗东南之波鲁地 | 户三百一十,口二千一百七十 | 鞬都城 | |
| | 于阗 | 今和阗县 | 户三千三百,口万九千三百 | 西城 | 在今伊里齐城南 |
| | 莎车 | 今莎车县 | 户二千三百三十九,口万六千三百七十三 | 莎车城 | 今县治 |
| | 疏勒 | 今疏勒县 | 户千五百一十,口万八千六百四十七 | 疏勒城 | 今县治 |
| | 尉头 | 今乌什县 | 户三百,口二千三百 | 尉头谷 | |
| | 姑墨 | 今拜城县地 | 户三千五百,口二万四千五百 | 南城 | 今拜城西南哈喇格勒衮军台 |
| | 温宿 | 今温宿县 | 户二千二百,口八千四百 | 温宿城 | |
| | 龟兹 | 今库车县 | 户六千九百七十,口八万一千三百一十七 | 延城 | 在今库车城东南 |
| | 乌垒汉都护治 | 今库尔勒城西之策特尔台地 | 户百一十,口千二百 | | |
| | 渠犁 | 今库尔勒 | 户百三十,口千四百八十 | | |
| | 尉犁 | 今罗布泊、博斯腾泊两泊中间 | 户千二百,口九千六百 | 尉犁城 | |
| | 危须 | 今博斯腾泊北之乌沙克塔尔台地 | 户七百,口四千九百 | 危须城 | |

续表

| 方位 | 国名 | 今地 | 户口 | 治所 | 今地 |
|---|---|---|---|---|---|
| 天山南道诸国 | 焉耆 | 今焉耆县 | 户四千，口三万二千一百 | 员渠城 | 今海都河入博斯腾泊之中间 |
| | 墨山 | 今罗布泊北 | 户四百五十，口千七百五十 | | |
| | 狐胡 | 今辟展西之鲁克沁 | 户五十五，口二百六十四 | 车师柳谷 | 鲁克沁 |
| 天山北道诸国 | 姑师 | 分为车师前后王国、蒲类前后国、卑陆前后国、且弥东西国、郁立师国。 | | | |
| | 劫国 | 今昌吉城北 | 户九十九，口五百 | 丹渠谷 | |
| 葱岭西南诸国 | 皮山 | 今皮山县 | 户五百，口三千五百 | 皮山城 | |
| | 乌秅 | 今北印度克什米尔之拉达克部 | 户四百九十，口二千七百三十三 | 乌秅城 | |
| | 西夜 | 今噶勒察回博洛尔南 | 户三百五十，口四千 | 呼犍谷 | |
| | 蒲犁 | 今蒲犁县 | 户六百五十，口五千 | 蒲犁谷 | |
| | 依耐 | 今博洛尔北境 | 户百二十五，口六百七十 | | |
| | 无雷 | 今英属巴达克山东北境 | 户千，口七千 | 卢城 | |
| | 难兜 | 今乾竺特部 | 户五千，口三万一千 | | |
| | 大宛 | 俄属费尔干省浩罕城 | 户六万，口三十万 | 贵山城 | |
| | 桃槐 | 葱岭间小部，当在后阿赖山北 | 户七百，口五千 | | |
| | 休循 | 今那林河南喀尔接锦布鲁特地 | 户三百五十，口千三百 | 鸟飞谷 | |
| | 捐毒 | 今俄属西布鲁特 | 户三百八十，口千一百 | 衍敦谷 | |

上表三十六国，皆属于都护，其两《汉书·西域传》所称五十余国者，以非都护所领，故不具列。

## 第二十九节 东汉与亚欧诸国之交通

观后汉西域属国之状况,已能恢复前汉之版图,然当时不在属国之数而地居葱岭西南者,尚有若干之国家,皆与汉族发生重大之关系。自鄯善逾葱岭,出西诸国,有两道。傍南山北,波河(李贤《班超传》注:"波,傍也。"颜师古《西域传》注:"循河也。"徐松曰:"波有沿沂之义")西行至莎车,为南道。南道逾葱岭,则出大月氏(按:大月氏王庭在妫水北,居蓝氏城。妫水者,今阿母河。蓝氏城,今布哈尔)、安息(即波斯之阿萨王朝,亦曰阿息,西史所称之帕而特国是也。其都城曰和椟城,即西书之泰息丰,其故址在底格利斯河东滨,北距白格达城约二百余里)之国也。自车师前王庭随北山,波河西行至疏勒,为北道。北道西逾葱岭,出大宛(今俄属费尔干省之浩罕、安集延等地)、康居(今撒马尔罕地)、奄蔡焉(洪钧曰:"即元之阿速。"在今阿速海东南)。此皆汉使之所通者也。其亚东之日本,亚南之印度,欧洲之罗马,亦震于汉之声威,至是始通于中国,以开辟历史上之新世界,则其事尤为足重者也。兹分别述之:

(一)欧亚之交通 当班超之扩地而西也,而欧洲之罗马方强,亦日扩地而东,奄有亚洲西部之叙利亚、犹太等地(今地中海、红海东岸),而大秦之名遂闻于中国。大秦一名犁鞬,以在海西,亦云海西国(《后汉书·大秦国传》),即欧洲之罗马。汉时以海西为大国,中国人取大秦以为比,非彼邦自号也(丁谦说)。和帝永元九年,西域都护班超遣掾甘英使大秦,抵条支(《瀛寰志略》以条支即今阿剌比,《西域图考》非之,以为条支国城在今俄罗斯国极南之捣里达部地,黑海之所环也;而洪钧又非之,以西书所载古时阿剌比人东至底格利斯河、幼发拉底河两河之间,聚族而居,为附庸小国,波斯等地称阿剌比人曰塔赤克,塔赤正与条支音叶,故今底格利斯河下游地尚称为厄耳阿剌比云),临大海欲渡(洪钧曰:"甘英所临之海必非红海,而为阿勒富海,亦名波斯海湾"),而安息西界船人谓英曰:"海水广大,往来者逢善风三月乃得渡,若遇迟风,亦有二岁者,故入海人皆赍三岁粮。海中善使人思土恋慕,数有死亡者。"英闻之乃止。是时，大秦屡欲通使于汉，而安息欲以汉缯彩与之交市，故遮阂不得自达，而缯彩之贩入欧洲者价愈黄金，罗马称之为塞来斯（Seres），义谓缯绢，遂以此名中国云。当桓帝之时，罗马东侵巴题亚（地在里海东南，时在西元一六三年），大秦国王安敦，即罗马之安敦尼拿司（Antoninus Pius）帝也，遣使自日南徼外献象牙、犀角、瑇瑁，始乃一通焉，时延熹九年也（西元一六六年）。考西书安敦卒于一六一年，是其使在道阅五六年而后至，古代海道之难如此云。

（二）中倭之交通　日本当汉时为倭国，在韩东南大海中（案：南当作北，其在韩东南者，不过萨摩岛一隅而已），依山岛为居，凡百余国。自武帝灭朝鲜，使驿通汉者三十许国。光武中兴，倭奴国于建武中元二年奉贡朝贺，光武赐以印绶（当百余年前，日本天明四年，于前那珂郡滋贺岛土中，掘发光武所赐印，蛇纽金印，文曰"汉倭奴国王之印"）。至安帝永初元年，倭国王帅升等献生口百六十人。桓、灵间，有女子名卑弥呼，事鬼神道，以妖惑众，于是共立为王（以上见《后汉书·东夷列传》及《通典·边防》），即日本史所称之神功皇后云。后至应神十六年（中国晋武帝太康六年），始由百济（国在今朝鲜西部）博士王仁献以中国之《论语》。此后中国文化源源输入，大和民族始开化矣（按：日本史家以倭奴系其西南属国，即今筑前国怡土郡地，并称神武天皇之建国远在周惠王时。若以日本文化发达之迟例之，则《日本开国史》所称之神武东征，乃史家赝造之辞，非实录也。故说者谓日本建国实始于西汉末年云）。

（三）印度佛教之东渐　印度之名，汉武帝时始闻于中国，《史记·大宛传》谓之为身毒国（《史记索隐》曰："身音乾，毒音笃"），《后汉书·西域传》谓之为天竺国，盖一声之所转也。在月氏（大月氏在后汉时有今俄属土耳其斯坦及阿富汗暨北印度诸部地）之东南数千里，其国临大水（今恒河）。身毒有别城数百，城置长，别国数十，国置王，虽各小异，而俱以身毒为名，其时皆属月氏，月氏杀其王而置将，令统其人。和帝时数贡献，至西域反畔，乃绝。桓帝延熹四年，频从日南徼外来献。世传明帝梦见金人，长大，顶有光明，以问群臣。或曰："西方有神，名曰佛，长丈六尺而黄金色。"于是遣使天竺，问佛道法，遂于中国图形像焉，后遂转盛（《后汉书》）。是佛法之始入中国在明帝时。然楚王英为光武之子，已为浮屠斋戒、祭祀，至见之诏书，有"尚浮屠之仁慈"及"其还赎，以助伊蒲塞（即优婆塞，译作近善，为四部弟子之一，即入佛道在家之男子也）、桑门（即沙门，译作勤息，出家修佛道之通称也）之盛馔"等语（《楚王英传》），则朝野上下已早具相当之信仰。故鱼豢《魏略·西戎传》云："汉哀帝元寿元年，博士弟子秦景宪从大月氏王使伊存口受浮屠经。"（《三国志》裴注引）是佛教之输入已在西汉之季矣（朱士行《经录》称，秦始皇时，西域沙门室利房等十八人，赍佛经来咸阳，始皇投之于狱。其事之有无不可证，且无关于当时之思想）。佛生于西元前五百六十五年（中国周灵王七年，据吕澂《印度佛教史略》），具云释迦牟尼（译作能仁），姓乔达摩（旧译瞿昙），名悉达多，为劫比罗伐窣堵城主（译作净饭王，其城址在今北印度哥尔克波尔附近）之子。悉达多王子自幼感生老病死之苦，日夜思解脱之道，遂于二十九岁决舍妻子、王位而出家，依婆罗门教徒苦行七年。婆罗门者，印度之旧教也，以四吠陀派为最古，其后有外道九十五种，可约分为三大派：一僧佉派（译作数论派）；二吠世史迦派（译作胜论派）；三尼乾陀弗咀罗派（尼译作不，乾陀译作系，即《瑜伽论》之无系外道）。四吠陀：（一）《梨俱吠陀》；（二）《娑摩吠陀》；（三）《夜柔吠陀》；（四）《阿达婆吠陀》。宗旨言人当事天。尼乾陀弗咀罗则明生天之道，可以我力成之；吠世史迦则又知一切皆以我之业力与外境离合而成；僧佉则更除我之外别无境界。悉达多以为皆不能得究竟之解脱，精进思维，于三十五岁端坐菩提树下而成正等觉（译作无上之正智），遂改创新教，说至闳深，大抵婆罗门诸家皆"有我"，佛家言"无我"而已（"我"字界说甚繁，详于窥基《唯识论述记》）。时印度人种分为四类：一婆罗门种，二刹帝利种，三吠奢种，四戍陀罗种，阶级甚严。佛既悟解脱灭苦之大道，其教法一以平等观念普度一切众生，乃周流印度，说法四十五年，所过皆具伟大之感化力，厌伏婆罗门之贵族，而为四种所敬信。其后马鸣布教于北印度，龙树布教于南印度，传布益宏，遂远被于大月氏，东逾葱岭而输入于中国。及至桓帝好神,数事浮图、老子,百姓稍有事者,后遂转盛。其时安息之安世高、月氏之支娄迦谶,于桓、灵之间,先后来华,从事翻译,是为佛经输入中国之始(明帝时之《四十二章经》颇多可疑,说详梁启超所著之《四十二章经辨伪》,故不具),自是中国思想界开一新纪元矣。

## 第三十节 凉州诸将之乱

由两汉极盛时代转入六朝中衰时代,实以三国为枢纽,而推原祸始则在凉州诸将。东汉因羌胡之乱,聚天下精兵猛将于凉州,虽羌患赖以熄灭,而重兵所在,卒成乱阶。何进以后,曹操以前,使中央政府至于解纽者,皆凉州之士也。初发难则自董卓。卓,陇西临洮人,积破羌功封斄乡侯。卓既以何进之召,引兵入洛阳,废少帝为弘农王,立献帝,弑何后。卓迁太尉,然素闻天下同疾阉宦诛杀忠良,及其在事,虽行无道,而犹忍性矫情,擢用群士,周毖、伍琼、郑泰、何颙、荀爽、蔡邕之徒,皆为列卿。韩馥为冀州刺史,刘岱为兖州刺史,孔伷为豫州刺史,张咨为南阳太守。馥等到官,与袁绍之徒十余人,各兴义兵,同盟讨卓。卓惧东方兵起,乃迁天子西都长安,焚烧洛阳宫庙、官府、居家,二百里内无复孑遗。卓留其将牛辅、李傕、郭汜、张济屯渑池、华阴间,以拒义兵,身引还长安,自拜太师,僭拟车服。司徒王允见卓祸毒方深,篡逆已兆,密与司隶校尉黄琬、仆射士孙瑞、尚书郑公业共谋诛之。潜结卓将吕布,使为内应。初平三年,帝疾新愈,大会未央殿。卓入朝,陈兵夹道,自郿坞之垒(今陕西郿县,去长安二百六十里)及宫,左步右骑,屯卫周匝,令吕布等捍卫前后。王允使士孙瑞自书诏以授布,布令骑都卫李肃与勇士十余人伪着卫士服。卓入北掖门,肃与吕布刺杀卓。卓将校及在位者多凉州人,允议罢其军,时讹言将悉诛凉州人,而李傕、郭汜、张济等求乞赦免,王允不许。傕等用贾诩计,相率而西,与卓故部曲樊稠、李蒙等攻入长安,杀王允。允性刚棱疾恶,初惧董卓豺狼,故折节图之;卓既歼灭,自谓无复患难。及在际会,每乏温润之色,仗正持重,不循权宜之计，是以群下不甚附之，故及于难。吕布出奔关东。李傕、郭汜、樊稠等遂共柄朝政，张济出屯弘农。其后李傕、樊稠互相猜忌，傕刺杀稠，复治兵与郭汜相攻。傕劫天子、皇后幸其营，汜亦质留公卿。相攻连月，死者以万数。张济自陕来和解，二人仍欲迁帝权幸弘农，帝亦思其旧京，杨定、杨奉、董承等遂奉车驾进至华阴，而李傕、郭汜、张济悔令天子东归，引军追帝，与奉、承等战。承、奉遣间使至河东招故白波帅李乐、韩暹、胡才及南匈奴右贤王去卑，并率其众数千骑来自弘农东涧（在今河南卢氏县），转战四十里，方得至陕（今河南陕县）。夜潜渡河，至大阳（今山西泽州县），幸李乐营。遣太仆韩融至弘农，与郭汜等连和，傕乃放遣公卿百官，颇归所掠宫人及乘舆器服。初，帝入关，三辅户口尚数十万。自郭汜相攻，天子东归，长安城空四十余日，强者四散，羸者相食，二三年间，关中无复人迹。建安元年七月，帝还至洛阳。时诸将争权，干乱政事，董承患之，乃潜召兖州牧曹操，操乃将兵诣阙，移帝幸许（今河南许县）。杨奉、韩暹等欲邀车驾，为操击败散走。数年之间，杨奉、韩暹、李乐、胡才、张济、郭汜、李傕等，皆为曹操、刘备所夷灭。董承封列侯。自此权归曹氏，天子总己以听，百官备员而已（本节参考《通鉴》卷六十至六十二、《后汉书·王允董卓列传》）。

### 第三十一节　三国之成立

方袁绍之起兵于山东也，冀州牧韩馥、豫州刺史孔伷、兖州刺史刘岱、陈留太守张邈、广陵太守张超、河内太守王匡、山阳太守袁遗、东郡太守桥瑁、济北相鲍信俱起，皆以讨卓为名（《通鉴》卷五十九），咸推渤海太守袁绍为盟主，诸军俱屯酸枣（今河南延津县），畏卓兵强，莫敢先进。独骁骑校尉曹操、长沙太守孙坚进战最力。及酸枣诸军食尽，众遂涣散。是后各据州郡，互相攻伐。袁绍居邺（今河南临漳县），并冀、青、幽、并四州。曹操居鄄（今山东濮县），并兖、豫二州。袁术居寿春（今安徽寿县），据徐州。刘表居襄阳（今湖北县名），据荆州。刘焉居成都（始治绵竹，后徙成都），据益州。刘虞居蓟（今河北大兴县），公孙瓒居易（今河北雄县），分据幽州。公孙度居襄平（今奉天辽阳北），据营州。陶谦居彭城（今江苏铜山县）。其后，刘备、吕布迭居下邳（今江苏邳县）。孙策居吴（今江苏吴县），据扬州、交州。张鲁居南郑（今陕西县名），据汉中郡。建安元年九月，曹操纳荀彧之策，迎献帝于洛阳，迁都于许（今河南许昌县），遂挟天子以征四方，杀吕布于下邳，走袁术于寿春。是时，公孙瓒已杀刘虞，而袁绍复杀公孙瓒，兼有四州之地，众十余万。建安五年，进军攻许，许都大震。曹操拒之官渡（今河南中牟县东北），相持百余日。绍兵众而劲果不及南军，操军少而资储不如北军。操屡遣奇兵袭绍运车，及操袭破淳于琼等于故市乌巢（在今河南延津县），尽燔绍粮谷宝货。绍军惊扰大溃，奔回冀州，绍遂发病呕血死（详见《通鉴》卷六十三）。子谭、尚互相攻伐，皆为曹操所破。袁氏余众奔乌桓。操遂并青、冀、幽、并四州，北逐乌桓，定辽东地。

先是，刘备与董承等谋讨曹操，未发而操遣备击袁术。备至下邳，闻承等谋泄被诛，遂据下邳（此据《蜀志》，《通鉴考异》以为误），为曹操击破。备奔袁绍，度绍无成，乃说绍南使荆州。及曹操北征乌丸，备因劝刘表袭许，表不能用。至是，曹操南征（事在建安十一年），会表病卒，子琮迎降。时备屯樊城（在汉水北，与襄阳城相对），琮不敢告。及操至宛（今河南南阳县），备乃闻之。诸葛亮（琅琊人）劝备袭荆州，备不忍，乃驻马呼琮俱去，琮惧，不能起，琮左右及荆楚群士从之如云。比至当阳（今湖北县名），众十余万人，日行十余里。别遣关羽乘船数百艘，使会江陵。或劝备宜弃大众，速保江陵，备曰："夫济大事以人为本，今人归吾，何忍弃去？"曹操以轻骑五千急追之，一日夜行三百里，及于当阳之长坂（今湖北当阳县东南百二十里），大获其人众辎重。备独与诸葛亮、张飞、赵云数十骑走，斜趣汉津，适与羽船会得济。遇表子琦率众万余人，与俱到夏口（今汉口）。备乃遣诸葛亮使于孙权，说以同拒曹操。

孙权者，坚之子、策之弟也。坚为袁术击刘表，为表将黄祖所射杀。子策，年十七，与周瑜收合士大夫，江淮间人咸向之。袁术奇之，以坚部曲还策，策遂略定江南地。当袁、曹相拒于官渡，策阴欲袭许迎汉帝，密治兵部署，诸将未发，会为刺客所创，策死，权乃代领其众（时建安五年）。是时，权已立九年矣。西击黄祖，奄有夏口之地。会刘表新亡，鲁肃因请于权，奉命使荆州以观衅，适与刘备会当阳，劝备遣腹心自结于江东，以共济世业。诸葛亮遂与鲁肃俱诣孙权，说以协力破曹则荆吴之势强、鼎足之形成。权之谋臣张昭等震于操之军势，劝权迎降，独鲁肃、周瑜劝权拒之。权乃与肃、瑜决策，令瑜率军三万，与刘备并力拒操进，与操遇于赤壁（今武昌蒲圻县西北三十里，非黄冈县之赤壁也）。时操军水陆号八十万，然已有疾疫，初一交战，军不利，引次江北。瑜等在南岸，瑜部将黄盖曰："今寇众我寡，难与持久。操军方连船舰，首尾相接，可烧而走也。"乃取艨冲斗舰十艘，载燥荻枯柴，灌油其中，裹以帷幕，上建旌旗，豫备走舸，系于其尾。先以书遗操，诈云欲降。时东南风急，盖以十艘最著前，中江举帆，余船以次俱进。操军士皆出营立观，指言盖降。去北军二里余，同时发火，火烈风猛，船往如箭，烧尽北船，延及岸上营落，顷之烟焰涨天，人马烧溺死者甚众。瑜等率轻锐继其后，北军大坏（《通鉴》卷六十五）。操引军从华容道（今湖北监利县）步走，刘备、周瑜水陆并进，追操至南郡（汉荆州治，今江陵）。操留曹仁、徐晃守江陵，乐进守襄阳，引兵北还。周瑜与曹仁相拒，而刘备引兵南徇武陵、长沙、零陵、桂阳四郡，皆下之。曹仁为周瑜所攻走。权以备领荆州牧。及周瑜卒，鲁肃劝权以荆州借刘备，与共拒曹操，权从之。于是备尽有荆州地，而天下三分之局成矣。

## 第三十二节　三国之和战及其灭亡

当刘备之据有荆州也，益州牧刘璋承袭焉位，外则汉中张鲁为仇敌，内则诸将庞羲、李异第皆恃功骄豪，欲有外意。法正劝刘璋迎备以制之，璋遣法正将四千人迎备。时刘璋暗弱，法正、张松等以备有雄略，密谋奉戴以为州主，备遂将步卒数万人入益州。璋增备兵，厚加资给，使击张鲁。备北到葭萌（今四川广元县），未即讨鲁，厚树恩德，以收众心。会曹操攻孙权（事在建安十七年），权呼备自救，备求益万兵及资粮救荆州。璋但许兵四千，其余皆给半。备因激怒其众，而璋觉张松之谋，斩之，敕关戍诸将文书皆勿复得与备关通，备遂勒兵进据涪城（今绵阳县），数败璋兵。诸葛亮留关羽守荆州，与张飞、赵云将兵溯流东上，攻破江州（今四川巴县），分遣赵云从外水（今岷江）定江阳（今泸县地）、犍为（今嘉、眉、资、简之地），飞定巴西（今阆中县）、德阳（今遂宁县）。刘备围雒城（今广汉县）一年，雒城溃。备进围成都，刘璋出降，益州郡县皆望风景附。于是董和、黄权、李严等，本璋之所授用也；吴懿、费观等，璋之婚亲也；彭羕，璋之所摈弃也；刘巴，宿昔之所忌恨也，备皆处之显任，尽其器能，有志之士，无不竞劝，益州之民，是以大和（《通鉴》卷六十七）。

备取成都之翌年（汉献帝建安二十年），曹操自将攻张鲁，克汉中，留夏侯渊、张郃、徐晃等守之。汉中为益中咽喉（杨洪对诸葛亮语），备数出兵争之，与夏侯渊相拒逾年，卒击斩渊于定军山（在陕西沔县东南）。曹操自长安率兵救之，不能争，刘备遂有汉中（事在建安二十三年）。

当是时，刘备据有今四川、云南、贵州及陕西之西部、湖北之东部；孙权据有今安徽、江苏、浙江、江西、福建、广东、湖北、湖南扬子江一带之地；曹操据有今北平、山东、山西、河南、甘肃及陕西之东部、湖北之北部。操地最大，为中原必争之地；吴次之，以长江为天堑；蜀最小，而号称严疆。魏势最强，故吴、蜀利于相和而不可相图。然孙、刘以荆州之故，屡有违言。建安二十四年，蜀将关羽率众发荆州，攻曹仁于樊，擒于禁，斩庞德，威震华夏，自许以南往往遥应羽，曹操议徙许都以避其锐。而孙权使吕蒙乘虚袭取江陵，尽虏羽士众妻子，羽率军还救，兵皆解散，为权将斩于麦城（今湖北当阳县东南有麦城），遂定荆州。权乃称臣于操，陈说天命，操以权书示外，曰："是儿欲踞吾著炉火上耶！若天命在吾，吾为周文王也。"二十五年，操卒。是岁十月，操子丕遂称皇帝，废汉献帝为山阳公（山阳，今河南修武县）。逾年，蜀中传言汉帝遇害，群臣奉备尊号，即皇帝位，是为昭烈帝。帝耻关羽之败殁，自将伐孙权，进军猇亭（今湖北宜都县西，今名虎背市），树栅连营七百余里，为吴将陆逊所烧破，帝遁还白帝（在今四川奉节县东十里）。吴旋与魏相拒于濡须（水名，在安徽巢县东南，与无为县接境），权乃遣使请和于蜀（事均在魏黄初三年）。于是，吴、蜀复通。魏黄初四年，昭烈帝崩于永安（时改白帝为永安），丞相诸葛亮受遗诏辅政，太子禅即位，政事无巨细皆决于亮。亮于是外连东吴，内平南越，立法施度，整理戎旅，工械技巧，物究其极，科教严明，赏罚必信，无恶不惩，无善不显，至于吏不容奸，人怀自厉，道不拾遗，强不侵弱，风化肃然（陈寿《上诸葛氏集表》语）。屡出兵祁山（在今甘肃西和县东南）伐魏，为司马懿所阻。帝禅建兴十二年，亮悉大众，由斜谷出（在今陕西郿县西南），据武功五丈原（在郿县西南，与岐山县接界），与司马懿对营于渭南。亮前出兵，每患粮运不继，使己志不伸，是以分兵屯田，为久住之计，耕者杂于渭滨居民之间，而百姓安堵，军无私焉。相持百余日，亮疾病卒于军。蜀自亮薨后，外则姜维伐魏而无功，内则黄皓专权而病国，蜀因以不振。

孙权既与蜀连和，破曹休于石亭（今安徽潜山县东北），乃称皇帝，国号吴（事在魏明帝太和三年），屡攻魏之合肥（今安徽县名）、襄阳，不能得。权末年多嫌忌，果于杀戮，信谗废嫡。卒后，其子亮、休相继立，浸以凌迟，至皓暴虐，为晋所灭（事在晋武帝太康元年），时距蜀亡已十七年矣。

魏自文帝（名丕）、明帝（名叡）以来，司马懿数当重任。明帝卒，养子齐王芳立，以曹爽与司马懿辅政。懿既屡主重兵，威望渐重，有逼迫曹氏之志。曹爽欲图之，白天子发诏转懿为太傅，外以名号尊之，内欲令尚书奏事先来白己，己得制其轻重也。懿遂诈病风疾，令爽不复设备，阴与其子师、昭谋诛曹爽。会爽与帝、羲、训、彦从天子谒高平陵（明帝陵，去洛城九十里），懿以皇太后令，闭洛阳诸城门，勒兵屯洛水浮桥，召高柔、王观分据爽营，因奏爽罪恶于帝。大司农桓范劝爽兄弟以天子诣许昌，发四方兵以自辅，爽不听，通懿奏事，白帝下诏免己官，奉帝还宫。爽兄弟归家，懿诬以谋反，诛之，并及其党（事在齐王芳嘉平元年）。爽与懿相持八年，以兄弟弃军并出，故败。自是魏政出司马氏。

司马懿卒，子师辅政。师废帝，立文帝曾孙高贵乡公髦。师卒，弟昭辅政。高贵乡公自出讨昭，为昭弑于车下。昭立武帝孙常道乡公奂为帝，遣钟会将兵出剑阁，邓艾将兵出江油以伐蜀。帝禅遂降于邓艾，艾旋为钟会所杀。会与蜀降将姜维谋据蜀，维欲使会尽杀北来诸将，己因杀会以复汉，谋泄，会与维皆为将士所杀，蜀汉遂亡（事在帝禅炎兴元年）。昭卒，子炎遂篡魏，是为晋武帝，以奂为陈留王。魏亡，晋武帝阴与羊祜谋伐吴，令王濬为益州刺史，使治水军。其后吴主皓淫虐愈甚，王濬、杜豫皆上表请伐吴，武帝遂令诸将分道伐吴，杜预出江陵，王濬下巴蜀，王浑出江西，东西凡二十余万，所向克捷。濬焚吴人横江铁锁，楼船直下，与预会于江陵。预指授群帅方略，径造建业，王濬遂自武昌顺流直指建业，鼓噪入于石头（今京畿江宁县西）。吴主皓降，吴亡，于是天下一统于晋。计三国，蜀汉二世，凡四十二年；魏五世，凡四十六年；吴四世，凡五十二年。

### 第三十三节　两汉之制度

三代之时，王朝之政不能逮于诸侯，列国并立，国异制，家殊俗。自秦人并六国，夷诸侯为郡县，别黑白而定一尊，法令由一统，于是天下皆秦制矣。汉兴，高帝起于亭长，一时将相多刀笔武人，不能深考古今，改立良法，惟袭亡秦旧制，喟然而叹皇帝之贵己耳。王莽慕古，更张汉制，光武中兴，亦多因沿莽法。高祖、光武能取嬴氏、新室而代之，不能革其制度者，其皆学问不及故欤。然汉承秦制，遂为中国二千年政治之模范矣。今举其大要于下：

（一）**政体**　中国君主专制政体，创于秦而成于汉。两汉有道之君主，较后代列朝为独多，降至末叶，亦有庸主而无暴君。读其诏书，兢业恐惧，炳焉与三代同风（详见《廿二史札记·汉诏多惧词》条）。至文帝以缇萦上书而除肉刑，武帝于主父偃上书朝奏，入暮即诏见，尤为专制政体中所仅见。推求其故，一鉴于亡秦，一原于儒教。秦以暴虐而召平民之革命，故汉知为君之贵于得民；儒家以天之端正王之政，故视灾异为天之所以警戒人君。汉起自布衣，无封建世家之业以为凭借，故常觉人心之可畏；无神权感生之说以资号召，故凛然天命之无常。此所以在二千年专制中为君主有道政体欤！

（二）官制　秦始罢侯置守，太尉主五兵，丞相总百揆，又置御史大夫以贰于丞相。汉初因循而不革，名相为相国或丞相，掌丞天子，助理万机，太尉掌武事，御史大夫掌副丞相。武帝罢太尉而置大司马，成帝罢御史大夫而置大司空，哀帝更丞相为司徒，是为三公，皆宰相也。方汉之初，丞相之权最尊，太尉特佐其职而已；自武帝宠假大司马之权而不任宰相。故终汉之世，大司马专秉国柄，而宰相具位，奉行文书而已。后汉以太尉、司徒、司空为宰相，是为三府；而外戚辅政者，常冠以大将军之号，于是大将军之权又在三府之上。汉初，宰相以贰天子，统治海内，故体制最为尊重。丞相进，天子御坐为起，在舆为下。有疾，法驾亲至第问。得戮二千石。有灾异，则策免三公，以明其任职之无状。三公之属官，分置诸曹，有长史署诸曹事，有掾史为曹属。一曰西曹，主府史署用。二曰东曹，主二千石长吏迁除及军吏。三曰户曹，主民户、祠祀、农桑。四曰奏曹，主奏议事。五曰辞曹，主辞讼事。六曰法曹，主邮驿科程事。七曰尉曹，主卒徒转运事。八曰贼曹，主盗贼事。九曰决曹，主罪法事。十曰兵曹，主兵事。十一曰金曹，主货币盐铁事。十二曰仓曹，主仓谷事。外有黄阁主簿，录省众事。三府得自辟僚属，以举其政，有大事则三府同议。故两汉公府所用之人、所议之法，多得当者。其为君主所用之外戚、宦寺，则多专横。故两汉之政事，当分君、相两端观之。出于君者多乱政，出于相者多善政。相权重，尚足以救君主之弊，此汉治所以为近古欤？至武帝游宴后庭，始令宦者典事尚书，谓之中书谒者，宣、成以来，中书遂成政本。置尚书五人，分为四曹：一、常侍，暂主公卿事。二、二千石曹，主郡国二千石事。三、民曹，主凡吏民上书事。四、客曹，主外国夷狄事。其后屡有增置。逮至后汉，事归台阁，尚书为机衡之任。每少帝立，则置太傅录尚书事，位在三公之上，三公遂几同闲曹。魏文帝时，复置中书监、令，并掌机密。自中书监、令常管机要，多为宰相之任矣。然其体制权责，迥非两汉丞相比也。郡有监、守、丞、尉，皆秦官。秦置御史，掌监郡。汉丞相遣史分刺州，其后置部刺史，秩在郡守下（《汉书·百官表》："部刺史秩六百石，郡守秩二千石"），后改为牧。至汉末，权任遂大，郡守反出其下矣。郡守掌治民，进贤劝功，决讼检奸，巡行论课所主县，后更名太守，皆置诸曹掾史，略如公府，无东西曹，有功曹史，主选署功劳。有五官掾、署功曹及诸曹事，秩皆百石，守自辟除。有丞一人，副郡守。郡尉典兵禁，备盗贼，后更名都尉。县万户以上为令，不满者为长，皆掌治民，显美劝义，禁奸罚恶，理讼平贼，恤民时务。县有丞，署文书，典知仓狱。县尉主盗贼。各置诸曹掾史，略如郡员。丞、尉及诸曹，多以本郡人为之。凡诸曹掾、令、长，得自调用。秦制，十里一亭，亭有长。十亭一乡，乡置有秩、三老、啬夫、游徼。啬夫职听讼，收赋税。三老掌教化，凡有孝子、顺孙、贞女、义妇，让财救患，及学士为民法式者，皆表其门，以与善行。游徼掌徼巡，禁司奸盗。亭长主捕盗贼。汉乡、亭及官，皆依秦制。总汉官制论之，丞相职尊则责任专，部刺史职卑则不至为奸。郡守统于三公，则政府可集地方之权。太守上达天子，下课属县，则层累少而无壅隔之弊。至于掾属得自辟举，足以收人材指臂之效。乡官分职至多，曲尽闾里纤细之隐，是以庶政熙而风俗美，为后世所不逮也（参考《汉书·百官表》《后汉书·百官志》《汉唐事笺》《官制议》各书）。

（三）郡国　秦废封建为郡县，而汉则郡县与侯国杂置，是为郡国制。初，高帝自汉中东向定天下，都长安，以秦地太大，更加置郡国二十六，矫秦之弊，封建王侯。其初以异姓而王者凡七国（楚、梁、赵、韩、淮南、燕、长沙），数年之间，以次翦除。于是改封同姓子弟，分地过侈，浸以骄恣。至景帝时，遂有七国之变（吴、楚、赵、胶东、胶西、淄川、济南）。及武帝用主父偃之策，令诸侯得推私恩，分子弟邑，于是藩国始分而子弟毕侯，汉法益密，失国者众矣。是时，汉郡稍复增置至八九十，形错诸国，犬牙相临，强本干、弱枝叶之势成焉。武帝分天下为十三部，而不常所治。讫于孝平，郡国一百有三，邑千三百有十四，道三十二（邑有蛮夷曰道），侯国二百四十一。左东海，右渠搜（或以为渠犁），前番禺，后陶涂（今沙漠地），东西九千三百二里，南北万三千三百六十八里，可谓盛矣。光武诛王莽，平群雄，光复旧物，改都洛阳，并省郡县，仍分天下为十三部。其后渐复分置，至于顺帝，凡郡百有五，县、邑、道、侯国千一百八十。东乐浪（今朝鲜平壤地），西敦煌，南日南（今越南占城地），北雁门，西南永昌（今云南腾越地），四履之盛，几于前汉。董卓贼乱，曹操因之，遂取中原，篡易汉祚，仍都洛阳，有州十三（司隶、豫、兖、青、凉、扬、秦、冀、幽、并、雍、荆、徐），郡国九十有一。孙权席父兄之业，奄有江东，奠基建业，有州五（扬、荆、郢、交、广），郡国四十三。先主流离败亡之余，仅安巴蜀，定都成都，有州三（益、梁、交），郡国二十有二。三国鼎立，更相侵伐，力不及远，其疆域较诸两汉蹙矣（参考《汉书·地理志》《通典·州郡篇》）。

（四）选举　汉制，郡国举士，大概有三：一曰贤良方正，二曰孝廉，三曰博士弟子。郡口二十万以上，岁察一人；四十万以上，二人；其六十万，三人；八十万，四人；百万，五人；百二十万，六人；不满二十万，二岁一人；不满十万，三岁一人。限以四科（一曰德行高妙，志节清白；二曰学通行修，经中博士；三曰明习法令，足以决疑，能按章覆问，文中御史；四曰刚毅多略，遭事不惑，明足决断，材任三辅县令）。凡有灾异，天地大变，皆诏天下郡国，举贤良方正、直言极谏之士，率以为常。又其有重要使任，皆标其目而令举之。凡郡国之官，非傅相，其他既自署置。又调属僚及部人之良者，举为秀才、廉吏而贡于王庭，多拜为郎，居三署，无常员，或至千人，属光禄勋。大抵所举士，皆州郡积其功劳，然后为五府（太傅、太尉、司徒、司空、大将军）所辟，五府举其掾属而升之于朝，三公参其得失除署，尚书奏之天子。一人之身，所阅者众，故能官得其材，鲜有败事。而试吏皆可入官，郡国上计吏多留补郎官，上之人多开其途以取士，未尝有所轩轾于其间。故人皆因其材以自见，而各随所遇以为进身之阶，初无拘于流品者。此两汉所由人材最盛欤！冲帝之时，权门贵仕请谒繁兴，尚书令左雄议改察举之法，孝廉限年四十以上，儒者试经学，文吏试章奏，试三公府（太尉、司徒、司空三府）而覆之端门（即御史府）。于是济阴太守胡广等十余人，皆坐缪举免黜，而牧守畏慄，莫敢轻举。十余年间，察选清平，多得其人（按：限年之制，自冲帝永嘉元年行之七十七年，至魏黄初三年而始除）。桓帝以后，选章骤紊，凡所选用，莫非情故，乃立三互之法制，婚姻之家及两州之人不得相临，遂开后代回避之始。曹操为魏王时，三方鼎立，士流播迁，吏部尚书陈群乃立九品官人之法，州郡皆置中正以定其选，择州郡之贤有识鉴者为之，区别人物，第其高下。是以吏部不能审定核天下人材士庶，故委中正铨第等级，凭之授受，谓免乖失。自是人士之高下，系于中正一人之品题，非复两汉乡举里选之意矣。

（五）教育　汉兴，高帝尚有干戈，未遑庠序之事。文帝始置一经博士（语见《翟酺传》。一经，见《通考》卷四十所引。毛本、明监本、清殿本皆作五经。考文帝时，申公、韩婴以《诗》为博士，作"一经"是也），至武帝，始兴太学，立五经博士，《书》唯有欧阳，《礼》后苍，《易》杨何，《春秋》公羊，并韩、鲁、齐《诗》为五也，各以家法教授。为博士置弟子五十人，复其身。太常择民年十八以上、仪状端正者，补博士弟子。郡、国、县、道、邑有好文学、敬长上、肃政教、顺乡里、出入不悖所闻者，令相、长、丞上属所二千石，二千石谨察可者，当与计偕，诣太常，得受业如弟子。由是郡国秀异咸得被太学之教矣。是时设科射策，劝以官禄，自是公卿大夫士彬彬多文学之士矣。元帝好儒，能通一经者皆复，郡国置五经百石卒史。成帝时，增弟子员三千人。平帝时，起明堂、辟雍、灵台，为学者置舍万区，立学官。郡国曰学，邑、侯国曰校，校学置经师一人。乡曰庠，聚曰序，庠序置《孝经》师一人。而州有博士，郡有文学掾（《郑崇传》:"为郡文学掾")。五经之师,儒宫之官,长吏辟置,布列郡国,汉之教育,盛于此时矣。光武中兴,先访儒雅,四方学士,云会京师,于是立五经十四博士(《易》有施孟、梁丘、京氏,《尚书》欧阳、大小夏侯,《诗》齐、鲁、韩,《礼》大小戴,《春秋》严、颜),太常差次总领焉。中兴以来,博士始试而后用,应试博士者,限年五十以上(《汉官仪》)。每遇太常乡选士,博士奏其能否焉。明帝亲临辟雍,正坐自讲,诸儒执经问难于前,自期门羽林之士,悉令通《孝经章句》,匈奴亦遣子入学。自安帝薄于艺文,博士倚席不讲,朋友相视怠散,学舍颓敝,鞠为园蔬,牧儿荛竖,至于薪刈其下。顺帝感翟酺之言,乃更修黉宇,凡所造构二百四房,千八百五十室,试明经下第者补弟子,增甲乙科员各十人。左雄又奏召海内名儒为博士,使公卿子弟为诸生,有志操者加其俸禄。于是四方负书来学,云集京师,是后游学增盛。至桓帝时,太学诸生三万余人,然章句渐疏,而多以浮华相尚,儒者之风盖衰,而党锢之祸作矣。党人既诛,其高名善士多坐流废,后遂至忿争,更相言告。亦有私行金货,定兰台漆书金字,以合其私文。灵帝乃诏诸儒正定五经,刊于石碑,为古文、篆、隶三体书法以相参检,树之学门,使天下咸取则焉(古文,科斗书也。篆,大篆也。隶,八分书也)。自初平之元至建安之末(均献帝年号),天下分崩,人怀苟且,纪纲既衰,儒道尤甚(《魏志·王肃传》语)。魏武在拨乱之际,并使州县立教学之官(《魏志》高柔疏语)。文帝黄初五年,乃立太学,依汉甲乙以考课,申告州郡,有欲学者,皆遣诣太学。太学始开,有弟子数百人,历十余年,成者盖寡(《魏志》刘馥语)。由于博士率皆粗疏,弟子本亦避役(《魏志》王肃语)。故学者虽有其名而无其实,虽设其教而无其功,远非两汉儒学比矣。

以上所述皆官学也,而两汉时私家教授尤为发达。汉初,故秦博士济南伏生以《尚书》二十九篇教于齐鲁之间(《伏生传》);齐人浮丘伯以《诗》教于长安;鲁人申公受《诗》学于浮丘伯,家居教授,弟子自远方至受业者千余人(《申公传》);燕人韩婴以《诗》《易》教授燕赵间(《韩婴传》);齐人胡母生以《公羊春秋》教于齐,齐之言

《春秋》者宗事之(《胡母生传》)。王良当王莽时，称病不仕，以小夏侯《尚书》教授千余人(《王良传》)。后汉此风更甚，河内太守牟长以欧阳《尚书》为诸生讲，来学者常有千余人，著录前后万人(《牟长传》)；济阴曹曾从欧阳歙受《尚书》，门徒三千人(《欧阳歙传》)；张兴以梁丘《易》教授弟子，自远至者著录且万人(《张兴传》)；索卢放以《尚书》教授千余人(《索卢放传》)；郭太闭门教授，弟子以千数(《郭太传》)；郑玄客耕东莱，学者相随数百千人(《郑玄传》)；丁鸿为少府，教授门下，远方至者数千人(《丁鸿传》)；钟皓隐密山，以《诗》、律教授，门徒千余人(《钟皓传》)；李膺以公事免官，还居纶氏，教授常千人(《李膺传》)。此外名臣、名儒教授数百人者，尤指不胜举。此不独东汉朝廷崇儒重学之提倡，而士大夫之以经师、人师自任者众，与夫天下人心之说学，鼓舞于仁义圣法而不自觉。桓、灵之间，朝纲凌替极矣，犹能多历年所者，斯非学之效乎？

（六）兵制　汉代征兵于民，尚合古制，然无计口授田之法，故赋兵以丁而不以田，丁众而无田，虽贫不免于为兵，此其与古异也。《汉仪注》："凡民年二十三为正卒，一岁为卫士，一岁为材官、骑士，习射御骑驰战陈；五十六衰老，乃得免为庶民，就田里。"其著籍而给徭役者为更卒。"更有三品：有卒更，有践更，有过更。卒更者，以正卒无常人，皆当迭为之，一月一更，是为卒更也。践更者，贫者欲得雇更钱，次值者出钱雇之，月二千，是为践更也。过更者，天下人皆直戍边三日，亦名为更，律所谓徭戍也。虽宰相子，亦在戍边之调。不可人人自行三日戍；又行者当自戍三日，不可往便还，因便往，一岁一更。诸不行者，出钱三百入于官，以给行者，是为过更也。"（如淳说）其更代往来道中，衣装悉自补（见《贾谊传》）。惟卫士衣食县官，罢遣有享（《后汉书·礼仪志》），其余则否。郡国各随其地之所宜，分置材官、骑士、轻车、楼船、弩手、剑客，常以秋后讲肄课试，谓之都试（见《汉官仪》）。国有仓卒之寇，正卒数少，则一切调发，虽年老当免者亦在行中，谓之奔命（见《昭纪》注）。京师置南北军，宫城门外为南军，卫尉主之，凡宫卫屯兵皆属焉（近二万人）。京城门内为北军，中尉主之，凡京辅兵卒皆属焉（近三万人）。惟二军卫士皆调发郡国材官，更番为之，初未始有定在之兵。自武帝用兵，增置八校（一屯骑，二中垒，三步兵，四越骑，五长水，六边骑，七射声，八虎贲），皆属中卫，而北军始有召募之兵。后恐中卫之权太重，乃于光禄勋增置羽林、期门为宿卫，而与卫尉同掌宫门，而南军始有长从之兵。方汉之初，京师之兵犹未远出，至武帝，则发中尉卒击西羌（事在元鼎六年），而京师之兵始从远调。昭、宣以来，禁旅之列屯如故，有警则发。虽金城去京师辽绝，而羽林孤儿、边越之骑亦从中而边矣（见《宣纪》神爵元年）。自是募外兵以从军，而更代之法浸弛。驯至光武，一切倚重于京师之兵，诏罢郡国都尉，并职太守。都试之法废，而外兵不练矣。边疆有警，广增屯戍，列营置坞（光武时置黎阳营，明帝时置渡辽营，和帝时置象林兵，安帝时置渔阳营。魏郡、赵国、常山、中山置六百一六坞，河内通谷冲要置三十三坞，扶风、汉阳、陇道置三百坞），而国有征伐，终借京师之兵以出。盖自建武讫于汉衰，匈奴、鲜卑、西羌之寇无岁无之，或遣将出击，或移兵留屯，连年暴露，屯兵四方，而禁旅无复镇卫之职矣。黄巾乘虚窃发，所在盗贼蜂起，于是置八都尉。袁绍惩陈蕃、窦武之败，以五营兵不可用，乃欲借外兵以除宦官，于是内置园校（即西园八校卫），阳尊阉宦（以小黄门蹇硕为上军校尉），外召州牧，实召边将。阉宦虽除，而董卓之祸已成，义兵四起，郡牧争政，汉遂三分，迹其盛衰之故，皆兵之由也。汉昭烈初置五军，其将校略如汉制，及诸葛亮卒，蜀兵耗矣。魏文帝黄初中，复令州郡典兵，州置都督，寻加四征、四镇将军之号，又置大将军都督中外诸军事，兵柄世在司马氏，而魏祚遂移矣。吴多舟师，而调度无法，大率强者为兵，羸者为补户（《陆逊传》），至有二百余家，辄皆料取，以他郡羸民迁补其处云（《陈武传》。又本条参考《文献通考·兵考》《补汉兵志》《汉唐事笺》）。

（七）财税 汉沿古制，有赋有税。赋者，计口而入之谓也。赋制有二：人年十五以上至五十六岁出赋钱，人百二十为一算，有时或减至四十，谓之算赋。更卒出钱雇更，月二十，谓之更赋。税制亦有二：

一为田税，汉初十五而税一，自景帝减至三十而税一，遂为常制，后汉因之。一为杂税，取工商衡虞之入。赋供车马甲兵士徒之役，充实府库赐予之用。税给郊社宗庙百神之祀。钱赋掌于大司农，自乘舆不以给供。山海池泽之税掌于少府，以给供养。是两汉取民有常经，而用财严公私也。其盐铁酒酤，时归官专卖，时纵民为之，常视国家财政之缓急消息于其间。魏初收田租，亩粟四升，户绢二疋，而绵二斤。

  案：汉代田赋之轻，优于三代，然董仲舒说武帝曰："古者税民不过什一，其求易供；使民不过三日，其力易足。至秦则不然，用商鞅之法，又加月为更卒，已复为正，一岁屯戍，一岁力役，三十倍于古；田租口赋，盐铁之利，二十倍于古。"故王莽令曰："汉税厥名三十，实什税五也。"三代下，汉之取民有制，最为近古，其名实相贸犹如是，况后世之赋税远重于汉世者乎！此民之所以不堪命，而治之所以不古若欤！

  （八）刑法 自魏李悝制《法经》，商君受之以相秦（见《晋书·刑法志》）。汉高初入咸阳，除去秦法，约法三章，其后四夷未附，兵革未息，三章之法不足以御奸。于是相国萧何捃摭秦法，取其宜于时者，作律九章（《法经》六篇，一盗法，二贼法，三囚法，四捕法，五杂法，六具法；萧何益事律户、兴、厩三篇，谓之为九章之律）；叔孙通益律所不及，《傍章》十八篇。其后张汤《越宫律》二十七篇，赵禹《朝律》六篇，律滋多于是矣。至其兴革之大端，萧何律除参夷连坐之罪；惠帝除挟书之律（四年）；吕后除三族妖言之令；文帝元年，尽除收帑相坐律令。十三年除肉刑，改为笞刑。笞率多死，虽外有轻刑之名，内实杀人；景帝减笞刑，定箠令，自是笞者得全。然酷吏犹以为威，死刑既重，而生刑又轻，民易犯之。武帝征发烦数，百姓贫耗，民穷犯法，酷吏击断，奸宄不胜。于是招进张汤、赵禹之属，条定法令，作见知故纵、监临部主之法。其后奸猾巧法，转相比况，禁网浸密。律令凡三百五十九章，大辟四百九条，千八百八十二事，死罪决事比万三千四百七十二事。文书盈于几阁，典者不能遍睹。奸吏因缘为市，所欲活则傅生议，所陷者则予死比，议者咸冤之。宣帝重用刑，常幸宣室，斋居而决事，置廷平以正狱。涿郡太守郑昌上疏，以为不若删定律令，使奸吏无所弄。是后元、成之间，屡诏议律，以期约省，较然易知。有司无仲山甫将明之材，不能因时广宣主恩，建立明制，为一代之法，而徒钩摭微细，毛举数事以塞责而已。中兴以来，吏尚严切。肃宗初，诏绝钻钻诸惨酷之科，解妖恶之禁，除文致之请谳五十余事，定著于令。魏武帝既建魏国，嫌汉律太重，故令依律论者听得科半，使从半减也。魏明帝太和三年，诏司徒陈群等删约汉法，制新律十八篇（据《通鉴纲目》）。虽经改革，科条本密（《晋书·刑法志》语），是新律在当时已不满人意。然其改汉具律为刑名第一，依古义为五刑，列之律首，并以八议入律，开晋、唐、宋、明诸律之先河。又如汉时大臣犯罪，动辄指为不道，而魏则无闻，是其体例之善，亦有未可轻议者矣（《魏律考》）。

## 第三十四节　两汉之学术（上）

秦汉之时，孔学与黄老争鸣，而儒教卒获最后之胜利。然当时诸儒传经，多出于荀子。《盐铁论》："包丘子与李斯俱事荀卿。"《汉书·申公传》："事齐人浮丘伯，受《诗》。"浮丘，即包丘，是《鲁诗》荀子之传也。《韩诗》源流虽不可考，然《外传》引荀子以说《诗》者四十四，是韩婴、荀子之别也。《经典释文·叙录》："荀卿传《诗》于鲁人大毛公。"是《毛诗》荀子之传也。《儒林传》："瑕丘江公受《穀梁春秋》及《诗》于鲁申公。"是《穀梁春秋》荀子之传也（引见《述学》）。荀子《劝学》，始乎诵经，终乎读礼，故其传多经生。经生长于法古，失之于迂阔而鲜通。两汉经学最盛，而经生中以伟大事业学问著者盖鲜。其间儒生能与古代诸子相颉颃者，必其杂于法术与黄老者也。董仲舒为《春秋》巨子，明于法律，作《春秋断狱》（从《七录》。《隋志》作《春秋决事》，《唐志》作《春秋决狱》）。王充曰："仲舒表《春秋》之义，稽合于律，无乖异者。"儒、法合，故其说多切于当世，施诸朝廷。扬雄虽不以经生名，而作《太玄》以拟《易》，撰《法言》以象《论语》，论说不诡于圣人，则自负为儒家可知。其能有深湛微眇之思，度越后代诸子者，以清静寂寞深契于老学故也。至蜀汉诸葛亮，宋儒称其有儒者气象（《程子语录》），然好申、韩之书，至手写以上后主，是尤儒法合而功绩章章者已。然自汉以六经为国教，历二千余年，直与君主政体相始终，是不可不叙其源流之大要也。

经学在孔子时，已分今、古二派。古学为三代遗文，今学为孔子之精义。故古学著于竹帛，而今学传诸口授。西汉之世，言《诗》于鲁则申培公，于齐则辕固生，于燕则韩婴。言《尚书》自济南伏胜。言《易》自淄川田何，其源出于孔子弟子商瞿。言《公羊春秋》于齐、鲁自胡母生，于赵自董仲舒。言《榖梁春秋》则瑕丘江公受学于鲁申公。此所谓今文之学也。今其存者，如《韩诗外传》《尚书大传》《春秋繁露》等，特于大义微言为详。西汉之季，新室之时，乃有费直之《易》，孔安国之《书》，毛公之《诗》，河间献王所献之《周官》《左氏春秋》。此所谓古文之学也。汉人所谓古、今学者，以孔子口口相授，至汉以今文写之，其所用即当时通行之隶书，故谓之今文；若古文，则得诸山岩屋壁之藏，为古人所手定，皆古代籀书，非今文之本也。其初起于古、今文字之异同，其后衍为古、今经说之异义（《五经异义》所引《诗》《书》《礼》《春秋》《孝经》，均分古、今家说），于是古、今文两派，遂成为经学中最大之争点。今文皆用师法专门教授，古文则师法不明，其中不免伪造，而作俑则始于刘歆。刘歆素好古文《春秋左氏传》，当哀帝时，欲建立《左氏春秋》及《毛诗》《逸礼》《古文尚书》，皆列于学官，大为众人所讪怒，惧诛，求出补吏，以病免官。及王莽持政，歆为腹心，颠倒五经，文饰莽奸。第当日六经甚备，师法甚明，必不容不根之说窜入其间，于是不能不创言六经经秦火皆脱坏，河间献王、鲁恭王等得山岩屋壁之藏，献之王朝，藏之秘府，外人不见，至此始见之云。是秦焚书一案，又为古文经之根据也。

考《汉书·萧何传》："沛公至咸阳，何独先入，收秦丞相、御史律令图书藏之。"汉承秦制，图书在兰台，为御史所掌。《百官表》："御史大夫，秦官，有两丞。一曰中丞，在殿中兰台，掌图籍秘书。"若律令，则在相府。故萧何为相，以张苍入居相府，主上计。由是推之，秦图书在兰台，是官家之经籍犹存，不能以始皇焚民间之书，遂并御史府之图书而焚之。使其若是，则御史府尚何有秘书之可掌乎？且秦博士具官待问，历历可征。若官书尽焚，博士尚何古今之可通，而置此有名无实之官乎？至刘向校书，以中古文《易经》（颜师古曰："中者，天子之书也。言中，以别于外耳"）校施、孟、梁丘经（见《艺文志》）。张霸以古文《尚书》百两篇征，成帝以中书校之非。是西汉时之中古文，史未著其由来（《河间献王传》："献王所得书，皆古文先秦旧书。《周官》《尚书》《礼》《礼记》《孟子》《老子》之属，皆经传说记，七十子之徒所论。"不言古文《易》。是中古文《易》非河间献王德所献也），或即萧何所收。故秦时图书以无师法传习，故庋藏为中秘书，以备考校艺文耳。是以汉初故秦博士如伏胜、叔孙通辈，咸不言古文，以经存中书，固不必待数十年后而始求之于山岩屋壁间也。直至刘歆治《左氏》，引传文以解经，转相发明，博士不肯置对，以《左氏》不传《春秋》而无师说故也。当时师丹谓歆非毁先帝所立，范升谓《费氏易》《左氏传》无本师而多违反，皆集矢于刘歆者也。

东汉之世，意在网罗遗逸，博存众家，诏高才生受《古文尚书》《毛诗》《穀梁》《左氏春秋》，虽不立学官，皆擢高第。东汉经学之异于西汉者，西汉重师法，东汉重家法。师法者溯其源，家法者衍其流。家法从师法分出，由是经有数家，家有数说，学徒劳而少功，后生疑而莫正（《郑玄传》）。至郑玄出，括囊大典，网罗众家，删裁繁诬，刊改漏失，自是学者略知所归。然玄杂糅古今，沟合为一，使两汉家法亡不可考，故论者以为郑学盛而汉学衰，盖经学至郑玄而三变矣。当时墨守家法，号称专家者，以何休《公羊解诂》为今文家巨著。魏、晋之间，齐、鲁、韩《诗》，欧阳、大小夏侯《尚书》，浸亡逸矣，而郑玄所著《诗》《书》《易》《三礼传》最盛。及魏王肃出，善贾逵、马融之学，而不好郑氏，集《圣证论》以讥短玄（《魏志·王肃传》），而郑学始渐衰矣。然肃注各经，而伪造孔安国《尚书传》《论语注》《孝经注》《孔子家语》《孔丛子》各书，互相证明，以攻郑玄。由是伪书渐盛，遂为经学之一大厄矣。

附：先秦两汉传经表

### 两汉五经博士沿革表

| 经 \ 博士 \ 时代 | | 西汉文帝 | 景帝 | 武帝 | 宣帝 | 元帝 | 平帝 | 东汉光武 |
|---|---|---|---|---|---|---|---|---|
| 《诗》 | | 鲁申公 | | | | | | 鲁 |
| | | 燕韩婴 | | | | | | 韩 |
| | | | 齐辕固生 | | | | | 齐 |
| | | | | 欧阳生 | | | 毛氏 | |
| 《尚书》 | | | | 欧阳生 | | | | 欧阳氏 |
| | | | | | 大夏侯胜 | | | 大夏侯 |
| | | | | | 小夏侯建 | | | 小夏侯 |
| | | | | | | 古文 | | |
| 《易》 | | | | 杨何 | | | | |
| | | | | 施雠 | | | | 施氏 |
| | | | | 孟喜 | | | | 孟氏 |
| | | | | | 梁丘贺 | | | 梁丘氏 |
| | | | | | | 京房 | | 京氏 |
| 《春秋》 | 《公羊传》 | | 董仲舒 | | 严彭祖 | | | 严氏 |
| | | | 胡母生 | | 颜安乐 | | | 颜氏 |
| | 《穀梁传》 | | | | 江公孙 | | | |
| | 《左传》 | | | | | | 左氏 | |
| 《礼》 | 经 | | | 后仓 | | | | |
| | 记 | | | | 大戴德 | | | 大戴 |
| | | | | | 小戴圣 | | | 小戴 |
| | 《周礼》 | | | | | | 《周官》 | |

附《乐经》：《王莽传》：元始四年（平帝年号）立《乐经》，益博士员，经各五人。

## 三国五经博士表

| 经 \ 博士 \ 朝代 | | 蜀汉 | 魏 | | 吴（永安元年立五经博士，以虞翻传注言玄注，五经行乎学校，故定为玄） |
|---|---|---|---|---|---|
| 《诗》 | | 毛公，见《晋书·儒林文苑传》 | 毛公 | 郑玄<br>王肃 | 毛公、郑玄 |
| 《尚书》 | | 郑玄 | 古文 | 贾逵<br>马融<br>郑玄<br>王肃 | 郑玄 |
| 《易》 | | 郑玄 | 费氏 | | 郑玄 |
| | | | 郑玄 | | |
| | | | 王朗 | | |
| 《春秋》 | 《公羊传》 | | 颜氏<br>何氏 | | |
| | 《穀梁传》 | | 尹氏 | | |
| | 《左氏传》 | 《蜀志·尹默传》：精《左氏》，子宗传其业，为博士。 | 服虔 | | |
| | | | 王肃 | | |
| 《礼》 | 经 | 郑玄 | 郑玄 | | 郑玄 |
| | | | 王肃 | | |
| | 《小戴记》 | 郑玄 | 郑玄 | | 郑玄 |
| | | | 王肃 | | |
| | 《周官》 | 郑玄 | 郑玄 | | 郑玄 |
| | | | 王肃 | | |

## 第三十五节　两汉之学术（下）

两汉经学而外，其学术之发达，关系于后世者，有数事焉。今略举之：

（一）史学之发达　中国史官之作，肇自黄帝，仓颉、沮诵实居其职；备于周室，而有太史、小史、内史、外史、左史、右史之名。至秦，有太史令。汉兴，武帝又置太史公，位在丞相上，以司马谈为之。汉法，天下计书先上太史公，副上丞相，序事如古《春秋》。司马谈以自春秋获麟以来，四百余岁，而诸侯相兼，史记放失，尝欲有所论载，未及而卒。其子继为太史令，乃据《左氏》《国语》，采《世本》《战国策》，述楚汉春秋，网罗天下放失旧闻，上自黄帝，下讫武帝，创为本纪、表、书、世家、列传，凡百三十篇，欲以究天人之际，通古今之变，成一家之言。自刘向、扬雄，博极群书，皆称迁有良史之材，服其善序事理，辨而不华，质而不俚，其文质，其事核，不虚美，不隐善，故谓之实录。嗣是扬雄、刘歆、阳城卫、褚少孙、史孝山之徒，颇或缀集时事，然多鄙俗，不足以踵继其书。东汉之初，班彪乃继采前史遗事，傍贯异闻，作《后传》数十篇。其子班固以彪所续前史未详，乃探撰前记，缀集所闻，以为《汉书》。起元高祖，终于孝平、王莽之诛，十有二世，二百三十年。综其行事，傍贯五经，上下洽通，为春秋考纪（《音义》曰："谓帝纪也，言考核时事，具四时以立言，如《春秋》之经"）、表、志、传，凡百篇。潜精积思，二十余年乃成。当世甚重其书，学者莫不讽诵焉。固之序事，不激诡，不抑抗，赡而不秽，详而有体，使读之者亹亹而不厌，与迁书并称为良史云。后世为通史者宗马，为断代史者宗班，二千年来之正史，未有能出其范围者也。

（二）小学之发达　周宣王时，太史籀著《大篆》十五篇，与古文或异（古文者，仓颉文也；或异者，不必尽异也），后人谓之籀书。其后七国分立，言语异声，文字异形。秦兼天下，丞相李斯乃奏同之，罢其不与秦文合者。斯作《仓颉篇》，中车府令赵高作《爰历篇》，太史令胡母敬作《博学篇》，皆取史籀大篆，或颇省改，所谓小篆者也。是时，官狱职务繁，篆字难成，初有隶书，以趋约易，而古文由此绝矣。隶书者，始皇使杜人程邈附于小篆所作也，以其施于徒隶，故谓之隶书。自此秦书有八体，一曰大篆（秦时不行），二曰小篆（秦时最重），三曰刻符（汉制：符以竹，长六寸，分而相合），四曰虫书（以书旛信），五曰摹印（规度印之大小、字之多少而刻之），六曰署书（凡封检题字皆曰署，题榜亦曰署），七曰殳书（凡兵器题识），八曰隶书（便于官狱职务）。汉兴，尉律（谓汉廷尉所守律也）学僮十七以上始试（谓始应考试也），讽籀书九千字，乃得为史（《周礼》郑注曰："倍文曰讽。"《说文》竹部："籀，读也。"讽谓诵尉律之文，籀书谓能抽取尉律之义，推演发挥，而缮写字至九千之多，得为郡县史也）。又习八体，郡移太史并课，最者以为尚书、御史、史书令史（史书即隶书，应邵注《汉》谓周宣王太史籀所作十五篇，殊为缪解。史书令史，主书及掌奏，分隶尚书、御史也）。吏民上书，字或不正，辄举劾。王莽颇改古文，别定六书。当汉武帝时，司马相如作《凡将篇》。平帝时，扬雄作《训纂篇》。凡《仓颉》以下十四篇，凡五千三百四十字，群书所载，略存之矣。后汉安帝时，许慎博采通人，稽撰其说，作《说文解字》，分五百四十部，九千三百五十三文。于是天地鬼神、山川草木、鸟兽蛇虫、杂物奇怪、王制礼仪、世间人事，莫不备载焉。元帝时，史游作《急就篇》，解散隶体，创作草书。各字相连者谓之草，不连者谓之章（宋王偍说），后世楷书即兼隶与章而为之。赵壹云起秦之末，是草书殆不始于史游矣。自李斯变大篆为小篆，而程邈又变小篆为隶书，汉兴又变隶书为草书，文字日趋于便易，是为文化工具之进步。然《说文》所载各文多至九千余文，至今日通行文字仅二千余名，已足供人事之用，此又足征学问之退化矣。

（三）文学之发达　自屈原创为骚体，而南方之文学逐渐被于中原。荀卿著书，已有赋篇，至汉而衍为词赋，遂以代古代传统之文学，而诗歌反居于闰位。读《艺文志》所载，赋凡八百六十八篇，诗凡三百一十四篇，则词赋之盛于诗歌，较然可睹矣。汉赋家以司马相如、贾谊、枚乘、扬雄、班固、张衡为称首，皆以侈丽闳衍之辞，以极讽颂形容之致，扬雄所谓"诗人之赋丽以则，辞人之赋丽以淫"者也。诗则由四言变为五言、七言，与古代乐章分矣。下至建安七子（孔融、陈琳、王粲、徐干、阮瑀、应玚、刘桢），咸慷慨以任气，磊落以使才，盛极一时；而曹氏父子，雅好斯文，子建五言，尤足独步千古，盖词赋之道盛极而衰，诗歌遂代兴矣。自武帝立乐府而采歌谣，于是有代、赵之讴，秦、楚之风，皆感于哀乐，缘事而发，亦可以观风俗、知厚薄云（《艺文志·诗赋略》）。于是民间之歌谣，语体之文学，遂与庙堂之高文典册分道扬镳，为文学界别开一生面焉。然此皆有韵之文也，而无韵之文，在汉时亦特为发达。贾谊之文雄浑，晁错之文峻峭，董仲舒之文醇茂，司马迁之文闳深，扬雄之文奇崛，此得天地阳刚之美者也。刘向之文渊懿，此得天地阴柔之美者也。后汉则班固以典雅开其先，蔡邕以醇正殿其后，允为一代文章之正宗。然前汉之文，词缛气厚，骈散合为一致；后汉积用俪句，逐于华采，气格过于整密，风骨靡于词藻，遂开后世骈散分体之门矣。三国之文虽不如东汉之壮美，然质直剀切，犹不失先民之矩矱焉。此外则小说在汉时亦最为发达，武帝时虞初《周说》至九百四十三篇之多，《艺文志》特立小说一家，与诸子并列，称为小道可观，则当日小说家之势力亦大矣，惜其书无传。

（四）历法之修明　汉初袭秦正朔，以十月为岁首，其时有黄帝历、颛顼历、夏历、殷历、周历及鲁历。北平侯张苍言，用颛顼历，比于六历，疏阔中最为微近，行之百有二岁，而朔晦月见，弦望满亏，多非是。武帝元封七年，乃诏大中大夫公孙卿、壶遂、太史令司马迁、侍郎尊、大典星射姓等议造汉历，选用治历邓平、方士唐都、巴郡落下闳等造历，宦者淳于陵渠复覆《太初历》晦朔弦望，皆最密，遂行用焉。自汉历初起，尽元凤六年（昭帝年号）三十六岁，而是非坚定。至孝成世，刘向总六历，列是非，作《五纪论》。向子歆究其微眇，作《三统历》，推法密要（《汉书·律历志》）。王莽废

《太初》，用《三统历》。光武中兴，废莽历，复用《太初历》(《考异》)。《太初历》行至章帝时，历称后天，失天益远。元和二年，始诏改行四分法焉。汉行《太初》而六家纷错，争讼是非，四分行度虽密于《太初》，而复有不正，议改历者时复纷纭。大抵汉之历法，无论在官在民，咸以课多为中，积之岁月，覆候有准，乃施行焉。刘洪议："律术不差不改，不验不用。天道精微，度数难定，术法多端，历纪非一。未验无以知其是，未差无以知其失。失然后改之，是然后用之，此谓永执厥中。"(《续汉志》)汉之律法，全凭实验，其所谓是者，亦一时实验结果之假定，取合于当时而已，此与近世科学之精神相吻合焉。其时儒者亦咸潜心历术，西汉之扬雄、刘歆，东汉之贾逵、蔡邕，其著者已，而南阳张衡尤为特出。衡善机巧，尤致思于天文阴阳历算，作浑天仪，妙尽璇机之正，较之古代宣夜、周髀之术，唯浑天近得其情焉。著《灵宪》《算罔论》，言甚详明。复造候风地动仪，以精铜铸成，圆径八尺，合盖隆起，形似酒尊，饰以篆文山龟鸟兽之形；中有都柱，傍行八道，施关发机；外有八龙，首衔铜丸，下有蟾蜍，张口承之。其牙机巧制，皆隐在尊中，覆盖周密无际。如有地动，尊则振龙机发吐丸，而蟾蜍衔之。振声激扬，伺者因此觉之。虽一龙发机，而七首不动，寻其方面，乃知震之所在。验之以事，合契若神。自书典所记，未之有也。自此以后，乃令史官记地动所从方起(《张衡传》)。观此则汉时机器之发达，测量之进步，其有裨于律历之测验者大矣。

(五)思想界之概况　中国思想界经始皇之摧折，而战国时百家争鸣之学风遽然为之衰熄，复以楚汉之战争，元气摧伤，人心自然返于安息之状态，无复向日踔厉风发之概矣。且秦时方士之术，邹衍阴阳消息(《史记》)、五德终始(《别录》)之说，复与儒术相杂糅，伏生之以五行说《尚书》，董仲舒之以灾异说《春秋》，莫不含有神秘之色彩，则思想界之不能为清晰发展概可见矣。数百年间，惟淮南子、扬雄、王充三人之学说，饶有哲学之旨趣。《淮南》书为刘安与宾客杂作，内容复杂。言其大也，则焘天载地；言其细也，则论于无垠；言其大较，归之于道，故名其书曰"鸿烈训"。鸿，大也，烈，明也，以为大明道之言也。要其旨，近于《老子》（约高诱序）。扬雄为人好学，不为章句，默而好深湛之思，著《太玄》以拟《易》，《法言》以拟《论语》。观玄之书，昭则极于人，幽则尽于神，大则包宇宙，细则入毛发，合天地人之道以为一，刮其根本，示人所出，胎育万物而兼为之母（司马光《读玄》），张衡所谓"子云之书，妙极道数，乃与五经相儗"者也。《法言》文义虽艰深，而论不诡于圣人（范晔语），盖纯然儒家之支派，不似《太玄》之杂取《老》《易》以立言也。王充生当安帝之时，好论说，始若诡异，终有论实。著《论衡》八十五篇，释物类同异，正时俗嫌疑，订百氏之增虚，诘九流之拘诞。天人之际，悉所会通；性命之理，靡不穷尽。故蔡邕秘之，以为谈助；王朗得之，称为异书。在汉儒中，实能特树一帜者。充书形露易观，欲令文字与口言同趋，中国言文一致之首倡，惟《论衡》实开之。此外诸子，西汉如陆贾、贾谊、刘向，东汉如王符、仲长统、崔实、荀悦、徐干，或论正道，或阐儒学，虽有雅言，而别无创解，于古今思想界无大影响，故不具论云。

（六）音乐之变迁　周存六代之乐（黄帝乐曰《云门大卷》，尧乐曰《大咸》，舜乐曰《大磬》，禹乐曰《大夏》，汤乐曰《大濩》，周乐曰《大武》），秦始皇平天下，六代庙乐惟《韶》《武》存焉，古乐自是沦缺矣。汉兴，乐家有制氏，仅能纪其铿锵鼓舞，而不能言其义。叔孙通因秦乐人制宗庙乐，高帝作武德舞，更舜韶舞曰文始舞，秦攻周大武曰五行，汉仍为五行之舞。至武帝，乃立乐府，以李延年为协律都尉，使司马相如作十九章之歌，而内有掖庭才人，外有上林、乐府，皆以郑声施于朝廷。时河间献王德与毛生等共采《周官》及诸子言乐事者，以著《乐记》，因献所集雅乐，天子下太乐官，常存肄之，岁时以备数，然不常御。成帝时，郑声尤甚，黄门名倡丙强、景武之属，富显于世，而贵戚淫侈过度，至于人主争女乐。哀帝诏罢乐府官及郑、卫之音，然百姓渐渍日久，又不制雅乐有以相变，豪富吏民沉湎自若，凌夷至于王莽。后汉光武平公孙述，传送述瞽师、郊庙乐器、葆车舆辇，于是法物始备。明帝改大乐官曰大予乐，自是乐凡四品：一曰大予乐，郊庙、上陵、诸食举之；二曰周颂雅乐，辟雍、飨射、六宗、社稷用之；三曰黄门鼓吹乐，天子宴乐群臣用之；四曰短箫铙歌乐，军中用之。自东京大乱，绝无金石之乐。曹操平荆州，获汉雅乐郎杜夔，使创定雅乐，始设轩悬钟磬，复先代古乐，自夔始也。

案：汉武帝时有鼓角横吹曲，横吹有双角，即胡乐也。张骞入西域，传其法于西京，惟得《摩诃兜勒》一曲。李延年因胡曲更造《新声二十八解》，乘舆以为武乐，后汉以给边将。自是中乐受西域乐曲之影响，而音乐界为之一变矣。

（七）艺术之发达

（甲）关于文具者　笔为舜造，自古有之（见《博物志》），惟用兔毛则自蒙恬始（《懒真子》）。春秋以前，书籍皆用竹策，至六国以后，始有用帛者。《墨子》曰："书于竹帛，镂于金石。"《汉书·艺文志》曰："《诗》遭秦而全者，以其讽诵，不专在竹帛故也。"此用帛之证。盖其时百家竞起，文字益繁，固有汗简所不能胜载者（徐养原《周代书策制度考》）。简重而帛贵，并不便于人。后汉和帝时，宦者蔡伦乃造意用树肤、麻头及敝布、鱼网以为纸，自是上下莫不从用焉，天下咸称为蔡侯纸。文化得此便利之工具，其传播较前愈广矣（西洋古无纸，字盖用尼罗河岸芦苇内皮代书，至纪元七百五十一年后，纸始由亚拉伯人传入欧洲。亚拉伯人得造纸法于中国之俘虏，详见李大钊《唯物史观》引英人说。考纪元七百五十一年为中国唐玄宗天宝十年。《新唐书》纪天宝十年七月，高仙芝与大食战于怛逻斯城，败绩。大食即亚拉伯，或即其事欤）。

（乙）关于绘画者　中国绘画，肇自史皇。史皇为黄帝之臣，作图（见于《世本》）。至战国时，周明堂四门墉有尧、舜、桀、纣之象，又有周公抱成王朝诸侯图（《家语》）；楚先王庙及公卿祠堂图天地、山川、神灵、琦玮僪佹，及古圣贤怪物行事（《天问序》），为中国最盛。上自宫古壁画，秦每破诸侯，写放其宫室，作之咸阳北坂上（《始皇本纪》）。汉兴，绘事尤殿（汉文帝三年，于未央宫承明殿画屈轶草、进善旌、毁谤木、敢谏鼓、獬豸。鲁灵光殿图画天地，品类群生，杂物奇怪，山神海灵，写载其状，托之丹青，千变万化，事各缪形，随色象类，曲得其情）、省（蔡质《汉官典职》："尚书奏事于明光殿，省中皆以胡粉涂壁，紫素界之，画古烈士，重行书赞"）、阁（汉宣帝甘露三年，图画股肱之臣于麒麟阁，法其形貌，置其官爵、姓名），下至郡府厅事（肃宗时，郡尉府舍皆有雕饰，画山海神灵、奇禽异兽），莫不有画。壁画之盛行，于时概可见矣。后汉明帝雅好图画，别立画官，诏博洽之士班固、贾逵辈，取诸经史事，命尚方画工图画（张彦远《历代名画记》）。是时，帝遣使天竺问佛道法，遂于中国图画形象焉（《后汉书·西域传》），又于白马寺之壁上作千乘万骑绕塔三匝图，中国画法遂渗入印度宗教之色彩矣。至于民间冢中画像，尚多遗存，其最著者为今山东肥城县之孝堂山祠，及嘉祥县之武梁祠等石刻。孝堂山祠石刻为永建四年前作品（永建为顺帝年号），武梁祠石刻为建和年间作品（建和为桓帝年号）。其所画有古代帝皇、圣贤、名人、烈女、战争、车马、庖厨、鱼龙、鬼神、奇禽、异兽，多呈特怪之形象，颇足以征古代神话历史及生活状态焉。

（丙）关于制造者　前汉时代，置三工官（考工室、右工室、东园匠），首都之工官，岁费五千万。故班史称宣帝之治而赞其技巧、工匠、器械鲜能及之，陈寿表诸葛之贤而称其工械、技巧物究其极。诸葛亮作木牛流马以运粮，开机器致用之端。魏扶风马钧为天下之名巧，以旧绫机五十综者五十蹑，六十综者六十蹑，患其丧功费日，乃皆易以十二蹑，其奇文异变，因感而作，犹自然之成形，阴阳之无穷也。又作翻车，令童儿转之，而灌水自覆，更入更出，其巧百倍于常（《三国志·方技传》注傅玄序）。马钧之巧，虽古公输般、墨翟、王尔，近汉世张平子，不是过也。当时不能尽其用，巧无益于世，此中国科学之所以不振欤？

## 第三十六节　秦汉三国社会之变迁

秦汉数百年政教，既为迭成变古入今之国家，则当日之社会亦必大异于古而影响于后矣。今分风俗、生计、宗教三端言之。

（一）风俗　中国自孔、墨以爱人救世之风倡天下，其流风之所渐，遂变而为游侠刺客，孔门八儒，而漆雕氏居其一。漆雕之议，不色挠，不目逃，行曲则违于臧获，行直则怒于诸侯（《韩非子·显学篇》）。墨子腓无胈，胫无毛，沐甚雨，栉疾风，以裘褐为衣，以跂蹻为服，日夜不休，以自苦为极（《庄子·天下篇》）。此其道固已开游侠之风矣。战国以来，强权日张，而刺客游侠之风乃大盛。《史记》所立刺客传五人：曹沫之劫齐桓，专诸之刺吴王僚，豫让之刺赵襄子，聂政之刺韩相侠累，荆轲之刺秦王。虽或感一人之恩怨，或图国家之存亡，有成有不成，然皆立意较然，不欺其志者也。至游侠，行虽不轨于正义，然言信行果，已诺必诚，不爱其躯，赴士之困厄。既已存亡死生矣，而不矜其能，羞伐其德。战国之时，魏有信陵，赵有平原，齐有孟尝，楚有春申，皆借王公之势，竞为游侠。汉兴，鲁有朱家，楚有田仲，洛阳有剧孟，轵有郭解，皆以布衣之细，窃生杀之权，故为专制帝者所最忌。自景帝使使诛济南瞷氏、陈周庸诸侠，武帝族灭郭解，所以摧残游侠者甚至，而游侠遂浸微灭。王莽之兴，天下靡然从风，颂莽功德者至四十八万七千五百七十二人，当时风俗可想见矣。光武中兴，知廉耻道丧，不可为国，故首礼严光，以为天下劝。其后风俗既成，不仕王侯者，则高尚其志，羞与公卿等列，而甘为逸民。而其仕者，虽当阉寺乘权，亦复危言深论，不隐豪强，而祸遭党锢，前仆后继，甘死不靡。其人品之高，风俗之美，为吾国四千年中乃仅见者矣。魏武为中常侍曹腾之裔，其家世既与士族为仇，又以篡立，深不利于气节，故每提倡无赖之风，而摧抑士气。所下教令，如诋廉士为不足用，而求盗嫂受金之才（见《三国志·魏武纪》），谓有行之士未必能进取，进取之士未必能有行。文帝加以任达，而王粲、徐干、陈琳、阮瑀、应场、刘桢、繁钦、丁仪、丁廙之伦,皆以文章知名,于是六籍隐而老、庄兴,经师亡而名士出,秦、汉风俗,至此一变。司马氏盗魏政,雄猜日甚,阮籍以沉沦自晦,幸免一时,而嵇康、何晏、邓飏、李胜、丁谧、毕轨,皆蒙杀戮,东汉气节,荡然无复存矣。然何晏等好老、庄之书,与夏侯玄、荀粲、王弼之徒,竞为清谈,祖尚虚无,谓六经为圣人糟粕,由是天下士大夫争慕效之,遂成风流,不可复制焉。

(二)生计 自王莽改革,社会政策之失败,直接引起天下之怨畔,愈陷社会于混乱。观光武即位,屡下诏书,免除奴婢可见。建武七年五月甲寅,诏吏人遭饥乱及为青、徐贼所略为奴婢下妻,欲去留者,恣听之。敢拘执不还,以卖人法从事。十三年,平公孙述。冬十二月甲寅,诏益州民自八年以来被略为奴婢者,皆一切免为庶民。或依托为人下妻,欲去者恣听之。敢拘留者,比青、徐二州,以略人法从事。十四年十二月癸卯,诏益、凉二州奴婢,自八年以来自讼在所官,一切免为庶民,卖者无还直(《光武纪》)。是当时人民贫不能自存,而依托豪强以求生活者众矣。当是时,百姓虚耗,名都空而不居,百里绝而无民者,不可胜数(仲长统《昌言》)。光武并省四百余县,省减吏员,与民休息(事在建武六年)。永平(明帝年号)、建初(章帝年号)之年,天下无事,务在养民。迄于孝和,民户滋殖。及孝安时,兵饥乏苦,民人复损(《郡国志》注),而俗尚奢侈,舍本农,趋商贾。其男子奢衣服,侈饮食,事口舌而习调欺,或以奸谋合任为业,或以游博持掩(掩谓意钱也)为事。其妇人不修中馈,休其蚕织,而起学巫祝,鼓舞事神。京师贵戚,衣服饮食,车舆庐第,奢过王制(王符《潜夫论》)。由是富者益富,贫者益贫,张角一呼,而青、徐、幽、冀、荆、扬、兖、豫八州之民,莫不响应者,虽缘于宗教之迷信,亦社会生活不安有以致之也。忧时之士,如仲长统,则主复井田,以齐民财之丰寡,正风俗之奢俭(《昌言·损益篇》)。荀悦则主耕而勿有,以俟制度,以挽卖买由己、富人专地之弊(《申鉴》)。董卓之乱,劫御西迁,京师萧条,豪杰并争。兴平、建安之际,海内凶荒,天子奔流,白骨盈野,剥割庶民,三十余年。及魏武平定,文帝受禅，人众之损，万有一存。三国鼎立，战争不息。魏氏户六十六万余，口四百三万余。蜀汉亡时，户二十八万，口九十四万。吴亡时，户五十二万，口二百三十万。方之汉孝平时，户千二百二十二万余，口五千五百五十九万余。三国户口，不过当汉之南阳、汝南二大郡民数而已。而以供三帝之国用，应频年之战争，民力尽矣，尚何生计之可言乎！（民数约用《郡国志》刘昭注）

（三）宗教　自阴阳五行之说变为燕、齐方士神仙之谈而盛行于战国之末，秦起西方，俗好鬼神怪异，其详见于《封禅书》。始皇之好神仙、信鬼神，自其国俗使然，而又加以无穷之欲望，故方士适投其所欲，而神仙之说大盛。汉武复踵而效之，各种方术蜂起，于是迷信之风遍行于民间矣。观《史记·日者列传》有五行家、堪舆家、建除家、丛辰家、历家、天一家（原文作"天人家"，据钱大昕说，天人为天一之误。《艺文志》五行家有《天一书》）、太一家等名，已可见矣。哀、平之际，复济以谶纬之说。谶为未来之预言，纬为释经之秘记。王莽假之以篡汉，光武用之以决事，儒者用之以说经。一切祸福、命禄、怪异、道术之说，缘之而兴。观《论衡·命禄》《幸偶》《奇怪》《福虚》《祸虚》《道虚》《异虚》等篇可见。而中国之道教遂乘运而兴，产生于此迷信弥漫之社会中矣。其创立者，实惟张陵。陵为沛国丰邑人，当顺帝时游太学，博通五经，其后入蜀之鹤鸣山（今崇庆县西北），学长生之术，自称受道于老子，著《道书》二十四篇，诱引人民，入其门者皆出五斗米，故称五斗米道。由是古代道家之老子一变而为道教之鼻祖矣。陵死后，其子衡及孙鲁皆传其术，称陵为天师。鲁始为益州牧刘焉之部下，其后独立，据汉中三十余年，降于曹操。鲁以鬼道教民，自号师君，其来学道者，初皆名鬼卒，受本道已信，号祭酒，各领部众，多者为治头大祭酒。皆教以诚信，不欺诈。有病，自首其过，使饮符水。诸祭酒皆作义舍，又置义米肉，悬于义舍。行路者量腹取足，若过多，鬼神辄病之。犯法三原，然后乃能行刑。不置长吏，皆以祭酒为治（《三国志·张鲁传》）。鲁虽败降，而其教则盛行民间。其子张盛移于江西之龙虎山，继续道教，世为朝野所尊奉，历千余年，直至民国而始黜焉。

# 第二章
# 自晋至隋为汉族中衰时代

## 第一节 本期历史大旨

本期之历史，一中国之民族盛衰史也。本期历史以前，常以一族之汉人种征服各种之外族。入此期来，则汉族常为无数外族所蹂躏，而失其主动之地位。本期历史以前，汉族常居于黄河流域，而开拓四方之土地。入此期来，外族据有汉族数千年之中原，而汉族乃避居于长江之东南。于是黄河流域渐失其古代之文化，而汉族相传固有之文化，乃愈趋于扬子江以南矣。至其结果，则东、西、北塞外之种族与中原遗流之汉族混合而为一，北方异族后起之文明与南方汉族固有之文明特立而为二。至隋唐一统，中国各民族融化已久，其种界固不可分，而其所受之文明则北派多而南派反少。盖隋唐起于西北，而后定有东南，相承之势然也。故此期中谓之为中国种族之大迁徙可也，谓之为中国文化之大迁徙亦可也。以东晋以前，有隋以后，中国民族与文明种种之相异者，皆以此期为转关故也。至其所以致此之原因，则由于前后汉两朝专以并吞中国四旁之他族为务，北则匈奴、鲜卑，西则氐、羌，西南则巴、賨，几无不遭汉族之吞噬者。中国以是得成大国，而其致乱则亦因之。盖中国每于战胜之后，必掳掠其民，致之内地，漫不加以教养，而县官豪右皆得奴使之，积怨既久，遂至思乱。若政府无事，尚有所畏，一旦有烽烟之警，则群思脱羁绊矣。及其事起,居腹心之位,掩不备之地,其事比御外侮尤难。故五胡之乱,垂三百年而后定也。其后河北之地,皆并于北魏。魏人于北边设六镇,配汉人以防边,而自与其大姓居洛阳。久之,则强弱之形,彼此异位,适与两汉时相反。于是高欢、侯景等稍稍通显。至隋唐间,天下之健者,无一非汉人矣。此民族盛衰之大致,而汉族之终能恢复,其势力所由然也。民族既如是矣,而外至之佛教亦极盛于此时。汉族屡经丧乱,其思想日趋于厌世,故魏晋之世,已尚老、庄。至河、洛、秦、雍诸国,其种人本从西北来。天竺佛教早传于印度与西域,至此即随其种人以入中国,遂由江北以达江南,而适合于南方汉族之观念,故其教遂弘。由是中国宗教观念为之一变,非复如两汉专以儒术为国教矣。此中国宗教复杂之原,乃与民族相为表里者也。

## 第二节 晋之开基

晋自司马炎始正位号,是为武帝,而其先凡三主,曰宣王懿,曰景王师,曰文王昭,皆枭雄,世与曹氏相持。懿内忍而外宽,猜忌多权变,魏武时已察其有雄豪志,谓太子曰:"司马懿非人臣也,必预汝家事。"太子素与懿善,每相全佑,故免。懿于是勤于吏职,夜以忘寝,至于刍牧之间,悉皆临履,由是魏武意遂安(《晋书·宣帝纪》)。自魏文、魏明以来,屡主兵柄,两受顾命,与曹爽夹辅齐王芳。其后将诛曹爽,深谋秘策,独与子师潜画,世莫得知。爽诛,遂大行杀戮,其支党皆夷及三族。太尉王凌起兵扬州讨懿,未作而觉,懿执凌归于京师。凌道经贾逵庙(字梁道,魏人),大呼曰:"贾梁道!王凌是大魏之忠臣,惟尔有神知之。"至项(今河南项城县),仰药而死,懿遂族诛之。悉录魏诸王公置于邺,命有司监视,不得交关。懿还京师,寝疾,梦贾逵、王凌为祟,意恶之,逾月遂卒,年七十三。子师为大将军、都督中外诸军、录尚书事,其猜忍与懿略同。当师之豫谋诛曹爽也,阴养死士三千,散在人间,事起,一朝而集,众莫知所出也。师秉政时,中外多魏旧臣,中书令李丰、太常夏侯玄、后父光禄大夫张缉与魏主谋杀师，师密知之，以车迎丰，迫而杀之，逮捕玄、缉等，皆夷三族，讽天子废皇后张氏。魏主以玄、缉之诛，意不自安，而师亦虑难作，乃奏太后废芳，以齐王归藩，迎立高贵乡公曹髦为天子。而安东将军毌丘俭素与李丰、夏侯玄善，意不自安，乃与扬州刺史文钦举兵寿春（今安徽寿县，当时为魏防吴之重镇，王凌、毌丘俭、诸葛诞皆镇此地）。师舆病自讨俭等，文钦奔吴，俭兵败走死。未几，师亦病创死，弟昭复继其位，时高贵乡公之二年也。四月，再有寿春之役。征东大将军诸葛诞与夏侯玄、邓飏等友善，玄等死，王凌、毌丘俭相继诛灭，诞内不自安。及司马昭初柄政，遣贾充至淮南察诞。充见诞，论说时事，语及洛中诸贤皆愿禅代。诞厉声曰："卿非贾豫州子乎？世受魏恩，岂可以社稷输人乎？若洛中有难，吾当死之。"充还，劝昭召诞入为司空。诞遂通款于吴，举兵淮南。昭督大军攻破寿春，降吴将全怿等，斩诸葛诞。于是昭威权日盛，自晋为相国、晋公，加九锡。高贵乡公不胜其忿，召侍中王沈、尚书王经、散骑常侍王业谓曰："司马昭之心，路人所知也。吾不能坐受废辱，今日当与卿自出讨之。"经以为不可，沈、业奔走告昭。魏主遂拔剑升车，率左右鼓噪而出。昭召护军贾充等为之备，遂与魏主战于南阙下。太子舍人成济抽戈前刺魏主，刃出于背，陨于车下。昭罪归于成济而杀之，更立常道乡公奂。奂之四年灭蜀，昭自进为晋王。逾年昭死，子炎即位，遂于是年受魏禅矣。此三主图魏之大略也。后东晋明帝时，帝问王导前世所以得天下，导乃陈懿创业之始及文王末高贵乡公事，明帝以面覆床曰："若如公言，晋祚安得长远？"石勒与徐光论古，亦曰："大丈夫行事，当磊磊落落，如日月皎然，终不能如曹孟德、司马仲达父子欺他孤儿寡妇，狐媚以取天下也。"

## 第三节　西晋诸帝

武帝以前，三主皆未称帝。武帝以后，三帝皆大乱。其后元帝偏安江左，传世十一，皆不能保其一统。是晋之盛时，惟武帝一代而已。然帝材实平庸,远不及其祖若父。帝即位十五年,大举伐吴,兵二十余万,分六道并进。王濬自益州楼船东下,克西陵（今湖北宜昌西之夷陵）；杜预自襄阳克江陵；王浑出横江（安徽和县东南）,攻吴镇戍,所向克捷。预分兵益濬,横流长骛,遂下武昌。时吴丞相张悌率众三万,渡江逆战,为晋扬州刺史周浚所败,全吴精兵殄灭于此。王濬自武昌顺流径趣建业,舟师过三山（在江宁西南）,王浑遣信要濬暂过论事,濬举帆直指建业,报曰:"风利,不得泊也。"是日,濬戎卒八万,方舟百里,鼓噪入于石头（今江宁西面城）,降吴主皓。其明日,王浑乃济江,以诏书令濬受浑节度。濬不待已至,先受孙皓降,意甚愧忿,遂表濬违诏不受节度,诬以罪状。濬表辨以日中至秫陵（今江宁县东南五十里秫陵镇）,暮乃被浑所下当受节度之符,非敢忽弃明制。浑、濬遂争功不已。

帝初喜魏氏奢侈,革弊之后,乃矫以恭俭,焚雉头裘于太极殿前,以厉天下。及平吴之后,天下又安,遂怠于政术,耽于游宴,后宫至万余人,宠爱后党,请谒公行。后父杨骏及弟济、珧,势倾天下,时人有三杨之号,彝章紊矣。爰至末年,知太子（即后惠帝）弗克负荷,然恃皇孙遹（母谢才人）聪睿,故无废立之心。复虑非贾后所生,终致危败,乃用王佑之谋,遣太子母弟秦王柬都督关中,楚王玮、淮南王允并镇守要害,以强帝室。又恐杨氏之逼,复以王佑为北军中侯,以典禁兵。既而寝疾弥留,至于大渐,佐命元勋,皆已先没,群臣惶惑,计无所从。会帝小差,诏以汝南王亮辅政,杨骏秘而不宣。帝寻复至迷乱,杨后辄为诏以骏辅政,帝视而无言,遂至困笃。中朝之乱,始于此矣。帝在位二十六年,子衷即位,是为惠帝。帝最不慧,为古今所罕。在位十七年,天下大乱,晋业遂衰。皇太弟炽即位,是为怀帝。在位五年,为匈奴刘聪所虏,使青衣行酒。武帝孙邺即位,是为愍帝。在位五年,又为匈奴刘聪所虏,使帝执。盖二帝皆为聪害于平阳,怀、愍聪明,皆胜惠帝,而蒙惠帝之乱,不可复止。自此以后,中原非复晋有。司马睿即位建康,是为东晋矣。

案：晋自宣、文以来，世以诈谲窃权，非有功德以开基也。武帝中主，诒谋不臧，当时识者皆知其不能庇后，晋臣何曾有言："国家应天受禅，创业垂统，吾每宴见，未尝闻经国远图，惟说平生常事，非贻厥孙谋之兆，及身而已，后嗣其殆乎！"信哉斯言，吾于惠帝何尤！

## 第四节　贾后八王之乱

　　魏文鉴汉以外戚专政而亡，制女后不得临朝（详见《魏志》黄初三年诏），故魏氏无外戚之祸。晋武鉴魏以宗室孤弱而亡，故大封子弟，并建亲藩，欲使内外相维，亲疏相制；而其结果，女后、外戚、宗室之祸互相倚伏，迥出于所料之外。

　　初，武帝欲为太子纳司空卫瓘女，而杨后受贾、郭（贾后母名郭槐）亲党之说（晋武有两杨后：前杨后讳艳，父文宗，生惠帝；后杨后讳芷，前杨后之从妹也，父骏。与贾后相终始者，皆后杨后也），欲婚贾氏，廷臣荀恺、荀勖亦为之固请，武帝乃许之，而贾充女南风遂为太子妃矣。妃性酷虐，武帝将废之，杨后及廷臣为之请，乃免。后数诫厉妃，妃不知杨后之助己，反以后为构己于武帝，更恨之。惠帝即位，贾后不肯以妇道事杨太后，又欲干预政事，而为太傅骏所抑。贾后密使黄门董猛与殿中中郎孟观、李肇谋诛骏，废太后。先是，武帝矫魏室孤立之弊，隆重宗室，出莅岳牧，入居端揆。贾后欲借其势以除杨骏，使肇报都督豫州诸军事汝南王亮，举兵讨骏，亮不可。肇报都督荆州诸军事楚王玮，玮欣然许之，乃求入朝，玮及都督扬州诸军事淮南王允来至京师。永平元年三月，贾后使孟观、李肇启帝，夜作手诏，诬骏谋反，命楚王玮屯司马门，东安公繇帅殿中四百人讨骏。时中外隔绝，杨太后题帛为书，射之城外，曰："救太傅者有赏。"贾后因宣言太后同反。寻殿中兵出，烧骏府，杀骏于厩中，尽诛杨氏之党，死者数千人。骏为政严碎，不允众心，故及于败。废太后为庶人，诛太后母庞。浚仪董养游太学，升堂叹曰："朝廷建斯堂，将以何为乎？天人之理既灭，大乱将作矣。"遂与妻逃去。此女后之借宗室以害外戚也。

时征汝南王亮与太保卫瓘同辅政，楚王玮、东安王繇并预国事，贾后谋悉去之，以罪徙繇于带方（今朝鲜平壤境内）。夏六月，后使帝作手诏曰："太宰亮、太保瓘欲行伊、霍之事。"夜使黄门赍以授玮，令宣诏免亮及瓘官。玮与亮、瓘有私怨，遂矫诏三十六军（晋洛城内外三十六军），率围亮、瓘府，皆杀之。玮舍人岐盛劝玮宜因兵势，遂诛贾、郭，以正王室，安天下。玮犹豫未决。会天明，太子少傅张华劝贾后宜并诛玮，贾后深然之，乃遣殿中将军王宫赍驺虞幡（晋制最重驺虞幡，每至危险时，或用以传旨，或用以止兵，见之者辄憺伏不敢动）出麾众曰："楚王矫诏，勿听也。"众释仗散走，遂执玮斩之。此女后之借宗室以诛宗室也。

贾后专政，委任亲党，纳族兄贾模之言，以张华庶姓，无逼上之嫌，而儒雅有筹略，为众望所依，以为侍中、中书监，委之朝政。华与裴頠、裴楷、王戎并管机要，同心辅政。故数年之间，虽暗主凶后在上，而朝野粗安。时后淫暴日甚，后妹贾午及充养孙贾谧并干预国政，权侔人主。贾谧与太子遹有隙，劝后废立。贾后遂诬太子遹以大逆，幽于金墉城（在洛阳城西北隅）。太子既废，众情忿怒。右卫督司马雅、常从督许超与殿中郎士猗等谋废贾后，复太子。以右将军赵王伦执兵柄，性贪冒，可假以济事，乃说伦嬖人孙秀使言之，伦许诺。秀复为伦画策，以太子刚猛，不可私请，今微泄其谋，贾后必杀太子，然后废后，乃可得志。贾后闻其事，果杀太子遹，以绝众望。赵王伦、孙秀乃与右卫佽飞督闾和，期以四月三日丙夜一筹，以鼓声为应。及期，伦矫诏敕三部司马（一前驱，二强弩，三由基），从讨贾后，为太子复仇。众皆从之。遂遣翊军校尉齐王冏将兵排阁而入，迎帝幸东堂，斩贾谧于西钟下，收贾后杀之，诛其党贾午、赵粲（武帝充华）等，并杀张华、裴頠、解系、解结等，以除朝望。自加相国、侍中、大都督、都督中外诸军事，遂专朝政。伦素庸下，无智策，复受制于孙秀。秀之威权震于朝廷，天下皆事秀而无求于伦。秀狡黠小材，无深谋远略，既执机衡，遂恣其奸谋，多杀忠良，君子不乐其生矣。伦、秀乃矫作禅让之诏，遂篡帝位，改元建始。此宗室之借诛女后以谋篡也。

时齐王冏出镇许昌，成都王颖镇邺，河间王颙镇关中，各拥强兵，分据一方。冏因众心怨望，遂举兵讨伦，遣使告成都王颖、河间王颙、常山王乂、新野公歆移檄天下，颖、乂、歆皆出兵应冏。伦、秀大惧，遣将张泓等拒冏，孙会等拒颖，相持于颍阴（今河南许县）、黄桥（今河南内黄县黄雀沟上）之间，时有胜负。及孙会为成都王颖败于溴水（自河南济源县东经孟县入河），颖遂济河，由是众情疑阻，皆欲诛伦、秀以自效。左卫将军王舆、尚书广陵公歆率兵入宫，三部司马为应于内，遂斩孙秀于中书省，迎惠帝于金墉城。帝既复位，改元永宁，赐伦死，诛其诸子。伦篡位仅四阅月而败，于是成都王颖、河间王颙、齐王冏先后至洛阳。冏帅甲士数十万，威震京师，自为大司马，加九锡，如宣、景、文、武辅魏故事。颖、颙俱还镇。冏既辅政，骄奢擅权，大筑第馆，坐见百官，于是朝廷侧目，海内失望矣。此宗室之借讨宗室以窃权也。

永宁二年，河间王颙上表陈冏罪状，颙与成都王颖举兵趋洛阳。时长沙王乂留在京师，颙檄乂讨冏，冏遣董艾袭乂，乂将左右百余人驰入宫，奉天子攻冏，连战三日，冏众大败，乂遂斩冏，诛其同党。初，颙意以为长沙王乂势微弱，必为冏所杀，因以为冏罪而讨之，遂废帝立成都王颖，而己为宰相辅政，专制天下。既而乂竟杀冏，不如所谋，乃遣其党冯荪、李含、卞粹袭乂，乂并杀之。颙遂遣将张方率兵七万，成都王颖遣将陆机率兵二十余万，同伐京师。时二王军逼，乂屡破颖军，未尝亏奉上之礼，城中粮食日窘，而士卒无离心。张方久逼洛阳，以为未可克，欲还长安，而东海王越虑事不济，潜与殿中诸将夜收乂置金墉城，密告张方，方炙而杀之。乂冤痛之声达于左右，三军莫不为之垂涕。此宗室与宗室争权而自相残杀也。

河间王颙既杀长沙王乂，遂表颖为皇太弟，乘舆服御皆迁于邺。颖僭侈日甚，嬖幸用事，事无大小皆咨于邺，百度废弛，甚于冏时。

永兴元年，东海王越与右卫将军陈眕、长沙王故将上官巳等奉帝北讨颖，颖使其党石超拒战，乘舆败绩于荡阴（今河南汤阴县），帝颊中三矢，堕于草中，遂为石超所得，执帝入邺，东海王越遁归国。平北将军王浚、并州刺史东瀛公腾（东海王越弟）皆与太弟有隙，至是浚、腾共约鲜卑、乌桓讨颖，颖将王斌、石超皆为浚、腾所败，邺中大震，百僚奔走，士卒分散，眕与数十骑奉帝奔洛阳。此宗室与宗室相争而引外族以自残其同种也。

时河间王颙遣张方率甲卒二万救颖，与颖遇于洛阳，方遂挟帝拥颖，大掠洛阳。魏晋以来，蓄积扫地无余，西归长安。颙以征西府为帝宫，废颖归藩，更立豫章王炽为皇太弟。帝兄弟二十五人，时惟炽、颖及吴王晏存矣。东海王越以张方劫迁车驾，天下怨愤，唱义与山东诸侯克期奉迎。颙闻山东兵起，甚惧，杀张方以与山东和解。越不从，率诸侯及鲜卑、乌桓等击破颙将刁默军于湖（今河南阌乡县），遂东入关。颙单马逃入太白山（在今陕西佛坪县北境），越遂奉帝乘牛车，东还洛阳，遣南阳王模扼杀颙于新安。帝于光熙元年十一月食麦中毒崩，或曰东海王越弑之。太弟炽即位，亲览万机，留心庶政，越不悦，多杀帝亲故，不臣之迹，海内所知。越内不自安，乃请讨石勒，出屯于项（今河南项城县）。时戎虏侵逼郊畿，所在寇乱，州郡携贰，上下崩离，事已不救，越遂于永嘉五年忧惧而死。四月，石勒追及越丧于苦县（今河南鹿邑县东），大败晋兵，纵骑围而射之，十余万人相践如山，无一免者，宗室三十六王俱没于贼。勒命焚越柩，曰："此人乱天下，吾为天下报之。"是岁六月，匈奴刘渊遣将刘曜、王弥、石勒等攻破洛阳，虏怀帝北去。此宗室争权，相与俱尽，外族乘之，中原因以沦陷也。

案：八王者，汝南王亮（司马懿之子，惠帝叔祖）、楚王玮（武帝第五子，惠帝之弟）、赵王伦（懿第九子，惠帝叔祖）、齐王冏（齐王攸之子，惠帝从弟）、长沙王乂（武帝第六子，惠帝之弟）、成都王颖（武帝第十六子，惠帝之弟）、河间王颙（司马孚之孙，惠帝从叔)、东海王越也(司马泰之子，惠帝从叔祖)。八王之祸为载籍所未有，是晋武向之所谓图安者，适所以自危也，然则天下大器诚不可以意智私矣。

## 第五节　五胡之盗有中原（上）北汉　赵　后赵　魏

五胡者，匈奴、羯、鲜卑、氐、羌也。其先皆西北塞外诸族，而为汉魏次第所征服，其后遂杂居于内郡。乘晋室内乱，先后窃有中原，使帝乡便为戎州，冠带奄成殊域。长、淮以北，其为战国者一百三十六载。推其首祸，则自匈奴刘渊。渊之先，出于南匈奴日逐王比。比自光武、建武中入居西河美稷(今山西偏关县)，自以为其先曾与汉约为兄弟，遂冒姓刘氏。魏武分其众为五部，皆以刘氏为部帅。晋武太康中，改置都尉。虽分属五部，皆家于汾、晋之间(前清山西汾州府、太原府等地)。当时诸部与汉族杂居，数因忿恨，杀害长吏，渐为民患。侍御史西河郭钦请因平吴之威，渐徙内郡杂胡于边地，以峻四夷出入之防。武帝不听。刘渊当武帝时为任子，在洛阳，其后代为左部帅，免官。惠帝失驭，寇盗蜂起，北部都尉左贤王刘宣等密谋推戴，遣使诣邺告渊。渊请归，不得许。会太弟颖为东瀛公腾、王浚挟鲜卑、乌桓所攻，渊请还说五部以赴国难。颖说，拜渊为北单于。渊至左国城(在今山西介休县西南)，刘宣等上大单于之号，二旬之间，有众五万，遂于永兴元年即汉王位。遣刘曜攻陷太原诸郡，进据河东，入蒲坂(今山西永济县)，遣王弥、石勒略冀州诸郡及兖、豫以东。永嘉二年，僭称皇帝，迁都平阳(今山西平阳县)，国号汉。两袭洛阳，皆败归。渊立四年死(时晋怀帝永嘉四年)，子聪杀太子和而自立，命其党呼延晏、王弥、刘曜南寇晋师，前后十二败，长驱围洛阳，陷之，纵兵大掠，虏怀帝，杀太子及百官以下三万余人，刘曜遂进据长安。晋人索綝、麹允、梁肃、贾疋、麹特、竺恢、梁综等合谋兴复晋室，众十余万，关西胡、晋翕然响应，大小百战，连败，国怨，曜遂走还平阳。会阎鼎、王毗自洛阳奉秦王邺西入武关，至蓝田，贾疋遣使奉迎秦王，遂入长安。及怀帝为聪所弑，邺遂即位，是为愍帝。建兴四年，刘曜率众攻陷北地（今陕西鄜县），击破麹允援兵，遂围长安，愍帝出降。聪两房天子，志得意满，肆为淫虐，委政于王沈、靳准及其子粲，是为匈奴族最盛时期。聪死而传伪位于粲，未几为靳准所杀，称藩于晋。刘曜自长安率众赴难，靳氏之党杀准以降曜，曜遂僭即伪位，还都长安，始改国号曰赵，祭冒顿以配天。后曜与石勒有隙，在位十一年间，数与石勒相攻战，曜不抚士卒而专饮博，其后与勒战于洛西，兵败被执（事在晋成帝咸和三年），南匈奴遂亡。始刘渊以晋惠帝永兴元年自立，至怀帝永嘉二年僭，曜以成帝咸和四年灭，凡二十有七载，前赵灭而后赵兴，石勒遂据有中原矣。

石勒者，羯人也，为匈奴之别族。晋初，匈奴别部入居于上党武乡（今山西榆社县）、羯室（今山西辽县东七十里有五指山，为石勒生地），后因号为羯（见《韵会》）。其先为匈奴别部羌渠之裔，惠帝大安中，并州大饥，勒与诸小胡亡散。刺史东瀛公腾执诸胡于山东，卖充军实，两胡一枷（此足见晋待异族之法）。勒时年二十余，亦在其中。勒卖与茌平人师欢为奴，欢奇其状貌而免之。勒得与马牧师汲桑相往来，遂相率为群盗。及刘渊僭位，赵、魏大乱，桑与勒皆起事。及汲桑为晋将苟晞所败死，勒归刘渊。渊使为将，遂率兵荼毒中原，残破州郡，不可胜数。群陷山东诸郡，南寇江汉，有久据之志。其谋士张宾劝之北还，遂陷许昌，破东海王越余众二十余万，执苟晞于蒙城（今安徽蒙城县）。又袭杀王弥而有其众。复欲南寇，为晋将纪瞻扼于寿春，不得逞。勒虽强盛，然攻城而不有其地，略地而不有其人，云合兽散。张宾劝其北还据邺（今河南安阳县），以规久远。勒从其计而归，进据襄国（今北平邢台县），而以石虎镇邺，分命诸将徇冀州郡县（事在晋怀帝永嘉六年）。勒乃袭斩王浚于幽州（事在晋愍帝建兴二年），袭败刘琨于并州（今山西霍县西南地），据有全赵。当刘聪季年，勒已思独立，及靳准之乱，勒以兵入平阳，焚刘氏宫室，始明叛于汉矣（事在晋元帝太兴元年）。晋元帝太兴二年，勒始称赵王，史家谓之为后赵。其后石生斩赵将尹平于新安，二赵自是日相寇掠（事在晋明帝太宁二年)。晋成帝咸和三年,后赵中山公石虎攻前赵河东,降五十余县。虎进攻蒲坂,前赵王曜自将兵十万救之,虎退,为曜击破于高侯(在今山西闻喜县北)。曜遂围石生于洛阳,后赵王勒自率兵救之,兵集成皋者六万(成皋故城在今河南汜水县西北)。勒见无守兵而喜,与曜战于洛西,大破之,获曜以归。靳使石虎将兵尽平秦、陇,遂一中原,以咸和五年僭称皇帝,是为羯族最盛时期。时石虎功高权重,跋扈之象,中外所知,徐光、程遐屡言于勒而不见从。勒以咸和七年死,传伪位于其子弘。弘为石虎所弑,尽诛勒之诸子,乃即伪位,迁都于邺。虎时东与慕容皝、西与陈重华连兵,皆不胜,而穷兵不已。造甲者五十余万人,船夫十七万人,营宫观四十万人,皆取之于民。公侯牧宰,竞兴私利,百姓失业,十室而七。虎知民怨,乃立私论偶语之律,民不聊生矣。其子邃、宣、韬互相仇杀,辄谋弑虎,皆先后被诛。立其少子世为太子,时年十岁。虎以晋穆帝永和五年死,而石氏遂大乱。子彭城王遵至河内,闻丧,姚弋仲、蒲洪、刘宁、石闵、王鸾等说遵入讨。遵以石虎养子冉闵为前锋,遂入邺都,废世自立。初,赵王遵之举兵也,谓闵曰:"事成,以尔为储贰。"既而立其子衍为太子,闵甚失望。遵后忌闵,不能任以朝政。闵既为都督,总内外兵权,乃怀抚殿中将士,树己之恩。遵既疑惮于闵,稍夺闵兵权,召石鉴等入,议于郑太后之前,谋欲讨闵。鉴出,遣宦者驰以告闵。闵以甲士三千执遵,弑之,及其太后、太子,而立鉴。遵立百八十日而败,自是大权一归于冉闵矣。

  冉闵者,魏郡内黄人也(今河南内黄县)。其先屡世为汉将,年十二,为石勒所获,使石虎子之。既长,骁猛多力,攻战无前。石虎末年,夺民妻女凡数万家,人心思乱。定阳(在今陕西宜川县西北)梁犊起兵,众数十万,自潼关以至洛阳,名城重镇,无足制限。石虎大惧,闵一战平之,由是功名大显,胡夏诸将莫不惮之。闵既杀遵立鉴,鉴复欲图闵,使石苞、李松、张才等诛闵,反为闵所杀。又与孙伏都、刘铢等结羯士三千,率众攻闵。闵攻伏都等,斩之。闵乃宣令内外六夷(匈奴、羯、氐、羌、鲜卑、賨),敢称兵仗者斩之。胡人或斩关或逾城而出者，不可胜数。赵人百里内，悉入城，胡羯去者填门。闵知胡之不为己用也，班令内外，赵人斩一胡首者，文官进位三等，武职悉拜牙门。一日之中，斩首数万。闵躬率赵人诛诸胡羯，无贵贱男女少长皆斩之，死者二十余万。屯据四方者，所在承闵书诛之。于是高鼻多须，滥死者半，邺中胡羯殆无孑遗矣。时石琨及张举、王朗率众七万伐邺，闵率骑千余距之城北。闵执两刀矛，驰骑击之，皆应锋摧溃，斩级三千。琨等大败，归于冀州。闵与李农率骑三万讨张贺度于石渎（在今河南临漳县）。石鉴密遣宦者赍书召张沈等，使乘虚袭邺。闵遂废鉴，杀之，尽殪石氏子孙。申钟等上尊号于闵，闵曰："吾属故晋人也，今晋室犹存，请与诸君分据州郡，各称牧守公侯，奉表迎晋天子还都洛阳，何如？"胡、陆等以晋氏衰微，远窜江表，不能总驭英雄，固请正位。闵乃称皇帝，国号大魏（事在晋穆帝永和六年），是为汉族反动时期。闵遣使临江告晋曰："逆胡乱中原，今已诛之。能共讨者，可遣军来也。"晋人不答。时石祗据襄国，群胡典州郡，拥兵者皆归之。闵击破祗将石琨，进攻襄国。祗求救于燕及姚弋仲。燕慕容儁遣悦绾自龙城（在今内蒙古土默特右翼西境），姚弋仲遣子襄自滆头（今北平枣强县东北），石琨自冀州，皆来救之。三方劲旅合十余万，三面攻之，而祗冲其后。闵师大败，与十数骑奔还邺，其官僚及将士死者十余万人，于是人物歼矣。石祗使刘显帅众七万攻邺，为闵所败。显惧，请降，归杀石祗，称尊号于襄国。闵攻襄国，克之，诛刘显。时慕容儁已克幽、蓟，略地至于冀州。闵帅骑距之，与慕容恪相遇于魏昌城（在今北平保定道属之无极县东北），十战皆败之。恪乃以铁锁连马，简鲜卑勇而无刚者五千，方陈而前。闵顺风击之，斩鲜卑三百余级。俄而燕骑大至，围之数周。闵众寡不敌，跃马溃围东走。闵所乘骏马曰朱龙，日行千里，至是无故而死，遂为恪获，送之于蓟。儁问闵曰："何自妄称天子？"闵曰："天下大乱，尔曹夷狄，人面兽心，尚欲篡逆。我一时英雄，何为不可作帝王耶？"儁送闵于龙城，斩于遏陉山。山左右七里，草木悉枯。时晋穆帝永和八年也。闵死而邺为燕所破，鲜卑始盛。

## 第六节　五胡之盗有中原（下） 前燕　前秦

五胡种族，惟匈奴、羯最凶暴，无人理，氐、羌次之，鲜卑则至能摹仿中国，故其气运亦视别种人为长，此鲜卑之特色也。鲜卑为东胡余裔，世居北夷，秦之际为匈奴所败，分保鲜卑山（今内蒙古科尔沁部西），因号鲜卑（见《魏书》。陈寿、范晔说略同）。后汉时，匈奴衰耗，而鲜卑乃盛。其族有慕容氏（慕容乃步摇之讹，其祖莫护跋好冠汉人步摇冠，因以为氏），有段氏，有拓跋氏（《魏书》称拓跋由于鲜卑。鲜卑语谓上为拓，谓后为跋）。又有宇文氏（鲜卑俗谓天曰宇，谓君曰文），皆相仍而起，各有所表见。而其初据中原者，则为慕容氏。慕容氏邑于辽东北，至慕容廆始居徒河（今奉天锦县西北）。永嘉之乱，二京倾覆，幽、冀沦陷，廆刑政修明，虚怀引纳，流亡士庶多襁负归之，廆乃遍举人望，委以庶政，而鲜卑始大矣。廆之政策，南臣事晋，而西与胡羯为敌国。廆卒，子皝立，自称燕王，西并段辽，南拒石虎。虎拥戎卒四十余万众来伐，皝奋击，大破之，而虎不能报（事在晋成帝咸康四年）。燕、赵之兴亡，决于此矣。皝遂入冀州，徙都龙城（今热河特别区之朝阳县，事在晋成帝咸康八年）。用其庶兄慕容翰之策，东取高句丽，北灭宇文逸豆归，辟地千余里，以卒于晋穆帝永和四年。子儁嗣。儁乘石赵大乱，遂擒冉闵，尽略后赵之地，得石氏乘舆服物，僭称皇帝，国号燕（事在晋穆帝永和八年）。寻拔广固（城在今山东益都县西北），降段龛，南并三齐，渐规河洛，遂徙都于邺（事在晋穆帝升平元年）。是为鲜卑族最盛时期。儁以晋穆帝升平三年卒，子暐嗣。晋海西公太和四年，大司马桓温率师北伐，兵势甚盛。暐惧，谋奔和龙。会温为慕容垂败于枋头（今河南浚县西北），乃止。垂由是威名大振。太傅慕容评大不平，谋欲杀垂，垂奔苻坚。明年，坚将王猛率众六万来伐，慕容评以三十万众御之，为猛所败，评仅以身免。王猛入晋，执暐归于长安，燕地尽入于秦，前燕遂亡，于是氐族大盛。

氐族，不详其所自来，其名已见于夏商之际，世号西戎。其俗语不与中国及羌胡同（《通典·边防五》）。汉武帝时，其种人居于冉駹东北（今四川松潘地），广汉之西（今四川梓潼、德阳、遂宁等县北部）。元鼎六年，开分广汉西部，合为武都郡（今四川龙安府地），排其种人，分窜山谷，或在上禄（今甘肃成县地），或在汧陇左右。至魏武时，乃徙武都诸氐于秦川，以御蜀汉，于是氐族始杂居关中。至晋，蕃育众盛，素为士庶所玩侮。晋惠初年，氐酋齐万年反于秦雍。至元康九年，始为孟观所平。陈留江统作《徙戎论》，请及兵力方盛，徙冯翊、北地、新平、安定界内（前清陕西同州府、凤翔府及甘肃平凉府等地）诸羌，著先零、罕开、析支之地（今甘肃西南边境）；徙扶风、始平、京兆之氐（前清陕西西安府境），出还陇右，著阴平、武都之界（今甘肃武都县、文县至四川平武县等地）；使各附本种，戎晋不杂，朝廷不能用。当永嘉之乱，略阳、临渭氐（今甘肃秦安县东南地），群推部帅苻洪为盟主。石虎盛时，徙关中豪杰及羌戎内实京师，以洪为龙骧将军、流人都督，处于枋头，屡有战，进略阳公。洪素雄果，得将士死力，诸子皆有非常之才（据《通鉴》卷九十六冉闵语）。及冉闵之乱，群氐奉洪为主，众至十余万，自称为大单于、大秦王，谋据关中。会为麻秋鸩死，子健遂率众入长安，逐京兆杜洪，晋穆帝永和七年僭称皇帝，国号秦。立五年死，子生嗣，残暴特甚，勋旧亲戚杀害略尽。洪孙坚时为龙骧将军，乃因人怨而杀之。坚去帝号，僭称天王，任用王猛，以法为治，整齐风俗，路不拾遗，学校渐兴，关陇清宴，百姓丰乐，风化大行，五胡之治所未有也。

及王猛平燕，尽有大河南北之地，命将苻雄、杨安、王统伐白马氐于仇池（在今甘肃成县西境）。仇池杨氏本居略阳清水（今甘肃清水县），其祖驹始居仇池（山名，在今甘肃成县西北一百里）。仇池方百顷，其旁平地二十余里，四面斗绝而高，羊肠盘道三十六回而上。当晋惠帝元康六年杨茂搜以来，虽臣服无常，而保有仇池，至是杨纂出降，遂灭于秦。晋孝武宁康元年，攻下晋汉中，遂进取晋益州，西南夷邛、筰、夜郎等皆归之。蜀自晋惠帝时賨人（蜀人谓赋为賨，盖蛮户赋名）李氏据有巴蜀，至李特称帝，国号曰成，前后六世，以晋穆帝永和三年为桓温所灭，至是复陷于秦（事在晋孝武宁康元年）。晋孝武太元元年，秦王苻坚遣将苟苌、毛盛、梁熙、姚苌等率骑十三万伐张天锡于姑臧（今甘肃甘凉道之武威县）。凉州自晋帝以来，刺史张轨保凉独立，屡世臣服于晋，凡传九世，历七十六年，至是张天锡出降，凉州遂灭于秦，是为前凉。苻坚既平凉州，又遣苻洛、邓羌北伐代王什翼犍，犍败遁阴山，为其子翼圭缚降，代遂灭。坚散其部落于汉鄣边故地，分为二部（事在晋孝武太元元年）。太元四年，坚遣将苻丕陷晋襄阳。坚兵威远被，西至康居、大宛、天竺，东至肃慎、西域及海东诸国，凡六十有二王，皆遣使贡其方物。车师前部王弥寞来朝，请依汉置都护故事，坚于是遣吕光、姜飞、彭晃等配兵七万以讨定西域。当是时，长江以北一统于秦，坚地跨三分之二、九州之七，五胡之盛莫之比也，是为氐族最盛时期。

坚以东晋尚在江表，天下未能统一，欲因兵势躬寇江南，群臣皆以为未可，季弟苻融秉政，谏之尤切，惟慕容垂劝之行，坚大喜，遂发长安戎卒六十余万，骑二十七万，前后千里，旗鼓相望。坚至项城，凉州之兵始达咸阳，蜀汉之军顺流而下，幽冀之众至于彭城，东西万里，水陆齐进，运漕万艘，自河入石门（在今河南荥泽县），达于汝、颍。苻融督前军攻陷寿春，晋遣都督谢石、徐州刺史谢玄、冀州刺史桓伊、辅国谢琰等水陆七万相继拒融。坚舍大军于项城，以精骑八千兼道赴寿春，盖恐谢石等之越逸也。时晋龙骧将军刘牢之败秦将梁成于洛涧（今安徽寿春县北砂石之东），石等水陆俱进，坚与苻融登城而望王师，见部陈齐整，将士精锐，又北望八公山上（在今寿春县北四里），草木皆类人形，顾谓融曰："此亦勍敌也，何谓少乎？"怃然有惧色。秦军逼淝水（今寿春县东北东淝水也）而陈，晋兵不得渡。谢玄遣使请融移陈稍却，使晋兵得渡，以决胜负，不亦善乎？融于是麾军却陈，欲俟半渡，以铁骑蹙之，乃秦兵遂退，不可复止。晋诸军引兵渡水击之，苻融驰骑略陈，马倒被杀，秦兵溃乱，自相蹈藉而死。其走者闻风声鹤唳，皆以为晋兵且至，昼夜不敢息，草行露宿，重以饥冻，死者什七八。先是，王猛病笃，坚亲临省病，问以后事，猛曰："晋虽僻陋，吴越乃正朔相承，亲仁善邻，国之宝也。臣没之后，愿不以晋为图。鲜卑、羌虏，我之仇也，终为人患，宜渐除之，以便社稷。"坚不用其言，故败。自坚淝水之败，氐族遂衰，而鲜卑慕容垂复盛于东，羌族姚苌崛起于西，诸族斗争，中原分裂，较诸刘、石、燕、秦之世，尤为混乱云。

## 第七节　东晋始末

当匈奴刘聪之盗有中原也，而琅玡王睿中兴江左。睿为琅玡恭王觐之子，而司马懿之曾孙也。永嘉之乱，睿时都督扬州，用王导计，始镇建业，以顾荣为军司马，贺循为参佐，王敦、王导、周顗、刁协并为腹心股肱，宾礼名贤，存问风俗，江左归心焉。时海内大乱，中国士民避乱者多南渡，睿皆收其贤俊，与之共事。太兴元年，愍帝凶问至，群臣劝进，乃即帝位，是为元帝。帝初形势单弱，王导为帝延誉，吴人始附。至是任导为相，又以导从兄王敦为将，敦与导同心翼戴，以隆中兴。寻与甘卓等讨江州华轶，斩之。督陶侃、周访等讨平杜弢、杜曾之乱，威名日著。敦素有重名，又立大功于江左，专任阃外，手握强兵，遂欲专制朝廷，有问鼎之志。帝畏而恶之，遂引用刘隗、刁协，损抑王氏之权，敦、导不能平，于是衅隙始构矣。敦镇武昌，据建康之上游，遂于永昌元年率众内向，以诛隗、协为名，败王导、周顗、戴渊军于石头，遂入都城，拥兵不朝，杀周顗、戴渊、刁协，还屯武昌，又杀甘卓。元帝以忧愤而崩，在位六年，子绍即位，是为明帝。敦移姑孰（今安徽当涂县），暴慢愈甚。以温峤为丹阳尹（今京师江宁县治），欲使觇伺朝廷。峤具以敦谋告帝，帝亦久欲讨敦，尝微服至芜湖察其营垒，既闻峤言，知众情所畏惟敦，乃伪言敦死，下诏讨之，而敦亦竟病，不能御众。帝自将与敦兄王含战于越城（在秦淮南），王氏大败，敦亦旋死，子应秘不发丧，含复率众渡淮，为临淮太守苏峻击败走死（事在太宁二年）。王敦之乱虽平，而苏峻继起。

峻，长广掖人也，本以单家聚众于扰攘之际，而为青州刺史曹嶷所疑，遂率众奔晋。归顺之后，志在立功，既平王敦，晋封邵陵郡公，威望渐著，有锐卒万人，器械甚精，朝廷以江外寄之，峻遂潜有异志。会明帝在位三年崩，子衍即位，是为成帝。帝时年幼，太后庾氏临朝，政事一决于后兄亮，亮请下诏征峻入为大司农，峻疑亮欲害己，勒兵自守，不应朝命，于是与豫州刺史祖约结谋为乱，而以讨亮为名，自率万人济江，进陷宫阙。咸和三年，江州刺史温峤自浔阳（今江西九江县），荆州刺史陶侃自武昌，皆起兵讨峻，峻连败峤等，及战于石头，为峤军击斩于陈，遂诛其党。成帝在位十七年崩，弟岳即位，是为康帝，在位二年崩，子聃即位，是为穆帝，在位十七年崩。成帝长子丕即位，是为哀帝，在位四年崩。弟奕即位，在位六年，为桓温废为海西公。

温，宣城太守桓彝之子，少有雄略，庾翼常荐温于明帝，翼卒，遂以温代为都督四州诸军事、安西将军、荆州刺史。时成蜀李势微弱，温志在立勋于蜀，率众西伐，遂平益州。中原石虎之死，赵魏大乱，温谋北伐，自江陵率众东下，朝廷恐其为变，乃以殷浩为扬州刺史以制之，温遂还镇。浩虽素负盛名，然温弗之惮也，以国无他衅，遂得相持弥年。时后赵初亡，羌姚襄率众降于浩，浩因是得至洛阳修复园陵，已而姚襄叛，浩弃军而走，器械都尽，温因朝野之怨众奏废浩（事在穆帝永和十年），自此内外大权一归温矣。温久蓄异志，欲先立功朔方，还受九锡，乃三伐中原而功竟不遂。晋哀帝兴宁二年为燕慕容垂败于枋头，名实顿减，于是急于废立以立威，废帝奕为东海公，立元帝少子昱，是为简文帝，在位二年崩。子曜即位，是为孝武帝，温意简文临终必传位于己，及遗诏以温辅政，温意怨愤，时温入朝遇疾，归于姑孰，讽朝廷加己九锡，谢安、王坦之故缓其事，锡文未成而温死，弟冲代领其众。

孝武太元八年，秦苻坚大举入寇，谢安任用谢石、谢玄等败苻坚于淝水，北府兵强（谢安使谢玄以精兵镇北固，谓之北府，破苻坚者即此军也。复刘裕资之，遂诛桓玄、擒慕容超、杀卢循、灭姚泓），故江左宴然无事。及帝弟会稽王道子继安执政，上下荒嬉。在位二十四年，为张贵人弑于清暑殿，子德宗即位，是为安帝，其愚暗更甚于孝武时。帝舅王恭镇北府，素与道子不协，密结江州刺史殷仲堪及桓温之子玄举兵内向，道子不知所为，悉以事付其子元显，元显使人说王恭司马刘牢之，谓若杀恭，即以恭位予之。牢之遂袭破恭，于是北府、西府（豫州刺史镇历阳，谓之西府）皆平，惟仲堪与玄连败官军，不受命。朝廷不得已，乃以仲堪为荆州，玄为江州，乃各还镇。玄寻举兵攻破仲堪，击杀雍州刺史杨佺期，遂督荆、江、司、雍、秦、梁、益、宁八州诸军事。桓氏素树威于荆楚，人乐为用，玄自谓三分有二，为势运所归矣，于是中外乖违，相持者数年。

元兴元年，命元显督军刘牢之为前锋以讨桓玄，玄用卞范之策引众东下，遂至姑孰，杀西府镇军谯王尚之，而北府镇军刘牢之降于玄，玄至新亭（在今南京江宁县西），元显之众遂溃，遂入建康，杀道子、元显等还镇姑孰，迁帝于浔阳。元兴三年，受安帝禅，国号大楚。玄既得意，骄暴荒侈，朝野劳悴，思乱者十室而九。刘裕、刘毅、何无忌等合谋起兵京口（今江苏丹徒县西），刻期齐发。刘裕伪称传诏直入，斩徐、兖二州刺史桓修，遂据京口。刘毅因出猎，杀青州刺史桓弘，据广陵（今江苏江都县）。玄闻裕兵起，忧惧特甚，顾左右曰："刘裕足为一世之雄，刘毅家无担石之储，樗蒲一掷百万，何无忌酷似其舅（无忌为刘牢之甥）。今共举大事，吾其败乎？"裕进军，连败玄将吴甫之、皇甫敷、卞范之军，玄遂挟帝西奔。裕入建康，使刘毅追及玄，又败之。玄弃安帝，将走汉中，为益州刺史毛璩斩于枚回洲（在湖北江陵县南水中）。刘毅自谓大事已定，不急追蹑诸桓。桓谦、桓振等袭破江陵。义熙元年正月，刘毅攻克江陵，奉帝反正。诸桓皆奔姚兴，桓氏遂亡，朝政归于刘裕，安帝端拱而已。在位二十二年崩，弟德文立，是为恭帝。元熙二年，刘裕遂受晋禅，司马氏亡。晋凡历四主，共五十二年，而灭于刘聪。东晋又历十一帝，一百四年，而五凉、四燕、三秦、二赵、夏、蜀十六国，皆并见于东晋时焉。

## 第八节　晋人与五胡之战争

晋之大乱，非上无道而下怨叛也，由藩王争权，自相诛灭，外族遂乘其隙，创从古未有之奇变，故其时忠义之士多出死力以相抗。江左偏安，以区区吴越地当天下十分之一，君若臣志图恢复，未尝屈挠于外族，此又后世偏安之国所远不逮者也。

初，匈奴刘渊之首乱于离石也（今山西离石县，即前清永宁州），晋阳数被寇略，余户不满二万，并州刺史刘琨募得千余人，转斗至晋阳，剪除荆棘，建造市朝府狱，寇盗乃来掩袭，恒以城门为战场，百姓负质以耕，属鞬而耨，琨招循劳来，甚得物情。刘渊时在离石，相去三百许里，琨密遣人离间其部，杂虏降者万余落，刘渊甚惧。其后刘聪乘虚遣其子粲袭破晋阳，琨志在复仇，而屈于力弱，乃往倚于代。寻猗卢父子相图，其部落三万余来归于琨，琨遽欲因其锐以攻石勒，反为勒所败，乃率众往倚鲜卑段匹磾，期与共讨石勒。琨以大耻不雪，欲率部曲死于贼垒，新谋未竟，反为匹磾所拘杀。琨死而幽、并尽沦于贼，此晋人怀恢复之志而以死自效者也。

逮羯族石勒盗据中原，则有晋人祖逖与之相拒。逖当京师大乱，避地淮泗，所率宾客义徒皆暴桀勇士，逖遇之如子弟。元帝处之京口，用逖为军咨祭酒。时帝方拓地江南，未遑北伐。逖以社稷倾覆，常怀恢复之志，自请北图进取，以雪国耻。元帝乃以逖为豫州刺史，给千人廪，布三千匹，不给铠仗，使自召募。逖渡江，中流击楫而誓曰："祖逖不能清中原而复济者，有如大江！"屯于淮阴（今江苏清河县），起冶铸兵器，得二千余人而后进。攻克谯城（今安徽亳县），大败石虎，复走其将刘豹。逖镇封丘（今河南杞县），数遣军要截石勒，勒屯戍渐蹙，遣精骑万人距逖，复为逖所败。勒镇戍归附者甚多，黄河以南皆为晋土，百姓感说，相与歌舞其德。石勒不敢窥兵河南，求通使交市。逖志平河北，力图进取，营缮虎牢城（今河南汜水县），北临黄河，西接成皋（在今汜水县西），四望甚敞，复南筑坚垒，未成而逖病卒。此晋人有恢复之志而未竟其功者也。

是后庾亮、庾翼、庾冰、褚裒、殷浩咸欲经略中原，均无功。至桓温出，而晋人之国势始振。温恢复之功，始于平蜀。蜀自惠帝太康以后，为流人賨族（盖西南夷之一种）李特之裔所据，国号成。至李寿改成曰汉，是为前蜀。传至李势，温乘势微弱，遂率水军西伐，直指成都，三战三捷，李势走降。时穆帝永和三年也，前蜀遂亡，凡历四十六年。温既平蜀，而鲜卑慕容氏方据河北，氐族苻氏方据关中。时殷浩北伐挠败，温分兵两路以图秦，亲统步骑四万伐江陵。水军自襄阳入均口（今湖北光化县西），至南乡（今河南淅川县西）。命司马勋统步兵自淅川趋武关，出子午道（今陕西西安南道）。苻健遣苻苌、苻雄、苻生、苻菁、苻硕率众五万，军于峣柳（今陕西蓝田县东南峣关），以拒温。温大败秦军于蓝田，进至灞上（陕西长安县东三十里），三辅郡县皆来降，人民争持牛酒迎劳，男女夹路观之，耆老有垂泣者，曰："不图今日复睹官军。"旋以司马勋兵败，温军乏食，引还，徙关中三千余户而归。晋穆帝永和十二年，羌姚襄围洛阳，桓温自江陵北伐，过淮、泗，践北境，与僚属登平乘楼（大船之楼也），望中原叹曰："遂使神州陆沉，百年丘墟，王夷甫诸人不得不任其责。"（以衍等尚清谈而不恤王事故。）温至伊水（在洛阳城南），姚襄据水拒战，温结陈而前，亲被甲督战，襄众大败。温进屯故太极殿前，修复诸陵，留毛穆之、陈午、戴施戍洛阳而归。其后洛阳为燕所取。海西公太和四年，温帅步骑五万自兖州伐燕。凿巨野（在山东巨野县北，今涸）三百里，引汶水（今山东汶上县之大汶河），会于清水（今山东菏泽县之菏水）。温引舟师自清水入河，舳舻数百里。郗超曰："清水入河，难以通运（自清水入河，皆是溯流，又道里阻远），不若尽举见众，直趋邺城。"温不能从，连败燕将慕容忠、慕容厉、傅颜、慕容臧等之兵，乘胜进至枋头（今河南浚县南，晋时淇水入河处也），直逼邺都。鲜卑大惧，请救于秦，以慕容垂帅师五万拒温。温欲望持久，坐取全胜，至是水运路塞，粮储将竭，复数战不利，闻秦救兵且至，乃焚舟，弃辎重铠仗，自陆路奔还。由东燕（今河南延津县）出仓垣（今河南开封），至襄邑（今河南睢县），为慕容垂追骑所败，温甚耻之。此晋人有恢复之功，而敌无可乘之机，致大功终于不遂者也。

温死七年（死在孝武宁康元年），而秦苻坚来寇，兵势甚盛，谢安矫情镇物，谢玄使才得任。晋人朱序为坚说降，以情输晋，劝晋速击前锋，以夺其气，故晋用能以少胜众，捷于淝水。谢玄乘胜进图中原，兖、青悉平，三魏皆降（谓刘牢之据碻磝，郭满据滑台，滕恬之守黎阳），会玄置戍而还，诸州郡县复降于燕。此敌有可乘之机，而晋人无经略之豫备，致中原终以不复者也。

## 第九节　二秦三燕四梁之兴亡

秦王坚之败于淝水也，为晋孝武帝之太元八年。后一年，徒河鲜卑慕容垂攻邺，称后燕。后二年，慕容冲据阿房（在今陕西长安县西北），称西燕。陇西鲜卑乞伏国仁据枹罕（今甘肃西河县），称西秦。南安赤亭羌姚苌据长安，称后秦。后三年，慕容永据上党，称燕。略阳氐吕光据姑臧，称后凉。后四年，河西鲜卑秃发乌孤据廉川（今青海东境），称南凉。慕容德据滑台（今河南滑县），称南燕。后六年，汉族李暠据敦煌，称西凉。后八年，匈奴沮渠蒙逊据张掖，称北凉。后十三年，匈奴赫连勃勃据朔方（今河套鄂尔多斯旗地），称大夏。后十五年，汉族冯跋据龙城，称北燕。此十五年间，为中原之大纷乱时期，今撮举各国兴亡之大略言之。

自苻坚以兵力统一中原，数战民罢，且分配种人出镇四方，京师空虚，而鲜卑、匈奴、羌族咸为秦之仇雠，前之所以屈服者，劫于兵威耳。一旦挠败，群思乘衅以图恢复，故其乱遂一发而不可止。坚之败也，唯慕容垂所将三万人独全，自请镇慰东夏。会丁零（北狄种名）翟斌起兵洛阳，慕容凤劝翟斌奉垂为盟主，垂引兵围坚世子丕于邺。慕容泓起兵华阴，慕容冲起兵平阳应之。苻坚使其子睿督军讨泓，以羌姚苌为司马。睿兵败，为泓所杀。姚苌惧诛，叛屯北地。羌胡五万余众推苌为主，而慕容泓遂进逼长安，已而诸将杀立慕容冲。冲攻长安，纵兵暴掠。苻坚数战不利，留太子宏守长安，出奔五将山（在今陕西岐山县东北），为姚苌执而杀之。时苻丕自邺奔晋阳，闻坚凶闻，僭即帝位。慕容垂亦据有燕、赵，定都中山（今河北省正定县）。慕容冲畏垂之强，欲为久居长安之计，为其下所杀。众推慕容永为主，称藩于后，引众东归，击败苻丕，遂据长子（今山西县名）。姚苌乃乘虚而取长安。苻登攻苌，僭称帝于陇东。苌死，子姚兴嗣，击登杀之。时慕容垂亦攻拔长子，杀西燕王永。是时，关东唯后燕为强，及慕容垂死，燕遂内乱而见灭于北燕。关西唯后秦为强，东陷洛阳，西灭后凉，是为羌族最盛时期。姚兴死而国衰，子泓为宋武帝所虏。前秦苻雄至苻登灭于姚苌，凡六主，共四十四年。后秦姚苌至姚泓灭于宋武，凡三主，共三十二年。后燕慕容垂至慕容云灭于冯跋，凡五主，共二十四年。南燕慕容德至慕容超灭于宋武，凡二主，共十一年。北燕冯跋至冯弘灭于魏拓跋氏，凡二主，共二十八年。西秦乞伏国仁至乞伏暮末灭于赫连，凡四主，共二十六年。后凉吕光至吕隆灭于姚兴，凡三主，共二十年。西凉李暠至李歆灭于沮渠蒙逊，凡二主，共二十一年。北凉沮渠蒙逊至沮渠茂虔灭于后魏拓跋氏，凡二主，共三十九年。南凉秃发乌孤至秃发傉檀为乞伏炽磐所灭，凡三主，共十九年。夏赫连勃勃至赫连定为后魏跋拓氏所灭，凡三主，共二十七年。自淝水战后至沮渠牧犍为魏所灭，其间凡五十一年，僭伪诸国尽矣。是时江南一统于宋，河南北一统于魏，上溯刘渊倡乱以来，天下凡经一百三十六年之战争，而后始变为南北朝之对立云。

### 五胡十六国兴亡表

| | 种族 | 国名 | 始祖 | 代数 | 都城 | 兴年 | 亡年 | 年数 | 见灭者 |
|---|---|---|---|---|---|---|---|---|---|
| 淝水战前之灭亡 | 匈奴 | 北汉前赵 | 刘渊 | 四 | 平阳长安 | 永兴元 | 咸和四 | 二六 | 后赵 |
| | 賨氏 | 成汉 | 李雄 | 五 | 成都 | 永兴元 | 永和三 | 四四 | 东晋 |
| | 羯 | 后赵 | 石勒 | 七 | 襄国 | 大兴二 | 永和七 | 三三 | 前燕 |
| | 鲜卑 | 前燕 | 慕容皝 | 三 | 邺 | 咸康三 | 太和五 | 十九 | 前秦 |
| | 汉族 | 前凉 | 张寔 | 九 | 姑臧 | 永和元 | 太元元 | 七五 | 前秦 |

续表

| 种族 | 国名 | 始祖 | 代数 | 都城 | 兴年 | 亡年 | 年数 | 见灭者 |
|---|---|---|---|---|---|---|---|---|
| 氐 | 前秦 | 苻健 | 六 | 长安 | 永和七 | 太元一九 | 四四 | 后秦 |
| 羌 | 后秦 | 姚苌 | 三 | 长安 | 太元九 | 义熙一四 | 三四 | 东晋 |
| 鲜卑 | 西秦 | 乞伏国仁 | 四 | 苑川 | 太元一〇 | 永嘉八 | 四七 | 大夏 |
| 鲜卑 | 后燕 | 慕容垂 | 五 | 中山 | 太元八 | 义熙四 | 二六 | 北燕 |
| 鲜卑 | 南燕 | 慕容德 | 二 | 滑台 | 隆安二 | 义熙六 | 一三 | 东晋 |
| 汉族 | 北燕 | 冯跋 | 二 | 龙城 | 义熙四 | 元嘉一二 | 二八 | 后魏 |
| 氐 | 后凉 | 吕光 | 四 | 姑臧 | 太元一二 | 元兴二 | 一八 | 后秦 |
| 鲜卑 | 南凉 | 秃发乌孤 | 三 | 乐都 | 元兴元 | 义熙一〇 | 一八 | 西秦 |
| 匈奴 | 北凉 | 沮渠蒙逊 | 三 | 张掖 | 元兴元 | 元嘉一六 | 三九 | 后魏 |
| 汉族 | 西凉 | 李暠 | 二 | 敦煌 | 隆安四 | 永初二 | 二二 | 北凉 |
| 匈奴 | 夏 | 赫连勃勃 | 三 | 统万 | 义熙三 | 元嘉八 | 二五 | 吐谷浑 |

(左侧纵标：淝水战后之兴起及其灭亡)

## 第十节 南朝之成立

　　南朝者，刘宋、萧齐、萧梁、陈陈四朝也。而开其局者，则自宋武。宋武帝内讨乱贼，外平僭逆，取晋室于已亡之后，在廿四史中，得国之正，功业之高，汉高、明太祖而外，当推宋武，不得以混一、偏安之业而有所轩轾也。宋武姓刘氏，名裕，字德舆，小字寄奴，彭城人，自云汉楚元王交之后。裕起自草泽，名位微薄，仅识文字，落魄不修廉隅。时晋人风俗尚门第，贵冲虚，故盛流皆不与帝相知。晋安帝隆安三年，海贼孙恩借五斗米道作乱会稽（今浙江会稽道之绍兴县），裕从刘牢之军大破孙恩，雄名始著。及桓玄篡逆，裕起兵京口，与刘毅、何无忌、诸葛长民合谋讨玄，躬斩玄骁将吴甫之于江乘（今江苏句容县北六十里），进与卞范之遇于覆舟山东（在今江宁台城东北）。帝多张疑兵于山谷，身先士卒，大败其军，桓玄遁走，裕遂定建康。义熙元年，桓氏悉平。安帝复位，以裕为侍中、都督中外诸军、录尚书事。五年，南燕慕容超据广固（故城在山东益都县西北），寇宿豫（今江苏宿迁县）。裕自将伐南燕，先为舟师，自淮入泗，进至下邳（故城在江苏邳县东三里），留船舰辎重，步军进琅琊，恐南燕出军断其后，所过皆筑城留守。众虑鲜卑塞大岘（山名，在今山东沂水县境）之险，大军深入无功，裕料其必不能出此。既过大岘，燕兵不出，裕举手指天，喜形于色，曰："虏已入吾掌中矣。"超以步骑十万战于临朐南（今山东县名），胜负未决。裕出奇兵出燕军后，攻克临朐，超众大溃，遁还广固。帝进围克之，执超，斩于建康市。以其民皆衣冠旧族，先帝遗民，悉赦之。裕以六年二月克南燕，而海贼卢循、徐道覆等时据广州，乘虚北上。三月，至寻阳（今江西九江县），杀江州刺史何无忌，中外震骇。急征裕还，裕率精锐步归，卷甲兼行，抵京口，众乃大安。五月，循又败刘毅兵，战士十余万，舟车百里不绝。而裕北归将士多病创，建康战士不过数千，孟昶、诸葛长民诸宿将皆欲奉乘舆过江避之，裕不从。是月，循兵至淮口、江宁观音门、下关、北河口诸处，徐道覆请于新亭至白石（由今江宁西善桥、安德门经古越城南桁之路），焚舟直上，数道攻裕。卢循不从，欲待建康自溃。循与裕相持，寇掠诸县，无所得还，西还荆江。时裕已豫使孙处由海道袭取广州，至是，裕乘其将归，出兵大败循军于大雷（今安徽望江县西），追至寻阳，循仅以身免，余众皆降。循自是不复再振，海寇从兹殄灭。裕功名既盛，乃亟诛异己，于是受禅之机见矣。八年，以刘毅为荆州刺史。毅性刚猛沉断，而专肆很愎，与裕协成大业，功居其次，深自矜伐，不相推伏。裕素不学问，而毅颇涉文学，故朝士有清望者多归之。毅既据上流相图，遂急请从弟藩以自副。裕伪许之，乘藩入朝杀之（藩时为兖州刺史），而自将讨毅，掩至江陵。毅不意裕猝至，遂为振武将军王镇恶所破（北海剧人，王猛之孙），兵败走死。时诸葛长民监太尉留府事，闻而叹曰："昔年醢彭越，今年杀韩信，祸其至矣。今日欲为丹徒布衣，岂可得也！"九年，裕归自江陵，诱杀长民，与裕举义而素著资望者至是尽矣。

是时，内乱既定，而西蜀亦平。初，桓玄之乱，巴西谯纵据有益州，刘敬宣自内水讨之，失利。裕乃与朱龄石密谋进取，以大众自外水（由宜宾、犍为、乐山、眉山、新津、双流至成都，曰外水），疑兵出内水（由合川、三台、绵竹、广汉至成都，曰内水），遂克成都，谯纵走死。裕素有平定关洛之志，至十二年，闻姚兴死，北伐之谋遂定。八月，发建康，留刘穆之统内外之事，以王镇恶、檀道济为前锋，自淮、肥向许、洛（由安徽凤台县溯淮入颍，上阜阳之沙河，由此西北历沈丘、商水、西华、临颍而至许昌，自许昌而长葛、新郑、荥阳、汜水、巩县以至洛阳）；沈田子、傅宏之趋武关（由襄阳、南阳境西出陕西武关）；朱超石、胡藩趋阳城（今河南登封县。自许昌而西，由郏县乃至）；沈林子、刘遵考将水军出石门，自汴入河（自开封汴水出荥阳之石门以入河）；王仲德开巨野入河（自山东菏泽县入巨野泽而西，复自南济涉延津县之别濮水以入河也）。九月，镇恶、道济入秦境，所向皆捷，阳城、荥阳、成皋、虎牢皆望风款附。道济等长驱克洛阳，获秦人四千余人，皆释而遣之。于是夷夏感说，归之者甚众。王镇恶、檀道济、沈田子等合势并力，径趋潼关，为秦兵所拒，不得前，遣使驰告裕，求遣粮援。时裕将水军自淮、泗入清河（淮水于今清河县入泗水，由泗水至今沛县入河，本曰济水，由济溯河，即王仲德巨野道也），将溯河西上，遣使假道于魏，秦亦请救于魏。魏主嗣遣长孙嵩督步骑十万屯河北岸，以数千骑缘河随裕军西行。裕遣兵渡北岸，为却月阵，击破长孙嵩三万骑，大军乃得前。时王镇恶驻潼关，军以弘农，百姓竞送义租，军食复振。沈田子、傅宏之入自武关，以千余人击败秦主泓大军于青泥（在陕西蓝田县东南）。而王镇恶帅水军自河入渭，大破秦军，遂入长安，秦主泓请降。十三年九月，裕至长安，送姚泓于建康，斩于市。裕欲留长安经略西北，而诸将佐皆久役思归，会刘穆之卒，根本无托，遂决计东还。乃留次子义真（时年十二）守长安，以王修、王镇恶、沈田子、毛修之等辅之。沈田子与王镇恶争功不平，言镇恶家在关中，不可保信。裕曰："钟会不得遂其乱者，以有卫瓘故也。今留卿等十余人，文武将士精兵万人，何惧王镇恶？"三秦父老闻裕将还，诣门流涕，裕为之愍然。遂发长安，自洛入河，开汴渠而归（河北为魏境，故开汴渠而归）。

裕之灭秦也，斯时北族有大国二，而各有用意。魏之论曰："裕必克秦，归而谋篡，关中华戎乱杂，风俗劲悍，必不能以荆、扬之化施之，终为国家有也。"夏之论曰："裕必灭秦，然不能久留，裕南归，留子弟守关中，如拾芥耳。"十四年正月，赫连勃勃率众向长安，而诸将内相猜忌。沈田子先杀王镇恶，王修又杀沈田子，刘义真又杀王修，无人拒战。裕召义真东归，而以朱龄石代之。义真大掠长安，而东夏兵大至，大败晋兵，义真仅而获免。朱龄石为长安百姓所逐，遂殁于夏。裕登城北望，慨然流涕而已。自此裕不复用兵。至恭帝立，遂受晋禅，在位三年崩。帝疾甚，召太子义符戒之曰："檀道济虽有干略，而无远志，非如兄韶有难御之气。傅亮、徐羡之当无异图。谢晦常从征伐，颇识机变，若有异，必此人也。"此南朝开创之规模，宋武一生之大略，功业虽盛，而信义无闻，已非诒谋之道矣。

## 第十一节　宋齐梁陈之兴亡

南朝之异于前代者，有三大事焉：（一）开创之雄略之君，宋武而外，齐之萧道成、梁之萧衍、陈之陈霸先，皆以中材乘时窃位，不过如桓玄、臧质（宋孝武时）、邓琬（宋前废帝时）、崔慧景（齐东昏侯时）之得志者耳。其故由于宋武以雄猜开基，不知作育人材，专务摧折天下之豪杰，遂使二百年中，非独通国无大英雄，亦无大奸大恶，足与古代人材相对抗。（二）骨肉多残杀之祸。中国以儒教立国，最重孝悌，故自汉至晋，虽治乱不同，而以子弑父、推刃同气者盖鲜。宋武起自市井，豫教无术，太子师侍，职皆台皂。爰及宋文，经国之义虽宏，隆家之道不足。彭城（宋文帝名义隆）以猜嫌见杀，元凶以爱子行逆，为亘古人伦之大变，流毒所被，遂使有宋四朝宗室六十二男，无一得以寿考令终者，其祸亦云酷矣。是后齐高、武之子孙被戮（为萧鸾所杀），梁武帝之子弟相攻，根本以枝剪无庇，神器以势弱推移，裴子野所谓前乘覆车、后来并辔者矣。（三）嗣王多昏骏之主，起于宋少帝义符，其间前废帝子业、后废帝昱，暨齐之郁林王萧昭业、东昏侯宝卷，皆昏狂无状，为古今所罕有，而独踵接于南朝百年之中。唐刘知幾谓被废者每受废之者之污辞，盖非此无以明已篡弑之不得已也，理或然欤？以上三端，皆南朝特别之事实，今撮叙其兴亡大概，略以此意推测之可也。

初，宋武之崩也，长子义符立，与宰相徐羡之、傅亮、谢晦等有隙，为羡之等所废弑，是为少帝。古今废立之举，盖未有如羡之等之轻忽者。宋武第三子义隆，以荆州刺史入即位，诛傅亮、徐羡之、谢晦等。帝性聪明俭约，雅重文儒，克勤政事，唯以简靖为心。于时政平讼理，朝野悦睦，后言政化，称元嘉焉。帝在位三十年，为子劭所弑，是为文帝。武陵王骏，时在蕲州（今湖北蕲县），与沈庆之起兵讨贼，擒劭斩之。骏接帝位，是为孝武帝。帝时有南郡王义宣、竟陵王诞、海宁王休茂之乱，次第讨平之。帝险虐灭道，怨结人神，宋室遂衰，在位十一年崩，长子子业即位，昏狂，为文帝子湘东王彧所弑，是为前废帝。彧即帝位，是为明帝。帝时平晋安王子勋之乱，遂诛安陆王子绥等一十三人。性尤猜忌，以剪落宗室为得计，宋室之亡，决于此矣。帝在位八年崩，长子昱即位，昏狂甚于前废帝。帝时平桂阳王休范、建平王景素之乱。在位五年，为其臣萧道成所弑，是为后废帝。道成拥立刘准，是为顺帝。沈攸之、袁粲、刘秉等先后起兵讨道成，不克而死。帝在位三年，王敬则逼帝禅位于萧道成，帝泣而弹指曰："愿后身世世无复生天王家。"宋亡，凡八帝，共六十年。

齐高帝萧道成者，以平桂阳王休范之功，为众望所属。至王敬则弑后废帝，而内禅决矣。帝受禅已在暮年，即位四年崩。子赜即位，是为武帝，在位十一年崩。高、武二代，起自艰难，及即位后，颇存节俭。孙昭业即位，奢侈无度，未期岁，用尽库钱八亿万，为其臣萧鸾所弑，追废帝为郁林王。鸾拥立海陵王昭文，旋废之而自立，是为明帝。鸾为高帝兄子，在位五年，尽诛高、武诸王，萧氏遂衰。及崩，诫太子宝卷，作事不可在人后。故宝卷立，委任群小，诛诸宰臣，无不如意。在宝卷时，有始安王遥光、陈显达、崔慧景之乱，皆讨平之。在位三年，为雍州刺史萧衍所弑，追废为东昏侯。明帝第八子宝融即位，在位二年，萧衍复弑之，齐亡。齐凡七帝，共二十四年，其人物历运，在南朝中为最下。

梁武帝萧衍者，齐之同族也。以兄司徒萧懿功高被诛，遂举兵，受齐禅。在位四十八年，在南朝帝王中，享国为最长。帝博学多通，素性仁俭。时征赋所及，南百万里，西拒五千，统内殷富，礼兴乐作。晋宋以降，于斯为盛。然仁爱不断，亲亲及所爱愆犯，多有纵舍，故政刑弛紊。暨乎晚年，酷事佛屠，舍身于同泰寺者三，委政群倖。朱异之徒，挟朋植党，政以贿成，复妖梦是践（武帝太清元年正月，梦中原牧守皆以地来降），贪纳侯景之降。及萧渊明被虏，乃复与东魏通好，致速侯景之叛。时四方诸侯王征镇入援者三十余万，皆莫有斗志，自相抄夺而已。贼陷台城，帝遂以馁崩。子纲即位，权归侯景。在位二年，为景所弑，是为简文帝。湘东王绎与河东王誉、岳阳王詧、邵陵王纶、武陵王纪治兵相攻，誉、纪皆为绎所杀。詧臣属于西魏，纶战死于西魏。绎遣王僧辩、陈霸先讨杀侯景，即位于江陵。在位三年，为西魏将于谨所杀，是为元帝。王僧辩纳齐人所送萧渊明，陈霸先袭杀僧辩，立元帝子方智于建业，二年，为陈霸先所弑，是为敬帝。梁亡，凡四帝，五十六年。当西魏之克江陵也，立萧詧为帝，世称藩于北朝，谓之西梁。传三世至萧琮，国入于隋。西梁凡三主，三十六年。

陈武帝霸先者，其本甚微，以军佐从萧映入广州。屡平交、广寇乱，除西江都护、高要太守，督七郡诸军事。侯景寇逼，霸先率兵出大庾岭赴援，转战至南康，出盆城（在今江西九江县西之湓口），与王僧辩会师讨平侯景，遂镇京口。及魏平江陵，霸先与王僧辩等立元帝子方智，以太宰承制。及齐送萧渊明还主社稷，王僧辩纳之，霸先固争之不能得，遂密治兵袭杀僧辩，废萧渊明而立方智为帝，屡破齐师。敬帝封霸先为陈公。太平二年，霸先遂受梁禅。帝即位后，颇崇宽政，发调军储，皆出于事不可息（《陈书·帝纪》）。在位三年崩，是为武帝。兄子蒨即位，七年崩，是为文帝。两帝皆起自布衣，知百姓疾苦，国家资用，务存简约，故为陈之令主。长子伯宗即位，以仁弱为其叔顼所废。顼在位十四年崩，是为宣帝。是时淮南之地并入于齐，追周兵灭齐，乘胜略地，还至江际，帝自此惧矣。子叔宝即位，是为后主，荒淫无度。隋文帝以晋王广为元帅，总十八路兵讨之，分南北二道进兵。祯明二年，隋将韩擒虎兵入建康，擒叔宝于景阳宫井中。当隋将贺若弼之渡京口也，彼入密启告亡，叔宝为饮酒，遂不省之。高颎至日，犹见启在床下，未开封也。隋文帝曰："叔宝全无心肝。"信哉！帝在位六年，陈亡。凡五主，共三十三年，金陵三百年王气，终于此矣。

　　案：文中子《元经》书："隋九年春，帝正月，晋、宋、齐、梁、陈亡。叔恬曰：'敢问《元经》书陈亡而具五国，何也？'子曰：'江东，中国之旧也，衣冠礼乐之所就也。永嘉之后，江东贵焉，而卒不贵，无人也。齐、梁、陈于是乎不与其为国也。及其亡也，君子犹怀之，故书曰"晋、宋、齐、梁、陈亡"，具五以归其国，且言其国亡也。呜乎，弃先王之礼乐以至是乎！'叔恬曰：'晋、宋亡国久矣，今具之，何也？'子曰：'衣冠文物之旧，君子不欲其先亡。宋尝有树晋之功，有复中原之志，亦不欲其先亡也。故具齐、梁、陈以归其国也。其未亡，则君子夺其国焉，曰："中国之礼乐安在？"其已亡，则君子与其国焉，曰："犹我中国之遗民也。"'"观文中子之言，盖绍《春秋》内其国而外诸夏，内诸夏而外夷狄之义，虽非历史纪实之正法，而国人对于正统之心理足见一斑。且隋承魏、周之制以亡中国之旧，而文化之转变，秦汉至此为一大界，故文中子慨乎其言之也。

## 第十二节　北朝之成立

　　北朝者，元魏、北齐、后周是也。自晋五胡之乱，大河南北纷扰者百数十年，至宋文帝元嘉间，始次第归并于魏。故开北朝之局者，实惟拓跋氏，为鲜卑之一部，而魏人自谓出于昌意少子。魏受封北土，国有大鲜卑山，因以为号。黄帝以土德王，种人谓土为拓，谓后为跋，故以为氏（《魏书》），《宋》《齐书》则谓其出于李陵。初，匈奴女名拓跋，妻李陵。胡俗以母名为姓，故为拓跋氏。然中国则呼为索头，以其被发左衽故也（《南齐书》）。拓跋氏世居幽都之北，广漠之野，统国三十六，大姓九十九。其所称诘汾无父家，力微无母家（《魏书》），殆故以自神其种欤？力微之世，始由大泽迁于定襄之盛乐（今绥远特别区域归绥城南），朝贡魏晋，始通中国。当晋永嘉之末，并州刺史刘琨为屠各胡刘聪所攻，索头、猗卢遣兵救琨于太原，遂率部落自云中入雁门（雁门关在今山西雁门道之代县北），房孙什翼犍勇壮，众数十万，北有沙漠，南据阴山。其后为苻坚所破，坚分鲜卑诸部为二，令匈奴刘卫辰、刘库仁分统其众。什翼犍孙珪方幼，依刘库仁，辗转独孤、贺兰诸部，素得众心。后为其从曾祖纥罗、南部大人长孙嵩及诸部长所推，遂即代王位，寻改称魏王，时晋孝武帝太元十一年也。当是时，贺兰部居阴山北（《北史》），刘卫辰部居朔方，与魏逼处，时相侵伐。拓跋珪先借燕王垂兵力，削平内乱，及贺兰部继灭，获马三十余万匹，牛羊四百余万头，国用由是遂饶。时燕主垂衰老，子弟用事，珪遂侵燕附塞诸部。燕主垂遣太子宝、辽西王农、赵王麟帅众八万伐魏，拓跋珪用张衮谋，悉徙部众畜产西渡河千余里以避之，诱令深入。燕军至五原（今县名，属绥远特别区域），造舟将济河，魏王珪引兵临河以距之。宝之发中山也，燕主垂已有疾，既至五原，珪使人邀中山之路，伺其使者尽执。宝等数月不闻垂起居，珪使所执使者临河告之曰："若父已死，何不早归？"宝等忧恐，士卒骚动。珪使陈留公虔将五万骑屯河东，东平公仪将十万骑屯河北，略阳公遵将七万骑塞燕军之南，燕军仓卒烧船夜遁。时河冰未结，宝以魏兵必不能渡，不设备。魏王珪乘暴风冰合济河，选精锐二万余骑急追之，大败燕军于参合陂（在今山西阳高县北边墙外），其遗迸去者不过数千人，宝等单骑仅免。魏、燕兴亡，决于此矣（事在晋孝武帝太元二十年）。

翌年，燕主垂引龙城之甲密发，逾青岭（即广昌岭，在河北广昌县南，所谓五回道也），经天门（在广昌南），凿山通道，出魏不意，直指云中，袭破平城（今山西大同县）。魏王珪震怖欲走，会垂过参合陂，见积骸如山，感愤发疾，乃皆引还。垂殂于道，珪遂亲勒大军四十余万伐燕，燕主宝奔龙城，遂克中山。珪迁都平城，初建台省，建百官，刺史、太守、尚书郎以下，悉用文人。珪初拓中原，留心慰纳，诸士大夫诣军门者，无少长皆引入，人得尽言，苟有微能，咸蒙叙用。遣使循行郡国，举奏守宰不法者，亲览察黜陟之。晋孝武太元二十一年，珪即皇帝位，命朝野束发加帽，徙六州二十二郡守宰、豪杰二千家于代都。东至代郡（今河北蔚县），西及善无（今山西右玉县南），南极阴馆（今山西朔县东南八十里），北尽参合，皆为畿内。其外四方、四维，置八部帅，劝课农耕，量校收入，以必殿最（《魏书》）。珪崛起艰难，恢隆大业，虽寇履不暇，而颇涉学问，其制作经谟，咸出长久。惟性残忍，果于杀戮，晚年尤甚，为其子绍所弑，时年三十九，是为道武帝。次子嗣执绍诛之，立为明元帝。北魏百六十载之基，实自道武开之。

## 第十三节　北魏、北齐、后周之兴亡

拓跋氏既据有北土，当有宋一代为其最盛之时。至齐稍衰，至梁而分为东魏、西魏。东魏篡于北齐，西魏篡于后周，周又灭北齐而篡于隋，此其兴亡之大较也。至北朝与南朝对立，而其相异者有三事焉：（一）人主多雄武之材。魏自代北开基，累世人主多自征伐四方，躬亲行陈，无南朝高拱深宫之习。即高欢、宇文泰等皆身经百战，其后嗣继立，亦时复亲在行间。虽鲜卑生长马上，习俗使然，然其雄略英风，南朝实多愧色焉。（二）国势处竞争之地。当魏之初，东北有北燕冯氏，西有赫连沮渠，魏皆次第削灭，而北边柔然（即蠕蠕）之患，直与魏相终始。其后周、齐对峙，频有战争，非如南朝划江为界，一姓相承而已。（三）政治多创制之举。北朝当诸国角立，故其时人主多励精图治，不肯苟且。魏之道武、孝文，周之宇文泰，皆制度变法，蔚然成一代之典，而为隋唐所遵用，非如南朝之因循旧贯，无所改作也。如上所举，则北朝国势固较南朝为强，而制度文化其关系于中国亦较南朝为大。今先略举其事实言之。

魏明元承道武之业，留心吏治，累遣使者巡行天下，观察风俗，问民疾苦，守宰不如法，听百姓告之。当是时，宋武灭姚泓，受晋禅，明元屡欲南侵，以虑非刘裕敌（崔浩语），故不敢逞。及宋武崩，明元遂与宋构兵，在位十五年殂。子焘立，是为太武帝。太武威灵杰立，委用清河崔浩，即位四年而灭夏，又八年而灭北燕，又三年而灭北凉，多崔浩之谋也。然浩每沮其南伐，后遂以浩勒国书，用彰直笔，尽夷其族及其姻亲。魏自太武始一统北方，南下至于瓜步，夷宋畏之。历文成帝濬、献文帝弘，皆守成令主。弘子宏立，是为孝文帝。武、文留心文治，常欲移风易俗，以北人恋常习故，遂声言南伐，进军洛阳，群臣谏沮，因迁都焉。乃废胡俗，禁胡语，改国姓为元，代北诸复姓改为单姓，为诸弟娶中州名族，而以前妻为妾媵，亲任中州儒生名族，宗室勋旧多不悦者。时魏之国势虽极盛，然剽悍勇武之风渐次销灭矣。子恪立，是为宣武帝，魏渐衰乱。子诩立，是为孝明帝。母胡贵嫔，自称太后，临朝称制，淫乱肆情，为天下所恶，文武解体，所在乱逆，于是六镇皆畔。

六镇者，怀朔镇（绥远特别区域萨拉齐西北）、怀荒镇（察哈尔特别区域之丰镇县）、高平镇（甘肃固原县）、御夷镇（河北口北道之独石口东）、柔玄镇（察哈尔特别区兴和县西北）、沃野镇（在河套北）也。起于魏都平城时，以北边为重，盛简亲贤，配以高门子弟，其人蕃汉皆有，以捍御朔方，当时人物，忻慕为之。中叶以后，役同厮养，一生推迁，不过军主，而其同族留京师者，皆为清途，镇人或多逃亡，乃制镇人不得浮游在外。由是积久生怨，一时蜂起，转相攻剽，朝廷不能制。永安三年，时事日非，天下云扰。帝年日长，胡太后与帝有隙，帝召秀容部（今山西忻县）并、肆、汾、广、恒、云六州大都督尔朱荣领兵入诛郑俨、李神轨、徐纥等。会高欢亦劝荣起兵，荣进至上党，胡太后酖帝。荣至洛阳，执太后，沉之于河，立长乐王子攸为帝（献文帝孙），是为孝庄帝，杀王公以下二千余人。荣自立为天柱大将军，讨平葛荣于邺城，葛荣余众百万悉降。尔朱荣下令，各从所乐，亲属相随，任所居止。于是群情大喜，登即四散，待出百里之外，乃使分道押领，随便安置，擢其渠帅，量材授任，新附者咸安。永安二年，梁武帝闻魏乱，使大将军陈庆之以兵纳元颢（献文帝子）于洛阳，称帝。孝庄北走，寻以尔朱荣之力，恢复洛阳。庆之败，南还，颢走死。尔朱荣威权愈重，帝受制不能平。建明元年九月，帝因其入谒，亲刺杀之，及其党元天穆。尔朱荣从弟世隆与弟兆、从子天光拥立长广王晔，进兵入洛阳，弑帝。既而尔朱世隆又废晔，立广陵王恭，是为节闵帝。于是高欢起兵讨尔朱氏。

欢，渤海人。当孝明时，常至洛阳，见宿卫羽林相率焚领军张彝宅，朝廷惧其乱而不问，遂还家，倾产以结客。及归尔朱荣，荣奇其材。后统六镇兵，得高乾、高敖曹、李元忠之助，遂镇信都（今河北冀县）。时尔朱世隆镇洛阳，尔朱仲远镇东郡（今江苏铜山县），尔朱天光镇关中，尔朱兆镇晋阳（今山西太原县）。中兴二年，高欢进军克邺，尔朱兆、天光、度律、仲远皆会兵于邺。欢以兵三万破尔朱氏二十万众于韩陵（山名，在邺），遂入洛阳。而洛阳之人已尽诛尔朱氏之党，欢废节闵帝，立修，是为孝武帝。太昌元年，高欢袭杀尔朱兆于秀容。尔朱氏亡，欢遂自立为大丞相、齐王，归于晋阳，而专魏政，其实魏主也。孝武阴欲图之，密结关中大行台贺拔岳，数遣王思政等往来关西。贺拔岳寻为侯莫陈悦所杀，岳军遂奉宇文泰为主。泰讨平悦，以次定关中之地，入长安据之。时孝武与欢互相猜疑，孝武欲伐晋阳，高欢欲谋迁都，勒兵南出，遂至河北。孝武西就宇文泰，高敖曹率精骑追帝至陕（今河南陕县），不及。宇文泰使赵贵率甲骑二千奉迎孝武，遂入长安。军国之政，咸取决于泰。高欢遂立清河王世子善见，是为孝静帝，迁都于邺。自是魏分为东西焉。

西魏孝武帝复与丞相泰有隙，遇鸩而殂，宇文泰奉高阳王宝矩而立之，是为文帝。是时，东西魏屡相征伐，宇文泰败欢于沙苑（今陕西大荔县南，朝邑县界）。高欢败泰于邙山（在洛阳城北），其势相敌。欢专东魏政十七年而卒，终身未称尊号。时河朔经五胡之乱，几二百年，无汉族为君长者。自欢之后，杨氏继起，至唐李氏遂篡汉业，而欢发其端，真人杰也。子澄方谋受禅，而为其下所杀。澄弟洋，嗣为丞相、齐王，遂篡东魏，是为北齐文宣帝。宇文泰明于为政，任用苏绰，始制文案程式，朱出墨入，及计帐、户籍、府兵之法，仿姬周官制，创大诰文体，为六条诏书（一先修心，二敦教化，三尽地利，四擢贤良，五恤狱讼，六均赋役）。泰执西魏政，凡二十三年而卒，亦终身未称尊号。子觉遂篡西魏，是为后周孝愍帝。魏自道武至孝庄，凡传九世，一百四十五年，而分为东西。东魏传一世，十七年而亡。西魏传四世，二十五年而亡。

齐文宣初即位，特明吏事，以法驭下。北伐蠕蠕、契丹、突厥，皆躬临行陈，亲冒矢石，故所向克捷。其后凶暴特甚，极天下之恶，为暴君之极则焉。然能委任杨愔，民得休息。在位十年殂。子殷即位一年，为文宣弟高演所弑。演即位，是为孝昭帝。帝在北齐诸帝中差为和平，在位二年殂。弟湛即位，是为武成帝。帝昏悖亚于文宣。在位四年，传位于太子纬，是为后主。纬先后任用和士开、祖珽、高阿那肱、穆提婆等，与后主保母陆令萱相结为奸，浊乱朝政，又枉杀其名将斛律光。周师遂围晋州（今山西临汾县），后主帅师救之，与冯淑妃猎于天池（在今山西静乐县）。晋州告急，使者自旦至午，驿马三至。及暮，使更至，云平阳已陷。后主将还，淑妃请更杀一围。后主引兵与周武帝战于平阳，兵才合，少却，淑妃怖曰："军败矣！"后主即以淑妃奔。周师遂进克晋阳（今山西太原），而并其国。齐亡，凡五主，三十八年。

周孝愍帝觉，在位一年，为其叔宇文护所弑。护立帝庶兄毓，是为明帝。护专政骄恣，恶帝明敏，又弑之，立其弟邕，是为武帝。护屡兴师伐齐，频为齐败，然是时齐政渐衰。及武帝诛护，躬亲万机，用法严整，号令恳恻，凡布怀立行，皆欲逾越古人，衣服宫室，一从俭素，大除积弊，国势益振。会南朝陈宣帝遣兵大破齐军，武帝乘其敝，大举伐齐，克晋阳。齐后主奔邺，帝进军围之。后主传位于太子恒，旋出奔，为周所获，遂灭齐，统一北方。帝破齐之后，遂欲穷兵极武，平突厥，定江南，一二年间，必使天下归于一统。其志未遂，会疾作而崩。是时混一之势已成，杨氏特蒙其余业耳。子赟即位，是为宣帝，穷侈极奢，适与武帝反，国政遂为后父杨坚所盗。在位二年，传位于太子阐。相州总管尉迟迥举兵讨隋公杨坚，不克，败死。衍遂禅位于隋，为坚所弑，年仅九岁耳。周亡，凡五主，二十五年。

## 第十四节　南北交兵

南朝与北朝对峙几二百年，其间时相战争，虽互有胜负，而北朝之势为强。然总其大较言之，其力足以相持而不能相并，此亦种族竞争史中之特色也。今略叙南北战争之大事，取足以明强弱盛衰大势而已。

（一）**宋魏之战争**　自宋武伐秦，破魏长孙嵩军后，自是使命岁通。及宋武崩，魏明元即发兵攻宋洛阳、滑台、虎牢、东阳（今山东益都县东）四郡。司州刺史毛德祖戍虎牢，苦守二年，劲兵战死殆尽，檀道济、王仲德诸救军畏魏众盛，并不敢进，于是河南四镇尽没于魏（四镇谓金墉、虎牢、滑台、碻磝也。金墉在洛阳界，碻磝在山东茌平县）。宋文践阼以来，有恢复河南之志。元嘉七年，遣到彦之、王仲德、竺灵秀、段宏等诸将北伐，魏太武以河南四镇兵少，权令收众北渡，于是司（今河南，宋置司州）、兖既平，诸军皆喜，王仲德独有忧色，谓魏今敛众北归，必并力完聚，若河冰既合，将复南来。是年冬，魏将安颉督护诸军渡河，遂复拔洛阳、虎牢，到彦之等焚舟弃甲步走，惟朱修之坚守滑台。宋文遣檀道济帅师救之，进至济上（今山东荏平县境），前后与魏人三十余战，道济多捷。会道济军乏食，不能进，魏军遂克滑台，道济全军而返，河南复陷于魏。宋文后忌道济功名，杀之（事在元嘉十三年）。魏人闻之，喜曰："道济死，吴子辈不足复惮。"元嘉二十七年，宋遣王玄谟北伐，军旅大起，王公富民各献金帛杂物以助国用。富民家资满五十万，并四分借一，事息即还。玄谟进攻滑台，魏太武率师百万渡河，玄谟惧，退走。魏太武乘胜引兵南下，遂至瓜步（在南京六合县东南二十里，东临大江），声言渡江，建康震惧，民皆荷担而立。宋文登石头城（今江宁上元县西石头山上）望敌，有忧色，曰："檀道济若在，岂使胡马至此！"二十八年正月，魏虑彭城（今江苏铜山县）、盱眙（今安徽县名）之蹑其后，乃大掠居民，焚庐舍而去。还军攻盱眙，遗城主臧质书曰："吾今所遣斗兵，尽非我国人，城东北是丁零与胡，南是氐、羌。设使丁零死，正可减常山、赵郡贼；胡死，减并州贼；氐、羌死，减关中贼。卿若杀之，无所不利。"魏人肉搏攻城，杀伤万计，尸与城平，三旬不拔。或告以彭城断其归路，魏太武遂焚攻具而退。是役也，魏人凡破南兖、徐、兖、豫、青、冀六州，杀掠不可胜计，所过郡县，赤城无余。春燕归，巢于林木，魏之士马死伤亦过半。魏每临阵，驱宋民使战，后出者灭族，以骑蹙步，未战先死。宋文命将出师，常授以成律，交战日时，亦待中诏，是以将帅趑趄，莫能自决。又江南白丁，轻进易退，此其所以败也。自是邑里萧条，元嘉之政衰矣。是后宋明以薛安都、常珍奇、毕众敬叛降于魏，欲示威淮北，遣张永、沈攸之帅师北讨，大为魏将尉元所败。由是失淮北四州（青、兖、徐、冀）及豫州淮西之地（汝南、新蔡、谯、梁、陈、南顿、颍州、汝阴诸地）。自此疆域以淮为断，而山东、河南尽没于魏矣（事在宋明帝泰始三年）。

（二）齐魏之战争　魏孝文既南迁洛阳，适值齐明（萧鸾）废海陵王（名昭文）而自立，遂自将三十万众，欲南临江水。师至钟离（今安徽凤阳县），魏众二十万并力攻义阳，堑栅三重，城中负楯而立。黄门侍郎萧衍率精兵从间道夜发，径上贤首山（与义阳隔溮水），去魏军数里。魏人出不意，未测多少，不敢逼。城中望见援军至，萧诞出兵攻魏栅，因风纵火，衍军自外击之，魏不能支，解围去。魏孝文久攻钟离不克，士卒多死，又为裴叔业救兵所拒，乃还济淮。建武四年，魏孝文复南侵，率彭城王勰等三十六军前后相继，众号百万，吹唇沸地，南下围樊城，略沔北五郡地，临沔而还，遂如悬瓠（今河南汝宁县）。遣王肃引兵攻义阳（今河南信阳县南四十里）。齐明遣裴叔业攻涡阳（今安徽蒙城县，魏之南兖州也）以救之。积所杀魏人高五丈以示城内，义阳之围遂解。时魏孝文闻齐明帝崩，乃引兵还。齐东昏永元元年，太尉陈显达督崔慧景等军四万击魏，屡破魏将元英军，攻克马圈城（今河南邓县东北七十里），进拔南乡（今河南淅川县）。魏孝文谓任城王澄曰：“显达侵扰，朕不亲行，无以制之。”遂率众至马圈，显达败走，魏孝文亦以疾殂于谷塘原（当在今淅川县北）。是时齐之国势远逊于宋，乃魏孝文屡出而无功，群臣扣马而固谏，魏之兵气非复昔日之盛矣。

（三）梁魏之战争　梁既代齐，齐宗室萧宝寅奔魏，请兵伐梁。魏遣任城王澄、萧宝寅、元英等率兵南侵，攻陷义阳。天监五年，梁武大举伐魏，以临川王宏都督北讨诸军事。韦睿堰淝水以攻合肥（今安徽县名），起斗舰，高与合肥城等，四面临之，屡败魏之援军，合肥遂陷。梁于是迁豫州，治合肥。临川王军次洛口（在今安徽怀县西南洛河注淮处），停军不前。魏人歌以诮之曰：“不畏萧娘与吕姥，但畏合肥有韦虎。”虎谓韦睿也，姥谓军佐吕僧珍也。时夜洛口暴风雨，军中惊，临川王宏与数骑逃去，将士散归，弃甲投戈，填满水陆，捐弃病死者近五万人。魏将元英、杨大眼遂进围钟离。钟离城阻淮水，魏人于邵阳洲（在今凤阳县北淮水中）两岸为桥，树栅数百里，跨淮通道。英据南岸攻城，大眼据北岸立城，以通粮运。城中众才三千人，昌义之多方距守，梁武遣曹景宗、韦睿救之，乘淮水暴涨，斗舰竞发，尽殪魏洲上军，火焚桥栅，倏忽俱尽，军人奋勇击之，魏军大溃，悉弃其器甲，争投水死者十余万，斩首亦如之（事在梁武天监六年）。是后魏政日衰，六镇皆叛。大通二年，魏宗室北海王颢来奔，梁武遣陈庆之将兵送之还北。庆之以数千之众，自发铚县（今安徽宿县南）转战而北，四十七战，所向克捷，凡取三十二城，击走元天穆、尔朱世隆等，遂克洛阳。魏孝庄渡河北走，颢入洛阳宫，号令四方，密谋叛梁，与庆之外同内异，言多猜忌。时尔朱荣引兵南下，与颢相持于河上，庆之三日十一战，杀伤甚重。尔朱荣议欲还北，更图后举，杨侃劝荣多为桴筏舟楫，缘河布列，数百里中皆为渡势，首尾既远，使颢不知所防。荣用其策，夜自马渚西硖石（在河南陕县东南）渡河，颢失据，率众数百骑南走。庆之结陈东还，为尔朱荣所追击，军士死散略尽，庆之功遂不终。然六朝北征之举，未有若斯之快者也。

（四）陈齐之战争　陈武帝之篡梁也，梁湘州刺史王琳举兵败陈将侯安都、周文育军，遣使求救于北齐，进屯濡须口，大破陈将吴明彻军。琳旋为陈将侯瑱所败，遂奔于齐。太建五年，陈宣帝谋伐齐，尚书左仆射徐陵举吴明彻为将，统众十万，北出秦郡（今江苏六合县）。齐遣尉破胡、长孙洪略、王琳等率兵救之，战于吕梁（当即石梁河，在天长、六合二县之北）。齐师选长大有膂力者为前队，及苍头、青犀、大力，其锋甚锐。又有西域胡善射，弦无虚发，众军尤惮之（西域在河西）。陈将萧摩诃挺身出陈，以铣锐遥掷，胡应手仆。齐军大力十余人出战，摩诃又斩之，于是齐军大败。破胡走，洪略战死，琳保寿阳外郭（今安徽寿县）。吴明彻乘胜攻之，城溃，齐兵退据相国城（即寿阳正城，以刘裕所筑，故名）及金城（即寿阳内城）。齐行台右仆射皮景和等救寿，以尉破胡新败，怯懦不敢前。吴明彻躬擐甲胄，四面疾攻，一鼓拔之，禽斩王琳及齐将等，皮景和北遁，由是陈遂复有淮南之地。

案：南北战争，其胜负之大端，固原于北人尚武，南人尚文，而地势有便习，用兵有短长，亦不可不知也。夫南人便于舟楫，北人习于骑射；南人长于守城，北人长于野战，皆由于地理习惯之使然。此所以北人虽强，终临江而不敢渡；南人虽弱，尚足相持于不敝乎？

## 第十五节　隋之统一及其乱亡

中国自晋惠帝之末，神州板荡，分为数十国，扰攘几三百年，至隋而后一统。隋文帝性刻忌而苛酷，本无功德，徒借后父之尊以诈取天下（本房玄龄语），惩于周室诸王微弱，故使诸子分据大镇，各专方面，权侔帝室，骄奢不仁。及其晚节，父子兄弟迭相猜忌，故一传而遂大乱，徒为李唐之先导耳。

隋文帝姓杨名坚，弘农华阴人，汉太尉杨震之后，世仕北朝。父忠，为宇文泰之元勋，封隋国公。坚以父荫入官，屡从征伐。坚姿相奇伟，数为周齐王宪及宣帝所疑忌。及宣帝崩，静帝幼冲，郑译、刘昉矫诏引坚入总朝政，都督内外诸军事。周室诸王在藩者，坚恐其生变，征入京师，杀之。相州总管尉迟迥、郧州总管司马消难、益州总管王谦三方起兵讨坚，时周朝将相多为身计，竞效节于杨氏（本柳庄语），故坚得次第削平，遂受周禅，国号曰隋，改元开皇。隋文席周室之余业，加之以勤政节俭，故南平江淮，北詟突厥，使中国之势由分而合，汉族之气转弱为强。开皇十七年间，天下无事，户口滋盛，中外仓库无不盈积，所有赉给不逾经费，京师帑屋既充积于廊庑之下，遂停此年正赋以赐黎元。其轻徭薄赋，法明令行，人安其业，民乐其生，南北朝以来所未有也。然雅性猜忌，不达大体，其草创元勋及有功诸将，诛夷获罪，罕有存者。至禁私家蓄兵器，河以东无得乘马，江南诸州人间有船长三丈以上，悉括入官。制私家不得隐藏纬候图谶，禁民间撰集国史，臧否人物，废太学及州县学（事在仁寿元年），诚专制之尤者也。持法尤峻，敕盗边粮一升以上皆斩，籍没其家。后命盗一钱以上皆弃市。行旅皆晏起晚宿，天下懔懔焉。逮于暮岁，内惑悍后独孤之谗，外信权臣杨素之谮，废太子勇，立次子广，遂至衅构骨肉，祸起萧墙。在位二十四年，为广所弑而崩。广既弑父而自立，在位十三年，为侍臣宇文化及所弑，是为炀帝。

初，帝自以藩王不当立，每饰情矫行，以钓虚名，阴有夺宗之计。尝私入宫掖，密谋于母独孤后及杨素等，因机构扇，遂成废立。帝时承平日久，帑藏充溢，士马殷盛，慨然慕秦皇、汉武之事。初营东都（即洛阳），造西苑，穷极巨丽，征求海内嘉木异草、珍禽奇兽，以充苑囿。又自长安至江都（今江苏县名），设离宫四十余所，或往洛阳，或往江都，常以巡游为事。因欲求往来之便，乃多开运河。开通济渠（在河南开封县城西南二里），以通江淮漕运；兼引汴水（在开封城南），起荥泽入淮千余里，用夫百余万，自西苑引谷、洛水达于河（西苑在东都西面，苑南北带洛水支渠，谷、洛二水会于其间，引为渠），引河入汴，引汴入泗，以达于淮；又开邗沟（由今江苏淮安县至江都县卫河之一部），自山阳（即淮安县），至扬子（今江都县南瓜洲镇境内）入江；穿永济渠，引沁水（源出山西沁源县北之绵山车家岭，至河南武陟县南入河）南达于河，北通涿郡（今河北省之北平市）。丁男不供，始役妇人。穿江南河，自京口至余杭（今为浙西运河）。其前后所役人民，不可胜计。又发百余万人筑长城。造汾阳宫（在山西太原县北）及晋阳宫（在山西静乐县北），动费巨万。帝自以北服突厥，南平林邑（在今安南南境），西破吐谷浑（今青海境）、高昌（国名，今新疆吐鲁番县），王麴伯雅、伊吾（今新疆哈密县）、吐屯设（突厥酋长）及西域二十七国，皆来朝，请吏奉贡。置海西、河源（均青海境）、鄯善、且末（均今新疆天山南路）等郡。开拓疆土，威名甚盛。惟东方高丽不听诏命，乃三次亲征高丽（第一次在大业八年，败还。二次在大业九年，因杨玄感乱，引还。三次在大业十年，高丽王高元请降）。征兵百余万，海陆俱进，天下为之骚然，盗贼蜂起，礼部尚书杨玄感（越国公杨素之子）乘之，于第二次征辽之役，反于黎阳（故城在河南浚县东北，当时漕运聚此，设仓城以贮之。玄感时为督运），选运夫蒿梢数千人，以李密为谋主，引兵向东都，民从之如市，众至十万。帝攻辽东（今辽宁省之辽阳县）垂拔，而玄感反书至，帝还兵击之，玄感败死于闵乡。玄感倡乱，虽不三月而败，然四方群盗甚盛，莫能禁止。近臣互相掩蔽，皆隐贼数，不以实对。或有言贼多者，辄大被诘责，各求苟免。上下相蒙，天下土崩。帝犹未寤，方弃中土，远游扬、越。从驾之士，皆思乡土不得归，因共谋反，奉近臣宇文化及为主，遂弑帝于江都（事在隋恭帝皇泰元年）。时唐高祖李渊起兵，已入关中，别立代王侑，是为恭帝。未几受禅，隋室遂亡。凡传三世，共三十七年，至隋末唐初，群盗不可胜数。今举其僭伪著者列表明之。

### 隋末群雄割据表

| 人名 | 出身 | 据地 | 事实概要 | 称号 | 灭亡 |
| --- | --- | --- | --- | --- | --- |
| 李密 | 蒲山公 | 洛口，有河南东部。 | 初据洛口仓，攻东都，败王世充，取金墉。后与宇文化及相距于巩、洛，世充乘其敝，败之。 | 魏公 | 降唐 |
| 王世充 | 东都留守 | 洛阳，有河南西部。 | 初拥立隋越王侗，及败，李密有其地，北至河，东至徐、兖，南复襄、邓，遂篡侗而自立。 | 郑王，后称帝。 | 降唐秦王世民 |
| 窦建德 | 群盗 | 都洺州，有河南、河北诸州。 | 以救王世充战败。 | 夏王 | 为世民所擒 |
| 李子通 | 群盗 | | 初据江都，为杜伏威所逼，徙都余杭，尽收沈法兴故地。 | 吴帝 | 为杜伏威将所败灭 |
| 沈法兴 | 吴兴太守 | 江苏南部、浙江北部。 | | 梁帝 | 为李子通所败死 |
| 杜伏威 | 群盗 | 都历阳，有安徽中部及江苏。 | 初降隋，封楚王。复降唐，封吴王。徙丹阳。破李子通，尽有淮南、江东地。 | 吴王 | 降唐 |
| 辅公祏 | 群盗 | 都丹阳，有东海、寿阳诸郡。 | 初与杜伏威降唐，后叛，称帝。 | 宋帝 | 唐赵郡王孝恭讨平 |
| 朱粲 | 群盗 | 有湖北中部。 | 以劫为资，迁徙无常。先降唐，复叛，奔王世充。 | 楚帝 | 为世民所斩 |
| 林士弘 | 群盗 | 有江西、广东。 | 降唐，复叛。 | 南越王，后称楚帝。 | 为张善安所败死 |

续表

| 人名 | 出身 | 据地 | 事实概要 | 称号 | 灭亡 |
|---|---|---|---|---|---|
| 罗艺 | 虎贲郎将 | 有北平、河北。 | 北捍突厥,降唐,复叛。 | 幽州总管 | 为太宗诛死 |
| 徐圆朗 | 群盗 | 有山东中、东二部。 | 附刘黑闼。 | 鲁帝 | 兵败走死 |
| 刘武周 | 马邑校尉 | 有山西北部。 | 陷楼烦、定襄、雁门,数犯唐河东诸州,秦王击败之。 | 定阳可汗 | 为突厥所杀 |
| 梁师都 | 朔方郎将 | 都朔方,有绥远及甘肃东北部。 | 联兵突厥,导之南寇,边无宁岁。 | 梁帝 | 被唐兵所围,为其下斩降。 |
| 郭子和 | 戍卒 | 陕西北部。 | 北附突厥,南连梁师都。 | 永乐王 | 降唐 |
| 萧铣 | 后梁之裔 | 都江陵,有九江、两湖之地。 | 略定岭表,胜兵四十万。 | 梁帝 | 为李孝恭及李靖所讨平。 |
| 薛举 | 金城校尉 | 都天水,有陇西地。 | 众二十万,大败唐兵于高墌。 | 秦帝 | 子仁杲降唐 |
| 李轨 | 武威司马 | 有甘肃西北部。 | 东拒薛举,北附突厥,西连吐谷浑。 | 凉帝 | 为唐使安兴贵所执 |
| 高开道 | 群盗 | 有河北东部。 | 北附突厥,与俱寇恒、定、幽、易等州。 | 燕王 | 为其将张金树所杀,降唐。 |
| 苑君璋 | 群盗 | 有朔州。 | 初为刘武周将,后奔突厥,数犯太原。 | 朔州总管 | 降唐 |
| 宇文化及 | 右屯卫将军 | 有山东西北部。 | 弑炀帝,立秦王浩,又废而自立,为李密所败。 | 许帝 | 为窦建德所杀 |

## 第十六节  两晋南北朝隋制度之大概

本期历史之政治,晋与南朝不过小变秦汉之节目,而无大改作。北魏起自玄朔,本自有其习惯之旧制,然道武开拓中原,交好南夏,颇有改创，杂采晋制。孝文变法，尤多沿用诸夏之典章，然其随时适务，自成一代之风气。齐、周及隋，虽有改革，而大体相因，唐人承之，其规制遂与两汉媲美矣。故论此期之制度，必合李唐一代观之，乃足以原始而要终。兹特取其与古相异者，以明其沿变之大要而已。

（一）官制　分中央及地官两种。

（甲）中央官制　晋受魏禅，不置丞相、相国等官。自惠帝之后，省置无恒，为之者赵王伦、梁王肜、成都王颖、南阳王保、王敦、王导之徒，皆非复寻常人臣之职。而宰相之实权，乃有中书监令，其以他官参掌机密，或委知政事者，虽不必居宰相之名，而其职事则真宰相也。晋张华为中书令，侍中刘卞谓其居阿衡之地（《晋书·张华列传》）。宋文帝以侍中刘湛、侍中左卫将军殷景仁、王昙首、侍中右卫将军王华四人俱居门下。王华每叹息曰："宰相顿有数人，天下何由得理。"（《宋书·王华传》）刘湛常云："今代宰相何难，此正可当我南阳郡汉代功曹耳。"（《宋书·刘湛传》）亦足见相权之轻，而居其位者之非一人也。齐不列宰相之官，惟用以为赠。梁武受命，有丞相、太宰、太傅、太保、大将军、大司马、太尉、司徒、司空等官。陈承梁，皆循其制。而侍中一职，多为宰相之任，以其职居亲，常参机密，故自晋以来，号为显职。至齐，呼为门下，以侍中与给事黄门侍郎俱管门下众事故也（详《晋书·职官志》）。历宋、齐、梁、陈，侍中并与三公参国政焉（《初学记》）。尚书自后汉时最为优重，以六曹尚书并令、仆二人，谓之八座（《通典·职官门·历代尚书》）。自魏置中书省，有监、令，遂掌机衡之任，而尚书之权渐减。至宋谓之尚书省，亦谓之内台。梁、陈之时，举国机要悉在中书，献纳之任又归门下，而尚书但听命受事而已。然录尚书事则以公卿权重者为之，职无不总。齐世录尚书谓之录公，为内台主，行遇诸王以下皆禁驻，斯真宰相之职也。北魏道武天兴元年，置八部八人于皇城，四方、四维面置一人，以拟八座，谓之八国，各有属官。分尚书为三十六曹及诸外置，令、大夫主之（《通典·职官门·尚书省》）。其分职繁多，务在进取，故任城王澄以为尚书政本。然北魏尤重门下官,多以侍中辅政,则侍中为枢密之任,世谓侍中、黄门为小宰相焉(《玉海》)。北魏中书之职,其清要不及南朝,然亦得参预密议,当时故号为西台大臣。北齐置官,多循后魏,虽置宰相,分为左右,然而为丞相秉政者,亦多为侍中。后周文帝改创章程,令尚书令卢辩远师周之建职,置立六官,遂置天官大冢宰卿一人,以佐皇帝治邦国,以纳言代侍中之职,以内史代中书监令之任。隋文践极,复废周官,还依汉魏,唯以中书为内史,侍中为纳言,自余庶僚,颇有损益。尚书省有吏、礼、兵、刑、户、工六部尚书,始以部改汉魏南北朝尚书诸曹之名。炀帝置六侍郎,以贰尚书之职,改诸司侍郎但曰郎,于是侍郎始为六部长官之专称,非复秦汉以来侍郎之末职矣。大抵隋之尚书令、仆,总领众务,而内史、纳言,斯为宰相,唐人三省之制,肇于此矣。此外太宰、太傅、太保、大司马、大将军、太尉、司徒、司空,皆为宰相之职,号称八公,然名位虽崇,而皆无实权,惟都督中外诸军事一官,其职权略与两汉之大司马、大将军相等,其下有九卿,分治国事,亦与汉略同焉。

(乙)地方官制 自后汉设州牧,以重臣居其任,州任之重,自此而始。魏晋世州牧隆重,刺史多带将军开府,任重者为使持节都督,轻者为持节督(《南齐书·百官志》)。刺史以治民,都督以治军,二者兼领,不独非汉刺史刺举之性质,即汉州牧亦无此大权也。惟庶姓为州而无将军者,谓之单州刺史(庶姓谓非帝族,见《通典·职官门》)。江左尤重其任,惟权位最隆者,乃始居之。宋、齐、梁、陈,皆因其制。北魏诸州置三刺史,皇室一人,异姓二人(《魏书·官氏志》)。盖魏以鲜卑人主中原,言语习俗,致多隔阂,故州郡县官正(郡置三太守,县置三令长),以皇室一人为之,以掌其权,其异姓二人,居于佐贰之职,以举其事。北齐制州为上、中、下三等,每等又有上、中、下之差,凡九等,各等刺史又持节诸军事。后周改都督诸军事为总管,则总管为都督之任矣。又有大都督、帅都督、都督三名。是时三方鼎立,多置州郡,务自侈大,七命刺史所辖之州,户仅五千以上(见《周书·卢辩传》)。其名为州,实不啻汉之一县。故隋开皇三年罢郡，以州统县。自是虽有刺史，皆太守之互名，理一郡而已，非旧刺史之职矣。炀帝大业初，复罢州置郡，其时州郡名异实同。盖自南北分裂，州郡日多，州之所统，无以大异于郡。故或去州，或去郡，均因时制宜之法。然州牧、刺史，迭有变更，而郡守之职，则由汉迄六朝不改。惟晋郡守皆加将军，无者为耻（《文献通考·职官门》）。梁、陈太守则加督、加都督，皆合军民而治之。此其与汉制异者也。县置令、长，晋与南北朝俱沿汉制，以县之大小，分令、长之品秩。晋制，大县令有治绩，官报以大郡，不经宰县，不得入为台郎（《文献通考·职官门》）。惟北魏之末，县令杂乱，至于士流耻居之。北齐元文遥奏于武成帝，请革其弊，乃密令搜扬世胄子弟，恐其辞诉，总召集神武门，宣旨慰谕而遣。自此县令始以士人为之，而县职始重。后周制牧、守、令、长，非通六条及计帐者，不得居官，则其整饬吏治概可见矣。

附乡官　晋沿汉制，五百户以上皆置一乡，三千户以上置二乡，五千户以上置三乡，万户以上置四乡。乡置啬夫一人。县率百户置里吏一人，户千以上置校官掾一人。县皆置方略吏四人。宋制，五家为伍，伍长主之；二伍为什，什长主之；十什为里，里魁主之；十里为亭，亭长主之；十亭为乡，乡有乡佐、三老、有秩、啬夫、游徼各一人。所职与秦汉同。隋以周、齐州郡县职，自州都、郡正、县正以下，皆州郡将、县令所自调，用理时事。至开皇初，不知时事，直谓之乡官。官别置品，皆吏部除授，每岁考殿最。至十五年，罢州县乡官。是秦汉之地方自治，一变而为官治。及乡官既罢，世不知重，再变而为里役。斯直古今社会治忽之一大关键也。

（二）田制　晋武平吴之后，制户调之式。男子一人占田七十亩，女子三十亩。其外丁男课田五十亩，丁女二十亩，次丁男半之，女则不课（丁男女十六以上至六十为正丁，十五以下至十三、六十一以上至六十五为次丁）。盖以杜汉末兼并之弊，而开北魏均田之风矣。丁男之户岁输绢三匹、绵三斤，女及次丁男为户者半输（《晋书·食货志》），较诸两汉田税与户算之制，似合二赋而为一。盖晋时无无田之户，此户调之所以可行也。逮东晋寓居江左，百姓南奔者并谓之侨人，往往散居，无有土著。而江南之俗，火耕水耨，土地卑湿，无有蓄积之赀。诸蛮陬俚洞沾沐王化者，各随轻重收财物，以裨国用。又岭外酋帅因生口、翡翠、明珠、犀象之饶雄于乡曲者，朝廷多因而署之，收其利。历宋、齐、梁、陈，皆因而不改。其军国所须杂物，随土所出，临时折课市取，乃无恒法定令。列州郡县，制其任土所出，以为征赋。其无贯之人，不乐州县编者，为浮浪人，乐输亦无定数任量，准所输，终优于正课焉。都下人多为诸王公贵人左右、佃客、典计、衣食客之类，皆无课役。北魏令每调一夫一妇帛一匹、粟一石。至太和中，孝文帝纳李安世之言，下诏均给天下民田。诸男夫十五以上，受露田四十亩（不栽树者谓之露田），妇人二十亩，奴婢依良丁。民年及课则受田，老免及身没则还田，奴婢、牛随有无以还受。诸桑田不在还受之限，但通入倍田分（倍田谓一易、再易、三易之田，所受率倍之也）。于分虽盈，不得以充露田之数，不足者以露田充倍。诸初受田者，男夫一人给田二十亩，课莳（分秧匀插为莳），余种桑五十树、枣五株，及多种桑榆者不禁。诸应还之田，不得种桑榆枣果，种者以违令论，地入还分。诸桑田皆为世业，身终不还，不足者受种如法，盈者得卖其盈，不足者得买所不足，不得卖其分，亦不得买过所足。诸麻布之土，男夫及课，别给麻田十亩，妇人五亩，奴婢依良，皆从还受之法。诸有举户老小残疾无受田者，年十一以上及废疾者各授以半夫田，年逾七十者不还所受，寡妇守志者虽免课亦受妇田。诸还受民田恒以正月。诸远流配谪无子孙及户绝者，墟宅桑榆尽为公田，以供授受，授受之次给其所亲。北齐给授田令仍依魏朝，惟不听卖易。周文帝霸政之初，司均之官掌田里之政令，有室者田百四十亩，丁者田百亩。隋之丁男、中男永业露田，皆遵北齐之制，并课树以桑榆及枣，其田宅率三口给一亩焉（《文献通考·田赋考》）。南北朝在中国史上号称乱世，然其时民生得以维持者，以田皆在官，虽有粗暴之君，亦末由尽夺民食，此治法之所以贵于治人欤？

（三）兵制　晋初，宿卫禁兵有七军、五校。七军者，左卫、右卫、前军、后军、左军、右军、骁骑也，皆有将军，而中领军总统之。其前、后、左、右亦称四军。五校者，屯骑、越骑、步兵、长水、射声也，各领千兵为营，皆在城中。左、右卫所领各为三部司马（前驱、由基、强弩为三司马）、五部督（命中、虎贲、羽林、上骑、异力为五督），其城外诸军则中护军统之。西领护亦各领营兵。西晋京城之兵盖如此。太康元年，武帝既平吴，诏悉去州郡兵，郡置武吏百人，小郡五十人。及永宁以后（惠帝年号），盗贼蜂起，州郡无备，不能禽制，天下遂大乱（《通鉴》卷八十一）。而帝惩魏室孤立，大封同姓，大国三军，兵五千人；次国二军，兵三千人；小国一军，千五百人。八王之兵由此起。元帝南渡，有大将军、都督、四镇、四征、四平之号。然调兵不出三吴，大发毋过三万，每议出讨，多取奴兵。扬州为京畿所资，皆出焉；荆、江为重镇，甲兵所聚尽在焉。王敦、桓温皆资之以挟制朝廷。太元初（孝武帝年号），谢安秉政，以谢玄镇广陵（晋扬州治，今江苏江都县），多募劲勇，号为北府兵，卒以此兵破苻坚于淝水（《晋书·刘牢之传》）。宋武资之，遂成霸业（以上约采《文献通考·兵考》及《补晋兵志》）。宋文帝元嘉二十七年，大举伐魏，以兵力不足，悉发青、冀、徐、豫、二兖（南兖、北兖也）六州三五民丁，倩使暂行（三五者，三丁发其一，五丁发其二），符到十日装束。又募中外有马步众艺武力之士，应科者皆加厚赏。江南白丁轻进易退，卒以败师。齐武帝末年，魏孝文欲迁都洛阳，声言南伐，诏发扬、徐州民丁，广设招募以备之。是南朝兵力多出自临时召募者矣。后魏明元帝置四厢大将，又仿十二时置十二小将，将各一万骑。又诏天下户二十输戎马一匹、大牛一头，六部人羊满百口者调戎马一匹。及孝文帝定都洛阳，选武勇之士十五万人为羽林、虎贲，以充宿卫。其后诏军士自代来者，皆以为羽林、虎贲，司州民十二夫调一吏，以供公私力役。初，魏都平城，以北边为重，爰置六镇，恃为藩卫，盛简亲贤，拥麾作镇，配以高门子弟，以死防遏，匪惟不废仕宦，乃更独得复除，当时人物欣慕为之。迁洛以后，边任益轻，有司号为府户，役同厮养，一生推迁，不周军主。然其通族留京师者得上品，通官在镇者即为清途所隔，将士失所，互相仇怨。正光四年（魏孝明年号），怀朔、沃野镇民相继反畔，诸镇华夷之民往往响应，而六镇尽叛，秦、陇以西，冀、并以北，并为盗区，魏之丧败原于此也。北齐军别为内外，领之二曹，外步兵曹、内骑兵曹，十八受田，二十充兵，六十免役，颇追古意。周太祖宇文泰辅西魏时，用苏绰言，始仿周典置六军，籍六等之民，择魁健材力之士以为之首，尽蠲租调，而刺史以农隙教之。合为百府，每府一郎将主之，分属二十四军，开府各领一军。大将军凡十二人，每一将军统二开府，一柱国主二大将，将复加持节都督以统焉。凡柱国六员，众不满五万人，是为府兵之始。其后武帝用之以克齐。隋之兵制仍周、齐府兵之旧而加润色，立十二卫，各分左右，皆置将军以分统诸府之兵，有郎将、副将、坊主、团主以相统治焉。其后别置折冲、果毅等将官以统领骁果，而唐折冲府之名肇于此矣。

（四）选举　其制有二：（甲）举士；（乙）选官。兹分言之：

（甲）举士　晋依魏室九品之制，州置大中正，郡国有小中正，皆掌选举。其始本论品行。《晋武帝纪》云："咸熙二年十一月（十二月，魏禅晋），令诸郡中正以六条举淹滞（一曰忠恪匪躬，二曰孝敬尽礼，三曰友于兄弟，四曰洁身劳谦，五曰信义可复，六曰学以为己）。"其后中正任久，爱憎由己，而九品之法渐敝，权归右姓。其州大中正、主簿，郡中正、功曹，皆取著姓士族为之，以定门胄，品藻人物（见《新唐书·儒学柳冲传》），遂据族姓官资，以定人材高下。天下惟以居位者为贵，致令上品无寒门，下品无世族。尚书仆射刘毅上疏陈八损之义，谓："职名中正，实为奸府；事名九品，而有八损。宜弃魏室军中权宜之敝法，复古乡举里选之美制。"时不能从（《晋书·刘毅传》）。东晋、刘宋因循不改，宋文帝特立限年之制，三十而仕。齐时选举不核才德，其所取进，以官婚胄籍为先。其时士人皆厚结姻援，奔驰造请，浸以成俗。梁代选举，初无中正制。九流常选，年未三十，不通一经者，不得为官。及敬帝时，复令诸州各置中正，仍旧选举，皆须中正押上，然后量授，不然则否。其选中正，每求耆德该悉，以他官领之。中正之权，重于时矣。陈代依梁制。此南朝举士之概略也。北魏州郡皆有中正掌选举，每以季月与吏部铨择可否。惟当时州郡贡察，徒有秀、孝之名，而无秀、孝之实，朝廷但检其有无门第已耳，当时谓之取士于门（语见《魏书·韩显宗传》）。孝文太和之间，精选中正，颇谓得人。及宣武、孝明之时，州无大小，必置中正，既不可悉得其人，故或有蕃落庸鄙，操铨核之权，而选序颓紊。孝明以幼冲嗣位，胡太后临朝，征西将军、冀州大中正张彝之子仲瑀上封事，请铨别选格，排抑武夫，不使在清品，遂为虎贲、羽林千余人所屠害，火焚其第。胡太后乃命武官得依资入选。既而官员少而应调者多，崔亮乃奏为停年格，官不问贤愚，以停解日月为断。时沉滞者皆称其能，自是贤愚同贯，泾渭无别。魏之失才，从亮始也。北齐沿后魏之制，凡州郡皆置中正。后主失政，多有佞幸，乃赐其卖官，分占州郡，下及乡官，多降中旨，故有敕用州主簿、郡功曹者。由是两汉以来，州郡辟士以辅佐吏之权，浸移于朝廷，以故外吏不得精核，皆此起也。后周宇文泰惩魏、齐之失，罢门资之制，其所察举，颇加精慎。至宣帝大成元年，诏州举高才博学者为秀才，郡举经明行修者为孝廉，上州、上郡岁一人。隋文帝承之，制诸州岁贡三人。炀帝雅好文词，始建进士之科，自是历代举贡明经、孝廉、秀才之制，一变而为科举矣（本条参考《通典》《文献通考·选举门》，其九品中正详见《廿二史札记》）。

（乙）选官　　两汉选举、诔赏为三公之职。后汉三府任轻，尚书曹见任于三公，是以曹属而上夺三公之权矣。西晋以吏部尚书执用人之柄，其权最重。山涛再居其职，所奏甄拔人物，各为题目，时称山公启事，而侍中、尚书令、中书监、大将军、骁骑将军、刺史诸要职皆归其处分。宋以蔡廓为吏部尚书，廓谓傅亮曰："选事悉以见付，不然不拜。"亮以语录尚书徐羡之，羡之曰："黄散以下（黄门侍郎及散骑，宋时均第五品），悉以委蔡。以上，故宜互参同异。"廓曰："我不能为徐干木署纸尾。"遂不拜。则晋、宋黄散以上，吏部尚书皆有选举之特权，至是而录尚书夺吏部之权矣。宋文帝不欲重权在下，乃分吏部，置两尚书以散其权。然天下之才难原，吏部之鉴有限，此谢庄所以请普令大臣各举所知以付尚书铨用也。南齐、梁、陈相沿不改。北魏孝文励精求治，内官通班以上皆自考核，以为黜陟。东魏高澄秉政，摄吏部尚书，乃革后魏崔亮年劳之制，务求才实。西魏苏绰六条诏书，其四曰："擢贤良不限门资，惟在得人。得人之道，去虚取实。"遂为后周一代之制。隋时吏部尚书举其大者，侍郎铨其小者，六品以下官咸吏部所掌，自是海内一命以上之官，州郡无复自辟者，是以吏部而下侵州郡之权矣。

（五）法律　文帝为晋王时，患前代律令本注烦杂，刘劭、陈群虽经改革，而科纲本密，乃令贾充定法律，令与郑冲、荀颛、荀勖、羊祜、王业、杜友、杜预、裴楷、周雄、郭颀、成公绥、柳轨、荣邵等十四人典其事。就汉九章增十一篇，改《具律》为《刑名》（第一篇）、《法例》（第二篇），辨《囚律》为《告劾》（第七篇）、《系讯》（第九篇）、《断狱》（第十篇），分《盗律》（第三篇）为《请赇》（第六篇）、《诈伪》（第五篇）、《水火》（第十六篇）、《毁亡》（第十四篇），因事类为《卫宫》（第十五篇）、《违制》（第十九篇），撰《周官》为《诸侯律》（第二十篇），合旧《贼律》（第四篇）、《捕律》（第八篇）、《杂律》（第十一篇）、《户律》（第十二篇）、《擅兴》（第十三篇）、《厩律》（第十七篇）、《关市》（第十八篇），共为二十篇，六百二十条，二万七千六百五十七言。蠲其苛秽，存其清约，事从中典，归于益时。减枭、斩、族诛、从坐之条，除谋反、适养、母出、女嫁皆不复还坐、父母弃市，省禁固相告之条，去捕亡、亡没为官奴婢之制。时经六岁，事毕表上，帝自临讲，乃于泰始四年颁行焉（《晋书·刑法志》）。新律既颁，天下便之（《贾充传》）。杜预、张、裴并为注解，宋、齐相承，沿用晋律。南齐武帝尝欲令王植删正张、杜旧律，事未施行。梁武受命，令蔡法度、沈约等十人共定新律，然不过损益王植旧本以为梁律（《隋书·刑法志》），其篇目均与晋同。陈氏承梁季丧乱，刑典疏阔，武帝思革其弊，令范泉等参定陈律，其篇目、律目、刑名虽全与梁同，然条流冗杂，纲目虽多，博而非要。及陈为隋灭，而晋律之统系亦与南朝而俱斩矣。北魏则起自朔方，任刑为治，每以军令从事，蹉跌之间，便至夷灭（约《通典》卷一百六十四及《魏书》卷四十六语）。然诸帝虽果于杀戮（号为门诛），而每多留意刑法。道武、太武、文成、孝文、宣武凡五次改定律令。孝文用夏变夷，议定律令，躬自下笔，凡有疑义亲决之，为从来定律所未有之例。然改定魏律，其原出于崔浩、高允之手。崔浩长于汉律，常为汉律作序（《史记索隐》引），高允史称其尤好《春秋公羊》，诸有疑狱，皆以经义量决，略如汉之《春秋》决狱，江左无是也。太和中，改定律令，孝文与群臣聚议一堂，考订之勤，古今无与伦比焉。北齐受命之初，律令犹依魏旧，文宣命造新律，久而未成。至武成河清三年，始颁《齐律》，历时最久，史称其科条简要。然沿元魏房诛之法，又制立重罪十恶之条（一曰反逆，二曰大逆，三曰叛，四曰降，五曰恶逆，六曰不道，七曰不敬，八曰不孝，九曰不义，十曰内乱），实以助专制君主之虐焉。周宇文泰霸业初基，命廷尉赵肃等造律，至保定中奏之（保定为周武帝年号）。凡二十五篇，谓之《大律》，比于《齐律》，烦而不当（《唐六典》注）。隋文虽专尚刑名，用法严峻，然开皇元年诏除枭、轘及鞭刑，是后死罪惟用斩、绞二刑矣（《隋书·刑法志》）。肉刑虽除，于汉仅墨刑耳，而宫刑犹存。至大隋开皇之初，始除男子宫刑，妇人犹闭于宫（《尚书正义》）。三年之中，再修律法，采魏晋刑典，下至齐梁，沿革轻重，取其折衷（《隋书·裴政传》），所定新律，除死罪八十一条，流罪一百五十四条，徒、杖等千余条，定留惟五百条，凡十二卷。自是刑纲简要，疏而不失。及唐修律，即以《开皇律》为准则焉。炀帝复修《大业律》，篇目虽增于旧，而其刑典则降从轻，然行之未久，为唐所废。

　　案：隋文代周，其定律犹采《齐律》而不沿周制，而《齐律》嫡系出于《魏律》，是后中国法统相承，由唐至清，皆北系矣。

（六）教育　晋武帝太始中，太学生至七千余人。咸宁二年，起国子学以教贵游之子弟。惠帝元康元年，以人多猥杂，欲辨其泾渭，于是制立学官，第五品以上得入国学，自是太学与国学分途矣。晋初，置博士十九人。丧乱以来，庠序隳废。东晋元帝太兴初，欲修立学校，唯《周易》王氏、《尚书》郑氏、《古文》孔氏、《毛诗》、《周官》、《礼记》、《论语》、《孝经》郑氏、《春秋左传》杜氏、服氏各置博士一人，其《仪礼》《公羊》《穀梁》及郑氏《易》皆省，不置博士。成帝咸康三年，江左浸安，乃立太学，征生徒，而士大夫习常老、庄，儒术终不振。孝武太元九年，以尚书谢石之请，复兴国学，以训胄子，颁下州郡，普修乡校。然国学虽增造房室百五十五间，而品课无章，君子耻与其列焉。宋武帝诏有司立学，未就而崩。及文帝立，雅好艺文，使丹阳尹庐江何尚之立玄学，太子率更令何承天立史学，司徒参军谢元立文学，散骑常侍雷次宗立儒学，为四学。齐置国学，而劝课未博，兴废无常，建之不能十年，盖取文具而已。梁武帝雅好儒术，置五经博士，开馆宇，招后进，四馆所养士逾千人，分遣博士、祭酒到州郡立学，又幸国子监亲临讲肄，且令皇太子及王侯之子年可从师者皆入学。然帝性好佛，儒术终于不振。陈天嘉（文帝年号）以后，稍置学官，虽博延生徒，而成业盖寡。江左教育之无效，固缘于在上者之苟且简率，而其时习尚浮虚，人不说学，抑可知已。北方虽五胡云扰，而教育事业则较江左为盛。前赵刘曜立太学于长乐宫东，小学于未央宫西，简百姓年二十五已下、十三已上神志可教者千五百人，选朝贤宿儒明经笃学以教之（《晋书·刘曜载记》）。后赵石勒建太学，置经学、律学、史学等祭酒，各以清望朝臣领之。命郡国立学官，每郡置博士、祭酒二人，弟子百五十人，三考修成，显升台府（《石勒载记》）。前燕慕容皝建东庠，以平原刘赞为祭酒，其子皝率国胄束脩受业焉。皝览政之暇，亲临听之（《慕容皝载记》）。慕容皝立东庠于旧宫，以行乡射之礼，每月亲临，考试优劣。皝雅好文籍，勤于讲授，学徒甚盛，至千余人（《慕容皝载记》）。前秦苻坚广修学官，召郡国学生通一经以上充之，公卿以下子孙并遣受业。坚亲临太学，考学生经义优劣，品而第之，与博士问难五经。每月一临太学，诸生竞劝焉（《苻坚载记》）。后秦姚苌亦立太学，下书令留台诸镇各置学官，勿有所废，考试优劣，随才擢叙（《姚苌载记》）。姚兴之时，天水姜龛、东平淳于岐、冯翊郭高等皆硕德名儒，经明行修，教授长安，诸生自远而至者万数千人。兴每于听政之暇，引龛等于东堂讲论道艺，错综名理，于是学者咸劝，儒风盛焉（《姚兴载记》）。魏道武帝初定中原，始于平城立太学，置五经博士，生员千余人。天兴二年，增国子太学生员三千人。太武始光三年，别立太学于城东。后征卢玄、高允等，令州郡各举才学，于是人多砥砺，儒术转兴。献文天安初，诏立乡学，郡置博士二人，助教四人，学生一百人；次郡立博士二人，助教二人，学生八十人；中郡立博士一人，助教二人，学生六十人；下郡立博士一人，助教一人，学生四十人。孝文迁都洛邑，诏立国子太学、四门小学。孝文笃好坟籍，奖进经史词翰之士，斯文郁然，蔚为风气。其臣高祐镇滑台，以郡国虽有太学，县党宜有黉序，乃县立讲学，党立教学，村立小学，教育逐渐普及，不独郡国为然也。讫于孝宣，天下承平已久，学业大盛，故燕、齐、赵、魏之间，横经著录，不可胜数，大者千余人，小者犹数百焉。暨孝昌（魏明帝年号）之后，海内淆乱，四方校学，所存无几。齐承魏氏丧乱之余，国学博士，徒有虚名。周文雅重经典，庠序复兴。及周武帝临太学以养三老（事在保定三年），幸熊安生家而待以殊礼（事在建德六年）。是以天下慕向，文教远覃，开黉序、延学徒者比肩，而风移俗变矣。隋文初载，京邑达乎四方，皆启黉校，齐、鲁、赵、魏，学者尤多，负笈追师，不远千里，讲诵之声，道路不绝。及至暮年，专尚刑名，以天下学校生徒多而不精，唯简留国子学生七十人，太学、四门及州县学并废，又改国子为太学。炀帝即位后，开庠序，国子、郡县之学，盛于开皇之初，然空有建学之名，而无弘道之实，其风渐坠，以至灭亡焉。

## 第十七节　两晋南北朝隋学术之大概

两汉之学术，以经学为中心，自经诸儒之发明笺注，已竭尽而无余华，加以汉末三国多年之纷争，经学已失其维持人心之力量。自曹魏以篡窃而饰禅让，晋成济手刃高贵乡公于车中，一时高明放旷之庞，愤世嫉俗，如嵇康则非汤武而薄周孔，阮籍则叹"时无英雄，使竖子成名"，皆不拘礼教，宅心庄老，超然于尘俗之外，天下慕之，遂成风俗。晋时谓之清谈，宋代称为玄学，实为此期学术界之特别思想焉。今仿宋之四学，分别言之：

（一）儒学　晋初置博士十九人，有贾、马、郑、杜、服、孔、王、何、颜、尹众家之学（见《晋书·荀崧传》）。然晋初郊庙之礼，皆王肃说，不用郑义。其时孔晁、孙毓等申王驳郑，孙炎、马昭等又主郑攻王，龂龂于郑、王两家之是非，而两汉专门之学无复过问。重以永嘉之乱，《易》亡梁丘、施氏、高氏，《书》亡欧阳、大小夏侯，《齐诗》在魏已亡，《鲁诗》不过江东，《韩诗》虽存，无传之者，孟、京、费《易》亦无传人，《公》《穀》虽存若亡。晋元帝修学校，简省博士，置《易》王氏，《书》郑氏，古文《尚书》孔氏，《毛诗》郑氏，《周官》《礼记》郑氏，《春秋左传》杜氏、服氏，《论语》《孝经》郑氏，博士各一人，而两汉十四博士所传无一存者，今文师法自此绝矣。南北朝学好尚互有不同，江左《周易》则王弼，《尚书》则孔安国，《左传》则杜预；河洛《左传》则服虔，《尚书》《周易》则郑玄，《诗》则并主于毛公，《礼》则同遵于郑氏。南人约简，得其英华；北学深芜，穷其枝叶（《北史·儒林传》）。及隋灭陈，南并于北，而经学亦归于统一，然北学反并于南。《易》则王注盛行，郑学浸微；《书》则孔、郑并行，而郑氏甚微；《春秋左氏》则杜氏盛行，服义浸微（《隋书·经籍志》）。孔、王、杜盛而郑学衰，皆在于隋时，是亦经学史中之一界也。然本期中特别重要之事实尚有三焉。

（甲）伪《古文尚书》、伪孔传之成立　《汉·艺文志》言古文《尚书》与《论语》出孔子壁中，孔安国悉得其书献之，并不言作传，其书为《舜典》《汨作》《九共》等二十四篇，孔安国以下，马、郑以上，传习尽在于是（《古文尚书疏证》第八）。魏末，王肃务排郑学，私造古文《书》及孔安国传，晋初盛行于世，立学官（《尚书余论》），及永嘉丧乱，而《古文尚书》遂亡，江左中兴，元帝时，豫章内史梅赜奏上孔传《古文尚书》，始置博士（《经典释文叙录》），是伪古文《书》《传》至梅赜而复出，而阎若璩谓东晋梅氏作伪古文者，犹考之未密也，伪古文《书》《传》由是传之至今。

（乙）汲冢古书之发见　中国古物学不发达，故无发掘地下遗物之举，使历史仅为口说书册之传授，不能得实物以为之证明。晋太康二年，乃有盗发汲冢之事，汲郡人不准盗发魏襄王墓，或言安釐王冢，得竹书数十车。其《纪年》十三篇，记夏以来至周幽王为犬戎所灭。以事按之，三家分（案：当有"晋"字），仍述魏事至安釐王之二十年，盖魏国之史书。大略与《春秋》皆多相应，其中经传大异，则云夏年多殷；益干启位，启杀之；太甲杀伊尹；文丁杀季历；自周受命，至穆王百年，非穆王寿百岁也；幽王既亡，有共伯和者摄行天子事，非二相共和也。其《易经》二篇，与《周易》上下经同。《易繇阴阳卦》二篇，与《周易》略同，《繇辞》则异。《卦下易经》一篇，似《说卦》而异。《公孙段》二篇，公孙段与邵陟论《易》。《国语》三篇，言楚、晋事。《名》三篇，似《礼记》，又似《尔雅》《论语》。《师春》一篇，书《左传》诸卜筮，"师春"似是造书者姓名也。《琐语》十一篇，诸国卜梦妖怪相书也。《梁丘藏》一篇，先叙魏之世数，次言丘藏金玉事。《缴书》二篇，论弋射法。《生封》一篇，帝王所封。《大历》二篇，邹子谈天类也。《穆天子传》五篇，言周穆王游行四海，见帝台、西王母。《图诗》一篇，画赞之属也。又杂书十九篇：《周食田法》《周书》《论楚事》《周穆王美人盛姬死事》。大凡七十五篇，七篇简书拆坏，不识名题。冢中又得铜剑一枚，长二尺五寸。漆书皆科斗字。初发冢者，烧册照取宝物，及官收之，多烬简断札，文既残缺，不复诠次。武帝以其书付秘书校缀次第，寻考指归，而以今文写之，谓之中经。时束晳在著作，得观竹书，随疑分释，皆有义证(《晋书》束晳及荀勖传)。其中《汲冢周书》七十篇(《汲冢周书》之名，见《隋书·经籍志》，宋李焘以为汉时本有此书，其后稍隐，赖汲冢竹简出，乃得复显云)、《竹书纪年》(亡于宋时，今本乃伪书，朱右曾有辑本，王国维有疏证)、《穆天子传》均为上古史最有价值之材料焉。

（丙）义疏学之盛行　经学，西汉多微言大义，东汉多章句训诂，经学之能事毕矣。南北朝诸儒，乃倡为义疏之学，又转以发明疏通传注。其见于《南、北史·儒林传》者，南如崔灵恩《三礼义宗》《左氏经传义》，沈文阿《春秋》《礼记》《孝经》《论语》义疏，皇侃《论语》《礼记》义疏，戚衮《礼记义》，张讥《周易》《尚书》《毛诗》《孝经》《论语》义，顾越《丧服》《毛诗》《孝经》《论语》义，王元规《春秋》《孝经》义记；北如刘献之《三礼大义》，徐遵明《春秋义章》，李铉撰定《孝经》《论语》《毛诗》《三礼》义疏，沈重《周礼》《仪礼》《礼记》《毛诗》《丧服经》义，熊安生《周礼》《礼记》义疏、《孝经义》。此外各经义疏，见于《隋书·经籍志》者尤夥。是足见当日之风气，而为唐代《五经义疏》之先河焉。

（二）玄学　玄学者，老庄之学也。其立学在于宋时，而其端则肇于正始(曹魏少帝年号)中之清谈。王弼、何晏祖述老庄，谓天地万物皆以无为本，无也者，开物成务，无往而不存者也(《晋书·王衍传》)。是时阮籍、嵇康并好老庄，属魏晋之际，天下多故，名士少有全者，由是不与世事(《阮籍传》)，越名教而任自然，钟会至谓嵇康为卧龙不可起，劝晋文帝无忧天下，顾以康为虑，其为时所重如此。其后王衍、乐广慕之，俱宅心事外，名重于时，天下言风流者，以王、乐为称首(《乐广传》)，后进莫不竞为浮诞，遂成风俗(《王衍传》)。向秀注《庄》，读者超然心悟，郭象又从而广之，儒墨之迹见鄙，道家之风遂盛(《向秀传》)。其时未尝无斥其非者，裴𬱟著《崇有论》于前(《裴𬱟传》)，王坦之著《废庄论》于后(《王坦之传》)，范宁至谓王弼、何晏之罪深于桀纣(《范宁传》)，应詹谓元康以来，贱经尚道，永嘉之蔽由此(《应詹传》)，莫不大声疾呼，欲挽回颓俗。而习尚已成，江河日下，卒莫能变也。虽以谢安之当国经务，亦以清言废务（约王羲之规谢安语）。南齐陈显达至谓麈尾为王谢家物（六朝人清谈必用麈尾），则玄风为当世所推重可知已。宋文帝时，使丹阳尹庐江何尚之立玄学，聚生徒。东海徐秀、庐江何昙、黄回、颍川荀子华、太原孙宗昌、王延秀、鲁郡孔惠宣，并慕道来游，谓之南学（《南史·何尚之传》）。由是玄学远被，遍于方夏矣。玄学之影响，一则使道儒相合。雷次宗、周续之皆事沙门慧远，尤明三《礼》。关康之散发被黄布帊，申王弼《易》，而就沙门支僧纳学算，眇尽其能，又造《礼论》十卷。大儒伏曼容之著《老庄论语义》，张讥之著《玄部通义》，见于《儒林传》者甚夥，遂使经学呈一活泼之新意象焉。二则使论辩有律。凡为玄学，必要之以名，格之以分，故义必立宗，而语归检制。观萧琛、范缜之争神灭论（详见《弘明集》），竖义精对，而辞无旁溢，足以见玄谈之榘矱矣。三则使缮性有方。夫膏粱之性难正，终日湛于狗马曲旄之间，不易以玄远。虽曰陈礼法，正复为奇，善复为妖也，其侈弥长。栖山泽，厌韭葱葵蓼者，非有玄学，不足以自尉荐。将歆荣华，甘酒肉之味，其操不终。五朝有玄学，知与恬交相养，而和理出其性，故骄淫息乎上，躁竞弭乎下焉（《章太炎文录·五朝学》）。

　　（三）史学　本期史学撰述者甚众，要以《三国志》为称首。《三国志》为蜀陈寿所撰，时人称其善叙事，有良史之才。元康中，梁州大中正尚书郎范頵等表上其书云："辞多劝诫，明乎得失，有益风化。虽文艳不若相如，而质直过之。"（《晋书·陈寿传》）顾其书帝魏而改汉为蜀，世多以此少之。不知陈寿以蜀汉故臣而仕晋，不得不以帝纪尊晋。然名书而称以三国，实与《战国策》同。彼此均敌，初非有所轩轾于其间，其意固彰明较著矣。东晋习凿齿著《汉晋春秋》，起汉光武，终于晋愍帝。于三国之时，蜀以宗室为正，魏武虽受汉禅，晋尚为篡逆。至晋文平蜀，乃为汉亡而晋始兴焉，并著论一篇以明之（《晋书·习凿齿传》），斯足以补陈寿未尽之意者已。《三国志》而后，则推宋范晔所著之《后汉书》。晔自称其书体大思精，自古未有此也（《宋书·范晔传》）。顾范书全本华峤《后汉书》，比谢承《书》、《东观记》所载人物，削去十之四五。后人悦其文，宋遂与马、班并称三史，而其中遗美实多（顾栋高《后汉书补注序》）。《晋史》作者尤众，至唐初尚存十八家之多（清汤球有《晋史》辑本）。梁沈约作《宋书》，追述前代，虽失于限断（《郡斋读书志》），而观《徐爰传》修史议，申明史例，亦为谨严。萧子显作《齐书》，虽文伤蹇踬，而义甚优长（《史通·序例篇》）。北齐魏收之撰《魏书》，在当时虽有秽史之讥，然唐初李延寿修《北史》，多见馆中坠简，参核异同，每以收书为据。其为收传论云："勒成魏籍，婉而有章，繁而不芜，志存实录。"（《四库全书提要》）殆亦恩怨尽而自明，是非久而论定欤？此外关于史注者，则有裴骃之《史记集解》，裴松之《三国志补注》。萧该、包恺并精《汉书》，学者以萧、包二家为宗。以上均史注中之专门名家者，至梁武帝令吴均作《通史》，上自太初，下终齐室，欲以矫断代史之繁复，而上继司马迁之《史记》，惜书未成而均卒，然实当时史学界中之一大创作云。

（四）文学　文学自魏晋而始变，亦自魏晋而始衰（苏子瞻《潮州韩文公庙碑》有云"文起八代之衰"）。求其致衰之原因，全系于四六文之盛行。盖以诗赋而侵犯文章，而文学遂受其腐化故也。然其间代表时代之作品而特别贡献于文学界者，其要点有三：

（甲）美文之完成　美文者，其辞偶俪，其声协谐，所谓骈体文者是也。自汉代辞赋盛行，而文章亦变为辞赋化，骈文与散文遂画若鸿沟而不可合。晋初文章，人材实盛。张华摇笔而散珠，左思动墨而横锦。岳（潘岳）湛（夏侯湛）耀联璧之华；机云（二陆）标二俊之采（《文心雕龙·时序篇》），并能于绮丽之中，饶清峻之气，亦文章之中兴也。自中朝贵玄，江左称盛，因谈余习，流成成体。诗必柱下之旨归，赋乃漆园之义疏（《时序篇》），而文章一变矣。然刘琨壮雅，足称永嘉后来之秀；郭璞艳逸，允冠中兴词人之首。自孝武以迄叔季，王羲之之逸情云上，陶潜之妙极自然，咸有晋文章之魁杰已。南北对立，而文笔始分。大抵无韵为笔，以其述事直书，言无文彩故也；有韵为文，以其绮縠纷披，宫徵靡曼故也（详见《文心雕龙·总术篇》及《金楼子·立言篇》）。宋之文学，盛于元嘉（宋文帝年号）。元嘉文人，颜延年与谢灵运俱以词彩齐名。自潘岳、陆机之后，文士莫及也，江左称颜、谢焉（《宋书·颜延之传》）。求可拟迹颜、谢者，则鲍照其选也。大明（宋孝武帝年号）、泰始中（宋明帝年号），文章殆同书抄（《诗品》），以其藻缋多而无胜韵也。及齐永明之际，而后文章复盛。谢朓、沈约之诗，任昉、陆倕之笔，斯实文章之冠冕，述作之楷模（梁湘东王《与庾肩吾书》）。然声韵之说，自王融倡其首，而沈约集其成。四声八病（一平头，二上尾，三蜂腰，四鹤膝，五大韵，六小韵，七旁纽，八正纽），务为精密，致使文多拘忌，伤其真美，专重形式，而不究内容。美文至是，每变愈下矣。梁、陈承其余波，弥尚靡丽，庙堂以艳情为娱，词人以轻险相尚。梁之庾信，陈之徐陵，文并绮艳，当时后进，竞相模范，世号为徐庾体，而骈文之变极矣。北魏定鼎河朔，淳风未漓，虽以孝文之锐情文学，而言多胸臆。是故雅言丽则之奇，绮合绣联之美，眇历岁年，未闻独得。魏、齐之际，斯文郁起，而济阴温子昇、河间邢邵、巨鹿魏收三人齐声于当世。然邢则剽窃沈约，魏则模拟任昉，均受南朝美文之影响，非能创开风气者也。独北齐颜之推之文史奥博，北周苏绰之倡言古文，为二国词翰之宝焉。及后南士北来，如王褒、庾信以轻艳为宗，当时复靡然从风矣。综南北而观之，好尚互有不同。江左宫商发越，贵于清绮；河朔词义贞刚，重乎气质。气质则理胜其辞，清绮则文过其意。理深者便于时用，文华者宜于咏歌。此其南北词人得失之大较也（《北史·文苑传序》）。至于当时风尚，竞骋文华，贵贱贤愚，唯务吟咏。遂复遗理存异，寻虚逐微，竞一韵之奇，争一字之巧。连篇累牍，不出月露之形；积案盈箱，唯是风云之状。世俗以此相高，朝廷据兹擢士。禄利之路既开，爱尚之情愈笃矣（李谔《论文体轻薄书》）。及隋文代周，南北一统，普诏天下，公私文翰，并宜实录（事在开皇四年）。其有文表华艳，一付所司推劾。炀帝一变其体，归于典制。盖美文之敝既穷，于以兆有唐复古之机矣。

（乙）五言之盛行　诗之有五言体，其制始于汉代，盛于建安，而穷极变化于晋、宋、齐、梁。晋太康中，群材勃兴，阮籍《咏怀》，言在耳目之内，情寄八荒之表，洋洋乎风雅之宗也。陆机则才如海，潘岳则才如江，张协实旷代之高，左思得讽谕之致，济济焉诚文章之中兴也。永嘉时贵黄老，稍尚虚谈。于时篇什，理过其词，淡乎寡味。爰及江表，微波尚传。惟郭璞用隽上之才，变创其体；刘琨仗清刚之气，赞成厥美。虽足以上追曹、刘，终不能下挽玄风。延及元嘉之世，谢灵运、颜延之并世崛起，老、庄告退，而山水方滋。颜诗尚镂金错采，谢什则出水芙蓉。前有陶潜，为古今隐逸之宗；后有鲍照，跨两代词章之美。雕琢自然，两造其极。五言至宋而一大变矣。齐诗绮艳，而性情愈隐。惟谢朓清发，奇章秀句，往往警遒。同时沈约称为二百年来无此诗也。梁、陈以来，艳藻斯极。江淹过于模拟，沈约又尚以声律。诗道之变，至斯而极。其间虽有徐陵之绮丽，庾信之清新，亦不过沿梁染之余波，而集其大成焉。至北朝文人，韵语无多，独乐府歌词，足以上追汉魏。如陈安《陇上歌》、斛律金《敕勒歌》，尤足代表北方之英雄文学。而《木兰诗》尤为古今之绝调，其与南方艳歌之儿女情多者，迥然异矣。

（丙）评选之学兴　诗文之批评，肇于魏文帝之《典论》。晋陆机作《文赋》，于是批评文学遂成一种学问矣。李充之《翰林》，挚虞之《文章流别》，纷然继起。齐、梁之世，文评则刘勰之《文心雕龙》，诗评则钟嵘之《诗品》，咸能考示源流，扬摧利病，立艺苑之准绳，启来学以途径也。至于古今作者，卷帙纷繁，梁昭明太子萧统抉其菁英，集为《文选》。其选文之界说，以事出沉思、义归藻翰为断。不独为总集之创始，抑亦严经史子与集部之分门也。诗之总集，则以徐陵之《玉台新咏》为集成焉。

此外诸家著作之关于思想者，不过衍儒道之绪言，独陶潜之《桃花源记》为理想之新村，鲍敬言之《无君论》（《抱朴子·诘鲍篇》）为无政府之社会，此于思想界中别开生面者也。至隋王通作《中说》以拟《论语》，慨然以续经自任，后儒虽讥其僭窃，然未始非卓然豪杰之士也。

## 第十八节　佛道两教之流行

中国自佛教输入，而宗教界发生根本重大之变化，遂由单调的崇拜而变为复杂的研究，迷信的信仰而变为理性的求真，显则社会行为受其影响，幽则学术思想为之转变。然佛教势力之成就大而范围广者，要以晋宋南北朝为最盛。兹以佛教为主要，而并及于道教，以明当时宗教之领域焉。

（一）佛教　佛教入汉后，惟听西域人立寺都邑，以奉其神，汉人皆不出家（《晋书·佛图澄传》）。至后汉末，笮融大起浮屠寺，可容三千许人，黄金涂像，衣以文彩（《后汉书·陶谦传》），是为中国人造佛寺、佛像之始。至汉人出家，见于石虎之世（详《晋书·佛图澄传》）。当时五胡之主，率多崇奉佛法，百姓效之，皆营造寺庙，相竞出家。北魏一代，尤为最盛。国家大寺四十七所，北台、恒安镌石置龛，连三十里。王公等寺八百三十九所，百姓所造寺者三万余所，总度僧尼二百余万（《释迦方志·时住篇》）。两晋、南朝，佛法虽不如北方之盛，然梁世合寺二千八百四十六，僧尼亦至八万二千七百人之多焉。至经律论藏，尤以此时代输入为最夥。计后汉至唐开元，三藏经典共出一千九百七十七部，四千八百七十六卷。而自晋讫隋三百年中，为部一千四百八十四，为卷三千五百一十五（据唐《开元释教录》计算），几占全藏数目四分之三强。其翻译佛典之大师、中外高僧，无虑数十百人，而以鸠摩罗什（天竺人）、佛驮跋陀罗（北天竺人）二人为之冠。鸠摩罗什译出九十七部，合有四百二十五卷（《历代三宝记》卷八）。其功尤伟者，则在译论。前此未有译者，译之自鸠摩罗什始。所译《中论》《百论》《十二门论》，因以开三论宗；译《成实论》，因以开成实宗；译《十住论》，因以开十地宗。其影响之大可知已。佛驮跋陀罗译出一十五部，合有一百一十五卷，而五十卷《华严》之大本，实出于其手焉。中国名僧亦先后辈出，北则常山道安弘法于长安，析疑甄解，妙尽深旨，经义克明，自安始也（《高僧传》

卷五）；南则雁门慧远行道于庐山，时晋室微，而天下奇才多隐居不仕，若彭城刘遗民、豫章雷次宗、雁门周续之、新蔡毕颖之、南阳宗炳、张莱民、张季硕等，咸从远游，并沙门千余人，结白莲社于无量寿像前，建斋立誓，期生净土（《佛祖历代通载》卷八）。于是化兼道俗，遂开中国净土宗矣。隋颍川智𫖮以行法华三昧证道，说法于会稽天台山，后遂为天台宗。其他之俱舍宗、禅宗、律宗，亦于此三百年中次第输入，逐渐成立。是时佛教盖巍然成大观矣。然当魏晋初期，输入之佛典皆从西域间接，或篇章不具，或传译失真。其重要浩博之名著，或仅闻其名，未睹其本；或去圣久远，疑义莫决。由是求法印度之运动，勃然云兴矣。而首赴印度之高僧，厥维东晋平阳之法显。法显以晋安帝隆兴三年往，至宋义熙十二年归，前后经十五年之久，《律藏》及《阿含》之输入，多赖其赐。归国后，与佛驮跋陀罗同译诸经论百余万言，又纪旅行中所见闻为《佛国记》，至今治印度学者皆宗之，英、法、德文皆有译本焉。自法显至印度，得亲知正见，后之高僧西行求法者不绝于道矣。

（二）道教　自张陵起而利用老子，遂开道教。然其附以学理上之根据者，则为魏伯阳与葛洪。魏伯阳（时代不明，彭晓以为汉末人）之《参同契》，假爻象以说作丹之意（《神仙传》），葛洪（东晋元帝时人）之《抱朴子·内篇》，举长生以明神仙家言，道教遂合儒家及古代之神仙家而为一，然尚未使道教具备宗教之体系也。及寇谦之出，而道教一新其面目，遂俨然成为大宗教焉。谦之，上谷人，早好仙道，守志嵩岳，精专不懈。自言太上老君降自云中，赐以《云中音诵新科之诫》二十卷，除去三张伪法，使王九疑人长客之等十二人，授谦之服气导引口诀之法。又遇牧土上师李谱文，授以《录图真经》及销炼金丹、云英、八石、玉浆之法。魏始光初（魏太武帝年号），奉其书而献之，朝野未全信也。崔浩独异其言，因师事之，受其法术，上疏赞明其事。太武帝欣然崇奉谦之为天师，显扬新法，宣布天下。征嵩高道士四十余人至都，起天师道场于京城之东南，重坛五层，遵其新经之制。太武帝亲至道坛受符箓，改号太平真君。是后魏诸帝每即位皆如之（《魏书·释老志》），自是道教遂成为国教焉。

　　案：寇谦之之《云中科诫》，即后世斋醮科仪所由起；服气导引，即后世辟谷修养所由起；销炼金丹，即后世烹炼丹药所由起；《图录真经》，即后世符咒摄召之术所由起（邱浚说）。是寇谦之集古代道家、方技、神仙之大成，而开后来道教无数之法门，道教遂与佛教对立而争衡矣。历魏及齐，咸崇道教。北周武帝亦听道士张宾之、卫元嵩等之言，建德三年立通道观，扶立道教而废佛教焉。南朝虽尚老、庄，然道教则私传授，如郗愔与弟昙奉天师道（《世说新语》注），及孙恩为米贼之信徒（《晋书》卷一百），足见道教已行于社会，然朝廷初未尝遵之。是南朝尚知道家与道教之分别也。

　　（三）佛道两教之冲突及调和　　佛教先输入于北方，而后及于南方。然北方则道佛冲突多，而南方反少者，以南朝之言道，偏于老庄之玄理，而北朝之言道，则杂以神仙方术故也。魏起自朔方，道武好老子之言，置仙人博士，设炼药之官。太武帝初虽敬重沙门，而未存览经教。及得寇谦之道，太武帝以清净无为，有仙化之证，遂信行其术。时司徒崔浩为帝所信任，浩奉谦之道，尤不信佛，与帝言，素加非毁，常谓虚诞，为世费害。帝以其辩博，颇信之。会盖吴反杏城，关中骚动，帝乃西伐，至于长安。先是，长安沙门种麦寺内，御䯄牧马于麦中，帝入观焉。沙门饮从官酒，从官入其便室，见大有弓矢矛盾，帝怒，疑其与盖吴通谋，命有司案诛一寺。阅其财产，大得酿酒具及州郡牧守富人所寄藏物，盖以万计。又为屈（读同窟）室，与贵室女私行淫乱。帝既忿沙门非法，崔浩赞之，遂诏诛长安沙门，焚破佛像，敕留台下四方，令一依长安行事。王公已下，有私养沙门者，皆送官曹，不得隐匿。限今年二月十五日，过期不出，沙门身死，容止者诛一门。并禁事胡神，及造形像泥人、铜人者，门诛。令有司宣告征镇诸军、刺史，诸有佛图形像及胡经，尽皆击破焚烧，沙门无少长悉坑之。是岁，真君七年三月也。太子素好佛法，屡谏不听，乃缓宣诏书，使远近预闻之，得各为计。沙门多亡匿获免，收藏经像，而土木宫塔，莫不毕毁矣。及文成帝即位，始诏兴复释氏（《魏书·释老志》）。周武帝天和四年，谣言黑衣，武帝以猜为心。有道士张宾等，以黑释为国忌，以黄老为国祥。帝纳其言，信道轻释，欲偏废释教。因于建德三年五月，大集百僚，命沙门与道士辨优劣，预令张宾饰诡辞以挫释子。而沙门知炫对帝抗酬，帝不能屈，遂兼废释道两教。及平北齐，佛道二宗俱被废灭，东川寺观凡四万余区，并赐王公，僧道三百万人悉充军民，财产并收入官（《佛祖历代通载》第十一）。其后唐之武宗，亦诏废释存道，故释教谓之为三武之厄。自佛法盛行，道士与道人战儒墨，道人与道士狱是非，冲突既久，遂演出太武、周武之废灭。当时哲人颇思调和二教之争端，前则张融作《门律》，倡道佛逗极无二之论（见《弘明集》六卷）；后有文中子之《读洪范谠论》，主三教可一之说（《中论·问易篇》）。盖有鉴于真君建德之事，适足以推波助澜，纵风止燎，故欲通其变，使民不倦，以听人信教之自由也。

要之，佛教输入于中国，其关系当世，则佛图澄入邺，石虎杀戮减半；淝池宝塔放光，苻健椎锯用息（《历代三宝记》第十卷）。其后南北朝之战争，减于五胡十六国杀伐之惨酷者，谓余阴受佛教之影响故耶。至推其效果，一则使中国成为佛教国；二则佛理经中国思想之发挥，如天台宗、禅宗，皆特别放其异彩，以扩大天竺旧教之范围；三则儒学潜感其臭味，别开宋明哲学之新理。盖以中国之旧文明，镕化外来之文明，遂使中国文明史上特别发生一新文明焉，观于佛教而既然矣。

## 第十九节　两晋南北朝隋之风俗

晋承魏后，其风尚习俗与古大异，大抵渊源于魏。南朝承之，遂成江左特殊之风气。逮陈氏见灭于隋，流风遂崭焉中绝。盖隋沿北朝之习惯，与南朝迥异；且北人质直，关陕朴厚，其视南朝之风流文采，固格格不相入。故南朝之风俗不再传于后世者，其原因不一；而南北之异尚，与夫被征服者之澌灭于征服者，其大端已。今略举其概：

（一）尚清议　汉代乡举里选，必先考其生平，一玷清议，终身不齿。故教成于下而上不严，论定于乡而民不犯。降及魏晋，而九品中正之设，虽多失实，遗意未忘。凡被纠弹付清议者，即废弃终身，同之禁锢（《晋书·卞壸传》）。至宋武帝篡位，乃诏有犯乡论清议，赃污淫盗，一皆荡涤洗除，与之更始。自后凡遇非常之恩，赦文并有此语。征之史事，陈寿居父丧，有疾，使婢丸药，客往见之，乡党以为贬议，坐是沉滞者累年。阮简父丧，行遇大雪寒冻，遂诣浚仪令，令为他宾设黍臛，简食之，以致清议，废顿几三十年。温峤为刘司空琨使劝进，母崔氏固留之，峤绝裾而去，迄于崇贵，乡评犹不过也（过者过品），每爵皆发诏。宋谢惠连先爱会稽郡吏杜德灵，及居父忧，赠以五言诗十余首，文行于世，坐废，不豫荣伍。梁张率以父忧去职，其父侍妾数十人，善讴者有色貌，邑子仪曹郎顾玩之求聘焉，讴者不愿，遂出家为尼。尝因斋会率宅，玩之为飞书，言与率奸。南司以事奏闻，武帝惜其才，寝其奏，然犹致世论。服阕后，久之不仕。官职之升沉，本于乡评之予夺，其犹近古之风乎？（采《日知录》卷十三）

（二）分士庶　中国自贵族政体废，而人民无等级之分。晋宋以来，遂严流品，高门为望族，寒门为凡庶，仕宦以之定升沉，婚姻不得相匹配。晋世秘书郎与著作郎，多为甲族贵人起家之选，他人不得与焉。故当时谚曰："上车不落则著作，体中何如则秘书。"（见《通典》卷二十六秘书监注）。齐明帝制："寒人不得用四幅伞。"梁武帝制："甲族以二十登朝，后门以过立始试吏。"然此犹出于朝廷之抑扬也。乃其时单门寒士，亦遂自视微陋，不敢与世家颉颃。齐王敬则与王俭同拜开府仪同，俭曰："不意老子遂与韩非同传。"敬则闻之曰："我南沙小吏，徽倖遂以王卫军同日拜三公，夫复何恨。"而以门弟相矜者，愈高自标置，严别流品。宋右卫将军王道隆任参国政，权重一时，蹑履到蔡兴宗前，不敢就席，良久方去，竟不呼坐。中书舍人王弘为宋文帝所爱遇,上谓曰:"卿欲作士人,得就王球坐,乃当判尔。若往诣球,可称旨就席。"及至,球举扇曰:"若不得尔。"弘还,依事启闻,帝曰:"我便无如此何。"(《宋书·蔡兴宗传》)纪僧珍得幸于齐世祖,就世祖乞作士大夫,上曰:"此由江敩、谢瀹,我不得措意,可自诣之。"僧珍承旨诣敩,登榻坐定,敩顾命左右曰:"移吾床远客。"僧珍丧气而退,以告世祖,世祖曰:"士大夫故非天子所命。"(《南史·江敩传》)是当时士庶之见,深入人心,虽帝王欲变易之,而有所不能也。至士庶通婚,尤犯当时之不韪。东海王源嫁女与富阳满氏,宋沈约至动弹章,云:"王满联姻,实骇物听,宜置以明科,黜之流伍。"(案:宋孝武帝大明五年,诏士族杂婚者皆补将吏。)可以见其界限之严矣。甚至以穷凶极悍之夫,亦不能以力求,如侯景请娶于王、谢,梁武曰:"王、谢高门非偶,当朱、张以下访之。"然此皆南朝之例耳,北魏亦然。孝文诏州郡慎选贡举,有曰:"门尽州郡之高,才极乡闾之选。"李冲、李彪、乐运、皇甫显宗之徒,皆以官人专以门第、选举限于资荫为谏,然风尚所趋,终不能挽其万一。又诏:"皇族贵戚及士庶之家,不惟氏族高下,与非类婚偶。先帝亲发明诏,为之科禁。今重申旧典,犯者以违制论。"(《北史·魏孝文帝纪》太和二年诏书)然当时庶族则以偕偶士族为荣幸,郭琼以罪死,其子妇范阳卢道虔女也,齐神武以赐陈元康为妻,元康地寒,时人以为殊赏。此外相类者多,略举一二以明例耳。至南朝之望族,侨姓则王、谢、袁、萧为大,吴姓则朱、张、顾、陆为大,山东郡姓则王、崔、卢、李、郑为大,关中郡姓则韦、柳、薛、杨、杜为首。代北虏姓有八氏、十姓、三十六族、九十二姓。凡三世有三公者曰膏粱,有令仆者曰华腴,尚书护领而上者为甲姓,九卿若方伯者为乙姓,散骑常侍、大中大夫者为丙姓,吏部正员郎为丁姓,凡得入者谓之四姓。吏部选四姓者,勿充猥官。北齐因仍举秀才、州主簿、郡功曹,非四姓不在选。原门第之习,本多流弊,而亭林顾氏乃谓晋宋蕞尔一隅,犹能立国者以此,岂非以气节亡而流品严,尚足以起人自重之心乎?若其所以成此之原因,则一由于九品中正之敝,惟能知其阀阅，非复辨其贤愚，故高门为仕宦所资，而中正与朝官交相援引，遂演成庶士阶级之局，牢固而不可破。一由当时匈奴、羯胡、鲜卑、氐、羌诸族盗据中原，与诸夏杂处，婚嫁不禁，种族混淆，衣冠旧族不能不自标异，以保持优等民族之精神。至唐而天下定于一，取士以科目，故氏族之风虽盛，未久而即于澌灭也。

（三）重谱学　晋宋以来，官有簿状，家有谱系。官之选举，必由于簿状；家之婚姻，必由于谱系。历代并有图谱局，置郎、令史以掌之，仍用博通古今之儒知撰谱事。凡百官族姓之有家状者，则上之官，为考定详实，藏于秘阁，副在左户。若私书有滥，则纠之以官籍；官籍不及，则稽之以私书（《通志·氏族略序》）。是以官有世胄，谱有世官，而谱系之学尚焉。善言谱者，系之地望而不惑，质之姓氏而无疑，缀之婚姻而有别。贾氏、王氏之谱学，其最著已。晋孝武太元中，贾弼撰《姓氏簿状》，十八州百十六郡，合七百一十二篇，甄析士庶无所遗。宋王弘、刘湛好其书，湛为选曹，撰《百家谱》以助铨序，文伤寡省，王俭又广之。而贾弼所撰传子匪之，匪之传子希镜，撰《姓氏要状》十五篇。希镜传子执，执其孙冠，撰《梁国序亲簿》四篇。故贾氏谱学最擅名。梁沈约谓晋咸和以后所书谱牒，并皆详实，在下省户曹前厢，谓之《晋籍》（即贾弼所撰者）。宋元嘉中，始以七条征发，于是伪状巧籍滋多。齐设令史以掌之，益行奸货，昨日卑细，今日便成士流。宋、齐二代，士庶不分，实由于此。梁武因沈约言，诏王僧孺改定《百家谱》，因贾弼旧本，考撰成书，凡《十八州谱》七百一十卷，《百家谱集钞》十五卷，《南北谱集》十卷，故又有王氏谱学。此南朝谱学之源流也。北朝虽专门者少，然魏太和中，诏诸郡中正各立本土姓族次第为举选格，名曰《方司格》。又魏收撰《魏书》成，杨愔谓收曰："此可为不刊之书，但恨论及诸家亲姻，至为繁碎。"收曰："自中原丧乱，人士谱牒，遗逸略尽，是以具书其枝派。"则亦以此事为郑重也。唐柳芳论氏族有曰："文之弊至于尚官，官之弊至于尚姓，姓之弊至于尚诈，然其别贵贱，分士庶，不可易也。隋承其弊，不知其所以弊，乃反古道，罢乡举，离地著，尊执事之吏，于是乎士无乡里，里无衣冠，人无廉耻，政烦于上，人乱于下。"（柳芳论见《新唐书·儒林·柳冲传》内）其言虽未尽然，要可以观世变焉（参考《陔余丛考》卷十七）。

（四）五胡与汉族相待之情状　五胡虽迭据中原，然常倾慕汉族之文化。石勒称赵王，以张离、张良、刘群、刘谟等司典胡人出内，重其禁法，不得侮易衣冠华族，号胡为国人（《晋书载记》）。元魏享国最久，以鲜卑人事耕战，汉人事耕稼，颇有古秦人待三晋人之风。汉人颇教书疏，学鲜卑语及弹琵琶，以此伏事公卿，得其宠爱（见《颜氏家训·教子篇》）。故《隋书·经籍志》所载学国语（即鲜卑语）之书甚夥。齐神武每申令三军中，常为鲜卑言，惟高敖曹若在列时，则为华言（《北史·高昂传》），以时鲜卑共轻中华朝士，唯惮高敖曹武勇，故可。逮北齐代魏，而二族之地位始平；隋唐统一，而种族之界限始泯。其后鲜卑言语、氏族遂无一存者矣。

# 第三章
# 自唐至五代为汉族复盛时代

## 第一节 本期历史大旨

中国三代后，盛世首推汉唐。两朝之君德、国力虽略相等，然汉制疏阔，且经五胡之乱，故其影响于近世史者犹浅。若唐则疆域之广，兵威所及之远，为中国历代所未有。而太宗以武戡乱，以文致治，其于经纶天下之大计，维持后世之纪纲，无不为之规划修明，足为后世之法则。虽其典章制度多出于隋，而隋又多出于北朝，非复两汉之旧，然去其太甚，补其不及，卓然立一王之法，使其子孙得所凭借扶持，至于三百年之久，虽其间屡更丧乱，尚不失为盛朝。历宋、元、明、清，上下千百余年间，其所谓创制立法者，皆不能出其范围。呜呼，盛哉！盖中国有道专制政体之模范，不仅仅为一代制作已也。夫以太宗之德若此其盛，唐代之制若此其备，其诒谋可谓善矣。乃综其一代之治乱，若女主，若藩镇，若朋党，若宦官，若流贼，凡后世所有之奇祸，无不一一演出于此三百年之间者，何哉？则专制之政体固为之也。夫专制政体，任人而不任法，故人存则政举，人亡则政息。且为之君上者，方超然于法制之外，而唯所欲为，则虽有良法美意，亦只成为具文，此所以有唐一代治日少而乱日多也。唐以善法而行专制，犹不能长治而久安，后世之法虽出于唐，远不及其善制，而徒有其专制政体之弊，此宋、元、明、清之政治所由滔滔日下欤？

故读本期之历史，见唐威之远播，可以振汉族之精神焉；见法度之明备，可以悟唐以下制度之所成焉；见女主、藩镇、朋党、宦官、流贼之祸，可以征专制政体之宜改革焉。是有唐一代之政治，固宋、元、明、清之张本，而宋、元、明、清所有之内患，亦不过演唐代专制政体之流弊而已。是则唐代关于中国之利害为何如乎？至于外患之轻重，常与其国内政之盛衰为比例。唐之盛也，总中国、契丹、突厥各异族为一统；及其衰也，反借回纥、沙陀之力以平内乱。其后五代之纷争，契丹与中国之对立，岂非唐末之内乱演成如是之结果哉？

## 第二节 唐之开创

唐高祖李渊，其先出于西凉武昭王暠，后家于武川（今绥远特别区之武川县）。祖虎，与宇文泰共仕西魏，功参佐命，为八柱国之一，周追封唐国公，父昞至渊皆袭爵。渊娶于神武肃公窦毅女，生四男：建成、世民、玄霸、元吉。世民聪明勇决，识量过人，见隋世方乱，阴有安天下之志，倾身下士，散财结客，咸得其欢心。炀帝游幸江都，以渊为太原留守。时群贼蜂起，江都阻绝，世民与刘文静首谋，劝举义兵。俄而马邑校尉刘武周反，据汾阳宫（在今山西雁门道，属静乐县）。渊遂杀郡丞王威、副将高君雅，募集兵北连突厥。命刘文静使于突厥以请兵，私谓文静曰："胡骑入中国，生民之大蠹也。吾所以欲得之者，恐刘武周引之，共为边患。又胡马行牧，不费刍粟，聊欲借之以为声势耳。数百人之外，无所用之。"隋大业十三年七月，渊举兵西向，移檄郡县，以尊立代王侑为名（时隋代王侑留守关中），代王侑遣宋老生帅精兵二万屯霍邑（今山西河东道属霍县），屈突通将骁果数万屯河东（今山西河东道属蒲县），以拒渊。会积雨，渊不得进。是时，李密与王世充相持于洛口（今河南河洛道属巩县洛口镇），渊以书招之，卑辞推奖，以骄其志，盖欲使密塞成皋之道，缀东都之兵，使己得专意西征耳。雨久不止，渊军乏粮。或传突厥与刘武周乘虚袭晋阳，渊谋北还。世民曰："今禾黍被野，何忧乏粮？老生轻躁，一战可擒。李密顾恋仓粟,未遑远略。武周与突厥外虽相附,内实相猜。武周远利太原,岂可近忘马邑?本兴大义,奋不顾身,以救苍生,当先入咸阳,号令天下。今遇小敌,遽已班师,恐义从之徒一朝解体,还守太原一城之地。此为贼耳,何以自全?"渊不听,促令引发。世民复泣谏,乃悟,追已发之左军复还。适太原运粮亦至。八月,雨霁,渊与老生战于霍邑东,兵小却。世民自南原引兵驰下,冲老生阵,出其背。渊兵复振,因传呼曰:"已获老生矣!"遂斩老生,肉薄登城。渊进至龙门(在今山西河东道属河津县),刘文静始与突厥兵五百人、马二千匹至。渊帅诸军围河东,屈突通嬰城自守。时河东未下,而三辅豪杰至者日以千数。渊欲引兵西趋长安,裴寂劝渊先克河东,然后西上。世民曰:"不然。兵贵神速,吾席屡胜之威,抚归附之众,鼓行而西,长安望风震骇,取之若振槁叶耳。若淹留自敝于坚城之下,彼得成谋修备以待我,坐废日月,众心离沮,则大事去矣。"渊两从之,留诸将围河东,自引诸军济河而西,降永丰仓(在陕西关中道属华阴县境,隋置仓于此),进至朝邑(今陕西关中道属朝邑县)。渊遣世子建成、刘文静、王长谐等诸军数万人屯永丰仓,守潼关,以备东方兵。世民率刘弘基等诸军数万人徇渭北,屈突通闻渊西入,自引兵数万趋长安,为刘文静军所遏,不得进。时渊女婿柴绍、妻李氏、渊从弟神通皆于关中起兵应渊,众各数万,会世民于渭北。世民得隰城尉房玄龄,引为谋主,南渡渭,屯于阿城(在陕西西安城西北),胜兵十三万,军令严整,秋毫无犯。冬十月,渊至长安,诸军攻城,克之,执阴世师、骨仪等,数以贪婪苛酷之罪斩之,死者十余人,余无所问,悉除隋苛禁,与民约法十二条,迎立代王侑,是为恭帝,时年十三。屈突通闻长安已破,力屈而降。唐高祖武德元年,隋恭帝诏加渊九锡,渊谓僚属曰:"此谄谀者所为耳,必若循魏晋之迹,彼皆繁文伪饰,欺天罔人,考其实不及五霸,而求名欲过三王,此孤常所非笑,窃亦耻之。"四月,隋炀帝凶问至长安。五月戊午,隋恭帝禅位于唐高祖。自隋大业十三年五月起兵,是冬入长安,一年而受禅,至武德七年,群雄乃次第削平,而天下始大定。

## 第三节　唐平群雄

当唐高祖之初即位于长安也，仅东有太原，西下巴蜀，而海内尽为群雄所割据。隋将军王世充在洛阳，奉东都留守越王侗为帝。宇文化及进至黎阳（今河南河北道属浚县），与魏公李密战不利，至魏县（今河北省大名道属南乐县），弒秦王浩而自称许帝。寻为窦建德所破灭，建德遂尽取河北诸州，称夏王。而刘武周、梁师都亦各雄视北方。梁王萧铣称帝江陵（今湖北荆南道属江陵县），跨有岭南北地。沈法兴据毗陵（今江苏苏常道属武进县），略有江表十余郡，称梁王。李子通据江都，称吴帝。而李轨称帝于河西，薛举称帝于陇右，尤时时为关中患。唐之乘时崛起，与群雄无大异，而其地又仅得天下十分之二三。然不数年之间，卒能次第削平群雄，克成大业者，则世民之力为多也。

唐以关中为根本，而陇右实关中后路之屏藩，陇右不定，则不可以有事于关东。当唐高祖之初入长安也，命建成、世民东徇地至洛阳，东都人闭门不出，城中多欲为内应者，世民曰："吾新定关中，根本未固，虽得东都，不能守也。"遂不受，第置宜阳、新安二郡而还（均今县，在洛阳西，汉徙于函谷关新安县东北）。而薛举即于武德元年寇泾州（今甘肃泾原道属安定县），游兵至于豳（今陕西关中道属邠县）、岐（今陕西关中道属岐山县），败唐八总管兵于浅水原（在今陕西关中道属长武县西北）。薛举死而仁杲僭立，世民将兵讨之，至高墌（在今长武县北），坚垒不出，相持六十余日，世民知仁杲粮尽，乃置兵于浅水原以诱之，大败其将宗罗睺兵，世民轻骑急追之，直抵泾州城下，仁杲出降，陇右遂平（事在武德元年）。而李轨为其下所执降，河西亦平（事在武德二年）。唐于是无复后顾之虑矣。

是时，李密已为王世充所败，西降于唐，旋以叛诛（事在武德元年）。而王世充遂篡越王侗位，称郑帝（事在武德二年），恣睢于东都。唐既西平河、陇，可以出兵东向矣。乃武德二年，刘武周与易州贼宋金刚合寇并州（今山西太原县），大败晋州道行军总管裴寂兵于度索原（在今山西介休县东南介山下），晋州以北（今山西临汾县、前平阳府境）城镇俱没，太原留守世子元吉弃城走，武周遂据太原。金刚攻拔晋州，进逼河东，兵锋甚锐，高祖宜弃大河以东，谨守关西而已。世民上表，以为太原王业所基，国之根本，河东富贵，京邑所资，自请假精兵三万，克复汾、晋。十一月，引兵自龙门，乘冰坚渡河，屯柏壁（今山西新绛县西南二十里），与宋金刚相持，坚壁不出。诸将请与金刚战，世民曰："金刚悬军深入，精兵猛将咸聚于是，武周据太原，倚金刚为捍蔽，军无蓄积，以虏掠为资，利在速战。我闭营养锐，以挫其锋，分兵汾、隰（前山西汾州府隰州境），冲其心腹。当粮尽智穷，自当遁走，当待此机，未宜速战。"武德三年四月，宋金刚军中食尽北走，世民追之，乘胜逐北，一昼夜行二百余里，战数十合。总管刘弘基谏之，世民曰："金刚计穷而走，众心离沮，功难成而易败，机难得而易失，必乘此势取之。若更淹留，使之计立备成，不可复攻矣。"追及金刚于雀鼠谷（今山西介休县西南），一日八战，皆破之。世民引兵趋介休，金刚尚有众二万，出西门，背城布阵，南北七里。世民遣总管李世勣与战，小却，为贼所乘，世民帅精骑击之，出其阵后，金刚大败，轻骑走。刘武周闻败，大惧，弃并州，与金刚北走突厥，后为突厥所杀，并州平（事在武德三年）。

秦王世民既恢复并、晋，遂旋军而南，渡河击王世充。遣史万宝自宜阳南据龙门（此龙门在河南洛阳县东南，即伊阙山也），刘德威自太行东围河内（今河南河北道属沁阳县），王君廓自洛口（在今河南巩县东），断其饷道，黄君汉自河阴（今河南之孟津县）攻回洛城（在今孟津县东）。大军屯于北邙（山名，在洛阳县北，东接孟津、偃师、巩三县境），连营以逼之，屡败世充军，于是世充将佐河南郡县降者相继。世充乃求救于窦建德，建德悉发孟海公（虏孟海公事在武德四年）、徐圆朗之众西救洛阳，进陷管州（今河南郑县）、荥阳、阳翟（今河南禹县），水陆并进，泛舟运粮，溯河西上，众号三十万，军于成皋（今河南汜水县）之东原，遣使与世充相闻。先是，建德遗秦王世民书，请退军潼关，返郑侵地，复修前好。世民集将佐议之，皆请避其锋。记室薛收曰："世充保据东都、虎牢，府库充实，所将之兵皆江淮精锐，即日之患，但乏粮食耳。以是之故，为我所持，求战不得，守则难久。建德亲率大众，远来赴援，亦当极其精锐。若纵之至此，两寇合从，转河北之粟以馈洛阳，则战争始，偃兵无日，混一之期，殊未有涯也。今宜分兵守洛阳，深沟高垒，世充出兵，慎勿与战。大王亲帅骁锋，先据成皋，厉兵训士，以待其至，以逸待劳，决可克也。建德既破，世充自下，不过二旬，两主就缚矣。"世民善之，中分麾下，使屈突通等副齐王元吉围守东都，世民将骁勇三千五百人东趋武牢（即成皋）。窦建德迫于武牢，不得进，留屯累月，战数不利，将士思归。乃自板渚（在汜水东北二十里）出牛口（谷名，在汜水西北二十五里）置陈，北拒大河，西薄汜水，南属鹊山，亘二十里，鼓行而进。世民案甲不出，建德列阵，自辰至午，士卒饥倦，皆坐列，又争饮水，逡巡欲退。世民乃命出战，率军先进。诸军大战，尘埃涨天，世民帅史大奈、程知节、秦叔宝、宇文歆等卷旆而入，出其阵后，张唐旗帜。建德将士顾见之，大溃，遂擒建德，囚至洛阳城下，以示世充，世充乃诣军门降。于是河北、河南悉平（事在武德四年）。

当秦王世民之平河北、河南也，而唐兼天下之势已大定。乃武德四年秋七月，秦王方凯旋，而窦建德余党刘黑闼复反漳南（今山东东临道属恩县），与兖州总管徐圆朗相连（徐圆朗原附王世充，洛阳平，归唐），淮安王李神通与幽州总管罗艺讨黑闼于饶阳（今河北省保定道属饶阳县），反为所败。南取黎、卫二州（黎，今河南浚县。卫，今河南汲县），半岁之间，尽复建德旧境。高祖乃复命秦王世民、齐王元吉讨之。当是时，黑闼定都洺州（今河北省大名道属永年县），其设法行政，悉师建德，而攻战勇决过之。秦王进取相州（今河南河北道属安阳县），与罗艺列营洺水（在永年县西北）之南以逼之，分兵屯水北。黑闼数挑战，秦王坚壁不应，别遣骑兵绝其粮道，相持六十余日。秦王度黑闼粮尽，必来决战，乃使人先偃洺水上流。黑闼果率步骑二万，南渡洺水，压唐营而陈。秦王自率精骑击其骑兵，破之，乘胜蹂其步兵。黑闼率众殊死战，守吏决堰，洺水大至，深丈余，黑闼众大溃，与二百骑奔突厥。秦王尽复所陷州县，山东悉平。武德五年秋七月，秦王回兵渡河，击徐圆朗，下十余城，声振淮、泗。杜伏威惧，请入朝，淮、济之间略定，乃班师北御突厥。而刘黑闼复据洺州，后为太子建成所讨灭，徐圆朗亦弃城走死（事在武德六年）。自是黄河南北乃大定。

案：定天下者，系夫措置规为之得当，而在于战胜攻取。世徒震于太宗之战功，而不求其衡量天下之大势，遂若天下可以力征经营者，恶知太宗之所以定天下哉！

## 第四节　唐平江淮

上节所述，专言唐之定北方，而未及其南方之用兵也。唐定南方，其为力虽较易于北，然亦一代得失之林也。大抵北方之功成于太宗，而南方之功则归于李靖。李靖之用兵，以执萧铣、平辅公祏为最著，今分言之。

（一）执萧铣　萧铣为梁室后裔，隋末为岳州（今湖南岳阳县）将校所推，岭表诸州尽降于铣。九江鄱阳初有林士弘僭号，俄自相诛灭，其郡县亦降于铣，铣遂定都江陵。其地东至九江，西抵三峡，南尽交趾，北距汉川，胜兵四十余万。时诸将横恣，多专杀戮，铣因令罢兵，阳言营农，实夺将帅之权。铣既放兵，宿卫才留数千人。高祖遣开府李靖诣夔州经略，以赵郡王孝恭为总管，大造战舰，习水战。武德四年九月，靖自夔州顺流东下，时峡江方涨，诸将进俟水落进军，靖曰："兵贵神速，今吾兵始集，铣尚未知，若乘江涨，倏忽抵其城下，掩其不备，此必成擒，不可失也。"遂率战舰二千余艘东下。铣以江水方涨，殊不为备，孝恭等拔其荆门、宜都二镇（荆门，山名，与虎牙山相对，在今湖北宜都县西北五十里。此宜都，今宜昌），进至夷陵（在今湖北宜昌县西北下牢戍），连败铣将文士弘，进入北江（在今湖北枝江县百里洲北)。铣宿卫寡弱,仓卒征兵,皆在江岭之外,道途阻远,不能遽集,乃悉见兵数千人出拒战。靖奋击,大破之,乘胜直抵江陵,入其外郭。又攻水城,拔之,大获舟舰。靖使孝恭尽散之江中,塞江而下。铣援兵见之,疑江陵已破,未敢轻进。铣内外阻绝,开门出降。靖严禁俘掠,秋毫无犯,城中安堵。南方州县闻之,皆望风款附。铣降数日,援兵至者十余万,闻江陵不守,皆释甲而降。汉阳太守冯盎,自其祖母冼氏谯国夫人安辑岭表,历事梁、陈、隋三朝,屡著忠贞,至是亦以南越之地来降,江汉、岭表之间悉定。

(二)平辅公祏　辅公祏与杜伏威均齐州人,为刎颈交,起于盗贼。隋末据历阳(今安徽和县),奉伏威为主。伏威进用人士,大修器械,薄赋敛,除殉葬法,其犯奸盗及官人贪浊者,无轻重皆杀,故江淮间争来附之。武德二年请降,唐封伏威为吴王、淮南安抚使。是时,李子通破沈法兴,徙都余杭,为伏威将王雄诞所破,伏威遂尽有淮南、江东之地,南至岭,东距海。及五年,秦王世民击破刘黑闼,进攻徐圆朗,威震淮泗。伏威惧,请入朝。初,伏威忌公祏,外示尊崇,而阴夺其兵权,署养子王雄诞、阚棱为左右将军。至是,公祏缢杀雄诞而反。诏襄阳道行台仆射李孝恭以舟师趋江州(今江西九江县),岭南道大使李靖以交、广、泉、桂之众趋宣州(今安徽宣城县),怀州总管黄君汉出谯、亳(今安徽亳县),齐州总管徐世勣出淮泗(今江苏清河县)。七年三月,李孝恭破辅公祏兵于芜湖(今安徽芜湖县),拔梁山等三镇(东梁山在安徽当涂县南,西梁山在和县南,二山隔江对峙)。公祏遣冯慧亮、陈当世将舟师三万屯博望山(即东梁山),陈正通、徐绍宗将步骑三万屯青林山(今当涂县青山),仍于梁山连铁锁以断江路,又结垒江西以拒官军,坚壁不战。孝恭遣骑兵绝其粮道,复用李靖之策,使赢兵先攻其营,而勒精兵结陈以待之。攻垒者不胜而走,贼出兵追之,行数里,遇大军,与战,大破之。孝恭、靖乘胜逐北,转战百余里,博山、青林两戍皆溃。公祏大惧,弃石头城东走,至武康(今浙江武康县),为野人执献。遂分捕其党,悉诛之,江南皆平。高祖深美靖功,曰:"靖,萧、辅之膏肓也。"

## 第五节　太宗内治

唐高祖之起兵也，皆秦王世民之谋，高祖尝许以为太子，世民固辞，乃立长子建成为太子。建成性宽简，喜酒色游猎，齐王元吉多过失，皆无宠于上。世民功名日盛，上尝有意以代建成，建成内不自安，乃与元吉协谋共倾世民，谋杀之者屡矣。武德九年六月，世民密奏建成、元吉罪状，伏兵玄武门，建成、元吉入朝，觉变，即跋马东归宫府，世民从而呼之，元吉张弓射世民，再三不彀，世民射杀建成，尉迟敬德射杀元吉。高祖召世民抚之，立为皇太子，传位于世民，是为太宗，尊高祖为太上皇。太宗为三代下令主，其所施为，皆为后代法式，今撮举其治迹言之。

（一）治本　太宗初即位，承隋大乱之后，恐斯民未易施以教化，魏徵对以"久安之民骄佚，骄佚则难教；经乱之民愁苦，愁苦则易化。譬犹饥者易为食，渴者易为饮也"，上深然之。封德彝非之曰："三代以还，人渐浇讹，故秦任法律，汉杂霸道，盖欲化而不能，岂能之而不欲耶？魏徵书生，未识时务，若信其虚论，必败国家。"徵以"五帝、三王不易民而化，昔黄帝、颛顼、汤、武皆承大乱之后，身致太平，若谓古人淳朴，渐致浇讹，则三代至今，当悉化为鬼魅矣"。帝卒从徵言，以德化为本，偃武修文，卒致太平。（见《通鉴》贞观四年）

（二）治道　太宗知人纳谏，敬天畏人，薄己爱民，孜孜求治。其自言成功，止由五事，曰："自古帝王多疾胜己者，朕见人之善，若己有之；人之行能，不能兼备，朕常弃其所短，取其所长；人主往往进贤则欲置诸怀，退不肖则欲推诸壑，朕见贤者则敬之，不肖者则怜之，贤不肖各得其所；人主多恶正直，阴诛显戮，无代无之，朕践祚以来，正直之士，比肩于朝，未尝黜责一人；自古皆贵中华，贱夷狄，朕独爱之如一，故其种落皆依朕为父母。此五者，朕所以成今日之功也。"（见《通鉴》贞观二十一年）

（三）治法　高祖初年，即设学校，更官制，颁律令，定均田、租庸调法，作府兵制，帝加以修明，颁新定《五经正义》于天下，修五礼，置律学，诏诸州置医学，置义仓，制决罪人不得鞭背，令天下决死罪必三覆奏，在京诸司五覆奏。旧制，凡军国大事，则中书舍人各执所见，杂署其名，谓之五花判事，中书侍郎、中书令省审之，给事中、黄门侍郎驳正之。太宗申明旧制，由是鲜有败事。常书都督、刺史之名于屏风，坐卧观之，得其在官善恶之迹，皆注于名下，以备黜陟。以县令尤为亲民，不可不择，乃命内外五品以上各举堪为县令者以名闻，每乡置长一人、佐二人，屡遣使巡察四方，观省风俗，黜陟官吏，频诏举孝弟淳笃兼娴时务、儒术该通可为师范、文辞秀美才堪著述、明识政体可委字人，并志行修立为乡间所推者，及孝廉茂材异能之士。其所创制立法皆足为后代良规。

（四）治人　房玄龄善建嘉谋，杜如晦能断大事，任之为尚书仆射，共掌朝政。二人协心竭节，不欲一物失所。至于台阁规模及典章人物，皆二人所定，甚获当代之誉，后世称为良相焉。魏徵雅有经国之材，性又抗直，无所屈挠，太宗以为侍中。献纳忠谠，知无不言，犯颜进谏，守正不移。与太宗讨论政术，往复应对，凡数十万言。其匡过弼违，为前代诤臣所不及。李靖、徐世勣材兼文武，出将入相。王珪激浊扬清，疾恶好善。戴胄理繁治剧，众务毕举。温彦博敷奏详明，出纳惟允。马周见事敏速，性甚贞正。太宗皆使各当其才，才尽其用。

（五）治功　贞观之初，饥蝗大水连年，斗米直绢一匹。太宗勤而抚之，民虽东西就食，未尝嗟怨。其后天下大稔，流散者咸归乡里，斗米不过三四钱。六年，亲录囚徒，归死罪者二百九十人于家，令明年秋末就刑，其后应期毕至。是时终岁断死刑才二十九人，天下几于刑措。东至于海，南及五岭，皆外户不闭，行路不赍粮，取给于道路焉。

　　案：太宗读《周礼》，谓房、杜、魏徵等曰："不井田，不封建，不肉刑，而欲行周公之道，不可得也。"（见《文中子》后叙录唐太宗与房、魏论礼乐事）于是有封建之议，后以功臣长孙无忌等皆不愿之国，乃诏停世封刺史（事在贞观十三年）。此其为制得失，姑不具论，然其心则非尽出于私天下也。至其臣李乾祐言："法者，陛下所与天下共也，非陛下所独有也。"太宗曲赦党仁弘，至欲席槁于南郊三日，以谢罪于天，其与近世立宪国家元首之奉公守法者，何以异焉？此固不得以其为君主制而少之也。

## 第六节 太宗外治

中国自晋五胡乱华以来，汉族之势力屈于北狄者近三百年。至隋而突厥始臣服于中国。及后大业之乱，突厥再盛，群雄如窦建德、薛举、刘武周、梁师都、李轨、王世充辈，虽僭尊号，俱北面称臣，受其可汗之号（见《通典·边防·突厥上》）。即高祖兴晋阳，亦屈节求助，不能不为之下。夷德无厌，关中屡惊，不有太宗之神武，则辽、宋之事不待数百年而后见，尚安能使汉族之荣光遍被于亚洲之大陆乎？自颉利系颈，四夷宾服，薄海内外，无不州县而臣属之。至荒区君长，待唐玺纛，乃能为国，一为不宾，辄随夷缚，故蛮琛夷宝，踵相逮于廷，而太宗之所以称天可汗也。今略分叙其外治之大端。

（一）突厥 突厥阿史那氏，盖古匈奴北部也。（《北史》《新唐书·突厥列传》略同，《隋书》以为平凉杂胡。近人丁谦说："西人称突厥为通古斯种，与鲜卑同种。上古时居西伯利亚姑斯河畔，其后渐徙而南，居贝加尔湖滨，为汉时北海之丁零。嗣又徙至金山西南之陆浑海，为西丁零，又称高车丁零。而丁零别名狄历，一名敕勒，转为铁勒。突厥者，盖狄历、敕勒、铁勒之转音也。"然《新唐书》以回纥出于高车铁勒，则是与突厥同种矣。惟突厥以金山得名，不如丁说。）世居金山，工于铁作。金山状如兜鍪，俗呼兜鍪为突厥，因以为号（《隋书·四夷传》）。其国自后魏末酋长土门始至塞上，通中国（《通典·边防第十三》）。至木杆可汗，发兵击破蠕蠕（即柔然），西破嚈哒，东走契丹，北并契骨（居今厄尔齐斯河下游），威服塞外诸国，尽有蠕蠕之地，东自辽海，以西至西海（今里海）万里，自沙漠以北至北海（即贝加尔湖）五六千里，皆属焉。木杆死，舍其子大逻便而立其弟他钵可汗，控弦十万数，中国惮之。周、齐争结婚姻，倾府库事之，仍岁给缯彩十万段。突厥使人在京师者，待以优礼，衣锦食肉者常以千数。他钵益骄，曰："使我在南，两儿孝顺，何患贫也？"他钵死，其弟沙钵略可汗继立，控弦士四十万。沙钵略妻周千金公主，伤宗祀绝灭，悉众来寇，大为河间王杨弘、豆卢勣、窦荣定、高颎、虞庆则五元帅之兵所破。沙钵略复与所部阿波、贪汗二可汗构兵而西，突厥达头可汗助阿波攻沙钵略，连兵不已，各遣使诣阙请和求援。文帝遣虞庆则往，沙钵略顿颡受命，愿作大隋天子奴。然突厥由是分为两部，成为东西二国焉。沙钵略死，其子都蓝可汗后与西面泥利可汗连结。时突利可汗居北方，文帝欲离间北狄，特厚礼之。都蓝可汗怒，举兵击败突利。隋使者长孙晟遂挟突利归朝，处其众于河南，拜为启民可汗，妻以宗女义成公主。遣杨素等分道击都蓝，兵未出塞，而都蓝为其麾下所杀，达头自立为步迦可汗，其国大乱。大业三年，炀帝出塞，耀兵径突厥中，启民可汗事之甚恭，拔所佩刀，自芟庭草，发榆林北境，至其牙，东达于蓟，长三千里，举国就役，开为御道。其子吐吉立为始毕可汗，因事怨憾不朝。大业十一年，炀帝避暑于汾阳宫（在今山西静乐县），始毕率其种落入寇，围帝于雁门。是时，始毕控弦百万，东自契丹（今辽宁盛京地）、室韦（今黑龙江西南境），西尽吐谷浑（今青海地）、高昌（今新疆巴里昆湖西北），诸国皆臣之。始毕卒，其弟处罗可汗迎隋萧后，立齐王暕子政道为隋王，居定襄（今绥远区归化城南）。唐武德三年，处罗死，其弟颉利可汗立，以始毕子为突利可汗，屡寇关中。高祖欲焚长安，徙都以避之，以世民切谏而止。世民与元吉将兵出豳州（今陕西邠县）以拒之。始毕万骑奄至，举军失色。世民乃亲率百余骑驰诣陈前，告之曰："国家于突厥无负，何为深入？我，秦王也，故来一决。可汗若自来，我当与可汗两人独战；若或兵马总来，我惟百骑相御耳。"颉利弗之测，笑而不对。世民又驰骑语突利曰："尔往与我盟，急难相救，今将兵来，何无香火情也？宜早出一决胜负。"突利亦不对。颉利见兵少，又闻与突利语，阴相忌，乃不欲战，因遣使请和，许之（事在武德七年）。武德九年八月，太宗初即位，颉利可汗入寇，进至渭水便桥之北（即渭桥，在今陕西长安县西北），声称百万。太宗囚其使者执失思力，与高士廉、房玄龄等六骑径诣渭水上，与颉利隔水而语，责以负约。突厥大惊，皆下马罗拜。俄而诸军继至，旌甲蔽野。颉利见执失思力不返，而上挺身轻出，军容甚盛，有惧色。萧瑀以上轻敌，扣马固谏，上曰："突厥以我国内有难，朕初即位，谓我不能抗御，故敢直抵郊甸。我若示之以弱，闭门拒守，虏必放兵大掠，不可复制。故朕轻骑独出，示若轻之，又震曜军容，示之必战。出虏不意，使之失图。虏入我地既深，必有惧心。故与战则克，与和则固。"是日，突厥来请和，许之。颉利兵革岁动，政令烦苛，性复贪冒，重敛诸部，由是内外离怨，诸部多畔。是时，颉利又与突利有隙（突利为始毕子，颉利之侄），其部落薛延陀自称可汗于漠北。太宗诏兵部尚书李靖督徐世勣、柴绍、任城王道宗、卫孝节、薛万彻等分道击之，突利遂率所部来奔。贞观四年，李靖进屯恶阳岭，夜袭定襄，破之（定襄，今绥远区归化城，恶阳岭在其南），其大酋苏密等以萧后及杨政道来降。颉利走保铁山（在漠南阴山北），靖袭击之，尽获其众。颉利为唐将张宝相所擒，其国遂亡。唐既复定襄，斥境而大漠矣。颉利之亡也，其众或走薛延陀，或入西域，而来降者尚十余万。太宗用温彦博策，虏突厥降众，东自幽州（今北平市），西至灵州（今甘肃灵武县），剖颉利故地，左置定襄、右置灵中二都督府以统之。其余酋长拜官者，布列朝廷，殆与朝士相半，因而入居长安者近万家。贞观十三年，突利弟结社、子贺逻鹘结部落四十余人夜犯御营，折冲孙开武率兵奋击，斩之。于是群臣多言突厥留河南不便，乃立阿史那思摩为俟利苾可汗，树牙河北，悉徙突厥还故地。思摩者，颉利族人也。太宗令统颉利旧部落，举碛以北薛延陀主之，塞以南突厥主之。其地南大河，北白道（川名，在今归化城北阴山南麓，其下游为今之克鲁库河）。居三年，不能统其众，思摩遂轻骑入朝，残众稍稍南渡河，分处胜、夏二州（胜州，今河套东胜县。夏州，今陕西榆林县西北废夏州），车鼻可汗盗有其地（语本《新唐书》，而丁谦非之）。车鼻者，世为小可汗，颉利败时，诸部欲推为君长，会薛延陀称可汗，乃往归焉。薛延陀畏其逼，将杀之，乃率所部遁至金山之北（今阿尔泰山北西伯利亚托穆斯克南境），三垂斗绝，一面可容车骑，壤土夷博，即据之，兵胜三万，距长安万里，西葛逻禄（今斋桑泊北厄尔齐斯河境），北结骨（今西伯利亚托穆斯克南境），皆并统之。太宗遣使征其入朝，不至，大怒，遣左骁卫郎将高侃发回纥（今外蒙古土谢图汗部翁金河左右附近）、仆骨（今外蒙古车臣汗部克鲁伦河南境）兵击之，擒车鼻于金山，送于京师，处其余众于郁督军山（即乌德犍山，在今外蒙古三音诺颜部塔米尔河南杭爱山），诏建狼山（当在今河套西北哈那那林乌拉岭）都督府统之（事在高宗永徽元年），于是突厥尽为封内臣矣。自此以后，北边三十余年无戎马警。

（二）西突厥　西突厥者，始为突厥右地。初，木杆可汗与沙钵略可汗有隙，因分为二。其子大逻便为阿波可汗，始自立国，居乌孙之故地（今新疆伊犁）。东至突厥国，西至雷翥海（今咸海），南至疏勒（今新疆疏勒县），北至瀚海。（案：《新唐书》以西突厥为突厥之分族，至达头可汗始与东突厥分乌孙故地有之。此语不见于《隋书》，与《通典·边防》《旧唐书·西突厥传》均不合。盖达头可汗本为东突厥分封属部，并非邻敌，何至有与本国边境封之理？《通典·边防十三》言："达头遣阿波率兵而东，与沙钵略相攻，于是分为东西部，自此分为二国焉。"叙述极为分明，今从其说。）阿波后为东突厥叶护可汗所擒，国人立泥利可汗。至子达漫立，入朝于隋炀帝，赐号曷萨那可汗。江都乱后，遂归于唐，为颉利使者杀于中书门下。初，达漫之朝隋被留也，国人遂共立达头孙为射匮可汗，建廷龟兹北之三弥山（今新疆库车县北境之额什克巴什山）。射匮始开土宇，东至金山，西临西海（即咸海），自玉门以西诸国皆役属之，遂与北突厥（指颉利）为敌。寻卒，弟叶护可汗立，勇而有谋，善攻战，北并铁勒（在金山北境），南接罽宾（今阿富汗首都堪达喀尔），西拒波斯，控弦数十万，霸有西域，据旧乌孙之地，移庭石国（今中部亚细亚俄属费尔干省之塔什干城）北千泉（今俄属色尔达尔雅部奥利阿塔城东百里库穆区雷克吹河附近地），西戎之盛未有也。唐武德初屡入贡，后其国内乱，连兵不息。自沙钵罗咥利失可汗立，分其国为十部，号十箭，又分十箭为左右厢，左厢号为五咄陆，右厢号为五弩失毕。五咄陆部落居于碎叶已东，五弩失毕部落居于碎叶已西（碎叶，水名，一称素叶水，在俄属七河省南部特穆尔图泊西北，今称大克宾河），总号为十姓部落。咥利失不为众所归，部落携贰，西部竟立欲谷设为乙毗咄陆可汗，与咥利失中分其国，自伊列河以西属咄陆，以东属咥利失。自是西突厥又分为东西二国焉。咄陆可汗建庭于镞曷山西（当即今伊犁西北界之阿拉陶山），谓为北庭。咥利失死，东部立乙毗沙钵罗叶护可汗，建庭于虽合水北（未详，一说今哈屯博）。时咄陆与叶护皆遣使朝贡，受唐册封，而两部连兵频相攻击，咄陆兵众渐强，寻杀叶护而并其国。五弩失毕诸姓不服，皆叛之。咄陆既擅西域，自恃其强，复遣兵东寇伊州（今新疆之哈密县），安西都护郭孝恪率轻骑二千邀击，破之。咄陆又遣处月（今新疆阜康县）、处密（在今新疆焉耆县北小裕勒都斯河东）等部，围天山县（今新疆吐鲁番西之巴斯塔克台），孝恪又击走之，乘胜进据处月俟斤所居之城，追奔，国遂内乱。弩失毕诸姓欲废咄陆，各遣使诣阙，请更立可汗。太宗遣使赍玺书择立莫贺咄乙毗可汗之子，是为乙毗射匮可汗。咄陆自知不为众所附，乃西走吐火罗（今中亚巴达克山东阿母河上游马撒耳地）。初，咄陆可汗之未亡也，以贺鲁为叶护，居多逻斯川（当在今新疆迪化县西北玛纳斯河附近），统处月、处密、姑苏、葛逻禄（当在今新疆塔尔巴哈台附近）、弩失毕五姓之众，至是率其部落内属，诏居庭州。高宗永徽二年，与其子咥运率众西遁，复据咄陆故地，总有西域各部，统摄咄陆、弩失毕十姓，数侵西蕃，又进寇庭州，高宗遣梁建方、契苾何力率兵讨破之。其后显庆二年，复遣苏定方、萧嗣业、阿史那弥射等率师讨击，定方大败贺鲁二万骑于曳咥河（今伊犁境之博尔塔拉河）。贺鲁轻骑渡伊丽河，萧嗣业追至千泉贺鲁下牙之处，苏定方、阿史那弥射又大破之于碎叶水。萧嗣业擒贺鲁于石国，献之于昭陵（太宗墓名，在陕西醴泉县东北四十里九嵕山）。贺鲁已灭，裂西突厥地为州县，以处诸部，其所役属诸国皆置州，西尽波斯，咸隶于安西都护府（今新疆库车县)。又置昆陵都护(今新疆乌苏县),领五咄陆部;濛池都护(当在今俄属斜米勒精省),领五弩失毕部。

（三）铁勒　铁勒之先,匈奴之苗裔也,种类最多。自西海之东(今咸海东),依据山谷,往往不绝。独洛河北(今外蒙土谢图汗部之土拉河)有仆骨(居今车臣汗部克鲁伦河境)、同罗(居今肯特山东北敖嫩河上游)、韦纥(即回纥,居今土谢图汗部翁金河附近)、拔也古(居今黑龙江省呼伦池附近)、覆罗(未详),并号俟斤,胜兵可二万。蒙陈、吐如(未详)、纥斯结(即黠戛斯部,地在今唐努乌梁海境)、斛薛(当在今土谢图汗色楞格河、额赫河之间)等姓,胜兵可二万。伊吾以西,焉耆之北,傍白山(即天山),有契弊(即《唐书》契苾,在焉耆西北)、薄落职(未详)、乙咥(即《唐书》思结,当居今唐努山麓)、苏婆、那曷、纥骨(未详)、乌护(盖回纥之族)、也咥(即《唐书》奚结,当在今库伦北哈拉河境)、於尼护(《唐书》作乌罗护,一作乌洛侯)等,胜兵可二万。金山西南(今阿尔泰山附近)有薛延等。康国(今俄属中亚之浩罕)北傍阿得水(即今中亚锡尔河上游之雅色河),得嶷海之东西(今里海)、拂菻(洪钧所考,谓即东罗马国都,今君士旦丁城)之东(当指今高加索部),北海之南,咸其部落,虽姓氏各别,总谓之为铁勒(详见《隋书·铁勒传》)。并无君长,分属东、西突厥。自武德初,而薛延陀、回纥渐盛。太宗贞观二年,突厥颉利政衰,薛延陀部长夷男率其部落反攻颉利,大破之。于是颉利部诸姓多叛归夷男,共推为主。太宗方图颉利,册封夷男为真珠毗伽可汗,建牙于大漠北郁督军山之下(今外蒙三音诺颜部塔米尔河西之杭爱山)。回纥、拔野古、阿跌(在今贝加尔湖附近)、同罗、仆骨、霫(在今内蒙古东四盟苏克斜鲁山附近)诸部落皆属焉。颉利既亡,北方空虚,乃帅其部落稍东,建庭于都尉犍山(即《突厥传》之都斤山,今称都兰哈拉山,在土谢图汗旗正北,土拉河与鄂尔昆河中间),保有独逻水之险(今土拉河),胜兵二十万,雄视漠北。后太宗封阿史那思摩于碛南,夷男恶之,乃命其子大度设合诸部兵三十万,绝漠南白道川(今归化城西北阿克库河),以击思摩。思摩走朔州(今山西朔县)言状,太宗遣徐世勣、张俭、李大亮、张士贵出云中，分道击之。十五年冬，世勣与薛延陀战于诺真水（今内蒙古西二盟茂明安旗塔尔浑河），令突厥兵先与之合。先是，薛延陀击沙钵罗及阿史那社尔等，皆以步战胜。至是，每五人以一人经习战陈者使执马，而四人前战，胜则授马以追奔。突厥兵先合辄退，薛延陀乘胜追之，勣兵拒击，而薛延陀万矢俱发，伤唐战马。世勣命士卒皆下马步陈，率长稍数百为队，齐奋以冲之，敌众溃散。薛万彻率数千骑收其执马者，其众失马，莫知所归，唐兵斩获甚众。其残部遁至漠北，值大雪，人畜冻死者十八九。夷男惧，遣使谢罪，献马三千匹及貂皮请婚。房玄龄劝太宗许之，太宗既而复悔，群臣多言不可失信夷狄，更生边患。太宗曰："卿曹皆知古而不知今。昔汉初匈奴强，中国弱，故饰子女、捐金帛以饵之。今中国强，戎狄弱，以我徒兵一千，可击胡骑数万。薛延陀所以匍匐稽颡，惟我所欲，不敢骄慢者，以新为君长，杂姓非其种族，欲假中国之势以威服之耳。彼同罗、仆固、回纥等十余部，兵各数万，并力攻之，立可破灭，所以不敢发者，畏中国所立故也。今以女妻之，彼自恃大国之婿，杂姓谁敢不服？戎狄人面兽心，一旦微不得意，必反噬为害。今吾绝其婚，杀其礼，杂姓知我弃之，不日将瓜剖之矣。卿曹第志之。"十九年，太宗东征高丽，夷男卒，子杀其兄突利失，自立为多弥可汗，乘虚寇夏州（在今陕西榆林县西北河套内）。先是，太宗遣将军执失思力将突厥兵屯夏州，以备薛延陀，思力羸形伪退，诱之深入，大败之。多弥既猜忌无恩，多所诛杀，诸部落皆不自安，复屡为唐兵所败，于是回纥、仆固、同罗共起击败多弥。二十年，太宗遣江夏王道宗、阿史那社尔、执失思力、契苾何力、薛万彻、张俭等各将所部，分道并进以击之。别遣校尉宇文法诣乌罗护（在今黑龙江省顺松子大山左右诺敏河源境）、靺鞨（在今俄领东海滨省黑龙江下游地），遇薛延陀阿波设之兵于东境，法帅靺鞨击破之。薛延陀国中惊扰，曰："唐兵至矣！"诸部大乱，多弥及其宗族并为回纥所杀，而据其地。薛延陀余众西走，犹七万余口。太宗遣徐世勣与敕勒（即铁勒之音讹）九姓图之。世勣至郁督军山，追斩五千余级，虏男女三万余人，降其酋长咄摩支。于是回纥、拔野古、同罗、仆骨、多滥葛（今外蒙古肯特山南伊列山附近地）、思结（未详）、阿跌（在今中亚锡尔达利亚上游之雅色河）、契苾（即契弊）、跌结（未详）、浑（当在今甘肃武威县边外楚浑山一带）、斛薛等十一姓皆归命天子，乞置官司。敕勒诸侯斤遣使相继诣灵州者数千人，咸云："愿得天至尊为奴等天可汗，子子孙孙长为天至尊奴，死无所憾。"二十一年，诏以回纥部为瀚海府，仆骨为金微府，多滥葛为燕然府，拔野古为幽陵府，同罗为龟林府，思结为卢山府，浑为皋兰州，斛薛为高阙州，奚结（今俄领教嫩江地）为鸡鹿州，阿跌为鸡田州，契苾为榆溪州，思结别部为蹛林州，白霄为寘颜州（在今内蒙苏克斜鲁山东札噜特右翼旗南奎屯山附近），各以酋长为都督、刺史，各赐金缯锦袍。敕勒大喜，解其辫发，并垂冠带，拜呼宛转尘中。奏请于回纥以南、突厥以北开一道，谓之参天可汗道，置六十八驿，各有马及酒肉以供过使，岁贡貂皮以充租赋。于是北荒悉平。

（四）高昌 高昌为汉西域车师前王庭地（今新疆吐鲁番），胜兵万人。其王麹伯雅，即后魏时高昌王嘉之六世孙也。隋时入朝中国。唐武德二年，伯雅死，子文泰献拂菻狗（高六寸，长尺余）。太宗时，西域来朝贡者，皆途经高昌，文泰后稍壅绝之。又与西突厥共击伊吾、焉耆，太宗遣使诘之，示以祸福，文泰犹不悛。贞观十三年，乃遣侯君集、薛万均等，及突厥、契苾之众，步骑数万，文泰恃险远，初不为意，及王师临碛口，忧惧而死。子智盛立，侯君集鼓行而进，拔其田城（今吐鲁番城东南雅尔湖北之哈喇和绰），遂夜趋其都，填堑攻之，智盛穷蹙，开门出降。君集分兵略地，下其二十二城，遂以其地为西州，置安西都护府，留兵以镇之。

（五）龟兹（今新疆库车县） 唐高祖初即位，龟兹王苏伐勃䭾即遣使来朝，至诃黎布失毕代立，渐失藩臣礼，侵渔邻国。贞观二十一年，太宗遣阿史那社尔、契苾何力、郭孝恪等将兵击之，仍命铁勒十三州、突厥、吐蕃、吐谷浑连兵进讨。阿史那社尔引兵自焉耆之西趋龟兹北境，分兵为五道，出不意，遂斩焉耆王薛婆阿那支（时焉耆王为西突厥所署），龟兹大震。社尔进屯碛口，去其都城三百里，遣将韩威率千余骑为前锋，诃黎布失毕率众五万拒战。威引兵伪退，龟兹悉众追之，遇大军而败，走保都城。社尔进军逼之，拔其城，使郭孝恪守之。诃黎布失毕轻骑西走，为薛万备擒之于拨换城（今新疆拜城县西南）。其用事臣那利脱身走，潜引西突厥之众并其国兵万余救之，袭杀郭孝恪于龟兹城。旋为韩威、曹继叔等所击破，龟兹平。乃移置安西都护府于其国城，兼统于阗、疏勒、碎叶，谓之四镇。

（六）吐谷浑　吐谷浑者，本辽西鲜卑徒河涉归之庶长子也，与其弟若落廆（即前燕慕容廆）不协，遂西渡陇，止于甘松之南（甘松，山名，在今四川松潘西北），洮水之西（洮河，源出甘肃临洮县西之西倾山东麓，下游至皋兰县入黄河），南极白兰山（今青海西南柴达木南境）数千里之地，遂以吐谷浑为国氏焉。至隋，破其主伏允之众，郡县其地，发天下轻罪徙居之。大业末，天下乱，伏允复其故地，屡寇河西边郡。唐兴，遣使入贡，未返，大掠鄯州（今甘肃西宁地）而去。贞观八年，太宗遣李靖、侯君集、任城王道宗、李道彦、高甑生等并突厥、契苾之众击吐谷浑，败其众于库山（今青海东北和硕特东上旗界内）。伏允悉烧野草，轻兵走入碛，李靖中分其军为南北两道追之。靖出北道，连败吐谷浑于曼头山（今青海和硕特南右翼后旗）、牛心堆（在西宁极西之丹噶尔地）、赤水源（今青海辉特南旗乌兰乌苏河，下游入达布逊湖）。君集出南道，追及伏允之众于乌海（今和硕特旗西南之都勒泊），多所斩获，行二千余里空虚之地。次星宿川（今番名鄂敦他拉，即星宿海）、达柏海（今札凌海）上，望积石山（在青海黄河北境，此大积石山也），观河源，两军还，会于大非川（今雅玛图河，在西宁西三百余里）。伏允为左右杀于碛中，其子顺举国请降伏。吐谷浑平，太宗立顺为甘豆可汗。至高宗时，吐谷浑遂为吐蕃所并。

（七）天竺　汉身毒国也，或云婆罗门地（婆罗门为印度旧教），去长安九千六百里，居葱岭南，幅员四万里，分东、西、南、北、中五天竺。南天竺滨海（即今麻打拉萨部），北天竺据雪山（今喜马拉耶山南西北部），东天竺际海（今孟加拉里），西天竺与罽宾、波斯接（今印度河流域部），中天竺在四天竺之会，都城曰茶镈和罗城（今孟加拉西部之科尼普尔城西北一百四十里），滨迦毗黎河（今恒河），皆城邑数百，各有君长。中天竺王姓乞利咥氏，亦曰刹利（即刹帝利种族），世有其国。土溽热，稻岁四熟，有金刚、旃檀、郁金。与大秦（即东罗马，今土耳其地）、扶南（今缅甸南部）、交趾（今安南）相贸易。隋炀帝时，遣斐矩通西域诸国，独天竺、拂菻不至，帝以为憾。唐武德中，其国大乱，嗣王尸罗逸多练兵聚众，所向无敌，因讨四大天竺，皆北面臣之。会唐浮屠玄奘以求法至其国，尸罗逸多（即戒日王）亲诣奘，问曰："而国有圣人出，作《秦王破阵乐》，试为我言其为人。"玄奘粗言太宗神武，平祸乱，四夷宾服状（事见《慈恩三藏法师传》）。王乃遣使者上书，自称摩迦陀王。太宗命梁怀璥持节抚慰，尸罗逸多惊问国人曰："自古亦有摩诃（大也）震旦（谓中国）使者至吾国乎？"乃膜拜受诏书，戴之顶，因遣使朝贡。诏使李义表报之，大臣郊迎，倾都邑纵观，道上焚香，尸罗逸多率其臣下东面拜受敕书。贞观二十二年，遣王玄策使其国，蒋师仁副之。未至，尸罗逸多死，国中大乱，其臣那伏帝阿罗那顺篡立，发兵拒玄策。时玄策从骑才三十，战不敌，矢尽被擒，遂剽诸国贡献之物。玄策乃挺身宵遁，走至吐蕃（今西藏地），发精锐一千二百人，并泥婆罗（今尼泊尔，即廓尔喀）兵七千余骑以从。玄策部分进至中天竺国城，连战三日，大破之。蒋师仁追擒阿罗那顺，归于京师。于是天竺震惧，城邑降者五百八十余所，五天竺争贡献来朝，遂不绝于唐世云。

（八）高丽　高丽之先，朱蒙为夫余之别种，建国于平壤（今高丽平安南道大同江北平壤城），即汉乐浪郡之故地，自号高勾丽，以高为氏。地方东西三千里，东南临日本海为新罗，西南临渤海为百济，北至靺鞨（在今吉林省长白山北），西北渡辽水（今辽宁省大辽河），至于营州（今热河区平泉县境之大宁城）。高丽至隋渐大。炀帝时，征其王元入朝，不至，藩礼颇阙，炀帝竭天下力，三度亲征，卒不能克。唐高祖武德二年，其王高武，即元异母弟也，遣使入朝。贞观十六年，武为其臣西部大人盖苏文所弑，立武弟藏为王，自为莫离支，犹唐兵部尚书兼中书令职，专其国文武之政权。又攻新罗，其王遣使诣唐求救。贞观十九年，太宗以莫离支弑君虐下，出师吊伐，令张亮等率江、吴、京、洛劲卒四万，战舰五百艘，自莱州（今山东掖县）泛海趋平壤，以徐世勣、江夏王道宗等率步骑六万趋辽东，海陆两军合势，太宗亲御大军以会之。徐世勣等自柳城渡辽水（柳城，今热河区朝阳县东北），拔盖牟城（今辽宁省盖平县）。张亮率舟师自东莱渡海，袭破卑沙城（今辽宁省安东县东北之九连城），耀兵于鸭绿水（今鸭绿江）。世勣进至辽东城下（今辽宁省辽阳县），高丽步骑四万救辽东，江夏王道宗率骁骑破之。太宗度辽水，撤桥以坚士卒之心，与世勣会兵攻陷辽东及白岩城（今辽宁省岫岩县）。车驾至安市（在今辽宁省盖平县北），进兵攻之。高丽南北两部及靺鞨等救兵十五万大至，江夏王道宗曰："高丽倾国以拒王师，平壤之守必弱，愿假臣精卒五千，覆其根本，则数十万之众可不战而降。"上不应，亲置阵以破之，降其统将高延寿、高惠真等。延寿、惠真献计，以安市地险兵精，未易猝拔，请从乌骨城（在辽阳东南，即今摩天岭之连山关）渡鸭绿水，直取平壤。上将从之。长孙无忌以为天子亲征，异于诸将，不可乘危徼幸，今建安（盖平县东北）、新城（兴京县西）之虏，众犹十万，恐蹑吾后，不如先攻安市，然后长驱而进，为万全之策。上乃止。攻安市三日不克，以辽左早寒，草枯水冻，士马难久留，且粮食将尽，乃诏班师。上谓李靖曰："吾以天下之众困于小夷，何也？"靖曰："此道宗所解。"上顾问道宗，具陈乘虚取平壤之言，上怅然曰："当时匆匆，吾不忆也。"二十二年，诏江南造大船，陕州募勇敢，莱州贮器械于三山浦、乌胡岛（疑即今掖县芙蓉岛），将欲大举以伐高丽，未行而帝崩，遗诏罢辽东之役。至高宗时，终为李世勣、薛仁贵、契苾何力、高侃、庞同等所破灭，置为郡县，设安东都护府于平壤以统之。高氏自汉有国，至唐总章元年，凡九百年而亡，高丽旧户多分投突厥、靺鞨等焉。

案：中国之开拓疆土，与近世西人之殖民新地，其效果迥异。说者谓一由于君主之好大喜功，一由于人民之势力膨胀，固也。然观太宗之用兵，或由于边患之亟（如突厥是），或由于贡道之梗（如高昌是），或由于邻部之请（如薛延陀、高丽是），或由于使臣之劫（如天竺是），皆出于不得已而后应之，恶有所谓逞兵者耶！顾其成功乃远出欧人殖民政策下者，何也？盖中国儒术，以天下远近大小如一，为太平之极致，故太宗之于夷狄，莫不安其土，子其人，一视而同仁。此所以剖分新地、奴隶异种之政策，不见于汉族极盛之时。然汉族矗然独立数千年之久，而益增于繁庞盛大者，何末非此同化政策之所致欤？

## 第七节　唐之诸帝

太宗在位二十三年崩，前太子承乾以狂易失行见废，而魏王泰当立，亦以罪黜，乃立第九子治为皇太子，至是即位，是为高宗。帝长厚柔懦，溺爱衽席，养成武氏之乱，几覆唐宗。在位三十四年崩，子哲立，是为中宗，为母则天皇后武曌废为庐陵王，幽之房州（今湖北房县），立其弟豫王旦为皇帝。武后临朝称制，政由己出，帝拥虚器而已。后遂阴图革命，大杀唐之宗室。七年九月（天授元年），改唐国号为周，自称则天皇帝，以周易唐祚者计十五年。后用宰相狄仁杰言，卒召还庐陵王为太子，以旦为相王。宰相张柬之与崔玄暐、敬晖、桓彦范、袁恕己、李多祚等卒迫后禅位于太子。中宗复位，复唐国号，宠任韦后，竟为所弒而崩。在位六年，韦后临朝摄政，相王子隆基勒兵入宫，斩韦后及其党，立相王旦，是为睿宗。在位三年，禅位于皇太子隆基，是为玄宗。帝初年，励精图治，任用姚崇、宋璟为相，开元之际，几致太平。在位日久，渐萌奢欲，从事边功，内任李林辅、杨国忠之奸，外酿安禄山之乱。天宝末年，安禄山反于范阳（今北平），连破两京。帝西幸成都，太子亨即位灵武（今甘肃武灵县），是为肃宗。帝任用郭子仪、李光弼，借兵回纥，收复两京，然余孽犹在。史思明蟠据河北，而张皇后与宰相李辅国表里为奸，虽曰中兴，太宗之业自此衰矣。在位七年崩，太子豫即位，是为代宗。帝时内乱略定，边患渐生，吐蕃侵略西南，遂入长安。帝仓卒出奔陕州（今河南陕县），赖郭子仪之力，得复京师，而河北藩镇之祸起矣。帝在位十七年崩，太子适即位，是为德宗。帝初政颇称清明，然猜忌刻薄，任用卢杞，驯至大乱。时藩镇连兵，李希烈复反于淮西，帝发泾原兵讨之，遂入长安作乱。帝奔奉天（今陕西乾县），以李怀光、李晟之力，得复还长安。是后遂行姑息之政，朝廷愈弱，方镇愈强矣。在位二十一年崩，太子诵立，是为顺宗。帝在位八月，以疾禅位于皇太子纯，是为宪宗。帝聪明英毅，委任宰相，以法度裁制藩镇。讨刘辟于西川，平李锜于镇海，擒吴元济于淮西（今河南汝宁县），斩李师道于平卢（山东济南青州之地）。凡藩镇跋扈六十余年，亘黄河南北者，至是悉遵约束，共奉朝廷。然帝意由是渐骄，朝政浸衰。晚服方士丹药，躁怒无常，为宦官陈弘志所弑。在位十六年崩，宦官拥立太子恒，是为穆宗。帝恣意声色，不修纪纲，宦官之权愈盛。在位四年崩，太子湛立，是为敬宗。帝昏童失德，委政嬖倖，动摇宦官。在位二年，遂为宦官刘克明等所弑，矫诏立绛王悟。宦官王守澄等讨克明，杀悟，立穆宗第二子江王昂，是为文宗。帝恭俭儒雅，锐于为治。太和之初，政事修饬，号为清明。然承累朝之弊，宦官挠权，帝屡与宋申锡、李训、郑注图之，事皆失败。由是朝廷大权尽归宦官，而朋党之争亦肇于是时。在位十五年崩，宦官仇士良等废太子成美，拥立穆宗第五子颍王炎，是为武宗。帝任用李德裕，讨平刘稹，国威几振。在位六年崩，宦官定策立宪宗子光王忱，是为宣宗。帝精于听断，以察为明，无复仁厚之意。自是而后，唐益衰矣。在位十四年崩，宦官王宗实等矫诏立宣宗长子郓王漼，是为懿宗。帝器本中庸，暱近憸壬，盗贼蜂起，土德凌夷。在位十五年崩，宦官刘行深、韩文约等相谋立晋王儇，是为僖宗。时年十二，政在宦官。时流贼黄巢大盛，攻陷两京，帝走兴元（今陕西南郑县），西幸成都。沙陀李克用收复长安，连破巢众。而帝内受制于宦官，外被逼于方镇，屡致蒙尘，流离遐陬。在位十五年崩，宦官杨复恭等又立懿宗第七子寿王晔，是为昭宗。帝为人明隽，志存恢复，而外患已成，内无贤佐，徒以益乱，终致东迁，为朱全忠所弑。全忠立昭宗第九子柷，是为哀帝，政在全忠。在位四年，为朱全忠所弑，唐亡。凡二十帝，共二百九十年。是后天下分裂，大坏极乱，更五代五十余年。

## 第八节　唐代女后之祸（一）　则天武氏

自《戴记》有天子后立六宫、三夫人、九嫔、二十七世妇、八十一御妻之说，后世多踵其制，相为损益。唐因隋旧，而女宠之祸亟矣。初，太宗文德皇后长孙氏崩，召武士彠女入宫为才人（女官名，正五品）。及太宗崩，遂出为尼。时高宗王皇后与萧淑妃相妒，引内后宫，欲以挠妃宠。才人有权数，诡变不穷，始下辞降体事后。后喜，数誉于帝，故进为昭仪（唐制为九嫔之一），顾幸在萧右，浸与后不协。昭仪数以事激帝，使怒后，乃诬后与母厌胜，帝将废之。长孙无忌、褚遂良濒死固争，帝犹豫。而李义府、许敬宗素险侧狙势，即表请昭仪为后。帝意决，下诏废后及淑妃并为庶人，册立昭仪为皇后。命群臣及四夷酋长朝后肃义门，内外命妇入谒。朝皇后自此始。于是逐无忌、遂良，踵死徙，宠煽赫然。武后城宇深，痛柔屈不耻，以就大事。帝谓能顺己，故扳公议立之。已得志，即盗威福，施施无惮避。帝亦懦昏，举能钳勒，使不得专。久稍不平，召西台侍郎上官仪，趣使草诏废之。后遽从帝自诉，帝羞缩，待之如初，委其罪于上官仪，杀之。初，元舅大臣佛旨，不阅岁屠覆，道路目语，及仪见诛，则政归房帏，天子拱手矣。群臣朝、四方章奏，皆曰"二圣"。每视朝，殿中垂帘，帝与后偶坐，生杀赏罚唯所命。当其忍断，虽甚爱，不少隐也。帝晚益病风不支，天下事一付后。后乃更为太平文治事，大集诸儒内禁殿，撰定书籍，因令学士密裁可奏议，分宰相权。后外示宽裕，劫人心使归己。及高宗崩，后废其子中宗为庐陵王，居于房（今湖北房县），册睿宗为嗣皇帝。自是太后常施惨紫帐临朝。柳州司马徐敬业、括苍令唐之奇、临海丞骆宾王疾太后胁逐天子，不胜愤，乃募兵据扬州，传檄州县，以匡复唐室为名，旬日间众至十万。

太后诏李孝逸率兵三十万讨之。时魏思温为敬业谋主，劝敬业率大众鼓行而西，直指洛阳，则天下知公志在勤王，四面响应矣。敬业以金陵有王气，渡江南取润州据之（今镇江），起三月而败。太后遂杀中书令裴炎、大将军程务挺以詟群臣。不惜爵位，以笼四方豪杰自为助。虽妄男子，言有所合，辄不次官之，至不称职，寻亦废诛不少纵，务取真才实贤。又畏天下有谋反者，诏许上变，在所给轻传供送，敢稽若不送者，以所告罪之。故上变者遍天下，人人屏息，无敢议。时柄去王室，大臣重将皆挠不得逞，宗室孤外无寄足地。于是韩王元嘉等谋举兵唱天下，迎还中宗。琅邪王冲、越王贞先发，诸王仓卒无应者，遂败死。诸王牵连死灭殆尽，子孙虽婴褓亦投岭南。太后潜谋革命，人心不肯附，乃阴忍鸷害，肆斩杀，怖天下，内纵酷吏周兴、来俊臣等数十人为爪吻，有不慊若素疑惮者，必危法中之。宗室侯王及他将相骨鲠臣骈颈就铁，血丹狴户，家不能自保。太后操衮具，坐重帏，而国命移矣。太后临朝之四年，遂革唐命，改国号为周。太后本任刑法以禁异议，及革命后，告密者尚不可胜数，太后亦厌其烦。会同平章事狄仁杰、任知古、裴行本及大臣崔宣礼、卢献、魏元忠、李嗣真等亦为来俊臣所罗告下狱，赖乐思晦男方十岁，上变以寤太后，得明其诬。朱敬则亦屡上疏，诸改严刑，后宽政，太后颇采其言，而来俊臣、周兴诸酷吏亦先后诛免，自是狱制稍衰。太后虽为不道，肆行淫乱，然政自己出，不假借群臣，挟刑赏之柄以驾御天下。明察善断，纳谏知人，当时英贤亦竞为之用，故能僭于上而治于下。太后春秋高，其侄武承嗣及三思数营求为太子，赖狄仁杰从容讽谕，吉项具陈利害，终复召庐陵王立为太子。仁杰又荐荆州长史张柬之及姚崇、桓彦范、敬晖等数十人，太后多任用之，率为名臣。神龙元年，太后寝疾，幸臣张易之、张昌宗居中用事，宰相张柬之与崔玄暐、敬晖、桓彦范、袁恕己谋诛之，引右羽林卫大将军相与定谋，又用彦范、晖及杨元琰、李湛等为左、右羽林将军，委以禁兵。易之等疑惧，乃更以其党武攸宜为右羽林大将军，易之等乃安。俄而姚崇自灵武至都，柬之、彦范相谓曰："事济矣。"遂以其谋告之。正月癸亥，柬之等率左、右羽林兵至玄武门，遣李多祚诣东宫迎太子，斩关而入，诛张易之、昌宗等于望仙宫庑下。太后闻变惊起，桓彦范进请传位，太后返卧，不复语，中宗于是复即位。是日，袁恕己从相王统南牙兵以备非常，收捕张易之党。是岁，太后崩。计武氏临朝称制六年，改唐为周凡十五年，至是复国号曰唐。

## 第九节　唐代女后之祸（二）　庶人韦氏

张柬之等之诛二张也，薛季昶说之曰："二凶虽除，产、禄犹在，去草不去根，终当复生。"柬之等以大事已定，不可复多诛人，欲俟上自除之，以张天子之威，遂不从。及武三思以昭容（女官名）上官婉儿之荐，引入禁中，中宗遂与三思图议政事。三思阴与韦后通，韦后者，与中宗同处房陵，共患难，中宗约一朝见天日，不相制，至是遂干政，与武三思相表里，武氏之势复振，张柬之等皆受制于三思矣。张柬之数劝上诛诸武，上不听，柬之等抚床叹愤，或弹指出血，然事势已去，无可奈何。三思与韦后日夜潜敬晖等恃功专权，将不利于社稷，上信之，用武三思策，封张柬之、敬晖、桓彦范、袁恕己、崔玄𬀩为王，罢知政事，外似尊宠，内实夺之权也。上官婉儿复以武氏事动韦后，数改制度，阴储人望，稍宠树亲属，封拜之，縠是墨敕斜封出矣。是时大权尽归武三思，忌敬晖等在京师，皆出为刺史，旋贬五王为司马，遣使矫制杀之。太子重俊非后出，韦氏恶之。武三思、安乐公主皆忌其明果，数请上废之，太子积不能平。景龙元年七月，与左羽林大将军李多祚矫制发羽林千骑兵三百余人，杀武三思，分兵守宫城诸门。太子与多祚拥兵自肃章门斩关而入，叩阁索上官婕妤，不克而死。及治太子之党，有引相王旦者，右台大夫苏珦密为申理，上乃不问。自是安乐公主及宗楚客日夜谋潜相王，赖萧至忠切谏，而相王亦素宽厚恭谨，安恬好让，故免于难。景龙三年，定州人郎岌上言："皇后淫乱，干预国政，宗族强盛。安乐公主、武延秀、宗楚客图危宗社。"宗楚客矫制杀之。上虽不穷问，意颇怏怏不说。由是韦后及其党始忧惧，相与合谋，进毒饼饵，遂杀中宗。韦氏秘不发丧，引所亲计议，立温王重茂为皇太子，列府兵五万，分二营屯京师，然后发丧。韦氏临朝称制，令兄韦温总内外兵，子侄党与悉据津要。京师大恐，传言且革命，韦播、韦璿领万骑（羽林军名），欲立威，数鞭督，士怨不为用。而相王旦子临淄王隆基素厚结万骑中豪杰，遂与太平公主（武后女）、钟绍京、刘幽求、王崇晔、麻嗣宗等谋讨诸韦，万骑果毅葛福顺、陈元礼、李仙凫等皆预其谋。景云元年正月庚子晡时，隆基微服与幽求等入苑中，会钟绍京廨舍。逮夜二鼓，葛福顺等拔剑直入羽林营，斩韦璿、韦播以徇，谕以共诛诸韦，立相王以安天下。羽林之士皆欣然听命。隆基等遂斩关入玄武门，殿中噪乱，韦氏惶惑，走入飞骑营，为乱兵所杀，安乐公主及韦氏素所亲信者皆伏诛。比晓，内外皆定。隆基见相王，谢不先启之罪，相王抱之泣曰："社稷宗庙不坠于地，汝之力也。"遂废韦氏为庶人。温王重茂让位于相王。睿宗即位，将立太子，宋王成器嫡长，让于隆基，涕泣固请，竟立隆基为太子，后为玄宗。玄宗晚年宠任杨贵妃，肃宗制于张良娣，则皆关于唐室之治乱，第其祸不如武、韦之甚，故不详著云（武后、韦庶人均参考《新唐书·后妃列传》）。

案：高祖、太宗官闱间皆有惭德，其后唐之女祸独甚，说者追咎于开创诒谋之不善，固也。然太宗当日欲封建宗室功臣，以群臣引汉七国之鉴而止，故氏以一女子窃权而肆然无所制，是又患生于所防之外者已。呜呼！太宗非防患之不周，毋乃专制政体之必敝欤！

## 第十节　玄宗中兴及安史之乱

唐经武、韦之祸，官方紊乱，纪纲凌夷。睿宗在位日浅，未及振理。玄宗手平大难，励精图治，开元卅年间，遂为有唐极盛时代，而天宝之乱，即伏于是时。盛极而衰，固其变也。今略叙其盛衰之所由，大抵由于用人之得失。

初，玄宗即位，召姚崇于同州，拜以为相。崇先设十事，以坚上意：一愿政先仁恕，二愿不求边功，三愿法行自近，四愿宦竖不与政事，五愿绝租赋外贡献，六愿国亲不事台省，七愿接臣下以礼，八愿群臣皆得批逆鳞、犯忌讳，九愿绝佛道营造，十愿鉴禄、莽、阎、梁之乱，为唐代法。上允之，而后崇乃拜命。上以风俗奢侈，焚后宫珠玉锦绣于殿前，定内外官出入恒式，复太宗史官随宰相入侍、群臣对仗奏事之制，禁女乐，出宫人，一时翕然称治。及姚崇避位，荐宋璟自代。璟为相，务在择人，随才授任，使百官各称其职，刑赏无私，犯颜正谏。大抵崇善应变成务，璟善守法持正。唐世贤相，前称房、杜，后称姚、宋，他人莫得比焉。其后继姚、宋而为相者，张嘉贞尚吏职，张说尚文学，李元纮、杜暹尚清俭，韩休、张九龄尚直谏，皆各有所长，施于为政，用能与民休息，比户可封，冠带百蛮，车书万里，封禅泰山，比隆贞观矣。自开元二十四年，张九龄以直谏得罪，由是朝廷之士，皆容身保位，无复直言。李林甫为相，欲蔽塞人主视听，自专大权，明告诸谏官，使为仗马，而谏诤路绝矣。自李林甫、牛仙客皆谨守格式，百官迁除，各有常度，虽奇才异行，不免终老常调，其以巧诐邪险自进者，则超腾不次，而吏道多端矣。自李林甫嫌儒臣以战功进，尊宠间己，乃请专用蕃将，而安禄山之宠愈牢，诸道节度使尽用胡人矣。卒使精兵咸戍北边，天下之势偏重，禄山乘势倾覆天下，皆由于林甫专宠固位之谋也。玄宗晚年自恃承平，以为天下无复可忧，遂深居禁中，专以声色自娱，悉委政事于林甫。林甫凡在相位十九年，养成天下之乱，而上不之寤。及林甫死，杨国忠代相，而安禄山之祸作矣。

安禄山者，营州柳城胡也（今热河区朝阳县东）。忮忍多智，善亿测人情。初隶幽州节度使张守珪麾下，有战功。上左右使者往来，禄山阴以赂中其嗜，一口更誉。玄宗始才之，遂以为平卢（治营州）、范阳（治幽州）节度使。禄山入朝，阳为愚不敏盖其奸，上宠待甚厚。而河北黜陟使席建侯称禄山公直，李林甫、裴宽皆顺旨称其美，三人皆上所信任，由是群议莫能轧矣。时太平久，人忘战，上春秋高，李林甫、杨国忠更持权，纲纪大乱。天宝十三载，用兵云南，讨阁罗凤，前后死者二十万人，杨国忠隐之，而上不知。安禄山计天下可取，潜蓄异志。

先是，河西、陇右节度使王忠嗣数上书言禄山必反，为李林甫所蔽。禄山自以无功而贵，见天子盛开边，乃绐斩契丹诸酋首以献。帝不知，赐铁券，进封东平郡王，兼河北采访使、云中太守、河东节度使。又得九姓首领阿布思众，则兵雄天下，愈偃肆。时国忠与禄山有隙，累言其反，请追还朝，以验厥状。禄山揣得其谋，乃驰入谒，帝意遂安。天宝十四载，安禄山请以蕃将三十二人代汉将，上命立进画，给诰身。禄山专制三道，谋反十年，以上待之厚，欲俟上晏驾，然后作乱。会杨国忠屡言禄山且反，上不听。国忠数以事激之，欲其速反，以取信于上。禄山由是决意遽反，诡言奉密诏讨杨国忠。兵凡十五万，先三日，合大将置酒，观绘图，起燕至洛，山川险易，攻守悉具，人人赐金帛，并授图，约曰："违者斩。"至是，如所素，故其下所战无前。

时兵暴起，州县发官铠仗，皆穿朽钝折不可用，持挺斗，弗能亢，吏皆弃城匿，或自杀，不则就禽，日不绝。反书初闻，上犹未之信，及知禄山定反，乃令封常清等讨之。时禁卫皆市井徒，既授甲，不能脱弓韣、剑繁，乃出左藏库缯帛募兵以行，号十一万，皆市井子弟也。安禄山渡河陷荥阳，封常清所将皆白徒，未经训练，屯武牢以据贼。贼以铁骑蹂之，大败，禄山遂陷东京。封常清乃与高仙芝守潼关，贼至，不得入而去。时常山（今河北正定县）太守颜杲卿起兵擒杀贼，于是河北诸郡响应，凡十七郡皆归朝廷。禄山欲自将攻潼关，至新安，闻河北有变而还，见东京宫阙尊雄，锐情僭号，故兵久不西，而唐所征诸道兵得稍集。上命郭子仪自朔方进取东京，李光弼领兵万人出井陉（今河北井陉县西）定河北。光弼兵未至，而禄山将史思明复陷常山。杲卿起兵才八日，守备未完，太原尹王承业复其败，拥兵不救，故陷。杲卿囚至洛阳，骂禄山死，颜氏一门死于刀锯者三十余人。李光弼兵出井陉,复取常山,败史思明援军。郭子仪复引兵自井陉出,至常山,与光弼合。蕃、汉步骑共十余万,大败史思明于九门(在今河北藁城县北),连败之于嘉山(在今河北曲阳县东五里)。军声大振,于是河北十余郡皆杀贼守将而降,渔阳路再绝。时张巡起兵据雍丘(今河南杞县),保障江淮。颜真卿起兵平原(今山东陵县),结连清河(今河北清河县),河南诸郡皆严兵守潼关。禄山大惧,议欲走归范阳,计未决。会高仙芝、封常清皆为监军宦者边令诚所陷死,起哥舒翰代领其众。

是时,天下以杨国忠骄纵召乱,莫不切齿,而哥舒翰与国忠互相猜忌。上遣使趣哥舒翰进兵复陕、洛,哥舒翰上言:"贼兵远来,利在速战。官军据险以扼之,利在坚守。况贼残虐失众,将有内变,因而乘之,可不战擒也。要在成功,何必务速。"郭子仪、李光弼亦上言:"请引兵北败范阳,覆其巢穴,质贼党妻子以召之,贼必内溃。潼关大军惟固守以弊之,不可轻出。"杨国忠疑翰拥兵图己,请上续遣中使趣战,项背相望。翰不得已,抚膺痛哭,引兵出关,为贼将崔乾祐大败于灵宝西原(在今河南灵宝县西),遂入潼关。贼不意上遽西幸,留兵潼关十日,乃遣孙孝哲将兵入据长安。于是贼势大炽,西胁汧、陇,南侵江、汉,北割河东之半。然贼皆粗猛无远略,既克长安,以为得志,专以声色宝贿为事,无复西出之意。故上得安行入蜀,太子得北诣灵武(今甘肃灵武县),收朔方兵马,即皇帝位。郭子仪、李光弼闻潼关不守,乃引兵西入井陉。自河北至灵武,军威始盛,大有兴复之望矣。肃宗召布衣李泌与谋军国,使仆固怀恩请兵回纥,以广平王俶为天下兵马大元帅,命宰相房琯将兵恢复两京。琯效古法,用车战,为贼将大败于陈涛斜(在今陕西咸阳县东),死者四万余人。肃宗问制敌之策于李泌,泌请"以李光弼自太原出井陉,郭子仪自冯翊入河东,则贼骁将史思明、张忠志不敢离范阳、常山,安守忠、田乾真不敢离长安,是以两军縶其四将也。从禄山者,独阿史那承庆耳。愿敕子仪勿取华阴,使两京之道常通,陛下军于扶风,与子仪、光弼互出击之,使贼往来相救于数千里间,疲于奔命。贼至则避其锋,去则乘其散,不攻城,不遏路。来春复命建宁王俶为范阳节度大使,并塞北出,与光弼南北掎角,以取范阳,覆其巢穴。贼退则无所归,留则不获安,然后大军四合而攻之,必成擒矣"。会安禄山为其子庆绪杀于东都,郭子仪、河东、陇右、河西、安西、西域之兵皆会,江淮庸调亦至洋川(今陕西洋县)、汉中。肃宗急于平贼,遂不用泌言,命广平王俶、郭子仪将朔方等军及回纥、西域之众十五万,直取长安,仅而克之。贼将张通儒、安守忠等走保陕州,子仪复与回纥兵败之于新店(在今河南陕县西),安庆绪遂走河北。广平王入东京,回纥纵兵大掠,意犹未厌,父老请率罗锦万匹以赂之,回纥乃止。庆绪至相州(今河南安阳县),军复振。郭子仪率九节度兵二十万,败之于愁思冈(在安阳县西南十五里)。范阳判官耿仁智说史思明,遂举所部十三郡来降(一范阳,今北平;二北平,今永平;三妫川,今保安;四密云,今密云;五渔阳,今蓟;六柳城,今朝阳;七文安,今任丘;八河间,今河间;九上谷,今易县;十博陵,今定县;十一渤海,今沧县;十二饶阳,今饶阳;十三常山,今正定)。肃宗大喜,以史思明为归义王、范阳节度使。然思明外顺命,内实通贼,益募兵。李光弼以史思明终当叛乱,阴图之。思明表请斩光弼,遂发范阳兵十三万救安庆绪,陷魏州(今河北大名县)。

官军之围相州也,肃宗以郭子仪、李光弼皆元勋,难相统属,故不置元帅,但以宦官鱼朝恩为观军容宣慰处置使,观军容之名自此始。李光弼请引兵逼魏州,与思明战,使得旷日持久,则邺城拔,庆绪死,彼无辞以用其众矣。鱼朝恩不可,乃止。思明自魏州趋邺,战于安阳河北(即洹水支津,在安阳县东北)。九节度以无统帅,故师溃。史思明杀安庆绪,并其众,乘胜鼓行,西陷洛阳。京师震恐,益兵屯陕州。思明遂西,为其子朝义所弑。时雍王适以河东、朔方回纥兵十余万讨贼,仆固怀恩与回纥左杀(回纥官名)为先锋,鱼朝恩、郭英乂殿,入自黾池(河南渑池县,在新安、陕县之间)。泽潞节度使李抱玉自河阳入(今河南余河北之孟县,在洛阳东北)。河南诸道副元帅李光弼自陈留入(今河南陈留县,在开封东南)。诸军皆会陈于横水

（在洛阳城北）。史朝义以师十万拒战，大败遁走。东都再更乱，鱼朝恩、郭英义等不能戢军，与回纥纵掠，延及郑（今郑县）、汝（今临汝县），闾井无烟，时方冽寒，人皆连纸褙书为裳襦。仆固玚追贼至莫州（今河北清苑县），其将田承嗣说朝义亲往幽州（今北平市）收兵，承嗣以城降，朝义走死于温泉栅（在今河北乐亭县）。

安禄山父子凡僭号三年，史思明父子凡僭号四年，河北平（事在代宗广德元年）。初，帝有诏，但取朝义，其他一切赦之。故朝义降将田承嗣、薛嵩、张忠志、李怀仙等见仆固怀恩，皆叩头愿效力行伍。怀恩自见功高，且贼平则势轻，不能固宠，乃悉请裂河北，分帅大镇，潜结其心以为助。朝廷亦厌苦兵革，苟冀无事，因而授之。田承嗣等卒据以为患云。

案：唐兴以来，边帅皆用忠厚名臣，不久任，不遥领，不兼统，功名著者往往入为宰相。其四夷之将，虽才略如阿史那社尔、契苾何力，犹不专大将之任，皆以大臣为使以制之。自开元中天子有吞四夷之志，为边将者十余年不易，或专制数道，遂终肇安史之祸，乃知太宗防患于未萌，至为深远矣。安史虽灭，而河北之患乃与唐相终始，天下治乱，岂非关于朝廷之措置耶？

## 第十一节　唐代藩镇之祸（一）

唐承周、隋之制，于诸州重要地置都督府，初无所谓节度使也。高宗永徽以后，都督带使持节者谓之节度使，然犹未以名官。睿宗景云二年，以贺拔延嗣充河西节度使，自是始有节度使之专称（谢维新《合璧事类》）。玄宗时又置十节度使（一卢龙，二范阳，三河东，四朔方，五陇右，六河西，七剑南，八岭南，九安西，十北庭）于边境，以御外蕃，遂跨州郡，拥重兵，兼掌土地、人民、财赋。于是方镇日强，朝廷不能制。安史乱天下，至肃、代之际，大乱略平，君臣皆幸安，故瓜分河北地，付授叛将，护养萌蘖，以成祸根。乱人乘之，遂擅署吏，以赋税自私，不贡献于廷，效战国肱髀相依，以土地传子孙，胁百姓，加踞其颈，利怵逆污，遂使其人自视犹羌狄然。一寇死，一贼生，讫唐亡百余年，卒不为王土。其间擅兴若世嗣者，盖有八焉，非独河北三镇而已。天雄军起自田承嗣，传五世，至田弘正入朝，十年复乱，更四姓，传十世，至罗绍威而魏博灭，有州七（贝、博、魏、相、卫、磁、洺）。成德军起自李宝臣，传二世，为王武俊所据，传三世，至王承宗入朝，明年王庭凑反，传六世至王镕而成德灭，有州六（冀、赵、深、恒、定、易）。卢龙军起自李怀仙，更朱希彩、朱泚、朱滔、刘怦，至刘总入朝。六月，朱克融反，更四姓，传十有二世，至刘仁恭而卢龙灭，有州九（幽、蓟、营、平、涿、莫、檀、妫、瀛）。平卢军起自李正己，传四世，至李师道而平卢灭，有州十二（淄、青、齐、海、登、莱、沂、密、漕、濮、兖、郓）。横海军起自程日华，传三世，至程权入朝，十六年而李全略有之，至其子同捷而灭，有州四（沧、景、德、棣）。宣武军起自刘玄佐，更二姓，传四世，至李迺而宣武灭，有州四（汴、宋、亳、颍）。彰义军起自吴少诚，传三世，至吴元济而彰义灭，有州三（蔡、申、光）。昭义军起自刘悟，传三世，至刘稹而昭义灭，有州五（潞、邢、郓、洺、磁）。作俑于天雄、成德、卢龙之三镇，齐、梁、蔡亦被其风，至内裂河南地为合纵以抗天子，未尝五年间不战。焦然七八十年，至宪宗任裴度以平淮蔡，武宗任李德裕以平泽潞，而藩镇之乱稍戢。然终唐之世，三镇非国家有也。推原祸始，其端开于平卢裨将李怀玉杀节度使王志玄之子，推侯希逸为平卢军使（事在肃宗乾元元年），肃宗因而授为节度副使。节度使由军士废立，自此始矣。其祸成于仆固怀恩奏留薛嵩、田承嗣、李怀仙、李宝臣分帅河北，遂互相表里，不供贡赋，各拥劲兵数万，自署文武将吏，朝廷不能复制，虽名藩臣，羁縻而已。今略叙其关系之大者于后。

## 附：唐代藩镇兴灭简表

| 时代\镇名 | 肃宗时 | 代宗时 | 德宗时 | 宪宗时 | 穆宗时 | 敬宗时 | 文宗时 | 武宗时 | 宣宗时 | 懿宗时 | 僖宗时 | 昭宗时 |
|---|---|---|---|---|---|---|---|---|---|---|---|---|
| 卢龙，治幽州，后改名幽州，兼曰范阳。 | | 李怀仙 朱希彩 朱泚 朱滔（泚弟） | 朱滔 刘怦 | 刘济（怦子） 刘总（济子） | 刘总 张弘靖 朱克融（滔孙） | 朱克融 李载义 | 李载义 杨志诚 史元忠 | 史元忠 陈行泰 张绛 张仲武 | 张仲武 张直方（仲武子） 周綝 张允伸 | 张公素 李可举 | 李可举 李全忠 | 李全忠 李匡威（全忠子） 李匡筹（全忠子）并子李仁恭代之。使刘仁恭代之。 |
| 成德，治恒州，一名恒阳。 | | 李宝臣 | 李惟岳（宝臣任） 王武俊 | 王士贞（武俊子） 王承宗（士贞子） | 田弘正 王庭凑 | 王庭凑 | 王庭凑 王元逵（庭凑子） | 王元逵 | 王元逵 王绍鼎（元逵子） 王绍懿（元逵子） | 王绍懿 王景崇（绍鼎子） | 王镕（景崇子） | 王镕 后并于李存勖 |
| 魏博，治魏州，一名天雄军。 | | 田承嗣 | 田悦（承嗣任） 田绪（承嗣子） | 田季安（绪子） 田弘正（承嗣子） | 田布（弘正子） 史宪诚 | 史宪诚 | 王庭凑 王元逵（庭凑子） | 何重顺（进滔子），赐名弘敬 | 何弘敬 | 何弘敬 何全皞（弘敬子） | 罗弘信 | 罗绍威（弘信子），后并于朱全忠。 |
| 昭义，始治相州，后治潞州，改名泽潞。 | | 薛嵩 薛崿（嵩弟），并于田承嗣。 | | | 刘悟（李师道将） | 刘悟 刘从谏（悟子） | 刘从谏 | 刘从谏 刘稹（从谏子）灭亡 | | | 孟方立 | 并于李克用 并于朱全忠 |

续表

| 时代 镇名 | 肃宗时 | 代宗时 | 德宗时 | 宪宗时 | 穆宗时 | 敬宗时 | 文宗时 | 武宗时 | 宣宗时 | 懿宗时 | 僖宗时 | 昭宗时 |
|---|---|---|---|---|---|---|---|---|---|---|---|---|
| 平卢，淄青，治青州。 | 侯希逸 | 侯希逸 李正己 | 李正己 李纳（正己子） | 李师道（纳子）灭亡 | | | | | | | 王敬武 | 王敬武 王师范，并于朱全忠。 |
| 彰义，郓州，一名淮西，治蔡宁。 | | 李忠臣 李希烈 | 李希烈 陈仙奇 吴少诚 吴少阳 | 吴少阳（少诚弟）吴元济（少阳子）灭亡 | | | | | | | | 后其地并于朱全忠 |
| 义武，治定州。 | | | 张孝忠 张茂岳（孝忠将） | 张茂昭（孝忠子）入朝 | | | | | | | 王处存 | 王处直（处存弟）后并于李克用 |
| 沧景，治沧州，一名横海。 | | | 程日华 程怀直（日华子）程怀信（日华侄） | 程权（怀信子）入朝 | | | | | | | | |
| 宣武，治沂州，渭州。 | | 刘玄佐（原名洽） | 刘士宁（玄佐子）李万荣 李逊（万荣子） | | | | | | | | | |

## 第十二节　唐代藩镇之祸（二）

安史乱后，河朔割据，虽外尊朝旨，而内蓄奸谋。代宗之时，安史降将田承嗣为魏博节度使，李宝臣为成德节度使，李怀仙为卢龙节度使，世所号为河北三镇者也。三镇中之田承嗣，尤沉猜阴贼，计户口，重赋敛，厉兵缮甲，使老弱壮者在军，不数年有众十万。又择优秀强力者万人，号牙兵，自署置官吏，图版税入，皆私有之，虽称藩臣，实非王能也。时丁仆固怀恩之叛，吐蕃屡次入寇，朝廷多故，姑务怀安，以是不能制。代宗大历八年，相卫节度使薛嵩死，帝用李承昭为相州刺史，田承嗣使人诱相州吏士，因发兵侵之。时成德李宝臣与田承嗣交恶，乃与淄青李正己共劾承嗣可讨状，代宗欲其自相图，则势离易制，遂诏宝臣与卢龙节度使朱滔及太原之师攻其北，正己与淮西节度使李忠臣及滑、亳、汴、宋之师攻其南。诸军进讨，数有功，代宗遣中使马承倩赍诏劳之，宝臣诣其馆，遗之百缣，承倩诟詈，掷出道中，宝臣惭，遂听其将王武俊之策，释承嗣以为己资，反攻朱滔，与承嗣和，朝廷遂因田承嗣之请罪而赦之。此藩镇有可讨之机，而因宦官之贪婪以致败者也。

德宗即位，愤王纲之不振，思革前代之弊。会成德节度使李宝臣死，其子惟岳自为留后（事在建中二年），使将佐与求旌节，德宗不许。初，宝臣与田承嗣、李正己、梁崇义相结（梁崇义时为山南东道节度使，治襄阳），期以土地传之子孙，故田承嗣死，李宝臣力为之请于朝，使以节授田悦。至是，田悦屡为惟岳请继袭，帝又不许。田悦乃与李正己各遣使诣惟岳，潜谋勒兵拒命。田悦遂寇临洺（今河北永年县）、邢州（今邢台县），为马燧、李抱真、李晟等军所破。又诏幽州留后朱滔讨惟岳，滔再战再胜，惟岳为其将王武俊所杀，传首京师。时河北略定，惟魏州未下（指田悦）。先是，淄青节度使李正己死，子（纳）秘丧不发，以兵会田悦。德宗命宣武节度使刘玄佐督诸军进讨，屡破其兵，纳势日蹙。朝廷谓天下不日可平，以王武俊为恒冀都团练观察使（恒今正定，冀今冀县），以康日知为深赵都团练观察使，以张孝忠为易、定、沧三州节度使，以德、棣二州隶朱滔（德，山东陵县、德平、平原等县地。棣，山东旧武定府地），令还镇。滔固请深州，不许，由是怨望，留屯深州。王武俊素轻张孝忠，自以手诛李惟岳，功在康日知上，而孝忠为节度使，己与康日知俱为都团练使，又失赵、定二州，因亦不悦。田悦以计间朱滔、王武俊，说以三镇连和之利，于是武俊、滔引兵救魏，与马燧等诸军相持。三镇既连和，议如七国故事，各称王号，而李纳亦与滔等相结，其势复振。时李希烈据许州（今河南许县），军势甚盛。田悦等遣使劝希烈称帝，五贼株连半天下，凶焰炽然。朝廷用兵久，两河月费百余万缗，府库不支，数月，乃召借富商，税间架，除陌钱，关中骚然。河北、关东战数不利，禁兵悉东，卫士内空，而神策军使白志贞籍市人隶兵，听其居肆，私取庸自入。时李希烈围襄城急（今河南襄城县），德宗发泾原诸道兵救之。泾原节度使姚令言将兵五千至京师，以犒赐薄，士卒群噪入京，诏集禁兵御贼，无一人至者。德宗仓皇率左右宦者数百人出幸奉天（今陕西乾县）。时朱泚当为泾帅，坐弟滔反，故废处。京师乱兵遂奉泚入宫，泚议称帝，司农卿段秀实谋杀泚，不克，遂以笏击泚，溅血而死。朱泚将兵逼奉天甚急，赖浑瑊力守，朔方节度使李怀光倍道入援，泚解围去。怀光旋为卢杞所间，叛归河中。神策河北行营使李晟引兵恢复长安，朱泚走，为韩旻所斩（事在贞元元年）。德宗之在奉天也，下诏罪己，使人说王武俊、田悦、李纳，赦其罪，厚赂以官爵。悦等皆密归款，而犹未敢显绝于朱滔。滔驱率燕、蓟之众及回纥杂虏号五万，欲南渡河取东都，与泚相接应，邀田悦率师以从。初，王武俊与朱滔有隙，李抱真使客贾林说之，武俊遂与抱真、马燧结盟，黜伪号（说详《通鉴》二百二十八卷）。至是，闻滔要田悦西，乃使田秀驰说悦曰："方泚未盗京师时，滔为列国，且自高，如得东都与泚连，兵多势张，反制于竖子乎？今日天子复官赦罪，乃王臣，岂舍天子而北面滔、泚耶？"悦竟不从滔。滔怒，攻悦，围贝州（今河北清河县），将绝白马津（在今河南滑县），南趣洛。会悦为其从弟绪所杀，贾林复说王武俊救魏，遂与李抱真大破滔众，滔走还幽州，朱泚之势遂孤，不出长安，终底覆灭，贾林之功为不浅也。是时，王武俊、田绪、李纳皆复奉朝廷，朱滔死于幽州，李怀光缢于河中（今山西永济县）。惟李希烈自恃强盛，据汴称帝，后为刘玄佐、李纳、李皋、樊泽、张建封四略其地，兵势日蹙，遁归蔡州（今河南汝宁县），为其将陈仙奇所毒，举众来降，乃以仙奇为淮西节度使。德宗鉴于奉天之难，深自惩艾，遂行姑息之政，而藩镇之势益盛。此藩镇当将平之时，而德宗处置失宜，遂招意外之变者也。

宪宗刚明果断，自初即位，慨然发愤，志平僭乱。时西川节度使韦皋薨，其度支副使刘辟自为留后，表求旄节，阻兵西川。宪宗用杜黄裳策，使神策军使高崇文讨之，不置监军，专以军事委之，遂擒刘辟（事在元和元年）。宪宗尝与黄裳论及藩镇，杜黄裳曰："德宗务为姑息，不生除节帅，有物故者，先遣中使察军情所与，或私受大将赂，归而誉之，即降旄钺，未尝有出朝廷之意者。陛下必欲振举纲纪，宜稍以法度裁制藩镇，然后天下可得而理。"宪宗深以为然，于是始用兵讨蜀，以致威行两河，皆黄裳启之也。西蜀既平，藩镇惕息。镇海节度使（领六州：润、苏、常、湖、杭、睦，治今江宁）李锜素蓄反谋，不自安，求入朝，实无行意。宪宗下诏征之，锜诈穷，遂杀留后王澹及十将。赵琦举兵反，遣其将张子良等取宣州（今安徽贵池县）。子良等还兵讨锜，擒送长安，斩之（事在元和二年）。时成德节度使王承宗、彰义节度使吴少阳之子元济皆梗命，宪宗以中官吐突承璀讨承宗，师久无功。廷臣李绛、李吉甫等皆言："淮西事势与河北异，成德内则胶固岁深，外则交连势广，淮西四旁皆国家州县，不与贼邻，无党援相助，不如舍恒、冀难制之策，就申、蔡易成之谋。"宪宗乃罢兵，听承宗自新，并力淮西。淮西自李希烈、吴少诚以来，申、蔡人劫于苛法而忘所归，及耆老既物故，则壮者习见暴掠，恬于搏斗，每遣诸将出兵，皆不束以法制，听各以便宜自战，故人人得尽其材。是以诸军讨淮西久未有功，而宰相武元衡素赞成讨蔡之举。是时，平卢节度使李师道阴与吴元济相通，潜遣盗数十人攻河阴（今河南荥泽县西）转运院，烧钱帛三十余万缗匹、谷二万余斛。贼杀宰相武元衡，伤中丞裴度，于是人情恟骇，多请罢兵。宪宗不听，悉以用兵事委裴度，讨贼愈急。裴度请自往督战，以一诸军之心，使得并力攻之，宪宗从之。裴度以使相至军，悉奏去诸道监陈中使，诸将始得专其军长，由是战多有功。随唐邓节度使（随，今湖北随县。唐，今河南邓县，在蔡州西南）李愬，厚抚淮西降将李祐，祐献计于愬曰："蔡之精兵皆在洄曲（即时曲，在今河南商水县西南），及四境拒守，守蔡州城者（今汝宁县）皆羸老之卒，可以乘虚直抵其城，比贼将闻之，元济已成擒矣。"愬然之，遂以雪夜行百三十里，四鼓入蔡州城。自吴少诚拒命，官军不至蔡州城下三十余年，蔡人不为备，故愬得擒吴元济。淮西之平，以裴度能断、李愬出奇之功为多（事在元和十二年）。布衣柏耆以策干行军司马韩愈曰："吴元济既就擒，王承宗破胆矣。愿得奉丞相书往说之，可不烦兵而服。"愈白度，为书遣之。承宗惧，求哀于田弘正，请纳质献地，输租税，请官吏。弘正屡为奏请，宪宗乃许之。是时，田弘正入朝，举魏博归之朝廷，三表请留京师，宪宗不许，使兼魏博节度使如故。弘正遂遣兄弟子侄皆仕诸朝，惟平卢李师道尚崛强反复。宪宗用裴度为相，李光颜、李愬、田弘正、李听四面征之。师道战数败，为其将刘悟所杀，函首于弘正。宪宗分师道所据地为三道，平卢自广德（代宗年号）以来，河南北三十余州，自除官吏，不供贡赋，至是尽遵朝廷约束（事在元和十四年）。此宪宗善用宰相之策，而收复河北者也。

当宪宗之平定河南北也，卢龙节度使刘总惧，纳其将谭忠之说，遂专意归朝廷，奏乞弃官为僧。穆宗长庆元年，以张弘靖为卢龙节度使。刘总先择麾下宿将伉健难制者朱克融等送之京师，乞加奖拔，使燕人有羡慕朝廷禄位之志，且请分卢龙为三道以弱其势。是时，穆宗方酣晏，不留意天下之务，宰相崔植、杜元颖等无远略，不知安危大体，苟欲崇重弘靖，惟割莫、瀛二州（瀛州领河北省旧间府三县。莫州，今任丘县），以卢士玫为观察使，自余皆统于弘靖。朱克融辈久羁旅京师，至假丐衣食，日诣中书省求官，崔植、杜元颖不之省。及除弘靖镇幽州，勒克融辈归本军驱使，克融等皆愤怨。先是，河北节度使皆亲冒寒暑，与士卒均劳逸，及弘靖至，雍容骄贵，物情不接，其幕僚数以反虏诟责士卒，由是军中怨怒，连营呼噪作乱，囚弘靖，奉朱克融为留后。幽州乱。

初，成德节度使王承宗死，诸将欲立其弟承元，密表请朝廷除帅，穆宗诏以田弘正镇成德，以王承元镇义成。左金吾将军杨元卿以为非便，又诣宰相深陈利害，不听。至是，田弘正移镇成德，自以久与镇人战，有父兄之仇，乃以魏兵二千从赴镇，因留以自卫，奏请度支供其粮。户部侍郎判度支崔倰，性刚褊，无远虑，以为魏、镇各自有兵，恐开事例，不肯给。弘正不得已，遣魏兵归都。知兵马使王廷凑性果悍阴狡，潜谋作乱，每借细故以激怒军士，向以魏兵故，不敢发。及魏兵去，廷凑结牙兵噪于府署，杀弘正及其家，自为留后，冀、镇乱。

田弘正首絜魏、博、相、卫、贝、澶六州归朝，悉遣子姓仕朝廷，以革山东承袭旧风。屡出魏兵讨吴元济、李师道、王承宗，数有功，至是遇害。朝廷震骇，起弘正子布为魏博节度使，率军进讨，仍救横海、昭义、河东（并、石、岚、汾、代、沁、忻、朔、蔚、云十州）、义武（易、定二州）等军并力。田布至魏，以牙将史宪诚为先锋兵马使，军中精锐悉以委之。魏与幽、镇本相表里，及幽、镇叛，魏人固摇心。布以魏兵讨镇，军于南宫（今河北南宫县），穆宗屡遣中使督战，而将士骄惰无斗志，又值大雪，度支馈运不继，布发六州（即魏、博、贝、卫、澶、相）租赋以供军，将士不悦。史宪诚阴蓄异志，因离间鼓扇之，布军遂溃。诸将逼布行河朔旧事，布自刺而死，诸军遂奉史宪诚为魏博留后。魏博乱。

初，宪宗征伐四方，国用已虚。穆宗即位，赏赐左右及宿卫诸军无节。及幽、镇用兵，以裴度为幽、镇两道招讨使。时幽、镇兵势方盛，诸军未敢进。穆宗欲功速成，用宦官荐，以杜叔良将诸道兵。叔良无勇，战辄败，久无功，府藏空竭，势不能支。执政乃议王廷凑杀田弘正，而朱克融全张弘靖，罪有轻重，请赦克融为平卢节度使，专讨王廷凑。穆宗从之。时王廷凑围成都节度使牛元翼于深州，急甚，官军四面救之，皆以粮乏不能进，虽宿将李光颜之勇健，亦闭壁自守而已。朝廷不得已，以王廷凑为成德节度使，而河朔遂复失。当穆宗之初即位也，两河略定，宰相萧俛、段文昌以为天下已太平，渐宜销兵，请密诏天下，军镇有兵处，每岁百人之中限八人逃死。于是军士落籍者众，往往聚山泽为盗。及朱克融、王廷凑作乱，一呼而亡卒皆集。诏征诸道兵讨之，诸道兵额既少，皆临时召募乌合之众。诸军仰度支者十五万，有司惧不给，置南、北供军院（胡三省曰："此时供军院置于行营者，谓之北供军院，度支自南供军院运以给之"）。在途为诸军邀夺，其悬军深入者，皆冻馁无得。军中各置中使监陈，主将不得专号令，悉取精剽士自卫，疲琐者备行陈，故每战多败。又用兵举动，皆从中制，朝令夕改，不知所从，不度可否，惟连遣中使，督令速战。故以诸道十五万之众，裴度元臣宿望，乌重胤、李光颜等皆一时名将，讨幽、镇万余之众，屯守逾年，竟无成功，财竭力尽。崔植、杜元颖为相，皆庸材无远略，史宪诚既逼杀田布，朝廷不能讨，遂并朱克融、王廷凑授以节度。此穆宗处置之失策，河朔再失，讫于唐亡，不能复取者也。

方穆宗之令昭义军讨朱克融也，昭义节度使刘悟与监军刘承偕不叶，杀其小使，囚承偕。穆宗重违其心，为贬承偕。悟自是颇专肆，欲效河北三镇故事。及悟卒，其子从谏求为留后，敬宗许之。文宗时，刘从谏入朝，见朝廷事柄不一，又士大夫多请讬，心轻朝廷，故归而益骄。其后屡上书暴宦官仇士良罪恶，士良亦言从谏窥伺朝廷。武宗即位，浸与朝廷相猜憾。从谏寻死，其子稹秘不发丧，求为留后。廷臣重用兵，议从其请，独李德裕言于武宗曰："泽潞事体与河朔三镇不同，河朔习乱已久，先朝置之度外；泽潞素称忠义，近处腹心。今稹所恃者河朔耳，若遣重臣宣谕上旨，破之必矣。"武宗从其言，于是镇冀王元逵、魏博何弘敬皆奉诏出兵，与官军王宰、石雄等掎角攻之，邢州、洺州、磁州次第皆降。刘稹为其将郭谊所杀，李德裕请诛谊以惩奸臣，遂悉取叛党送京，法论如法。是役也，李德裕白宪宗，请敕监军不得预军政，每兵千人听监军取十人自卫，自非中书进诏意，更无他诏自中出者。号令既简，将帅得以施其谋略，故所向有功。此河朔再失之后，武宗用李德裕之策，犹能恢复泽潞者也。是后藩镇之乱虽稍戢，而唐亦终于不振矣。

## 第十三节 唐代宦官之祸（一）

太宗定制，内侍省不立三品官，以内侍为之长，阶第四，不任以事，惟门阁守御、内廷扫除、禀食而已。至高宗永淳末，向七十年，权未假于内官。则天称制，稍增其员。至中宗时，宦官浸众，然衣朱紫者尚少（唐制，三品以上服紫色，四品服绯，五品服浅绯）。开元、天宝中，宫嫔大率至四万，宦官黄衣以上三千员（唐制，流外官服黄），衣朱紫者千余人，稍称旨者，即授三品左右监门将军，持节传命，光焰殷殷动四方，所至郡县奔走，献遗至万计。监军持权，而节度使反出其下。于是甲舍、名园、上腴之田为中人所名者半京畿矣。当是时，宇文融、李林甫、杨慎矜、王铁、杨国忠、安禄山等虽以才宠进，然皆厚结内侍省高力士，故能踵至将相，用阶天下之祸，然力士素谨密，故生平无显著大过。

肃、代庸弱，宦者始专大权。初，肃宗即位灵武，以四方章奏、军符、禁宝一委之于宦官李辅国。辅国能随事龊龊谨密，取人主亲信，而内深贼。与张良娣相表里，谮杀建宁王倓。及还京师，专掌禁军，常居内宅，制敕必经辅国押署，然后施行。宰相百司非时奏事，皆因辅国关白承旨。常于银台门决天下事，事无大小，辅国口为制敕，付外施行，事毕闻奏，轻重随意，势倾朝野。及李岘为相，请制敕皆应由中书出，具陈李辅国专权乱事之状。肃宗感悟，诏停口敕处分，自今一切须任台省。辅国出自阉奴闲厩小儿，须暴贵用事，上皇左右皆轻之。辅国意憾，且欲立奇功以固其宠。时肃宗迎明皇居兴庆宫，李辅国诬上皇日与外人交通，逼迁上皇于大内。上皇自是不怿，浸以成疾。

初，张皇后与辅国表里，专权用事，晚年更有隙。肃宗疾笃，张皇后、越王系谋诛辅国。内射生使程元振告辅国，即伏兵凌霄门，迎太子，伺变。是夜，辅国、元振勒兵三殿，杀张皇后及越王系等。

翌日，肃宗崩，代宗即位。辅国恃定策功，愈骄横，至谓帝："大家坐宫中，外事听老奴处决。"代宗内不能平，以其方握禁兵，外尊礼之，号为尚父而不名，事无大小皆咨之，辅国颇自安。飞龙副使程元振谋夺辅国权，密言于上，请稍加裁制。代宗乃以元振代辅国判元帅行军司马，仍迁辅国出居外第。寻遣盗杀之于其家，讨劫迁上皇之罪也。程元振既总禁兵，其专恣甚于李辅国，诬杀上将来瑱，谗斥元勋裴冕、李光弼，方帅由是解体。广德初，吐蕃、党项内侵，诏征诸道兵，皆忌元振居中，莫有至者。代宗仓皇出居陕州，太常博士柳伉上疏，请斩元振以谢天下，代宗乃下诏放归田里。然辅国、元振虽总禁兵，预朝政，犹未全握兵权。唐代宦官之握兵权者，则自鱼朝恩始。当肃宗中兴，广平王（即代宗）东讨，郭子仪北伐，始以内侍省鱼朝恩为观军容使。其后朝恩遂兼领神策军，谮毁郭子仪，凌侮宰相。朝廷裁决政事，朝恩有不预者，辄曰："天下事有不由我者耶？"代宗闻之，由是不平，遂与宰相元载定谋，缢杀朝恩于禁中（事在代宗大历五年），尽赦其党与，以慰北军之心。自鱼朝恩诛，而宦官不复典兵。

## 第十四节 唐代宦官之祸（二）

唐代宦官之所以流毒于天下者，以掌握兵权而已。唐初置南北衙兵，南衙诸卫兵也，北衙禁兵也。而神策兵之置，始于鱼朝恩，以边兵屯苑中，遂为天子禁军，势居北军右。鱼朝恩既得罪，德宗以禁卫悉任白志贞，志贞多纳富人金补军，名在军籍受给赐，而身居市廛为版鬻。及泾卒溃变，皆戢伏不出，惟宦官窦文场、霍仙鸣率宦者左右从。德宗逐志贞，并左右禁旅悉委窦文场主之。贼平之后，颇忌宿将，不欲武臣典重兵，凡握兵多者悉罢之，禁旅文场、仙鸣分统焉。特立护军中尉两员、中护军两员以帅禁军，乃以窦文场为左神策护军中尉，霍仙鸣为右神策护军中尉，自是神策亲军之权全归宦官，而宦官之势始盛矣。

是时，窦、霍威权震天下，藩镇节将多出禁军，台省要官走门下丐援引者足相蹑。顺宗即位，王叔文用事，与宰相韦执谊等谋，欲夺神策兵柄，收宦官权，以老将右金吾卫大将军范朝为左右神策京西诸城镇行营节度使，用其党韩泰为副。宦官大怒，密令诸将无以兵属人，而王叔文无如之何（事详《通鉴》二三六卷）。时顺宗病风，不能视朝，宦官刘贞亮因与中人等同劝顺宗立储君以监国，顺宗可之。及宪宗受内禅，而王叔文党尽遭贬黜，宦官吐突承璀至以小黄门为行营兵马招讨使，中贵人位大帅，自古所未有也。帝晚年遂为内常侍陈弘志等所弑，内官秘之，不敢除讨，但云服方士药发暴崩而已。中尉梁守谦与诸宦官王守澄拥立穆宗，守澄遂专制国事，势倾中外。敬宗游戏无度，为宦官刘克明等所弑，拥立绛王悟。刘克明等欲易置内侍之执权者，于是枢密使王守澄、中尉梁守谦等以卫兵拥立文宗，发左右神策、飞龙兵进讨贼党，尽斩之。

　　文宗既即位，励精图治，大革穆、敬两朝之弊。自元和末，宦官益横，建置天子在其掌握，威权出人主右，文宗患之，心尝愤惋，而宪宗、敬宗弑逆之党犹有在左右者。中尉王守澄尤专横，招权纳贿，文宗不能制，常密与翰林学士宋申锡言之，申锡请渐除其逼，文宗以申锡沉厚有方略，擢为宰相。太和五年，文宗与宋申锡谋诛宦官，申锡引王璠为京兆尹，以密旨谕之，璠泄其谋，王守澄客郑注为画谋，令守澄奏状宋申锡，诬其谋立帝弟漳王凑，傅成其狱，申锡贬死，天下称其冤。王守澄奏郑注为侍御史，充右神策军判官。注素阴狡，既陷申锡，权势熏灼，御史劾之，章数十上，至是命下，朝野骇叹。郑注又引李训谒守澄，守澄善之，并荐于上。训以进士得罪废黜，其人能持诡辩，激昂可听，善钩揣人主意。

　　自宋申锡贬后，宦官愈横，帝益愤耻，虽外示优假，心不能堪，思欲芟落本根，以雪仇耻，九重深处，难与将相明言。李训、郑注既得幸，揣知上意，训因进讲《周易》，数以微言动上。文宗见其才辩，意训可与谋大事，且以训、注皆因王守澄以进，冀宦官不之疑，遂密以诚告之，训、注遂以诛宦官为己任。文宗进训翰林学士、知制诰，居中倚重，实行宰相事，遂以计逐宦官陈弘志、杨承和、韦元素、王践言等。初，文宗之立也，宦官仇士良有功，为王守澄所抑，由是有隙。训、注为帝谋,擢仇士良为左神策中尉,以分守澄之权。守澄不悦,两相矛盾,训因其恶,胁守澄以军容使就第,帝赐酖杀之。训、注因守澄进,而守澄反罹其祸,人皆快守澄之受佞,而疾训、注,于是元和逆党几尽矣。

李训虽因郑注得进,及势位俱盛,心颇忌注,谋欲中外协势以诛宦官,出郑注为凤翔节度使,其实俟既诛宦官并图注也。遂引其党王璠、郭行余、罗立言、韩约、舒元舆、李孝本等列置要地。始,郑注与李训谋,至镇还,壮士数百,皆置白梏,怀其斧以为亲兵,欲因葬王守澄,奏请入护丧事,因以亲兵自随。仍奏令内臣中尉尽集浐水送葬,注因阖门,令亲兵斧之,俾无遗类。李训与其党谋:"如此事成,则注专有其功。不若使郭行余为邠宁节度使,王璠为河东节度使,以赴镇为名,多募壮士为部曲,并令金吾、台府吏卒先期诛宦者,已而并注去之。"独与王璠、郭行余、罗立言、韩约、李孝本、舒元舆数人谋,他人皆莫之知也。太和九年冬十有一月壬戌,文宗御紫宸殿,百官班定,金吾将军韩约不报平安,奏称:"左金吾听事后石榴夜有甘露。"宰相李训请帝亲往观之。帝先遣左、右中尉仇士良、鱼志弘率诸宦者往视之。宦官既去,李训遽召郭行余、王璠率兵入。仇士良等至左仗视甘露,韩约变色流汗,士良怪之。俄风吹幕起,见执兵者甚众,又闻兵仗声,士良等惊骇走出,门者欲闭不得。士良等奔诣帝告变,遂扶帝升舆,入阁门。李训遽呼金吾卫士上殿护乘舆,罗立言率京兆逻卒三百余自东来,李孝本率御史台从人二百余自西来,皆登殿纵击宦官,死伤者十余辈。李训攀辇愈急,为宦者殴仆于地。乘舆既入,门随阖。俄而士良等率禁兵五百余人,露刃出,东上阁门,逢人即杀,宰相李训、王涯、贾𬇹、舒元舆及王璠、郭行余等十一人,尸横阙下。郑注亦为凤翔监军张仲清所杀。仇士良等知帝豫其谋,怨愤,出不逊语,帝惭惧不复言。昭义节度使刘从谏上表请王涯等罪名,暴扬仇士良罪恶,并称:"谨当修饬封疆,训练士卒,内为陛下腹心,外为陛下藩垣。如奸臣难制,誓以死清君侧。"时仇士良等恣横,朝臣日忧破家。及从谏表至,宰相郑覃、李石始粗能秉政，天子倚之，亦差以自强。帝自甘露变后，意忽忽不乐，虽晏享音伎，杂沓盈庭，未尝解颜。闲居或徘徊眺望，或独语叹息，自是感疾。间与学士言："受制家奴，不如周赧、汉献。"因泣下沾襟，不复视朝，竟以忧崩。仇士良废太子成美，杀之，拥立武宗。

武宗信任宰相李德裕，外虽尊宠仇士良，内实忌恶，士良颇觉之，遂以老病致仕。其党送归私第，士良教以固权宠之术，曰："天子不可令闲，常宜以奢靡娱其耳目，使日新月盛，无暇更及它事，然后吾辈可以得志。慎勿使之读书，亲近儒生，彼见前代兴亡，心知忧惧，则吾辈疏斥矣。"宣宗继立，治弑宪宗之党，诛窜甚众，诏雪王涯、贾𫗧之冤，阉宦詟气。然阉寺积重之势已成，仍握军权之重，故以宣宗之明察沉断，尚闭目摇首畏之（事在大中八年）。而宦官与朝士相恶，南北司如水火矣。至懿宗以冲骏继位，委政事于左神策中尉田令孜，呼之为阿父。令孜知帝不足惮，则贩鬻官爵，除拜不待旨，假赐绯紫不以闻，百度崩弛，内外垢玩。既所在盗起，上下相掩匿，帝不及知。及黄巢入潼关，田令孜帅神策兵五百奉帝西幸，惟福、穆、泽、寿四王及妃嫔数人从行，百官皆莫之知（事在广明元年）。时令孜兄陈敬瑄方节度西川，故请帝幸蜀。帝艰难至蜀，见蜀惬陋，稍郁郁，时时攘袂北望，怊然流涕。时王铎以宰相发愤，自请讨贼，帝令充诸道行营都统。田令孜欲归重北司，谓铎讨黄巢无功，卒用监军杨复光策，召沙陀兵，罢铎兵柄，以悦复光。及贼平还都，又忌复光功第一，且逼己，故薄其赏。自谓帷幄决胜，系王室轻重，益自肆，禁制天子，不得有所主断。帝以其专，语左右辄流涕。未几，杨复光死，令孜养其部将王建等为子，别募神策新军，以千人为都，凡五十四都，分左右为十军统之。又遣亲信觇诸镇不附己者，以罪黜徙，以私憾易置河中节度使王重荣。重荣自以有复京城功，不奉诏，表论田令孜十罪。令孜自将讨重荣师，邠宁朱玫、凤翔李昌符合神策、鄜延、宁夏等兵凡三万，壁沙苑（在今陕西朝邑县南）。王重荣求救于太原李克用，王师败绩于沙苑。克用进逼京师，令孜计穷，乃火宫城及长安坊市，劫帝出奔兴元（今陕西南郑县）。李克用还太原，而邠宁节度使朱玫遂拥立襄王熅于长安。田令孜自知不为天下所容，乃荐枢密使杨复恭自代，自除西川监军使，往依陈敬瑄。僖宗遣扈跸都将杨守亮与王重荣、李克用共讨朱玫，玫为其下王行瑜所杀，襄王亦被诛于河中。僖宗复还长安，时蒙尘已二年余矣，逾月而崩。杨复恭、刘季述等拥立昭宗。帝体貌明粹，有英气，以僖宗威令不振，朝廷日卑，有恢复前烈之志。

当帝之为寿王也，从僖宗入蜀，徒步至斜谷（今陕西鄠县西南三十里），足拘不能进，向田令孜求马。令孜怒，挟王强之行，王深以为耻。故帝在藩邸，素嫉宦官。及即位，杨复恭恃援立功，所为多不法，帝意不平，政事多谋于宰相。孔纬、张濬、杜让能等劝帝举大中故事（宣宗年号），稍抑宦者之权。帝欲斥复恭，惧为乱，乃贵宠其假子胡弘立，赐姓名李顺节，擢置枢要。顺节既势均，遂与复恭争权，相中伤，暴发其私，帝乃罢复恭。复恭出走兴元，与其假子杨守亮等连兵以拒朝廷。于是凤翔李茂贞、邠州王行瑜、华州韩建、同州王行约、秦州李茂庄五节度使请讨守亮。朝议以李茂贞得山南，不可复制，下诏和解之，皆不听。茂贞攻拔兴元，其势始强大，恃功骄横，帝不能忍，以覃王嗣周率禁军三万讨茂贞。宰相杜让能力言不可，帝不听。李茂贞与王行瑜合兵六万拒之，王师败绩于兴平（今关中道兴平县），乃枉杀宰相杜让能以谢之。自是朝廷动息皆禀于邠、岐，南北司往往依附二镇以邀恩泽。杨复恭后为韩建所擒，斩于阙下。李贞茂上复恭与守亮书，自称定策国老，谓帝为负心门生天子，其悖逆类此。复恭虽诛，而方镇势盛，不可制矣。李茂贞、王行瑜、韩建至以兵犯阙，谋废昭宗。沙陀晋王李克用闻之，大举蕃汉兵南下，上书讨茂贞等，移檄三镇。兵至河中，败匡威节度使王行约于朝邑。行约弃同州（今陕西大荔县），奔京师，帅众大掠西市。时宦官枢密使骆全瓘谋与茂贞假子继鹏劫帝幸凤翔，中尉刘景宣与王行实、王行约欲劫帝幸邠州。邠、岐交兵于阙下，帝趣南山，幸石门（在长安子午谷南），遣延王戒丕趣克用，令进兵。李克用兵至渭桥，李茂贞惧，乃杀骆全瓘、李继鹏以自解。帝谕克用，且赦茂贞罪，并力讨王行瑜，遂还长安。克用攻克邠州，王行瑜为其下所杀。克用请乘势遂取凤翔，朝议不许，克用乃自渭北引兵归河东（事在乾宁二年）。克用去而茂贞骄横如故，复引兵犯京师，帝出居于华州（今陕西华阴县），为韩建所制（事在乾宁三年）。屡议讨茂贞，事竟不行。朱全忠修洛阳宫，屡表迎车驾东幸，李茂贞、韩建惧，始请修复宫阙，奉帝归长安（事在光化元年）。天子蒙尘已二年矣。

帝自华州还，忽忽不乐，枢密使宋道弼、景务修专横，帝与宰相崔胤谋去宦官。自甘露之变以来，宦官素与南司水火，至是南北司益相憎疾，各结藩镇为援，以相倾夺。未几，道弼、务修赐死，而崔胤专制朝政，宦官皆侧目。中尉刘季述、王仲先、枢密使王彦范、薛齐偓等囚帝于少阳院，拥太子监国。崔胤密致书于朱全忠，使兴兵图反正，内结都将孙德昭、周承诲，尽诛王仲先、刘季述等，迎帝复位（事在天复元年）。帝由是待胤尤厚。时李茂贞来朝，崔胤、陆扆上书，以祸乱之兴，皆由中官典兵，乞令胤主左军，扆主右军，则诸侯不敢侵陵，王室尊矣。帝犹豫未决，李茂贞怒曰："崔胤夺军权未及手，志灭藩镇矣。"帝乃以宦官韩全诲、张彦弘为左右中尉，袁易简、周敬容为枢密使。韩全诲等知崔胤必黜己，乃己因李茂贞还镇，诲留选士四千宿卫，以其子继筠总之。崔胤亦讽朱全忠纳兵三千居南司，以娄敬恩领之。岐、汴交戍，识者知京师不复安矣。崔胤请帝尽诛宦官，为韩全诲等伺知，日夜谋所以去胤之术。时朱全忠、李茂贞各有挟天子令诸侯之志，全忠欲帝幸东都，茂贞欲帝幸凤翔。胤知谋泄事急，遗全忠书，称诏令全忠以兵迎车驾。全忠得书，遂举兵发大梁。韩全诲等惧，与李继筠等勒兵劫帝幸凤翔。

是时京师无天子，行在无宰相，崔胤等列状请全忠西迎车驾。全忠至长安，进军凤翔城下，累败李茂贞兵，围之逾岁。茂贞坐困孤城，乃密谋诛宦官以自赎罪，尽诛韩全诲、张彦弘、袁易简、周敬容等数十人，送其首于全忠。车驾出凤翔，幸全忠营，复入长安（事在天复三年）。悉罢内诸司使，事务尽归省寺。是日，全忠以兵杀宦官数百人于内侍省，其出使方外者，诏所在收捕诛之。自是宣传召命，皆令宫人出入，其两军八镇（胡三省曰："谓左右神策所统内外八镇兵也"），悉属六军，以崔胤兼判六军十二卫事。崔胤虽假朱全忠以诛宦官，全忠既破李茂贞，并吞关中，威震天下，遂有篡夺之志。胤虑全忠急于篡代，乃与郑元规谋，召募兵甲，以扞李茂贞为辞。全忠忌之，奏其专权乱国，离间君臣，贬官家居。朱全忠密令其子朱友谅以兵围胤第，杀胤并及其党郑元规，胁帝迁都洛阳，而唐之国祚遂移于梁矣。（案：《新唐书》以胤入《奸臣传》，然综胤事始终观之，虽有误国之罪，而无负国之心，列之奸臣，殊非平允。至《旧唐书·崔胤传》，前称其为全忠画图王之策，后谓募兵以防全忠之篡，自相矛盾，其辨详见温公《通鉴考异》。）

案：唐世宦官之祸，较历代为最烈者，以有兵权也。李德裕尝言天下有常势，北军是也。李训、郑注以台府抱关游徼，抗中人以博精兵，其败也固宜。崔胤血军容甘心焉，而朱温篡，假威柄于外，以内攘奸人，未有不倒持太阿者也。甚矣哉！狐鼠凭城之害，固无良法以善其后，则何如不私其大权于一人，而公之于天下，使奸人无从攘窃之为得耶？

## 第十五节　唐代朋党之祸

国家不可无政党，而国家不可有朋党。政党者，其政见由公共利害而出者也；朋党者，其意见由个人利害而生者也。唐之朋党，每以个人之私愿而损国家之公益，是为政党之蠹，不得与汉之党锢、明之东林同视者也。穆宗长庆初元，翰林学士李德裕，前宰相李吉甫之子也。以中书舍人李宗闵、牛僧孺当元和对策，尝讥切其父，憾之，借礼部贡举事贬宗闵剑州刺史。比相嫌恶，因是列为朋党，皆挟邪取权，两相倾轧，自是纷纭排陷，垂四十年（《旧唐书·李宗闵传》）。户部侍郎牛僧孺以清谨为穆宗所厚，拜为宰相。时李德裕亦有入相之望，出为浙西观察使，八年不迁，以为宰相李逢吉排己，引僧孺为相，由是牛、李之怨愈深。敬宗宝历中，僧孺不奈群小，求出为武昌节度使。文宗太和三年，裴度荐李德裕，将大用。德裕自浙西入朝，会吏部侍郎李宗闵有宦官之助，遂相李宗闵，而出李德裕为镇滑节度使。宗闵既辅政，屡荐牛僧孺有才，不宜居外，文宗复召为相。二憾相结，凡德裕之善者，皆斥之于外。时裴度在相位，前于李宗闵有恩，至是憾度援德裕，罢平章事，移德裕为西川节度使，牛、李权赫于天下。

太和五年，吐蕃维州（今四川理番县）守将悉怛谋请降。其州北望陇山，南界江阳、岷山，东望成都，若在井底，一面孤峰，三面临江，为西蜀控吐蕃之要地。前节度韦皋急攻屡年，卒以城坚不能克（事在德宗贞元十七、十八年）。至是，德裕遣虞藏俭将兵入据其城，具奏其状，且陈利害。文宗下尚书省议，众请如德裕之策，僧孺以为非，议以："吐蕃比来修好，约罢戍兵，中国御戎，守信为上，应敌次之。在吐蕃失一维州，未能损其势，使戎丑得以为辞，而东袭陇阪，震骇京国，虽得百维州，亦何补也？"文宗遂诏西川不纳维州降将，吐蕃尽诛之于中国境上。僧孺素与德裕仇怨，虽议边公体，而附德裕者以僧孺害其功，谤论沸然。及西川监军王践言入知枢密使，数为帝言："缚送悉怛谋以快虏心，绝后来降者，非计也。"帝亦悔之，尤牛僧孺失策，由是益疏僧孺（案：维州取舍，温公是牛而非李，王夫之是李而非牛。今衡国交信义，事势利害，则温公之议是也。惟处悉怛谋，当筹保全之道，不宜缚付吐蕃尔）。僧孺内不自安，屡表请罢，出为淮南节度使。而李德裕自西川还朝，帝注意甚厚，朝夕且为相，李宗闵百方沮之，不能。太和七年，文宗遂以兵部尚书李德裕同平章事，与论朋党，德裕对以朝士三分之一为朋党。时给事中杨虞卿、中书舍人杨汝士、户部郎中杨汉公、中书舍人张元夫、给事中萧澣等善交结，依附权要，上干执政，下挠有司，为士人求官及科第，无不如志。帝闻而恶之，故与德裕首言及之。德裕因得以排其所不说者，出李宗闵为山南西道节度使。未几，王守澄、李训、郑注用事，皆恶李德裕，乃引李宗闵复相以敌之，而出德裕。时德裕、宗闵各有朋党，互相挤援，上患之，每叹曰："去河北贼易，去朝廷朋党难。"李宗闵亦旋为郑注所毁，再行贬黜。于是朝权尽归于李训、郑注，终致甘露之变。

武宗即位，首诏李德裕入相。德裕为相，大抵欲尊朝廷，肃臣下，使政事皆出中书，以专相权。会昌五年之间，外败回鹘，内平泽潞，德裕之功也。然素怨僧孺、宗闵，贬窜至再，好徇爱憎，人多怨之。宣宗即位之日，德裕奉策，既罢，谓左右曰："适近我者，非太尉耶？每顾我，使我毛发洒淅。"遽出德裕为荆南节度使，贬黜其党。其后白敏中、令狐绹、崔铉等复相与掎摭构致，讼德裕辅政时阴事，卒贬死于崖州。德裕身为名宰相，不能损所憎，显挤以仇，使比周势成，根株牵连，贤智播奔，小人得乘其柄，既昧保身之哲，而王室亦因之以衰矣。若李宗闵、牛僧孺以方正敢言进，当国无所建树，惟挟私昵党，以快其恩怨报复之私，徒知朋党，不恤国家，是又鄙夫之不足与者也。

## 第十六节　唐代流贼之祸

唐自藩镇割据以来，尝仰东南之财赋，以抚西北之士马。东南之民，自六朝以来，习尚柔和，竭力供亿，未尝萌猖狂之志。历百年，至宣宗之季，而东南之乱始作。大中九年，浙东军乱，逐李讷。十二年，湖南逐韩琮矣，岭南囚杨发矣，江西逐郑宪矣，宣州逐郑薰矣。至十三年，而浙东有裘甫之乱。懿宗咸通九年，而徐州有庞勋之乱。盖藩府以仓库羡余，多为课绩，东南困于赋敛之过差也久矣，故南方诸镇数有不宁（详见《通鉴》二百四十九卷张潜上疏语）。自懿宗以来，奢侈日甚，用兵不息，赋敛愈急。关东连年水旱，州县不以实闻，上下相蒙，百姓流殍，无所控诉，相聚为盗，所在蜂起。州县兵少，加以承平日久，人不习战，每与盗遇，官军多败。僖宗乾符元年，徐州庞勋余党群起寇盗，州不能禁。而濮州人王仙芝，亦聚众数千，起于长垣（今河北长垣县），与其党尚君长攻陷濮州、曹州，众至数万。天平节度使（领有郓、齐、曹、棣四州）薛崇出兵击之，反为仙芝所败。仙芝引众历陈、许、襄、邓，无少长皆虏之，众号三十万。冤句人

（今山东菏泽县）黄巢亦聚众数千，以应仙芝。巢善骑射，喜任侠，粗涉书传，屡举进士不第，遂为盗。与仙芝攻剽州县，横行山东，民之困于重敛者争归之，数月之间，众至数万。群盗浸淫，剽掠十余州，至于淮南，多者千余人，少者数百人。诏以平卢节度使宋威为诸道行营招讨草贼使，督五节度使讨之。宋威击破仙芝于沂州城下，仙芝亡去。威奏仙芝已死，纵遣诸道兵，身还青州。仙芝尚在，攻剽如故。前兵始休，诏复发之，士皆忿怨思乱。宋威衰老多病，既失威信，不能制贼。蕲州刺史裴渥奏请赦罪除官以招抚之，宰相王铎请可其奏（事在乾符三年）。朝廷乃遣中使，以左神策军押牙兼监察御史告身即蕲州授王仙芝，而不及黄巢。仙芝朝之甚喜，而黄巢大怒，劫仙芝复叛。于是王仙芝与黄巢分军为二，各引二三千人分道而去。仙芝连陷鄂州（今湖北武昌）、安州（今安陆县）、随州（今随县），围江陵。乾符五年为招讨副使曾元裕所破，斩其党尚让，帅余众十余万归于黄巢，推巢为王，署置官属。巢势大盛，而藩镇不能制。

时僖宗以幼主临朝，号令出于臣下，南牙北司，迭相矛盾，以至九流浊乱，时多朋党，小人谗胜，君子道消，贤豪忌愤，退之草泽，既一朝有变，天下离心。巢之起也，人士从而附之，或巢驰檄四方，章奏论列，皆指目朝政之弊，盖士不逞者之辞也（《旧唐书·黄巢列传》）。黄巢驱河南、山南之民十余万掠淮南，寇叶（今河南叶县）、阳翟（今禹县），欲窥东都。会其党寇江西、浙西者皆破，而攻叶、阳翟者又为官军崔安潜所逐，巢大沮畏，乃诣天平军张裼书乞降。诏授巢右卫将军。巢度藩镇不一，未足制己，即叛去。转寇浙东，逾江西，因刊山开道七百里入闽。破福州，闽地皆没，杀人如艺，惟释儒者。乾符六年，巢陷桂管（今广西桂林县），进寇广州，求为安南都护、广州节度使。朝议拜巢率府率（《新唐书·百官志》：率府率，正四品）。巢见诏大诟，急攻广州，破之（事在乾符六年）。巢欲据南海之地，坐邀朝命，而士卒罹瘴疫死者什三四。其徒劝之北还，以图大事，巢从之。自桂州编大筏数下，乘暴水沿湘江而下，历衡、永（永，今湖南零陵县。衡，今衡阳县），陷潭州（今长沙县），乘胜进逼江陵，众号五十万。

先是，帝以群盗为忧，宰相王铎自请讨贼，出镇荆南，为南面都统。时江陵兵不满万，王铎望风奔襄阳，江陵遂陷。黄巢北趋襄阳，为刘巨容等大破于荆门（今湖北荆门县）。巢与尚让收余众渡江东走，而巨容不之追也。巢遂转掠鄂（今湖北武昌）、饶（今江西鄱阳县）、信（今上饶县）、池（今安徽贵池县）、宣（今宣城县）、歙（今歙县）、杭（今浙江杭县）十五州，众至二十万（事在乾符六年）。朝廷以江陵之败，用宰相卢携言，以淮南节度使高骈代王铎为诸道行营都统。骈乃传檄征天下兵，且广召募，得土客之兵共七万，威望大振。遣将张璘渡江击贼，屡破巢军。时江淮诸军屡奏破贼，率皆不实，宰相以下表贺，朝廷差以自安。会巢军遇疾疫，卒徒多死，乃致书诈降于高骈。时昭义、感化、义武等军皆至淮南，骈恐分其功，乃奏贼不日当平，不烦诸道兵，请悉遣归。巢诇知诸道兵已北渡淮，乃告绝于骈，败其将张璘兵，巢势复振。僖宗广明元年秋七月，黄巢率众数十万自采石渡江，围天长、六合。高骈在广陵，相距五十里，敛兵自保，不敢出击。贼渡长淮，不可复制，遂为中原之大患矣。

巢众悉渡淮，所过不房掠，惟取丁壮以益兵，诸道兵各散去，镇戍望风降贼。广明元年十一月，巢众号六十万，遂陷东郑，西攻陕、虢，进逼潼关。时僖宗以田令孜率神策、博野等军十万守潼关，所率禁军皆长安富族，世籍两军，丰给厚赐，高车大马，以事权豪，自少迄长，不知战陈，初闻科集，父子聚哭，惮于出征，各于两市出直万计，佣雇负贩、屠沽及病坊穷人以为战士，往往不能操兵。复任宦官为将帅，驱以守关。关之左有禁谷，可通行人，官军但守潼关，不妨禁谷。巢以大军攻破关外守军，遣将尚让、林言由禁谷入，谷中灌木寿藤茂密如织，一夕践为坦途，夹攻潼关，官军大溃。溃军径还京师，燔掠西市，田令孜乃归罪宰相卢携而贬之。田令孜帅神策兵五百拥帝西行，惟福、穆、泽、寿四王及妃嫔数人从行，百官皆莫之知。黄巢遂入长安，僭称皇帝，国号大齐。

巢众为盗久，不胜其富，初至，见贫者往往施与之。居数日，各出大掠，焚市肆，杀人满街，尤憎官吏，得者皆杀。巢不能禁，遣将尚让寇凤翔，凤翔节度使郑畋出师，大败之。畋乃驰檄告谕天下藩镇，合兵讨贼。时僖宗在蜀，诏令不通，天下谓朝廷不能复振，及得畋檄，争发兵应之，贼惧，不敢复窥京西。中和元年四月，泾原行军唐弘夫之师屯渭北，河中王重荣之师屯沙苑，易定王处存之师屯渭桥，宥州拓跋思恭之师屯武功，凤翔郑畋之师屯盩厔。是岁（僖宗中和元年），诸侯勤王之师四面俱会，唐弘夫、程宗楚（泾原节度使）、王处存败贼将尚让。黄巢帅师东走，程宗楚等乘胜攻入长安，宗楚等军释兵入第舍，掠金帛、妓妾。贼诇知官军不整，引兵还袭之，宗楚、弘夫皆败死。巢复入长安，怒民前助官军，纵兵屠杀，流血成川，谓之洗城。时诸镇勤王者屡与贼战，多不利，皆以师老迁延引去，而凤翔郑畋亦为其部将李昌言所逐。中和二年，僖宗以屡诏高骈讨贼，而骈坐并江东，终无北上赴难之志，乃以宰相王铎代高骈为诸道都都统，率禁军山南、东蜀之师三万，营于盩厔，传檄四方，诸镇景附。兖、郓、徐、许、郑、滑、邠、宁、凤翔十镇之师，大集关内。贼之号令，东西不过岐、华，南北止及山、河。贼将朱温知其将亡，以同州降于河中王重荣，诏赐名全忠。王重荣患巢兵势尚强，行营都监杨复光以沙陀李克用骁勇，有强兵，请召助讨贼，王铎从之。克用遂将沙陀兵万七千，自岚石路（今山西岚县、永宁县）趣河中。

是时，诸军惩前败，皆畏惧莫敢进。及克用军至，贼悼之，曰："鸦军至矣，当避其锋。"克用军皆黑衣，故谓之鸦军。中和三年，李克用破巢弟黄揆之兵于沙苑，田令孜以功可必成，欲归重北司，罢铎兵柄，以杨复光为东西都统监军使。克用进军渭桥，数败巢兵，每夜遣将潜入长安，燔积聚，斩虏而还，贼中大惊。巢兵蹙食尽，南走商山（在今陕西商县东），官军遂复京师。然宫闱省已被贼焚略尽矣。重以官军暴掠，无异于贼，长安屋室及民所存无几。时李克用年二十八，在诸将中为最少，而破黄巢、复长安功第一，兵势最强，诸将皆畏之。巢兵既东，使其骁将孟楷击破蔡州兵，节度使秦宗权遂降于巢，与之连兵。

初，巢在长安，陈州刺史赵犨知巢必东走，陈（今河南淮阳县）当其冲，乃完城堞，缮甲兵，积刍粟，募勇敢，六十里之内民有资粮者，悉徙之入城。孟楷既下蔡州，移兵击陈，为赵犨所杀。黄巢与秦宗权连兵围之几三百日，赵犨与之大小数十百战，虽兵食将尽，而众心益固，遣人间道求救于邻镇，于是周岌、时溥、朱全忠皆引兵救之。黄巢兵尚强，虽朱全忠等不能支，共求救于河东节度使李克用。中和四年，克用引蕃汉兵五万，自蒲、陕渡河而东，会许、汴、徐、兖之师于陈州，攻破巢别将。巢惧，解围东走，数为李克用所追败。克用至济阴（今山东菏泽县），以粮尽而还。巢遁入泰山，自令其甥林言斩首以献。巢平而秦宗权复炽，所至残暴，殆甚于巢。北至卫、滑，东尽寿、齐，西及关辅，南出江淮，州镇存者仅保一城，极目千里，无复烟火。昭宗龙纪元年，秦宗权为其下申丛执送于汴，朱全忠献之京师，斩于关下。流贼起自僖宗初元，讫于昭宗龙纪元年，凡历十五年而平。贼平而沙陀遂盛于中国，以讨巢之功也。朱全忠卒攘神器而有之，以从巢之藉也。是后天下大乱，历五姓，兵未尝称罢，至宋然后天下乃复安。

案：唐之诸盗皆生于大中之朝，说者谓太宗之遗德余泽去民也久矣，固也。第当其始起，本非难制，乃初则将帅非人，继则讨抚靡定，至高骈纵贼入中原，而其祸乃不可收拾。顾流贼平而唐祚卒移，乃悟向之所谓流贼者徒能始祸而已，其后明之李自成，先后如出一辙也。

## 第十七节　唐蕃属羁縻权之丧失及外患

当唐代之盛也，外蕃夷有从未通中国者，莫不远冒万里，贡献来廷。其修职贡者百余国，其编郡县者数十州，东至高丽，西至波斯、吐蕃、坚昆，南至真腊，北至突厥、契丹、靺鞨，谓之八蕃，其外谓之绝域。诸蕃渠帅死亡者，必得皇帝天可汗诏册拜，乃能统御其部众。其蛮夷君长为太宗所擒服者十四人,琢像刻名,列于北司马门内。太宗之崩,突厥之阿史那社尔、铁勒之契苾何力,咸请杀身殉葬。太宗威德之远被,前代所未有也。高宗承其余烈,以李勣灭高丽(事在总章元年),苏定方平百济(在朝鲜半岛西南,事在显庆五年),刘仁轨定百济、新罗(在朝鲜半岛东南,事在龙朔三年及麟德二年),克竟太宗之遗志。武后以女主临朝,国威稍替。而松漠都督契丹李尽忠首叛于东北,武后发二十八将败于前(事在万岁通天元年),王孝杰率十七万众败于后(事在神功元年)。后虽仅而克之,而契丹遂附于突厥。玄宗开元、天宝之间,宇内谧如,天子务开边功,边将竞邀勋伐,宿兵四十九万以备边。然西陲青海之戍(天宝中,哥舒翰克吐蕃青海,青海中有岛,置二万人戍之,旋为吐蕃所攻,翰不能救而全没),东北天门之师(安禄山讨奚、契丹于天门岭,十万众尽没。天门岭在吉林东北),碛西怛逻之战(怛逻川即今塔拉斯河,在今俄领色尔达尔雅部。高仙芝伐石国于怛逻斯川,七万众尽没),零南渡泸之役(杨国忠以李宓将兵七万讨南蛮阁罗凤,全军皆没),没于异域者数十万人。安史祸天下,国权瓦解,河湟尽失,四夷交侵,百余年来之威灵扫地尽矣。其间与中国抗衡,最为唐患者有三:回鹘、吐蕃、南诏是也。今分言其概。

(一)回鹘之叛服　回鹘,原名回纥,其先匈奴也。本铁勒十一部之一,隋时号韦纥,一曰袁纥,亦曰乌护,或曰乌纥。初无酋长,臣于突厥。隋大业中叛突厥,自为俟斤,称回纥,姓药罗葛氏,居薛延陀北婆陵水上(今外蒙古科布多城西北七十里之沙果布拉克河)。有时健俟斤者,众始推为君长,至其子菩萨,而回纥浸盛,与薛延陀共攻突厥北边,建牙独乐水上(今外蒙古土谢图汗部之土拉河)。突厥既亡,而回纥与薛延陀为最雄强,至吐迷度,遂并薛延陀而有其地,乃遣使者献款于唐,太宗为幸灵州,受铁勒十一部之朝,以回纥为瀚海都督府,置驿通道。吐迷度虽受唐怀化大将军、燕然都督之号,然私自号可汗,置官吏,一似突厥。然契苾何力之破贺鲁,萧嗣业之讨高丽,常征其壮骑以从征(均在高宗永徽中),数有战功。天宝初,斐罗骨咄禄毗伽阙可汗并有十一姓部落,斥地愈广,东极室韦,西至金山,南控大漠，尽得古匈奴地。玄宗拜斐罗为左骁卫员外大将军，册为怀仁可汗。肃宗即位灵武，遣使征兵于回纥，葛勒可汗遣太子叶护领其将帝德等四千余骑助国讨逆。肃宗命广平王俶为大元帅，与叶护约为兄弟。郭子仪香积寺之战（地在长安城南），回纥兵陈澧上（在香积寺西南）。贼诡伏骑于王师左，将袭王师之背，仆固怀恩麾回纥骑驰击之，翦灭殆尽。又与镇西北节度使李嗣业出贼陈后，与大军夹击之，贼军大溃，遂收西京。

初，肃宗与回纥约，克城之日，土地士庶归唐，金帛子女皆归回纥。至是，回纥欲如约，广平王俶败于叶护马前，愿至东京乃如约。叶护即与仆固怀恩引回纥、南蛮、大食之众，缭都而南，营于浐水之东（在今长安县东十五里）。新店之战（在河南陕县西），贼将严庄、张通儒等率步骑十五万，依山而陈。郭子仪等初与之战，不利，贼逐之下山。回纥自南山袭其背，于黄埃中发十余矢，贼惊顾曰："回纥至矣！"遂溃，复收东都。回纥入，收府库财帛，大掠市井村坊，三日所得，不可胜计。朝廷复重赏之，岁给绢二万匹，使至朔方军收赐。肃宗以亲女宁国公主下嫁葛勒可汗。

代宗初立，史朝义召回纥举国南来，帝命仆固怀恩与登里可汗会于太原，说令助国讨贼。时登里可汗妻，怀恩女也，故听命。次于陕州，与泽潞、河南、怀郑兵合。代宗以雍王适为大元帅，与登里可汗会于陕州行营。时回纥见沿边烽障无守，州县榛莱，有轻唐心。登里可汗责王不舞蹈，榜杀元帅判官韦少华及左右厢兵马使魏琚。官军以王见辱，将合兵诛回纥，王以逆贼未灭，止之。仆固怀恩率回纥为先驱，与副元帅李光弼等会兵，大破史朝义军于横水（在洛阳北），再收东京（事在宝应元年）。回纥以贼平，恣行剽掠，大辱官吏，官军不敢过问，反因回纥为暴虐于贼焉。仆固玚率回纥兵与史朝义战，喋血二千重，枭其首，河北悉平。永泰初，仆固怀恩反，诱回纥、吐蕃入寇，俄而怀恩死，二虏争长。时郭子仪镇泾阳（今县，直长安泾水之北），回纥、吐蕃合兵围之，子仪令诸将严设守备而不战。时回纥驻营于城西，子仪知其与吐蕃不相睦，遣牙将朱光瓒等往说之，欲与之共击吐蕃，回纥不信。子仪在泾阳，欲得见以为证，子仪挺身往说之，诸将请选铁骑五百为卫从，子仪曰："此适足为害也。"子郭晞扣马谏不可往，子仪曰："今战则父子俱死而国家危，往以至诚与之言，或幸而见从，则四海之福也，不然则身没而家全。"以鞭击其手曰："去。"遂行。数骑开门而出，使人传呼曰："令公来。"回纥大惊，其大帅药葛罗执弓注矢立于阵前，子仪免胄、释甲、投枪而进，回纥诸酋长相顾曰："是也。"皆下马罗拜，子仪亦下马，前执药葛罗手，让以背恩负约之愚，说以共破吐蕃之利。因取酒与其酋长共饮，酹地为誓，遗之彩三千匹，竟与定约而还。吐蕃闻之，夜引兵遁去。子仪使白元光帅精骑与药葛罗帅众追吐蕃，大破之于灵台西原（今甘肃灵台县），斩虏万计。药葛罗等二百人皆来朝，赐与甚厚。是时，回纥留鸿胪寺者甚众，擅出坊市，掠人子女，引骑犯金光门、朱雀门，皇城尽闭，有司不敢禁。天子遣使宣慰，乃止。

回纥自乾元（肃宗年号）以来，恃功骄恣，岁求和市，每一马易四十缣，动至数万匹，马皆弩瘵无用，朝廷苦之。德宗时，合骨咄禄毗伽可汗遣使来贡方物，且请和亲，帝许降咸安公主。是时，可汗上书请易回纥曰回鹘，言捷鸷犹鹘然。自此回鹘可汗多尚公主，受唐册拜。宪宗元和初，再朝献，始以摩尼至京师，岁往来西市，商贾颇与囊橐为奸。宪宗以太和公主下降毗伽崇德可汗，立为可敦。公主亦自建牙（在外蒙古三音诺颜汗部塔米尔河北），即后《辽史》所称之可敦城是也。时裴度方伐幽、镇，回鹘使渠将李义节以兵三千佐天子平河北，议者惩艾前患，不听。回纥兵已及丰州（今陕西榆林县西北有废丰州），使者厚赐而去。文宗时，其国内乱，沙陀部、黠戛斯部先后攻之，杀可汗，焚其牙，诸部奔溃。其国相驱职与庞特勒十五部奔葛逻禄（当居金山迤西，今新疆塔尔巴哈台境），残众入吐蕃、安西，于是可汗牙部十三姓奉乌介特勒为可汗，南保错子山（当在漠南）。

黠戛斯为古坚昆国，其人长大，赤发、皙面、绿瞳，南依贪汗山（西图作托罕山，为唐努山东南与杭爱山相接之一峰，在乌梁海库苏古尔泊西南）。既破回鹘，得太和公主，又自以李陵后，与唐同宗，故遣使者达千奉公主来归。乌介怒，追击达千，杀之，劫公主度碛，进攻天德城（在乌拉特旗境），转掠天德、振武间（振威军，今绥远之托克托县区）。武宗用宰相李德裕策，修东、中二受降城（东受降城在今绥远区托克托县西境，中受降城在河套北苏尔哲阿东岸），以壮天德形势。刘沔有威略，任为招抚回鹘使，遣天德副使石雄帅沙陀、朱邪、赤心三部及契苾、拓跋三千骑袭其牙帐。时乌介兵号十万，方薄振武，石雄凿城为十余隙，料劲骑直攻可汗牙帐，至其帐下，虏乃觉之，大惊，弃辎重走。雄追击之，大破回鹘于杀胡山（即黑山，在今归化城土默特旗界），迎太和公主以归，降其部落二万余人。乌介走依黑车子（据《会昌一品集·赐黠戛斯书》云：黑车子犹距汉界一千余里，在沙漠之中），后为黑车子所杀。其从亡者既不能军，往往诣幽州降。其一部又奉乌介弟遏捻为可汗，转依室韦（在今松花江西境）。后悉为黠戛斯收还碛北遗帐，伏山林间，狙盗诸蕃自给，稍归庞特勒。时庞特勒居甘州，有碛西诸城，然卒不振，时时以玉、马与边州相市，五代时谓之为甘州回鹘云。

（二）吐蕃之入寇　吐蕃在吐谷浑西南，不知得国之所由（见《通典》），《新唐书》以为发羌之后。蕃，发声，故其子孙曰吐蕃，而姓勃窣野，藏中沙迦吐巴佛经典：聂直簪布王子由印度甲噶尔迁居西藏簪汤棍地方，随有材能士十二人，迎立为藏王，是为佛教入藏之始（见张其勤《西藏宗教源流考》）。《蒙古源流》载："中印度额勒特珂克国乌迪雅纳汗为邻部所灭，弃国东走雪山，至雅尔隆赞塘，遂为雅尔隆氏。迨其季子生有异表，为众所推，战胜四方，始为八十八万土伯特国王，是为尼雅特赞博汗。越十五世，特勒苏隆赞汗益强盛，与中国构兵，唐太宗以文成公主妻之。"云云。案：华人于外夷每称曰蕃，吐蕃者，土伯特蕃之省文也。簪布、赞博，即赞普之异译。土伯特俗谓强雄曰赞，丈夫曰普，故号君长曰赞普。始祖赞普，自言天神所生（见《通典》）。传至赞普弄赞，雄霸西域，居跋布川（今洋卓雍错海，在今前藏西南，乃赞普冬日所居），或逻娑川（即拉萨之异译，今称藏河。拉萨城筑于河上，为正牙）。国界西南与婆罗门（即印度）接，胜兵数十万，号为强国。唐贞观八年，始遣使者来朝，是为西藏通中国之始。其后入寇松州（今四川松潘县），败都督韩威兵。太宗遣侯君集率执失思力、牛进达等领步骑五万，分三道出师，夜破其兵于松州，斩首千级。弄赞惧而谢罪，献黄金五千两请婚。十五年，太宗妻以宗女文成公主，弄赞亲迎于柏海（即今青海之札凌泊），见中国服饰礼仪之美，俯仰有愧沮之色。归国，特为公主筑一城，以夸示后代。遂变土伯特游牧之风，筑城邑，立栋宇，以居处焉。弄赞自释毡裘，袭纨绮，渐慕华风，乃遣酋豪子弟请入国学，以习诗书，又请中国识文之人典其表疏（《旧唐书·吐蕃列传》），中国文化始渐被于吐蕃矣。文成公主好佛，携僧侣入吐蕃，弄赞为建伊克昭庙（今谓之大昭），供唐所赐释迦牟尼于其中。弄赞先娶泥婆罗（今廓尔喀）国女，亦好佛，佛教于是盛行于吐蕃。弄赞并饬大臣吐迷前赴甲噶尔采取经文，以造蕃字，又手自编定刑律。吐蕃开化，弄赞之力为多焉（参合《蒙古源流》及《西藏宗教源流考》）。太宗二十二年，王玄策使西域，为中天竺所钞，弄赞发精兵从玄策讨破之。弄赞死，而禄东赞相其国，自是国多专于大相。蕃语谓相曰论。自禄东赞父子当国，尽破有诸羌地，羁縻十二州。高宗咸亨中，吐蕃率于阗取龟兹拨换城（今新疆拜城县），于是安西四镇并废。高宗遣薛仁贵等率师十余万讨之，为论钦陵败于大非川（今青海伊玛图河，胡林翼谓在甘肃碾伯县），遂灭吐谷浑而有其地。武后时，遣王孝杰等率兵大破吐蕃之众，复取四镇。吐蕃自论钦陵兄弟专国，几三十年为边患，及钦陵为器弩悉弄赞普所杀，复请和亲。至中宗时，以宗女金城公主妻弃隶蹜赞赞普，吐蕃因求河西九曲（今甘肃西宁西境至青海东南）为公主汤沐地，诏予之。自是敌势雄张，易于为寇，河西、陇右为之疲敝矣。

玄宗开元二十一年，吐蕃请和。以赤岭（今名日月山，在清辉特南旗西北，甘肃湟源县西境外。湟源即清丹噶尔厅）为界，表以大碑，刻约其上。肃宗乾元之后，吐蕃乘中国祸乱，日蹙边城，或为虏掠杀伤，凤翔之西、邠州之北尽为蕃戎，河西、陇右湮没者数十州矣。代宗广德元年，吐蕃以吐谷浑、党项之众二十余万寇陷泾州（今甘肃安定县），宦官程元振不以闻，副元帅郭子仪不能御。代宗幸陕，子仪退趋商州（今陕西商县），吐蕃入据西京十五日。光禄卿殷仲卿率千人壁蓝田（今陕西蓝田县），遣二百骑渡浐（浐水源出蓝田县西南谷中，北流至咸宁县界，合霸水注渭），或绐吐蕃："郭令公军且来。"吐蕃大震。会少将王甫与恶少年伐鼓噪苑中，吐蕃惊，夜引去。代宗乃复还长安。而吐蕃屯原（今甘肃镇原县）、会（今清远县）、成（今成县）、渭（今平凉县）间，自如也。会仆固怀恩不得志，引吐蕃、回纥兵入寇，连岁围奉天（今陕西乾县），京师戒严，以郭子仪坚壁于奉，虏不得逞。吐蕃乃南合南诏兵攻茂州（今四川茂县），略扶、文（文，今甘肃文县。扶，在文县东北百六十里），侵黎、雅（黎，今四川清溪县。雅，今雅安县），而剑南西川无宁日矣。

德宗初立，遣使与吐蕃约和，盟于清水（今甘肃清水县），约唐境泾州右尽弹筝峡（在今甘肃平凉县西），剑南尽西山大渡水（今川康区泸定县西之大渡河）。未几，唐有朱泚之变，吐蕃败盟，游骑至好畤（在今陕西乾县东北）。京师戒严，遂陷盐、夏二州（盐州，今甘肃盐池县，即花马池。夏州，在今河套鄂尔多斯右前旗地）。吐蕃将尚结赞前为李晟所贬，谓其下曰："唐之良将，李晟、马燧、浑瑊而已，当以计去之。"其入凤翔也（时李晟为凤翔节度使），无所虏掠，以二万兵直抵城下，曰："李令公召我来，何不出犒我？"经宿而去。德宗入宰相张延赏之间，遂留李晟于朝廷。至是，吐蕃请和，会盟于平凉川（今平凉县西北之横水）。德宗以侍中浑瑊充盟会使，兵部尚书崔汉衡副之。吐蕃尚结赞以兵劫盟，浑瑊仅而获免，崔汉衡等千余人尽为所虏（事在贞元三年）。自后尚结赞屡寇泾、陇、邠诸州，虏掠人民牛羊率万计，泾、陇、邠之民荡然尽矣。久之，北庭沙陀别部叛，吐蕃因是陷北庭都护府（今新疆迪化县）。安西道绝，独西州人尚为唐守（今甘肃敦煌一带之地）。自虏得盐州，塞防无以障遏，而灵武单露，鄜、坊侵迫，寇数入为边患。德宗诏复城盐州，使泾原、剑南、山南深入穷讨，分其兵力，毋令专向东方。

是时，韦皋为剑南西川节度使，命将出军，屡破吐蕃，西过大渡河，南入昆明城（今云南昆明县），北攻维州（今四川理番县）。于是吐蕃寇灵朔之众，引而南下，韦皋设伏，虏众十万，歼夷者半，生擒其大相论莽热献于朝（事在贞元十八年）。韦皋镇蜀二十一年，前后出师，凡破吐蕃四十八万，杀节度、都督、城主、笼官千五百，斩首五万余级，获牛羊二十五万，收器械六百三十万，吐蕃为之耗敝矣（约新旧《唐书·韦皋传》语）。是后吐蕃遣使来和，历顺、宪、穆、敬、文五朝，稀复入寇。

武宗会昌中，吐蕃国有内乱，节度使尚婢婢与论恐热挐兵不解，尚婢婢引众趋甘州西境，论恐热亦奉表归唐，且求河渭节度使，宣宗不许，因收散州，奔廓州（今甘肃西宁县西二百里有廓州故城）。于是诸将复清水、原州及石门等关（石门在甘肃固原县北九十里须弥山上），又取威、秦，复萧关（在固原东南）。大中五年，沙州人张义潮（近人罗振玉有《补唐书张义潮传》），乘势逐吐蕃，恢复沙、甘、瓜、肃、鄯、伊、西河、兰、岷、廓十一州来献，旋复凉州。唐自肃宗乾元后，河陇沦陷吐蕃者近百年，至是始复旧疆焉。此后吐蕃大酋据地自擅，国势衰颓，由唐末历五代及宋，均无交通云。

（三）南诏之叛服　南诏为古西南夷地，本哀牢夷后，属乌蛮之别种，夷语谓王为诏。其先渠帅有六，自号六诏，曰：蒙巂诏（今云南腾越道之大理县）、越析诏（今腾越道剑川县西南之弥沙井）、浪穹诏（今腾越道洱源县）、邆赕诏（今腾越道邓川县）、施浪诏（今腾越道丽江县西北之十和山）、蒙舍诏（今腾越道蒙化县西北之蒙舍山）。蒙舍诏在六诏南，故称南诏，居永昌（今腾越道保山县）、姚州（今腾越道姚安县）之间，铁桥之南（当在云南维西县西南澜沧江上）。南诏王蒙氏，高宗时，细奴逻始朝于中国。至开元时，五诏微弱，惟南诏王皮逻阁独强，求合六诏为一，遂并群蛮，破吐蕃。玄宗册为云南，徙治太和城（今云南大理县）。天宝间，其子阁罗凤袭王为云南太守，张虔陀以事激变，乃反攻虔陀，斩之，败剑南节度鲜于仲通兵于白崖城（今云南腾越道属弥渡县西南八十里白崖站），乃北臣吐蕃，吐蕃以为赞普钟（唐古特语谓弟为钟），给金印，号东帝。然阁罗凤自以上世屡受封赏，心不忘唐，树碑国门，明不得已而叛。会杨国忠以剑南节度当国，乃调天下兵凡十万，使侍御史李宓讨之，辇饷者尚不计，涉海瘴死者相属于道，天下始骚然苦之。宓复贬于太和城北，死者十八九。会安禄山反，阁罗凤乘衅攻陷嶲州（今四川西昌县，前宁远府），据清溪关（在今四川清溪县南），破越析，降寻传（当即今云南滇中道寻甸县，唐时乌蛮裔居此）、骠（今缅甸）诸国。德宗时，异牟寻与吐蕃并力，悉军二十万分道寇剑南，德宗发禁卫及幽州军与山南合兵，大败其众，异牟寻惧。时吐蕃责赋重数，南诏稍苦之，故西泸令郑回时陷于吐蕃，说以归唐之利，亦会节度使抚诸蛮有威惠，得其情，复遣谍者遗书吐蕃以疑之，异牟寻乃决策归唐。韦皋遣使与盟于点苍山（在大理县西南）。

初，吐蕃与回鹘战败，征兵南诏，异牟寻阳以五千人先行，即自将数万踵其后，大破吐蕃于神川（当在云南维西境县）。遣使入献地图、方物，德宗复册拜异牟寻为南诏王。复败吐蕃，东取昆明城，西平云南西北诸蛮，遣大臣子弟就学于成都。其后，吐蕃攻盐州，德宗诏韦皋深入，分贼兵势，蜀与南诏合兵深入，克城七，焚堡百五十，斩获万计。吐蕃悉兵南屯昆明、神川、纳川以守，而北边之患稍弭焉。文宗太和三年，西川节度使杜元颖障候弛沓，致启戎心，南诏大容（蛮语谓兄为容）嵯巅乃悉众陷邛（今四川邛崃县）、戎（今四川南溪县）、嶲三州，掩至成都，止西郛十日，大掠子女工技数万，引而南归。南诏得蜀工，自是工文织，与中国埒。

宣宗大中时，南诏将段酋迁陷安南都护府（在今安南国都之河内府），屡逼邕管（今广西南宁县），岭南为之骚然。懿宗咸通四年，南诏攻陷交州（即交趾），溪洞诸蛮皆降之。朝廷累年亟命将帅，未能收复，乃以高骈为安南都护。骈以选士五千渡江（今广西郁江），转战而前，招怀溪洞，期年之内，收复交州都邑。南诏王酋龙乃转寇嶲州，陷嘉州（今四川乐山县），入邛崃，进围成都数十日，都中坚守，会救至，败其众，始解围走（事在懿宗咸通十一年）。十四年复寇蜀，济大渡河，陷黎州（今四川清溪县），遂攻雅州（今四川雅安县），入邛崃关，成都闭城，三日乃去。僖宗乃移高骈领西川节度，骈至不淹月，简阅精骑五千，逐蛮去大渡河，恢复失地。南诏大惧，遣使修好。骈结吐蕃有间，筑戎州马湖（在今四川雷波县北）、沭源（在今犍为县西南沭源镇）、大渡河三城，列屯拒险，料壮卒为平夷，南诏夺气，不敢复窥蜀矣。南诏自咸通以来，再入安南、邕管，一破黔州，四盗西川，两围成都，召兵东方，天下骚动。至是边患始宁，南蛮益衰，会中国乱，不复通矣。

（四）沙陀之归唐　沙陀者，西突厥别部处月种也。处月居金娑山之阳（在新疆镇西县东北三百余里，西图作尼赤金山）、蒲类之东（即巴里坤湖），有大碛名沙陀，故号沙陀突厥云（《新唐书·沙陀列传》）。其先本号朱邪。朱邪者，处月别部之号也（详见《新五代史·唐本纪》）。案：朱邪即《汉书》之涿邪，后转为朱邪，又转为处月。突厥语呼碛卤为朱邪（详见元耶律铸《双溪醉隐集》诗注）。是突厥语之处月，即中国语之沙陀矣（采丁谦说）。高宗永徽时，平突厥贺鲁及处月朱邪孤注之乱，即处月地置金满、沙陀二州（均今镇西县地。金满州与金满县有别，非一地），以处其家。朱邪世领金满州都督，至德、宝应间（均肃宗年号），中国多故，沙陀倚回纥，然困于征敛。贞元中（德宗年号），以七千帐附吐蕃，共寇北庭，陷之。吐蕃徙其部于甘州（今甘肃张掖县）。元和三年，其酋朱邪尽忠与朱邪执宜谋，悉众三万落，东走萧关以归唐，为吐蕃所追，部落略尽。宪宗置阴山府以处其残众，以执宜为使。沙陀素健斗，会朔方节度使范希朝移镇太原，请沙陀举军，从之。希朝乃料其劲骑千二百，号沙陀军，其后以之讨贼，所至有功。朱邪执宜保其余众于神武川之黄花堆（今山西山阴县北之黄花山，即古之黄花堆），更号阴山北沙陀。

初，沙陀臣吐蕃，其驰射趫悍过之，常虏倚其兵以苦唐。及归国，而吐蕃由此衰，唐亦常借沙陀以扞边，屡破吐蕃、回鹘、党项兵。懿宗时，庞勋之乱，招讨使康承训以沙陀兵平之，赐朱邪赤心姓名为李国昌，进大同军节度（今山西大同县）。未几，移镇振武（即单于都护府，在今绥远区托克托城西北黄水河与西拉乌苏河会口处）。僖宗乾符五年，代北军乱，推国昌子克用为帅，据云州（今山西大同县），而李国昌亦叛，诏发诸道兵进捕，诸道不甚力，时黄巢方引兵渡江，朝廷不能制。后国昌父子为吐浑赫连铎、招讨都统李琢所败，举宗奔达靼。黄巢入京师，河东监军陈景思丐赦国昌，使讨贼赎罪，僖宗许之。李克用募达靼万人，为诸镇所遏，不得前。嗣义武节度使王处存、河中节度使王重荣传诏招克用同讨黄巢，克用即大阅雁门，得忻、代、蔚、朔达靼众三万、骑五千而南。僖宗中和三年，渡河次同州，败贼于沙苑，进逼渭桥，遂收京师，在诸将中功第一，以国昌为代北节度，克用为河中节度使。四年，黄巢与秦宗权寇河南，朱全忠等求援于李克用，克用复率军击破之，河南平。还过汴，朱全忠邀之，克用留兵于郊，入舍上源馆，全忠乘其醉，伏兵夜攻之，克用仅而走免，率兵还太原，诉其事于朝廷，请加兵于汴，僖宗和解之，自是晋、汴世为仇敌。

时观军容使田令孜恶河中王重荣与克用相合，将离其势，乃说僖宗诏移重荣于定州，克用上书论之。田令孜遣凤翔李昌符、邠宁朱玫之师讨重荣，李克用以兵助重荣，败朱玫于沙苑，京城大骇。田令孜以僖宗出居兴元，李克用引兵还河中，与王重荣联章请车驾还京。及昭宗立，李克用为赫连铎所败，朱全忠等请因其败伐之，阴赂宰相张濬持其议，昭宗不得已，从之。张濬为都统，王建副之，进讨太原，朱全忠亦遣葛从周率兵入潞州（今山西长治县）。濬及克用战于阴地关（在今山西灵石县西南）。濬军三战三北，濬、建遁归，而葛从周之师亦为克用将康君立所败（事在大顺元年）。克用遂北取幽州，以刘仁恭为留后。乾宁二年，关中有三镇之乱，昭宗出居于石门。克用奉诏讨贼，进军渭桥，击杀邠州王行瑜。昭宗还京，以功封晋王，克用收军而还。昭宗天复中，镇州王镕、定州王处直皆附于朱全忠。全忠又下河中，天下归梁者十七八，而幽州刘仁恭又叛晋。朱全忠以为晋弱可取，因大举击晋，遂围太原。克用登阵拒守，汴军攻城日急，克用谋将出奔云州，以李嗣昭切谏于外，刘夫人极言于内而止。会梁军以大疫解围去。天祐元年，昭宗为朱全忠所弑，克用缟素痛哭，不能讨也。翌年，克用召契丹阿保机会于云州之东，结为兄弟，期以冬初大举渡河，以讨朱全忠。其后阿保机背之。梁于天祐四年灭唐，翌年而克用卒。晋王之将终也，以三矢赐其子存勖而告之曰："梁，吾仇也。燕王，吾所立（刘仁恭时称燕王）。契丹与吾约为兄弟，而皆背晋以归梁，此三者，吾遗憾也。与尔三矢，尔其无忘乃父之志"云。

## 第十八节　五代十国之兴亡（上）

五代十国者，唐亡后之一战国时局也。自唐亡（西历纪元九〇七年）至宋兴（西历九六〇年），在此五十三年中，为国史上最为混乱之时代。其间之盗窃位号、拥有实权者，其性质大约可分为三类：一曰藩镇，二曰盗贼，三曰夷狄。各据土地人民，各私甲兵财赋，凶德既相丑夷，暴力又复足以相持，而不能统一。虽时有暂行屈服，偶受封拜，亦虚存贡献之名，其实僭窃割据如故也。故称为五代十国者，宋史家之辞也。若核而论之，力既不足相统，何朝代之可言？德不足以为君，何国家之是冒？若以朱温承唐统之绪，是奖盗也；若以汴、洛为帝王宅中出治之区，是论都也，皆无一可者。宋人以宋代周，自尊其国统之正，因而并尊其所代之国，此名实之所以相戾也。后人习而称之为五代，亦不过便于纪年记事云尔，固不可与汉、晋、隋、唐等量而齐观矣。

（一）后梁　梁太祖朱温者，初从黄巢为盗，巢陷京师，温为同州防御使。是时天子在蜀，诸镇会兵讨贼，温数为河中王重荣所败，听其客谢瞳之说，自归于河中，因王重荣以降，天子赐温名为全忠，拜汴州宣武军节度使。黄巢东围陈州，温与李克用会兵击破秦宗权，数年之间，东克兖（朱瑾）、郓（朱瑄），西北取河中（王珂），西入关败韩建、李茂贞兵，再犯京师，迁昭宗于洛阳，弑二君（昭宗及哀帝），杀清流裴枢等三十余人于白马驿，遂篡唐称皇帝。其兄朱全昱谓温曰："朱三，汝本砀山一民也，从黄巢为盗，天子用汝为四镇节度使，富贵极矣，奈何一旦灭唐家三百年社稷，自称帝王，行当族灭。"当是时，天下之势归梁者十之七八，而独与梁为强敌者惟晋。当李克用时，梁、晋屡构兵，梁再围晋阳而不能克。至李存勖时，晋灭幽州，而朱温自将不能救（梁乾化二年），谓其近臣曰："我经营天下三十年，不意太原余孽更昌炽如此。吾观其志不小，我死，诸儿非彼敌也。"由是寝疾增剧，为其子友珪所弑。均王友贞自东都讨友珪，友珪为侍卫亲军都指挥使袁象先所诛，友贞更名瑱，是为末帝。晋王李存勖频年出兵，攻下河北诸州，梁不能与之争，相持于德胜（在今河北开县境）、杨刘（今山东东阿县之杨刘镇）之间。梁兵屡败，旧臣敬翔知梁室已危，以死荐王彦章为大将。末帝从之，召问彦章以破敌之期，彦章对曰："三日。"以两日驰至滑州（今河南滑县），置酒大会，阴遣人具舟于杨村（在今开县境），夜命甲士六百，皆持巨斧，载冶者，具韛炭，乘流而下。会饮未半，阳起出，引精兵数千，循河南岸趣德胜。晋于德胜筑南北城，作浮桥，横铁锁以守之。彦章乘其不备，舟中兵举锁烧断之，因以巨斧斩浮桥，而彦章引兵急击南城浮桥，南城遂破，时受命适三日也。时李存勖已称帝于魏州，遣将弃德胜北城，撤屋为筏，载兵械，浮河东下，助杨刘守备。彦章亦撤南城屋材，浮河而下，各行一岸。一日百战，互有胜负。彦章以十万之众，百道攻杨刘，不克。庄宗引兵救杨刘，昼夜苦战，卒败彦章兵。末帝反以段凝代彦章，宿将士卒，汹汹不服，梁事不可为矣。段凝进至临河之南（在河北开县西），与晋相持。庄宗以大军自杨刘济河，破梁兵，擒王彦章。庄宗欲降彦章，不得，杀之，遂袭破大梁，末帝自焚死，梁亡（事在唐庄宗同光元年）。

（二）后唐　唐庄宗李存勖者，沙陀李克用之长子也。存勖年十一，从克用破王行瑜，遣献捷于京师。昭宗异其状貌，抚其背曰："儿有奇表，后当富贵，无忘予家。"及长，善骑射，胆勇过人。稍习《春秋》，通大义，尤善音声、歌舞、俳优之戏。唐天祐五年，即晋王位于太原。梁人闻晋有大丧，谓晋兵不能复出，不为备。存勖出兵趋上党（今山西长治县），大破梁军于夹寨（在长治县西十三里）。当是时，河北三镇，幽州刘仁恭称燕王，成德王镕称赵王，魏博罗绍威称邺王，并附于梁。朱温因罗绍威之卒，遣王景仁屯兵魏博，欲以经营镇、定。命杜廷隐监魏博兵三千，分屯深、冀，尽杀赵戍兵。王镕求援于晋义武，定州节度使王处置亦遣使者至晋，共推晋王为盟主。存勖遣周德率兵出井陉（今河北井陉县有关，在县东北井陉山上），自将兵出赞皇（今河北保定道赞皇县）。晋与镇、定合兵尚远，不及梁军之众。存勖与周德威卒败梁大军于柏乡（今河北大名道柏乡县），斩首二万级。梁之龙骧、神策精兵殆尽，河北大震。梁、晋兴亡，决于此矣（事在梁朱温乾化元年）。晋兵方南掠贝、博、澶、卫（贝州，今河北任丘县。博州，今山东聊城县。澶州，今河北开县。卫州，今河南汲县），燕王刘守光闻晋兵南下，以兵胁镇、定，存勖以强燕在后为患，乃为之班师。乾化二年，守光僭称大燕皇帝，存勖出兵攻讨，破幽州，擒刘仁恭，守光父子刺刘仁恭心血以祭克用之墓（事在梁朱瑱乾化四年）。

方晋之攻燕也，梁朱温自将大兵击镇、定以救之，晋先锋将史建瑭突入梁营，纵火杀人，梁朱温帅诸军宵遁，委弃军资器械不可胜计。既而复遣骑觇之，曰：“晋军实未来，此乃史先锋游骑耳。”朱温不胜惭愤，由是病益增剧，以至于死（事在梁朱温乾化二年）。存勖克燕之翌年（梁朱瑱贞明元年），梁魏州军乱，贺德伦以魏、贝附于晋，存勖自入魏州，取其精兵五百以自卫，号帐前银枪都，自是河北三镇尽归于晋。存勖以勇将周德威守幽唐，监军张承业守晋阳，身自与梁攻战于魏、贝之间，军于德胜，大河南北筑城为夹寨，日与梁人争，先后大小数十百战，互有胜负。晋自唐昭宗之崩，仍称天祐年号。天祐十九年之翌年四月，李存勖即皇帝位于魏州，国号大唐，改元同光。

是时契丹屡入寇，卫州为梁所取，而李继韬（李嗣昭第二子）又以泽潞叛附于梁，人情炱炱，以为梁未可取。庄宗患之，独召李嗣源谋于帐中，以梁人志在吞泽潞，不备东方，郓州守兵不满千人，若得东平（即郓州，本东平郡，在今山东东平县西北），则溃其心腹，遂遣嗣源将所部精兵五千袭取郓州。梁朱瑱闻郓州失守，大惧，乃将王彦章袭破德胜南城。庄宗引兵救之，与彦章相持于杨刘，彦章退保杨村。梁朱瑱入谗言，恐彦章功成难制，以段凝代彦章为招讨，遣彦章将别军攻郓州。段凝自酸枣（今河南延津县）决河注郓州，以限唐兵，谓之护驾水。庄宗用枢密使郭崇韬之策，留兵守魏，保固杨刘，自率精兵与郓州合，败王彦章军于中都（今山东汶上县），擒之。中都去大梁数百里，前无山险，庄宗遣李嗣源将千骑前进，信宿而至，梁君臣不知所为，朱瑱自杀。段凝引军五万入援，阻决河不得直渡，自滑州渡河至封丘（封丘，大梁北门），而大梁破已四日矣，咸释甲降。遣使宣谕诸道，梁之藩镇皆称蕃朝贡。庄宗迁都于洛阳，西并凤翔（事在同光二年）。遣其子继岌及郭崇韬将兵伐蜀，王衍迎降，以孟知祥、董璋为两川节度（事在同光三年）。

庄宗幼善音律，故伶人多有宠，出入宫掖，侮弄缙绅，群臣愤疾，四藩镇争以货赂结之。租庸副使孔谦欲聚敛以求媚，凡赦文所蠲者，谦复征之。自是每有诏令，人皆不信，百姓愁怨。宦官又劝帝分天下财赋为内外府，州县上供者入外府充经费，方镇贡献者入内府充晏游及给赐。于是外府常虚竭，而内府山积。当办南郊，乏劳军钱，帝又不出内府之财以助有司，军士皆不满望，始怨憾有离心矣。时郭崇韬伐蜀成功，以无罪被谗而诛，功臣宿将咸不自安。天成元年，魏博军乱，奉赵在礼为帅，南陷邺都（今河南安阳县）。庄宗遣李嗣源将亲军讨之，嗣源至邺，其下作乱，逼嗣源入邺都，欲奉以为帝。嗣源其夕以诡辞得出，欲归藩，上章待罪。李绍真及安重诲劝其诣阙以自明，嗣源遣使上章自理，一日数辈，皆为李绍荣所遏，不得通。嗣源由是疑惧，乃移檄会兵河北，诸镇悉从，嗣源兵势大盛，遂克汴州。庄宗闻变，率军东出镇抚，至万胜镇（在今河南中牟县东），闻嗣源已据大梁，诸军离叛，还至洛阳，为指挥使郭从谦所弑。嗣源闻变，亟入洛阳，禁止焚掠，百官请嗣源监国，遂即帝位，是为明宗。

明宗虽出夷狄，而为人纯质，宽仁爱人，于五代之君有可称者。尝夜焚香祝天曰："臣本蕃人，岂足治天下？世乱久矣，愿天早生圣人，为生民主。"自初即位，减罢宫人、伶官，废内藏库，四方所上物，悉归之有司。吏有犯赃，辄置之死，曰："此民之蠹也。"以诏书褒廉吏孙岳等，以风示天下。其爱人恤物，盖有意于为治矣。然夷狄性果，仁而不明，屡以非辜诛杀臣下，在位十年而崩。第五子从厚立，是为闵帝。时明宗养子潞王从珂镇凤翔，与朝廷猜沮，不受代。朝廷遣王思同等六节度兵讨之，诸道兵大集城下。潞王在明宗诸子中为长，战功又最多，将士徼幸富贵者，心皆向之。当围城时，众弃甲投兵而降，从珂建大将旗鼓，整众而东。朝廷前后发军拒之，所发诸军，遇西军皆迎降，无一人战者。闵帝闻潞王至陕，率五十骑出奔卫州，遇酖而崩。从珂入洛即位，是为废帝。帝之发凤翔也，许军士以入洛人赏钱百缗，计费应用五十万缗。至是，竭府库，有司百方敛民财，才及二十万缗，军人各得钱二十缗，其在京者各十缗。军士无厌，犹怨望，为谣言曰："除去菩萨，扶立生铁。"以闵帝仁弱，帝刚严，有悔心故也。

时明宗婿石敬瑭镇太原，勋望素与帝埒。帝与敬瑭心竞，疑其必反，敬瑭亦阴为自全之计，请解兵柄，以尝试唐主。帝移敬瑭于郓州，敬瑭拒命，求援于契丹。帝以张敬达率兵三万讨之，杨光远为副，围攻太原，不能下。契丹主耶律德光自将五万骑来援，大败张敬达等于汾曲（在今山西太原县东），围之于晋安寨（在太原县晋祠南）。帝遣幽州赵德钧、魏州范延光、耀州潘环各率本路兵三面救之，令德钧子延寿将兵二万如潞州以会德钧，而以赵德钧为诸道行营都总。时劲骑多在幽、并，赵德钧阴蓄异志，屯兵团柏谷（在今山西祁县），拒晋安寨百里，逾月不进，阴行厚赂为契丹主，求立己为皇帝。耶律德光前已许立石敬瑭为帝，不听。晋安寨被围数月，刍粮俱竭，张敬达不肯降，为杨光远所杀，以其军降于契丹。耶律德光立石敬瑭为皇帝。敬瑭父事契丹主，割燕云十六州（一幽州，今北平；二蓟州，今河北蓟县；三顺州，今顺义县；四檀州，今密云县；五瀛州，今河间县；六莫州，今任丘县地；七涿州，今涿县；八儒州，今万全县地；九武州，今宣化县地；十妫州，今延庆县；十一新州，今保安城；十二蔚州，今蔚县；十三云州，今山西大同县；十四朔州，今朔县；十五应州，今应县；十六寰州，今朔县东马邑乡地），约岁输帛三十万匹。敬瑭与契丹兵大破赵德钧等于团柏，赵德钧奔至潞州。晋兵至，其父子迎降，耶律德光锁归契丹。帝时在河阳，闻晋兵南下，走还洛阳，举家自焚死。在位二年，后唐遂亡。

（三）后晋　晋主石敬瑭者，其先出于西夷，从沙陀归唐。敬瑭为唐明宗婿，常隶明宗帐下，数有战功，常脱明宗于危。赵在礼之乱，庄宗命明宗讨之，至魏而兵变。明宗初欲自归于天子以自明，敬瑭献计曰："岂有兵变于外，上将独无事者乎？且犹豫者，兵家大忌，不如速行，愿得骑兵三百，先攻汴州。夷门，天下之要害也，得之可以成事。"明宗然之，与之骑三百渡黎阳（今河南浚县东北有黎阳废城），为前锋，明宗遂入汴。明宗之得立，以敬瑭功为首，故屡居重镇，常兼六军诸卫副使。

是时，契丹屡入寇，而禁卫精兵聚于幽、并。明宗长兴三年，以敬瑭镇河东，为大同、振武、彰国、威塞等军蕃汉马步军总管。及潞王从珂反于凤翔，闵帝出奔，遇敬瑭于道，敬瑭杀帝从者百余人，幽帝于卫州而去。废帝即位，疑敬瑭必反，及移镇诏下，敬瑭遂拒命，外求援于契丹。契丹主耶律德光自将败唐兵，立敬瑭为皇帝，国号晋，遂如大梁都之。在位七年，唯以谨事契丹为务，故终身无隙。及其晚年，契丹以晋招纳吐谷浑，遣使来让，晋主忧悒成疾，不知为计，竟以是殂。其侄齐王重贵立，是为出帝，任用景延广，致书告哀于契丹，称孙而不称臣。契丹大怒，责其不先禀承，遽即帝位。景延广对以"先帝为北朝所立，故称臣奉表；今上乃中国所立，为邻称孙足矣。翁怒则来战，孙有十万横磨剑，足以相待"。契丹入寇之志始决，集山后（即妫、檀、云、应诸州）及卢龙兵（幽州军号），合五万人，使赵延寿将之，委以经略中国，给以若得中国，则立其为帝。延寿信之，由是为契丹尽力画取中国之策。契丹与晋频年战争，耶律德光三次自将南侵，皆为晋军所败，引还。然中国疲敝，而契丹日益强盛。开运三年，天雄节度使杜威受赵延寿绐，请大举取瀛、莫。晋主以杜威为北面行营都指挥使，劲军悉隶其麾下。契丹主亦大举入寇，至中度桥（在河北正定县南滹沱水上），与契丹夹滹沱而军。杜威以贵戚为上将，拥重兵不战，有异志。契丹遥以兵环晋营，内外断绝，军中食且尽。杜威谋降契丹，邀求重贵，契丹主许以帝位给之。杜威遂伏甲劫诸将，举军降，军士皆恸哭，声振原野。契丹主引兵而南，遂入大梁，晋主出降，晋亡。

（四）后汉　汉高祖刘知远者，其先沙陀部人也。初与石敬瑭俱事明宗，敬瑭镇河东，以知远为押衙。及后将举兵，知远与桑维翰密，必敬瑭计画赞成之。敬瑭即位，屡居重镇。晋天福六年，拜河东节度使。知远既有佐命功，勋望素高，自出帝立，与契丹绝盟，用兵北方，常疑知远，幸晋多故而有异志，每示优尊，拜为北面行营都统。知远知为晋主疏忌，广募士卒，又得吐谷浑财物，由是河东富强冠诸镇，步骑至五万人。晋主与契丹结怨，知远知其必危，而未尝论谏。契丹屡深入，初无邀遮入援之志，及闻契丹入汴，知远分兵守四境，以防侵轶。契丹迁出帝于塞北，知远乃称帝于河东，号令四方，诸镇多杀契丹镇将、使者，通表河东。赵晖据陕州，王守恩据潞州，梁晖据相州，皆附于汉，而王琼复袭澶州，以梗契丹南北之通路。契丹主大惧，始无久留河南之意。

是时，东方群盗大起，陷宋、亳、密三州（宋，今河南商丘县；亳，今安徽亳县；密，今山东诸城县）。契丹主谓左右曰："我不知中国之人难制如此。"乃留述律太后之兄子萧翰守汴京，自率其众自白马渡河北归（白马津在今河南滑县北，旧为河水分流处，今湮），见所过城邑丘墟，谓蕃汉群臣曰："致中国如此，皆赵延寿、张砺之罪也。"帝闻契丹北归，欲经营河南，乃以史弘肇为前锋，所向必克。帝乃自晋、绛入洛及汴，兵不血刃，皆弘肇之力也。帝至汴，复建东京，改国号曰汉，悉以军旅委杨邠、郭威，诸司委苏逢吉、苏禹珪。时杜威据邺，倚契丹以拒命，帝亲征降之。旋汴而崩，子承祐即位，是为隐帝。杨邠、史弘肇、苏逢吉、郭威等受遗诏辅政。赵思绾据永兴叛（今西安长安县），王景崇据凤翔叛，李守贞据河中叛，三叛连衡，推李守贞为主。朝廷遣诸将讨之，皆相仗莫肯攻战。隐帝以郭威重臣，遣使监督，诸军皆受节度。威以守贞亡则两镇自破，乃先攻守贞，设长围以困之，分兵以縻思绾、景崇。郭威卒以此策取守贞，而赵思绾、王景崇亦先后破灭。

时契丹入寇，横行河北，诸镇各自守，无捍御之者。朝议出郭威镇邺，使督诸将以御契丹。三叛既灭，帝意浸骄，渐任左右嬖幸，厌为大臣所制。左右因间谮之云："邠等专恣，终当为乱。"帝遂诛杨邠、史弘肇、王章等及其亲党，并族郭威之家。密诏郭崇威等杀郭威于邺都，李洪义杀王殷于澶州。洪义以其事告王殷，以密诏示郭威。郭威令诸将取己首以献天子，诸将咸请拥威入诛君侧，威遂举兵而南，所至迎降，渡河至封丘。隐帝引军与威对阵。威戒所部，慎毋先动。慕容彦超恃勇，引轻骑犯威陈，不利，由是诸军夺气，相持至南，军多归于北。隐帝策马还城，为守城者所拒，不得入，遂为乱兵所杀，汉亡。

（五）后周　周太祖郭威者，出自军卒，初无赫赫之誉，然即位以后，其善政在五代中为特出。令仓场毋得收斗余、称耗，罢进羡余，不受买宴物，罢户部营田及租牛课，以其田庄及牛赐民，或请鬻之，曰："利在民，犹在国也。"此革财政之弊也。窃盗依天福刑名，罪非反逆，毋得族诛籍没；减犯盐、麴刑名；敕民诉讼，必历县州观察使乃诣台省，不能书者，听执素纸。此革刑法之弊也。至于禁北边俘掠契丹，听淮南饥民籴谷，曰："彼之生民，与此何异？"尤为五代君人仅见之言行。帝初即位时，慕容彦超据兖州反，以周室新造，谓其易摇，北召北汉及契丹，南诱唐人，使侵边鄙。及北汉、契丹败于晋州，唐兵败于沭阳，彦超之势遂沮。帝亲征兖州，彦超自杀。在位三年崩，无子，以后侄柴荣为嗣，即皇帝位，是为世宗，世宗为五代第一英主。

时北汉主刘崇闻周有大丧，世宗年少新立，请兵契丹，大举入寇，进逼潞州，世宗自将御之，战于高平（今山西高平县）。帝介马自临阵督战，北汉主见周军少，悔召契丹，麾东军先进，张元徽将千骑击周右军，合战未几，周都指挥使樊爱能、何徽引骑兵先遁，右军溃，步兵千余人解甲呼万岁，降于北汉。帝见军势危，自引亲兵犯矢石督战，宿卫将赵匡胤为左翼，张永德为右翼，各将二千人进战。匡胤身先士卒，驰犯其锋，士卒死战，无不一当百，北汉兵披靡。北汉主方趣张元徽乘势进兵，元徽马倒，为周兵所杀。元徽为北汉骁将，北军为之夺气，周兵争奋，北汉兵大败。契丹杨衮将飞骑数千，畏周军之强，不敢救，全军而退。薄暮，后军刘词军至，复击败北汉军余众万余人，北汉主刘崇率百余骑遁归，仅得入晋阳。帝诛樊爱能、何徽及所部军使以上七十余人，自是骄将悍卒始知所惧，不行姑息之政。帝引军围晋阳，攻之不克，会久雨，引还。帝谓："兵务精不务多，农夫百不能养一兵，岂容无用者？"乃大选练诸军，进骁勇，斥羸老，士卒精强，近代无比。

帝有削平天下之志，先取秦、陇，两次自将伐唐，自寿州（今安徽寿县）至扬州（今江苏江都县）以东，皆尽取之。唐主李璟请奉周正朔，去帝号，称国主，画江为界。帝尽得江北、淮南之地，乃许罢兵。显德六年，帝率大军北讨契丹，自沧州（今河北沧县）治水道入契丹境，分命诸将水陆俱下。帝御龙舟沿渡而北，舳舻相连数十里。益津、瓦桥两关（益津关在今河北永清县，瓦桥关在今河北雄县。当时以益津、瓦桥、高阳为三关，高阳亦曰草桥关，在今河北高阳县东），瀛、莫二州契丹守将皆次第降，于是关南悉平（谓瓦桥关以南也）。时虏骑屯幽州之北，不敢与竞，帝方议进取幽州，以不豫而止。以益津关为霸州，以瓦桥关为雄州，置戍而还。帝志在平一中原，乃功业方半，在位六年而崩，然已开宋统一中国之基云。帝尤留心政事，恤民疾苦，修定律令格式，颁行刑统，修礼正乐，卓然成一王规模。对于农事尤为重视，尝刻木为耕夫蚕妇，置于殿廷，见唐元稹均田图，慨然以为致治之本，乃诏颁其图法，使吏民先习知之，期以一岁大均天下之田，其规为志意远矣。子宗训继立，方七岁，数月而禅于宋。周亡。

案：五代一兵争之天下也，其大坏极乱纷然不可理者，固由于藩镇、盗贼、夷狄纠结胶互之使然，然非尽由一二人之力所致此，其乱源则在于大多数兵士好乱之心理演成之也。庄宗之定天下也以兵，及其亡也，亦以军士怨劳军钱之不满（事见同光二年），故李嗣源入洛而军士离叛。昔李承进有言："庄宗好畋猎，每次近郊，卫士必控马首曰：'儿郎辈寒冷，望陛下与救接。'庄宗随所欲给之，如此者非一。晚年萧墙之祸，由赏赉无节，威令不行也。"（见《隆平集》）闵帝发兵之讨潞王也，军士负赏赐物，扬言至凤翔更请一分，是军士方利国家之有变，以便于双方之取利也。周世宗之斩樊爱能所部也，责之曰："汝曹皆累朝宿将，非不能战，今望风奔遁者无他，正欲以朕为奇货卖与刘崇耳。"悉斩之。世宗此言真足以揭明五代军士之心理矣，乃不数年陈桥兵变,拥立宋太祖,则此风犹未泯也。盖其始也,将帅利用军士之弱点以便一己之私图,遂不得不奉如骄子以恣其所欲,由是太阿倒持,权不在将帅而在兵士,故朝廷反受制于节镇,而将帅又受制于士兵,于是卖主要赏、拥立天子之事层见迭出而不穷矣。是五代一切变乱之原动力,皆兵为之也。宋太祖之评庄宗曰:"二十年夹河战争,不能以军法约束此辈,诚儿戏也。"法立则知恩,五代之所以一变而为宋者,太祖其知此旨哉!

## 第十九节 五代十国之兴亡(下)

十国者,一曰吴杨氏,二曰南唐李氏,三曰前蜀王氏,四曰后蜀孟氏,五曰南汉刘氏,六曰楚马氏,七曰吴越钱氏,八曰闽王氏,九曰南平高氏,十曰北汉刘氏。十国之中,除南平高氏外,皆乘时崛起,建国传家,与五代相对立,初非五代之君所能有也。惟其人率起于武人与盗贼,初无经营天下之大志。迹其行事,务便利图,而国计民生初非所计。惟吴与南唐斐然具有国家规模,而前后蜀处乱世之中,尚能与民休息,抑其次也。今略叙其要,以明当日之世变焉。

(一)吴 杨行密者,庐州合肥人。唐乾符中,江淮群盗起,行密因与其徒起兵为乱,号为三十六英雄,据有庐州,唐即拜行密庐州刺史。时高骈为所部杀于广陵,行密乘之,遂取扬州,复败蔡州贼孙儒,尽得其众。乃招合离散,与民休息,政事宽简,百姓便之。蒐兵练将,选五千人豢养于府第,甲胄皆以黑缯饰之,命曰黑云都。三败朱全忠之兵,尽有江淮之地。子渥继立,为行密旧将张颢、徐温所杀,立其次子隆演。徐温专政,隆演备位而已。徐温劝隆演称帝,不许,乃即吴王位。杨氏父子据江淮三世,尚用唐昭宗天祐纪年,又历二载,始改天祐十八年为武义元年焉。隆演少年嗣位,权在徐氏,及建国称制,非其本意,常怏怏酣饮,稀复进食,遂至疾卒。徐温立其幼弟溥,溥称帝号,始建都于金陵,溥后禅位于徐知诰。吴亡。

(二)南唐 李昪自谓为唐宪宗子建王恪之四世孙,史称其世本微贱，初为杨行密养子，而杨氏诸子不能容，行密以乞徐温，因冒姓徐氏，名知诰。温为杨行密三十六英雄之一，而未尝有战功，常预其谋议。为人沉毅有智，自奉简俭，及专吴政，立法度，禁强暴，政举大纲，军民安之。温尝居金陵，而昪辅吴王，昪欲收人心，乃宽刑法，推恩信，起延宾亭以待四方之士，故温虽遥秉大政，而吴人颇已归昪，温卒而昪代之。杨溥僭号，封温为齐王，遂受吴禅，改国号曰唐。昪生长兵间，见天下乱久，常厌用兵。吴越钱氏自吴时素为敌国，及将代吴，先与钱氏约和，归其所执将士，钱氏亦归吴败将，由是两国遂通好不绝。或劝唐主恢复旧土，唐主曰："吾不忍复言兵，使彼民安，此民亦安矣。"吴人赖以休息焉。其为政也，用儒者以代武人，立太学，命删定礼乐，劝课农桑，禁献羡余，遣使者案行民田，以肥瘠定税，民间称其平允。自是江淮调兵兴役及他赋税，皆以税钱为率。又不以外戚辅政，宦官不得预政，皆他国所不及也。

子璟继立，时闽王氏兄弟连兵屡年，其国大乱，璟因其乱，发兵攻之，虽灭王氏，而唐兵亦大败于吴越。是时契丹陷汴京，虏晋出帝，中国无主，而璟方疲兵东南，不暇北顾。其后楚马氏内乱，马希崇附于唐，璟遣将边镐攻楚，破潭州，尽迁马氏之族于金陵，而边镐反为楚将刘言所攻，兵败遁归。唐当东西用兵丧败之余，周世宗于显德三年复自将来伐。寿州为淮南之要害，璟遣刘仁赡守之。周世宗围之数匝，征丁夫数十万备攻击，云梯洞屋，下临城中，数道进攻，填堑陷壁，昼夜不少休，如是者累月。援兵屡败，被围年余，仁赡意气弥壮。显德四年，世宗复亲征，耀兵城北，仁赡病甚，已不知人，将佐诈为仁赡书，以寿春降。是年冬，世宗三次亲征，分下扬、泰及江北诸州。初，周师南征，无水战之具，已而屡败璟兵，获水战卒，乃造战舰数百艘，使降卒教之水战，命王环将以下淮，璟之水军多败，长淮之舟皆为周师所得。又造齐云船数百艘。世宗至楚州北神堰（楚州，今江苏淮安县；北神堰，今平河闸），齐云舟大不能过，乃开老鹳河以通之（在淮安城西，今堙），遂至大江。璟自知不敌，请去帝号，奉周正朔，尽献江北地，画江以为界，世宗许之。璟卒，子煜嗣立。煜常怏怏,以国蹙为忧,日与臣下酣宴。宋太祖征煜入朝,煜称疾不行。开宝八年,宋师南征,克金陵,俘煜至京师,南唐亡。

(三)前蜀　王建者,许州舞阳人。少无赖,以屠牛、盗驴、贩私盐为事。后为杨复光都将,复光死,建与晋晖、韩建、张造、李师泰等各率一都,西迎僖宗。是时僖宗在蜀,得之大喜,号随驾五都,以属十军。观军容使田令孜以建等为养子。光启元年,河中王重荣召晋兵李克用犯京师,僖宗幸兴元,田令孜以为天子播越,由己所致,惧且得罪。西川节度使陈敬瑄,令孜同母弟也,令孜因求为西川监军,而建亦出为壁州刺史(壁州,今四川通江县),有众八千,攻陷阆州(今阆中县)、利州(今广元县),陈敬瑄患之,田令孜曰:"王八,吾儿也,以一介召之,可致之麾下。"乃使人召建,建选精骑二千,驰之成都,行至鹿头关(今德阳县北二十五里),敬瑄悔而止之。建大怒,因与东川顾彦朗连兵攻之,屡破敬瑄兵,相持数月不决。昭宗以宰相韦昭度镇西川,而陈敬瑄不受代,昭宗即命韦昭度、顾彦朗讨之。师久无功,建劝昭度东归,即以兵扼剑门,两川由是阻绝。建引兵攻成都急甚,敬瑄开门迎建,建将入城,以张勍为虞候,军士剽掠,勍杀百人而后止。建既据西川,旋并东川及山南西道,复攻下三峡之地。建与唐隔绝,仍称天复七年,时梁已灭唐,建乃称帝。蜀恃险而富,当唐之末,人士都欲依建以避乱。建虽起盗贼,而为人多智诈,善待士,故其僭号所用如韦庄、张格等,皆唐名臣世族,使修故事,甚见恩礼。梁朱温以蜀险远,故于乾化二年遣光禄卿卢玭来聘,推建为兄,以结好焉。建晚多内宠,立其幼子衍,其母徐贤妃也,以母宠故得立。建卒,衍继位,荒于政事。唐庄宗灭梁,遣使李严聘蜀,见蜀都人物富盛,而衍骄淫,归乃献策伐蜀。唐同光三年,庄宗命魏王继岌、郭崇韬帅师出秦川来伐,败蜀三招讨兵,唐师所至,蜀兵望风退走。继岌至成都,蜀王衍面缚出降,庄宗诏衍入洛,许以列土而封,衍欣然就道,率其宗族文武家族数千人以东行,至秦川驿(在今陕西长安县地),为唐所杀,前蜀亡。

(四)后蜀　孟知祥者,邢州龙冈人,世为郡校。其后事晋,晋王以其弟克让女妻知祥。庄宗时,召为中门使。庄宗与朱全忠夹河顿兵，知祥参谋应变，事无留滞。前此为中门使者，多以罪诛，知祥因荐郭崇韬以自代。及魏王继岌伐蜀，郭崇韬请平蜀之后，择帅以守西川，无如孟知祥者。时知祥为太原尹、北京留守，庄宗即诏以为成都尹、西川节度使。孟知祥至成都，时新杀郭崇韬，人情未安。知祥慰抚吏民，犒赐将卒，去留帖然。明宗入立，知祥乃训练甲兵，阴有王蜀之志，益军七万余人。枢密使安重诲疑知祥有异志，遣李严为监军以制之。严为孟知祥所斩，明宗不能诘。其后朝廷每除剑南牧守，皆令提兵而往，分守郡城。时董璋镇东川，亦有雄据之志。会朝廷以夏鲁奇镇遂州（今四川遂宁县），李仁矩镇阆州，皆领兵数千赴镇，且授以密旨，制御两川。董璋觉之，乃与知祥连合以拒唐。知祥虑唐军骤至，与遂、阆兵合，则势不可支，遂与璋协谋，先取遂、阆二州。明宗命石敬瑭为都招讨使，率兵伐蜀。至剑门，敬瑭以遂、阆既陷，战不利，又粮运不接，乃班师（事在唐明宗长兴二年）。唐兵既退，知祥又破董璋，自领两川节度使。及明宗卒，知祥遂即帝位。唐山南节度使张虔钊、武定军节度使孙汉韶举梁、洋来降（梁州，今陕西南郑，旧汉中地。洋州，今西乡等县），遂取唐散关以南之地（大散关，在陕西宝鸡县西南大散岭上）。未几卒，子昶立。

昶年少，不亲政事，而将相大臣皆知祥故人，多骄蹇不法。昶即位，数执故将李仁罕，杀之，并族其家，由是臣下肃然。昶于朝堂置匦以通下情，著《官箴》颁于郡县。(《官箴》曰："朕念赤子，旰食宵衣。托之令长，抚养安绥。政存三异，道在七丝。驱鸡为理，留犊为规。宽猛得所，风俗可移。无令侵削，无使疮痍。下民易虐，上天难欺。赋舆是功，军国是资。朕之爵赏，固不逾时。尔俸尔禄，民膏民脂。为人父母，罔不仁慈。特为尔戒，体朕深思。"）以毋昭裔为丞相，案雍都旧本九经，命平泉令张德钊书而刻诸石，以贮成都学宫。罢诸将遥领节度使，以文臣代之。昶幸晋、汉之际，中国多故，而据险一方，君臣务为奢侈以自娱。周世宗立，伐蜀，攻自秦州，蜀兵败绩，于是秦、成、阶、凤复入于周。宋乾德二年，太祖遣将分道伐蜀，王全斌等率师自凤州进（凤州，今陕西凤县，入蜀咽喉也），刘光义、曹彬率师自归州进（归州，今湖北秭归县）。昶遣枢密使王昭远率师御之。昭远，成都人，好读兵书，以方略自许。始发成都，昭远手执铁如意指挥军事，自比诸葛亮。与王全斌战于剑门，昭远败遁，宋兵径趋成都，昶奉表出降。诏昶举族归朝，至，拜中书令，数日卒。后蜀亡。

（五）南汉　刘隐者，父谦为广州牙将。唐乾符五年，黄巢破广州，去略湖湘间，广州表谦为封州刺史（封州，今广东封川县），以御梧、桂以西。岁余，有兵万人，战舰百余艘。谦卒，广州表隐代谦封州刺史。隐父子起封州，遭时多故，数有功于岭南，遂有南海。隐复好贤士，是时天下已乱，中朝人士避地者，多游于岭外焉。或当时仕宦遭乱不得还者，皆客岭表。王定保、倪曙、刘濬、李衡、周杰、杨洞潜、赵光胤之徒，隐皆招礼之。及其弟䶮僭号，为陈吉凶礼法，为国制度，略有次序，皆用此数人焉。置选部贡举，放进士、明经十余人，如唐故事，岁以为常。时广南为市舶所萃，号称富庶。䶮好奢侈，悉聚南海珍宝，以为玉堂珠殿。岭北商贾至南海者，多召之使升宫殿，纵观珠玉之富，以示夸大焉。子玢立，为弟晟所弑，尽杀䶮之诸子。晟遣巨舰指挥使暨彦赟以兵入海，掠商人金帛，作离宫数百。子𬬮尤愚而暴，委政宦者龚澄枢、陈延寿等，作烧煮剥剔、刀山剑树之刑，或令罪人斗虎抵象，民被其毒。宋开宝三年，太祖命潭州防御使潘美讨之。时𬬮旧将多以谗构诛死，宗室翦灭殆尽，掌兵者唯宦人数辈。潘美大败𬬮兵于贺州（今广西贺县），又败其象阵于韶州（今广东曲江县），进至广州，𬬮奉表诣军门乞降，美献𬬮于朝。南汉亡。

（六）楚　马殷者，许州鄢陵人。初为蔡贼孙儒裨将，儒战败死，殷等无所属，推其党刘建峰为帅。殷为先锋，拥众入潭州。建峰不能御众，为其下所杀，众遂推殷为帅。殷遣将攻连、邵、彬、衡、道、永六州，皆下之。进围桂管，尽取其属州。北败吴将刘存兵，遂取岳州。殷令民造茶通商旅，而收其算，岁入万计。由是地大力完，数向梁、唐邀封爵。明宗封殷楚国王。殷卒，其子希声、希范、希广以次立。当希广时，其兄弟希萼、希崇内争，臣于南唐李璟。璟遣将边镐入潭州，尽迁马氏之族于金陵。楚亡，而楚将刘言自辰州（今湖南沅陵县）攻长沙，边镐败走。言旋为楚将王进逵所杀，进逵又旋为楚将潘叔嗣所杀。楚将周行逢又讨杀潘叔嗣，传其子保权。宋乾德元年，太祖遣慕容延钊率兵自襄阳入湖南。延钊兵入朗州（今湖南武陵县），保权举族朝于京师，楚地始入于宋。

（七）吴越　钱镠者，杭州临安人（今浙江临安县）。少以贩盐为盗。唐乾符中（僖宗年号），以应势为於潜镇将董昌部校。属天下丧乱，黄巢寇岭表，江淮之盗贼群聚，大者攻州郡，小者剽里间。董昌聚众恣横于杭、越之间（越州，今宁波地）。杭州八县，每县召募千人为一都，时谓之杭州八都，以遏黄巢之冲要。时刘汉宏聚徒据越州，润州（今镇江）牙将薛朗逐其节度使，自称留后。僖宗诏董昌讨伐，昌以军政委钱镠，率八都之士进攻越州，诛汉宏，回戈攻润州，擒薛朗，江浙平。僖宗以董昌为浙东节度使、越州刺史，钱镠代昌为杭州刺史。时孙儒、杨行密交乱淮海，烟尘数千里，镠常率师以为防捍，勋名日著。董昌反于越州，自称罗平国王，昭宗命镠讨昌。乾宁四年，镠率浙西将士破越州，擒昌以献，镠遂兼越、杭两州，有精兵三万。吴杨行密连岁兴戎，欲兼并两浙，累为钱镠所败。镠据有十三州之地，而三面受敌，故历梁及唐，皆勤于事大之礼，得封为吴越国王。镠在杭州垂四十年，穷奢极贵。钱塘江旧日海潮逼州城，镠大庀工徒，凿石填江，以折水势。遣使册新罗、渤海王，海中诸国皆封拜其君长焉。镠卒，谥曰武肃，子元瓘立。元瓘从镠征伐最有功，为诸将所服，故得立。元瓘亦善抚将士，好儒学，善为诗。使其国相沈崧置择能院，选吴中文士录用之。然性尤奢侈，好治宫室。元瓘卒，子佐立，时年十三。闽王延羲、延政兄弟相攻，连兵不解者数年。佐遣将张筠、赵承恭等率兵三万，水陆赴之。遣将誓军，号令齐整，遂取福州而还。佐卒，弟倧立。倧卒，弟俶立。俶历汉、周，袭封吴国王。世宗征淮南，诏俶攻常、宣二州（常州，今江苏武进县。宣州，今安徽宣城县），反为南唐兵所败。钱氏兼有两浙几百年，其人比诸国号为怯弱，而俗喜淫侈，偷生工巧。自镠世，常重敛其民以事奢僭，下至鸡鱼卵鷇，必家至而日取，人尤不堪其苦。宋兴，荆楚诸国相次归命，俶势益孤，始倾其国以事贡献。太宗太平兴国三年，俶举族归朝，国除。

（八）闽　王审知者，光州固始人，与其兄潮俱有材勇。广明元年，黄巢犯阙，群盗蜂起，寿州屠者王绪自称将军，攻固始，召潮兄弟置军中，以潮为军校。王绪为秦宗权所攻，率众渡江，所在剽掠，自南康转至闽中，入临汀（今福建长汀县），陷漳浦（今漳浦县）。绪性猜忌，潮与豪首数辈共杀绪，其众推潮为主。是时，泉州刺史廖彦若为政贪暴，泉人苦之，闻潮略地至其境，而军行整肃，其耆老相率遮道留之，潮遂攻克泉州（今晋江县）。光启二年（僖宗年号），福建观察使陈岩表潮为泉州刺史。岩卒，潮遣王审知攻破福州，由是尽有闽岭五州之地。潮病将卒，舍其子而命审知为留后。昭宗拜审知为节度使，梁封审知为闽王。审知虽起盗贼，而为人俭约，好礼下士，王倓、杨沂、徐寅之徒皆依审知仕宦。又建学四门，以教闽士之秀者。招徕海中蛮夷商贾，轻徭薄赋，与民休息。三十年间，一境偃然。审知卒，子延翰嗣，辄改审知制度，僭称大闽国，为其弟延钧、延禀所弑。延钧立，后为其子昶所弑。昶多行不道，闽人杀之，立从父延羲。延羲与其弟延政相攻累年，延羲为其将连重遇所杀，诸将争立，闽中大乱。南唐李璟命查文徽领兵伐之，急攻建州（今建瓯县），破之，迁延政族于金陵，而吴越钱镠之出兵攻下福州，闽亡。

（九）南平　高季兴者，陕州人。少为朱友让家僮，梁朱温见而奇其材，补军职。天复二年，梁兵攻凤翔，李茂贞坚壁不出，朱温议欲收兵还河中，季兴独进曰："天下豪杰窥此举者一岁矣，今岐人已急，破在旦夕，所虑者坚壁以老我师，此可以诱致之也。"温从其言，岐遂请成，季兴由是知名。开平元年，梁拜季兴为荆南节度使。荆南节度十州，当唐之末，为诸道所侵，季兴始至江陵，一城而已。兵火之后，井邑凋零，季兴招集抚绥，人士归之。末帝时，季兴见梁日以削弱，乃治城隍，聚亡命，阻兵自固。自后僭臣于吴、蜀，梁氏稍不能制焉。及庄宗定天下，季兴来朝于洛阳，或请留之，不果，季兴促程而去。其时梁朝旧军多为季兴所诱，兵众渐多，而窃据之志坚矣。同光三年，封南平王。魏王继岌平蜀，尽选其宝货浮江而下，季兴闻庄宗之难，尽于峡口邀取之。季兴卒，子从海立。荆南地狭兵弱，介于吴、楚，为小国。自吴称帝，而南汉、闽、楚皆奉梁正朔，岁时贡奉，皆假道荆南。季兴、从海常邀留其使者，掠取其物，而诸道以书责诮，或发兵加讨，即复还之而无愧。其后南汉与闽、蜀皆称帝，从海所向称臣，盖利其赐予，诸国皆目为高赖子云。从海卒，子保融立。周世宗征淮，保融出兵三千于夏口以为应，又奉笺南唐，李璟劝其内附。荆南自后唐以来，数岁一贡京师，而中间两绝。及世宗时，无岁不贡矣。保融卒，弟保勖立。三年，保勖疾，以保融之子继冲立。宋建隆四年，太祖命慕容延钊率师讨湖南之乱。延钊假道荆南，继冲出迎于郊，而前锋已入江陵，旌旗甲马，布列衢巷。继冲大惧，遂尽籍其土地以献。乾德元年，继冲举族归朝，南平亡。

（十）北汉　刘崇者，汉高祖刘知远之母弟也。知远入汴，以崇为太原尹、北京留守。乾祐三年，隐帝遇弑，郭威反状已白，而汉诸臣不即推尊之，故未敢立。乃谬请于太后，立崇子赟，遣宰相冯道迎赟于徐州。崇初谋举兵以讨郭威，及闻迎赟，喜其子为帝，乃罢兵。太原少尹李骧说以郭公其势不能为汉臣，必不为刘氏立后。因劝崇以兵下太行，控孟津（在今河南孟县南十八里）以俟变，庶几赟得立，赟立而罢兵可也。崇以为李骧欲离间其父子，牵出斩之。及赟表杀崇，乃即帝位于太原，遣使契丹，约为父子之国，求兵以攻周，兵出不利。及周太祖崩，崇闻之喜，遣使乞兵于契丹，遣杨衮将铁马万骑及奚诸部兵五六万人来助崇，遂围潞州。世宗自将以击之，大败崇兵于高平，崇仅以身免。世宗进围太原，自四月至于六月，不克而退。崇卒，子承钧继立。时宋太祖代周，而周将昭义节度使李筠举兵奉表称臣于太原，乞兵为援。承钧率兵赴之，而筠败死。自崇世，凡举事必禀契丹，而承钧之立多略，以故失契丹之援，而无南侵意。承钧卒，养子继恩立，为其下所杀，弟继元立。开宝二年，宋太祖亲伐北汉，围太原，决汾水以灌城。继元坚守不下，会岁暑，两军士多疾，乃班师。及宋师既去，水落而城多摧圮。太平兴国四年，宋太宗复亲伐北汉，先败辽援兵，围攻太原累月，继元穷蹙，始出降，北汉亡。

## 五代十国兴亡表

| 国名 | 种族 | 开基人 | 国都 | 据地 | 亡国人 | 世数 | 兴年 | 亡年 | 年代总计 | 并灭者 |
|---|---|---|---|---|---|---|---|---|---|---|
| 梁 | 汉族 | 太祖朱温 | 汴，今开封。 | 河南、关内、河东一部、河北一部、山南等地，有州七十八。 | 末帝朱支贞 | 二主 | 开平元年 | 龙德三年 | 十七 | 唐庄宗 |
| 后唐 | 沙陀 | 庄宗李存勗 | 洛阳 | 河东、河中、河南、关内、河北、陇右、山南、剑南等地，有州一百二十三。 | 潞王李从珂 | 四主 | 同光元年 | 清泰三年 | 十四 | 晋高祖 |
| 晋 | 西夷 | 高祖石敬瑭 | 汴 | 同唐，除燕云十六州，有州百有九。 | 出帝石重贵 | 二主 | 天福元年 | 开运三年 | 十二 | 契丹 |
| 汉 | 沙陀 | 高祖刘知远 | 汴 | 同晋，有州一百有六。 | 隐帝刘承祐 | 二主 | 乾祐元年 | 乾祐三年 | 四 | 周 |
| 周 | 汉族 | 太祖郭威 | 汴 | 河东、河中、河南、关内、河北、陇右、山南、江北等地，有州一百二十八。 | 恭帝柴训 | 三主 | 广顺元年 | 显德七年 | 十 | 宋太祖 |
| 吴 | 汉族 | 杨行密子溥称帝 | 广陵，后徙金陵。 | 淮南、江南两道之地，有州二十八。 | 杨溥 | 四主 | 唐昭宗大顺二年 | 晋天福二年 | 四十六 | 南唐李昇 |

续表

| 国名 | 种族 | 开基人 | 国都 | 据地 | 亡国人 | 世数 | 兴年 | 亡年 | 年代总计 | 并灭者 |
|---|---|---|---|---|---|---|---|---|---|---|
| 南唐 | 汉族 | 李昪 | 金陵 | 同吴，后失江北，有州二十一。 | 李煜 | 三主 | 晋天福二年 | 宋开宝八年 | 三十九 | 宋太祖 |
| 前蜀 | 汉族 | 王建 | 成都 | 剑南、山南西道，有州四十六。 | 王宗衍 | 二主 | 唐昭宗天复三年 | 同光三年 | 三十五 | 唐庄宗 |
| 后蜀 | 汉族 | 孟知祥 | 成都 | 同前 | 孟昶 | 二主 | 同光三年 | 宋乾德三年 | 四十一 | 宋太祖 |
| 南汉 | 汉族 | 刘隐 | 番禺 | 岭南、六管，有州四十七。 | 刘鋹 | 五 | 唐昭宗乾祐二年 | 宋开宝四年 | 六十七 | 宋太祖 |
| 楚 | 汉族 | 马殷 | 长沙 | 湖南、岭北地，有州十五。 | 周保权 | 马氏六主刘言王进逵周氏二主 | 唐昭宗乾宁二年 | 周广顺元年 | 五十七 | 宋太祖 |
| 吴越 | 汉族 | 钱镠 | 杭 | 浙东西十三州 | 钱俶 | 五主 | 唐乾宁二年 | 宋太平兴国三年 | 八十四 | 宋太宗 |
| 闽(殷) | 汉族 | 王潮 王审知 | 侯官 | 全闽，有州五。 | 王延政 | 六主 | 唐昭宗景福元年 | 晋开运三年 | 五十五 | 南唐 |
| 南平 | 汉族 | 高季兴 | 江陵 | 荆南及归、峡，有州三。 | 高继冲 | 五主 | 梁开平元年 | 宋乾德元年 | 五十七 | 宋太祖 |
| 北汉 | 沙陀 | 刘旻 | 太原 | 太原以北十州 | 刘继元 | 四主 | 周广顺元年 | 宋太平兴国四年 | 二十八 | 宋太宗 |

## 第二十节　契丹之勃兴及入侵

契丹为东部鲜卑之别支（见《魏书·外国传》）。其名始见于魏晋之间，所有世次不可知，可知者自奇首汗始。奇首生八子，后分为八部，为高丽、蠕蠕所侵，仅以万口附于元魏。当隋之时，各部有臣附突厥者，有内附于隋者，依纥臣水而居（今热河区之图尔根河，为大凌河北源），部落渐众，分为十部，有地辽西五百余里。唐武德初，其君大贺氏阻冷陉山（今内蒙古札噜特右翼旗南之奎屯山，在哈齐尔河北，蒙古语谓冷为屯）以自固。贞观中，其酋摩会入朝，赐鼓纛，由是有常贡。帝伐高丽，悉发契丹、奚首领从军，还过营州（在今热河区平泉县东北一百八十里），以窟哥为左武卫将军。大帅辱纥主据曲率众来归，即其部为玄州，以据曲为刺史。窟哥举部内属，乃置松漠都督府（《蒙古游牧记》："翁牛特左翼旗北有唐松漠府故垒"），以窟哥为都督，赐姓李。以达稽部为峭落州，纥便部为弹汗州，独河部为无逢州，芬问部为羽陵州，突便部为日连州，芮奚部为徒河州（即土河，今图尔根河），坠斤部为万丹州，伏部为匹黎州及赤山州，俱隶松漠府，是为契丹内属于中国之始。窟哥死，孙李尽忠为松漠都督，与孙敖曹、曾孙李万荣举兵反，据营州。武后遣曹仁师、王孝杰等先后发大兵十余万讨之，均为尽忠等所败。万荣遂屠幽州（今北平）。又诏娄师德等率兵二十万讨之，万荣兵败，为张九节所斩。契丹余众不能立，乃附突厥，而大贺氏遂微。别部长过折代之，复为其下涅里所杀。涅里者，迭剌部长，辽太祖之世祖也（见《辽史·世表》）。涅里立迪辇俎里为阻午可汗，更号遥辇氏。唐赐阻午汉姓，名为李怀秀。玄宗天宝中，安禄山表请讨契丹，怀秀发兵十万拒之，败禄山兵于潢水南（即今西辽河）。自是与禄山兵连不解。迭剌部自涅里以来，世为遥辇氏之夷离堇（掌部族军民之政），执其政柄。七传而至辽太祖，受痕德堇可汗之禅，而遥辇氏遂亡。

辽太祖者，契丹迭剌部霞濑益石烈乡耶律弥里人，姓耶律氏（《辽史·世表》："世里氏、大贺氏、遥辇，号三耶律。"《弘简录》谓："辽始兴之地名世里，译曰耶律，故以为姓。"李有棠案："耶律亦作移剌，世与耶声不相近，疑为也字。也与耶正相转，见《钱竹汀集》"），名亿，字阿保机。欧阳修《五代史》云："契丹各部之长号大人，而尝推一大人建旗鼓以统八部。至其岁久，或其国有灾疾而畜牧衰，则八部聚议，以旗鼓立其次而代之。被代者以为约本如此，不敢争。时刘仁恭据有幽州，八部之人以为遥辇不任事，选于其众，以阿保机代之。阿保机多智勇略，威制诸部，立九年而肯代。诸部以其久不代，共责诮之。阿保机不得已，传其旗鼓，自为一部，移治汉城（在今热河区炭山东南滦河上）。"其说与《辽史》异，或指夷离堇一职言之欤？唐昭宗天复二年，阿保机以兵四十万寇河东、代北，攻下九郡，频年入寇，北边骚然。梁将篡唐，晋王李克用使人聘于契丹，阿保机以兵三十万会克用于云州东城，约为兄弟，克用赠以金帛甚厚，期共举兵击梁。阿保机遗晋马千匹，既归而背约，反附于梁，晋王以为憾。其后庄宗虏刘仁恭取幽州，以周德威守之。

初，幽州北七百里有榆关（今山海关），下有榆水通海，自关东北循海有道二，狭处才数尺，旁皆乱山，高峻不可越。旧置八防御军，募士兵守之，田租皆供军食，岁致缯纩以供衣。每岁早获，清野坚壁以待。契丹至，则闭壁不战，俟其去，选骁勇据险要之，契丹常失利走，由是不敢轻入寇。及周德威镇卢龙，恃勇不设备，遂失榆关之险，契丹每刍牧于营、平间（平州，今河北省卢龙县），数攻幽、蓟。梁龙德二年，镇州张文礼之乱，阿保机引兵攻中山（今河北定县），渡沙河。唐庄宗自将铁骑五千，败契丹兵于新城（今河北新城县）。阿保机引兵走，庄宗蹑其后，见其宿处环秸在地，方隅整然，虽去而不乱，叹曰："虏法令严，盖如此也。"契丹虽无所得而归，然自此颇有窥中国之志，患女真、勃海等在其后，欲击勃海，惧中国乘其虚，乃遣使聘唐以通好。唐同光中（辽太祖神册四年），阿保机大举兵亲征勃海。勃海系出粟末靺鞨（粟末，水名，今吉林松花江），当高丽之亡也，天祚荣（即孙万荣）建国于唐武后时，地方五千里，尽得扶余（今吉林西北扶余、长春、农安等县地）、沃沮（北沃沮，今吉林东南珲春地。南沃沮，今朝鲜东北庆兴地）、弁韩、朝鲜海北诸国地，为海东名国，拥有五京、十五府、六十二州（其名详见《新唐书·渤海列传》）。至是，阿保机屡破其兵，进围忽汗城（在今吉林宁古塔，即宁安县西南八十里，有东京城址，城以水得名。忽汗河，即今牡丹江），获其王大諲譔以归，勃海遂亡，改其地为东丹国，册太子突欲为人皇王以主之。阿保机次扶余殂，辽称为太祖。

阿保机之建国，首并八部，东西征讨，如摧枯朽。东至海，西至于流沙（今甘肃北内蒙古之居延海），南接燕、代，北绝大漠，信威万里，任用燕人韩延徽为相。其树城郭，分市里，教垦艺，制契丹文字三千余言，斐然具开国之规模焉。阿保机后述律爱其次子德光，德光有智勇，素已服其诸部，遂立德光，为辽太宗。德光事其母甚谨，国事必告而后行。石敬瑭之反也，唐遣张敬达等讨之。敬瑭遣使求救于德光，德光自将出兵雁门（今山西代县北），车骑连亘数十里。兵至太原，即日大破唐军，围张敬达等于晋安寨，立石敬瑭为皇帝。已而杨光远杀张敬达以降，德光遣兵送敬瑭入洛阳，遂割燕云十六州，并执唐将赵德钧、延寿以归。赵德钧镇幽州十余年，子延寿为枢密使。唐废帝遣使将兵救张敬达，逗留不进，阴遣使于德光，求立己为帝。德光至潞州，锁德钧父子而去。

契丹初起，以临潢府为皇都（即今阿鲁科尔沁旗南绰诺河南之波罗城）。至是乃以幽州为燕京，改其天显十一年为会同元年，改国号曰大辽，置百官皆依中国，参用中国之人。晋石敬瑭对辽称儿皇帝，终其世奉之甚谨。晋出帝立，德光怒其先以告，而又不奉表，不称臣而称孙，数遣使者诘晋，而晋大臣景延广对使者语又不逊，德光乃倾国南寇。梁开运元年，出帝亲征，败辽兵于马家渡（在今山东聊城县）。二年正月，德光复入寇，围镇州，杜威闭壁不敢出。契丹南掠邢、磁、洺，至于安阳河（今河南安阳县），千里之内，焚剽殆尽。又为晋军败于白团卫村（在今河北完县）。

是时晋与辽皆厌兵，而议和不成。赵延寿在幽州，晋数以书招之。延寿见晋衰而天下乱，常有意窥中国，而德光亦尝许延寿灭晋而立之。延寿诈言思归，约晋发兵为应以诱晋。三年，晋遣杜威等应延寿，至瀛州，德光闻晋出兵，乃入寇镇州。杜威西屯中渡（中渡桥在河北正定南滹沱水上），与德光夹水而军。德光分兵并西山出晋军后，杜威等被围粮绝，遂举军降。德光遣赵延寿衣赭袍至晋营抚慰士卒，曰："彼皆汝物也。"亦以赭袍衣杜威。其实皆戏之，亦借以愚晋军也。进军至大梁，出帝迎降。德光入自封丘门，登城楼，遣通事宣言谕众曰："我亦人也，可无惧。我本无心至此，汉兵引我来尔。"遂改晋国为大辽国，改服中国皇帝衣冠以视朝，百官常参起居如晋仪。德光大悦，顾其左右曰："汉家仪物，其盛如此，我得于此殿坐，岂非真天子耶？"德光已灭晋，遣其部族酋豪及其通事为诸州镇刺史、节度使，括借天下钱帛以赏军。胡军人马不给粮草，日遣数千骑分出四野，劫掠人民，号为打草谷。东西二三千里之间，民被其毒，远近嗟怨。汉刘知远起太原，所在州镇多杀契丹守将归汉。德光大惧，乃以其国舅萧翰守汴引兵北归。行至汤阴，登愁思冈，谓其属曰："我在上国，以打围食肉为乐，自入中国，心常不快。若得复吾本土，死亦无恨。"至临洺，见其井邑荒残，笑谓晋人曰："致中国至此，皆燕王为罪首。"（时封赵延寿为燕王）又顾其相张砺曰："尔亦有力焉。"德光行至栾城，得疾，卒于杀胡林（在今河北栾城县北），辽人谥为太宗。初，德光之南侵也，其母述律不欲，及丧车至国，述律不哭，曰："待诸部宁一如故，则葬汝矣。"

## 第二十一节　唐代制度之大概

唐之制度虽多沿隋制，而加以详明之修正，故其制巍然为汉以后之一大制作，而为宋、元、明、清所沿用。盖隋制肇于元魏，为北朝文明之结晶，而唐则以隋制为主干，而吸取汉、晋、南朝之菁华，为之补苴而润色，使臻于中正明备之盛。于是新旧南北两文明镕合浑化，而产出为唐代之新文明焉。兹先取其制度分别言之：

（一）官制　唐官制之大别，曰省、曰寺、曰监、曰卫、曰府，各统其属，以分职定位，职有常守，位有常员。太宗省内外官，定制为七百三十员，曰："吾以此待天下贤材足矣。"然其时已有员外置及检校、兼、守、判、知之类，皆非本制。其后或因使因事而置，事已则罢。肃、代以来，军功之官繁多，遂不胜其滥矣。今分中央与地方分类明之：

（甲）中央官制　唐官初因隋号，后改纳言为侍中，内史为中书令，内书省为中书省，而中书、门下、尚书三省为中央政府最高之机关。中书令、侍中、尚书令为三省长官，共佐天子而统天下之大政，均为前代宰相之职。门下省，侍中二员，掌出纳帝命，总典吏职。凡军国之务，与中书令参而总焉。坐而论之，举而行之，此其大较也。中书省，中书令二人，掌军国之政令。入则告之，出则奉之，以厘万邦，以度百揆，盖佐天子而执大政也。尚书省，尚书令一人，掌总领百官，仪型端揆。其后以太宗尝为尚书令，臣下避不敢居其职，由是左右仆射为尚书省长官，与侍中、中书令号为宰相。其余以他官参掌者无定员，但加同中书门下三品及平章事、知政事、参知机务、参与政事及平章军国重事之名者，并为宰相，亦汉行丞相事之例也。大抵三省虽无所不统，而其权限则门下主议法，中书主造命，尚书主行政。故唐一政之行也，俾中书出令，门下审驳，而尚书受成，始颁之有司，集众人之心思，经两省之详审，是以举事无不当，而大权无所弄也。惟宰相既无定员，又多以他官兼领，以故用之易，自用庶僚超拜，同时或至有十余人之多（见《新唐书·宰相表》睿宗景云元年），则责任不专而相权轻矣。自开元以后，欲重其事，常使宰相兼领他职，故时方用兵则为节度使，时崇儒学则为大学士，时急财用则为盐铁转运使，又其甚则为延资库使，是非所以重相权，适所以轻相体也。至翰林院为待诏之所，学士为文学顾问、出入侍从之臣，自开元以来，改翰林供奉为学士，别置学士院专掌内命，选用益重，礼遇益亲，号为内相，天子夜召学士，出入无间，恩礼亲厚如寮友，非将相可比也（见《新五代史·前蜀世家》）。至尚书省之组织，既以副贰仆射代长官，而分为二司，左仆射统吏部、户部、礼部三尚书，右仆射统兵部、刑部、工部三尚书，此为后代六部执政权所由昉。各部又分为四司以办事，是为二十四司。三省之外，附以秘书省、殿中省、内侍省，是为六省。三省之下，有寺监。太常、光禄、卫尉、宗正、太仆、大理、鸿胪、司农、太府，是为九寺。国子、少府、将作、军器、都水，是为五监。凡此皆为行政之机关，所以分理天下之政务者也。其在三省统系之外，而隐然与尚书省对峙，特别行使其监察权者，则为御史台。合而观之，中书省行使立法权，门下省行使议法权，尚书省与寺监行使行政权，御史台行使监察权。惟司法权虽属于大理寺，凡鞫大狱，以刑部尚书、侍郎与御史中丞、大理卿为三司使，是为三法司。是司法权似受行政、监察之干涉，然在君主政体之下，以刑狱为生命财产之所关，故特示其慎重，而取与众共之之意。其用意所以补助司法，非以沮挠牵制之也。合而观之，唐代官制之精神，与近世文明国政府之组织相近，此贞观、开元之所以成郅治也。今撮其要，表之于下：

| 名称 | 长官 | 职掌 | 副贰 | 部 | 属 |
|---|---|---|---|---|---|
| 尚书省 | 尚书令（正二品） | 总领百官，仪型端揆 | 左仆射（从二品） | 吏部尚书（文选、勋封、考课），正三品，下同。 | 吏部 文官阶品、朝集、禄赐。 |
| | | | | | 司封 封命、朝会、赐予之级。 |
| | | | | | 司勋 官吏勋级。 |
| | | | | | 考功 文武百官功过、善恶考法。 |
| | | | | 户部尚书（土地、人民、钱谷、贡赋） | 户部 户口、土地、赋役、贡献。 |
| | | | | | 度支 租赋、物产、水陆道途。 |
| | | | | | 金部 库藏出纳、市政交易。 |
| | | | | | 仓部 库储、出纳租税、禄粮、仓廪。 |
| | | | | 礼部尚书（礼仪、祭享、贡举） | 礼部 礼乐、学校、图书、册命、丧葬赠赙。 |
| | | | | | 祠部 祠祀、享祭、医药、僧尼。 |
| | | | | | 膳部 陵庙牲豆酒膳，诸司供奉口味。 |
| | | | | | 主客 诸蕃朝见。 |
| | | | | 兵部尚书（武选、地图、兵马、军械） | 兵部 官卒账簿，贡举考课。 |
| | | | | | 职方 地图、道路、四夷归化。 |
| | | | | | 驾部 舆辇、车乘、传驿、厩牧。 |
| | | | | | 库部 戎器、卤簿仪仗。 |

续 表

| 名称 | 长官 | 职掌 | 副贰 | 部 | 属 |
|---|---|---|---|---|---|
| 尚书省 | 尚书令（正二品） | 总领百官，仪型端揆 | 右仆射（从二品） | 刑部尚书（律令、刑法、徒隶、谳禁） | 刑部 律法、案覆大理及天下奏谳。<br>都官 俘隶簿录、衣药、诉免。<br>比部 勾会内外赋敛、经费、军资、仓库。<br>司门 门关出入之籍及阑遗之物。 |
| | | | | 工部尚书（山泽、屯田、工匠、诸司） | 工部 城池土木，工役程式。<br>屯田 天下屯田，文武职田。<br>虞部 京都衢巷、山泽草木、百官蕃客供顿。<br>水部 津济、船舻、渠梁、堤堰、渔捕、漕运。 |
| 门下省 | 侍中（正二品） | 参总军国，审察诏命，有不合时，涂窜执还。 | 侍郎（正三品） | 左散骑常侍（正三品下）规讽过失，侍从顾问。左谏议大夫（正四品下），谏谕得失。 | 给事中 正五品上。涂窜诏旨归还，揆正百司奏钞。<br>左补阙 从七品上。供奉讽谏，大事廷议，小则上封事。<br>左拾遗 从八品上。职同上。<br>起居郎舍人 从六品上。记录天子起居、宰相议事。<br>弘文馆学士 正五品。详正图籍，教授生徒，参议制度。 |
| 中书省 | 中书令（正二品） | 执军国大政，出造命令。 | 侍郎（正三品） | 右散骑常侍右谏大夫（品职均如门下省） | 舍人 正五品上。起草诏敕，参议表章。<br>右补阙、右拾遗 品职均如门下省。<br>起居舍人 从六品上。修记言之史，如记事之制。<br>通事舍人 从六品上。朝见引纳，殿廷通奏。<br>集贤殿书院学士 撰集文章，刊辑经籍。<br>史馆修撰 修国史。 |

## 附：余省表

| 名称 | 长官 | 官等 | 职掌 | 领局 |
|---|---|---|---|---|
| 秘书省 | 监 | 从三品 | 经籍图书 | 著作局 |
| 殿中省 | 监 | 从三品 | 服御车乘 | 尚衣、尚食、尚药、尚乘、尚舍、尚辇六局。 |
| 内侍省 | 监 | 从三品 | 奉宣制令 | 掖庭、宫闱、奚官、内仆、内府、内坊六局。 |

## 一台表

| 名称 | 长官 | 官等 | 职掌 | 领院 | 属官 | 官等 | 职掌 |
|---|---|---|---|---|---|---|---|
| 御史台 | 大夫 | 正三品 | 以刑法典章纠正百官 | 台院 | 侍御史 | 从六品 | 纠举百僚，入阁承诏。 |
| | | | | 殿院 | 殿中侍御史 | 从七品 | 纠殿庭供奉之仪。 |
| | | | | 察院 | 监察御史 | 正八品 | 分察百僚，巡按州县。 |

## 九寺表

| 名称 | 长官 | 官等 | 职掌 | 领署 |
|---|---|---|---|---|
| 太常寺 | 卿 | 正三品 | 礼乐、郊庙、社稷之事。 | 郊社、大乐、鼓吹、太医、太卜、廪牺、汾祠，共七署。 |
| 光禄寺 | 卿 | 从三品 | 酒醴膳羞之政 | 太官、珍羞、良酝、掌醢，共四署。 |
| 卫尉寺 | 卿 | 从三品 | 器械文物 | 武库、武器、守宫，共三署。 |
| 宗正寺 | 卿 | 从三品 | 天子族亲属籍 | 陵台、崇玄，共二署。 |
| 太仆寺 | 卿 | 从三品 | 厩牧、辇舆之政 | 乘黄、典厩、典牧、车府、诸牧监，天下共四十八监，共四署。 |
| 大理寺 | 卿 | 从三品 | 折狱、详刑 | 无 |
| 鸿胪寺 | 卿 | 从三品 | 宾客及凶仪之事 | 典客、司仪，共二署。 |
| 司农寺 | 卿 | 从三品 | 仓储委积之事 | 上林、太仓、钩盾、导官，共四署。 |
| 太府寺 | 卿 | 从三品 | 财货、廪牺、贸易 | 京都四市、左藏、右藏、常平，共七署。 |

## 五监表

| 名称 | 长官 | 官等 | 职掌 | 领署 |
|------|------|------|------|------|
| 国子监 | 祭酒 | 从三品 | 儒学训导之政 | 国子学、太学、广文学、四门学、律学、书学、算学，七署。 |
| 少府监 | 监 | 正三品 | 百工巧技之政 | 中尚、左尚、右尚、织染、掌冶，五署。 |
| 将作监 | 大匠 | 从三品 | 土木工匠之事 | 左校、右校、中校、甄官，四署。 |
| 军器监 | 监 | 正四品 | 弓箭甲胄之事 | 弩坊、甲坊，二署。 |
| 都水监 | 使者 | 正五品 | 川泽、津梁、渠堰、陂池之政 | 河渠、诸津，二署。 |

（乙）地方官制　地方官制，因地方制度而定。故欲明唐代地方之官制之组织，必先知唐代地方制度之大概。唐初承隋制，高祖改郡为州，太守为刺史，又置都督府以治之。太宗始因山川形便，分天下为十道：一曰关内，二曰河南，三曰河东，四曰河北，五曰山南，六曰陇右，七曰淮南，八曰江南，九曰剑南，十曰岭南。贞观十三年定簿，凡州府三百五十八，县一千五百五十一。其后北殄突厥，西臣西域，东并高丽，南定交趾。其地东极海，西逾葱岭，南尽林州南境（今法领安南广南府南境），北被大漠。东西九千五百一十一里，南北一万六千九百一十八里。至开元时，又分山南、江南为东西道，增置黔中道为十五道。天宝以后，大盗内讧，夷蛮外扰，方镇遍于内地，名号移于军戎，纷纭变更，无复常制。驯至五代，太宗建制州郡之意尽亡，而节度使之专横极矣。此外蛮夷内属，唐多即其部落为羁縻府州，多至八百五十有六，又于沿边诸道设六都护以分统之。兹列十五道、方镇、都护三表，以见其概焉。

## 开元十五道表

| 道名 | 治所 | 今地 | 四至 | 府州数 | 县数 |
|---|---|---|---|---|---|
| 京畿道 | 西京 | 陕西长安县 | 东至潼关，西至岐山，北至邠州，南至商州。 | 府二，州六 | 五一 |
| 关内道 | 同上 | 同上 | 东至岐山，西至陇坂，北至沙漠，南至终南。 | 府三，州二四 | 九七 |
| 都畿道 | 东都 | 河南洛阳县 | 东至郑州，西至陕州，北至怀州，南至汝州。 | 府一，州四 | 二七 |
| 河南道 | 汴州 | 河南开封县 | 东至海，西至郑州，北至河，南至淮。 | 州二八 | 一六八 |
| 河东道 | 河中 | 山西永济县 | 东至常山，西至河，北至阴山，南至首阳、太行。 | 府二，州十八 | 一〇〇 |
| 河北道 | 魏州 | 河北大名县 | 东并海，西距常山、大行，北至榆关，南至河。 | 府一，州二九 | 一六二 |
| 山南东道 | 襄州 | 湖北襄阳县 | 东至荆山，西至万州，北至商华之山，南至江。 | 府一，州十七 | 七四 |
| 山南西道 | 梁州 | 陕西南郑县 | 东至商州，西至陈州，北至凤州，南至涪州。 | 府一，州十六 | 九一 |
| 陇右道 | 鄯州 | 甘肃西宁县 | 东至秦州，西逾流沙，北至沙漠，南连蜀及吐蕃。 | 府二，州十九 | 五八 |
| 淮南道 | 扬州 | 江苏江都县 | 东至海，西至汉水，北至淮水，南至大江。 | 州十二 | 五三 |
| 江南东道 | 苏州 | 江苏吴县 | 东至海，西至和州，北带江，南至漳州。 | 州十九 | 一〇一 |
| 江南西道 | 洪州 | 江西南昌县 | 东至润州，西至蜀，北带江，南至五岭。 | 州十九 | 九八 |
| 黔中道 | 黔州 | 贵州贵阳县 | 东至朗州，西至南诏，北至施州，南至群蛮。 | 州十五 | 四八 |
| 剑南道 | 益州 | 四川成都县 | 东连牂牁，西界吐蕃，北至剑阁，南接群蛮。 | 府一，州三八 | 一八九 |
| 岭南道 | 广州 | 广东番禺县 | 东至漳州，西至交趾，北至五岭，南至海。 | 府一，州七三 | 三〇六 |

## 玄宗时边州方镇节度使表

| 名称 | 治所 | 今地 | 职掌 |
|---|---|---|---|
| 安西 | 西州 | 新疆吐鲁番 | 抚宁西域 |
| 北庭 | 庭州 | 新疆迪化县 | 防制突骑施、坚昆、默啜 |
| 河西 | 凉州 | 甘肃武威县 | 断隔羌胡 |
| 陇右 | 鄯州 | 甘肃贵德县 | 备御羌戎 |
| 朔方 | 灵州 | 甘肃宁夏县 | 捍御北狄 |
| 河东 | 太原 | 山西太原县 | 掎角朔方，以御北狄 |
| 范阳 | 幽州 | 河北北平市 | 临制奚、契丹 |
| 平卢 | 营州 | 热河区朝阳县 | 镇抚室韦、靺鞨 |
| 剑南 | 益州 | 四川成都县 | 西抗吐蕃，南抚蛮獠 |
| 岭南 | 广州 | 广东番禺县 | 绥靖夷獠，防制海寇 |

## 肃宗后至唐末方镇节度使表

| \multicolumn{5}{c}{（一）关内道} |
|---|---|---|---|---|
| 邠宁，治邠州 | 泾原，治泾州 | 渭北，治坊州 | 凤翔，治凤翔府 | 朔方，治灵州 |
| 定难，治夏州 | 匡国，治同州 | 镇国，治华州 | 振武，治单于都督府 | |
| \multicolumn{5}{c}{（二）河南道} |
| 平卢，治青州 | 宣武，治汴州 | 忠武，治陈州 | 泰宁，治兖州 | 永平，治滑州 |
| 天平，治郓州 | 彰义，治蔡州 | 武宁，治徐州 | 陕虢，治陕州 | |
| \multicolumn{5}{c}{（三）河东道} |
| 河东，治太原 | 昭义，治潞州 | 河中，治蒲州 | 河阳，治河阳城 | |
| \multicolumn{5}{c}{（四）河北道} |
| 范阳，治幽州 | 武德，治恒州 | 魏博，治魏州 | 义武，治定州 | 横海，治沧州 |
| \multicolumn{5}{c}{（五）陇右道} |
| 陇右，治鄯州 | 河西，治凉州 | 安西，治西州 | 北庭，治庭州 | |
| \multicolumn{5}{c}{（六）山南道} |
| 山南西，治梁州 | 山南东，治襄州 | 荆南，治荆州 | 夔峡，治夔州 | |

续 表

| (七)淮南道 ||||||
|---|---|---|---|---|---|
| 淮南，治扬州 | 奉义，治安州 |||||
| (八)江南道 ||||||
| 镇海，治杭州 | 威武，治福州 | 武昌，治鄂州 | 江西，治洪州 | 义胜，治越州 ||
| 宁国，治宣州 | 钦化，治潭州 | 黔中，治黔州 ||||
| (九)剑南道 ||||||
| 西川，治益州 | 东川，治梓州 |||||
| (十)岭南道 ||||||
| 岭南，治广州 | 岭南西，治邕州 | 静海，治交州 ||||

## 六都护府表

下表举其大者有六，其瀚海、昆陵、濛池、峰州四都护府，营州、松州、戎州、黔州四都督府，皆略之。

| 名称 | 治所 | 今地 | 统属 | 羁縻州数 |
|---|---|---|---|---|
| 安西都护府 | 西州 | 新疆吐鲁番 | 龟兹、焉耆、于阗、疏勒四镇 | 九六 |
| 安北都护府 | 中受降城 | 绥远区五原县 | 漠北 | |
| 单于都护府 | 振武军 | 绥远区托克托西北 | 阴山以南，黄河以北 | 十五 |
| 北庭都护府 | 庭州 | 新疆迪化县 | 金山以西，天山北路 | 十六 |
| 安东都护府 | 平壤 | 朝鲜平壤城 | 高丽诸府，百济、新罗 | 四二 |
| 安南都护府 | 交州 | 安南东京 | 溪洞诸蛮及海南诸国 | 四一 |

就上表观之，唐之地方制度，属地与内地异，内地在初唐时又与中唐以后异，故其官制前后不同。唐初武德元年，改隋之郡为州，改隋之太守为刺史，加号持节，而边要之地置总管以统军。其后改曰都督，总十州者为大都督，凡都督府有刺史以下如故。然大都督又兼刺史，而不检校州事，是唐初都督掌兵政，刺史掌民政，军区与行政区分而为二也。以州统县，刺史每岁一巡属县，观风俗，问百姓，录囚徒，阅丁口，务知百姓之疾苦，考核官吏以为褒贬。若善恶殊尤者，随即奏闻。

其所部有须更改，得以便宜从事（见《唐六典》）。是刺史为地方行政最高长官，故朝廷重之。太宗重亲人之任，书督守之名于屏，俯仰视焉，其人善恶必书其下，是以州郡无不率理（《通典》卷三十三）。是唐初地方官制为州县二级制也。又恐其壅蔽也，常遣大理卿孙伏伽等二十一人以六条巡察四方，多所黜陟（事在贞观二十年）。中宗神龙中，又置十道巡察使，二周年一替，以廉按州郡，是犹汉部刺史刺州之遗意，初未尝干涉州刺史之行政也。至玄宗开元二十二年，初置十道采访处置使，既置印信，又定治所（见《新唐书·地理志》），其权似较重矣。然天宝九载，敕采访使但察访善恶，举其大纲，自经郡务，所有奏请，并委郡守，不须干及，是采访使仅有监察举劾权，而不得干涉州郡行政权也。然唐之边州则异是，开元、天宝之间，缘边之地置八节度使，外任之重无比焉。肃宗至德以后，中原刺史亦循其例，受节度使之号，若诸州在节度使内者，皆节度焉。于是唐初地方之两级制，遂渐变为三级制矣。其时刺史皆治军戎，遂有防御使、团练使、制置使之名，要冲大都皆有节度之类，盗贼稍息，或易以观察之号焉。军政与民政糅杂而不可分，大率节度多兼观察，而节度、观察皆兼所治州刺史。又各道虽有度支、营田、招讨、经略等使，亦多以节度使兼之，兵甲、财赋、民俗之事，无所不领，谓之都府。节度盛而唐室微，遂演成五代割据之局矣。至于州县官佐，唐制在三代后最为完备，今列表于下：

### 州官职表

京兆、河南、太原三府设尹，各州分为上中下三等，凡户满四万以上者为上州，户满三万以上为中州，户不满三万者为下州。

| 州长 | 副贰 | 属官 | 职掌 |
| --- | --- | --- | --- |
| 上州刺史（从三品） |  |  | 劝农谕教，考核官吏。 |
|  | 别驾（从四品下） |  | 纪纲众务，通判列曹，岁终则曹入奏计。 |
|  | 长史（从五品上） |  | 同上 |

续 表

| 州长 | 副贰 | 属官 | 职掌 |
|---|---|---|---|
|  | 司马（从五品下） |  | 同上 |
|  |  | 录事参军事（从七品上） | 勾稽钞目，纠正非违。 |
|  |  | 司功参军事（从七品下） | 官吏考课、选举、祭祀、道佛、学校、医药等事。 |
|  |  | 司仓参军事（从七品下） | 度量仓库、租赋征收、田园市肆等事。 |
|  |  | 司户参军事（从七品下） | 户籍、婚姻、道路、井田等事。 |
|  |  | 司兵参军事（从七品下） | 武官选举、兵甲器仗、烽候传驿等事。 |
|  |  | 司法参军事（从七品下） | 律令格式、鞫狱定刑、盗贼奸非等事。 |
|  |  | 司士参军事（从七品下） | 津梁、舟车、舍宅、百工、众艺等事。 |
|  |  | 市令（从九品上） | 市廛交易、禁止非违之事。 |
|  |  | 经学博士（从八品下） | 以五经教授诸生。 |
|  |  | 医学博士（正九品下） | 以百药救疗平人。 |

## 县官职表

唐县有赤、畿、望、紧、上、中、下七等之差，京都所治为赤，京之旁邑为畿，其余则以户口多少、资地美恶为差。

| 县长 | 副贰 | 属官 | 职掌 |
|---|---|---|---|
| 上县令（从六品上） |  |  | 导风化，听狱讼，民田收受，通知籍帐、仓库、盗贼、堤道等事。 |
|  | 丞（从八品下） |  | 通判县事 |

续 表

| 县长 | 副贰 | 属官 | 职掌 |
| --- | --- | --- | --- |
|  |  | 主簿<br>（正九品下） | 勾稽钞目，纠正非违。 |
|  |  | 尉<br>（从九品下） | 亲理庶务，公判众曹。割断追征，收率课调。 |
|  |  | 录事 | 受事发辰，勾检稽失。 |
|  |  | 司户 |  |
|  |  | 司法 |  |
|  |  | 典狱 |  |
|  |  | 市令 |  |
|  |  | 博士助教 | 专以经术教授诸生。二分之月，释奠先圣先师。 |

**附乡官** 自隋开皇中罢州县乡官，于是前代乡村自治之员，多变为差徭役使之人。唐凡百户为一里，里置正一人；五里为一乡，乡置耆老一人，以耆年平谨者，县补之，亦曰父老；三十里置一驿，驿各有将，以州里富强之家主之，以待行李。自肃宗至德之后，民贫不堪命，遂以官司掌焉。

**（二）兵制** 唐有天下二百余年，而兵之大势凡三变。其始盛时有府兵，府兵废后而为彍骑，彍骑又废而方镇之兵盛。及其末也，疆臣悍将兵布天下，而天子亦自置兵于京师，曰禁军。其后天子弱，方镇强，而唐遂以亡。迹其盛衰治乱之故，岂非兵势措置之使然乎？兹分而言之。

**（甲）府兵** 府兵之制，起自后周，而备于隋。唐兴因之，内置十二卫，外置折冲府，使天下之兵隶于府，天下之府隶于卫，内外合一，指臂相使，此唐初兵之所以强也。凡民年二十为兵，六十而免，其能骑而射者为越骑，其余为步兵。军将以督耕战，军置坊主，以检察户口，劝课农桑。一岁之中，三时督耕，冬时教战，季冬合校。平居无事，府兵则散耕于野，其番上者，宿卫京师而已。有事则发府兵，命将率之以出，事解辄罢。兵散于野，将归于朝，兵无失业之忧，将无握兵之重，国无养兵之患。此府兵为古今之善制，三代之所不能为者。顾太宗为之而有效，则以府兵法依于田制故也。府兵组织，委曲繁重，兹列表以明之。

唐十六卫官职及领府表　领府数据宋章俊卿说

| 名称 | 长官 | 官品 | 职掌 | 领府数 |
|---|---|---|---|---|
| 左右卫 | 大将军（各一） | 正三品 | 领宫庭警卫，总诸曹、五府、折冲府。 | 六〇 |
| 左右骁卫 | 大将军（各一） | 正三品 | 同上。配亲府、翊卫、外府豹骑番上。 | 四〇 |
| 左右武卫 | 大将军（各一） | 正三品 | 同上。配翊府翊卫、外府熊渠番上。 | 四〇 |
| 左右威卫 | 大将军（各一） | 正三品 | 同上。配翊府翊卫、外府羽林番上。 | 四〇 |
| 左右领军卫 | 大将军（各一） | 正三品 | 同上。配翊府翊卫、外府射声番上。 | 四〇 |
| 左右金吾卫 | 大将军（各一） | 正三品 | 宫中及京城巡警，配翊府、外府䍐骑番上。 | 五〇 |
| 左右监门卫 | 大将军（各一） | 正三品 | 诸门禁卫门籍之法。 |  |
| 左右千牛卫 | 大将军（各一） | 正三品 | 宫殿侍卫及供御仪仗，总其曹务。 |  |

中府兵官职表

| 府别 | 长官 | 属官 | 职掌 |
|---|---|---|---|
| 上府（千二百人） | 折冲都尉（正四品上） | 左右果毅都尉 | 领属备宿卫，师役则总戎具、资粮、点习。 |
| 中府（千人） | 折冲陈尉（从四品下） | 同上 |  |
| 下府（八百人） | 折冲陈尉（正五品下） | 同上 |  |

高祖武德六年，军置坊主一人，以检察户口、劝课农桑，官职不录，今附此。

**唐府兵兵队组织表**

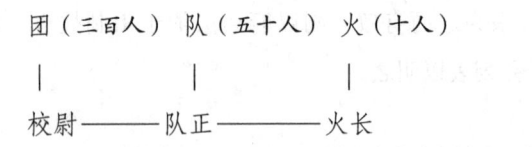

团（三百人）　队（五十人）　火（十人）
　　｜　　　　　　｜　　　　　　｜
校尉————队正————火长

**唐府兵分配诸道表**

| 道名 | 府数 | 道名 | 府数 | 道名 | 府数 | 道名 | 府数 |
| --- | --- | --- | --- | --- | --- | --- | --- |
| 关内道 | 二七三 | 河南道 | 六二 | 河东道 | 一四一 | 河北道 | 三〇 |
| 山南道 | 一〇 | 陇右道 | 二九 | 淮南道 | 六 | 江南道 | 二 |
| 剑南道 | 一〇 | 岭南道 | 三 | | | | |

案：《唐·兵志》："凡天下十道，置府六百三十四，皆有名号，而关内二百六十一。"今据《地理志》所载军府数之，实止五百六十六，而关内乃为二百七十三，与《兵志》不相应，而《百官志》又云府凡六百三十三，三志府数自相矛盾。大抵唐人论府兵言人人殊，杜佑则云五百九十三（《通典·州郡篇》），陆贽则云太宗置府八百，在关中者五百（《陆宣公奏议》），杜牧则云外开折冲府五百七十有四（原十六卫），而《邺侯家传》则云六百三十府。大抵府兵数目前后或有增省及移置，各据所见言之，所以不能尽同欤？（上表及案均采钱辛楣说）

（乙）彍骑　自高宗、武后时，天下久不用兵，府兵之法浸坏，番役更代，多不以时，卫士稍称亡匿。至玄宗开元时，益耗散，宿卫不能给。宰相张说乃请一切募士宿卫，乃取京兆、蒲、同、岐、华府兵及白丁，而益以潞州长从兵，共十二万，号长从宿卫，岁一番。明年，更号曰彍骑，是为府兵变为彍骑之始。当是时，诸州府马阙官私多不补，折冲将又积岁不得迁，士人皆耻为之。开元十三年，始以彍骑分隶十二卫，总十二万，为六番，以代府兵之番上马。天宝以后，彍骑又稍变废，士皆失拊循。八载，折冲诸府至无兵可交，李林甫遂请停上下鱼书。其后徒有兵额、官吏，而戎器、驮马、锅幕、糗粮并废矣。故时府人目番上宿卫曰侍官，言侍卫天子。至是，卫佐悉以假人为童奴，京师人耻之，至相骂辱必曰侍官。而六军宿卫皆市人，富者贩缯帛、食粱肉，壮者为角觝、拔河、翘木、扛铁之戏。及禄山反，皆不能受甲矣。

（丙）禁军　唐所谓天子禁军者，南北衙兵也。南衙，诸卫兵是也；北衙者，禁军也。唐初以诸卫兵为经制，而北卫之禁军不过沿事而立名耳。初，高祖以义兵起太原，已定天下，悉罢遣归，其愿留宿卫者三万人。高祖以渭北白渠旁民弃腴田分给之，号元从禁军，父老子代，谓之父子军。太宗择其善射者百人常从，号曰百骑。武后改百骑曰千骑，睿宗又改千骑曰万骑。及玄宗以万骑平韦氏，改为左右龙武军，皆用唐元（唐隆为温王年号，以避玄宗讳，故改唐元）。功臣子弟，制若宿卫兵。天宝末年，禁兵浸耗，玄宗西幸，禁军从者才千人。肃宗至德以后，置北衙六军（左右羽林军、左右龙武军、左右神武军）。盖承府兵、彍骑废坏之后，遂以禁军代之，然禁军中之神策军特盛。神策军者，本自外来。初，玄宗时，哥舒翰破吐蕃临洮西之磨环川，即其地置神策军。及禄山反，其军将卫伯玉将神策军千人赴难，与中使鱼朝恩皆屯于陕。时神策故地沦于吐蕃，号伯玉兵为神策军。其后遂统于观军容使鱼朝恩。代宗幸陕，鱼朝恩以神策军迎扈。及京师平，遂以军归禁中。永泰元年，吐蕃复入寇，朝恩又以神策军屯苑中。自是浸盛，势居北军右，遂为天子禁军，非它军比。自是天子禁军之权，归于宦官矣。自肃宗以后，北军名类颇多，废置不一，惟羽林、龙武、神武、神策、神威最盛，总曰左右十军焉。德宗既以禁卫假宦官，又诏置左右神策统军以崇之。时边兵衣饷多不给，而戍卒屯防供给最厚，诸将务为诡辞，请遥隶神策军，廪赐遂赢旧三倍。由是塞上往往称神策行营，皆内统于中人矣。其军乃至十五万，而北衙枢密之权，过于宰相矣（见《唐书·高元裕传》）。僖宗幸蜀，田令孜募神策新军为五十四都，离为十军，自为十军十二卫观军容使。

及朱温围凤翔，昭宗悉诛宦官，而神策左右军由此废矣。其后昭宗东迁，朱温尽以汴人易左右，天子无一人之卫，唐乃亡焉。

（丁）方镇兵　唐制，军出于内谓之将，镇于外谓之使（李翰《行军司马记》）。初，太宗既分天下为十道，而兵之戍边者，大曰军，小曰守捉、曰城、曰镇，又分军、镇、城、戍之兵为十二道，而置使处之，总之以都督，大者所隶二十余，小者亦不下十余。自高宗永徽以后，都督带使持节者始谓之节度使，开元、天宝之间置十节度经略使以备边，凡镇兵四十九万人、马八万匹。安禄山遂以范阳节度使犯京师，天子之兵弱不能抗，遂陷两京。肃宗以诸镇之力灭安、史，而节度使遂相望于内地，大者连州十余，小者犹兼三四。故兵骄则逐帅，帅强则叛上，往往父死子继，或士卒自择将吏，号为留后，以邀命于朝。天子顾力不能制，因而抚之，谓之姑息之政。盖姑息起于兵骄，兵骄由于方镇，姑息愈甚而兵将愈俱骄，由是号令自出，互相侵击，虏其将帅，并其土地，天子孰视不知所为，相推相荡，遂演成五代十国之局，而推原其故，皆由于府兵之亡，杜牧所谓府兵内铲而边兵外作者也。

（三）田制及赋税　唐初定天下，立为租庸调之制。自兹之外，不得横有调敛。其时上有恭俭之德，国无养兵之费，故取于民者简而国用足。天宝以后，用度骤增，租庸调之法坏，变而为两税制。而常赋之外，盐铁、转运、茶税、括苗之杂税兴，一切榷利、借商、进奉、献助、苟且、苛虐之事，无不为矣。兹分言之：

（甲）租庸调法　租庸调法之所由生，生于田制者也。有田则有租，有耕田之人则有庸，人而成家则有调，此皆取于土地身家之所固有，而非外求也。故欲明租庸调之法，必先明唐之田制。唐代授田之制，本起于元魏之均田，周、隋踵而行，太宗又因前人之规画而为之经略，遂为三代以后最良之田制。唐制，度田以步，其阔一步，其长二百四十步为亩，百亩为顷。凡民始生为黄，四岁为小，十六为中，二十一为丁，六十为老。丁及男年十八以上者人一顷，其八十亩为口分，二十亩为永业。老及笃疾、废疾者人四十亩，寡妻、妻三十亩，当户者增二十亩，皆以二十亩为永业，其余为口分。永业之田，树以榆、枣、桑及所宜之木，皆有数。田多可以足其人者为宽乡，少者为狭乡。狭乡授田，减宽乡之半。工商者宽乡减半，狭乡不给。凡庶人徙乡及贫无以葬者，得卖世业田。自狭乡而徙宽乡者，并卖口分田。田已卖者不复授，死者收之，以授无田者。凡收受皆以岁十月，授田先贫及有课役者。凡田，乡有余以给比乡，州有余以给近州。凡授田者，丁岁输粟二斛，稻三斛，谓之租。丁随乡所出，岁输绢二匹，绫绝二丈，布加五之一，绵三两，麻三斤，非蚕乡则输银十四两，谓之调。用人之力，岁二十日，闰加二日，不役者日为绢三尺，谓之庸。有事而加役二十五日者免调，三十日者租调皆免。凡里有手实，岁终具民之年与地阔狭为乡帐，乡成于县，县成于州，州成于户部。又有计帐，具来岁课役以报度支，国有所须，先奏而敛。凡税敛之数，书于县门村坊，与众知之。水旱灾荒，视其重轻为捐免之差。贞观元年，户不及三百万，绢一匹易米一斗。至四年，米斗四五钱，外户不闭者数月，马牛被野，人行数千里不赍粮，民物蕃息。此高祖、太宗之成效也。惟授田及租庸调之制，与天下户口之数，有重大密切之关系。故唐制分天下户为九等，三年一造户籍，凡三本，一留县，一送州，一送户部。然至开元之时，户口未尝升降，遂用监察御史宇文融策，括天下籍外羡田、逃户，诸道所括，得客户八十余万，田亦称是。州县希旨，多张虚数，以正田为羡，编户为客，而田制与税法由是乱矣。且租庸调之法，以人丁为本。自开元以后，天下户籍久不更造，丁口转死，田亩卖易，贫富升降不实。其后国家侈费无节，而大盗起。兵兴，财用益屈，而租庸调法遂坏。自代宗时，始以亩定税，而敛以夏秋。至德宗相杨炎，遂作两税法，夏输无过六月，秋输无过十一月。置两税使以总之，量出制入。户无主客，以居者为簿；人无丁中，以贫富为差。由是授田征租之法，一变而为征租不问田之法矣。且租庸调以丁身为本，故税丁身所出之布帛；两税法以资产为宗，故税资产所有之钱谷。不独无田之人，国家不复为之计，即纳税之人，亦所供非所业，必将增价以市所无，减价以货所有，而人民重困矣。故自建中定两税，而钱物轻，里民以为患。至穆宗时四十年，当时为绢二匹半者为八匹，大率加三倍。豪家大商，积钱以逐轻重，故农人日困，末业日增。帝欲革其弊，乃用户部尚书杨於陵言，两税上供、留州，皆易以布帛丝纩，租庸课调，不计钱而纳布帛。五代时，吴徐知诰用宋齐丘言，蠲除丁口钱，自余税悉收谷帛绸绢，匹值千钱者税三十。由是旷土尽辟，国以富强焉。

（乙）杂税　唐制，州府岁市土所出为贡，其价视绢之上下无过五十匹，有加配则以代租赋，无所谓杂税也。自安史之乱，征调烦急，至籍江淮、蜀汉富商右族訾畜，十收其二，谓之率贷，诸道亦税，商贾以澹（案：澹与赡通），军钱一千者有税，于是第五琦以钱谷得用，请于江淮置租庸使，吴盐、蜀麻、铜冶皆有税。德宗时，有间架、除陌、竹、木、茶、漆、铁之税，而诸道代易皆有进奉，剑南西川节度使韦皋有日进，江西观察使李兼有月进，皆弊政也。然在诸税之中，以盐税为最大，而有裨于国用。唐初有盐池十八、井六百四十，皆隶度支。天宝末年，盐每斗十钱。肃宗乾元元年，盐铁铸使第五琦始变盐法，就山海井灶收榷其盐，官置吏出粜。其旧业户并浮人愿为业者，免其杂徭，隶盐铁使，盗煮私市罪有差。于是尽榷天下盐，斗加时价百钱而出之，为钱一百一十，百姓除租庸外无得横赋，人不益税而上用以饶（《旧唐书·第五琦传》及《新唐书·食货志》）。及代宗时，以兵兴，税赋不足供费，盐铁使刘晏以为因民所急税之则国用足，乃上盐法轻重之宜，以盐吏多则州县扰，出盐乡因旧监置吏，亭户粜商人，纵其所之。江岭去盐远者，有常平盐，每商人不至，则减价以粜民，官收厚利，而人不知贵。晏之始领盐铁也，盐利岁才四十万缗，至大历末，六百余万缗。天下之户，盐利居半，宫闱服御、军饷、百官禄俸、甚仰给焉。至顺宗时，榷盐法大坏，多为虚估，率千钱不满百三十而已。兵部侍郎李巽为使，以盐利皆归度支，物无虚估，天下粜盐税茶，其赢六百六十五万缗。初岁之利，如刘晏之季年，其后则三倍晏时矣。是后盐法益密，私盗多而课税亦益减。唐末兵遍天下，盐税遂为诸镇所擅矣。酒酤、茶税，唐初皆无之。榷酒始于代宗广德二年，而淮南、忠武、宣武、河东则榷酒而已。凡天下榷酒，为钱百五十六万余缗，而酿费居三之一。茶税始于德宗之用赵赞议，以三等定估，十税其一，自是岁得钱四十万缗。至于钱币，则以开元通宝为常用，径八分，重二铢四参，积十钱重一两，得径重大小之中。其后有乾元十当钱，重棱当五十钱，三品并用焉。宪宗时，商贾至京师者，委钱诸道进奏院及诸军诸使富家，以轻装趋四方，合券乃取之，谓之飞钱。公家于商人飞钱于户部、度支、盐铁三司者，至每千缗增给百钱以奖之，此为后世钞币之嚆矢已。

大抵唐中叶以前，天下财赋归左藏，而太府以时上其数，尚书比部覆其出入。至肃宗末，京师豪将假取，不能禁，第五琦为度支盐铁使，请皆归大盈库，供天子给赐，主以中官。自是天下之财为人君私藏，有司不得程其为多少矣。至宪宗时，分天下之藏以为三：一曰上供，二曰送使，三曰留州。而政府与地方财政，始有明确之界限。其时史官李吉甫撰《元和国计录》云："天下每岁赋入倚办，止于浙西、浙东、宣歙、淮南、江西、鄂岳、福建、湖南等道，合四十州，一百四十万户。比于天宝，应课户五百三十四万九千二百八（案：天宝总户为九百六十一万九千二百五十四，除应课户外，余皆为应不课户），仅得四分有一焉。天下兵戎仰给县官者八十三万余人，率以两户资一兵。"观于此，而唐世先后之财政，其赢绌可睹矣。

（四）选举　唐制，取士之科多因隋旧，其大要有三：由学馆者曰生徒，由州县者曰乡贡，皆升于有司而进退之。其科之目有秀才，有明经，有俊士，有进士，有明法，有明字，有明算，有一史，有三史，有《开元礼》，有道举，有童子。而明经之别，有五经，有三经，有二经，有学究一经，有三《礼》，有三《传》，有史科。此岁举之常选也。其天子自诏曰制举，所以待非常之材，因事标名，如贤良方正、直言极谏之类，多至八十有六科（见《困学纪闻》）。其他如武后始置武举，《唐志》以其选用之法不足道，然武举中尚得郭子仪，其人成再造唐室之功。然唐之科目虽多，而为州县常年所举送、士族所趋向、朝廷所重视者，惟明经、进士二科而已。试明经之法，先帖文（顾亭林曰："唐时入仕之数，明经最多。考试之法，令其全写注疏，谓之帖括，议者病其不能通经，权文公谓：'注疏犹可以质验；不者，倘有司率情，上下其手，既失其本，又不得其末，则荡然矣。'"），然后口试，经问大义十条，答时务策三道。文义全通为上上，通八为上中，通六为上下，通五为中上，凡四等，为及第。试进士之法，时务策五道，帖一大经（《礼记》《春秋左氏传》为大经）。经、策全通为甲第，策通四、帖通四以上为乙第。高宗永隆二年，考功员外郎刘思立建言："明经多钞义条，进士唯诵旧策，皆无实才，而有司以人数充第。"乃诏明经试帖粗十得六以上，进士试杂文二篇，通文律者然后试策。先是，考试由考功员外郎主之（考功为吏部曹司）。开元二十四年，考功员外郎李昂为举人诋诃，玄宗以员外郎望轻，遂移贡举于礼部，以侍郎主之，礼部选士自此始。在此二科之中，进士尤为贵，其得人亦最为盛。方其取以诗赋辞章，类若浮文而少实，及其临事设施，奋其事业，隐然为国名臣者，不可胜数。其后俗益媮薄，上下交疑，因以案其声病，可以为有司之责，于是进士文格浮薄，唯以工丽为宗，而荒经史之学。及唐之晚节，进士浮薄尤为世所共患，当时名达杨绾请行古察孝廉通经之法（当肃宗时），郑覃请罢进士之科（当文宗时），先后皆不见听，而进士一科遂为后世取士唯一之途，虽五代朝代更易、干戈扰攘之际，进士之贡举未尝废也。

至选官之法，凡文、武两选，文选吏部主之，武选兵部主之，皆为三铨，尚书、侍郎分主之。其择人之法有四：一曰身，体貌丰伟；二曰言，言辞辩正；三曰书，楷法遒美；四曰判，文理优长。五品以上不试，上其名中书、门下；六品以下始集而试，观其书、判；已试而铨，察其身、言；已铨而注，询其便利而拟；已注而唱，不厌者得反通其辞；三唱而不厌，听冬集（唐制，放选以十月），厌者为甲，上于仆射，乃上门下者，侍中审之，然后以闻。凡明经、进士及第者，未便解褐入仕，尚须试于吏部，如韩愈四试于礼部乃及第，四试于吏部卒无成（韩集《上宰相书》），则十年犹布衣，且有出身二十年不获禄者。一人之身，须经吏、礼两部之历试，尚书、门下两省之详审，然后得官。其取材广而任人周如此。唐初，士不求禄，官不充员，有司移符州县，课人赴调，至则授官。其后四海晏清，士耻不以文学达，入仕者众，大率十人竞一官，余多委积不可遣。有司患之，谋为黜落之计，以僻书隐学为判目，无复求人之意矣。开元中，侍中裴光庭兼吏部尚书。先是，选司注官，惟视其人之能否，或不次超迁，或老于下位。又州县亦无等级，或视大入小，或初近后远，皆无定制。光庭始奏用循资格，贤愚一概，必与格合，乃得铨授，限年蹑级，不得逾越。于是久淹不收者皆便之，谓之圣书，而才俊之士，无不怨叹。宋璟争之不能得。其后中书令萧嵩虽奏罢之，然有司但守文奉式、循资案例而已。唐之官人失材，自是始也。传之后世，踵而行之，吏部铨选，遂成为照例之局，牢不可变焉。肃、代以后，天下多故，官员愈滥，而铨法无可道者。且河西、陇右没于虏，河北、河南不上计，吏员大率减天宝三之一，而入流者加一。故士人二年居官，十年待选，而考限迁除之法浸坏，吏道不复可问矣。

（五）**教育** 唐之学校，内有七学、二馆：国子学、太学、广文学、四门学、律学、书学、算学。此领于国子监者也。弘文馆则领于门下省，崇文馆则领于东宫，二馆以教皇族懿亲及功臣、大臣之子孙。国子学生三百人，以三品及勋封之子孙为之。太学生五百人，以五品及勋封之子孙为之。四门学生千三百人，其五百人为在官之子孙，八百人以庶人之俊异者为之。律学生五十人，书学生三十人，算学生三十人，以八品以下子及庶人通其学者为之。凡学皆设博士、助教，分经限年，以授诸生。《孝经》《论语》共限一岁，《尚书》《公羊传》《穀梁传》各一岁半，《易》《诗》《周礼》《仪礼》各二岁，《礼记》《左氏传》各三岁。学书，日纸一幅，间时务策，读《国语》《说文》《字林》《三苍》《尔雅》。书学则教以石经三体，限三岁，《说文》二岁，《字林》一岁。算学则教以《孙子》《五曹》，共限一岁，《九章》《海岛》共三岁，《张丘建》《夏侯阳》各一岁，《周髀》《五经算》共一岁，《缀术》四岁，《缉古》三岁，《记遗》《三等数》皆兼习之。此各学教科之大略也。外则大都督、中都督府、上州各六十人，下都督府、中州各五十人，下州四十人，上县四十人，中县三十五人，下县二十人。府、州、县皆设经学博士、助教，以教授诸生。太宗时，天下初定，增置京师学舍至千二百区，虽七营飞骑亦置生，遣博士为授经。四夷若高丽、百济、高昌、吐蕃，相继遣子弟入学，遂至八千余人。国学之盛，近古所未有也。玄宗开元十一年，置丽正书院，聚文学之士以修书，是为中国书院制之始。安史乱后，戎车屡驾，学校衰，诸生辍讲，国子诸学成名存实亡。观文宗时舒元舆之《问国庠记》（见《唐文粹》七十二卷）："太学也，国子馆也，广文也，四门也，入其门则苔草没地，登其堂则鞠为荒圃。虽馆宇云合，而此中乃虚无人焉，则生徒之去学也久矣。"至五代时，后唐明宗天成三年，以宰相崔协兼判国子祭酒，又请颁下诸道州府，各置州学。然时属陵夷，官学终无起，惟私家建立书院，自唐中叶以后，逐渐发达。宪宗元和间，衡州人李宽创立书院于衡州石鼓山（见《朱子大全集》卷七十九《衡州石鼓书院记》）。南唐升元中（李昇年号），因李渤隐居之白鹿洞建学馆，置田以给诸生，学者大集（见《庐山记》），遂为后世书院之嚆矢矣。

（六）刑法　唐高祖初入关，除隋炀帝苛禁，约法十二条，惟杀人、劫盗、背军、叛逆者死。武德初，诏纳言刘文静与当朝通识之士，因开皇律令而损益之，尽削大业所用烦峻之法。寻命左仆射裴寂等十二人撰定律令，大约以开皇为准，至武德七年始成，颁行天下。太宗即位，又命长孙无忌、房玄龄与学士、法官更加厘定，复减轻绞刑之属五十余条。后又除断趾法，改为加役流三千里，居作二年。比古死刑，殆除其半。太宗以英武定天下，然其天资仁恕，以宽仁治天下，而于刑法尤慎。旧制，决囚一日之中三覆奏，太宗以人命至重，一死不可再生，须臾之间，三奏便讫，都未得思，三奏何益？定为京师二日中五覆奏，下诸州三覆奏，刑人日尚食，毋得进酒肉，内教坊及太常并宜停乐。尝览明堂针灸图，见人之五脏皆近背，针灸失所，则其害致死，遂除罪人鞭背之刑，由是全活者甚众。贞观四年，天下断死罪二十九人。六年，亲录囚徒，悯死罪者三百九十人，纵之还家，期以明年秋即刑。及期，囚皆诣朝堂无后者，太宗嘉其诚信，悉原之，然未尝数赦，以不欲诱人于幸免故也。自房玄龄定律（唐律）、令（国家之制度）、格（百官有司常行之事）、式（常守之法），讫太宗世，用之无所变改。高宗初即位，诏律学之士撰律疏（即今《唐律疏议》），自是断狱者皆引疏分析之。其后格式法例，屡有增撰，高宗以为烦文不便，触绪多疑，自是法例遂废不用。武后称制，欲以威制天下，引用酷吏，乃开告密之法。周兴、来俊臣等诬陷善良，前后枉遭杀害者不可胜数，至造《罗织经》以教告事之人。是时司刑少卿徐有功常驳酷吏所奏，每日与之廷争得失，以雪冤滥，因此全济者甚多。及周兴、来俊臣等诛死，而后刑罚始少衰。玄宗初即位，励精政事，自选良吏，布于州县，二十年间，号称治平，人罕犯法。是岁刑部所断天下死罪五十八人，几致刑措。自此以后，兵革遂兴，国家多故，而人主规规无复太宗之志。其虽有心于法者，亦不能讲考大法，凡所改革，或轻或重，徒为繁文，不足以示后世。而高祖、太宗之法守而存，则太宗创制之善，其所诒谋者远矣。兹以《唐律》集魏、齐、周、隋之大成，而为宋、元、明、清诸律所自出，特取其律目及刑名列之，以著其概。

### 《唐律》目次

一名例　二卫禁　三职制　四户婚　五厩库　六擅兴　七贼盗　八斗讼　九诈伪　十杂律　十一捕亡　十二断狱　计五百条（案：律目一准隋开皇旧文）。

### 唐五刑表

| 笞 | 杖 | 徒 | 流 | 死 |
|---|---|---|---|---|
| 一十（赎铜一斤） | 六十（赎铜六斤） | 一年（赎铜二十斤） | 二千里（赎铜八十斤） | 绞 |
| 二十（赎铜二斤） | 七十（赎铜七斤） | 一年（赎铜三十斤） | 二千五百里（赎铜九十斤） | 斩 |
| 三十（赎铜三斤） | 八十（赎铜八斤） | 二年（赎铜四十斤） | 三千里（赎铜一百斤） | |
| 四十（赎铜四斤） | 九十（赎铜九斤） | 二年（赎铜五十斤） | 加役流（役三年） | |
| 五十（赎铜五斤） | 一百（赎铜十斤） | 三年（赎铜六十斤） | | |

## 第二十二节 唐代学术之大概

唐代承南北分裂之余，而天下始定于一统，当时思想界受环境之影响，莫不欲吸收各方面之菁华，自由发展其个性特长，以建立一代大中至正之宏规，故唐代学术界极呈绚烂伟大之奇观，不可以一部分之所表现而谓其能代表唐代学术之精神也。若举其磊磊大者观之，可分为三大派，一佛学派，二儒学派，三文学派。唐代之第一流思想家多入于佛学一派，另详于宗教章。今就中国传统之经学、史学、文学、哲学各派，先分言之：

（一）经学　唐承南北朝经学分裂之后，诸儒好尚，各有不同。太宗以儒学多门，章句繁杂，诏国子祭酒孔颖达与诸儒删定五经义疏，凡一百七十卷，名曰《五经正义》。颖达既卒，博士马嘉运驳其所定义疏之失，有诏更定，未就。永徽二年，诏诸儒复考证之，就加增省。四年，颁孔颖达《五经正义》于天下，每年明经依此考试。其所定五经注疏，《易》注用王弼，其疏则于江南十余家义疏中，去其华而取其实；《书》用伪《古文尚书》及伪孔安国传，其疏则多取于刘焯、刘炫二家；《诗》注用毛传、郑玄笺，其疏则多取于全缓、何胤、舒瑗、刘轨思、刘醜、刘焯、刘炫诸家；《春秋》则用左氏传、杜预集解，其疏则据刘炫为本，而补以沈文之说；《礼》则用小戴记、郑玄注，其疏则据皇侃为本，而以熊安生补其不备焉。五经章句之繁杂，经数百年，至是始得所折衷，使学者知所遵循焉，不可谓非章句学之一大进步。顾《尚书》不取郑玄注而用伪孔传，《左氏》不取服虔注而用杜预，后世儒者每讥其真赝莫别，朱缃不分。然《尚书》郑注、《左传》服注在隋浸微（见《隋书·经籍志》），颖达承诏而作疏义，固不能不徇当日风气之所尚也。五经而外，唐以《公羊》《谷梁》《仪礼》《周礼》合为九经。《公羊》用何休注，唐徐彦为之疏。《谷梁》用范宁注，唐杨士勋为之疏。《仪礼》《周礼》用郑玄注，唐贾公彦为之疏。唐代咸用以取士焉。惟义疏既归于统一，学者之思想遂受其束缚。故唐代虽以明经取士，而不闻特出经学之大儒。仅李鼎祚之《周易集解》多存汉《易》之古义，啖助、赵匡、陆质之传《春秋》，考三家短长以自名其学而已。至郑覃所刊《开成石经》，在当世虽不尽满人意，然自汉熹平、魏正始石经之后，经四五百年而始有此盛举，未始非治经者之一助也。

（二）史学　唐之史学，其贡献于后世者有四：

（甲）开官修之局　当武德初，令狐德棻以近代梁、陈、齐、周、隋尚无正史，建言请修各朝之史。高祖从之，令萧瑀等分修各史。受诏历数年，竟不能就而罢。贞观三年，太宗复敕修撰，于是令狐德棻、岑文本、崔仁师撰成《周书》，李百药撰成《北齐书》，魏徵撰成《隋书》，姚思廉撰成《梁书》《陈书》。贞观十五年，又诏修梁、陈、齐、周、隋五代史志，令于志宁、李淳风、韦安仁、李延寿同修，而以长孙无忌总之。书成，诏编第入《隋书》，人亦号"五代史志"，自是八代史始完成焉。太宗又以前后晋史十八家（一王隐，二虞预，三朱凤，四何法盛，五谢灵运，六臧荣绪，七沈约，八徐广，九干宝，十邓粲，十一王韶，十二曹嘉之，十三刘谦之，十四孙盛，十五习凿齿，十六檀道鸾，十七萧子显，十八郭季产，十九张盛，而陆机、束皙其书不存者尚不计焉。计十九而云十八者，或黜习氏故也），未能尽善。乃诏房乔与褚遂良、许敬宗再加撰次，遂据臧荣绪《晋书》增损之。后又命李淳风、李义府、李延寿等十三人分掌著述，敬播等四人考其类例。其后书成，房乔以宣武纪、陆机、王羲之传论出自太宗之笔，故总题为御撰焉。

　　案：古者修史出于一人之手，成于一家之学，马、班、陈、范是也。至唐始设局分职，众手成书，仅为整齐一代遗文，无复古人孤怀闳诣之旨，而事实抵牾、先后矛盾之弊尤难免焉。

（乙）续通史之旨　李延寿父大师尝谓，宋齐逮周隋，分隔南北，南谓北为索虏，北谓南为岛夷，又各以其本国周悉，书别国并不能备，亦往往失实。尝欲改正，将拟《吴越春秋》，编年以备南北，未就而卒。后延寿预修《晋、隋书》，因究悉旧事，更依司马迁体，总叙八代，北起魏尽隋二百四十二年为《北史》，南起宋尽陈百七十年为《南史》，删烦补阙，过本史远甚焉。

（丙）创政书之体　古无所谓法制史也，《隋书·经籍志》史部有《旧事篇》，所著录者为朝廷发号施令之书，然未有自成统系、通贯古今之作也。刘秩采经史自黄帝讫天宝末制度沿革废置、议论得失，仿《周礼》六官，为《政典》三十五篇，房琯称其才过刘向，杜佑以为未尽，遂乃网罗百代，兼综条贯，勒成《通典》二百卷，以食货、选举、职官、礼、乐、兵、刑、州郡、边防八门分类叙载，其文甚详而不烦，语简而理尽，例明而事中，原其始可以度古，要其终可以行今，洵经世有用之实学，非后世类书徒资记问者可比也。

（丁）明史法之书　中国有史，肇自黄帝，马、班以降，代有专书。然有史籍而无专言史学之书，有之，则自《史通》始。《史通》为刘子玄所作，子玄论史才须有三长，谓才也，学也，识也。其作《史通》也，盖伤当时载笔之士，其义不纯，思欲辨其指归，殚其体统，而余波所及，上穷王道，下掞人伦，总括万殊，包吞千有。子玄自叙之言如此。宋景文谓其工诃古人而诎于用己，然其探赜索隐，抉摘纰缪，诚可使子长变色，孟坚失步，足以示载笔之准绳，开批评之正轨者不少矣。

综上四端，或补苴往籍，或新辟蹊径，史学之内容，盖至是愈增丰富矣。

（三）文学　唐以诗、赋、策、判取士，得进士者多至显宦，故天下聪明材智之士咸趋于文章一途，而三百年中之文词诗歌最为发达，实占文学史中重要之位置。兹分述之。

（甲）无韵之文　骈文、古文是也。唐之文章，无虑三变。高祖、太宗朝，尚沿江左余风，绮句绘章，揣合低昂，而王勃、杨炯、卢照邻、骆宾王号称唐初四杰，咸能于六朝骈体之中，运以宏博绝丽之气，自成当时体格，杜甫所谓江河万古不废者也。自玄宗好经术，群臣稍厌雕琢，索理致，崇雅黜浮，气益雄浑，而以许国公苏颋、燕国公张说为之宗，其文精壮宏赡，不蹈浮靡之习，时号燕许大手笔，盖风气至是一变矣。初，武后时，文章独祖尚徐、庾余风，蜀陈子昂始以经典之体格为文，为天下倡。大历、贞元间，文字多尚古学，效董仲舒、扬雄之述作，而独孤及、梁肃最称渊奥，儒林推重。韩愈尝从其徒游，锐意钻仰，欲自振于一代，其所作《原道》《原性》《师说》等数十篇，皆奥衍闳深，约六经之旨以成文。同时柳宗元才俊思深，其所作《封建论》《天说》《山水记》数十篇，多发前人所未发，卓然自成一家之言。当时李翱、李汉、孙樵、皇甫湜等和之，陵轹八代，排逐百家，遂完然成立有唐一代之文轨。以其体异于时行之排偶，故号之曰古文。自古文出而天下靡然从风，遂为古今文章划一大界矣。其后杜牧为古文而有纵横奥衍之气，李商隐为骈文而富绮丽芊绵之辞，两派并行于当时，衍而为宋初文章之流变焉。

（乙）有韵之文　诗歌是也。唐代诗人辈出，无体不具，穷极变化，较诸唐文尤盛。论者有初唐（高祖武德以后百年）、盛唐（玄宗五十年间）、中唐（代宗大历以后八十年间）、晚唐（宣宗大中以后至于唐亡）之分，未免过拘于时代而不辨其实体，然亦足觇其时代精神之表现焉。高棅《唐诗品汇序》曰："有唐三百年，诗众体备矣。故有近体、古体、长短篇、五七言律、绝句等制，莫不兴于始，成于中，流于变，而陊之于终。至于声律兴象，文辞理致，各有品格高下之不同。略而言之，则有初唐、盛唐、中唐、晚唐之殊。详而分之，贞观、永徽之时，虞（世南）、魏（徵）诸公稍离旧习，王、杨、卢、骆因加美丽，刘希夷有闺帷之作，上官仪有婉媚之体，此初唐之始制也。神龙以还，洎开元初，陈子昂古风雅正，李巨山文章宿老，沈（佺期）、宋（之问）之新声，苏、张之大手笔，此初唐之渐盛也。开元、天宝间，则有李翰林之飘逸，杜工部之沉郁，孟襄阳之清雅，王右丞之精致，储光羲之真率，王昌龄之声峻，高适、岑参之悲壮，李颀、常建之超凡，此盛唐之盛者也。大历、贞元中，则有韦苏州之雅淡，刘随州之闲旷，钱郎（起）之清赡，皇甫（冉）之冲秀，秦公绪（系）之山林，李从一（嘉祐）之台阁，此中唐之再盛也。下暨元和之际，则有柳愚溪之超然复古，韩昌黎之博大奇怪，孟郊、贾岛之寒瘦，此晚唐之变也。降而开成以后，则有杜牧之豪纵，温飞卿之绮靡，李义山之隐僻，许用晦之偶对。他若刘沧、马戴、李群玉、李频辈，尚能黾勉气格，埒迈时流，此晚唐变态之极，而遗风余韵犹有存者焉。"高氏之论，虽未该括，然亦足见大端矣。大抵扫除陈隋之绮丽，创立唐音之雅正，始于陈子昂与张九龄。读《感遇》诸篇，何啻黄初、正始间也。李白、杜甫崛起，神明变化，包罗万象，大之函宇宙，小之穷毫芒。杜则字字从真性情中流出，李则飘飘然富微妙之哲理。诗家称杜为诗圣，李为诗仙，有以也。此外若韩愈之雄杰奥博，独造诗家之奇境；王维之超超玄著，都无迹相之可寻；白居易之广大激切，寓禅理于流畅之中，皆有唐之大家也。白诗意深而语平，读之老妪能解，或讥之以为俗，然实诗家中平民文学之首出者。故其感化力之伟大，不独行于中国，而朝鲜（元稹《长庆集序》："鸡林贾人求市白诗颇切"）、日本（久保天随曰："嵯峨天皇御府珍藏白诗集，以其中之一句试小野篁诗才"）之思想界，莫不受其影响焉。若舍时代而论格式，唐人五言古诗虽佳，而妙境已为魏晋六朝诸家所尽有，不复能出其范围。其为一代才人精力之所萃者，多在七言歌行之一体，卓然为唐代独造之盛境。其绝体律诗，则其余力之所及，而波澜亦复壮阔焉。

（丙）小说　中国小说虽自名家，然从来不入于文学之范围，至唐文学潮流之澎湃，而小说亦特为发达，其流传于后世者甚夥，如《李邺侯外传》《李林甫外传》《东城老父传》《高力士传》《虬髯客传》《杜子春传》《剑侠传》《梅妃传》《杨太真外传》《长恨歌传》《霍小玉传》《章台柳传》《步非烟传》《会真记》《枕中记》，颇有佳构，后来传奇之蓝本多出于是焉。

（丁）词曲　词曲者，乐府之变而诗之余也。自隋唐以来，声诗间为长短句。自太白以下，温庭筠填词最工。沿至五代，诗学衰而词曲独盛。晋相和凝有曲子相公之称，而蜀与南唐尤多著者。蜀有韦庄、牛峤、毛文锡、牛希济、薛昭蕴、顾敻、魏承班、毛熙震、李珣、欧阳炯、孙光宪等，其词赖《花间集》（后蜀赵崇祚编）以传。南唐诸主多善于词，而后主李煜尤工，其臣冯延巳词尤警丽。南唐诸词往往见于《尊前集》，故《花间》《尊前》二书为宋以后倚声填词之祖焉。

（四）历法　自汉造历，始以八十一分为统母，其数起于黄钟之龠，其法一本于律，故《汉志》曰"以律起历"（案：律容一龠，积八十一寸，则一日之分，龠容子谷秬黍中者千有二百）。自是造历者十余家，皆承其法。至唐而历法乃大变。唐终始二百九十余年，而历八改，其最著者有三：高祖初用东都道士傅仁均造《戊寅历》，贞观中复经李淳风改定。至高宗时，《戊寅历》益疏，李淳风作《麟德历》以代之，诏颁行焉，当时以为密。开元九年，《麟德历》署日蚀比不效，诏僧一行作新历。一行推《周易》大衍之数，造《大衍历》，号为精密。自是言历者本于《易》，一变汉以来以律起历之法矣。昔汉之落下闳造历云："后八百岁当差一日，必有圣人正之。"及一行造《大衍历》，正其差谬，故道士邢和璞尝谓尹愔曰："一行其圣人乎！"又《新唐书·历志》有《九执历》，出于西域，其算皆以字书，不用筹策。则欧西笔算之法，已于唐时输入于中国矣。

（五）美术　唐代美术随学术、国威而发达，在汉后号称极盛，今分举其要。

（甲）音乐　高祖初受隋禅，改创乐府，命太常少卿祖孝孙正雅乐。孝孙以梁、陈旧乐杂用吴、楚之音，周、齐旧乐多涉胡、戎之伎，于是斟酌南北，考以古音，作大唐雅乐。以十二月各顺其律，旋相为宫，制十二和之乐，合三十二曲，八十有四调。《周礼》有旋宫之义，亡绝已久，莫能知之，一朝复古，自孝孙始也。太宗初作《秦王破陈乐》，以昭武功，名曰《七德舞》（取《左传》禁暴、戢兵、保大、定功、安民、和众、丰财七德之义），是为唐之武舞。后作《功成庆善乐》，以象文德，名曰《九功舞》（取《尚书·大禹谟》六府、三事谓之九功之义），是为唐之文舞。至玄宗时，又分乐为二部，堂下立奏谓之立部伎，堂上坐奏谓之坐部伎。太常阅坐部，不可教者隶立部，又不可教者乃习雅乐。玄宗既知音律，酷爱法曲（隋有法曲，乐器用琵琶，其制出于胡中），制《霓裳羽衣曲》，选坐部伎子弟三百人教于梨园，号皇帝梨园弟子。天宝十三载，分乐为三部，以先王之乐为雅乐，前世新声为清乐，合胡部者为晏乐。清乐为后代南曲所自出，晏乐为后代北曲所自出，皆俗乐也（说详凌廷堪《燕乐考原》）。唐时散乐著令者有十部：一曰龟兹乐，二曰疏勒乐，三曰安国乐，四曰康国乐，五曰高丽乐，六曰西凉乐，七曰高昌乐，八曰燕乐，九曰清乐，十曰天竺乐。又有新声自河西至者，号胡音声，与龟兹乐、散乐俱为时重，诸乐咸为之少寝焉。五代时，后唐庄宗起于朔野，所好不过胡部郑声，至周世宗始命王朴考正雅乐焉。

（乙）书学　唐以书学取士，故一代人士多善书者。凡书学习石经三体、《说文》、《字林》。太宗重王羲之书，亲为作传。当时以书名家者，虞世南、褚遂良、欧阳询为最。徐浩谓虞得其筋，褚得其肉，欧得其骨。而欧阳询笔力险劲，时人以为楷范。高丽甚重其书，尝遣使求之。其后颜真卿书援隶入楷，雄强茂密，力透纸背，然出牙布爪，无复古人渊永浑厚之意。柳公权初学王书，遍阅近代笔法，体势劲媚，自成一家。穆宗尝问柳公权用笔之法，答以心正则笔正。颜、柳皆学古而自创新格，为当时所崇尚，然古法尽漓，遂开宋明以来书学之径途矣。此外李阳冰以篆著，劲利豪爽，为李斯千载后之一人。张旭擅狂草，号为草圣，其笔意变动犹鬼神，不可端倪。五代时南唐徐铉善小篆，笔锋常在画中，故画之中心有一缕浓墨正当其中，世以为远绍李斯筋体云。

（丙）画塑　中国绘画，自汉以后，日益发达。东晋之顾恺之，刘宋之陆探微，萧梁之张僧繇，称为六朝之三大画圣。且西域佛画输入中国，艺术家受其影响，渐变汉代古朴雄浑之风，为生动传神之笔。然就绘画之大体而论，六朝、隋为从汉代进于唐代之津梁，实属一过渡之时期。虽其写生技能较汉代为巧致，而尚存汉代古拙之余韵，不及唐代之精妙也。盖自晋以来，绘画之变化，至唐始建立正确之格式，而抵于健全，绘画史至唐遂开一新纪元矣。唐太宗擅长书画,购求天下遗品名画,计二百九十三卷之多。其初开唐代画风者,实为阎立德、立本兄弟。立德所作《贞观王会图》,殊方异俗,穷极诡异。立本绘《凌烟阁二十四功臣像》,驰誉丹青。西域尉迟乙僧,精于佛像,其慈恩寺塔前之观音像,于凹凸之花面中,现千手眼之大慈悲相。至玄宗时,吴道子、李思训、王维等名家辈出,开人物、山水、道释画之新领域。吴道子集前贤所长,而参以天赋之画材,故纵笔所之,无往而不极其神妙。所作景云寺之《地狱变相图》,当时京师屠罟者见之,畏惧而改业者甚多。一日而画嘉陵江三百里山水,自成一家之法,超然于风尘之外。尤长于人物,尽变古来高古游丝描之细笔,而创吴装新格,为后人所取法。同时李思训好作金碧山水,笔格遒劲,遂为北宗一派之祖,传其子昭道。宋之赵干、赵伯驹、伯骕,以至马远、夏珪,皆传其法。又王维好为破墨山水,始以水尽为画道之上乘,是为南宗一派之祖,传于张璪、韦偃、王洽、王宰、项容等。而五代之荆浩、关仝,尤称大宗。宋之米芾,元之倪瓒,明之董其昌,皆其法嗣也。至于花鸟,则南唐之徐熙,后蜀之黄筌,始造其极,而影响于后来之艺术界焉。自佛教输入中国,而造像之风盛行于南北朝。开元、天宝之间,塑像名工杨惠之出于寺观之像设,运绝代之妙技,颉颃壁画而创塑壁,名噪两京。论者谓吴道子之壁画,杨惠之塑像,直夺僧繇之神笔,则当日塑像之价值可想见矣。

综唐一代学术之发达,固由于国力壮盛,而人心发扬蹈厉,得以各自发展其天材。然因时君之提倡,开以利禄之途,鼓舞天下聪明材智之士,淬厉竞争,以求进步,亦一重要之原因也。且自隋以来,发明雕刻而传播文化之工具,较古代钞录为易于普及,亦未始非助长文化发达之一术也。自冯道请以五经雕板,毋昭裔刻九经于蜀,于是经术普及,几于家有其书矣。

## 第二十三节 唐代宗教之大概

唐太宗既统一华夏,方制万里,而中国固有之宗教,与夫殊方异俗特殊之信仰，皆如群流之赴大海，莫不并行竞进于其中。而太宗以恢宏之大度，包纳各教，既予人民以信教之自由，复于各派施以相当之崇敬，而各教以兼育并包之，故咸得自行发展，具灿烂光明之伟观，而盛极一时。兹分举之，以见其概。

（一）**佛教** 佛教自汉末输入中国，历晋及唐，经五百余年之酝酿发达，至于极盛，演为十三宗之分派：曰涅槃宗，曰地论宗，曰摄论宗，曰成实宗，曰俱舍宗，曰律宗，曰三论宗，曰净土宗，曰天台宗，曰禅宗，曰华严宗，曰法相宗，曰真言宗。此十三宗者，成实盛于六朝，至唐而衰；涅槃则归于天台；地论则并于华严；摄论则摄于法相。在唐代盛行者，厥惟律、俱舍、三论、净土、禅、天台、华严、法相、真言之九宗。今略叙九宗之变迁于下：

（甲）**律宗** 以戒为本，戒有大小乘之别。大乘则宗《梵网》（经名，鸠摩罗什译）、《戒本》（玄奘译）等。小乘则宗《十诵》（罗什译）、《四分律》（佛陀耶舍、竺佛念译），唐道宣律师盛弘此宗，制作章疏，总五大部，时人称为南山宗律藏，遂赫弈天下焉。同时有法砺律师之相部宗，怀素律师之东塔宗，与南山宗鼎立为三。及南山宗之盛行，玄宗开元以后，禅宗独益得势，而律之大部亦为禅所夺矣。当天宝时，扬州大云寺鉴真律师赍经律法，东赴日本，为国王授菩萨戒，度沙弥澄修等四百人，大敷律藏，受教者多，是为日本戒律之始祖焉（宋赞宁《宋高僧传》第十四卷）。

（乙）**俱舍宗** 以世亲菩萨《俱舍论》得名。《俱舍论》，具名应《阿毗达磨俱舍论》，华言"对法藏论"也。在声闻对法藏内最为精妙，专弘有宗。源出《毗婆沙论》，陈真谛三藏译出，并作疏释之，亡逸不传。唐玄奘译，门人普光作记，法宝作疏，大为阐扬，为当时传习。以之专门名家，遂立一宗。后来通方大士，莫不详览。及禅宗既盛，而俱舍宗遂无人问津矣。

（丙）**三论宗** 以《中论》（龙树菩萨造，青目菩萨释，鸠摩罗什释）、《百论》（提婆菩萨造，天亲菩萨释，鸠摩罗什译）、《十二门论》（龙树造，罗什译）而立宗，破外道小乘，以无所得而为究竟，正合般若真空之旨，故亦名为性空宗。姚秦时，鸠摩罗什至秦盛弘此道，一时学者宗之。竺道生门下昙济大师辗转传持，以至唐之吉藏，作《三论疏》四十万言及《三论玄义》，专以此宗提倡学徒，为三论宗之祖。至中唐以后，其学遂衰。而吉藏弟子高丽僧慧灌当日本推古天皇朝时，遂传此宗于日本焉。

（丁）天台宗　此宗创自陈、隋间之智顗，居于浙江之天台山，后人因以山名宗，称为山家智者大师。以入法华三昧定而证道，因明一心三观（一、空观，二、假观，三、中观）之妙理，广立教（台宗八教）、时（台宗五时），具判一代，超入极圆，厥旨深高。其著述有三大（《法华玄义》《文句》《止观》，为三大部）、五小（一、《观无量寿经疏》，二、《金光明经玄义》，三、《金光明经文句》，四、《观音经玄义》，五、《观音义疏》，为五小部）等部，为后学津梁。更由智顗六传而至湛然，乃详作疏释，以授道邃。日本桓武天皇朝，有僧最澄，后赴唐天台山国清寺就道邃学，由是天台宗乃东流入日本焉。

（戊）净土宗　依《无量寿经》《观无量寿经》《阿弥陀经》而发心念佛，往生净土，而得名此宗。此宗创于东晋庐山之慧远，至唐，念佛宗分善导流及慈愍流之二派。善导，太宗、高宗时人，龙朔二年说法光明寺，长安道俗从其化者，往生净土，不可胜纪。慈愍，名慧日，玄宗时人（见《宋高僧传》第二十九卷），航海赴天竺求法，经十八年回国，一生勤修净土之业，著《往生净土集》行于世。虽与善导异时而同化，然其传不及善导派之盛。

（己）华严宗　以《华严经》为所依而开之宗，唐之杜顺和尚依经立观，是为初祖。继其道者云智俨，制《华严经搜玄记》，是为二祖。贤首法藏受其道于智俨，时西域实叉难陀赍《华严》梵夹至，法藏同义净、复礼译出新经，其著疏约百余卷，遂集华严之大成，是为第三祖，又以其宗称为贤首宗。法藏疏新经仅及数品而逝。其后清凉国师澄观为新经作疏及钞，一依贤首模范，而《华严》奥义如日丽中天，遂为有目共睹矣。其与法藏同学《华严》于智俨者，则有新罗之义湘，后归海东，大弘其教，新罗推为华严初祖焉。其传入日本者，在圣武天皇朝，以唐僧道璿赍《华严经章疏》至为始云。

（庚）法相宗　天竺有性、相二宗，性宗即是前之三论，相宗则从《楞伽》《深密》《密严》等经流出。有《瑜伽》《显扬》诸论，而其文约义丰，莫妙于《成唯识论》也。以依《唯识论》明万法唯识之理，故又名唯识宗。此宗之《瑜伽》（弥勒菩萨造）、《显扬》（无著菩萨造）、《成唯识》（护法等十菩萨造）等论，自昔未入于东土。唐玄奘赴印度，就学于中天竺摩揭陀国那烂陀寺之戒贤论师，精通其法，归国译传于大慈恩寺，授其学于窥基。基乃网罗旧说，广制疏述，学者宗之，谓之慈恩宗。有唐一代，甚为盛行，然及宋而遂大衰矣。当玄奘时，有日本僧道昭入唐，就玄奘学《唯识》，此宗遂流通于日本焉。

（辛）真言宗　以《大日经》《苏悉地经》等密真言教为其所依，故一曰密教，盖自觉圣智修证法门也。其教出于大日如来，即毗卢遮那佛。唐玄宗时，中天竺善无畏三藏东来，始译《毗卢遮那》《苏悉地》《羯罗》等经十余部，僧一行、宝月皆受其道。同时金刚智携不空来唐，智所译总持印契，凡至皆验。密宗之流行，智为东夏之始祖焉。其后不空往来天竺，广求密藏，译出密部之经轨，凡七十七部，一百二十余卷。密教之盛，此时为最。弟子惠果尽传三密之妙法，盛弘此宗，然至宋而渐衰矣。元和中，有日本僧空海来唐就果，后学归国，盛行其道。自尔已来，日本全国各处田舍无不受学，至今不绝。宋元西藏之喇嘛亦崇尚密宗焉。

（壬）禅宗　以直指本心，见性成佛，传佛心印，不立文字，唯证相应，为佛教之教外别传，正名为佛心宗，通称禅宗。以禅那为宗故，华语禅那为"静虑"。由净妄凝念，以穷明心源，故如来以正法眼藏，以迦叶为此宗之初祖。二十八传而至菩提达摩，为东土初祖。二祖慧可，三祖僧璨，四祖道信。五祖弘忍，当唐高宗时，始于黄梅开山授徒，门下千五百人，玉泉神秀为首座，竟不能传法。而六祖慧能，以不识一字之赁舂人，受法要及佛衣钵以去，弘法于韶州之曹溪。神秀行化洛下，北渐南顿，由是禅宗始有南北之分。北宗不如南宗之盛，而南宗至六祖后，派别分歧。六祖门下，分南岳、青原二派，又由南岳出临济、沩仰二派，由青原出曹洞、云门、法眼三派，各立纲宗，其宗风遍于天下。武宗以后，禅宗独盛，而以外各宗，从此衰微矣。宋、元、明、清之佛教，皆禅宗一派独占之势力也。兹列禅门五宗略表于下：

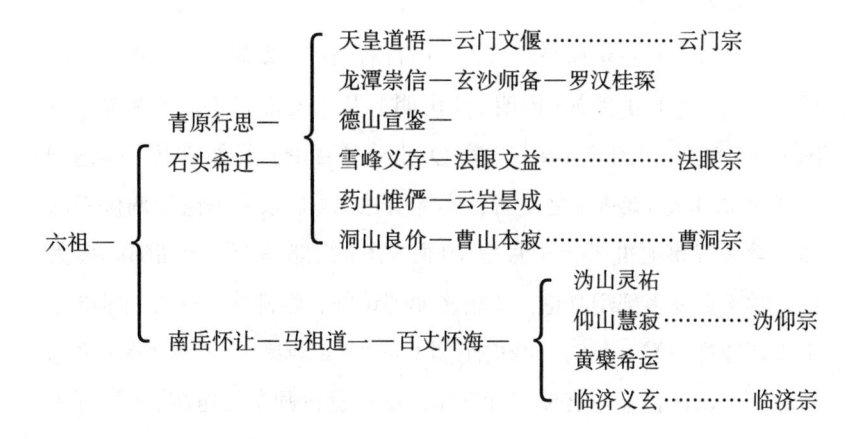

六祖─┬─青原行思─石头希迁─┬─天皇道悟─云门文偃………云门宗
　　　│　　　　　　　　　　├─龙潭崇信─玄沙师备─罗汉桂琛
　　　│　　　　　　　　　　├─德山宣鉴─
　　　│　　　　　　　　　　├─雪峰义存─法眼文益………法眼宗
　　　│　　　　　　　　　　├─药山惟俨─云岩昙成
　　　│　　　　　　　　　　└─洞山良价─曹山本寂………曹洞宗
　　　└─南岳怀让─马祖道一─百丈怀海─┬─沩山灵祐
　　　　　　　　　　　　　　　　　　　├─仰山慧寂………沩仰宗
　　　　　　　　　　　　　　　　　　　├─黄檗希运
　　　　　　　　　　　　　　　　　　　└─临济义玄………临济宗

唐代佛教之盛，所以超前绝后者，有三事焉：（一）创立新宗之多。如上所举各宗中之律宗、俱舍宗、三论宗、华严宗、法相宗、真言宗、禅宗，或集前人之大成，或开当时所未有，分途发达，以阐明佛法之全体，而使学者各得其性之所近。此其创造力之伟大，洵可惊也。（二）翻译著述之多。据《开元释教录》，自后汉明帝永平十年，至唐玄宗开元十八年，凡六百六十三年，所出大小乘三藏教文，凡九百六十八部，四千五百零七卷，而有唐三百年中所译出者，为部四百三十七，为卷二千四百一十二，其量几占当时全藏之过半数。所有佛教各方面之新理，咸于此最短时期，尽量介绍于中国，已极佛学之大观矣。而一时名僧辈出，疏解记述，以阐发蕴，动逾数百万言者，尤指不胜屈。如窥基著论百部，时号百部论主。宗密著《圆觉》《华严》及《涅槃》《金刚》《起信》《唯识》《盂兰盆》《法界观》《行愿经》等疏钞，及法义、类例、礼忏、修证、图传、纂略，又集诸宗禅玄，为禅藏总而序之。又《四分律疏》五卷，《钞悬谈》二卷，共二百许卷，亦足以推见著述之盛一斑已。（三）西行求法之多。唐以前，佛典输入，已经丰富。然以佛法广大，经典渊深，唐代名僧，或憾经论不备，遂欲了义真文；或苦解忏无地，致思一睹明法。西行求法，后先踵接。据唐义净《求法高僧传》所载，竟达二百余人之多。大抵皆轻生求道，舍命殉法。其中成就最大者，以玄奘、义净为称首。

玄奘以贞观三年孤身西行，经历百有余国，留学印度十有七年。学《俱舍》《顺正理》《因明》《声明》及《大毗婆沙》于迦湿弥罗国（今北印度之克什米尔城），学《中论》《百论》及外道书于磔迦国（今印度西北之旁遮普）之龙智，学《对法》《显宗》等论于调伏光法师，学《五事毗婆沙》于月胄论师，学《经部婆沙》于阇那崛多大德，学《萨婆多部辩真论》于密多犀那论师，学佛使、日胄二毗婆沙于毗耶犀那三藏。是时，摩揭陀国（今印度孟加拉部之巴德拿城）之那烂陀寺，佛法甚盛。玄奘住寺五年，就戒贤论师学《瑜伽》《顺理》《显扬》《对法》等论，晨夕无辍。学成，又往钵伐多国（今印度旁遮普之折遮乌特尼城）。二年，学《正量部根本论》《摄正法论》《成实论》。就杖林山胜军论师居士所二年，学《唯识抉择论》《意义论》《成无畏论》。然后东还，请归经、律、论六百五十七部。玄奘于十九年间，译出经、论七十六部，一千三百四十七卷。传译之多，古未有也。其于中国佛教，有绝大之贡献者：一《大般若波罗蜜经》六百卷，二《瑜伽》《唯识》诸论，三《因明论》，皆由玄奘始输入于中土焉。次则义净，当高宗时，慕玄奘之高风，游西域二十五年，历三十余国，以武后证圣元年归，得梵本经、律、论近四百部，都译出五十六部，二百三十卷。其传度经、律，与奘师抗衡焉（参考《大慈恩三藏法师传》《宋高僧传》《开元释教录》各书）。

以上三事之故，人王仰其高深，缁素薰其感化，天下佛寺至四万四千六百所，僧凡二十六万五千余人（见《佛祖历代通载》第二十三卷）。其后唐武宗恶其蠹害国家，诏天下拆寺，僧尼还俗，收充税赋几五十万人，收良田数千万顷（见《通鉴》二百四十八卷）。虽未几宣宗即位，寺僧皆复其旧，然外则国家多故，内则禅宗独行，而佛教无复往日之盛矣。五代周世宗显德二年，敕废天下寺院三万三百三十六所，寺院存者二千六百九十四，释家以为三武一宗之难焉。

（二）道教　唐自以系出老聃，故于乾封元年（高宗年号），追号老君为太上玄元皇帝。开元中，诏两京及诸州各置玄元庙一所，并置崇玄馆，玄宗亲祠之，历代极为尊崇（见《通典》卷五十三）。唐科目有道举：开元二十九年，置崇玄学，习《老子》《庄子》《文子》《列子》。其天下贡举，亦时有加试《老子》之令。其以道士叙高位显官者，亦往往有之。故唐代道教，几成为帝室之正教焉。顾当时佛教隆盛，故两教时相轧轹。高祖朝，道士刘进喜与沙门慧乘有道释先后之争（见《佛祖历代通载》第十二卷）。武宗朝，帝宠信道士赵归真、刘玄静，亲受法箓。归真乘势排毁释氏，于是拆寺之请行焉。会昌五年，敕并省天下佛寺，上都、东都各留四寺，寺僧三十人；上州各留一寺，其行香日官吏宜赴道观，则当时道教势力之盛，可想见矣。道教之教理与人物，在唐时虽不敢望佛教之项背，然唐初有傅仁均之造历，五代末有陈抟之作太极图，其影响于当时及后代者，固不浅也。

（三）景教　景教者，基督教之一支，原名为聂斯托尔教（案：聂斯托尔为西元三百九十年之东罗马教士，反对当时教会正统派三位一体说，而倡耶稣为神人二人格说，被放于西亚。其教浸淫流行于西域，名为聂斯托尔教）。其在唐时唯一之史料者，厥惟《大秦景教流行中国碑》。其碑埋没长安土中者数百年，至明天启五年（西元一六二五年）而始发现于世。碑为景净所立。据《贞元释教目录》卷十七，景净为大秦寺波斯僧。大秦即罗马也。其初入中国在唐初，大秦僧阿罗本携经像至长安，太宗诏所司于义宁坊造寺一所，度僧二十一人。高宗时，崇阿罗本为镇国大法主，仍令诸州各置景寺。其僧皆削顶留须，七时礼赞，七日一荐。所奉之像，则三一妙身无元真主阿罗诃也（见钱大昕《金石文跋尾》第七卷）。玄宗时，始改波斯寺为大秦寺，盖已知景教之始为大秦而非波斯矣。肃宗于灵武等五郡重立景寺，代宗、德宗亦极尊崇，勋臣如郭子仪亦布施而修其寺院，则景教之盛行于当时可知已。

会昌五年，武宗毁佛拆寺，并勒大秦穆护袄三千余人还俗，景教受此打击，遂绝迹于中国矣。近时甘肃敦煌石室遗书之发见，其中有《景教三威蒙度赞》及《尊经》，知当时景教经典之经汉译者达三十五种以上。斯可以推知景教在唐流行之盛况焉（参考《大秦景教流行碑》、洪钧之《景教考》、日本高桑驹吉之《中国文化史》）。

（四）摩尼教　摩尼教发生于西元二百余年，当中国三国时，创教者为波斯人摩尼。其教糅杂苏鲁阿士德教（即波斯火教）及基督教、佛教而成。初传教于波斯，为波斯王法拉乃第一所迫害，而地中海东岸诸国及中亚细亚各地咸流传其教。至唐武后时，始通于中国。延载元年，波斯国人拂多诞持《二宗经》来朝（见宋志磐《佛祖统纪》第三十九卷）。二宗者，即彼教明暗之谓。摩尼教经有曰："信二宗义，心净无疑。弃暗从明，如圣所说。"（见敦煌摩尼教经残本）拂多诞者，乃教中师僧之一种职名也。开元二十年，即为明敕严加禁断（见《佛祖统纪》卷四十及四五）。及至德以后而复盛者，则以回纥之力也。摩尼教为回纥所信奉（见《旧唐书·回纥传》），国有大事，尝与摩尼议政（见李肇《国史补》卷下）。遣使中国，尝以摩尼偕至（见《唐书·回纥传》）。代宗大历三年，敕回纥奉末尼者（末即摩之异译），建大云光明寺，是为摩尼教有寺之始（见《佛祖统纪》卷四十一及五十四）。其法日晚乃食，饮水而（疑不字之误）茹荤，不饮乳酪。其大摩尼数年一易，往来中国，小者年转。江岭、西市商胡囊橐，其源生于回鹘有功故也（《国史补》卷下）。大历六年，回纥请于荆、扬、洪、越等州置大云光明寺，其徒白衣白冠（《佛祖统纪》卷四一及五四），摩尼教遂传播于东南矣。武宗朝，回鹘破亡，而摩尼教亦被禁断，诏回鹘营功德使在二京者悉冠带之，有司收摩尼经若象烧于道，资产入之官（《新唐书·回鹘传》），至剃发令着袈裟，作沙门形而杀之（见日本僧圆仁《入唐求法巡礼行记》卷三）。摩尼教自是衰残，然犹潜行于社会间，五代及宋谓之明教，而福建尤为盛焉（参考王国维、陈垣《摩尼教入中国考》）。

（五）袄教　其教为波斯苏鲁阿士德所创。当西元前五六百年，波斯人苏鲁阿士德因波斯国拜火旧俗，特倡善恶二原之说，谓善神清净而光明，恶魔污浊而黑暗，人宜弃恶就善，弃黑暗而趋光明，以火以光，表至善之神崇拜之，故名拜火教。因拜火，又拜日月星辰，中国人以为其拜天，故名之曰火祆。祆者，天神之省文，不称天神而称祆者，明其为外国天神也。当波斯萨珊王朝定火祆为国教（西元二百二十六年），一时盛行于中亚细亚，至元魏时始名闻于中国，灵太后之祀胡天神是也（《魏书》卷十三《灵太后传》）。至火祆神之名，则始见于《周书》之《波斯传》。唐武德四年，置祆祠及萨宝府祆正之官以祀之，职视从七品（见《通典》卷四十），隶有祠部。常有群胡奉祀，取火咒诅。其祠两京及碛西诸州随地皆有，岁再祀而禁民祈祭（《新唐书》卷四十六《百官志》）。会昌朝毁佛，并勒大秦穆护祆（祆之讹，或以其教极重洁清祓除之义，故亦别名祓欤）即有三千余人还俗，然历五代及宋，东京城北尚有祆庙，京师人畏其威灵，甚重之云（详见张邦基《墨庄漫录》，本条参考陈垣《火祆教入中国考》）。

（六）回教 其教创于阿拉伯人穆罕默德，以西元五百七十年生于麦加（城在阿拉伯半岛西部，近红海岸）。参酌犹太、基督二教宗旨，创立回教。西史称为伊斯兰教，名其经曰《可兰》，拜阿拉（阿拉伯语谓上帝曰阿拉）之一神，以利剑迫人信教，谓为道杀身者，他日必享天堂之福。遂以其团结尚勇之徒众，渐次战胜群雄，建立西域一大帝国。至唐永徽中，始通于中国，唐人谓之大食。大食者，西域突耳基斯，单称阿拉伯人，为塔起克之音变也（详见洪钧《元史译文证补·西域补传》上卷）。当肃宗朝，其阿蒲恭拂遣兵助唐平安史之乱，故其教输入于唐。后武宗会昌五年毁佛，有勒令穆护还俗之敕，与大秦摩尼祓并举。则穆护者，殆即穆罕默德之异译欤？（《通鉴》卷二百四十八胡三省注："大秦穆护为释氏之外，如回鹘摩尼之类，疑误。"考宋赞宁《僧史略》："会昌三年，敕天下摩尼寺并废入官，京城女摩尼七十二人死，及在此国回纥诸摩尼等配流诸道，死者大半"云云。是摩尼已于会昌三年死徙殆尽，不得以之相拟也。回教在唐，别无所见，其为穆护，盖灼然也。）回教之入唐有二道：其随大食兵士自西域来者，则传于北方；其由大食海商而来者,则传于广南。然其教盛行于回疆,而中国则所传不广,自经武宗之严禁,其后日即衰微矣。

案：唐以道教为国教,而其传则不及佛教之盛。至外来之宗教,大秦也,摩尼也,祆神也,唐人谓之三夷寺(见《唐文粹》舒元舆《重岩寺碑》)。然举天下之全数,殆不及一邑佛寺之众焉。而咸能流行于域中,影响及于后世者,亦以见唐人信教之自由,而兼容并包以徕远人之政策,洵泱泱大国之风也。

## 第二十四节　唐代社会之大概

中国社会之状况,常受先知先觉者之指导,与夫政治之转移。太宗以雄才大略开国,其所措置规为,咸以移风易俗为目的。当时社会受其影响,故一变南北朝之积习,卓然成为有唐一代之风气。然玄宗一朝,为唐代治乱之枢纽,前以结太宗之局,后以酿五季之乱,固不可不分别以观之也。兹条举其概：

(一)矫门第之风　太宗以山东士人尚阀阅,后虽衰,子孙犹负世望,嫁娶必多取赀,故人谓之卖婚。由是诏高士廉与韦挺、岑文本、令狐德棻责天下谱谍,参考史传,检正真伪,进忠贤,退悖恶,先宗室,后外戚,退新门,进旧望,右膏粱,左寒畯,合二百九十三姓,千六百五十一家,为九等,号曰《氏族志》,而崔干仍居第一。帝曰："我于崔、卢、李、郑无嫌,顾其世衰,不复冠冕,犹恃旧地以取赀,不肖子偃然自高,贩鬻松槚,不解人间何为贵之。齐据河北,梁、陈在江南,虽有人物,偏方下国,无可贵者,故以崔、卢、王、谢为重。今谋士劳臣以忠孝学艺从我定天下者,何容纳货旧门,向声背实,买婚为荣邪？太上有立德,其次有立功,其次有立言,其次有爵为公卿大夫,世世不绝,此之谓门户。今皆反是,岂不惑耶？朕以今日冠冕为等级高下。"以崔干为第三姓,颁其书天下。高宗朝,又诏陇西李宝,太原王琼,荥阳郑温,范阳卢子迁、卢泽、卢辅、清河崔宗伯、崔元孙，前燕博陵崔懿，晋赵郡李楷，凡七姓十家，不得自为婚，然其故望不减，反称禁婚以自贵（《新唐书·高士廉传》）。自经安史之乱，其风始衰，而族姓谬误，故宪宗诏林宝修《元和姓纂》以正之云。

（二）崇科举之荣　进士科始于隋大业中，盛于贞观。缙绅虽位极人臣，不出进士者，终不为美。岁常贡八九百人，谓之白衣公卿（王定保《摭言》）。其都会谓之举场，通称谓之秀才，投刺谓之乡贡，得第谓之前进士，互相推敬谓之先辈，俱捷谓之同年，有司谓之座主，京兆府考而升者谓之等第，外府不试而贡者谓之拔解，将试相保谓之合保，群居而赋谓之私试，造请权要谓之关节，激扬声价谓之还往，既捷，列名于慈恩寺塔谓之题名，大宴于曲江谓之曲江会，籍而入选谓之春闱，不捷而醉饱谓之打毷氉，匿名造谤谓之无名子，退而肄业谓之过夏，执业以往谓之夏课，挟藏入试之书策（李肇《国史补》）。足见当时风气之趋尚矣。昔唐太宗私幸端门，见新进士缀行而出，喜曰："天下英雄入吾彀中矣。"（《摭言》）然士以投牒自进之故，不复以奔走权门为耻，至有投文干谒王公大人之门，名之曰求知己，或执贽马前，自赞曰某人上谒者。士风之鄙，一至于斯，古人气节之风，扫地尽矣。

（三）贫富阶级之发生　唐初行授田之制，天下无无田之夫，无不耕之民。故自开元以前，虽户口至众，而民皆有田，至于癃老、童稚、寡妻、女子，亦皆有田以养之。民系于田，田系于国，故社会无甚贫甚富之患，而国民有相维相系之情。及天宝之季，师旅亟兴，诛求无艺，生齿流移，版图焚荡，疆理隳坏，恣人相吞，无复畔限。富者兼地数万亩，贫者无容足之居，依托强豪，以为私属，贷其种食，赁其田庐，终年服劳，无日休息，馨输所假，常患不充。有田之家，坐食租税，贫富悬绝，乃至于斯，厚敛促征，皆甚公赋。今京畿之内，每田一亩，官税五升，而私家收租，殆有亩至一石者，是二十倍于官税也。降及中等，租犹半之，是十倍于官税也。贫弱之人，受其侵削，兼并之徒，日以坐大，于是国家失生养人民之权，而社会成贫富交疾之状，自唐以后，几千余年未之能改也（参考陆宣公《均节赋税恤百姓奏》及《通志·食货略》）。

（四）买卖奴隶之风　唐承南北朝遗俗，使用奴隶，因有买卖人口之弊风。考《唐书·食货志》之户课，有"奴婢纵为良人，给复三年"之文，唐律有"奴婢告主者皆斩之"条，是权利、法律均不得与良民同等矣。至奴隶之来源，有因犯罪而籍没者，如《唐书》所载是也；有由市买而得者，如《杂律》载买奴婢、牛马立券是也（《唐律疏议》）；有自外国输入者，如遍中国以新罗人为奴婢是也（《新唐书·新罗传》）；有由地方岁贡者，如道州之岁贡矮奴是也（《新唐书·阳城传》）。奴婢之制虽沿自前朝，然唐至以法律承认之，则此等不人道之事，世遂视为固然矣。

（五）妇女缠足之习　唐武德间，妇人曳屐（案：屐为履之有耳鼻者）及线靴（《唐书·车服志》）。案：靴为革履，其制起于胡人之戎服。是唐初无妇女裹足之事也。至唐末，诗人始有咏足之长短者（韩偓有句云："六寸肤圆光致致"），然尚未至于十分纤小也。至于五代，则盛行缠足矣。其见于纪载者，谓弓足起于南唐李后主之世，后主令宫嫔窅娘以帛绕脚，令纤小作新月状，由是人皆效之（见《道山新闻》及《墨庄漫录》）。此风遂行于民间，由是妇女肢体受其束缚，而种族体魄日沦于孱弱。直至清末，始以法令禁止之云（参考《陔余丛考》卷三十一）。

# 中国近古史

## 自宋至清末

# 第一章
## 自宋至元为南北对抗时代

### 第一节 本期历史大旨

当宋太祖之受周禅也,契丹已有国五十三年,其割有燕云十六州也,亦历二十三年矣。宋虽统一中原,而不能恢复燕云,辽始终与北宋相对抗者,至一百六十余年之久。金既灭辽,即破汴都,据黄河流域之地而有之。宋室仓皇南渡,偏安江左,与金相对抗者,又一百有七年。金灭于元,是时蒙古已有国二十八年,席卷亚洲之大半,南宋与之对抗者四十四年,而卒为元所灭。于是举汉族相传所有之人民、土地而全受蒙古族之统治者,历八十七年,开中国史上未有之奇耻大辱焉,是亦可以觇世变矣。自来汉族之与外族遇也,常以汉族为主动力,而外族居于被动之地位,若五胡,若元魏,或杂居内地,或崛起边方,不过割据中国,以僭窃一时已耳,从未有具备国家之资格,自有其根据地,以战胜中国者也。契丹起辽水流域,灭国数十,扩土万里,中国燕云之地,仅为构成其国之一部分。蒙古至元以前之版图,几奄有亚洲,较诸南宋,其大小尤迥不侔矣。此种中国与外国、汉族与外族相争之创局,实开汉唐所未有,固不能以尊中国、攘外夷之空谈可以应付之也,必视其民族之强弱、国力之虚实、政治之良楛,以定成败得失之标准焉。顾以此衡宋而宋何如乎!宋承唐末五季大乱亟坏之后,民族则疲苶而不振,国力则销耗而无余,而其一代之政治,不过以惩创五季而矫唐末之失策为国是，故其文法细密，使人摇手触禁，不得以自尽其材，而又文之以儒术，辅之以正论，人心日柔，民气日惰，人材日弱，举世为弛缓之行，相与奉繁密之法，其志专注于矫弊防乱，而不务求长治久安之道（详见叶适《法度总论》）。故凡前代之所患者，若宗藩，若外戚，若宦官，若女祸，若藩镇，有宋皆防微杜渐而不罹其害；然一遇强大之外患，则瞠目拱手而不知所为。此其所以终于不振而折入于蒙古欤？然一代尚儒之精神，其士大夫之重廉隅而尚名节者，为东汉以后所仅见。而思想方面，建设道学之系统，自是中国始有纯正之哲学，而为后来学术开辟一新世界矣，不可谓非宋代尚儒之功也。至蒙古成吉思汗起于一成一旅，挈新兴之民族，风驰电扫，震撼世界，创立旷古未有之东亚大帝国，不可谓非黄种人中之怪杰！惟其后世之入主中国者，虽近百年，除世祖外，始终不识中国政治为何物，仅视中国为彼牧场而供其朘削而已。虽终为朱明所驱逐，而中国文化之被其踩躏摧残者不可骤复，遂演成明世鲁莽苟安之现象。此真世运升降之枢机，而中国古今治乱消息之所系欤！

## 第二节 宋之开基

宋太祖赵匡胤，涿郡人，以将家子应募，居郭威帐下。周世宗即位，匡胤典禁兵。世宗与北汉高平之战，指挥樊爱能等先遁，军危，匡胤及张永德麾同列驰马冲其锋，汉兵大溃，由是知名。周显德三年，从世宗征淮南，南唐节度皇甫晖、姚凤拥众十五万，塞清流关（在今安徽淮泗道滁县西北）。匡胤击走之，追至城下，晖整阵出，匡胤拥马项直入其阵，手刃晖中脑，并姚凤禽之。六年，世宗北征，匡胤为水陆都部署，先至瓦桥关，降其守将姚内斌。世宗在道阅四方文书，得韦囊中有木三尺余，题云"点检作天子"，异之。时张永德为点检，世宗还京，拜匡胤检校太傅、殿前都点检，以代永德。周恭帝即位，群臣方贺正旦，镇、定二州驰奏辽师南下，与北汉合兵，周帝命匡胤率宿卫诸将御之。是时，匡胤掌军政六年矣，得士卒心，数从世宗征伐，屡著功绩，为人望所归。至是主少国疑，将士阴谋推戴。时京师多聚语云："策点检为天子，师次陈桥驿。"（在今河南开封东北二十里）军乱，诸将环甲执兵，拥匡胤为天子。匡胤被酒方惊起，未及应，即被以黄袍，罗拜呼万岁，掖乘马南行。匡胤度不能免，乃令诸将三事：一不得惊太后、主上；二不得犯朝廷大臣；三不得犯府库。乃整军入都，秋毫无所犯，遂即皇帝位，定有天下之号曰宋。其母杜氏闻之曰："吾儿素有大志，今果然矣。"

当是时，北汉据太原，南唐据江南，钱氏据吴越，南汉据广州，孟蜀据成都，高氏据荆南，周氏据湖湘，天下分裂五十余年矣。太祖乘世宗南征北伐之威，慨然有混一宇内之志，勤修政治，日以搜讨军实为事，凡所措置，较周时规模益宏远矣（本毕沅《续通鉴》卷三孙光宪语）。太祖初即位，武胜军节度使张永德入觐。永德为周名将，与太祖旧故。时并、汾未下，太祖密访其策，永德曰："太原兵少而悍，加以契丹为援，未易取也。臣以每岁多设游兵，扰其农事，仍发间使以谍契丹，绝其援，然后可下也。"（《宋史》卷二百五十五《张永德传》）太祖乃先图西南，注意谋帅。命赵赞屯延州（今陕西米脂县西百五十里之永乐城），董遵诲守环州（今甘肃环县），王彦升守原州（今甘肃镇原县东六十里有故城），冯继业镇灵武，以备西夏；李汉超屯关南（今河北省雄县南），马仁瑀守瀛州（今河北省河间县），韩令坤镇常山（今河北省正定县），贺惟忠守易州（今河北省易县），何继筠领棣州（今山东惠民县），以拒契丹；又以郭进控西山，武守琪戍晋州（今山西临汾县），李谦溥守隰州（今山西隰县），李继勋镇昭义，以御太原。诸臣家族在京者，抚之甚厚，郡中管榷之利悉与之，恣其图回贸易，免所过征租。由是边臣皆富于财，得以养募死士，使为间谍，洞知敌情，每入边必能先知预备，设伏掩击。自此累年无西北之虞，得以尽力东南，取荆湖、川、广、吴越之地焉。兹将太祖削平诸国，次第分别言之：

（一）平荆湖　湖南周行逢，荆南高保勖，地势相倚，犹唇齿也。太祖建隆三年，高保勖卒，以高保融子继冲嗣。周行逢卒，以其子保权嗣，年仅十一。故将张文表自衡州举兵，据潭州（今湖南长沙县），将取朗陵（今湖南常德县），灭周氏。周保权乞师于朝廷，太祖谓宰相范质等曰："江陵四分五裂之国，今出师湖南，假道荆渚，因而平之，万全策也。"乾德元年，乃命慕容延钊及李处耘率十州兵南下，假道继冲，讨文表。王师未至，而张文表已为保权将杨师璠所破灭。李处耘至襄州（今湖北襄阳县），高继冲以民庶恐惧为辞，愿供刍饩百里外。师至荆门（今湖北荆门县），继冲遣衙内指挥使梁延嗣与其叔父保寅来犒师，且觇师之所为。处耘见延嗣等，待之有加，延嗣喜，驰使报继冲以无虞。荆门距江陵百余里，是夕，慕容延钊宴延嗣、保寅于其帐，李处耘密遣轻骑数千，倍道前进。继冲骤闻宋师奄至，即惶恐出迎。处耘令待延钊，即率亲兵先入。比继冲与延钊俱还，宋师已分据冲要，布列街巷矣。高保融遂籍其三州（荆、归、峡也）十七县以献，荆南平。李处耘等益发兵，日夜趋朗州。周保权拒之于三江口（即今荆江口洞庭湖水入江处也），慕容延钊大破其军，遂取岳州，进攻朗州，破之，虏保权以归，湖南悉平，凡得州十四、县六十六。

（二）平后蜀　蜀主孟昶自袭位以来，日事奢纵，以王昭远、赵崇韬等总军政。昭远昔给事于昶之左右，素无勋业，欲建立大功以塞时论，劝蜀主遣使通好北汉，令发兵南下，蜀自黄花（废县名，在今陕西凤县东北）、子午谷（在今洋县北）出兵应之，使中原表里受敌，冀取关右地为己功。其间使赵彦韬过都下，潜取其书以献，太祖笑曰："吾西讨有名矣。"乃使王全斌率崔彦进、王仁赡等自凤州路入，刘光义（即《宋史》刘廷让之原名）率曹彬自归州路入，合步骑六万，分水陆两路进讨。蜀主闻有北师，命王昭远为西南行营都统，率赵崇韬、韩保正、李进等以拒之，谓昭远曰："今日之师，卿所召也。勉为朕立功。"昭远颇以方略自任，始发成都，手执铁如意，指挥军事，自方诸葛亮。王全斌陆路军攻破兴州（今陕西略阳县）及西县（今陕西沔县西），追奔逐北，遂至嘉川（今陕西宁羌县南）。蜀军烧绝栈道，退保葭萌（今四川广元县）。刘光义水路军入峡路，连破松木、三会、巫山等寨（其地均在今四川巫山县东），进至夔州（今四川奉节县）。初，蜀于夔州锁江为浮梁，上设敌栅三重，夹江列炮具。光义等之发汴也，太祖出地图指其处，谓光义曰："溯江至此，切勿以舟师争战。当先遣步骑潜击之，俟其稍却，乃以战棹夹攻，可必取也。"光义等至夔，距锁江三十里许，舍舟，先夺浮梁，复引舟而上，遂破州城。时王全斌以蜀人断栈，大车不得进，遂由罗川路赴深渡（罗川在广元东南，深渡在广元北嘉陵江上）。崔彦进分兵修栈，进击金山寨，又破小漫天寨（金山寨在广元北三里，小漫天寨在广元东北三十五里），与全斌大军会于深渡，大破蜀军。蜀大将王昭远、赵崇韬引兵来战，三战三北。全斌等追击入利州（今广元县），昭远退保剑门（在今剑阁县北二十五里大剑山上）。王全斌以剑门天险，分兵自来苏（来苏砦在剑阁县东南七十里，道险而狭），渡江抵青强，与大军夹击剑门，破之。赵彦韬、王昭远咸被执。蜀主孟昶闻剑门破，遂降。王全斌入成都后数日，刘光义等军亦至。自全斌等发京师，至昶降，才六十六日。蜀亡，凡得州四十六、县二百四十。

（三）平南汉　时南汉主刘铱性昏懦，委政宦者龚澄枢，宦者至七千余人。作烧煮剥剔、刀山剑树之刑，或令罪人斗虎抵象。内官陈延寿作诸淫巧，日费数万金。太祖闻其奢酷，惊骇曰："吾当救此一方民。"而铱又数举兵侵道州（今湖南道县）。太祖命南唐主作书谕铱归中国，铱不听。太祖乃遣潭州防御使潘美率尹从珂、王继勋等讨之。仍遣使发诸州兵赴贺州城下。先是，南汉旧将多以谗死，宗室剪灭殆尽，掌兵惟宦者数辈，城壁壕隍俱饰为宫馆池沼，楼舰器甲辄腐败不治。及贺州告急，内外震惧。宋师连破昭、桂、连、贺等州（昭今广西平乐县，桂今桂林县，连今广东连县，贺今广西贺县），长驱至韶州（今广东曲江县）。南汉都统李承渥领兵十余万，屯莲花峰下（在曲江县南五里），教象为阵，每象载十数人，皆置兵仗，战则置阵前以壮军威。潘美尽索军中劲弩射之，象奔跃，乘者皆坠，反践承渥军，军大败。宋师遂取韶州，进次泷头（在今英德县南十里）。南汉主惧，遣使请和，且求缓师。泷头山水险恶，潘美等疑有伏兵，乃挟其使而速度诸险，进至栅口（在今广州市北百八十里）。南汉将郭崇岳坚壁自守，宋师乘夜篝火烧其栅，因而夹击之，南汉兵大败。龚澄枢纵火焚府库宫殿，一夕皆尽。明日刘铱出降，潘美入广州，有宦者百余辈盛服请见，美曰："是啄人多矣！吾奉诏伐罪，正为此辈。"悉斩之。南汉亡，凡得州六十、县二百十四。

（四）平江南　南唐自宋兴以来，奉事甚谨。及南汉亡，宋屯师于汉阳，惧甚。其主李煜因上表乞去国号，改唐国主为江南国主，贬损制度。太祖欲伐江南而无名，遣知制诰李穆谕江南主入朝，不听。太祖乃命曹彬为西南路行营都部署，潘美为都监，曹翰为先锋，率兵十万以伐之。自王全斌平蜀，多杀降卒，太祖每憾之。至是，戒彬切勿暴掠生民，城陷之日，勿杀戮。彬自荆南发战舰东下，江南屯戍皆谓每岁宋师所遣巡兵，但闭壁自守，奉牛酒犒师。寻觉异于他日，而彬已入池州（今安徽贵池县），败江南兵于铜陵（今铜陵县），获其战舰二百余艘。乘胜进至采石矶（今当涂县北），大败江南军二万余众。先是，太祖遣郝守濬试作浮梁于石牌口（在今怀宁县西九十里）。及曹彬至，诏移石牌镇浮梁于采石矶，系缆三日而成，不差尺寸，大兵过江，如履平地。江南主遣郑彦华督水军万人，杜真领步军万人溯江而上，急趋浮梁，为潘美所击败。曹彬大军进次秦淮（在南京城南），江南兵水陆十万陈于城下。时舟楫未具，潘美率兵涉水竞渡，大败江南军。初，陈乔、张洎为江南主谋，请所在坚壁以老宋师，江南主遂弗为虑，自于后苑引僧及道士诵经讲《易》，高谈不恤政事。王师驻城下累月，江南主犹不知。一日，江南主自出巡城，见宋师立栅，旌旗满野，始知危迫，遣学士承旨徐铉求缓师。铉见太祖，言李煜无罪，太祖与反复数四，按剑谓铉曰："不须多言，江南亦有何罪？天下一家，卧榻之侧，岂容他人鼾睡乎！"厚赐遣还。曹彬等列三栅攻城，太祖数遣使者谕彬以勿伤城中人；若犹困斗，李煜一门切无加害。于是彬忽称疾不视事，诸将皆来问疾，彬曰："余疾非药石所愈，愿诸公共为信誓，破城日不妄杀一人，则彬之疾愈矣。"诸将许诺，乃相与焚香为誓。次日，城破，彬入金陵，整军至其宫城，国主乃奉表纳降。彬申严禁暴之令，士大夫保全者甚众，仍大搜于军，无得匿人妻子。江南亡，凡得州十九、县一百有八。

（五）平北汉　太祖之初代周也，周昭义节度使李筠据潞州（今山西长治县）拒命，引北汉兵以为援，北汉主刘钧自将兵赴潞州。及筠兵败，北汉主惧，引兵归。自是边境虽小有侵轶，然终钧之世，太祖未加大兵者，以方图荆湖、后蜀故也。开宝元年，北汉主钧殂，太祖遽遣李继勋等以禁军伐之，进薄太原城下，焚延夏门。时钧养子继元求援于契丹，契丹主遣挞烈将诸道兵救之。李继勋等闻契丹兵来，皆引归。二年，太祖以李继勋等师还无功，亲率李继勋、曹彬、赵赞、党进诸将征之。至太原城下，四面围之，又命壅汾、晋二水以灌城。契丹复出兵以救北汉。太祖度其必由真定（今河北省正定县）救太原，使韩重赟、何继筠率兵分道邀之，大破契丹军，擒其首领三十余人，以所获契丹俘示于城下。城中虽丧气，然愈坚守不下。时宋师驻于甘草地已历三月，会暑雨，军士多疾，太祖乃班师。师退水落，而城多摧圮，辽使者韩知范在太原叹曰："宋师之引水浸城也，知其一而不知其二。若知先浸而后涸，则并人无类矣。"九年，太祖遣党进、潘美、杨光美、牛思进、米文义率兵，分五道以攻太原。又遣郭进等分攻忻、代、汾、沁、辽、石等州。诸将所向克捷，进败北汉兵于太原城北。汉主急，求救于契丹，契丹主遣其相耶律沙救之，师还。终太祖之世，兵至城下辄退师。太宗太平兴国四年，是时闽陈洪进献漳、泉二州，吴越王钱俶纳土，海内僭伪诸国削平殆尽。太宗乃自将伐北汉，契丹都统耶律沙等帅师救之。太宗遣都部署郭进御之石岭关（在山西忻县东南），大败其军，耶律沙仅免。时潘美等屡败汉兵，进筑长连城，围太原，矢石交下如雨。北汉外援不至，饷道又绝，城中大惧。太宗亲督诸将攻城，矢集城上如猬毛，城中危急，继元亲信之臣多亡。太宗虽谕降，而诸将锐攻不可遏。太宗虑城陷害良民，麾兵稍却，继元乃出降，遂毁太原旧城，纵火焚其庐舍。北汉亡，凡得州十、县四十一。

案：宋初之平定各国也，皆乘其衰乱屠微而取之，非如汉唐开基所遇之敌之强也。宋初之兵号为精练，然太原以区区弹丸之地，三次大举而无功，两世亲征而后克者，盖以契丹为之援也。昔王朴与周世宗谋取天下，欲先定吴、蜀，次取幽、燕，最后乃及太原，以燕定则太原固囊中物耳。太宗急于伐汉，尽锐于坚城之下，使幽、燕知所戒备，乃复议攻之，一败不能复振，再举而再失利，而燕云终于不能恢复矣。此所谓"强弩之末不能穿鲁缟"者也。

## 第三节　宋初之政治

自唐肃、代以来，纪纲不立，叛兵逐帅，叛将胁君，习以为常，凌夷至于五季，天子之废立，咸出于武夫悍卒之手。至宋有天下，而百余年来武人专横之局遂告终矣。太祖之立也，本出于将士之推戴；将士之所以推戴者，非以太祖之德厚功高也，不过沿五季之恶例，欲借以邀富贵、贪赏赐而已。然太祖整军入汴，秋毫无所犯，其治军之有法，已大异于前代废兴之际之骄纵矣。首褒侍卫马步军副都指挥使韩通之死节，人心始憬然知有忠义焉。不数年间，名藩听命，大将释兵，发号施令，威行万里，运天下于指掌之上，而惟所欲为，上下之分定，朝廷之体尊。数百年凌犯之习，片言而革，卓然立宋代三百年之规模于十有七年之间者，其要有三：一以法治中央之兵；二以术去藩镇之权；三以儒为立国之本。其所以操洗宇宙之旧污，刱然开一代之新治者，胥是道也。兹撮其政策之重要者，分别举之于下。

（一）收精兵以归中央　建隆元年，太祖诏殿前、侍卫二司各阅所掌兵，简其骁勇者升为上军，而命诸州长吏选所部兵送都下，以补禁旅之阙；又选强壮卒定为兵样，分送诸道召募教习，俟其精练即送阙下，由是犷悍之士皆隶禁籍矣。又惩唐以来藩镇之弊，立更戍法，分遣禁旅戍守边城，使往来道路，以习勤苦、均劳逸。自是将不得专其兵，而士卒不至于骄惰，皆赵普之谋也。太祖尝有言曰："朕今抚养士卒，固不吝惜爵赏。若犯吾法，惟有剑耳。"

（二）置通判以削节镇之权　乾德元年，始置诸州通判，凡军民之政，皆统治之，事得专达，与长吏均礼。大州或置二员。又令节镇所领支郡，皆直隶京师，得自奏事，不属诸藩。于是节度使之权益轻，用赵普之言也。

（三）置转运使以收财政权　自唐天宝以来，方镇屯重兵，多以赋入自赡，名曰留使、留州，其上供殊鲜。五代方镇益强，率令部曲主场院，厚敛以自利，其属三司者（案：三司者，度支使、盐铁使、判户部，唐谓之三司），补大吏临之；输额之外辄入己，或私纳货贿，名曰贡奉，用冀恩赏。太祖始即位，犹循前制，牧守来朝，皆有贡奉。及赵普为相，劝革去其弊，申命诸州度支经费外，凡金帛以助军实，悉送都下，无得占留。又方州阙帅，稍command文臣权知所在场院，间遣京朝官、廷臣监临。复置转运使为之条禁，文簿渐为精密。由是利归公上而外权削矣（毕沅《续通鉴》卷四）。

（四）复详覆以收司法权　先是，藩镇跋扈，专杀为威，朝廷姑息，率置不问，刑部案覆之职废矣。建隆三年，太祖令诸州奏大辟案须刑部详覆，寻如旧制，大理寺详断而后覆于刑部。凡诸州狱则录事参军与司法掾参断之。自是，内外折狱蔽罪，皆有官以相覆察（《宋史·刑法志》），前数百年枉法杀人之蔽始除焉。

（五）用文臣以代藩镇　乾德元年，太祖惩五代藩镇强盛之弊，时异姓王及带相印者不下数十人，至是用赵普谋，渐削其权，或因其卒，或因迁徙致仕，或遥领它职，皆以文臣代之。其后开宝五年，太祖谓赵普曰："五代方镇残虐，民受其祸。朕今选儒臣干事者百余，分治大藩，纵皆贪浊，亦未及武臣一人也。"自是以后，内外兵权浸浸转移于儒臣之手矣。

（六）重令权以制镇将　建隆三年，太祖诏县复置尉一员，在主簿下，凡盗贼、斗讼，先委镇将者，命令与尉典其事；自万户至千户，各置弓手有差。五代以来，节度使补署亲随为镇将，与县令抗礼。凡公事专达于州，县吏失职。至是还统于县，镇将所主不及乡村，但郭内而已。从枢密使赵普言也。

大抵宋初开国之制多出于赵普之谋。普以故掌书记为相，能以天下事为己任，然素寡学术，太祖尝叹曰："宰相须用读书人。"每劝普以读书。晚年手不释卷，每归私第，阖户启箧，取书读之竟日；及次日临政，处决如流。既薨，家人发箧视之，则《论语》二十篇也。普之有功于宋者，以其善为权宜之制以革五代藩镇之祸，世顾称太祖杯酒释兵权为出于赵普劝解石守信、王审琦禁卫之动计，不知此特出于保持帝位、媢忌功臣之私，非所以革积弊而开新治也。顾宋之所以革弊者，不过一时权宜之制，而非所以长治久安之道也。宋乃以防弊之制为立国之法，此一代政治之所以苟且而混乱，而国势所由不振欤！

然宋制虽粗，而其立国之大本则自有在。太祖尝勒石锁置殿中，使嗣君即位，入而跪读。其戒有三：一保全柴氏子孙，二不杀士大夫，三不加农田之赋（王船山《宋论》卷一）。此三者，以忠厚待人则风俗淳，以礼待士大夫则正气伸，以恩待天下则民心固。太祖至仁宗，百年而无事；徽、钦虽北狩，高宗能中兴者，皆其大本得也。至于太祖有迁都洛阳之志，晋王从容言其非便。太祖曰："迁河南未已，久当迁长安。"王叩头切谏，太祖曰："吾当西迁者非它，欲据山河之险而去冗兵，循周汉故事以安天下也。"王又言："在德不在险。"太祖不答。王出，太祖顾左右曰："不出百年，天下民力殚矣。"嗟乎！使太祖迁都之计行，则有宋或另演一种之历史，其规摹意志可谓宏远哉！

## 第四节　太宗真宗仁宗英宗四朝之政治

太祖陈桥之事，人谓太宗及赵普先知其谋（语见《宋史·赵普传赞》）。建隆二年，皇太后杜氏疾笃，召赵普入受遗命。太后以帝之得天下由于柴氏，使幼儿主天下，群心不附，遗令帝后传位与弟光义，立长君以安社稷，且令赵普书之，藏于金匮。太祖在位十七年崩，帝晋王光义即位，是为太宗。

时闽陈洪进、吴越钱俶相继纳土,太宗亲征太原而克之,灭北汉,遂伐契丹,为其所败,国威由是不振。太宗勤于听受,内外上封事求更制度者甚众,而吕蒙正谏以宜行清净之化。其后置审刑院以详议讼狱,置审官院以考课吏治,故政治号为清明焉。太宗在位二十二年崩,立其子恒,是为真宗。

真宗英悟之主,其初践位,相臣李沆虑其聪明必多作为,数奏灾异,以杜其侈心。契丹入寇,帝任寇准为相,遂有澶渊之盟。归听王钦若言,谋作天书,遂行封禅。其君臣矫诬,举国若病狂然。《宋史》以"自太宗幽州之败,恶言兵矣。契丹其主称天,其后称地,一岁祭天不知其几,猎而手接飞雁,鹘自投地,皆称为天赐,祭告而夸耀之。意者宋之诸臣,因知契丹之习,又见其君有厌兵之意,遂进神道设教之言,欲假是以动敌人之听闻,庶几足以潜消其窥觎之志欤"。在位二十六年崩,子祯立,是为仁宗。

仁宗为中国汉文帝后第一仁君,恭俭仁恕,出于天性。一遇水旱,或密祷禁庭,或跣立殿下。大辟疑者,皆令上谳,岁常活千余。吏部选人,一坐失入罪死,皆终身不迁。每谕辅臣曰:"朕未尝置人以死,况敢滥用辟乎?"庆历中,朝多君子,欧阳修、蔡襄、王素、余靖为谏官,范仲淹参政,杜衍、韩琦、富弼为枢密,众正盈朝,尤以范仲淹为杰出。仲淹素以天下为己任,每感激论天下事,奋不顾身,一时士大夫矫厉尚风节,自仲淹倡之。时宋兴垂八十年,纲纪制度,日削月侵,官壅于下,民困于外,契丹骄横,西夏扰边。仲淹慨然思有以更张之,条陈十事:一曰明黜陟,二曰抑侥幸,三曰精贡举,四曰择长官,五曰均公田,六曰厚农桑,七曰修武备,八曰推恩信,九曰重命令,十曰减徭役(原疏见《宋文鉴》卷四十三)。是时,仁宗方信向仲淹,悉采用之。而仲淹裁削幸滥,考核官吏,日夜谋虑,兴致太平。然更张无渐,规摹阔大,侥幸者不便,哗然以为不可行。于是谤毁稍行,而朋党之谗浸闻于上矣。仲淹不自安,乞外。仲淹出,而政府所更张者亦寝。右正言钱明逸反论仲淹、弼更张纲纪,纷扰国经,凡所推荐,多挟朋党。于是诸贤次第罢黜,史家称之为庆历党议焉。仁宗在位四十二年崩，皇子曙立，是为英宗。

曙为濮安懿王允让之子，仁宗无子，立以为皇子。治平二年，英宗诏议崇奉濮王典礼，于是濮议之事起。知谏院司马光据《丧服记》"为人后者为之子"之说，不得顾其私亲，宜称皇伯而不名，王珪、范镇、吕诲、范纯仁、吕大防、郑瞻、赵鼎、傅尧俞等主之。参知政事欧阳修据《仪礼·丧服·期》"为人后者为其父母报"，以为为人后者为其父母降服三年为期，而不没父母之名，以见服可降而名不可没，韩琦、曾公亮等主之。两议相持年余不决。既而皇太后手诏中书，宜尊濮王为皇，夫人为后，皇帝称亲，而吕诲、范纯仁、吕大防、郑瞻、赵鼎、傅尧俞、吕公著等皆乞贬出外。诲等既出，而濮议亦罢。是国家之事，一变而议论，再变而意气，三变而死生祸福生焉。英宗在位四年崩，子顼即位，是为神宗。

综太宗至英宗四朝之政治言之，其君大抵皆仰畏天，俯畏人，仁厚恭俭，无有逸德。然虽俭约而民不富，虽勤忧而国不强者，何也？上则因循末俗之弊，一切因任自然之理势，施政则守故事而惮改作，用人则贤不肖杂然并进而疏于考绩，下则议论多而责备严，而游谈之众因得以乱真。贤者矜于意气，各不相下，不肖者反挟之以持其短长，使不得有所展布。是以内则困于文法而不能有为，外则屈于夷狄而莫可如何。事穷则变，至神宗而变法之议兴矣。

## 第五节　辽之和战

辽之建国也，虽有城郭以居，而实以畋渔为生活。盖并、营以北，劲风多寒，随阳迁徙，岁无宁居。太宗之割有燕云也，以皇都临潢府为上京（今热河区阿鲁科尔沁旗绰诺河西之波罗城），升幽州为南京（今北平），改南京为东京（今辽宁省之辽阳县），圣宗城中京（今热河区建昌县西北老哈河北），兴宗升云州为西京（今山西大同县），于是五京备焉。其南侵也，多在幽州北十里鸳鸯泊点兵，出兵不过九月，还师不过十二月。既入南境，分为三路进兵，沿途居民、园囿、桑柘必夷伐焚荡。至宋北京（今河北大名县），三路皆会焉（《辽史·兵卫志》），是辽之征宋几视为由北就南避寒过冬之常事矣。宋兴之初，边将守御得人，时值辽穆宗述律在位，四时游猎，每夜酣饮，不恤国事，故边患得以稍纾。宋太祖开宝八年，契丹贻书于宋，请通好，太祖许之。太平兴国四年，宋太宗亲征北汉，辽景宗贤遣挞马长寿来问故，太宗曰："河东逆命，所当问罪。若北朝不援，和约如故。不然，惟有战耳。"自是和好中绝。太宗既灭北汉，欲取幽、蓟，诸将以师罢饷匮，咸不欲行。太宗以乘胜之势，遂决发太原诸军以攻燕，易州、涿州、顺州、蓟州相继降。太宗进次幽州城南，契丹将耶律奚底军于城北。太宗率众击走之，命诸将分兵四面攻城，围之三周。辽将耶律学古偕南京留守韩德让守燕，悉力备御。辽景宗贤遣南京宰相耶律沙救之，特里衮、耶律休哥将五院军并发。太宗自督诸将攻城，而将士多怠。辽耶律沙以援师至，战于高梁河（在北平西北，自昌平县沙涧东南流经高梁店，又东南流入德胜门西之积水潭，下游为大通河）。宋师先击，耶律沙败走之，会薄暮，而耶律休哥自间道驰至，人持两炬。宋师既疲，复不测其多寡，有惧色。休哥与耶律斜轸合军，分左右翼击之。休哥被三创，战益力。耶律学古闻援师大集，开门列阵，四面鸣鼓，居民大呼，声震天地。休哥乘之，宋师大败，太宗中流矢（见王铚《默记》及颜元《宋史》评语，其文见《颜习斋年谱》下卷），遽乘驴车南走。休哥创甚，不能骑，轻车追至涿州，获兵仗、印符、粮馈、货币不可胜计。是年九月，契丹遣南京留守韩匡嗣与耶律沙、耶律休哥侵镇州（今河北省正定县），以报围燕之役。镇州都钤辖刘廷翰率师御之，先陈于徐河（在今河北省满城县北）；崔彦进潜师出黑芦堤北（徐河堤名），缘长城口（在今安肃县西北），衔枚蹑敌后；李汉琼及崔翰亦领兵继至，军次满城。时辽师大至，东西亘野，不见其际。宋师列为二阵，前后相副，先遣人诈约降，韩匡嗣信之，休哥曰："彼众整而锐，必不肯屈。此诱我也，宜严兵以待。"匡嗣不听。俄而宋师鼓噪，尘起涨天，匡嗣仓卒不知所为。宋军合击之，辽军大败，溃兵悉走西山，投坑谷中。宋军追奔至遂城（在满城东北界），斩首万余级，俘老幼三万户，及兵器、军仗甚众。五年三月，契丹兵十万寇雁门（在今山西代县北），代州刺史杨业领麾下数百骑自西陉（在雁门关西，即勾注山岭道也），由至雁门北口南向击，大败契丹兵，杀其驸马侍中萧咄李。至是契丹畏业，每望见旌旗即引去，称为杨无敌。十一月，辽景宗贤自将围瓦桥关，败宋师于瓦桥东。宋太宗率兵救之，驻跸大名府。辽景宗贤引兵还，太宗欲乘辽师之退进攻幽州，以群臣之谏而止。命曹翰为幽州部署，修雄霸州，引兵南还（时李昉、张齐贤等咸谏图燕之策，以辽未可伐，不知燕、蓟为河北根本，不取燕、蓟则河北不固，而河南亦未可安枕也）。

宋太平兴国七年，辽景宗贤殂，子隆绪立，辽人谓之圣宗，复国号曰大契丹（当宋太平兴国八年）。圣宗年十二即位，母萧太后临朝称制。宋知雄州贺令图上言："契丹主少，母后专政，宠幸用事，请乘其衅以取燕、蓟。"太宗信之。雍熙三年，发兵三路伐契丹。曹彬为幽州道行营都部署，崔彦进副之；米信为西北道都部署，杜彦圭副之，出雄州（今河北省雄县）；田重进为定州路都部署，出飞狐（飞狐岭在今广昌县北二十里）；潘美为云、应、朔等州都部署，杨业副之，出雁门（在山西代县西北）。太宗本谋令潘美之师先趋云、应（云州，今山西大同县。应州，今应县）；曹彬等以十余万众，声言取幽州，持重缓行，毋贪小利以要敌，敌闻大兵至，必萃劲兵于幽州，兵既聚则不暇为援于山后矣（案：山谓太行山也。幽、蓟、瀛、莫、涿、檀、平、顺为山前八州，新、妫、儒、武、云、应、朔、蔚为山后八州）；待潘美等尽略山后之地，会重进东下趋幽州，与彬、信等合，然后以全师制敌焉。既而潘美先下寰、朔、云、应等州，田重进又取飞狐、灵丘、蔚州（灵丘，今山西雁门道属县，在飞狐西。蔚州，今河北口北道蔚县，在飞狐北），多得山后要害之地，而彬等亦连收新城、固安（今河北省属县，新城在雍州北，固安在幽州南），下涿州（今涿县），兵势大振。而契丹南京留守耶律休哥以兵少不出战，夜则令轻骑掠单弱以胁余众，昼则以精锐张其势，设伏林莽，绝宋师粮道。彬留涿州十余日，食尽，乃退师雄州以援供馈。彬所部诸将闻潘美及田重进累战获利，自以握重兵不能有所攻取，谋画蜂起，更相矛盾。彬不能制，乃裹五十日粮，再往攻涿州。耶律休哥以轻兵来薄，且战且却，宋师冒暑转战四日，仅得至涿。时辽圣宗隆绪与其太后将大军自驰罗口（在今涿县东北五十里）应援，趋涿州，彬、信复退，休哥出大军蹑其后，战于歧沟关（在今涿县南）。彬、信败走，无复行伍。宋师为休哥所追击，连败于拒马河、沙河，溺死者不可胜计，沙河为之不流，弃戈甲如丘山。彬、信等东路之师既败，而中路田重进亦还屯定州。契丹乘胜，耶律斜轸将兵十万西援，败潘美之师于飞狐，斜轸遂入寰州（今山西马邑县）。副将杨业引兵护云、应、寰、朔吏民内徙，以斜轸兵势甚盛，欲避其锋。美等主鼓行直往马邑，责其见敌逗挠不战，业乃引兵趋朔州，知其必败，因指陈家谷口（在朔州南），约美等张步兵强弩于此，以俟应援。业进战，先胜后败，力战竟日，及暮果至谷口，望见无人。盖潘美等闻业败，已挥兵却走矣。业遂斗死不降，而麾下无一人生还者。太宗闻败，深悔用兵，谓枢密使张齐贤曰："卿等共睹，朕自今复作如此事否？"自是契丹频年寇边，北鄙骚动，宋不能报，越十余年而有真宗澶渊构盟之事。

宋真宗即位之翌年（咸平二年）冬十月，辽圣宗大举入寇高阳关，都部署傅潜拥步骑八万众，不敢出。契丹败康保裔兵，乘胜攻遂城（在今河北省安肃县西），为守将杨延昭所拒，遂自德、棣济河，掠淄、齐（德州，今山东德县。棣州，今惠民县。淄州，今淄川县。齐州，今历城县）。宋真宗于十二月发汴京，亲征契丹，驻跸大名府（今河北省大名县）。契丹知帝亲征，乃纵掠而去，诸将受命追蹑，皆怔怯不敢行，伺其渡河而后发。范廷召邀其辎重，遂以大捷闻。

是时，宋禁卫重兵多在河北，朝廷以北方为虑，任用寇准为相，而契丹多纵游骑略深、祁间（深州，今河北省深县。祁州，今安国县），小不利即引去，徜徉无斗意。寇准曰："是狃我也。愿朝廷练帅领，简骁锐，分据要害地以备之。"宋景德元年十一月（真宗在位之七年），契丹圣宗隆绪与太后萧氏大举南下，引众二十万，沿葫芦河而东（葫芦河在河北省阜城县西北七里，故漳水也，入滹沱河），进至瀛州（今河间县）。昼夜环攻，矢集城上如猬，逾十数日，多所杀伤，为知州李延渥所拒，竟不能克。时辽师深入，急书一夕五至。真宗与寇准议兵事，参知政事王钦若密请帝幸金陵，签署枢密院事陈尧叟又请幸成都，寇准力请帝幸澶州（今濮阳县）。帝有难色，欲还内，准曰："陛下一入，则臣等不得见，大事去矣。"帝乃帅师亲征。

初，契丹之入寇也，宋将王继忠前以战败陷辽中，尝乘间说以构和之利。辽萧太后年高，颇纳其说。至是，辽师数攻城不克，萧太后令王继忠具奏议和，帝遣曹利用往议。而辽师已进攻天雄军（今大名县），不克。夜潜师过城南，遂南攻德清军（今清丰县），陷之。帝驻跸韦城（在今河南滑县东南），闻辽师益南侵，欲南巡以避其锋。寇准言："今敌骑迫近，四方危心，陛下惟可进尺，不可退寸。河北诸军日夜望銮舆至，士气当百倍。若回辇数步，则万众瓦解，敌乘其后，金陵亦不可得而至矣。"帝乃进次澶州南城，将止焉。寇准力请过河，帝乃渡河，登北城门楼，张黄龙旗，诸军欢呼万岁，声闻数十里，气势百倍。方帝之未至也，辽师已进抵澶州，围合三面。宋将李继隆等分伏劲弩，控扼要害。契丹统军顺国王萧达兰出觇地形，宋军头张环发床子弩射之，中额死。达兰首倡南侵之谋，至是，辽师失统帅，军中夺气，滋欲和矣。曹利用至辽军帐，辽以关南故地为言，宋严拒之，往反至再，乃议定宋岁遗绢二十万匹、银十万两。辽圣宗隆绪年少，愿以兄礼事南朝，成约而还，两国之兵事遂解。当曹利用之再使也，面请岁赂金帛之数，帝许以虽百万亦可。寇准召至幄次，语之曰："虽有旨许百万，若过三十万，将斩汝。"利用果以三十万定约焉。自是，宋、辽和好垂四十年。至仁宗庆历中，而辽复有增加岁币之事。

宋仁宗天圣九年，辽圣宗隆绪殂，子宗真立，辽人谓之兴宗。至庆历二年（宋仁宗在位之二十年），兴宗渐长，国内无事，户口蕃息，慨然有南侵之意，乘宋方败于西夏，遂遣萧特末、刘六符使于宋，以求关南之地。仁宗历选可使辽者，群臣皆惮行，宰相吕夷简与右正言富弼有隙，因举弼为使。弼慨然请行，夷简并请建大名府为北京，示将亲征以伐其谋。富弼至辽，说辽主以"北朝与中国通好，则人主专其利，而臣下无所获；若用兵败，利归臣下，而人主任其祸"。许以结婚及增岁币二事择其一。辽主虽感动，犹执得地之议，弼反复陈其不可，且言："北朝既以得地为荣，南朝必以失地为辱，辽、宋兄弟之国，岂可使一荣一辱哉？"辽主乃遣弼归，以誓书来。弼再使契丹，议定岁增银十万两，绢十万匹。复力争"献纳"二字，辞色俱厉。辽主度不可夺，复遣使与宋议"献纳"二字。弼说帝曰："二字臣以死拒之。虏气折矣，不可复许。"帝用晏殊议，竟以"纳"字许之。于是撤兵，两国通好如故。方富弼之受命使契丹也，闻一女卒；再往，闻一男生，皆不顾；得家书，未尝发辄焚之，曰："徒乱人意。"约成进官，弼复恳辞曰："增岁币非臣本意，特以方讨元昊，未暇与角，故不敢以死争，敢受赏乎？"

案：太宗席全盛之势，不能乘辽主贤之幼弱，悉力先取燕、蓟，扼险以绝契丹之援，顾乃尽锐以攻北汉，顿师坚城之下，师老气竭，致有高梁河之败，所谓"强弩之末不能穿鲁缟"者也。真宗奋孤注之一掷，仅得为澶渊城下之盟。仁宗庆历之时，号为治平，乃恫于契丹之虚声，无故而增岁币二十万之巨。宋之积弱也久矣，仅以相忍为国，宜乎神宗之慨然发愤而思变也。

## 第六节　西夏之叛服

西夏本赫连国地，而其先则魏拓跋氏后也。唐贞观初，有拓跋赤辞者归唐，太宗赐姓李，置静边等州以处之，其后析居夏州者号平夏部。唐末拓跋思恭镇夏州，统银、夏、绥、宥、静五州地，预破黄巢有功，世为夏州定难军节度使，历五代至宋。太平兴国中，太宗伐北汉，命李继筠出师，继筠遣蕃汉兵列阵渡河，略太原境以张军势。继筠卒，其弟继捧为留后，举族入朝，于太平兴国七年献银、夏、绥、宥、静五州之地（见《东都事略》）。其弟继迁居银州，不乐内徙，逃于地斤泽（今河套之巴彦淖尔）。泽距夏州东北三百里，西夏之患始此矣。李氏世有西土，继迁得羌戎情，羌族多归之，渐以强大，数来为边患，太宗发兵讨之，诸将用兵无功。会太宗崩，继迁遣使纳款，真宗许之，授继迁定难节度使，且割夏、绥、银、宥、静五州与之。咸平五年，李继迁大合蕃部，攻陷灵州。继迁改灵州为西平府居之，抄掠益甚。方继迁之攻灵州也，张齐贤、杨亿、王旦、李至等以灵武孤悬，难于固守，咸主弃地之议，真宗不听，遣王超将步骑六万援之，兵卒不能至而城陷。继迁擅河南地二十年，东寇麟州，西取西凉，兵不解甲，使中国常有西顾之忧。会继迁为六谷蕃部酋长潘罗支所败死（六谷在凉州境内），子德明奉表归款，真宗封为西平王。德明承继迁土宇，志在自守，然其下部族亦时寇抄边境，及公移究诘，则阳言不知，朝廷惟务含贷，以存大体而已。仁宗明道元年，德明死，子元昊继立，始与宋为敌矣。

西夏自德明以来，虽臣事中国及契丹，然于国内制度一拟王者。元昊常谏其父母臣宋，德明辄戒之曰："吾久用兵，终无益，徒自疲尔。吾族二十年衣锦绮，此宋恩也，不可负。"元昊曰："衣皮毛，事畜牧，蕃性所便。英雄之生，当王霸耳！何锦绮为？"元昊性雄毅，多大略，善绘画，能创制物始，晓浮图学，通蕃汉文字，案上置法律书，常携《野战歌》《太一金鉴诀》。既袭封，承累世中国所赐之资蓄，外倚契丹为援，骛然有叛宋之志。始明号令，仿中国置文武班，立蕃汉学，以兵法部勒诸部，置十二监军司，委豪右分统其众，总兵五十余万，铁骑三千，而苦战倚山讹。山讹者，横山羌，平夏兵不及也（顾祖禹曰："横山，朔方大碛。"今陕西延绥边有山崖，高峻连延千里，即横山也）。元昊自制蕃书，命野利仁荣演绎之，字形体方正，类八分，教国人记事用蕃书。再举兵攻回纥瓜、沙、兰三州，尽有河南故地。元昊遂于宝元元年僭称皇帝，国号大夏。朝议出兵讨之，仁宗以夏竦为泾原秦凤安抚使，范雍为鄜延环庆安抚使，经略夏州。康定元年，元昊大举入寇，陷金明砦（在今陕西肤施县西北百里），乘胜围范雍于延州，大败刘平、石元孙、黄德和、万俟政、郭遵五将援兵于三川口（三川口，延川、宜川、洛川口也，在安塞县东）。延州被围七日，城中不知所为，会大雪，元昊引去。

时中国久不见兵革，三川口之败，庙堂旰食，关辅震恐。仁宗用韩琦荐，乃以范仲淹代范雍，与韩琦并为陕西经略安抚招讨副使，仲淹领鄜延路，琦领泾原路。韩琦主攻策，范仲淹主守策。师举有期，而仲淹固执不可，会韩琦行边趣泾州，闻元昊将入寇渭州，琦亟趋镇戎军（在今甘肃固原县北），并诸路将佐，聚兵数万，以环庆副总管任福将之。任福违韩琦节制，深入至好水川（在今甘肃隆德县东二里），陷敌伏中，大为元昊所败，诸将俱战没。福临敌受命，所统皆非素抚之兵，又分出趋利，故致败甚，时庆历元年春也。韩琦既以败诏还阙，范仲淹亦因擅招元昊，通书徙去。至庆历二年，复有定川寨之败（定川在今甘肃固原县西北二十五里）。

先是，元昊声言入寇，泾原路经略安抚招讨使王沿遣副都总管葛怀敏率诸将御之，进至定川，战败，为元昊所围。怀敏谋结阵走镇戎军，至长城壕，路已断，敌周围之，怀敏及诸将曹英等十六人皆遇害，军士九千余人悉陷于贼。事闻，时吕夷简复居相位，语人曰："一战不及一战，可骇也。"自刘平败于延州，任福败于镇戎，怀敏败于渭川，败声益振。然元昊所以复守巢穴者，盖鄜延路屯兵六万八千，环庆路五万，泾原路七万，秦凤路二万七千，有以牵制之故也。元昊虽数胜，然死亡疮痍者亦殆半，部属困于点集，国中为"十不如"之谣以怨之。其亲信大将左厢帅野利、右厢帅遇乞，又为种世衡所间，被杀。元昊君臣猜贰，至不能军，又与契丹结怨，故款塞求和。仁宗以西鄙不宁，用兵久无功，心亦厌之，要以更名称臣，许岁赐银绢二十五万五千。元昊遂于庆历四年如约上誓表，宋册封为西夏国王，然帝其国中自若也。元昊既与宋和，乃专力与契丹构兵。是年，契丹兴宗将步骑十万，亲征西夏，元昊纵令深入，大败其众，兴宗狼狈走还。元昊在位十七年卒，子谅祚继立，请去蕃礼，从汉仪，求九经、《唐史》、《册府元龟》等书，浸浸乎向化于汉矣（参考《宋史·西夏列传》《西夏纪事本末》《西夏纪》）。

**宋陕西四路表**

| 路名 | 治所 | 今地 | 路名 | 治所 | 今地 |
|---|---|---|---|---|---|
| 鄜延 | 延州 | 陕西肤施县 | 秦凤 | 秦州 | 甘肃天水县 |
| 泾原 | 渭州 | 甘肃平凉县 | 环庆 | 庆州 | 甘肃庆阳县 |

**西夏州名表**

| 州名 | 今地 | 州名 | 今地 | 州名 | 今地 |
|---|---|---|---|---|---|
| 夏州 | 陕西横山县 | 银州 | 陕西米脂县 | 宥州 | 河套鄂尔多斯右翼旗地 |
| 绥州 | 陕西绥德县 | 静州 | 甘肃静宁县 | 胜州 | 河套鄂尔多斯左翼旗地 |
| 灵州 | 甘肃灵武县 | 盐州 | 甘肃盐池县 | 会州 | 甘肃会宁县 |
| 甘州 | 甘肃张掖县 | 凉州 | 甘肃武威县 | 沙州 | 甘肃敦煌县西 |
| 肃州 | 甘肃酒泉县 | 兴州 | 甘肃宁夏县 | 瓜州 | 新疆哈密县东南 |
| 定州 | 甘肃平罗县 | 龙州 | 陕西榆林县 | 洪州 | 甘肃古浪县东北洪地岭 |
| 咸州 | 甘肃中卫县东二百五十里 | | | | |

## 第七节　神宗与王安石之变法

宋本以积弱立国，仁宗在位四十一年，复以宽仁为治，解散天下而休息之，内则纲纪弛缓，外则强敌恣横。岁输五十万于契丹，而俯首自名曰纳；待西夏之叛臣以友邦之礼，亦岁输金缯二十六万，以乞苟安。此时之国势固杌陧不安之甚而弛极必张之时也。乃英宗一朝，胥宰执台谏，在朝在野，唯濮议典礼之是争，而置西北之狡焉思逞者，若天建地设而不敢犯。神宗即位，励精图治，知祖宗志吞幽、蓟、灵武而数败兵，常奋然思雪数世之耻，将大有为于天下。其时当国者名臣如韩琦，在政府十余年，无所建明（《朱子语类》卷一百三十）。神宗询富弼以边事，弼对以"愿二十年口不言兵，朝议务在安静"，咸与神宗锐于有为之意志相龃龉。及与文章、节行高一世之王安石遇，遂毅然任之而不摇矣。安石议论高奇，慨然有矫世变俗之志。当仁宗朝，上万言书言时事，其要在法先王之意以改革时政，而趋重于教、养、任、取人材及治财之道（书在《临川全集》卷三十九）。朝廷每欲俾以美官，而安石屡辞不受，至熙宁元年始造朝入对，以法尧舜为劝。神宗遂排众议而拜安石参知政事，于是变法之事纷然作矣。今条举新法之大端，分财、内、兵三类列之于下：

（甲）关于财政之新法

（一）**制置三司条例司** 三司者，宋总国计之使职，通管盐铁、度支、户部之事，以经理天下之财赋者也。制置三司条例司者，掌经画邦计、议变旧法以通天下之利，其名虽权天下之财，而其实为变法立制之总机关也。故领以枢密使、参知政事之大臣，而属官如苏辙、程颢等咸极一时之选。时天下承平，帝方经略四夷，故每以财用不给为忧，日与大臣讲求其故，命官考三司簿籍，商量经久废置之宜。凡一岁用度及郊祀大费，皆编著定式，所裁省冗费十之四（《宋史·食货志下》一）。其后复置三司会计司，以天下户口、人丁、税赋、场务、坑冶、河渡、房园之类租额年课，及一路钱谷出入之数，去其重复，岁比较增亏、废置及羡余、横费，计赢阙之处，使有无相通，而以任职能否为黜陟，于是一州一路之会计式成（《宋史·食货下》）。其时安石令其党吕惠卿领其事，而农田水利、青苗、均输、保甲、免役、市易、保马、方田诸役，相继并兴，号为新法，遣提举官四十余辈，颁行天下焉（《王安石传》）。

案：《宋史》所称之编著定式者，即今世立宪国之中央豫算案也；一州一路之会计式者，即今世立宪国之地方豫算书也；裁省冗费十之四者，即制置三司条例司审计之成效也。惟不任州县而遣使者数十辈分行营干于外，是则不免邀功生事，徒为烦扰耳。

(二)青苗法　宋承五代之弊，赋役不均，上下相蒙，积习成弊，年岁不登，富者操奇赢之资，贫者取倍称之息(《宋史·食货一》)。初，王安石为鄞县令，贷谷与民，立息以偿，俾新陈相易，邑人便之。至是为相，遂欲推其法于天下，以诸路常平、广惠仓钱谷为青苗本钱，散与人户，令出息二分，春散秋敛，以为民既受贷，使农人有以赴时趋事，而兼并之家不得乘新陈不接以邀倍息之利。于是常平、广惠仓之法遂变而为青苗矣。时苏辙除条例司检详文字，谓："以钱贷民，使出息二分，本非为利，然出纳之际，吏缘为奸，虽有法不能禁。钱入民手，虽良民不免非理费用；及其纳钱，虽富民不免违限。如此则鞭笞必用，州县多事矣。"议与安石不合而罢，而诸路提举官往往迎合安石之意，务以多散为功。富民不愿取，贫者乃欲得之。即令随户等高下品配，又令贫富相兼，十人为保首。虽坊郭户有物业胜质当者，使者亦强与之。民间喧然言其不便，而朝臣内外争之尤力焉。

　　　　案：朱熹有言："青苗立法之本意未为不善，但其给之也以金而不以谷，其处之也以县而不以乡，其职之也以官吏而不以乡人士君子。"(见朱子《婺州金华县社仓记》)此其所以本以利民而反致厉民欤！

　　(三)均输法　均输之法，所以通天下之货，制为轻重敛散之术，使输者既便，而有无得以懋迁焉。熙宁二年，制置三司条例司上言，其要以："盖聚天下之人，不可以无财；理天下之财，不可以无义。夫以义理天下之财，则转输之劳逸不可以不均，用度之多寡不可以不通，货贿之有无不可以不制，而轻重敛散之权不可以无术。(中略)发运使总六路之赋入，其职以制置茶、盐、矾、酒税为事，军储国用，多所仰给，宜假以钱货，资其用度，周知六路财赋之有无而移用之。凡籴买、税敛、上供之物，皆得徙贵就贱，用近易远。令预知中都帑藏年支见在之定数，所当供办者，得以从便变易蓄买，以待上令，庶便转输、省劳费。"(详见《王临川全集》卷七十《乞制置三司条例》)帝以转运使薛向领均输、平准事,赐内藏钱五百万缗、上供米三百万石,任其变易。时苏辙、范纯仁、李常、苏轼皆言其烦扰不便,帝卒不听,然均输后竟不能成。

(四)市易法　市易法本汉平准之法,以制物之低昂而均通之。熙宁三年,王韶倡为缘边市易之说,丐假官钱为本,初行之于秦凤路,其意在于通商殖民。时安石为政,力主其事。熙宁五年,京师置市易务,出内帑钱帛以充之,其大法有三:结保贷请一也,契要金银为抵二也,贸迁物货三也。其后渐推行于各路冲要州军。原市易之设,本欲以杜兼并之家,较固取利。然施行伤于繁碎苛细,至鬻冰果,市梳朴,市易司务多取息以干赏,率贱市贵鬻,广裒赢余,转挟官府以为兼并焉。众言喧哗,咸谓市易司市物,颇害小民之业。神宗亦屡以为疑,然其法终如故也。

　　案:宋之市易法,虽本于汉之平准,然其性质则小异。以近世欧西财政衡之,盖类于官银行及官营业之制度焉。而银行及营业之性质,宜于民办,而不宜于官办。且银行不宜兼营他业,而普通营业尤忌以抵当而贷出其资本。安石乃混而一之,宜其徒害于民生而无裨于国计也。

(五)雇役法　役法本古代力役之征,宋因前代之制,有衙前以主官物,里正、户长、乡书手以督课赋税,耆长、弓手、壮丁以逐捕盗贼,承符、人力、手力、散从官以奔走驱使;在县曹司至押录,在州曹司至孔目官,下至杂职、虞候、拣、掐等人,各以乡户等第差充。然役有轻重劳佚之不齐,人有贫富强弱之不一。承平既久,奸伪滋生,州县生民之苦,以衙前、里正为最重。至有孀母改嫁,亲族分居,或弃田与人以免上等,或非分求死以就单丁(采韩琦仁宗皇祐中并州上疏语)。当仁宗、英宗之朝,重臣如韩琦、范仲淹、司马光等,先后上言,议改差役之法,而不果行。神宗即位,阅内藏库奏,有衙前越千里输金七钱,库吏邀乞,逾年不得还者。帝重伤之,乃诏制置条例司讲立役法。条例司言："考合众论，悉以使民出钱雇役为便，愿以条目遣官分行天下，博尽众议。"试行畿内，计乡户产业，若家资之贫富，上下分为五等。岁以夏秋随等输钱，乡户自四等、坊郭自六等以下勿输。皆用其钱募三等以上税户代役，随役轻重制禄。募法：三人相任，衙前仍供物产为抵；弓手试武艺，典吏试书计；以三年或二年乃更。为法既具，揭示一月，民无异辞，著为令。遂颁其法于天下。天下土俗不同，役轻重不一，民贫富不等，从所便为法。凡当役人户以等第出钱，名免役钱。其坊郭等第户及未成丁、单丁、女户、寺观、品官之家，旧无色役而出钱者，名助役钱。凡敷钱，先视州若县应用雇直多少，随户等均取。雇直既已用足，又率其数增取二分，以备水旱欠阙。虽增毋得过二分，谓之免役宽剩钱。自雇役法行，坊郭品官之家尽令输钱，坊场酒税之入尽归助役，故士夫豪右不能无怨。而有司科配役钱，务求增羡，两浙率民助役钱至七十万。彭州四县已有宽胜钱四万八千七百余贯，成都一路无虑五六十万，岁有宽剩钱六七百万在官。至元丰七年，天下免役缗钱岁计一千八百九十二万九千三百，场务钱五百五万九千，谷帛石匹九十七万六千六百五十七，役钱较熙宁所入多三之一。雇役不加多，而岁入比前增广，其流弊已见矣。

（乙）关于民政之新法

（一）农田水利　安石初秉政，于熙宁二年分遣诸路常平官，使专领农田水利事，吏民能知土地种植之法，陂塘、圩埠、堤堰、沟洫利害者，皆得自言；行之有效，随功利大小酬赏。已行新法县分，田土顷亩、川港陂塘之类，令、佐受代，具垦辟开修之数授诸代者，令照籍有实乃代。自是四方争言农田水利，古陂废堰，悉务兴复。史称自熙宁三年至九年，府界及诸路所兴修水利田，凡一万七百九十三处，为田三十六万一千一百七十八顷云。

　　案：兴修水利，当时苏轼论之，恐其兴役烦扰，然其成效固彰著也。

（二）方田法　神宗患田赋不均，熙宁五年修定方田法，诏司农以均税条约并式颁之天下，以东西南北各千步，当四十一顷六十六亩一百六十步，为一方。岁以九月，县委令、佐分地计量，随陂原平泽而定其地，因赤淤黑垆而辨其色。方量毕，以地及色参定肥瘠而分五等，以定税则。至明年三月毕，揭以示民，一季无讼，即书户帖，连庄帐付之，以为地符。均税之法，县各以其租额税数为限，旧尝收蹙畸零，如米不及十合而收为升，绢不满十分而收为寸之类，今不得用其数均摊增展，致溢旧额，凡越额增数皆禁。

案：此为当时调查土地、整顿税赋之一政策，盖与近世所谓土地台帐法者相类，言地税者称此法为最善焉。

（丙）关于军政之新法

（一）裁冗兵以节财用　宋自仁宗以来，常以兵多为患，中外禁、厢军，其数达一百二十五万，致竭天下之力而不能给，名臣如韩琦、欧阳修、范镇等皆先后论其弊而议裁汰，然讫无成功。熙宁二年，神宗议并废诸军营以省财用，诸大臣皆以兵骄已久，遽并之，必招乱不可，神宗不听，独王安石赞决之。计减军校、十将以下三千余人，除二节赐予及傔从廪给外，计一岁所省，为钱四十五万缗，米四十万石，䌷绢二十万匹，布三万端，马藁二百万。于是自熙宁以至元丰，岁有并废（《宋史·兵志八·廪给之制》）。天下禁军之籍六十一万二千二百四十三人，较诸治平间，兵籍所省为多矣。

（二）置将兵以变番戍　宋初承唐藩镇之弊，兵骄而将专，务自封殖，横猾难制。祖宗初定天下，惩创其弊，分遣劲旅戍守边地，率一二年而更，欲使往来道路，足以习劳苦，南北番戍，足以均劳佚，故将不得专其兵，而兵亦不至骄惰。及承平既久，方外郡国合为一家，无复如曩时之难制，而禁旅更戍尚循其旧，新故相仍，交错旁午，相属于道。议者以为更番迭戍无益于事，徒使兵不知将，将不知兵，缓急恐不可恃。神宗即位，慨然更制，安石佐之。部分诸路将兵，总天下为九十二将。凡诸路将各置副一人；所有将副皆选内殿崇班以上、尝历战阵、亲民者充之；置官训练；春秋都试，择武力士，以名闻。于是天下之兵总隶禁旅，使兵知其将，将练其士卒，平居训厉搜择，无复出戍，外有事而后遣焉，谓之将兵（《文献通考·兵考五》）。

附：将兵表

（一）拥护京畿之兵凡三十七将（熙宁七年置）
- 河北四路：自第一将以下共十七将
- 府畿：自第十八将以下共七将
- 京东：自第二十五将以下共九将
- 京西：自第三十四将以下共四将

（二）西北边防之兵凡四十二将（熙宁八年置）
- 鄜延：九将
- 泾原：十一将
- 环庆：八将
- 秦凤：五将
- 熙河：九将

（三）分戍东南之兵凡十三将（元丰四年置）
- 淮南
  - 东路：第一将
  - 西路：第二将
- 两浙
  - 西路：第三将
  - 东路：第四将
- 江南
  - 东路：第五将
  - 西路：第六将
- 荆湖
  - 北路：第七将
  - 南路
    - 潭州：第八将
    - 全、邵、永州：第九将
- 福建路：第十将
- 广南
  - 东路：第十一将
  - 西路
    - 桂州：第十二将
    - 邕州：第十三将

（三）设保甲以练民兵　神宗欲去数百年募兵之弊，王安石既已减募兵以精训练，复说神宗以"鼓舞河北三路之民习兵，则兵可省。宜详立法制，令本末备具，以什伍其民，费省而兵众，以与募兵相为用"（《宋史·兵志六·保甲》）。乃立保甲之法，籍乡村之民，二丁取一，十家为保，保丁皆授以弓弩，教之战阵，保选一人为保长；五十家为一大保，选一人为大保长；十大保为一都保，选其众所服者为都保正。保甲法之始行也，初则令邻伍相纠，以捕盗贼；继则遣官教练保丁，肄习武事。所隶官于农隙都试，保其骑射优等者，天子亲阅视之，命以官使。再则保丁分番隶巡检司习武技。凡集教、团教成，岁遣使提举案阅，率以近臣挟内侍往给赏钱，案格令从事。时系籍义勇、保甲及民兵凡七百一十八万二千二十八人，其一时赏赉，率取诸封桩或禁军阙额，未尝废户部一钱焉。

（四）立保马以修戎政　保甲养马之法始自熙宁五年，其法："凡五路义勇、保甲愿养马者，户一匹；物力高愿养二匹者听。皆以监牧见马给之，或官与其直，令自市，毋或强与。府界毋过三千匹，五路毋过五千匹。袭逐盗贼外，乘越三百里者有禁。岁一阅其肥瘠，死病者补偿。"于是保甲养马行于诸路。（案：保马用意，以为募民牧养可省公家杂费，而保甲有马，可以习战、御盗，诚公私两便之道也。然马之息耗无定，民贪一时乘骑之利，而不顾异日赔偿之害，此其所由终以厉民欤！）

案：神宗当穷变之时，而安石又以变法自任，其君臣相遇，可谓千载一时。然其法行于当时，而结果所得之利害每多与变法初意相违反者，则以措置理财为其目的故也。夫理财固为政之大端，然非立国之根本，则其择术已非矣。加以安石之性执拗（好人同己而恶人异己。《司马温公集》熙宁七年四月应诏言朝政阙失状语），一时名臣如富弼、韩琦、欧阳修、文彦博、司马光、范镇、苏轼、苏辙、吕公著、韩维等咸以反对新法，悉排斥不遗余力，独引吕惠卿、韩绛、章惇、曾布等与之共事，多用门下儇慧少年以乘时邀利。故新法虽行而不能副安石之志者，非尽由法之不善，实人之不善有以致之也。故论安石者，当分其个人德行与法术为二；论安石之新法者，又当分其治法与治人为二，庶有以见其真而得其平也。今请引有宋朱、陆二大儒之言以明之。朱熹曰："安石以文章节行高一世，而尤以道德经济为己任。被遇神宗，致位宰相，世方仰其有为，庶几复见二帝三王之盛。而安石乃汲汲以财利兵革为先务，引用凶邪，排摈忠直，躁迫强戾，使天下之人嚣然丧其乐生之心。卒之群奸嗣虐，流毒四海，至于崇宁、宣和之际，而祸乱极矣。"陆九渊曰："新法之议，举朝谨哗，行之未几，天下恟恟。安石方秉执《周礼》，精白言之，自信所学，确乎不疑。君子力争，继之以去；小人投机，密赞其决。忠朴屏伏，憸狡得志，曾不为悟，安石之蔽也。然安石方耻斯世不为唐虞，而熙宁排公者，大抵极诋訾之言，而不折之以至理，平者未一二，而激者居八九，上不足以取信于裕陵（神宗葬永裕陵），下不足以解公之蔽，反以固其意、成其事。新法之罪，诸君子固分之矣。"朱、陆之言，洵哉天下之公言也。

### 第八节　元祐前后之党祸

有宋一代之天下，一士大夫之天下也。昔神宗尝与近臣论免役之利，文彦博言："祖宗法制具在，不须更张，以失人心。"上曰："更张法制于士大夫诚多不说，然于百姓何所不便？"彦博曰："为与士大夫治天下，非与百姓治天下也。"斯言也，足以代表北宋之政治情形。士大夫与百姓之利害矛盾，而政治上无形之权力，其实操诸士大夫之阶级，虽专制君主之布施，不能不为其所左右者也。顾士大夫之习气，往往议论多、意气重，虽君子与君子相处，亦每以自信之过激而为门户之争，小人投隙抵巇，遂以朋党之说中之，而君子之道尽，国事遂不可问矣。

宋之党议始于庆历，其时富弼、范仲淹、韩琦、杜衍当国，天下称慕其贤，石介至作《庆历圣德诗》以美之，而贾昌朝、陈执中、王拱辰、钱明逸辈深畏其不利于己，目以为党，飞章诋毁，相继罢去。及英王濮议，台谏司马光、范纯仁、吕大防、吕诲等，与中书韩琦、曾公亮、欧阳修所议不合，咸相率求去，以取美名（约《濮议》言）。此足见当日士大夫之风气矣。至神宗变法，而王安石为新法之党魁，援引吕惠卿、曾布、邓绾、章惇、陈升之、韩绛于要地，以助其措施，一时士夫沸腾，黎民骚动，神宗惟安石是信，附之者谓之忠良，攻之者谓之逸慝。其以争新法去官者，宰执则有富弼、赵抃、张方平，枢密使则有文彦博、吕公弼，御史中丞则有吕诲、吕公著、杨绘，翰林学士则有司马光、郑獬、范镇，谏官则有范纯仁、刘述、刘琦、钱𫖮、林旦、薛昌朝、范育、程颢、张戬、李常、王子韶，宣徽院使则有王拱辰，知制诰则有钱公辅，监官告院则有苏轼，条例司则有苏辙，知审官院则有孙觉，地方大吏则有韩琦、韩维、欧阳修。此外以反对新法罢黜及自免去者，尤不可胜数焉。安石先后秉政八年，其间以监安上门郑侠上《流民图》。时天旱，忧京师乱起，郑侠曰："旱由安石所致，去安石，天必雨。"慈圣、宣仁二太后复流涕为帝言之，由是罢相，以其党韩绛代安石，吕惠卿为参知政事。二人守其成谟不少失，时号绛为传法沙门，惠卿为护法善神。终神宗世，帝敬礼安石不少衰云。

神宗之崩也，哲宗立，方十岁，神宗生母宣仁高皇后垂帘听政，驿召司马光、吕公著、文彦博等。未至，已戒中外毋苛敛，宽民间保户马，减皇城觇卒，止禁庭工技。事由中旨，宰相王珪等弗预知。及司马光、吕公著至，并命为相，一时知名士汇进于庭。司马光凡居洛阳十五年矣，天下以为真宰相，田夫野老皆号为司马相公，妇人孺子亦知其为君实也。至是，天下之民引领拭目，以观新政。光举熙宁以来政事弗便者，次第罢之。以常平旧式改青苗，以嘉祐差役参募役，除市易之法，弛茶盐之禁，罢保甲团教，不复置保马，诸将兵皆隶州县，军政委守令通决，立十科荐士法，昼夜汲汲然为天下除弊兴利如不及。凡王安石、吕惠卿所建新法改革略尽。光在相位仅年余而薨。

当是时，吕公著、吕大防、刘挚、范纯仁、苏颂先后秉政，罢黜吕惠卿、蔡确、章惇、邓绾、吕嘉问、李定、蒲宗孟、范子渊等。然安石之党徒，其列左右侍从、职司使者，尚十有七八，布于中外，以摇时政。初，神宗疾革，王珪议建储事，蔡确在侧知状。确自见得罪于世，阴与章惇、邢恕等合志邪谋，谓王珪实怀异意，赖己拥护，自谓有策立功。确既失势，出知陈州，愈怀怨望。邢恕又益为往来造言，事浸籍籍。确在安陆，尝游车盖亭，赋诗以斥东朝，坐是谪岭表。时元丰旧臣争起邪说，以撼在位。吕大防、刘挚患之，欲稍引用，以平宿怨，谓之调停，以苏辙、王岩叟争之而止。时吕公著独相，群贤在朝，不能不以类相从。崇政殿说书程颐与翰林学士苏轼以语言细故，其徒互相讥劾，致有洛党、蜀党、朔党之号。洛党以程颐为首，而朱光庭、贾易为辅；蜀党以苏轼为首，而吕陶等为辅；朔党以刘挚、梁焘、王岩叟、刘安世为首，而辅之者尤众。是时，熙丰用事之臣，退休散地，怨入骨髓，阴伺间隙，而诸臣不悟，各为党庇，以相訾议。其后吕大防与刘挚以吏额房事议论不合，虽二人心本无他，然士大夫趋利者交斗其间，谓南人有隙，而朋党之论遂不可破（《续通鉴》卷八十一）。及元祐八年，而宣仁高太后崩，朝局遂全翻矣。

元祐之更化也，宣仁后常于宫中见哲宗所用旧案不善，令其易之，而哲宗用之如故，宣仁后问之，对以为神宗所用，故宣仁大恸，已知其有绍述意也（《朱子语类》卷百二十七）。诸大臣见哲宗年幼，每奏事但取决于宣仁后，哲宗有言，或无对者（《宋史·苏颂传》），帝固衔之久矣。太后既崩，中外汹汹，人怀观望，礼部侍郎杨畏为吕大防所荐，首背大防，上疏称述熙宁、元丰政事与王安石学术之美，以迎合帝意，哲宗信之，遂荐章惇、吕惠卿、安焘、邓润甫、王安石、李清臣等。时廷试进士，中书侍郎李清臣发策，有绍述熙宁、元丰之意，考官主元祐者居上等，杨畏复考，悉下之，而以主熙丰者置前列。自是绍述之论大兴，国是遂变矣。时帝有绍复熙丰之志，首起章惇为相，于是专以绍述为国是，遂引其党蔡卞、林希、黄履、来之邵、张商英、周秩、翟思、上官均居要地，任言责，协谋报复。贬黜吕大防、范纯仁、刘挚、苏轼、苏辙、梁焘等于岭南，追贬司马光、吕公著等官，布告其罪于天下。蔡卞劝章惇置看详诉理局，由是元祐旧臣无一得免，重得罪者八百三十家，士大夫或千里会逮，天下怨疾焉。章惇引用蔡京为户部尚书，京劝以取熙宁成法施行之。是时，蔡京之恶尚隐，人多未测，独监察御史常安民首发其奸，力言"其巧足以移动人主之视听，力足以颠倒天下之是非"。又言："今大臣为绍述之说者，皆借以报复私怨，一时朋附之流从而和之，遂至已甚。"哲宗不听。章惇、蔡卞恐元祐诸臣一旦复起，日夜与邢恕等谋，且结内侍郝随为助，媒孽宣仁以常欲危帝之事。又以文彦博子及甫与邢恕私书为廋辞，下文及甫于同文馆狱。诬梁焘、刘挚、吕大防等结主宣仁阁内侍陈衍谋废立。章惇使蔡京、安惇杂治之，组织万端，将悉陷诸人于族罪，既而无所得乃已（事详《宋史·刘挚传》及《邢恕传》）。然梁焘、刘挚卒于岭外，众皆疑两人不得其死云。哲宗在位十五年崩，无嗣，向太后立神宗第十一子端王佶为帝，是为徽宗，而章惇以立端王异议罢相，朝局又为之一变矣。

徽宗之初即位也，用韩忠彦为相，罢出章惇、蔡卞、邢恕、蔡京等，凡绍圣、元符以还，惇所斥逐贤大夫士稍稍收用之。时议以元祐、绍圣均有所失，欲以大公至正消释朋党，诏改明年元曰建中靖国，于是君子小人杂然并进。韩忠彦虽位首相，而右仆射曾布方得君，阴主绍述，数月以来，端人吉士相继去朝，所进用以为辅臣、从官、台谏者，皆尝事惇、卞之人。韩忠彦与曾布交恶，各谋引蔡京以自助，复用蔡京为学士承旨。徽宗有意修熙丰政事，遂罢韩忠彦而用蔡京。京既为相，并排曾布而去之，阴托绍述之柄箝制天子，用熙宁条例司故事，即都省置讲议司，自为提举讲议，熙丰已行法度及神宗欲为而未暇者，以其党吴居厚、王汉之等十余人为僚属，取政事之大者讲议之。凡所设施，皆从是出，而法度屡变无常矣。时元祐群臣贬窜死徙略尽，京犹未惬意，命籍文臣执政官司马光等二十二人、待制以上官苏轼等三十五人、余官秦观等四十八人、武臣王献可等四人、内臣张士良等八人（姓名详见毕《续通鉴》卷八十八），等其罪状，首以司马光，目曰奸党，请御书刻石于端礼门。又自书为大碑，遍颁郡国，禁党人子弟毋得至阙下。毁范祖禹《唐鉴》、三苏、黄庭坚、秦观文集及程颐文字,其以元祐学术聚徒教授者,监司觉察,必罚无赦焉。蔡京在徽宗朝凡四入相,前后专国十八年之久,怀奸植党,威福在其手,假借绍述之名,纷更法制,贬斥群贤,始终以"不患无财、患不能理财"之策上欺人主,倡为丰亨豫大之说,务以侈靡迎合上心,动援《周官》"惟王不会"之文,以祖宗惜财省费为陋。于是铸九鼎,建明堂,修方泽,立道观,建延福宫,作艮岳,率欲度前规而侈后观。一切应奉造作,纷置局司,大率争以奇巧为功,而江南花石纲之害为尤甚,东南苦之。京又患言者议己,故作御笔密进,而丐徽宗亲书以降,谓之御笔手诏,违者以违制坐之,事无巨细,皆托而行,至有不类帝札者,群下皆莫敢言焉。京又谋启边功,赞取隍鄯(隍,今甘肃碾伯县。鄯,今甘肃西宁县),用宦者童贯为监军,合兵十万人,费四千万缗(见《朱子语类》卷百二十七),驯至四海困穷,正气消亡,汴宋事不可为,而靖康之祸亟矣。

案:宋之党议,欧阳修、苏轼、秦观论之详矣。王安石之变法,与司马光等政见不同,不能不取附己者以推行其事,虽误用小人,其有党犹可言也。至元祐欲复宗祖之法,不得不罪变法之人,盖复法者其本志,而去小人者其余也。绍圣欲罪复法之人,则托言神宗之政,盖去君子者其本志,而绍述者其名也(张溥《史论》)。徽宗又蔽于绍述之说,崇奸贬正,党论滋起。于是绍圣指元祐为党,崇宁指元符为党,而郑居中、张商英、蔡京、王黼诸人,互指为党,不复能辨。始以党败人,终以党败国,衣冠涂炭,垂三十年,其祸汰于东都白马。呜乎!朋党之说,真能空人之国如此哉!(《宋史》卷三百五十六)

## 第九节　熙丰以来之边防

初,艺祖尝欲积缣帛二百万易敌人首,又别储于景福殿。神宗即位，乃更景福殿库名，自制诗以揭之，曰："五季失图，狝狘孔炽。艺祖造邦，思有惩艾。爰设内府，基于募士。曾孙保之，敢忘厥志。"一字一库以号之，凡三十二库。后积羡赢为二十库，又揭诗曰："每虔夕惕心，妄意遵遗业。顾予不武姿，何日成戎捷。"（《宋史》一百七十九《食货志下一》）是神宗一切之改革，其志在于富国强兵，以为异日用兵之准备者也。顾辽之立国久，土地大，兵力强，不可骤图，乃欲先试其锋于西夏，以西夏臣事契丹，制西夏即以弱契丹，然必先复河湟而后西夏乃可制也。至于西南兵事，则以余力及之焉。今分别叙之于下：

（一）辽之割黄嵬山　熙宁七年（辽咸雍十年），辽道宗以河东路沿边增修戍垒，起铺舍，侵入蔚、应、朔三州界，内使林牙、萧禧来言，乞行毁撤，别立界至。神宗遣太常少卿刘忱、秘书丞吕大忠如辽议界。辽指蔚、应、朔三州分水岭土陇为界，及忱与之行视，无土陇，乃但云以分水岭为界。凡山皆有分水岭，相持久之不决。熙宁八年，辽复遣萧禧来理河东黄嵬地（黄嵬在今山西崞县西南七十里，与宁武县接界）。禧执分水岭之说不变，必得请而后反。神宗不得已，遣知制诰沈括报聘。括阅枢密院故牍，得顷岁所议疆地书，指古长城为分界（在崞县，西起马陵，东至土墱），今所争乃黄嵬山，相远三十余里。括以图画示禧，禧议始屈。括至契丹，与其相杨遵勖议，凡六会，竟不可夺，遂舍黄嵬而以天池请。辽道宗命耶律普锡往正疆界，普锡力争不已。神宗问于王安石，安石曰："将欲取之，必姑与之。"以笔画其地图，依黄嵬山为界，东西弃地七百里。宋监察御史里行黄廉叹曰："分水画界，失中国险矣。"其后辽人果包取两不耕地，下临雁门焉（详毕《续鉴》卷七十至七十一）。

（二）河湟之收复　河湟者，今甘肃洮河以西、湟河以南诸地是也。自唐中叶以后，其地陷于吐蕃，历五代至宋初，吐蕃衰弱，族种分散，大者数千家，小者百十家，无复统一。熙宁初，王韶上书，以为国家欲取西夏，当先复河湟，河湟复则夏人有腹背受敌之忧。神宗奇其言，王安石亦力赞之，遂命王韶主洮河安抚司事，招降青唐（今西宁县）大首领俞龙珂，进兵击破诸羌，遂城武胜，建为镇洮军（今甘肃狄道县），置熙河路，河州（今甘肃导河县）、岷州（今甘肃岷县）次第克服。于是，宕（今甘肃宕昌县）、洮（今甘肃临潭县）、叠（在临潭县南百八十里）三州羌酋皆以城降。韶军行五十四日，涉地千八百里，得州五，斩首数千级，获牛羊马以万计云。元祐初，司马光当国，欲举熙河而废之，时有孙路执图以进曰："若此则陕西一道危矣。"光乃止。哲宗时，王瞻复青唐为鄯州（今甘肃西宁县），王厚复邈川为廓州（在今甘肃临潭县境）。其后旋弃旋复，蔡京、童贯借之以邀边功焉。

（三）西夏之用兵　当英宗末年，夏主谅祚骄恣，屡扰边塞，入寇大顺城（在今甘肃庆阳县北）。神宗即位，青涧守将种谔袭虏夏监军嵬名山，遂复绥州（今陕西绥德县）。西方用兵自此始。谅祚死，子秉常立，复于熙宁三年大举入环庆，游骑至庆州城下，九日乃退。神宗用种谔言，决意西伐，前后大举者二：

一为元丰四年五路之师。神宗命宦者李宪总兵出熙河，种谔出鄜延，高遵裕出环庆，刘昌祚出泾原，王中正出河东，分道并进，会师灵武。又诏吐蕃首领董毡集兵会伐。时刘昌祚率蕃汉兵五万，受高遵裕节制，令两路合军伐夏。既入夏境，而庆州兵不至。昌祚次磨脐隘（在今甘肃灵武县南百余里），遇夏众十万扼险，大破之，遂薄灵州城，兵几入门。高遵裕嫉其功，驰使止之，昌祚案甲不敢进。及遵裕兵至，围城十八日不能下。夏人决黄河七级渠以灌营，复抄绝宋师饷道，士卒冻溺死者大半，遂溃而还，余军才万三千而已。夏人蹑之，复败，昌祚亦还泾原。种谔率九万众攻下米脂，进攻银石、夏州，遂破石堡城（在夏州东南）。至夏州索家平（在夏州南），会大校刘归仁以众溃，而军食又乏，复值大雪，死者不可胜计，入塞者仅三万人。王中正率兵自宥州行至奈王井，粮尽，士卒死者二万人，乃引还。初，诏李宪帅五路兵直趋兴、灵，宪总师东上，次葫芦河，闻败报，遂班师。时四路兵皆至灵州，独宪不至。初，夏人闻朝廷大举，秉常母梁氏问策于廷，诸将少者尽请战，一老将独曰："但坚壁清野，纵其深入，聚劲兵于灵、夏，而遣轻骑钞绝其馈运，可不战而困。"梁氏从之，师卒无功而还。

二为元丰五年永乐之役。李宪既释弗诛，复上再举伐夏之策。种谔亦自以西讨无功，谋据横山。其志未已，而给事中徐禧与知延州沈括议城永乐（在今陕西绥德县西百五十里，近无定河，距故银州二十五里）。永乐地接宥州，附横山，为夏人必争之处。城甫就，而夏人即来攻。时徐禧护诸将，闻之，挟李舜举及诸将入永乐城。夏人倾国而至，号三十万。禧登城西望，不见其际。夏人渐逼，大将高永能请及其未阵击之，禧不听。夏分兵进攻，纵铁鹞子击城下兵，诸军皆败。夏人遂围城，厚数里，游骑掠米脂，且据其水砦。将士昼夜血战，城中乏水泉，渴死者大半。夏人蚁附登城，守军尚扶创格斗，沈括、李宪援兵及馈饷皆为游骑所隔。夏人乘夜大雨，环城急攻，永乐遂陷，徐禧及诸将皆死。自灵州之败，秦、晋困棘，天下企望息兵，而沈括、种谔陈进攻之计，徐禧更以边事自任，狂谋轻敌，至于覆没。括、谔奏永乐城陷，汉蕃官二百三十人、兵万二千三百余人皆没。神宗涕泣悲愤，为之不食。自熙宁开边以来，凡得夏葭芦（今陕西葭县）、吴堡、米脂（皆在今二县界）、义合（在今绥德县东四十里）、浮图（在今绥德县西六十里）、塞门（在今安塞县北）六堡。而灵州、永乐之役，官军、熟羌、义保死者六十万人，钱粟银绢以万数者不可胜计。帝始知边臣不足任，深悔不听孙固、吕公著、赵禼等不可用兵之谏，自是无意西伐矣。夏主秉常亦以困敝于兵，上表通贡，祈还兰州、米脂等五砦，神宗不许。元祐初，秉常复遣使来请，并归永乐所掠吏士百四十九人，遂诏以米脂、葭芦、浮图、安疆四砦还之。夏人既得四砦，连岁以划界未定为辞，侵扰边境。知渭州章楶建筑平夏城（在甘肃镇原县西八十里）、灵平砦（即好水砦，在甘肃隆德县东），据形胜以败夏人。楶在镇创州一、城砦九，而诸路亦多建城砦以逼夏，夏人遂不复振。徽宗朝，蔡京秉政，务开边，以童贯领六路边事。时永兴、鄜延、环庆、秦凤、泾原、熙河各置经略安抚司，以童贯统领之，于是西边之柄皆属于贯。贯强遣名将刘法取朔方，为夏主弟察哥所败死，童贯乃以捷闻。是时，诸将所筑城砦皆不毛，夏所不争之地，而关辅为之萧条矣。

（四）西南夷之开拓　西南夷者，沿五岭西南之溪峒至四川马湖江迤南之诸蛮土也。唐季之乱，蛮酋分据其地，自署为刺史，宋兴，朝廷因而命之。其后骄恣日益甚，皆刻剥其民，自相仇杀，又屡寇边，为良民患苦。前世以其边远，务姑息以羁縻之，至神宗时，帝与王安石方思用兵以威四夷，乃遣章惇经制荆湖路蛮，熊本经制四川路蛮，章惇遂招降梅山峒苏氏，置安化县（今湖南安化、新化两县地），进兵攻懿州，南江州峒悉平，置沅州（今湖南芷江县）、诚州（今湖南靖县）。惇既平南江，下溪蛮彭师晏恐惧，献土，置辰州（今湖南沅陵县）。章惇经制蛮事三年有奇，所招降巨酋十数，其地四十余州。又自广西融州（今广西融县）创开道路，达诚州府，增置浔江等堡。既平荆湖之边患，渐开广西之文化矣。四川西南徼外蛮夷，自黔、恭（在今四川松潘叠溪营西南）以西至涪、泸、嘉、叙，自阶、文折而东南至威、茂、黎、雅，被边十余郡，绵亘数千里，刚夷恶獠，殆千万计。当熙宁时，泸州乌蛮有二酋领，曰晏子，曰斧望箇恕，浸浸强大，谋入寇。熊本至泸，先诛十二村豪为向导者，将蜀兵，募土丁及夷界黔州弩手，以毒矢射贼，贼惊溃。于是山前、长宁等十郡八姓及武都夷皆内附，愿世为汉官奴。百年之患，去于一旦。其后箇恕之子乞弟复悖慢扰边，神宗遣环庆副总管林广督师深入，斩首二千五百级。筑乐共城、江门砦、梅岭、席帽溪堡，西达渏井，东道纳溪。自是泸夷震慴，不复为边患矣（乐共城、梅岭在今江安县，江门砦在今纳溪县，渏井在今长宁县。余待考）。

（五）交趾之役　交趾为汉南越地，五代时为南汉刘隐所并，宋初管内一十二州大乱，杨氏、丁氏、黎氏、李氏相继窃有其地，入贡于宋。至神宗朝，王安石用事，锐意开边，知邕州萧注喜言兵，羡王韶等获高位，乃上言："交趾虽奉朝贡，实包祸心久矣。今不取，必为后忧。"朝廷以沈起知桂州，经略交事。起迎合安石，遂一意事攻击，交趾始贰。熙宁八年冬，安南国主李乾德入寇，陷钦、廉二州（今广东钦廉道地）。明年春，陷邕州（今广西南宁），宋以郭逵为安南招讨使，递次长沙，先遣将复邕、廉，而自将西征，至富良江（今越南东京之红河），蛮以精兵乘船逆战，官军不能济，副使赵卨分遣将吏，伐木治攻具，机石如雨，蛮船皆坏，因设伏击之，斩首数千，杀其伪太子洪真。李乾德惧，遣使奉表诣军门降。富良江去国已不远，然官兵仅八万人，冒暑涉瘴地，死者过半，故不复渡，得其广源州、门州、思浪州、苏茂州、桄榔县而还。诏以广源为顺州，赦乾德罪，还其封。自是，终宋之世，安南未尝寇边，贡献不绝。

## 第十节　金人灭辽

（一）金之起原　金之先，出靺鞨氏。靺鞨本号勿吉。勿吉，古肃慎地也（《金史·世纪》）。在汉称伊偻，元魏称勿吉，隋称靺鞨，唐初有粟末靺鞨（粟末部在今吉林省松花江上游地）、黑水靺鞨（黑水部在今吉林省同江县地，当黑龙江、松花江之会口），五代时称女真（约《三朝北盟会编》《建炎要录》及《金史》文）。女真本名朱理真，番语讹为女真，本高丽朱蒙之遗种，而东夷之小国也。世居混同江之东（今名松花江），长白山鸭绿江之源。又名阿术火（一作安出虎，一作按春水，今吉林省阿城县东南阿勒楚喀河），又曰阿芝川来流河（今吉林省阿城县西南之拉林河），即金建国后之会宁府地也（《吉林外纪》："阿勒楚喀城南二里许有金显祖建都故城，俗称白城。"案：阿勒楚喀，今阿城县）。唐初之粟末靺鞨，后为渤海大氏；黑水靺鞨，唐置黑水府以统之。开元中，赐其酋长姓李氏，名献诚，领黑水经略使。其后渤海盛强，黑水役属之。五代时，契丹尽取渤海地，而黑水靺鞨附属于契丹。其在南者籍契丹，号熟女真；其在北者不在契丹籍，号生女真。生女真地有混同江、长白山，混同江亦号黑龙江，所谓白山黑水是也。

金之始祖名函普，初从高丽来，居于完颜部（在今吉林绥远县及俄东海滨省地），为部众所信服，遂为完颜部人。黑水旧俗无室庐，随水草迁徙。函普四传至绥可，乃徙居海古勒水，耕垦树艺，始筑室，有栋宇之制，自此遂定居安出虎水之侧矣。子石鲁嗣，尚未有文字，始稍以条教为治，部落浸强。辽以惕隐官之。子乌古迺，始稍约束诸部，自白山、页赫（原作耶悔）、图门（原作统门）、札兰扎卜古伦（原作土骨论）之属，及五国之长，皆听命。时五国蒲聂部（在今吉林宁安县境，即宁古塔东北地）节度使拔乙门畔辽，鹰路不通。辽人将讨之，先遣使谕旨。乌古迺畏辽兵之入其境也，欲自以为功，故诱擒拔乙门，献于辽。辽拜乌古迺为生女真部节度使。辽谓节度为太师，金人称"都太师"者自此始。因置官属，纪纲渐立。邻国以铁来售，厚价购之，乃修弓矢器械，兵势稍振，前后愿附者众。乌古迺九子，其嗣位者曰和哩布（《金史》作劾里钵），曰颇剌淑，曰英格（《金史》作盈歌），南人所称为"扬割太师"者也。女真至英格而始大，吞并附近纥石烈部之阿苏城（疑在今宁古塔西南阿布河附近），城主阿苏诉于辽，辽人无如之何也。宋徽宗崇宁元年（辽天祚帝乾统二年），契丹国舅萧海里叛，潜奔女真，辽因命英格图之，英格与其侄阿骨打募兵，得甲千余，阿骨打喜曰："有此甲兵，何事不可图。"盖前此女真甲兵之数未尝满千也。英格、阿骨打会辽军攻萧海里于混同水时，辽追兵数千不能克，英格请退辽兵，阿骨打独败萧海里军，执而杀之。英格自是知辽兵之易与矣。女真遂怀大志，力农积粟，练兵牧马，多市金玉以赂契丹权贵。自英格历乌雅舒（《金史》作乌雅束），十余年间，未有以发也。及阿骨打嗣，而女真与契丹之兵端开矣。

（二）金之开国　阿骨打者，和哩布之第二子，即位后改名曰旻，所谓金之太祖者也。初，阿苏既奔辽，辽数遣使责阿苏城事。又女真岁以北珠、貂皮、良犬、俊鹰、海东青贡于辽。海东青者，小而健，能擒大鹅，爪白者尤异。辽主酷爱之，每岁大寒，必命女真发甲马数百至五国界取之，往往争战而得，部人既怨苦之。辽使每至其国，辱及妇女，而沿边诸帅又邀求赂遗无虚日，公私尤以为憾。自乌雅舒时，尝以不遣阿苏为言，稍拒其使者。至阿骨打嗣节度使，亦遣使于辽往索阿苏，故常以此二者为言，务至于灭辽然后已。

阿骨打既抱图辽之志，又具知天祚帝骄肆废弛之状，乃召官僚、耆旧，以伐辽告之，使备冲要，建城堡，修戎器，以听后命。辽人闻之，命统军萧挞不野调诸军于宁江州（在今吉林省城北松花江东），阿骨打乃乘辽兵之未集，先发兵以制之。诸路兵会于来流水，得二千五百人。先使宗干（原作斡布）率骑陷阵，阿骨打免胄进战，将士从之，勇气自倍。辽军大奔，踩践死者十七八，遂陷宁江州。此为辽金第一次决胜之大战。

辽天祚帝闻宁江州陷，乃遣司空萧嗣先为东北路都统，发契丹、奚军、中京禁军及土豪，并选诸路武勇，进至鸭子河（即混同江）。阿骨打率众来御，与辽兵遇于出河店（在吉林省伯都讷城南、伊通河东。《吉林外纪》引《金史·地理志》即金肇州。诚案：肇州在今伯都讷城南、松花江北）。会大风起，尘埃蔽天，阿骨打乘风奋击，辽兵溃，逐至斡论泺（疑在伊通河西），杀获不可胜计，辽将士得免者仅十有七人而已。辽人尝言，女真兵满万则不可敌，至是始满万云。是为辽金第二次决胜之大战。

阿骨打战既屡胜，契丹、奚、汉、渤海、辽系籍女真、室韦、达噜噶、兀惹、铁骊诸部降者甚众，群臣遂上尊号，即皇帝位。以国有金水源，故称国号曰大金（《金史》以金不坏不变，金之色白，完颜部色尚白，于是国号大金。今从《金志》），时宋徽宗政和五年，而辽天祚帝之天庆五年也。阿骨打进攻黄龙府（今吉林省长春县），辽遣都统讹里朵等率骑十万、步卒七万，分出四路。讹里朵自涞流河路独先深入，为阿骨打败于阿娄冈（疑在长春县西南），辽步卒尽殪。三路闻之，各退保本路防城，数月间，遂为女真所攻陷。是为辽金第三次决胜之大战。

宋政和五年秋（辽天庆五年，金收国元年），阿骨打攻陷辽黄龙府、东京五十余州。辽天祚帝下诏亲征，率汉蕃兵十五万出长春路，命萧奉先为御营都统，耶律章奴副之，以精兵二万为先锋，余分五部为正兵，大臣、贵族子弟千余人为硬军，扈从百司为护军。北出骆驼口（在今札麦特西北），车骑亘百里，鼓角旌旗，震耀原野。别以汉军步骑三万人，命萧胡睹姑为都统，柴谊副之，南出宁江州路，自长春州分路而进，赍数月之粮，期必灭女真。北军深入至鸭绿江，人心疑惧（《契丹国志》）。阿骨打自将御之，深沟高垒以待。适辽耶律章奴叛，天祚帝退十三里，欲班师。阿骨打知之，率众追及天祚帝于护步答冈（疑在辽宁省开原县东北边外）。是役也，兵止二万，阿骨打曰："彼众我寡，兵不可分。视其中军最坚，其主必在焉。败其中军，可以得志。"乃使右翼先战，兵数交，左翼合而攻之。辽兵溃，金师驰之，横出其中，死者相属百余里。是为辽金第四次决胜之大战。

自护步答冈役后，辽势瓦解，内乱蜂起，女真乘胜遂并渤海、辽阳等地，复与宋人通盟，结夹攻之约。于宋徽宗宣和二年（辽天庆十年，金天辅四年），攻破辽上京。宣和四年（辽保大二年，金天辅六年），攻陷辽中京。天祚帝西走云中，金复袭之，克辽西京。旋师入燕，克辽南京。于是辽之五京毕，而金之国势大定矣。

（三）辽之灭亡　辽自道宗以来，群邪并兴，众正沦胥，贼残骨肉，诸部反侧，甲兵之用无宁岁，元气大伤。论者谓辽之亡，不亡于天祚，而亡于道宗（王宗沐《宋元通鉴》语）。天祚名延禧，道宗之嫡长孙也。太子濬为权臣耶律乙辛所陷害，国人怜其父之冤，颇归心焉。天祚即位，盘于游畋，穷极奢侈，刑赏僭滥，人情怨怒。推其致亡之由，约有四端：

（甲）宠用萧奉先之误国　奉先为天祚元妃之兄，以善迎合为枢密使。其弟萧嗣先出河店之败，奉先惧其得罪，请天祚从权肆赦，以免溃兵劫掠。自是出征之兵，皆谓战则有死而无功，退则有生而无罪。由是各无斗志，累年用兵，每遇女真，望风奔溃。赦降免罪，不能成功者此也（《契丹国志》卷十）。又耶律余睹乃宗室雄才，萧奉先诬其结驸马萧昱，谋立其甥晋王敖卢斡。事觉，杀昱。耶律余睹时在军中，闻之惧，奔女真，遂为其国前锋（宋徽宗宣和四年，辽保大二年）。天祚出走鸳鸯泺（今名伊克勒湖，在察哈尔省沽源县西北），闻余睹引金兵奄至，忧甚。萧奉先以为余睹之来，不过欲立其甥晋王耳，请诛之以退师。敖卢斡素有人望，诸军闻其死，无不流涕，由是人人解体，以讫于亡。

（乙）渤海之反动　天祚护步答冈之败也，渤海人高永昌率凶徒十数人,夜入东京留守府,击杀留守萧保先,据东京以应女真。东京乃渤海故地,自阿保机力战二十余年始得之,建为东京。天祚遣宰相张琳、萧韩家奴率兵讨之,旬日之间,三十余战。高永昌求救于女真,女真西南路都统阇母率援兵至沈州,辽之将士望见,兵气已夺,诸军大崩,尽失军资器械焉。女真初援渤海,已而复相攻,渤海大败,高永昌遁入海,为女真兵所诛,于是东京入于女真。而高永昌之溃军,多相聚为盗,纷然并起,数路之民,被其屠杀殆尽,辽不能制之。

（丙）北辽之变 耶律章奴之叛也,以天祚失道,燕王亲贤,故欲废天祚而迎燕王。燕王者,天祚之叔耶律淳也(《谋夏录》)。淳守燕十二年,素得人心,耶律章奴以谋泄诛,而宰相张琳又败,国人皆谓王贤而忠,付以东征,士必乐为用。招辽人为兵可报怨,召募二万余人,谓之怨军,乃以淳为都元帅。宋徽宗政和六年(辽天庆七年),淳与金军战于蒺藜山(疑在今热河省阜新县东南),败绩。其后金人破上京、中京,天祚闻耶律余睹兵至,乃率骑兵五千西奔云中府,留宰相张琳、李处温等与燕王同守南京。天祚至云中府,金人追袭,遽由天德军趋渔阳,入夹山(在河套北吴喇忒旗界,辽之云内州地),命令不通。燕王守燕久,素得人心,李处温与都统萧斡挟怨军,拥立燕王为皇帝,据有燕云、平及上京、辽西六路,是为北辽,改怨军为长胜军。燕王立百日而卒,遗命立天祚子秦王定为帝,萧德妃为皇太后,称制摄政。时宋、金夹攻,金兵至居庸关,崖石自崩,戍卒多压死,不战而溃。萧德妃夜半出古北口(在今河北省密云县东北),趋天德军,见天祚帝,为其所杀。

（丁）夹山之失策 天祚之走夹山也,金人欲取之,以力不能入夹山为憾。辽主畏宗翰(本名尼玛哈)在西京,扼其前,不敢出。俄闻宗翰还上京,洛索代领军事,又得耶律大石林牙兵归。及阴山室韦乞割石兵,自谓天助中兴,再谋出兵收复燕云。大石林牙力谏曰:"自金人初破长春、辽阳(东京也)两路,则车驾幸广平甸(常岁受礼处,故号永州。考土河即今老哈河,《辽史·营卫志》:"在永州东南。"《地理志》:"潢河、南土河二水合流")而都中京,及破上京则都燕山,及破中京则幸云中,及破云中则都夹山。向以全师不谋战备,以至举国汉地皆为金人所有。今国势微弱至此,而求力战,非得计也。当养兵待时而动,不可轻举。"天祚斥而不从,乃于宋宣和六年(辽保大四年),强率诸军出夹山,下渔阳岭,取天德军(今归绥县)、东胜(今河套东胡坦和硕)、云内(今河套北乌喇忒旗)、宁边(今山西省偏关县)等州,南下武州(今神池县)。遇金人兀室,战于奄曷下水(《方舆纪要》云:"在大同府西北二百里,纳大涧、小涧、大汇、小汇四水,入于黄河。"疑即察哈尔区之喀喇河)。复溃,趋山阴(今山西山阴县)。翌年,至应州新城(《方舆纪要》云:"即新平城也,在大同府西南百里")东六十里,为金将完颜洛索所获,辽亡。辽自阿保机至天祚,凡九主,合二百一十九年。

(四)西辽之建国　耶律大石者,世号西辽,阿保机之八代孙也,以进士擢翰林承旨。辽以翰林为林牙,故称大石林牙。天祚之引兵出夹山也,大石林牙托疾不行,率铁骑二百宵遁。北行三日,过黑水(疑即归绥城东北之黑水河),西至可敦城(王国维曰:"可敦城即镇州,当在今土谢图汗境,鄂尔昆河之东,喀鲁伦河左右"),驻北庭都护府(今新疆迪化县)。会七州(一威武州,二崇德州,三会蕃州,四新州,五大林州,六紫河州,七驼州)、十八部王众(一大黄室韦部,二敌剌部,三王纪剌部,四茶赤剌部,五也喜部,六鼻古德部,七尼剌部,八达剌乖部,九达密里部,十密儿纪部,十一合主部,十二乌古里部,十三阻卜部,十四普速完部,十五唐古部,十六忽母思部,十七奚的部,十八纥而毕部),谕以仗群救难,借力诸蕃。遂得精兵万余,置官属,立排甲,具器械,整旅而西。所过敌者胜之,降者安之。兵行万里,归者数国,获驼马牛羊财物不可胜计,军势日盛。至寻思干(今中亚俄属费尔干省之塔什干城),西域诸国举兵十万,号忽儿珊(案:呼珊为西亚地名,译作呼拉商,或作哥萨森,今为波斯属部,当时殆以地名其部众欤),来拒战。大石分其部为三军,自以众攻其中,忽儿珊大败,伏尸数十里。驻军寻思干凡九十日,回回国王来降,贡方物。又西至起儿漫(今波斯之给尔满部），文武百官册立大石为帝，号葛儿汗。三年，班师东归，马行二十日，得善地，遂建都城，号虎思斡耳朵（今阿拉灭丁城，在俄属七河省吹河之南，阿列三得山之北），以青牛白马祭天，树旗誓众，命元帅斡里剌率七万骑东征，行万余里无所得，牛马多死，勒兵而还。大石在位二十年殁，庙号德宗。其后传国七十七年，至成吉思汗兴，为乃蛮汗子古出鲁克所灭，时宋宁宗嘉泰元年，而西历纪元之一二零一年也。

## 第十一节　北宋之倾覆

致靖康之祸者，莫不归咎于徽宗之取燕；不知燕非不可取，特宋之国势其力不能取尔；而当徽宗朝尤为大变必至之时，取燕固败，即不取燕亦败也。朱熹有言曰："本朝全盛之时，如庆历、元祐间，只是相共扶持这个天下，不敢做事，不敢动。被夷狄侮也，只忍受，不敢与较，亦不敢施设一事，方得天下稍宁。积而至于靖康，一旦所为如此，天下安得不乱！"（《语类》卷百二十七）由是言之，致靖康之祸者，徽宗固不能辞其咎，而其致祸之根原，则宋制固有以使之然也。叶适曰："国家因唐、五代之极弊，收敛藩镇，权归于上，一兵之籍，一财之源，一地之守，皆人主自为之也。欲专大利而无受其大害，遂废人而用法，废官而用吏，禁防纤悉，特与古异，而威柄最为不分。虽然，岂有是哉！故人材衰乏，外削中弱，以天下之大而畏人。是一代之法度又有以使之矣。"（《水心文集·始论二》）魏了翁曰："州郡空虚，名曰长吏，实同旅人；名为郡城，荡若平地。熙宁而降，括财利以弱州郡，阙尺籍以并军额。崇宁以后，赋敛日增，军政日坏，郡益以削，一旦盗起东南，连跨州郡，震摇汴都，久而后殄。况当新造之金，非拱手死难，则惟有望风弃城已耳。"（《鹤山文集·论州郡削弱之弊疏》）观三贤之言，而靖康致祸之真相可以明矣。

徽宗之季年也，朝政皆在蔡京之掌握，而正人久空矣；宦官童贯握兵二十年，而军政大坏矣。王黼主应奉，括剥横赋，以羡为功，所入虽多而国用日匮矣。朱勔进花石纲，比屋致怨，方腊因之为乱，破六州五十二县，戕平民二百万，而东南糜烂矣。是时天下大势已岌岌不可终日，而徽宗君臣方偃然歌颂太平，锐意边功。童贯既得志于西羌，遂谓辽亦可图，因请使辽以觇之。政和元年（辽天庆元年），遂遣端明殿学士郑允中及宦者童贯使辽。及归，以燕人马植荐诸朝，植献灭燕之策："以女真憾辽人切骨，而天祚荒淫失道，本朝若自登、莱涉海，结好女真，与之相约攻辽，其国可图也。"徽宗纳之，赐姓名为赵良嗣。图燕之议自此始。时河东经略薛嗣昌、知雄州和诜揣知朝廷有意幽、蓟，并迎合附会，倡为北事，然未有以发也。会辽人高药师船为风漂达驼矶岛（今名砣矶岛，为山东蓬莱县海外庙岛群岛之一），上言女真建国，屡破辽师。登州守臣以闻，诏蔡京、童贯共议，童贯乃于重和元年（辽天庆八年，金天辅二年）使马政同高药师由海道如金，见金主阿骨打于涞流河，言主上欲与金通好，共伐契丹。宋、金相通自此始。宣和元年（辽天庆九年，金天辅三年），金遣渤海人李善庆、女真散睹持国书，偕马政来修好，诏蔡京等谕以夹攻之意而还。宣和二年，童贯密受旨图燕，因遣赵良嗣使金，以市马为名，其实欲攻辽以取燕云之地。良嗣泛海至金，见金主阿骨于辽上京之龙冈。大抵以燕京一带本汉旧地，欲相约夹攻契丹，使女真取中京，宋取燕京一带。金主许之，遂议岁币。金主因以手札付良嗣，约金兵自平地松林趋古北口（今河北省密云县东北），宋兵自雄州趋白沟夹攻，不如约，即地不可得。遣锡剌曷鲁等持其国书来报聘。徽宗遣马政报金以如约，岁币许以契丹原数五十万，唯国书事目言幽、蓟一带便和西京在内。金主阿骨打不认所许西京之语，且言平、滦、营三州不系燕京所管，两国之衅由此生矣。

辽天祚帝之西入夹山也，其叔秦晋国王耶律淳自立于燕京。朝廷闻之，乃于政和四年（辽保大二年，金天辅六年），命童贯勒兵十五万巡北边，以应金师。次雄州，贯与都统制种师道不和，为辽耶律大石败其前锋于白沟（在今河北雄县北）。徽宗闻败，遽诏班师，责种师道致仕。未几，闻耶律淳死，复命童贯治兵，以刘延庆为都统制。辽常胜军将郭药师以涿州、高凤以易州来降，刘延庆以郭药师为向导，将兵十万出雄州，进至良乡。辽萧干率万人来拒，延庆与战而败，遂闭垒不出。郭药师请奇兵六千，与大将高世宣、杨可世夜半渡芦沟（今北平城南四十里卢沟桥），倍道而进，质明入燕京。萧妃据内城守，密报萧干，干举精甲三千，还燕巷战。而郭药师所期刘光世之援兵不至，遂以失援而败，免者仅数百骑而已。刘延庆烧营而遁，士卒蹂践，死者百余里。自熙丰以来，所储军实殆尽。童贯再举伐燕不克，惧得罪，乃密遣王瓌如金，以求如约夹攻。金主自将伐燕京，度居庸关而南。萧妃、耶律大石等闻之出走，燕京遂降。金人见刘延庆之溃师也，有轻宋心。及阿骨打入燕，金用事者及契丹旧臣多劝金主背约。金主以海上之盟不可忘，乃许与燕山蓟、景、檀、顺、涿、易六州，要求燕京租税以为偿。王黼欲功之速成，乃请徽宗许于岁币五十万外，每岁更加燕京代税钱一百万缗。宣和五年夏，命童贯、蔡攸入燕交割。时燕之职官、富民、金帛、子女，皆为金人尽掠而去。王黼、童贯竭天下之财力，仅得七空城而已。

初，朝议之与金约也，但求石晋赂契丹故地，而不思平、营、涿三州，非晋赂也（平州，今河北卢龙县。营州，今河北昌黎县。涿州，今河北涿县北）。当梁贞明二年，后唐周德威为卢龙节度使，恃勇不修边关，遂失渝关之险（今山海关），契丹每刍牧于营、平之间（《通鉴》卷二百六十九）。阿保机改平州为辽兴府，以营、涿二州隶之，号为平州路。至石晋之初，耶律德光又得燕山檀、顺、景、蓟、涿、易诸州，建燕山为燕京，以辖六郡，号燕京路，而与平州自成两路。海上议割地，但云燕云两路而已。初谓燕山路尽得关内之地，殊不知燕山、平州尽在关内而异路也（据《大金国志》。《宋史》以为刘仁恭所献以求援者，误也。涿州乃平州分设，《辽史》以涿为石晋赂地，亦误）。燕京东至渝关，平原千里，无险可扼，不得平、营、涿，则燕京不可守。故徽宗、王黼必欲得之，屡遣赵良嗣、马扩向金要求。金主阿骨打以平、涿为国边镇，坚不许与，特许交还西京、武、应、朔、蔚、奉圣、归化、儒、妫等州（西京，今山西大同县。武州，今神池县。应州，今应县。朔州，今朔县。蔚州，今河北蔚县。奉圣州，今涿鹿县。归化州，今宣化县。儒州、妫州，俱今延庆县），并土地民户，要求赏设将士数目。乃西京未割，而阿骨打殂于军前，国交自是大变矣。

先是，金人之入燕也，招降营平节度使张觉，改建平州为南京，以张觉为留守。及阿骨打交燕京西巡，乃遣辽降相左企弓等部所得燕山职官富户东徙，由渝关、平、滦路以归，道路流离，不胜其苦。过平州，为张觉所邀，尽杀左企弓，以营、平、滦三州内附。王黼劝徽宗纳之，独赵良嗣以为不可，恐必招女真之兵，不听。金贝勒斡离不破平州，获徽宗招谕御笔，张觉走匿燕山郭药师所。斡离不求之，急函觉首送之金。燕降将郭药师等皆怨，而常胜军亦解体矣。金太宗吴乞买新立，用粘罕言，遂不割山西诸部，命有司拣阅善射勇健之士，训习汉儿乡兵，日夜为南侵之计。然惧宋为备，且揣其欲得云中，故多为好辞以绐。宣和七年秋（金太宗天会三年），金人大举分道南伐。粘罕（即《金史》宗翰）帅诸军自西京入太原，所谓国相者是也。斡离不（即《金史》宗望）帅诸军自南京入燕山路，所谓二太子者是也。时金人部署已定，而举朝不知，遣使往来，泄泄如平时。方诏童贯宣抚河东，议交割云中地。童贯至太原，闻金人渝盟，遂逃归京师。

先是，宣抚司招燕云汉儿为义胜军，布在河东者约十万余人，素与官军相讥怨。及粘罕南下，所在义胜军杀守臣，开城门应之，粘罕遂长驱至太原。知太原府张孝纯竭力守御，粘罕不能克，围之。斡离不兵至燕山，郭药师迎降，燕山府所属州县皆为金有。斡离不既得药师，益知宋虚实，因以为向导，遂悬军深入矣。徽宗得檄书，意切避狄，用吴敏言，禅位于太子桓，南幸建康。宋室之无能，益表暴于中外矣。

钦宗受位于危迫之际，朝无可任之相，阃无可倚之将，天下无可用之兵，议战议和，议守议走，举朝纷然，莫知所定。卒用尚书右丞李纲议，坚守汴京，以待四方勤王之师。金乌珠（即《金史》宗弼）已取汤阴，攻浚州（今河南浚县。宋时在黄河北岸），内侍梁方平守黄河北岸，步军都指挥守黄河南岸，均望风溃散。金兵至河，取小舟以渡，凡五日，骑兵方绝，步兵犹未集也。旋济旋行，无复队伍。乌珠笑曰："南朝可谓无人，若以一二千人守河，我岂得渡哉！"靖康元年（金天会四年）正月，金兵抵汴，屯于京城西北牟驼冈。金斡离不一面攻城，一面遣使议和，其大要有三：（一）需金五百万两，银五千万两，牛马万匹，衣绢百万匹；（二）割太原、中山、河间三镇地，约以黄河为界；（三）亲王、宰相为质。钦宗一一许之。而河北河东路制置使种师道、武安军姚平仲以泾原、秦凤兵七千至汴，声言领西兵百万趋汴水南，径逼金营，金兵为之稍敛。时金兵不过六万，而诸路勤王之师集城下者二十余万。种师道以三镇不可弃，城下不可战，俟姚古来，兵势益盛，金兵粮草渐竭，不免北还，俟其过河，以骑兵尾袭，至真定、中山两镇，必不肯下，彼腹背受敌，可以得志。会李纲、姚平仲夜劫金营之谋反为所败，于是援兵西来者皆溃。时钦宗方罢李纲、种师道以谢敌，太学生陈东率诸生数百人伏阙上书，请复用李纲、种师道，而罢主和宰执李邦彦、白时中等，军民不期而集者数万人，几酿大变。钦宗乃复纲右丞，促种师道入城弹压，人心始安。斡离不既得割三镇诏书，又以康王易肃王为质，遂不俟金币数足，引兵北去。种师道请乘金人半济击之，钦宗不许，师道曰："异日必为中国患。"斡离不引兵攻河间、中山不下，遂北还。时粘罕归云中，闻斡离不获金币不赀，而己无所得，遣使诣汴求赂，为朝廷所拘，遂进兵据太行山，瞰河津，连败种师中、姚古之援军，而太原之围愈急。钦宗罢师道职，以李纲为河东北宣抚使，将兵万二千人屯于怀州（今河南河内县）。诸将皆败，太原被围二百五十余日，军民死伤，百存一二，皆病不能振，遂为粘罕所陷，执张孝纯（靖康元年九月）。李纲以失职免，而兵事愈亟矣。

当劫寨之败也，朝廷归罪于姚平仲，方惧金人之不允和议，下诏中止各路勤王之师，远方赴难之兵至中途者，皆愤惋而返。至是，金兵自退，上下恬然，置边事于不问。李纲独以为忧，请降诏书，团结诸路防秋之兵十余万人，欲分布河北沿边及沿河一带，以控地方而卫京畿。及纲出宣抚，而宰执唐恪、耿南仲等尽改前日调发防秋之兵，罢减大半。金遣萧仲恭来索所许金帛，为其副使赵伦所给，朝廷给以蜡书，结耶律伊都叛金，使为内应。萧仲恭还，以书献，斡离不以闻，金主大怒，复议南伐矣。

靖康元年秋（金天会四年），金分兵两道，以粘罕为左副元帅，发云中；斡离不为右副元帅，发保州（今河北清苑县）。粘罕陷太原，斡离不陷真定。金师日逼，宰执唐恪、耿南仲专主和议，不听师道迁都长安之策，檄止诸道援军毋前，数遣使至军前讲和，金人阳许而攻略自如，诸将以和议故，皆闭壁不出。朝廷方一再集百官议三镇可与不可与，议论未定，金粘罕已自太原引兵至河外，以虚声溃走。折彦质十二万之兵渡黄河矣，斡离不军亦同日抵汴。前之各道援兵皆以议和被檄散归，至是，四方兵无一人至者，城中唯卫士及弓箭手七万人，仓卒议城守。大臣孙傅、何栗等方恃郭京六甲神兵以御敌，十一月二十五日，大雪，郭京出战，大败。金兵乘之登城，汴都失守。金人初下令纵火屠城，何栗率百姓欲巷战，从之者如云。由是金兵不敢下城，乃唱为和议。初索马一万匹，金一千万锭，银二千万铤，缣帛如银之数。再则索甲仗库及士庶之家军器。再则索河北、河东守臣亲属，质于军中，以待割地。再则索彝器、法物、宝玩、图书、车服、器用、玉帛、子女、百工、技匠，括搜公私，上下俱空，皆以纵兵下城相恫喝，故求无不应。最后则邀钦宗车驾至青城军前议事。时太上皇回汴，并拥徽宗及皇后、皇太子、亲王、皇族、妃嫔尽室北去，立宋使太宰张邦昌为皇帝，逼百官书名推戴。独张叔夜、马伸、秦桧进状反对，请存赵氏，为金人押赴军前。金人遂册立张邦昌，国号大楚。二帅将还北，议留兵以卫邦昌。吕好问说之曰："南北异宜，恐北兵不习风土，必不相安。"金人乃不留兵而去。宗泽在卫（今河南汲县），闻二帝北狩，即提军趋滑（今河南滑县），走黎阳（今浚县），至大名（今河北元城县），欲竟渡河，据金人归路，邀还二帝，而勤王之兵卒无一至者，遂不果。张叔夜至白沟界河，扼吭而死。二帝至京后，徙之于五国城而崩（在黑龙江依兰县）。秦桧不与，徙依挞懒以居，挞懒亦厚待之。北宋凡历九主，共一百六十七年。

## 第十二节　宋高宗之南渡

赵宋之举族北辕也，徽宗第九子康王构时奉使在河北，为磁州守臣宗泽所留，汪伯彦以兵迎至相州（今河南安阳县），开大元帅府，两河各路勤王兵至者八万人，王如济州（今山东济宁县）。时张邦昌纳吕好问之说，请元祐皇后孟氏入居禁中，垂帘听政，后手书遣使奉"大宋受命宝"于王以劝进，既而张邦昌亦至（《宋史·张邦昌传》）。王乃趋南京（今河南商丘县），即皇帝位于应天府治，改元建炎，召李纲为相。六月，李纲至行在，首以十事要上：一曰议国是，专以守为策；二曰议巡幸，以长安为上，襄阳次之，建康又次之，皆当诏有司预为之备；三曰议赦令，宜遵祖宗登极赦令常式；四曰议僭逆，宜诛张邦昌以垂戒；五曰议伪命，其受伪官者，宜分等定罪；六曰议战，宜信赏必罚，以新纪律；七曰议守，宜于沿河、江、淮措置控御，以扼敌人之所来；八曰议本政，朝政宜一归之中书；九曰议责成，宜慎择大臣而久任之，以责成功；十曰议修德，宜修孝弟恭俭，以副四海之望（全疏见《南宋文范》卷十三）。时河东北所失才十余郡，余皆为朝廷固守。纲言："中兴急务，当先理河北、河东。盖两路，国之屏蔽，今河北惟失真定等四郡，河东惟失太原等七郡，其余率推其土豪为首，多者数万，少者数千。宜于河北置招抚司，河东置经制司，择有才者为使，以大慰抚之。有能保一郡者，宠以使名，如唐之方镇，俾以为守。"乃以张所为河北招抚使，傅亮为河东经制使，以宗泽为东京留守。所、亮既行，两河响应。黄潜善疾纲之谋其党，遂奏招抚司之扰，请罢张所。傅亮军行才十余日，汪伯彦等复责其逗遛。时黄潜善、汪伯彦主幸扬州，士大夫率附议。李纲以"天下大计，在此一举；国之存亡，于是焉分"，以去就争之。凡在相位七十五日而罢。自纲去而招抚、经制二司皆废。车驾遂东幸，两河郡县相继沦陷，凡纲所规画军民之政，一切废罢。金人攻京东、西，残毁关辅，而中原盗贼蜂起矣（《宋史·李纲传》）。

李纲既罢，高宗以黄潜善、汪伯彦为相，二人以建炎元年十月奉帝幸扬州。时宗泽修复东京，捕诛盗贼，募义士守京城，据形胜立二十四壁于城外，驻兵数万，沿大河鳞次为垒，开五丈河以通西北商旅，结连两河山水寨及陕西义士，合百余万人。粮支半年，屡败金宗弼兵于滑州，金人不复犯东京。前后请上还京二十余奏，每为潜善等所抑，忧愤成疾，卒于建炎二年七月，临殁尚呼"过河"者三而薨（《宋史·宗泽传》）。

先是，金宗翰（本名粘罕）闻帝如维扬，乃约诸军分道南侵。宗翰自河阳渡河攻河南，分遣银术可等攻汉上，右副元帅宗辅与其弟宗弼自沧州渡河攻山东，分阿里、蒲卢浑军趋淮南，娄室与撒离喝、黑锋自同州渡河攻陕西。时汪伯彦、黄潜善在相位逾年，不能有时经画，于是中原、京邑、两河、陕西先后继陷。建炎三年春正月，金宗翰闻韩世忠军扼淮阳（今江苏邳县），恐稽师期，乃分东南道都统领兵万人趋扬州，以议事为名，使帝不得出，自以大军迎世忠军，溃于沭阳（今江苏沭阳县），宗翰遂入淮阳。宰相黄潜善、汪伯彦既无远略，且斥候不明，所报皆道听途说之辞。淮北虽屡有警报，方以为山东群盗李成余党，无足畏者。金谍知行在不戒，亦伪称成党以疑我师。至是，金以数百骑掩至天长军（今江苏天长县，距扬州约百里），破之。帝得内侍邝询报，即仓皇走马出门渡江，而黄潜善、汪伯彦方坐都堂，犹以不足畏告问边讯者。是晚，金将马五以五百骑先驰至扬州，城中士女、金帛、法物、服御悉为金兵所取。帝至镇江，从官始有至者，遂相率走杭州。金人闻帝幸杭，乃焚扬州而去。时朝廷方以金人渡江为虑，故命大将杨惟忠守金陵，刘光世守京口，王渊守姑苏，而韩世忠在海道未还，范琼自寿春渡淮，引兵至淮西境上，扈驾者惟苗傅、刘正彦一军而已。未几而有苗、刘之变。高宗之入杭也，罢黜黄潜善、汪伯彦，以朱胜非为相，除王渊签枢密院事。扈从统制苗傅自负世将有劳，以渊骤得君，颇觖望；刘正彦以招降巨盗，功大赏薄，怀怨，二人深相结。帝在维扬，内侍康履、蓝珪恃恩用事，履尤妄作威福，凌忽诸将，诸将嫉之。比至杭州江下观潮，中官供帐赫然遮道，傅等切齿曰："汝辈使天子颠沛至此,犹敢尔耶!"及王渊入右府,傅、正彦以为由宦者所荐,愈不平,遂与幕宾王世修及其徒王钧甫、马柔吉、张逵等谋先诛渊,然后杀内侍。王渊退朝,苗傅、刘正彦伏兵,诬以结宦官谋反,手斩之,遂遣人围康履家,分兵捕内官,凡无须者皆杀。傅、正彦等陈兵于行宫门下,帝步自内殿,登阙门谕之归营,不听。帝不得已,执康履付傅等,即楼下腰斩之,命宰相朱胜非缒出楼下,委曲谕之。傅请隆祐孟太后垂帘,立皇太子同听政,及遣使金人议和。帝请太后出谕诸军,遂宣诏禅位,傅、正彦始麾其军退去。上出居显忠寺。于是皇太子旉即位,太后垂帘决事,旉时方三岁也。

当是时,江东制置使吕颐浩在江宁,侍郎张浚在平江(今江苏吴县),奉内禅诏,合谋举兵讨贼。御营中军统制张俊率所部八千人自吴江(今江苏吴江县)至,韩世忠收散卒自常熟至。浚因大犒俊、世忠将士,众皆感愤,遂遣韩世忠率兵先趋秀州(今浙江嘉兴县),据粮道以俟大军之至。而吕颐浩、刘光世亦率兵至平江,发兵进至吴江,上疏请帝复位。苗傅、刘正彦闻之,忧恐不知所为,遣苗瑀、马柔吉将重兵扼临平(临平镇在今浙江杭县东北),宰相朱胜非诱王世修说苗、刘,使请复辟,以平平江诸将帅之怒,因乘间召苗、刘至都堂,谓之曰:"勤王之师未进者,使是间自反正耳。不然,下诏率百官六军请帝还宫,公等置身何地乎?"即令王世修即庑间草奏,持归军中,自准备将以上皆书名。世修是夜持军中请复辟奏,伏纳胜非。胜非遂率百官及苗傅、刘正彦等迎帝复位。帝凡被幽二十四日云。吕颐浩、张浚军次秀州,谕诸将曰:"今虽反正,而贼犹握兵居内,事若不捷,必反以恶名加我,翟义、徐敬业可鉴也。"进兵临平,韩世忠舍舟力战,士卒争用命,苗翊、马柔吉等败走。勤王兵入北关,苗傅、刘正彦拥兵夜开涌金门而遁,统制王德、乔仲福追之。其后刘正彦为韩世忠擒于渔梁驿(在今福建浦城县西北五十里),苗傅亦被获于建阳(今福建建阳县)。苗、刘乱平,朱胜非凡为相三十三日而罢,吕颐浩、张浚遂以功入政府矣(事在建炎三年三四月间)。

金人之去扬州也，朝廷恐其再至，屡遣使祈哀，请存赵祀，愿用正朔，比于藩臣，而金人不纳。建炎三年六月，金弼（即兀术）请于金太宗，大起燕云、河朔兵，分兵南寇，一自滁、和入江东，一自蕲、黄入江西。高宗闻之，为避兵之计，奉隆祐太后幸洪州，自为航海之备。以杜充守建康，韩世忠守镇江，刘光世守太平及池州，张浚经略关陕。时杜充领行营之众十余万，为江浙所倚重。金宗弼与降贼李成合兵攻乌江（在今安徽和县东北四十里），杜充闭门不出。宗弼遂乘充无备，由马家渡渡江（马家渡在今安徽无为县东南），陷太平，长驱至建康，杜充降。韩世忠闻之，自镇江退守江阴（今江苏江阴县）。帝与群臣南幸明州（今浙江鄞县）。金宗弼率兵趋广德（今安徽广德县），过独松关（在今浙江余杭县西北九十里独松岭上），见无戍者，谓其下曰："南朝若以羸兵数百守此，吾岂能遽度哉！"遂破杭州。宗弼闻帝在明州，遣阿里（即《金史》之锡默阿里）、蒲卢浑（即《金史》之乌雅富埒珲）帅精骑渡曹娥江（在今浙江上虞县东北）来追。帝留张俊、刘洪道兵守明州，自与宰执乘楼船航海，次昌国州（今浙江定海县）。阿里、蒲卢浑攻明州，为张俊、刘洪道所败，乘夜拔寨去。张俊急收兵南赴台州（今浙江临海县），金人益兵再犯明州，陷之。阿里、蒲卢浑乘胜引兵破定江（今浙江镇海县），遂以舟师绝洋，侵昌国，欲袭御舟。帝于前一日已航海而南，泊温州港。阿里、蒲卢浑乃报于宗弼，搜山检海已毕（毕《续通鉴》卷一百七），乃焚明州而去。当是时，韩世忠已治舟师往镇江邀敌归路，统制岳飞亦引军屯宜兴（今江苏宜兴县）。金宗弼恐邀其后，乃纵兵大掠，火焚临安北去，攻破平江（今江苏吴县），纵焚掠，死者五十万人（陈邦瞻《宋史纪事本末》卷六十四）。秀州、常州，其守臣咸望风弃走，金人所至，无不残破云。

金宗弼拥大军，引辎重，鼓行至镇江。韩世忠以兵扼之，不得渡，接战江中，凡数十合。世忠力战，妻梁氏亲执桴鼓，敌终不得济，俘获甚众，擒其婿龙虎大王。宗弼惧，请尽归所掠以假道，世忠不许，复益以名马，又不许，遂自镇江溯流西上，兀术循南岸，世忠循北岸，且战且行，世忠艨艟大舰出金师前后数里，击柝之声达旦。将至黄天荡（在镇江金山西，今句容大江也），宗弼窘甚，或教以凿老鹳河故道（为江涨芦场地）以通秦淮，宗弼从之。一夕渠成，凡五十里，遂趋建康。岳飞设伏牛头山（在今南京城南三十里）待之，大破金人于新城。会左监军完颜昌自潍州遣孛堇太一（即贝勒托云）引兵来援，宗弼乃复引还，欲北渡，世忠与之相持于黄天荡。太一军江北，宗弼军江南，世忠以海舰进泊金山下（昔在江中，今与镇江接连），每战以铁绠绁沉其舟。宗弼穷蹙，祈请甚哀，见海舟乘风使篷，往来如飞，谓其下曰："南军使船如使马，奈何？"有闽人王姓者，教其舟中载土，以平板铺之，穴船板以櫂桨，俟风息则出，海舟无风不能动也。且以火箭射其篛篷，则不攻自破矣。宗弼用其策，大破世忠军，遂济江，屯于六合（今江苏六合县）。是役也，世忠以八千人拒宗弼十万之众，凡四十八日而败，然金人自是亦不敢复渡江矣。金人犯江西者，闻宗弼北还，亦自荆门引去，亦为统制牛皋击败于宝丰之宋村（今河南宝丰县东南三十五里之宋村镇）。金自南侵以来，诸将率望风奔溃，无敢敌者。自经韩世忠、岳飞、牛皋等之力战，屡告捷获，南宋始能立国矣。

　　初，张浚之西行也，帝命三年而后用师进取。及是，金左监军完颜昌与宗弼皆萃兵淮上，张浚惧其复扰东南，谋牵制之，欲出兵分道由同州、鄜延以捣其虚，遣诸将复鄜州及永兴军（今陕西长安县）。宗弼闻之，遂自六合引兵趋陕西。建炎四年九月，张浚闻宗弼将至，檄召熙河刘锡、秦凤孙偓、泾原刘锜、环庆赵哲、永兴吴玠五路之师，合兵四十万人，马七万匹，迎敌决战。王彦谏曰："陕西兵将，上下之情未通，馈饷又不继，若不利，则五路俱失。不若且屯利、阆、兴、洋，以固根本。"曲端、吴玠、郭浩、刘子羽均先后言其不可，张浚以东南事方急，皆不听。与金师娄室（即洛索）战于富平（今陕西富平县），浚军各路不相援，师遂大溃。金人得胜不追，获军资不可胜计。张浚退保秦州（今甘肃秦县），关陕大震，自是关陕不可复。论者咎浚之轻师失律焉。然浚拔吴玠以保和尚原（在今陕西宝鸡县西南），任赵开为转运以理财，吴玠每战辄胜，西北遗民归附者众。故关陕虽失，而全蜀安堵，且以形势牵制东南，江淮亦赖以安云。

金以二万之部众，崛起于来流河蕞尔之地，不十年而灭万里之契丹，又不数年而奄有中原。关陕种类少，而辖地广，实有鞭长莫及之势。故汴都破则立张邦昌，高宗立而复南侵者，恐赵宋子孙为异日患故也。当金熙宗亶之命宗翰南侵也，谕之曰："俟宋平，当援立藩辅如张邦昌者。"及两河州郡既下之后，官制不易，风俗不改（见《大金国志》卷六）。至是，宗弼北还，云中留守高庆裔说元帅宗翰，劝其首建此议，无使恩归他人。宗翰请于金熙宗，遣高庆裔询访河南州郡，求贤人建国。州郡迎合上意，共推刘豫，国号大齐。刘豫者，宋之进士，而以济南降金者也（事在宋高宗建炎四年九月）。宋高宗绍兴元年，金以陕西地界刘豫，于是中原尽属于豫，都于汴京，屡遣其子刘麟、侄刘猊以金兵入寇。绍兴四年，为韩世忠败于大仪镇（在今江苏江都县西七十里，接安徽天长县界，事详毕《续通鉴》卷一百十四）。六年，为杨沂中败于藕塘（在今安徽定远县东六十里，事详毕《续通鉴》卷一百十七）。金始有废豫之意，会岳飞复襄阳，遣间赍蜡书与豫，约同诛宗弼。宗弼得书大惊，驰白金主，遂废豫（《宋史·岳飞传》）。豫自建炎四年僭伪，至绍兴七年冬被废，凡历八年而后平云。

方高宗之南渡也，遣使于金，通问求和，先后凡三十余辈，多为金人所留，未之报也。朝廷亦且和且守且战，未尝一意于和，而专意与敌解仇息兵，则自秦桧始。秦桧先以反对议立张邦昌事为金人所掳，建炎四年，偕其妻属南归为相，首倡南人归南、北人归北之议，为御史黄龟年所劾罢。绍兴六年，以张浚荐复用。八年，高宗主和，复相秦桧。当金废刘豫，左副元帅挞懒（改达兰，即名昌）与右副元帅宗弼俱在河南，宋使王伦求河南、陕西地于达兰。明年，达兰朝金主于会宁，倡议以废齐旧地与宋。金熙宗亶命群臣议，宗室、大臣皆言其不可。会东京留守宗隽（即讹鲁观）来朝，与宗王宗磐（即蒲鲁虎）助达兰。宗磐时以太师领三省事，而挞懒属又最尊（达兰为盈歌子，庙号穆宗，与太祖为从兄弟，于熙宗为叔伯祖行），故卒以与宋（约《金史》宗磐、达兰列传）。遣张通古、萧哲为江南招谕使，与王伦偕来。

武臣如韩世忠、岳飞，文臣如张浚、李纲、赵鼎、王庶、曾开、张焘、晏敦复、伊焞、魏矼、李弥逊、梁汝嘉、楼炤、苏符、薛徽言、方廷实、朱松、张扩、许忻等，皆极言其不可和，尤以枢密院编修胡铨一疏为最恺切而忠愤。高宗俱不听，并窜胡铨于昭州（今广西平乐县）。桧之言曰："公等自取大名而去，如桧但欲济国事耳。"（对曾开语）遂奉表称臣，许岁输银绢五十万，遣王伦为东京留守，与金人交割地界。绍兴九年正月，金人还我河南地，以东、西、南三京，寿春府宿、亳、单、曹州及陕西、京西地归于有司（《北盟会编》卷一百九十二）。朝廷方遣官移防，经营未定，而金国突然政变，和局遂为之全翻矣。

金人之以河南地归宋也，内则宗干（原名斡布）反对，外则宗弼力争。及宗磐、宗隽以跋扈为金熙宗所诛，宗弼遂以还地为挞懒罪，诉其与宋人交通谋反，挞懒亦被杀。宗弼遂兼领元帅府、行台、尚书省军民两政，集举国之兵南伐。绍兴十年（金熙宗天眷三年），分四道入寇。宗弼自率大军渡河，河南、陕西州郡次第复陷。进至淮北，适刘锜除东京副留守，率八字军（前王彦之忠义军）赴任。方抵顺昌（今安徽阜阳县），闻金人败盟来侵，即与知顺昌府事陈规议置守御之备。六日粗毕，而金兵已涉颍河，抵城下，围顺昌。五月二十六日己亥，刘锜与金葛王雍、大将韩常、龙虎大王兵数万人，战于顺昌城附近，屡败其军。宗弼在汴闻之，即索靴上马，率十万众来援，不七日至顺昌（汴京至顺昌，往复千二百里）。时锜所部不满二万，而可出战者仅五千。六月十一日甲寅晨，金兵十余万来攻。宗弼自带铁浮图军三千人（人载重甲，三人为伍，贯苇索，号铁浮图），往来为援，复以女真铁骑号拐子马者冲城。刘锜初按兵不动，惟更番迭战。至午后，乘敌已罢，选锐兵分出，戒令毋喊，但以短兵极力与战，士殊死斗，入敌阵中，斫以刀斧，杀其众五千。金兵大败，弃甲山积，宗弼拥众还汴。

当是时，金人陕军之萨里罕（即撒离喝），为吴璘败于凤翔府。金东侵军之鹘辣孛堇（即呼拉贝勒），为韩世忠败于淮阳军（今江苏邳县东三里）。而岳飞至襄阳，率大军经略中原，遣统制张宪、牛皋、王贵、董先、杨再兴、孟邦杰、李宝等分取西京、汝、郑、颍昌（今河南许县）、淮宁、陈、曹、光、蔡诸郡，皆复之。又命梁兴渡河，纠合忠义社，取河东北州县。诸将所至皆捷，中原大震。飞大军驻颍昌，自以轻骑驻郾城，兵势甚锐。宗弼合龙虎大王、盖天大王与韩常之兵，并力逼郾城。飞与大战，破其拐子马，复败其军于颍昌，宗弼遁去。飞进至朱仙镇，距汴京四十五里，与宗弼对垒而陈，遣骁将以背嵬军五百奋击，大破之。飞方指日渡河，而秦桧主和，先撤淮东张俊、杨沂中之军，奏飞孤军不可久留，乞令班师，一日奉十二金字牌。飞遂于七月廿一日壬戌自郾城回军，所得州县，旋复失之，中原自是不可复矣。初，宗弼自败后，留屯京、亳，出入许、郑之间，签两河军，与旧部十余万，复于绍兴十一年春渡淮，攻陷庐州，自合肥趋历阳（今安徽和县）。游骑至江，为杨沂中、刘锜、王德败于柘皋（在今安徽巢县西北六十里）。进至濠州（今安徽濠县）。杨沂中、张俊兵溃，宗弼亦渡淮北去。盖自是王师不复出矣。（李璧《中兴十三处战功录》："一曰张俊明州，二曰吴玠和尚原，三曰吴玠晓风岭，四曰吴玠杀金坪，五曰韩世忠大仪，六曰刘锜顺昌，七曰张子盖解围海州，八曰李宝海道，九曰邵宏渊胥浦桥，十曰赵搏蔡州，十一曰李道光化军茨湖，十二曰刘锜皂角林，十三曰王宣、汲靖确山。"而日本市村瓒次郎所著《岳飞班师辨》，以《宋史》朱仙镇之捷，出于飞孙岳珂之《金佗粹编》，不见于十三处，疑无其事。不知岳飞郾城之捷，其声势影响之大，为中兴战功第一，而《战功录》亦不及焉。盖关于岳飞战功之公牍，为秦桧父子毁灭者，必不少矣。又以临颍至朱仙镇二百三十里，军行需四日以上，不知宗弼汴京至顺昌，往复不七日而至，以此例之，直一日之途程也。至于诏书十二道，见于《北盟会编》二百七卷之《岳侯传》，其书远在《金佗粹编》之前，而金字牌又为兵符，不得以数十年后所搜集遗缺之高宗宸翰，而遽断其无也。）

宋自南渡以来，盗贼蜂起，诸将于招抚剿降之余，各拥重兵。平时飞扬跋扈，不循朝廷法度，所至驱虏甚于夷狄（汪藻疏语）。总兵者咸以兵为家，不复肯舍（胡寅疏语）。张浚在相位时，以诸大将久握重兵难制，欲暂取其兵属督府，而以儒臣将之，未及行而谪去。赵鼎继相，王庶在枢府，复议用偏裨以分其势，然终不能夺其柄也。高宗既决计议和，秦桧恐诸将反对，欲尽收其兵权。给事中范同献计于桧，请除韩世忠、张俊、岳飞枢府，则兵柄自解。桧喜，密奏以淮西之捷，召三大将赴行在，论功行赏。绍兴十一年四月，除世忠、俊枢密使，飞为副使。张俊知桧欲罢兵，首请以所部隶御前，且力赞和议。桧大喜，遂罢三宣抚司，以其兵隶御前，逐司统制官以下，各带御前字入衔，且依旧住扎，遇出师，临时取旨。

初，岳飞在诸将中年最少，功最显，为张俊所忌，又恒以恢复为己任。秦桧以飞不死，终梗和议，讽其党万俟卨劾飞，落枢柄职。复谕张俊，令劫飞部王贵，诱王俊诬告张宪谋还飞兵柄，捕飞及子云下大理狱，诬以谋反。诏赐飞死，时年三十九。张宪、岳云并诛于市，天下冤之。初，狱之成也，韩世忠不平，以问秦桧。桧曰："飞子云与宪书，其事体莫须有。"世忠怫然曰："莫须有三字，何以服天下？"岳飞死而和议成，高宗遂称臣于金。宋割唐邓二州及陕西余地于金，议以淮水为界，岁币银绢各二十五万，金许归徽宗梓宫及韦太后于宋，时绍兴十二年也。和议成而秦桧受封，擅国柄者十五年，偷安江左，专为粉饰太平计，劝帝立太学，耕藉田，修举弥文，殆无虚日。四方祥瑞之事日上，举朝晏然，不复知有兵事矣。桧死，而其党万俟卨、汤思退相继为相，一遵秦桧和议之策。至绍兴三十一年，而金主亮大举入寇，和议始破。

金海陵王亮篡位四年而迁都于燕（宋绍兴二十三年，金贞元元年），即蓄意南侵，借营汴京为名，大籍女真、渤海及中原诸路之兵，于正隆六年（宋绍兴三十一年），南迁汴京，自率三十二军，每军万人，南趋寿春（今安徽寿县）。命苏保衡为水道都统制，由山东海道趋临安，命图克坦哈喜率兵由凤翔趋散关（即大散关，在今陕西宝鸡县西南，为秦蜀往来要道）。时宋议和二十余年，久不用兵，老成宿将多凋谢，东惟刘锜在淮东，西惟吴璘在兴州（今陕西略阳县）。高宗以王权守庐州，以刘锜制置江淮浙西。金主亮拥众自寿春渡淮，号称四十万，王权闻之，不战而弃庐州，大军五万遂溃，渡江。金分兵攻下扬州，刘锜时已老病不能军，其部将刘汜败退镇江，中外大震。高宗欲散百官浮海避敌，赖陈康伯力退之，力赞亲征，乃起张浚判建康，罢王权赴行在，以李显忠代之，命中书舍人参谋军事虞允文往芜湖趣显忠交权军，且犒师采石（今安徽当涂县西北二十里），盖权军在采石未散也。金主亮临江具舟，欲自采石济，南师无主，已为遁计，而虞允文适至，望江北敌营不见其后，而王权已去建康，所余兵才万八千人，马数百而已。允文召其统制张振、王琪、时俊、戴皋、盛新等，激以一战报国，死中求生，动以内帑官诰之赏，众皆请为舍人一战。布阵始毕，金主亮已麾舟渡江，将及岸，官军以海鳅船冲敌舟，舟分为二，官军呼曰："王师胜！"兵并力击之，敌船遂尽死于江中。允文度敌必再来，夜半复布阵待敌。翌晨，允文与盛新引舟师先截杨林河口（在今安徽和县东南二十五里），使敌船不得出，以克敌神臂弓射北岸兵，复于上流以火焚其余舟。金主亮既不得济，乃引兵东趣瓜渡（在今江苏江都县南，运河入大江处）。虞允文以京口无备，即分李显忠军一万六千人及戈船来会京口。允文命战士试踏车船径趋瓜洲，将泊岸复回，金兵皆持满以待。其船中流上下，三周金山，回转如飞，金人望之夺气。时东路苏保衡之水军已为宋舟师将李宝歼于胶西陈家岛（在今山东胶县南百里海中）。图克坦哈喜入陕之西师亦为吴璘所扼，不得逞。时金境内以金主亮诛杀大臣，调发烦苛，乱者纷起，拥立葛王雍于东京。亮已得报，追欲渡江，军令惨急，遂为诸将杀于龟山寺。金主亮既殒，诸军喧嚣不定。金户部尚书梁球说诸将抚定诸军，草檄讲和班师，道路喧言金人已去，扬州空虚。宋诸军都统制成闵及李捧引大军追袭敌军凡数万，其行如林，诸军皆不敢与相近，但遥护之出境而已。宋经采石之战，国势始定，南北对抗之形成，而宋金始为平等之敌国矣。

## 第十三节　南宋与金之和战

宋自南渡以来，举朝上下所断断相争，迭起互胜，相持至数十年而尚无定论者，不过对金和战之问题而已。主战议者以李纲、张浚为魁，而天下之讲恢复、谈忠义者咸附和之；主和议者以秦桧为魁，而执政之计利害、重保守者咸踵焉之。今欲论和战之是非，必先以当日之时势为权衡，而后真理乃定。（赵翼《廿二史札记》卷二十六有言："义理之说与时势之论往往不能相符，则有不可全执义理者。盖义理必参之以时势，乃为真义理也。"）南宋初之时势为何如乎？高宗孤立于上而无所恃，诸将乌合于下而无所统。金宗翰陷扬州，则高宗渡江走入临安矣。宗弼渡江而南，席卷吴会，追高宗于四明，东迤海滨，其别将追隆祐太后，南至于虔州之皂口（虔州，今江西赣县），西掠楚疆，陷岳、潭，而武昌在其襟袖。当是时也，江南糜烂，宋无一城之可守，韩、岳浮寄于散地而莫能自坚，高宗逃去不速，则相率为俘已耳，尚何战之可言乎（节采《宋论》卷十语）？金兵既退，军势粗振，诸大将各专兵柄（"以兵为家，不复肯舍。"语见胡寅疏），如刘光世、韩世忠、张浚、王𤫉之徒，论其官则兼两镇之重，视执政之班；论其家则金帛充盈，锦衣肉食。平时飞扬跋扈，不循朝廷法度（语见汪藻疏）。高宗外慑于金人之淫威，内讻于苗、刘之兵变，故一中于秦桧和议之说，遂深相倚任而不疑。盖和议不成，则用兵不已，而诸将之兵权不可得而罢也。其谓梓宫、太后、渊圣在金，不和则无可还之理者（高宗谓赵鼎语），尚不过借名义以钳天下之口尔。观秦桧力主和议，恐诸将难制，欲尽收其兵权，给事中范同献计于桧，请召三大将论功行赏，遂除韩世忠、张俊、岳飞枢府，而诸将之兵权一朝而解（《宋史·范同传》），则桧与高宗之密谋久矣。秦桧之奸狠，其人固不足道，而和议为当时趋势所必至，虽主战最力之张浚，亦谓日后终归于和（对胡寅语），不过欲操和战之权常在我，而时机有先后耳。乃秦桧于金人败盟之后，岳飞郾城告捷之时，遽诏班师以速求成，杀岳飞以除异己，遂永成画淮之局，全隳将士之心。及至孝宗，锐图恢复，而专阃无可任之将，积弱无可用之兵，宋遂终于不振。此则秦桧假和议以固宠利之误国于无穷，而固非和议本身之过也。明乎此，乃可以论南宋和战之得失矣。今分叙其事于下：

（一）**符离之役** 金亮之殒也，朝廷既复两淮地，遂乘胜取海、泗、唐、邓、陈、蔡、许、汝、嵩、寿等十郡，有诏班师，诸郡旋失，独唐（今河南泌阳县）、邓（河南邓县）、海（今江苏东海县）、泗（今安徽泗县）犹在。金世宗遣都元帅仆散忠义、左副元帅纥石烈志宁经略四州地。绍兴三十二年六月，孝宗受禅，用张浚出师渡淮之谋，以浚为枢密使，都督江淮东西路兵马。是时，金聚兵积粮于宿州（今安徽宿县）之灵璧及虹县（灵璧县，今属安徽。虹县，在今安徽五河县西）。浚欲及其未发攻之，先选精兵六万人，分隶李显忠、邵宏渊二将。显忠出濠州（故治在今安徽凤阳县东少北二十里），趣灵璧。邵宏渊出泗州，趣虹县。显忠败金都统萧琦拐子马于陡沟（在灵璧县南，浍水支津也），遂复灵璧。时邵宏渊围久不下，显忠复遣人说降其守将，宏渊耻功不自己出，显忠又斩宏渊部卒之犯法者，由是二将不协。显忠与宏渊引兵薄宿州城，显忠先大败金兵，追奔廿余里，引麾下攻城，不逾时拔之。宏渊等殿后趣之，巷战于城中，又斩首数千，遂复宿州。盖十年来无此克捷矣。会金纥石烈志宁引劲弓万骑自睢阳攻宿州，金贝萨复自汴率步骑十万来攻，显忠先后战败之。既而金将益兵至，显忠邀邵宏渊并力夹击。宏渊既与显忠不相能，而显忠破城时又私其财帛，不以犒士，士愤怨不战而去，显忠势难孤立，遂夜遁。金万户瓜尔佳清臣引兵蹑之，追至符离（在今宿县北二十五里）。宋师大溃，赴水死者不可胜计，金人乘胜斩首四千余级，获甲三万，于是宋之军资殆尽（案：宿州之败，《宋史·孝宗纪》及《李显忠传》皆归过于邵宏渊，然论罪时，显忠之谪独重，孝宗号称综核名实，则显忠激变至败，实为主因，故据《宋史·胡铨传》及《朝野杂记》卷二十略是正之）。张浚闻符离之溃也，以虏乘胜南来，乃乞遣使议和，又乞致仕（见《朝野杂记》，而《宋史·张浚传》及朱熹《张魏公行状》咸讳之），于是朝廷士大夫之主和议者咸议张浚之非，孝宗乃起汤思退为丞相。金纥石烈志宁遗三省、枢密院书，求海、泗、唐、邓四州地及岁币、称臣、还中原归正人，即止兵。不然，当俟农隙往战。朝议和战纷纭未决，而金纥石烈志宁已渡淮，分兵陷楚（今江苏淮安县），魏胜战死，入濠、滁州（今安徽滁县），都统制王彦弃昭关走（昭关在今安徽含山县北）。金兵至扬州，长江震动，孝宗乃许割唐、邓、海、泗四州，岁币二十万以和，改称臣为叔侄，正皇帝之位号，史家称之为隆兴和议。是役也，金世宗初立，北方有伊喇斡罕之变，未始无可乘之隙，惜宋无乘隙之实备，仅恃一久谪乍起之张浚、羁旅来归之李显忠，一蹶不振而恢复绝望。盖自秦桧以来，上下习于偷安，人心不振之所致也。

（二）开禧之师　自隆兴和议之役，宋、金息兵者四十余年，至宋宁宗时，金为北鄙广吉剌（即《元史》之弘吉剌也）、合底忻、山只昆（见《金史·内族宗浩传》，合底忻即《元秘史》之合答斤，山只昆即《元秘史》之撒勒只兀惕，皆属蒙古奇渥温氏）各部所扰，无岁不兴师讨伐，兵连祸结，士卒涂炭，府库空匮，国势日弱，群盗蜂起，民不堪命，识者言金国必亡（辛弃疾语）。宋韩侂胄专国久，有劝其乘机立盖世功名以自固者。侂胄然之，恢复之议遂起。侂胄乃市马厉兵以谋北伐（本金使完颜阿鲁带语），追封岳飞以风励将士，诏内外诸军密为行军之计，时开禧元年也。侂胄以邓友龙为两淮宣抚，分遣诸将进兵，吴曦谏兵西蜀，兼陕西河东招抚使。时诸将连复泗州、虹县、新息、褒、保等县，于是下诏伐金，命皇甫斌规取唐、邓。金章宗璟以布萨揆领行省于汴，尽征诸道籍兵分守要害。宋统制田俊迈入蕲县（在今安徽宿县南）。金布萨揆谓诸将曰："符离、彭城，齐、鲁之蔽。符离不守，是无彭城；彭城陷，则齐、鲁危矣。"（彭城，今江苏铜山县。）乃遣将率精骑三千戍宿州，俊迈率众往袭，为金人所败。宋将郭倬、李汝翼以众五万继至，遂围城，攻之甚力，城中丛射不能逼。会淫雨潦溢，宋师露处劳倦，金遣骑二百出宋师后突击之，宋军乱，俊迈等夜遁，金人追击，复大败。郭倬执俊迈以与金人，乃得免。时皇甫斌攻唐州，李爽攻寿州，王大节攻蔡州，咸为金人所败。韩侂胄以师出无功，乃罢邓友龙，以丘崈代为两淮宣抚使，驻扬州。崈至镇，部署诸将，悉以三衙江上军分守江、淮要害。（宋制：殿前都指挥使、侍卫步军都指挥使、侍卫马军都指挥使，谓之三衙。）侂胄既丧师，始觉为其党苏师旦所误，乃谪师旦于韶州，斩郭倬于京口。已而金人渡淮，攻庐、和、真、扬，又攻襄阳，布萨揆整军列骑，张旗帜于沿江上下，江表大震。韩侂胄输家财二十万以助军，而谕丘密募人通知诿用兵之罪于苏师旦、邓友龙、皇甫斌等。会金君臣无用兵意，惟指韩侂胄为首谋。丘崈上疏乞移书金帅以成和议，请暂免系侂胄衔。侂胄大怒，罢崈，以知建康府叶适兼江淮制置使，遣方信孺使金。时布萨揆卒于军，金副帅赫舍哩子仁要以五事：一割江、淮，二增岁币，三索归正人，四犒军银，五索韩侂胄头。侂胄怒金人欲索首谋，和议遂辍，复锐意用兵，中外忧惧。时礼部侍郎史弥远力陈危迫之势，请诛侂胄。皇后杨氏素怨侂胄，谗于宁宗，命其兄杨次山与弥远共图侂胄，使殿前司公事夏震统兵三百，候侂胄入朝，拥至玉津园侧杀之。遂以侂胄、苏师旦首畀金，世为伯侄之国，增岁币为三十万，犒军钱三百万贯，和议复成。是役也，宋兵轻举，丧师失地，吴曦以蜀叛降于金，旋为安丙、杨巨源、李好义所诛，蜀口、汉、淮之民死于兵戈者不可胜计。然金元帅布萨揆卒于前，宗浩卒于后，金之宿将相继而殁。临战易将，兵家所忌，而宋人不知乘，举朝惴惴，以和议得成为幸，致送韩侂胄首于敌国，虽伤国体而不恤，故金人每笑南朝为无人云。

案：叶绍翁《四朝闻见录》："韩侂胄首至金，金谥曰忠缪。"《颜习斋年谱》略云："韩平原仗义复雠，虽败犹荣。夷考当时，丘崈、辛弃疾、叶适等支吾于北，敌无胜计，而宋相之首已不保矣，异哉！有题朝门者曰：'晁错既诛终叛汉，於期一入竟亡燕。'可见当时人即惜之，非诛平原而宋存，留平原而宋亡也。及金主见平原首，率群臣哭祭礼葬，曰：'此人忠于谋国，缪于谋身。'谥曰忠缪，则金非恶平原而深笑宋室也，可知矣。《宋史》乃入之《奸臣传》，徒以贬道学曰伪学，犯文人之深恶耳。至指数其奸，实无左验，徒曰'姬媵盛，左右献媚'而已。此其过为人所常有，何得媒孽而深文之为奸臣乎？七百年来，直视为奸宵，无一察焉，不其冤哉！"

（三）嘉定绝交及蔡州之役　宋、金自宁宗嘉定元年（金章宗泰和八年）和议成后，金人频年有蒙古之难。嘉定七年（金宣宗贞祐二年），金主珣迁都于汴。宋议罢金岁币，金屡遣使督催之。又以国土北蹙，欲南侵广地，以取偿于宋（据《宋史纪事本末》，为金术虎高琪之谋），遂于嘉定十年（金宣宗兴定元年）出师，分道入寇。乌库哩庆寿、完颜萨布渡淮，攻光州中渡镇（光州，今河南潢川县。中渡镇，在光山县北八十里淮水之侧）。庆寿分兵攻樊城，围枣阳、光化军（枣阳，今湖北县，在襄、枣东）。别遣完颜阿林入大散关（在陕西宝鸡县西南大散岭上），以攻西和、阶、成州（西和，今甘肃县。阶州，今武都县。成州，今成县）。其侵襄阳，金军为赵方所败；侵枣阳，金军为孟宗政所败。惟侵陇、蜀之全军，连破诸州。金复遣左副元帅布萨安贞围安丰军及滁、濠、光三州，遂侵全椒、来安、天长（均今安徽属县）、六合（今江苏属县）。金游骑数百至采石杨林渡（安徽和县东二十里有西采石，其下五里为杨林渡），建康大震。后为李全所败，金人乃解诸州之围而去。自是终宁宗之世，与金攻战无已时。理宗绍定五年（蒙古太宗四年，金哀宗天兴元年），蒙古使王檝来议夹攻金，理宗许之。六年，金主守绪为蒙古兵所逼，走入蔡州（今河南汝南县）。蒙古都元帅塔察儿使王檝至襄阳，约攻蔡州。宋史嵩之先以兵据寿州，攻陷唐州，至是遣将孟珙、江海帅师二万，运米三十万石，赴蒙古之约，塔察儿大喜。珙与塔察儿约，南北军毋相犯。蔡州恃柴潭（在汝阳县南三里）为固，珙命诸将奋力夺柴潭，破其外城。会蒙古兵与金人日夕攻战，蒙古军攻其西，宋兵攻其南。端平元年春正月戊申，孟珙督诸军攻入南门金字楼，立宋旗帜，招江海、塔察儿之师以入。金主守绪自焚死，珙乃与塔察儿分金主骨及宝玉、法物，并俘囚献于朝。是役也，宋乘金之敝，假蒙古之力，以借复祖宗之仇，而蒙古之祸已乘其后，其与宣和结金以灭辽，事理之是非虽殊，然其覆辙则一也。盖以宋之积弱，结蒙古以灭金，固次第受亡，不结蒙古以灭金，亦断无遇蒙古而幸存之理也。

## 第十四节　南宋事略

宋以士大夫治天下，故宰辅关于天下之治乱甚重，尤以南宋为最甚。高宗初即位，相李纲，时南京（今河南商丘县）初建国，一切纪纲未立，自经李纲之整顿，始具朝廷之规模焉（约《朱子语类》卷一百三语）。李纲仅为相七十五日而罢，黄潜善、汪伯彦为相，遂以高宗如扬州。汪、黄既无远略，致金兵南寇维扬而不知，高宗仓皇渡江南奔，公私被害，蓄储扫地以尽者，汪、黄为之也。汪、黄以罪罢，而相朱胜非，胜非相四日而有苗傅、刘正彦之变，外假吕颐浩、张浚、韩世忠之兵力，得以调护其间，速收反正之效。其后吕颐浩、赵鼎继相，皆徘徊于和战之间，无所建白，独张浚为相，慨然有为，终以才短虑疏（朱子论张浚语），致有郦琼淮上之叛。浚罢而赵鼎复相，遂定都临安。

先是，张浚荐秦桧有力量，可与共天下事（见毕《续通鉴》卷一百十七），引桧共政，方知其暗，不复荐桧自代，桧因此憾浚。赵鼎素恶桧，桧在枢府，一切从鼎，鼎反深信之，卒为秦桧所倾。桧既为相，外窥金人欲和之志，内逢高宗必和之情，十余年盈廷争执和战而不决者，桧独尽箝天下之口，始终以和议自任。故金人虽于绍兴十年败盟入寇，高宗仍任之而不疑。及陷岳飞死，罢韩世忠职，劾去张俊枢府位，由是中外大权尽归于桧。桧既挟和议以劫持高宗，诛锄贤相良将略尽。晚年谋起大狱，欲杀张浚、李光、胡寅，凡一时贤士五十三人皆与焉。狱成而桧死，乃解。高宗渐知桧跋扈，惮桧不敢发（《宋史·秦桧传》）。桧既死，高宗谓杨存中曰："朕今日始免靴中置刀矣。"其畏之如此（《宋史纪事本末》卷七十三）。其后万俟卨、汤思退继相，皆祖述桧说，力持和议焉。

高宗在位三十六年，禅位于其子眘，是为孝宗，太祖七世孙也。高宗壮年丧皇子，感于县丞娄寅亮之说（《朱子语类》卷百二十七），选帝立为皇太子。帝即位，锐意恢复，追复岳飞原官，并相汤思退、张浚。汤主和，浚主战。寻浚以符离之败免相，而思退亦窜谪。陈俊卿、虞允文并相，皆留心人材，号为贤相，而议论不合。帝后出虞允文为四川宣抚使，期以雪耻。其图恢复，兵未进而允文卒。又值金世宗之世，金国治平，无衅可乘，务欲安静以休民生，故后来所用宰执多庸人矣。帝明于为治，勤求民间疾苦，汲汲然以兴利除弊为急，故季年大理寺屡奏狱空，几致刑措。在位二十七年，禅位于其子惇，是为光宗。在位五年，帝尊孝宗为寿皇。

初，帝欲诛宦官，近习惧，遂谋离间二宫。帝疑之，不能自解，为悍后李氏所制，遂得心疾，不朝重华宫（寿皇所居），群臣咸谏，不听。寿皇有疾不视，崩不临丧，宰相留正弃职出走，人心骚动。时赵汝愚为枢密使，遣知阁门事韩侂胄以内禅议请于宪圣太后（高宗后吴氏也）。命殿帅郭杲等日夜以兵分卫南北内，宪圣太后垂帘，立光宗皇子嘉王扩为皇帝，是为宁宗。召还留正，与赵汝愚为左右相。汝愚首裁抑侥幸，收召四方知名之士，中外引领望治。韩侂胄欲推定策功，意望节钺，赵汝愚曰："吾宗臣，汝外戚也（韩侂胄为宪圣太后女弟之子），何可以言功？"但迁侂胄宜州观察使。侂胄大失望，然以传导诏旨，浸见亲幸。徐谊、叶适、朱熹咸劝汝愚以厚赏酬侂胄之劳，勿使预政。汝愚为人疏，谓其易制，不以为虑。时韩侂胄用事，权势重于宰相。未几，左丞相留正以内批罢矣；侍讲朱熹复以内批去矣；右丞相赵汝愚诬以同姓谋危社稷而窜死矣。又设伪学之目，以网括汝愚、朱熹门下知名之士。天下坐伪学逆党得罪者，宰执则有赵汝愚、留正、周必大、王蔺四人，待制以上则有朱熹、徐谊等十三人，余官则有刘光祖、叶适等三十三人，武臣则有皇甫斌等三人，士人则有蔡元定、吕祖泰等八人（详见李心传《道命录》卷七下），史家称之为庆元党禁焉。

自庆元以来，何澹、京镗、刘德秀、胡纮等专主伪学之禁，为侂胄斥逐异己，群小附之，牢不可破。其后，侂胄以平原郡王平章国政，颇厌前事，且有开边之意。而往时废退之人，又有以复仇之说进者，遂于嘉泰二年弛伪学禁焉。不三年，而有开禧伐金之败，礼部侍郎史弥远潜结杨皇后以诛韩侂胄，而弥远遂为相专政。鉴于韩侂胄禁伪学以失人望，乃雪赵汝愚冤，褒赠伪学党人朱熹、彭龟年、杨万里、吕祖俭诸人，或录用其后。

是时，金逼于蒙古，屡岁与宋连兵，夷夏交困。史弥远鉴开禧之祸，虽绝金岁币，而避用兵之名，养成李全之乱。相十七年而宁宗崩，在位三十年。宁宗无子，养沂王子竑为皇子。史弥远取宗室子贵诚为沂王后，皇子竑以弥远专政弄权，势焰熏灼，有不平语。弥远惧竑立不利于己，乃乘宁宗崩，废竑为济王，而立贵诚即位，改名昀，是为理宗。其后，济王竑不得其死，论者纷然。史弥远遂专任憸壬为台谏，一时君子如真德秀、魏了翁等，贬斥殆尽。理宗利其拥立，一唯弥远是从。弥远又相理宗，九年乃卒，而帝始亲政。帝虽崇尚道学，而多欲寡断。初相郑清之、孟珙，以蒙古兵入蔡州灭金，而赵范有端平入洛之败。继相史嵩之，退师于鄂，而致蜀川不守之失。终相贾似道，而致丧师误国之祸。南宋亡征，决于此矣。

帝在位四十年而崩。理宗无子，立太祖十一世孙禥为皇太子，即位，是为度宗。是时，师相贾似道专政，一时正人如李芾、文天祥等，咸斥弃殆尽。似道既专恣日盛，畏人议己，务以权术驾驭，不爱官爵，牢笼一时名士。又加太学餐钱，宽科场恩例，以小利啖之。由是言路断绝，威福肆行。襄阳围已三年而不之救，惟日坐葛岭半闲堂中，与其群妾狎客嬉戏。又二年而襄阳陷，宋事不可为矣。度宗在位十年崩，子㬎方四岁，立为帝。元世祖命伯颜大举伐宋。一年，贾似道师溃于芜湖。二年，伯颜兵至临安，全太后率帝㬎降于元，元世祖封帝㬎为瀛国公。是后，益王昰走闽、广，立为帝。在位三年崩，卫王昺立为帝。二年，赴海崩，宋亡。南宋九主，计一百五十二年，合北宋九主，计一百六十七年，共十八主，凡三百十九年。

## 第十五节　金之事迹

金自景祖乌古逎开基以来，至世祖劾里钵而始大，至英格（宋称为扬割太师）而始盛，然其甲卒仅千余也。太祖阿骨打资之，一年而叛辽，兵始满万；二年而建国，号曰金，称皇帝（宋徽宗政和五年，辽天祚帝天庆五年）。金收国二年，取辽东京，天辅四年，取辽上京，天辅六年，取辽中京、西京、南京。七年而阿骨打殂，庙讳曰旻。迹阿骨打以区区少数之部卒，不十年间灭大辽，成帝业，固由其雄才大略，知人善任，亦利用"女真、渤海本同一家"（语见《金史·太祖本纪》）之民族观念相号召，故能统一女真之内部及外各部之异族，而成功若斯之易易也。初定东京，即除辽苛法，减省租税，用本国制度。又屡诏录用新附之民有材能者，命完颜希尹制女真字，用杨朴定朝仪，建典章，上下尊卑，粗有定序（杨朴，《金史》无传，其人见《辽史·天祚帝纪》，《大金国志》载其事颇详，《系年要录》作杨璞），开国规模亦宏远矣。

太祖在位九年，其母弟吴乞买继立，是为太宗。太宗讳晟，席阿骨打之业，以宗翰（原名粘没喝）、宗望（原名斡离不，阿骨打次子）、宗弼（本名乌珠，又作兀术，阿骨打第四子）总戎事。三年（宋徽宗宣和七年）而获辽天祚帝。五年（宋钦宗靖康二年）而虏宋徽宗、钦宗。时河北未定，故金人立张邦昌，弃汴京而去。及宗弼大举南下，兵入临安，再陷汴京，入陕西，复以河南、陕西地予刘豫，立为齐帝者，欲假刘豫以捍南宋，使金得按兵息民故也（采宗磐语，见《宋史·刘豫传》）。以宗干（原名斡本，阿骨打庶长子）、舍音（原名斜也，劾里钵第五子）同辅政。宗翰劝太宗改女真制，用汉官制度，以韩企先为尚书右丞相。始议礼制，正官名，定服色，兴庠序，设选举，治历明时，咸启自宗干，而折衷于韩企先。金之立国规模，至是大定。其置邮驿，禁买奴，劝农业，均士庶之赋税，以除辽人等级之弊，收铨选于朝廷，以矫帅府授官之失，尤为当时之善政焉。

太宗在位十三年殂，传位于阿骨打嫡孙合剌，是为熙宗。熙宗讳亶。是时，金人国基大固，知刘豫无能为，因其乞兵侵宋，遂命左副元帅挞懒、右副元帅宗弼发兵入汴，以侵江南为名，袭执刘豫，废之。挞懒倡议以废齐旧地与宋议和，宗干争之。时太宗长子宗磐

（原名蒲鲁虎）为宰相，挞懒附之，竟执议以河南、陕西地与宋。寻宗磐、挞懒以谋反诛，宗弼率兵南侵，复取河南、陕西地。其后再侵江淮，宋人请和，终以淮水中流为界。自是，金之国界东极海，西逾积石（积石山在甘肃西宁县西南），北自扶余（今吉林省有扶余县）之北三千余里，南至唐、邓，西南四十里抵淮之中流，金之国土称极盛矣。

中原既定，始创屯田军，凡女真、契丹之人皆自本部徙居中州，与百姓杂处，自燕山之南、淮陇之北皆有之，多至六万人，皆筑垒于村落间（《大金国志》卷十二）。熙宗幼受中国儒士之教，后能染翰赋诗，雅歌儒服，分茶焚香，弈棋象戏，尽失女真故态矣。视开国旧臣，则曰无知夷狄；及旧臣视之，则曰宛然一汉户少年子也。即位之初，虽敬礼宗室大臣，委以国政，然宫室服御甚盛，禁卫日益尊严。及宗磐、挞懒变乱迭起，后遂猜忌宗亲，肆行诛戮，宗族大臣皆惧不免，右丞相亮因而弑之，自立为帝。熙宗在位十四年。

亮为宗干之次子，金太祖阿骨打之孙也。金自开国以来，父子兄弟同心协力，大启土宇，不以权位自私，或兄终弟及，或舍子立侄。自亮以权谲悍很篡国，深忌太宗后裔强盛，尽杀其子孙七十余人（《金史·宗本传》），宗翰、宗弼子孙三十余人，舍音（太祖母弟）子孙百余人，诸内族又五十余人，金人淳厚之风至此尽矣。亮以上都土寒黄沙之地，发诸路民夫筑燕京城。天德四年（宋绍兴二十二年），迁都于燕，号为中京。以上京会宁府为北京，辽阳府为东京，云中府为西京，开封府为南京（《大金国志》卷十三）。亮阴有南侵之志，复谋迁汴。正隆元年（宋绍兴二十六年），大城汴京，修复大内，役夫万计。修造四年，大工甫毕，征兵侵宋。六年，迁都于汴，尽起女真、契丹、奚三部之众，凡二十四万。又签中原汉人与勃海军，通为二十七万（《大金国志》卷十五）。所造军器材用皆赋于民，箭翎一尺至千钱，诸路计户调马至五十六万余匹。大军方南发，而各路困于征调，盗贼并起，将士自军中亡归者相属于道。东海张旺、徐元等反于南，契丹伊喇斡罕等反于北。曷苏馆路（治今辽宁省盖平县，统辖今辽东半岛）、明安福寿、东京穆昆、金住等始受甲于大名，即举部亡归，公言于路曰："我辈往东京立新天子矣。"亮方将大军渡淮，而东京留守乌禄已即位于辽阳矣。亮南下，为宋人败于采石，军抵瓜洲，为其下所弑。亮在位十二年，史称之为海陵庶人。

乌禄讳雍，是为世宗，于正隆六年冬入都于燕。雍为太祖之孙，历任方州，咸有人望，人苦海陵之虐，故为部属所推戴。是时，契丹伊喇斡罕称帝西北，拥众数十万，金人讨之，师久无功，世宗乃以仆散忠义为右副元帅，纥石烈志宁为元帅右监军，转战二年，始讨平之。遂移纥石烈志宁、布萨忠义北征之师，南向以抗宋人，败张浚之师于符离。大定五年（宋孝宗乾道元年），卒许宋和。世宗勤求治理，与民休息，慎守令之选，严廉察之责，群臣守职，人民乐业。刑部岁断死罪或十七人或二十人，号称金代盛时。然种人久习汉人风俗，不知女真纯实之风，至忘其语言文字，改称汉姓，学南人衣装（《金史·世宗纪》）。世宗虽屡谕种人毋忘女真旧风，严设禁条，流风所趋，不可复挽也。在位二十九年殂，太孙麻达葛立。

麻达葛，讳璟，是为章宗。章宗性好儒术，即位数年后，兴建太学，儒风盛行。惟其后极意声色，宠任元妃李师儿，经童胥持国因缘以取宰相，大为上所信任，与妃表里，管擅朝政。诛郑王永蹈、镐王永中（均世宗子，章宗从父），罢黜完颜守贞等事，皆起于李妃、持国，士之好利躁进者，皆趋走其门下（《金史·胥持国传》）。虽开禧启衅，任用仆散揆以胜宋人，而蒙古侵扰西北，疆圉多事，金源氏从此衰矣。在位十九年殂，无子，世宗第七子卫王兴胜立。兴胜，讳允济。

初，章宗大渐，枢密院副使完颜匡与李元妃俱受遗诏立卫王。匡欲专定策功，遂构杀李氏，而允济又冗懦无能，故国人不服。蒙古成吉思汗尤轻之，屡发兵侵西北，攻陷西京，兵至居庸关而还。先是，右副元帅纥石烈执中（本名呼沙呼）为蒙古所败，免官罢归，至是复用为帅，将武卫军屯中都城北。允济以蒙古大兵在近，责其不恤军事。纥石烈执中遽以兵向阙，大呼蒙古大军至北关，以兵逼允济出居卫邸。执中意不可测，丞相图克坦镒有人望，劝以迎立世宗孙乌达布，是为宣宗。允济在位五年，为纥石烈执中所弑。乌达布讳珣。

蒙古兵至中都，元帅右监军术虎高琪（或作高乞）战于城北，凡两败绩而归，就以所将纥军杀纥石烈执中于其第，遂拜术虎高琪为平章政事，近侍局自此渐用事矣。时蒙古兵已取两河、山东九十余城之地，成吉思汗亲将大军攻围中都，宣宗乞和，乃旋师。贞祐二年（宋宁宗嘉定七年，成吉思汗九年）夏，金主渡河，南迁汴京。蒙古兵东下燕京，西破潼关，河北地尽失，国境日蹙。术虎高琪力请南伐，以广疆土，与宋构兵，连年不辍。又启衅西夏，益增怨困，兵力既分，不复顾及河北。宣宗末年尝曰："坏天下者，高琪也。"（《金史》卷一百六《术虎高琪传》）高琪虽以罪诛，其后为宰执者无恢复之谋，临事相习，低言缓语，互相推让，以为养相体。每有四方灾异，民间疾苦，将奏，必相谓曰："恐圣主心困。"事至危处，辄罢散曰："俟再议。"已而复然。或有言当改革者，辄以生事抑之，故所用必择软熟无锋铓易制者用之。每北兵压境，则君臣相对泣下，或殿上发长吁而已。兵退，则大张其会饮黄阁中矣（《金史》卷一百十五《完颜纳新传》）。宣宗又喜任左右为耳目，以伺察百官，故近侍局之权尤重。奉御辈采访民间，号为行路御史。而方面之柄虽委将帅，又差一奉御在军中，号曰监战。每临机制变，多为所牵制，遇敌辄先奔，故师多丧败。哀宗因之不改，终至亡国（《金史》卷一百十一《完颜额尔克传》）。在位十一年殂，子宁甲速立，是为哀宗。宁甲速讳守绪。

哀宗生长兵间，勤于抚慰，任用完颜陈和尚（名彝，以字行）。尚为将，虽有大昌原（今山西灵丘县南有大昌城，疑即大昌原）、卫州（在今河南淇县东北）、倒回谷（在今陕西蓝田县东南七盘山）之胜，然大势已去，以区区十数州，固不能抵抗蒙古之重兵也。及汴京被围，援军战败，陈和尚死之，哀宗走归德，走蔡州。蒙古结合宋兵围蔡，事急，乃传位于宗室承麟。宋兵与蒙古破蔡，哀宗自焚死，承麟为乱兵所杀。哀宗在位十年，金亡。凡九帝，共百二十年。

## 第十六节　辽金时代与蒙古之关系

蒙古之名，唐以前不见于记载，自《旧唐书·北狄传》室韦各部中有蒙兀室韦，《新唐书》作蒙瓦部，是为蒙古见于史籍之始。其所居地望在望（《新唐书》作室）建河之南（今黑龙江省西南部之额尔古纳河）。河出俱轮泊（今黑省之呼伦泊，《元朝秘史》之阔连海子也），为唐代突厥之东北界。其后，五代时谓之鞑劫子（见《五代史·四夷附录》引胡峤《陷虏记》）；《契丹国志》谓之蒙古里国，又谓之达打国（见二十二卷）；《辽史》谓之萌古国（见《道宗纪》太康十年），又谓之谟葛失（见《天祚纪》保大二年及四年）；金人谓之鞑靼，亦谓之达达儿（《新元史·序纪》）；宋人记载《松漠纪闻》则谓之盲骨子，《建炎以来系年要录》则谓之蒙古（卷九十六及卷一百三十三、卷一百四十八、卷一百五十五、卷一百五十六）；《大金国志》谓之蒙辅国（《熙宗纪》皇统七年），《蒙鞑备录》则谓之鞑靼，而蒙古人自称则曰忙豁勒（即《元秘史》之忙豁仑）；波斯拉施特之《西域史》则谓之蒙兀尔（洪钧注，即《秘史》蒙文之忙豁勒）。其种族所自出，《旧唐书》谓室韦为契丹之别类，《蒙鞑备录》谓出于沙陀别种，《蒙古源流》谓出于王伯特族，而《西域史》则列蒙古于突厥族类中。揆以《西域史》乞颜避难镕铁开山之传说，《秘史》狼鹿生人之神话，均与《隋书·突厥传》相暗合，则蒙古之出于突厥，其说或然也。乞颜后裔繁盛，称之曰乞要，特《元史》转译为奇渥温，是为蒙古族得姓之始（《元史译文证补》卷一上注）。蒙兀自出阿而格乃衮山之后，传十余世曰孛端察儿，其后为孛儿只斤氏，是为成吉思汗十世祖得氏之始（《蒙古源流》以博尔济锦为元之国姓。博尔济锦者，即孛儿只斤之异译）。又四传至海都，为成吉思汗六世祖巴喇呼怯谷，诸民共立为君，以兵攻雅贲尔，臣属之，形势浸大，列营帐于巴喇噶罕河上，跨河为梁，以便往来（《西域史》海都迁于巴儿忽真土窟姆，为蒙兀之外界。案：巴儿忽真即今俄属贝加尔湖东之巴尔古精河），由是四傍部族归之者渐众（《元史·太祖纪》）。又三传至哈不勒汗，为成吉思汗三世祖，威望甚盛，统辖蒙兀全部，是时始有汗号（《西域史》）。

初，蒙古在契丹时，各无君长，每部族多者三二百家，少者五七十家，以部族内最富豪者为首领，不常厥居，逐水草，以弋猎为业。其妇人皆精于骑射，常与契丹争战，前后契丹屡为国人所败，契丹主命亲近为西北路兵马都统，率番部兵马十余万防讨，亦制御不下。自契丹建国以来，尝为所攻（《契丹国志》卷二十二"达打国"条。案：达打国在契丹之北近西，由东南至辽上京六千余里，衡其方位习俗，惟蒙古足以当之，故缀之于此）。金之初起，常假兵于盲骨子，其后得国，不偿原约，故盲骨子有怨言。熙宗天会十三年（时宋高宗绍兴五年），宋王宗磐（本名蒲鲁虎）提兵乘其不意而攻之，由是失盲骨子之附而诸部族离心矣（《大金国志》卷九）。天眷元年（时宋高宗绍兴八年），遣万户胡沙虎伐蒙兀部，粮尽而还，蒙兀追袭之，至上京之西北，大败于海岭（《大金国志》卷十）。盲骨子在契丹时谓之朦骨国，与大金隔一江（案：当即今克鲁伦河），尝渡江之南为寇，御之则返，无如之何。兀术之未卒也，自将中原所教神臂弓手八万人讨之，连年不能克。皇统六年八月（时宋绍兴十六年），复遣萧保寿奴与之和议，割西平河（即今克鲁伦河）以北二十七团寨与之，岁遗甚厚，且册其酋长熬罗孛极烈为朦辅国王，至是始和，于是熬罗孛极烈自称祖元皇帝。大金用兵连年，卒不能讨，但遣精兵分据要害而还（《大金国志》卷十二）。

案：孛极烈者，金人贝勒之称也。熬罗译音，不知为蒙古何代，或即哈不勒欤？兀术征蒙之事出于王大观《行程录》（见《建炎以来系年要录》卷一百四十八所引），近人王国维颇疑其书为伪（详见《观堂集林·南宋人所传蒙古史料考》）。然证以洪皓之对秦桧，以金方困于蒙兀为言（《宋史·洪皓传》），则可证金皇统间蒙古实有寇金之事矣。合不勒生七子，不立其子，而立其从弟俺巴孩为罕（罕即汗之音变）。蒙古与塔塔儿部有仇，塔塔儿袭执俺巴孩献于金，金人以合不勒罕尝杀其使者，钉于木驴而死。蒙古部众共立合不勒第五子忽图剌为罕，忽图刺纠诸部复仇，败金人于境上，大掠而去。其后金大定间童谣曰："达达来，达达去，趁得官家莫去处。"金世宗闻之曰："此必鞑靼，将为国患。"乃下减丁之令，岁岁用兵北边，恣行杀戮，蒙古诸部衔仇刺骨，亦出没为金边患（《新元史·世纪》）。金章宗时，边患益亟，丞相内族襄北征，始决行边堡界壕之策，起东北，讫西南，几三千里（见《金史·地理志》，见《内族襄传》）。《金史》至比于元魏、北齐之长城以赞其功，然金之国势可知矣（王国维有《金界壕考》）。忽图刺卒，诸部各立部长，不相统属。为尼伦部长者曰也速该，合不勒汗第二子把儿坛之子也。也速该为部长十三年，屡伐金，又讨塔塔儿，获其二酋，而帖木真适生，遂以所获酋帖木真之名名之，以志武功。时客烈亦部王罕为其叔父古儿堪所攻，也速该出师援之，逐古儿堪以定客烈亦之乱。后也速该为塔塔儿毒死，而帖木真遂开蒙古之新世界矣。

　　案：蒙古先世之事迹，不见于辽、金之正史。《元史》本《圣武亲征录》以为纪，第肇始于孛端察儿；《元朝秘史》及拉施特《西域史》又仅叙其世系而不及其事实，遂令读蒙兀史者有中断之憾。而南宋所传蒙古之史料，近人又疑其伪作，是以《新元史》之《世纪》亦于南宋之史料多所删削；而蒙古与辽、金之关系，终晦暗而不明。余故据撼群书及王国维所著之《萌古考》，为存当时之梗概，匪曰补《元史》之阙文，殆亦窃附于《春秋》疑以传疑之遗旨夫。

## 第十七节　蒙古初年漠北及西域之情势

　　漠北自唐代以来，突厥、回纥相继迭兴，其后突厥西徙，回纥衰散，北方各部兴衰起灭无常，或方千里，或方百里，皆各有君主，不受一共主约束。金人盛时，各部多岁时朝贡于金，受其岁赐及封号。金人对此各种游牧之民族，总名之为鞑靼焉。帖木真起于蒙古之孛儿只斤族中，其初甚微，仅游牧于不儿罕山（鄂刻图必尔哈岭，西图作布尔罕哈勒都那山，为肯特山东支）斡难河源（今名敖嫩河）之地。今欲明帖木真之成功，必先知当日漠北及西域各部之大势，而后帖木真用兵之次第先后，其形势乃可了如也。今分别言之：

（甲）漠北之情势

（一）泰亦赤兀部　其先出于扯儿黑领昆，为帖木真同五世祖海都之子，是时部长塔而忽台游牧于斡难河北。方帖木真十三岁时，塔而忽台兄弟最为强盛，帖木真部众多叛徙泰亦赤兀部，帖木真尝为其所虏获，得间逸去。

（二）塔塔儿部　即唐、宋间之鞑靼。在辽为阻卜，在金为阻𩏡，在蒙古之初为塔塔儿，号为大部。游牧于捕鱼儿海子（今黑龙江省西南之贝尔湖）、阔连海子（今呼伦湖）中间之兀儿失温河地（今乌尔顺河）。其部与蒙古世相仇雠。

（三）札只剌部　其先出于札只剌歹，为帖木真十世祖孛端察儿之子。是时部长札木合，游牧于豁儿豁纳黑主不儿地面（即黑龙江省西南境岳索尔济西北之活儿活河下游，合喀尔喀河入贝尔湖）。地大兵强，东南诸小部，如翁吉剌部、亦乞剌思部、火鲁剌思部、朵儿奔部、哈塔斤部、撒而助特部，皆附属之。

（四）汪古部　本为布而古特，为白达达十五部之一，辽人称为乌而古，屡降屡叛，后为金人所抚，属西北路招讨司。金世宗大定后，北族渐强，金堑山为界，以限南北。乌而古部有帐四千，居界垣之冲要，屏蔽山后诸州。蒙古谓长城曰盎古，又讹为汪古云（《新元史·阿剌兀思剔吉忽里传》）。长城者，金时极北之边防也，自哈喇沐涟（即黄河，今热河之大辽水）迄于主儿只界（主儿只，即女真），以抵于海（《元史译文证补》）。汪古部盖游牧于其间云。

（五）蔑儿乞部　别名兀都特，为白达达之一种。其部分为三族，一曰兀都亦部，脱黑脱阿为部长；二曰兀洼思部，塔亦儿兀孙为部长；三曰合阿特部，答儿马剌为部长，是为三种蔑而乞（拉施特书分四族，一畏儿，二谟丹，三兀合思，四合阿古，与《秘史》不合）。游牧于斡儿河（今鄂尔浑河）、薛凉格河（今色楞格河。均在外蒙土谢图汗北部）之间。也速该乞掠脱黑脱阿弟妇诃额伦为妻（即帖木真生母，《元史》之宣懿太后月伦），故脱黑脱阿与蒙古为仇。

（六）客烈亦部　不详其所自出。或谓始居唐麓岭（今外蒙古北部之唐努岭）北谦谦州之地（今唐努乌梁海、乌鲁穆河、贝克穆河地。洪钧曰：「丘长春《西游记》作欠欠州。此为译音之字，非州郡之称也」），后徙于土拉河。客烈亦部族类繁衍，如只儿起特、董鄂亦特、土马乌特、萨起牙特、哀里牙特，皆其支部，而统名为客烈亦特。言语风俗，大率类蒙古。其部长为脱斡邻勒，素与塔塔儿部有仇。脱斡邻勒助金人征塔塔儿有功，受王封，故部众称为王罕。王罕尝为其叔古儿罕所败，奔于蒙古也速该。也速该以兵助王罕，败古儿罕。王罕复有其部众，以是德也速该，约为按答（《元史·畏答儿传》曰：「按达者，定交不易之谓也」），故帖木真尝以父事之云。

（七）乃蛮部　乃蛮自辽时始著，译义为八（李文田云：「乃蛮即部落之义」），游牧于阿尔泰山古陇河之间，收地广大。东至客烈，西至康里（今咸海北境，俄属土耳阶省），北至乞儿吉思（今巴勒哈什湖西吹河北，俄属阿克莫林斯克省），南至回纥（今新疆省天山南路）。其酋曰亦难察，以兵力雄长漠北。客烈亦王罕之弟额儿格合剌来奔，亦难察为出兵伐王罕，大破之，王罕奔西辽。亦难察卒，子泰赤布喀与弟不月鲁克争国。不月鲁克治今科布多以北，泰赤布喀居其父旧地，治今科布多以南。后受封于金，为大王。蒙古语讹大王为太阳，故称为太阳罕。西北诸小部如卫剌、特札、只剌等皆附属之。

（乙）西域方面诸国　仿《汉书·西域列传》，自玉门阳关以西，逾今帕米尔高原，迤西至地中海东岸诸地，统称之为西域。

（一）畏兀儿国　畏兀儿，《元史·地理志·西北地附录》作畏吾儿，即唐之回纥。唐武宗会昌中，回鹘内乱，又为邻国所攻，诸部溃散，余众徙于火州（今新疆吐鲁番东南之哈喇和卓），兼有别失八里之地（何秋涛以为新疆之喀喇沙尔，洪钧《元史译文证补》卷二十六以为乌鲁木齐，丁谦以为阜康县东北之王台塘，在库列图河附近），北至阿术河（案：迪化及库列图北境均无大水，疑即今迪化西北之阿雅尔淖尔），南接西夏之肃州（今甘肃酒泉县），东至兀敦甲石哈（未详），西界土番。其王号曰亦都护巴而术阿而忒的斤，时为西辽属国。

（二）西辽国　为耶律大石之后，蒙古称之为合剌乞䚟。合剌黑也乞䚟即契丹之异译。其地东有突而吉斯丹（天山以北，西至锡尔河，皆曰突而吉斯丹），西有麻费阑那唱拉（义谓两河之间，锡尔河、阿母河中之地皆是。以上地名见《元史译文证补》卷一下）。其皇帝称古儿罕（即《辽史·天祚纪》之葛尔汗）。是时直鲁古在位，都于八剌沙衮（即虎思斡耳朵，今吹河南之哈拉灭丁）。

（三）花剌子模国　即《唐书》之货利习弥国，波人考正其音，则为货勒自弥。时国王为阿拉哀丁，旧都玉茏赤杰（《元秘史》作兀笼格赤，耶律楚材《西游录》作五里虔，他书或作乌尔鞬赤，即今阿母河下游之乌尔根齐）。阿拉哀丁建都于撒马尔干（今帕米尔西北之撒马尔罕），为西域一大强国。统纪疆圉，东北至锡尔河，东南至印度河，北至咸海、里海，西北至阿帖耳佩占（即波斯西北之亚塞尔拜然地，当时为一部族），西邻报达，南滨印度海，国势洸洋。《元史·本纪》无以名之，特循《汉书》之名，名曰西域云。

（四）报达　《元史》作八哈塔（见《宪宗本纪》三年），《元秘史》作巴黑塔惕（见《秘史》卷十三），即刘郁《西使记》之报达也。报达，城名，直波斯海湾西北，据体格力斯大河（今图作底格利斯河），天方教哈里发之所都也。天方教创于亚剌比人谟罕默德，嗣其教者以教主为大君，曰哈里发，译言代天治事也。十六传至阿拔斯，时国势甚盛，奄有西里亚、埃及、亚剌比、波斯、小亚细亚、阿昧尼亚等部。数传至唐德宗贞元二年，始迁都于报达，故又以报达为国名。及蒙古初兴，国势日衰，东方属国存者无几，然有国者非受其册封，即无以自立于臣民之上，故虽徒拥虚号，然尚不失为西域共主云。

（五）木剌夷　木剌夷非国名也，为天方教之别派，北宋中叶时，其教人相率至波斯之地，居于低楞（今里海西南波斯之义兰地。《元史·地理志附录》作低廉），据有里海南境山险，筑堡以居。木剌夷教规，凡党徒必应奉教杀仇人，阴谋行刺，必致死乃已。其凶悍无道，颇为西域各国所畏云。

（六）斡罗斯　其族曰斯拉弗哀（或译斯拉夫）。唐末部酋柳利哥（Rurik）兄弟三人，皆有智勇，侵凌他族，为众部之长。其所居之地曰遏而罗斯（或译为俄罗斯兀鲁斯），遂以此为部落之名。其部初无城郭，至是创建诺物哥罗特（今俄诺弗哥罗），后嗣渐拓而南迁于计掖甫（今俄基辅），近邻黑海。行封建之制，长子称大侯，余称少侯。其后各部拥兵自立，常起内讧，且斡罗斯从来版图扩大，人民稀少，国之四境，种族纷杂，易招敌人之侵入。故斡罗斯之世世侯伯，皆尽力以防边务，连亘堡砦，借以自卫。此亦其国易致分裂之一端云（约采《元史译文证补》卷二十六上，及俄人伊罗瓦伊基《俄罗斯史》第二章）。

（七）钦察　部族名，在乌拉岭西，里海、黑海以北，《元史》作乞卜察兀。其种族之所自出，拉斯特以为乌古斯之后裔，为乌孙族所西徙者；《新元史》以为唐以前之库莫奚，后徙西北，居玉里伯里山，本游牧之国，与蒙古同。其酋有曲出者，号其部为钦察，亦曰乞卜察克云。

（八）马札儿　亦曰马加，亦曰控噶尔，今欧洲之匈牙利国也。与波兰俱在斡罗斯之南，两国相依如辅车。马札儿之境，三面环山，形势尤为险固。初为匈奴北部，马札儿人循北海之南，据其地有之。波兰者，《元史》所称之孛烈儿也（见《兀良合台传》）。当蒙古初年，国内分为四部，昆弟尝构兵云。

## 第十八节　成吉思汗之统一漠北

帖木真生于宋绍兴二十五年乙亥之岁，年十三而遭父丧，居于斡难、克鲁伦两河间地。先是，同族泰亦赤兀部长塔儿忽台等与也速该有隙，族众强盛，欺帖木真孤幼，尽夺其部众。帖木真惟与母弟数人射猎为生，稍长，泰亦赤兀部人又忌其英勇，屡谋害之。帖木真韬晦数载，及壮，娶弘吉剌部女孛而台为室，又为蔑而乞部所掳。帖木真乞援于父执客烈亦部王罕及己所善疏族札木合，大败蔑而乞于不札剌之地（据《元秘史》，在勤勒豁河河边。勤勒豁河即鄂刻图之齐兰河，其源在今肯特山西北），迎孛而台归。王罕及札木合各资以士马，招集旧部，归附渐众，与札木合连营。逾年后，以隙分军而去，仍还于合剌只鲁格山（当在今车臣汗部僧库尔河附近）。

帖木真豁达果决，轻财好施与，重信义，与士同甘苦。邻部多苦其酋侵暴，相与谋曰："帖木真衣人以其衣，乘人以其马，猎则驱兽，任人多获，真吾主也。"于是邻部壮士相率来归，或自札剌亦儿部至，或自塔儿忽部至，或自乞颜部至，或自巴鲁剌部至，或自兀良合部至，或自别速部至，或自速勒都部至，或自晃豁坛部至，或自朵儿别部至，或自斡罗纳部至，或自巴阿邻部至，或自札答剌部至，或自主儿乞部至（魏源《元史新编》卷一。详见《元秘史》卷四）。数年之间，有众数万，众议于青海（丁谦曰："即今之喀喇诺尔。"案：在今僧库尔河西），推戴帖木真称罕，以统蒙古之部众。当是时，蒙古族中之地大兵强者，首为札只剌部之札木合，次为泰亦赤兀部之塔儿忽台兄弟，其牧地皆居于帖木真之东北者也。在蒙古族以外之强者，西则为客烈亦部之王罕，再西北则为乃蛮部之太阳罕。成吉思既立为罕，而各部剧烈之冲突次第起矣。

（一）札木合阔亦田之战（《元史》本纪作阙奕坛）　帖木真之立为汗也，札木合已心忌之，而泰亦赤兀部尤恐其报怨。未几，帖木真罕部属以争马故，杀札木合之弟绐察儿，泰亦赤兀部人大愤，纠合各部助札木合复仇（黄维翰《黑水先民传·塔而忽台传》）。札木合率所统十三部（十三部：一泰亦赤兀部，二亦乞列思部，三厄鲁厄特部，四布鲁特部，五忙忽特部，六那牙勤歹部，七巴普剌思部，八巴阿邻歹部，九合塔斤部，十撒勒只兀特部，十一朵儿边部，十二塔塔儿，十三札答兰本部也），总三万人来攻。帖木真罕亦大集诸部兵，分十三翼以待之（十三翼：一为诃额伦太后与斡勒忽讷部，二帖木真罕与子弟及宗人之子弟，三布拉柱及木忽儿忽兰及察鲁哈与客烈亦之分部，四得林赤及火力台，五、六撒察别乞及弟泰出与札剌亦部，七渥秃助忽都朵端乞，八程克索特及汪古儿，九答里台、忽察儿及都黑剌特、火儿罕、撒合夷、特委神四部，十拙赤罕，十一阿勒坛、十二答忽与晃火攸特部、速客特部、十三努古思部），与札木合大战于答兰巴勒渚纳（答兰义谓平川，巴勒渚纳义谓前也。在今呼伦池西南小水泊，上游为克鲁伦河，下游入呼伦池。《元史》作班朱泥河。洪钧曰巴勒渚纳，是淖尔名。沈尧曰即杜勒鄂模。诚案：以今鄂刻图考之，盖今车臣汗东部克鲁伦河下游之都儿泊也）。败绩，札木合乘胜逐北，至斡难河哲捏列之隘乃还（施世杰曰："哲捏列，即今伯尔克卡伦地。"诚案：鄂刻图在教嫩河上游南）。帖木真罕既败，益与王罕相结。时塔塔儿酋蔑古真、薛兀勒图等为金边患，金丞相完颜襄帅兵逐塔塔儿北走（《圣武亲征录》）。帖木真罕欲乘机复世仇，乃约王罕合兵夹攻塔塔儿于忽剌秃失秃延之地（丁谦曰："今哲格勒它音卡伦地。"诚案：鄂刻图、哲格勒它音在车臣汗部北境乌尔载河下游之东），破之，杀蔑古真、薛兀勒图。金人授帖木真罕为札兀惕忽里（《圣武亲征录》原注："若金移计使。某氏曰：移计使，招讨之误。"王国维曰："札兀惕忽里，译言百夫长也。注非"），亦册客烈亦部长脱斡邻为王，又自将讨平主儿乞部（主儿乞部与帖木真同为合不勒汗之后裔，时游牧于克鲁涟河、合渤丰海子间），掳其众，帖木真势复振。塔塔儿、泰亦赤兀两部既败于札木合，而与帖木真有隙，乃与合答斤等十一部大会刊河（今黑龙江省西境之根河，下游入额尔克讷河），推札木合为古儿汗（洪钧曰："蒙古语古儿普也，犹云统辖之汗"），合谋潜师来袭，未发而谋泄，为成吉思汗所败。明年，札木合又合乃蛮、蔑而乞、斡亦剌、泰亦赤兀、朵儿边、塔塔儿、合塔斤、撒勒只兀特诸部攻帖木真，帖木真罕与王罕合兵拒之，大战于阔亦田之野（黄维翰曰："战地当在今呼伦境海剌尔河、额儿古纳河之交"）。天地晦冥，大风雨雪，逢迎札木合军，军多坠死涧谷中，札木合溃围北去，诸部皆溃散，成吉思汗追泰亦赤兀部灭之。王罕追札木合，札木合不能敌，降于王罕。先是，札木合雄长东方，王罕弟畜之，帖木真则父事王罕者也。帖木真以王罕之助，并吞诸部，又败札木合而灭之，威名日盛。札木合在王罕所，数构帖木真于王罕父子，终致嫌怨。其后王罕与帖木真构兵，札木合输其情于帖木真，而王罕败亡，札木合复奔于乃蛮部，帖木真灭乃蛮，而札木合亦被杀，于是蒙古族诸部咸一统于帖木真罕矣。

（二）王罕合兰只之战　王罕为客烈亦部长，性猜忌好杀，以事诛其宗族，为其叔父古尔堪所逐，求援于也速该。也速该举兵伐古尔堪，败之。王罕复有其部众，以是德也速该，约为按答。故帖木真初年为蔑而乞人所袭，求救于王罕，以其兵力得归孛儿台。王罕为帖木真父执，帖木真尊之如父，至是情好益笃。既而王罕弟额儿格喀剌以乃蛮兵攻王罕，王罕奔西辽。后闻帖木真强盛，间关来归，帖木真罕往迎之，令各部分以牛羊，遂与王罕合兵攻布而斤（据《新元史·王罕传》。《西域史·太祖本纪上》作月而斤，《秘史》作主儿乞）。又合兵攻蔑而乞，帖木真分所获于王罕，王罕势渐振，对帖木真罕复生异心（《秘史》卷五："王罕弟札合敢不与诸官人数王罕云：'被帖木真赈济了，如今将前恩又忘了，反生歹心。'"云云）。其后王罕又与帖木真罕合攻乃蛮之不月鲁克汗于谦谦州（今外蒙北界与俄境之贝克穆河流域地面），入札木合之谗。方两兵相持于战地，夜中爇火于原，潜移其众以去，帖木真罕不得已而引退，始有怨言矣（《秘书》卷六云："成吉思说：'他将我做烧饭般撇了'"）。王罕之退也，其子伊而克桑昆（桑昆，官名，金人授伊而克为本部详稳，蒙语讹为桑昆）反为乃蛮部将所袭，虏其妻子百姓，求援于帖木真罕所。帖木真罕遣四良将率兵往破乃蛮，夺回所掠。王罕亦自攻蔑而乞部，大获而还，势复大振。是时，帖木真罕屯客鲁连河东北之巴勒渚纳海子（《元史》与《亲征录》作班朱尼河。屠寄曰："黑龙江新测舆图呼伦淖尔之西南，有小泊经之，名曰巴勒渚纳乌苏鄂模。其水自克鲁伦河下游支分，曰乌尔衮札尔玛河，潴为此泊，从东北溢出，为班朱尼，亦曰巴勒渚纳水，注入呼伦淖尔。"王国维曰："《元史·雪不台传》班朱泥河，今龙居河。"足与屠说相证），与王罕分收地，以克鲁连河为界，而札木合在王罕军中，不利王罕与帖木真罕之相睦也，日夜构其子桑昆，阴图帖木真罕，约往宴而害之。帖木真罕至中道，不果往。王罕于是潜师来袭，会其圉人泄谋，帖木真罕亟移辎重于他所，严兵四千六百骑，分两队以待，阵于合兰只之野（此依《亲征录》。《秘史》作合剌合勒只惕额列惕，《西域史》作哈兰真额列特。洪钧曰：

"合剌合勒只忒,合音为哈兰真,额列惕三字为沙陀之解,《录》作合兰只甚叶。"王国维曰:"今三音温都山东有哈奇尔河,殆即其地。"诚案:哈奇尔河在今辽宁东北阿鲁科尔沁境内)。帖木真罕初战不利,复集士再三力战,射中桑昆腮,始克之(《秘史》卷七叙此战甚详晰),王罕乃敛兵罢战。此役为帖木真罕一生有名战事,蒙兀人至今称道之(拉施特语)。帖木真罕虽战胜,然王罕军势亟盛,帖木真罕以众寡不敌,仍引兵退。退后部众涣散,帖木真罕乃避往巴勒渚纳河,饮水誓众,与诸从者约同甘苦。其后称诸臣为巴勒渚纳特,延赏及于子孙焉。帖木真罕至董哥泽间驻兵(屠寄曰:"黑龙江省呼伦贝尔防城南二百里,有董噶得喇萨河,汇为董噶淖尔,即《亲征录》之董哥泽,《元史》之栋格泽,《秘史》卷七之统格犁小河也")。水草茂美,因以休息士马,使使往数王罕之负德,并诘兵端,而桑昆辞愈愤。帖木真罕知势不两立,乃令其弟合萨儿诈降王罕,而潜师随其后,乘王罕不备,破其金帐于彻彻尔温都尔(《秘史》作者折额儿温都儿山。屠寄曰:"今土拉河南之策策山。"王国维曰:"策策山似稍嫌偏西,疑即今车臣汗部右翼中旗之卓朔尔山"),降其部众。王罕父子皆走死,客烈亦部亡,时宋宁宗嘉泰三年也。帖木真罕既扩地至土拉河,与乃蛮接壤,而蒙兀与乃蛮之冲突遂爆发矣。

(三)乃蛮沆海山之战　乃蛮部者,在土拉河之西。依案台(今阿尔泰山)、沆海山(今杭爱山)为国,而建牙于塔米尔,即自昔北匈奴、回纥王庭,元所谓和林者也。士马数十万,自辽、金以来,世雄漠北。耶律大石西奔,自乃蛮抵畏吾儿,即此部也。至泰赤布喀,太阳罕性暗弱而骄,与弟不月鲁克分国而治。帖木真罕知其兄弟有衅,与王罕先征不月鲁克汗,败其众。及王罕灭诸部,故酋败投乃蛮者多请兵报复。而太阳罕闻帖木真罕吞并东北诸部,恶其强盛,欲用兵于蒙古,遣使约汪古部长,说以左右夹攻之计。汪古部长阿剌兀思剔吉忽里反以其谋来告于帖木真罕。帖木真罕为先发制人之举,先后进兵攻乃蛮。太阳罕亦纠集各部,与帖木真罕遇于沆海山脉之纳忽岭(即今锡尔哈阿集尔罕山,在鄂尔浑河上游与喀老哈河之间)。太阳罕与札木合登高瞭敌,望见蒙兀军容严整,复怵于札木合言将士之奇勇,遂退至山顶而战（战事详见《秘史》卷八）。乃蛮军大溃，太阳罕被创死。于是朵儿奔、塔塔儿、哈塔斤、撒儿助特四部悉降。太阳罕子古出鲁克（一作屈出律）奔于不月鲁克。帖木真罕复出兵追之，杀不月鲁克。乃蛮部亡，古出鲁克复奔于西辽焉。是时漠北诸强大部族扑灭殆尽，帖木真罕遂奄有漠北矣。

帖木真罕削平漠北之翌年丙寅，大会部众于斡难河之源，建九旒白旗，群下共上尊号曰成吉思合罕。国语成为气力坚固，吉思为多数也。国号大蒙古，时宋宁宗开禧二年也。大赉功臣，木华黎、博尔术、纳牙阿各封万户，惟木华黎封国王。又以兀鲁兀特、忙古特（一作兀鲁、芒忽）二部劲旅为国爪牙，各封四千户。先锋曰者别，曰忽必来，曰速不台，曰者勒蔑，四人摧坚陷阵，功最多，各封以千户。立宿卫为四怯薛（犹言四班也）。于各万户、千户、百户中精选万人为宿卫，以十功臣分领之。时国俗无文书，以草青为一年，月圆为一月，湩酪牛羊为食。全国皆军，全军皆骑。马皆自驹时教习驯扰，千马一群，寂无嘶鸣，不控系而不走逸。昼不刍秣，夜始牧放。人有数马，日更一骑，故无隙困。起兵数十万，略无文字。发命令于远方，则遣使飞骑，往返口传，无敢增损一字。及后东征西伐，得回鹘及金降人教之，始用畏吾儿文行于西域，用汉文行于女真。其行军也，以羊为粮，以马乳止渴，羊尽则射兔、鹿、野豕为食，故屯师数万，行不赍粮。临敌不用命者，虽亲贵必诛，军无得私掠。战毕均分，以上下为多寡，必留一分为成吉思汗献。其大臣、亲王居守漠帐不临戎者，亦预分数焉。成吉思汗既定漠北，得白鞑部及金降臣向导，始议伐金。以西夏与金唇齿，故先伐西夏，用兵数年，屡败其师。西夏主李安全纳女请和，成吉思汗乃于六年辛未（宋宁宗嘉定四年，金主允济大安三年），大举南下，度漠伐金。七年之间，克金西京、东京、上京、中都，尽有太行以北之地。金宣宗珣南迁于汴都。是时，成吉思汗以古出鲁克为患于西域，遂以专征河北全权付于木华黎国王，自率大军往征西域，遂开振古未有之蒙古大帝国世界矣。

## 第十九节　成吉思汗之征西域

　　蒙古初年之所谓西域者，自阿尔泰山暨玉门、阳关以西，逾今帕米尔高原，由中央亚细亚部西迤锡尔河（《西域史》作赛浑河，古之忽章河，其下游入咸海）、阿母河（《西域史》作质浑河，古之缚乌河，元时阿母河自布哈尔之南转而北行，距咸海数百里，折而西南行，以入里海，其后始改道入咸海）南北。南至印度、波斯湾、红海，北逾咸海、里海、黑海，奄有乌拉山脉以西鄂罗斯全境；西至小亚细亚半岛，抵地中海岸，其疆域大于中原数倍。而蒙古之取西域乃在取中原之先者，则以乃蛮遗种古出鲁克为其导火线，而畏兀儿部长巴而术阿而忒的斤亦都护（亦都护者，畏兀儿之王号也）为之先驱也。畏兀儿原为西辽属国，及巴而术阿而忒的斤嗣位，苦西辽古儿汗所派监国者之恣横，杀之以结援于蒙古，并以古儿汗国情上达。成吉思汗之六年，觐见成吉思汗于克鲁涟行宫，成吉思汗以皇女取之，序在第五子之列。于是天山北路及东路回鹘畏兀儿之地尽归于蒙古。当成吉思汗南伐金，倾国远出，而乃蛮古出鲁克篡西辽而有之，复然余烬，煽结远近，其势浸炽。成吉思汗乃于十三年（宋宁宗嘉定十一年）议征西域，而巴而术阿而忒的斤率万人从行，柯耳鲁王（今新疆塔尔巴哈台一带）、阿力麻里王（今伊犁一带）咸以兵来会，众号六十万。夫成吉思汗之西征，非有征服西域各国之豫谋，原以征乃蛮遗孽也，而古出鲁克复联合葱岭以西诸国，南北奔窜，株连瓜蔓，用兵至七载之久，诛灭至数十国之多，兵锋所届，遂西穷于海表矣。兹撮举其要略而分别叙述之：

　　（一）西辽之征服　　西辽自耶律大石建国以来，地方万里，传世两后三主，传至直鲁古为古尔汗，而乃蛮古出鲁克来奔。古儿汗喜谀，古出鲁克取其甥女，迎合古儿汗意，遂得其信任，以国事委之。古出鲁克闻其父溃卒多藏匿于旧地，欲纠合部众以夺古儿汗之国，乃东往叶密里（今塔尔巴哈台北境之额米里河一带）、哈押立克（即《元史》之海押立地，在阿拉套山西北，巴勒喀什淖尔东头之南，今俄属中亚七河省之阔帕勒城即其地）、别失八里（今新疆阜康县东北之三台塘库列图河附近。一作巴什伯里。回语别失五城，八里城也，旧有回鹘五域，故以为名），招集溃卒。乃蛮旧部果闻命服从，又与货勒自弥国结约，为东西夹攻古儿汗之计。进攻八剌沙衮（西辽都城，今俄七河省吹河南境之阿拉灭丁），生获古儿汗，篡其国而自立。契丹本举国事佛，及耶律大石西迁，其地盛行回回教，大石听其信仰，不之禁，故上下相安。古出鲁克定佛教为国教，而禁民奉谟罕默德。又赋敛苛重，每一乡长家，置一卒监之，于是民心瓦解，惟望蒙古兵速来。成吉思汗亦闻之，遣将者别（一作哲别）率师伐之。者别兵至垂河（即今吹河），谕民各奉旧教，勿更易。各乡长皆杀监卒应之。者别战胜逐北，古出鲁克逃至喀什噶尔，民衔旧憾，杀其部卒，复西遁。者别追及于撒里黑库尔（即色勒库尔之异译，今新疆西南界之蒲犁县）杀之。古出鲁克自成吉思汗三年奔西辽，六年篡直鲁古，十四年为者别所杀，距太阳汗之死已十有一年矣。西辽全境悉定，于是东惟蒙古、西惟货勒自弥两大国，壤错界接，而西征之役起矣（此段以《元秘史》《元史译文证补》为主，兼采《圣武亲征录》《元史新编》及《新元史·乃蛮传》）。

（二）货勒自弥之征服　货勒自弥，《元史》作花剌子模，即《唐书·西域传》之货利习弥国地也。本为塞而柱克朝之属部，至塔喀施沙（沙为西域君称，下于苏而滩。《唐书·突厥回纥传》：可汗以下曰杀、曰设、曰察，皆别部将兵首，盖即沙也），于宋光宗绍熙五年，灭塞而柱克朝，受报达哈里发那昔尔之苏而滩封号（或作苏丹，《元史》等书或作算端、算滩、销潭、速檀均即此，犹曰皇帝），是为货勒自弥朝之始。盖本其始起部落为名，以别于塞而柱克也。货勒自弥原服属于西辽，至阿拉哀丁立，与撒马尔干酋锷斯满合兵败西辽，旋杀锷斯满而并其国，建新都于撒马尔干（今俄属费尔干省之撒马尔罕，在塞拉佛山河南），称货勒自弥之乌尔鞬赤城为旧都焉（今阿母河下游近咸海处河南之库捏乌尔根赤）。乃蛮酋古出鲁克窃西辽之国，攘直古鲁之位，阿拉哀丁实掎角之。故突而吉斯单之地向属西辽者，亦被割据。南灭郭耳（今印度河西、阿富汗皆其地），西伐报达，广地数千里，有兵四十万，皆康里人、突厥人，与民不洽。其母土而堪哈敦为康里部酋女，以故康里将士多跋扈横索，土而堪之权亦以是坿于国王。国虽大，本未固也。

成吉思汗既定西辽，遣使于货勒自弥，愿与缔交通商，各保疆界，阿拉哀丁报以如约。及蒙古商往至讹脱剌儿城（《元史》作讹答剌。斡脱罗儿，《地理志附录》作兀提剌耳。今西图之奥列阿塔城滨塔拉斯河，故名塔剌斯城，盖以水得名也。塔拉斯河为古之都赖水），为城酋伊那儿只克所杀。当报达之被兵也，哈里发（教王，为大君之称）蓄忿思报复，闻蒙古强盛，乃遣使潜来，导以西伐。然成吉思汗方修邻好，无用兵意，及闻商众四百余人被杀，告天兴师，誓必雪恨。

时术赤方逐古出鲁克及蔑而乞余党，与阿拉哀丁、苏尔滩大军遇于合迷城（洪钧曰："合迷城以哈迷池河得名。考今俄图塔什干北偏西约五百里有喀迷池克河，必即《西域史》之哈迷池河也"）。苏尔滩轻其兵少，逼蒙古兵使战，蒙古兵败其左翼，攻至苏尔滩中军。其少子札剌勒丁（《元史》作札兰丁，《秘史》作札剌勒丁）以右翼败蒙古兵，来援中军，至夕始罢战，胜负略相当。术赤以众寡悬殊，多燃灯火于营，乘夜疾驰去，苏而滩亦归。撒马尔罕知蒙古为大敌，心怯战，乃为守御锡尔河、阿母河各城计。

成吉思汗十四年己卯（宋宁宗嘉定十二年），会师于也儿的石河（今厄尔奔斯河，在阿尔泰山西。光绪九年，《中俄界约》作伊尔特什河，下游入鄂毕河），号六十万。侦者报苏而滩蒙古兵不可胜计，饥餐羊马之乳，渴不得水则饮其血，行不赍粮，战不返斾，万众一心，有进无退。苏而滩惶惧，计无所出，又疑忌诸将，使分守各城，以防内乱。以故成吉思汗进军至锡尔河，无御者，分军为四：察合台、窝阔台一军，留攻讹脱剌儿城；术赤一军，西北行攻毡的城（今锡尔河下游加萨兰斯克附近之占肯特废营）；阿剌黑、速克图、托海一军，东南行攻白讷克特城（疑即今锡尔河西南之喀喇古特井），皆循锡尔河；成吉思汗自与拖雷将大军径渡锡尔河，趋布哈尔（在撒马尔罕西北）。是时苏而滩在新都撒马儿罕，布哈尔在其西，旧都乌尔鞬赤又在布哈尔西北。成吉思汗知撒马尔罕墙堞高固，守具完备，攻之不易，故捣其中部，则新旧都顿失联络，所以断其援也。成吉思汗既破布哈尔，然后返而东攻撒马尔罕。其察合台等一军已攻下讹脱拉尔，术赤一军已攻下锡尔河下游之毡的，阿剌黑等一军已攻下锡尔河上游之白讷克特，于是三路之师咸傅撒马尔罕。会成吉思汗大军攻城，苏而滩闻蒙古师众已先西去，留兵十一万守城（一作四万。此采波斯志费尼说）。土客杂糅，不相应援（土兵即波斯塔起克人，客兵即突而克康里人）。康里兵自以与蒙古同类，故无斗志。成吉思汗诱其降，撒马尔罕城遂下。成吉思汗取工匠三万外，尽杀康里兵。撒马尔罕既克，锡尔河方面略定，成吉思汗乃分军为四：（一）命者别、速不台二将各率万人向西北穷追西域王；（二）命术赤、察合台、窝阔台往征乌尔鞬赤；（三）命拖雷将兵往呼拉商（今波斯中部之哥萨森），应援者别、速不台之师，平其未定之地；（四）成吉思汗自将起师，攻下忒耳迷（今布哈尔南之基里非城，濒于阿母河北岸）。阿母河北悉定，乃往平阿母河上游以南各地，驻兵于塔里堪（《元史》作塔里寒，《秘史》作豁儿桓，今俄图作贴什勘，以塔列干河得名。下游北入阿母河城，在塔列干河之南，昆都斯部东），以策应各方。

　　方苏而滩之去撒马儿罕也，蒙古兵甫渡锡尔河，智谋之将劝王速征货勒自弥等处之兵，结一大军备战，号召部民同心御侮，力扼阿母河，则锡尔河外险虽失，犹有内险可守。其长子屋肯哀丁自义拉克（今波斯以拉亚日迷尔省）遣使至，迎父西行，有兵有饷，可以共守，王从其计。札剌勒丁时从父，愿假统帅之职守阿母河，王斥其少不更事，不之许，以故蒙古兵得从容平定锡、阿母两河各地。及闻布哈尔、撒马儿罕先后继陷，王乃仓卒西遁。者别、速不台全军已渡阿母河，分道跟追，入呼拉商，遣人招降各城，西赴义拉克。者、速两军复合于合而拉耳城（在里海南，以拉亚日迷尔省北，波斯德黑兰都城之东，城已废）。时苏而滩与其子屋肯哀丁率数万人守义拉克之可斯费音城（今喀斯平，在里海西南境内），军警至，父子分路遁。蒙古军入马三德兰（今里海南岸地），破其会城曰阿模尔（今里海南岸之亚摩尔城）。苏而滩、阿拉哀丁辗转窜死戛比斯海岛中（今里海中近西岸，今图作亚比什伦），命札剌勒丁嗣位。札剌勒丁出里海赴乌尔鞬赤，时守城兵多康里人，闻札剌勒丁嗣位，皆不服，欲谋害之。事觉，札剌勒丁率骑南奔，数遇蒙古军，以用术得逸去，由海拉脱东南（今阿富汗西北境之侯勒特）遁入嘎自尼集兵（《经世大典》图作哥疾宁，今阿富汗东南之哈斯那）。其地数有内乱，及札剌勒丁至，众情推戴喀不尔土人（今图作喀布尔），土人咸起兵应之。其母舅阿敏蔑里克库拉起族（居阿母河北库拉起，疑为喀喇赤之异译），阿格拉克均率众来助，众六七万骑，其势复盛。时术赤等已攻下乌尔鞬赤，拖雷亦破塞尔柱克故都之马鲁（今谋夫，在基发部内）。

成吉思汗于十六年辛巳春，命诸子会师于塔里堪。时成吉思汗将命者别、速不台北征奇卜察克，循里海之西以往，而大军皆在东南，不相应，乃命术赤仍东驻咸海、里海间，以遥为声援。以札剌勒丁居嘎自尼未下，自率察合台、窝阔台、拖雷三子亲征，南逾印度固斯大山（今兴都库什山）。先命将失吉忽秃忽（《元史》作忽都忽），东南往喀不尔山中，阻札剌勒丁旁抄之兵，与札剌勒丁战于巴鲁安（今俄图之巴喇哈那，在喀布尔之西北），激战两日。札剌勒丁先令兵下骑以待，见战酣，乃齐上马冲突，失吉忽秃忽大败而还。失吉忽秃忽为蒙古勇将，成吉思汗闻其败，昼夜疾南行，军中不及炊，皆啖米，至嘎自尼，则札剌勒丁已去矣。

先是，札剌勒丁虽战胜蒙古军，而其将阿敏素骄，与阿格拉克争一战获之骏马。阿敏以马策挝阿格拉克之面，札剌勒丁以其为王母弟，不能禁抑。阿格拉克怒，率库拉起人去，以故兵顿弱，不敢迎敌，而东南奔。成吉思汗疾追之，及于印度河，即夕列阵追之，晓而战，先败其右翼，获阿敏、玛里克，杀之（即《元史·本纪》之灭里可汗）。未几，左翼亦败，中军仅余七百人，犹死战。战既迫，札剌勒丁策其马，自数丈之高岩投入印度河，凫水而逸。成吉思汗见之，以口龁指，谓诸皇子曰："凡为将者，皆应如此。"时成吉思汗之十六年冬也（宋宁宗嘉定十四年）。翌年，遣巴剌（《元史》《亲征录》作八剌）、土尔台等渡印度河追之，大兵至木而滩城（今印度旁遮普部西南之穆里坦），不知札剌勒丁所在，乃以天暑还师。成吉思汗命窝阔台往定嘎自尼，自率兵循印度河西岸北行，捕札剌勒丁余党。时阿格拉克与他族相仇杀，先死。蒙古骑兵与波斯步兵至，或杀或逐，丑类悉平。成吉思汗以西域大定，设达鲁花赤（掌印断事之长官）监治之。引师北还，以奇卜察克各部委之于者别、速不台焉。或曰左右见一角兽，形如鹿而马尾，作人言曰："汝主宜早还。"成吉思汗遂决意班师（即《元史》角端之说）。至十八年（宋宁宗嘉定十六年），车驾始东发忽章河焉（锡尔河至忽毡，名忽章河。此段采《元史译文证补》《西域传》及术赤、哲别等传）。

（三）奇卜察克各部之征服　当者别、速不台二将之追苏而滩于里海也，遣人请命于成吉思汗，谓："苏而滩已死，札剌勒丁已逃，我等应往何处待命而行？"（《元史译文证补·太祖本纪》卷一下）成吉思汗以蔑里乞主霍都（《西域史》作忽图，为脱里脱阿之子）奔钦察（即奇卜察克，语见《元史·土土哈传》），遂命者别、速不台讨奇卜察克等十一部焉。所谓十一部者：（一）奇卜察克部（在里海西北，今俄属阿斯达拉干、萨勒德夫、萨麻拉等地）；（二）康里部（在咸海西、里海北）；（三）巴只吉惕种（当即《地理志附录》之巴耳赤刊，在咸海东之巴斯喀喇）；（四）斡罗速惕种（即今俄罗斯国）；（五）马札剌惕种（即马加，今属奥地利亚国）；（六）阿速惕种（即阿索富，在黑海东北，今属俄）；（七）萨连惕种（即撒吉剌，今名克里米，地在黑海北，三面环海，亦属俄）；（八）薛儿客速惕种（即《地理志附录》之撒耳柯思，今哈萨克地，在顿河东，亦属俄）；（九）客失米儿种（即今印度西北之克什米尔）；（十）孛剌儿种（即《地理志附录》之不里阿耳，《元史》作孛烈儿，今巴尔干半岛之保加利亚）；（十一）剌剌勒种（《地理志附录》作泄剌失，今波斯法而西斯部之失罗子，又疑为法而西斯部东南之吉拉什城。以上部名见元椠本《元秘史》，惟其中有误列者，如客失米儿种及剌剌勒种是）。

是时，者别、速不台军方北入西域之西北邻部阿特耳佩占（今波斯西北之亚塞耳拜然部，在里海西南高加索山、阿拉斯河之南），降之；复西北入角儿只（《西域史·太祖本纪下》作谷鲁斤，《元史·曷思麦里传》作谷儿只，在今高加索山西南境，黑海东南岸），败其众。角儿只南境大扰,国都驿骚。者别、速不台既奉命北征奇卜察克,以角儿只境内山径峻险、溪涧萦绕,戎马艰阻,不欲假道,退而东行,渡库耳河(今高加索山自西北向东南入里海之库尔河),破失儿湾部(在库尔河北,里海西岸)之沙马起城(今库尔河下游北境之舍马喀),又破得耳奔特(即《元史·地理志附录》之打耳班,《西域史·阿八哈传》作得而盆脱,译义为门,在里海西岸,为北逾高加索山之要道,路最平易,今图作德奔特),军遂逾高喀斯山而北(即《元史》之太和岭,今高加索山),凿石开道,出其不意(《元史·速不台传》改作苏布特)。至则遇其酋忽鲁速蛮与钦察别部酋霍滩弟玉儿格(《元史》作玉里吉)、土塔阿儿(《元史》作塔塔哈儿)及阿速(《元史·地理志附录》作阿兰阿思。阿速即阿思之转音,西域人称阿速部为阿兰,其部族居高加索山北,西滨阿速海,即今黑海北之亚速海)、撒日柯思(《西域史》作扯而开斯,又作阿拔喀思,《蒙古游牧记》作色尔克斯,皆即吉儿吉思音转,今为哈萨克部,居俄境里海西北乌拉岭一带)等部集众于不租河来御,众寡不敌,复迫于险,乃以甘言诱奇卜察克:"我等同类,无相害意,勿助他族,以伤同类。"因厚遗之。奇卜察克兵引退,军得出险,败阿速等部兵。奇卜察克人散归,不为备,二将出不意,突至奋击,杀玉儿格及土塔阿儿军,东北至浮而嘎河(今里海北之窝瓦河),告捷于太子术赤,请济师。时术赤方驻兵里海东部,分兵大半往助者、速二将,既得新兵,乃于十七年冬乘冰合渡浮而嘎河,遂下阿斯塔拉干(今窝瓦河下游地),败奇卜察克兵。军分为二,复引而西,一军追败兵过端河(今黑海东北之顿河),一军至阿索富海之东南,平撒耳柯思、阿速等部,遂至阿索富海,履冰以至黑海,入克勒姆之地(克勒姆即今黑海北克里米半岛,《元史·地理志》作撒吉剌,《秘史》作客儿绵),大掠而北,两军复合。钦察酋霍滩遁入俄罗斯境,乞援于其婿哈力赤王穆斯提斯拉甫(哈力赤部疑即今中外舆图南俄之窝黎尼亚),于是蒙古兵锋遂中于俄罗斯。

俄罗斯为西北大国,至柳利哥建国后,至北宋时,俄行封建之制,诸侯王自以其地分畀子孙,国分七十,同族日事争斗。哈力赤为南俄列邦,其王穆斯提斯拉甫能兵,屡战胜回族,视蒙古蔑如也。

允其妻父之请，邀集南俄诸王于计掖甫（今南俄西南之基辅），计议兵事，群议出境迎击，勿待敌至，并告于俄首邦物拉的迷尔王攸利第二（物拉的迷尔疑即今墨斯科东之瓦拉的米尔城），请出兵为援，分运军粮，自帖尼博耳河（今俄西南境之德尼热普尔河，下流入黑海）、特尼斯特河（今俄西南境之特尼斯特尔河，下流入黑海）以至黑海东北。者、速二将闻俄罗斯起师，遣使十人来告："蒙古所讨者奇卜察克，夙与俄罗斯无衅，必不相犯。蒙古唯敬天，与俄教相若。奇卜察克素与俄有兵怨，盍助我以攻仇人？"俄诸王谓："先以此言饵奇卜察克，今复饵我，不可信。"杀其使，约战。时俄兵八万二千，分为南北两军。二将见其势盛，按兵不动。敌以为怯，亟进，而蒙古兵退。追十二日，蒙古兵复回，战于孩耳桑之地（即《元史·曷思麦里传》之铁儿山，时属钦察之地，在喀勒吉河附近），先败俄之北军哈力赤、奇卜察克等部。俄之南军不知北军之战，亦不知其败，而蒙古军骤至，围其营，诱令纳贿行成，俟其出，疾攻之，歼馘无算。是役也，俄亡六王、七十侯，兵士十死其九。俄举国大震，列城皆无备御，不能为战守计，惟俟兵至乞降免死。

先是，成吉思汗遣者别、速不台追苏而滩，以三载为期，事定之后，由奇卜察克回，至蒙兀儿斯单（当时西域人称天山一带皆云蒙兀里斯单，斯单犹言一方也），与之相见，然后全军东反。及成吉思汗班师，者别、速不台遣使献捷，遂请遵命东归，列城得免于难。十九年，者、速二将东还，乘胜入康里，部众并散，太子术赤遂自锡尔河北傥塔之地，西逾乌拉岭，至奇卜察克东境，辖治诸部焉（此段以《元史译文证补·哲别传》为主，参以《太祖本纪》《术赤补传》《西域补传》《新旧元史·速不台传》）。

成吉思汗西征七年，至二十年（宋理宗宝庆元年），始东归和林（在今三音诺颜部塔米尔河上游与昭穆敦河之间。二河合流后，其下游为鄂尔浑河），定四子分地，以和林之地与少子拖雷，以叶密尔河边之地与三子窝阔台，以锡尔河东之地与次子察合台，以咸海西货勒自弥之地与长子术赤。是年秋，成吉思汗亲征西夏。先是，将征西域，遣使征兵于西夏，西夏不从命，且曰："俟大国兵败，吾师方出。"成吉思汗大怒，西夏主乃阴结漠北诸部酋，为拒守之计。至是，成吉思汗自将伐之，败其将阿沙敢不于贺兰山（在今宁夏西山西，即阿拉善旗牧地，土人又称为阿拉善山），遂取西凉等地（前清甘肃之甘州、肃州、凉州等地），乃逾沙陀（当即今阿拉善额济特旗南之腾格里沙地），至黄河九渡（魏源曰细水河），拔应里等县（戴锡章曰："应里与兰州接近，西据沙山，东阻大河"）。成吉思汗亲攻灵州（今甘肃灵武县），西夏主李睍率五十营来援，时河冰已合，诸将从冰上行，令众射，矢无虚发，杀人无算，蒙兀兵死十之一，西夏主败遁。成吉思汗曰："李睍经此败，不能复振矣。"西夏亦集乃路来降（今之额济纳，为旧土尔扈特游牧之地，在居延海附近），进围中兴府（西夏国都。故兴州，今宁夏省治）兴州。西夏主上表乞降，时成吉思汗已不豫，密谕左右："我死勿发丧，俟西夏主来即杀之。"成吉思汗二十二年（宋理宗宝庆三年），崩于六盘山（在今甘肃固原县西）。成吉思汗崩而李睍被杀，西夏亡。西夏自入宋以来，历辽、金、元，已享国二百五十八年矣。成吉思汗临崩，谓左右曰："金精兵在潼关，南据连山，北限大河，难以遽破。若假途于宋，金，宋之世仇也，必许我，则由唐、邓直捣大梁。金虽撤潼关之兵以自救，然千里赴援，士马俱疲，吾破之必矣。"其后人卒秉其遗策以灭金云。

## 第二十节　蒙古太宗朝之西征

成吉思汗既定西域，置达鲁花赤以监治，命四子各出兵千人，驻守八迷俺（疑即《秘史》之巴黎安客额儿，《亲征录》之八鲁湾川。丁谦曰："今阿富汗北之巴喇哈那，在大雪山中，格绵里得支河之上游。"屠寄曰："在阿富汗喀布尔东北"）、嘎自尼、塔里堪（均见前注）、石泼干（洪钧曰："在巴而黑西。"诚案：巴而黑为北段图阿富汗之波尔克石泼干，即今之什贝尔昆）、阿里阿拔脱（今里海东南阿里阿巴得山口）、格温（《亲征录》作可温寨，《西域补传》作古南柯尔干，一作古脑温库尔干，今北段图格尔登的瓦尔堡），皆阿母河以南地。西域西境，鞭长莫及，控制未周，大军既还，余烬复炽（《元史译文证补·西域补传下》）。蒙古用兵数次，其平定西域西南之功为绰尔马罕，其平定西域西北之功为拔都。综兵事前后十余年，皆在太宗窝阔台一朝。兹特分别述之：

（一）札剌勒丁之灭亡　方成吉思汗之凯旋东归也，札剌勒丁亦自印度收集溃卒，回兵而西，循印度克儿漫中间大沙漠（即今波多沙漠、内里沙漠、给尔满沙漠，为俾路芝南境之路），以避北路蒙古兵，而迂道以向西北，克儿漫酋薄拉克首先归附，仍西行入法而斯（今波斯西南之法而西斯坦部），夺其兄吉亚代丁之位，于是义拉克（今波斯以拉亚日迷尔部）、呼拉商（今波斯哥萨森部）、马三德兰（今波斯里海南之散地兰部）三部咸臣服。札剌勒丁以蒙古之兵由哈里发那昔尔所致，故首谋攻报达以报怨，败报达兵。距报达不百里，哈里发先以鸽书征哀而陞耳兵（哀而陞耳，今埃比耳，在今美索不达米亚东部之古的斯丹）。酋以兵至，战败被擒，札剌勒丁遂引兵北入阿帖耳佩占（今波斯西北之亚塞尔拜然部），割其都城台白利斯（今图作大不里士），阿帖耳佩占酋避入角儿只之甘札（今高加索山南戈札湖附近）。札剌勒丁伐角儿只，攻破其都城帖弗利司（今高加索山南之第佛利斯）。于是角儿只大聚高喀斯山南北各部族，与札剌勒丁连兵不已。哈里发木司丹锡尔遣使来议和，册封札剌勒丁为波斯可汗。札剌勒丁乃西与罗姆（今小亚细亚）、埃及、毛夕耳（今美索不达米亚东北境之摩苏尔部）等部相竞，而蒙古兵已至。

先是，成吉思汗东归，命大将绰尔马罕西征巴墨塔惕种（即报达，见《秘史》卷十三）。太宗即位，以西域未定，札剌勒丁势大，复遣斡豁秃儿及蒙格秃将兵，为绰马尔罕后援。太宗二年，绰尔马罕将兵三万，由伊斯法楞（今伊斯巴亨，为波斯以拉亚迷尔部之都会），至合而拉耳（当在今喀勒其斯坦地）。札剌勒丁以天寒，蒙古兵未必遽进，不设备，为蒙古军所乘，遂仓卒由台白利斯赴莫干集兵（今高加索部库耳河下游南之莫干平原）。兵未集而蒙古军奄至，复逃。时阿特耳佩占、阿而俺等处（阿而俺在高加索山南，今库耳河、阿拉斯河下游中间），见札剌勒丁势败，皆杀守兵以应蒙古。阿尼忒酋（今美索不达米亚之温尼）遣使诱札剌勒丁西入罗姆，徐图恢复，且请发四千骑卫行。札剌勒丁信为实，乃往阿尼忒，中途为蒙古军追及，夜围其营。札剌勒丁突围而出，至阿尼忒，闭门不纳。蒙古军逐于后，从者尽死，独札剌勒丁逃入库儿忒山中（在今波斯务鲁木湖东南及美索不达米亚西北境），为仇家所杀。西域货勒自弥朝之后亡，时太宗三年，宋理宗之绍定四年也。

绰尔马罕既克札剌勒丁，遂蹒阿尼忒、爱而西楞（今黑海东南亚美尼亚部之埃尔斯伦）、梅法而定（为美索不达米亚之一小部落，疑即今图之马尔丁）三部之地。又分军入毛夕耳部，东北至梅拉喀（今波斯务鲁木湖东南马拉加），并阿帖耳佩占，西南至哀而陛耳，报达哈里发集所部与诸国之兵及阿剌比人相距，蒙古军乃还。太宗十年，绰尔马罕分部诸将尽下阿拉斯河、库耳河中间角儿只所属各土酋之地，于是里海、黑海之中全境胥定矣。

（二）斡罗斯诸部之征服　太宗窝阔台罕之七年，以奇卜察克、斡罗斯诸部未定，议遣诸王长子出师，术赤位下者为拔都，察合台位下者为不里，窝阔台罕位下者为古余克（《元史》作贵由，即定宗），拖雷位下者为蒙哥（即宪宗），太宗弟阔列坚亦预斯役。以拔都为统帅，所有从征诸王、驸马、万千百户，咸以长子出征。因长子所统则人马众多，威势盛大，以高喀斯山西北敌人刚硬，特选长子以示谨慎（《元秘史》卷十四），故史家谓之长子出征。太宗以奇卜察克别部酋八赤蛮有胆勇，数抗命拒敌，又特命宿将速不台为副帅以当之。八年，兵行，速不台首入布而嘎尔（今俄萨麻拉城东北至乌拉岭皆是，《元史·西北地理附录》作不里阿耳。此部亦斯拉夫人种，唐、宋已分国为二，此其东部、西部则在多脑河南，滨临黑海之地，今之布而加利亚是），悉平其地。九年，大军入奇卜察克，八赤蛮败遁，逃于海岛，迹至出不意，擒杀之。奇卜察克东北近滨浮而嘎河（即今窝瓦河），诸部族皆震慑款服，里海以北咸定。是年冬，遂入俄罗斯。俄之先被兵也，丧帅于外，境内无恙，至是已十四载矣（语出《俄史》），诸侯王惟事内哄，不复虑外患。毛而杜因人（在里海北境。洪钧曰："当是芬兰一类人"）与俄有兵怨，导大军自东南入。

当是时，物拉的米尔（今图作反拉的米尔，在俄都墨斯科东）为俄列邦共主，南境诸王曰幼里，守勒冶赞（今俄都墨斯科东南之利森），曰罗曼，守克罗姆纳（今利森北之可兰拿），乞援于共主攸利第二王，而兵不亟至，蒙古军攻破勒冶赞，至克罗姆纳城，而攸利第二遣子务赛服罗特之援师始至，战于城下。罗曼阵殁而城破，务赛服罗特逃归。蒙古军遂北至墨斯科城，城建甫百年，守具未备（时犹未建都于此），大兵长驱直入，东趋物拉的米尔都城，攸利第二王令其子务赛服罗特等守城，而自引兵北驻锡第河（在诺甫哥罗部东境，为今摩洛加河之支河，摩洛加河下游为窝瓦河），以待诺拂郭罗特王（即今罗甫哥罗部）、撒勒司拉弗哀王（今图之白罗斯拉夫部）之兵。蒙古军攻破物拉的米尔，务赛服罗特战殁。拔都自物拉的米尔分数军，分下各城，北至锡第河，围攻敌营，共主攸利第二王战殁，兵士得脱者十仅二三。复北趋诺拂郭罗特，未及城百数十里，阻泞而退，是为俄罗斯极北境。始立国时，建城定都于此，列城中惟是城归服最后。大军既退，转而西南，攻破廓在尔斯科（一作秃里斯科，今图作咸德比斯科）。以瓦夕里王坚守故，多戕蒙古军，故屠城，血流成渠。军转东南，向浮而嘎河、端河（今顿河）下游以行，败奇卜察克，酋库滩西北遁马加部，遂平撒耳柯思、阿速等部。分军东渡浮而嘎河，略布而嘎尔北境，直至乌拉岭西北地。拔都既休息士马，乃谋南俄。计掖甫者（今基辅），南俄之大城也。先时建都于此，历三百载后，乃以物拉的米尔为上邦。攸利第二王既战殁，计掖甫王雅洛斯拉甫往援不及，乘蒙古军退，遂入物拉的米尔，嗣其兄位。而扯耳尼哥王（今图作查尔尼俄弗，在基辅北得尼热普尔河支流得斯呐河西北岸）米海勒亦乘其北行，据计掖甫。拔都军攻下扯耳尼哥城，伤士卒颇众，东退于端河（今顿河），先绝计掖甫之旁援，乃乘帖尼博耳河（今图作得尼热普尔河）冻合，全军渡河，昼夜力攻，陷计掖甫，而米海勒王早已逃往波兰矣。复下哈力赤城（今俄西南窝黎尼亚之亚弗勒支），于是南俄之地略定。

（三）孛烈儿（今波兰）、捏迷思（一作匿密西，盖俄先时对于日耳曼人之称，见《元史·兀良合台传》）、马札尔（一作马加，俄称为控蒽尔，今匈牙利，见《元史·速不台传》）诸国之被兵　拔都既平俄罗斯全境，以马加之收奇卜察克酉库滩，波兰之收扯耳尼哥王米海勒，故谋伐波兰、马加二国，皆俄罗斯南面之国也。波兰在东北，马加在西南，两国相依如辅车。时波兰分为四部，而马加三面环山，险扼四塞，尤不易用兵。拔都乃议由东、南、北三道分进。极北一军贝达尔统之（贝达尔为察合台子），前锋入波兰之柳勃林城（今波兰之鲁伯林），至十三年春，始攻下克拉克（今波兰南部之克拉科），进取拉低贝尔（今波兰加里细亚部之棱卑尔各），其酋米夕司拉弗哀不能御，北遁勒基逆赤（今德意志细勒西亚之里格尼自），合于其兄亨利。时亨利集众三万，合波兰日耳曼人为五军，与蒙古军大战于瓦而司达忒之地（一作弗雷斯达德，在今德意志里格尼自城之西南）。日耳曼人先进，蒙古军佯败以诱之，既离其后军远，乃以突骑围攻，众尽没。其后四军先后来援，亦败。亨利中矛，坠骑被杀，悬首于竿，徇其部地，远近震骇，遂引军东南，以应拔都之军。拔都之由中道向马加也，马加王贝拉遣将士守喀而巴特山隘口（今加里西亚部南境之喀尔巴阡山脉），伐木塞途，以限戎马。

先是，贝拉纳奇卜察克酉库滩四万之众，民间主客不和，比闻蒙古以纳降来攻，民乃大哗。辛丑春，守隘将逃归，谓蒙古军斩木开道而入（在今翁格之北），守兵尽溃。贝拉亟下令集兵，甫三日，游骑已至派斯特城下（今佩斯，时为马加都城，在多脑河东，由隘口至佩斯，计程约七十德里，每一德里合英里四零五，即十五华里，七十德里约合一千华里），败其将乌孤岭之追兵。拔都大军已入马加，速不台军亦自东南逾山陟险，合于大军。贝拉兵集而出，拔都引退，过赛育河东（今图作萨育河）。色克河者，南汇于多脑河（疑即今推斯河上游支河之剌布列克河），而赛育河、噶拉忒河（今黑纳得河）又合而入色克河，两河合流之下游为桥梁，通往来。时山雪融化，溪河皆涨，大军驻此，三面环水，有险可扼；且林木丛杂，蔽敌窥望。贝拉驻军赛育河西，以兵守桥。拔都见敌虽众可乘，下令夜进，一军以炮逐守兵过桥，一军绕由下游潜渡，环围其营，矢下如雨，相持至午，开西南围使逸，而自后驰逐。众既瓦解，或陷泥淖，逸者无几，赛育河水尽赤，《元史》谓之漷宁河之战。贝拉以良马遁去。大军由赛育河至派斯特，下其城。其南道合丹一军，由马拉答（今罗马尼亚之摩尔达维亚）境内间道逾山入林（即今达琅西里瓦尼亚山林），攻入马加之东南部。募日耳曼人为向导，而以俘卒前驱，将士督攻于后，积尸填堑，践而仰登，攻拔沿途各城塞。西北与拔都大军合，拔都乘天寒冰合，践冰渡多脑河，攻格兰城（格兰城以格兰河得名，今图作格连）。万骑俱进，所向无不披靡。拔都留攻格兰合丹一军，追贝拉，焚布达（为马加故都，在多脑河西），径土度耳外生贝而克（今斯土耳威森波格），进至阿格拉姆城（今克罗梯亚省），所遇城堡皆不攻，急逐其后，贝拉逃入地中海岛。合丹驻军一月，乃引而东，趋塞而维亚国，大掠城邑。旋奉拔都令东返。拔都攻格兰，立炮三十架，毁墙堞而入，而内堡坚不可破，乃引军西循奥境，直至地中海维尼斯国界（今意大利东北之威尼西亚）。又一军扰奥境之柯伦贝而克，去奥都维也纳三十里，咸以太宗凶问至军中，乃马真皇后称制之元年（宋理宗淳祐二年）壬寅春，全军东返。自出师至归，前后历八年，使非窝阔台合汗之崩，则全欧前途之命运未可知也（采《元史译文证补·拔都补传》及《元史·速不台列传》）。

附：张星烺论拔都西征成功之原因

（一）是时欧洲政治纷乱，各小国独立，人民除去褊狭之家乡观念以外，毫无爱国思想。俄罗斯、匈牙利境内各王公，咸自顾其私，一国被侵，他国则坐视不救，漠不关心，故蒙人得次第皆摧灭之。

（二）俄国大公爵柔弱无能，史家克拉姆清（Karamtin）谓仅知遵守当时社会所重视之道德，如装饰教堂、赏赐僧尼、施舍贫乏，全国库皆用之于斯，绝不为防守俄国筹一款、画一策也。匈牙利王贝拉亦为优柔无断之人，平时在国内已大失人望。蒙古西征诸大将，如拔都、速不台，皆为不世出之战术学家，故不能抵御。

（三）罗马教皇格利高雷第九世（Grogory Ⅸ）与日耳曼皇帝佛烈得力第二世（Frederick Ⅱ）不协。佛烈得力已拥有那坡利（Naples）及西锡利（Sicily）两地，尚复欲据阿尔勃斯山

（Alps）以南之地，而教皇则极力反对之，两方感情各趋极端。当一千二百四十八年八月至一千二百四十一年四月之间，蒙古人抄掠俄国、波兰及匈牙利时，佛烈得力引兵攻陷教皇所辖肥恩柴城（Faenta），教皇于一千二百三十九年（蒙古太宗十一年己亥岁）三月三十日下令摈逐佛烈得力于教会之外，鼓吹各地兴起十字军以讨之，勾结日耳曼各邦王公，如奥国公爵佛烈得力二世、巴维利亚（Bavaria）王鄂拖二世（Ofto Ⅱ）、白伦斯维克（Brunscoick）王公鄂拖及约翰细雷西亚王亨利二世（Henry Ⅱ）、伯爵亨利拉斯泼（Henry Raspc）、博西米亚（Bohevnis）王文催斯老斯（Wenceslaus）等，成一大同盟，以抗皇帝。教皇又越权下令废佛烈得力皇帝，而指定他人为帝，两人仇恨之深如是。蒙古兵日向西进，有举日耳曼皇帝及罗马教皇两势力而并摧灭之概，危险万状而蛮触如故。匈牙利王贝拉逃至阿克拉姆后，遣韦增（Waitten）地方主教持书至日耳曼皇帝及教皇两处求救。贝拉致日耳曼皇帝书并谓，如皇帝肯出兵相助，则愿举匈牙利而臣服于皇帝。各书日期皆为一千二百四十一年五月十八日。主教先至罗马，谒教皇。教皇不欲匈牙利为日耳曼皇帝之附庸，故先收贝拉，归己保护。下令告谕全欧人民，有投军抵抗蒙古人者，则教皇赦免其一切罪恶，亦如以前十字军时代故事，并令匈牙利国教会协助匈王。主教次由罗马往斯帕拉脱罗（Spalatro），皇帝是时驻跸于此也。皇帝谓主教曰："意大利境内战事未终，彼不欲离之他去，否则日耳曼全国人民助彼所牺牲之金钱、所流之血液，将无从取偿。"教皇既与彼构怨，此时引兵往拒蒙古人，则彼之领土那坡利及西锡利两地，将有被攻击之虞也。皇帝希望奉基督教之世界，不久能恢复和平，意大利平定以后，彼即身率大军以拒蒙古人也。皇帝不久即致书于其子孔拉德（Corrad）及斯威比亚（Swabia）诸王公，欧洲各国君主请协力出兵，共拒鞑靼人。又于一千二百四十一年七月三日，致书于其姻兄英吉利国王亨利三世，请求出兵拒退蒙古人，其书有云："倘鞑靼人得攻入日耳曼，在此境内不遇阻障，则上帝亦将使他国受此族之鞭笞，以谴罚其恶与不忠之罪也。王亟望英王早日出兵相助，盖鞑靼人离国出师时，即誓必征服全西方，扫灭基督教也。耶稣基督以前尝助吾人战胜敌人，今此亦希望其助吾辈击散其骄气，使鞑靼人仍退归鞑靼鲁斯山（Tartarus）也。"

（四）俄国地广人稀，各城市相距甚远，中间辄有深林、沙漠介隔之，交通不便，呼应不灵。蒙古人惯于乘马，一日驰逐数百里，飘忽如疾风暴雨，使人莫测，故抄袭城邑，所至胜利，俄人莫能御也。

（五）蒙古人为游牧民族，自幼习骑射。蒙古马矮小精悍，能耐苦，蒙古人骑之，不须鞍镫，使之跃越墙岩，几如牵羊，故骑兵尤精。此等骑兵，每人伴以乘马三四头以上，可彼此互代，终日驰骋。

（六）骑兵遇行军有急事时，唯以马乳及干酪为食；时或刺马吸其血以充饥。能耐苦，支持旬日，进行迅速，为他人所不能及。

（七）游牧国家，人民与现役兵士无别，除去妇女老幼以外，全国丁壮皆兵士也。人民日日生活于戎装之中，政府一有征发命令，即可随时出动，留其牛羊帐幕于妇女老弱也。长途远征与平日生活无多大分别，其寓所食料皆随人而移徙，在未耕殖之平原上及无人居之深林中，务农社会之人民所不能居，而游牧社会之人民视之尤觉便利也。蒙古全国壮丁除有限之萨漫（Shamanism）以外，皆须从军也。俄国与匈牙利两国，是时法律仅许贵族及自由民可有军器，此两级人中又须除去敌人与教会中人。俄国某史家谓，多年继续内战，使国中僧侣、雇役、奴隶数目大增，而地主与自由民数目大减，以致鞑靼人侵入时，国中所余战士不足以抗外寇，各城市酋长雇用之兵亦寥寥无多。以如此少而无训练之兵，与鞑靼人精良有训练之师相遇，固无异以卵敌石、以糠投火也。蒙古拔都大王之兵，尤以纪律严明、战术高超著名，以俄罗斯乌合之众与之相抗，其败灭故在意料之中也。

（八）蒙古编立军队之法，以十递进，每十人为一队，其长为十户；其上有百户，统十户十人；其上又有千户，统百户十人；千户之上有万户，万户直隶于大汗。此等大小部长，各对其部下有无限权力，部下无论有何等事故，不得背其上长官。有不从此制者，无贵贱必受罚。故蒙古军队纪律严明，上官虽命之蹈汤赴火，亦服从唯谨。

（九）蒙古军队之纪律、训练、数目三项皆优越外，尚有军械之精良，亦远非当时欧洲各国所能及。彼得堡宫（Palace of Peterhof）中藏有蒙古人遗留之甲胄，内层皆以水牛皮为之，外层则满挂铁甲，甲片相连及鱼鳞，箭所不能穿。制造巧妙，远过欧洲诸国所有者。此为当时蒙古兵士之护身具。甲胄而外，每一蒙古兵身尚挂有弯刀一柄，箭筒一支，箭若干支，箭头皆以铁或骨或角制造，其宽有四指，长过欧洲所用者。箭箬甚小，不适于欧洲之弓。旗皆甚短，以黑白犁牛之毛制成，其顶有羊毛球。

（十）蒙古人工程上技巧亦远非当时欧洲人所能及。蒙古军中所用之弩炮（Mangonels）以及各种攻城器械，皆极精良，以故欧洲城市用木栅或石城为保障者，被攻不久，无不毁破也。

（十一）蒙古兵虽当出阵之间，而仍不完纳税之责，必令其妻守家以完税额，故即频年用兵而供财不匮。

## 第二十一节　宪宗蒙哥汗朝旭烈兀之西征

自太宗崩而汗位承继之纠纷起，蒙古大兵不出者近十年。至宪宗蒙哥大汗立，使拖雷第六子旭烈兀开藩西域，统辖呼拉商、马三德兰、义拉克、阿帖耳佩占四部之地。宪宗二年（宋理宗淳祐十二年），以木剌夷凶悍无道，命旭烈兀率诸将讨之；继又命大将撒里等征印度，亦听命于旭烈兀。撒里等入克什米尔，涉印度斯坦界，大掠而还。是时，入木剌夷之前锋将怯的不花师老无功，旭烈兀乃决意亲征。凡太祖诸孙所部之兵，十金其二，于是第三次大规模之西征开始矣。兹分叙之于下：

（一）木剌夷之灭亡　木剌夷为天方教之异派，北宋中叶时居于低楞（即低帘，今里海西南波斯之义兰省），其后分遣同党，于里海西南山内险隘处筑堡以居，里海东南苦亦斯单之地亦如之（当即今大贝勒斯坦一带）。其教以蓄养刺客、杀人泄忿为事，故为各部所深恶。成吉思汗西征时，渡阿母河，木剌夷畏蒙古势大，遣人输款，其后屡虐待蒙古人。旭烈兀来讨，征兵属国，罗姆、法而斯、义拉克、呼拉商、阿帖儿佩占、阿而法、失儿湾、角而只诸酋皆以兵至，令怯的不花、库喀、伊而喀（洪钧曰："库喀似是郭侃，惟伊而喀不得其解。彼时汉人往往加以蒙古名称，《元史》列传屡见之。或谓伊而喀为另一人名"）力攻苦亦斯单各城堡，遂克枯姆城（当即今德黑兰西南之库木）。旭烈兀进至波斯单（北段图作波斯坦，奚译图在卜斯坦，在马三德兰东南面山内），遣使请降，求宽限一载来谒。旭烈兀知其意在缓兵，仍西进，下其属堡，抵迭马温脱城（里海南面之山统名曰迭马温山，《元史·曷思麦里传》作秃马温山，今图作德马温得峰城，当在山内）。时木剌夷尚扼守梅门迭司（当在今义兰）、阿剌模忒（在里海南岸中部，即今阿里阿巴得）、伦白撒耳（《元史·西北地理附录》作兰巴撒耳，在义兰部，今图作门吉尔）三大堡，旭烈兀遂分军为三，令布喀、帖木儿、库喀、伊而喀自马三德兰进，为北军（即沿里海南岸）；台古纳尔、怯的不花自胡瓦耳（当在今德黑兰东南）、西姆囊（即《元史·西北地理附录》之西模娘，今里海东南之仙猛）进，为南军（即沿今德马温得山南）。旭烈兀将中军，为东路，自塔勒干城以进（当即塔密干之异译，即循今驿道），直抵低帘（即今义兰），捣其巢穴，进薄梅门迭司堡，为木剌夷之新都，其酋兀乃克丁库沙在焉。诸将以冬寒，马无刍秣，请旋师以俟再举。不花帖木儿不谓然，乃定议炮攻，堡民亦发机弩拒之，攻四日乃降。而阿剌模忒、伦白赛耳尚固守不下，旭烈兀自将攻之，仍为矢石所却。旭烈兀以木剌夷诸堡险峻不易下，乃许兀乃克丁库沙以不死，使谕降诸堡，故大小五十余堡不烦兵力而定。初，旭烈兀出师，奉宪宗命，尽杀木剌夷人。迨兀乃克丁库沙入觐，旭烈兀下令，无少长男女咸杀之，而木剌夷遂灭（本段参考《元史译文证补·木剌夷补传》《新元史·旭烈兀列传》）。

（二）报达之灭亡　蒙古之平西域也，报达哈里发之东方属国，多为蒙古所破灭，余存者无几。蒙古兵屡侵其境，国势益危。木司塔辛壁拉嗣位之十五年（西元一二五七年，宋理宗宝祐五年。壁拉为亚剌比语，译义为恃天），旭烈兀既灭木剌夷，议进攻报达，与诸将简练军实，先遣使于哈里发，遗书谕降。当是时，报达附近属国，若罗姆，若法而斯，若克而漫，皆降服蒙古；若哀而陛耳（在今美索不达米亚东部之古的斯丹），若毛夕耳（今美索不达米亚之摩苏尔部，为体格力斯河上游、西厄耳喀利布河两岸地）等部，犹依违未定；埃及亦大部远在非洲，且惮蒙古，不敢来援。其管财赋官谟牙代丁，怨哈里发纵兵劫掠十叶教人（阿里为谟罕默德之婿，其后人一派曰十叶教），遂输诚于旭烈兀，愿为蒙古臣仆。木司塔辛以塞而柱克、货勒自弥等国历来攻报达者，无不受天谴，故傲然答书。然所征兵不时集，饷又迁延不发。报达东界有山，为其国之屏蔽，其守将以事怨哈里发，旭烈兀知其情，招致使降。大军遂入其隘，分军为三：以贝住等将右翼军，自报达西北进；以怯的不花将左翼军，自报达东南罗耳之境进（罗耳在波斯西南，今古西斯丹部）。旭烈兀亲将中军郭侃等，自报达东境进。宪宗七年冬（宋理宗宝祐五年），大军躏乞里茫沙杭城（今波斯鲁利斯丹部之克满沙城），进至呼耳汗河（的阿剌河之东支也），促贝住兵西渡体格力斯。时报达军方驻守体格力斯河东，闻贝住军已在河西，乃亦引兵西渡，遇蒙古前锋将苏衮察克，战于盎拔耳城（在报达西北，不及百里）。蒙古军败退，报达将哀倍克追之，及于堵耳河（体格力斯河、阿付拉底河两河中之横河，昔人开此河以便运道），蒙古军背水为阵，战竟日，无胜负，入夜，两军皆驻营，报达军营地低下，蒙古军夜决河堤，淹其营，次日进攻，覆其众。贝住等至报达西城外，据其街市。怯的不花既平，罗耳兵亦近城，而旭烈兀中军已驻报达城东，城围遂合。城跨体格力斯大河，分东西二城，西城外环市廛，内有子城；东城壁垒峻厚，墙上筑敌台百六十三座，贝住等军体格力斯河上下游，皆泊舟置炮，以防其逸。筑墙掘濠，一昼夜工毕，运石于远山，撤民居屋甓为炮台。攻具毕备，遂攻城。哈里发登舟以遁，为浮梁守兵所扼，仍回城（参《元史·郭侃传》）。木司塔辛势穷出降，旭烈兀纵兵杀掠七日，死者八十余万人，惟天主教人及他国人得免。自是兵威所及，望风披靡。自谟罕默德创立新教，西域各国先后景从，建立哈里发之制，盖历六百余载，至木司塔辛而其位始绝云（此段以《元史译文证补·报达补传》为主，参以《新元史·旭烈兀列传》《元史·郭侃列传》）。

（三）西里亚之征服（今图作叙利亚） 哈里发既灭，蒙古势力已弥漫于阿母河及体格力斯河之间。旭烈兀受命西征之责任，不仅以是为止境，盖将吞灭全亚，不至极西不止也。报达之西为西里亚，原为埃及属国，都于他木古斯（今叙利亚之大马士革），其王曰纳昔儿，尝入贡于蒙哥大汗。及旭烈兀平报达，遣使至军，并介毛夕耳酋为之和解。旭烈兀以纳昔儿王不自来，又纳蒙古军中曲儿忒（即角儿只）逃兵五千人，故决意攻之。以毛夕耳酋笃老，使其子依斯马哀从行。怯的不花率沙古鲁人为前锋，贝住将右翼，苏衮察克将左翼，旭烈兀自将中军。宪宗八年（宋理宗宝祐六年），由巴喀克山（今图作瓦拉克山，在温尼湖西。温尼湖一名万湖），攻拔札基列图（一作哲齐莱城，在地里北克部东、体格力斯河西岸，今图未载，西文图位置在今巴毕尔北），进至哀甫拉特（即今阿付腊底斯河），西里亚人大震。时纳昔儿王方与埃及别部酋摩黑德构兵，和议甫成，返他木古斯，旭烈兀已至哈儿纳（今哈兰，在亚勒伯部东，彼列克河东岸），会诸将，克期决战。纳昔儿王兵虽众，内有阿剌伯人、突厥人，实不用命，其将相议降、议战，争持不决。而旭烈兀已攻拔哀而陛忒（今地里北克），分兵四道，造桥梁济师。当是时，旭烈兀全军四十万，西方基督教徒以旭烈兀保护基督教人，皆欢迎其来，视之不啻如救星，故小阿美尼亚骑兵一万二千人、步兵四千人，咸投入麾下，其王海敦说以欲攻取西里亚，当先取阿列娑城（一作阿雷坡，今亚勒伯）。阿列娑者，居西里亚之北境，为欧亚商贾所辐辏，东方印度货物多由水道运此，而更转贩西方各国，因此四方商贾称阿列娑为小印度焉。旭烈兀大军既渡哀甫拉忒河，进掠玛勒忽（今亚勒伯东南山中之马勒喀），遂围阿列娑城，败西里亚兵于巴库逊山，拔阿列娑北境之阿沙司城（今亚利士），围攻阿列娑七日，克之。纳昔儿王闻阿列娑已失，退至加札儿（一作克渣，一作格柴，今名加剌，滨地中海东南岸），求援于埃及。埃及苏尔滩玛司克畏蒙古盛强，仅遣将助守他木古斯，令城人携家资避兵于埃及。纳昔儿王至半途为大军所袭败，乃奔于衮而阿库奚（今厄耳亚利什，在西奈山半岛北、地中海东南岸）。蒙古军抵他木古斯，其守臣迎降，旭烈兀受之，驻军他木古斯，谕降属城，而西里亚全定。明年，宪宗凶问至，乃以怯的不花留镇西里亚，甫鲁哀丁为阿列娑长官，贝特那为他木古斯长官，旭烈兀班师东归，盖西征已历七年余矣（此段以《新元史·西里亚列传》为主，参考张星烺《宋辽金元史》）。

## 第二十二节　蒙古三次西征之结果

蒙古自成吉思汗西征以来，先后四朝用兵，至四十年之久，囊括全亚细亚及欧洲之半部，纵横至数万里之广，其关系于蒙古者，分封建藩，创立旷古未有之大帝国；其关系于中国者，因兵力既分，使金、宋得以多延十余年之国命；其关于世界者，交通大启，因以促进交换欧亚之文明。故综计其影响之重大，实为异日新世界开辟一径途焉。兹特举当日直接所生之结果，以明当日历史之真相焉。

（一）四大汗国之封建　成吉思汗之平定西域也，分其地于术赤、察合台、窝阔台。然是时东则天山北路之东南部尚属畏兀儿，至察合台后王笃来帖木儿时（笃来帖木儿为察合台五世孙），始悉并乌鲁木齐（今新疆迪化县）东南为封地；西则撒耳柯思（即吉尔吉思音转，今哥萨克部，在俄境里海西北乌拉岭一带）、阿兰阿思（部族名，即《元史》之阿速，居高加索山北，西滨阿索富海，都城阿索富，即今亚扫，在阿速海、黑海南北分界陆地间）、俄罗斯等地尚未平定，至拔都西征时，而后诸地始归奇卜察克汗之版图。宪宗即位，使旭烈兀开藩西域，大举西征，意俟诸部平服，尽畀旭烈兀为封地，然未明言也。至世祖至元元年，始遣使者册封旭烈兀为伊儿汗。于是四大汗国始完全成立，咸隶属于大蒙兀儿帝国之大汗焉。今列表于下：

## 蒙兀儿帝国西域四大汗表

| 国名 | 始封者 | 国都 | 封地 | 事略概要 | 灭亡 |
|---|---|---|---|---|---|
| 奇卜察克汗，一名钦察汗，又名金党汗 | 术赤（太祖长子） | 萨莱，在今俄国阿河下游察里甫东之撒柳废城。 | 东自吉尔吉思荒原，西至欧洲匈牙利国境，举多脑河下流地及高加索山以北地，悉列其版图。 | 拔都以其兄达让位于己，为银党汗，分以东方锡尔河北等地，为银党汗。俄罗斯诸王嗣位，必至上都朝觐，不受朝党约束。俄罗斯诸王乃朝觐于萨莱，其后金党汗与银党汗相攻，败蒙古十六万众，自是俄日盛而蒙古日衰，势纠合诸部，至第十二汗努鲁斯后，国内乱，诸王走兵相争，皆非拔都后裔，惟鄂尔达后裔传世最久。 | 为帖木儿所并，至清乾隆间，其部分皆为俄罗斯所灭。 |
| 察合台汗 | 察合台（太祖第二子） | 阿力麻里，在今新疆伊犁西北额尔阿里木河上。 | 锡尔河迤东至新疆全境，奄有当时畏兀儿部地。 | 博拉克汗争西域地构兵，后为旭烈兀后王阿八哈汗所败。其子笃哇附于叛王海都，其势益张。海都死，笃哇接立海都子察八儿，掩取察八儿众，察八儿遂降于笃哇。由是笃哇专有海都分地，诸部专权。英宗至治以后，境内分为二十五汗国。 | 明洪武三年为帖木儿所灭。 |
| 窝阔台汗 | 窝阔台（太祖第三子） | 也迷里，即叶密尔之异译，在察尔塔尔巴哈台北岸。 | 阿尔泰山附近各地及叶密尔河一带。 | 窝阔台孙海都不得嗣大位而叛，结连笃哇，奉正朔者五十年，传子察八儿，为武宗、笃哇所夹击。武宗至大三年来归于朝，海都分地尽为察合台后王所并。 | 为察合台后王笃哇所吞并。 |
| 伊而汗 | 旭烈兀（太祖孙，拖雷子，世祖至元封） | 台白利司，今波斯之大不里士。 | 有阿母河以外西方亚细亚之地，南界印度洋，西南界阿剌伯河，东北界奇卜察克汗，察合台汗封地。 | 尝与东罗马相结，屡世与埃及构兵，合赞汗时，文治武功皆称极盛。 | 为帖木儿所灭。 |

（二）东西交通之促进　英史家霍渥尔特有言曰："蒙古西侵，乃将昔日阻塞未通之道途尽开辟之，而使一切民族、种姓聚首相见；西侵之主要关系，乃输送全部民族，使转徙交通。"（《蒙古史》第三卷序言）盖中国自后汉甘英通大秦而见阻于安息，漫漫千余年间，中西竟无直接相触之机会。直至西元一二二九年以后（宋理宗绍定二年），自东徂西，冰山热海之险阻始成坦途，星罗棋布之豪酋尽归扫荡，通驿万里，咸属一家。前此无数天然界及人为界之阻梗，悉借蒙古之兵力一举而铲除之，而中国与欧西之间遂若另开一新天地矣。法国东方学者莱麦撒之论元代世界交通也，以蒙古西征最大之结果，乃将世界全体民族，使之互换迁徙，不独堂皇命使，东西往来如织，其不知名之商贾、教士以及随从军队者，尚不知凡几也。王公大人往亚洲之中心者，有小亚美尼亚王海敦（小亚美尼亚在黑海东南）、卓支亚国两大辟王（卓支亚国见于《马哥孛罗游记》，张星烺补注以卓支亚即杜环《经行记》及《新唐书》之苫国，地在唐时大食西界，拂菻东界，北接突厥可萨部，盖在今高加索山南境，即《元史·曷思麦里传》之谷儿只部也）、俄国大公爵雅罗斯拉甫等。意大利人、法兰西人、福雷铭人（法国西北部），皆有充大使往蒙古大汗都城者。蒙古贵人有至罗马巴赛罗那（Barcelona）、瓦伦西亚（Valencia，以上二城皆在西班牙国东境）、里昂、伦敦及脑桑姆敦（Northampton，在英国中部）、那波利港（Naples，意大利南方商港）各地者。此外如传教之士、商贾之徒，或好奇而往东方者，亦不知名之人，殆不可胜计，如威尼斯之马哥孛罗（《新元史》作谋克博罗）即其一也。此等多数之游历家归至西欧，皆携带东方各种技术及珍品以俱回。自罗马衰后，东向道塞，中国、印度之丝及瓷器久绝于欧洲之市场，至是乃又成为西欧之常见品矣。好奇探险之心，遂打破欧洲中世纪狭隘之人心，观于科伦布为欲至马哥孛罗所言之大汗国，不期而发见美洲之新世界，其结果为如何重大乎？不宁惟是，回回历法由蒙古人而传入中国，印度数目字或亦于此时输入中国，耶稣教《圣经新约》由汗八里（即北平市）之拉丁总主教译成蒙古文矣（张星烺注曰："当为汉文而非蒙古文"）。西藏喇嘛教之教主，实创自蒙古人，其教乃合佛教规训及聂斯脱里派基督教之仪式而成。中国人发明之航海罗盘针，亦由蒙古人而输入欧洲。印度人及中国人之用火药，由来已久，而欧洲人则于蒙古西征后始得知之，其为蒙古所输入，毫无疑义。纸币亦为中国人之发明，由蒙古输入于波斯，而为欧洲所采用。同时活版印刷术，亦由远东而输入于欧洲。中国之珠算，至今俄国及波兰两地不识字之妇女，尚用以计算账目也。东西两文明策源地之思想制造，由鞑靼人互相交换，至为有益。中世纪之黑暗，至是乃因蒙古远征而重现光明矣（见 Memoirs French Acoaemy：409—419）。要之，蒙古三次之西征，在国史方面，创建亘古世界未有之大帝国，足以表现黄族之伟大；在世界史方面，为交换东西洋两大文明之媒介，实足以增进全部人类之进化也。

（三）耶回两教之消长　当谟罕默德教之遍被于西亚也，耶路撒冷之耶稣圣地为回教徒所占领，欧洲耶教徒起十字军以争之，先后亘二百余年而未决。及旭烈兀之西征，举回教六七百年所根据为中心地之报达，一举而覆灭之，且对于基督教徒加以相当之保护，故师行所至，常受基督教人之欢迎。旭烈兀遣怯的不花赴大马士革也，怯的不花乃蛮人而虔信基督，城中基督教徒皆欢呼雀跃，洒酒于回人衣服及清真寺之门，回教徒有诉被地方长官凌辱者，皆被棒打而归。于是罗马教皇及欧洲耶教诸国王闻之，咸思结蒙古以自助，使之崇耶而攻回。故罗马教皇、东罗马帝国及英王爱德华第一、法王菲力，无不遣使奉书于伊而汗之王廷。观于阿八哈汗（旭烈兀之子）出兵击埃及回教王比拔尔斯以援助十字军，及阿鲁浑汗（阿八哈之子）之崇耶黜回，台古塔尔汗（阿八哈之弟）、合尔班答汗等之幼受洗礼，则基督教之能广布于西亚，代回教而执宗教之牛耳者，实出自伊而汗提倡之功。故说者谓蒙古之西征史，称之为耶、回宗教消长，亦无不可也。

### 第二十三节　蒙古之灭金

当金之季世也，蒙古崛兴，傲扰西北，金屡出兵击之，不能克，遂与之和。金章宗尝遣卫王允济往净州（张穆曰："今四子部落旗北有废净州城。"王国维曰："《金史·地理志》净州领天山县，天山以山名，县自当在阴山中，其地望为四子部落之南，不得云北也"），受帖木真之岁贡。帖木真见允济，不为礼，允济奇其状貌，归言于金主，请以事除之，金主不许，帖木真闻而憾之。帖木真称成吉思汗之三年（宋宁宗嘉定元年），金章宗璟殂，立其叔父卫王永济嗣位。有诏至蒙古，传言当拜受，成吉思汗问新天子为谁，使者曰："卫王也。"成吉思汗遽南向唾曰："我谓中原皇帝是天上人作，此等庸懦者亦为之耶？何以拜为！"即乘马北去，遂与金绝。金边将纳哈买住亦言于永济曰："蒙古已并吞邻部，而修弓矢、甲楯不休，行营令男子乘车，惜马力，其意非图我而何？"未几成吉思汗自将伐金，登克鲁伦山，跪祷于天，誓复俺巴孩罕之仇。六年（宋宁宗嘉定四年，金卫绍王大安三年）三月，渡漠而南，两国之兵端遂开。今举其战役之重要者，分别言之：

（一）野狐岭之役　金人之堑山为界以防北族也，以汪古部扼守界垣之冲要。成吉思汗南征，而汪古部长阿剌兀思先已归服于蒙古。成吉思汗车驾先至其部，以阿剌兀思为向导，南逾界垣，而金人之外险尽失矣（采洪钧说及《新元史·阿剌兀思、别吉忽里列传》）。金人皇皇，禁百姓传说边事。金主永济命平章政事独吉千家奴、参知政事完颜胡沙行省事于抚州（在今察哈尔张家口西北百里之哈喇乌苏河北），西京留守纥石烈胡沙虎行枢密院事以备边。独吉千家奴等方筑乌沙堡（在今察哈尔张北县西北兴和故卫西），未及设备，而大军奄至。千家奴等败退。成吉思汗拔乌沙堡及乌月营，不七日，攻下白登城（在今山西阳高县南二十五里，即白登堡），进围西京。金将纥石烈胡沙虎以麾下突围走，率三千骑追之，败胡沙虎于翠屏口（在今察哈尔万全县北三里），遂克西京（今山西大同县）及昌、桓、抚等州（昌州，疑即今察哈尔商都县东南二十五里之土城。桓州，《清一统志》在开平城之西南，名库尔图巴尔哈孙城。诚案：开平城，今为察哈尔之多伦县）。成吉思汗遣其子术赤、察合台、窝阔台三人，分兵略地，东至平、滦（平州，今河北卢龙县。滦州，今河北滦县），南至青、沧（青州，今河北青县。沧州，今河北沧县），北由临潢过辽河，西南至忻、代（忻州，今山西忻县。代州，今山西代县），皆降于蒙古。成吉思汗既破抚州，休士牧马，将遂南向。金主永济复命招讨使完颜九斤（即术虎高琪）、监军完颜干奴等率大兵屯于野狐岭，号四十万（野狐岭在今察哈尔万全县东北三十里），以完颜胡沙率重兵为后继，其裨将巴古失、桑臣二人谓九斤曰："闻蒙古破抚州，方纵兵大掠，马牧于野，若掩其不备，必获大胜。"九斤曰："此危道也。不若马步俱进，为计万全。"成吉思汗闻金兵至，方食，投匕箸而起，与九斤等战于野狐岭北口之獾儿嘴。木华黎率敢死士先登陷阵，成吉思汗率诸军继之。九斤等大败，伏尸遍野，金之精兵猛将尽没于此。蒙古乘胜而前，胡沙畏其锋，不敢拒战，引兵南行。蒙古兵踵击之，至会河堡（《清一统志》：在宣德府怀安县东北、万全左卫西，即东洋河、南洋河合流处也），金兵又大败，胡沙仅以身免。者别乘胜入居庸关（在今河北昌平县西北），游骑至中都城外（今北平市）。金主永济欲南奔，会纠军来援，蒙古兵多所损折，者别乃袭金群牧监，驱其马而还。时金右丞相徒单镒以辽东为国家根本，距中都数千里，万一受兵，州府顾望，必须报可，误事多矣，请遣大臣行省以镇之，金主永济以无故置行省，徒摇人心，不从。七年（宋宁宗嘉定五年，金主永济崇庆元年），金耶律留哥举兵于辽东，附于蒙古。成吉思汗遣者别率兵入辽东，至东京城下（今辽宁省辽阳县），不攻而退。时当岁除，金不设备，者别突率精骑疾驰回攻，遂克东京。八年（宋宁宗嘉定六年，金宣宗贞祐元年），成吉思汗自将攻居庸关，金人严兵守隘，镕铁锢关门，布铁蒺藜百余里，大军不能进。成吉思汗留翁吉刺将哈台、布札攻北口，自率大军绕出紫荆关（在今河北省易县西长城口，太行第七之蒲阴陉也）。金人以奥屯襄守紫荆，比至，成吉思汗兵已逾隘，败金兵于五回岭（在今易县西南，与满城县接界，世谓之广昌岭）。分遣者别、速不台从间道袭居庸南口，克之，北口亦降，遂取居庸。金之长城内险亦尽失矣。成吉思汗驻兵龙虎台（在今河北省昌平县西，居庸关南口地），分兵三道略地，凡克九十余城，两河山东数千里之地望风瓦解。三道兵还，合攻中都，战于城下。先是，金粘罕营中都，于城外筑四子城，楼橹、仓廪、甲仗库各穿地道，通于内城。至是，金人分守四子城，大兵攻内城，四子城兵迭用炮击之，士卒多伤。金宣宗复纳女及金帛、马三千匹以请和。成吉思汗乃于九年（宋宁宗嘉定七年、金宣宗贞祐二年）三月班师。师甫退，而金主珣迁于南京，成吉思汗大怒，复遣兵围中都。十年（宋宁宗嘉定八年，金主珣贞祐三年），遂克中都，而北京（魏源曰："今大宁城。"诚案：在热河平泉县东北）已为木华黎所取。于是金之四京尽失。

（二）三峰山之役　成吉思汗之将西征也，以经略中原之任，专委之国王太师木华黎。木华黎遂建行省于云中及燕京，以图中原。南破大名，东定登、莱。自西京由太和岭（在今山西朔县东）入河东，下太原，分兵略定河北。师至济南，败金兵二十万众于黄陵冈（在今山东曹县西南六十里），遂取沿河诸州郡。初，大军之南侵也，因唐古乣二十五部叛军及金降臣向导攻燕，尽知中原虚实。凡攻大城，先击小邑，掠其丁壮供驱使。下令一骑必掠十人，人数备，则每人责草薪土石，迫期必集，迟者死，以填壕立平，或供鹅车炮坐之用，故所向无不破。木华黎已定山东、河北，将进取关西，渡河围延安、凤翔，皆不能下，引还，道卒。临没，以汴京未下为遗憾（《元史新编·木华黎传》）。时金精兵皆集河南，置河北于度外，不肯辄出一卒以应方面之急，故河北、山东、河东皆次第为木华黎所取云。木华黎卒，未几而成吉思汗崩，蒙古之兵稍戢。金是时忠孝军崛起，完颜陈和尚名彝，以四百骑破蒙古八千众于大昌原（在今甘肃宁县西），遂解庆阳之围。自南北构兵二十年，金仅有此捷，于是陈和尚之名震国中（毕《续通鉴》卷一百六十五）。蒙古勇将速不台与完颜彝战于倒回谷（在今陕西蓝田县东南七盘山），复为陈和尚所败，士马填塞，溪谷几满。窝阔台罕闻之，遂大举南伐。皇弟拖雷及其子蒙哥（即宪宗）咸率兵从窝阔台罕议，分南北军夹攻金，会于汴京，先命拖雷出师南路，拖雷遣搠不罕使宋假道，且请会兵，从太祖遗命也。至沔州（今陕西略阳县），为宋统制张宣所诱杀。拖雷大怒，分兵攻宋诸城堡。进至饶风关（在今陕西石泉县西五十里饶风岭上），破宋兵于武当山（在今湖北均县南一百里），将由均州（今均县）渡汉趋汴京，以避潼关之险。金主守绪诏诸将屯襄、邓，金大将合达、布哈率诸军入邓州，杨沃衍、完颜彝、武仙兵皆会之，合步骑十五万，据邓州西之禹山以待。拖雷提兵三万骑渡汉，悉留辎重，班轻骑。进次禹山（在今河南邓县西南六十里），见金步骑傅山前后阵，因命蒙古军分布如雁翅，转山麓，出敌阵之后，以锐骑突之，金人不得不战。至于短兵相接，蒙古军少却。明日，蒙古兵忽不见逻骑还，始知在光化对岸枣林中（在禹山东二十余里），昼作食，夜不下马。已而四日，林外不闻音响，合达、布哈议入邓州就粮。辰巳间到林后，蒙古兵突出攻之，敌弃辎重走，不复成列。追至邓州，敌已入城，围三日不下。相持至岁除，拖雷以顿兵坚城下非计，乃悉率大军逾邓而北。合达等虑蒙古军直袭汴州，亦弃邓蹑蒙古军之后。金军尾至钧州沙河（钧州，今河南禹县。沙河在今宝丰县南，下流入汝河），蒙古兵不战而退。金军方盘营，蒙古军复渡河袭之，金人不得食宿。明日雨雪，且行且战，至黄榆店，距钧州二十五里，雨雪不能进，两军对垒相持，拖雷命终夜鼓噪以扰之。时窝阔台汗已由白坡济河（白坡在金之河清县地，金河清县今为孟津县），先遣诸王口温不花等率马骑来会，伐大树，塞敌前路。会合达等得金主密谕，以北骑已过怀孟，促入援汴。时大雪不止，金将杨沃衍拔树开道，完颜彝率所部为前锋，至三峰山（在禹县西南二十里，其西五里即黄榆店）。完颜彝等先据山上，拖雷佯却以诱之，金将即挥兵乘高而下，蒙古军回据之。须臾，雪大作，白雾弥天，人不相觌。战地多麻田，往往耕四五过，积雪盈尺，人马所践，泥淖没胫。金军中有三日不食者，被甲胄，僵立雪中，枪槊冻结如椎。蒙古军南北合势，围之数重。拖雷令军士番休，析薪爇火，割牛羊肉炙而啖之。久之，料敌惫，故开钧州路纵之走，伏军于前路夹击之。金师大溃，声如山崩。天忽开霁，日光皎然，金之精锐尽于此役。进取钧州，名将如合达、完颜彝、杨沃衍等咸为所杀，自是金兵不能复振。时宋理宗绍定五年正月也（金哀宗天兴元年，元太宗四年）。金军败而潼关遂降，蒙古军遂进围汴京矣。

（三）汴京及蔡州之亡　窝阔台罕与拖雷北还，留速不台率重兵守河南，围汴京。汴京外城，周世宗时取虎牢土所筑，炮不能入，蒙古尽锐攻之，昼夜不息。时金有大炮名震天雷，以铁罐盛药，以火发之，其声闻数十里，所爇围半亩以上，其所着铁甲皆透。又有飞火枪，注药发火，辄前烧十余步。蒙古惟畏此二物，攻城十六昼夜，内外死者百万计。时金主守绪方遣其兄子曹王讹可入质请和，速不台知不可攻，乃要以金帛犒军，退兵避暑汝州（今河南临汝县）。窝阔台罕遣唐庆使金谕降，为金飞虎卒杀于使馆，和议遂绝。金主守绪惧蒙古军再至，以汴京粮尽援绝，乃留军守汴，自将出都如河北。速不台闻金主弃汴，复进围之。窝阔台罕遣王檝使宋，约共伐金。金主济河，攻卫州（今河南汲县）。兵败，复走河南，入归德（今商丘县）。汴京闻败报，西面元帅崔立杀留守等官，以汴京降。金主守绪以蔡州城池坚深，兵众粮广，乃自归德入蔡州（今河南汝南县），途经亳南（今安徽亳县地），蒿艾满目，无一人迹。金主叹息曰："生灵尽矣。"为之一痛。蒙古都元帅塔察儿筑长围以困蔡州，并遣使至襄阳，约宋夹攻。史嵩之先以兵会伐唐州，取之，继命孟珙、江海帅师二万，运米三十万石，赴蒙古之约。塔察儿大喜，合南北两军以攻具薄城，城恃柴潭为固，外即汝河，潭高于河五六丈，孟珙督诸将夺柴潭楼，决潭注于汝河，实以薪苇，遂济师。蒙古军攻蔡北门，宋军攻蔡南门，万众竞进，南门先破，孟珙召江海、塔察儿之师以入。金领省院事完颜忽斜虎帅精兵一千巷战，不能御，金主守绪见事急，自焚死。忽斜虎闻之，赴汝水死，将士五百余人皆从死焉。金亡，时宋理宗端平元年春也。蒙古与宋约和，以陈、蔡东南地属宋，两国各引兵退，蒙古立汴梁镇守官而还。

附：魏源《元史新编·金亡论》

太宗功业，莫大于灭金定中原，以终太祖之志。虽然，使金无可亡之道，元岂能亡之哉？金自章宗改大定之政，壹以凉薄，猜锄宗藩，援立庸荵，启强敌觊觎之心，国势已不可久。宣、哀二帝以己强弩之末，当敌燎原之初，自非命世之材，岂易望中兴之烈哉？然以人事言之，有未可尽委诸天意者。宣宗于胡沙虎枭獍弑逆之贼，不亟正典刑，申大义，反感其援立之私，委用无贰。逮高琪以畏祸讨杀胡沙虎，则又委任高琪，舍中都而南迁，首激纥军之变。又不以中都专任承晖，使辅储宫固守，而以抹撚尽忠掣之。及至两奸并萃汴京，专议南侵宋以广地，而置河北于不问。又筑汴京重城，营少室山为御寨避兵，而置关陕于不问。及至末年，始悟二人之罪而戮之，而势已岌岌矣。哀宗之立，势更难于贞祐，然行省大臣则有胥鼎，力全河中之保障；名将有陈和尚，统忠孝军，屡奏大昌原、倒回谷及卫州之捷。且关中诸郡，完颜合达守之，木华黎亦屡攻之而不能入，速不台力竭而思还。又蒙古兵皆畏暑，故太宗、拖雷均已北去，明汴城巩固，非人力所能攻破也。从来艰难再造之主，未有不躬亲行阵，以据形势而一将士之心者。诚使黜白撒、蒲阿（即布哈）二人不用，而自出关陕，帅陈和尚为中军，完颜合达为左军，武仙为右军，而专任胥鼎以河南、河中转输之事，据上游以临中夏，则凤翔可不失陷，而关中可保，速不台不敢久留，而秦、豫、兖三行省可完矣。乃明知陈和尚之才，而使隶蒲阿为偏裨；知白撒为人心所愤，反阴敕禁军防守。及至诸军尽覆，汴城危迫累卵，始议自将出师，则已晚矣。乃临难诉哀，自憾无罪亡国，谓未尝奢侈，未尝用小人。岂知亡社稷于小人之手，已非一朝一夕乎？嗟乎！自古无不亡之国，而亡国亦从无不可挽之机。若金人者，岂尽元人亡之哉？

## 第二十四节 元之灭宋

当金之亡也，宋缘边诸将间收取淮北地，赵范、赵葵遂欲乘时抚定中原，建守河据关（谓大河、潼关也）收复三京之议，廷臣多以开衅致兵为非计，独宰相郑清之力主其说。遂诏全子才自庐州趋汴，赵葵自滁州取泗州，由泗趋汴，与子才会。时崔立守汴，以暴虐致众怨，汴闻宋军将至，金故将李伯渊等杀崔立，以汴来降。全子才遂入汴，遣徐敏子等先入洛，粮运不继，为蒙古都元帅塔察儿败于龙门（龙门山，在今洛阳县东南伊水之北）。洛兵溃退，全子才、赵葵以所复州县率皆空城，无兵食可因，蒙古兵又决黄河寸金淀之水（寸金淀在开封北二十里）以灌汴军。宋军多溺死，葵等弃城南还。蒙古以败盟责宋，边衅遂开，史家所谓端平入洛之师者也。宋自端平元年六月与蒙古启衅，两国兵争前后亘四十余年。今撮其大要，分期叙述之。

### 第一期　窝阔台罕朝之伐宋残蜀

当宋师之退汴也，窝阔台罕已遣将伐蜀。翌年（窝阔台罕之七年，宋理宗端平二年），又命皇子阔端等侵蜀，忒木䚟等侵汉，口温不花及察罕等侵江淮。阔端进次巩昌（今甘肃陇西县），降金总帅汪世显，令率所部为前驱，攻陷沔州（今陕西略阳县），围青野原（在略阳北百四十里）。宋统制曹友闻以青野为蜀咽喉，率兵解其围，又败汪世显于大安（今沔县西九十里），扼仙人关（今凤县西南百四十里），蒙古军乃退。三年九月，阔端复合蕃汉军五十余万来攻，曹友闻与蒙古军激战于阳平关（在宁羌州东北九十里），一军尽没，蒙古遂长驱入蜀，一月之间，成都、利州、潼川三路俱陷没。时襄阳已降于蒙古，而忒木䚟进攻江陵，赖孟珙以全师救之，破蒙古二十四砦，三战皆捷，其后遂复樊城、襄阳（事在宋理宗嘉熙三年，窝阔台罕之十一年）。口温不花攻安丰（今安徽寿县西南六十里），宋守臣杜杲缮完守御，会池州都统制吕文德突围入城，合力捍御，蒙古引去，淮右以安。察罕攻真州（今江苏仪征县），知州邱岳部分严明，守具周悉，蒙古兵薄城辄败，岳乘胜出战于胥浦桥，以强弩却敌，复设伏杀其骁将，选勇士袭敌营，蒙古乃引还。是后，蒙古虽屡岁连兵残破宋地，然宋任孟珙镇襄阳，增军置砦，分布战舰，东策江淮，西援夔峡，得以勉支危局；蜀则任余玠知重庆，徙合州城于钓鱼山（在今合川县东南十五里），并筑青居、大获、云顶、天生凡十余城（云顶山在金堂县南五十里，青居山在南充县南三十五里，大获山在苍溪县东三十里，天生城在万县西），皆因山为垒，以扼形胜，屯兵聚粮，为必守计，数年之间，边警稍息云。

### 第二期　蒙哥罕朝之分道伐宋

当太宗之季年也，月里麻思使于宋，为宋人所囚，至蒙哥罕即位之六年，已历十六年矣。诸王议请伐宋，蒙哥罕乃于八年（宋理宗宝祐六年）自将伐宋，命皇弟忽必烈及张柔攻鄂趋杭州，塔察儿攻荆山（在今湖北南漳县西北八十里），以分宋兵力。时蒙古已平大理，故又诏兀良合台自云南进兵会鄂。蒙哥罕率大军四万，由六盘山度陇入散关（在今陕西宝鸡县西南），所向克捷，渡嘉陵江（今四川广元境），至白水江（今昭化县北），造浮梁以济师，进次剑门，督诸军力攻大获山，降其城，由是青居、大良（在今广安县东北六十里之大良平）、运山（在今蓬安县东南二十里，一名云山）、石泉、龙州皆降于蒙古。蒙哥罕遣使招谕合州，为宋守将王坚所杀。蒙哥罕会师攻之，命大将纽璘造浮梁于涪州之蔺市（在今涪陵县西六十里），以杜援兵，志在必取。自九年（宋理宗开庆元年）二月至于六月，蒙哥罕屡督诸军百计围攻，王坚婴城固守，百战弥厉，蒙古将士前仆后继，卒不能克，蒙哥罕亦以中炮风得疾，七月殂于钓鱼山，而蒙古军始退。当是时，皇弟忽必烈入鄂大军与张荣分道并进，宋军皆遁，进至江北，登香炉山（在今汉阳县西南），俯瞰大江。南军以大舟扼江，其势甚盛，董文炳率死士数百趣岸搏战。诸将分三道继进，南军大败，明日遂率诸军渡江，进围鄂州。宋人中外大震，以宰相贾似道率师援鄂，统制高达引兵入鄂，固守城中，死伤至万三千人。贾似道大惧，乃密遣宋京诣蒙古营，请称臣纳币，忽必烈不许。会合州守臣王坚使阮思聪踔急流走鄂，以蒙古主讣闻，似道再遣京往，适忽必烈已知蒙哥罕殂，又闻阿蓝答儿等谋立阿里不哥，乃许宋和约以称臣、割江南为界、岁奉银绢匹两各二十万，遂拔砦而去。其兀良合台一军，已由永、全（永州，今湖南零陵县。全州，今广西全县）攻潭州（今湖南长沙县）甚急，赖向士璧固守激战少却。会忽必烈遣铁迈赤将兵迎兀良合台，乃解围，引兵趋湖北，作浮桥于新生矶（在今湖北黄冈县西北三十里），济师北还。贾似道用刘整计，命夏贵以舟师攻断浮桥，进至白鹿矶（在今鄂城县西七十五里神人山下，与新生矶相对，为滨江险要处），杀卒百七十人。贾似道匿议和称臣纳币之事，以所杀获俘卒、殿兵反，以大捷闻于朝，以膺懋赏。宋理宗方以贾似道有再造功，而不知适以速其亡也。

### 第三期　世祖朝之灭宋

当忽必烈之即帝位也，元用兵于宋已历二十六年矣。世祖初即位，首遣郝经为国信使使宋，以征前日讲和之议，贾似道惧经至泄其欺蔽之谋，拘经于真州，而兵端复开。世祖一朝，先后用兵十七年，而后下临安；又三年，平广东而后一统中国。历时久，兵事繁，今略分三端，以举其要。

（一）襄阳之役　襄阳踞江汉之上流，扼南北之冲要，实南宋立国之门户也；故岳飞经营于前，孟珙缮完于后，屹然为南宋之重镇，蒙古屡次南伐而不得志者，皆以襄阳为之梗也。时吕文德镇鄂有威名，宋降将刘整献策于世祖，以文德可以利诱，请遣使行赂，求置榷场于襄阳城外以图之。世祖用其策，遂开榷场于樊城，筑土墙于鹿门山（在襄阳东三十里），外通互市，内筑堡壁，由是敌有所守，以遏南北之援，蒙古兵势由此益炽矣。至元四年（宋度宗咸淳三年），世祖征诸路兵，命阿术经略襄阳。阿术造战舰、习水军，练卒七万，进逼襄樊，先后败宋将张世杰、夏贵、范文虎援军，筑万山以断其西（万山在襄阳城西十里），栅灌子滩以绝其东（灌子滩在襄阳城北鹿门山南汉水中），自是襄樊道路绝而粮援不继，被围五年，吕文焕竭力拒守。未几，阿里海涯得西域人所献新炮法，破樊外郭，阿术用张弘范策，截江道，断援兵，水陆夹攻，樊城遂破，遂移破樊攻具以向襄阳，一炮中其谯楼，声如震雷，襄阳势穷援绝，吕文焕以城降。宋臣咸以襄樊之陷归咎于范文虎之怯懦逃遁，而贾似道庇之，止降一官，由是军心解体矣。

（二）临安之役　至元十一年（宋度宗咸淳十年），元将阿里海涯、阿述等以襄阳既下，可以顺流平宋，并陈江淮宋兵弱于往昔，世祖乃佥兵十万，以背约拘使为宋罪，大举南伐，命丞相伯颜都督诸军，分道并进。博罗欢出淮西，由东道取扬州。以降将刘整将骑兵，先行攻下淮东诸城，遂降清河（今江苏淮阴县），以牵制宋兵之西上。伯颜出襄鄂，以降将吕文焕率舟师为前锋。伯颜一军，自分三道。唆都将一军，由东道趋枣阳。翟招讨将一军，由西道老鸦山（今湖北南漳县南七十里）趋荆南。伯颜与阿术将大军，由中道循汉水趋郢州（今钟祥县）。郢在汉北，以石为城，新城郢在汉南，守御甚固，守将张世杰萃沿江九郡精锐十余万，屯于二郢，元军不得前。伯颜遣将攻拔黄家湾堡（疑在钟祥县东南），凿坝，由小河挽舟出唐港（今钟祥县西南三十五里），以达于汉，舍郢不攻，顺流直下，败其追袭之师，还兵破郢州，进拔新城，师次蔡店（在今汉阳县西六十里），克期渡江。宋将夏贵以汉鄂舟师分据要害，弥三十余里，王达守阳逻堡（在今湖北黄冈县西北一百二十里，隔江与武昌分界），朱禩孙以游击军扼中流，兵不得进。伯颜乃进围汉阳，声言由汉口渡江，夏贵果移兵援汉阳，伯颜乘间遣奇兵倍道袭夺沙芜口（即沙武口，在阳逻堡西北十余里武湖口也），因自汉口开坝引船入沦河（沦河在孝感县西四十里，澴水支流也），转沙芜口以达江。战舰万计，相踵而至，以数千艘泊沦河湾口，屯布蒙古、汉军数十万骑于江北。伯颜麾诸将攻阳逻堡，宋兵殊死战，三日不能克，乃命阿术夜以铁骑三千直趋上流青山矶（在今江夏县东三十里），为捣虚之计。是夜雪大作，黎明遥见南岸多露沙洲，阿术登舟率诸将径渡。其前军为宋将程鹏飞所败，阿术引兵继进，大战中流，程鹏飞却。阿术遂登沙洲，扼岸步斗，出马急击，追至鄂东门。伯颜挥诸将急攻阳逻堡。夏贵闻阿术飞渡，引舟先遁。伯颜引大军渡江，鄂州遂降，留阿里海涯等以四万人守鄂，规取荆湖。伯颜自率大众与阿术东下，趋临安，宋廷大震。丞相贾似道不得已出而督师，夏贵以兵来会，与伯颜相遇于芜湖。贾似道以精锐七万余人尽属孙虎臣，军于池州下流之丁家洲。夏贵以战舰二千五百艘横亘江中，恐孙虎臣新进出己上，殊无斗志。会伯颜令军中作大筏数十，采薪刍置其上，扬言欲焚舟，诸军但昼夜严备而战心稍懈。伯颜分步骑夹岸而进，麾战舰合势冲虎臣军，巨炮击虎臣中坚，虎臣军动，溃乱，夏贵不战而走。阿术以小旗麾将校，帅轻锐横击深入，诸军回棹前走，伯颜以步骑左右掎之，杀溺死者不可胜计，水为之赤，军资器械尽为元所获。贾似道与虎臣单舸奔还扬州，江汉列郡望风降遁，伯颜遂入建康。世祖遣尚书廉希贤、严忠范等使宋，至独松关（在今浙江安吉县东南四十五里独松岭上），为张濡部曲所杀。伯颜自建康分三道进军，破独松关。伯颜进次皋亭山（在今杭县东北二十里）。文天祥、张世杰请移三宫入海，而己帅众背城一战，不许。宋谢太皇太后及帝㬎奉玺表诣军前降。伯颜遣张惠等封府库，收史馆、秘省图书及百司符印告敕，禁将士入城，送宋太后及帝㬎入朝，三学生等皆行。伯颜留董文炳、阿剌罕等经略闽浙未下州郡，班师北还。至元十三年，宋帝㬎入觐于上都（今热河之多伦诺尔），世祖封为瀛国公，后自请为僧云（元权衡《庚申外史》："国初江南归附时，瀛国公幼君也，入都，自愿为僧白塔寺中，已而奉诏居甘州山寺。有赵王者，嬉游至寺，怜国公年老且孤，留一回回女子与之。延祐七年，女子有娠，四月十六夜，生一男子。明宗适自北方来，早行，见寺有龙文五彩气，即物色得之，乃瀛国公所居室也。因问：'子之所居，得无有重宝乎？'瀛国公曰：'无有。'固问之，则曰：'今早五更后，舍下生一男子耳。'明宗大喜，因求为子，并其母载以归"云云。袁忠彻《符台外集》及余应诗所载略同。《元史·文宗本纪》："至顺元年，以顺帝乳母夫言，明宗在日，素谓长子非己子，命翰林书其事于史馆。明年，复诏奎章阁学士虞集作诏，播告中外。"亦见《虞集传》。是顺帝非明宗子，在当时已播人口，《元史》不载其原由，殆以野史不经欤？然后之论者，如钱谦益、全祖望、赵翼等咸以公私杂录事非无因，应援传疑之例，故附载于此）。

（三）厓山之役　方元兵之入临安也，宋益王昰、信王昺及杨淑妃自婺走温州，文天祥自镇江与其客杜浒等夜亡入真州，间关泛海如温州以求二王。张世杰亦以兵至，奉二王入闽，传檄召诸路忠义，共图恢复，将士多来归，兵势稍振。至元十三年五月，宋遗臣奉益王昰即帝位于福州（今福建侯官县），进封帝昺为卫王，以文天祥经略江西。元兵分道入闽广，陈宜中、张世杰备海舟，奉帝昰等航海。时军十七万人，民兵三十万人，淮兵万人，与北舟相遇，值天雾晦冥不辨，舟得以进。帝昰至泉州（今福建晋江县），舟泊于港，蒲寿庚请驻跸，张世杰不可。初，寿庚提举市舶，擅舶利者三十年，世杰军掠其舟，并没其资，寿庚怒，杀诸宗室及士大夫，与淮兵之在泉者降于元。世杰等乃奉帝昰走惠州，之甲子门（在今广东惠来县东之甲子港）。时文天祥入江西，败元军于雩都，遣将分道复吉、赣诸县，遂围赣州。元将李恒遣兵援赣，自将攻文天祥于兴国。宋兵迎战不利，天祥走惠州。帝昰三年崩于碙洲（在广东吴川县，屹立海中），陆秀夫等立卫王昺为帝，迁于新会之厓山（在新会县南八十里巨海中，与奇石山相对），造行宫三十间，军屋三千间。时官民兵尚二十余万，多居于舟。元张弘范言于世祖，以张世杰复立卫王，闽广响应，宜进取之。世祖以张弘范为蒙古汉军都元帅，专决军事，张弘范遣李恒率步骑由梅岭（即大庾岭，在江西宁都县东北）袭广州，自以舟师由海道袭漳、潮、惠三州。文天祥方讨剧盗于潮，盗以海舟导张弘范兵济潮阳，天祥走五坡岭（在今海丰县南二里）被执，弘范遂进攻厓山。时张世杰结大舶千余，作一字阵碇海中，中舻外舳（《小尔雅·广器》："船头谓之舳，尾谓之舻"），贯以大索，四周起楼棚如城堞，奉帝昺居其间，为死守计，人皆危之。厓山北浅，舟胶不可进，弘范由山东转而南入大洋，与张世杰之师相遇薄之，且出奇兵断官军汲路。世杰舟坚不可动，弘范乃乘风纵火焚之，世杰战舰皆涂泥，缚长木以拒火，舟得不爇。弘范乃以舟师据海口，宋兵掬海水饮，患呕泄疾，兵士大困。李恒复自广州以师来会，合军守厓山北，张弘范乃四分其军，李恒乘早潮退攻其北，弘范乘午潮上攻其南。张世杰南北受敌，兵士皆疲。世杰见事急，乃抽精兵入中军，诸军大溃。日暮，元军薄中军，陆秀夫负帝昺同溺海中，诸臣兵民从死者十余万人。张世杰走海陵山（在今广东阳江县西南七十里海中），飓风大作，将士劝世杰登岸，世杰不从，登柁楼焚香祝天，风涛愈甚，世杰堕水溺死。岭海悉平，张弘范摩崖勒石纪功于厓山之阳而还。宋自是始亡，实为中国黄帝以来第一次亡于异族之痛者也。文天祥至燕，留燕三年，坐卧一小楼，足不履地，元人百端诱降，终不能屈，至元十九年乃诏杀之于都城之柴市，为南宋最后之殉国者，与陆秀夫、张世杰合称三忠云。

附：魏源《元史新编·亡宋论》

世之亡国，未有如宋之自取者也。金于元无启衅之罪，而元于金有必取之心，和亦亡，不和亦亡。宋则僻处南服，炎徼水乡，本非蒙古所觊觎。其始假道灭金，为宋复仇，划蔡为界。盟誓未寒，不旋踵而有端平入洛之师，自构兵端。及合州固守，宪宗告终，皇弟远在鄂城，内顾家难，仓皇北去，和亦归，不和亦归，元人已无心于江左矣。信使东来，前好可继，而即有拘使抗命之行，犹迟之又久而后渡江。宋负元，元不负宋，其罪浮于金人数倍矣。呜呼！北宋不能取垂亡之辽以复燕，而欲挑衅于方张之金以扩土；南宋不能戢垂亡之金以取蔡，而欲抗并吞之蒙古以恢汴。自古谋国之舛，未有如宋人之甚者。天方将启元运，混一区宇，有莫之为而为者乎？考金求和于元者六次：一、宣宗贞祐二年，请太祖解燕京之围，议昏公主而后班师。二、宣宗贞祐三年迁汴，复遣求和，而太祖命尽献河北，去帝号为河南王，金不从。三、宣宗兴定五年，遣乌古孙仲端逾葱岭求和，称太祖为兄，不允。四、宣宗光化元年，复遣仲端谒回纥国行在求和，命尽割关西地为河南王，不果。五、哀宗正大六年，遣使吊太祖之丧并归赗，太宗却不受。六、哀宗天兴元年，围汴京，遣其兄子曹王讹可入质，而速不台仍不肯退师。此金之于元，万无可解免者也。又考宋拘杀元使五次：一、太宗时遣搠不罕由汉中假道被杀。二、月里麻思由淮东假道被拘。三、廉希贤至独松关而张濡杀之。四、遣张羽等复书至平江而亦被杀。并郝经被执而五。其宋人遣使与元通和者二：一、宁宗嘉定十四年，遣苟梦玉通好于太祖，约共攻金。二、理宗绍定五年，太宗遣王檝至宋，约共伐金，宋遣邹伸之报谢，约成功后以河南归宋。呜呼！当建炎南渡之始，舍宗、李、岳、韩、刘、吴名相名将不用，而惟称臣称侄于不共戴天之女真。及理、度垂尽之朝，力拒讲解通和，而日生衅挑兵于毫无夙隙之蒙古。国既亡矣，而又予元以奉天讨罪之名，果何为哉！果何为哉！

## 第二十五节　元之事迹

成吉思汗崛兴于游牧社会，毕生尽力于攻战，除军事外殆无建设之可言。然其所以能成旷古未有之丰功伟烈者，以敬天得人为其成功之最大原因。成吉思汗尝言："我昔征乞鲟阿勒坛汗时，解带置项，解马䩞之扣，跪祷于天，请报俺巴孩、乌勒巴勒哈之仇，一为我祖弟兄，一为我父弟兄，天若许我，则佑我得胜。由是败阿勒坛汗，得其土地。"（《元史译文证补·太祖训言补辑》）成吉思汗之平西域布哈尔城也，登教士讲台，传集民庶，告以苏尔滩背理获罪之事："尔等须知，尔皆得罪于天，尔主为尤重。天生我为执鞭之牧人，用以箠挞群类，非汝等得罪上帝，天何生我。"（《元史译文证补·太祖本纪下》）观此二事，足征成吉思汗之援天以自信及奉天而伐人，秉此坚固之信念为助成其伟大之能力也。至于知人善任，立贤无方，尤为成吉思汗之特长。武臣中如者别为泰亦赤兀部人，射中太祖颈者也，而为开国四先锋之冠；文臣中如耶律楚材，为契丹宗室之疏者也，而居开国宰相之职。此外之使功使过，俾得各尽所长，以收其效用者尤多。惟生长游牧，始终不识政治为何物，但以万户统军旅，以断事官治政刑，任用者不过一二亲贵重臣而已。在位二十二年崩，子窝阔台立，是为太宗。

方太祖之世，岁有事西域，未暇经理中原，官吏多聚敛自私，资至巨万，而官无储偫。近臣别迭等言："汉人无补于国，可悉空其人以为牧地。"耶律楚材说以均定中原地税、商税、盐、酒、铁冶、山泽之利，岁可得税银、粟、帛巨万，以资南伐之军需，太宗从其请。其后太宗至云中，燕京等十路咸进廪籍及金帛，陈于廷中，太宗嘉其不去左右而能使国用充足，即日拜中书令，事无巨细，皆先白之。楚材奏："凡州郡宜令长吏，专理民事，万户总军政，凡所掌课税，权贵不得侵之。"太宗专任楚材，故当时中原称治而太宗得以安枕者，楚材之力也。太宗在位十三年崩，常谓："即位之后有四功四过：

灭金，立站赤（即驿传也），设诸路探马赤（诸部族军非蒙古者曰探马赤），无水处使百姓凿井，朕之四功；沉湎于酒，括叔父斡赤斤部女子，筑围墙妨兄弟之射猎，以私憾杀功臣朵豁勒，朕之四过也。"然信任西域贾人奥都拉合蛮扑买中原银课，始终不悟其奸，尤为时政之累云。

太宗崩后，皇后乃马真氏称制。四年，太宗长子贵由归自西域即位，是为定宗。诛奥都拉合蛮，任镇海耶律铸为相，铲革乃马真后之弊政，禁止诸王自以敕令征西域之货财。在位三年而崩。皇后斡兀立海迷失称制。二年，诸王大将会议，立拖雷长子蒙哥即位，是为宪宗。颁便益事宜于国中，尽收朝廷及诸王滥发牌印诏命，禁诸王不得擅招民户，诸官属不得以朝觐为名赋敛民财，输粮者许于近仓输之。宪宗始以中国冕服拜天于日月山。是时兵威远播，皇弟忽必烈平大理，兀良合台平西南夷，入安南，旭烈兀灭报达。宪宗亲总六师伐宋，殒于合州坚城之下。在位九年，皇弟忽必烈立，是为世祖。

蒙古自成吉思汗开国以来，垂六十年，至世祖始划一新时期。世祖至元八年（宋度宗咸淳七年），以前国号为蒙兀儿，至元八年始改国号曰元。世祖以前政治为蒙古式，世祖以后政治为中国式；世祖以前汗位为忽里勒塔制（一译库里而台），世祖以后帝位为世袭制；世祖以前政治中心在和林，世祖以后政治中心在大都。故世祖者，实异族统一中国之第一人，亦实蒙古用夏变夷之第一人也。世祖之在潜邸也，征名儒窦默、姚枢、许衡等，询以治道，思大有为于天下。及即位，即召用名儒，尊祀孔子。诏军中所俘儒士，听赎为民。命十路宣抚司劝课农桑，问民疾苦。禁诸王擅招民户，及征民户私钱。颁新立条格，省并州县。定官吏员数，分品从，给俸禄，授公田，考殿最。均赋役，招流亡。禁擅用官物，及以官物进献、借贷官钱、擅科差役。凡军马不得停住村坊，词讼不得越诉。恤鳏寡，劝农桑，验雨泽。物价以钞为准。具盗贼、囚徒起数，申省部。命国师八思巴创为蒙古新字，立国子学。敕中外官立限决事，颁治事日程于诸路。庶政一新，规制大备。元之立国规模，始具于此。又以诸路岁比不登，免田租丝银一年。灭宋之后，凡亡宋繁冗科差、圣节上供、经总制钱等百有余件，悉蠲免之，用以收拾人心，天下渐以粹宁。及其季年，释狱囚，自至大都二十二人，并赦之，亦足见政平讼理之效矣。其关于建设事业者，如命都实之求河源，郭守敬之造《授时历》，开运河以通南北之舟楫，行海运以利江淮之漕米，立驿政以便利交通，植树木以保护道路，皆有功于当时，影响于后世者也。惟蒙兀儿以武立国，屡代皆以开疆拓土为家法。世祖既统一中国，尤复雄心不已。西南则数征安南占城（今安南东南地）、爪哇（今南洋噶罗巴岛）、金齿（今云南保山县以南入缅甸千余里地）、八百媳妇（今缅甸之景迈等地）、缅国等部。东北则两伐日本，先后弃师十余万，而犹思再举。又蒙人性嗜货利，视被征服地为私产，而取其出息。虽以世祖之贤，喜用生事聚敛之臣阿合马，以言利专政十余年，为王著所诛，而复用卢世荣。及世荣以奸弊诛，而复用桑哥。桑哥当国四年，急法暴敛，政以贿成，天下骚然。综计至元一统之年，皆小人聚敛之日，古来人君好利，未有过于元世祖者也。世祖在位三十五年崩，皇孙铁穆耳立，是为成宗。

成宗席世祖之业，因其成法而损益之，崇奉孔子之道，设诸路庙学书院，置各路惠民局。在位十一年崩。成宗无子，晚年多疾。皇后伯牙吾氏居中用事，出弟兄答剌麻八剌元妃与其子爱育黎拔力八达居于怀州（今河南沁阳县），而元妃长子怀宁王海山方总兵于和林，伯牙吾氏恐其兄弟立，修旧怨，乃召安西王阿难答（忙哥剌之子，为世祖之孙）至京师，欲立之。左丞相阿忽台等欲奉后垂帘听政，而右丞相哈剌哈孙已密报爱育黎拔力八达先入，以计诛阿忽台等，清宫禁，迎立其兄海山于按台山（即阿尔泰山），是为武宗。

武宗始以怀宁王出镇漠北，与叛王海都劲敌对垒，屡摧其锋。及入绍大统，误听宵人，以立尚书省为营利之府，封爵盛而遥授之官多，锡赉侈而滥赏之卮漏。而掖庭琼岛水嬉之华，月殿霓裳之艳，亦自帝启之。独授受之际，坚守金匮传弟之盟，不愧孝友云。在位四年崩，皇弟爱育黎拔力八达立，是为仁宗。

仁宗初政，首革尚书省弊政，遣宣抚使分十二道问民疾苦，黜陟官吏。延祐元年，始行科举，以经艺取士，得人为多。每有司奏大辟，辄恻怛移时。惟受制母后，明知铁木迭尔奸贪不法，而碍于皇太后弘吉剌氏，不敢穷问，遂贻英宗以奸党谋逆之祸。在位九年崩，皇太子硕德八剌立，是为英宗。

英宗刚明图治，免民租，罢金银冶，减海运，行助役法，诏求科举以外高尚之士，皆为善政，惟御史观音保之被杀一事失德。任用拜住为相，夺铁木迭尔爵，籍其产。奸党铁失领阿速卫，心不自安。时英宗自上都（今多伦诺尔）南还，驻跸南坡，铁失与知枢密院事也先铁木儿、诸王按梯不花等谋逆，以铁失所领阿速卫为外应，弑帝于卧所，并杀丞相拜住。在位三年。留守京师魏王彻彻秃闻变，遣使迎立也孙铁木儿于漠北。

也孙铁木儿者，晋王甘剌麻之长子，而世祖之曾孙也。即位于龙居河（即克鲁伦河），是为泰定帝。诸王买奴劝帝讨贼，遂诛也先铁木儿、铁失等，鉴于铁失、也先铁木儿之变，敕御史台、枢密院大臣勿领军卫，分天下为十八道，遣使分道宣抚，按问官吏不法，询民疾苦，审理冤滞，凡可以兴利除害，从宜举行。泰定之世，灾异数见，君臣之间，亦未见其引咎责躬之实，然能遵守祖宗之法以行，天下无事，号称治平。在位五年，崩于上都。皇太子阿速吉八即皇帝位。

初，武宗约继世子孙兄弟相及，而仁宗不守宿诺，传其子英宗，仍使武宗二子周王和世㻋、怀王图帖睦尔出居于外。及英宗遇弑，而泰定帝以晋王自漠北入靖内难，讨贼嗣位，即以和林兵柄授周王，使代己任，屡通朝贡。又召怀王自海南入朝京师，锡封藩国，移近江陵。泰定帝崩于上都，时佥枢密院事燕帖木儿者，武宗旧臣也，方留守京师，乃召百官集议，倡言武皇有圣子二人，大统所在，当迎立，有不从者斩之。以周王远在漠北，先迎怀王于江陵。怀王至京师，燕铁木儿率诸王大臣劝进。怀王以周王居长，人心所归，乃下诏暂即帝位，仍俟大兄之至，以遂固让之心。燕帖木儿败上都兵，上都遂降，阿剌吉八不知所终。怀王遣使奉迎周王于漠北。时诸王群臣皆劝周王南还京师，周王和世㻋乃即皇帝位于和林之北，是为明宗。遣使谕怀王立为皇太子，旧臣及两宫之人闻北使至，皆欢呼曰："吾天子真自北来矣！"争先迎谒，所至成聚。皇太子图帖睦尔命燕帖木儿护皇帝玺宝北上，觐明宗于行在。燕帖木儿恃功骄恣，明宗潜邸诸臣待燕帖木儿无加礼。燕帖木儿怒，且恐明宗躬揽万机，潜邸诸臣用事，夺其权宠。皇太子闻车驾将近，乃发京师北迎行在。明宗次于旺忽察都，燕帖木儿潜以弑逆之谋告皇太子。明宗宴皇太子于行在，未几暴崩。在位二年。燕帖木儿闻哭声，即奔入行帐中，取宝玺，扶图帖睦尔上马南驰（本明胡粹中说），复袭皇帝位于上都，是为文宗。

　　文宗听燕帖木儿拥立之功，宠任无比，命燕帖木儿独为丞相，以尊异之。凡中书一切政务，悉听总裁。文宗垂拱于上，无所可否，日与文学之士从容翰墨。开天章阁，召集儒臣，选《经世大典》数百卷，宏纲具目，礼乐兵农，粲然备一代文明之治。然大权旁落，刑政日紊，元祚之衰，自此始也。在位三年崩。大渐之际，召皇后弘吉剌氏及丞相燕帖木儿至榻前，曰："旺忽察都之事，为朕平生大错，悔之无及。燕帖古思虽朕子，然天下乃明宗之天下也。汝等如爱朕，其召妥懽帖睦尔立之。朕见明宗于地下，亦可以自解矣。"言讫而崩。燕帖木儿不欲立妥懽帖睦尔，以文宗曾命虞集草诏告中外，明宗言妥懽帖睦尔非己子，乃迎立明宗次子懿璘质班。逾月即殇，乃迎妥懽帖睦尔于广西。迁延数月，燕帖木儿病死。文宗皇后弘吉剌氏始与群臣定议，立妥懽帖睦尔为皇帝，是为顺帝。

　　顺帝即位，年甫十三，柏颜以翼戴功为右丞相，总领蒙古、钦察、斡罗斯诸卫亲军都指挥使，独专政权。左丞相唐其势，燕帖木儿子也，忿柏颜居其上，与其弟答剌海谋变。柏颜奉诏诛之，又亲率师往上都，击破其余党。柏颜自诛唐其势后，威福自恣，专制朝廷，不复守臣节，虑帝不平，乃以其弟子脱脱宿卫，伺帝起居。脱脱不善其伯父所为，反乘间自结于帝，共图柏颜。会柏颜出猎，诏黜柏颜，脱脱以所掌兵及宿卫士拒守城门，柏颜至，不得入，乃就贬所。顺帝至正改元，遂命脱脱为右丞相，脱脱乃悉更柏颜旧政，勇于任事，中外翕然称贤相。惟元统以后，宰相倾轧，成为风气，脱脱信汝中柏之谗间，中伤左丞相贺太平，结怨于哈麻。至正十二年，红巾贼据徐州，脱脱请自将讨之，入其郛。又讨张士诚于高邮，为哈麻所谮，诏解脱脱兵柄，死于贬所。脱脱死，而贼不可复制矣。

当是时，元政不纲，天下盗贼蜂起，方国珍、张士诚据东南，刘福通据汴、颍，徐寿辉、陈友谅据江、汉，郭子兴据淮、泗。帝方任用幸臣哈麻、雪雪、秃鲁帖木儿等，从西番僧习秘密法，惟淫戏是乐，怠于政事。而第二奇皇后与太子爱猷识理达腊干预政权，扰乱国事，遂至引起孛罗帖木儿与扩廓帖木儿之兵争，内挈纠纷，置东南兵事于不问。迨明祖扫灭群雄，举兵北向，帝弃大都北遁，明大将徐达陷京师，时至正二十八年八月也。元自太祖帖木真称帝漠北，传三主，至世祖忽必烈，凡七十二年而灭宋，混一天下。又十主，至顺帝而北遁，凡八十九年灭于明，合计一百六十二年（帝北遁三年，崩于应昌，元臣上庙号曰惠宗。明祖以帝能顺天命退避而去，谥曰顺帝）。

## 第二十六节　元朝崩溃之原因

蒙古人生长游牧，长于战阵而短于政治，宜于进取而拙于守成，故虽拥有世界未有之大帝国，乃不百年而忽焉崩溃者，盖其天性、习俗有以使之然也。元之抚有中国，不可谓不久，乃除世祖留意治道外，其他君主大都不知中国政治为何物。盖有元一代，诸帝不习汉文，如世祖令翰林承旨安藏译写《书传》以进，曹元用奉旨译唐《贞观政要》为国语，元明善奉武宗诏节译《尚书》经文之关于政事者；虞集在经筵，取经史中有益于治道者，用国语、汉文两进读，译润之际，务为明白，数日乃成一篇；是凡进呈文字，必皆译以国书，可知诸帝皆不习汉文也。以后仁宗最能亲儒重道，然有人进《大学衍义》者，命詹事王约等节而译之，则其于汉文盖亦不甚深贯。至朝廷大臣，亦多用蒙古勋旧，罕有留意儒学者。当世祖时，江淮行省至无一人通文墨者，而廷臣鞫问文案亦多以国语译而读之，是不惟帝王不习汉文，即大臣中习汉文者亦少也（约采《廿二史札记》卷三十）。以中国土地之大、人事之繁，而以不通汉文之君臣临于其上，其捍格窒碍之状况，丛脞奸弊之繁生，殆不言可想矣。夫文字粗浅，治道高深，蒙古人于粗浅者且不能达意，尚何足与议于长治久安之道乎？无怪其鲁莽灭裂、国祚之不永也。兹特举其崩溃原因之最巨者，分别叙述之。

（一）封建分裂　蒙古风俗，父之遗产，幼子多分。太祖在时，疆域甚广，东西南北，自此往彼，皆有一岁程期，分王诸子，大者至数千里之地，远者距京师数万里。太祖部兵十二万九千人，拖雷以幼子独得十万一千（见《西域史·太祖宪宗本纪》）。及太宗征讨诸国，亦往往得一地即封子弟一人镇之，亦有封及驸马者。宪宗又分迁诸王于各部，如合丹分于别失八里，默埒分于叶尔的实河（即厄尔齐斯河），海都分于海押立，别儿哥分于曲儿只（蒙古谓女真为曲儿只，见瑞典人多桑《地图》《秘史》，蒙古译文称女真曰朱里扯，盖曲儿只即由朱里扯而讹），脱脱分于额密立（即额米里），此皆见于《元史》者也。而《明史·外国传》又记哈密则威武王纳忽里封地也，西宁则驸马章古封地也，哈梅里（地近甘肃，当在祁连山北面，今孛罗城地）则诸王纳失里封地也，撒马儿罕则驸马帖木儿封地也，是其宗亲已遍于朔漠矣。及取中原后，诸王之分封于外者，又各予以内地分邑，如汉唐食邑之制，所收之赋曰五户丝，每五户出丝一斤，以供其俸。先是，太祖欲以诸州民户分赐诸王贵戚，耶律楚材以为不便，乃命各位下止设达鲁花赤，而朝廷置官吏收其租税以给之。逮世祖平宋后，亦仿行之（《廿二史札记》卷二十九）。惟朝廷与诸王之关系，仅赏赐与来贡而已，未尝定有详密联络之法度，使中央有统驭藩封之特权，藩封有护持中央之义务，俾得中央与藩国相维系于久远也。夫封建之制，地广则控制难周，兵强则跋扈易启。故元之西藩自阿母河行省废，而葱岭以西羁縻于化外；东藩则乃颜叛于前、合丹叛于后，均为世祖所平；北藩则阿里不哥（拖雷第七子）、海都（窝阔台汗长孙）、笃哇（窝阔台汗次孙）先后盗据漠北，遍煽西北诸王同叛，金山南北不奉朝廷正朔者，垂五十年。故自世祖以来，皆以亲王重兵屯和林，以备御西北，直至武宗朝而始宁。及顺帝时，汝、颍兵亟而北方尚有阳翟王阿鲁辉之叛

（阿鲁辉为窝阔台汗七世孙）。是藩国之兵事乃与元代相终始，不惟不收屏藩之固，且世受萧墙之祸也。

（二）继位无定　蒙兀儿之汗位，无固定之承继法，其习惯多由于部众之推戴，而推戴之方式，必召集忽里勒塔，译言大会议也。帖木真之立为成吉思汗，由于斡难河大会各部之推戴，即为蒙古显著之惯例。至窝阔台汗之即位，虽经太祖遗命之指定，犹遵国俗，召诸王、驸马及诸大将会议于客鲁连河阔迭兀阿剌勒（见《元秘史》卷十四。《圣武亲征录》一作只感忽卢，一作曲雕阿兰，一作月忒哥忽兰。《元史·太宗纪》作库铁乌阿剌里，又作铊铁犇胡兰；《宪宗纪》作阔帖兀阿兰；《明宗纪》作阔朵杰阿剌伦。蒙古语阿剌勒，水中岛也。此当是客鲁连河中之岛，后为太祖第一斡耳朵所在地。日本箭内亘博士谓此岛在桑沽儿河入克鲁伦河处，殆近之），众议多拥戴拖雷，太宗亦固辞，于是犹豫不决者四十余日，后经斡赤斤与察合台之决议，始扶太宗即位（《新元史·拖雷传》）。其后太宗崩，议立帝久不决（邵远平《元史类编·定宗本纪》），六皇后乃马真氏欲立定宗贵由为帝，待拔都来会议，而拔都托病屡衍行期，不及待，乃集诸王诺延立定宗。及定宗崩，三皇后斡兀立氏请于拔都，自行摄政，以待立君。拔都召诸王大将会议立君于阿勒塔克（阿勒塔克山为阿尔泰山之西北支，在俄七河省巴勒喀什淖尔西北境）。诸王谓会议宜在东方，不宜在西土，多不至，至者大半术赤、拖雷后王，拔都定议立宪宗。自成吉思汗以来五六十年，时历三君，皆英武有为之主，咸能继承成吉思汗之伟业者，以忽里勒塔之制足以得人故也。自宪宗崩，世祖听郝经之言，不待诸王大将会议而自立于大都，遂引起阿里不哥之乱（阿里不哥为拖雷第七子，世祖同母弟，故太宗后王察合台、后王旭烈兀、后王拔都、母库托克台可敦，皆附之）。不独西北多事，而西域四大汗之关系亦与忽里勒塔同其断绝矣。世祖既破坏蒙古忽里勒塔之惯习，又不确定中国立嫡之法制，遂使有元一代诸帝多由大臣所拥立，如玉昔帖木儿之拥立成宗，哈剌哈孙之拥立武宗，铁失之拥立泰定帝，燕帖木儿之拥立文宗。姑无论其所拥立者之是非，而每当帝位承继之际，即有分党觊觎之祸，败者固身家受殃，成者亦权奸窃柄。国家元气之伤，天下庶政之坏，皆继位无定法有以阶之厉也。

（三）世族擅政　元之君主既多不识中国政治，其所赖以唯一之救济法者，厥惟相臣。元代相臣，其数在八人以上，有时或多至十余人。相权既分，而责任不明，比于王华所谓"宰相顿有数人，天下何由得治者"（《宋书·王华传》），殆又过之。加以宰相又多出于蒙古及色目人之勋旧中，其对于中国治道之认识，与元代君主之程度相较，不过什伯间耳。故有元一代，除世祖以汉人史天泽跻首辅、刘秉忠以太保参预中书省事外，绝少相臣具大有为之规模，为大兴大革之举动者。盖以宰相多出于四怯薛及勋臣侍卫之后裔，不足以极一时人材之选故耳。顺帝时，朵尔直班为木华黎之后，与脱脱不协，迁为湖广行省平章。汝中柏及伯帖木儿犹言："不杀此人，则丞相终不安。"盖谓其四怯薛后，必入相耳（《元史新编·朵尔直班传》，《新元史》遗此二语）。仁宗时，欲以回回人哈散为相，哈散以故事丞相必用蒙古勋旧，故力辞，帝乃以伯答沙为右丞相，哈散为左丞相。蒙古尚右，中书以右丞相为首辅。有元一代，右丞相之出于四怯薛后者，为阿鲁图，为塔剌海，为也先帖木儿，为安童，为拜住，为多尔只，为伯答沙；其出于世给事、宿卫后者，如蔑尔吉台氏之柏颜、马札尔台、脱脱、哈剌章，弟兄父子先后相继为右丞相，尤为世族擅政之代表。虽其间人材有贤有不肖，然世禄之家与平民之利害悬殊，既不能深悉民隐，则必不足以应天下之大变，而妨贤路、固宠利犹其害之小者也。

（四）种族不平　蒙古族富于战斗性，常以被征服者为奴属，盖其俗专以畜牧为业，故诸将多掠人户为奴，课以游牧之事。太祖灭国既多，乃以被征服者之远近先后，分为种族之阶级，以便统驭而资防制，遂演成蒙古、色目、汉人、南人之四重阶级制。蒙古为征服者，享有无限之特殊权利，其为种七十二。色目人为西域各族，下于蒙古人一等，其为种三十有一。汉人即河南北旧属金国之人，又下于色目人一等。最下为南人，即江南之宋人，以其被征服最后而地又最远故也。考《元史》之所载，内而省院台部，外而路府州县，其长官皆以蒙古人为之，而汉人、南人贰焉（《元史·百官志序》）。故有元一代，未有汉人、南人为正官者。中书省，政本之地也，而丞相必用蒙古勋旧。仁宗时，欲以回回人哈散为相，哈散以故事丞相必用蒙古勋旧，故力辞。御史台，风宪之枢也，而台端必用国姓，顺帝欲以贺惟一为御史大夫，故事台端非国姓不授，惟一固辞，帝乃改其姓名曰太平。丞相之下有平章政事，有左右丞。先是，有右丞二员而无左，后以崔彧言，始设左丞，故汉人亦得居之。延祐元年，省臣奏参政用儒者赵世延。其人也，帝曰："世延，雍古氏，非汉人，其署宜居右。"可见汉人不得居右丞也。至正十四年，始诏南人有才学者，依世祖旧制，中书省、枢密院、御史台皆用之。是时江淮兵起，故以是收拾人心，然亦可见久不用南人，至是始特下诏也。然虽参用汉人，而丞相脱脱奏事内廷，以事关兵权，左丞韩元善及参知政事韩镛皆汉人，使退避勿与，俱是事关机密，汉人仍不得与也。至于各道廉访司，必择蒙古人为使，或缺，则以色目世臣子孙为之，其次始参以色目及汉人（《成宗本纪》）。文宗时，诏御史台，凡各道廉访司官，用蒙古二人，畏兀、河西、回回、汉人、南人各一。是汉人、南人厕于廉访司者，仅五之二也。其各路达鲁花赤，亦以蒙古人为之。至元二年，诏以蒙古人充各路达鲁花赤，汉人充总管，回回人为同知，永为定制（《廿二史札记》卷三十）。此政治上之不平也。至于社会之间，世祖中统元年，禁民间私藏军器。至元三年，没收汉人、南人、高丽人之军器及马。顺帝时，又禁汉人、南人不得执军器，不许习蒙古字，凡有马者拘入官。至元三年，左丞相柏颜请杀张、王、刘、李、赵五姓汉人（《元史·顺帝本纪》），帝虽不从，而汉族益人人自危矣。是后河南盗起，朝廷益疑忌汉人，朵尔直班言于帝："今倡乱止数人，顾尽坐中华之民为叛逆，岂足以服人心。"其言颇连丞相托克托意（《元史·朵尔直班传》）。观此，则蒙古对于汉族之压迫，殆无所不用其极矣。故明太祖之北伐也，传檄中原，有曰："自古帝王临御天下，中国居内以治夷狄，夷狄居外以奉中国，未闻以夷狄居中国治天下者也。"又曰："胡虏无百年之运，验之今日，信乎不谬。"（见《皇明通纪》卷二）是特标题中国民族思想，以引起国人之同情，故明兵所至，河、洛、齐、燕莫不望风迎降者，盖汉族痛憾蒙古之压迫，而咸思还我河山故也。

（五）番僧乱政　元起朔方，本尚佛教，及得西域，世祖欲因其俗以柔其人，乃即其地设官分职，尽领之于帝师。初立宣政院，正使而下必以僧行副，帅臣而下亦必僧俗并用。于是帝师授玉印，国师授金印，其宣命所至，与朝诏敕并行。自西土延及中夏，务屈法以顺其意，延及数世，寝以成俗，而益至于积重而不可挽（邵远平《元史类编》）。每帝将立，必先诣帝师受戒七次，方正大宝，故其体制之僭过于亲王太子，其仗卫之侈过于郊坛卤簿，其寺庙土木之费过于离宫别馆，其佛事供养之费过于官俸薪饷，赐田财产之富过于藩王国戚（详见赵翼《陔余丛考》卷十八）。至于侵凌平民，浊乱政治，尤不可胜数。如杨琏真迦之发掘宋诸帝陵寝，庇平民不输公赋者二万余户，并占民五十余万为佃户。上都、开元等僧强夺民薪，反率党持白梃入公府，隔案引留守李璧摔诸地，曳归，幽之空室。李璧后诉诸朝，僧竟赦免。龚柯与诸王合儿八剌妃争道，拉妃堕车，箠扑交下，事闻，亦释不问。而宣政院方取旨，凡殴西僧者截其手，詈者断其舌。虽为东宫（时仁宗为皇太子）所奏罢，而番僧之虐焰熏天可见矣。是以朝廷之政为其所挠，天下之财为其所耗，说者谓元之天下半亡于僧云。

（六）财政紊乱　元自中叶以后，课税所入视世祖时增二十余倍，即包银之赋亦增至十余倍（诚案：包银为元时科差赋之一种），其取于民者可谓悉矣。而国用日患其不足，盖糜于佛事，与诸王贵戚之赐赉无岁无之，而滥恩幸赏溢出于岁例之外者为尤甚也（《新元史·食货志序》）。而元末之钞法尤为病民，顺帝至正十年，国用不给，右丞相脱脱欲更钞法。元代自世祖以来，独至元钞法通行，用以权百货轻重，民甚便之。至是脱脱听贾鲁之说，别立至正交钞，料既窳恶易败，难以倒换，遂涩滞不行（叶子奇《草木子》）。物价腾踊，十倍于旧。又值海内大乱，军储赏犒，每日印造不可数计。舟车装运，舳舻相接，交料散满人间，京师料钞十锭易斗粟不可得，所在郡县皆以物货相贸易，公私所积之钞，遂俱不行，人视之若敝楮，国用由是大乏（时有童谣云："堂堂大元，奸佞擅权。开河变钞祸根源，惹红巾万千。官制滥，刑法重，黎民怨。人吃人，钞买钞，何曾见？贼作官，官作贼，混愚贤，哀哉可怜！"）夫用度侈则财竭于上，钞法滥则民病于下，加之以饥馑而盗贼繁兴矣。故元之亡也亡于盗贼，而盗贼之起，实缘民穷财尽使之然也。

（七）诸帅内哄　元季群盗之起也，平定荆襄者为万户答失八都鲁，平定陕西、河南北、山东者为义军察罕帖木儿。答失八都鲁以为贼所间，忧愤卒，其子孛罗帖木儿仍领其父元管诸军。察罕帖木儿为降将田丰所刺杀，其甥扩廓帖木儿总其父兵（扩廓帖木儿，本王氏子，小字保保）。先是，山西晋、冀诸州皆为察罕帖木儿所定，而孛罗帖木儿以兵驻大同，欲并据晋、冀，遂与察罕帖木儿相争。至是，扩廓帖木儿至太原，与孛罗帖木儿构兵，相持不解。顺帝至正二十三年，御史大夫老的沙与知枢密院事秃坚帖木儿等，以劾丞相搠思监、宦官朴不花得罪于皇太子，奔大同，为孛罗帖木儿所匿。时皇太子方倚扩廓帖木儿为外援，而怨孛罗帖木儿匿老的沙不遣。搠思监、朴不花遂诬孛罗帖木儿与老的沙等谋不轨，下诏讨之。孛罗帖木儿等知诏命调遣皆搠思监所为，非帝意，遂举兵犯阙。帝执搠思监、朴不花与之，孛罗帖木儿乃还大同。皇太子诏扩廓帖木儿总诸道兵分讨大同，孛罗帖木儿留兵守之，自率诸将与秃坚帖木儿等复犯阙，遂入大都，皇太子奔太原。二十五年，扩廓帖木儿先以兵讨大同，取之，皇太子乃与扩廓帖木儿率兵抵京师，而孛罗帖木儿已伏诛。是时，中原虽定，而江以南皆非朝廷所有，乃遣扩廓帖木儿总天下兵马南征。时明太祖已灭陈友谅，尽有楚地，张士诚据淮东、浙西。扩廓帖木儿知南军强，未可轻进，乃驻兵河南，檄关中李思齐、张良弼、脱列伯、孔兴四将会师大举。思齐故与察罕帖木儿齿位相埒，及是，扩廓帖木儿为元帅，思齐心不平，而张良弼亦各怀意见，得檄，皆不听命。扩廓帖木儿使部将讨思齐等，思齐等亦会兵长安以拒之。扩廓帖木儿受命南征，而先攻思齐等，朝廷已疑之。当皇太子之自太原还京师也，皇后奇氏令扩廓帖木儿以重兵拥太子入城，意欲胁帝禅位。扩廓帖木儿知其意，比至京城三十里，即留军城外，自将数骑入朝，皇太子以故衔之。至是，屡促其南征，扩廓帖木儿遣将东出，而陕西诸将终不用命，帝又下诏遣使为之和解。扩廓帖木儿愤极，杀诏使天下奴等，于是廷臣哗然，言其跋扈，乃削扩廓帖木儿兵柄。皇太子立抚军院，诏秃鲁与关中四将，合貊高之叛军，声罪致讨扩廓帖木儿。二十八年，扩廓帖木儿遂遣兵据太原，尽杀朝廷所置官吏。而关中四将以明兵尽取山东、河南地，将入潼关，皆遣使诣扩廓帖木儿，谢出师非本意，大掠而归。而貊高军又为扩廓帖木儿所败，朝廷大震，乃罢抚军院以谢之。扩廓帖木儿亦上疏自陈，帝方诏其以兵会也速、李思齐等南讨，甫一月而明兵已陷大都矣。明兵既定大都，使汤和徇山西，为扩廓帖木儿败于韩店（今山西长治县南四十里）。会帝命扩廓帖木儿收复大都，扩廓帖木儿奉诏北出雁门，将径居庸以窥大都。明元帅徐达、常遇春乘虚袭太原，扩廓帖木儿仓卒北走，明兵遂乘胜入陕西，降李思齐等。故土遗臣皆入于明，惟扩廓帖木儿拥兵塞上，尚时时侵略西北边云。

## 第二十七节　宋之制度概况

有宋一代之制度创制于太祖，改定于神宗，大凡承五代之余，补偏救弊，不能为根本建设之图。然其因时因事，善于应付，其政策之稳健、运用之巧妙，卓然有以涤旧污而开新治，立一代之规模焉。神宗席累世承平之余，介辽、夏两强之间，慨然思大有为于天下，故与王安石取祖宗之法度，概行整理，改弦更张，定为画一之成规，其擘画之精密，规制之整齐，虽远过于太祖之习惯法，然其对于政治运用之妙则转有所不逮者也。加以元祐之更化、绍圣之绍述，新旧交争，权奸擅窃。更胜迭负，增其纠纷；借公便私，供其利用。文书繁猥，名实眩惑，在中国法制史中最号复杂难治者。兹特撮举其要，分别述之：

（一）官制　宋初内官沿五代余习，三师、三公不常置，宰相不专任三省长官，尚书、门下并列于外，又别置中书禁中，是为政事堂，与枢密对掌大政。天下财赋，内廷诸司，中外筦库，悉隶三司。中书省但掌册文、覆奏、考帐，门下省主乘舆八宝、朝会板位、流外考较，诸司附奏挟名而已。台、省、寺、监，官无定员，无专职，悉皆出入分莅庶务。故三省、六曹、二十四司，类以他官主判，虽有正官，非别敕不治本司事，事之所寄，十亡二三。故中书令、侍中、尚书令不与朝政，侍郎、给事不领省职，谏议无言责，起居不记注，中书常阙舍人，门下罕除常侍，司谏、正言非特旨供职，亦不任谏诤。至于仆射、尚书、丞、郎、员外，居其官不知其职，十常八九。其官人受授之别，则有官、有职、有差遣。官以寓禄秩、叙位著，职以待文学之选，而别为差遣以治内外之事。其次又有阶、有勋、有爵，故仕人以登台阁、升禁从为显宦，而不以官之迟速为荣滞；以差遣要剧为贵途，而不以阶、勋、爵邑有无为轻重。外官则惩五代藩镇专恣，颇用文臣知州，复设通判以贰之，又分亲民、厘务为二等，而监军、巡警亦比亲民，此其概也。故自真宗、仁宗以来，议者多以正名为请。神宗元丰八年，始仿《唐六典》，肇新官制，于是省、台、寺、监之官各还所职矣。自元祐以后，渐更元丰之制。其后蔡京当国，率意自用，更改频繁，元丰之制至此大坏。建炎中兴，维时多艰，政尚权宜，事从并省，因事创名，殊非经久。惟枢密本兵，与中书对掌机务，号东西二府，命宰相兼知院事，定为永制焉。今以元丰为断，以明宋代官制之职掌，庶几得其崖略焉。

（甲）内官　宰相之职，佐天子总百官，平庶政，事无不统。宋初承唐制，以同平章事为真相之任，无常员。其上相为昭文馆大学士，监修国文；其次为集贤殿大学士；又其次则参知政事。元丰新官制，设门下、中书、尚书三省。门下省受天下之成事，审命令，驳正违失。中书省掌进拟庶务，宣奉命令，行台谏章疏、群臣奏请兴创改革，及中外无法式事。尚书省掌施行制命，举省内纲纪程式，受付六曹文书，听内外辞诉，奏御史失职，考百官庶府之治否，以诏废置赏罚。尚书省之属有六部，皆置尚书、侍郎以领之，曰吏部，掌文武官吏选试、拟注、资任、迁叙、荫补、考课之政令，封爵、策勋、赏罚、殿最之法。户部掌天下人户、土地、钱谷之政令，贡赋、征役之事。礼部掌国之礼乐、祭祀、朝会、宴飨、学校、贡举之政令。兵部掌兵卫、仪仗、卤簿、武举、民兵、厢军、土军、蕃军，四夷官封承袭之事，舆马、器械之政，天下地土之图。刑部掌刑法、狱讼、奏谳、赦宥、叙复之事。工部掌天下城郭、宫室、舟车、器械、符印、钱币、山泽、苑囿、河渠之政。门下置侍中，中书、尚书置令，以官高不除人，而以尚书令之贰左、右仆射为宰相。左仆射兼门下侍郎，以行侍中之职；右仆射兼中书侍郎，以行中书令之职。南渡后，建炎中，左、右仆射并加同中书门下平章事。乾道中，改左、右仆射为左、右丞相。其后韩侂胄、贾似道均以平章军国事为名，实权品位皆在丞相上，而丞相失其职矣。其与宰相相对立者，有枢密院、三司使。枢密院古无是官，始于唐代宗，以宦者为之。僖宗时，杨复恭欲夺宰相权，乃于堂状后贴黄，指挥公事，自是枢密使始重。五代时，乃易以重臣为枢密使，权侔宰相。宋置枢密院，掌军国机务、兵防、边备、戎马之政令，出纳密命，以佐邦治。与中书对持文、武二柄，号为二府。元丰将改官制，议者欲废枢密院归兵部，神宗曰："祖宗不以兵柄归有司，故专命官以统之，互相维制，何可废也。"至开禧时，以宰臣兼枢密使，遂为永制焉。三司使，亦沿五代之制，置使以总国计，应四方贡赋之入，朝廷不预，一归三司。通管盐铁、度支、户部之事，以经天下财赋，而均其出入焉，号为计省。其使位亚执政，目为计相。三省之外，有翰林学士院，掌制诰、诏令、撰述之事。自宋初至元丰官制行，百司事失其实，多所厘正，独学士院承唐旧典不改焉。省、院之外，与之对立而司纠察者为御史台，掌纠察官邪、肃正纲纪，大事则廷辨，小事则奏弹。中丞一人为台长，其属有三院：一曰台院，侍御史隶焉；二曰殿院，殿中侍御史隶焉；三曰察院，监察御史隶焉。徽宗崇宁二年，都省申明台官职在绳愆纠缪，自宰臣至百官，三省至百司，不循法守，有罪当劾，皆得纠正。南渡，乾道二年，诏自今非曾经两任县令，不得除监察御史。秘书省置监，掌古今经籍图书、国史实录、天文历数之事，而国史、实录院、日历所附焉。殿中省置监，掌供奉天子玉食、医药、服御、幄帟、舆辇、舍次之政令，而总尚食、尚药、尚酝、尚衣、尚舍、尚辇六局焉。省院之下设九寺，以分治庶政，各置卿一人以领之。一曰太常寺，掌礼乐、郊庙、社稷、坛壝、陵寝之事；二曰宗正寺，掌叙宗派属籍，以别昭穆而定其亲疏；三曰光禄寺，掌祭祀、朝会、宴飨、酒醴、膳羞之事；四曰卫尉寺，掌仪卫、兵械、甲胄之政令；五曰太仆寺，掌车辂、厩牧之令；六曰大理寺，掌断天下奏狱、详刑、鞫谳之事；七曰鸿胪寺，掌四夷朝贡、宴劳、给赐、送迎之事，中都祠庙、道释籍帐除附之禁令；八曰司农寺，掌仓储委积之政令，总苑囿库务之事而谨其出纳；九曰太府寺，掌邦国财货之政令及库藏、出纳、商税、平准、贸易之事。九寺之外设六监：一曰国子监，以祭酒领之，掌国子、太学、武学、律学、小学之政令；二曰少府监，掌百工伎巧之政令；三曰将作监，掌宫室、城郭、桥梁、舟车、营缮之事；四曰军器监，掌监督缮治兵器什物以及军国之用；五曰都水监，掌中外川泽、河渠、津梁、堤堰疏凿浚治之事；六曰司天监，掌察天文祥异、钟鼓漏刻、写造历书之事。

（乙）外官　宋初分天下为十五路，其后时有增析，今据元丰所定，天下分路二十六、州二百五十四、县一千二百三十四。此外有府、有军、有监。府为京畿及节镇之所。军沿唐代方镇而史官不录，后世因习，以军目地，而没其州名。且置军者，徒以虚名升建为州府之重。有鼓铸银铜铁冶及煎盐处，曰监。宋初革五代之弊，召诸镇节度会于京师，赐第以留之。分命朝臣出守列郡，号权知军州事。军谓兵，州谓民政焉。其后文武官参为知州军事。诸府置知府事一人，州、军、监亦如之。知州掌总理郡政，宣布条教，导民以善，而纠其奸慝。岁时劝课农桑，旌别孝弟。其赋役、钱谷、讼狱之事，兵民之政，皆总焉。诸州置通判，以倅贰郡政。属官有户曹参军，掌户籍、赋税、仓库、受纳；司法参军，掌议法、断刑；司理参军，掌讼狱、勘鞫之事。教授以经术行义训导诸生，掌其课试之事。州郡皆不置尉，大郡皆兼兵马总管、兵马钤辖。而小垒亦曰军州事，或带节制兵马。历代以太守兼任之，亦以一郡掌兵之权，不可下于太守，故不别置官，使守就治其事也。县置令，掌总治民政，劝课农桑，平决狱讼。凡户口、赋役、钱谷、振济、给纳之事，皆掌之。若京朝幕官，则为知县事。有兵马，则兼兵马都监或监押。县置丞，以贰县政。小邑不置丞，以簿兼主，簿掌出纳官物，销注簿书。县置尉，掌阅习弓手，戢奸禁暴。至于监司之官，宋初无其制。其后各路置转运使，掌经度一路财赋，而察其登耗，以足上供及郡县之费。岁行所部，检察储积，稽考帐籍，凡吏蠹民瘼，悉条以上达，及专举刺官吏之事。其初，转运使于一路之事，无所不总。真宗景德间，以其权太重，各路遂建提点刑狱一司，掌察所部之狱讼，而平其曲直，并举劾官吏，实以分转运使之权也。神宗熙宁间，复置提举常平司，掌常平、义仓、免役、市易、坊场、河渡、水利之法，谓之帅、漕、宪、仓四司。各司自有建台之所，每司专有长官，专有掾佐，而号令之行于统属者始烦，故州县之官，难以奉承展布矣。综有宋一代官制论之，大抵偏重于中央集权，以矫唐末藩镇之弊。故内则分司极详，而文法繁；外则分州极多，而指挥易。然使上无英武之主，则难运天下之大权；下不设乡里之官，则难举地方之事业。故国势则可以防内患，而不可以御外侮；政治则宜于守故常，而不宜于图改进。惟其以差使易官位，实寓鼓舞人材之妙用，使贤能争效其职，故旧不失其位，所以人材盛而国脉长者此也。

（二）兵制　宋之兵制，大概有三：一曰禁军，天子之卫兵，以守京师、备征戍者也；二曰厢军，诸州之镇兵，以分给役使者也；三曰乡兵，选于户籍或应募，使之团结训练，以为在所防守者也。其禁兵则总于殿前、侍卫二司，殿前司置都指挥使，侍卫司分置马军、步军都指挥使各一人，谓之三衙。凡统制、训练、蕃卫、戍守、迁补、赏罚，三衙各掌其政令，其发兵虎符则掌于枢密，平时则以三衙主训练，有事则以率臣主兵柄，各有分守，以维持军政。禁军皆以守京师、备征伐，其在外者，非屯驻、屯泊，则就粮军也。太祖鉴前代之失，萃精锐于京师，遂以不满二十万之禁军平定天下。太宗以后，世有增募，至仁宗时，中外禁、厢军总一百二十五万，视祖宗时为最多，天下患兵冗，帑庾不能给，朝廷屡议裁兵，讫无成效。神宗即位，首行销并，亲制选练之法，靡不周悉。其立军之制，非新经料简，即团并有余。诏诸路监司察州兵招简不如法者按之，不任禁军者降厢军，不任厢军者免为民。后用王安石之议，改革兵制，总天下为九十六将，分布内外。又诏团集保甲，训练民兵，欲以减募兵之数。总计元丰末年之兵数，天下禁军六十一万二千二百四十三人，厢军凡二十二万七千六百二十七人，其系籍义勇、保甲及民兵，合七百一十八万二千二十八人。自元丰而后，募兵日衰，其募兵阙额，则收其廪给，以为民兵教阅之费。元祐以降，民兵亦衰。崇宁、大观以来（均徽宗年号），蔡京用事，兵弊日滋，至于受逃亡、收配隶犹恐不足。政和之后，久废搜补，军士死亡之余，老病者徒费金谷，少健者又多冗占，阶级既坏，纪律遂亡。童贯以宦竖握兵，势倾内外，凡遇阵败，耻于人言，第委为逃窜而已。河北将兵，十无二三，往往多是住招，故为缺额，以其封桩为上供之用。陕右诸路，兵亦无几，种师道将兵入援，止得万五千而已。至于京师禁旅，仅存三万，汴京之破，多死于敌。高宗南渡，兵卫寡弱，入直殿岩，悉乌合之众，而诸将各总众兵，不隶三卫。绍兴五年，乃以杨沂中主管殿前司公事，又以都督府兵分隶三衙。七年，复合马司余军及八字军，为六军十二将，命刘锜主之，解潜典步兵如故，自是三衙始复矣。当是时，三衙之外，惟张俊、韩世忠、岳飞三军为最盛。朝廷以诸将握兵难制为患，秦桧用范同之策，除张俊、韩世忠为枢密使，岳飞为枢密副使，罢三宣抚司，分命三大帅副校各统所部，自为一军，诸将之军皆隶御前。将帅虽出于军中，而易置皆由于人主，于是兵权始尽归于朝廷矣。其后承平日久，自京师禁卫、江上诸屯、诸州厢禁、边上戍守，往往以百万为额，故竭东南半壁之财力，以养北宋盛时宿卫屯驻大兵之全额，而朝廷困；地方又以其自当用度者，尽以养厢兵、边兵、土兵、弓手，而州郡困。财已匮而不能给，兵愈多而不可用，外削中干，驯至于亡。故南宋之亡，实亡于养兵以自困也（本段采《宋史·百官志》《兵志》及宋人叶适、李心传、马贵典、陈元粹诸家之说）。

（三）赋税　自唐末兵兴，方镇皆留财赋自赡，名曰留使、留州，其上供殊鲜。五代疆境迫蹙，藩镇盛强，率令部曲主场院，厚敛以自奉。宋太祖周知其弊，乾德三年，诏诸州度支经费外，凡金帛悉送阙下，无得占留。是后藩郡有阙，稍命文臣权知所在场务，或以京朝官、廷臣监临，于是外权削而利归公上。选官分莅京畿仓庾及诣诸道受民租调，有增羡者辄得罪，多入民租者或至弃市。宋制岁赋，其类有五：曰公田之赋，凡田之在官，赋民耕而收其租者是也；曰民田之赋，百姓各得专之者是也；曰城郭之赋，宅税、地税之类是也；曰丁口之赋，百姓岁输身丁钱米是也；曰杂变之赋，牛革、蚕盐之类，随其所出变而输之是也。岁赋之物，其类有四：曰谷、曰帛、曰金铁、曰物产是也。太宗、真宗之初，用度自给，不闻以财为患。大中祥符以后（真宗即位十年后所改年号），内则升中告成之事举，外则和戎安边之事滋，由是食货之议日甚一日。仁宗之世，契丹增币，西夏告警，养兵西陲，费累百万，而财用始乏。赖仁宗持之以仁厚恭俭，故凡民之制不至掊克。神宗任用王安石，而方田、青苗、均输、市易之令行，民始罹其害矣。崇、观以来（崇宁、大观，均徽宗年号），蔡京专国柄，变钞法，走商贾，穷地之宝，以佐上用。自谓其畜藏至五千万，以济多欲，民力重困，而靖康之祸作。南渡后，因军需繁急，复踵宣和末年之杂征，而行经制钱以济缓急。于是课添酒钱、卖糟钱、典卖田宅增牙税钱、官吏请给头子钱、楼店务增三分房钱，令各路宪臣领之，通判掌之。其后又因经制之额增，析为总制钱，而漕运则月椿钱，输纳则有板帐钱。此外又有和买折帛钱。其初方春支钱于民济其乏，至夏秋，令输绢于官。其后则不输钱，直取民绢而已。又其后不收其绢，令纳折帛钱，以两绢折一绢之直。是南渡后之折帛，比青苗法更虐矣（见《宋史·林大中传》）。故论南宋之财政，有四大患：一曰经总制钱之患，二曰折帛之患，三曰和买之患，四曰盐茶之患。加以经界不正，田税不均，豪家猾吏，因缘为奸。李椿年措置经界于绍兴（高宗年号），朱熹试行于绍熙（光宗年号），咸以推行未竟，未革其弊。至贾似道创议买公田，平江、江阴、安吉、嘉兴、常州、镇江六郡，共买田三百五十余万亩，令民以私家之租为输官之额（《宋史·贾似道传》）。于是民力既竭，国亦随亡，而其祸反贻祸于后世焉。至宋之钱币，分铜、铁二等，而折二、折三、当五、折十，则随时立制，行之久者唯小平钱，夹锡钱最后出，而钱法坏矣。铜、铁钱币之外，又有会子、交子，其法盖取于唐之飞钱。真宗时，张咏镇蜀，患蜀人铁钱重，不便贸易，设质剂之法，一交一缗，以三年为一界而换之，六十五年为二十二界，谓之交子。其后遂推行于诸路，借其法以助边费。大凡旧岁造一界，备本钱三十六万缗，新旧相因。徽宗大观中不蓄本钱，而增造无艺，至引一缗当钱十数，而钞法之弊极矣。高宗绍兴初又造关子，于榷货务请钱，亦行之未久而敝。大抵会子、交子、关子本以便交易，通边远，但其易于致弊者有四：一、官无本钱；二、未免抑配；三、易以伪造；四、印数易增。故其法虽便于一时，而其后每多滞塞而不行也。

（四）选举　宋沿唐制，以科目取士，其初设进士、九经、五经、开元礼、三史、三礼、三传、学究、明经、明德等科，其后又有制科，而进士得人为盛。诸科为常选，常秋解、冬集、春试，合格及第者，列名放榜于尚书省。凡进士，试诗、赋、论各一首，策五道；帖，《论语》十帖，对《春秋》或《礼记》墨义十条；九经，帖书一百二十帖，对墨义六十条；五经，帖书八十帖，对墨义五十条；三礼，对墨义九十条；三传，一百一十条；开元礼、三史，各三百条；学究，《毛诗》对墨义五十条，《论语》十条，《尔雅》《孝经》共十条，《尚书》《周易》各二十五条；明法，对律令四十条，兼经并同《毛诗》之制。各间经引试，仍抽卷问律，本科则否（明经试帖书、墨义者，大概如儿童挑诵之状，故自唐以来贱其科）。太宗即位，有意修文，思振淹滞，常谓侍臣曰："朕欲博求俊彦于科场中，非敢望拔十得五，止得一二，亦可为致治之具矣。"每科进士第一人，天子宠之以诗，后尝作箴赐，故诸科中进士尤重，名公巨卿往往出于其中。

神宗用王安石议，始罢诸科，增进士额，尽废诗赋、帖经、墨义，士各占治《易》《诗》《书》《周礼》《礼记》一经，兼《论语》《孟子》。每试四场，初大经，次兼经，大义凡十道，次论一首，次策三道。中书撰大义式颁行。试义者，须通经、有文采乃为中格，不但如明经、墨义粗解章句而已。又令新科明法试律令、《刑统》大义、断案，所以待诸科之不能业进士者。神宗又以近世士大夫多不习法，乃诏进士悉试以法。又颁王安石所撰《诗》《书》《周礼》于学官，用以取士，谓之"三经新义"。自王安石经义行，举子专诵王氏章句而不解义。后安石亦自悔之，曰："本欲变学究为秀才，不谓变秀才为学究也。"元祐初，司马光秉政，以取士不当专用王安石一家私学，乃诏更科场试法，试进士以经义、诗赋。复设十科以举士：一曰行义纯固可为师表，二曰节操方正可备献纳，三曰智勇过人可备将帅，四曰公正聪明可备监司，五曰经术精进可备讲读，六曰学问该博可备顾问，七曰文章典丽可备著述，八曰善听狱讼尽公得实，九曰善治财赋公私俱便，十曰练习法令能断请谳。徽宗崇宁三年，罢州郡发解及省试法。凡取士，悉由学校升贡。其岁试上舍，悉差知举，如礼部试。时州县悉行三舍法，其免试入学者，多当官子弟，而在学积岁月，累试乃得应，贫且老者甚病之。其后复参用科举，惟减解额，与学校升贡并行焉。高宗南渡，定诗赋、经义取士。孝宗即位，欲令文士能射御，武臣知诗书。淳熙二年，御试唱第后二日，引接文士詹骙以下一百三十九人，入殿射艺焉。帝策士，升黜不尽由有司。十四年，尝擢进士第三王容为第一。时儒生迭兴，辞章雅正，号乾淳体焉。其后举子挟册售伪，奸弊日滋矣。宋初，进士取额，由数十人增至百余人。南渡后，每科进士及第，动至四五百人，盖倍于唐有余矣。唐时，及第者未即入仕，尚待吏部试。宋则登第之后，即为入仕之期，故其冗吏数倍于唐焉。宋于进士常科外，有制举，亦号制科，又谓之大科，皆天子亲策之，无常科，所以待天下之才杰也。然宋之得才，多由进士，而以是科应诏者少，惟召试馆职及后来博学鸿词，而得忠鲠文学之士，或起之山林，或以之朝著，召之州县，多至大用焉。国初常立三科（一、贤良方正能直言极谏科；二、经学优深可为师法科；三、详闲吏理达于教化科），真宗增至六科（于上三科外，增博通坟典达于教化科、才识兼茂明于体用科、武足安边洞明韬略军谋宏远材任边寄科）。绍圣初，哲宗以"制科试策，对时政得失，进士策亦可言"，因诏罢制科。既而三省言："今进士纯用经术，如诏诰、章表、箴铭、赋颂、赦敕、檄书、露布、诫谕，其文皆朝廷官守日用不可阙，且无以兼收文学博异之士。"遂改置宏词科。后高宗复诏举贤良方正能直言极谏科，改宏词科为博学宏词科，试十二题，制、诰、诏、表、露布、檄、箴、铭、记、赞、颂、序内杂出六题，分三场试。南渡以来，所得之士，多至卿相翰苑者。科目既设，犹虑不能尽致天下之才，或韬晦而不屑就也，往往命州郡搜罗，而公卿得以荐言。若治平（英宗年号）之黄君俞，熙宁之王安国，元丰则程颐，元祐则陈师道，元符则徐积，皆卓然较著者也。高宗尤垂意遗逸，首召布衣谯定，而尹焞以处士入讲筵。其后束帛之聘，屡贲丘园，或俾教授本郡，赐处士号以宠之，所以振清节、厉颓俗，以补科举所不及焉。

（五）教育　宋以儒立国，故上下咸留意于教育。其学校制度最为完备，兹分三项述之：

（甲）国学　宋京畿诸学皆隶国子监，其著者曰国子学，曰太学，曰广文馆，谓之三学。国子学生以京朝七品以上子孙为之，以二百人为额。太学生以八品以下子弟若庶人之俊异者为之。分为外舍、内舍、上舍三等，外舍生以二千人为额，内舍生以三百人为额，上舍生以百人为额。外舍生以各州公据升送，经过一定之试验程序，始行升舍，谓之三舍法。广文馆学生以二千四百人为额，以待四方游士试京师者。徽宗崇宁中，建辟雍于郊以处贡士，而三舍考选法乃遍天下。于是由州郡贡之辟雍，由辟雍升之太学，而学校之制益详。此外若四门学，若律学，若宗学，若武学，若算学，若书学，若画学，若医学，皆废置不常。三学之中，以太学为最盛。宋初，太学之法宽简，而上之人必求天下贤士，使专教导规矩之事。安定胡瑗设教苏湖间廿余年，世方尚词赋，湖学独立经义治事斋，以敦实学。皇祐末（仁宗年号），召瑗为国子监直讲，其初人未信服，谤议蜂起，瑗强力不倦，卒以有立，士或不远数千里来就师之，皆中心悦服，有司请下湖学，取其法以教太学。神宗尤垂意儒学，用王安石言，以为古之取士俱本于学，乃兴举学校。自京师至郡县既皆有学，岁、时、月各有试，程其艺能，以差次升舍，其最优者为上舍，免发解及礼部试而特赐之第，遂专以此取士。盖欲以三舍取士而罢州郡科举也，惟其法行于畿甸而未及于郡国（徽宗崇宁三年《议学校升贡诏》语）。徽宗崇宁中，遂诏天下将来科场取士悉由学校升贡，其州郡发解及试礼部法并罢。自此，岁试上舍，悉差知举，如礼部试行。至宣和三年，诏罢天下三舍法，开封府及诸路并以科举取士，惟太学仍存三舍以甄序课试。是时朝政日非，而太学为世所崇重，其中隽异之士指斥时宰无所隐讳。钦宗即位，太学生陈东率其徒伏阙上书，极论蔡京、梁师成、李彦、朱勔、王黼、童贯六贼之罪。金人迫京师，李纲、种师道以主战罢职，陈东复率太学诸生伏宣德门下上书，请复纲旧职，以阃外事付种师道，军民从者数万人。书闻，传旨慰谕者旁午，众莫肯去，方舁登闻鼓挝坏之，喧呼震地，有中人出，众胥而磔之。于是亟诏纲入，复领行营，遣抚谕，乃稍引去。天下以太学诸生为有忠义之气，而朝廷以为倡乱动众者，无如太学之士也。高宗南渡，急于军食，至绍兴十三年始建太学，养士七百人，补三舍旧法，凡四百十条，视元丰尤加密焉。及秦桧为相，务使诸生为无廉耻以媚己，而以小利啗之，阴以拒塞言者。士人靡然成风，献颂拜表，希望恩泽，一有不及，谤议喧然，而太学之风敝矣。光宗时，赵汝愚论太学有云："奔竞之风胜而忠信之俗微。亦惟荣辱升沉，不由学校；德行道艺，取决糊名；工雕篆之文，无进修之志；视庠序如传舍，目师儒如路人；季考月书，尽成文具。"观此，知南宋太学之为教，不过科举决策之文，未尝开之以德行道艺之实，而诸生之来学，不过为解额之滥、舍选之私而已。此所以学校虽盛，而人材终不古若欤。

（乙）州县学　宋州郡学校之设，至仁宗时始遍于天下。庆历四年，参知政事范仲淹等建议精贡举，请兴学校、本行实。乃诏州县立学，本道使者选属部为教授，不足则取于乡里宿学之有道业者。士须在学三百日，乃听豫秋试，旧尝充者百日而止。神宗熙宁四年，以陆佃等为诸州学官，州给田十顷为学粮，仍置小学教授。是时，大兴学校，特重师儒之官，不肯轻授，其所用者，既是有出身人，又必试中而后授，则与入馆阁翰苑者同科，其遴选至矣。徽宗崇宁元年，推三舍法遍行天下，自县学选考升诸州为州学生，每三年贡入太学为太学生。分三等考试：入上等补上舍生，入中等补下等上舍生，入下等补内舍生，余为外舍生。州给常平或系省田宅充养士费，县得用地利所出及非系省钱。州学职掌、学谕、学长许差特奏名人，毋得以非经史子书教授。其在学生员，均复其身。南渡以后，州县之学亦多率旧章，惟考察之法未备，故虽宫室廪饩无所不备，而徒以聚食，于是士之俊秀有不愿于学者矣。此所以叶适论州县之学，慨然于无考察之法也。

（丙）书院　书院之名始于唐，而以遂宁县张九宗书院为最古，盖贞观九年所建也（见《四川通志》）。唐末及五代之际，学校废坠，士大夫往往建书院以为聚书待士之所。至宋初而白鹿、石鼓、应天、岳麓四大书院，天子皆赐额以旌之。白鹿洞书院在庐山（今江西九江），为南唐李善道所建，宋太宗时，学徒常数千百人。石鼓书院在衡州（今湖南衡阳县），为唐李宽所建。应天书院（今河南商丘县）为宋初曹诚即楚丘戚同文旧居所建，造屋百五十间，聚书数千卷，博延生徒，讲习甚盛。岳麓书院在潭州（今湖南长沙县），为宋初朱洞所建。当是时，未有州县之学也，而已有乡党私家之学。州县之学，有司奉诏旨所建也，故或作或辍，不免具文；乡党之学，贤士大夫留意斯文者所建也，故前规后随，皆务兴起。后来所至，书院尤多，而其田土之锡，教养之规，往往过于州县学云。真、仁二宗之际，泰山孙明复在齐，安定胡瑗在吴，集一时俊秀，相与讲明正学，自拔于尘俗之中，天下闻风兴起，讲学日盛。程颢、程颐倡道学于伊洛，张载阐性理于关中，士林咸奉为宗师，学风为之一变焉。哲宗绍圣时，以元祐党禁诏天下察禁颐所著书，尽逐学徒，而天下有志之士，方尊守其学，确然不变。如尹焞尝应举发策，有诛元祐诸臣议，焞遂不对而出是也。金人犯阙，党禁始解，距程颐之卒已二十余年矣，天下传习其学者不少衰。高宗南渡，其弟子杨时以著书讲学，倡道东南，士之游其门者甚众，咸推为程氏正宗焉。其后朱熹主讲于白鹿书院，陆九渊教授于金溪，皆毅然以继往圣、开来学为己任，四方之士自远而至，其所成就者尤众。是时，韩侂胄擅权，方严伪学之禁，其党刘德秀等论朱熹为伪学之魁，以匹夫窃人主之柄，鼓动天下，乞将《语录》之类并行除毁，下郡县逮捕其门人蔡元定甚急，编管道州。方是时，士之绳趋尺步，稍以儒名者，无所容其身。从游之士，特立不顾者，屏伏丘壑；依阿巽懦者，更名它师，过门不入；甚至变易衣冠，狎游市肆，以自别其非党。而熹日与诸生讲道于竹林精舍不为辍，或劝其谢遣生徒者，熹曰："祸害之来，非阖门塞窦所能免也。"熹以道自任之重如此，故身死而其学愈昌，其白鹿洞之学规为天下书院所宗云。

按：三代之后，学制莫备于两宋，然其造就天下之人材而转移一代之风气者，往往不在于官学而出于私家之书院，何也？盖官学之教者多出于试授，而书院之教者必须道德、学术堪为师表之人，始足以招徕多士。又官学所教多属科举之文，而书院则自由教授，凡先王之道，当世之务，举可以出教者之所得，与学者性之所近，相与切磋而用其所长。且官学之来学者，往往瞻徇廪饩，觊觎解额，盖利禄之途然也。而书院来学之人，必须有志于学或志同道合者，方能师弟一堂，讲肄于山林寂寞之中，而有以自得。故有宋诸大儒，其始一二人倡之为学术，其后多士学之为风气。及风气既成，足以挽天下之人心而延国命，有非君相之力所能加损者矣。

（六）刑法　宋初承五季之乱，太祖、太宗颇用重典，以绳奸慝，随时躬自折狱虑囚，务底明慎，而以忠厚为本。其后文教浸盛，尤重律学。士初试官，皆习律令，其君一以宽仁为治，故立法之制严，而用法之情恕。而仁宗尤重人命，慎于用刑。元丰以来，刑书益繁，已而忄佥邪并进，刑政紊矣。宋之法制，因唐律、令、格、式而随时损益，则有编敕，一司、一路、一州、一县又别有敕。建隆四年，令判大理寺窦仪详定《刑统》（《刑统》为周显德时所编），分十二门：一名例律，二卫禁律，三职制律，四户婚律，五厩库律，六擅兴律，七贼盗律，八斗讼律，九诈伪律，十杂律，十一捕亡律，十二断狱律。其篇目与《唐律》相同，而其内容则比《唐律》为加重，然宋代法典之实施则在敕而不在律。神宗有言曰："禁于未然之谓敕，禁于已然之谓令，设于此以待彼之谓格，使彼效之之谓式。"盖以律不足以周事情，凡律所不载者，一断以敕，乃更唐之律、令、格、式为敕、令、格、式，是宋代之敕，其效力直等于唐代之律也。惟敕之性质，因事立法，新旧参差，烦细难检，故累朝皆有编敕之诏，庶免以后冲前。统计两宋所编纂之敕、令、格、式，先后不下五十余种，亦足以见其繁难矣。故其敝也，法令虽具，当官不能遍阅，吏因得以容奸，一切以例从事，法当然而无例，则事皆泥而不行，甚至隐例以坏法，货赂既行，乃为具例，吏缘例以牟利，遂成为吏、例、利之天下矣。然宋以仁厚为家法，屡朝人君皆留心刑狱，躬亲听断，故多善制。

（甲）统一司法权　先是，藩镇跋扈，专杀为威，朝廷姑息，率置不问。太祖建隆三年，令诸州奏大辟案须刑部详覆，寻如旧制，大理寺详断而后覆于刑部。凡诸州狱，则录事参军与司法掾参断之。自是，内外折狱蔽罪皆有官以相覆察；又惧刑部、大理寺用法之失，别置审刑院详议申覆，裁决讫以付中书省，当即下之；其未允者，宰相覆以闻，始命论决，盖重慎之至也。

（乙）严失入之罚　吏一坐深文，终身不进。仁宗时，刑部尝荐详覆官，帝记其姓名，曰："是尝失入人罪不得迁官者，乌可任法吏？"举者皆罚金。故法吏咸奉法维谨。

（丙）严惩赃吏　宋初郡县吏承五季之习，黩货厉民，故尤严贪墨之罪。开宝四年，董元吉守英州，受赃七十余万，帝以岭表初平，欲惩掊克之吏，特召弃市。而南郊大赦十恶，故劫杀及官吏犯赃者不原。史言宋法有可以得循吏者三，而不赦犯赃其一也。天圣以后，士大夫皆知饬簠簋而厉廉隅，盖上有以劝之矣（《日知录》卷十三）。

（丁）专设律学　宋初置律学博士，掌授法律。熙宁六年，始即国子监设学，置教授四员。凡命官、举人皆得入学，先入学听读，而后试补。试断案者，每道叙列刑名五事或七事；试律令者，则试大义五道，中格乃得给食。余用太学规矩，立明法科以登进之。南渡后，尤优遇刑法科，以奖劝刑名之学焉。

（戊）文武同法　元祐六年诏："文武有犯同案、干边防军政者，刑部定断，三省、枢密院同取旨。"旧制，文臣吏民断罪公案归中书，武臣军士归枢密院，而断例轻重仍不相知。中丞苏辙上言："元丰更定官制，断狱公案并由大理、刑部申尚书省，然后上中书省取旨。自是断狱轻重比例始得归一，天下称明焉。今复分隶枢密，必有罪同断异，失元丰本意，请并归三省。其事干边防军政者，令枢密院同进取旨，则事体一而兵政大臣各得其职。"故有是诏云。

（己）发明法医学　古代检验之术未有专书，淳祐中（理宗年号），湖南提刑宋慈始博采当世所传诸书，自《内恕录》以下凡数家，会萃厘正，参以己见，总为一编，名曰《洗冤集录》。其书皆本于终验，虽有不合科学之处，然大辂椎轮已为法医学辟其先路。自此书出，后世咸遵奉之，其为洗冤泽物也大矣。

## 第二十八节　辽金元制度之概要

契丹初起东北，游牧与城郭杂行，在中国史中呈一特别之现象，虽其后趋向华风，在南面者摹仿汉制，然其国之根据地大半在长城之外，故仍多保其旧俗，是以同居一国之中而南北之制度迥异。金肇王迹于会宁，其地较临潢尤为偏远，以其国原无文化，故多因辽旧制。其后奄有河南北，尽据中原之地，乃改制立度，一从汉法，求与被征服地相适合，遂斐然由夷变于夏矣。及蒙古入中原，既不习于中国之政治，即有所承用，亦不过沿袭金制之崖略而已。太、定、宪三朝，历年既多，世祖改制既具，然后举南宋而覆之，彼之立国规模已大定矣，固无取于亡国之法度，又从而纷更之理也。故有元一代之制度多取于辽、金，而宋承隋唐制度之正统者，乃随国脉以俱斩。其后胡元为明祖所驱逐，而不能不沿用其制度，于是唐宋之治尚不可复，何论秦汉与三代乎？此古今得失之林而中国世运升降之枢机也。兹略叙其概于下，以明沿革之迹焉。

（一）官制　契丹旧俗，事简职专，官制朴实，因事立名。太祖神册六年，诏正颁爵。至于太宗，兼制中国，官分南北，以国制治契丹，以汉制待汉人。国制简朴，汉制则沿中国官名以招徕汉人，而使之安于所习也。大抵辽国官制分北、南院，北面治宫帐、部族、属国之政，南面治汉人州县、租赋、军马之事。初，太祖分迭剌、夷离堇为北、南二大王，谓之北、南院。宰相、枢密、宣徽、林牙，下至郎君、护卫，皆分北、南，其实所治皆北面之事也。凡辽朝官，北枢密视兵部，南枢密视吏部，北、南二王视户部，夷离堇视刑部，宣徽视工部，敌烈麻都视礼部，北、南府宰相总之。惕隐（一作特哩衮）治宗族，林牙修文告，于越（一作裕悦）坐而论议，以象公师。北枢密院谓之北衙，掌兵，不理民。南枢密院谓之南衙，掌民，不主兵。北府宰相，皇族四帐，世预其选。南府宰相，国舅五帐，世预其选。此《辽史》所谓北面官也。太宗既得燕云十六州，乃用唐制，复设三省、六院、台、院、寺、监、诸卫，此《辽史》所谓南面官也。至地方则分道、府、州、县，冠以节度，承以观察、防御、团练等使，分以刺使、县令，大约采用唐制焉。

金初，官长皆称贝勒，以安班贝勒为最尊。又有古伦贝勒，或左右置，所谓国相也。此外多踵辽官名。汉官之制，自平州人不乐为谋安（清改明安）、猛克（清改穆昆）之官，始置长吏以下焉。自熙宗颁新官制，大率皆循辽、宋之旧。海陵正隆初，罢中书、门下省，止置尚书省（有尚书令一员，左丞相、右丞相各一员，平章政事二员，均为宰相。吏部、户部、礼部、兵部、刑部、工部，各部置尚书一员，掌理部务）。自省而下，官司之别：曰院（枢密院，置枢密使、副使各一员，国史院、翰林学士院）；曰府（大宗正府，置判大宗正事一员）；曰台（御史台，置御史大夫及中丞各一员）；曰司（宣抚司、劝农使司、司农司，三司谓兼劝农、盐铁、户部度支三科也）；曰寺（太常寺、大理寺）；曰监（秘书监、国子监、太府监、少府监、军器监、都水监）；曰局；曰署；曰所。各统其属，以修其职。职有定位，员有常数。纪纲明，庶务举，是以终金之世，守而不变焉。惟金之政权，总于尚书省，而大臣有上下四府之目。自尚书令而下，左右丞相、平章政事二人为宰相，尚书左右丞、参知政事二人为执政官。凡在此位者，内属外戚与国人有战伐之功、预腹心之谋者为多。潢霫之人，以门阀见推者次之，参用进士则又次之。其所谓进士者，特以示公道、系人望焉尔。轩轾之权既分，疏密之情亦异（见元好问《张文贞公神道碑》）。金之用人，其得才与否，与汉人所处之危疑，其能自效与否，概可见矣。至地方，则府置尹，州置刺史，县置令，而诸路各置按察使兼转运使，以为监司。

元起朔土，国俗淳厚，惟以万户统军旅，以断事官治政刑，其所征服各地，咸置达鲁花赤监辖之而已。至太宗时，始立十路宣课司，以耶律楚材为中书令。金人来归者，因其故官，若行省，若元帅，则以行省元帅授之。世祖即位，乃命刘秉忠、许衡酌古今之宜，定内外之官。其总政务者，曰中书省（中书令一员，右丞相、左丞相各一员，平章政事四员，右丞、左丞各一员，参知政事二员，皆相职也）；秉兵柄者，曰枢密院（枢密使一员，副使二员）；司黜陟者，曰御史台（大夫二员，中丞二员）。体统既立，其次在内者，则有部（吏部、户部、礼部、兵部、刑部、工部为六部，每部置尚书三人，共十八尚书）、有寺（太常、光禄、太仆、大理、司农为五寺，各置卿、少卿，后置武备寺）、有监（太府监、度支监、利用监、章佩监、经正监、都水监、司禋监、秘书监、司天监，各置卿、太监、少监等官，员数多寡不等）、有院（集贤院，置大学士一员，国子监、国子学、兴文署皆隶之。翰林兼国使院，承旨三员，学士二员，侍读学士二员，侍讲学士二员，直学士二员。蒙古翰林院，置员略同，蒙古国子监、蒙古国子学隶之。宣政院，以国师领之。奎章阁学士院，置大学士、学士等员。通政院，管达达站赤，兼领汉人站赤，置使及副使以总之。宣徽院，置使一人）、有卫（蒙古初以四怯薛为侍卫，至世祖时，侍卫又分左、右、中三卫，掌宿卫从扈，各置指挥使、副指挥使一员以领之。又有前卫、后卫、武卫、隆镇卫、左右阿速卫、唐古卫、贵赤卫、忠翊侍卫、宗仁蒙古侍卫、左右翊蒙古侍卫、左右钦察卫、龙翊侍卫等，各置都指挥使以统领之）、有府（大都督府、大宗正府、侍正府、打捕鹰房都总管府）。在外者，则有行省（元分天下为十二省，立中书省一，统山东西、河北之地，曰腹里。行中书省十有一：曰岭北，曰辽阳，曰河南，曰陕西，曰四川，曰甘肃，曰云南，曰浙江，曰江西，曰湖广，曰征东。行省置丞相一员，平章二员，左、右丞各一员，参知政事二员。凡钱粮、兵甲、屯粮、漕运、军国重事，无不领之），有行台（元代三台之制，内台建于大都，西台建于陕西，南台建于建康，谓之三台。其余各道，止设廉访司，隶于三台。每岁巡历州县，纠察官吏，询民疾苦），有宣慰司（每司置宣慰使三员。宣慰司掌军民之务，分道以总郡县），有廉访司（元制分十二省为二十二道，每道各置肃政廉访司二员，副使二员）。其牧民者，则曰路、府、州、县四等。大率以路领州，州领县，而腹里或有以路领府、府领州、州领县者。路、府、州、县各设达鲁花赤一员，以蒙古人为之。路有总管，府有府尹，州有州尹，县有县尹。综元一代之官制观之，其中唯一最大之特点，即蒙古人对于汉族之猜防也，而地位因以悬殊，故内外诸官，其长皆蒙古人为之，而汉人、南人贰焉。乡官自唐、宋、辽、金以来皆不设，至元而有村疃立社之制。凡五十家立一社，择高年晓农事者一人为之长，仍择数村之中，立社长官司长教督农桑为事。凡种田者，立牌橛于田侧，书某社某人于其上，社长以时点视劝戒。不率教者，籍其姓名，以授提点官责之。其有不敬父兄及凶恶者亦然，仍大书其所犯于门，俟其改过自新乃毁。如终岁不改，罚其代充本社夫役。凡疾病凶丧，其家不能耕种者，众为合力助之。河渠凿井，造车灌水，一家不能独举者，合社共经营之。凡为长者，复其身，郡县官不得以社长与科差事。下至区田有法，种植桑枣榆柳有数，养鱼鸭鹅，种莳莲茨，皆有明文（约《元史·食货志·农桑门》文）。寻有元之社制，盖举地方农田水利、树艺渔畜、教育劝惩之事，一寓于立社之中。其虑民之周，用心之仁，实为秦汉以后所仅见。殆劝农司陈䢖、张文谦等所建白，而以宋代儒家之理想，借以见之于实事也。

（二）兵制　辽以契丹八部开基，凡民年十五以上、五十以下，皆分兵籍，故太祖阿保机以兵三十万众会李克用于云中，足见开国时部族之概数矣。其后宫帐、部族、京州、属国各自为军，体统相承，分数秩然，雄长二百余年，凡以此也。宫帐军者，帝与后所置，生则扈从，死则守陵者也。部族军者，出自各部族，分隶南北府而守卫四边者也。京州军者，出自民间之丁籍者也。属国军者，凡臣服于辽者，各出其军以供驱使者也。其二帐、十二宫、一府、五京之兵数为一百六十四万二千八百人，其兵机、武铨、群牧之事，皆属于北枢密院。内则择汉蕃精锐二十万为属珊军，选天下精甲三十万为皮室军，统于大帐左、右、南、北四详稳司，置为爪牙腹心之干部。外则设北面边防之官都统军使司，以威慑邻敌。中、上京路诸司以之控制诸奚，辽阳路诸司以之控制高丽，长春路诸司以之控制女真，南京诸司以之备御宋国，西京路诸司以之控制西夏。其能南与梁、唐、晋、汉、周、宋，相抗至二百余年之久，西北越大漠，威行万里而遥者，有以也。

金之初起，诸部之民壮者皆兵，其部长曰贝勒，行兵更称曰猛安（清改曰明安）、谋克（清改曰穆昆），从其多寡以为号。猛安者，千夫长也。谋克者，百夫长也。太祖即位之二年，始命以三百户为谋克，十谋克为猛安。继而诸部来降，率用猛安谋克之名以授其首领，而部伍其人，故猛安谋克为金代军制之中坚焉。金初，总兵权者为元帅府，置元帅及左、右副元帅，左、右监军，左、右都监。元帅必以安班贝勒为之，恒居守而不出。其后定官制，以枢密院掌凡武备机密之事，每行兵则更为元帅府，罢则复为院。内则置哈济谋克（哈济者，亲近之义），而统于侍卫亲军四猛安，立侍卫亲军司以统之。外则置统军司于各路，以元帅府都监监军为使，分统天下兵。沿边则东京置统军司于婆速府路（府治当在今辽宁省九连城，包括鸭绿江下流流域），以镇高丽。上京置统军司于乌古迪烈路（当在今洮南府以南地），以镇西北。河南路置统军司于南京（今开封），以镇南陲。陕西路置经军司于京兆，以镇西陲。山东路置统军司于益都，以镇东陲。金以兵得国，而猛安谋克实为其中坚。其始起也，甲兵仅万人，故内收辽、汉之降卒，外籍部族之健士，而以猛安谋克授契丹、汉人以统之。熙宗皇统间，既许宋和，国势大定，乃罢辽东汉人、勃海猛安谋克承袭之制，浸移兵柄于其国人。海陵南迁，又移其宗室部族之各猛安分处于中都、山东、北京、河间各地，隶诸路总管府节度使，授田使耕以蕃卫京国。世宗大定之初，既平北族之移剌窝斡，乃散契丹隶诸猛安谋克，于是契丹人无复为猛安谋克者矣。世宗留意于猛安谋克之兵制，授诸王以猛安之号，以大重其权，练习其骑射，禁制其奢靡，整饬之方，不遗余力。至章宗明昌间，欲国人兼知文武，令猛安谋克举进士。是后部族争骛科甲之虚名，淳武之风始衰矣。暨蒙古侵扰西北，而猛安谋克之女真兵，已习于骄惰而不可用。宣宗之所恃以为中坚者为乣军。乣军者，契丹与北方杂族所组之军队也。金之乣军，本以戍边，未尝用之中原。至章宗泰和南伐之始，始用乣军（见《金史·杨云翼传》及《大金国志·章宗纪》）。及南北议和，乣军亦各归其部。卫绍王时，蒙古人入寇，西北、西南二路之乣军，早折而入于蒙古（见《蒙鞑备录》）。而东北路之乣军，则由泰州刺史术虎高琪率其大部入卫中都，后与蒙古怀来、缙山之战（缙山，今察哈尔延庆县。怀来县，今同。此役为会河堡后，金与蒙古第二次之大战），其精锐实此军也。宣宗贞祐二年，燕京之乣军叛，与鞑靼共围燕京（李心传《朝野杂记》乙集卷十九），实为中都陷落重要之原因云（约采王国维《〈元朝秘史〉之主因亦儿坚考》）。乣军叛，而忠孝军代之以兴。忠孝军者，皆回纥、乃蛮、羌、浑及中原被俘避难来归者，鸷狠凌突，号难制。惟陈和尚御之有方，每战则先登陷阵，疾苦风雨，诸军倚以为重（《金史·完颜彝传》）。然彼等素性桀骜，自陈和尚死，不可复制。哀宗虽优以三倍他军之月给，屡加犒宴，而放纵乱暴，或胁迫主将出城（《金史·撒合辇传》），或劫掠军库大金（《金史·蒲察官奴传》），无所不至，以讫于亡焉。

元起漠北，以武力取天下，其兵势之强，为从来所未有。惟元人以兵籍系军机重务，掌于蒙古亲近，汉人不阅其数。虽枢密近臣，职专军旅者，惟长官一二人知之。故有国百年，而内外兵数之多寡，人莫有知之者。今考其大纲，则宿卫诸军在内，而镇戍诸军在外，相维以制轻重之势。方太祖时，典兵之官，视兵数多寡，为爵秩崇卑。长万夫者为万户，长千夫者为千户，长百夫者为百户。而其所恃以为蒙古军之中坚者，莫要于四怯薛。以功臣博尔忽、博尔朮、木华黎、赤老温为四怯薛，世领怯薛之长，为武贲亲臣分宿。辖卫士万人为四番，番三昼夜，轮直帐殿，总司上之起居饮膳，服御供俸，警备非常。其后怯薛常以右丞相领之。凡怯薛长之子孙，常袭其职，以掌环卫，虽其官卑勿论也。及年劳既久，则遂擢为一品官。故有元一代，将相多出于四怯薛之中云。世祖时，颇修官制，内立五卫（一右卫，二左卫，三中卫，四前卫，五后卫），以总宿卫诸军。卫设亲军都指挥使。外则万户之下置总管，千户之下置总把，百户之下置弹压，立枢密院以总之。遇方面有警，则置行枢密院，而移都镇抚司属行省。其万户、千户死阵者，则子孙世袭。其初有蒙古军、特默齐军。蒙古军皆国人，特默齐军则诸部族也。其法：男子十五以上、七十以下，人尽为军。既平中原，发民为卒，是为汉军。以户之贫富，定出兵数之等差。继得宋兵，号新附军。世祖以和林为蒙古根本地，常命宗正将重兵镇抚之。其边徼襟喉之地，往往屯兵镇戍焉。而河洛、山东，据天下腹心，则以蒙古特默齐军列大府以屯之。淮江以南，地尽南海，则名藩列郡，又名以汉军及新附等军参差戍守。当时沿江一带，安置军马镇遏，至三十一翼之多（万户为一翼），上自归州，下讫江阴，至三海口，列兵分戍，凡二十八所，星罗棋布，屹然为元干城焉。中叶以后，解纽弛防，将骄卒惰，而金军刷马，尤为厉民。加以中朝抚驭失宜，藩镇哄于北，盗贼炽于南，天下瓦解，元祚遂绝矣。

（三）赋税　辽初以畜牧、田渔为国，生事简而用度省，无所谓赋税之制也。太祖用汉人韩延徽策，始筑城郭，立市里，以处汉人，垦艺荒田而农桑以兴。太祖虽专意于农，程诸部以树艺，然辽地半沙碛，三时多寒，春秋耕获，黍稌高下，盖不得与中土同矣。后得燕、代，国益富饶，沿边诸州，各有和籴仓，出陈易新，许民自愿，假贷收息二分，所在无虑二三十万石，虽累兵兴，未尝用乏，亦足见其劝课得人，规措有法矣。加以盐铁坑冶之利，市易马牧之饶，乃于五京及长春、辽西、平州各置盐铁、转运、度支、钱帛诸司，以掌出纳，户部岁入羡余钱至三十万镪，群牧马数繁滋至百有余万，而宋之岁币尚不计焉。故虽日有宴、月有赐，赐之多者至二三千金，又佐以鞍马、衣匹，亦不至于告匮也。驯至天祚败亡，而松漠以北旧马皆为大石林牙所有，驱略西行，尚资之以立国焉。

金之赋税，一曰租税，二曰杂税，此外与财政关系最大者，铜钱、交钞而已。租税者，官田曰租，私田曰税。租税之外，算其田园、屋舍、车马、牛羊、树艺之数及其藏镪多寡征钱，曰物力。物力之征，上自公卿大夫，下逮民庶，无苟免者。猛安谋克户又有所谓牛头税者，物力之外，又有铺马、军须、输庸、司吏、河夫、桑皮、故纸等钱。其为户分数等，有课役户，有不课役户，有本户，有杂户，有正户，有监户，有官户，有奴婢户，有二税户（辽拨田户于僧寺，其输赋也，一半输寺，一半输官，故谓之为二税户），以户之高下定役之轻重。有司始以三年一籍，后变为通检，又为推排。凡户隶州县者，与隶猛安谋克，其输纳赋税高下又各不同焉。世宗大定间，括天下之田以均其赋，岁入九百万石，而经费所出在七百万石，外除蠲免及振贷之用，才余百万石而已。杂税之目有十，曰盐、酒、曲、茶、醋、香、矾、丹、锡、铁，而盐为称首。辽、金故地滨海，多产盐，金初尝征其税，及得中土，盐场倍之，故设官立法加详焉。然其官则废置无恒，其价则增减不一。世宗大定间，定置辽东、北京、西京、解州、山东、宝坻、沧州为七盐司，定盐价一斤得三十三文。章宗承安中，复加盐价。七盐司旧课岁入六百二十二万六千六百三十六贯五百六十六文，至是增为一千七百七十七万四千五百一十二贯一百三十七文，几增至一倍而弱矣。至于铜钱交钞法，尤数变而愈弊。金初用辽、宋旧钱，正隆而后，始议鼓铸，民间禁铜甚至。初恐官库多积，钱不及民，立法广布。继恐民多匿钱，乃设存留之限，开告讦之路，犯者绳以重法，卒莫能禁。州县钱艰，民间自铸私钱，苦恶特甚，乃以官钱五百易其一千，其策愈下。及改铸大钱，所准加重，百计流通，卒莫获效。济以铁钱，铁不可用。权以交钞，钱重钞轻，相去悬绝，物价腾踊，钞至不行。权以银货，银弊又滋，救亦无策，遂罢铜钱，专用交钞、银货。然而二者之弊，乃甚于钱。在官利于用大钞，而大钞出多，民益见轻。在私利于得小钞，而小钞入多，国亦无补。于是禁官不得用大钞。已而恐民用银而不用钞，则又责民以钞纳官，以示必用。先造二十贯至百贯例，后造二百贯至千贯例，先后轻重不伦，民益眩惑。及不得已，则限以年数，限以地方，公私受纳，限以分数，由是民疑日深。其间易交钞为宝券，宝券未久，更作通宝，准银并用。通宝未久，后作宝泉，宝泉未久，织绫印钞，名曰珍宝。珍宝未久，复作宝会，迄无定制，而金祚讫矣。

元起自游牧，至窝阔台罕初年，始建仓廪。蒙古人有马百者输牝马一，牛百者输𤚐牛一，羊百者输羒羊一，著为令。中原人以户计出赋调，命耶律楚材主之。西域人以丁计出赋调，命麻合没的、牙剌瓦赤主之。定诸路课税，酒课验实息十取一，杂税三十取一。立十路课税所，专理钱谷。及得中原，诏忽都虎括中原户口，得百一十余万。定税每二户出丝一斤，以供官用；五户出丝一斤，以赐贵戚、功臣。上田亩税三升半，中田三升，下田二升半，水田亩五升。商税三十分之一，盐价银一两四十斤，以为永额。及世祖立法，凡输纳之期，收受之式，关防之禁，会计之法，莫不备焉。元之取民有三：一曰计户，二曰计丁，三曰计亩。计户者，以民户充差发，而科其户税者也。科差之名二：曰丝料，曰包银。丝料之法又有二：一、每二户出丝一斤，输于官；二、每五户出丝一斤，输于本位。包银之法，汉民每户科纳包银四两，户有元管户、交参户、漏籍户、协济户，户既不等，数亦不同。计丁者，验民户成丁之数，而科以身税者也。每丁岁科粟一石，驱丁五斗，新户丁、驱各半之，老幼不与。计亩者，计种田之亩数，而科以地税者也。中统五年，诏僧、道、也里可温、答失蛮、儒人，凡种田者，白地每亩输税三升，水地每亩五升，此皆行于内郡者也。至秋税、夏税之法，但征田税，无丁税，行于江南。本沿宋之旧制，秋税输租，夏税输木棉、布绢、丝绵等物，其所输物数，视粮以为差。泰定初，又有所谓助役粮者，其法命江南民户有田一顷以上者，每顷量出助役田，具书于册，甲乙以次汇之，岁收其入，以助差役之费。总计天下岁入粮数，凡一千二百一万四千七百八石云。杂税，元初有六色。元以盐、酒、醋、河泊、金、银、铁冶取课于民，岁定白银万锭为额。世祖时，盐法行，累有增加。至十三年，每户一引重四百斤，其价银为中统钞九贯。其后增至每引一百五十贯。文宗天历间，总计天下一岁盐课，为钞七百六十六万一千余锭。此外商贾之税，岁有定额者谓之常课，无定额者谓之额外课。额外课之名，至有三十二种之多。有元一代之国计，其异于前世者，为全废钱币之鼓铸，而专行钞法。世祖初年，法度未一，诸路各行交银，或同见钞，或同丝绢。中统间，尽罢诸路交钞，印造中统元宝，以钱为准，每钞二贯倒白银一两，十五贯倒赤金一两。后又造至元宝钞，自二贯至五文，凡十一等。稍有壅滞，出银收钞，恐民疑惑，随路椿积，元本金银，分文不动。行之七十八年，钞法无少低昂，民甚便之。至正间，丞相脱脱入贾鲁之说，别立至正交钞。料既窳恶易败，难以倒换，遂涩滞不行。及兵乱，国用不足，多印钞以贾兵。钞贱物贵，无所于授，其法遂废。大抵元自中叶以后，课税所入，视世祖时增二十余倍，而国用日患其不足。盖糜于佛事，与诸王贵戚之赐赉，无岁无之。而滥恩幸赏，溢出于岁例之外者为尤甚。上下交困，以至于亡云。

（四）选举　辽太祖兴自朔漠，倥偬干戈，武事未戢，何有科目。太宗会同初，始设进士科（见《辽史·室昉传》）。圣宗统和六年，诏开科举制，限以三岁，有乡、府、省三试之设。乡中曰乡荐，府中曰府解，省中曰及第。程文分两科，一曰诗赋，一曰经义，魁各分焉。每三岁辄一试进士，殿试临期取旨，第一人特增一官，授奉直大夫、翰林应奉文字。其初只以词赋、法律取士，词赋为正科，法律为杂科。道宗大安五年，诏精选举人，谕学者当穷经明道焉。惟辽之进士皆汉人，而契丹人无举进士之条。兴宗重熙中，耶律蒲鲁举进士第，主文以国制无契丹试进士之条闻于上，帝怒其父庶箴擅令子就科目，鞭之二百。盖契丹以武立国，其任用者皆部族耶律及国舅萧氏，世专大政，而科目不过以招致汉人，以为南面官之选，及供应奉文字之役而已。考辽百官之入仕者，寻其致身之所，自进士才十之二三耳。

金承辽后，凡事欲轶辽世，故进士科目兼采唐、宋之法而增损之。其及第出身，视前代特重，而法亦密焉。其设科有词赋、经义、策论、律科、经童、制举及女真进士，凡七科。其试词赋、经义、策论中选者，谓之进士科；律科、经童中选者，谓之曰举人；制举宏词科，所以待非常之士；女真进士，专以策论试女真人之科也。凡诸进士、举人，由乡至府，由府至省，及殿廷，凡四试，皆中选，则官之。至正隆时，限以三年一举。终金之世，科目得人为盛。宣宗南迁，吏习日盛，苛刻成风。自时厥后，仕进之歧既广，侥幸之俗益炽，军伍劳效，杂置令录（令史、录事），门荫右职，迭居朝著，科举士亦复泛滥，而金治衰矣。

元初用兵沙漠，得一地即封一人，使之世守。其以所属来降者，亦即官其人，使之世袭。及取中原，亦以此法行之。故州县之官，咸多世袭，初无所谓选举也。虽窝阔台罕时用耶律楚材言，曾一度以史论、经义、词赋三科，考取杨奂等四千余人，而当世或以为非便，事复中止。且元初诸将，多掠人为私户，世祖时之阿里海涯，其所占掠之户，竟以千万计。如名儒赵复，即赎诸俘虏之中，是当时儒生得免为奴仆，已属幸事，何所望于进取？此所以有蒙古代宋，第其人为十等之谣，有一官、二吏、三僧、四道、五兵、六农、七匠、八娼、九儒、十丐之传说也（见明人《说郛》）。世祖号称崇尚儒术，史天泽始建科举之议，而王磐、许衡先后建言，议章程，拟制度，终未施行，亦足见蒙古当国者之阻其事矣。历数十年，直至仁宗皇庆间，始诏行科举，以经义取士。蒙古、色目人试二场，第一场经问五条，于《大学》《论语》《孟子》《中庸》内设问，用朱熹《章句集注》。第二场时务策一道。汉人、南人试三场，第一场经疑二问，《大学》《论语》《孟子》《中庸》内出题，并用朱熹《章句集注》，复以己意结之。经义一道，各治一经，《诗》以朱熹《集传》为主，《尚书》以蔡沈《集传》为主，《周易》以程颐《传》、朱熹《本义》为主。以上三经兼用古注疏，《春秋》用三传及胡安国传，《礼记》用古注疏，不拘格律。第二场古赋、诏诰、章表内科一道，古赋、诏诰用古体，章表四六参用古体。第三场策一道，经史时务内出题。蒙古、色目人为右榜，第一名赐进士及第，正六品，第二名以下及第二甲皆正七品，第三甲以下皆正八品。汉人、南人为左榜，所授出身品级，视蒙古人递降一级。仅行二十二年，至顺帝至元元年，诏罢科举，历六年而后复，未几而天下乱矣。综有元一代之选举，仕进有多歧，铨衡无定制。其出身于学校者，有国子监学，有蒙古字学、回回国学，有医学，有阴阳学。其策名于荐举者，有遗逸，有茂异，有求言，有进书，有童子。其出于宿卫勋臣之家者，待以不次。其用于宣徽中正之属者，重为内官。又荫叙有循常之格，而超擢有选用之科。由直省、侍仪等入官者，亦名清望。以仓庾、赋税任事者，例视冗职。捕盗者以功叙，入粟者以赀进，至工匠皆入班资，而舆隶亦跻流品。诸王、公主宠以投下，俾之保任。远夷、外徼授以长官，俾之世袭。凡若此类，殆所谓吏道杂而多端者欤？

（五）**教育**　辽太祖时，止京置国子监，设祭酒、司业、监丞、主簿等官。太宗时，置南京太学。圣宗时，以南京太学生员浸广，特赐水碾庄一区。道宗又于中京置国子监，诏设学养士，颁五经传疏，置博士、助教各员。时五京、黄龙、兴中二府及诸州县皆有学焉。

金至海陵时，始置国子监，以教宗亲、功臣及三品以上官兄弟子孙。世宗时，置太学。其学生额，五品以上官兄弟子孙百五十人，府荐及终场举人二百五十人，通四百人。凡学生会课，三日作策论一道，又三日作赋及诗各一篇。又置女真国子学。先是，大定四年，立诸路女真学，以女真大小字译《尚书》颁行之，择猛安谋克内良家子弟为诸生，诸路至三千人，取其尤俊秀者百人至京师学，设国子学教之，以资深造。又推广于诸府，随处设女真学焉。诸谋克贡二人或三人为生员，赡以钱米。至章宗泰和中，人例受地六十亩，所给既优，故学者多。当世宗时，京府设学凡十七处，天下养士共千人。章宗即位，于旧制京府十七处千人之外，置州学六十处，增养千人。定赡学养士法，生员给民佃官田，人六十亩，岁支粟三十石。后宣宗当军储不足之时，尚廪给不废焉。

元太宗六年，以冯志常为国子总教，命侍臣子弟十八人入学，是为建置学校之始。世祖至元六年，立国子学，以侍臣子弟长者四人从许衡，童子七人从王恂。又命生员八十人，以随朝百官近侍、蒙古子孙及俊秀者充生徒。其后屡次增加学额，仅四百人。当世祖设监立学，其时有官署而无学舍。大德、至大间（大德为成宗年号，至大为武宗年号），乃于宫城东先圣庙西置国子学，中为监，旁为六馆，而官师弟子始各有居息之处焉。国学所教，以《孝经》《小学》《论语》《孟子》《大学》《中庸》及《诗》《书》《礼记》《周礼》《春秋》《易》为主，而尤专意于四书。袁桷《国学议》有曰："自宋末年，尊朱熹之学，唇腐舌敝，止于四书之注，故凡刑狱、簿书、金谷、户口，皆以为俗吏而争鄙弃，清谈危坐，卒至亡国而莫可救。近者江南学校教法，止于四书。髫龀诸生，相师成风，字义精熟，靡有遗忘，一有诘难，则茫然不能以对，又近于宋世之末尚。甚者知其学之不能通也，大言以盖之，议礼止于诚敬，言乐止于中和。其不涉史者，谓自汉而下皆霸道。其不能词章也，谓之玩物丧志。又以昔之大臣见于行事者，皆本于节用而爱人之一语。功业之成，何所不可。"观此而国学教法之简陋，学风之空疏，概可见矣。此外有回回国子学，以教习回回文字。又置诸路蒙古字学，定蒙古字在诸字之右。诸衙门依例表章，并用蒙古字书写，以利推行。而南北之民，终寡于攻习焉。而医学、阴阳学，亦设官教授于诸路，三年一考试于大都云。元州县之学，自世祖时立诸路提举学校官，以督诸生进修。复命江南诸路学、各县学内，设立小学，选老成之士教之。其他先儒过化之地，名贤经行之所，好事之家，出钱赡学者，并立为书院。时大司农司所上诸路学校之数，至元二十三年，二万一百六十六所；二十五年，二万四千四百余所；二十八年，二万一千三百余所，可谓盛矣。而学校卒未见兴起，明太祖谓其名存实亡，岂不信耶！

（六）刑法　辽、金、元刑法之所以与古异者，以其保有原始游牧民族之严酷简捷习惯，而搀和以精密繁复之汉法，在在皆呈其凌杂矛盾之迹也。然三朝因其民质国势之相异，又各具其特殊之点焉。

辽以用武立国，国初制法，有黥刺、沙袋、木剑、大棒、铁骨朵、车轘、枭磔、投崖、生瘗、射鬼箭、炮掷、支解之刑。太祖神册六年，诏大臣定汉、契丹及诸夷之法，汉人则断以律令，契丹及汉人相殴至死，其法轻重不均。数传至圣宗，始更定法令，一等科之。又定奴婢犯罪至死，听送有司，其主毋得擅杀之禁。及贵戚被告，不以事之大小，并令所在官司为之案问，具申北、南院覆问得实以闻。是使被征服者之汉人，与征服者之契丹人，贵族与奴婢，同受法律平等之统治，而一革前此畸轻畸重之弊矣。兴宗五年，颁新定条制，纂修太祖以来法令，参以古制，其刑有死、流、杖及三等之徒，凡五百四十七条，累代遵用，上下便之。天祚失政，剧盗踵起，叛亡接迹，益务绳以严酷，由是投崖、炮掷、钉割、脔杀之刑复兴，而国祚亦随之以讫矣。

金初，法制简易，轻罪笞以柳葼。杀人及盗劫者，击其脑杀之，没其家资，以十之四入官，其六偿主，并以家人为奴婢。其亲属欲以马牛杂物赎者，从之。或重罪，亦听自赎。然恐无辨于齐民，则劓、刵以为别。其狱则掘地深广数丈为之。太宗虽承太祖，无变旧风之训，亦稍用辽、宋法。熙宗皇统间，诏诸臣以本朝旧制，兼采隋、唐之制，参辽、宋之法，名曰《皇统制》，颁行中外。海陵、世宗之世，屡修制条，至章宗新定律、令、敕、条、格、式成书，谓之《泰和律义》。律凡十有二篇，凡五百六十三条，大抵以《唐律》为准，而加以增损焉。惟金法以杖折徒，累及二百，州县立威，甚者置刃于杖，虐于肉刑。季年，君臣好用筐箧故习，以深文傅致为能吏，以惨酷办事为长才，是以待宗室少恩，待大夫士少礼，驯致君子无耻而犯义，小人无畏而犯刑，未始非用数任法之过也。

元太祖建国之初，用金降将郭宝玉言，颁《条画五章》，如出军不得妄杀，刑狱惟重罪处死，其余杂犯量情笞决是也。及中原略定，州县长吏生杀任情，甚至没人妻女。耶律楚材奏请"囚当大辟，必待报，违者论死"。从之。太宗即位，颁《大札萨克》（译言大法令也），于诸王百官，亦不过数事而已。其时百司断理狱讼，循用金律，颇伤严刻。及世祖平宋，地广事剧，始定新律，号曰《至元新格》。又除问官鞭背法，足为善政。然世祖治阿哈玛之罪，则发冢戮尸；诛卢世荣，则刲其肉以食禽獭，亦任意而不任法之过也。仁宗时，类集格例条画之有关风纪者为一书，曰《风宪宏纲》。英宗时，复命宰臣取前书而加损益，号曰《大元通制》。其书之大纲有三：一曰诏制，二曰条格，三曰断例。大抵纂集世祖以来法制、事例而已。其五刑之目，曰笞、杖、徒、流、死。笞、杖之数，皆减十为七。大抵元代君臣，世以轻典为尚，故以异族入主中原，用能相安百年无事。然其弊也，南北异制，事类繁琐。挟情之吏，舞文弄法，出入比附，用谲行私。而凶顽不法之徒，又数以赦宥获免。加以西僧为奸利，数假祈福之说以释重囚，累朝遵为故事，尤为元代之秕政焉。

## 第二十九节　宋辽金元之文化（上）

辽、金、元先后起自塞外之游牧民族，以攻战进取为事，文字尚不具备，何有所谓文化也。其后受汉族之影响，各制国书。辽太祖用汉人，教以隶书之半增损之，制契丹字数千，以代刻木（见陶宗仪《书史会要》）。金人初无文字，太祖时，完颜希尹乃依仿汉人楷字，因契丹字制度，合本国语，制女真字（《金史·希尹传》）。元初用畏吾儿字及汉字，世祖始命西僧八思巴制蒙古新字，大要以谐声为主。金设女真字学，元设蒙古字学，咸欲以帝王势力推行其国书，终以内容空疏，不能发生若何之影响。盖文化为精神、物质各方面之积累错综而后成，初非单独文字所可产生也。虽其间有渐染文明，从事学问，亦仅可谓为受汉族之华化，而初非有特别之文化也。故此期之文化，实以两宋文化为重心，而两宋在中国文化史中占重要之位置者，以其内容丰富，各方面皆有相当之发展故也。就两宋各项文化中，求其为前人所无而出于宋人所特创者，厥惟道学。《宋史》特立《道学列传》以表章之，后儒颇议其非（说详《曝书亭集》三十二卷及《潜研堂集》二十八卷），以为儒林足以赅道学，而道学不足以包儒林也。不知学术各有独至，而史法不拘成例。道学既为宋人所特创，则立《道学传》于《儒林》之外，正足以昭示学术之变迁，而表现时代之精神者也。故今仍以道学著称，而先叙其概要焉。

（一）道学之起因　学术常受时代之背景而应时势需要，道学之特别产生于两宋者，亦不外此公例焉。宋代以儒立国，而儒家自汉以来，流而为经生、经学。自唐《五经正义》颁行以后，略集汉魏以来诸儒之大成，其所有训诂、名物、典章、制度，已大体发明无余蕴。故韩愈号为有唐一代大儒，亦不过以文章高天下而因文见道而已，于儒学经术初无所创作也。而儒学以外之佛家、道家，咸各有其精深玄妙之心传，以风靡天下，唐之慧能，五季之陈抟，其最著者也。及有宋关洛诸儒起，莫不先泛滥于诸家，出入于老释，而后反之六经，以要其指归，盖所以矫经生文士之空虚，而求充实光大儒家之内容，建立一有统系、有条理、贯彻始终之新儒学，使足以治身心、达体用、一内外、合天人，而道学之名由是起焉。故推道学发生之原因，一起于矫正经学章句及文学词华之流弊，一起于抵抗佛家及道家之对立也。

（二）道学之建立　宋世学术之盛，以胡瑗、孙复为之先河，而为道学之开山者则始于周敦颐，著有《太极图说》及《通书》。《太极图说》发明天地阴阳五行之理，命于天而赋性于人物者，为一极有统系之说明，使天地人物所以一贯之理昭然著明，建立哲学上之一元论。虽朱震谓濂溪得太极图于穆修，修之传出于陈抟，然固不得以其图出于道家，而并周敦颐所说之理而少之也。《通书》以诚为圣人之本，示学者以希贤、希圣、希天之道在于立诚。诚为五常之本，百行之原，至诚则拟议以成其变化，而圣功、王道、天德莫能外矣。河南程颢、程颐兄弟尝从周敦颐游，其后深造自得，发明性理，成为道学之正统哲学。程颢性理之要旨，以性无内外，定无动静（见《定性书》），理无大小，学者须先识仁。仁者浑然与物同体，以天地万物为一体，莫非已也。认得为己，何所不至？只以诚敬存之，则天地之用皆我之用矣。程颐言："天地造化之道，有理则有气，有气则有理。自理言之谓之天，自禀受言之谓之性，自存诸人言之谓之心。性即是理，故无不善，而有不善者才也。才禀于气，气有清浊，禀其清者为贤，禀其浊者为愚。故论性不论气不备，论气不论性不明。"其指示学者下手之方，则以"涵养须用敬，进学则在致知"二语为最要。所著有《易传》《春秋传》。《易传》发明体用一源、显微无间之理，随时变易以从道，尤切于人事。《春秋传》发明圣人顺天应时之治，以著经世之大法。当时天下学者出其门最多，其最著者为吕大临、游酢、尹焞、杨时，称为程门四先生。与二程同时倡明道学者，关中则有张载，河南则有邵雍。张载学古力行，志道精思，著《西铭》《东铭》《理窟》等书。而《西铭》明理一分殊之旨，极纯无杂，尤为秦汉以来学者所未到。其铭有曰："乾称父，坤称母；予兹藐焉，乃浑然中处。故天地之塞，吾其体；天地之帅，吾其性。民，吾同胞；物，吾与也。"又曰："凡天下疲癃残疾、茕独鳏寡，皆吾兄弟之颠连而无告者也。"其所以发明通天地万物以为一体之义，为深切明著。与诸生讲学，每告以知礼成性、变化气质之道，学必如圣人而后已。以为知人而不知天，求为贤人而不求为圣人，此秦汉以来学者大蔽也。又论定井田、宅里、发敛、学校之法，皆可举而措诸事业云。邵雍深于象数之学，尝受陈抟先天八卦诸图于李之才，而雍探赜索隐，妙悟神契，洞彻蕴奥，汪洋浩博，多其所自得者。故程颢称其学为内圣外王之道。所著书有《皇极经世》《观物篇》，其要在以物观物，而以数理包括宇宙始终古今之变。若撮举其概，则一阴一阳谓之道，天地万物皆阴阳刚柔之分，人则兼备乎阴阳刚柔，故灵于万物而能与天地参也。人而能与天地参，故天地之变有元会运世，而人事之变亦有皇帝王霸。元会运世有春夏秋冬为生长收藏，皇帝王霸有《易》《书》《诗》《春秋》道德功力。是故元会运世春夏秋冬生长收藏亦各相因而为十六，皇帝王霸《易》《书》《诗》《春秋》道德功力亦各相因而为十六。十六者，四象相因之数也。凡天地之变化，方物之感应，古今之因革损益，皆不出乎十六。十六而天地之道毕矣（采蔡西山说）。邵雍为道学之别传，其说宏博奥衍，传之颇难其人。张载以礼为教，学者亦苦其拘迫，其传亦不广。故周、程、张、邵，虽五子并称，惟二程之学遍于天下云。

（三）道学之分派　二程、张、邵之讲学也，虽各本其所自得，而实互相取益，初无派别门户之见也。及传至南宋，而其流益纷，约举其要，可分三派：一为正统派之朱熹，二为心学派之陆九渊，三为功利派之叶适。此三派者，各自有其渊源，各自具其特点，而鼎立对峙，极当时学术灿烂之观。

朱熹之学出自李侗，李侗出自罗从彦，罗从彦出自杨时。其学大抵穷理以致其知，反躬以践其实，而以居敬为主，心之全体大用，物之表里精粗，莫不兼综条贯，交底于极，致广大，尽精微，而道学之壁垒始缜密丰富，灿然著明焉。盖朱熹之所以为正统派者，不在其特别之创作，而在集周、张、程、邵之大成。原周敦颐之说，明天地人物之原也以太极；程颢之说，明天地人物之原也以理；张载之说，明天地人物之原也以气；程颐之说，明天地人物之原也以理气；邵雍之说，明天地人物之原也以阴阳。以近世哲学上之名词诠之，则周敦颐、程颢、张载为一元论，程颐、邵雍为二元论，朱熹则综合各说，融会贯通，以组织成其完密之学说。故其学说之大成也以此，其学说之不能无支离也亦以此。以朱熹说明宇宙之本体时，主于太极一元论，即理一元论；其说明现象界之体用时，则又主于理气二元论。简言之，即朱熹实为一元的二元论也。所著书甚富，有八十余种之多。其《论语孟子集注》《大学中庸章句》最为精密。于《易》则著《本义》《启蒙》，以象数补《程氏传》之理。于《诗》则著《集传》，以明《序》说之非。于《书》则疑古文之平易，而反逊今文之艰涩，且直斥孔安国传为伪作。于《春秋》则疑圣心之正大，决不类传注之穿凿。于《礼》则以《仪礼》为经，而取《周礼》《大小戴记》及诸经史杂书所载有及于《礼》者，皆以附于本经之下，具列注疏诸儒之说，为《仪礼经传通解》一书。而其所编之《小学》《近思录》，尤为学者之入门阶梯焉。

陆九渊之学，先立乎其大者，本乎孟子，与其兄九韶、九龄互相讲习，皆以直截简易为为己之学。盖程颢之传，自谢显道而后，由王苹传至吴中，及九渊而大成，而其宗传亦最广。九渊少时读书，至宇宙二字，解者曰："四方上下曰宇，往古来今曰宙。"忽大省曰："宇宙内事，乃己分内事。己分内事，乃宇宙内事。宇宙便是吾心，吾心即是宇宙。千万世之前，有圣人出焉，同此心，同此理也。千万世之后，有圣人出焉，同此心，同此理也。东南西北海，有圣人出焉，同此心，同此理也。"（《象山全集》卷二十二）故其教人以发明本心为始事，此心有主，然后可以应天地万物之变（全祖望《淳熙四先生祠堂碑文》），与朱熹之教人以格物穷理为入圣之阶梯者异。对于理气之观念，主张天人一体，无人心、道心之别。根据《礼记》之言："人生而静，天之性也。感于物而动，性之欲也。"若是，则动亦是，静亦是，岂有天理物欲之分？动若不是，则静亦不是，岂有动静之间哉？又与程颐之分理气及朱熹之去人欲而作天理之说异。其后无极、太极之辨，陆以为太极实有是理，不当言无极；朱以为不言无极，则太极同于一物，而不足为万物根本。反复致辩，而两家之异遂显。故朱以陆为空虚，陆以朱为支离。然其教学者，必先立志，而辨志首严义利之辨（见《白鹿洞书院讲义》），则朱、陆两家之所同也。

叶适为浙东之永嘉人。伊洛之学，东南之士，自龟山（杨时）、廌山（游酢）之外，绍兴以后，言性理之学者宗永嘉。永嘉之学，传自程门袁溉，溉传于薛季宣，薛季宣传之于陈傅良。薛、陈皆以经制言事功，而叶适稍为晚出。永嘉功利之说，至水心始一洗之。叶适兼受吕祖谦中原文献学、陈亮功利说之影响，乃合天德、圣功、王道为一事，而与朱、陆相鼎足。其讲习大旨，上稽尧舜，下至孔孟，以《易》之"《文言》《上下系辞》《说卦》诸篇所著之人，或在孔子前，或在孔子后，或与孔子同时习《易》者，汇为一书。后世不深考，以为皆孔子作，故《彖》《象》掩郁未振，而《十翼》讲诵独多。魏晋而后，遂与《老》《庄》并行，号为孔老。佛学后出，其变为禅，喜其说者，以为与孔子不异，亦援《十翼》以自况，故又号为儒释。宋朝承平时，禅说尤炽，豪杰之士，有欲修明吾说以胜之者，而周、张、二程出焉。自谓出入于老佛甚久，已而曰：'吾道固有之矣。'故无极太极，动静男女，太和参两，形气聚散，灿蕴感通，有直内，无方外，不足以入尧舜之道，皆本于《十翼》。以为此吾所有之道，非彼之道也。然不知《十翼》非孔子作，则道之本统尚晦；不知夷狄之学，本与中国异"。斯言也，盖举朱、陆无极太极之辩而为根本上之取销，而毅然以道统自任者矣。

南宋道学三派之传，以朱熹正统派为最盛。传其学者，遍于东南，远及西蜀。门人中以黄幹、蔡元定、蔡沈、陈淳为最著。其后黄震、魏了翁、真德秀，皆其再传而私淑者也。当金元之际，南北不通，程朱之书不及于北方。自姚枢得德安赵复，始传周、程、张、杨、游、朱之学于河北，而姚枢、窦默、许衡、郝经、刘因诸儒，始得闻程朱之学，以广其传。及吴澄出，为调和朱陆之说。有元一代之学者，许衡、刘因、吴澄三人而已。然其时学术未替，传播颇广，上虽贱之，下自趋之，是则洛闽之沾溉者宏也。惟许衡表章朱子之书于北方，其功虽不可没，第自是天下乐为简易之说者，知不足以及其高明，姑窃其名以文其虚诞鲁莽，而不可与入圣贤之域，不可谓非其流弊也。

## 第三十节　宋辽金元之文化（下）

宋自道学以外，其各方面之文化，皆有相当之发展，盖其时好儒尚文已成为上下之风气，当时聪明材智之士咸得自由研究以发挥其天材，而国家承平既久，公私之学校盛兴，在在皆予学人以研究之机会。此宋代文化之所以丰富欤！兹条其重要者述之：

（一）经学　宋当庆历以前，多尊章句、注疏之学，故宋初邢昺之《论语正义》、聂崇义之《三礼图》，皆原本先儒，有所依据。自刘敞《七经小传》出，始异诸儒之说而稍尚新奇矣；孙复之《春秋尊王发微》出，始舍传而说经矣；至王安石《诗》《书》《周礼》新义行，视汉儒之说若土梗矣；驯至排《系辞》（谓欧阳修）、毁《周礼》（谓欧阳修与苏轼、苏辙）、疑《孟子》（谓李觏、司马光）、讥《书》之《胤征》《顾命》（谓苏轼）、黜《诗序》（谓晁说之），不难于议经，况传注乎？（本陆游语）此足见当日之风气。盖经说至庆历而大变矣，故一《易》也，而程颐《易传》则专明义理，朱熹《易本义》则专明象数，李光《读易详说》、杨万里《诚斋易传》则证以史事；《书》则疑孔传始于吴棫，朱熹继之，而蔡沈《书集传》乃详列今古文于各篇之下；《诗》则吕祖谦《读诗记》宗毛、郑，朱熹《诗集传》废《序》说；《春秋》则前有胡安国《春秋传》，后有张洽《春秋集注》，皆废三传而以义理说经。凡此诸家之所得，虽有浅深之不同，然其趋新则一也。至三礼原为实学，非可说以空言，而《仪礼》则有李如圭之《集释》，《礼记》则有卫湜之《集说》，陈祥道之《礼书》，皆号称博洽。而综合三礼则有朱熹之《仪礼经传通解》，以《礼经》十七篇为主，取《大小戴记》及他书传所载系于《礼》者附之，仅成家、乡、邦国、王朝礼而殁，黄榦续成丧、祭二礼，其书最便于学者。元初敖继公有《仪礼集说》，虽意在与郑注立异（本诸寅亮说），而颇能有所发挥；陈澔之《礼记集说》仅足便童蒙之解说而已。此外解经者虽多，大抵不信注疏，自标新义，其初不过疑经，其后遂至改经删经，如王柏、吴澄诸人之著述，皆移易经文以就己说，而经学衰矣。

（二）史学　中国史学自班、马而后，颇少创作。至宋时，以学术发达之结果，故史学亦有为专门独立之趋势，而蔚然成就各种之创作，故说者以宋为史学中兴之时代焉。兹分类述之：

（甲）正史类　宋初，诏薛居正等修《五代史》一百五十卷，多据累朝实录及范质《五代通录》为稿本，故纪传皆首尾完具，可以征信，而诸志则各体具备，有裨文献，故司马光作《通鉴》，专据薛史。其后欧阳修私撰《新五代史》七十四卷，大致褒贬祖《春秋》，故义例谨严；叙述祖《史记》，故文章高简；而事实则不甚经意。较之薛史，互有短长，故薛、欧二史并行于当世焉。《新唐书》亦欧阳修、宋祁等奉敕撰成二百二十五卷。是书本以补正刘煦《唐书》之舛漏，自称文省于旧、事增于前，其长于《旧唐书》也在是，其短于《旧唐书》也亦在是矣。

（乙）编年类　编年之体虽古，然集大成者为司马光之《资治通鉴》二百九十四卷。起周威烈王，讫于五代，上下一千三百六十年间，网罗宏富，体大思精，为前古之所未有。其后李焘作《续资治通鉴长编》，凡九百八十卷，宋孝宗谓其书无愧司马迁。朱熹作《通鉴纲目》五十九卷，惟《凡例》为所手定，其《纲目》则由门人赵师渊任之。

（丙）纪事本末类　古无此体，袁枢以《通鉴》旧文每事为篇，各排比其次第而详叙其始终，命曰《通鉴纪事本末》。其所缀辑虽不出《通鉴》原文，而经纬明晰，节目详具，前后本末，一览了然。其事虽因人，而例则独创，遂开后世史学问题研究之先导矣。

（丁）通史类　自班固以断代为书，史籍无复相因之义，历史会通之道自此失矣。郑樵生于南宋，奋然本其心识，撰《通志》二百卷。其例综括千古，归一家言，以上追《史记》之规制。然全帙之精华在于《二十略》，其采摭浩博，虽未能一一精密，而其发凡起例，议论精辟，多本其所自得，为史学界开无数径途焉。

（戊）政书类　自唐杜佑作《通典》，而宋人之留意典章者最多，故东西汉、五代之《会要》咸成于宋人之手（东、西汉《会要》，徐天麟撰；唐、五代《会要》，王溥撰）。而集政书之大成者为马贵舆之《文献通考》三百四十八卷，上下数千年，贯串二十五代。其叙事则信而有征，其议论则可以订典故之得失，证史传之是非，较诸《通典》，倍为详赡矣。

（己）古史类　刘恕作《通鉴外纪》十卷，自包羲以来至周威烈王，与《通鉴》相接。其古事之可信者大书，其可疑者，或分注，或细书。虽不免贪多好奇之病，而体例则特为审慎。苏辙作《古史》六十卷，虽不免杂儒墨之失，然朱熹尝称其说理之善。胡宏作《皇王大纪》，博采经传而附以论断，颇多切实。罗泌作《路史》，好奇炫博，而《国名纪》发挥余论，考证辨论，语多精核。凡此诸家，虽醇驳互见，然其采集古籍，各抒所得，未始不足为研究古史之资助也。

（庚）外交史类　宋自政和至绍兴，辽金交涉綦繁，徐梦莘作《三朝北盟会编》二百五十卷，上下四十五年，引书至一百九十六种。其于当日辽金通和用兵之事，至为详尽，不独明靖康乱事之本末，亦开中国外交史之先河矣。

综上七类，除正史外，多出宋人之新意，足见宋时士夫留心史学者多。南渡，东莱吕氏至以中原文献名其家学，每教学者读史而宗司马迁之学，故当时称为浙东史学派云。其宋、辽、金三史成于元顺帝之托克托（原名脱脱），而其实屡经修纂，早有成书，至至正时义例始定耳。惟《宋史》繁芜，《辽史》简略，多为后人所不满。而《金史》叙事详核，文笔老洁，说者谓多取刘祁、元好问两家著作以成书，故出宋、辽二史之上云。

（三）文学　本期之文学，其因袭前人而穷其变者，为古文，为诗歌。其代表一代特色者为词，为曲。兹分述之：

（甲）古文　唐韩愈、柳宗元所倡之散文，以矫当日排偶之时文者也。五代文体卑弱，宋初沿其余习。柳开为文章，独以韩愈为宗尚。洎杨亿专事藻饰，谓古道不适于用，天下宗之，几四十年。庆历初，尹洙、穆修力为古文，欧阳修从而振之，由是天下之文一变而古。修文天才自然，丰约中度，简而明，信而通，引物连类，折之于至理，以服人心，超然独惊，众莫能及。同时眉山苏洵著《权书》《衡论》二十篇，其文散而能收，放而能敛，一击一刺，皆有法度，遒劲简峭，上逼周秦诸子。其二子轼、辙。轼文如万斛泉涌，不择地皆可出。在地平，滔滔汩汩，虽一日千里无难；及其遇山石曲折，随物赋形而不可知也。所可知者，常行于所当行，常止于不可不止，此东坡之自评其文也。辙文超然容与，有振衣千仞之概。王安石文，笔力峭劲，结构矜严，其拗折处颇近昌黎。曾巩文湛深严密，峻极平正，皆北宋文之雄者，足与古人相上下。是后道学盛而文学衰，而南宋遂无一古文大家矣。若不得已而举其次，则吕祖谦文之详赡，朱熹文之渊懿，陈亮文之粗豪，叶适文之隽迈，抑得文之偏长者也。金有元好问，其文章雄浑挺拔，殆轶南宋诸家。元之姚燧文，雄深雅赡，为学韩而不至者，然卓尔为一代宗工。后之虞集、揭傒斯、黄溍、柳贯，虽称元文四杰，不能逮也。

（乙）诗歌　宋初诗宗温、李，倡自杨亿，刘筠、钱惟演和之，号曰西昆体，当时有"挦撦义山"之诮。梅尧臣、苏舜钦起而矫之，其豪迈深远，虽足一洗纤丽之习，然自是诗以意境为高，一变唐诗之情文兼至矣。欧阳修、王安石复以驰骤之笔，追宗韩、杜。欧犹有言外之意，王则意尽于言。苏轼、黄庭坚出，并称宋诗之大家。苏诗笔意超旷，如天马行空，极其变幻，适如其意所欲出。黄则学杜而变为深刻，神理未浃，风骨犹存，故能别为宗派。南宋称尤袤、范成大、杨万里、陆游为四家，而陆诗才情繁高，刻露清新，慷慨恬适，兼而有之，尤为杰出。金之诗人，前有党怀英，神韵缥缈；后有元好问，悲壮激越。而元诗中之歌谣跌宕，挟幽、并之气，尤高视一世焉。元诗称虞、杨、范、揭。虞集如汉庭老吏，杨载如百战健儿，范梈如唐临晋帖，揭傒斯如美女簪花，然较之唐宋则近于纤矣。

（丙）词　词肇于中唐，盛于五代，虽其源出于乐府，然不过为诗余。至宋时衍变，各体具备，附庸始蔚为大国，形成当代重要之纯文学焉。盖词自南唐以来，但有小令，其慢词起自仁宗朝。中原息兵，汴京繁庶，歌台舞榭，竞睹新声。柳永失意无聊，流连坊曲，遂尽收俚俗语言，编入词中，以便伎人传唱，一时动听，散布四方。其后苏轼、秦观、黄鲁直等，相继有作，慢词遂盛（吴曾《能改斋漫录》）。柳永词铺叙委婉，言近意远，森秀幽淡之趣在骨。凡有井水饮处，即能歌柳词（叶梦得《避暑录话》），足见当时传播之广也。东坡乐府，盘礴排宕，横放杰出，一洗绮罗香泽之态，摆脱绸缪宛转之度，使人登高望远，举首高歌，而逸怀浩气，超乎尘垢之外。于是花间为皂隶，而耆卿为舆台矣（引胡寅语）。然其辞胜乎情（蔡伯世语），往往不协音律（李清照语）。集北宋词之大成者，为周邦彦。邦彦妙通音律，下字用韵，皆有法度。其词抚写物态，曲尽其妙，浑厚和雅，富丽精工。贵贱皆知爱其词，后贤咸奉为典则焉。南宋词流极盛，而大声独发，首标高格者，厥为辛弃疾，而张孝祥、范成大、陆游、刘过、刘克庄等一派属之。其与稼轩同时，而别树一帜，巍然为南宋词家之正宗者，则为姜夔。夔精通音律，意到语工，如野云孤飞，去留无迹（引张炎语），而史达祖、吴文英、蒋捷、王沂孙、张炎、周密、陈允平等一派宗之。其时女子以词名家者，北宋有李清照《漱玉词》，其词格足以抗周轶柳；南宋有朱淑贞之《断肠词》，其隽气亦足与易安抗行。流风所播，及于闺阁，亦可征当时之广被也。金之词人，见于元好问所辑《中州乐府》者，有三十六人。然为金源之唯一大家者，厥为元好问。张炎称其深于用事，精于炼句，风流蕴藉处，不减周秦焉。

（丁）曲　曲为词之变，为元朝一代绝胜之文学。而其渊源，则出于唐宋之大曲、法曲，及宋金之杂剧、院本。元曲之佳处，以自然胜。写情则沁人心脾，写景则在人耳目，述事则如自其口出，此为元曲之所独擅。其曲家之最著者，为关、马、郑、白四大家。关汉卿自铸伟辞，一空依傍，而其言曲尽人情，字字本色。马东篱、白仁甫，高华雄浑，情深文明。郑德辉清丽芊绵，自成馨逸。此外，王实甫之《西厢记》，为北曲之代表；高则诚之《琵琶记》，为南曲之代表。北曲则悲壮沉雄，南曲则清柔曲折。其体制虽殊，而曲尽曲之能事则一也。总本期之文学论之，宋为中国文学最丰富之时代，而词则为宋人一代绝作，曲则为元人一代之绝作。其意境皆前人所未到，而为后人所不能及者也。此外，则小说之发达，以宋之《宣和遗事》为称首，而元人施耐庵之《水浒传》、罗贯中之《三国演义》，为当时之双璧，皆此期中之特别文学也。

（四）历法　宋初用周显德《钦天历》，太祖建隆二年，以其历推验稍疏，乃诏司天监王处讷等别造历法，是为宋人改历之始。宋代历法变更最繁，所造新历亦最多。北宋百六十余年，凡八改历，曰应天、曰乾元、曰仪天、曰崇天、曰明天、曰奉元、曰观天、曰纪元。南宋百五十余年，亦八改历，曰统元、曰乾道、曰淳熙、曰会元、曰统天、曰开禧、曰会天、曰成天。盖天道有岁差之异，故历法亦当为随时之应。且历以应天，事须实验。宋儒研究历数，每多自造新历。朝廷每遇改历，频征求草泽。若私人著述，实测有验，即为朝廷所采用。故谈天者各以技术相高，互相诋毁。历议之纷纭在此，历法之进步亦在此。如范镇之议度由律起，司马光之议律由度起，争论往复，前后三十年不决。臧元震之难《会天历》，而历官之辞穷，均为历法史中有名之学术竞争。至历家之新发明，则姚舜辅所造《纪元历》，始悟食甚泛余差数（见元郭守敬《上授时历表》），为前人历学所未知者。

辽自太宗入汴，迁晋伎术历象于中京，辽始有历。至圣宗时，其臣贾俊始造《大明历》，本于祖冲之之法焉。金有天下百余年，赵知微所重修之《大明历》而已。蒙古初无历法，成吉思汗在西域时，耶律楚材虽进《庚元历》，未及颁行。至世祖至元四年，西域人札马鲁丁用回回法撰《万年历》，世祖稍采用之，是为回回历入中国之始。其后命郭守敬造《授时历》，守敬先造仪表，凡十三等，遣官分向天下测景，凭其测到实数，改正前代旧法，造为新历。故自汉以后，西法未至以前，惟《授时历》号称精密焉。

（五）地理学　中国自《禹贡》《山海经》以来，地理发达最早，故由汉讫唐，成书极多。然求其赅备各体，内容丰富者，则至宋而始大备。地理莫要于图志，宋真宗朝时，翰林学士李宗谔等承诏撰《诸道图经》，凡一千五百六十六卷，其卷帙之繁富，已为古今所莫及。而《玉海》所著录之地图一项，达六十一种之多，其地图流传至今者，殆以伪齐阜昌之《禹迹图》《华夷图》为最古（叶昌炽《语石》卷五），开方记里，志《禹贡》山川、古今州郡、山水地名极精，论者谓在近代胡渭《禹贡锥旨》之上。次则郡志最盛，《宋史·艺文志》

所著录者一百七十三种。北宋则以乐史所著之《太平寰宇记》为称首，其于郡县建置沿革、道里户口、山水古迹、风俗姓氏、土产人物，无不具载。盖地理之书，纪载至是书而始详，体例亦自是而大变矣。其后王存所修之《元丰九域志》十卷，文直事赅，为诸志之所不及，较之乐史书，则《太平记》以详胜，而《九域志》以简胜矣。南宋以王象之所著《舆地纪胜》为称首，其于郡县沿革、风俗形胜、景物古迹、官吏人物、仙释碑记、诗文，收捃甚备，最为详赡，裨益于史事者不少。次则范成大所著之《吴郡志》，凡分三十九门，征引浩博，而叙述简核，为地志中之善本焉。此外如王应麟之《通鉴地理通释》，则有合于历史地理也。宋祁之《益部方物纪略》，范成大之《桂海虞衡志》，则有合于经济地理也。赵汝适之《诸蕃志》，则纯然为东南之外国地理也。元有潘昂霄之《河源志》，本于都实之实地测验。岳铉承诏所修之《大元一统志》，其目共为一千卷，其繁博虽不及宋之诸道图经，然远非明、清《一统志》所能及也。

（六）金石学　中国古无考古之学也，自宋刘敞始为古器之学，其序所刻《先秦古器记》，具言考究古器之法，有曰："礼家明其制度，小学正其文字，谱牒次其世谥。"为后之言古器学者所祖。嗣是李公麟、吕大临之《考古图》，皆用其例，而莫备于徽宗朝之《宣和博古图》。尚方所贮，至六千余数百器，时所重者，三代之器而已。其后累数至万余（见蔡绦《铁围山丛谈》），可谓夥矣。而金石著录之最著者，前则有欧阳修之《集古录》，后则有赵明诚之《金石录》。欧之为录目也，在正史传之阙缪；赵之为跋尾也，在考史牒之异同。由是金石之学，一变而为历史考古学矣。自是学者咸相祖述，而金石学遂为治史之一种新工具焉。

（七）美术　本期美术可分音乐、绘画、雕刻、瓷器四端言之。

（甲）音乐　宋初用周王朴乐，太祖谓其声高，近于哀思，乃诏和岘考西京表尺，令下一律，比旧乐始和畅。其后屡有改作。仁宗时有李照乐，以谏官、御史交论其非而罢。有阮逸、胡瑗乐，以钟声弇郁不和，仅用于常祀朝会而已。神宗时有杨杰、刘几乐，范镇以为声杂郑、卫。哲宗时有范镇乐，杨杰复议其失。徽宗时有魏汉津所制大晟乐，以上谓之曰雅乐。然李照、杨杰、魏汉津等所制之乐，均私为工师所易，非其本指。而李照、杨杰、魏汉津均懵然无知，是李照、杨杰、魏汉津虽制乐而实不知音，宋乐虽数变而实未尝变也。高宗南渡，未遑声乐，朝廷大乐多用大晟。至宁宗时，姜夔上《大乐议》，指摘今乐极为详明，然终以为古乐未易遽复也。故世号太常为雅乐，而未尝施于宴享。宋代所通用者，为太宗所制大小曲。盖唐之燕乐也。燕乐之源，出于龟兹琵琶，为宫、商、角、羽四均，无徵声，一均分为七调，四均故二十八调也。其器以琵琶为主，而众音从之（说详凌廷堪《燕乐考原》）。燕乐之与雅乐异者，雅乐原于黍律，故由大生细；燕乐原于琵琶，故由浊至清。《辽史·乐志》所谓"大乐二十八调，不用黍律，以琵琶弦叶之"是也。故燕乐者，为古代雅乐之转变，而为金、元剧曲之所从出也。金、元以剧曲为最盛行，金曰院本，元曰杂剧。杂剧以四折为率，其曲有十七调（《辍耕录》云："仙吕宫唱清新绵逸，南吕宫唱感叹伤悲，中吕宫唱高下闪赚，黄钟宫唱富贵缠绵，正宫唱惆怅雄壮，道宫唱飘逸清幽，大石唱风流蕴藉，小石唱旖旎妩媚，高平唱条拗滉漾，般涉唱拾掇坑堑，歇指唱急并虚歇，商角唱悲伤宛转，双调唱健捷激袅，商调唱凄怆怨慕，角调唱呜咽悠扬，宫调唱典雅沉重，越调唱陶写冷笑"），盖燕曲二十八调之遗音也。

（乙）绘画　宋代为思想解放之时代，故其时之画风亦轻形式而重精神，而富于纯粹审美之艺术性。国初即设立翰林图画院，以聚集天下之名手，黄居寀自后蜀至，董羽自南唐至，而黄居寀尤受太宗之优遇。居寀传其父筌之画法，勾勒老硬而自得天真，惟填彩浓厚，饶有壮丽富贵之气，遂大成为院体花鸟画式，谓之黄氏体。当时徐熙之孙徐崇嗣传其祖清淡野逸之画风，而创为没骨写生法，以与黄氏一派相对峙，谓之为徐氏体。自是画院派与院外派常起轧轹，然艺术则因竞争而进步矣。故宋代画学丰富，形成为多方面之发展，山水则有李成、范宽、董源、郭忠恕、米元章各家，道释人物则有李公麟、高文进各家，花鸟则黄氏体传至崔白、崔悫、吴元瑜等，一变其格法而渐脱画院之风，徐氏体传至赵昌、易元吉而摆脱旧习而超轶古人所未到。此外，兰竹菊梅为文人高士写意作之，成为宋代特别之画材而盛行于后世。元代绘画不过承继宋代之画风，国初之赵孟頫，其画法有唐人之致而去其纤，有北宋之雄而去其犷，可谓复古派之集大成者。元末有倪瓒，其山水以天真幽淡为宗，又一变宋代之技工而偏重于性灵矣。

（丙）雕刻　在中国发达最早，刻石、刻金、刻木，三代已极其精，而刻木印书，则始于五代，而精于宋人。宋初刻本尚希，即《史》《汉》二书，搢绅家尚不人有（见苏轼《李氏山房记》）。至太宗淳化间，朝廷以《史记》《前后汉》付有司摹印，自是书籍刊镂者益多矣。时天下印书，以杭为上，蜀次之，闽最下（叶梦得语），所谓麻沙板也。而庆历中，又有活字板，为布衣毕昇所发明。其法用胶泥刻字，火烧令坚，先设一铁板，其上以松脂蜡和纸灰之类冒之。欲印则以一铁范置铁板上，乃密布字印，满铁范为一板，持就火炀之，药稍镕，则以一平板按其面，则字平如砥。虽印数十百千本，极为神速。常作二铁板，一板印刷，一板已自布字。此印者才毕，则第二板已具，更互用之，瞬息可就（详见沈括《梦溪笔谈》）。是为中国有活字板之始。自刻板盛行，而书籍易于传播，其有助于文化之发达，为不鲜也。

（丁）瓷器　唐始尚窑器，至后周而柴窑独著。宋时窑业益盛，其最著者曰定窑、汝窑、官窑、内窑。定窑出定州（今河北省正定县），其色以白为正，紫色、黑色次之。汝窑出汝州（今河南汝源县），其器色青。宣和间，汴京自置窑烧造，曰官窑，以粉青色为上。南渡后，袭旧京遗制，置窑于修内司，曰内窑。宋时南北各地以窑著名者甚多，而景德以真宗首创官窑，专备御用，因名其镇曰景德云（在今江西浮梁县）。瓷虽一器之微，然实占宋代美术之特色。盖其时社会好尚之雅俗，民间工业之良楛，皆可于瓷器觇之矣。

## 第三十一节　宋辽金元宗教之概要

宋以前中国之宗教，或影响于社会之道德，或有裨于学术之进展，其利弊犹相半。宋以后中国之宗教，上则扰乱政治，下则蠹害社会，则利少而弊多。盖宗教之本质既殊，而信奉宗教者又不以为安慰精神之具，而中于迷信祸福之私故也。宋元立国之文野不同，故其所崇奉之宗教亦异。宋以道教为国教，元以喇嘛教为国教。其余如辽则以佛教为国教，道宗至加僧侣以三公之官，以民户赐寺僧；金人鉴其败亡，故不信佛法，而一任宗教之自由信仰而已（《金史·世宗本纪》上有"佛法犹所未信"之言）。兹将各教之兴衰，分述其概略焉。

（一）**佛教**　宋太祖鉴于周世宗毁佛而祚短，建隆元年，即诏保存佛像，屡令书写金字、银字藏经，并多建寺院。开宝四年，遣张从信往益州雕《大藏经》版，至太宗太平兴国八年告成，是为中国大藏经版之始。当时印度、西域僧徒赍梵经来中国者，陆续不绝。太宗就龙兴寺建译经院以居之，先后译成经典数百部。至真宗后，信奉道教，而译经之举，遂时作时辍矣。至佛学，自唐会昌以后，而禅宗独盛。禅宗五家：曹洞、沩仰、临济三宗，起于唐末。其云门、法眼二宗，则起于五代。沩仰宗，盛于南唐之初，其后遂绝。法眼宗至宋时，有永明延寿大师出，著《宗镜录》一百卷，高丽王慕其学德，遣僧三十六人来承其法。自后法眼宗弘布于高丽，而中国反衰矣。曹洞宗盛行于河北，被金、辽、蒙古之交侵而稍衰，惟云门、临济二宗独盛于天下。二宗教人，云门入门便棒，临济入门便喝（详见《佛祖历代通载》卷三十四），在禅宗以此为传心证悟之要诀。其末流所至，徒逞机锋，遂荒经典，呵佛骂祖，蔑视戒律。沿及元明，流风愈煽，故说者谓禅宗独盛于宋元，而佛教实衰于宋元也。此外，唐之残存诸宗，咸呈融合之倾向，天台与禅、华严与禅、净土与禅，在佛教内均互相融通，无复唐时独立之严整壁垒矣。独天台山家、山外之争，历时既久，人数复多，往复辩论，著述不少，为宋代佛教中所当特书之事。

其大要则山家之观心，谓之妄心观；山外之观心，谓之真心观（详见蒋维乔《中国佛教史》卷三），对于宋代道学治心之说，不无影响者也。

（二）道教　道教至唐而始盛。五季之末，有吕岩、陈抟，为当时所崇尚。宋太宗时，集天下道经七千卷，修治删正，写成三千三百三十七卷，赐各宫观。真宗之世，选道士十人，更详定之，增六百二十卷，共三千九百五十七卷，赐名《宝文统录》，冠以御制之序，是为中国道藏之始。至徽宗时，尤崇奉道教，自称为道君皇帝，信用道士林灵素，建上清宝箓宫，密连禁省，天下皆建神霄万寿宫，假帝诰、天书、云篆，务以欺世惑众。其徒美衣玉食，几二万人，遂立道学，置郎、大夫十等。徽宗用林灵素言，改佛号为大觉金仙，称僧为德士，尼为女德士，皆使从道教之风。道士冠有徽章，而德士冠则无，命德士离寺，使道士入居之，是为宋代崇道排佛之举，未久而即复故矣。宋南渡后，道教之分派渐起，初为南北二宗，而皆始于吕岩。南宗先性，北宗先命。北宗自吕岩传王重阳嚞，而为金之全真教。嚞传邱长春处机，成吉思汗甚尊信之，征至西域塔里寒寨之行宫（见王国维《西游录校注》），邱处机尝劝以不嗜杀人，为统一天下之要。时蒙古蹂践中原，河南北尤甚。民罹俘戮，无所逃命。处机还燕，使其徒持牒购之。由是为人奴者，得复为良，与濒死而得更生者，毋虑二三万人（《新元史·释老·邱处机列传》）。全真教之盛大，邱处机之力也。此外，则真大教为金人刘德仁所创，太一教为金人萧抱珍所创，均行于两河南北。而大江以南，则盛行张天师之正一教。至元世祖十八年，集僧道二家辩析，僧胜道负，诏毁烧天下《化胡》等经及印板，独留《老子道德经》，为道士之所奉行（见《佛祖历代通载》卷三十二），是为中国史上佛道两宗最后之冲突云。

（三）喇嘛教　喇嘛教创自西藏，为佛教中之别派。当隋唐之时，印度佛教初输入西藏时，而西藏本地早已流行一种神教，曰巴恩教。至西历纪元七百四十七年（时中国唐玄宗天宝六年），印度那烂陀寺真言瑜伽派上师莲华生（《蒙古源流》作巴特玛师）入藏，唱秘密佛教，调和西藏原有神教，而形成为喇嘛教焉（喇嘛译言长老），其教以念密咒、行密轨为宗旨,至元初而传入蒙古。当宪宗朝,忽必烈奉命来征西藏,及得土番地,忽必烈为收揽西藏人心计,乃挈八思巴还(一作发思巴)。即位之后,尊为帝师,终至定喇嘛教为元国教。命八思巴统管天下佛教,并郡县土番之地,设官分职,而领之于帝师。乃立宣政院,其为使位居第二者,必以僧为之,出帝师所辟举,而总其政于内外者。帅臣以下,亦必僧俗并用,而军民通摄。于是帝师之命,与诏敕并行于西土。百年之间,朝廷所以敬礼而尊信者,无所不用其至。每帝即位,必先受帝师戒七次。帝师之外有国师,亦同受元室之尊宠。其弟子之号司徒、司空、封国公者,前后相望,怙势恣睢,气焰熏灼,蠹国病民,为害不可胜言云。

(四)也里可温教　元以前未有也里可温之名也,而其名则数见于《元史》,诸家解释非一(余阙《青阳集》称为也里可温国,《元史国语解》称为部名,魏源《元史语解略》谓即今之阿浑),而不知其为欧洲之天主教也。西儒多桑《蒙古史》谓蒙古人称天主教为阿勒可温,洪钧以也、阿二音阿剌比文、回纥文往往互混,阿勒可温即也里可温也。中国刘文淇《至顺〈镇江志〉校勘记》有曰"也里可温即天主教矣"。近时屠寄《蒙兀儿史记·乃颜传》注也里可温云:"即《唐景教流行中国碑》上阿罗诃之转音。"张星烺以阿罗诃西人考证为叙利亚文中上帝之译音,则其义为天主教之上帝也(《中西交通史料汇编》第二册)。元时基督教在中国者,分为二派:一为摄斯脱派,即唐时之景教徒;一为圣方济各派,即明代天主教之先河。《元史》之也里可温,乃其总名也。当蒙古之据有中亚细亚各地也,多为景教流行之区。既而西侵欧洲,北抵俄罗斯,罗马教徒、希腊教徒之被掳及随使节至和林者,不可以数计。而罗马教宗之使命,如柏朗嘉宾、隆如满、罗伯鲁诸教士,又先后至和林。斯时,长城以北及嘉峪关以西,万里纵横,已为基督教徒所遍布矣。燕京既下,蒙古、色目随便往居(详见《廿二史札记》)。于是塞外之基督教徒及传教士,遂随军旗弥蔓内地。以故中统初元诏旨,即以也里可温与僧道并提。及至蒙哥末罗马主教至北京,而罗马教之传播大盛。也里可温遂流行于江南诸路,创立掌教司衙门，招收民户，诱化法箓先生，侵夺管领（见《元典章》卷三十三）。其布教之威势，慨可想见矣。当仁宗时，天下也里可温掌教七十二所，并掌于朝廷崇福院（见《元史·百官志》）。扬州也里可温十字寺至降御香、御赐功德酒段（见《元典章》卷三十六）。而文宗初服，宫廷享殿亦借彼教资荐冥福，亦足见也里可温受皇室之尊崇，而为元代一种有力之宗教也（本段采《元史译文证补·元世各教名考》及陈垣《元也里可温考》）。

（五）回教 谟罕默德教，自唐时入中国，而未久即衰。元时有木速蛮者，即谟罕默德教也（耶律楚材《西游录》作谋速鲁蛮，孙仲端《北使记》作没速鲁蛮回纥）。木速义谓正义，蛮谓人类，阿剌比语也。答失蛮者（《至元辨伪录》作达失蛮，《元泰定帝岳庙碑》作达识蛮），亦木速蛮教中别派。两教盛行于天山南北路，回纥人多信奉之，故世俗以回回名其教云。蒙古平定中国，其教徒移居内地者甚多。朝廷设回回司天监、回回国子学、回回药物院、回回军匠万户府等，而各省参知政事，必以回回一人充之。其各道廉访使、各部达鲁花赤及江南州郡，皆以回回与蒙古、汉人杂用。内则中书省、宣政院暨六部，皆有回回掾吏书写若干人。外则河南、江浙、湖广、四川、陕西、甘肃、辽阳、岭北、云南诸行省，皆有回回掾吏、通事、知印若干人。凡回人所至之地，即回教所及之地。故自元以来，回教遂遍布中国各行省矣（此段采洪钧《元时各教名考》及王桐龄《中国史》）。

（六）犹太教 犹太人之入中国，其信而可征者，在唐末之世。亚剌比人亚布尔玺特所著《东洋纪行》有曰：“唐末黄巢之乱（唐僖宗乾符六年事），因贸易而至广府（《支那通史》译作澉浦，谓是乾符四年事，非）之回教徒、犹太教徒、基督教徒、巴尔施等十二万人，皆死于难。”然其布教立寺之可考者，则始于宋元。据开封一赐乐业寺明弘治重建清真寺碑，七十姓教徒进贡西洋布于宋，留居汴梁，宋孝宗隆兴元年（金世宗大定三年）始建寺焉。是为犹太教建寺于中国之始。其曰一赐乐业者，为以色列之音变，而以先哲之名名其教也。在元曰斡脱，《经世大典·马政篇》：“中统四年，谕中书省于东平、大名、河南路宣慰司，不以（以犹论也）回回通事、斡脱并僧、道、答失蛮、也里可温、畏兀儿诸色人，匹每钞一百两，通滚和买堪中肥壮马七匹。"其后数见斡脱之文，盖即犹太教也（采洪钧说）。《元史·文宗纪》谓之为术忽，或称主吾，又称主鹘，皆术忽之异译。而俗则称之为挑筋教，以彼中教礼，食牛羊骸必挑去巨筋，故名。其教入中国后，在元时传布颇广，观元代刷马之令，斡脱、和尚、先生（元代称道士为先生）、也里可温、答失蛮并称可知也。明谓之为如德亚，日后渐式微矣（采陈垣《开封一赐乐业教考》）。

## 第三十二节　本期之社会状况

宋元时代之社会，为古今社会变迁之一大关键。宋代为汉唐以来千余年社会之结束，元代为明清六百年社会之造端。故自元以后，不独汉唐社会之风邈不可复睹焉，即宋人淳实仁厚之俗亦荡然无复存者矣。求其致此之原因，不外民族之复杂混淆，而被征服者失其政治能力之所由致也。兹略举宋、金、元社会情形之概况，亦足以觇世变矣。

（一）农人生活之情形　自唐中叶授田之制废，而自有田者不必耕，能耕田者不必有，于是佃农之制生，而贫富之阶级悬殊矣。宋太祖即位，循用周世宗均括民田之法，命官分诣诸道均田。然周、宋之所谓均田，非同于北魏均田之制也，盖不过均其赋税于民田，而求其得平已耳，对于人民田之有无多寡，未尝过问也。太宗时，京畿周环二十三州，幅员数千里，地之垦者十才二三，税之入者又十无五六，民弃耕农，赋额岁减。太常博士陈靖上言，请募民耕垦，给授桑土，潜拟井田，营造室居，使立保伍。养生送死之具，庆吊问遗之资，并立条例。其田制为三品，上田人授百亩，中田百五十亩，下田二百亩，并五年后收其租，亦只计百亩，十收其三。宰相吕端以靖所立田制多改旧法，又大费资用，其事遂寝。至仁宗时，上书者言赋役未均，田制不立，因诏限田，公卿以下毋过三十顷，牙前将吏应复役者毋过十五顷，止一州之内，过是者论如违制律，以田赏告者。而任事者终以限田不便，未几即废。当时苏洵论田制有曰："周之时用井田，井田废，田非耕者之所有，而有田者不耕也。耕者之田资于富民，富民之家地大业广，阡陌连接，募召浮客，分耕其中，鞭笞驱役，视以奴仆，安坐四顾，指麾于其间。而役属之民，夏为之耨，秋为之获，无有一人违其节度以嬉。而田之所入，已得其半，耕者得其半。有田者一人而耕者十人，是以田主日累其半以至于富强，耕者日食其半以至于穷饿而无告。夫使耕者至于穷饿，而不耕不获者坐而食富强之利，犹且不可，而况富强之民输租于县官，而不免于怨叹嗟愤，何则？彼以其半而供县官之税，不若周之民以其全力而供其上之税也。周之什一，以其全力而供什一之税也，使以其半供什一之税，犹用什二之税然也。况今之税，又非特止于什一而已，则宜乎其怨叹嗟愤之不免也。噫！贫民耕而不免于饥，富民坐而饱以嬉，又不免于怨，其弊皆起于废井田。井田复，则贫民有田以耕，谷食粟米不分于富民，可以无饥。富民不得多占田以锢贫民，其势不耕则无所得食，以地之全力供县官之税，又可以无怨。是以天下之士争言复井田。"（见《嘉祐集》）同时程颢、张载咸主张均井田（见《明道先生文集·论十事札子》），复井田以均贫富（见吕与叔《横渠先生行状》），均以平世难行，仅存为儒者土地政见之理论而已。中更青苗新法之扰，农民益陷于困苦。高宗南渡，林勋献《本政书》，请仿古井田之制，使民一夫占田五十亩，其羡田之家毋得市田，其无田及游惰末作者皆使为农。时不能行。其后兼并益甚，谢方叔上言："豪强兼并之患，至今日而极。百姓膏腴皆归贵势之家，租米有及百万石者。小民百亩之田，频年差充保役，官吏诛求百端，不得已则献其产于巨室，以规免役。小民田日减而保役不休，大官田日增而保役不及。以此弱之肉，强之食，兼并浸盛，民无以遂其生。"观于此，则农民生活之艰，国家赋入之混，实为社会、政治两方面之大患。虽臣工有限田之请，朝廷有经界之行，然贵家豪右实所不便，皆胥为异论，以惑群听。贤士大夫之喜安静、恶纷扰者，又多不深察，而望风阻怯，终至废格而后已。且南宋官田制兴，诸籍没田募民耕者，皆仍私租旧额，每失之重。嘉定以后，又有所谓安边所田，收其租以助岁币。贾似道秉政，假借限田之美名，买其限外所有，谓之公田。有司争相迎合，争以买田多为功，亩值千缗者，率买以四十缗，又缪以七八斗为石。其后田少，与硗确亏租，佃人负租而逃者，率取偿田主，六郡之民，破家者多。是国家不能授田于民，反效豪猾兼并，而自为其田主，故其害尤过于私家，而贻患无穷焉。金元两代，视中国为被征服地，更不能为土地根本之解决，但期税有定额，田有定税而已。故金所行之推排法，元所行之经理法，其目的不过在于均赋，而有司奉行不善，贪刻用事，黠吏富民，旁缘为奸，以无为有，以多为寡，其弊盖有反甚于前者矣。至于金徙猛安谋克于中原，占有近郊官田而不耕，尽令汉人佃莳，取租而已。元收亡宋之公田，而别领于官，累朝以此田分赐诸王、公主、驸马及百官、宦官、寺观之属，其受田之家，各任奸吏、土著为庄官，催甲斗级，巧名多取，尤为民害云。

（二）民族南北迁徙之混淆　黄河流域之文化，至唐宋而再盛。乃其后文化零落，人材则萎靡不振，社会则鄙僿无文者，以受金元之蹂躏，而民族南北之迁徙，为其大关键也。自契丹南侵，河朔之民数被其毒，驱掠善民入国中，分诸部落，鞭笞凌辱，酷不忍闻（见《儒林公议》）。及金人屡次南伐，汉民罹祸尤深。阿骨打入燕以后，所掳中原士大夫之家姝姬丽色，凡二三千人，北归其国。燕之金帛子女，皆为金人席卷而东（见《大金国志·太祖本纪二》）。靖康之祸，陷于金虏者，帝子王孙、宦门仕族之家，尽没为奴婢，使供作务，任其生死，视如草芥（见《容斋三笔·北狄俘虏之害》）。高宗南渡，凡世家之官于朝者，多从行焉。如韩肖胄、侂胄，皆韩琦之曾孙也；王伦，王旦之孙也；吕本中、祖谦、祖俭、祖泰，皆吕公著后也；常同，常安民之子也；晏敦复，晏殊之后也；曹友闻，曹彬之后也（见《陔余丛考》卷十八）。当时随驾官员携眷属者，诏听于寺庙居住（见《石林燕语》）。一时著名将帅，如韩世忠、岳飞、张俊、王渊、刘锜、曲端、吴玠、吴璘、杨惟中、李显忠等，皆北人也。其文武南迁之多，朝廷招待之优，可以想见。宜乎南方之日就繁荣，北方之渐趋衰落也。金元构兵二十年，河北丘墟，其孑遗之民，又多为蒙古诸将掠为私户。东平将校占民为部曲户，谓之脚寨，擅其赋役，几四百所之多（《元史·宋子贞传》），而兵后孱民依庇豪右，岁久掩为家奴（《元史·张德辉传》）。阿里海牙平湖广，以降民三千八百户没入为家奴，自置吏治之，岁收其租赋，有司莫敢问（《元史·张雄飞传》）。世祖至元十七年，诏核阿里海牙等所俘三万二千余人，并赦为民。是阿里海牙一人所私占之户，盖以千万计矣。江南新附诸将，往往强籍新民为奴隶。雷膺为湖北提刑按察使，出令还为民者数千（《雷膺传》）。《王利用传》，都元帅塔尔海抑巫山民数百口为奴，利用为提刑按察出之。《袁裕传》，南京总管刘克兴掠良民为奸，裕出之为民（《廿二史札记》卷三十）。汉民族受其压抑，其才者或自放于词曲，以轻歌俳优之词取容于蒙古之贵胄；其弱者遂为其部曲奴隶，以求庇荫于豪强，而汉族伟大独立之民族性，遂日就销磨矣。

（三）金元汉族与异族对峙之情形　女真起于塞外一部族，与宋交战十余年，奄有大河南北。拓地既广，恐人见其虚实，太宗天会十一年，遂尽起本国之土人，棋布星列，散居四方。令下之日，比屋连村，屯结而起（《大金国志》卷八《太宗纪》）。至熙宗皇统五年，遂创置屯田军，凡女真、契丹之人，皆自本部徙居中州，与百姓杂处，而领以猛安谋克。平时则耕官田，战时则给钱米。海陵迁都，正隆元年，又徙上京之宗室数猛安于中都、山东、河间等地（《金史》卷四十四《兵志》）。至世宗大定时，山东及河南之地，到处有猛安谋克犬牙交错于州县之间，而猛安谋克所领户口达六百十五万八千余人，约占当时天下人口百分之七强。屯田军既与百姓杂处，民多失业（《金史·曹望之传》），足见猛安谋克之侵暴于民间。而女真族又缺乏经济能力，习于骄纵，不亲稼穑，往往以田租人而预借三二年租课者，或种而不艺，听其荒芜者（金世宗语）。及章宗明昌间，国势凌夷，朝议以军多败衄，由于屯田地寡，无以自赡，至有不免饥寒者，故无斗志。遂括民田之冒税者，以分给军户（《金史·张万公传》）。当时武夫悍卒，倚国威以为重。山东、河朔上腴之田，民有耕之数世者，亦以冒占夺之（《元遗山文集》卷十六《张文贞公神道碑》）。贞祐盗起（贞祐为金宣宗年号），众至数十万，攻下郡邑，官军不能制。渠帅岸然以名号自居，仇拨地之酷，睚眦种人，期必杀而后已。若营垒，若散居，若侨寓、托宿，群不逞哄起而攻之，寻踪捕影，不遗余力。不三二日，屠戮净尽，无复噍类。至于发掘坟墓，荡弃骸骨，在所悉然（《元遗山文集·完颜仲德神道碑》），亦足见金末种人受祸之惨，汉族平时积怨之深矣。

　　元制，蒙古、色目人随便散居内地，从宦南方者多不归，既习与汉族杂居，而又互通婚嫁。如伯颜不花之母鲜于氏，乃鲜于枢之女也（见《元史·忠义传》）。南昌富民伍真父娶诸王女为妻，充本位下郡总管（见《元史·虞集传》）。是以风俗积渐，蒙古、色目人之受华化者甚多。如蒙古人保八之精易理（《新元史·儒林传》），哈喇娄（即哈剌鲁，《元史·西北地理附录》之柯耳鲁，《唐书》之葛逻禄也）人巴延之修辑六经，大食人舒苏之考订经传（《元史·儒林传》）。此外如雍古部人马祖常之文章，答失蛮人萨都剌之诗歌，均足为华化之代表（陈垣《西域人华化考》）。而汉人既与蒙古人里居相习，又因立蒙古学而通习其国语，其风俗仿蒙古者亦不少。观于元代，汉人多作蒙古名，如江西人之刘哈喇不花，宁夏人之杨朵尔只，皆习蒙古俗也（详见《廿二史札记》卷三十）。大抵金尚刑克，又分女真与汉人为二（金世宗语）；元政宽缓，又听蒙古与汉人通婚，两代种族间之宽严异致，故其后种人所受之结果亦殊。明太祖平张士诚，遣使送元宗室神保大王及赫罕等九人于元（《明通鉴》前编卷四），与金末汉族之仇杀女真较相去远矣。然明太祖既灭元，令北虏割裂姓氏，与汉合符（见章炳麟《訄书·序种姓上》）。由是氏族棼淆莫辨，而北俗亦时有残留于社会间者。明清风俗之不古若，其殆以是欤？

　　（四）宋元与海外诸国之交通　　中国自唐代以来，海上诸国之交通贸易日趋繁盛，朝廷至设专官以经理之，谓之曰押蕃舶使（见《柳河东集》卷十），或监舶使（见《全唐文》卷七百六十四），或市舶使（见《唐书》卷百十二《柳泽传》），遂为宋代市舶司之滥觞。其时海上诸国来航于东洋者，以阿剌伯人为称首。盖自西历八世纪之初，迄于十五世纪末欧人东来为止，前后八百年间，为阿剌伯人在世界商业最活跃之时代也（见日人桑原骘藏《提举市舶西域人蒲寿庚之事迹》）。当西域阿拔斯朝奠都巴格达（即报达）以来，对于海上印度及中国方面之通商事业尤为注意。阿剌伯人由波斯湾经印度洋，绕马来群岛至岭南贸易者甚众，而坎富（Khanfou）、劳京（Loukin）、占府（Djanfou）、干都（Kantou）诸地名，已见于西历九世纪易逢柯达贝（Ien Khordadbeh，阿剌伯之地理学者）之著书中。据近人所考，坎富为唐之广府（即广州），劳京为唐之交州，占府为唐之泉州，干都为唐之扬州。其中以广州商务为最盛。宋开宝初，置市舶司于广州，后又于杭、明州置司。凡大食（即阿剌伯、报达等国）、古暹（今满剌加岛。《郡国利病书》云："满剌加，古哥罗富沙地。古暹，即哥罗转音)、阇婆（今爪哇岛）、占城（今安南东南部）、勃泥（疑今之婆罗洲）、麻逸（即马力维列岛，在占城东北海中）、三佛齐（今苏门达腊东南之一部）诸蕃并通贸易，以金银、缗钱、铅锡、杂色帛、瓷器，市香药、犀象、珊瑚、琥珀、球玭、镔铁、鼉皮、玳瑁、玛瑙、车渠、水精、蕃布、乌楠、苏木等物。大抵海船至，十先征其一。仁宗时，总岁入香药、犀象、珠玉之类，其数五十三万有余，以助县官之用度焉（《宋史·食货志》）。宋南渡后，经费困乏，一切倚办海舶，岁入固不少，然金、银、铜、锡钱币亦用是漏泄外境，而钱之泄尤甚。总计南渡之初，东南岁入不满千万，而市舶司利息在绍兴末期，广州、泉州市舶司由抽分及和买所得之利益，每年达二百万缗云（《建炎以来朝野杂记》卷十五），足见市舶税实占财政重要之位置，而收奖励、招海商之成效矣。元破临安，帝昰南走，而福建提举市舶司之西域人蒲寿庚降元，实于宋元消长之命运关系至为重大。世祖既灭宋，即留意于收益巨大之外国贸易。至元十五年，遣蒲寿庚等为使者往海外劝谕诸国，仍来中国沿海经营贸易。直接、间接劝谕之结果，占城、马八儿（今南印度马都剌部也）二国先来通商，其他南海诸国相继风从，元代海外贸易遂亦盛极一时。当日《马可波罗游记》所见之泉州有云："凡印度之贸易船来泉州入港者极众，且输入香料及其他高价之物品，中国南方商人多来集于此。凡由外国输入之大宗宝石、珍珠及其他货物，均借彼等之手分布于南中国一带。余敢断言，如供给耶稣教国各种货物之亚历山大里亚（在地中海尼罗河口）及其他诸港，仅可驶入胡椒船一艘，而泉州之港则虽百艘以上之胡椒船亦可驶入之也。此港诚可称为世界二大贸易港中之一焉。"就马可·孛罗之言观之，则元代泉州外国贸易之繁盛，已居世界商场重要之地位，而海上西力之东渐，亦于此启其端倪矣。

民国二十二年七月十三日<br>罗江叶秉诚编毕

# 中国近世史

据四川省图书馆藏石印本整理,原题"中国近三百年史",中缝题"近世史",今为统一全书体例,改题"中国近世史"。

自明崇祯末年起,至民国十五年止,在此三百年中,分为三期:(一)中华民族形成时期;(二)西力东渐时期;(三)中国革命时期。

# 第一章[①]
# 中华民族形成时期

## 第一节　汉族势力之衰微

中国五千余年之历史，常以汉族为中心，自明末崇祯之时，中国大势呈一极大之变局，内则流寇遍于中国，而以李自成、张献忠为之首；外则通古斯族崛起于满洲，而屡围北京之首都。崇祯帝在位十七年，虽宵旰忧勤，殚心治理，然承神、熹废坏之后，国脉已斲丧无余，帝又求治太急，用法太严，布令太烦，进退天下士太轻，故内则刘宗周、黄道周以戆直被黜，而周延儒、温体仁以贪佞阴刻用矣；外则袁崇焕以被谗诛，洪承畴、孙传庭以催战败，而辽事、剿事不可为矣。至社会方面，当万历时，岁征辽饷六百六十万，崇祯中复加剿饷二百八十万，练饷七百二十万，而民不堪命，群起为盗矣。十七年正月，李自成僭号于西安，国号顺，东陷太原，遣别将陷真定、宁武，守将周遇吉死之，而宣府、居庸关守将皆迎降，李自成遂于甲申三月十九日攻陷北京，崇祯帝自缢于煤山殉焉。

方流贼之北犯也，而大江以南尚无恙，宗室福王由崧立于南京，史可法方进师清江浦（今江苏清河县），遣官屯田开封，为经略中原计，而前锋高杰为清降将许定国所诱杀。时豫王多铎南征之师已薄泗

---

[①] 原作"一"，今为统一体例，改作"第一章"，后同。

州，而明故将左良玉与马士英相龃龉，以清君侧为名，自汉口列兵东下。南京戒严，诏趣史可法入援。可法方渡江至燕子矶，良玉已病死，及折回扬州，而清兵已破盱眙，攻陷扬州，可法死之，而南都遂亡。

南都以清顺治二年五月颠覆，至六月而鲁王以海称监国于绍兴，唐王聿键即帝位于福州，于是闽浙对立，而江西、江南士大夫结社率众，民兵四起，咸受闽浙之封拜节制，以抗阻清军之南下。惜民兵皆起仓卒，未更训练，饷械又不足，率旬日即败，主谋者皆先后殉节。而闽浙以奸人鼓煽，自相冲突，先后为清军所破，而东海沿岸遂尽入于清军之版图。

闽廷既覆，明遗臣瞿式耜、丁魁楚等立桂王由榔于肇庆，崎岖于桂林、黄冈间，而为两广、江西、湖南、四川、云南、贵州等省所推戴。及何腾蛟战死于湘潭，瞿式耜战死于桂林，而永历帝走云贵，为洪承畴、吴三桂军所逼，奔缅甸，至康熙元年为吴三桂所执，绞死于云南，明亡。而明之遗臣郑成功据台湾，奉永历正朔，传三世，至清康熙二十二年，为清所灭。明正朔至是始亡。海内外之土地、政权始完全归于满族之手，然距甲申崇祯之亡已四十余年矣。

## 第二节　满族之入主中国

满族之出于金源，为女真部落。满洲乃满住之异译，为最大酋长之称，既非部族，亦非地名。满族自称曰珠申，即珠里真（金姓）音转。若《满洲源流考》所载，以满洲为部族，谓西藏喇嘛每岁献丹书皆称曼殊师利大皇帝，满洲为曼殊音讹，此实附会其说以诳耀汉人。满族之祖曰布库里雍顺，姓爱新觉罗氏，为女真别族，当金末造，始居长白山东南鄂谟辉之野，建鄂多理城（今吉林敦化县南）。数传至都督（女真部族中称其酋长之尊称）孟特穆，始迁居赫图阿拉（今奉天兴京县），又七传至努尔哈赤而始大。当是时，女真部落大部为四，一满洲部，二长白山部，二部皆明建州卫地，在辽沈之东；三窝集部，为明野人卫地，东际日本海，跨有今吉林及俄属东海滨之地；四扈伦部，为明海西卫地，当满洲诸部之北。海西卫亦谓南关、北关，南关为扈伦部之哈达（在奉天铁岭县东之土门口附近）。此关为扈伦部之叶赫（在奉天开源县东之叶赫站），逼处开原、铁岭，借以东捍女真，西御蒙古，为朔边之障蔽，明亦利用之以为外援焉。明万历十一年，努尔哈赤率遗甲十三副，袭其邻部尼堪外兰，克之，有众一旅，同□□伏，尼堪外兰奔明边，明边吏执付努尔哈赤，封龙虎将军，复给都督敕书，开抚顺、清河、宽甸、瑷阳四互市，爱新氏遂以坐大。努尔哈赤次第削平各部，统一同族，先定环境满洲五部，继败扈伦、长白山、蒙古九国联军于古埒山（在兴京西北），尽灭扈伦、长白山诸部，复以其间胁降东海、窝集诸部，兵威所及，直抵库页岛。于是自黑龙江口以南，图们江口以北，滨海部落，及其附近大小群岛，尽入于满洲之版图。根本既固，乃东向与明相竞争矣。

明万历四十四年，努尔哈赤始登汗位，建国号曰后金，是为清之太祖。明万历四十六年，清太祖以七憾告天，大举伐明，破抚顺（今奉天属县），陷清河（在兴京西南），明边大震。万历四十七年，明倾中国之力，遣杨镐率兵二十四万，四道并进，太祖以四五万之旗兵，并力破其一路，五日之间，遂败全军，明清兴亡实肇于此，自是辽左无宁岁矣。明熹宗天启元年，太祖攻下沈阳（今奉天省城）、辽阳（今奉天属县），以其地为明与蒙古、朝鲜接壤要区，遂于天启五年迁都沈阳，是为盛京。太祖以八旗定兵制（每旗七千五百人），无事耕猎，有事征调，人自为兵，兵自为食，故八旗劲旅精于天下。至其子太宗皇太极时，南定朝鲜，西服内蒙古，于明崇祯九年称皇帝，改国号曰清。太宗屡围燕京，往来直隶、山西、山东间，徒以扼于山海关而不敢留。及世祖福临以冲龄即位，适李自成破燕京，明山海关总兵吴三桂开关，请师于清，时清摄政睿亲王多尔衮略地关外，得三桂书，即总八旗、汉军、蒙古之各兵，合吴三桂军，与李自成十余万之精军，战于关内，大败之。封吴三桂爵为平西王，使率步骑二万前驱追自成，自成西奔西安。多尔衮以五月入燕京，九月世祖由盛京迁都于燕京，遣肃亲王豪格率兵往定山东，遣英亲王阿济格偕吴三桂、尚可喜等由大同边外会诸蒙古兵，赴榆林、延安，出陕西之背，遣豫亲王多铎率孔有德等由河南夹攻潼关。李自成盛兵守潼关，与清军相拒，而阿济格及吴三桂西北之师已于顺治二年正月自陕北攻入西安，自成前后受敌，走死湖北通城间，其残众二十万悉降于明湖广总督何腾蛟。

流寇既败，清即南下经营江南，分兵为二路，一移多铎之兵从河南出淮南，一遣都统准塔从山东出淮北，多铎破扬州，明阁部史可法死之，遂入南京，获弘光帝于芜湖，江南悉定。时明潞王常淓在杭州，清贝勒博洛遂师攻浙，下杭州，浙西悉入于清。而浙东鲁王以海监国于绍兴，唐王聿键即帝位于福州，上下江义兵蜂起，为浙闽障蔽。清命洪承畴总督军务，招抚南方。洪承畴遣兵先清江左，然后进图浙闽，皆次第略为清有。是时，湖南则有何腾蛟，广东则有瞿式耜，以顺治三年十月奉桂王由榔为永历帝，与清廷相撑拒。顺治四年，清命靖南王耿仲明、平南王尚可喜率兵徇广东，定南王孔有德率兵徇广西，平西王吴三桂率兵徇四川、徇云南，皆以明故臣领所部绿兵，为满洲旗兵先导。何腾蛟、瞿式耜均先后被执，不屈死，而永历走缅甸。两广、湖南、四川、云贵均平定，清遂令信郡王铎尼、洪承畴等先后班师回京，而留吴三桂守云南，尚可喜王广东，耿仲明之孙精忠袭王福建，是为三藩并建之始。清廷以永历君臣窜入边外土司，不足为患，议撤兵节饷，而三桂贪擅兵权，请俘永历以为功。清命爱星阿赴滇会剿，严檄缅人缚帝自效。缅人劫帝送诸吴三桂军被弑，时康熙十四年也。

三藩运饷二千余万两，几占当时全国岁赋三分之二，而吴三桂得便宜除授，号曰西选，西选之官半天下。康熙十二年，清圣祖玄烨亲政日久，习知中外利害与前代方镇得失。会尚可喜受制于其子之信，请归老辽东，留子镇粤。圣主遂秉独断，乘机撤藩，召徙三藩于山海关外。吴三桂遂举兵，蓄发，易衣冠，建国号曰周，自云贵分兵略四川，陷湖南。同时，四川巡抚罗森、广西将军孙延龄、襄阳总兵杨嘉来，各以其守土兵应之。耿精忠亦结台湾郑氏，举兵据全闽。数月之间，六省尽失。三桂年老持重，扼守岳州，不令诸将北进。时清军云集荆州，莫敢渡江，而陕西提督王辅臣举兵，据有宁羌，尚之信亦通款三桂，举广州应之。三桂欲通西北之援，自赴松滋调度，而清廷大学士图海已平陕甘，安亲王岳乐江西之师复乘三桂西上，进攻长沙，三桂乃回军长沙，尽调诸将赴援，兵势为之一变。乃耿精忠与郑经内讧，康亲王杰书乘之，屡破其师，精忠穷蹙乞降，尚之信亦苦三桂征饷，颇萌悔，复降清军。三桂既失陕西、福建、广东三大援，而军需复告竭蹶，乃以十七年三月自称皇帝，欲借以维系人心，未几暴卒于衡州，部下遂瓦解。其孙世璠遁还云南，清军攻下，世璠自杀。时康熙二十年之十月也。其后尚之信、耿精忠皆诱令入朝，诛之。自康熙十二年撤藩令下以来，用兵七八年而后清朝一统之业始大定矣。

### 第三节　蒙古族之归服

蒙古当明末清初之际，共分四大部，曰漠南蒙古，曰漠北蒙古，为成吉思汗之后裔；曰青海蒙古，则元之旁支；曰漠西厄鲁特之蒙古，则元之臣仆。其地盖奄有长城、前藏、天山以北、萨彦岭以南、满州以东、阿尔泰山脉以西之大部。今分述之：

（一）漠南蒙古　漠南蒙古，其部二十四，以科尔沁、察哈尔为最著。科尔沁部地在嫩江之南，奉天锦县之北，素属于察哈尔。清太祖初起，科尔沁曾与扈伦诸部九国联军合攻满洲，为清太祖所败，科尔沁遂遣使通好。太宗即位，奥巴汗首先臣服，与清帝室世为婚姻，清有征伐，率以师从。察哈尔为元室嫡裔，顺帝七世孙达延可汗之子姓也。其酋林丹汗当明万历时雄据漠南，明岁赂林丹汗百余万，使为辽西之屏蔽。林丹汗恃其兵力，侵陵同族诸部，以兵攻科尔沁，科尔沁求救于清。清太宗于天聪八年统大军尽征各部蒙古兵，征察哈尔，林丹汗走死于青海，其子额哲率所部降。康熙十四年，吴三桂之变，其王布尔尼煽诱奈曼诸部同叛，圣祖诏不附逆蒙古诸部会兵讨平之，徙其部众游牧于宣化、大同边外，空其故地，置牧厂，遂为今之察哈尔特别区域焉。

（二）漠北蒙古　漠北蒙古总称曰喀尔喀，为部三，曰土谢图汗，曰车臣汗，曰札萨克图汗，咸达延可汗子札赉尔之苗裔也。当漠南察哈尔之败也，喀尔喀震于清朝兵威，数遣使通好，岁献九皇贡（白驼一，白马八）。喀尔喀西境与厄鲁特接壤，世不相能。先是，喀尔喀为漠北雄部，及阿巴岱汗之时，专佞喇嘛习梵呗，弛武事，又部族嗜酒，自相凌蔑，故威棱日衰。及三汗内讧，遂为准噶尔部长噶尔丹所乘，丧师失地，穷奔漠南请降。圣祖假科尔沁水草地以居之，出师败噶尔丹，后归三汗于故地，是为外蒙古臣属之始。雍正朝，额驸策棱讨准噶尔有大功，为增三音诺颜部以处之，自是喀尔喀有四部焉。

（三）漠西厄鲁特蒙古　厄鲁特蒙古，亦曰四卫拉特，元臣猛特斥尔之后也，明时谓之瓦剌。瓦剌衰而地复分为四部：一曰和硕特，居乌鲁木齐附近（今新疆之迪化县）；二曰准噶尔，居伊犁河流域；三曰土尔伯特，居额尔齐斯河流域；四曰土尔扈特，居塔尔巴哈台附近。当明之末也，准噶尔渐强，自伊犁蚕食近部。及噶尔丹起，尽统厄鲁特四部而服属之，兵威及于回疆，兼有天山南北路及科布多、青海诸部。又欲东并喀尔喀，乃自伊犁东徙，越阿尔泰山麓，借和解喀尔喀三部之名，遂起衅端。康熙二十七年，噶尔丹率劲骑三万，越杭爱山（为阿尔泰山东迤之孤，自科布多而东，直至库伦西南，皆是），蹂躏土谢图，又东西击走车臣、札萨克图两汗，并有漠北全部，遂驶驶南向，与中国争衡矣。康熙二十九年六月，噶尔丹引兵二万余，沿克鲁伦河而下，掠乌珠穆沁（在索岳尔济山附近），败清军，乘胜渡西喇木伦河，深入至于乌兰布通（今热河赤峰县境），距京师仅七百里。圣祖亲幸边外，节制诸军。两军激战至烈，噶尔丹终为清军精利之火器所败，遁归漠南。休养数年，复思东出，遣使诱内蒙古诸部叛归于准噶尔，驻军据克鲁伦河上流。圣祖思以全力制之，分兵大举，由满洲、独石口、宁夏三路出师，克期夹攻。圣祖于三十五年率中路军自独石口出边，追败噶尔丹，至于克鲁伦河北之托纳山而还。西军费扬古等复大败之于土拉河上流之昭莫多（亦谓之东库伦）。噶尔丹精锐、畜牲丧亡略尽，回部、青海皆乘机叛去，而伊犁故地又为其侄策妄阿布坦所窃据。圣祖复亲至宁夏，督诸将大举深入，噶尔丹穷蹙自杀，朔漠悉定。自阿尔泰以东，皆归版图，拓喀尔喀西境千余里，土谢图汗复归故牧焉。是为三次亲征漠北之役。

策妄阿布坦自领有准噶尔故地以来，东方通好清廷以败噶尔丹，西则侵略中央亚细亚境，势力复强，乃命其臣大策零敦多布率兵南侵西藏，败清援军于哈喇乌苏河（怒江上源）。圣祖复分遣大军入藏讨之。策零敦多布自和阗河窜归伊犁而死，子噶尔丹策零立。清世宗雍正七年，遣傅尔丹率兵由阿尔泰攻其北，岳钟琪率兵由邑里坤攻其东。傅尔丹为策零败于和通淖尔（在科布多西二百里）。准噶尔兵乘胜东侵三音诺颜境，为超勇郡王策凌所破，噶尔丹策零乃请和。世宗亦以两路大军暴露数年，未有成功，乃许其请。议界分疆，至乾隆二年而后定，以阿尔泰为准、喀两部之界线焉。盖自康熙五十六年备边以来，劳师十余载，先后縻饷七千余万，至是始勉就和平之绪云。乾隆十年，噶尔丹策零死，而国有内乱。清高宗用兵三年，遂灭之，始设官筑城，为中国西北新辟一属地。其所役属之乌梁海部，亦入中国之版图矣。

（四）青海蒙古　青海地与西藏接壤，世为吐蕃辖境。当明之世，一并于俺酋俺答，再并于厄鲁特固实汗，遂为蒙古属部。自清太宗崇德以来，朝贡不绝。逮噶尔丹并青海，而固实汗部族亦乘隙寇西边。圣祖亲征噶尔丹，遣使招谕青海，封固实汗第十一子达什巴图为和硕亲王，常资其力以捍准噶尔。及清世宗新立，达什巴图子罗布藏丹津袭爵，欲乘机脱中国羁绊，乃阴与准部策妄阿布坦相联合，东窥西宁。世宗遣年羹尧、岳钟琪分兵讨之，罗布藏丹津败，投准噶尔，于是青海始与内外藏一例编旗矣。

## 第四节　藏族之归服

西藏，古吐蕃地，其种人名曰唐古特族，亦谓之图伯特，喇嘛教所从出之地也。自元代八思巴创花教，世为中国所尊仰，然其后教徒专恃密咒，炫幻术，尽失佛教本旨。明永乐时，有西宁僧宗喀巴者出，改创黄教，一以大乘为宗旨，其学行卓然出红教徒上，遂盛行于前藏。八思巴圆寂后，其两大弟子达赖、班禅嗣其法，世世转生为大乘教主，号曰活佛。黄教既盛，红教诸法王甘退居小乘，皈依达赖、班禅而师事之。黄教初盛行于前藏，其三世达赖琐南坚错（即索南嘉措）立，有高行，渐得青海、蒙古诸部尊信。而漠北以所部僻远，乃自奉宗喀巴第三弟子哲卜尊丹巴为火胡图克胡（译言再世也），处诸库伦，以总理蒙古教务焉。然哲卜尊丹巴不过为达赖之分支，而拉萨之达赖则为其祖山。百余年前，西藏、准噶尔、青海诸大汗莫不受达赖之封号，而从其指挥云。

（一）西藏之通清　当清太宗崇德之七年也，达赖五世罗卜藏坚穆错（即阿旺罗桑嘉措）始与固实汗之介绍，遗书清廷，并献卦验，知必当一统。是特黄教盛行于前藏，而扎什伦布以西向为黄教根据地，其西境之拉达克（在印度克什米尔境内）酋长藏巴汗为其护法。达赖五世之第巴桑结招和硕特部固实汗兵入后藏，击杀藏巴汗，奉班禅喇嘛居于扎什伦布。由是黄教统治西藏，而和硕特为黄教之护法，掌握其实权焉。

（二）清兵之驻藏　当康熙之二十一年，达赖五世卒，桑结阴结准噶尔，一方结噶尔丹征青海以挫和硕特之势力，一方唆噶尔丹入寇以欺中国。及噶尔丹死，而桑结亦为和硕特部之拉藏汗所杀。圣祖封拉藏为圣法恭顺汗，使镇藏地。康熙五十六年，准噶尔汗策安阿布坦自伊犁出兵，破拉萨，杀拉藏汗，藏中大乱。清将军额伦特自西宁率兵赴援，为准部覆其军于哈喇乌苏河畔（怒江上游）。圣祖乃以皇十四子允禵督师，分道入藏，一军出青海攻其北，一军出打箭炉直捣拉萨。准噶尔兵前后受敌，遂逾昆仑山，窜归伊犁。圣祖乃留兵二千以资镇压，以拉藏汗旧臣康济鼐及颇罗鼐分掌两藏政权。至雍正时，乃设正副驻藏大臣以监之。至是，西藏始确为中国之属土。

（三）清兵之定廓尔喀　廓尔喀居喜马拉耶山之南麓地，与后藏相接壤。当高宗时，六世班禅罗卜藏巴丹伊什（即罗桑华丹益希）来朝，清廷锡赉、王公布施甚厚，咸为商上（班禅掌会计官）仲己所吞蚀，其徒遂唆使廓尔喀人入寇，进破扎什伦布，大掠而归。高宗遣福康安将大兵入廓尔喀境，六战六捷，距其都城加德满都仅一日程，廓尔喀人乃卑词乞和。自是廓尔喀对于中国行朝贡之礼，而驻藏大臣始兼握政治、财政及兵备之权，以巩固西藏之防御。高宗又以呼毕尔罕（再来人）嗣续法，积久生弊，特颁金奔巴瓶掣签法，以御控制之术。自是百余年来，西藏无复兵事，及英吉利人租大吉岭，征服不丹、哲孟雄，而藏、印之间始多事矣。

## 第五节　回族之平定

回族为唐时回纥之裔，其先出于匈奴，在隋唐间为铁勒之一部，在宋元时为畏吾儿，居于天山南路，汉西域三十六国地也。元明之际，谟罕默德后裔和卓木者，得传天方教于其地，颇为回人所尊信。明之末年，和卓木族遂握有天山南路政教之大权，而服属于准噶尔。及清高宗朝，准噶尔破灭，清师北定伊犁。时回酋布罗泥特及霍集占，久为准噶尔所羁縻，阿睦尔撒纳欲利用之，以收回族之援助，乃释布罗泥特，授之以兵，使定天山南路，留霍集占居伊犁，使统率天山北路之回教徒，以听阿睦尔撒纳之指挥。布罗泥特与霍集占原属兄弟，世所称为大小和卓木者也。阿睦尔撒纳既败窜，霍集占亦遁喀什噶尔，欲乘清、准势力代谢之际，与布罗泥特建议独立，以图属役之羁绊，回户数十万争起应命。高宗遣都统雅尔喀善讨之，师久无功，乃移将军兆惠搜剿厄鲁特之师，使当征回之任。兆惠率数千人深入叶尔羌河畔，为敌人大军所围，战守数月，副将军富德闻警，率援冒雪进，又被敌军拒于叶尔羌河南。适参赞阿里衮复以兵至，夹击敌军，大败之，回部遂解体。而大小和卓木不敢议战守，西窜巴达克山（今阿富汗东北属地），巴达克部酋函其首以献，于是天山南路悉入版图，是为新疆全境归中国之始。

布罗泥特之子萨木克遁至浩罕，喀什噶尔之回族多归之。当是时，浩罕巴达克山、阿富汗、哈萨克、布鲁特诸部虽多信仰，然震于中国威灵，咸遣使奉贡，颇奉约束。至宣宗时，始有和卓木族张格尔之变者，故回酋大和卓木布罗泥特之孙，而萨木克之子也，以诵经祈福传食诸部。天山南路诸回教徒闻其雄武有胆力，渐有拥戴意。而清廷所遣官吏多满人，统治无状，失回众心。张格尔遂率遗族假浩罕兵攻陷喀什噶尔。于是英吉沙尔、叶尔羌、和阗同时俱陷，回众应之，敌势大张。道光七年，清宣宗命陕甘总督杨遇春、提督杨芳以大军往讨。张格尔率回众十余万阻浑河（即喀什噶尔河）为阵。杨遇春乘夜大风绕河从上游渡，击破其军，次第克复西四城。张格尔遁至布鲁特，为布鲁特人所执献。回疆虽平，然张格尔兄弟子姓多在浩罕，诸部崇信和卓木，与西番崇信达赖喇嘛同，故道光十一年复有玉素普浩汗之乱，二十七年复有七和卓木之乱。前者以与浩罕定约相讲解，后者以回民鲜应而自遁，是为回疆之大定。

回疆自乾、道两朝用兵后，设将军、都统以镇抚之，列戍开屯，星罗棋布，然对于土地人民之配置，未尝有所改革，以故相安者数十年。及咸丰之初，清廷方用兵东南，而回疆承平日久，武备废坏，于是黠回金相印乘机谋复故土，乃阴结安集延（今俄属费尔干省）酋阿古柏作乱，陕回白彦虎应之。同治三年，尽失天山南北之地，扰攘十余年。其后东省大定，光绪元年，清廷乃命左宗棠率师讨之，先清秦陇，不及数年，尽复所失故地，独伊犁一隅尚为俄有。左宗棠以为回疆非革除旧俗，渐以华风，难以久安长治，先后建议开行省，置府县，为久远计。及光绪八年，伊犁款议成，俄人反我侵地，清廷遂改新疆为行省，同于内之郡县焉。

### 第六节　顺康雍乾四朝之政治

清以满洲数十万民众乘乱入关，而能平定当时六千六十九万余（据明万历时编人丁口册）之汉种，统一中原者，其大政方针有三：

（一）减轻赋役，以博大多数人之欢心。如世祖入关，尽行豁除明末辽饷、剿饷、练饷三大饷，以万历征收之数为正额。圣祖定永不加赋之制，世祖定归丁于地之例，以及康、雍、乾三朝，先后并免天下田赋七次是也。

（二）驻防要地，时以兵威震慑汉族之人心。清以八旗定天下，分八旗劲旅驻防于各地，于各地之要区以摄伏反侧。满族世世为兵，俾长保其优胜之地位。复时时外征以磨砺兵锋，开疆以炫耀汉土。如圣祖之三征准噶尔，世宗之平青海，高宗之十全武功是也。（两平准噶尔，两平廓尔喀，两平金川，一平回部，一平苗疆，一平缅甸，一平安南，计凡十役，帝亲制《十全记》以夸其功。）

（三）表章理学，稽古右文，以笼络汉族士大夫之心。如康熙朝乡、会试之定性理命题，康、乾两朝之举博学鸿词科是也。然屡朝政策之精神，皆以集大权于一身，以图实现中国之理想君主制度，而为中国之和平保护者。第汉人民族之思想，绝不因屡朝之仁政文化而消灭，对于帝室之异常发展，而常生其反抗之心。如世宗朝吕留良、曾静之狱，至颁行《大义觉迷录》于天下，足以见满汉之仇深，而清廷调和之无效也。

# 第二章
# 西力东渐时期

## 第一节[①] 清初对俄关系

欧人与中国陆路交通，首开中西国际之交涉者，实惟俄罗斯国。俄当明季，其远征队已越外兴安岭（西图作斯塔诺威岭），而达西伯利亚之鄂霍剌克海。其疆域所界，南与外蒙古喀尔喀为邻，蒙人相与贸易焉。明崇祯十六年（西历一六四三年），可萨克人始沿阿勒丹（勒拿河之东源）、精奇里（今昔林治河）诸川，以达黑龙江之下游，周览其山川部落而归，具以所见告诸雅库次克省将军，诱以引起喀巴罗夫之远征。喀巴罗夫为俄之制盐工人，闻新地肥沃，以私财募义勇兵七十人，于清顺治八年（一六五一年）深入索伦部，战胜土酋，遂筑城雅克萨河口，名曰阿尔巴青，旧史所谓雅克萨城者也。未几，喀巴罗夫归，俄人斯特巴诺代领其众，屡出兵肆扰黑龙江下游。清都统明安达礼破其军于松花江口，俄政府闻之，遣将军巴西古任黑龙江经略事。巴西古筑要塞于尼布楚河畔，为军事之重镇。顺治十五年（一六五八年），清、俄两军激战于松花江与瑚尔喀河间，俄军歼焉。

先是，俄人未知中国情状，屡以请互市为名，遣使至北京窥虚实。至康熙朝，清、俄两政府迭开交涉，卒无成议。俄人益经营雅克

---

[①] 原为通序，作"第七节"，今为统一体例，改作"第一节"，后同。

萨，筑要塞于精奇里江上流，将欲席卷黑龙江东北数千里地。清廷以其逼近陪京，思有以创之，乃于宁古塔（今吉林宁安县）制巨舟，筑墨尔根（今黑龙江嫩江县）、齐齐哈尔（今黑龙江省城），置十驿通饷运。康熙二十二年（一六八三年），俄将模里尼克率可萨兵至瑷珲附近，清兵船迎击之，俘其全军，遂大举攻雅克萨，水陆军凡万七千人。俄骁将图尔布青以四百五十人拒守，势终不敌，退归尼布楚。清军俘俄军约百人，毁其城而还。会俄陆军大佐伯伊顿率可萨克兵百人来援，图尔布青乃与合军而东，复至雅克萨旧址，筑土垒为防御计。清廷复发兵八千攻之，俄军抵死拒战，逾年不能拔。清兵谋以长围困之，俄军坚守又逾年，渐次僵殍殆尽，仅存六十余人，城旦夕且下。而两国媾和之议成，清军遂以康熙廿七年（一六八八年）撤归。自出师至此，前后逾二年矣。

先是，俄皇大彼得以战地距国都绝远，应援不能以时至，亟欲与中国和。圣祖亦不欲劳师徼外，以荷兰人之介绍，致书俄皇论曲直。于是俄皇复书，归咎于边人之构衅，即遣使诣边定界，请先释雅克萨之围。圣祖许之，因遣索额图等为公使，扈以精骑万余，与俄使费要多罗会议于尼布楚。俄使发议，欲以黑龙江为分界，中使则欲以尼布楚为分界，相持各不下。中使拔营向尼布楚城，旦夕且宣战。俄使卒慑于中国之兵势，不得已为最后之让步，于是界约始签定。是为《尼布楚条约》，我国交涉上最荣誉之条约也。其要如下：

（一）自黑龙江支流格尔必齐河，沿外兴安岭以至于海，凡岭南诸川注入黑龙江者属中国，岭北属俄。

（二）西以额尔古纳河为界，河南属中国，河北属俄。

（三）毁雅克萨城，雅克萨居民及物用听迁往俄境。

（四）两国猎户人等毋许擅越国界，违者送所司惩罚。

（五）两国彼此不得容留逃人。

（六）行旅有官许文票者，得贸易不禁。

康熙二十八年（一六八九年），约既定，立汉、满、蒙、俄、拉丁五体文界碑于格尔必齐河东及额尔古纳河南，中俄接界自此始。圣祖恐俄人东略之志不绝，乃于精奇里江设屯田兵守之，以预为之备。是后四十年间，俄人之对中国，专以和平为旨，数遣留学生至北京习华言，或发商队于沿边行贸易焉。至雍正六年（一七二八年），复有《恰克图条约》之事。

自喀尔喀三汗内附，中俄互市之交涉愈繁。土谢图北接俄境西伯利亚，原与俄人有贸易之关系。康熙五十八年（一七一九年），俄遣使臣兰给留京，订改商约，是为俄公使驻华之始。至雍正五年（一七二七年），世宗命超勇亲王策凌、内大臣四格、侍郎图理琛为议约使。俄使于贝加尔湖省之布拉河地方，各遣勘查委员，议定边界。其要如下：

（一）两国边界，当互查彼此逃人，捕送本国。

（二）以恰克图为两国通商之地，西起沙秦岭（在叶尼赛河西境），东至额尔古纳河岸，以山阳为中国，山阴为俄国，各立界标志之。

（三）以乌特河地方（在贝加尔湖东南）为两国中立地，彼此不得侵占。

（四）俄国商人得三年一至北京贸易（人数限以二百，在京不得过八十日，往来限以官道）。

（五）京师俄罗斯馆听俄人来京者居住，并于其建设教堂，得于堂内诵经礼拜。

自此约成，中俄贸易及国交之关系愈益繁密，而恰克图商务亦渐趋盛大矣。至高宗季年，于恰克图界务商约略有所修改增订，然大体未更，直至咸丰八年而复一变云。

## 第二节　鸦片战役后对外关系

欧洲有海军之国与中国直接发生关系者，为葡萄牙。自西历十五世纪中叶（明嘉靖三十六年），即租地于广东之澳门（今香山县南半岛）。葡萄牙人衰，而西班牙人继之，荷兰人又次之，皆以澳门与广州为通商根据地。一五八八年（明万历十六年），西班牙无敌舰队败于英吉利，而英吉利人遂图东洋商务之发展。其始通中国，在明崇祯十年。至清康熙五十四年，英国东印度商会始设商馆于广东。是时东印度商会领有孟加拉，地方盛产之鸦片为商品输入之大宗。清廷虽屡颁禁令，而民间吸食者日多。英商鸦片秘密之贸易，逐年有增加。嘉庆十六年（一八一一年），至道光十九年（一八三九年），由四千余箱增至一年三万箱，输出银币年约一千七百九十万零四千余两之多。御史黄爵滋等疏请严禁，清廷下廷臣会议具奏，皆主禁绝。尤以湖广总督林则徐疏为痛切，略言："烟不禁绝，国日贫，民日弱，数十年后，岂惟无可筹之饷，抑且无可用之兵。"宣宗授林则徐钦差，即令驰往广东查办，实行杜绝鸦片贸易之策。寻以林则徐督两广。林则徐饬西商限期各缴鸦片，英商抗不奉命，则徐张兵包围英国商馆，禁断粮食。英领事义律不得已，乃劝谕英商全交鸦片二万二百八十三箱，每箱值百二十金，计资本金五六百万元，销毁于虎门海岸。英人怏怏，去广州，赴澳门，诸外国商民相率从之。

当是时，清廷禁绝鸦片不遗余力，新订例则，罪屯贩卖吸食者以斩绞等刑。林则徐欲断绝来源之计，令各国商人具结，如嗣后商船夹带鸦片，船货没官，人即正法，始允贸易如故。葡萄牙、美利坚诸国皆愿具结，独义律不欲。于是林则徐下令沿海州县，绝英人薪蔬食物，勒令退出澳门。英□□□□□□□□□（道光二十年二月），要求议会决议增加兵费。义律及伯麦等统率海陆军万五千人、军舰十五艘，遂集澳门附近。先是，林则徐至广东时，已设防练兵，制船购炮，遂发火舟十艘，乘风潮攻之，焚其枋板小船二。英军见广州有备，转而北犯，攻浙江定海，陷之。时海内承平久，沿海空虚，诸文武大吏惧祸及，颇不悦林则徐所为。及英军占领定海，诸大吏益造蜚语上闻，中伤则徐，于是廷议动摇，朝旨为之一变矣。

英人之据定海也，伯麦与领事义律以五艘赴天津，投书于直隶总督琦善，列款媾和。琦善收书奏闻，宣宗惑于满枢臣穆彰阿之言，方欲加罪林则徐以谢英人，乃褫林则徐职，以琦善督粤，与义律谈判。义律见琦善易与，复要求割让香港，清廷拒之，而战端复开。是时，杨芳、奕山、隆文方统兵先后赴广州，而英军已于二十一年二月（一八四一年四月）攻陷横当山、虎门各炮台（均在珠江口），水师提督关天培战死。及杨芳至，敌已尽扼珠江要害矣。奕山欲侥幸一战，而七十余艘之武装艇队悉被英军击坏，直攻广州省城。奕山不得已，乃于五日内付赎军费六百万元，以求休战。英军乃退出虎门，北犯厦门、舟山列岛，陷镇海，下宁波。两江总督裕谦以兵败自杀。英军乘胜转掠长江，攻入吴淞口，陷上海，转攻镇江，以行遮断运河之策。六月十四日，镇江失守，自瓜洲至仪征之盐船、估舶为英人焚烧一空，火光达百余里。英军遂以廿八日薄江宁（即南京），运大炮置钟山之巅，为粉碎南京之计。清全权大臣耆英、伊里布等遂为城下之盟，即所谓《江宁条约》是也。今举其要如下：

（一）清国共赔英国军费、商欠鸦片银二千一百万元。

（二）广州、厦门、福州、宁波、上海五口许英人通商居住，一切不课关税。

（三）割让香港于英国。

（四）将来两国文书用平等款式，不可称英人为夷狄野蛮之人。

（五）英国货物照例纳进口税后，准由中国商人贩运内地各处，所过税关不得加重课税。

《江宁条约》为战胜国对于战败国之片面权利，乃中国不平等条约之鼻祖。道光二十三年（一八四三年）成立中英《五口通商章程》，皆与中英《江宁条约》大体相同。其中损失主权之最大者：（一）设定租界；（二）创立领事裁判权；（三）协定关税。此约成，而欧洲通商诸国皆沿以为例，遂于道光二十四年（一八四四年）成立中法、中美、中意通商章程。至道光二十七年，中国赔款赎清，英人照约交还舟山岛，而定中国不得将舟山岛给于他国，是为设定势力范围之嚆矢。自是向日自尊自大之中国，一旦丧失其国际平等之地位矣。

## 第三节　英法联军战役后对外关系

自《江宁条约》成，福州、厦门、宁波、上海咸次第施行开放，惟与英人积衅已深，屡请力拒。英领事驻城不得，则远近大起团练自保，不支官饷，亦不受官约束，骎骎与官为仇。英人数请入城，官吏咸权词推宕。道光二十九年（一八四九年），英人以兵舰闯入珠江，求申前请，粤督徐广缙支身赴英舰，告以众怒难犯。时两岸团练至者十余万人，呼声震天地，英人气慑，恐破裂致败商务，竟允废入城之约。自是广东无交涉问题者数年。咸丰六年（一八五六年），有亚罗船者，实际为中国人所有，张英旗入粤河，粤水师执其驾舟人，拔英旗投甲板上。西例以下旗为大辱，又积憾于前之被阻，欲乘此泄愤。会广西土人杀法教士，英政府遂纠合法国联军同犯广东，俄、美亦依违其间。时叶名琛以前拒英人入城功，已由巡抚升粤督，鉴于林则徐以挑衅获咎，耆善、耆英以主和见擯清流，而粤民嚣张，又不易与，乃矫为镇静，欲以虚声相支柱，以故广州无备。联合军遂以十一月陷广州，虏名琛而去。自是广州为英、法军占领者一年。

英、法联合军欲乘胜改订约章，乃致书清廷议，疑往复不得要领，乃于咸丰八年（一八五八年）率舰队北向天津，闯入大沽口内，攻陷炮台踞之。以俄、美二国居间排解，乃提出新例五十六条，要以画押允行。清廷命科尔沁王僧格林沁督兵天津。僧格林沁睹海防猝难整顿，战守均无把握，乃以税则事件必须亲历海口相度地形为词，命桂良、花沙纳偕英、法公使南行，与江督何桂清同议，四国兵舰乃起碇去。桂良等主上海迟于十月与英、法、俄、美诸使画押定约，乃逾年违约，而抚事中变。时僧格林沁惩于前事，已经营台垒，选购巨炮，丛植木桩，调集马队，防务略有布置。英舰先至，大吏屡告以北由北塘进口（在大沽口北）。英人不听，埒裂截港铁练，驶入大沽，且竖红旗，挑战炮，击炮台。清炮台同时开炮还击，沉其战舰数艘，杀登岸洋兵数百，仅余一舰遁走，沿途测量旅顺、威海等要口而去。十年

（一八六〇年）六月，英将额尔金、法将噶罗复率舰队百艘北犯。清廷虽严防大沽，而留北塘为通使议和地，然北塘地势扼要，不亚大沽，议者谓撤防为非计。僧格林沁狃于前胜，欲纵敌登岸，以满洲铁骑蹙之，幕客郭嵩焘力争不得，遂辞去。英、法军窥北塘弛防，遂挽炮车登岸，先出七百人为一字阵，僧格林沁麾劲骑围之。洋兵俟清兵渐迫，众枪竞发，清军如墙之溃，纷纷由马上颠陨，精骑三千，得生者仅七人而已。于是英、法军进攻大沽炮台，陷之，遂据天津。复败胜保军于张家湾（在通州南），京师大震。文宗于八月八日北狩热河，命恭亲王奕䜣居守。英、法军纵火焚圆明园，尽掠其珍宝重器而分之，直入京师。奕䜣借俄公使伊格那提业幅之调停，重订北京议和条约。今撮举其大要于下：

（甲）英、法赔款为八百万两，总数偿后，英、法始撤分屯各处之兵。

（乙）英、法两国得派公使驻北京，中国亦得派公使驻伦敦、巴黎。

（丙）除广州、福州、上海、厦门、宁波五口通商外，更开天津、牛庄、登州、台湾、潮州、琼州为通商口岸。又长江一带，俟粤匪荡平后，江宁、镇江、九江、汉口一律开放。

（丁）英法人民犯罪，由英法领事惩办。中国人民□害英法人民，由中国地方官惩办。两国人民争讼案件，由中国地方官与英领事官会同审办。

（戊）英国、中国派员另定新税则，减轻《南京条约》值百抽五之税，经此次协定税则后，每十年酌量改一次。

（己）中国政府割九龙司地方一区，在广东新安县东南，借与英国。

（庚）中国政府准法国宣教师在省租买田地，建造自便。

（辛）中国以后对他国若有许与特惠旷典时，法国享最惠国之例。

《北京条约》订定后，俄、美等国援例要求与中国改订商约。中美《天津条约》并载明："中国对于他国任给何项利益，准美国一体均沾。"此利益均沾四字，贻中国后日无穷之祸，俄国所得利益尤为宏大。咸丰八年，中俄《瑷珲条约》大改康熙朝尼布楚之界约，北自朱格尔岭至黑龙江，悉让于俄。十年，中俄《北京条约》又割乌苏里江至图们江口，东至于海等地与俄。中俄前后两约，中国举东北二百余万方里之地，拱手让之俄人。俄建置阿穆尔省及沿海省，筑海参崴之远东军港，自是中国东北边防愈急矣。

中俄《瑷珲》《北京》两条约，中国无故丧失属地数千里，各国咸以中国为易与。光绪四年（一八七八年），日本占我属国琉球群岛为冲绳县；光绪十一年（一八八五年），法兰西灭我藩属之安南；光绪十二年（一八八六年），英吉利并我藩属之缅甸，毗邻缅甸之暹罗亦为英、法所交争。西南藩属次第尽丧，英、法势力骎骎入于云南内地也矣。

### 第四节　中日战争后对外关系

日本立国东海中，在清兵入关后，未尝与中国通。及咸丰时，乘中国多故，占我藩属琉球，同治十年（一八七一年），乃与清廷订约通商。未几，而有朝鲜事件之发生。朝鲜自明末臣服清廷以来，为东三省屏蔽者二百余年，最称恭顺。及日本明治维新，专务扩张国权，乘朝鲜之暗蔽，于光绪元年秋（一八七五年），突以兵舰驻釜山（属朝鲜庆尚道）要盟，诱以独立自主之美名，载入约中，清廷固漠然未之知也。当是时，朝鲜国内分三党：一独立党（即开化党），主维新变法，多亲日本；一事大党，主保守旧法，务尊中国。国王李熙生父大院君李昰应与王妃闵氏外戚有隙，遂借事大党力以推翻闵氏，继以镇兵入王宫，袭日本使馆。直隶总督张树声闻变，急遣丁汝昌、吴长庆率兵赴朝鲜，入王京，执大院君，致之天津。时日本花房义质率兵赴汉城（朝鲜京都），以吴长庆先平朝鲜乱，大失望，乃要求诛首谋，出价金，宿兵王京，朝鲜皆许之。清亦遣吴长庆率师久驻朝鲜，若共同保护焉。未几，维新党朴泳孝、金玉均等急欲变法，以扼于贵族闵泳翊，乃谋外援日使竹添进一郎出兵，以黜闵族之党，于是王族咸请兵于中国。驻韩委员袁世凯卒破新党，护国王还宫，旧党复柄政。日军护其公使走济物浦（黄海道，仁川东境海滨），金玉均从之。是谓甲申之乱。日本不利我之驻兵于朝鲜，遣使与李鸿章议约于天津，俱行撤兵。以后两国如派兵之事，必互相照会。中日严重之交涉始此，已伏甲午中日之战争矣。

光绪二十年（一八九四年），朝鲜复有东学党之乱，朝军不能克，入告急于清廷。清遣叶志超率陆军赴牙山（属朝鲜忠清南道），据约照会日本。清军至而乱党已平，日本亦派兵以保护居留官民为辞，由仁川直达韩京，与清军相对峙。中国因请日本撤兵，日本不允。其驻朝大使大鸟圭介又掳朝鲜王，令大院君主国事。大院初被中国所执，后遣归，至是日人利用之，以与中国抗。清廷哗然，以日本蕞尔国，敢抗大邦，请张挞伐，并谓北洋新练海军为可恃。李鸿章深知海军经费为拉那氏拨修颐和园者至三千余万两，以费绌设备不完，又悉日本维新后之强盛，恐中国海陆军非其敌，故独主和，朝臣争劾之。日本闻中国主战，乃乘我不备，突出舰队要击我运兵船于牙山口外，炮轰沉之。又袭败我陆军于牙山（在朝鲜忠清道公州之西北），统将叶志超遁走，战端遂开。中国海军与日舰队战于大东沟口外（鸭绿江出口地），我海军十二舰被日本击沉五艘，陆路四军亦败绩。日军屡胜，由平壤（朝鲜平安道首府）渡鸭绿江，直取辽东诸州县。又陷旅顺（在奉天辽东半岛南，为海军第一良港）及威海卫（在山东文登县北，为海军之良港），中国舰队尽灭于刘公岛（在威海卫口外），营口（奉天属县，为北洋著名商港）及澎湖（台湾以西群岛）相继陷。清政府知事不可为，乃亟亟言和矣。

李鸿章与日使伊藤博文会议于马关（一名下关，在日本山阳道环海西境），遂订和约。其大纲分为四项：

（一）以朝鲜为自主之国。

（二）赔军费二百兆两。

（三）割让台湾岛及其附属岛屿、澎湖列岛及辽东半岛。

（四）开放沙市、重庆、苏州、杭州为通商口岸。

台湾谋拒日自主，举唐景崧为总统，时刘永福驻兵台南，谋所以拒日，皆败绩内渡，而台湾遂为日人所占领矣。日人将收辽东半岛，俄国以与其南下利害相冲突，遂纠合德、法，胁日人以辽东半岛归我。日本不得已，乃要求中国出银三千万两以赎之。然因此一役，俄、德、法三国借端要索报酬，德于光绪二十二年（一八九六年）突以兵舰据我胶州湾后，议约开作租界，以九十九年为期。俄租旅顺、大连湾二港，为西伯利亚铁道通过满洲之尾闾，以二十五年为期。英亦索租威海卫以均海权，租期如旅、大。法已得滇边陆路及镇南关（广西与越南交界地）至龙州路权（属广西镇南道），今又索广州湾，租期如胶州湾。于是中国瓜分之势成，朝野咸知其危亡，而蚩蚩者遂起无意识之排外心，与清季不良之政府相杂糅，遂演成庚子义和团之乱矣。

光绪二十六年（一九〇〇年），义和拳起于山东，以仇教为名，谓有神护身，枪炮不能入，清权贵惑之，竟欲借匪力以逐外人，招抚为义和团，围攻京城之使馆，传檄各省，令杀逐外人。各使馆咸集兵自卫，而英、俄、日、法、德、美、奥、意八国联军破大沽口炮台，陷天津，直入北京，清室奔西安。李鸿章至京，与八国开和议，是为《辛丑和约》。中国赔款四万万两，分三十年偿清，惩办祸首，时光绪二十七年也（一九〇一年）。清室复还北京，各国照约于二十八年撤兵，惟俄国借口于《中俄密约》，而满洲之兵逾期不撤，反于吉林增加兵额，遂引起日俄之大战矣。先是，日本还辽之举，忌俄最甚，及俄据辽东，尤防害日本之北进，日英结为同盟，于光绪二十九年（一九〇三年）对俄宣战。俄之太平洋舰队、波罗的海舰队，先后为日海军所破灭，陆军亦败于日，遂于光绪三十一年（一九〇五年）议和，结成日俄《朴茨茅斯和约》。此和约之结果，俄国势力完全退出满洲，俄国在满洲所有之权利，完全转让于日本，自是日本一跃而为东亚之霸主，其后五年，遂合并朝鲜为领土矣。

# 第三章
# 中国革命时期

## 第一节 中华民国之成立

清廷自高宗后,盛极而衰,内乱迭起。仁宗朝有白莲教、天理教匪之乱,宣宗朝有回疆之乱,元气既已大伤,外则鸦片战役丧师、失地、赔款,为清廷入关以来未有之大败,于是清廷之无能力已大暴于世。而汉人之民族恢复思想被压至百余年之久者,一旦暴发,而有洪秀全太平天国之革命,蔓延至十六省之广,建国至十三年之久。曾国藩、彭玉麟不满于太平天国之政教,激而为卫道救民之义愤,乃仅而克之,而满族兵政之大权已潜移于汉人之手,此实满汉民族势力消长之一大关键也。德宗朝,甲午日本一役,而欧人瓜分中国之声一时甚嚣尘上,及戊戌政变,国人咸知清廷之绝望,而政治革命与民族革命之思想勃兴。

先是,革命先觉孙文于甲午年创立兴中会,迭次从事于革命活动,皆遭失败,然革命思想反借以广为宣传。其初不过海外留学界之鼓吹,渐次遍播于内地,其始利用会徒,后乃传布于新军。庚子,唐才常举兵于汉口,而绅士革命矣。丙午,徐锡麟击杀恩铭(安徽巡抚)于安庆,而官僚革命矣。辛亥四月,广州黄花岗之役,黄兴率各省革命党之菁英而死者至七十二人,其牺牲万死以求汉族之独立之精神,而天下为之震动。清廷大惧,各省疆吏皆自行恐慌,严防革命党，天下汹汹，人各自危。是年八月，武汉新军孙武等乘四川保路风潮人心浮动之际，跃跃欲试，而机关突被破获，党员被捕三十余人，党员名册复被搜获，各营兵士列名甚夥。武昌新兵闻鄂督瑞澂将汇册穷治，遂于十九日夜谋变，扑攻督署。瑞澂弃城遁，众拥第二十一混成协统黎元洪为鄂军都督，奉咨议局议长汤化龙为民政总长。各省志士闻之，纷纷起谋独立，不出旬月，光复十五省。清廷起用袁世凯督师南下。十月六日，汉阳为清军所陷，武昌危急。十二月，江浙民军攻下南京。时袁世凯已被任为内阁总理，主张停战与民军议和。民军伍廷芳代表提出建立共和政府，与清廷代表唐绍仪双方讨论未决。适革命首领孙文自美回国，民军遂组织临时政府，选举孙文为临时大总统，定国号为中华民国，改用阳历。当是时，清廷亲贵极端反对共和，组织宗社党，而以良弼为之翘，不特仇敌南方，甚且猜忌袁氏。未几，良弼为民党彭家珍所炸毙，而前敌第一军总统官段祺瑞联合统兵大员四十七将领电请赞成共和，有带队入京与各亲贵剖陈利害之语。于是清廷隆裕太后于民国元年二月十日下诏退位，而南北之共和告成。

南北既统一，首先决定者即为建设统一政府，临时大总统孙文于二月十二日向南京参议院辞职，十五日参议院一致选举袁世凯为第二期临时大总统，黎元洪为副总统，复由参议院议决《中华民国临时约法》七章五十六条，由孙总统先于三月十一日公布其总纲，凡四：

（一）中华民国由中华人民组织之。

（二）中华民国之主权属于国民全体。

（三）中华民国领土为二十二行省、内外蒙古、西藏、青海。

（四）中华民国以参议院、临时大总统、国务员、法院行使其统治权。

袁世凯于三月一日正式就临时大总统职于北京，南京临时政府由参议院议决于四月二日迁往北京，袁世凯依据《约法》组织临时政府，立法、行政、司法各机关次第完成，是为中华民国首都建定北京之始。

## 第二节　民国十五年来之政变

中国数千年君主专制之政体，经辛亥革命数月之间，一旦推倒，变而为共和，实出于伍廷芳、孙文之主张与夫袁世凯、段祺瑞之应付。故中华民国之成立，乃建设于同盟会及宁人之上，非建设于民众本身之上也。当时大多数之人民，实无共和之训练与能力以监督政党及军人，故演成十五年来军阀专政、政党乱政循环斗争之结果也。同盟会为孙文所创建，乃民国前秘密革命之团体，其要旨在谋破坏而未遑建设，故入民国后即改为国民党。袁世凯起于清末小站之练新军，段祺瑞、冯国璋皆出其间，其后袁世凯督直隶兼领新军，遂有北洋派之称。

袁世凯既当国，不受《约法》之束缚，屡与内阁、国会相冲突。时内阁总理唐绍仪为国民党员，以与总统龃龉去位，而属于国民党之阁员蔡元培、王宠惠、宋教仁、陈其美亦连带辞职，国会会员国民党人又占多数，以故袁世凯不惬于国民党。宋教仁既下野，主张内阁制尤力，以组织健全内阁监督总统，鼓吹于大江南北。民国二年三月，宋教仁被刺于沪宁车站，事连国务总理赵秉钧，民党哗然，遂酿成七月二次革命之变。不出三月，江西、江苏、广东、湖南、四川重庆五省之国民党，全为袁世凯兵力所荡平。

袁世凯既以武力统一全国，遂为国会选举为民国第一任正式大总统，黎元洪为副总统。袁世凯以天坛宪法之草案，规定大总统须受制于国会及国务院，遂借口于国民党议员之通敌嫌疑，于民国三年一月停止国会职务，由大总统、内阁、各省派人组织政治会议，由政治会议而产生约法会议，约法会议议员由各省公举。二月开会，修正民国《临时约法》，其重要之点在变内阁制为总统制。四年秋而筹安会议发生，假研究团体之名，为帝制运动之举，组织国民代表大会，各省选举代表一千九百九十三人。十二月开会投票，一致赞成君宪，推举袁世凯为中华帝国皇帝，袁世凯遂改民国五年为洪宪元年。而蔡锷等已于云南起护国军，反对帝制，广西、贵州、广东次第响应，成立护国军军务院，推举岑春煊为都司令。袁世凯以战事之蔓延，英、俄、日、法、意公使之警告，江苏冯国璋等五将军之电请取消帝制，乃于五年四月自行取销帝制，起用反对帝制辞职之段祺瑞，组织责任内阁，以谋调和南北。未几，袁世凯暴亡，段祺瑞拥副总统黎元洪代行大总统职权，应南方军务院之要求，惩办帝制罪魁，恢复旧《约法》，召集旧国会，组织正式内阁，次第实行。七月十四日，南方撤销军务院，各省取消独立，南北复归一统。八月一日，国会开会，选举冯国璋为副总统，南北方喝喝望治。乃未几，以对德宣战致启府院之大冲突。

我国第一次之恢复共和也，欧洲大战已阅二年余矣（欧战开始于一九一四年七月，时为民国三年），协约国方面迭次怂恿中国加入战团。先是，袁世凯方潜谋盗国，无暇为对外之谋，仅宣布局外中立而已。及日本出兵取青岛，竟由山东登陆，破坏中国中立。至六年二月一日（一九一七年），德国施行潜航艇无限制战略，段内阁议决向德提出绝交之抗议。是时，黎、段意见不同，段主加入对德宣战，黎不赞成绝交。段祺瑞遂辞职赴津旅，以副总统冯国璋之调停，挽段复职，承认对德绝交为条件。然国会方面则为激烈之反对，几经疏通，乃将对德绝交案通过，政府遂于三月十四日公布对德绝交。然绝交不过为宣战之初步，其第二步当然进于宣战。当段提出对德宣战案时，黎总统既始终不以宣战为然，而两院议员俱表示反对，延不表决。段认为黎元洪之指示，遂有督军联名请黎即日解散国会；黎认为段祺瑞之指示，反下令免段祺瑞职，而外交问题一变为国内政争，遂酿成张勋复辟及南北分裂之祸矣。

自段祺瑞免职令下，数日之间，安徽、河南、山东、奉天、浙江、陕西各督军、省长宣布独立。安徽督军张勋且帅师北上，于天津设立总参谋处，直逼京师。黎元洪大惧，挽张勋入京调解，允张勋解散国会之要求，下令解散国会。乃张勋率师入京，突于七月一日拥前清逊帝溥仪复辟，以改变国体诏谕天下。黎总统避居日使馆，电请南京副总统冯国璋代行大总统职权,并特任段祺瑞为国务总理。时段祺瑞退居天津,陡闻斯变,驰入新军第十二师师长陈光远营,誓师马厂(青县南),于七月四日起兵讨逆。三路出师,大败张勋之定武军。十二日,收复京师,是为第二次共和之恢复。

八月一日,冯国璋由宁至京,请黎复位,黎固辞不允,冯乃莅府视事。段祺瑞既重政柄,欲贯彻其对德宣战之主张。其时国会已解散,并无反对之团体,遂于八月十四日下令公布对德、对奥宣战,设立督办参战处,一方编练参战军以备派兵赴欧,一方输送大批华工以扶助协约国军事上一切之设备。乃筹备未就,而南方护法之师起,段祺瑞遂移其参战之军备以对南方,于是南北对峙之局成。

当国会之被解散也,广东督军陈炳焜、广西督军谭浩明、海军总司令程璧光、云南督军唐继尧均先后通电自立,拥护《约法》。前总统孙文亦于是时率同海军舰队及一部分国会议员由沪至粤,于八月二十五日开非常国会于广州,组织军政府,选举孙文为大元帅。当是时,北京政府冯、段执政,二人虽同属北洋派,然冯为直派军人首领,段为皖派军人首领,对于南方意见不同,冯国璋主张与南联和,段祺瑞主张武力统一。及湖南战事起,冯国璋密电前敌将领牵制不战,于是湖南失守,段祺瑞遂引咎辞职,湖、粤、桂三省联军遂陷岳州,湖北各处亦纷纷宣告独立。冯国璋乃一变其主和政策,令曹锟、张敬尧等率师由鄂攻湘,张怀芝率师由赣攻湘,张作霖由奉天派师南下,一致对南作战。冯国璋更任段祺瑞为国务总理,以便军事之指挥。七年四月,曹锟部将吴佩孚攻克长沙,然段之武力统一,始终不能贯彻者,一则怀芝丧师于醴陵,二则冯国璋阴阻段之成功,三则段祺瑞任张敬尧督湖南,而狭曹锟、吴佩孚之心故也。冯、段既交相恶,军事遂归于停滞。

时南方军政府已改为委员制,非常国会选举孙文、唐绍仪、唐继尧、伍廷芳、陆荣廷、岑春煊、林葆怿七人为国务总裁,其团结力益加巩固。至是,皖派知南方之难平,于是变计新国会徐树铮组织安福部,借以操纵政局。又因参战对南,迭向日本秘密借款,国人咸恶其专恣，多表同情于直派之吴佩孚矣。七年八月，新国会开会，冯国璋代任总统期满，段不欲冯之当选，宣言愿与冯国璋同时下野，而徐世昌遂被选为大总统。一时冯、段皆去职，徐世昌遂下令停战，开南北对等之和议。乃和议尚无端绪，而直皖之战争复起矣。

直派自冯国璋之后，直隶督军曹锟遂继为直派领袖，东结奉天张作霖，南结河南、湖北、江西、江苏各督军，以与皖派相抗。而曹之属部吴佩孚久戍湘南，一再通电痛诋安福系及徐树铮之罪恶，尤与皖派相水火。皖派既练有边防军（即参战军，以欧战于一九一八年十一月十一日始议和，时为民国七年，以无参战必要，故改其军为边防军）七、八师，汲汲备战。曹锟以兵力单薄，遂密令吴佩孚率师北归，张作霖亦来京调停。以徐树铮不允解除兵柄，张作霖遂与曹锟通电，宣布徐树铮罪状。自七月十一日开战，双方军队各五万余人，至二十日，皖派各军全溃。其结果免段祺瑞督办边防职务，惩办徐树铮，解散边防军及新国会、安福部。时南方亦出兵攻湘，张敬尧遁走，除浙督卢永祥外，皖派内外之势力全消灭矣。然皖派败而直派势力骤大，与奉天利害相冲突。未阅二年，而前之直奉相合以败皖派者，又演成为直奉之战争矣。

张作霖自民国七年以助曹锟南攻之名，派兵入关，设总司令部于军粮城（在天津东）。九年，助直战皖，又行增兵。直皖战事甫息，吴佩孚与张作霖感情日恶。吴佩孚练兵洛阳，张作霖叙集军需，各图本系势力之扩大，思挟内阁以自便。及直系国务总理靳云鹏辞职，徐世昌以奉系之梁士诒组阁，吴、张两方相争，遂有十一年四月奉直之战。

是役也，奉军合计一十二万五千人，直军合计十万人，两军激战于津、保附近。自四月二十八日起，至五月五日止，奉军败退出关。此次战争之结果，吴佩孚欲乘机以谋南北之统一，以恢复法统相号召，逼去徐世昌，而拥黎元洪复任，恢复六年解散之旧国会。张作霖既败归奉天，与南方政府孙文、浙督段系卢永祥相结，称为三角同盟，日夜思图报复。而直系则津、洛互相猜忌，天津、保定之曹系日谋大选。十二年六月，遂演出北京驱逐黎元洪之大政变。十月五日，曹系与国会议长吴景濂等，公然贿选曹锟为大总统。

当大选问题起，浙督卢永祥即通电反对。至十三年九月，遂与直系江督齐燮元开战。至十月十三日，卢永祥虽败走下野，而直奉第二次大战，即于九月二十二日开始。奉军分三路入关，合计十八万人，张作霖自为总司令。直军亦分三路进兵，约十余万人，吴佩孚为总司令。方吴未出京，而东路奉军已攻入山海关北之九门口要隘。吴佩孚急赴前敌，于十月十二日督师夺取九门口。而奉军又占领石门寨（在长城内山海关西北），占领山海关，吴佩孚退至秦皇岛，方谋反攻。是时，直军第三路司令冯玉祥已班师回京，通电主和。吴佩孚闻，立反天津，而直军之在前线者，遂全体溃败矣。冯玉祥进军天津，吴佩孚乘轮南遁。冯玉祥、张作霖推段祺瑞为临时总执政。曹锟下野，以贿选被监视。十三年十一月二十四日，遂于北京成立临时执政府焉。

临时执政府之成立，以组织善后会议及国民会议为解决国是之要图。然善后会议虽开而毫无结果者，则以当时政局之事实，非空言所能解决者也。段祺瑞既无实力，而北方之大势，则奉天张作霖与国民军冯玉祥利害相冲突。张作霖自战胜直军后，亟欲扩张势力于长江流域，而南京之齐燮元、浙江之孙传芳，尤为直系之中坚分子。段祺瑞以己系之卢永祥取齐燮元而代之，而奉张又以己系之杨宇霆而代之。孙传芳于十四年十月联合苏、皖、浙、赣、闽五省军人，驱逐奉军势力于徐州以北，吴佩孚亦出而组织讨贼军以对奉。乃相持几月，而吴、张两派反化敌为友，联合以包围国民军，北方一时陷于混战之状态。十五年四月七日，奉军与直鲁联军攻击北京之国民军。九日，北京发生政变，国民军鹿钟麟包围执政府，段祺瑞逃入于东交民巷。北京为奉军所包围，国民军退走于居庸关之南口，执政府之命运从此告终。是月，南军之唐生智先逐去湖南省长赵恒惕，国民政府之北伐军亦于六月十三日推蒋介石为革命军总司令，其军队纷纷由广州出发。自是，国民革命军之进展，将为中国建设一新国家矣。

## 第三节　南方国民政府之崛起

中国自辛亥革命推翻数千年之君主专制政体，其发难者多起于长江以南各行省。及共和成立，而从前政治上之中央向心力已不敌地方离心力之大。虽民国二年之二次革命不久即败，民国四年之护国军务院未几取销，而中央威信之丧失，地方权力之增长，则固日甚一日也。故民国以来之祸乱，不专关系于中央，而大部分则在于各省。拥各省之实权者，厥维军人。在此十五年中，虽数数假借名义，然不过借以拥护一时之权利，而无彻底一定之主义，故演为国内军阀循环之战争。独总统孙文自二次革命失败，鉴于国民党之大而无当，乃集合革命分子，另组中华革命党。民国六年，国会被解散，张勋复辟，孙前总统重返广州，组织军政府，宣言护法。其两院三分之一议员南下者，集于广州，开非常国会。八月，选举孙文为大元帅。时云南督军唐继尧、广西督军陆荣廷、湖南镇守使刘建藩均先后宣告自主，与广州军政府一致，遂引起南北长岳之战争。南北军在湘南相持数年。七年五月，广州非常国会以大元帅制不适宜于现局，改组军政府为委员制，取消大元帅，设政务会议，选举唐绍仪、唐继尧、孙文、伍廷芳、林葆怿、陆荣廷、岑春煊七人为国务总裁。孙帅离粤赴日。

是时，广州国民党中之政友会已成中华革命党分派矣。八年，南北开和议于上海，荏苒年余，都无成议。而北方有直皖之战，广东有滇桂军之战，岑春煊派又与孙文派内讧。非常国会复分裂为二，一部分留广州，一部分转徙于云南、重庆各地。九年，广东有莫荣新之桂军，为陈炯明之粤军所驱逐。岑春煊、陆荣廷、林葆怿、温宗尧四总裁通电撤消军府职务，莫荣新亦通电取消自主。北洋政府徐世昌方于九月三十日宣布南北统一，而孙文、唐绍仪、伍廷芳已于十一月回粤，再向军政府否认岑春煊等之宣言。十年十二月，非常国会重开于广州，以二百人选举孙文为大总统。孙文于五月五日就职，宣言北廷徐世昌若舍弃非法总统时，愿与同时下野。

政府既组织成立，即以陈炯明率粤军进攻广西，驱走陆荣廷。孙总统任命马君武为省长，陈炯明颇反对之。后以汪精卫等之调停，订立孙、陈分治条件，以广西属孙，广东属陈。时孙总统主张北伐，陈炯明主张联省自治，政见又见龃龉，孙总统遂免陈各职。炯明即连夜逃回惠州，但其所辖之粤军六十营尚留广西，闻陈炯明已走，即拔队回粤。部将叶举等于六月十五日发请孙下野之电，孙总统即避居战舰，所遣军队悉被缴械遣散。次日，孙总统率四艘炮击广州城，相持月余，并电召入赣之许崇智军回援。战事不利，孙总统乃以八月九日离粤赴沪，于是广东完全在陈炯明势力之下。十二年一月，滇桂联军沈鸿英、杨希闵、刘震寰等占领梧州，发表讨陈拥孙之宣言，陈炯明败退惠州。滇桂军入广州，又与粤军内讧，粤中孙派要人恐滇桂军反客为主，急请孙氏回粤主持。孙中山于二月由沪三次回粤，以大元帅名义处分军事。四月十五日，桂军沈鸿英发电请孙离粤，与滇粤军激战于广州城附近，不胜，退走北江，为粤军所击败。桂军既破，而陈炯明于五月复发难于惠州以攻广州，两军相持于东江，互有胜负，连年不决。北方虽有驱黎之大政变，南方虽有江浙之大战争，而北伐之军受惠州之牵制，无从发展矣。

当孙中山之复回广州也，鉴于中华革民党分子之复杂，而组织又不适于现代之情势，于是有十三年一月召集各省支部代表改组党务之大会。是时，欧战结局，俄国列宁组织苏维埃政府，国内之研究社会主义者日多。此次国民党改组之要点有二：一为组织国民政府案，而主张以党治国；二为准共产党及社会主义青年团之加入。近三年来，国民党之进展基于此，而国民党之内讧亦基于此矣。此外，则创设党立黄埔军官学校，以为军事改革之张本。

十一月，段祺瑞入京执政，延孙中山北上。孙主张召集国民会议及预备会议，以谋中国之统一与建设。十四年三月，孙中山以疾卒于北京。云南唐继尧出兵广西，联络在粤杨希闵、刘震寰之滇军，谋合力以倒粤政府。时黄埔学生军已练成，许崇智、蒋介石率之西逐杨、刘之滇桂军，东破三年相搏之惠州陈炯明军，肃清广东。十五年三月，湖南第四师师长唐生智与国民政府联络，迫湖南省长赵恒惕出走，占领长沙、岳州。吴佩孚方北攻国民军，以重兵警戒鄂南。四月，湘军叶开鑫与吴佩孚部下攻入岳州，唐生智与北军相持。国民政府以蒋介石为革命军总司令，统率在粤六军出师北伐，应援湖南。八月十九日，击败北军九部于平江（湖南湘江道属县），占领岳州，攻入湖北。吴佩孚方与国民军激战于张家口，闻讯南下至汉口督师，北、南两军剧战于汀泗桥（在湖北江汉道咸宁县西南）。革命军继续肉搏，吴佩孚军败退于武汉。革命军进围武昌，分遣汕头之第一军何应钦攻福建，广州之第四军李济琛攻江西。九月七日，唐生智占领汉阳，即渡江取汉口，吴佩孚军沿京汉路北退。十月十日，唐生智等攻克武昌。时孙传芳以苏、赣、皖、浙、闽总司令名义盛兵武穴（在湖北广济县南），以扼革命军之东下，而革命军已潜由陆路之高安（江西庐陵道属县）攻入南昌。蒋介石击败孙传芳大队于九江。孙传芳于十一月初回南京，党军由赣、闽两方面攻入浙江。浙省师长周凤岐响应党军，激战旬月。党军于十六年二月十八日攻入杭州，是时奉张已派张昌宗率大军十五万人南下助孙，而皖督陈调元响应党军。于是南北两军战线自沪达皖，延袤千余里。三月二十四日，革命军克复南京，旋下上海，北军向江北溃退。于是扬子江流域全为革命军领域。军事之发展方新，而国民党左右派之内讧破裂。未几，中央政府争执之问题起矣。

## 第四节　欧战前后之对外关系

中国自甲午败于日本后，国势一落千丈，仅偷存于列强均势之下。及欧洲大战开，为外交转变之时，亦即袁世凯潜谋称帝之时，日本乘之，遂视中国为专利品，而为猛烈之侵略矣。

日本居亚洲之东，原与欧战无关，而日人借口于英日联盟，于一九一四年八月（民国三年）向德宣战，出兵攻击德在中国租借之胶州湾。是时，中政府先已向各交战国宣布中立，按照国际公法，交战国不能在中立国领土内战争，而日本之围攻胶州，则公然占据胶州湾附近之中国领土，并强截莱州半岛为交战区域。中政府不得已，一并划出潍县以东为其交战区域。无何，日本军队竟又突出非交战区域，进占潍县、青州、济南各车站，山东胶济铁路遂全归日人之掌握，并且侵入济南省城。中政府提出抗议，日本置之不理。至十一月七日，英、日军攻下胶州，中政府依据公法，向日政府请求撤去中国领土内（即交战区域）之日本军队。日政府匪惟不允中国所请，反宣言此举实属污辱日本，遂借口突向中政府提出《二十一条》之要求。此《二十一条》中分为五号：第一号规定中政府允许日本承受德在山东之种种利益；第二号言明日本在南满洲及东蒙古有无限之权利；第三号给予日本以管辖汉冶萍铁厂及长江一带之各种权利；第四号中国不得将沿海各地转借或割让与第三国；第五号规定中政府政权，其政治、财政、军政、警察须聘用日本人管辖，并要求中政府严守秘密。袁世凯委曹汝霖、陆宗舆为全权委员，与日使秘密讨论。当时全国舆论鼎沸，十九省将军联衔通电，反对政府作亡国之退让。国民发起对日同志会、劝用国货会、救国储金会，力持反对签字，排斥日货。副总统黎元洪、陆军总长段祺瑞据理力争，至于痛哭流涕。留日学生至罢学归国，即二次革命反对袁政府之黄兴、李烈钧等亦通电政府，果能拒绝日本政府要求，彼等自愿扶助政府与日本决战。

是时，袁政府委曲求全，仍与秘密会议至四阅月之久，几经修正，至五月一日，袁政府致送最后让步之答复，日政府仍未满意，遽下动员，令山东、奉天之日军为作战之准备。日使即于五月七日提出最后通牒，要求袁政府完全承认修正案之各款，限至五月九日午后六时为止，否则日政府将执必要之手段。袁政府遂于五月九日答呈允复，承认日本《二十一条》之要求，是为中国全国民永永毋忘之国耻纪念。

日本乘欧战方亟，各国无力东顾之时，劫得垄断中国权利之条约，然恐异日为各国所反对，一方向英、意、法订立密约，要求承认日本承受德在山东之权利；一方利诱中国驻日公使章宗祥欣然同意承认胶济铁路之条件。然中国六年八月十四日正式向德宣战，加入协约国，而外交之形势一变矣。

当欧洲大战之起也，袁世凯总统于日本未向德国宣战之时，已讽示英使朱尔典氏，告以中国愿担任攻击德军、收回青岛之意见，事为日本所拒绝。盖日政府之政策在阻止中国加入战团，以便其在华之侵略，而杜绝第三者之帮助于中国也。（据曾友豪《中国外交史》第七章一百六十六页，曾又本于刘彦所调查。）民国六年一月，德政府宣布采用无限制潜水艇政策，美总统威尔逊以中立国之资格人参请世界中立各国一同提出对德抗议，协约各国亦劝中国加入战团，表示愿尽力赞助中国在国际上享受大国当有之地位及其优待，如改正关税、收回治外权、缓付赔款诸问题，均可商议。中国维以对德问题引起国内之纷争，卒以民国六年八月十四日正式向德奥宣战，殊出日本之意外。然因对德战而有中日参战借款，又秘密缔结震动一时之《中日军事协定》（案：此协定于民国十年一月国务总理靳云鹏照会日本取销），所练成之参战军，并未运往欧洲参加战事，仅以供国内党争之用。

至民国七年十月，德奥大败，和会将开，各国公使提出警告中国之觉书，已兆中国在和会之失败。八年一月，中政府派外交总长陆征祥及顾维钧、王正廷、施肇基、魏宸组等为全权代表，列席于巴黎和会，提出希望废弃势力范围、撤退外国军警、裁撤外国邮局及有线无线电报机关、撤销领事裁判权、归还租借地、归还租界、关税自由、废除中日《二十一条》之条约各案。和会以不在会议权限以内，拟俟万国联盟会成立后请其注意，遂归停搁。至关于山东问题及归还青岛问题，复由五国共营之议降为中日直接交涉。警耗传来，举国震愤，驻华日使徒向北京政府干涉顾、王两代表在和会之言动。北京各大学、专门学生聚集三千余人，于五月四日列队游行至东交民巷各使馆，宣言表示国民外交之真意，并毁与日订秘密条约之曹汝霖宅，殴伤章宗祥，是为学生救国之五四运动。北京各团体及直、鲁、晋、豫、苏、鄂之请愿团咸向北京政府请愿，拒签《巴黎和约》关于山东之三条，沪上亦罢课罢市，以表示民意。于是巴黎和会中国代表对德和约拒绝签字，而签字于奥约，仍得为万国联盟之一。

中国参战之结果，虽于和会所得利益甚微，但中国在巴黎和会中所提之希望各案，请求改正中外间各种不平等关系，实为中国第一次整部提出不平等条约修改问题于世界之举。自是世界列强始注目于远东问题，而我民族废除不平等条约之精神，渐次普及于全国，咸努力继续与列强相周旋，非达于国际平等之地位不止矣。

一九二一年（民国十年），美国大总统哈定以维持远东和平及限制海军为名，发起太平洋会议，中国及英、法、意、日、美、荷兰、比利时、葡萄牙九国会于华盛顿。中国代表施肇基、顾维钧、王宠惠等提出关税自主、撤销领事裁判权、废止租借地、撤废势力范围、撤废客邮、撤废外国军警、撤退外国无线电台、公布中国成约各案，是为中国第二次整部提出不平等条约修改问题于世界之举。此种提案虽得会议详细之讨论，但其结果颇远于中国所要求。在中国各种提案中，除撤废客邮完全实行外，其余均无结果。一九一五年（民国四年）日本《二十一条》之取消，全然未上议题。山东议题定为中日直接交涉，关税仅允即时改成实抽百分之五。领事裁判权须俟各国派员为司法之调查。至关于租借地，只有英国表示退还威海卫。法国对于广州湾，则无确定之表示。旅顺、大连之退还，则日本完全拒绝讨论。此外问题都无解决。然中国得以废除不平等条约之主张，诉诸世界之公论，亦足以振奋中国民族自决之精神矣。

一九二四年（民国十三年）五月，中俄恢复邦交，新订修好条约，是为中国第一次和平与欧洲强国订立平等条约。据《中俄条约》，所有俄国以前在中国一切条约之特权，尤其租界、领事裁判权、片面协定之关税权，概行取消，以表示中国废除不平等条约之初步，而为中国对外关系开一新纪元。中国民众既具废除不平等条约之决心，复受中俄新关系之激刺，一遇对外问题，有触即发。

一九二五年（民国十四年）五月三十日，上海发生英捕枪杀学生群众之大惨案，自此汉口、九江及广州均有惨杀案发生。国民痛心于外人在华之专横，愈觉有根本废除不平等条约之必要。六月二十四日，中政府向英、美、法、日、意、比等国提议，将中外条约重加修正，俾适合于中国现状暨国际公平之原则，是为中国第三次向国际要求修改不平等条约之举。英、日两国首先拒绝，美国则希望中国根据华会协定，召集关税会议，并一面履行华会协定，发起调查中国司法制度之实行。于是关税会议、法权会议并于十五年先后开幕，中经战事停滞，全无结果。而广东国民政府已于十月六日公布《征收出产运销物品暂时内地税条例》，不啻直取华府会议之二五附加税而攫得之矣（本英使蓝博森说帖）。

及国民政府占领武汉，十六年一月三日以英国水军刺杀宣讲部多人，由国民政府外交部长陈友仁白英使代表俄玛利提出抗议，其结果于二月十九日成立中英汉口英租界之协定，由国民政府依据现有特别区市政办法，组织一特别中国市政机关，案照章程管理租界区域。此为中国收回租界之新纪元。同时九江英租界亦发生英人枪毙华人，致起骚动，其最后交涉，英使代表俄玛利允将英界区域行政事宜无条件移交党政府办理，党政府赔偿英人骚扰时所受损失四万元。于是北政府亦向各国公使分别提出条约案，并商收回天津租界之办法。其结果虽不可知，然不平等条约终必归于废除，其间之迟早则视国人之毅力、当局之应付以为断尔。

## 第五节　三百年法制之大概

在最近三百年中之法制，大略可划分为三期：自明季至光绪朝甲午以前，为君主专制政体法制期；自清德宗戊戌变政，为君主预备宪政法制期；民国以来，为民主共和政体法制期。今举其沿革之大要于下：

（一）**中央政府之沿革**　在民国以前，国家之统治权集于君主。明自太祖废宰相，分政权于礼部、兵部、户部、刑部、吏部、工部，以尚书任天下事，以内阁学士司票拟，以都察院掌纠劾，以大理院参平反。清初因之，惟堂官有满、汉尚书对立，而以议政王大臣总军国之大权。至世宗设军机处，遂夺内阁票拟之权。高宗裁议政王大臣，而归其权于军机处，成为清代之特制。咸、同以来，欧美各国群至，乃增设总理各国事务衙门。德宗变法，改订官制。宣统初，始废军机处，改组内阁，置总理大臣，分外务、民政、度支、陆军、海军、学、法、农工商、邮传九部。部置国务大臣，与内阁总理负连带之责任，以为预备立宪地步。民国成立，依《临时约法》，分统治权为立法、司法、行政三部。立法权以国会行之，行政权以大总统、国务员行之。国务员辅佐大总统负其责任，世所称内阁制是也。内阁置国务总理一人，外交、内务、财政、陆军、海军、司法、教育、农商、交通九部各总长，同为国务员。司法权以大理院各法官及各级法院组织之。惟自一九〇八年（光绪三十四年）以来，在此二十年中，业经公布之成文宪法有六：（一）《钦定宪法大纲》（光绪三十四年）；（二）《宪法信条》十九条（宣统三年）；（三）《中华民国临时政府组织大纲》（同年）；（四）《临时约法》（民国元年）；（五）《新约法》（民国三年）；（六）《新宪法》（民国十三年）。所取政制，各有不同。《临时政府组织大纲》及《新约法》采用总统制，其余皆采内阁制云。

（二）地方官制之沿革　明沿元之行省制，每省设布政使司、按察使司各一人，布政使为地方行政长官，按察使为地方刑狱长官。其省巡抚原为巡按御史之使职，其后渐夺布、按之权而居其上。又合二省或三省置总督一人，专掌军事，本无地方民政之责，然总督所在，久之巡抚又无实权。清沿明旧制，至德宗朝变政，裁去督、抚同城之巡抚。民国初，各省设都督、民政长及内务、财政、实业、教育各司。三年，改都督为将军，改民政长为巡按使，实行军民分治，裁去各司，改设政务厅及财政厅。六年，改将军为督军，改巡按使为省长，添设实业及教育二厅。十一年，废督裁兵之声甚盛，于是各省督军辞职，即改为督理。明清地方官为三级制，县一级，府、厅、州二级，道三级。民国废府、厅、州，存道、县，县设知事掌县之行政，道设道尹监察县之行政焉。

（三）兵制之沿革　明兵制有二，曰卫，曰所。百二十人为百户所，千一百十二人为千户所，五千六百人为卫。诸卫皆隶于五军都督府，征伐则命将充总兵官，调卫所兵领之。清起建州，创为八旗。太宗时归附日众，又增蒙古八旗、汉军八旗，每旗七千五百人，设都统统之。以八旗卫京师，称为禁旅，受节制于都统；以八旗分驻各省要隘，称为驻防，受节制于将军；编汉旗各直省原有之营兵，谓之绿营，以提督、总兵管辖之，受节制于督抚。乾嘉以前，征外夷大率用八旗兵，不足则以绿营兵继之；平内乱大率用绿营兵，不足则以八旗兵继之。自嘉庆中川楚教匪之变，绿营、八旗兵皆不足用，始召募乡兵以助防剿，谓之练勇。咸同之间，曾国藩即招练勇以削平太平天国，遂谓各省巡防军。及光绪甲午败于日本，旗兵、绿营、防军均不足用，乃仿西法练兵，设武备学堂，购新式枪械，谓之新军。拟定全国兵额为三十六镇，每镇兵额为一万五百六十二人。自新军起，而绿营、巡防渐归于消灭。民国兵制，以师为本位，每师建制，自师长至兵卒凡万人。师有二旅，旅有二团，团有三营，营有四连，连有三排，每排四十二人。其官制分三等：上等曰将，为师旅长；中等曰校，为团营长；初等曰尉，为连排长。民国初年，全国共四十八师。自袁世凯死，省自招兵，漫无限制，各省督军拥兵争防，内战时起，兵制变乱不可稽矣。至水军之制，清初已分外海、内河两部，以水师提督节制之。太平军兴，曾国藩创设长江水师，而内河水军之制一变。中法构衅后，李鸿章创设南、北洋海军，而外海水军之制一变。自甲午海军熸于日本，仅存残余之巡洋舰，不复成军。民国以来，国家多故，不克扩充，仅事维持。然自六年程璧光、林葆怿率海军一部赴广东，自是海军又分为南、北舰队焉。

（四）赋税　明赋税以田赋、丁税为大宗。丁户统于黄册，田土统于鱼鳞册。丁有役，田有租。清初因沿明制，租分夏、秋两季征收。夏税以麦为主，秋粮以米为主，但亦得以银钱纱绢代纳。丁赋有成丁（十六至六十）、未成丁（十六以下）、富户、贫户之差。至世宗归丁于地，则丁赋与地租合一。北方近于京畿，则役重而租轻；南方远于京畿，则租重而役轻。其目为盐课、茶课、矿课、芦课（扬子江沿岸及沿海之沙洲芦地）、渔课、酒税、契税、典当税、牙行税等目。海通以后，以海关、常关税为大。太平役起，复于内地设厘金税。以上多属国家之收入。至耗羡一项，则课于地赋定额以外，以为地方之经费。清末预备立宪，始于宣统三年试办预算，是为中国有预算之始。收支相抵，略有赢余。共和告成，时变纷乘，用费骤加，财源顿涸。初恃外债以图存，继借内债以补苴。收入大宗之关税、盐款，概归债务之抵押。截至十一年，内债额共负三万万零四百四十万九千五百九十二元，外债额共负九万万九千二百六十八万四千五百七十五元。

（五）刑法　明分政权于六部，故刑律分为名例、吏律、户律、礼律、兵律、刑律、工律，每律各分细目，皆有条例以申明其义。凡审断须详察其情形之轻重，而据律引例以下判定。刑分笞、杖、徒、流、死五类，别为二十等。中央刑部、大理寺、都察院掌司法之最高权，称为三法司，地方则按察使司、知府、知州、知县执行法权。清初订《大清律例》，多因明制，至德宗末编纂新法典，分刑事、民事为二，颁行《法院编制法》，设立各级审判厅，以大理院为最高法院。民国司法继续清制，而各种法典、各处法院尚未臻于完备也。

（六）学校与选举　明于京师设国子监，各直省及府、州、县皆设学，立儒官以教之。其后成为具文，而士大夫集众讲学，谓之书院，其风遍行于天下。清代因之，至德宗朝改天下书院为学堂，县立小学，府立中学，省立高等学堂，北京立大学。民国因之，年限学程，六年、十一年两经改革。十一年所公布之新学制，其修学期改为小学初级四年，高级二年，中学初中、高中各三年，大学四年，至今奉行焉。

明初，选举与学校原相表里，其后分而为二。科举之法分三试：初场试以四书义三道，五经义四道；二场试论一道，判五道，诏、诰、表科一道；三场试经、史、时务策五道。以子、午、卯、酉之年，试府、州、县学生员于直省，曰乡试，中试者谓之举人；试举人于礼部，曰会试，中式者更由天子廷试对策，赐进士及第出身有差。清因明制，惟初场试四书文三篇，五言试帖诗一首；二场试五经文三篇；三场试策五道。至德宗戊戌变法，改试策论，其后遂废科举，兴学校。民国初年，定考试文官及司法官之法，举行未久，因国家多故，遂致无形停搁矣。

## 第六节　文化之要

近三百年中，文化之特点可分为三期：第一期为汉宋学杂糅时期，第二期为朴学成立时期，第三期为中西文化交换时期。今分举各期之特点于下：

第一期　汉宋杂糅时期　明中叶后，王阳明之心学盛行于天下。及其敝也，学者偶有所见，辄欲尽废先儒之说而出。其不学，则借一贯之言以文其陋；无行，则逃之性命之乡，以使人不可诘。明末刘宗周乃救之以慎独之说，然能药其放纵，而不能药其空虚。黄宗羲、顾炎武、王夫之崛起于明末清初，咸致力于躬行实践、经世致用之学。颜元尤欲力复《周官》六德、六行、六艺之教，一以实用为存人、存性、存学、存治之宗旨。即理学大师孙钟元、李颙亦调和于朱、陆之间，而发挥明体致用之学说。王夫之论学，以汉儒为门户，以宋五子为堂奥，而其治学方法有曰："天下之物理无穷，已精而又有其精者，随时以变，而皆不失于正。但信诸己而即执之，云何得当？况其所为信诸己者，又或因习气盛，守一先生之言，而渐渍以为己心乎？"是已开科学研究之精神矣。黄宗羲惩于明人讲学束书而从事于游谈，故问学者必先穷经。经术所以经世，不为迂儒，必兼读史。读史不多，无以证理之变化；多而不求于心，则为俗学。其所著《明夷待访录》，皆经世大政。宗羲之学，以经世为宗旨，以穷经、读史、治心为工具。传为浙东学派，其弟子万斯同、万斯大为最著。乾隆朝之全祖望、邵晋涵、章学诚，光绪朝之黄以周，皆传其学者也。然其为清学之正统派者，则推顾炎武。其论学以博学于文、行己有耻为宗旨，谓经学即理学，谓孔子之删述六经，即伊尹、太公救民于水火之心。故凡文之不关于六经之旨、当世之务者，一切不为。必论事，必穷源竟委，质之于今而可行。其说经，必旁推互证，考之于古无不合。同时太原阎若璩著《古文尚书疏证》，德清胡渭著《易图明辨》，皆能摧陷廓清，一扫先儒之理障，实清初思想界之一大解放也。

第二期　朴学成立时期　清代学术之异于古者，厥惟朴学。其开创径途，肇于明末清初诸大师，然未尽精严，而成学著系统者，自乾隆朝之吴、皖二派始。吴派创于惠栋，栋承其父士奇学，揖志经术，撰《九经古义》《周易述》《明堂大道录》《古文尚书考》《左传补注》，始精妙不惑于谀闻。惠氏治经要指，一以汉儒为宗，谓当以汉经师之说与经并行。清代汉学之壁垒，至是始森严矣。栋弟子有江声、余萧客，皆笃信古义，而王鸣盛、钱大昕亦被其风，稍益发舒；教于扬州，则汪中、刘台拱、李惇、贾田祖以次兴起。后者学统遍大江南北，乾嘉上下百年间，称极盛焉。皖派则创于戴震，震受学于婺源江永，治小学、礼经、算术、舆地，皆课通。常言："有义理之学，有文章之学，有考核之学。义理者，文章、考核之源也。熟夫义理，而后能考核，能文章。"又谓："经之至者，道也；所以明道者，其词也；所以成辞者，未有能外小学文字者也。由文字以通于语言，由语言以通夫古圣贤之心志。"故其为教也，以志乎闻道为指归，以通于小学为入门。戴氏撰述甚富，晚年撰《原善》及《孟子字义疏证》，自谓为生平著述之最大者，以此为正人心之要。今人无论正邪，尽以意见误名之曰理，而祸斯民，故《疏证》不得不作。其要以古圣贤所谓仁义礼智，不求于所谓欲之外，不离夫血气心知，故"圣人治天下，体民之情、遂民之欲，而王道备。今之治人者，视古圣贤体民之情、遂民之欲，多出于鄙细隐曲，不措诸意。及其责以理也，不难举旷世之高节，著于义而罪之，尊者以理责卑，长者以理责幼，贵者以理责贱，虽失，谓之顺；卑者、幼者、贱者以理争之，虽得，谓之逆。于是下之人不能以天下之同情、天下所同欲达之于上；上以理责其下，而在下之罪，人人不胜指数。人死于法，犹有怜之者；死于理，其谁怜之？"此戴氏所建之情感哲学，空所倚傍，不独推倒宋儒之理学，且远超乎汉学范围之外矣。其弟子最知名者，高邮王念孙、金坛段玉裁。玉裁解《说文》，念孙疏《广雅》，以经传诸子转相证明，诸古书文义诘屈者皆理解。念孙子引之为《经传释词》，明三古词气后儒所不能理绎。其小学训诂，自魏以来，未尝有也。戴氏乡里同学，有金榜、程瑶田，后有凌廷堪、胡匡衷、胡承珙、胡培翚，皆善治理。其典章制度，传于任大椿；微言大义，传于孔广森。后有歙人凌廷堪，与甘泉焦循相友善。阮元间教于焦、凌，遂别创扬州学派焉。凡宗戴氏数家，分晰条理，皆参密严瑮，上溯古义，而断以己之律令，大都以知新为主，与苏州诸学派殊矣。与震同时有武进庄存与者，治公羊学，著《春秋正解》，刊落训诂名物之末，专求其所谓微言大义者，与皖派所取径途迥异。公羊为汉今文学家，故世称为常州今文学派。其徒属刘逢禄、宋翔凤，复从而张之，义益瑰玮矣。德清戴望从翔凤游，述《公羊》以赞《论语》，为有师法。清末湘潭王闿运编注五经。闿运弟子有井研廖平，自名其学，时有新义，集今文学之大成。南海康有为治今文，其渊源出自廖平，以孔子改制之说，文其变法维新之义。同时古文学正统派之章炳麟，受小学于德清俞樾，其治小学精绝，然亦好作政论，朴学至是已衰矣。

　　第三期　中西文化交换时期　当清咸丰朝大沽之败，清廷怵于西人之炮利船坚，于同治二年设同文馆于京师，选京官年少聪颖者入馆，学习各国语言文字及天文、算学、造船、制器诸法，为大学士倭仁、御史张盛藻等所反对，遂无成效。其后两江总督曾国藩设江南制造局，翻译欧美数学、天文、机械、力学、声、光、化、电各书，并奏请挑选聪颖子弟百余人，赴泰西各国学习技艺，期十五年还国，是为中国派遣留学欧美之始。然当时士大夫耻言西学，所派留学又多童幼，学无根柢，故其所成就者甚鲜。及光绪甲午败于日本，天下士人始争骛于欧美科学之研究，浸及于政法、经济、社会、哲学诸科矣。其介绍西学而能兼信达雅者，以侯官严几道为称首，所译赫胥黎之《天演论》，为生物哲学入中国之始；亚丹斯密之《原富》，为重农派经济学入中国之始；孟德斯鸠之《法意》，为法理学入中国之始；斯宾塞尔之《群学肄言》，甄克思之《社会通诠》，弥勒约翰之《自由权界论》，为社会哲学入中国之始；弥勒约翰之《名学》，为正统派论理学入中国之始。一时人心咸受其影响，使思想界为根本之改造。此外则马君武所译达尔文之《物种原始》，于科学有重大之价值。至杜威之教育哲学，罗素之心物分析，皆促进中国学术界之革新。一时胡适以实用主义研究中国上古哲学史，梁漱溟比较东西文化及其哲学，而科学方法与人生观重于时矣。最近则马克斯经济学说风靡东亚，而中国孔、老、墨之哲学亦为欧洲学者所欢迎。将来东西文化融合之结果，或将使学界发生异彩而创造将来世界之新文明，未可知也。

# 高师预科国史讲义

据中缝,作"国史",由昌福公司代印。另据孔网售出之别本,又题"国史讲义"。叶秉诚去世后,本书曾作为国立四川大学讲义,改题"中国通史大纲",无第一章《上古三代史》,且《秦汉史》亦与此本略有不同。今据《新新新闻》改题"高师预科国史讲义",并据昌福公司本整理。

# 第一章
# 上古三代史①

## 第一节② 开辟原始及五帝

吾国在昔有华夏之称，其后则谓之汉族。或以为来自西方，于古籍无可征。纬书所载，多荒诞不经之说。惟有巢、燧人，较有实事可言耳。庖牺画八卦，见于《易·系辞》。制嫁娶为人伦之始，驯扰牺牲，则由渔猎进而为游牧矣。神农教民农作，又由游牧进而为耕稼；日中为市，交易亦由兹托始；食足货通，然后国实民富而教化成。我国之文化，殆萌芽于神农也。

太史公书首黄帝轩辕氏，其时蚩尤最为暴，黄帝征师诸侯，擒杀蚩尤，是为华族与苗族之争。诸侯咸尊轩辕为天子，天下有不顺者，黄帝从而征之，平者去之，披山通道，未尝宁居。东至于海，西至空桐，南至于江，北逐荤粥，而邑于涿鹿之阿。盖前此为部落分立，即强者亦仅能以兵力征服他部，俾奉命令。至黄帝则能以渐统一之，故疆域四至，亦有可言也。

羲、农以来，制作渐兴。至黄帝时而益盛，作宫室，造舟车。又羲和占日，常仪占月，臾区占星气，伶伦作律吕，大挠作甲子，隶首

---

① 原作"上古三代史"，今为统一体例，改作章，后同。
② 原作"章"，今为统一体例，改作节，后同。

作数，容成综此六术而作历。元妃西陵氏嫘祖教民育蚕，史苍颉作书，是皆关于文化之大者。相传神农即有医药，至黄帝问于岐伯，复发明脉经、诊治、祝由、针灸、汤药之原。蚩尤采铜为兵，黄帝亦有作金刀五币之说，则冶金术亦发明于此时矣。

经颛顼、帝喾而至帝尧陶唐氏，都平阳，命羲和四子正历授时，始置闰法。时洪水泛滥，尧用四岳言，使崇伯鲧治水，历九年而水不息。虞舜摄政，乃举禹续父业。禹在外十三年，随山刊木，奠高山大川，分冀、兖、青、徐、扬、荆、豫、梁、雍九州，而定其贡赋。其导水之法，大率导群川以入江、淮、河、济，复导江、淮、河、济以入于海，所谓四渎者也。

舜修五礼（吉、凶、军、宾、嘉），制五刑（墨、劓、剕、宫、大辟），同律度量衡，设五载一巡狩之法，增设幽、并、营三州，设十二牧。尧崩，舜践天子位，都蒲阪。舜又设九官，伯禹为司空，宅百揆；弃为后稷，播百谷；契作司徒，敷五教；皋陶作士，正五刑；垂作共工，利器用；伯益作虞，育草木鸟兽；伯夷为秩宗，典三礼；夔典乐，教胄子；龙作纳言，出纳帝命。舜崩，禹嗣天子位。尧舜均不传子而传贤，所谓五帝官天下者也。

## 第二节　夏商及西周

禹姒姓，都安邑，国号夏，以建寅之月为岁首，合诸侯于涂山，执玉帛者万国。三苗九黎，至此始稍平靖。禹欲传伯益。禹崩，天下归禹之子启。同姓有扈氏不服，启灭有扈。启传太康，而传子之局遂定。有穷后羿、寒浞相继篡夺，夏统中绝。少康灭浞，是为夏之中兴。传至桀，不务德而武伤百姓，诸侯皆归商汤。汤伐桀，夏祚以亡。

契封于商，赐姓曰子，传至成汤始居亳，举伊尹任国政。既胜夏，乃践天子位，以建丑之月为岁首。汤崩，孙太甲立，不遵汤法，伊尹放之而摄政。太甲悔过，伊尹乃迎复位。至盘庚居亳殷，故以殷为国号。武丁举傅说，伐鬼方，氐羌来宾。武乙北徙朝歌。及纣为不道，为周所灭。

弃姬姓，封于有邰，夏衰，不窋失其官，窜于戎狄之间。公刘复兴后稷之业，至古公亶父，以獯鬻来侵，自豳徙国于岐山之南周原，因号为周。西伯昌作丰邑，都之。王化行于江汉汝坟，三分天下有其二。武王发嗣为西伯，纣恶日著，乃会诸侯伐殷。纣死而天下归周，都镐。以建子之月为岁首，大封功臣同姓，以树王室之屏藩。成王诵立，年少，周公旦乃摄行政当国。成王长，周公反政，营雒邑为东都。

周公兴正礼乐，制为冠、昏、丧、祭、朝聘、射飨之礼，又作六典之职授之成王，如封建制（封建之制，至周大备，列爵惟五，分土为三，分天下为扬、荆、豫、青、兖、雍、幽、冀、并九州，其中一州为王畿，余八州则以封诸侯）、官制（夏殷二代官制不能尽详，至周公设天、地、春、夏、秋、冬六官。冢宰掌邦治，司徒掌邦教，宗伯掌邦礼，司马掌邦政，司寇掌邦刑，司空掌邦事。其属官各有六十）、田制（禹平洪水，始定田制，一夫授田五十亩，计其五亩所入以为贡，名曰贡法。商时一夫授田七十亩，以六百三十亩为一井，画为九区，中为公田，谓之助法。周一夫授田百亩，征税兼用二代法，谓之彻法。二十授田，六十还田）、兵制（周代征兵之法，九夫为井，四井为邑，四邑为丘，四丘为甸，甸出戎马四匹、兵车一乘、甲士三人、步卒七十二人、杂兵二十五人。其军制则万二千五百人为军。王六军，大国三军，次国二军，小国一军。军将皆命卿，二千五百人为师，师帅皆中大夫。五百人为旅，旅帅皆下大夫。百人为卒，卒长皆上士。二十五人为两，两司马皆中士。五人为伍，伍皆有长），其最要者也。又周代盛行宗法，阶级制度即由宗法而生。

成王崩，康王钊立。成康之世，刑措四十余年不用。昭王南巡不返，周室始弱。穆王命吕侯修刑法。厉王暴虐无道，使卫巫监谤，国人弗堪，流王于彘。周、召二公行政，号曰共和，自后年岁始有可征。厉王卒，宣王立，命秦仲征西戎，尹吉甫伐猃狁，方叔征荆蛮，召虎平淮夷，王亲征徐戎。诸侯宗周，号为中兴。幽王废申后及太子，申侯与犬戎伐周，杀王。秦、晋、郑、卫诸国逐犬戎，迎立平王。王辟戎寇，东迁雒邑，封秦襄公为诸侯，赐以岐西之地。时周室衰微，诸侯强并弱，齐、楚、秦、晋始大，政由方伯。

## 第三节 春秋诸霸

《春秋》本鲁史旧名，孔子因而笔削之。始于鲁隐公元年（平王四十有九年），终于哀公十四年（敬王三十有九年），凡二百四十二年，总谓之春秋之世。西周之初，诸侯千八百国，至春秋，其存而可考者仅百七十国，会盟征伐章章可纪者十四国。与周同姓者，鲁、卫、晋、郑、蔡、曹、燕、吴；异姓者，齐（姜姓）、宋（子姓）、陈（妫姓）、秦（嬴姓）、楚（芈姓）、越（姒姓）也。其余小国，或为大国所并吞，否则悉索币赋以供大国之命而已。东迁以后，王之政教既不行于诸侯，而戎狄错居中国，为腹心之患，于是齐桓公纠合诸侯，以尊王攘夷为名，号为霸者。终春秋之世，天下大势，在霸者矣。

齐桓公用管夷吾，立四民不杂处之法，作内政以寄军令，官山海以准轻重，为衣裳之会及兵车之会。北攘戎狄，复封邢、卫。南用兵于楚，盟于召陵，中国赖以少安。

齐桓既卒，宋襄公欲为盟会，求诸侯于楚，为楚所执，卒为楚所败死。晋献公灭虞、虢诸国，晋始强大。文公返国，平王子带之乱，受南阳之田，于是河东、河内之富，崤函之固，并为晋有。自周成王封熊绎于楚蛮以子男之田，其后若敖、蚡冒，筚路蓝缕，以启山林。春秋之初，熊通遂称武王。文王都郢，楚始强。成王服曹、婚卫、用师于宋，于是晋文公作三军，伐曹、卫以致楚，遂有城濮之战，而楚不敢与晋争。襄公而后，晋遂世主中夏之盟。

晋灭虞、虢，秦人东出之门户为晋所扼，穆公屡欲东出，皆不得志，乃西开戎地千里，遂伯西戎。

楚庄王举孙叔敖为令尹，伐陈、宋，讨陆浑之戎，遂至于洛，观兵周疆，及败晋师于邲，遂主中夏之盟。

当是时也，南北分势，宋、郑当南北之冲，为晋、楚所必争。晋悼公时，郑公孙侨为政，晋三用兵于郑，而后楚不能与争。其后宋大夫向戌为弭兵之会，楚灵王遂会诸侯于申，用兵以灭陈、蔡诸国矣。

自太伯仲雍亡入荆蛮，文身断发，自号勾吴，传至寿梦，始为楚患。阖庐用伍员、孙武，败楚入郢。昭王奔随，楚臣申包胥求救于秦以退吴师。越为禹之苗裔，勾践与阖庐战于樵李，阖庐伤死。阖庐子夫差三年报越。越保会稽，求和于吴。夫差欲争盟上国，开邗沟以通江淮，败齐人于艾陵，会诸侯于黄池。越用范蠡治军，大夫种治民，乘虚入吴，其后卒灭吴。勾践遂横行江淮间，与齐、晋诸侯会于徐州，周元王命之为伯。然力不及远，以淮上地与楚，其后卒为楚所并。

## 第四节　战国

春秋诸国，皆行世卿之制，及夫中叶，公室卑弱，强臣专擅，逐君吞并，史不绝书。至威烈王二十三年，而魏斯、赵籍、韩虎分晋。魏都安邑，赵都邯郸，韩都阳翟，号为三晋。及田和篡齐，天下新建之强国凡四，并故国之楚、秦、燕，是为七国。魏文侯用李悝尽地力，作平籴法，使西门豹引漳水溉邺田。齐威王烹阿大夫，封即墨大夫。诸侯皆有求治之志，然世禄之弊除，而说士之风起矣。

其时诸侯皆以夷翟遇秦，摈斥之不得与中国之会盟。于是秦孝公发愤修政，下令求能出奇计强秦者。卫公孙鞅遂入秦，说孝公定变法令。崇本业，重军功，及秦徙咸阳，又并小乡为大县。废井田，开阡陌，任其所耕，不限多少。国富兵强，天下无敌。鞅伐魏，魏惠王遣人献河西之地于秦，魏遂徙都大梁。秦封鞅，号曰商君。秦自是始据崤函之固，东向以临诸侯矣。

秦既富强，诸侯患之。洛阳人苏秦说赵肃侯以合从之利，于是合六国为一以摈秦。秦使公孙衍欺齐、魏伐赵，从约遂解。秦寻灭蜀，富厚，益轻诸侯。

齐宣王乘燕子之之乱而破燕。湣王灭宋，燕昭王用乐毅破齐，降七十余城。湣王走死。燕惠王立，田单破燕复齐。赵武灵王为胡服骑射，攘地北至代，西至云中、九原。苏秦既死，张仪说六国连衡事秦。秦惠王卒而衡败。秦昭王立，魏冉专政，既诱执楚怀王，又以白起为将，蚕食韩、魏之地。攻楚，楚徙都陈。后秦用范雎远交近攻之策，攻取常在三晋。长平之役，坑赵卒二十余万。赵先后死者四十余万人。秦遂围邯郸，魏信陵君公子无忌解邯郸围。时周分为东西，王赧寄居西周而已，后均为秦所并。秦王政立，诸侯患秦攻伐无已时，于是楚、赵、韩、魏、卫合从以伐秦，至函谷，皆败走。楚复徙寿春。其后秦用李斯之策，离间六国君臣，遂灭韩，间杀赵良将李牧，王翦遂灭赵，赵公子嘉奔代自立。王贲灭魏、灭燕，还灭代。王翦复灭楚，定江南，降百越。王贲灭齐，而天下混一。时王政二十六年也。

战国之世，公子皆好养客，齐孟尝君田文、赵平原君赵胜、魏信陵君公子无忌、楚春申君黄歇，其最著也。燕太子丹及秦相吕不韦亦各有客数千人。义侠之士，均一言而轻其生，亦为一时之风尚。

## 第五节　春秋战国学术

自三代以迄战国，百家之说并兴，其尤盛者为道、儒、墨三家。道家之学，源于黄帝，成于老子（楚人，姓李氏，名耳，字聃），著书言道德之意，其后有列御寇、庄周。儒家之学，祖述尧舜，宪章文武，至孔子（名丘，字仲尼，鲁人）而集大成。孔子尝为鲁司寇，其后历游诸侯，知言之不用而道之不行，乃删《诗》《书》，正《礼》《乐》，赞《周易》，修《春秋》，弟子身通六艺者七十二人。曾参作《大学》，孔子孙伋作《中庸》，孟轲作《孟子》。荀卿（赵人，名况）之学出于孔子，主性恶，与孟氏之说大异。墨子（名翟，鲁人）之学出于禹，以兼爱、尚同、啬用、非乐为旨。法家则李悝著《法经》，申不害主术，商鞅主法，韩非则兼言法术。名家则有邓析、公孙龙、惠施诸人。农家则倡并耕之说。杨朱则主为我之论。兵家则有司马穰苴兵法及孙子（武）、吴子（起）。从横家则以苏秦、张仪、公孙衍为最著。又邹衍倡为大九州之说，又有终始五德之论。医学则扁鹊（秦越人）能见五脏症结。秦相吕不韦为八览、六论、十二纪，则又杂家之流也。

  文分有韵与无韵。有韵之文，起于无韵之文以前。有韵之文，由诗变而为赋。《荀子》有《赋篇》，屈原则作《离骚》《九章》《九歌》等篇，宋玉《九辨》《招魂》诸篇，及景差《大招》，并见称于世者也。仓颉作书，依类象形谓之文，其后形声相益则谓之字。周礼八岁入小学，保氏教国子，先以六书，指事、象形、会意、形声、转注、假借是也。周宣王时，太史籀著《大篆》十五篇，与古文或同或异。

# 第二章
# 秦汉史

### 第一节 秦之兴亡及汉初之政

秦王政既并天下，自以为德兼三皇，功过五帝，更号曰皇帝，除谥法，号始皇帝。以廷尉李斯言，不置诸侯，分天下为三十六郡，郡置守、尉、监；收天下兵，销以为钟虡及金人；徙天下豪桀于咸阳十二万户；又大治驰道，东穷燕齐，南极吴楚，巡游所至，辄刻石称颂功德。又以丞相李斯言，焚《诗》、《书》、百家语，所不去者，医药、卜筮、种树之书；欲学法令者，以吏为师。又以诸生诽谤，坑四百余人于咸阳。

使将军蒙恬逐匈奴，收河南地。筑长城，起临洮，迄辽东，延袤万余里。又平百越，置四郡，以谪徙民五十万人戍五岭，与越杂处。

二世皇帝立，任用宦者令赵高，更为法律，务益刻深，于是陈胜、吴广以戍卒失期起兵，据陈，号张楚。赵、魏、齐、燕亦相继立王。及秦使少府章邯败楚，陈胜死。楚将项梁更立楚怀王，韩故臣张良亦说梁立韩王，既而魏王咎、齐王田儋败死，章邯进兵击齐，连为项梁所败，梁寻亦败死，章邯遂渡河击赵，项羽大破之于巨鹿，于是诸侯兵皆属羽。沛公刘邦亦入武关。时二世已为赵高所杀，立子婴，仍为秦王。子婴杀高。沛公至霸上，子婴降。沛公与秦民约法三章，杀人者死，伤人及盗抵罪。除秦苛法。

项羽既入关，分王诸将，以功受封者十八国。羽立为西楚霸王。田荣以不得封，并三齐地。陈余亦击常山王张耳，迎代王赵歇为赵王。汉王刘邦亦定三秦，乘羽击田荣，遂入彭城，羽还，大破汉军，于是楚汉相持。汉遣韩信别击下魏，益兵举赵，又定齐地。彭越数扰梁地，九江王英布亦背楚降汉。战争五年，汉卒灭楚，诸王共尊汉王为皇帝，因故国国号汉，都洛阳。异姓王凡七国。寻以娄敬、张良之言，定都长安。

楚王韩信、梁王彭越先后废死，淮南王英布以起兵败死，韩王信降匈奴，赵王张敖废为侯，燕王卢绾北走，异姓王独长沙存。先后封子弟九国，定非刘氏不王之制。

当帝之迁于关中也，以三章之法不足以御奸，相国萧何取其宜于时者，作律九章。又厌群臣争功无礼，命博士叔孙通采古礼与秦仪起朝仪。其职官之制，大率本之于秦。又重乡官，所云三老、啬夫、游徼，皆原于秦制也。

## 第二节　文景武之治讫王莽篡汉

惠帝即位，曹参代萧何为政，举事无所变更，一遵萧何约束。民务稼穑，衣食滋殖。及吕太后临朝称制，封诸吕为王，而使吕禄、吕产将南北军。太后崩，太尉周勃、丞相陈平诛诸吕，迎立文帝。帝除收孥、连坐诸法及肉刑，颁举贤良方正、直言极谏之诏。海内殷富，兴于礼义，断狱四百，几至刑措。其时诸王不守汉法，贾谊上书言之，帝弗之从也。景帝立，以御史大夫晁错言削诸王之地，吴王濞遂结楚、赵、胶西、济南、淄川、胶东举兵。帝既诛错以谢七国，乃遣太尉周亚夫平吴楚之乱。

武帝立，用广川董仲舒《对贤良策》之言，罢黜百家，专崇孔子。及公孙弘为丞相，请为博士设弟子。帝亦崇尚文学，始立五经博士，自后治经艺者益盛矣。汉初以十月为岁首，至是以司马迁等之言，作《太初历》，始以夏历正月为岁首。年号亦始于此时。景帝遭七国之难，抑损诸侯。帝既用主父偃之言，下推恩之令，诸侯惟得衣租食税而已。

疆土既辟，分天下为十三部，其十二部为豫、冀、兖、徐、青、荆、扬、益、凉、并、幽、交十二州，各置刺史，察郡国，秩六百石。京师则为司隶校尉，兼察三辅（京兆尹、左冯翊、右扶风）。至成帝世，改为州牧，而州权始重矣。

其时征伐及巡幸赏赐、神仙宫观之费，皆取给大农，国用不足，于是以东郭咸阳、孔仅为大农丞，领盐铁事，禁民敢私铸铁器煮盐者，钛左趾，没入其器物。又算舟车商贾。及桑弘羊为大农丞，作均输平准之法，于是民不益赋而国用饶矣。

末年百姓贫耗，穷民犯法，酷吏击断，奸轨不胜。张汤、赵禹之属，条定法令，禁网浸密。及巫蛊祸起，于是下轮台之诏，深悔既往之非云。昭帝即位，大将军霍光辅政，轻徭薄赋，与民休息。帝崩，光立昌邑王，复废之而立宣帝。帝生自民间，具知闾里奸邪，吏治得失，以为太守吏民之本，慎选其人。其时良吏最盛，魏相丙吉亦称贤相。然用宦官吏弘恭、石显典枢要，史高领尚书，外戚宦官之祸始于此矣。

元帝任用石显，太傅萧望之、少傅周堪均获罪。成帝即位，黜石显而用王太后之兄凤为大将军。王氏专擅朝事，郡国守相刺史皆出其门，自是大权遂落外戚之手。其后凤弟音、商、根及弟子莽遂相继辅政。哀帝即位，太后诏莽避帝外家，于是丁傅用事，后竟用嬖人董贤为大司马。帝崩，莽复为大司马。平帝即位，年九岁，元后临朝，委政于莽，莽以孔光历事三主，于是盛尊事光。先是，成帝时改丞相、御史大夫为大司徒、大司空，并大司马为三公。至是复置太师，以光为之，而以其党为三公。莽既进号安汉公，又采伊周称号而称宰衡。

莽弑帝，立宣帝玄孙婴，号曰孺子。于时陈符命者纷起，莽遂居摄，称假皇帝。及东郡太守翟义兵起，旋即败覆，莽遂即真，国号为新，尽改职官及郡县名。莽欲仿古井田之制，收天下田为王田，奴婢为私属，皆不得买卖。家无八丁，田过一井者，分其田与九族乡党，敢非议者投四裔。又作金、银、龟、贝、钱、布凡二十八品,名曰宝货。禁汉五铢钱,积者犯罪。宝货既不行,乃更铸小钱直一,与大钱五十并行,于是农商失业。又设五均司市、钱府官及六管之令,用富贾督之。科禁苛细,摇手即触。于是荆州兵起,琅珢樊崇转掠青、徐,号曰赤眉。汉宗室刘縯与弟秀亦起兵春陵,诸将共立刘氏,乃立更始将军刘玄。莽遣司徒王寻、司空王邑大发州郡兵共四十二万平定山东,秀大破之于昆阳。于是海内豪桀,翕然响应,更始以縯兄弟威名日盛,杀縯,遣申屠建由武关入长安,莽为其下所杀。

## 第三节　光武中兴及外戚宦官之祸

更始都长安,政事日紊,假名易号者纷起。更始以刘秀行大司马事,徇河北,与南阳邓禹定大计。既定河北,更始封为萧王,令罢兵,秀不就征。时赤眉攻长安,更立刘盆子为皇帝。萧王亦即帝位,是为光武皇帝。寻下洛阳,定都焉。割据之徒,至十二年而悉定。天下既定,功臣皆以侯就第,无吏职兵柄之责,均得以功名终。又征聘处士严光、周党之徒,求贤如不及。东汉气节之盛,亦原于此。其后明、章两帝,并称盛世。

和帝立,始十岁,窦太后临朝,后兄宪以侍中干机密。既立功边塞,久笕兵柄,大臣多为之爪牙腹心。帝与宦官郑众谋诛之,众以功封侯,中官封侯用权自此始。

殇帝立,生始百余日,邓太后临朝,次年卒。太后与兄骘立安帝。帝长多不德,故太后久不归政,宦官小人,谗构其间。太后崩,骘以诬徙死,于是外戚耿宝、阎显等典禁兵,宦官江京、李闰、樊丰及乳母王圣、圣女伯荣传通奸贿,太尉杨震以忤外戚权贵自杀。又废太子保为济阴王,君道暗乱,政化凌替矣。帝崩,阎后欲久专国政,迎立北乡侯懿,年才二岁。阎显杀耿、樊诸人,大权遂归于显。懿寻卒,显等更谋征幼弱,中黄门孙程等十九人,夜拥济阴王立之,是为顺帝。诛显等,程等均封列侯,所谓十九侯者也。冲帝即位尚襁褓,梁太后临朝，大将军梁冀与太尉李固参录尚书事。帝百余日卒，冀立质帝而弑之。议所立，固及前太尉杜乔并主清河王蒜，中常侍曹腾说冀立昏弱，遂迎立桓帝。固、乔均被陷死。冀凶恶日积，帝与中常侍单超五人谋诛之。五人皆封侯，势尤横。自是权归宦官，朝廷日乱矣。

其时处士大都不就征辟，汝南黄宪、豫章徐稚其著也。太学诸生三万余人，郭泰、贾彪为之魁，与太尉陈蕃、河南尹李膺更相褒重，于是中外承风，竞以臧否相尚，公卿以下，莫不畏其贬议。会膺于赦后案杀河内张成子，成因令人告膺等养太学游士，共为部党，诽讪朝廷，于是下诏捕杜密、陈寔、范滂之徒二百余人，下黄门北寺狱，陈蕃上书极谏，策免之。后父窦武论救，乃放归田里，禁锢终身。然膺等虽废，天下士大夫皆高尚其道，共相标榜，有三君、八俊、八顾、八及、八厨之号。

宪帝初立，窦武为大将军，陈蕃为太尉，征用天下名贤李膺、杜密等。天下想望太平，武请诛宦官。及陈蕃并为曹节、王甫所杀，因并捕前党李膺、范滂等百余人，死狱中。是役也，坐死徙废锢者六百余人，有未尝交关而罹祸毒者。

## 第四节　汉末群雄

灵帝中年，开邸第于西园卖官，二千石二千万，四百石四百万，令长随县好丑丰约有价。王甫虽诛，张让、赵忠复贵宠，父子兄弟，布列州郡。巨鹿张角以妖术惑众，十余年，徒众数十万，自青、徐、幽、冀、扬、荆、兖、豫八州之人，莫不毕应。其徒皆着黄巾，其后角虽死，余党仍伏青徐河北。

其时凉州贼亦寇三辅，州郡不能制。太常刘焉以为，四方兵寇，由刺史威轻，宜改置牧伯，选清名重臣以居其任。朝廷从其议，选列卿尚书为州牧，各以本秩居任，州任之重自此始。

皇子辩立，何太后临朝，大将军何进谋诛宦官，反为张让等所杀。司隶校尉袁绍勒兵诛宦官，会董卓将兵至洛阳，废辩，立献帝协。卓用绍为渤海太守,关东州郡起兵讨卓,推绍为盟主。卓迁帝长安,诸将畏其强,莫敢进。绍逐冀州韩馥而据冀州。公孙瓒连破黄巾,威震河北,杀刘虞,据幽州。兖州刺史刘岱为黄巾所杀,曹操遂据兖州。会司徒王允结卓将吕布杀卓,李傕、郭汜乱长安,乘舆播迁。操用荀彧计,迎天子都许,操遂管朝政。

袁术据扬州称帝,与徐州刘备相攻,吕布遂乘虚入徐,操遂击吕布,定徐州,平袁术。而袁绍经营河北,据幽、并、青、冀四州,进军黎阳,为操所败,忧愤死。子谭、尚争冀州,操遂定四州之地。先是长沙太守孙坚起兵讨董卓,直入洛阳。坚卒,子策定江东地。被刺,弟权代领其众。刘备既往依荆州牧刘表,表使屯新野,会曹操攻表。表卒,子琮举州降,备遣诸葛亮因吴将鲁肃求救于孙权,权与周瑜、鲁肃定计拒操于赤壁。操大败引还,权因表备领荆州牧。先是刘焉为益州牧,令米贼张鲁断谷阁。焉死,子璋暗弱,鲁遂据汉中。璋遣使迎备击鲁,备遂定益州,旋定汉中。

孙权初与刘备分荆州。备之入蜀,留关羽守荆州,羽率大军取襄阳,许以南皆遥应羽。司马懿说操许割江南地封权,使蹑羽后。权禽羽,定荆州,以陆逊守西陵峡。至是鼎立之势成,惟公孙氏别据辽东云。

## 第五节　两汉与外族之关系

两汉与外族之关系分述如下:

匈奴　当秦始皇时,东胡强而月氏盛,匈奴单于头曼畏秦北徙。及诸侯畔秦,匈奴复稍南渡河,与中国界于故塞。至冒顿,遂东灭东胡,西走月氏,南并楼烦、白羊河南王,遂侵燕、代。时楚汉相争,中国罢于兵革,以故冒顿得自强,控弦之士三十余万,其诸左王将居东方,直上谷,以东接秽貉、朝鲜;右王将居西方,直上郡,以西接氐羌,而单于庭直代、云中,各有分地。逐水草移徙,而左右贤王、左右谷蠡王最大国。高帝时,冒顿围高帝于白登七日,于是汉与匈奴和亲。文景时，常为患。武帝即位，以大行王恢言诱单于入塞，为所觉，自是匈奴绝和亲，攻当路塞。大将军卫青屡出塞击匈奴，取河南地，筑朔方，复缮秦蒙恬所为塞，因河而为固。骠骑将军霍去病出陇西，夺焉支山。其后浑邪休屠王降，遂开河西诸郡。其后复命青、去病分道击匈奴，青至寘颜山赵信城，去病封狼居胥山，禅姑衍，临瀚海而还。是后匈奴远遁，幕南无王庭。汉已灭大宛，复使贰师将军李广利击匈奴。贰师卒败降。至宣帝而匈奴国内乱，呼韩邪单于来朝，郅支单于击破乌孙而都坚昆。元帝时，郅支徙康居，西域都护甘延寿、副校尉陈汤发兵即康居诛斩郅支，呼韩邪复来朝，自是边境数世无警。王莽篡位，复开边隙。光武即位，匈奴常寇边，北边无宁岁。及南边八部共立呼韩邪单于孙比为呼韩邪单于，款五原塞，于是匈奴分为南北。南匈奴入居西河美稷，与汉族杂居。和帝时，窦宪、耿秉北伐，出塞三千余里，登燕然山，勒石纪功。复出师至金微山，耿夔出塞五千余里，自汉出师所未尝至也。自后北虏不复振。董卓之乱，南单于于扶罗寇河内，兵挫不能归国，乃止河东平阳。呼厨泉来朝，曹操留之于邺，使右贤王去卑监其国焉。

  **西域** 西域本三十六国，其后稍分至五十余，皆在匈奴之西，乌孙之南。诸国大率土著，与匈奴、乌孙异俗，故皆役属匈奴。武帝时，募能通月氏者，汉中张骞以郎应募，出陇西，为匈奴所得，留十余岁，亡乡月氏，历大宛、康居、大月氏诸国。及浑邪王降汉，西域道可通，骞建言招乌孙居故浑邪之地，于是骞复使西域，自是西域始通于汉。自贰师将军伐大宛，西域震惧，多遣使来贡献。宣帝时，遣卫司马使护鄯善以西数国。时汉独护南道，未能尽并北道，匈奴已不自安。至郑吉迎日逐王，乃并护北道，号曰都护。都护之起，自吉置矣。匈奴益弱，不得近西域。元帝置戊己二校尉，屯田于车师前王庭。王莽篡位，贬易侯王，由是西域怨叛，与中国遂绝，并复役属匈奴。建武初，皆遣使求内属，愿请都护。光武以天下初定，未遑外事，竟不许之。明帝时，北匈奴胁诸国共寇河西，乃命耿秉、窦固北征，取伊吾卢地，遂通西域，复置西域都护、戊己校尉。明帝崩，焉耆、龟兹攻没都护陈睦，匈奴、车师围戊己校尉。章帝不欲疲敝中国以事夷狄，乃迎还戊己校尉，不复遣都护。时军司马班超留于寘，绥集诸国。和帝时，超遂定西域，因以超为都护，于是五十余国复内属。其条支、安息诸国，至于海濒四万里外，皆重译贡献。超遣掾甘英穷临西海而还。安帝初，复罢都护，自此遂弃西域。北匈奴即复收属诸国，共为边寇。其后北虏连与车师入寇河西，乃以班勇为西域长史，破平车师，重定西域，而乌孙、葱岭已西遂绝。自建武以来，西域三绝三通；顺帝以后，朝威渐损，诸国亦不大为患矣。桓帝时，大秦王安敦遣使入贡，为欧亚交通之始矣。

南粤　秦末南海尉赵佗击并桂林、象郡，自立为南粤武王。武帝时，南粤相吕嘉杀汉使，遣伏波将军路博德、楼船将军杨仆讨平之，以其地为九郡。光武时，交阯女子征侧及其妹征贰反，为伏波将军马援所平。

闽粤东瓯　闽粤王无诸及粤东海王摇，皆勾践之后，从诸侯灭秦。汉初，立无诸为闽粤王，王闽中故地，都冶。孝惠时，立摇为东海王，都东瓯。武帝时，闽粤击东瓯，东瓯请举国徙，乃悉徙江淮之间。其后闽粤复分粤繇、东粤两王，复以其数反复，徙其民处江淮之间，东粤地遂虚。

朝鲜　周武王封箕子于朝鲜。汉初，燕人卫满聚众东走出塞，度浿水，居秦故空地，稍役属真番、朝鲜蛮夷及故燕、齐亡在者王之，都王险，传孙右渠，汉谕入朝，不从。武帝遣楼船将军杨仆、左将军荀彘击平之，置四郡。其时朝鲜之地悉在汉江以北，汉江以南，则马韩、辰韩、弁韩也。

西南夷　西南夷君长以十数，武帝时，唐蒙通南夷，司马相如通西夷，复以张骞言指求身毒而通滇，后遂改西南夷为七郡云。

西羌　夏商以来之戎，皆后代之羌也。秦厉公时，无弋爰剑为豪河湟间，其子孙散居四方。秦孝公时，有研最豪健，羌中号其后为研种。武帝始置护羌校尉。宣帝时，赵充国平先零叛羌。至研十三世孙烧当复豪健，子孙更以烧当为种号。王莽之时，烧当渐强。光武复置护羌校尉以备之。安帝时，滇良、滇零侵掠及于益州、三辅、河东、河内。滇零子零昌常为三辅、益州之患。用兵十余年，并、凉遂至虚耗。顺帝时，羌复大寇三辅。东西羌大合，护羌校尉赵冲追羌战没，然羌亦由是而衰。桓帝时，护羌校尉段颎、度辽将军皇甫规、中郎将张奂先后征羌。灵帝初年，乃悉为段颎所平。

东胡　初，匈奴灭东胡，其余众分保乌桓、鲜卑山，遂自立国。武帝徙乌桓于辽东、右北平、塞外，遂渐强盛。王莽末，与匈奴连兵入寇，其后皆内附。光武置乌桓校尉于上谷，并领鲜卑。及北匈奴单于既逃走，鲜卑因转徙据其地。匈奴余众留者尚有十余万落，皆自号鲜卑，鲜卑由此渐盛。桓帝时，有檀石槐者勇健有智略，南钞缘边，北扼丁零，东却夫余，西击乌孙，尽据匈奴故地，乃自分其地为三部。从右北平以东至辽东，接夫余、濊貊为东部；从右北平以西至上谷为中部；从上谷以西至敦煌、乌孙为西部。各置大人主领之。幽、并、凉三州缘边诸部，无岁不被寇抄。及檀石槐死，其国遂衰。当鲜卑之盛也，乌桓辽西大人丘力居亦最强。丘力居从子蹋顿有武略，助袁绍平公孙瓒。后曹操破乌桓，斩蹋顿，其余众悉徙居中国云。

## 第六节　两汉学术

秦燔书后，至汉稍出。田何传《易》，其后有施、孟、梁丘之学（施雠、孟喜、梁丘贺）。又有费氏之《易》（费直）、京氏之《易》（京房）、高氏之《易》（高相）。孔子删《书》，凡百篇，秦火后，孝文时济南伏生传二十九篇，是为今文《尚书》。景帝末，鲁共王坏孔子宅，得古文《尚书》。孔安国以考二十九篇，得多十六篇，是为古文《尚书》。《诗》有齐、鲁、韩、毛四家。鲁申培公为《诗训故》，齐辕固生为《齐诗传》，燕韩婴为《韩诗内外传》，赵毛公为《诗故训传》。汉初高堂生传《士礼》十七篇，其后后仓最通礼，授戴德、戴圣、庆普。又有李氏者得《周官经》，献于河间献王德。阙《事官》一篇，以《考工记》补之。刘向考校经籍，得古记二百余篇。戴德、戴圣删为《大小戴礼》。《春秋》有《公羊》《穀梁》《左氏》三传。自董仲舒、公孙弘皆为公羊学。宣帝好《穀梁》，选高才生受之。贾谊为《左氏传训故》，刘歆从尹咸、翟方进受《左氏》。言《左氏》者，本之刘歆。

自文景时三家《诗》已立博士，武帝复立《书》欧阳、《礼》后仓、《易》杨何、《春秋》公羊，是为五经博士。宣帝又立大小夏侯《尚书》，大小戴《礼》，施、孟、梁丘《易》，穀梁《春秋》。元帝又立京氏《易》，皆今文也。至平帝时，刘歆欲立左氏《春秋》、《毛诗》、《逸礼》、古文《尚书》、《周官经》，则古文也。太常诸儒并非之，歆所以移书责让也。至王莽更始之际，礼乐分崩，典文残落。光武中兴，爱好儒术，于是立五经博士，各以其家法教授。《易》有施、孟、梁丘，《尚书》欧阳、大小夏侯，《诗》齐、鲁、韩、毛，《礼》大小戴，《春秋》严、颜，凡十四家。明帝临雍养老，诸儒执经问难于前。章帝于白虎观集诸儒议五经同异，经术因之益盛。然其时今古文之争愈烈。范升、何休、临硕诸人，则今文家也。贾逵、许慎、马融、郑玄、服虔诸人，则古文家也。玄所注《周易》《尚书》《毛诗》《仪礼》《礼记》《论语》《孝经》《尚书大传》等，凡百余万言，实集东汉诸儒之大成。慎著《说文解字》十四篇，五百四十部，博采通人而成者也。至灵帝时，诏诸儒正定五经文字，议郎蔡邕书碑刻之，立于太学门外，后儒晚学，咸取正焉，所谓熹平石经也。

武帝时，司马迁为太史令，据《左氏》《国语》，采《世本》《战国策》，述楚汉春秋，上起黄帝，下讫汉武，作十二本纪、十表、八书、三十世家、七十列传，凡百三十篇，十篇有录无书，后人谓之《史记》。后汉扶风班彪采前史遗事，傍贯旧文，作后传数十篇。彪子固为兰台令史，探撰前纪，缀集所闻，以为《汉书》。起元高祖，终于孝平、王莽之诛，为春秋考纪、表、志、传凡百篇。寻其创造，皆本子长，但不为世家，改书曰志而已。自成帝世，刘向校书未卒业，哀帝使向子歆卒父业，歆于是总群书，奏其《七略》，《汉书·艺文志》略本之。目录之学，亦自此兴矣。东汉献帝命荀悦作《汉纪》，则西汉之编年史也。

　　西汉文学，初有贾谊、枚乘诸人，其后司马相如、东方朔、枚皋诸人，均工词赋。扬雄学相如为赋，称为扬马。后汉则冯衍、班固、张衡诸人均工赋；曹操父子皆擅文辞；鲁国孔融、山阳王粲等七人，则所称建安七子也。诗歌在汉极盛，五言为多（如《古诗十九首》之类），七言亦间有之。又有乐府，则代赵之讴，秦楚之风，皆在其中矣。

　　昭帝时，丞相御史与诸贤良文学论盐铁事，汝南桓宽撰次以为《盐铁论》。扬雄好古道，造作《太玄》《法言》《州箴》等。淮南王安好道，作《淮南》内外篇。后汉则会稽王充好论说，作《论衡》八十余篇。安定王符著《潜夫论》，以讥当世得失。山阳仲长统论说古今及时俗行事，著论名曰《昌言》。又五行之学，汉代极盛。谶纬至东汉亦大盛，张衡则以为起于哀平之际云。

　　东汉宦官蔡伦造纸，以树皮、麻头、敝布、鱼网为之。张衡精于天文，制浑天仪，又作候风地动仪，以验地震。

　　武帝破匈奴，得金人，或以为即佛像。王莽时，有景宪为月氏使者，尝受口授之佛经，是为中国知佛经之始。明帝时，使蔡愔使西域。愔至月氏，得佛经，并迦叶摩腾、竺法兰二沙门，于是起白马寺于洛阳，译《四十二章经》，是为中国有伽蓝译佛经之始。自后西域沙门来中国者渐多，佛教流布亦渐广矣。

# 第三章
# 三国两晋南北朝史

## 第一节　三国大势

曹操自立为魏王，置官属。操卒，子丕受禅，是为魏文帝，都洛阳。明帝叡立，司马懿击灭公孙渊，遂定辽东。齐王芳立，司马懿受遗诏辅政。懿杀爽，自为丞相。先是，文帝曹丕诸弟，诸王□□□□□□□□，司马氏得擅大权。懿子师自为大将军，录立曹髦，废芳。□□□□□□□□□□蜀后，昭称晋王，昭子炎受魏禅，是为晋武帝，魏亡。魏有州十三，传四十六年。

刘备□□□□□□□魏篡，乃即帝位，是为汉昭烈帝。后主立，丞相诸葛亮辅政，外联东吴，内平南中，科教严明，赏罚必信。频年伐魏，魏以司马懿拒之，亮卒不得志。蒋琬、费祎为政，能继其业。陈祇、黄皓窃弄威柄，姜维连岁出兵，蜀渐不振，魏遂遣钟会、邓艾分道灭蜀。蜀有州三，传四十四年。

孙权作石头城于秣陵而治之，号曰建业，后魏蜀十年称帝，是为吴大帝。及孙亮立，诸葛恪秉政，孙峻杀恪，峻弟綝废亮，立孙休，吴始乱矣。其后休卒杀綝。及孙皓立，残暴人民。晋以羊祜都督荆州，镇襄阳，表请伐吴。祜卒，荐杜预自代，晋遂分道灭吴，天下复归于一。时晋武帝太康元年也。吴据江负海，有州五，传五十一年。

## 第二节　晋初之政及八王之乱

晋武帝惩魏孤立，大封宗室，使都督诸州军事，皆得自选国中长吏。及天下统一，悉去州郡兵。大郡置武吏百人，小郡五十人。刺史分职，皆如汉氏故事。自是州郡无兵，不能制盗贼矣。自后汉虽置三公，而事归台阁，尚书始为机衡之任。然当时尚书不过预闻国政，未尝尽夺三公之权也。自魏晋以来，中书、尚书之官，始真为宰相，而三公遂为具员矣。又战国秦汉之石禄，所以辨官秩之高卑。自魏以后，始有九品之制。惠帝立，太后父杨骏录朝政，皇后贾氏使都督荆州军事楚王玮杀骏，征汝南王亮辅政。亮禁贾氏不得专恣，贾氏复杀亮及玮，自是政事一归贾后矣。时主暗政乱，赖侍中张华、裴𬱖弥缝遗阙，朝野安静者数年。赵王伦复杀后，废帝自立。是时齐王冏镇许昌，成都王颖镇邺，河间王颙镇长安，同起兵讨斩伦，迎帝复位。冏辅政擅权，颖、颙复檄长沙王乂讨斩之，已而颖、颙复表乂专擅朝政，同向京师。东海王越收乂送颙将张方营，杀之，颖遂入洛，寻还邺，遥执朝政。东海王越复奉帝讨颖，兵败，颖奉帝还邺，越还东海。幽州都督王浚、并州刺史东嬴公腾及鲜卑、乌桓并起兵讨颖。颖奉帝还洛，颙遣张方救颖，方遂劫帝及颖还长安，越复起兵讨诛张方，奉帝还洛。颖、颙寻被杀，帝为越毒死，怀帝炽立。自八王之乱，生民涂炭，长安、洛阳屡被大掠，五胡遂乘之而起。

## 第三节　赵燕秦凉之始末

汉魏以来，匈奴、羌胡、鲜卑降者，均处之塞内。邓艾言宜以渐出之，使居民表，议未及行。武帝时，郭钦言宜徙内郡杂部于边鄙，江统复作《徙戎论》警朝廷，朝廷均不能用。匈奴之居并州诸郡者，魏武帝分为五部。惠帝时，成都王颖以左部帅刘渊监五部军事，渊遂自称汉王。怀帝即位，渊陷平阳、河东诸郡，遣王弥（青徐群盗）、石勒（上党羯胡）略冀州诸郡及兖豫以东。渊遂称皇帝，都平阳。刘聪立，复陷洛阳，虏怀帝。冯翊太守索綝等奉王邺建都长安，是为愍帝。汉刘曜陷长安，帝出降。怀、愍二帝，均为刘聪所害。

石勒初欲南攻建业，不得志，乃从张宾言，北据襄国及邺，袭入幽州而杀王浚，州旋入于鲜卑段匹䃅。先是鲜卑索头部拓跋力微居定襄之盛乐，数传至猗卢，并州刺史刘琨尝请兵猗卢，以破刘曜，琨因表猗卢为代王。猗卢既死，并州遂为石勒所有。刘聪死，国乱，刘曜自立，改国号赵，都长安。石勒亦自称赵王，都襄国，史家因谓曜为前赵，勒为后赵。勒寻攻没段匹䃅，幽、冀、并三州均入于勒。时晋有内乱，勒亦破禽赵主曜，更遣兵定秦陇，全有前赵之地，遂称帝。勒虽羯种，能禁胡人陵侮华族，遣使循行州郡，劝课农桑，境内颇治。石虎篡立，迁都于邺，残暴无道，用兵不息。虎死，国内乱，冉闵大杀胡羯，称帝，国号魏。

晋初，鲜卑慕容涉归由辽西迁辽东之北。再传至廆，大为边患，已而请降，居大棘城，晋拜为平州牧、辽东公。子皝自称燕王，西败石虎，迁都龙城，东破高丽，北灭宇文，又兼夫余，日以强炽。子儁继之，因赵之衰，席卷幽州。复使慕容恪平冉闵，儁遂称帝。既又南并三齐，渐规河南，迁都于邺。于是西取并州，南略豫、兖。子暐立，恪辅政，复取洛阳。及太傅评专政，忌吴王垂有功，垂奔秦，卒为秦所灭。

石虎徙秦雍民及氐十余万户于关东，以略阳、临渭氐蒲洪为流民都督，居枋头。虎死，洪自称三秦王，改姓苻氏。子健入关，据长安，称帝。及苻坚立，用王猛为政，十年之间，秦地大治。猛统大军取洛阳，围邺，燕地尽为秦有。又取仇池（汉建安中，天水氐杨腾世居陇右，子驹徙居仇池。至杨难敌时，仇池归于刘曜，难敌复袭取仇池，至是亡），又取晋之益、梁。

先是晋惠帝时，张轨为凉州刺史，威著西土，传至张骏，西域诸国均诣姑臧朝贡，重华始称凉王，破石虎兵，后赵亡。略有陇西诸郡。至天锡，秦来伐，凉亡。拓跋氏自猗卢后，什翼犍居盛乐，国复强。匈奴刘卫辰引秦兵击代，遂定代地，分为二部。河东属刘库仁，河西属刘卫辰。坚既恃地广兵强，遂谋大举伐晋，其臣苻融、石越等均以为不可，独慕容垂、姚苌劝之。戎卒六十余万，骑二十七万，为晋败于淝水。坚遁还长安，卒为姚苌所杀。

## 第四节　晋偏安江左及桓温北伐

怀帝以琅玡王睿都督扬州，睿以王导为司马，每事咨焉。时海内大乱，江左粗安，士大夫避乱南渡者，睿皆收其才俊用之。愍帝凶问至，乃即帝位，都建康，是为东晋元帝。帝以祖逖为豫州刺史，击败后赵中山公石虎，大河以南，皆为晋土。逖练兵为取河北计，会朝廷以戴渊都督司、兖、豫、并、雍、冀六州军事，逖遂愤卒。弟约代领其众，不能御石勒，退守寿春，南北成画淮之势矣。

时王敦以平乱功领荆州，阴有不臣之志。帝引刘隗、刁协抑王氏权。敦举兵入建康，复还武昌，擅朝政。明帝立，敦移姑孰，益谋篡位。帝与王导、温峤谋讨之。敦既老死，其乱遂平。是役也，历阳太守苏峻有功，渐不可制。成帝立，庾亮辅政，以峻终为乱，征为大司农。峻遂与祖约同举兵，亮奔寻阳。时温峤镇江州，与荆州刺史陶侃平其乱。

庾亮代陶侃镇武昌，欲恢复中原，大臣郗鉴、蔡谟以为宜待时。庾翼代亮，复欲灭赵取蜀，遣使东约慕容皝，西约张骏，刻期大举，朝议多以为难。穆帝立，翼病卒，诏以桓温都督荆、司、雍、益、梁、宁六州军事、荆州刺史。

先是惠帝时，关中岁饥，略阳巴氏李特率流民入蜀，攻杀益州刺史赵廞，朝廷以罗尚为益州刺史，特迎尚入成都，已而复与相攻，为尚所击斩。特子雄击走尚，入成都称帝，国号成，尽定蜀地。至李寿改国号曰汉。至是温伐蜀，定成都，降李势。温威名既盛，朝廷疑惮之，以扬州刺史殷浩有重名，引参朝政。石虎既死，中原大乱，温请经略中原，事久不报。浩请北出许洛，诏即许之。浩既无功，又为降羌姚襄所败，温上疏废之。自是内外大权，一归于温。温遂帅师伐秦，进军灞上，三辅皆降，会乏食乃还。复督军讨姚襄，入洛阳。琅玡王奕立，会燕慕容恪卒，温自兖州伐燕，至枋头，为慕容垂所败。温以威名大挫，废帝奕，立会稽王昱，是为简文帝。孝武帝立，温亦卒，谢安总中书。苻坚来伐，谢石、谢玄大败之于淝水。玄乘北方之乱，定青、豫、司、兖，遣彭城内史刘牢之入邺，为慕容垂所败。会谢安卒，琅玡王道子用事，朝廷命玄屯淮阴，于是河南州郡多降于燕云。

## 第五节　淝水战后北方情势及刘裕功业

淝水战后，北方分裂，慕容冲起平阳，进破秦兵，据阿房，称帝，是为西燕。冲复攻长安，苻坚出奔，为姚苌所杀。坚子丕在晋阳称帝。时慕容垂亦据洛阳，下邺城，幽、冀、青、兖郡县次第归之。垂称帝，是为后燕。西燕主冲久在长安，不为东归之计，为其下所杀。慕容永立，假道苻丕东归，丕不许，因与丕战，破之，丕走死，永进据长子，称帝，寻亦为垂所灭。垂卒，子宝嗣。魏拓跋珪侵夺并州，又克中山，取邺，大河以北，尽为魏有。宝还龙城，为下所杀。子盛都昌黎，有辽东西地。至慕容熙，为高云、冯跋所杀，燕亡。高云既死，跋即天王位，是为北燕。弟弘为魏所灭。当宝之败也，慕容德据广固，称帝，是为南燕。兄子超为晋所灭。

南安羌酋姚弋仲初降刘曜，后降后赵，石虎用为西羌大都督，居滠头。石虎死后，弋仲有西据关右之志，为蒲洪所败。子襄为秦所杀，弟苌降秦。坚败，苌奔渭北，羌豪推为盟主。及慕容永东归，苌遂据长安，称帝，是为后秦。当苻丕时，枹罕诸氏推其族子登为雍河二州牧，丕封为南安王。丕死，登称帝，与苌相持。苌子兴立，破杀苻登，前秦遂亡。其时后燕既弱，晋亦有乱，淮汉以北，多归于兴，西方诸国，亦朝于秦。子泓为晋所灭，陇西鲜卑乞伏国仁称秦河二州牧，弟乾归称秦王，都苑川，是为西秦。其后降于姚秦，复逃归称王。子炽磐灭南凉秃发氏，至暮末，为夏所灭。

苻坚遣氐吕光将兵伐西域，光降焉耆，破龟兹，抚定西域，还值淝水之败，遂据凉州，都姑臧，自称天王，是为后凉，至吕隆为秦所灭。晋初鲜卑秃发树机能雄长河西，至乌孤，吕光遣使拜为河西鲜卑大都统，寻称王，居乐都，是为南凉。传弟利鹿孤及傉檀。秦以姑臧与之，后为西秦所灭。匈奴沮渠蒙逊初帅众归凉州牧段业，业称凉王，都张掖，为蒙逊所杀。其后复取姑臧，灭西凉，受魏封为凉王，是为北凉。子牧犍为魏所灭。陇西李暠初仕段业，后据敦煌，称秦凉二州牧，是为西凉。子歆，为蒙逊所灭。

匈奴刘卫辰子勃勃奔秦，姚兴使镇高平，勃勃遂称大夏天王，改姓赫连，常寇岭北，秦人为之困弊。姚秦既亡，勃勃遂有关中。子昌为魏所禽。昌弟定居平凉，称帝，灭西秦乞伏氏，后为吐谷浑王慕瑣所禽，送于魏，夏亡。

晋琅玡王道子用事，势倾中外。帝以王恭督青、兖，殷仲堪督荆州，以潜制之。安帝立，恭等再举兵。恭为刘牢之所杀，朝廷固用桓玄为江州，杨佺期为雍州。玄攻杀仲堪等，遂督荆江八州、荆江州刺史。时会稽王道子以军事付世子元显，适东土有妖贼孙恩之乱，既为刘牢之所破，元显益骄，自为都督扬豫十六州军事。玄东下，入建康，杀元显而总朝政。寻篡位，国号楚。刘牢之参军刘裕与何无忌、诸葛长民、刘毅起兵京口，讨诛玄，奉帝复位。裕遂辅政，伐南燕，斩慕容超。孙恩余党卢循、徐道覆乘虚至建康，裕还破循等，别遣将至番禺，倾其巢穴，于是青、兖、交、广之地入于晋。先是谯纵据蜀，称成都王，裕遣朱龄石等讨灭之，复自将伐秦，禽姚泓。裕之讨桓玄入石头也，大处分皆委刘穆之，仓卒立定。裕每出师，军府事一以委之。及裕入长安，而穆之卒，裕乃还建康，赫连勃勃遂有关中。裕寻受禅，是为宋武帝。

## 第六节 南朝始末

宋武帝初入长安，魏即遣使请和，自是每年交聘不绝。及营阳王立，魏遣其司空达奚斤等陷青、兖、司、豫诸郡。及文帝立，有恢复河南之志，两次北伐，均无功。于是魏兵临江，淮南诸州，邑里为之萧条。自晋成帝以来，州郡类多侨置，实土之广狭，亦无常准云。

帝勤于政事，政平讼理，治民之官，均久于其任，以六年为限，是以江左之政，以元嘉为首称。经孝武帝至子业，诛杀诸王大臣，其臣杀之而立明帝。晋安王子勋立于寻阳，远近响应。子勋卒败，徐、兖降魏，魏因与宋用兵，宋于是失淮北四州及豫州、淮西之地。及苍梧王昱立，为中领军萧道成所杀，立顺帝，寻受禅，是为齐高帝。

齐武帝永明之治，比于元嘉。自宋代常有骨肉之祸，明帝篡立，杀高武子孙殆尽。东昏侯即位，大杀大臣，宿将疑惧，豫州刺史裴叔业以寿阳降魏，淮南遂为魏有，于是雍州刺史萧衍起兵，奉巴陵王宝融为主。衍至建康，遂受禅，是为梁武帝。宋传六十年，齐传二十四年。

武帝少而笃学，即位以后，尤勤政治，民安物阜，修礼作乐，江左逾二百年，文物之盛，独推此时。中年以后，尤信佛教。至太清元年，在位已四十六年，东魏侯景举河南来降，梁遣贞阳侯渊明伐东魏，被禽，景亦溃走寿春，寻举兵反。渡江，围台城，援军皆溃败，景遂入台城。帝寻崩，简文帝立，景废之而立萧栋。

时荆州刺史湘东王绎起兵讨景，闻台城陷，遂与湘州河东王誉、雍州岳阳王詧相攻，詧附西魏，绎克湘州，杀誉。及景称帝，国号汉。绎以王僧辩为大都督讨景，始兴太守陈霸先引兵会之，至建康，景败走死。绎即位，仍都江陵，是为元帝。侯景之乱，武陵王纪自立于蜀，闻帝即位，率师东下。帝求救于西魏，纪败而益州亦失。后梁与北齐和，西魏遂遣于谨等会岳阳王詧伐梁，执帝，立詧，使都江陵，与以延袤三百里之地，而取其雍州。僧辩、霸先立敬帝，霸先杀僧辩，受禅，是为陈武帝。梁传五十六年。

  武帝崩，文帝立，是时陈地西不得蜀汉，北不得淮沘，画江自守而已。宣帝立，直高齐政乱，陈遣将军吴明彻取江北淮南地。周既灭齐，陈复欲争徐、兖，败于彭城，江北地复入于周。

  后主立，纵酒赋诗，穷奢极欲，仆射江总虽为宰辅，不亲政务，日与都官尚书孔范等十余人侍宴后庭。隋文帝初受禅，即有并吞江南之志，以贺若弼、韩擒虎分道伐陈。入建康，擒后主。自晋惠帝永兴元年，刘渊、李特兵起，至是二百八十六年，复归一统，时隋开皇九年也。陈传三十三年。

## 第七节　北朝始末

  淝水战后，拓跋珪称魏王，居盛乐，平刘库仁之子显，灭刘卫辰，称雄北方。其后取燕河北地，迁平城，称帝，是为道武帝。明元帝立，与宋争河南州镇。太武帝立，西克统万，东平辽西，又西克姑臧，又击吐谷浑，河湟地悉入于魏。西域诸国，悉来朝贡。更取宋河南地，逾淮而南至瓜步，天下成南北之局矣。

  柔然本北荒部落，太武名之曰蠕蠕。道武帝时，社仑吞并诸部，渐强盛，自号豆代可汗。可汗犹魏言皇帝也。屡犯魏边。至大檀，常入寇。太武以崔浩言，穷追至燕然山，大檀部落由是衰弱。至吴提及吐贺真，太武屡出师征伐，柔然亦北窜不敢复南矣。于是东自高勾丽，西至波斯，均入朝于魏。然以修史直笔而杀崔浩，牵连夷族者数家，则其刑杀之太过也。文成帝立，国内虚耗，专务镇静，民得借以休息。

  献文帝传位子宏，是为孝文帝。自南北争战，农民失业，田土多荒，至是始定均田之制。魏初未有官禄之制，至是始班奉禄。又以平城为用武之地，不足以移风易俗，遂假伐齐迁都洛阳。又立国子、太学、四门小学，断北语一从正音，改拓跋氏为元氏，诸功臣旧族自代来者，姓或重复，皆改之。并与汉人通婚姻，务求变国俗，与中夏同风。然士大夫渐染华风，北方难于控驭，魏之弱亦始于此矣。

宣武帝立，外戚高肇用事，魏政渐衰。孝明帝立，胡太后临朝称制。时国俗已弊，员少官多，征西将军张彝子仲瑀上封事，求铨削选格，排抑武人，不使预清品，于是羽林、虎贲作乱，杀彝。崔亮为吏部尚书，为停年格，不问贤愚，以日月为断，沉滞者虽得疏通，而选举益失人矣。

魏初于缘边设六镇（武川、抚冥、怀朔、怀荒、柔玄、御夷），皆恃为藩卫，资给优厚。迁洛以后，边任益轻，将士失所。至是六镇遂叛，秦、陇以西，冀、并以北，并为盗区。秀容川酋长尔朱荣部众强盛，以讨贼功，都督并、肆等六州军事。会胡太后政事纵弛，又鸩帝而立幼主。于是荣起兵入洛，沉太后于河，立孝庄帝，留其党元天穆总朝政，而还晋阳，复平河北关陇贼。荣恃功骄横，魏主因其入朝诛之，于是尔朱世隆、尔朱兆起兵入洛，更立节闵帝。

先是荣用高欢为晋州刺史，后复使总六镇，欢遂起兵立孝武帝，讨平尔朱氏。欢初以贺拔岳为关西大行台，秦州刺史侯莫陈悦杀岳，夏州刺史宇文泰平其乱，遂领岳众。魏主与欢有隙，奔长安。欢立孝静帝，迁都于邺，是为东魏。泰后立文帝，自是为西魏。自是魏分为二矣。

魏分东西后，常有战争。高欢居晋阳，子澄入邺辅政。欢卒，澄后亦被刺。弟洋受禅，国号齐，是为文宣帝。齐主颇知治术，初政颇可观。柔然至孝明帝时，阿那瓌为可汗，直中原丧乱，阿那瓌统率北方，颇为强盛。突厥姓阿史那氏，世居金山之阳，至土门部落稍盛，发兵大破柔然，阿那瓌自杀，土门自号伊利可汗。伊利弟木杆立，攻柔然，柔然举国奔齐，齐主亲击突厥，突厥请降。柔然可汗邓叔子遂为突厥所灭，齐主又击破山胡，由是以功业自矜，沉湎纵恣，略无纲纪。然能委政尚书令杨愔，内外清谧，朝野晏如，各得其所，物无异议。及至武成帝，嬖幸用事。后主立，齐政益乱，然外犹恃丞相斛律光以为长城。及光被陷死，周主自将伐齐，由平阳入邺，齐亡。齐传二十八年。

宇文泰以苏绰典机密，欲革时政，为强国富民之法，设府兵，定六官之制。又令绰为大诰，文章皆依此体。泰卒，兄子护以泰子觉幼弱，遂以觉受禅，是为周愍帝。护专政，愍帝及明帝均为护所弑，至武帝乃诛护而亲政。周主既灭齐，欲平突厥，定江南，北伐遇疾卒。宣帝诛戮功臣宗室，即位逾年，传静帝，自称天元皇帝。临卒，亲幸郑译、刘昉以天元后父杨坚辅政，坚遂受禅，是为隋文帝。周传二十六年。

## 第八节　三国两晋南北朝之学术宗教

三国以降，治经者赓续不绝，王弼《易注》、何晏《论语集解》、杜预《左传集解》、范宁《穀梁集解》、郭璞《尔雅注》其著也。然南北所为章句，好尚互有不同。宋文帝立儒、玄、文、史四学，明帝立总明观，置祭酒以总四学。齐武帝时于王俭宅开学士馆，至梁武帝开五馆，建立国学，总以五经教授，置五经博士各一人，学术号为盛矣。北朝自孝文后，学者始盛，元魏时经学以徐遵明为大宗，周、隋间以刘炫、刘焯为大宗。

马班而后，史才极多。晋陈寿《三国志》，时人称其善叙事，有良史才，宋裴松之为之注，征引极博。宋范晔述后汉光武至献帝，为《后汉书》，独诸志未成，其述作尝自谓不减孟坚。其后沈约《宋书》、萧子显《齐书》、魏收《魏书》，后皆列为正史。其专详水道者，则有郦道元之《水经注》云。

自魏正始中，何晏、王弼祖述老庄，阮籍、嵇康诸人轻蔑礼法，晋初王衍妙善玄言，后进之士，莫不景慕放效，遂成风俗。晋代文学，则张华、刘琨、潘岳、陆机、左思、郭璞其著也。晋末则陶潜，宋代则首推颜延之、谢灵运、鲍照。由齐至梁，以文学著者，则谢朓、江淹、沈约、任昉诸人。约又作《四声谱》，自谓入神之作。梁昭明太子及简文帝、元帝并善属文。《文选》一书，区分体类，见于序端。刘勰著《文心雕龙》五十篇，沈约谓其深得文理。梁、陈之际，则有徐陵、庾信，号徐庾体。北朝能文之士，则邢邵、温子昇，后有祖珽、魏收。魏晋以来，佛教益盛。怀帝时，西天竺沙门佛图澄至洛阳，为石勒、石虎所尊信。惠安、道远，专意布散，其教更盛。及龟兹国沙门鸠摩罗什至洛阳，姚兴待以国师礼，译出经论三百余卷，自是大乘始蔚兴矣。梁武帝时，南天竺菩提达摩泛海至广州，帝不解其玄旨，达摩遂渡江往魏，止嵩山之少林寺，后得慧可，遂传法焉，是为支那禅宗之初祖。道教则晋初葛洪居罗浮山，著《抱朴子》内外凡百十六篇云。

# 第四章
# 隋唐五代史

## 第一节 隋之兴亡

隋文帝除周六官之制，依汉魏之旧，又命高颎、裴政等定新律，始制死刑二：绞、斩；流刑三：自二千里至三千里；徒刑五：自一年至三年；杖刑五：自六十至一百；笞刑五：自十至五十。自是刑法略定，后多因之。

梁陈既平，天下统一，帝留意吏治，轻赋税以养民。开皇之治，号为小康。

炀帝用兵四夷，又开运河，北通涿郡，南达余杭，恃其强盛，用民无度。高丽自魏晋以来，乘中国兵乱，并有辽东，至是以其王高武不朝，自将伐高丽，征天下兵诣涿郡，凡百十三万余人，号二百万。其馈运者倍之。总集平壤。宇文述等大败而还。已而复用兵高丽，有杨玄感之乱，还平玄感，复征高丽，高丽乃降。

自用兵高丽，天下骚动，重以官吏侵渔，百姓穷困，于是盗贼并起，先后割据者甚众。太原留守唐公李渊次子世民亦谋起兵，定关中，立代王侑即位。帝在江都，为宇文化及所弑。化及自称许帝。渊亦受禅，国号唐，是为高祖。江都通守王世充立越王侗于东都，李密据河南诸郡，世充击败之，遂称帝，国号郑，而隋遂亡矣。

## 第二节　贞观之治及武后篡唐

唐既灭秦凉，西方无患，秦王世民乃督师伐郑，夏王窦建德救郑，为唐所禽，世充亦降。建德故将刘黑闼起兵，号汉东，亦为唐所灭。其余割据之国，先后平定。太宗即位，知人善任，虚心纳谏，所定制度，均足为后世法，号曰贞观之治。

唐因隋制，以三省省长中书令、侍中、尚书令共议国政，后以太宗尝为尚书令，仆射遂为尚书省长官，与侍中、中书令号为宰相。帝初即位，以房玄龄、杜如晦为尚书左右仆射，后以三省长官品位既崇，不欲轻以授人，故常以他官居宰相职。杜淹以吏部尚书参预朝政，魏徵以秘书监参议朝政。其后或曰参议得失、参知政事之类，李靖始有平章事之名，李世勣始有同中书门下三品之名，皆宰相职也。

先是高祖改郡为州，太守为刺史，然天下初定，权置州县颇多，至是始命并省，因山川形便，分天下为十道，曰关内，曰河南，曰河东，曰河北，曰山南，曰陇右，曰淮南，曰江南，曰剑南，曰岭南。又定府兵之制，置府六百三十四，而关内二百六十一，皆以隶诸卫。凡民年二十为兵，六十免役。

其授田之制，男十八以上者人一顷。其八十亩为口分，二十亩为永业。凡授田者，丁岁输粟二斛，谓之租。丁随乡所出，岁输绢二疋，绫绝二丈，布加五之一，绵三两，麻三斤，谓之调。用人之力，岁二十日，闰加二日。不役者日为绢三尺，谓之庸。

隋炀帝始设进士科，以诗赋取士。唐取士之科，多因隋旧，其大要有三：由学馆者曰生徒，由州县者曰乡贡进士，其天子自诏曰制举，所以待非常之人才。京师有国子学、太学、四门学，又有书学、算学、律学。贞观时，高丽、百济、新罗、高昌、吐蕃诸国咸遣子弟请入国学，生徒多至八千余人。

六朝最重氏族，盖自魏晋以来，九品中正之法行，选举多用士族，下品无高门，上品无寒士。当其入仕之始，高下已分。隋既设进士科，帝复命吏部尚书高士廉修《氏族志》，矜夸名族之弊渐除矣。

高宗永徽之政，比于贞观。其后立武后，顾命大臣长孙无忌、褚遂良等均贬死，大权遂移于后。及中宗立，后废之，立豫王旦，自是政皆出于太后矣。会英国公李敬业起兵扬州，败死，于是太后疑天下图己，用酷吏来俊臣、周兴等，大杀唐宗室，改国号曰周，自称皇帝。太后知人善任，虽宠佞幸，除异己，而终敬大臣，狄仁杰、魏元忠、姚崇诸人，均一时贤相。晚年复召庐陵王，张易之、昌宗用事，宰相张柬之等杀易之，奉太子复位，国号唐。皇后韦氏干预朝政，于是武三思等复用，而张柬之等皆逐矣。太子重俊起兵诛三思，亦为乱兵所杀。韦氏弑帝，立温王，韦氏摄政。相王旦子隆基定策诛韦氏，睿宗即位，寻传位隆基，是为玄宗。

### 第三节　开元天宝之政

帝承权戚干政之后，纲纪大乱。先天末，宰相多至十七人，台省要职，不可胜数。帝用姚崇、宋璟为相，修明制度，开元之政，粲然可观。

初诸卫府兵自成丁从军，六十免役，其家又不免杂徭，浸以贫弱，逃亡略尽。宰相张说建议请召募壮士充宿卫，得精兵十三万，分隶诸卫。兵农之分，从此始矣。既复选京兆、蒲、同、岐、华府兵及白丁，而益以潞州长从兵十二万，谓之长从宿卫，寻更名曰彍骑。自是府兵日益堕坏，彍骑之法，天宝以后，稍亦变废，应募者皆市井负贩无赖子弟云。

又分山南、江南为东西，增京畿、都畿、黔中三道，凡为十五道。至方镇之起，则始于边将之屯防者。唐初兵之戍边者，大曰军，小曰守捉，曰城，曰镇，而总之者曰道，道有大将一人曰大总管，已而更曰大都督。至太宗时，行军征讨曰大总管，在其本道曰大都督。高宗以后，都督带使持节者，始谓之节度使。至是始以数州为一镇，于沿边设十道节度使（安西、北庭、河西、陇右、朔方、河东、范阳、平卢、剑南、岭南），土地、甲兵、财赋，均兼之矣。

帝中年渐习奢纵，李林甫因之进用。林甫以开元中大臣，皆以节度入相，乃请专用蕃将，于是诸道节度尽用胡人，故得据相位十九年。安禄山本营州杂胡，为帝所宠任，领范阳、河东、平卢三镇，天下精锐，悉集范阳，十四年不徙。帝又策杨氏为贵妃，内事晏乐，怠于政事，卒以致乱。

杨国忠为相，以禄山终不为己下，屡言其反状。禄山遂起兵范阳，河北州郡，望风瓦解。禄山遂渡河至东京，称大燕皇帝。史思明留守范阳，朔方节度使郭子仪荐李光弼镇河东，合兵连破思明，渔阳路绝。光弼欲直趋范阳，潼关不守，乃止。

时帝以哥舒翰为副元帅，屯潼关，国忠促其出关，败于灵宝，贼遂入关。国忠首倡幸蜀之议，次马嵬驿，兵变，杀国忠。朔方留后杜鸿渐迎太子亨即位于灵武，是为肃宗。郭子仪将兵五万自河北至灵武，军威始盛矣。

禄山为其子庆绪所杀，广平王俶、郭子仪遂以回纥兵复长安，寻复东京。庆绪奔邺，史思明降，以为范阳节度使。先是睢阳太守许远、真源令张巡守睢阳，贼不能渡淮南下；山南东道节度使鲁炅守南阳，亦扼贼南下之冲，淮汉得以无患。

时方命郭子仪等九节度讨庆绪，不置元帅，但令宦官鱼朝恩为观军容处置使。思明引兵救邺，官军溃于相州，思明杀庆绪，自称大燕皇帝。

于是以光弼代子仪为朔方节度使兵马元帅，屡破思明兵。其后以鱼朝恩言促光弼进兵，遂有邙山之败。思明寻为子朝义所杀。代宗即位，雍王适与副元帅仆固怀恩率回纥兵破朝义，贼将薛嵩、张忠志、田承嗣皆降。朝义北归范阳，为李怀仙所杀。怀恩恐贼平宠衰，因请以嵩等分帅河北。唐失河北，始于此矣。

始第五琦榷盐助军，人不益赋而用以饶。盐铁使名自琦始。刘晏代之，法益密，利无遗人。后复以晏判度支。当安史之乱，天下户口，什亡八九，所在宿重兵，其费不赀，皆倚办于晏云。

## 第四节　藩镇连兵

唐分河北，以李怀仙为幽州节度使，号其军曰卢龙；李宝臣（即张忠志）为镇冀节度使，号其军曰成德；田承嗣为魏博节度使，号其军曰天雄；薛嵩为相卫节度使，号其军曰昭义。时平卢节度使王玄志死，军士推侯希逸，又逐希逸奉李怀玉，朝廷皆授以节钺，赐怀玉名正己。节度使由军士推立，自此始矣。其后幽州杀李怀仙，推朱希彩，又杀希彩，推朱泚，朝廷亦因而授之。各镇皆自署官吏，私赋税，名为藩镇，其实与割据无异。

其中魏博最骄慢，籍众万人号牙兵。薛嵩死，又取其地。宝臣、正己请讨之，命河南北诸道进讨，既而皆观望不前，乃赦承嗣。时梁崇义据襄、邓六州，亦不用朝廷法令，与河朔诸镇约以土地传子孙。承嗣死，即以军事付其侄悦，淮西将李希烈又逐其帅李忠臣而得留后，于是河朔之风，渐被于江淮矣。

德宗立，杨炎为相，以租庸调旧法困弊，改作两税法，天下便之。宝臣死，子惟岳请继袭，帝欲除藩镇世袭之弊，不许。田悦、李正己、李惟岳遂连兵拒命。

正己死，子纳自领军事。卢龙节度使朱滔讨惟岳，成德将王武俊遂杀惟岳归附。滔、武俊以赏不如志，遂与田悦合军。时李希烈已取襄阳，于是滔等均称王，劝希烈称帝。时卢杞为相，专事聚敛，发泾原诸道兵讨希烈。至长安不得赏赐，掠琼林、大盈二库。帝幸奉天，众奉朱泚为主，泚自称大秦皇帝，自将逼奉天。朔方节度使李怀光入援，围乃解。

怀光欲白诛卢杞，杞白帝令怀光西取长安，怀光意甚怨，表暴杞罪，贬杞新州司马。翰林学士陆贽劝帝下罪己诏，人心始悦。

神策将李晟随怀光讨朱泚。怀光胁逐杞，意不自安，密与朱泚通谋，军士不从，怀光奔河中。时帝已幸梁州，晟遂复京师，泚为其下所杀。

时田绪杀田悦，昭义节度使李抱真说王武俊与合军破朱滔。滔死，将士更奉刘怦。河东节度使马燧平河中，怀光自杀，李希烈亦为其将陈仙奇所杀。自后兵乱稍息。然帝自兴元以来，益务聚敛，虽用李泌、陆贽为相，复以裴延龄判度支，州镇有兵者，皆务姑息矣。

自大盗既灭，而武夫战卒以功起行间为侯王者，皆除节度使。由是方镇相望于内地，大者连州十余，小者犹兼三四。始时为朝廷患者，号河朔三镇，及其末而国门以外皆强敌矣。

## 第五节　宪宗平藩镇

顺宗立，病不能事，于是王伾、王叔文擅权，朝士如柳宗元、刘禹锡之流，皆为之死党。帝疾久不愈，禅位宪宗，黜伾、叔文等。

时西川节度使韦皋卒，度支副使刘辟不受代，表求节钺。既得益骄，求兼领三川，帝不许，发兵围梓州。宰相杜黄裳主用兵，荐神策军使高崇文平其乱。夏绥留后杨惠琳拒命，河东天德军讨平之。镇海节度使李锜反，为其兵马使张子良所执。于是帝欲革藩镇世袭之弊。成德王士真死，割德、棣二州为保信军，以授薛昌朝，士真子承宗囚昌朝，昭义节度使卢从史首建议讨承宗，乃命神策中尉吐突承璀讨之。从史与魏博田季安阴与承宗通谋，官军屡败。承璀执从史，还京师。

其后田季安死，军中请都知兵马使田兴为留后。兴以地归国，赐名弘正。初吴少诚据淮西，传其弟少阳，少阳传其子元济，侵掠及东畿，宣武诸军讨之，久无功。帝悉以兵事委宰相武元衡。淄青李师道使盗刺元衡，乃以裴度为彰义节度使，兼淮西行营招讨使。唐邓李愬夜袭蔡州，禽元济。淮西既平，王承宗献德、棣二州，以田弘正、李愬等讨李师道。平卢都将刘悟杀师道降。分平卢为三道，曰天平，曰泰宁，曰淄青。自代宗广德以来，河南北三十余州，自除官吏，不供贡赋，至是始遵约束。

## 第六节　甘露之变

唐制内侍省不立三品官，以内侍为之长，惟门阁守御及宫庭扫除、禀食而已。武后时，稍增其人。玄宗时宦官多至三千人，至使持节，传令所至，郡县馈遗至万计。肃宗时，张皇后与李辅国表里擅权。辅国专掌禁兵，制敕必经押署而后行，百司奏事，皆由关白。其后辅国更与后有隙，帝崩，辅国遂杀后。代宗即位，辅国益横，号曰尚父，为司空、中书令，帝使盗杀之。辅国死而程元振专权，尽总禁兵，人畏之过于辅国。吐蕃入长安后，乃放元振归田里。自鱼朝恩死后，宦人不复典兵。德宗惩朱泚之乱，以左右神策军委宦者主之，置护军中尉、中护军，分提禁兵。于是威柄下迁，政在宦人。宪宗平淮西后，浸骄，为宦官陈弘志所弑，其党讳之，不敢讨贼。中尉梁守谦与宦官王守澄等立穆宗，加守澄知枢密事。敬宗立，狎近群小，为宦官刘克明所杀。守澄迎江王涵立之，是为文宗。

自元和之末，宦官益横，建置天子，在其掌握，威权出人主之右。翼城郑注初依倚王守澄，权势熏灼，其后复有宠于帝，注遂与李训为帝谋诛宦官，以训同平章事。训、注劝帝以仇士良为神策中尉，分守澄之权，未几鸩杀守澄。注求镇凤翔，欲因守澄葬日尽杀宦官。训虑注专其功，与其党谋奏左金吾听事有甘露，欲因此以诛士良等。事泄，士良等遂杀宰相王涯、舒元舆、贾𫗧等，训、注亦被杀。数日之间，生杀拜除，均出中尉，自是天下事皆决于北司，宰相行文书而已。昭义节度使刘从谏上表请涯等罪名，暴扬士良等罪恶，士良等惮之。由是郑覃、李石为相，粗能秉政，天子倚之，亦差以自强云。

## 第七节　河朔再叛及平泽潞

穆宗时，卢龙节度使刘总奏请分所属为三道，又择宿将有功难制者朱克融等，乞加奖拔。时宰相崔植、杜元颖无远略，惟割瀛、莫二州,余悉以统于张弘靖,勒克融归本军。弘靖不能与士卒均劳逸,于是士卒囚弘靖,奉克融为留后。

初,淮西、平卢既平,王承宗以忧卒,军士奉其弟承元。承元请除帅,诏以田弘正镇成德,都知兵马使王庭凑结牙兵杀弘正,自称留后。朝廷以弘正子布镇魏博,布委任牙将史宪诚,宪诚因鼓煽军士,魏兵大溃,布自杀,军士奉宪诚为留后,于是三镇阴相连结。时帝赏赠无节,府库空虚,军用不给,不得已赦之,再失河北,迄于唐亡。

文宗时李德裕与李宗闵、牛僧孺等各分朋党,互相挤援。武宗即位,用德裕为相。会昭义节度使刘从谏卒,其子稹自为留后,朝议欲与之。德裕言泽潞与河朔不同,于是敕天雄、成德、河阳、忠武诸镇进讨,稹将郭谊杀稹以潞州降。宣宗立,罢德裕,宗闵、僧孺亦卒,党事始戢。

## 第八节　黄巢秦宗权之乱及朱全忠之篡

宣宗崩,中尉王宗实立懿宗。懿宗崩,中尉刘行深立僖宗。时政在臣下,南牙、北司,互相水火。又自懿宗以来,奢侈日甚,赋敛愈急,关东连年水旱,吏不以闻,百姓流殍,相聚为盗。濮州人王仙芝、冤句人黄巢先后起。仙芝转掠河南、山南、江淮诸州县,既而败死。巢由浙东、福州趋广南,复北还陷东都。时帝宠中尉田令孜,政事悉委之。东都既陷,令孜以其兄陈敬瑄方镇蜀,己又蜀人,首陈幸蜀之计。巢遂入长安,称大齐皇帝。其时凤翔、河中诸镇并出兵讨贼,久无功。先是沙陀朱邪赤心讨徐州贼,有功,赐姓名为李国昌,为振武军节度使。会大同军乱,推其子克用为留后,朝廷移国昌镇之。国昌父子欲并据两镇,不受命,败走鞑靼。至是王铎为都统,赦克用,召之入援。及收复长安,克用功第一,以为河东节度使。黄巢走蔡州,节度使秦宗权降之。先是巢将朱温以华州降,用为宣武军节度使,赐名全忠。至是巢与宗权合军围汴州,克用解汴州围,巢走兖州,被杀。巢乱凡十一年,巢死而宗权复炽。其时东尽青、齐,南出江淮，西及关辅，北至卫、滑。州镇存者，仅保一城，极目千里，无复烟火。帝还长安，号令所行，惟河西、山南、剑南数十州而已。其后宗权卒为全忠所执。宗权乱凡六年。

时藩镇各专租赋，河中王重荣专安邑、解县两池盐，田令孜收以赡军，重荣不可，令孜徙之泰宁。时令孜结邠宁朱玫、凤翔李昌符为援，重荣遂与克用进逼京师。令孜以帝走兴元，玫奉襄王煴监国。令孜知不为天下所容，乃荐杨复恭代己。复恭黜令孜党，以悦藩镇，朝廷亦遣克用、重荣讨玫，玫将王行瑜杀玫，于是以行瑜镇邠宁，名其军曰静难，而以李茂贞镇凤翔。

僖宗崩，复恭立昭宗。帝素疾宦官，出复恭为凤翔监军。复恭走兴元，与假子山南西道节度使杨守亮举兵。李茂贞攻取兴元，诏以为山南西道节度使，兼武定。茂贞欲兼凤翔，不奉诏，与王行瑜合兵。宰相崔昭纬与二镇相结，朝廷动息皆禀于邠岐。会护国节度使王重盈卒，邠岐及华州韩建请立其子珙，帝允李克用之请，立重荣子珂，于是三镇连兵犯阙。克用讨三镇，克邠州，杀行瑜，请乘胜取凤翔，贵近以为不可，乃封克用晋王，令其休兵。其后茂贞复犯阙，韩建请帝幸华州，闻全忠欲迎驾，乃还长安。

时河南一道之地，先后归于朱全忠，魏博罗弘信、镇冀王镕、卢龙刘仁恭亦附全忠。全忠复袭河中，降王珂，再围晋阳，克用不敢与全忠争者累年。

枢密使宋道弼专横，帝与宰相崔胤谋去之。胤结全忠为援，赐道弼死。左军中尉刘季述等劫胤废帝，胤密致书全忠使兴兵，又结神策指挥孙德昭等杀季述，奉帝复位，复用宦官韩全诲主左右军。胤结全忠，全诲结茂贞，以相仇敌。胤欲尽诛宦官，遗书全忠，令其以兵迎驾。全诲劫帝幸凤翔，全忠进兵凤翔，茂贞杀全诲，以帝送全忠营，全忠奉帝还长安，与胤奏杀宦官数百人，自是神策两军属南牙矣。后全忠迁帝洛阳，复弑帝立昭宣帝，宰相柳璨言宜去衣冠浮薄之徒，于是聚朝士裴枢等三十余人于白马驿，尽杀之。寻篡唐，国号梁。

## 第九节　五代之兴亡

梁既篡位，使亳州刺史李思安攻幽州。刘仁恭为其子守光所囚，降于梁，梁封为燕王，而遣思安攻潞州。会李克用卒，子存勖引兵解潞州围。梁复欲移成德王镕于他镇，镕遂连晋攻梁。均王友贞立，时晋将周德威已取幽州，梁欲分魏博为二镇，魏兵遂降晋，晋王遂定河北。王连岁出征，军府事一委监军张承业。寻即帝位，国号唐，是为庄宗。遣李嗣源、郭崇韬直趋大梁，梁主自杀，唐迁都洛阳。

唐主好音律，由是伶人用事。时岐王李茂贞卒，子继曮虽授凤翔节度使，然已同于群藩矣。又遣魏王继岌、郭崇韬灭蜀。崇韬为继岌所杀。时人心思乱，魏博兵劫李嗣源入邺，唐主自出御之，为伶人郭从谦所杀。

嗣源即位，是为明宗。其时朝纲粗立，于五季号为小康。从厚立，潞王从珂举兵凤翔，废帝自立。从珂姓王，嗣源养子也。唐主与河东节度使石敬瑭不协，徙敬瑭镇天平。敬瑭用掌书记桑维翰计，草表称臣于契丹，且请以父礼事契丹主，事捷之日，割卢龙一道及雁门以北诸州与之。契丹遂以兵南下，立敬瑭为晋皇帝，唐主自焚死。

晋主事契丹惟谨，及死，侍卫马步都虞候景延广奉齐王重贵即位。延广用事，遂与契丹启衅。时契丹卢龙节度使赵延寿求帝中国，晋平卢节度使杨光远亦召契丹入寇，契丹主遂入大梁，灭晋，自帝中国。河东节度使刘知远称帝晋阳，及契丹北归，知远遂入大梁，称汉。子承祐立，诛杀大臣，邺都留守郭威举兵，汉主为乱兵所杀。威自立，是为周太祖。

郭氏都汴，立养子郭荣，是为世宗。即位之初，自将击北汉，斩逃将，骄将、惰卒始惧。又募壮士诣阙，命殿前都虞候赵匡胤选其尤者为殿前诸班，其骑步诸军，各命将帅选之，由是士马精强，所向克捷。自将伐南唐，唐主尽献淮南地，画江为界。复下诏伐辽，取瀛、莫、易州，置雄州于瓦桥关，霸州于益津关（高阳关，谓之三关)，遂趣幽州。

有疾还。恭帝立，会传北汉与辽入寇，遣殿前都点检赵匡胤御之，次陈桥驿，将士拥匡胤还汴受禅，定国号曰宋，因所领归德军节度州名也。

自唐亡五十三年，而更五国八姓，后唐、晋、汉均起于胡族，冯道历事四朝及契丹，尝著《长乐老叙》，述已禄位、官爵以为荣。其他仕宦二三朝者尤众云。

## 第十节　十国之兴亡

五代之时，前后立国较久者凡十，兹分述之：

吴　唐中和时，杨行密为庐州刺史，淮南都将毕师铎囚节度使高骈，行密遂据扬州，称淮南留后。时秦宗权遣将孙儒争扬州，后行密卒杀儒而定淮南地，朝廷以为淮南节度使，爵吴王。朱全忠既定兖郓，屡大举击行密，均不得志。由是行密得保据江淮，全忠不能与之争。行密卒，子渥嗣，为张颢、徐温所杀，立其弟隆演，尽有江南地。隆演弟溥始称帝，国号吴。石晋天福时，为徐知诰所篡。

南唐　当杨隆演之立，徐温杀张颢而专吴国之政，初镇润州，后建大都督府于升州，徙治之。温卒，养子知诰遂专有吴国之政，与宋齐丘谋禅代，国号唐，都金陵。复姓李，更名昪。昪见天下乱久，志在守吴旧地，无复经营之略，吴人亦赖以休息。子璟嗣，取湖南地，寻复失之，其后江北诸州尽入于周。璟好文学，故韩熙载、冯延巳、徐铉之徒皆至美官，文雅于诸国为盛。后主煜立，尤好引用文士。宋开宝时，国亡。

前蜀　光启时，以神策军使王建为利州刺史，复取阆州，称防御使。田令孜在成都，召建，建遂据西川，复并东川，朝廷封为蜀王。朱梁开平初称帝，国号蜀。子衍立，为后唐所灭。

南汉　唐末，朱全忠表刘隐为清海节度使。开平时，复命隐兼静海节度使。弟岩立（后改名龑），始称帝，号汉。传玢及晟，尽取岭南地。至铱，为宋所灭。

楚　马殷初从孙儒掠江淮以南，儒死，殷与刘建锋等袭取潭州。

建锋为下所杀，军士推殷为主，悉定湖南地，朱全忠封为楚王。传希声、希范。至希广为希萼所杀，自立，复与希崇相争，国内乱。南唐西侵，岭北地悉归于唐，岭南地悉没于南汉。其后武平留后刘言尽复马氏岭北故土，王进逵、周行逢先后有湖南云。

**闽** 王潮初从寿州盗王绪为群盗，转掠至福州，据有全闽地，朝廷以福建为威武使，以潮为节度使。潮卒，弟审知代立。传延翰，称闽王。延钧称帝。其后曦与延政争国，其地为南唐、吴越所分。

**吴越** 钱镠初为杭州刺史，其后乘孙儒、杨行密之争而取苏州，朝廷用为镇海军节度使，以平董昌之乱，复兼威胜。朱全忠封为吴越王，尽有两浙之地。传传瓘，至弘佐，又兼福州地。至弘俶，纳土于宋。

**南平** 朱全忠以高季兴镇荆南，后唐庄宗时封南平王，后复称臣于吴。荆南地狭兵弱，最为小国。传从诲、保融、保勖。至继冲，降于宋。

**后蜀** 后唐庄宗时，以董璋、孟知祥为东西川节度使。明宗时，两镇连兵，知祥杀董璋，据有全蜀地，称帝。子昶，为宋所灭。

**北汉** 周初，河东刘崇称帝，改名旻，是为北汉。常引契丹入寇。传承钧、继恩。至继元，为宋所灭。

## 第十一节 唐与外族之交际

唐代兵威及于远裔，兹述其与外族之关系如后：

**突厥** 突厥自木杆可汗以来，威服塞外诸国，有凌轹中夏之志。木杆死，舍其子大逻便而立其弟佗钵可汗。周齐惮其强，争倾府库事之。佗钵卒，国有内乱，于是分为东西两部。既而染干降隋，隋立为启民可汗。启民卒，子始毕可汗立。隋末乱离，中国人归之无数，遂大强盛，控弦百万，窦建德、王世充之属皆称臣受其可汗之号。始毕卒，弟处罗立。处罗卒，弟颉利立，屡寇关中，群臣至议焚长安以避其锋。然颉利兵革岁动，重敛诸部，由是内外离怨，诸部多畔。太宗命李靖平突厥，斥境北至大漠。颉利之亡也，其众或走薛延陀，或入西域，来降者尚十余万，乃剖颉利故地左置定襄都督，右置云中都督以统之。其后群臣言突厥留河南不便，乃立阿史那思摩为俟利苾可汗，树牙河北，悉徙突厥还故地。思摩不能统其众，复还中国。车鼻可汗举兵，高宗初年，为右骁卫郎将高侃所禽，于是突厥尽为封疆臣矣。自此以后，北方三十余年无戎马警。武后时，默啜立为可汗，复为北方之患。其兵略与颉利时等，地纵横万里，诸蕃悉属之，扰边境无宁岁。至开元时为其下所杀，传至白眉可汗，为回纥裴罗所杀，地尽入于回纥。

**西突厥** 西突厥自达头可汗，始分居乌孙故地。至射匮可汗，玉门以西诸国遂多役属，与北突厥亢。至统叶护国益强，霸有西域。其后复有南北庭之分。高宗时，阿史那贺鲁反，为苏定方所擒。至玄宗时，西突厥亡。

**铁勒** 铁勒凡十五种，回纥薛延陀最强。世属突厥，颉利既亡，薛延陀益盛。太宗命李世勣平薛延陀，回纥遂据有其地，遣使请吏，于是设府六州七，皆以其酋长为都督、刺史以统之。回纥至裴罗时，尽有古匈奴地，复助唐平安史之乱。德宗时，改称回鹘，属部有沙陀者，西突厥处月别种，密附吐蕃，吐蕃遂大破回鹘，回鹘稍南其部落避之。先是伊吾之西，焉耆之北，有国曰黠戛斯，回鹘稍衰，与回鹘连兵三十余年。至武宗时，回鹘遂以不振。

**高昌** 太宗时，高昌王麹文泰恃其险远，稍壅绝西域诸国朝贡，又与西突厥共击伊吾、焉耆。太宗使侯君集击之，文泰子智盛降，以其地为西州。

**吐谷浑** 太宗时，遣李靖、侯君集等击吐谷浑，其可汗伏允为下所杀，太宗立顺为甘豆可汗。高宗时，为吐蕃所并。

**天竺** 天竺分东、西、南、北、中五天竺，皆城邑数百，各有君长。太宗时，王玄策用吐蕃兵以破天竺，于是五天竺悉来朝献。

**高丽** 太宗时，高丽王高建武为其西部大人泉盖苏文所杀，立其弟藏为王，自为莫离支。太宗亲征，不克，班师。高宗时，李世勣为辽东道大总管击之，遂入平壤，剖其地为州县。高氏自汉有国，凡九百余年而亡。

**吐蕃** 吐蕃本西羌属，凡百五十种，散处河湟江岷间。其俗谓强雄曰赞，丈夫曰普，故号其君曰赞普。太宗时，弃宗弄赞君其国，遣使入贡，太宗以文成公主下嫁。弃宗弄赞死，政事一决于大论禄东赞。禄东赞用兵有节制，吐蕃遂成强国。禄东赞死，子论钦陵当国，岁入寇边，遂灭吐谷浑而尽有其地。其地东接松茂，南临天竺，西陷龟兹、疏勒、于阗、碎叶四镇，北抵突厥，幅员万余里。安禄山之乱，河陇诸镇悉兵东讨，吐蕃遂陷陇右。代宗时，大举入长安，其后复为仆固怀恩所诱，与回纥共逼京师。德宗时，常寇泾、陇、邠、宁诸州。又有平凉劫盟之事，西川节度使韦皋屡破其南道兵。至彝泰赞普，病不能治事。文宗时，边境少事。及达磨嗣位，国益衰。达磨无子，佞相立其妃綝氏兄子乞离胡为赞普，论恐热谋篡国，内乱遂起。宣宗时，沙州刺史张义潮奉十一州图籍来降，于是河湟地复入于唐，置归义军于沙州，以义潮为节度使。吐蕃自是衰绝，无复统一矣。

南诏　南诏本哀牢夷后，乌蛮别种也。夷语谓王为诏。其先渠帅有六，蒙舍诏在最南，称为南诏。开元时，皮逻阁始合六诏为一，居太和城，天子赐名为归义，封云南王，自是始强大。阁罗凤立，杨国忠用事，荐鲜于仲通为剑南节度使，失蛮夷心，南诏怨叛。仲通讨之，大败。其后国忠复发兵十万，使侍御史李宓讨南诏，死者什八，自是南诏附于吐蕃。异牟寻立，直西川节度使韦皋抚蛮有威惠，异牟寻遂复归唐，册为南诏王。文宗时，嵯巅入寇成都。酋龙立，自称皇帝，国号大礼。酋龙遂陷播州、邕州及交趾，再围成都。前后为边患者二十余年。及中国乱，蛮亦衰弱，不复通。

自贞观至开元，蛮夷多内属，往往其部落为羁縻府州，多至八百五十有六。又于沿边设六都护府以分统之，曰安北护府，曰单于都护府，曰安西都护府，曰北庭都护府，曰安东都护府，曰安南都护府。东西交通既便，日本及大食诸国，均常遣使贡献云。

## 第十二节　隋唐五代之学术

唐太宗命孔颖达撰《五经正义》，由是南北经说，得所折衷；陆德明撰《经典释文》，则成于南北未统一以前也。又南唐徐铉、锴均有校正《说文》，人称为大小徐云。隋时龙门王通讲学河汾，仿古作六经，又为《中说》以拟《论语》。其卒，门人私谥曰文中子。

武后、中宗时，刘知幾领史职几三十年，作《史通》内外篇。内篇论史家体例，辨别是非；外篇则述史籍源流及杂评古人得失。杜佑撰《通典》，凡分八门，曰食货，曰选举，曰职官，曰礼，曰乐，曰兵刑，曰州郡，曰边防。每门又各分子目。考唐以前之掌故，兹编其渊海矣。

唐初文章沿用俪体，王勃、杨炯、卢照邻、骆宾王称为四杰。玄宗好文学，张说、苏颋称为燕许大手笔。其后德宗时，陆贽奏议，敷陈剀切；韩愈为文，号起八代之衰；柳宗元之文，愈评为雄深雅健，似司马子长。

隋唐以诗赋取士，士人莫不工诗。唐代有初、盛、中、晚之说。李白、杜甫、王维、孟浩然、韦应物、柳宗元之属，不能悉数。其后元稹与白居易齐名，称元和体；李商隐及温庭筠号为温李。唐时始有词，南唐后主最工为之。

古之善书者，汉魏则钟、张，晋时则二王，唐代有虞世南、欧阳询、李邕、颜真卿、柳公权诸人，五代则有杨凝式。又唐张旭及僧怀素善草书，李阳冰工篆书。画则晋有顾恺之，唐玄宗时有大小李将军思训、昭道父子为北派山水，王维、吴道子为南派山水。五代时有荆浩、关同及董源、巨然。又江南布衣徐熙，后蜀翰林待诏黄筌，尤长花竹。佛教自达摩开立禅宗，至弘忍始分南北二宗。南宗大鉴禅师惠能，北宗大通禅师神秀。又僧玄奘博涉经论，太宗时往游西域十七年，归国后，译佛经至千余卷，印度因明学于是时输入中国。

唐尊老子为玄元皇帝，道教与佛教并盛。贞观时，波斯人阿罗本赍景教经典来长安，太宗为建波斯寺，后改为大秦寺。德宗时，寺僧景净立景教流行碑，是为中国传布景教之始。

# 第五章
# 宋元史

## 第一节　太祖太宗之政及澶渊之役

太祖以赵普言，罢石守信等典禁兵。又以文臣知州事，设通判于诸州，事得专达。又令节镇所领支郡，皆直隶京师，得自奏事。于是节度使之权始轻。其诸州度支经费外，悉送汴都；凡一路之财，置转运使掌之，一革唐末留使留州之弊，于是财利尽归于上矣。又诏殿前、侍卫二司，各阅所掌兵，拣其骁勇者，升为上军；又命诸州长吏，选强壮卒，俟其精练送阙下；复立更戍法，分遣禁旅戍守边城，使往来道路，以习劳苦，均劳佚。自是将不得专其兵，而士卒不至于骄惰，皆赵普之谋也。

命王全斌灭蜀，曹彬下江南，潘美灭南汉，荆南、湖南亦平。太宗即位，漳泉陈洪进、吴越钱俶相继纳土。亲用兵灭北汉，欲乘势取幽蓟，为辽所败。后之以曹彬等伐辽，复败。于是不复有意幽蓟矣。末年分天下为十五路，凡府、州、军、监三百二十有一。

真宗即位，契丹主长驱至澶州，王钦若请幸金陵，陈尧叟请幸成都，同平章事寇准请帝亲征。契丹来请盟，欲得关南地，乃遣曹利用议定岁币三十万，准旋为钦若所潛泥。时帝已厌兵，于是钦若进封禅之说，而日以建道场、受天书为事矣。

## 第二节　西夏拒命及庆历党议

唐末党项别部拓跋思恭为定难节度使，赐姓李氏，世有夏州。至继捧，太宗时献银、夏、绥、宥四州。其从弟继迁叛去，既而请降。继捧寻亦叛降契丹，为河西都部署李继隆所禽。真宗时，授继迁以定难节度使，既而尽有朔方地，改灵州为西平府，居之，后为西蕃所败死。子德明嗣，边鄙无事二十余年。仁宗时，德明使其子元昊伐回鹘，取甘州。元昊立，又取瓜、沙、肃州，尽有河西地。建官制，制蕃书，僭称帝，国号夏，居兴州。阻河依贺兰山为固，地方万里。元昊既反，寇边，宋屡失利，后置经略安抚招讨使，用韩琦、范仲淹等领之。然元昊国亦内困，遂定讲和之策，受封为夏国王，然元昊帝其国自若。

先是吕夷简执政，范仲淹知开封府，上书讥切时弊，夷简诉其越职言事，由是落职，知饶州。谏者皆贬，于是御史韩渎请以仲淹党榜朝廷，戒百官越职言事，于是朋党之议起矣。及元昊请和，夏竦为枢密，琦与仲淹为副，谏官欧阳修、蔡襄交章论竦在陕西畏懦，于是更用杜衍，寻以仲淹参政，富弼为枢密副使。仲淹与弼谋致太平，侥幸者不便。先是国子监直讲石介作《庆历圣德诗》，斥竦为大奸，竦于是陷仲淹、弼，皆罢去。谏官或以仲淹、弼所推荐多挟朋党，而杜衍、韩琦亦相继罢云。宋代党议，盖始于此矣。

## 第三节　新旧党之政争

神宗即位，以王安石为相，首言宜修周泉府之法，乃立制置三司条例司，掌经画邦计，议变旧法。先遣使者察农田、水利、赋役，复行青苗法，令民隐度麦粟之赢，先贷以钱，谷熟还官，号青苗钱。安石又言先王以农为兵，行保甲法。又使民出钱募人充役，计民贫富分五等输钱，名免役法。更定科举，罢诗赋及明经诸科，以经义论策试进士。又以内藏库置市易务。时诸旧臣韩琦、富弼等均不以新法为然，而安石持之益坚。执政六年，荐韩绛代己，而以吕惠卿佐之。惠卿又创手实法，尺椽寸土，捡括无遗。及安石再相，上《三经新义》，颁之学官，一时学者无不传习，主司纯用以取士。及退处金陵，以字学久不讲，为《字说》二十四卷云。宋代官名尤不正，帝欲更其制，熙宁末，始命馆阁校《唐六典》。又置详定官制局于中书。元丰时，官制成，改中书门下平章事为尚书左右仆射，参知政事为门下、中书侍郎、尚书左右丞，而省台寺监之官，均还所职矣。

是时外患渐弭，更分天下为二十三路。自安石柄用，喜言边功。王韶败西羌及吐蕃，取熙河诸州。郭逵用兵安南，取广源。而章惇定湖南诸蛮，熊本平峡西诸蛮，所建州军关城砦堡，不可胜计。而灵州李宪、永乐徐禧之役，死者六十万人云。

哲宗立，太皇太后高氏临朝，用司马光、吕公著为相，范纯仁知枢密院事，黜蔡确诸人，尽革熙丰之政。光既卒，在朝诸人各以类相从，遂有洛党、蜀党、朔党之分。洛党以程颐为首，蜀党以苏轼为首，朔党以刘挚等为首。时熙丰用事之臣，退休散地，阴伺闲隙。及帝亲政，邓润甫首陈绍述之说，改元绍圣，复行新法。元祐诸在位者，相继贬窜，曾布、蔡卞诸人复进用矣。

徽宗即位，向太后权处分军国事，用韩忠彦、曾布为相，欲以大公至正之道，消释朋党。帝既亲政，遂更相蔡京。京托绍述之说，箝制天子，籍元祐诸臣百二十人，谓之奸党，立党人碑于端礼门，以司马光为首。帝信符瑞，由是好道，其徒靡衣玉食者至二万人。时承平既久，帑庾盈溢，京视官爵财物如粪土，累朝所储扫地矣。京前后四执国政，怀奸植党，天下大困。

## 第四节　金灭辽及二帝北狩

辽自圣宗隆绪立，萧太后摄政，南院枢密使韩德让、南院大王耶律色珍受顾命，赐德让姓名耶律隆运，以耶律休哥总南面军务。宋三道来伐，皆败，则休哥、色珍之力也。兴宗立，始殿试进士，修国史。道宗时，耶律乙辛专政，诸部因之反侧，用兵无宁岁矣。辽凡设五京，曰上京临潢府，曰东京辽阳府，曰中京大定府，曰南京析津府，曰西京大同府。所属部族五十有二，属国六十。与宋以白沟河为界。其官制则自太宗兼制中国，官分南北，以国制治契丹，以汉制待汉人。北面治宫帐、部族、国属之政，南面治汉人州县、租赋、军马之事。因俗而治，得其宜矣。

女真，古肃慎地，隋唐称为靺鞨，凡七部，黑水、粟末最强。粟末大祚荣称渤海，为海东盛国，后唐明宗时，为契丹所灭。当渤海之衰，黑水靺鞨次第恢复其旧土，号曰女真。有熟女真、生女真之分。完颜乌古乃为生女真节度使，始盛强。至阿骨打，遂叛辽，称帝，国号金。时辽天祚帝怠于政事，金遂先后取辽五京，辽主亦被执。辽耶律大石建国西方，都城曰虎思斡耳朵。传二帝二后，号曰西辽，为西亚一强国。

女真既强，宦官童贯谓辽可图，请使辽以觇之，因与赵良嗣来，使约金主夹攻辽。及闻金数败辽兵，乃诏童贯、蔡攸率兵应金，都统制刘延庆及降将郭药师进兵，皆败。初，宋与金约，但求石晋赂辽故地，不及平、营、滦三州。及金克燕，宋复遣良嗣往，欲并得之。金主以宋出兵失期，许与宋燕京及山前六州，且言租赋当输金。太宰王黼欲功速成，使良嗣再往，许金以辽岁币外，每岁加燕京代税钱一百万缗，金乃以六州归宋。既而金张觉以平州降，谭稹代童贯为两河燕山路宣抚使，又不给赵良嗣所许金粮。金太宗立，乃遣粘没喝自云中趋太原，斡离不自平州入燕山。郭药师降，金益知宋虚实。帝传位钦宗，斥去蔡京诸人。斡离不遂围京师，李纲力战御之。金人来议和，要输金五百万、银五千万、牛羊万头、表段百万匹，割中山、太原、河间三镇，以宰相、亲王为质。宰相李邦彦力劝如金议。会勤王兵亦大集，金遂北去。未几，粘没喝、斡离不复分道南侵，趋汴。时李纲既不用，而西南援兵为执政所遣还，京师遂破。帝如金营请降，金立张邦昌为楚帝，遂以二帝等北去。

## 第五节 宋之南渡

金兵之围京师也,诏以康王构为天下兵马大元帅,开府相州。及吕好问说张邦昌迎王,王即位于南京,是为高宗。诏李纲为相,纲请料理河东、河北。河北置招抚使,河东置经制司,以宗泽为东京留守。帝惑于汪伯彦、黄潜善之说,欲幸东南避敌,遂落纲职。纲罢而招抚、经制司亦废。帝遂如扬州。时宗泽力言京师不可弃二十余奏,辄为汪、黄所抑。泽忧愤而卒。杜充代泽,悉反所为,于是豪杰离心矣。金人三道来侵,帝仓卒渡江。金人焚扬州,帝走杭州,寻升杭州为临安府,定都焉。

时金兀术大举南侵,渡江入建康,杜充降。帝奔明州,兀术遂陷临安,遣兵渡浙追帝。帝走温州,金人不能久留,欲北渡。韩世忠扼之于江,兀术仅而得渡,自是金不敢复渡江矣。

先是知枢密张浚谓中兴当自关陕始,请身任陕蜀,诏以为宣抚处置使,开府秦州。金将娄室破陕,入潼关,兀术亦趋陕西。自富平之败,而关陕遂不可复。其后赖吴玠、吴璘、刘子羽诸人,保固蜀疆而已。

金初定河南,立降将刘豫为大齐皇帝,奉金正朔。复畀以陕西地,都汴,于是中原尽为豫有。时南方群盗并起,皆北与豫通。豫约金人南侵,为韩世忠、岳飞所败。湖湘群盗,亦为飞所平。金熙宗立,兀术遂入汴,废豫。

秦桧自燕还,帝得知二帝、母后消息,后遂任桧为相。桧始力主和议。金既废刘豫,议以河南地还宋,蒲鲁虎、挞懒力主之。时宋臣皆以和议为不可,既而蒲鲁虎等诛,兀术言归宋地非计,复分道南侵,岳飞大破之于朱仙镇,两河豪杰相率归飞。飞方刻期渡河,桧白帝急召飞班师,又以飞终梗和议,诬之谋反,下狱害之。时金使来议称臣奉表,岁币银绢各二十五万,东以淮水为界,西以大散关为界,还梓宫及太后。桧为相前后十八年。桧死,其党万俟卨、汤思退相继为相。时金内亦多事,南北无战争者二十年。

## 第六节　金亮南侵及开禧用兵

金诸部之民，其部长则曰孛堇，行兵则称为猛安谋克。猛安者，千夫长也。谋克者，百夫长也。其得志中国，自顾其宗族国人尚少，乃割土地、崇位号以假汉人，猛安谋克，杂厕汉地，听与契丹、汉人婚姻。及国势浸盛，则归土地、削位号，罢辽东、渤海汉人之袭猛安谋克者，渐以兵柄归其内族矣。

金初起无城郭，星散而居，呼为皇帝寨、国相寨。金熙宗以宋和议既定，建立五京、十四总管府，共为十九路。金主亮立，慕中国衣冠人物，筑燕京宫室，号曰中都大兴府，徙都之。又以汴京为南京，复欲迁汴，大举南伐，海陆均败。金人已立世宗于辽阳，亮为其下所杀，世宗遂徙都燕京。

宋高宗传位孝宗，召张浚宣抚江淮。浚力陈和议之非，劝帝专意恢复，遣李显忠、邵宏渊伐金，卒有符离之溃，乃以宗正魏杞入金议和，杞卒正敌国之礼而还，自是不轻用师旅。又值金国平治，无衅可乘。然金人易宋之心，亦浸异于前日矣。先是，高宗时左右仆射并加同中书门下平章事，改中书门下侍郎为参知政事，而省尚书左右丞，至是复改左右仆射为左右丞相云。

孝宗禅位光宗，光宗有疾。孝宗崩，知枢密赵汝愚因韩侂胄言于太皇太后，诏宁宗成服即位。汝愚裁抑侥幸，召用朱熹等。侂胄以定策功，谋预政，以内批用其党居言路。熹等既斥去，汝愚卒贬窜死。自程颢、程颐以孔孟之学传授，至朱熹，其学大盛。流俗不便，目为道学，侂胄及其党尤深恶之，斥为伪学，并将《语录》毁除，《六经》《学》《庸》为大禁。得罪者凡五十九人，时人谓之庆元党禁。

侂胄既用事，封平原郡王，其腹心苏师旦劝以立功自固，而恢复之议起矣。金章宗立，北部扰边，连岁用兵，议者以为必乱亡，侂胄之志益锐。金闻宋将用兵，使仆散揆会兵于汴，既而宿、唐、寿、蔡四路丧师，江表大震。金别将陷大散关，兴州都统制吴曦亦献蜀地图于金，礼部侍郎史弥远诛侂胄，和议乃成。金人来归大散关及濠州，吴曦亦先为转运使安丙所诛。弥远为相，始除伪学之禁。

## 第七节　蒙古灭金及南宋之亡

蒙古祖元建国之地，在斡难河源。其时大漠南北，诸部错列，至铁木真渐并诸部，自号成吉思汗。金卫王允济立，蒙古遂与金绝，攻西京，入居庸，至中都。宣宗立，河东北州郡尽入于蒙古，金遂迁汴。蒙古将木华黎复东取东平，西定长安。金哀宗立，仅守河南东西二千余里地。成吉思汗既灭西夏，复南伐而殂。太宗窝阔台立，蒙古遂攻汴，金主走蔡州。蒙古约宋夹攻，宋使孟珙引兵会之。金亡，宋仅得唐、邓二州，遂与蒙古为邻矣。

先是，乃蛮部屈出律既灭西辽，与花剌子模为西方二强国。蒙古既定西域，遂遣将哲别灭乃蛮，蒙古境遂与花剌子模相接。成吉思汗与其四子亲征花剌子模，其王谟罕默德西走，别遣速不台、哲别二将蹑之。谟罕默德窜死里海中，速不台等更沿里海西岸袭钦察部，破阿罗思。成吉思汗侵入印度，中、西、北三印度皆罹兵燹。自成吉思汗建号以来，不出二十年，举内外蒙古、满洲、中国之北半部、大山南北路、中央亚细亚悉归版图云。

蒙古之起，其兵制有蒙古军及探马赤军。蒙古军皆国人，探马赤军则诸部族也。其典兵之官，视其数多寡为爵秩崇卑，长万夫者为万户，千夫者为千户，百夫者为百户。其法家有男子，十五以上，七十以下，尽为兵。十人为一牌，设牌头。上马则备战斗，下马则屯聚牧养。既平中原，发民为卒，则又所谓汉军也。

宋理宗立，史弥远擅政，为相二十六年，用事专且久，权倾内外，专仕憸壬，以居台谏。一时君子，如真德秀、魏了翁等，贬斥殆尽。金亡后，赵范、赵葵欲乘时抚定中原，建守河据关恢复三京之议，宰相郑清之力主之，葵等卒无功。蒙古遂分道南侵，襄、汉、淮、蜀，日事兵争。孟珙、余玠相继帅蜀，蜀始可守。又荆湖、淮西亦悉被侵陷，孟珙为荆湖帅，杜杲为淮西帅，悉力扼守，乃复旧疆。

　　初，蒙古太祖得辽宗室耶律楚材，处之左右，政事多所规画。太宗立，命术赤子拔都征阿罗思，逼欧洲内地，欧洲全土震动。会太宗讣音至，乃还。后定宗卒，皇后海迷失抱失烈门听政，诸王大臣不服，乃共推拖雷子蒙哥，是为宪宗，改更庶政，政事始渐归画一。然窝阔台子孙，与拖雷子孙，遂为仇敌矣。命其弟忽必烈总治漠南，封以关中、河南之地。忽必烈引用洛阳姚枢、河内许衡、蒙古廉希宪诸人，又引邢台刘秉忠参谋议。蒙古主欲建城市为都会之所，秉忠请营金故桓州，命曰开平府，即后所云上都也。其时又遣旭烈兀西征，极于天方。忽必烈以兀良哈台总军事，灭大理，定吐蕃。兀良哈台又自云南侵交趾，交趾亦请和。蒙古主自将入蜀，死于合州。忽必烈方围鄂，将北还。适宋丞相贾似道援鄂，密遣人请称臣纳币，忽必烈急欲归国，围遂解。似道匿请和称臣之事，而以肃清闻，论功封爵。忽必烈归，不待诸王会议，即位于开平，是为世祖。阿里不哥亦即位于和林，用兵数年，和林乃定。

　　蒙古以西僧八思巴为国师，总释教，制蒙古新字。又以王文统为平章，行交钞法，造中统元宝交钞，自十文至二贯文，凡十等。其后文统虽诛，然元立国规模，或谓多出其手云。寻定都于燕，曰大都，取乾元之义，改国号曰元。忽必烈既立，欲征和议，使郝经来，似道幽之。既而蒙古大都督李璮降，战衅遂开。度宗即位，似道平章军国重事，朝政多决于幕客廖莹中等，贪风大肆。吕文焕知襄阳，元阿术及宋降将刘整始造战船水军，襄阳被围五年，文焕卒降元。嘉国公㬎即位，元丞相伯颜大举南侵，鄂州降，遂引兵东下，诏似道都督诸路军马，开府临安。宋军溃于江上，乃罢似道。元兵遂破建康。陈宜中、留梦炎为相，知郢州张世杰、江西提刑文天祥先后勤王。元分道入临安，帝竟降于元，使天祥使元军，伯颜留天祥，而以帝及皇太后北去。

　　天祥自元军逃归，浮海入温州，陈宜中、陆秀夫等共立益王昰于福州，尊度宗妃杨氏为皇太妃，同听政。以天祥开府南剑州，经略江西。元董文炳下处州，陈宜中、张世杰奉益王遁入海，文炳遂下福州。王展转走碙州卒。陆秀夫立卫王昺，迁于新会之厓山。元以张弘范为蒙古汉军都元帅，袭执天祥，遂袭厓山。世杰兵溃，秀夫负其主赴海死，杨太妃及世杰并溺死。天祥至大都，亦不屈死。宋自太祖至钦宗一百七十年，南渡一百五十年。

## 第八节　元初之军事政事

　　世祖初年，蒙古属土，远跨欧洲。其诸王族各有所领之地，一伊儿汗国，旭烈兀之子孙也；一钦察国，拔都之子孙也；一察合台国，太祖子察合台之子孙也；一窝阔台国，太宗之子孙也。此四部其最大者也。世祖又建阿母河行省，以统葱岭以西；置岭北行省，以制杭爱山以北；开阿力麻里元帅府，以监天山北路；设别失八里元帅府，以治天山南路；创辽阳行省，以督满洲及朝鲜。自此陆路往来日便，海上之交通亦渐繁，东西洋之交通，实肇于此。先是太祖定西域，回部内属，世祖设回回司天监、回回国子学等，内外官吏，均以回回与蒙古、汉人参用。中国回族，从此盛矣。

　　蒙古自太祖以来，设官甚简，以断事官为至重之任，掌兵柄则左右万户而已。忽必烈既立，乃命许衡、刘秉忠定内外官制。其总政务者曰中书省，秉兵柄者曰枢密院，司黜陟者曰御史台，外则有行省、行台、宣慰、廉访；其牧民则有路府州县；中书省统河北、山东、山西地，谓之腹里，而立行中书省，分镇藩服，凡十有一，其长皆用蒙古人，而汉人、南人贰焉。一代之制始备。

　　自平宋以来，官吏残虐，帝亦黩武嗜利，以西僧杨琏真迦总江南释教，发宋诸陵及大臣墓之在绍兴者，以取金宝，人心益愤怨矣。帝立，用回纥人阿合马为尚书省平章。阿合马增盐课茶税，岁增常额三倍，犹以为未足。后帝与太子入上都，益都千户王著诈为太子以杀阿合马，既而复用其党卢世荣为右丞。凡利有遗者，罔不括之，寻亦被诛。桑哥复进用，造至元钞，一贯至五十文，凡十有一等。当国四年,专以朘削为事。后被劾诛,罢尚书省。

世祖之时,用兵东南,军旅屡兴,兹分述之:

**高丽及日本** 高丽自唐末中原多事,复自立君长。五代时,主其国迁都松岳者为王建,并新罗、百济。四百余年,未始易姓。至王禃为权臣林衍所废,世祖兴兵复其位,以西京内属,元遣兵戍其西境。由是高丽为蒙古外藩。帝又屡遣使往通日本,不纳,以阿剌罕、范文虎等大举征日本。阿剌罕卒于军,文虎航海至平壶岛,遇风,文虎等弃士卒十余万人于岛。

**交趾及占城** 交趾自梁贞明中,土豪曲承美专有其地,其后为刘隐所并。丁部领复为众所推为交州帅,子琏受宋封为交趾郡王。琏弟璿嗣立,大将黎桓擅权树党,代总其众,复受宋封。后大校李公蕴逐桓子至忠自立,国号大越。传至昊旵,陈日煚为昊旵婿,遂有其国。蒙古宪宗时,兀良哈台征服其国,日煚子光昺受元封为安南国王。其南有占城,古之林邑,叛服不常,诏唆都由海道往征之,复以皇子脱欢将陆师应援,脱欢假道安南,其王陈日烜拒守,脱欢与日烜大战破之,日烜遁入海。及后将士被疫,诸蛮复叛,脱欢引还,为日烜所追破,安南终不能定。日烜子日燇,成宗时乃上表奉职云。

**缅甸** 缅甸宋宁宗时始通中国,世祖时遣诸王相答吾儿破缅,西南夷十二部均降。然前后两次征缅,劳师六七年矣。

**南洋诸国** 世祖既征占城、交趾,又发使者招致南洋诸国,苏木都剌诸国先后入贡。

## 第九节 元一代大政

成宗即位,以哈剌哈孙为右丞相,大德之政,人称平允。其时缅甸多叛,云南行省中丞刘深征之,并击八百媳妇及金齿诸蛮,士卒多死于烟瘴,于是西南夷悉叛。用兵数年,乃克底定。先是太宗子海都,以世祖之立,心不服,常犯边,前后连兵至数十年,至是复合窝阔台、察合台诸王大举入寇。帝从子海山代伯颜守和林,击大破之。

海都既死，其子察八儿降，而窝阔台遂亡，地入于察合台国，西北边乃无事。

时皇后欲专国政，恐帝崩变生，预除海山于北边，迁其弟爱育黎拔力八达于怀州。及帝崩，左丞相阿忽台谋以世祖孙阿难答摄政，奉后临朝。爱育黎拔力八达入平内乱，迎海山立之，是为武宗。立爱育黎拔力八达为太子。仁宗即位，一代之政，悉守成法。先是武宗欲兄弟叔侄相承，至是丞相铁木迭儿欲徼宠，请立皇子硕德八剌，而出武宗子和世㻋镇云南，和世㻋遂逃居漠北。英宗即位，铁木迭儿益专擅，帝乃任拜住为相，委以心腹。铁木迭儿以忧死，诏夺爵籍产，其义子铁失杀拜住，弑帝，立成宗侄晋王也孙铁木儿，是为泰定帝，乃杀铁失等而免其党。帝崩于上都，倒剌沙当国。签院燕帖木儿迎武宗子怀王图帖睦尔，欲立之。怀王让位于其兄和世㻋。和世㻋即位于和林之北，是为明宗，立怀王为太子，将至京师，遇弑。太子即位，是为文宗。帝崩，皇后立明宗子鄜王懿璘质班，皇太后听政。未几卒，又立明宗子妥懽帖睦尔，是为顺帝。

## 第十节　至正群雄之争及元帝北去

顺帝即位，太师右丞相伯颜独秉政，自领诸卫精兵，渐有异谋，帝用脱脱以黜之。脱脱为右丞相，悉更伯颜所为。然是时黄河屡决，天下盗贼纷起。及发丁役开黄河，民益愁怨。黄岩人方国珍遂起，进攻温州，势甚猖獗。栾城人韩山童世习白莲教，倡言己为弥勒佛下生。颍州人刘福通因诡言山童为宋徽宗八世孙，当主中国，遂同谋举兵，以红巾为号。山童随被禽，福通奉其子林儿破河南州县，众至十万。萧县李二与其党赵均用、彭早住亦以烧香聚众据徐州。其在湖湘之间则有袁州僧莹玉与邹普胜、倪文俊，共推罗田徐寿辉为主，亦以红巾为号。嚎蕲水及黄州路，称帝，号天完。沔阳陈友谅招集亡命应之，遂取武昌、江州，而福通尤盛。定远人郭子兴亦举兵据濠州。既而脱脱破李二，复徐州。泰州张士诚又据高邮攻扬州，脱脱进攻，士诚不能支。会有诏解脱脱兵柄，士诚收集散亡，势复振。

濠州人朱元璋初投郭子兴。子兴据滁州，称滁阳王。元璋与徐达、汤和等南略定远，以李善长掌书记，李文忠等亦来归。既克集庆路，又录用杨宪等十余人，于是谋臣猛将皆在部下矣。其时韩林儿称帝于亳，号小明王，国号宋，改元龙凤。元璋旗帜、战衣、年号，均用宋制。子兴既死，元璋改集庆路为应天府，自称吴国公。

元主怠于政事，用哈麻、雪雪兄弟而杀脱脱。后搠思监为相，与宦者朴不花表里为奸。其时张士诚据平江取松湖常诸路，韩林儿据汴，分兵三道略山东西。天完将陈友谅取安庆，明玉珍亦袭取全蜀。友谅既克太平，遂弑其主，称汉帝，欲取应天。元璋连败其军，遂弃太平，走江州。吴乘胜取安庆、江州，友谅奔武昌，吴遂定江西州县。时元诸将相攻，不及事江淮，而张士诚安苏杭殷富，无远志，友谅邀以东西并举，士诚不出兵，吴亦命将谨备之，故元璋得以长驱西略。韩林儿之走安丰也，士诚遣将吕珍击杀福通，士诚地遂北跨徐州，达济宁，南至绍兴，距汝、颍、淮、泗，东薄海二千余里，始自称吴王。友谅攻洪都，与吴有鄱阳湖之战。友谅败死，武昌亦降，即出师取淮北。徐达、常遇春克平江，士诚亦亡，方国珍降，尽得浙东西地。

当刘福通之入汴也，分其军为三道，关先生、王士诚趋晋、冀，白不信等趋关中，毛贵由山东北伐。元守黄河义兵万户田丰降福通，元平章察罕帖木儿与李思齐屡破白不信等兵，此支遂逃入蜀。惟毛贵由山东直通大都，福通出没河南，关先生等则入大同，取上都，掠辽阳，转高丽。然所过城邑，辄不能守。察罕既尽复关陇，大发秦晋军会汴城，福通挟林儿走安丰，自是不振。毛贵则为其部下所杀，关先生等还攻上都，又为孛罗帖木儿所败，独田丰据东平，稍强，王士诚与之合。初，元以孛罗击走刘福通，复曹、濮，由井陉移镇大同，为京师捍蔽。察罕定晋、冀，孛罗欲并据之，发兵围冀宁。数相攻击，察罕为田丰所刺死。元以察罕子扩廓帖木儿总其兵，杀丰、士诚，山东地悉定。扩廓还太原，与孛罗兵争如故。太子与孛罗构难连年，太子命扩廓讨孛罗。孛罗既诛，扩廓为左丞相。是时中原无事（自十九年察罕克汴，至二十六年中原皆无事），江淮川蜀皆失，乃拜扩廓为河南王，总天下兵。扩廓驻军河南，檄关中将会师大举，而张良弼、李思齐等不受命。扩廓攻思齐等，相持经年。是时吴已平张士诚，使徐达、常遇春取山东，遂趋汴。李思齐等闻变，仓卒据潼关。吴都督冯胜破潼关，顺帝大恐，诏扩廓与思齐等拒吴。吴师已逼大都，扩廓入援，不及，大都遂失，元主北走开平。时元行省平章陈友定据福建，行省左丞相何真据广东，吴别遣将汤和定福建，廖永忠定广东，吴相国李善长等亦奉吴王元璋为皇帝，国号明，改元洪武。

## 第十一节 宋金元之学术

宋代学术之盛，泰州胡瑗、平阳孙复实为之先河，世称为安定、泰山。奉符石介从学于复，以《易》教授，鲁人称徂徕先生。其后则有濂、洛、关、闽。道州周敦颐著《太极图说》及《通书》，洛阳程颢、程颐均从其学，世称濂溪先生。颢著《定性书》，号明道先生。颐生平以穷理为主，晚年著《易传》，当时号伊川先生。游于伊川之门者，有谢良佐、游酢、杨时、尹焞，号程门四先生。关中张载著《正蒙》及《东西铭》，世称横渠先生。至婺源朱熹而集学术之大成。熹师李侗，侗师罗从彦，从彦师杨时，故熹得程氏之传。熹著述极富，其为学大抵穷理以致其知，反躬以践其实，而以居敬为主。与熹同时讲学者，则绵竹张栻、东莱吕祖谦。又金溪陆九渊，其学以尊德性为主，与熹论多不合，时号象山先生。其后私淑朱学者，则以浦城真德秀、蒲江魏了翁为最著。司马温公于学无所不通，世号涑水先生。同时河南邵雍明于先天象数之学，著《皇极经世书》，号康节先生，为温公及大程子所服膺。宋末庆元王应麟兼治朱、吕、陆之学，慈溪黄震专治朱氏。元初则有姚枢、许衡、刘因、金履祥、吴澄诸人。

五代时刘昫修《唐书》，宋复以曾公亮为监修官，命宋祁与欧阳修更修之，谓之《新唐书》。太祖时，薛居正撰《五代史》，欧阳修亦私撰《新五代史记》，虽文章高简，而事实则不大经意。元时命脱脱修宋、辽、金三史。《宋史》繁冗，《辽史》疏略，惟《金史》多采金末元好问、刘祁著书，最为详赡。

编年体则以司马光奉敕所撰《资治通鉴》为著。助其事者，如刘攽、刘恕、范祖禹之流，皆一时通儒硕学。历十九年，始告成功。宋末天台胡三省为之注，极为赅备。又李焘之《通鉴长编》，李心传之《建炎以来系年要录》，徐梦莘之《三朝北盟会编》，均极淹贯详赡云。

又袁枢作《通鉴纪事本末》，是为纪事本末体之所自始。乐平马端临撰《文献通考》，稍逊《通典》之简严，而详赡实过之。莆田郑樵撰《通志》，其通史外，全帙之精华，唯在二十略而已。

宋真宗时，杨亿、刘筠之徒，其诗文号西昆体，由是习为风尚。及穆修、尹洙出，乃始倡为古文。庐陵欧阳修继之，文以韩愈氏为宗，又与苏舜钦、梅尧臣均以诗名，遂以文章名冠天下。其所奖引，如南丰曾巩，临川王安石，眉山苏洵、子轼、辙，均为一代大家。安石及轼并以诗著。游轼门者，黄庭坚、晁补之、张耒、秦观，称苏门四学士。黄别号为江西诗派。南宋则永嘉叶适、永康陈亮，好言事功，长于论事之文。范成大、杨万里均工诗词。山阴陆游才气超逸，尤长于诗。自苏轼、秦观之属均工词，其后有周邦彦、李清照。南宋则有张孝祥、辛弃疾。弃疾才气俊迈，别为一宗。与弃疾同时者有刘过。宋末鄱阳姜夔尤善自度新腔，故音节文采冠绝一时。张炎宋亡潜迹不仕，工为长短句。

金代学术，无可述者。文学则元好问为著。有虞集、杨载、揭傒斯、范梈、吴莱诸人。

元世曲学最盛，有南曲、北曲之分。北曲以王实甫《西厢记》为首，南曲以高则诚《琵琶记》为首。又《宣和遗事》《水浒传》诸书，则章回体小说之所自始也。

宋太宗喜书法，一时皆习钟、王之书。其后蔡襄书为当时第一，与苏轼、黄庭坚、米芾号四大家。蔡京兄弟亦工书。元时则有赵孟頫、鲜于枢、巎巎等。宋世之工于画者，前有李成、范宽诸人，其后则有李公麟、米芾。徽宗留意翰墨，其时曾用画取士，故工画者尤盛。元初赵孟頫、高克恭，其后黄公望、王蒙、倪瓒、吴镇，元末号四大家。

  隋唐已有雕板术，后唐始刻九经，至宋而刻板盛行，毕昇复发明活字排印之法。印售之书既多，藏书者亦因之而多矣。

# 第六章
# 明史

## 第一节　明初之统一及其政治

元顺帝之北走也，扩廓犹据太原，元主命扩廓复大都，扩廓将由居庸攻北平，徐达、常遇春乘虚捣太原，扩廓遂北去，明遂西入关。元主既卒，子爱猷识理达腊在位。扩廓常寇边，徐达深入，卒无功而还。及脱古思帖木儿立，遣将纳哈出寇辽东，帝命冯胜、蓝玉等大破之于金山（奉天开原县西北）。时脱古思帖木儿在捕鱼儿海东，玉等进袭之，仓卒走和林，自后元裔始不能振矣。

先是明玉珍据蜀，称夏帝。子昇嗣，帝命汤和、傅友德分道伐之。昇降，四川平。元梁王把匝剌瓦尔密镇云南，命傅友德、沐英等征之，进克中庆路，梁王走死，沐英进克大理，禽酋长段世，分兵略诸蛮部，云南悉平。除京师外，设布政使司十三，曰浙江，曰江西，曰福建，曰湖广，曰山东，曰山西，曰北平，曰河南，曰陕西，曰广东，曰广西，曰四川，曰云南。又于边围疆索置行都指挥司七，以安内攘外，曰辽东，曰大宁，曰万全，曰大同，曰甘肃，曰建昌，贵州，而开平、洮州，亦皆置军戍守焉。

明初仿元制，中书省置左右丞相，以李善长为左相。善长习法家言，财赋诸制，皆其所定。后用胡惟庸为相，帝稍闻惟庸专肆，以右丞相汪广洋知而不言，赐死。惟庸遂与吉安侯陆仲亨、平凉侯费聚等谋下海招倭称臣于元，会其党涂节告变，惟庸及其党皆伏诛。遂罢丞相，政归六部；分大都督为五府，征调皆隶兵部矣。惟庸诛后十年，始发善长与惟庸交通状，赐死，坐惟庸党死者甚众。帝条列其罪，作《奸党录》，布告天下。帝晚年尤忌诸将久典兵，惟冯胜、傅友德、蓝玉数总大军北伐，玉恃功多不法，锦衣卫指挥蒋瓛告其谋反，族诛之，坐党夷灭者万五千人。胜、友德方练军河南、山西，召还赐死。于是元功宿将，相继尽矣。

帝以元律不仿古制，但取一时所行之事为条格。胥吏易作奸，乃命李善长、杨宪等定律令。后又令刑部尚书刘惟谦定《大明律》，皆准于唐而损益之。其有刑狱，由县、府、按察司按律定罪，而总隶于刑部，又使都察院纠察，大理寺平反，谓之三法司。其有创法而不衷于古者曰廷杖，治于帝时，后遂习为故事矣。

明初定天下田赋，分官田、民田二等。官田亩科五升余，民田少二升。其赋则曰夏税秋粮，征米、麦、钱、绢、钞，盖本三调而行两税也。惟苏、松、嘉、湖，怒其为张士诚守，特重其赋。是时杨宪为司农卿，又增浙西田赋，于是苏杭岁额重于他处。又元一代未尝铸钱，民间习用钞票。明初造大明宝钞，自一贯至一百，钞一贯准钱一千银一两，而禁民间用金银交易，故两税均有折钞之说。

明初令府、州、县立学，以六艺分科教士，三年一试。洪武十七年，定乡会之制，而令进士观政于诸司。

帝粗通文艺，往往以文字疑忌杀人。文人以文学授官者，多不免于诛戮，又不独剪除武人而已。帝惩宋元孤立，择名城大都封诸子为王，外卫边陲，内资夹辅。惟分封而不锡土，列爵而不临民，食禄而不治事。其护卫之兵，少者三千人，多者至万九千。虽皆籍隶兵部，而诸王得专制，征调必先关白，于是帝子廿六人先后出镇。帝初立子标为太子，洪武二十五年薨，立允炆为皇太孙，使决庶务，更定诸王见东宫于内殿行家人礼，则以诸王皆尊属也。

## 第二节　靖难之师及永乐之政

惠帝为太孙时，尝以诸王拥重兵问太常卿黄子澄，子澄以汉七国对。兵部侍郎齐泰亦是其谋。既即位，因与二人谋削藩。建文元年，周、代诸王相继废。燕王棣尝总大军北伐，部下多劲卒，以僧道衍为谋主，据北平举兵，上书指齐、黄为奸臣，名其军曰靖难。帝初命耿炳文讨之，大败。代以李景隆，进围北平，燕王诱并宁王权军，还破景隆，遂围济南，为都督盛庸、参政铁铉所败。会宦官亡者告以虚实，燕王遂大举南下，由泗州陷扬州，进逼京师，帝不知所终。燕王即位，是为成祖。以方孝孺不肯草即位诏，夷其十族，齐、黄、铁铉等并遭族诛。帝既天性残忍，而都御史陈瑛复济其恶，于是忠臣烈士，无遗类矣。帝知人心不附己，任纪纲为锦衣卫，又设东厂，专倚宦官。卫主缉访，厂主鞠问，被残杀者不可胜数，明于是乎有厂狱。

安南在建文时，黎季犛父子篡立，诡言陈氏绝嗣，帝以为安南国王。既而前王弟陈天平诣阙请复仇，季犛子苍请迎归，至境杀之。帝使张辅进讨，获季犛及苍，设交阯布政使司以治之。交阯沦亡四百余年，至是复入版图，占城、老挝皆内附。

贵州为汉牂柯、武陵傍郡，五季马殷讨诸蛮，遂分据之，号八番。元置宣慰司羁縻之，明初来归，皆令以原官世袭。永乐十一年，思州、思南两土司构难，诏谕之，拒命，乃使顾成讨平之。先后立八府四州，置三司，贵州为行省自此始。

帝疑惠帝亡在海外，使中官郑和率士卒三万七千余人，遍历西洋，宣示中国威德。和还，皆遣使者随和朝贡。后帝复命和遍赉诸邦，由是来朝者益众，计马来半岛以东诸国十五，满剌加诸国三，苏门答剌诸国七，印度诸国六，阿剌伯诸国五，亚非利加诸国三。此外若鸡笼，若文莱，若吕宋，均贡献惟谨。和凡七奉使，三禽番长（三佛齐酋陈祖义，锡兰王亚列苦奈儿，苏门答剌王子苏干剌）。诸番利中国货物，益互市通商云。

元至坤帖木儿为鬼力赤所篡，始称鞑靼。先是元衰，其臣孟克特穆尔据西陲，是为卫拉特三部，而马哈木最强。是时鞑靼知院阿鲁台杀鬼力赤，立元后本雅失里，并杀明使。帝使丘福等征之，全军败没。帝怒亲征，阿鲁台东奔，本雅失里西奔。永乐十二年，马哈木弑本雅失里，阿鲁台请兵复仇。帝再亲征，大破卫拉特三部，封阿鲁台为王。帝既迁都北京（永乐十九年），阿鲁台复出没塞下，帝又征之，阿鲁台北遁，移师征兀良哈，诸将献捷，乃班师。次年，边将言阿鲁台将南犯，帝驻兵塞上待之，降蒙古王子而还。二十二年，守将言阿鲁台在近边，帝复北征，不见寇班师。盖前后凡五出塞云。

帝虽尚武功，然亦关心民瘼，稽古右文，初年即遣御史分巡天下，遂为定制。又选翰林为庶吉士，修《永乐大典》，遗书赖以不失。颁《五经》《四书》于学宫，盖亦有心文治者也。

## 第三节　洪宣之治及土木之变

太祖初置大学士，秩五品，备顾问，成祖始命预机务。然任重官卑，尚不得专制诸司。及仁宗即位，杨荣等始以尚书兼之，内阁之位遂崇。诸司奏事，皆当关白矣。帝在位仅一年，政纲毕举。宣宗承洪熙休养之后，民气渐舒，蒸蒸有治平之象。其时三杨在内阁，夏原吉管度支，蹇义兼吏部，顾佐居风宪，诸臣皆通达治体，协心匡翼，朝纲大振。郡守则命大臣举京官廉能者任之，况钟、陈本深、赵豫之流，均称循吏。吏称其职，民安其居，号为宣德之治。

初，李彬代张辅，值中官马骐激交阯之变，黎利逃入老挝。彬死而代者均不得人，黎利遂破郡邑。成山伯王通、安远侯柳升先后皆败，利伪请于朝，立陈氏后。张辅、蹇夏皆言与之无名，徒示弱。杨荣、杨士奇以汉弃珠崖对。于是弃交阯罢兵。交阯内属二十余年，自后遂不为中国有矣。

明初惩元政弛纵，重惩贪吏，县令贪酷者，许民赴京陈诉，故监司守牧之任特重，尚书、侍郎有出而为布政、参政者。宣宗即位，始置巡抚，然不为专官，遇有荒歉盗贼，辄遣大臣兼其任，事已还朝。自成化以来，遂成定员，而三司之任渐轻矣。

英宗立，年九岁，仁宗后张氏不肯垂帘，委政内阁，明一代遂无太后临朝之事。先是惠帝御宦官严，靖难兵起，宦官南下，告成祖以虚实。及成祖即位，凡出使、专征、监军、分镇、刺探臣民隐事诸大权，多委任阉寺。至是，东宫司局王振掌司礼监，渐干政。太祖定制，不许内臣识字读书，又镌铁碑"内臣不得干预政事，预者斩"十一字。宣宗时，始立内书堂以教内使，于是多通文墨。旧制，首辅司票拟，至是始参以中官。司礼有秉笔之责，故振得以舞文擅权。及杨荣卒，振欲立边功，因土司之仇杀侵地，遂兴麓川之师。既而仁后崩，士奇、溥皆老，后进望益轻，振益作威福。其后杀刘球，放薛瑄，枷李时勉，诬陷善类，不一而足。其私党马顺、郭敬之流，并肆行无忌。先是，马哈木子脱欢杀阿鲁台而并其部，其势益强，子也先屡犯边塞。十四年，大举寇大同，羽书踵至。振不与外廷议，挟帝亲征。大臣力谏，不听。命郕王祁钰居守，遂出居庸。至大同，镇守太监郭敬以敌情密告，振始惧，班师。至土木（直隶怀来县），也先兵大至，帝遂被拥北去。英国公张辅等五十余人皆死，振亦为乱兵所杀。

### 第四节　景泰至正德之政

英宗既北狩，太后命郕王监国，始议战守。廷臣请立长君，于是郕王即帝位，尊英宗为上皇。也先书词悖慢，以兵部尚书于谦言，分守居庸、紫荆、宣府，而使都督孙镗营城外，石亨总京师兵马。也先挟上皇寇紫荆，长驱至京城，谦力拒之。也先见谦军严整，复拥上皇北去。是时卫拉特君臣鼎立，外亲内忌。也先南犯，其汗脱脱不花即遣使入贡，朝廷厚赐之。也先始有归上皇意，随以于谦言，遣使奉迎。景泰二年，至京师，会帝疾甚，武功侯石亨与太监曹吉祥、都御史徐有贞夜毁南宫墙，迎上皇复位，即执于谦下狱，杀之。有贞入阁预机务，思自异于曹、石，稍裁抑之，卒为曹、石所排，戍金齿。其后曹、石亦伏诛。英宗复辟后，能任用李贤，纲纪粗立，然终不悟王振之奸也。

宪宗即位，两广有猺獞之乱，边地则孛来潜入河套，寇延绥。于是朝议用兵，命佥都御史韩雍征两广，而陕西巡抚项忠御鞑靼。韩雍直捣浔州，破大藤峡，斧断其藤，覆其巢穴。是时国用匮乏，始开纳粟例，备军饷。鞑靼虽内部相杀，而犯边不已。延绥巡抚余子俊徙镇榆林，既而总督军务王越探知寇尽锐西出，巢穴空虚，帅师直薄红盐池，焚其庐帐。寇归无所据，远徙北方，不复居河套。乃以越总制三边，开府固原，巡抚、总兵，并听节制。子俊亦请筑边墙，西陲得安者数年。

时万贵妃宠冠后宫，大学士万安结妃为内援，称子侄行。帝久不见君臣，大学士彭时、商辂力请召对，仅一言而退，自此遂不复见群臣矣。帝以御马监汪直便黠，别置西厂刺事，以直督之，势远在东厂上，屡兴大狱。时三边总制王越为都御史，与直相结。直自知结怨朝士，欲立边功。会辽东巡抚陈钺杀贡使，冒功激变，直欲往安抚。帝已命马文升，直求至开原，惭功不出己，陈钺由是谮文升，竟以行事乖方谪戍。直在外久，御史请罢西厂。直宠既衰，而方士李孜省、僧继晓皆以方术结太监梁芳进。孜省位至通政司，干预政事，万安、刘吉皆附之。继晓建大昌寺，逼徙居民数百家，费帑数十万。西番僧皆赐封号，而传奉官之滥恩泽者，又不可胜数矣。

孝宗即位，首除佞幸诸人。徐溥、刘健在内阁，王恕长吏部，马文升长兵部，于是庶政修明矣。其后李东阳、谢迁入阁，刘大夏、戴珊诸人亦以材见任用。帝亦恭俭勤政，时召阁臣顾问政事，阉宦不假以事权。故弘治之政，称为民物康阜也。

武宗立，东宫旧侍刘瑾等导帝游戏，刘大夏、马文升皆以言事罢，而焦芳长吏部，瑾荼毒搢绅，乱朝政，皆芳导之也。时科道大臣交章劾群阉，帝已允捕下狱，事忽中变，而勒刘健、谢迁致仕。顾命诸臣中，东阳独留。瑾于是设内厂，东、西厂皆在伺察中。尝因得匿名书，而执朝士三百余人下狱。时帝方耽逸乐，云南镇守太监钱能之嬖奴宁得幸于帝，与群奄共为蛊惑，乃于西华门外建豹房，恣为伎乐，自是帝不复居大内。及安化王寘鐇起兵，诏都御史杨一清征之，而使太监张永监其军。一清结永，发瑾不法事，帝乃诛瑾。会大同游击江彬入京，得供奉豹房，欲借边兵自固，请调宣、大、辽东、延绥四镇兵入京营，号内四家军。彬与钱宁争宠，导帝游宣府，建镇国公府，帝乐而忘返。会鞑靼寇大同，帝自称总督军务威武大将总兵官朱寿。及宁王宸濠兵起，帝欲借亲征南游，宸濠旋为巡抚南赣都御史王守仁所平。帝卒至南京，彬复欲导帝幸苏、浙、湖、湘，帝已病，乃还，卒于豹房。

## 第五节 嘉靖隆庆之政

武帝无子，大学士杨廷和启太后，以遗诏立兴献王长子厚熜，是为世宗。即位未几，即有大礼之议，廷和等皆罢，而张璁、桂萼柄用。帝崇奉道教，斋醮无虚日，夏言、严嵩皆以青词结帝知。然帝驭内侍最严，嘉靖一朝，宦官最为敛戢，而阁权特重。璁、萼以议礼为廷臣所攻，乃借李福达之事而兴大狱，既与杨一清、费宏并相，积不相能，而内阁倾轧之风起矣。

明初，倭人即扰海疆，然利于互市，往往以通贡携私物交易，乃于闽、广、浙设市舶提举司主之，以内臣任提举。至是以肇祸，并市舶司废之。自是货至则主富商贵官家，官商负其直，反以危言耸当事驱逐，于是奸民煽之构难。帝以都御史朱纨提督浙、闽海防军务。纨严立禁令，浙、闽之食其利者皆怨，因同乡讽御史劾之，纨自杀。未几，海盗汪直等导倭扰浙东，巡视大臣王忬不能制，乃命兵部尚书张经总督军务。经调狼土兵未至，值严嵩党工部侍郎赵文华督察军情，劾经縻饷失机，疏甫发而经大捷。帝谓闻劾始战，嵩因谓经养寇，论斩。其后以胡宗宪督诸军，俘海贼陈东等，巡抚李遂亦平江北倭。其遁至闽、广者，为总兵俞大猷、戚继光所破。然倭为患二十余年，残破郡邑，殆以百计，东南素称富庶，至是为之衰耗。

自英宗归国后，鞑靼修贡益勤。既而也先杀脱脱不花，自称可汗，未几，为所部阿剌所杀。孛来杀阿剌，立脱脱不花子麻儿可儿，号小王子。麻儿可儿死，其后皆称小王子。嘉靖间，小王子徙幕东方，号土默特，而据河套者为俺答。三边总督曾铣建言复套，宰相夏言力主之。朝廷既优旨许铣，已而中变，严嵩遂极言套不可复。言既罢，嵩遂使人诬劾铣，与言并弃市。后俺答遂犯京师，饱掠去。嵩既以柔媚合帝意，张经、王忬之死，皆嵩陷之。先后劾嵩者，如杨继盛等，皆被谴。子世蕃尤能测帝意，故能固位怙宠，二十年不衰。后御史邹应龙上书劾世蕃下狱，嵩亦罢相。御史林润复劾嵩父子罪，大学士徐阶为削其稿，乃斩世蕃，嵩亦寻死。

初，成祖以哈密为西域要道，欲其为西陲屏蔽，封其王为忠顺王，世守其地。然其王率庸懦，又种落杂居，四邻悉与构难。天顺时，土鲁番乘势据其城，兵部尚书马文升请立蒙古后裔镇之，乃立陕巴主哈密，又为土鲁番所执。文升锐意兴复，遣将袭其城，诸番始知畏。王越起制三边，请修城筑室，哈密复安。至是土鲁番寇及甘肃，朝廷以哈密残破，且去边远，遂弃不复有，嘉峪关外，皆为寇境矣。

穆宗以裕王入承大统，以藩邸旧臣张居正入阁预机务。后赵贞吉入，轻居正，居正引高拱以倾贞吉。拱初与徐阶同列，以负气与阶隙，至是欲修怨于阶，居正为之解。拱与居正交，复离。盖阁臣之相倾，莫甚于此时矣。时俺答孙巴汉那吉归明，明用为指挥使，俺答感激，誓不犯边。总督三边王崇古因请封俺答，明封为顺义王，名其所居曰归化城。自是西部宁静者二十余年。又居正用戚继光、李成梁备东方，敌畏之，亦少戢。

## 第六节  万历之政

隆庆六年，穆宗崩。中官冯保矫遗诏与阁臣同受顾命，保遂掌司礼监，督东厂。高拱欲去保，反为保逐。张居正始为首辅，居正既柄政，慨然以天下为己任，一意尊主权，课吏职，信赏罚，一号令，欲以复洪、宣风俗。然持法严，所有设施，期在必行。言官请行宽大之政，皆被杖戍。诸给事、御史皆畏居正，然居正实知人善任，秉政十年，军政吏治，均为整肃。万历五年，丁父忧，夺情视事。编修吴中行、赵用贤等劾居正，皆被杖。十一年，居正卒。张四维当国，朝政稍变，言路亦发舒，诋居正时事。御史李植等力攻冯保，遂及居正，新进者起而和之，遂籍居正家。自是，言官与政府日相水火矣。

明初，高丽臣李成桂废其王辛禑自立，国号朝鲜，太祖封以为王，世为藩服。至是，日本关白平秀吉遣加藤清正、小西行长攻朝鲜。王李昖弃王京走，朝鲜来请救，总兵祖承训援之，大败于平壤。既而经略宋应昌、总兵李如松破日兵，复平壤。如松趋碧蹄馆（汉城西北），大败，乃媾和。及封使往，秀吉以朝鲜不谢，不肯撤兵。经略杨镐分道进攻，师又大溃。兵部尚书邢玠督辽、蓟，军复不利。倭踞朝鲜七年，秀吉死，乃退。玠等以大捷闻，明之财用，亦因之以匮竭矣。

时宁夏复有哱拜之乱，承两次用兵之后，而乾清、坤宁两宫灾，将修复，国用大匮，于是矿税议起矣。帝命中官偕原奏官同往，皆给以关防，横索民财，陵轹有司，诬罔富户。其后武昌激变，反以办理不善，谪知府为民。其时又于通都大邑增设税监，故矿、税两监遍天下。两淮又有盐监，广东又有珠监，天津、荆州有店租，大珰小监，纵横络绎。廷臣章疏悉不报，而诸奄所禀，朝上夕可。自二十五年至三十三年，所进矿税才三百万，而诸珰所得，不啻倍蓰，毒痛已遍天下矣。

时皇后无子，宫人王氏生皇长子，封恭妃。先是，大兴郑氏入宫，即封贵妃。及生皇三子，进皇贵妃。于是中外疑欲立皇三子，而言路与宰辅益相水火。至二十二年，始以宰相王锡爵之言，命皇长子常洛出阁讲学。时吏部文选郎中顾宪成因事削籍，归无锡，修东林书院，与高攀龙等讲学其中，往往讽议时政，裁量人物。朝士慕之，遥相应和，与邹元标、赵南星称为三君。时淮抚李三才将以廷推入阁，忌者沮之。宪成素与三才善，驰书阁臣叶向高，称三才廉直，舆论大哗。国子祭酒汤宾尹等立昆宣党，言路又有齐、楚、浙三党，各召朋徒，相为水火，专尚意气，置国事于不问。帝亦怠于政事，内阁六卿只三数人，或一人兼三数职，或有阙十年而不补者。至二十九年，始以阁臣沈一贯之言，立常洛为皇太子。然待之甚薄，中外咸疑有废立意。四十三年，有不知姓名男子持梃入慈庆宫，讯知为蓟州人张差。问官定为疯癫，重讯乃云内监庞保、刘成所指使，成、保为贵妃宫监。帝不欲穷究，乃诛差等完案。帝不见大臣二十五年，至是始一出释群疑。及光宗即位，即有疾，阁臣方从哲荐鸿胪寺丞李可灼进红丸，次日即崩。光宗既崩，李选侍欲据乾清宫，挟皇子由校自重。御史左光斗、给事中杨涟促选侍移宫。由校即位，是为熹宗。梃击、红丸、移宫三案，后魏忠贤借以倾正人，至南都而未已者也。

## 第七节　魏奄乱政及崇祯治乱

当熹宗之即位也，少卿于玉立使汪文言破三党，得罪诸臣复起用，失意者遂倚魏忠贤以倾陷正人，矫杀司礼监王安。忠贤遂窃国柄，引魏广微、顾秉谦居政府，叶向高、韩爌皆不安于位。是时，忠贤及帝乳母客氏，内则肆恶宫闱，外则排斥缙绅。都御史杨涟劾其二十四大罪，忠贤憾之，卒以汪文言之狱，坐涟、光斗等以纳熊廷弼贿，害之。又撰《三朝要典》，梃击以王之寀为罪首，红丸以孙慎行为罪首，移宫以杨、左为罪首。由是群小无不登用，清流之祸遂不可解矣。浙江巡抚潘汝祯首请建忠贤生祠，诸方效尤，几遍天下。帝性庸懦，故忠贤得以窃国柄。

天启六年，帝崩，遗诏以信王由检嗣位，是为庄烈帝。帝承神、熹怠荒弃政之后，慨然有为。即位之初，首诛魏奄，毁《三朝要典》，定逆案。小人皆废弃，思为报复。初用钱龙锡等六人为相，锐意求治，委任大臣。其后疑朝臣有党，而中官复见任用。周延儒、温体仁性既卑鄙，而帝任之，每摧抑忠良以曲庇焉。崇祯十七年之间，而辅相至五十余人，其多疑如此。所以虽勤于为政，而终不免于社稷倾覆也。

满洲之先，有布库里雍顺者，以爱新觉罗为姓，传至孟特穆，居赫图阿拉，明以为建州右卫都督。时辽东共有满洲六部及长白山三部，属明建州卫。又有海西卫之扈伦四部、野人卫之东海三部。中以扈伦四部为最强。苏克素护河部图伦城主尼堪外兰构衅总兵李成梁，杀满洲觉昌安及其子塔克世。塔克世子努尔哈赤，于万历十一年起兵，杀尼堪外兰，明以为龙虎将军，复给以左都督敕，努尔哈赤遂定满洲五部。时海西卫以叶赫为最强，结蒙古、长白山共九部攻之，为努尔哈赤所败，遂取长白山二部。既哈达、乌拉、辉发均亡于努尔哈赤，叶赫势益孤。四十四年，努尔哈赤始建元天命，初称建州国汗，后改称后金国汗。四十六年，以叶赫未下，始以七大恨誓师伐明，趋抚顺。明以杨镐经略辽东，镐分兵四路，三路兵皆败，开原、铁岭继失，叶赫亦亡，于是全辽岌岌。廷议以熊廷弼代镐。至边数月，守备大固。朝臣交章劾其不战，廷弼乞罢，代以袁应泰。天启二年，二城并失，应泰死之，于是复起用廷弼。廷弼主三方布置之策，广宁屯陆军，天津、登莱各设海军，而经略居山海关策应。与广宁巡抚王化贞不合，努尔哈赤乘机渡河，化贞弃广宁。于是逮廷弼、化贞，均论死。大学士孙承宗督师，次第修复辽西诸城堡。努尔哈赤初欲都辽阳，后以沈阳形势尤要，就建新都，于天启五年迁焉。承宗在边，未尝被兵，为奄党所忌，竟去之，而代以高第。第以为关外必不可守，乃尽撤诸城守具。及将士入关，死亡载道，并欲撤宁远、前屯二城。袁崇焕方为宁前道，誓死不去。努尔哈赤遂大举渡辽，攻宁远，不能克。明擢崇焕巡抚宁远，寻以关外事悉任之，努尔哈赤亦卒，清后追尊太祖高皇帝。第八子皇太极嗣位，改元天聪。崇焕一再遣使议和，均不得要领。会满洲定朝鲜，还收东海诸部，大举攻锦州，毁明大、小凌河二城。奄党以崇焕不救锦州为非计，崇焕乞退，王之臣代，复议守关。及魏奄诛，崇焕再起督师。时毛文龙以总兵镇皮岛，岁縻饷无算，崇焕泛海诛之。时辽西有备，满洲由喜峰口入，至京师，崇焕入援，满洲以计间杀崇焕。于是明设文武两经略，以孙承宗、马世龙为之。承宗既肃清关内，又欲恢复旧疆。及长山之败，廷臣交章论罢承宗，满洲移师定察哈尔，疆域西至归化。及孔有德等降，海道亦可直达旅顺。然连年入塞，所陷城邑，皆不能守，则以山海关阻隔故也。于是皇太极称尊号，国号大清，改元崇德。崇祯十年，定朝鲜，次年入塞，总督卢象升战死巨鹿。次年攻锦州，蓟辽总督洪承畴援锦州，被禽。时方内忧流寇，知力不敌，兵部陈新甲密使人议和，既而事泄，和议遂绝。自孙承宗去后，关内外设四督、六抚、八镇，事权既不一，又兼使太监督率之，所用人如周延儒、赵光抃、范志完之流，皆悾怯不知兵。内地则流寇纵横，群臣倡招抚而讳和局，此其所以致败也。

崇祯初年，陕西大饥，盗贼蜂起，有司不能制，渐蔓延于各省，展转无定所。其渠魁或为官军所禽杀，误于杨鹤、陈奇瑜诸人之抚，而贼遂蔓延半天下。后李自成、张献忠虽渐穷蹙，而清兵连年入塞，杨嗣昌长兵部，用熊文灿，二贼复炽。于是献忠下武昌，称西王，旋入蜀，据成都，称大西国王。自成则由洛阳下西安，称大顺帝，改元永昌。东下太原，大同总兵姜瓖、宣府内监杜勋皆降于自成。自成遂由居庸关迫京师，帝自缢煤山，时崇祯十七年也。

## 第八节　福唐桂三王之始末

清太宗崇德八年卒，第九子福临嗣，是为清世祖，年八岁，睿亲王多尔衮摄政。流寇内逼，总兵吴三桂由山海关入卫。及李自成入京师，三桂欲降，既以其妾故，声言讨贼复仇，遂降于清。清因入关下京师，自成西走，清于是建都北京（顺治元年）。当北都之陷，福王由崧即位南京，改元弘光，以史可法督师江北。阁臣马士英引用逆案之阮大铖，帝亦以淫乐为务，朝政紊乱。左良玉在武昌，以清君侧为名起兵，可法方援南京，而清豫王多铎已渡淮，陷扬州，总兵郑鸿逵守京口，兵败入闽，帝走芜湖，被执，江南遂入于清。自成既奔陕西，清分二路攻之，自成奔湖广，清英王阿济格追击之。自成既死，余众数十万，降于明湖广总督何腾蛟。

南都既破，清贝勒博洛进取杭州。时太祖十四世孙鲁王以海在台州，张国维、钱肃乐、张煌言等奉之，称监国于绍兴，画钱塘江为守。总兵郑鸿逵、郑芝龙及黄道周等复奉唐王聿键，称帝于福州，改元隆武。有西南诸省地，恃仙霞岭为关要，于是浙闽对立。其士大夫不愿降清，起义兵抗拒者，嘉定则有侯峒曾、黄淳耀，江阴则有阎应元，绩溪则有金声，吴江则有吴易，皆与浙闽相应，然皆起仓卒，故旬日即败死，惟吴易、阎应元支持稍久云。是时，唐、鲁王以事交恶，而郑芝龙跋扈专权，清以洪承畴总督军务，镇江宁，芝龙暗与承畴通款。时何腾蛟督湖广，抚有李自成诸部，兵势颇盛。而杨廷麟在赣倡忠诚社，毁家入社者几三万人，又招峒蛮四万，兼取吉安守之。二人知唐王为郑氏所制，各请诣其地，道周亦自请出征兵。至婺源，被执死。于是唐王决计弃闽，次延平，廷麟出迎王，而吉安失，还赣固守。既而博洛定浙东，鲁王航海，芝龙尽撤诸防，清兵遂入闽。唐王走汀州，被执死。降将金声桓亦破赣州，于是福建、江西为清所有。

唐王既败，两广总督丁魁楚、广东巡抚瞿式耜等立桂王由榔于肇庆，改元永历，而唐王旧臣苏观生别立聿𨮁于广州，改元绍武，治兵相攻。清总兵李成栋遂由惠、潮入广州，聿𨮁、观生皆死。桂王遂亦走桂林，北入湖广，式耜留守桂林。会广州义兵起，成栋还救，式耜得复广西境内诸城。时腾蛟兵方强，清以全力图之，遣孔有德、尚可喜、耿仲明入湖南，腾蛟兵溃，湖南遂失。会李成栋以广东、金声桓以江西反正，腾蛟亦乘势复湖南地，蜀中故将据川东南者，亦请桂藩置官吏。先是，张献忠在蜀，大肆屠杀，既为清肃王豪格所败死，其党孙可望、李定国走据滇、黔，奉表桂王，大同姜瓖亦遥相应和，于是桂王有七省之地，复居肇庆。鲁王之航海也，其将张名振、张煌言规复浙、闽沿海岸，郑成功据金、厦两岛，与二张交甚睦，亦奉表桂王，是时明之国势颇振矣。

时清以洪承畴经略沿海，都统谭泰等取江西、广东，济尔哈朗率孔有德取湖南、广西，博洛等取大同，而以川陕军事专任吴三桂。李国翰、腾蛟、式耜既被执死，而声桓、成栋、姜瓖亦先后败。桂王既展转无定所，可望等因奉之居安隆。李定国由湖南入广西，杀孔有德。刘文秀入四川，至重庆。后两军皆不利，定国据南宁，文秀入滇，势渐弱。可望据贵阳，兵强，独跋扈。定国奉桂王就文秀，可望攻之，大败，降于清。承畴等得以知敌情势，请乘机大举。三路由贵州入滇。定国分道拒之，大败。桂王由永昌奔腾越，寻入缅甸。清以吴三桂镇云南，三桂必欲俘桂王以为功，迫缅人献王。至云南，被杀，定国亦愤死景线，时清康熙元年也。先是，鲁王遗臣取舟山以为根据地，浙东遗民争起兵相应。及舟山复失，复依郑成功。成功闻清军入贵州，度江南无备，遂长驱至镇江、江宁。张煌言别率所部由芜湖取徽、宁，东南大震。会成功为清总兵梁化凤所败，其将甘辉战死，成功遂引去。煌言亦为贵州旋军所败，走入海。成功寻逐荷兰人而有台湾，犹于海外奉明正朔云。

## 第九节　中西国际之起原

有明初年，葡萄牙王子奄利及约翰二世富于野心，奖励航海术。至孝宗弘治十一年（西一四九八年），华斯哥德噶马遂达印度，是实东西洋海路交通之始。至武宗正德五年（西一五一〇年），葡人遂县卧亚，寻取麻剌甲。自是葡人势力日臻隆盛，西自阿剌伯海岸，东至麻剌甲，均有其贸易地。自麻剌甲占领后五年，葡人拉斐尔伯斯德罗遂附航船入中国，是为欧洲船舶内渡之始。于是印度总督亚伯勒基遣使比勒斯求缔约，又遣卧亚市长斐迭南测量中国之港湾。两人既至广东，明使之碇泊上川岛（广东台山南海中），寻以事下令放逐葡人，然不久令弛，来者益多。世宗时，广东附近有葡人居留地三：上川、电白、澳门也。初以电白贸易为冠，葡商寄居者常达五六百人。及澳门兴盛，遂居电白之上。时沿海诸省，葡商出入者，尚有宁波、泉州等地，但皆以事为吏民所逐，于是澳门独为葡人极东之要港。澳门之开港也，初由都指挥黄庆得葡人巨贿，为请于上官，建置商埠，年科地租二万金。既而葡船有遭风涛者，以贡品被水为辞，请于海道副使汪柏，乞地暴之，自是展境渐广。迨思宗初，葡人遂建官置吏，视为属土矣。

方葡人之辟印度航路也，西班牙政府亦发现美洲，取墨西哥为殖民地，一意西进，以求达其世界回航之的。武宗时，有麦哲伦者，率舰队自大西洋出南美，进达太平洋，至马来群岛，麦哲伦旋为土人所杀，其徒众以世宗初越印度而归。于是西班牙王查理以其子腓力之名名麦哲伦所至曰腓力滨。迨腓力即位，遂实行占领。海盗泉州人李马奔与班人争马尼剌，虽为班人所败，然至今腓力滨犹有马奔士卒之子孙焉。方马奔之据地吕宋也，福建总督发舰队侦之，班人欲乘机与中国订商律，乃邀使者至马尼剌，见其知事，知事遣教士马丁拉达随使者内渡，求缔约通商，是为西班牙遣使中国之始，时神宗万历三年也（西一五七五年）。后班王腓力复遣马丁伊格奈条申前请，前后均为葡人所阻，不得要领。惟中国商船往来腓力滨自若，故马尼剌遂为两国之市场焉。荷兰故西班牙领土，以新旧教之纷争，脱羁绊而独立。班王腓力方兼嗣葡王，阻荷兰西出商路。荷兰人乃改道而东，创东印度公司，厚集兵力，席卷马来群岛，所至排斥异国。惟澳门以有中国兵援助，故荷人不得逞，退入澎湖，筑城居之。寻为明兵所逐，土人复起攻之，乃以天启四年退据台湾而经营之。

荷人既得志东方，英商亦合组东印度公司，与荷人竞争，但马来群岛一方，终为荷人所排斥，而英人在印度之势力，则日以扩张。其对于中国，万历二十四年（西一五九六年），英女主伊利萨伯曾贻书明廷，未能达其所愿。其后英人以经略印度之故，与葡人连年战争，于是卧亚总督以屡败之余，与英人缔休战条约，许英人有出入澳门之权利。崇祯十年（西一六三七年），英人威代尔率舰队至澳门，携卧亚总督书谒其知事，葡人拒不纳，威代尔乃思与广东大吏相交涉，而葡人复谗构其间。当英船之至虎门也，守者遽发炮击之，激战数时，炮台遂陷，其终局，英人以所得战利品还中国，而中国亦允英人通商。然未几鼎革之乱起，海内骚动，故外国贸易为之中辍云。

## 第十节　明代之学术及宗教

成祖以性理书课士，专宗程朱理学，袭宋元流派，著者有吴与弼、薛瑄。瑄宗朱子，称河东派。与弼不分朱、陆，其门人陈献章尤著，称江门派。王守仁倡良知及知行合一之说，海内翕然宗之，称姚江派，门徒遍天下。其后顾宪成诸人，与姚江说微异。

《元史》成于明初，宋濂等奉敕所撰，两次纂辑，仅年余而成书，脱误极多。此外若柯维骐之《宋史新编》、陈邦瞻之《宋元史纪事本末》，其著者也。

明初文学之士，承元季之后，学有本原。方孝孺亦以文雄，刘基、高启诸人以诗著。永、宣以后，作者递兴，气体渐弱。弘、正之间，李东阳出入宋元，溯流唐代，擅声馆阁。而李梦阳、何景明倡言复古，文自西京，诗自中唐而下，一切吐弃。明之诗文，于斯一变。迨嘉靖时，王慎中、唐顺之辈，文宗欧、曾，诗仿初唐。李攀龙、王世贞辈，文主秦汉，诗规盛唐。归有光颇后出，以司马、欧阳自命，力排李、何、王、李。而徐渭、袁宏道、钟惺之属，亦各争鸣一时。于是宗李、何、王、李者稍衰。至启、祯时，钱谦益、艾南英准北宋之矩矱，张溥、陈子龙撷东汉之芳华，又一变矣。

明代书法，以董其昌为大家。其善画者，则有沈周、唐寅、文征明等。其昌亦善画山水，称一代之冠。

八思巴主藏务，其徒以衣红称红教，末流渐涉妖妄。成祖时，西宁卫人宗喀巴创立新教，黄其衣冠，故称黄教。以苦修为宗，与红教之专恃密咒者不同。宪宗时，死于西藏，遗嘱二大弟子达赖、班禅世世以化身演教。达赖三世约当神宗之世，传教益盛，青海、河套诸蒙古，罔不向服焉。

明之与西洋交通也，耶稣教亦随以东来。神宗时，意大利人利玛窦从事宣教，士大夫如徐光启、李之藻辈，首好其说，其教骤兴。继者又有龙华民、邓玉函、庞迪我、熊三拔诸人。至明之季年，奉教者达数千人。永历帝之母后，亦信奉之。盖教士之入中国也，习华言，易华服，读儒书，从儒教，方能博中国人之信用，而历算、格致之学，亦能有裨实用。自利玛窦来华，而中国始知有五大洲。徐光启又译《几何原本》，又采泰西水法，著入《农政全书》，则西学之权舆也。

明初，平交阯得枪炮法，特置神机营肄习。比葡、荷二国人东来，遂有佛郎机、红夷炮等。启、祯间，屡命教士制造铳炮，用之不得其人，转以资流寇之用焉。

明代瓷业特精，宣德、成化等窑，最为有名。又有景泰蓝，制作精美，至今著名于世界。

# 第七章
# 清史

## 第一节 康熙之内政及武功

清世祖初封孔、尚、耿、吴四王以两广及云南地，其后孔有德死桂林，以其婿孙延龄镇守广西，其后移耿继茂镇闽。时三桂镇云南，兵最强，用人、征兵、用财，吏、兵、户三部不得掣肘。会尚可喜请归老辽东，于是部议撤藩，三桂及耿精忠亦疏请安插，帝竟许之。三桂遂起兵，蓄发易衣冠，移檄远近，云、贵、川、湘、闽、桂六省皆应之。三桂军常德，清军莫敢渡江。会陕西提督王辅臣以平凉附，三桂遂欲由陕直趋燕蓟，自帅众西行。时清已命安亲王岳乐出江西，断与闽、粤相通之路，别遣将军图海败辅臣。岳乐乘三桂西走，亦由江西进攻长沙。三桂既不得志于陕西，又闻长沙急，还军往援。精忠欲由浙江趋江西，与康亲王杰书等相持经年，台湾郑氏夺其地，杰书遂破浙西之师，而江西之兵，又为岳乐所困，精忠遂不振。尚可喜本不附三桂，其子之信囚可喜，与三桂合。苦其征求，复降于清。三桂既失陕、闽、广三大援，江西亦不守，其领地自云、贵而外，独有四川、湖南及广西之一部而已。欲示威重以维人心，乃以十七年自称皇帝，国号大周，都衡州。未几，三桂暴卒，其孙世璠退居贵阳，清军遂复广西、湖南、四川。世璠走云南，清诸军逼之，世璠自杀，云、贵悉定。时康熙二十年也。之信、精忠寻亦以罪诛，撤藩兵回京师，而于福州、广州、荆州等处各设八旗兵驻防，自是不复以兵权、土地世予臣下矣。

郑成功既逐荷兰人而有台湾，内修政事，外置守兵。清康熙元年，成功卒，子经嗣，犹称永历年号。耿精忠之乞援郑氏也，经卒失金、厦二岛。经以康熙二十年卒，侍卫冯锡范立克塽而专国事，由是人心渐失，闽浙总督姚启圣以水师提督施琅，郑氏旧将，习海道，可用，请乘机出师。内阁学士李光地亦以为请。琅进取澎湖，于是台人议降，廷议以台湾孤悬海外，欲弃之，琅以为不可，乃设府县治之，隶福建。时康熙二十二年也。及康熙末，有朱一贵之变；乾隆时，复有林爽文之乱，则以地隔海峡，官吏贪残之所致也。

喀尔喀以西，天山以北，明代为卫拉特，后为额鲁特蒙古四部，曰和硕特，曰准噶尔，曰杜尔伯特，曰土尔扈特。明崇祯末年，和硕特部固始汗自青海入西藏，于是以青海为根据，而遥握西藏兵权，是为青海、蒙古之始。康熙十二年，准噶尔噶尔丹立，西藏结噶尔丹袭青海，于是额鲁特四部尽属噶尔丹。后又逐天山南路回部，兼有科布多、青海等地，则又欲东并喀尔喀，乃自伊犁徙居阿尔泰山麓。时喀尔喀分为三部，其俗奉西藏教，而不尚武。康熙二十七年，为噶尔丹所袭，土谢图、车臣、札萨克图三汗均投漠南请降。自是准部复兼有漠北，欲窥漠南。二十九年，有乌兰布通（赤峰县境）之役，噶尔丹大败求和，休养数年，复扬言大举入寇。帝复亲征之，渡克鲁伦河。噶尔丹遁去，与清将费扬古遇于东库伦，复大败。方噶尔丹之入寇也，其兄子策妄那布坦据伊犁，回部、清海皆乘机叛，噶尔丹卒自杀，时康熙三十六年也。朔漠悉定，自阿尔泰山以东，皆隶版图，土谢图三汗复归旧牧。

西藏自达赖二世始置第巴，以摄理政事，其后渐得蒙古诸部尊信，蔓延及于漠北及伊犁。然达赖、班禅均居拉萨，和硕特部固始汗引兵入后藏，奉班禅统治，其地居于札什伦布，至达赖六世而真伪之争起。康熙五十五年，准部策妄乘机遣兵入藏，帝以准部兼有西藏，西陲将无宁日，锐意征之，并送新封达赖入藏。准部败溃请和，西陲平定。至雍正初，设驻藏大臣监之，始确为中国属土云。

帝自亲政以来，阴虑汉族鼓吹民族思想，于是恩威并用，以潜销之。康熙十七年，诏举博学宏儒，得彭孙遹等十五人，均授编、检。傅山等遭强迫而以官授之。又刊《性理大全》《朱子全书》等书，颁之天下，以囿人思想。先后南巡五次，借以考人心向背及地方风俗。湖州人庄廷鑨购得明故相朱国桢所撰《诸臣传》，窜为己作，补崇祯一代事，有触犯清讳语，被讦，得罪者二百余人，皆一时名士。又桐城方孝标著《滇黔纪闻》《钝斋集》，戴名世多采其语入《南山集》，板藏方苞家，都谏赵申乔发其事，名世族诛，其余作序刊行诸人皆编戍。帝诸子中直郡王允禔最长，然非嫡出，故立嫡长子理密亲王允礽为皇太子，南巡未常不从。既而颇类狂疾，四十七年废之。自后诸王觊觎储位者，皆植党暗争。帝察知允禔用术镇压太子状，亦削爵。四十八年，复立允礽为皇太子，然乖戾如故，仍废黜禁锢，自是不复言建储事。帝在位六十一年，皇四子胤禛即位，是为世宗，以明年为雍正元年。或言帝本欲立允禵，而胤禛用术窜改御书，且有逆迹。宫闱事秘，莫能明也。

## 第二节　雍乾内治及改定制度

先是允礽在储位，允禔、允禩等希冀夺储，而允禟等为之党援，密布术士，通声气以相倾动。及世宗立，以允禩才望为诸弟冠，封为廉亲王，与怡王允祥同理政事，安置允禵西宁。雍正四年，除允禩、允禟之属籍，改其名曰阿其那、塞思黑，并拘允䄉、允禵。阿其那、塞思黑皆幽禁死，而其宾客散归四方，往往能言其事，帝患其惑人心，乃暗遣人密为侦探，于是朝野细故，罔不知之。帝欲立威以示天下，于是查嗣庭以试题极刑，陆生柟以论史正法，谢济世注《大学》毁谤程朱亦令处斩，而湖南曾静之狱起矣。初，静悦浙人吕留良议论，遣徒张熙往求著述，遂与留良弟子往来。时岳钟琪方督川陕，时有谓其为武穆王裔与金仇之语，静遣熙劝钟琪举兵，钟琪阳应而阴上其事。帝以其由阿其那党徒之蜚语，吕留良著书之邪说，竟改静为误听，而将历次谕旨刊刻，名曰《大义觉迷录》，颁示天下。

其时西北用兵，帝以议政诸臣，皆贵族世爵，不谙国务，而内阁在太和门外，入直者或有漏泄机务之弊，乃设军机处于隆宗门内，简阁臣及部院卿贰熟谙政体者兼摄其职，名曰军机大臣，并设僚属，名曰章京。自是议政之弊始革，内阁之任遂轻矣。清初户口亦有赋役，其制率仍前代，故有编审之法。五年一举，丁增而赋随之。其后复更为一年。至康熙五十年，圣祖以承平已久，滋生日繁，而有司编审时，不将所增实数开明具报者，特恐加增钱粮故也。遂议定以康熙五十年额定丁册为准，新增者谓盛世滋生人丁，永不加赋。雍正初，乃并丁银于地粮，于是无业之民，终身无纳税之义务矣。

世宗既立密书建储之法，书第四子名于乾清宫正大光明殿匾后。十三年，宝亲王即位，是为高宗，改元乾隆。初以康熙治在宽大，臣下奉行不善，事多废弛，雍正矫之以严，臣下奉行不善，每事刻核，欲行宽猛互济之政，后觉臣下渐放纵，用法遂渐严密矣。其时鄂尔泰、张廷玉辅政，互相龃龉，朝官依附门户，致成仇怨。帝屡戒之，两党犹相倾不已，卒成胡中藻之狱，于是告讦诗文之事继起，御史曹一士特疏论之，亦可见当时文字之祸矣。又循康熙间故事，开第二次博学宏词科，而巡幸所至，辄召诸生试诗赋。后又开四库全书馆，以纪昀为总裁，每书为提要冠首。同时缮录七部，分贮北京、热河等处，而明末遗书亦交四库处查检、全毁、抽毁云。

## 第三节　雍乾时之武功

额鲁特诸部，和硕特于清廷特恭顺，清封以亲王，故不为准酋策妄所并。雍正元年，固始汗之孙罗卜藏丹津连合准部为乱，以抚远大将军年羹尧、四川提督岳钟琪征之，直捣其帐，丹津奔准部。时策妄已死，其子噶尔丹策零年少好弄兵，清欲征之，乃命内大臣傅尔丹从北路，钟琪由西路，策零执丹津以献，得缓师，策零乘势大败傅尔丹于和通淖尔（科布多西二百里）。败闻，以锡保代将。初，元后裔策凌为三音诺颜部长，本属土谢图，至是练军大败准部东犯喀尔喀之兵，自是三音诺颜遂为大部。时策凌屡破准部东犯之兵，于是准部乞和，清乃议定喀尔喀及额鲁特游牧界，往复争论，至乾隆二年，始定议以阿尔泰山为界。

乾隆为清代极盛之时，国帑储三千余万，仓庾足支二十余年，拓地周四万余里，独准部三世倔强，时服时叛，未尝一日忘西顾忧。十年，策零死，其国争杀几十年。策妄外孙辉特部酋阿睦撒纳来归附，备陈取伊犁之策。二十年，遂令尚书班第、总督永常西北两路进兵，仅百日而扫其穴。清欲仍额鲁特之旧，分为四部，各戴酋长，为外藩；而阿睦撒纳欲专四部，卒逸去为乱。用兵皆无功，独将军兆惠自巴里坤进伊犁，转战而东，会痘疫盛行，额鲁特人多死，兆惠乘之，阿睦撒纳奔俄罗斯，以痘死。准部既定，分设满兵驻防，汉兵屯种，置伊犁将军统治之。初，准部之强，土尔扈特畏其逼，率属奔俄罗斯，至是其汗渥巴锡复率其众来附，乃于伊犁科布多分设新旧土尔扈特以处之。准部既平，其所属之乌梁海，亦入中国版图云。

天山南诸部本成吉思汗次子察合台领土，其后有回部和卓木族布教其地，有白山、黑山两宗，各以师说相轧轹，白山宗遂仗西藏达赖势力，立以为汗，于是南路为回部所据。噶尔丹重敛其财，虐用其人，其族屡思特立，清廷既定伊犁，回族鉴于准部之苛政，于是大和卓木布罗尼特与小和卓木霍集占倡议不就抚，清兵分道并进。大小和卓木走敖罕，中途被杀。于是议设参赞大臣，节制南路，而分设办事领队大臣以治军，皆以满员任之。道光时，复有和卓木族张格尔及玉素普之变。

云、贵、川、广之间，旧有苗族杂居，曰僰，曰獞，曰猺，曰猱，称谓不一。清初隶平西、定南两藩，三藩既平，而云贵之苗日炽，大抵以古州为根据地，而牵连广西、云南、四川诸省，守土者存畛域之见，遂致养痈成患矣。雍正四年，大学士鄂尔泰建改土归流之策，世宗令总督三省，自四年至九年，三省边地略定，诸臣以功去，继者益轻苗。十三年，激成贵州台拱苗之变。乾隆初，以张广泗为七省经略，攻破各寨，苗族始平。

金川分大小两部，康熙时，大金川酋莎罗奔从征西藏，隶岳钟琪麾下，以功授安抚使。乾隆十一年，大金川强夺小金川印，且侵略打箭炉附近土司，高宗以张广泗进剿，复命大学士讷亲经略，而起故将军岳钟琪赴军。广泗与讷亲不和，半载无功。复命大学士傅恒为经略，赐讷亲死，广泗以廷鞠抗辩诛，于是大军深入，莎罗奔乞降。然既未大创，不数年，莎罗奔兄子郎卡复叛，阿桂、明亮乃定之。金川千里地，劳师五年，费银七千万两，则气候之不良、地势之险阻及土兵之同心效死有以使然也。

缅甸在清虽在藩属之列，然时绝时通，未常有一定之职贡。乾隆时，缅甸以兵窥边，滇督刘藻兵败自杀，大学士杨应琚督滇，进兵亦败。明瑞等征缅，为敌所袭，师溃。大学士傅恒为经略，时缅有暹罗之难，具书请和，清不许，傅恒遂自永昌进军，士触暑多病，不得已还师，遂议和班师，羁縻之而已。其后缅既内乱，国势日蹙，自乾隆初至五十五年，始就约束，遣使入贡，而受缅甸王之封印。

自明弃安南于黎利，建大越国，其后并占城，而南境拓地渐广。明嘉靖时，权臣莫登庸篡国，据河内，故王赖阮淦之力，国于南方，于是大越分南北朝。万历时，南朝将郑松复河内，而阮淦子潢自立，称广南王，于是安南又分大越、广南二国。清初，大越受敕命，奉贡惟谨。乾隆时，郑氏将篡大越，阴使广南土豪阮文岳为乱，文岳弟文惠遂为安南摄政。五十三年，王黎维祁自广西入边，清两广总督孙士毅以兵复东京，承旨立维祁，文惠伪降，复为乱。士毅退镇南关，以福康安往代。文惠更名光平，乞降，遂以为安南王。光平以连年战争国用阙乏，乃奖励海盗，四出剽掠，遂酿成嘉庆朝蔡牵之变。

乾隆三十二年顷，克什米尔之廓尔喀族侵入尼泊尔称王，会后藏班禅族属适有争夺遗产之事，于是廓尔喀得乘之而入，大掠札什伦布，全藏大震，于是以福康安、海兰察征之。五十七年，直至加德满都，廓尔喀乞降。自是尼泊尔行朝贡之礼，至光绪朝犹不绝云。

## 第四节　康雍乾与俄罗斯及英吉利之交涉

顺治时，俄罗斯人已越外兴安岭，筑城雅克萨，欲经略黑龙江，然未知中国国力如何。顺治十一二年，尝两遣使以请互市为名，觇虚实。康熙时，俄人渐席卷黑龙江东北数千里地，清廷以逼近陪京，乃定征俄之策。自二十一年至二十五年，屡覆其军。时俄主彼得新立，遂与中国议和。外兴安岭以北属俄，岭南诸川注入黑龙江者皆属中国。凡定约六条，所谓《尼布楚条约》者也。自是俄人自知不习汉文，数遣学生至北京习语言文字。中俄地界相接自此始，时康熙二十八年也。

自尼布楚缔约以后，东北无事，俄人故与土谢图部通贸易。及喀尔喀内附，而中俄之互市问题起。康熙五十八年，议约未就。雍正五年，俄申前请，且欲会议蒙古与西伯利亚之疆界，诏以策凌等为议约使，以后贝加尔州之布拉河为两国公使议场。约成，以恰克图为两国通商地，所谓《恰克图条约》者也（亦名《布拉条约》）。

自是以后，内地商民往库伦及恰克图贸易者日多，称为漠北繁富之区，清廷常命土谢图部亲王台吉主其事。及乾隆二十七年，始设库伦办事大臣二人，以理边务。凡中俄往复公文，必经库伦办事大臣之手。当恰克图之定约也，两国商货往来，皆不榷税。既而俄人渐私征，于是复绝通商之约，自后屡开屡闭，至五十七年，复订市约五款，在恰克图市圈互换，而关市复通。然至咸丰八年，中俄缔结《天津条约》，开海路各港之交通，于是陆路输出之大宗，渐改海运，而恰克图贸易，遂无复昔日之盛矣。

自葡萄牙租借澳门以来，欧人来求互市者不绝，然率为葡人所沮，惟英人独以东印度会社之苦心经营，得于广州、厦门从事贸易。康熙四十年，东印度会社商船始至浙江之舟山、宁波等地。浙海关之税则，故视粤海为轻，于是内外商贾，引为利薮。及乾隆二十年顷，诸国商船聚泊定海转运宁波者日众，渐有舍粤就浙之倾向，乃令更定浙海税则，视粤海加重，以为限制洋商之计，浙江贸易渐绝，而广州遂为中国惟一之市场。华英两国商人屡有龃龉，于是英政府以乾隆五十七年遣使马戛尔尼入中国，有所要求。然清廷当时认英吉利为海外朝贡国之一，敕谕英国王，盛称天朝威德，于英政府所要求者，驳斥无遗，付诸使臣而遣之云。

## 第五节　嘉庆朝内外诸政

乾隆为清朝极盛时代，然自四十年增兵案决，岁增新饷三百万，户口较前增十倍。国计民生，始稍困矣。和珅以应对称旨，遂擢侍卫，荐至大学士、军机大臣。四十二年以后，任用益专，权势熏赫，督抚司道，莫不辇金以求护庇，而贿赂剥削之风遂不可止矣。高宗既内禅嘉王，是为仁宗，改元嘉庆。其时乱机早已隐伏，元年即有贵州苗民之乱，牵连川、湘、黔三省，转饷及七省。及白莲教起，和珅既积压军报，复因报销而索重贿。及高宗于嘉庆四年卒，始暴其二十大罪，籍没其家，计其家产，约八百兆有奇云。

自明正德四年，河南始有白莲教，其后酿徐鸿儒之乱。乾隆四十年，河南民刘松、刘之协等复以其教煽惑流俗，布其邪说于川、陕、湖北一带。将举事而事觉被捕，独之协脱逃。清廷责成河南、安徽、湖北三省大吏穷缉务获，于是州县遣吏比户搜索，株连罗织，陷法者众。又禁私盐私铸，及转饷苗疆，于是失业之众，以官逼民反为词，蜂聚而起矣。是时之协与其党姚之富、齐王氏等潜伏郧襄乱山之中，乱民遂奉之为首，蔓延于四川、河南、陕西诸境，而达州徐天德、王三槐等，亦苦知州查教苛索思乱，于是蜀中始有教匪矣。大抵匪之宗旨，不整队，不迎战，不走平原，数百人为群，分为无数支股，东突西窜，来去无常，故当时宜绵、勒保、明亮等用兵，皆无大成效。又兼和珅在军机，将帅承风虚张功绩，以邀奖叙，此所以愈剿而愈炽也。二年，姚之富、齐王氏至郧西陨崖死，其后刘之协被禽于叶县，襄阳贼势渐衰，而川匪聚达州、巴州为巢穴。勒保既遣南充知县刘清说降王三槐,而将军魁伦纵匪渡嘉陵,川西亦震动。是时拨帑至八千万,户部请开川楚善后例,以供军饷。及和珅死,而王三槐逮至京,亦有官逼民反之供。于是大下明诏,戒诸将勿踵福康安、和琳积习,以国家赋帑俱浮冒,且分地责成诸将。时额勒登保为经略,行坚壁清野之法于川东北,匪始渐困。既而那彦成、松筠行之于陕甘,书麟、吴光熊行之于湖北。先后三四载,始以次销灭。至八年而乱始靖,未几复有近畿八卦教林清之乱。

## 第六节 鸦片战争及太平军始末

鸦片产于印度,清时输入渐多,宣宗以林则徐督两广查办,则徐令英商尽缴出所储烟土焚之,且绝其互市,于是英兵至广州,不得逞,则犯宁波。琦善代则徐,英人遂占香港,入虎门。政府和战无定策,英人遂破上海,占镇江,迫南京。清廷乃命耆英、伊里布议和,订约南京,偿烟价及兵费二千一百万两,割让香港,开上海、宁波、厦门、福州、广州五口为商埠,并许其居住。时道光二十二年也。于是法、美、俄等国相继缔约,而鸦片之禁,至咸丰时竟弛之而征税矣。

洪秀全,广东花县人,为上帝教教主,杨秀清、石达开等皆附之。道光三十年,秀全起于广西之金田村(桂平县),称大王,号太平天国。自广西趋湖南,由洞庭取武汉,顺流破江宁,定为都城。旁下镇江、扬州,而使林凤祥将兵北上。杨秀清定制度,于旧政多所改革,外人称为东方革命军,公举英舰长谒天王,天王亦使其弟仁玕至美云。

秀全之据江宁也,清师向荣驻兵孝陵卫,号江南大营;都统琦善驻扬州,号江北大营。秀全之军,颇受其牵制。林凤祥北上之兵,由皖豫而晋燕,几至京师,卒以孤军无援,为科尔沁亲王僧格林沁等所败死。清又命在籍侍郎曾国藩治团练于长沙,国藩复创立水师。后罗泽南、胡林翼取武汉,清以林翼巡抚湖北,据武汉以为根据。秀全虽破江南大营,而诸王内争。杨秀清既死,石达开亦别树一帜,展转于湘、鄂、桂、粤、滇、黔各省，以同治二年死于蜀。秀全所恃，惟陈玉成、李秀成二人。玉成战江北，连捻以图鄂，号为劲悍，后卒败死。秀成在江南，定苏浙。清廷命曾国藩节制四省，水师既下九江，国藩使其弟国荃复安庆以逼江宁，左宗棠图浙，李鸿章图苏，鸿章以淮军至上海，更用西将戈登复苏、常。宗棠亦平浙，国荃力攻江宁，秀全仰药死。秀成立其子福，城破，秀成被禽死。天王起兵十五年，用兵至十六省，至是始败。时同治三年也。捻者，皖豫乡民行傩为龙戏之名。咸丰三年，秀全下江宁，而捻亦乘势而起，蔓延淮北、豫南、皖北各地，苗沛霖、张洛行为之魁。沛霖于同治三年死，洛行与秀全党陈得才合，出没鄂、豫等省，旋亦败死。从子总愚代领其众，破杀僧格林沁于山东，北攻畿辅，诏以曾国藩治之，创为长围之法。其后分为东西捻。李鸿章代国藩，先平东捻，西捻亦定，而云南回民杜文秀据大理，为患几二十年。

## 第七节　英法联军之役及属国之丧失

英人初执《江宁条约》，欲入广州，为粤人所拒。叶名琛督两广水师巡河，折英国旗，并捕驾驶十三人。由此启衅，英法联军遂入广州。和议久不决，联军遂逼大沽。于是订约增开牛庄、登州、台湾、潮州、琼州商埠，长江一带，许择三口通商（后开镇江、九江、汉口三处），中英彼此派遣公使，两国人民争讼事件，由中国地方官与英领事官会同审办，税率由中国与英法协定，赔费英四百万，法半之，所谓《天津条约》也。既而英使来换约，至大沽，又与僧格林沁开衅，天津、北京相继失。时东南事方岌岌，于是复订《北京条约》，偿兵费千二百万两，续开天津为商埠，借九龙半岛与英，许外国教士入内地游历布教。皆恭亲王奕訢主之，时咸丰十年也。先是，俄于咸丰八年与清政府订《瑷珲条约》，黑龙江北岸全为俄罗斯领地，自乌苏里江至东海岸之地，作为两国共管之地，至是俄使以调停索报酬，则乌苏里江以东之地，悉为俄有矣。

捻之入陕也，陕甘回民多应之，势大盛，后诏左宗棠治回，用兵数年，关陇悉定。时回疆阿浑妥明亦据天山南北路称王，教罕亦遣其将军阿克柏据南路，于是诸部大乱。宗棠力主用兵，光绪元年出关，先清北路，更专力南路，回乱始平。俄人先乘乱占伊犁，宗棠向俄索还伊犁，俄人不应，乃以崇厚为全权大使，至俄议之。崇厚允偿兵费五百万卢布，且割天瞳须河上流两岸之地。时众议沸腾，清廷欲废弃条约，两国各出兵备战。清更以曾纪泽使俄，再四磋磨，乃以霍尔果斯河迤西地代天瞳须河流域，并加偿金为九百万卢布，所谓《伊犁条约》也。约既成，以刘锦棠言，西域改建行省，即授锦棠为甘肃、新疆巡抚。自光绪十年至十一年，而南北路郡县之制大定矣。琉球世受清之册封，同治十一年，其人漂流至台湾，为生番所杀，日人诉于清政府，以生番化外为辞。日人遂自进兵，清以台湾为我统治，令日人撤兵，于是日遣专使大久保利通来中国商议，几致决裂。英使调停，清廷偿兵费五十万两。自是日本经营琉球益进，卒于光绪五年废琉球王，设冲绳县，是为藩属丧失之始。

　　安南自旧阮后裔福映用法兵以复国，遂许法人传教。法人借口于安南虐待教士，常与安南启衅。同治十三年，法与安南定约，认越南为独立国。光绪时，安南内乱，求救于清，法以为背约，复攻河内，陷顺化，安南割东京与法，而为其保护国。时光绪九年也。先是，咸丰十年，以商务日繁，既设总理各国通商事务衙门，以王大臣管理其事。光绪元年，复设驻外国公使，至是曾纪泽在法，与法政府判此事无效，于是中法战端遂开。后李鸿章与法缔《安南新约》于天津，中国弃安南宗主权，而认法占领东京，而安南亦沦丧矣。

　　道光时，英人占缅甸之阿罗汉。咸丰时，复占摆古。法越之战，英亦与缅开衅，缅甸卒亡。清廷争之，英人允代其岁贡。曾纪泽、薛福成先后在英，与英画界，腾越西境，以伊拉瓦第江流源为界，又索回滇南旧壤二千余里。先是，英人常干涉哲孟雄与廓尔喀之争。光绪时，英置统监于哲。至十六年，《中英印藏条约》遂认哲为英属土，其东之布丹，亦于同治时受英人箝制，惟廓尔喀至光绪末尚行贡礼，后亦独立矣。缅、越既丧，暹罗势甚岌岌。光绪十九年，《英法协约》割分暹罗所属老挝，而许暹罗独立，废止其入贡中国之例。于是中国南服之藩属尽矣。

光绪初年，朝鲜与日本定约，开元山、仁川两埠，因清廷不干涉其外交，日本遂认朝鲜为自主国。时朝鲜王李熙生父大院君主国政，有攻袭日本使馆之事，日本出师问罪，清亦执大院君以归，日本要求与清兵共驻朝鲜。时朝鲜分新旧两党，内相哄。清助旧党，新党败。于是日本伊藤博文至天津，与李鸿章议，两国各撤兵，以后有故派兵，当先相通知。时光绪十一年也。至二十年，朝鲜复有内乱，清、日俱出兵，而乱已平。日本以整理朝鲜内政为言，不肯撤兵，于是战端开矣。清海陆军均大败，旅顺、大连、威海卫、牛庄诸要隘并失。清乃以李鸿章为全权大臣往议和，许朝鲜自主，割奉天南部及台澎诸岛，偿兵费二万万两。台湾谋拒日自主，举唐景崧、刘永福为首领，然不久即败矣。俄人联合德、法迫日人还辽，日本乃许以三千万两赎还辽东。自是德租借胶州湾，俄租借旅、大，英租威海卫及九龙半岛，法租广州湾，而云南边境亦因英人翻约而大蹙，列强竞逐于中国矣。

## 第八节　同光时之内政外交及清帝逊位

文宗卒于热河，穆宗幼，载垣、端华、肃顺专政，穆宗生母那拉氏与恭亲王奕䜣定谋去之。于是孝钦后与孝贞后并垂帘，号东西太后。然大权皆在西太后，卒任湖湘诸将，以平大难。时外患渐迫，于是注重洋务，设同文馆、广方言馆；又从曾国藩言，派遣幼童留学美国；又以左宗棠言，设船厂于福州造船，是则清廷改革之始也。

穆宗亲政，不二载即卒，立醇亲王奕𫍽之子载湉，是为德宗。太后复听政。琉球、安南既失，议兴海军，所筹经费，则以充建筑颐和园之用。德宗以十六年亲政，会中东之役，群议改革，帝亦决意变法，召用康有为等。于是新政并行，而亲贵多不悦，劝孝钦复听政，捕杀谭嗣同等六人。有为及其弟子梁启超逃海外，一切新政，尽行停止。所谓戊戌政变也。

拳匪本白莲教支派，蔓延山东、直隶，以扶清灭洋为名，开港后民教相仇，愚民遂翕然从之，于是烧教堂，杀教民，毁铁路、电线。时端郡王载漪等均信其有神术，招之入京，围攻使馆，杀德公使克林德及日本书记官杉山彬。各国率兵先后至天津，遂趋京师。孝钦挟德宗由太原走西安，联军遂据北京，举德将瓦德西为统领。时南方各督抚与各国领事别订保护侨民约，故南方得以无事，而黑龙江将军寿山承命攻哈尔滨，不下，俄人遂陷齐齐哈尔，挟吉林、盛京两将军以号令，东三省遂归其掌握矣。清乃以庆亲王奕劻与李鸿章为全权大臣议和，惩办罪魁，偿兵费银四百五十兆两，分三十九年偿清，许使馆驻兵。条约既定，次年太后乃还京师。先是立端王子溥俊为大阿哥，至是亦废。

俄人借口于东三省有特别关系，议和时提出别议，仅以东省土地之空名还清，而尽握其大权，且欲笼络朝鲜。日与俄出满韩交换策，议既不就，日俄战端启，中国严守中立。卒之日本得胜，日人在南满势力日增，旅、大二港，亦转租与日本云。

庚子之约既定，即改总理衙门为外务部，而废八股、设学堂、考试出洋学生、训练新军、修正法律诸政次第兴。光绪三十一年，派载泽等五大臣出洋考查政治，次年归国，遂有宣布立宪之谕，设政务处及宪政编查馆，先改革内外官制。至三十四年，日韩合邦，乃下诏以九年筹备，实行立宪。其年，孝钦、德宗先后卒，宣统帝嗣位，生父载沣摄政监国。而英人经营西藏，于拉萨置戍兵；俄人亦联络外蒙，借以遂其侵略；英人占片马，不肯撤兵，交涉益形棘手，而自光绪来迭借外债，亦足征国家之贫困矣。

时南北士民请开国会，乃缩短预备年限，而组织内阁，又以庆王及诸亲贵任之。盛宣怀长邮传部，厉行铁路国有政策，川、湘、鄂、粤争之甚力。先是，香山孙文等在日本东京，组织同盟会，以颠覆满洲政府为旨，学生、军人及会党应者甚众，屡举事，均未成功。至宣统三年八月，起义武昌，鄂督瑞澂逃，民军推黎元洪为中华民国军政府都督。民军既据武汉，各省先后响应，清廷起用袁世凯督师，寻以世凯组织内阁。用兵未久，世凯请派专使唐绍仪，民军亦公推伍廷芳，议和于上海。时孙文自海外归来，因共推为中华民国临时大总统，以十一月十三日受任于南京，改行阳历，即民国元年一月一日也。和议既未定，而清将领段祺瑞等亦通电赞成共和，于是清廷逊位之议定，而议优待条件矣。孙文辞职，袁世凯受推为临时大总统，以三月十日受任北京。二年四月，国会告成，世凯复受推为正式大总统，东西各国，一致呈递承认民国之国书云。

## 第九节　清代学术

清初大儒，如昆山顾炎武、余姚黄宗羲、衡阳王夫之、容城孙奇逢、盩厔李颙、博野颜元诸人，均明之遗逸。炎武博通经传，实开清代汉学之先声。宗羲受学于刘蕺山，兼言象数、礼制，传其学者，以四明二万为著。夫之论学，确宗横渠，兼信紫阳，与姚江为敌，亦杂治经史百家。奇逢讲学百泉，持朱陆之平，弟子尤众。颙讲学关中，关中人士多从受学。元以实学为倡，精研礼、乐、兵、农，弟子著者有李塨、王源。又余姚张履祥、太仓陆世仪，亦治宋学之著者也。

武进臧琳闭门穷经，东吴惠周惕作《诗说》《易传》，其孙栋承其学，始确宗汉诂，于是闻风兴起者众矣。先是，婺源有江永精三礼，尤专于声律、音韵、历数之学。戴震之学出于永，然发挥光大，曲证旁通，以小学为基，以典章为辅，而历数、音韵、地理之学，莫不实事求是。于宋学之误人者，亦排击之。其后施教京师，而学益远被。其声音训故之学，金坛段玉裁、高邮王念孙所得尤精。嘉定钱大昕于惠、戴之学，左右采获，所学精博，兼治史乘，旁及小学、天算、地舆。常州庄存与喜言《公羊》，侈谈微言大义，武进刘逢禄、长洲宋翔凤均治《公羊》，黜两汉古文之说；其后邵阳魏源、湘潭王闿运均治今文学；最后则井研廖平，所谓常州今文学派也。近代治经最显著者，则德清俞樾、瑞安孙诒让，均有专家著述。又定海黄以周言礼，清儒莫能逮；番禺陈澧，则兼采汉宋之长者也。

清初修《明史》，皆用博学鸿词诸人为纂修，历年始成，号为详赡。外此如毕沅之《续资治通鉴》，马骕之《绎史》，考证事实，称为精当。鄞县全祖望熟于乡邦佚史，表章明季遗臣，不遗余力。会稽章学诚杂治史例，上追刘子玄、郑樵之传。其考证全史者，则有钱大昕、王鸣盛、赵翼诸人。

清初古文者，有商丘侯方域、宁都魏禧及慈溪姜宸英等。而桐城方苞倡言义法，其后姚鼐传其学，于是有桐城派之目。鼐弟子著者有管同、梅曾亮、方东树诸人。阳湖恽敬与张惠言友善，惠言亦私淑姚氏。其后李兆洛等继之，别为阳湖派。后有汪缙、罗有高、彭绍升，其学出入儒佛，而龚自珍慕之，其文益瑰奇矣。曾国藩为文，喜道桐城，近世犹有传其学者。

清初能为骈俪文者首陈维崧，后有胡天游、邵齐焘。至洪亮吉、孔广森，则上拟六朝，汪中则上规八代。挽近以李慈铭、王闿运为最著。

清初诗人，其为明代遗臣者，则钱谦益、吴伟业，稍后有王士祯，同时则有朱彝尊、赵执信、查慎行，而士祯独为一代宗工。自后厉鹗、张问陶、洪亮吉、黄景仁等，皆其卓立者也。词则清初有陈维崧、朱彝尊，同时有纳兰性德。迨乾嘉之际，词学横流，于是张惠言为《词选》，备论源流。其弟琦及黄景仁、恽敬等皆工之。后有龚自珍、郭麐。挽近之周寿昌、蒋春霖、李慈铭，亦其著也。

清因明旧，用新法，所制之历曰《时宪历》。欧人汤若望、南怀仁等均授官掌历，用西法推历。迄于清末，宣城梅文鼎殚精数学，定历多用西法，亦历数之学之有独得者也。道光中，海疆事渐棘，欲通知四裔之事，始编译地志，若《海国图志》《瀛寰志略》《朔方备乘》诸书是也。咸丰时，海宁李善兰客上海，与英人艾约瑟、伟烈亚力等游，译述重学、几何、微积诸书。其后译书者则以侯官严复为称首。于是华人始知哲学、计学、名学、群学之深邃，其影响学术亦不细也。

　　清代书家以邓石如为最著，四体皆工。又刘墉、翁方纲及近世之翁同龢、张裕钊，均卓然能成一派。画家则清初之王时敏、王鉴、王翚、王原祁，称为四王。恽寿平以花草写生擅长，在清代为独步，近世则戴熙最工山水。此外名家，则不可胜举矣。

# 附　录

# 中国通史教材研究

## 第一讲　研究中史教材概论

人类为社会之动物，但社会之情形复杂，而青年之知识单简，不足以知社会之情状，故青年与社会隔阂，其间有若鸿沟之划界。惟赖教育为之桥梁，以沟通彼此之阻碍，明了人事界各方之状况，使其渐与社会相习熟，一旦身入社会，遇有新问题之发生，乃能应付裕如。盖能适应环境必先了解环境，而养成青年了解环境之智识，及适应社会之能力者，此正教育之所有事也。

教育中之各科可分为二大类：一为自然界，凡物质学属之；一为人事界，凡社会科学属之。其综括人事各方面而为各种社会之总和者，莫过于历史一科。历史中之中国史尤为吾人生活于其中，在在皆有密切之关系。盖中国史者，叙述中国民族之活动情形，以明了中国过去、现在之社会，而图将来中国民族之发展者也。

虽然，研究史学为一事，研究教材又为一事。研究史学者属于纯理方面，研究教材者属于应用方面。教材应时势之需要，必以时代为前提，故时代异则所需之教材亦异。民国变专制政体为共和，其教材与前清大异其指趣，此最显著之近例已。

现在中国之时势为何乎？内则举国陷于贫弱，外则列强威加压迫。全国抱亡国灭种之忧，岌岌然有不可终日之势者，其故何也？则以国人失其民族自信力故也。昔普之败于法也，斯的因哈甸伯日以爱国精神鼓励国人而终报法；土尔其之败于欧洲大战也，终以民族自决而复兴。我中国拥四万万之人民，四二七七一七〇〇万里之土地，五千余年文明之历史，讵日尔曼、突厥民族之不若乎？故今日救国唯一之要点，专在恢复中国民族特有之精神，团结一致，以发扬中国民族之伟大潜势力，以复兴中国。此正历史家之天职，而选择中国史教材，当以提倡民族精神为中心也！

中心之思想既定，然后中国五千余年之史革方有系统，二十五史之史迹乃可诀择，其有合于提倡民族精神者取之，其无关于提倡民族精神者去之。去取既有一定之标准，而审察教材之方法乃可得而施矣。其审察之方有二：

一曰重要　二曰正确

第一，**教材之重要性须比较而后分**　如一姓一家之兴亡，较之整个民族之治乱则轻矣；个人局部之活动，较之代表时代精神之动作则轻矣。故中国史材之重要性，须涵有两种条件：一为抽象的，须就精神、物质双方面，以表现整个民族之情形；一为具体的，须将整个民族之社会集注于时代重要人物之一身，以表现整个民族之精神。

第二，**教材之正确性须视其来源而后分**　史材之来源约分三种：一为实物，二为文献，三为传说。实物虽为真正之史料，然片段而无统系，专赖想像之推知，可以为史料之补助证明，而不足为史料之主干。史料大部分之取材，全在于文献。文献以原始材料为上，后来叙述者次之。至于传说之史料，其本质已失正确之要件，其真伪参半、疑信两存，仅足资历史学之参考，其与实物、文献相合者则可采，其与实物文献相违者则可删；至传说史料本身之价值，其传说愈古者其价值愈大，其传说愈后者其价值亦愈小。

综括以上之所论，教材首重中心思想以立其主旨，次用审察方法以善其运用。今将本此义以研究中国史为每个时代之说明以相印证焉。

## 第二讲　中国上古史之教材研究（自太古至先秦）

中国古史，最为茫昧，说者尤为纷如。大抵泥古者以五帝三王皆有年数可稽（如司马迁所称之《牒记》，晋皇甫谧之《帝王世纪》等是），疑古者以尧舜禹并无其人，为儒家所托古（如康有为之《孔子改制考》，顾颉刚之《古史辨》等是）。二者皆非，于是近人王国维据发掘地下之新材料以补正纸上之材料，而古史年历之不足信与尧舜禹之实有其人，得金文、甲骨文之证明而可矣（详见王国维《古史新证》）。

（一）中国民族之发源　中国民族古称华族，自章炳麟以华族之得名以华山为抵极，而华族之根据地始明（《章太炎文录·中华民国解》）；自王静安称有史以来，凡以兵力征服西域者，莫不自东而往，与西人汉族西来之说适成一反比例（《观堂集林》卷十三《西胡考下》）；自师丹司基（澳洲古生物学名家）发现房山周口百万年前后之白齿，定名曰北京齿（安特生在民国十五年公布），称生是齿者为北京人，为世界最古之人类，于是中国民族为中国独立固有之土著民族，得有种种科学上之证明，从前西人汉族西来之说不攻而自破矣（缪凤林《中国通史纲要》第二篇《一　史前之遗存》）。

（二）中国民族之分布　中国古代民族之分布于各地者，华族居黄河流域，以古帝王之都国多在黄河南北故也。其居于华族之北者为荤粥，其居于长江以南者为黎族，而散布各地，种类繁多，古籍之可征者，莫详于《逸周书》之《伊尹朝献篇》，犹足见古代各族分布之概况云。

（三）中国民族之开化　三皇五帝为中国开化之鼻祖，其说详见于《白虎通·帝王号篇》。伏羲仰观俯察画八卦，为发明文字之始；神农制耒耜以教民耕作，为发明以农立国之始；燧人氏钻木取火，教民熟食，为发明火食之始，是为三皇。黄帝以兵定天下，始作制度，为建立统一国家之始；颛顼能专正天人之道，绝地天通，为划分民政与宗教之始；帝喾能序星辰以著众，为发明时候、节气之始；尧舜平天成地，为创开中国文明成功之始，是为五帝。禹治洪水，而开中国家天下之始；汤、武伐罪吊民，而开中国征诛之始，是为三王。三皇、五帝、三王皆能宰制天然，因应世变，以创造中国之文化。

（四）中国古代政治　黄帝以前，其政治式为部落酋长制度，无所谓王朝与诸侯之分也。其有首出庶物、功德在民者，各部落归服者多，势力较大已耳。黄帝以后，其政治式为封建制度，天子考职则巡狩，诸侯述职则朝贡，王朝与诸侯始生关系。然王朝之盛衰常视诸侯之畔服，又视王朝之有道无道以为去留。周室勃兴，经武王、周公之制作，而封建政治之组织乃益趋于严密，新封同姓、功臣之诸侯，日益强大，古国旧有之藩服逐渐衰灭。周室东迁，中央解纽，遂演成五霸尊周室、攘夷狄之新政治。是时南方江淮流域之荆楚新民族崛兴，与北方黄河流域之中原民族相对抗者百有余年。其后吴越代兴，南北交敝，秦席关中西方民族之新兴势力以乘六国之隙，而纵横长短之说起，六国卒为秦所并，而一统中国，扫除古代之封建政制而确立中央集权之君主专制政体。此古代三千年政治演变之大势也。

（五）中国古代社会　社会之形成多视经济为转移，伏羲氏代表渔猎畜牧社会，神农氏代表农业社会，以地理之影响、生活之关系，而家族制尤为特别发达，故伦理道德观念遂为支配之社会重心。至周时宗法组织盖备，而天下一家之政治因以完成，修齐治平之学说乃为一切学术之标准焉。

（六）古代华族之对待异民族　当古代华族开化之时，中原部落杂处，号称万国。北有荤粥，亦曰山戎，夏曰淳维，殷曰鬼方，周曰猃狁。荤粥经黄帝之驱逐，遂远遁于今长城外之大漠。南有九黎、三苗，在江淮荆州数为乱，黄帝征师诸侯，败九黎之君蚩尤于涿鹿之野。华族拓地，南登熊湘，西抵巴蜀。少昊之衰，九黎乱德，颛顼乃复诛之。其后三苗至高辛之衰，又复九黎之恶，及尧战于丹水之浦，以服南蛮。舜窜三苗于三危，分北三苗，舜征三苗，道死苍梧，黎苗崛强，上下千年，至禹平水土。三危既宅，三苗不叙，而禹迹始达于洞庭、彭蠡之间。三苗余裔窜伏五岭、西南岩谷之间，莫能自振，而华族与黎苗之战争乃告一结局。惟北方群狄，种类繁夥，为患于夏殷之间。殷高宗伐鬼方，三年然后克之，则其崛强可知。周宣王伐玁狁，至于太原，命韩侯为北国伯，而北国始服。西方诸戎恃其险远，先后与周室相竞，周穆王西征，犬戎虽迁于太原，卒莫能削其势。宣王晚年，戎祸尤炽，三败王师，王虽迁民于太原，终不能克，卒致幽王时西戎覆灭宗周之祸。平王东迁，戎逼诸夏，齐桓公北伐山戎，西伐大夏，南伐荆楚，使管仲平戎于王，而王室始宁。春秋之时，大抵群狄次第灭于晋，诸戎次第灭于秦，百濮群蛮次第灭于楚。战国竞争盖烈，中国内地无戎患，所有以前诸异族，大抵同化于中国矣。

（七）中国古代学术　太古民智未开，迷信神权，故圣人以神道设教，而宗教与学术不分。《易经》号称古典，然本为卜筮之书，使人趋吉避凶，故略天道而详人事，遂为中国天人学之源泉。及封建制成，学术乃为贵族所专有，故九流皆出于王官，而道、儒、墨、名、法、阴阳、纵横、农、小说、杂家皆世守于贵族之家，而各衍其流（《艺文志》："儒家出于司徒之官，道家出于史官，阴阳家出于羲和之官，法家出于理官，名家出于礼官，墨家出于清庙之守，纵横家出于行人之官，杂家出于议官，农家出于农稷之官，小说家出于稗官"）。周衰时乱，诸子争鸣，孔、老、墨三大哲皆思以其道易天下。孔子尚仁，老子尚自然，墨子尚兼爱，遂巍然为中国学术界之重心，后世言学言治莫能外也。

**附参考书**

《绎史》（马骕）、《东壁遗书》（崔述）、《通鉴外纪》（宋刘恕）、《春秋大事表》（顾栋高）、《礼书通故》（黄以周）、《艺文志疏证》（顾实）、《中国历史》（夏曾佑）

## 第三讲　中国中古史之教材研究（自秦汉至五代）

自秦汉至五代，一千一百余年，汉唐两朝，为汉族势力澎涨统一中国时代。其间虽有五胡乱华，南北朝对抗之纷乱，然其结果异族卒同化于汉族者，以汉族政治文化为独高，而潜伏势力为最大故也，故此时代可分为三期：一、秦汉为汉族极盛时期；二、南北朝为汉族中衰时期；三、唐为汉族复盛时期。兹略举中古史特点言之：

（一）统一行政之完成　自秦兼天下，废封建，立郡县，方制万里，开古代未有大帝国之局，而古代统治千里、百里之政治皆不适用。故任用李斯为相，定立制度，内则以丞相辅天子，总百揆，大尉主军政，御史大夫贰丞相以监察百官；外则郡置守尉监，守以总郡政，尉佐守典武职甲卒，监以监察郡政。内外相承，上下一气，故能运广土众民于庙堂之上。汉虽灭秦，沿其制，莫能改。其后内设三公九卿，而光武不以吏事责三公，政事归于台阁，尚书日益专重。外设刺史州牧，遂启外重之弊，而肇汉末割据之端。曹魏以丞相开国，恶其位尊逼上，置中书监令以掌机要，多为宰相之任焉。自魏晋以来，宰相但以他官参掌机密，或委知政事者则是矣，无有常官，故宋王华为侍中参政，以一时宰相顿有数人，天下何由得治？此足明汉晋治术之升降矣。南朝齐梁以后，举国机要悉在中书，献纳之任归于门下。元魏兴于塞北，以武立国，政尚遒緊，置三十六尚书以理省务。唐太宗定制，兼综南北，官制设立中书、门下、尚书三省，总理天下庶政；中书主立法，门下主议法，尚书主行政；略与立宪国三权鼎立之制相符。御史台与三省相对立，而监察权遂确定为独立专官。外则依山川之形便，分天下为十道，道有观察处置使；道之下为州，州有刺史；州之下为县，县有令。其掌诸州军政者曰都督府，其抚诸御外寇者曰都护府，后遂为节度使之嚆矢矣。汉唐两代之行政制度均为支配君主政体之柱石，然其间有一不同之点者，则秦汉有乡官三老掌教化，嗇夫职听讼收赋税，游徼徼巡警盗贼，里有里魁，民有什伍，以相检察，颇有人民自治之遗意。隋以乡官归部除授，未几罢其职；唐虽有里正乡长，不过以供官吏之役使，与秦汉之设乡官以佐官治者悬殊，此诚地方得失之林也。

（二）选举方法之完成　自汉高以布衣取天下，一时将相，咸起自民间，于是扫除古代数千年贵族专政之制而别开新局。汉制郡国岁举孝廉，其人数视户口多寡以为等差。限以四科：一曰德行高洁，志节清白；二曰学通行修，经中博士；三曰明习法令，足以决疑，能按章覆问，文中御史；四曰刚毅多略，遭事不惑，明足决断，材任三辅县令，此常科也。凡有日蚀、地震、山崩、川竭，天地大变，皆诏天下郡国举贤良方正、极言直谏之士，诸帝率以为常。又其有要任使，皆标其目，而令举之，故能尽天下之材，以收为国家之用。而又立四十限年之制，以杜躁进；建公府课试之德，以妨滥举（见《后汉书》各传）。故两汉得人，较诸各朝为盛。魏时三方鼎立，士流播迁，四民错杂，详核无所，吏部尚书陈群乃立九品官人之法，州郡皆置中正，以定其选择州郡之贤有识鉴者为之，区别人物，第其高下，又制郡口十万以上，岁察一人。晋依魏氏九品之制，其后中正任久，爱憎由己，而九品之法渐敝，遂致上品无寒门，下品无势族。于是风教颇失，而无典制。然时有清议，尚能劝俗。陈寿居丧，以使女奴丸药见废；郗诜笃孝，以假葬违常降品，尚犹有所劝惩焉。永嘉之乱，衣冠南渡，其侨居南服者，以阀阅相高；留滞北地者，以华族自异，遂演成门第流品之分，划士大夫为另一阶级，非帝王所得进退，故南北朝政治虽紊而风教犹清。至隋炀以词赋取士，始建进士科，而九品中正之制乃革。唐沿用隋制而科举之法大备，其常贡之科有秀才，有明经，有进士，有明法，有书，有算，有一史，有三史，有开元礼，有道举；其制举之名，多至八十，有六科（见《困学纪闻》），诸科之中，为士族所趣向者，唯明经、进士二科而已。明经试以经义，进士试以诗赋文策。而进士为时所尚，由此而出者终身为闻人，故俊乂实在其中，位极人臣，常十有二三，登显列十有六七，当时推重进士，谓之白衣公卿云。

  案：考试之制，使天下英才得平流竞进之机会，故人人乐于自奋。唯唐人专重诗文，漫长浮薄之习，然此为考试内容之问题，而非考试制度之不善也，故其制行之千余年而莫能废云。

  （三）中古国境之开拓  中国疆域，古称九州，《书》云："弼成五服，至于五千。"《王制》云："四海之内，断长补短，方三千里。"其疆域广袤，初无定说。大抵三代后之中国，国境至秦而始开，至汉而后定，至唐而后大，后世汉族莫能过也。秦初灭六国，分天下为三十六郡，都咸阳：一内史，二三川，三河东，四上党，五太原，六代郡，七雁门，八云中，九九原，十上郡，十一北地，十二陇西，十三颍川，十四南阳，十五砀郡，十六邯郸，十七上谷，十八巨鹿，十九渔阳，二十右北平，二十一辽西，二十二辽东，二十三东郡，二十四齐郡，二十五薛郡，二十六琅玡，二十七泗水，二十八汉中，二十九巴郡，卅蜀郡，卅一九江，卅二彰郡，卅三会稽，卅四南郡，卅五长沙，卅六黔中。又平百越，置四郡：曰闽中，曰南海，曰桂林，曰象郡。其地西至临洮，北抵沙漠，东萦南带，皆临大海。汉兴以来，都长安，郡国稍复增置，武帝逐匈奴，平南越及西南夷，又开朝鲜，通西域，于是南置交趾，北置朔方，分天下为十三部：一司隶校尉部，二豫州刺史部，三冀州刺史部，四兖州刺史部，五徐州刺史部，六青州刺史部，七荆州刺史部，八扬州刺史部，九益州刺史部，十凉州刺史部，十一并州刺史部，十二幽州刺史部，十三交州刺史部。其地左东海，右渠搜（今西域火州，即新疆吐鲁番地），前番禺，后陶涂（今沙漠地），东西九千三百二里，南北万三千三百六十八里，较诸秦地，东不过浿水（今朝鲜平壤城东之大通江），西不越临洮，益广于秦矣。后经三国分裂，五胡十六国之乱，豆剖瓜分，国境日蹙，至隋文而后统一南北。唐除隋乱，太宗削平群雄，因山川形便，分天下为十道：一关内道，二河南道，三河东道，四河北道，五山南道，六陇右道，七淮南道，八江南道，九剑南道，十岭南道。是时既北殄突厥，西平吐谷浑、高昌，后又东伐高丽，北灭薛延陀，西臣西域；其地东至海，西逾葱岭，南尽林州（即林邑），北被大漠，东西九千五百一十一里，南北一万六千九百十八里，而羁縻府州，尚不计焉。自贞观至开元，蛮夷多内属，即其部落为羁縻，府州多至八百五十有六。又于沿边诸道，设六都护分统之：曰安北都护府，以统突厥、薛延陀、铁勒诸残部，羁縻府州凡二十有七；曰单于都护府，以统回纥、瀚海、云中等部，羁縻府州凡十有五；曰安西都护府，以统西域月支等，羁縻府州凡九十有六；曰北庭都护府，以统戎胡部落，羁縻府州凡十有六；曰安东都护府，以统高丽、百济、新罗等部焉；曰安南都护府，以统交趾诸羁縻州及海南诸国皆属焉。此外如营州都督府，以统契丹、奚、室韦、靺鞨等之羁縻府州三十余；松州都督府，以统西羌、党项等之羁縻州二十五；戎州，以统南蛮等之羁縻州三十六。其疆域之开拓，已远过于秦汉，而波斯都督府分置州县，威灵远被西亚，尤中国前此所未有也。

（四）秦汉唐之对待异民族　中国每当一统之朝，则国力澎胀，而足以征抚外夷；当分裂之世，则外患纷乘，而无力以相防御。然因环中国之外族，其文化皆远低于中国，故无论外族之威服于中国者，固受其同化，即外族之以武力征服中国者，其结果亦莫不为中国文化之所征服也。当秦之统一中国也，而匈奴亦雄于漠北，始皇使蒙恬将十万之众，北却匈奴，收河南地，筑长城，起临洮，至辽东，东西万余里，又渡河以阴山为塞。刘、项相持之际，中国未遑边备，匈奴稍稍渡河，南复其故地。至冒顿立，东灭东胡王，西击走月支，具服从北狄，控弦之士三十万，而围汉高于白登（今山西大同县东），汉高不能报，而纳娄敬和亲之策。至文帝时，烽火通于长安。武帝席文景之富庶，乃大兴师数十万众，使卫青、霍去病操兵。前后十余年，绝大幕，袭王庭（即龙庭，胡林翼说，在今察哈尔左翼旗界），追奔逐北，以临瀚海。汉于是西置酒泉郡（今甘肃酒泉县），以隔绝胡与羌通之路；又西通月氏、大夏（都城蓝氏城，即今布哈尔），以翁主妻乌孙王，以分匈奴西方之援国；又北益广田至眩雷（丁谦说。今归绥省之萨拉齐厅境）。于是匈奴远遁，幕南无王庭。当宣帝时，匈奴衰耗，国内五单于争立，呼韩邪单于为其兄郅支单于所败，款五原塞来降，入朝于甘泉宫，是为匈奴入朝于汉之始。是后呼韩邪单于保塞漠北，单于郅支西奔康居，率为汉都护甘延寿、陈汤所诛斩。至光武时，匈奴遂分南北，南匈奴单于，比款塞内附，求扞御北虏，散居于北地、朔方、五原、云中、定襄、雁门、代郡，为郡县侦逻耳目。明帝、和帝先后大出兵追讨北匈奴，北单于远遁西徙，漠北遂空，鲜卑乘势徙据其地，由此渐盛。南匈奴当汉之末，数为鲜卑所攻，魏武以其既居内地，人众猥多，惧必为寇，始分其众为五部，选汉人为司马以监督之，晋代匈奴刘渊乱华之祸基于此矣。晋代贾后肇祸，八王内乱，五胡乘之，迭据中原，而中国固有之汉族，相率南渡。赖祖逖、陶侃御之于前，谢安、谢玄败之于后，虽不能恢复汉族之旧壤，而其独立不挠之精神，固自若也。及鲜卑拓跋氏兴，北方诸僭窃次第灭于魏，而南方刘裕崛起，亦代晋而有之，南北抗战，先后几二百年。南谓北国为索虏，北谓南朝为岛夷。鲜卑族向慕汉化，至魏孝文遂迁都洛阳，乃废胡俗，禁胡语，改代北诸复姓为单姓，为诸弟娶中州名族，而以前妻为妾，复亲任中州儒生名族，一洗代北犷悍之风矣。高欢累世北边，习同鲜卑之武俗，故能乘元魏之衰，恢复汉族之势力。然当鲜卑族阑入中原，柔然乘虚略取其地，为元魏患；其后突厥渐破灭柔然，周、齐之间，势极强盛，控弦数十万，中国惮之，周、齐争结姻好，倾府藏以事之。唐高祖起兵太原，亦臣于突厥以结援。是时突厥颉利可汗，有凭陵中夏之志，当太宗即位之初，率十余万骑，进寇高陵，太宗六骑直前临渭水，以责颉利负约，颉利酋帅惊出意外，皆下马罗拜。颉利见唐军容甚盛，部队严整，乃请和而退。其后太宗遣李靖率师分道伐之，袭破突厥兵于阴山，颉利败窜被擒。时唐兵甚强，以徒兵一千，可击胡骑数万（唐太宗语），故高侃发回纥仆骨兵，以擒东突厥车鼻可汗于金山，郭孝恪以轻骑二千破西突厥咄陆可汗之兵，萧嗣业擒贺鲁可汗于石国（今中亚塔什干地），徐世勣擒薛延陀酋长咄摩支于郁督军山（今外蒙杭爱山），侯君集降高昌为西州（今新疆吐鲁番），薛万彻擒龟兹王诃黎布失毕于拨换城（今新疆拜城县），李靖平吐谷浑于大非川（今雅玛图河，在甘肃西宁西南三百里），而王玄策、蒋仁师以三十骑，擒中天竺王阿罗那顺，降城邑五百八十余所，尤为旷代之奇勋。其后高宗时，刘仁轨之破百济（今高丽半岛西南部），遇倭人援兵于白江口（今高丽西南之锦江口），四战皆捷，焚倭舟四百艘，烟炎灼天，海水皆赤；薛仁贵以三千人大破高丽万众于扶余，徐世勣遂平高丽，皆席太宗之余威也。玄宗开边不致，肇安史之乱，然西北诸胡，唐抚之素厚，郭子仪、李光弼终借回纥、西域之兵力，收复两京。其后吐蕃、回纥，迭次入寇，边患自是亟矣。唐末潘镇跋扈，黄巢流毒，宇内分裂，北虏遂盛，沙陀崛起于北，契丹勃兴于东，遂演成五代纷扰之局矣。大抵中国治夷之道不外数端，曰和亲，曰互市，曰保护，曰交聘，曰移殖，曰羁縻，苟非桀骜凭陵，固未尝希以剿伐为事，此能默化潜移，使异族同化于中国，而成为伟大之民族也夫。

（五）中国中古社会　秦汉至唐之社会问题，一田制改革之问题也，自秦废井田，民得买卖，富者田连阡陌，贫者无立锥之地。汉兴下重农之令，立力田之科，文帝至除民田租税十三年之久，景帝减田租，三十而税一，其劝农惠民之意至矣。而农民之困苦自若者，则以平民耕豪民之田，见税什五故也。是以官家之惠，优于三代；豪强之暴，酷于亡秦。名儒董仲舒有限民名田之奏，丞相师丹有均田之制，皆阻挠于权豪而莫能实行。王莽篡汉，狭小汉家制度，乃为田制根本上之改革，收天下田为王田，不得买卖，其男口不满八而田满一井者，另余田与九族乡党，犯令法至死。惟莽制度既不定，吏缘为奸，天下敖然陷刑者众，后三岁，莽知民愁，下诏诸食王田，皆得买卖，毋拘以法。后汉鉴于王田之失败，遂无复改革田制之举动，一若土地私有之制成为天经地义矣。至晋武帝平吴之后，乃立占田之制，而当时似未实行。元魏起于漠北，地旷民稀，孝文帝太和九年下诏均田，男夫十五以上，受露田四十亩，妇人二十亩，诸民年及课则受田，老免及身没则还田，诸桑田不在还受之限，而口分、世业之分从此生矣。所谓口分，露田是也；所谓世业，桑田是也。唐因魏制，武德七年初定均田。丁中之民，给田一顷，笃疾减十之六，寡妻妾减七，皆以什之二为世业，八为口分，惟其制贫无以葬者得卖世业，由自狭乡而徙宽乡者得并卖口分田，已卖者不复授，自是民田始有契约文书，而得以私自卖易。行之既久，豪强兼并，版籍混废，天下纷纷，而租庸调之税法，于是不得不变为杨炎之两税，是后朝廷不复问人民田地之有无，而但计国家税收之虚实，与均田用意迥殊矣。下至周世宗，诏赐元稹均田图于诸道，遣使分行，诸州均定田租咸此旨也，然已号为有意治道，为五代难得之人君已。

（六）**中国中古文化** 中古之文化，一儒教之文化也。汉初崇尚黄老，而景帝好刑名，至武帝始感于董仲舒请罢黜百家之说，乃立五经博士以表彰六艺，自是儒术遂定为国教矣。惟两汉学官所立十四博士，《诗》鲁申公、燕韩婴、齐辕固生三家，《尚书》欧阳生、大夏侯胜、小夏侯建三家，《易》施雠、孟喜、梁丘贺、京房四家，《春秋》严彭祖、颜安乐二家，《礼》大戴德、小戴圣二家，皆今文学也，其毛公《诗》《古文尚书》《左氏传》《周礼》，皆古文学也，仅以刘歆、王莽之力立博士于孝、平之时而已。今文学师德相传，写以隶书，古文学出于山岩屋壁，皆古代书籍，是以两派互相党伐。然今文学出自先师口授，微言大义，咸在其中，故西汉名儒，多能通经致用，如平当以《禹贡》治河，王吉以《三百篇》当谏书，董仲舒以《春秋》决狱，京房以明《易》作考课，其著者也。儒术渐积，酿成风气，故东汉气节之盛，为中国史上所仅见。虽当桓、灵之世，政归阉官，而党锢诸君子，前仆后继，以与权奸争一旦之命。其时朝政昏于上，风教清于下，所以倾而未颠、决而未溃者，岂非仁人君子心力之为乎。魏文慕通达，而天下贱守节；晋世尚玄虚，而天下贱名检，中国民族之精神，从此堕落矣。是以神州陆沉，王衍自悔其清谈；中原倾覆，范宁归咎于玄虚，良有以也。唐太宗以武定乱，崇尚儒术，患南北经学多门，诸儒好尚不同，乃诏国子祭酒孔颖达，与诸儒删定《五经义疏》，凡一百七十卷，名曰《五经正义》，颁行天下，每年明经，依此考试。《易》注用王弼，《书》用伪古文《尚书》及伪孔安国传，《诗》用毛传、郑玄笺，《春秋左氏传》用杜元凯集解，《礼记》用郑玄注，其义疏则采用南北各家，补其不备。五经章句之繁杂，经数百年，自是始得所折衷，不可谓非章句学之一大进步也。然唐重进士，故诗文特为发达，李、杜、元、白之诗歌，韩、柳、李、孙之古文，在中国文学史上特别占重要之位置焉。然唐代文化之特点，不仅于发挥广大中国固有之文化也，而在吸收外来之文化以镕化于中国，而于文化史上发生特别之异彩者，佛学是已。佛自汉魏传入中国，至隋唐而大盛，其宗派有十三：一曰涅槃宗，二曰地论宗，三曰摄论宗，四曰成实宗，五曰俱舍宗，六曰三论宗，七曰律宗，八曰净土宗，九曰天台宗，十曰禅宗，十一曰华严宗，十二曰法相宗，十三曰真言宗。在此十三宗中，而律宗、俱舍宗、三论宗、华严宗、法相宗、真言宗，或集前人之大成，或为唐人所创立，皆成立于唐代。而关于佛典之翻译著述，在唐代三百年中竟达四百三十七部二千四百一十二卷，其量几占当时《金藏》之过半数（当时《金藏》九百六十八部四千五百〇七卷），可谓盛矣！其思想之反映于社会者，在当时韩愈有《原道》之作，在宋世有理学之兴，皆佛学之影响于学术界者，而社会各方面之受其薰染者，盖可推而知也。

## 第四讲　中国近古史之教材研究（自宋至清鸦片战前）

中国近古之历史，一汉民族之衰落史，亦中国民族之醇化史也。自宋至清嘉道时，上下九百年间，除有明一代外，前则宋与辽、金、元之对抗，后则为汉族与满、蒙、回、藏之醇化。汉族之受痛苦也，莫过于此时，然中国民族之形成为伟大民族也，亦在于此时焉。兹举其特点言之：

（一）近古政治不在图治而在防弊　自宋太祖惩五季藩镇之祸，收天下之大权归于上，一兵之籍、一财之源、一地之守，皆人主自为之也。欲专大利，而无受其大害，遂废人而用法，废官而用吏，禁防纤悉，特与古异，而威柄最为不分。然其弊也，内则人材消乏，成一吏援例以牟利之天下；外则防御空虚，拥大一统之广土众民而畏夷狄。神宗用王安石，奋然变法，力图富强。当时之端人正士，习于故常，徇乎流俗，排抗诋訾，相率洁身以去。安石乃不得不援引躁进轻标之新进，以集其事，遂至利兴弊起，法立奸生，国事愈陷于纠纷，民生益加其困苦。重以章惇、蔡卞之报复，蔡京之起元祐党禁，而金人靖康之祸作矣。高宗南渡，怵于苗傅、刘正彦之变，任用秦桧，收韩世忠、张俊、岳飞三大将之兵权于中央，甘屈辱于金人以求和，而不虞其后之为秦桧所制也。金以女真族据有中原，猜防汉人。尚书省总国之政权，自尚书令以下为左右丞相、尚书左右丞，凡在此位者皆内属外族，与人有战伐之功、预腹心之谋者为多。潢霫之人以门阀见推者次之，参用进士则又次之，其所谓进士者，特以示公道、系人望焉尔。轩轾之权既分，疏密之情亦异，安能望增进政治之效率，以谋国家之长治久安耶？蒙古灭宋，除世祖忽必烈外，一代君主，多不识汉文。其宰相之数在八人以上，有时或多至十余人，首辅为右丞相，多出于四怯薛及勋臣侍卫之后裔，不足以极一时人材之选。除世祖朝史天泽跻首辅，刘秉忠以太保参预中书省，极外绝无汉人入相者。御史台为风宪之官，台端非国姓不授。枢密院事，兵柄所寄，虽属寮掌权亦非汉人所得与。各路达鲁花赤皆以蒙人为之长，而汉人仅充总管而已。以不识汉字之蒙古人为长官，以征服者剥朘征服者，其结果贫极江南，富归塞北，恶有政治之可言乎？明太祖以雄猜定天下，初承前制，设中书省，置左右丞相，以统领众职。及洪武十三年诛丞相胡惟庸，遂罢中书省，以六部尚书分理庶务，以翰林春坊详看诸司奏启，兼司平驳；置殿阁大学士，特侍左右，备顾问；严谕嗣君，毋得议置丞相，臣下有奏请设立者，论以极刑。自是大权独操于天子，而难于运用，行政权分于六部，而无所统摄，驯至阉寺窃天子之柄，阁臣侵六部之权。故有明一代无善政，论者谓自罢宰相始也。清初自满洲入关，其政权操诸议政王大臣之手，虽沿明制设内阁以赞理机务，而殿阁大学士六人满、汉各居其半，然满大学士以品级较崇之故，实权多归之。至世宗时，因西北用兵而立军机处，选大学士及尚书、侍郎为军机大臣，使参机密重务，而内阁随失其实权。然军机处虽握政权，而自清廷君主视之，则如高宗所云"我大清乾纲坐揽，朕临御十有四年，事无大小，何一不出自朕衷独断。大学士张廷玉不过谨慎自将，传写谕道"，是视大臣为供奔走、备钞胥已耳，人臣安敢有所展布乎？其与内阁同为中央政府而分司行政者，曰吏、户、礼、兵、刑、工六部，部设尚书、侍郎，皆以满、汉人员分任之，而其权多操于满员。外官则各省总督、巡抚，满员亦十居其八九。此等相制相牵之政治组织，其图治也虽不足，其防汉人之反动则有余。故自元至明清，上下数百年之久，而无大兴作、大改革之政治可言者，皆以专制君主防弊之一念阶之厉也。

（二）近古地方行政权之渐次扩大　宋初削节镇之权，令节镇所领支郡，皆直隶京师，得自奏事，不属诸藩。是时天下有州三百余而权小矣。神宗元丰时，分天下府州军监为廿六路，路置各司：转运使，经度一路财赋及举刺官吏之事；二提举刑狱司，掌察所部之狱讼而平其曲直；三提举常平司，掌常平、义仓、免役、市易、坊场、河渡、水利之法；合之节镇，谓之帅、漕、宪、仓四司。其时，中央集权而州郡空虚，名曰长吏，实同旅人；名为郡城，荡若平地，故一遇金人凭陵，而州郡土崩瓦解，莫能相抗。元崛起漠北，拓地广远，当蒙古初有征伐之役，分任军民之事，皆称行省，因事设官，皆以中书省官出领其事，即设丞相，皆以宰执行某处省事系衔，故使相与内相均权，其后嫌于外重，改为处行中书省平章若左右参政，罢丞相不设，而其体始不与都省侔矣。其后定制立中书省以统河北、山西，谓之腹里；立行中书省，分镇藩服，曰岭北，曰辽阳，曰河南，曰陕西，曰四川，曰甘肃，曰云南，曰江浙，曰江西，曰湖广，曰山东，曰广西，曰征东。天下为行省者凡十有三，每省设丞相一员，平章二员，右丞、左丞各一员，参知政事二员，其官品尊为从一品或二品，其职掌统管各路军民财赋，其辖地广至数千里，故地方成外重之势，而行政有荒芜之忧矣。元治之卤莽灭裂，亦地方制不善，有以使之然也。明虽革元之命，而因仍省制，以布政使司掌省政，以按察使司掌一省刑名按劾之事，其制疏阔，略与元等，而足以救外重之弊者，厥惟巡按之制。明于都察院设十三道，监察御史一百十人，其官七品，咸由新进士考取。岁时分巡各省，谓之巡按，巡按代天子巡狩，所按藩服大臣、府州县官诸考察举劾尤专，大事奏裁，小事立断。按临所至，必先审录罪囚，吊刷案卷，有故出入者理办之；诸祭祀坛场，省其墙宇祭器；存恤孤老，巡视仓库，查算钱粮，勉励学校，表扬善类，剪除豪蠹，以正风俗，整纲纪。其官卑则不敢纵恣，其年少则富于朝气，其新进则务为锋利，故地方官吏有所惮，而人民疾苦有所伸，故明多循吏，盖巡按制有以得之也。其在外加都御史、贰副佥都御史衔者，有总督，有巡抚，为临时之差遣，多由兵事而设。终明之世，以十三布政使为省长官之定员，而总督、巡抚，或分或并，或设或罢，大率与兵事相终始，初未驾布政使而上之，为行省之长官也。清兵入关，定天下为十八行省，虽沿明之布政使、按察使遗制，而定制总督、巡抚为省之最高长官，其职权极为广漠，综治军民，统辖文武，考核官吏，修饬封疆，民间至有海外天子之目。然总督、巡抚在明不过使职，故官制无若何之辅助官，而实际则以幕友、书吏及附属职员以掌理诸务。任之既极其重权，辅之又无其另职，故平时则庶政多陷于丛胜，而有事则易流于跋扈，此清政之所以废弛，而国权之难于统一也。

（三）近古民族对待及醇化之概况　黄河流域之文化至唐宋而再盛，乃其后文化零落、人材委靡而不振，经济萧条、社会僿野而不进，推其原因，皆受辽、金、元之蹂躏，而以宋之南渡为南北盛衰之关键者也。辽自石晋割有燕云十六州，而胡马自塞北每岁南侵，出兵不过九月，还帅不过十二月，既入南界，分兵三路，所过县镇，即时攻击，沿途民居，园囿桑柘，必夷伐焚荡，至宋北京（今河北大名县）三路兵皆会，故北界生聚耗荡，边民不得休息。然其统治汉族，官分南北，以国制治契丹，以汉制待汉人，凡汉人州县租赋、军马之事，因俗而治，故能历世二百南北相安。且自阿保机开国之时，任用汉人韩延徽营都邑，定法度，其太子东丹王突欲效尤中国之文化，效汉文帝市书万卷藏于医巫间绝顶之望海堂，足见契丹之被华化深矣。金之开国，太祖初用杨朴定朝仪，建典章，太宗用韩企先改女真旧制，用汉官制度，史称"金用武得国，无以异于辽，而一代制作，能自树立，唐宋之间，有非辽世所及，以文而不以武也"。惟其对待汉族，备极惨酷，靖康之祸，士民陷于金虏者，帝子王孙、宦门世族之家，尽没为奴婢，使供作务。每人一月支稗子五斗，令自舂为米得一斗八升，用为馊粮，岁支麻五把，令绩为裘，此外更无一钱一帛之入。男子不能绩者，则终岁裸体，虏或哀之，则使执爨，虽时负火得暖气，然才出外取柴，归再坐火边，皮肉即脱落，不日辄死。太宗奄有大河南北，尽起本国之土人，棋布星列，散居四方，令下之日，比屋连村，屯结而起。至熙宗时，遂创置田屯军，凡女真、契丹之人，皆自本部徙居中州，与百姓杂处，而领以猛安谋克。世宗大定间，山东及河南之地，到处有猛安谋克，犬牙交错于州县之间，猛安谋克所耕之官田，皆占上腴，式侵冒民，有所领户口竟达六百十五万八千余人之多。屯田军既与百姓杂处，民多失业，及章宗明昌间，复括民田以分给军户，当时武夫悍卒，倚国威以为重，山东、河朔上腴之地，民有耕之数世者，亦以冒占夺之。贞祐（宣宗年号）盗起，众至数十万，攻下城邑，官军不能制，渠帅岸然以名号自居，仇拨地之酷，睚眦种人，期必杀而后已，若营垒，若散居，若侨寓、托宿，群不逞哄起而攻之，寻踪捕影，不遗余力，不三二日，屠戮净尽，无复噍类。至于发掘坟墓，荡弃骸骨，在所悉然（《元遗山集·完颜仲德神道碑》）。此可征金末种人受祸之惨，汉族平时积怨之深矣。蒙古诸将，掠人私户，阿里海涯一人所占之户，盖以千万计，江南新附诸将，往往强籍新民为奴隶焉。元虽分蒙古、色目、汉人、南人为四等，在政治上所享权利各殊，然元制蒙古、色目人随便散居内地，又得互通婚嫁，既习与汉族相处，渐渍中国之风俗，故蒙古、色目人之受华化者甚多。汉族自宋高南渡，衣冠世族，咸赴江左，故长江以南，日趋繁荣。朝野上下，鉴于秦桧主和之误国，理学诸儒，力主严中外夷夏之防，振中国民族之气，学说深入人心。故不百年，而朱明崛起江淮，驱逐胡元于塞外。明太祖既灭元，令北虏割裂姓氏，与汉合符，由是世族混淆莫辨，而北俗亦时有残留于社会间者。明代边患，北有鞑靼，南有倭寇，经成祖三征漠北，兵力至斡难河（为元太祖始兴地），鞑靼部曲渐次离散分裂，然叛服不常，边患与明相终始。倭自洪武以来，时出没海岛中，数侵略苏州、崇明，杀略居民，劫夺货财，沿海之地人皆患之，故太祖定制，片板不许入海。及承平久，奸人阑出入，勾倭人、佛郎机等互市，相与囊橐为奸。至嘉靖时，海寇大作，倭毒东南者数十年，内地如苏州、杭州、徽州、芜湖、南京，沿海如江南北、浙东、福建、广东，咸被其害，州县卫所，城被破者以百数，朝廷屡遣重臣将兵莫能制。及俞大猷、戚继光起，召剽悍，教击刺，因地形，制阵法，长短迭用，一切战舰、火器、兵械，精求而更置之，戚家军名闻天下，遂迭次破倭，歼倭于平海卫，斩首二千数百级，又败旧倭万余于仙游城下，搜剿余众于漳浦贼巢，擒斩略尽。倭患虽平，而沿海为之萧然，各地转漕军食，天下骚动矣。明之季年，外逼辽左之师，内迫流寇之祸，然朝野懔于春秋夷夏之防，鉴于宋人合议之失，故对流寇尚时有主抚，对满洲切忌言和，率至思宗身殉国亡，而中国民族独立不挠之精神，尚流亟于黄宗羲、顾炎武、王夫之著述之中，而种后来革命之根原。满洲以少数部落，入主中原，一面摹仿汉人文化以收人心，一面旗兵驻防各省以慑民气，故能镇压反侧，永保优势。而又凭借汉族之供给，时时发扬满旗之武功，圣祖再定蒙古，乾隆荡平准噶尔，戡定回疆，绥服西藏，扫金川，靖台湾，降安南、缅甸，平廓尔喀，融汉、满、蒙、回、藏为一家，遂为汉唐以下未有之国焉。

（四）中国近古文化　中国自汉至唐有经学无哲学，我国纯正哲学之成立，自宋之道学始。道学者，有统系、有条理、贯彻始终之新儒学，足以治身心、达体用、一内外、合天人者也。其为道学之开山，始于北宋周敦颐，著有《太极图说》及《通书》。《太极图说》发明天地阴阳五行之理，命于天而赋性于人物者，为一极有统系之说明，使天地人物所以一贯之理，昭然著明，建立哲学上之一元论；《通书》以诚为圣人之本，示学者以希贤、希圣、希天之道，在于立诚。河南程颢、程颐兄弟尝从周敦颐游，其后深造自得，发明性理，成为道学之正统哲学。程颢以学者须先识仁，仁者浑然与物同体，以天地万物为一体，莫非己也；认得为己，何所不至，只以诚敬存之，则天地之用皆我之用矣。程颐以天地造物之道，有理则有气，有气则有理，性即是理，故无不善，气禀于人，故有清浊，论性不论气不备，论气不论性不明，其指示学者下手之方，则以"涵养须用敬，进学则在致知"二语为最要。同时关中张载学古力行精思，与诸生讲学，每告以知礼成性、变化气质之道，学必如圣人而后已，著《西铭》《东铭》《理窟》等书，而《西铭》明理一分殊之旨，极纯无杂，程颐尝称其与孟子性善、养气之论同功。河南邵雍深于象数之学，所著书有《皇极经世》《观物篇》，其要在以物观物，而以数理包括宇宙始终古今之变，程颢、程颐称其学为内圣外王之道。周、程、张、邵虽五子并称，惟二程之学遍传于天下。南渡道学诸家，皆出二程之学系，而派分朱、陆。朱熹集周、程、张、邵之大成，而主居敬穷理，其学偏于道学问。陆九渊以发明本心，万物皆备于我，故宇宙便是吾心，吾心即是宇宙，宇宙内事乃己分内事，己分内事乃宇宙内事，其学偏于尊德性。其与朱、陆相鼎足者则有永嘉之学，薛季宣、陈傅良皆以经制言事功，至叶适出，乃合天德、圣功、王道为一事，始一洗功利之说焉。三家虽皆出于二程，而学多奉三苏为正统派，其传最盛。当金、元之际，南北不通，朱、程之书不及北方，自姚枢得德安赵复传其学于河北，而许衡、刘因始得闻程朱之学以广其传。及吴澄出，为调和朱、陆之说，故有元一代，朝政乱于上，而道学盛于下焉。明初诸儒，皆朱子门人之支流余裔，笃践履，谨绳墨，守先儒之正传，无敢改错。自王守仁出，始显然与朱子相背。守仁承绝学于词章训诂之后，一反求诸心，而得其所性之觉曰良知，因示人以求端用力之要，曰致良知。良知为知，见知不囿于闻见；致良知为行，见行不滞于方隅。即知即行，即心即物，即动即静，即体即用，即工夫即本体，即下即上，无之不一，以救学者支离眩骛，务华而绝根之病，洵为当时沉溺科举者当头棒喝，而为学者指一直捷门径。当时称为姚江之学，未几而风靡天下，传之百余年不衰。有明学术，虽不及于古，而一代气节之盛，为前世所未有，皆受阳明心学之赐云。但其流弊所极，其上者聚徒讲学言性，舍多学而识，以求一贯之方，置四海困穷不言，而讲微危精一之旨。下焉者束书不观，游谈无根。明末清初顾炎武、黄宗羲、王夫之三大儒，目击明室之覆亡，身丁夷夏之奇变，深感于王学之空虚，不能济危难而救国家，咸主通经致用，博文约礼，以复于周孔之真，由是学风一变，惩空虚而究实用，反宋明而复秦汉，遂开清代朴学之先路矣。清猜防汉族，屡兴文字大狱，故顾、黄、王经世之学不昌，而独传其考证之学。吴有惠栋，皖有戴震，为清代朴学之代表。惠之学在复古，故凡古必真，凡汉皆好；戴之学在求真，故一空倚傍，实事求是。其后清代经学、小学之成绩逾迈宋、明。然朴学之所贡献于学术界者，尤在其治学之方法：一观察，二博证，三比较，四推论，五识断，六事定，七求真。其要在不以人蔽己，不以己自蔽（戴震之言），盖纯然取客观态度，与科学之律令相合也。唯自乾嘉以后，朴学之弊流为支离破碎，重名物而昧大义，贵古籍而遗世务，率天下之人材而群趋于无用之学，其与顾、黄、王经世之意相去远矣。

## 第五讲　中国现代史之教材研究（自鸦片战争至现在）

自公元一八四〇年（清道光二十年）鸦片战争以来，近百年间，在中国史上开一五千年来未有之变局。以前为闭关时代，大一统之中国，独立于东亚，不受他人之影响；此后则变为世界之一国，一切内政、外交、文化、经济莫不与世界各国息息相关。在此时期中，因外交之失败，而引起国内之革命；因革命之纷扰，而减削对外之实力。于是内政外交，愈日增其困难，此正中国危急存亡之秋，亦我民族之盛衰生死关头。将来之为祸为福，全在我民族一致努力何如耳。

（一）鸦片战前中西国势之比较　近代中西之交通，远在十四世纪，葡萄牙人发见印度航路为起源。明嘉靖时，葡商请开澳门（广东香山县南）为通商地，朝廷许之，是为外人租地中国之始。其后西班牙、荷兰占据南洋群岛，咸通于中国。自一五八八年，西班牙必胜舰队为英吉利所败，英人遂继西班牙而握海上霸权，与荷兰人角逐于南洋，屡思通商中国，咸为澳门葡人所间阻。明崇祯十年，中国始允英人通商于广东河口，至清康熙时蔓延于厦门、舟山，然禁其建商港，重税以苛之，不得与澳门葡人并也。乾隆、嘉庆间，英人屡遣使节求缔商约，清政府以英人为小蛮夷，以属国朝贡视之，厚待其使，而不允其请。当十八世纪间，欧洲科学发达，机器革命，工商业进步，竞向海外求市场，变帆船为飞机，改土炮为大炮，资本主义挟帝国之势,纵横海上,而中国瞢然无所知也。清嘉道之时,承和珅贪婪乱政之后,中国元气已伤,加以白莲教之乱,蔓延七省,用兵六年,回疆准格尔之扰乱几十年,财匮于上,民困于下,而鸦片战役适起于是时。而中西兵备之相较亦相去天渊,英之大炮,较官军炮之射击力,远过一二里。故两军接战,未见敌面而胜负已分,其火力猛烈,凡炮台要塞,无不立时摧毁。林则徐有言:"中国无此大炮,虽韩、岳复生,亦将束手。"英船宽有三四五丈不等,长有二三四十丈不等,厚有尺,较国内水师船及闽广大号商船均大至倍蓰,且军舰非水师可比,而汽船尤为新发明之利器,兵械之利钝悬殊,军纪之宽严异致。故战端一开,相继失败,虽以林则徐之公忠体国,杨芳之善战名将,坐视虎门炮台之陷,广州城下之围,而无救于败亡也。清廷始终不明英人炮火之利,海军之强,对于战败将士,归咎其作战之不力,而以严刑随其后,责以人力不能为之事,令当事者捏奏军功,假造事实,以致镇江失守,南京被围,而始作城下之盟,始悔受祸之深,而无及也。

（二）帝国主义之压迫中国 世界资本主义挟帝国主义之势力以压迫中国,在近百年,其势凡三变:一为鸦片之战争,其交战者虽仅一英国,而中英《南京条约》既订之后,美、比利时、瑞典、挪威各国,莫不踵援英例而订立条约。综计各约之要款,除开放广州、厦门、福建、宁波、上海五口通商,割让香港外,而损失中国主权最大者,约分四端:甲、关税协定。外货因税低价廉而畅销内地,我国无法保护国货以资抵抗,而社会经济日被其剥朘。乙、领事裁判权。法律为国家主权之表现,各国莫不取属地主义以保护其人民,乃在华之外人,居于特殊之地位,每恃领事裁判权以为护符,而破坏华人之权利。丙、内河航行权。领海与内河本为国权之统治区域,约章所载,外国军舰得至中国口岸,原指通商五口以为言,及其后英法联军之役,借口约章,阑驶入北河,而长江沿岸之要埠开放,列强兵舰遂得自由航行于内河矣。丁、最惠国条款。即利益均沾、机会均等之谓,列强借此要求,争夺权利,列国成速之势,中国贻无穷之祸。中国虽经鸦片战役之失败，而于外人尚无真切之认识，故无守约之诚意，酿成咸丰七年英人之破广而成立英法《天津和约》，又因《天津和约》之换文，而引起咸丰十年英法联军之攻破北京，成立《北京条约》。其割地赔款之损失于英法者固大，而因俄使之斡旋和议，遂缔结中俄《瑷珲条约》，而割让乌苏里江东九十余万方里之地域，其损失之为大也。是时内乱孔炽，发、捻纵横，后虽次第平定，元气大伤。法以武力占安南，英以争执占缅甸，日县琉球为冲绳，俄国边境于新疆，中国怵于藩篱之尽失。其忧国远见之大臣，如曾国藩、李鸿章等，均以中国外交之所以失败者，以炮不利、船不坚也，于是机器局、造船厂、海军、炮台次第兴矣。然其事尝为朝臣所阻挠，而海军之大部经费，且为西太后那拉氏暗中挪为兴修颐和园之用焉。至光绪甲午，以朝鲜问题而中国之海陆军大败于日本，不得已而结《马关条约》，割地赔款，中国弱点暴露无余。鸦片战争五十六年来，外交形势至是又大变矣。盖以前之外交，为中国对付一国之问题，此后中国之外交，乃变为世界之问题矣。日以俄、德、法强硬之干涉，而还辽东半岛于中国，三国遂挟功以求报酬，俄租我旅顺、大连，德租我胶州湾，法租我广州湾，英租我威海卫。中国虽大，全境皆划为各国之势力范围，岌岌然有瓜分之祸，赖美国宣布开放之政策，至未实现。国人怵危亡之日迫，鉴日本以变法而致强，乃有康有为上书变法图强，德宗百日维新之政。旧党拥西太后推翻新政，衔外人之庇康有为也，乃演成庚子拳匪之变。八国联军入京师，中国之不亡者，以各国利害冲突互嫉忌无满意之办法。故李鸿章《辛丑和约》其所受之损失，较《南京》《天津》《马关》各条约，尤为奇重。俄不遵约而撤东三省之兵，日本所占领之朝鲜受其威胁，至光绪三十年（一九〇四年）遂引起日俄之战争。俄败而私将所得中国东省之权利转移于日，其近因则为日本之合并朝鲜，其远因则为日本之盗占东三省。

原载1938年2月15日《重光》第三期，后载1941年4月30日《文史教学》创刊号

# 废约运动与革命外交

叶庭槐

## 一　引言

八十余年来我国受不平等条约的桎梏，丧失了自由独立，陷于次殖民地的地位，国民历尽奴隶牛马生活，婉转呻吟于帝国主义铁蹄之下，莫由自拔。我们为求自身解放、国际地位增高，自应把从前所强订的诸种卖身文契，以强烈的革命火烟，彻底消毁馨尽，不容再留丝毫恶痕！

过去北京伪政府的外交传统政策，对于制我死命的不平等条约，尚采取一种懦弱的、不彻底的修而不废的主张，妥协让步、委曲求全的态度，致与列强进行数次修约，未得毫厘结果！

现在所谓革命的国府外交当局，仍受了从前外交传统政策的熏陶，承袭那懦弱妥协的一套，虽是全国弥满了废约的标语口号，而卖身文契依然永存，帝国主义者的压迫，较前愈益加紧！

就事实看，所有的卖身文契，多出我国对外战败后，屈于强权威迫所缔结，如《江宁条约》，是南京城下的盟文；如《天津》《北京》《马关》三约，是洋兵铁蹄下的产物；至如《辛丑条约》，则为八国联军以最凶恶、最强暴的手段胁迫造成的结晶，在道德上、法律上均无遵守的义务和拘束力，而现在国府竟与言的修改，是无异与虎谋皮！

国际间为要解决某种现时问题，始有条约的缔结，若是对象已失，则该条约根本无存在的必要和可能，列强对我国不平等条约的缔结时期，远者在七八十年前，近者亦经二三十年，其所解决的问题，已成为历史陈迹，对象已失，自无强人服从的理由，如已失时效的片面协定关税，蹂躏法权的领事裁判权，侵害领土完整的租界和租借地，横行无忌的驻华外兵、外舰，均应顺情势变迁，自动宣告废约，早日收回利权。

就理论言，凡缔结条约必须有代表民意者签字保证，国民始肯奉行，昏聩颟顸的清廷和祸国殃民的军阀，不顾民族危殆、人民痛苦，而私与各国订立多种卖身契文，自然是说不上代表民意四字。现在清朝政府已倒去十有八年，卖国军阀亦逐渐打倒，理应取革命的断然态度，自动宣告全部废除。如一八九〇年，俄国单独取消一八五八年《巴黎条约》中关于黑海中立的条约；一九〇六年，奥地利不征求《柏林条约》签字各国的同意而合并波、赫两州等等，别国虽虎视眈眈，但也莫可奈何。再如一九一四年的土耳其，毅然宣布一切外人在土各种特权的取消，未及五年，而土国已全部脱离了不平等条约的束缚。这些单方废约的前例，都是我们的好榜样，而现在革命的国府不效这些好样，偏认旧约有效，真令人莫名其妙。

现今的国际联盟，本是列强宰割弱小民族的协议机关，与欧战期内美前总统威尔逊所提出维持世界和平十四条件的初意，大相径庭，但查该约章第十条规定："同盟国相约保障土地完整，尊重政法独立，反对外界侵略。"又同约第十九条规定："凡同盟国间旧缔条约不适于现在者，得由各会员提交国际联盟议会复核，倘国际有违害和平之虞者，亦得由会中设法纠正。"又第二十条略云："凡从前所结国际条约，或两国间所协议之事项与本约法条款相抵触者，各该会员有提议取消之义务。"据这三条来论，列强以侵略手段强制我国所订诸种不平等条约，危害中国土地的完整，干犯中国的主权，实与国际联盟约章的精神相抵触，我国既是同盟的一分子，自可依据盟约，取消一切不平等条约，以维世界和平。且近年来列强常以武力强占我国的地域和利权,均与去年八月二十八日十四国在巴黎签字的《非战公约》,大相违犯。我们为酷好知平,消弭战祸,本应毅然决然宣告废约,但当局好似连依据约章、单独废除的精神都没有了。

理论和事实均已充分的证明不平等条约是应整个的废除,不当片段的部分的修改,而过去的和现在的外交当局,却硬将废约改为修约,致得结果全归失败,不但失却国民革命的精神,并又增添很多的恶果。兹将过去修约事实,举其要者,分志于次,即可明了历年废约的实际情形和今后应取的革命外交。

## 二 过去废约运动概观

我国对不平等条约部分的修改,是起于一九〇二年的《中英条约》,与一九〇三年《中美、中日条约》所订的领事裁判权和关税税率两事,至于正式进行修约,则有:(甲)一九一九年,巴黎和会中的修约希望条件;(乙)一九二一年太平洋会议我国提出的具体的修约案;(丙)欧战后奥、德、俄三国的自动废约;(丁)五卅惨案后的废约运动;(戊)一九二六年中比旧约的废除;(己)汉案发生后的收回租界运动;(庚)中西旧约期满的失效;(辛)近年来国民政府的废约进行。兹将上列各项经过摘要分述于次,其中关系最重大者,自以年来国府废约进行为要,故于该段不惜词费,详加述评。

甲 巴黎和会中的修约希望条件

欧战告终后,各国于一九一九年一月十八日在法国巴黎凡尔赛开和平会议,我国特派全权代表陆徵祥、顾维钧、王正廷、施肇基、魏宸组五人前往参与,提出两项说帖:其一为废除一九一五年五月二十五日《中日条约》及换文事;其二为中国要求应解决条件七项:一,放弃势力范围;二,撤退外国军队、巡警;三,裁撤外国邮局及有线、无线电报机关;四,裁撤领事裁判权;五,归还租借地;六,归还租界;七,关税自主权。以上七条件,均说明其发生的起因及应废改的理由。其说帖的结论云:"中政府提出说帖于和平会议,非不知此类问题并不因此次世界战争而发生，然和平会议之目的，固不仅与敌国订立和约而已，亦将建设新世界，而以公道平等、尊重主权为基础，征以万国联合会约法而益见其然。此次所提各问题，若不亟行纠正，必致种他日争执之因，而扰乱世界之和局。"故中国政府深望和平会议熟思而解决之如下：

1. 关于势力或利益范围者。其有关系各国各自宣言，声明在中国现无势力或利益范围，亦无提出此项要求之意。至从前所订一切条约、协议、换文、合同之授予领土上之专有利益，以及优先权、特权，足以造成势力或利益范围，而妨中国主权者，或可解释为含有授予之意者，并愿与中国商议修订。

2. 关于撤退外国军队、巡警者。凡法律上无所根据，现在中国之外国军队及巡警机关立即撤去。一九〇一年九月七日之专约第七、九两款，由和平会议宣告废止，自宣告日起一年以内，所有外国使馆卫队及依据该约而驻扎中国之军队，一律撤退。

3. 关于外国邮政及有线、无线电报机关者。自一九二一年一月一日起，所有外国邮局，一律撤去，此后非经中国政府明白允许，不得再在中国设立有线、无线电报机关，其业已设立者，由中国政府给价收回。

4. 关于领事裁判权者。中国担任于一九二四年底以前：（一）颁行五种法典；（二）在所有各府城设立审判所，各国则允将其领事裁判权及设在中国之特别法庭一并放弃，并在领事裁判权实行撤消以前，允从下开办法：甲，华洋民刑诉讼，被告如中国人，则中国法庭自行审判，勿容外国领事或代表参与讯断；乙，中国法庭所出传拘票及判决，得在租界或外国人居宅内执行，勿容外国领事预先审查。

5. 关于租借地归还中国。由中国担任归还后应尽之义务，如保护产业权及治理归还地之义务是。

6. 关于外国租界者。请有关系各国允于一九二四年年底，将租界归还中国，中国担任义务，保护界内之产业权。在实行归还以前，先按说帖所述，更改租界章程。

7. 关于关税为主权一端。请宣言由中国与各国商定时期，此时期届满时，中国得自由改订关税；又在此时期内中国得自由与各国商定关税交换条约，并得区别必要与奢侈之税则。其必要品之税率，不得轻提百分之二十五；在未订此项协约前，先于一九二一年废止现行税则；中国允于新协约订立时，废止厘金。

以上说帖递交巴黎和会最高会议后，大动世界的注意，而其结果仅得和会会长"业已阅悉，碍难讨论"的答复而已，这次的要求修约算是全归失败。

乙 太平洋会议中的具体修约案

欧战期间，列强无暇顾及远东问题时，日本乃乘机向我国大肆侵略，破坏欧美各国在远东的均势。欧战终后，列强转眼注意于太平洋问题，时美总统哈定，为解决远东一切纠纷，贯彻对华门户开放政策，遂于一九二一年提议召集限制军备会议，各国一致赞成，我国亦被邀参加。十月六日，北京政府施肇基、顾维钧、王宠惠为全权代表，十一月十六日太平洋远东问题委员会开第一次会议时，我国代表乃提出十大原则，由大会归纳为四条：

1. 尊重中国独立主权及领土、行政之完整。

2. 予中国以最好机会发展，并维持有力政府。

3. 用全力维持各国在中国工商业机会均等原则。

4. 不得乘中国现在状况营谋特别利益，而减少友邦人民之权利，并不得实行有害友邦安全之举动。

我国代表依据原则提出六项问题，要求大会解决，即：A. 关税自主；B. 撤去客邮；C. 撤消领事裁判权；D. 废止租借地、势力范围与特殊利益；E. 撤废驻华外国军警；F. 山东问题及中日各条件。其所持理由，多与巴黎和会相同。兹将各提案解决结果分志于次：

A. 关税自主案 远东问题委员会于一九二二年二月六日，决议下列九条款：

1. 参与会议之各国与中国，当速开特别会议，准备撤废国内厘金，实行一九〇二年《中英条约》第八条的规定。

2. 照现行输入税率，实行值百抽五，于太平洋会议闭幕后四个月以内，在上海组织改订委员会，从速决定，公布后不必再经批准，在二月以内实施。

3. 各项进口货，得征收附加税百分之二五，由该特别会定其细目，而对于奢侈品得加至百分之五。

4. 此项税则实行四年后，再行改订，以后每七年改订一次。至正确实施方法，由该特别会定之。

5. 凡与关税有关之参加各国国民，均当受平等待遇。

6. 关税无论由海由陆，一律平衡其实施方法，由特别会定之。

7. 通行税在第一条规定未实施以前，不得超过百分之二五。

8. 未参加本约之国，应请其承受此约。

9. 加入协定的各国，其对中国的条约，有与本约抵触者，一以此约为准。

B. 撤去客邮案　远东委员会第五次会议时，我国代表要求撤废客邮，嗣经大会决议三要点如下：

1. 中国保持切实办理邮务。

2. 中国政府须切实声明，不愿更易邮政洋员之地位，改变现有邮局行政。

3. 为使中国及有关系之国，举行必要之设备起见。此项办法实行之期，不得逾一九二三年一月一日。

C. 撤消领事裁判权案　我国代表在远东委员会要求撤消领事裁判权，于一九二一年十二月十日经大会通过，议决案大意谓："各国政府应组织一委员会，由各国分派委员一人，考查在中国领事裁判权的现行办法，及中国法律司法制度与司法行政手续，以便将考察所得关于各该项的事实，报告于各国的政府，并将委员会所认为适当的办法，可以改良中国施行法律的现在情形和辅助者，促进中国政府力行编订法律及改良司法，使各国逐渐或用他种方法放弃各该国的领事裁判权，建议于各国政府，但各国有自由接受或拒绝建议全部或部分之权，然无论怎样，不得借中国许诺任何利益特权而接受之"云云。

D. 废止租借地案　远东委员会第二次开会，我国代表说明要求各国速废租约理由，法代表当称法政府准备与各国同时归还租借地，仅须订立交还细则，英国则以香港与九龙势成掎角，不愿归还，只允交还威海卫；日本则谓日本的租借地，不是向中国直接取得，乃牺牲人民财产换来的，竟谓关东得自俄，为经济利益所在，不能归还；胶州得自德，可开谈判来解决，以便划定势力范围。后由英代表罗德本我国提案，制定一空洞议决案云："签约诸国公决对于各本国人民所缔结合同，凡关于中国特定地域内，创生势力范围者，皆不赞助维持。"

E. 撤退外国军警案　远东委员会关于撤退驻扎我国外军及警察一案，于一月五日决议，由北京外交团与中国委员三人组织一特别委员会，先行调查现状，其要旨有二：一、调查目下究竟有无继续驻兵必要，由中国政府派定委员三人，英、美、法、日、意、比、荷、葡八国驻中国外交官，应中国请求，与中国委员协同调查，并将公正事实附以意见报告各国。二、各国政府对于调查所得事实，承认与否，听其自便，然不得攫取政治上、经济上的特殊权利和其他利益，以为承认的代价。

F. 取消日本《二十一条》要求　我国代表于十二月十五日在大会提议，请取消一九一五年的日本《二十一条》要求，及许与各国在华特别势力范围的各条约，日本竟以《二十一条》只关中日两国为理由，拒绝讨论，延迟二月之久，日本币原外相始宣布愿将《二十一条》的第七项取消，该条计有三项，如下：

1. 日本将南满中部及内蒙古地方之借款，及铁道敷设独占权，以及各项赋税为担保的借款权，让与新银行团，但其范围则不含变更或取消已缔结的条项。

2. 日本对于中国的政治、财政、军队、警察等顾问之延聘，无主张优先权的意思。

3. 日本抛弃《二十一条》第五项交涉权的保留，我国代表对于此项部分的取消曾声明否认，后于远东会时由许士宣读我国代表团宣言，其要点略谓："《二十一条》的提出和订约，系出日本的强迫，与他种条约不同，故不能仅以撤回第七项为了事。"并以下列四项理由，要求废除一九一五年五月二十五日的《中日条约》及换文：一，日本向中国要求各项权利，并无报偿，此项条约完全为一方面的利益；二，有碍中国与其他各国所订的条约；三，与大会所采关于中国的各项原则不符；四，此条约常为中日龃龉之原，若不废除，将来必有伤两国睦谊，阻碍大会目的之实现云云。

综观太平洋会议，中国所得利益，除撤退客邮外，余则毫无结果，足见列强对华无丝毫诚意，用柔弱的外交手腕，以善言要求列强废约，当然难得结果。

丙　奥德俄三国自动废约

欧战告终后，我国以参战国的资格，加入国际联盟会，德、奥两国因战败被迫，乃放弃与我国所订的一切不平等条约，苏俄自一九一七年革命后放弃对外侵略政策，对于以前帝国时代与俄国所订的种种旧约，亦完全放弃。兹将废除奥、德、俄三国条约的始末，分述于次：

A.《中奥条约》　奥国与我国开始有条约关系，是在一八六九年的《北京条约》，规定通商航务等项，后有一九〇一年的《北京和约》，规定种种损害我国主权的约文，一九〇二年《上海协约》，重订中国进口税，一九〇五年《北京协约》，规定修浚黄浦河道。自欧战起后，我国对德宣战，中、奥国交于是中断，巴黎和会开会后，对于奥国的和平条约，我国签字认可，因此奥国从前对我所订下的不平等条约，完全宣布废除。今将巴黎和会中协商及参战各国与奥国间的和平条约，有关于中国者摘要录志于下：

第一百十三条　奥国就其关系之范围内，一九〇一年九月七日在北京签字的最后议定书各规定，连同补足之一切附件、照会及文件所生之特权及利益放弃，交还中国，并将一九一八年八月十四日以后，按照该议定书任何赔偿要求，同样放弃。

第一百十四条　一九〇二年八月二十九日，关于中国关税新章之协定，一九〇五年九月二十七日，关于黄浦江之协定，一九一二年四月四日增加之暂行协定，中国许予奥匈国之特权利益，今后不负给予之义务。

第一百十五条　奥匈国在天津之租界，及在其他中国领土内之房屋住房、炮台军械、浮桥船只、无线电报等公产一概让予中国，惟外交官所住房屋及器具不在让予之列。又北京使馆内奥匈国之公私财产，不得《辛丑和约》有关系各国之同意，不得任意处分。

第一百十六条　中国将天津之奥匈国租界，开为各国公共居留贸易地，惟不得因取消奥国租界契约，影响于参战各国人民在此界所有产业之权利。

B.《中德协约》　德国与我国缔结不平等条约，始于一八六一年的《天津条约》，规定通商航运及领事裁判权等项，其后陆续订约，计有六次之多。到欧战发生，我国对德宣战，欧战结束，关于对德和平条约，我国以日本攘夺山东境内前此让与德国，而此时则应收回的种种权利，未能收回，遂于一九一九年六月二十八日正式拒绝签字。其后乃得以此对德和约保留远东条款，而德国租界和德国所劫去的观象台、天文仪器，亦正式由我国收回。民国九年七月，德国派遣代表来华，拟与我国协议通商新约，经数度磋商之后，乃有放弃一切不平等条约所规定的权利，重新依平等互利各原则，订立《中德新约》，于民国十年五月二十日正式成立。

C.《中俄条约》　俄国自一九一七年三月革命后，各地纷起独立，无统一的政府，其在华使领已失去代表资格，我国乃按国际先例，于民国九年九月二十三日，明令停止俄国使领待遇，以免除事实上的困难。当时所订办法，即俄国在华人民保留其条约所赋予的利益，俄国租界由中国政府代为保管，在华俄人讼件仍由中国执行，后苏维埃政府欲与我国恢复邦交，乃于一九一九年发表宣言，谓："前俄帝国政府与中国订立之一切公约、条约、协定等项，愿概行废止。中东铁路、矿产、林业等权利，及从前俄国资本家所夺取中国一切权利，无赔偿，无报酬，一律发还中国，并抛弃一九〇〇年拳匪之乱所赔偿的军费，望中国进而与之交涉"等语。俄政府又于一九二〇年，向我国致通牒，愿恢复邦交。一九二三年七月，俄派加拉罕来华，任远东特别全权代表，进行交涉事宜，北京政府任命王正廷负责办理中俄交涉。一九二四年一月，双方议定《解决中俄悬案大纲协定草案》，于是月十四日签字，旋又归于破裂，直至是年五月交涉始趋进行，双方乃于三十一日议妥，举行正式签字，互祝邦交成立。从此十五条《中俄解决悬案大纲协定》、十一条《暂行管理中东铁路协定》七种声明书，以及一种换文，遂成为中俄间正式的基本条约。

丁　五卅惨案的废约失败

五卅惨案系由不平等条约而起，解决此案的根本办法，自然须从废约下手，故自该案发生后，国民愤激异常，齐起坚决要求废除不平等条约，于是十四年六月二十四日，旧北京外交部乃向使团提出修约的照会，略谓："为促进国际友谊，巩固中外邦交计，亟宜将中外条约重新修订，俾适合于中国现状及国际公理平等的原则。根据中国现时情形，此项条约已无存在的必要，请各国政府注意各国民意，依公平主义修正条约的提议，予以满足的答复。"殊使团竟以此项问题关系重大，借词请示本国政府，然后答复，以示拒绝。在未答复以前，段祺瑞乃于八月十八日照会参加华盛顿会议诸国，邀请派员参与中国关税特别会议，以履行一九二二年二月六日签订《关于中国关税税则条约》第二条的事实。当时各国政府，鉴于我国民气激昂，正想借关税会议来缓和空气，故除承认派员参与中国召集的关税会议外，对于我国政府请修正不平等条约事件，亦利用此会议以图搪塞。九月四日乃正式照会外交部，声称对于修约问题，须中国有保护外人之意愿与能力，关税自主须俟财政改良后加以注意，收回法权，须先从调查入手，再定办法。其他特权，如租借地、优先权却半字不提。于是我国提议取消不平等条约的大好机会，遂无形的断送了。

戊　中比旧约的废除

中国自五卅惨案要求废除不平等条约，因北京政府对外软弱无能，致遭失败。到了一九二六年始将中外各国间已届期满的通商条约提出修改要求，其有不允修改者，则宣告无效，如《中比条约》于十月二十七日期满，我国于四月间通知比国政府，希望修改，以达废约目的。兹将该约废除经过略述于下：

我国与比利时在一八六五年所订的《中比条约》与《税则通商章程》，于一九二六年十月二十七日期满，是年四月十六日由北京外交部致比使一照会要求废除旧约，另本平等互惠原则，订立新约。比政府借口该条约第四十六款，谓中政府无提议修约的权利，坚持不允。外交部又于六月一日致比使照会，声明在旧约期满以前，如新约仍未完成，当拒绝研究临时过渡办法，而比政府始终不承认此项要求，并将本案向海牙国际法庭提起诉讼。我国为保持原议，拒向该法庭应诉，乃于是年十一月六日毅然宣布比约失效，以示坚决。到翌年一月十七日中比改订新约会议开幕后，举行二次会议时，比使始报告比政府，已自动进行撤消国际法庭诉讼事件，愿意抛弃旧约，择期续开中比商约会议。过后又经了不少的波折，始达废除旧约的目的。

己　收回汉口租界的胜利

民国十六年一月三日，汉口各工团举行新年庆祝，在英界附近讲演，与上陆戒备的英兵冲突，英水兵竟蛮横无理，用刺刀杀伤华人多名，激动民众公愤，乃群集于英租界抗争，当经党军当局出面负责与领事严重交涉，群众始散去。次日，汉口各团体开联席会议，对于惨杀事件，议决五款，请求当局提出交涉，其第一款的第七条，要求解除义勇队武装；第八条为由我派军警入驻英租界，当由武汉国民政府接受转向英领事提出抗议，要求于本案未解决前，肇事兵舰不得移动半步，否则遇有变故，我方不负责任，一面并派兵入驻英租界内，由党代表陈群驻英工部。五日，汉口国民党复开联席会议，议决组织英租界临时管理委员会，管理租界内一切市政公安事宜。七日，九江又似汉口发生群众与英租界巡警冲突，事后由英人将租界交与我国军警维持。八日,汉口英租界临时管理委员会成立,外交部长陈友仁为委员长,宋子文、孙科为委员,并派武装警察维持秩序,当时英使蓝普生派参赞欧马利、书记达曼赴汉,一面调查真相,一面与陈友仁谈判。十二日至十七日,两人继续谈判,陈氏提出两点:一,英国须承认国民党的中国,不得与其他方面协议;二,在现在英国兵力集中的威赫空气,无与协议可能。二月十九日,谈判终结,协定文由双方签字,其要略如下:

> 三月十九日,英市政机关即行解散,以华人的新市政机关代之,新市政机关依据现有的特别区市政的办法组织之。三月四日,汉口国民党中央政治会陈友仁所提出《收回九江英租界协定》及《汉口第三特别区市政章程》通过认可。十五日,汉口英租界纳税人年会,乃依汉案协定通过议案,将租界正式交还我国管理,改组为第三特别区。至九江英租界,亦于二十日签字解决,实行收回。

这次对英外交,为我国空前未有的胜利,算是运用革命手段,取消不平等条约的先声。由此足见民众力量可打倒强权,政府如与民众合作,外交不难得着胜利!

庚 中西旧约的失效

我国与西班牙在一八六四年九月十日所订的《中西条约》,依照该约第二十三条的规定,于民国十六年十一月十日宣布无效,十五年十一月十五日北京外交部曾向西国公使通知,一届旧约期满即宣告失效,希望于将来修约时,本互惠的原则,订立新约;在旧约失效、新约未缔结以前,所有中西两国关系,则订立临时办法以为过渡。但西使对于此项办法,坚决表示反对,后经多次协商,均无结果。外交部当局以西使态度既不愿承受修约,遂照中比前例,宣告旧约全部失效。对于在京西使领及侨民,仍由各地方官保护。同时,国民政府外交部亦宣布西约失效,公布临时维持两国关系办法七条,如下:

一，对于在华西国外交领事官，应予以普通国际公法赋予之待遇。

二，西国人在华之身体财产，应受中国法律之保护。

三，在华西国人民，应受中国法律之支配，及中国法院之管辖。

四，西国人民在华之民刑诉讼事件，照无约国人民诉讼事件办理。

五，由西国或西人输入中国及由中国向西国输出之货物所应征之关税，照无约国及无约国人民办理。

六，各项税捐在华西国人民应与华人同等缴纳。

七，凡未经上列各项规定之事项，应按照普通国际公法处理之。

辛　近年来国民政府的废约进行

年来国民政府对于废约运动，采用懦弱妥协的态度，抱着修而不废的谬论，贸然与列强讨论修改，大大失却革命外交的精神，拱手断送不少利权，真是一件痛心疾首的大憾事。因其关系重大，特将年来国府所公布的废约办法，期满宣告作废后所结各约，与最近撤消领事裁判权、收回中东铁路和废止中日、中法旧约交涉各情形，述评其得失于次：

A. 废约临时办法　国府为妥协的渐进的实现废约主张，除竭力保护外侨生命财产示好外，对于修约问题，曾于去年七月七日宣言三项：

1. 中华民国与各国间条约之已届满期者，当然废除，另订新约。

2. 其尚未满期者，国府即应以正当之手续解除而重订。

3. 其旧约业已期满而新约尚未订定者，应由国府另定适当临时办法，处理一切。

其临时办法计有七条，如下：

1. 本办法各条所称外国及外人，专指旧约已废、新约未订之各外国及其人民。

2. 对驻华外国外交官、领事官，应予国际公法赋予之待遇。

3. 在华外人身体财产，应受中国法律保护。

4. 在华外人应受中国法律之支配，及中国法院管辖。

5. 外国或外人输入中国，及由中国向外输出货物应征关税，在国定税则未施行前,照现行章程办理。

6. 凡华人应纳租税,在华外人一律照章纳缴。

7. 凡未经规定事项,应依国际法及中国法处理。

B. 期满作废条约　自修约宣言及临时办法公布后,条约期满当然作废者,计有一八六六年(同治五年)的《中意友好通商行船条约》,一八六三年(同治二年)的《中丹友好通商行船条约》,一八八六年(光绪十二年)的《中法越南陆路通商章程》与《附约》,一八八七年(光绪十三年)《中法续议商务专条》,一八九五年(光绪二十一年)《中法续议商务专条附章》,一八九六年(光绪二十二年)《中日通商行船条约》并附属文件,一九〇三年(光绪二十九年)《中日通商行船续约》。以上各约均由国府先后通告关系各国作废。当时日本与意国态度强顽,坚不承认,及到中英宁案解决(十七年八月十三日),《中美关税条约》订立(十七年七月二十五日)后,意国见势难维持,乃乘机转变态度,允议新约。独野心不死之日本,竟始终强顽不悟,遂致早已失效之商约,迄今犹未解决(详情见后)。

C. 中外所结新约　国府于一九二八年中,与美、德、挪威、比利时、意大利、丹麦、葡萄牙、荷兰、瑞典、法、西班牙等十二国订立新约,各约规定中国关税自主,并以最惠国待遇为基础,关税完全互相平等,其中中比、中意、中丹、中葡、中西五条约,均规定有在特种条件之下,取消领事裁判权,故此十二条约可分为二类:一仅规定关税事项,一则于关税事项外,并规定领事裁判权事项。兹举中英与中比条约各要点说明于次,以明各约内容之一般。

1. 关税事项　《中英条约》于关税自主,其第一条规定为:

　　兹约定缔约国现行条约内,所有限制中国任意订定关税税则权之各条款一律取消,适用关税完全自主之原则。

其于最惠国待遇,则在第二条规定:

两缔约国人民，在中国或本约适用之英国各境内，运入或运出货物，不得有何借口，使其纳完之关税、内地税，或其他税项，异于或较高于各本国，或其他各国人民自同一产地所运货物完纳之税项。

又该约第三条规定船钞：

两缔约国现行条约内，所有限制中国任意自定船钞权之各款，英国承认一律取消。

所有中国境内之英国船只，及在本约适用之英国国境内中国船只，其所受待遇，不得次于任何他国船只所享受之待遇。

又该约附件一，规定关税上之最惠国待遇，申引如下：

（1）在条约适用之英国领土之货物出产或制造并运出中国之货物，及在中国出产或制造并运入上述英国领土之货物，无论从何处运来，关于进口税、内地税、通过税，及其有关系事项所受之待遇，不得次于任何他国出产或制造之货物所受之待遇。

（2）在中国出产或制造并运往本约适用之英国领土之货物，及在上述英国领土出产或制造并运往中国之货物，在出口前所课之出口税、内地税、通过税，及其有关系事项，不得次于运往任何他国之货物所受之待遇。

以上所规定的各条，乃国际公法上最惠国待遇的普通形式，惟中美、中德、中挪、中比、中意、中丹、中西条约等七条，仅规定在关税上对于侨民不得有差别待遇。至中英、中葡、中荷、中瑞、中法条约等五约，则更进一步有对于货物不得有差别待遇的规定。

又中英、中法两条约，于附件中曾违背原则，竟规定以裁厘为自主条件，显然是有意干涉我国内政问题。其英约附件三于关税自主，加以两点限制：一则对于国定海关税则中，限制所有按值征收或根据该税则之特定税率，须与一九二六年关税会议暂时议定之税率相同，且为对于英国货物所课之最高税率；一则限制此种最高税率须从该税则实行之日起，至少一年内不得变更。其法约换文二，对于越南陆路通商，亦声明在相当期间内，须保留其减低税率。这两种附约的规定，实为关税自主原则上所不许，故国府虽空言宣告于今年二月一日实行自主，而实际上仍在施行等差税，迄今犹未将海陆税关画一征收。

2. 取消领事裁判权及内地杂居　《中比条约》于规定关税事项外，更规定领事裁判权。其规定要点可分三项于次：

（一）侨民受所在国法律支配，该约第二条规定："此缔约国人民，在彼缔约国领土内，应受彼缔约国法律及法院管辖。"该约附件五："比政府宣言，中国政府如期公布之法律章程所规定之捐税，如其他有约各国人民均行完纳，比利时与卢森堡在中国之人民亦应完纳。"

（二）在一九三〇年一月一日以前，有条件的取消领事裁判权。该约附件一："中国政府声明：本日签字之《中比条约》第二条，系定于民国十九年一月一日开始实行，在是日期以前，国民政府将与比国政府订立详细办法，以便中国对于比国人民执行法权。如于是日期不能订定办法，比国人民以后，应一俟现在中国享有治外法权各国之多数应允抛弃是项特权，即服从中国之法律与法权。"

其他中意、中丹、中葡、中西各约，均有上项相似的规定，惟中意各约竟声明"中国与签字《华盛顿条约》各国议定取消领事裁判权之后，定一日期，自该日期始，意国人民受中国法律及法院之管辖"云云。此项规定，适足以表示比、意等国无诚意取消治外法权。至《比约》所附解除条件一项，尤应深罪国府外交的软弱失着，即是说在我国的比国人民应受法律及法院管辖，则至多亦不过规定一日期，从此日期起，实行放弃治外法权。今政府竟将有关内政问题之订立裁撤办法，允与比政府商订，真是荒谬极了！

（三）在中国内地取得财产、居住、经商、自由权，该约附件四：

"中国政府宣言，俟在华比国人民不复享有领事裁判权，及中比两国关系立于平等地位，中国政府因中国人民在比利时与卢森堡境内任何地方，得准居住经商及发达事业，故准比国人民在中国享有同样权利。"

此项声明为中比、中意、中丹、中葡、中西五约中最重要之点，亦为我国最失利之处。因我内地经济资本与智识能力，胥有不容外力深入的困难情形，今贸然允许外侨在内地有居住、营商及享有土地权，则外侨与我国人民处于平等地位，竞争结果，我们必然不敌外人。此项规定于国计民生实甚危险，现虽经中央政治会议，对于居住、营商及土地权等事，加以"悉依所在国法律章程规定"的修正，但今后于实行时，如不慎图补救，必将大丧利权！

D. 最近修约交涉　最近的修约交涉，计有废除领事裁判权、收回中东路、废止日约、修改法约诸问题。兹将其各项原委，分目述评于次：

1. 收回法权　国府对于撤消领事裁判权事件，曾于今年四月二十八日向英、美、法、荷、挪威、巴西六国，致送撤消照会，历时三月余，方于八月十二日接得各国答复，表示目下不能即行撤消。各国覆牒，以英、美两国照会最为冗长，其立言方式各有不同，而拒绝裁撤则一。美牒措词甚为露骨，其最扼要的意思是："须仰赖有一种熟习的法律制度，以确实保障其不致遭逢损失与没收。此项法律，应由独立法庭，加以一致的解释，并以忠实态度从事执行。倘失去是项保障，则个人之生命与自由，将常成非法攻击之目标，而其财产将常有武断的行政处置，将其整个或一部份没收之危险。"该牒更进一步最不客气的表示，谓："贵政府对于下述各节所列事实，必能表示同意，即在贵国今日通常之情形下，敝国领事法庭，突然取消其保护制度，其影响所及，将令敝国人民之财产，有受非法没收之危险，及其生命之自由。"此等言论，是直指摘我国法庭不能保障人民之财产与生命，大言无讳的损毁我国家体面。至英国的覆牒，措词虽较和缓，但亦明说"此种革新法律欲使其生动而切于实用，则不但秉政者对于泰西法理有明悉及赞许之态，即大众人民，亦必同一明悉而赞许之。且执行此项法律之司法机关，必须不仅不受军事将领之干涉与督饬，即自行设置专横非法裁判机关，及欲利用合法裁判机关，不以对华人两造或华洋两造持平执法为事，而反求达到政治目的之团会等，亦皆不可得而干涉督饬之"云云。

综观上述英、美两覆牒要点，不过借口我国司法未独立，以相钳制收回法权。现国府外交部又于九月五日，再向各国发出二次照会，期于明年一月一日取消领事裁判权，并于本年八月三十一日先将各地普通交涉署取消，使各领事无有对待机关。但就最近各国对我收回法权态度看来，英、美、法等国既未同意于即时的变更，日本竟将此项要案包括于商约交涉以内，须待新公使佐分利氏到后，才能讨论。目下瞬届年终，要想各国于数月内承诺收回法权，事实上殆不可能，而国府本年对外的最大目标——撤消领事裁判权——又算落空了！

2. 中俄交涉　一九一七年俄国革命成功建立苏联政府后，标榜着反资本、反侵略主义，掩饰其假面具起见，乃向我国一再宣言声明放弃帝俄时代与我国订立的不平等条约，对于中东铁路，于一九一九年第一次对华宣言里说："劳农政府愿将中国中东路及租让之一切矿产……侵占得来者一概无条件归还中国，毫不索偿。"到一九二〇年第二次宣言里又作同样声明，使我们于奸狡百出的俄人，不致怀疑有其他企图，故于民国十三年正式签定《中俄解决悬案协定》时，曾规定"互相担任在各该国境内，不准有为图谋以暴力反对对方政府而成立之各种机关或团体之存在与举动，并允诺彼此不为与对方国公共秩序、社会组织相反对之宣传"，同时并签定《暂行管理中东铁路协定》，声明中东路纯系商业性质。殊苏俄于签约后，仍旧继承帝俄侵夺权利的手段，不但不履行"无条件归还中国，毫不索偿"的一再宣言，并违叛协定，纵使以中东路为根据地，密谋扰乱我国社会秩序，颠覆我国政府，大作反动宣传，组织暗杀团，破坏军纪，准备暴动以扰乱我国和平统一的局面。今年五月二十七日，哈尔滨苏联领事馆竟肆无忌惮，秘密召开第三次宣传大会，意图不轨，幸被东省特别区警察管理处探悉。为维持国家社会安宁秩序起见,乃派员在该馆地窖内拿获正在开会之数十人,多系苏俄外交官吏、中东路重要职员,以及各机关之领袖,并当场搜获焚毁未烬的文件多种。当将有关系的俄人及其机关暂时拘禁封闭,并收回中东路,于是轰动世界之中俄交涉,自此开始。殊苏俄政府反于七月十四日向我国致一最后通牒,提出无理的抗议,同时并断绝西伯利亚的交通,下动员令到边境向我示威挑衅,蹂躏边地几达千里,复遽令我国驻俄使领及华侨出境,加以诸种威吓侮辱。我国政府于接到苏俄通牒后,除以公正态度向之驳覆外,并令边地防军作相当防卫,至双方交涉现已一再搁浅,正式谈判一时间难以进行,唯望外交当局对此事件务要争回中东路固有权利,灭绝根株,以保障国家社会的安全与生存。

3. 日约废止　光绪二十二年,林董与张荫桓等签结的《中日通商行船条约》,于本年七月二十日为延期届满之日。届期国府外交部实行宣布废止,并送照会于驻宁日领冈本,以七条临时办法待遇日本国民,希望根据互惠平等原则,从速任命委员订立新约。殊日本竟出反对,曲解《中日通商条约》第二十六条之规定,主张现行条约自一九二七年四月二十日起有效十年,对于缔结新条约,须再加考虑。后又有我国外交部于八月二十九日宣布旧约失效的对日二次照会,除驳复日本曲解二十六条文外,希望其速订平等互尊主权的新约。日本仍一再坚持,要求不必根据外交部宣言的临时办法,只依据国府书面保证和两国互惠平等原则。直到现在,日本对于新约问题,仍空谈平等互惠,而不就事实磋商。此案甚望政府改变妥协懦弱的态度,坚持废约主张,始终贯彻到底。日本顽梗狡赖,漠视国际信义,胜利终必属我。

4. 中法修约　当去年七月七日,《中法越南商约》及其附属条约满期时,曾由国府外交部照会法国公使,声明废除。十月九日,又由外交部照会法领表示:"为增进中法两国固有的友好关系,与法政府为进一步的接洽,本平等互相尊重领土主权的原则,修订现行条约,并解决其他悬案。"当由该领复照表示赞同,直至今年七月二十五日，中法双方始开正式会议。法方洞晓越南扼我交通咽喉，竟不顾国际公例，坚持反对取消通过税，至今尚悬而未决。切望我方外交当局，勿再让步求全，赶快根据世界国际运输通过免税公例，断然取消此项违例背理的恶税，以免再被失效之不平等条约所束缚，而将应有利权拱手断送。

其余如英、瑞典、土耳其、捷克斯拉夫、古巴、荷、暹罗、意、葡、西等各国，现均派有代表，向我国进行缔结新约，刻正协商谈判期间，尚无具体结果可言，故略而不述。唯盼外交当局今后务以互惠平等、尊重双方主权为铁则，免再有丧权失着之处。

至于天津比租界，现已由我国正式接收，其余亟待收回之上海（公共租界、法租界）、厦门鼓浪屿（公共租界，英、日、美租界）、福州（日租界）、汉口（法租界、日租界）、重庆（日租界）、镇江（英租界）、杭州（日租界）、天津（英、法、日、意租界）、牛庄（英、日租界）、沙市、安东（日租界）等十一处约定的租界与早已满期的旅顺、大连湾（一九二三年满期）、威海卫（一九二三年满期）三租借地，为完整我国的行政、收回治外法权计，国民政府亟当立即着手收回，不应再以国防问题相推托，而置之不闻不问。

历年来废约经过评述既尽，兹将今后以革命势力为后备的国民政府所应持的废约态度，申述于后，以作本文的结论。

### 三　今后的革命外交

废除不平等条约，为国民革命最大的目标之一，亦全国民众今后努力的焦点。我们综观过去的废约运动，要望达着圆满目的，须根本认识废约的主张，不能空望任何国自动赞成，必要本身先有力量，运用革命的外交，使各国不能不赞成我们的主张，尤须以民众的力量，做外交后盾，使帝国主义者不能不依照我们合理的主张，更要共同努力，形成健全的民族，建造富强的民国，建设充裕的民生，使不平等条约根本不能存在，列强的政治和经济永远不再侵略，以实现三民主义的国民革命，始足以言打倒帝国主义。

除历年废约的成绩不说，只看去年七月七日国民政府外交部向各有约关系国宣告废除，结果怎样？所公布的七条临时办法，实行与否！虽是近年以来时见外交当局向列强要求废约，有的固已修改，有的正在交涉，有的却是空口表示赞同，而实际提出条件竭力反对，表面上好似外交空气日见改善，然一考诸种不平等条约的缔结，乃帝国主义者处心积虑利诱威迫所造成，与之言修改，无异与虎谋皮。因为帝国主义者对于由过去不平等条约所得来的种种权利，便以为既已得到，就不容放弃；而由过去种种侵掠所造成的局面，便以为既成事实，就决不容推翻。所以我们检阅了过去废约运动的情形后便明了了，力争多年的关税自主，实际仍行差等税；一再通告撤消的领事裁判权，列强竟借词钳制，破坏行政完整的租界与租借地，依然被各国割据称雄。至于违法屯驻的外国军队，更是悍然以行，如入无人之境。由以上诸种事实，可使我们大彻大悟，于脑海中深印着两大认识：

1. 不要再希望帝国主义者自己觉悟，声明废约，与他去讲道德、说法理。因他站在侵略弱小国家的立场，除竭力侵掠压迫外，根本不了解世间有所谓人类道德，与扶助弱小的国际法。

2. 不要希望国际的假和平者出来协助，而忘却准备自己的实力！因为不平等条约是帝国主义所持以压迫弱小国家唯一的利器，没有实力为后盾，他将永远不会放弃。

依据这两大认识，我们今后对于废约的方法：就外交言，是要用革命的权威，采取断然的处置，无条件的把他废除；就民众言，必要我国民族一致团结，准备与帝国主义者作生死的抗争，以为革命外交的后盾。但一盘散沙似的四万万民众要怎样才能团结起来呢？必须恢复民众运动，一致组织起来，扩大宣传，使人人明白帝国主义者强用不平等条约，以实施其经济侵略与政治掠夺的残暴情形，使个个均了解自己处在卖身契约的束缚下，生存地位的危险惨痛，以激发民众蓬勃愤兴的精神，将那旧有的不平等条约悉数撕毁。这可说是目前废约最切迫而紧要的工作，也是实行废约最直捷而有效的方法。

既有了全民的力量和革命的外交，集中意志共同努力于废约运动，自然是无坚不破、有志竟成。若列强有狃于既得特权，竟抱强硬态度，以武力威迫来反对废约，而不愿取消从前在我国侵略所得的政治上和经济上的优越势力，那便是阻挠我们废约运动的生死大敌人，自应一致愤起努力，扫除此种势不两立的障碍物。其最有效的对付方法，莫若厉行经济绝交。因为帝国主义者的经济基础，完全建筑在我国销场上面，其经济侵略手段，又借不平等的条约为护符，只须我们能整齐步调，完密组织，坚决到底的去厉行经济绝交，则被抵制国的工商业必遭重大打击，其经济全部将受莫大影响，那时列强的经济势力，既无法施其侵略于外，而国内又呈不安险象，彼必自行放弃其对我威迫政策，而低头屈服于我们废约的正当要求。这时我们便可本着勇往直前、无所顾忌的精神，运用革命的外交手段，迅即

收复已失领土和藩属；

收回一切租界及租借地；

收回在中国领土内属于外国所有的铁路，和外国船舶行驶内河的航权；

收买各国航行内河、内港的商船及趸船、码头、堆栈，并各口岸的洋商机器制造厂；

撤消领事裁判权；

撤消一切势力范围的规定，暨外国军警在我国领土内驻屯；撤退常泊内河的外国军舰，回复内河航权；撤消内河各约，开商埠一律改为我国自开；

撤废边界通商的一切特殊办法，改作普通待遇；

彻底实行无条件的关税自主，划一海陆税关征收办法，取缔洋商特种营业，改良华商杭织洋货税法；

彻底解决根据不平等条约，以横暴行为加诸我国民族所演之种种悬案、惨案；

打破一切不平等的外交成案成例……

若我们不将以上各项圆满达到，是万难回复我国八十余年所丧失的主权，是无望争得国际地位的平等。列强如有愿与我国从事开诚布公、磋商废除旧约者，自当以平等互惠为原则，订立新约。但对于新约条款，无论条文如何繁简，均应作为新约的基础，绝不能像目前这种修而不废的补充旧约。同时并应确定时间，如期完成整个的新约。如期满后，新约未竣则旧约已废，则作无约国论。废约外交苟能如此进行，则今后的缔约问题，当不致如今日的迁延难决。若在协商期内，列强有以国际会议的形式或秘密的组织，要求解决废约问题时，我国则当严加拒绝。因国际对华会议，乃列强对我协调政策的结晶，如与共同裁判，不过徒供其把持操纵而已，将永无希望彻底废约的可能。今后对于此点亟应严加注意，免被朦哄诈骗。现值中俄外交吃紧，收回法权在即，我们应即卧薪尝胆，刻苦自励，确遵中山先生遗教，努力完成革命建设事业，以表现国民独立自强的能力，而作根本消灭列强以不平等条约虐我的铁证。

一九二九年十月一日于成都诚庐

原载1929年10月10日《新四川日刊四周纪念增刊》

# 金会宁考

会宁为金之发祥地。其建为都城也，历金太祖、太宗、熙宗三朝。至海陵贞元二年，始迁都于燕，而废除会宁上京之名。是会宁为金首都者，前后亘四十年之久。及其末造，陷没于蒙古，而会宁被毁，后人求其遗迹而不得，诠释之者遂不一其说，致令金初战攻之形势，开国之规模，模糊影响，晦暗而不明，为读史者之一大障碍。此愚斯考之所以不得已于作也。

## （一）关于会宁之史料

《金史》卷二十四《地理志》："上京路，即海古勒之地，金之旧土也。……国初称为内地，天眷元年号上京。海陵贞元二年迁都于燕，削上京之号，止称会宁府。东至呼尔哈六百三十里，西至肇州五百五十里，北至扶余路七百里，东南至恤品路一千六百里，至海关路一千八百里。"观《金史·地理志》之文，以海古勒为要点，海古勒之地明，则会宁之所在即可知矣。

《三朝北盟会编》卷三："女真，古肃慎国也。……世居混同江之东，长白山鸭绿水之源。又名阿术火，取其河之名，又曰阿芝川来流河。阿骨打（太祖名）建号曰皇帝寨，至亶（熙宗名）改曰会宁府，称上京。"观《三朝北盟会编》之文，以阿术火为要点，阿术火之地明，则会宁之所在即可知矣。

金初起会宁略图

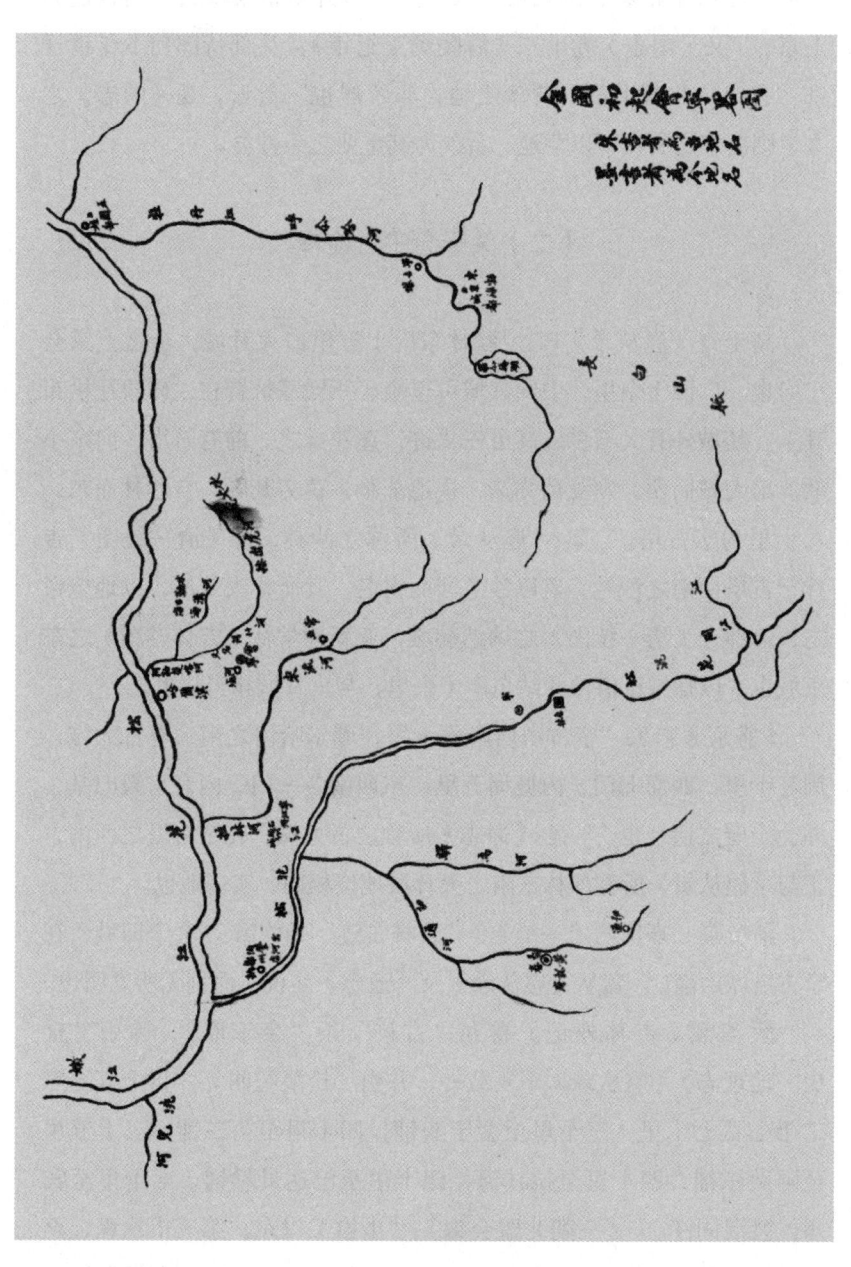

《大金国志》卷三十三"地理"条："国初居草地，无城郭，星散而居，呼曰皇帝寨、国相寨、太子庄。后升皇帝寨曰会宁府，建为上京。"又《国志》卷十三《海陵炀王纪年》：兵部侍郎何卜年请迁都，有曰"北番上都，黄沙之地，非帝居也"云云。观《国志》之文，则会宁之所在，以草地、黄沙为其重要之条件矣。

## （二）关于会宁之诠释

高士奇《扈从录》曰："沙林东南十五里曰火茸城，金之上京会宁府也。广四十余里，中间禁城可里余。三殿基址皆在，碎碧瓦棋布其上。禁城外有大石佛，高可三丈许，莲花承之。前有石塔，向东小欹。出大城而西，则芰荷弥渚，逶迤茫渺，莫穷其际。自沙林而东，八十里为宁古塔。"案：《扈从录》所称之沙林，即《清一统图》吉林宁古塔西南之沙兰，盖以沙兰河而得名。其所称火茸城，以地望考之，盖即今《清一统图》之纳纳赫城，亚新地学社《吉林省图》之东京城也。以是城正值沙兰站东南十余里，与火茸城相当故也。

《盛京通志》："宁古塔西南六十里，瑚尔哈河之南，有古大城，周三十里，四面七门，内城周五里，东西南各一门，内有宫殿旧基，即会宁府之遗址也。"案：《通志》所称之古大城，在宁古塔之西南，正与《扈从录》所称沙林东南之火茸城地位相同，实一地也。

清乾隆、嘉庆两《一统志》"吉林古迹"条均云："会宁旧城，在宁古塔城西南。"盖从《扈从录》及《通志》之说，而别无所发明也。

萨英额《吉林外记》卷九"古迹"条"会宁府"，除引《金史·地理志》《扈从录》不复载外，并引《松漠纪闻》："自上京至燕二千七百七十里，三十里至会宁头铺，四十里至第二铺，三十五里至阿萨尔铺，四十里至拉林河，四十里至巴达贝勒铺，七十里至宾州，渡混同江。"《三朝北盟会编》："出榆关以东，第三十八程，至拉林河，终日之内，山无寸木，地不产泉。又五里至矩古贝勒寨，尽女真人。第三十九程至馆，去上京尚十里。"宋许亢宗《奉使行程录》："过混同江，四十里宿呼勒希寨。第三十六程，自呼勒希寨东行五里，契丹南女真旧界也。八十里至拉林河，行终日，无寸木，地不产泉，人携水以行，渡河五里至矩古贝勒寨。第三十七程，自矩古贝勒寨七十里至达河寨。第三十八程，自布达寨行二十里至乌舍郎君宅。又三十里至馆。此去北庭尚十里。"萨英额案语曰："《金史》原文云：'国言金曰按出虎，以按出虎水源于此，故曰金源。建国之号，盖取诸此。'考国语金曰爱新。《金史》旧解以金为按春，国语耳坠也。耳坠以金为之，因误为金，并按出虎亦误为金。吉林境内无爱新水，亦无按春水，考之当为阿勒楚喀河。盖据《松漠纪闻》《北盟会编》及《大金国志》诸书，金上京行程，过拉林河一程，即至上京驿，东至阿勒楚喀，不过百余里。阿勒楚喀河源在吉林城北，拉林河源在吉林城东北，而金上京宫阙距混同江二百六十里，去拉林河一百七十五里，核之即阿勒楚喀之明证也。"诚案：《金史》及诸书所称之混同江，即今吉林省城永吉县境之松花江；萨英额所称之阿勒楚喀河，即今阿城县境之阿什河。核其地望，实位于吉林省城之北境，而非在宁古塔之西南也。

日本人鸟居龙藏所著《满蒙古迹考》第七章"金之上京"条有曰："金之兴也，其中心地为上京。上京之地，即在今日哈尔滨之东，中东铁路阿什河站之南方。因此处有土城，其中有当时之遗物也。"又曰："金代古城壁，在今阿城县之南门外。城内尽成耕地，不仅无丘上之建筑物，即所有之石，亦大概运往阿城市街以铺地。其中有雕刻莲花，最堪珍贵。明治四十年顷，将此地之石送往日本内地作庭石者甚多，今竟不留一础矣。"案：阿城县设于前清宣统元年，即昔之阿勒楚喀城也。其濒城之阿什河，即昔之阿勒楚喀河也。

### （三）对于诠释会宁诸家之批评

总览诠释会宁之诸说，可大别为二类：一为主张会宁在今宁安县（即宁古塔）之西南。《扈从录》《通志》《清一统志》等属之。二为主张会宁在今阿城县（即阿勒楚喀城）之南。萨英额、鸟居龙藏等属之。今欲论两说之是非，必以是否合于会宁史料为标准。第一类诸说，以会宁在宁古塔之西南，今考宁古塔滨于瑚尔哈河（即今牡丹江）之南，而东京古城又在其支流沙澜河之南，所谓《金史》之海古勒也，《北盟会编》之阿术火也，《大金国志》之草地黄沙也，均无一而合者也。则第一类之说，虽方志相传，而违于事实，其不足以成立也明矣。至第二类之说，萨英额氏以按出虎水为今之阿勒楚喀河，而据各书行程以为证，实为数百年来宅京考上之一重大发现，然仍徘徊于旧志之间，而引宁古塔西南古大城之说，谓金上京之地，总在今宁古塔之西，混同江之东，以今道里按之，当在塞齐窝集左右。塞齐窝集岭上有故城址，相传为金时关门云云。是既欲比附牵合于旧志之文，又不能确指会宁之所在地，使会宁问题依旧陷于依违两可之境，而未予读者以明了之解决也。鸟居龙藏氏亲访阿勒楚喀之古城矣，然不能详引历史之事实以为说明，又无确切之证据以杜反对者之口。是会宁虽有阿勒楚喀之发现，而终未能令人踌躇满志者也。

## （四）论定会宁之疏证

会宁地既僻远，又经毁灭，其关于物质之方面，既难为实地之证明，则其论证之方法，须从地名、地势、道里、史事各方面为之说明，必须一一相吻合而无抵牾，然后会宁之说乃可定也。今试为依次疏通证明之。

（A）会宁地名之疏证　会宁既为海古勒之旧地，则海古勒果何在乎？案《金史·世纪》："其先迁徙不常，至献祖绥可时，乃徙居海古勒水。……自此遂定居于按出虎水之侧矣。"据《清一统志》"吉林山川"条："阿勒楚喀河下有海勾河，源出扎松阿山，西北流入阿勒楚喀河。"海勾，今图俱作海沟河，即《金史》海古勒水之译名。盖海勾，即海古之异译，而勒则满洲语之语助词，汉译可省者也。案出虎即《北盟会编》阿术火之异译，均与阿勒楚喀同音，而汉译又为阿什河，则为《北盟会编》又一说之阿芝川也。《北盟会编》之来流河，即今吉林之拉林河，据《清一统志》拉林河条："源出拉林山西北，流经阿勒楚喀城西，一百二十里，至城西北，二百五十里，入混同江。"是会宁之地，正居拉林河东，阿勒楚喀河西，与《金史》旧海古勒之地居案出虎水之侧相符。此证之地名无一不合者也。

（B）会宁地势之疏证　宁古塔西南之古城，建筑于四面开朗之台地上（见《满蒙古迹考》），绝无营垒、堡寨之形式，与金初所称之皇帝寨、相国寨者全然异其指趋。据《满蒙古迹考》，阿勒楚喀之古城，在阿什河畔之高地上，其外部城壁多作凸出状，城外有大濠城，是其城傍水依山，既据形胜之地，而所遗留之城濠残迹，在在均足表现其攻守之建筑，足见金初建设都城，尚仿佛旧俗堡寨之遗意。且阿勒楚喀之西北，与东蒙之郭尔罗斯相近，塞草覆地，唯见黄埃。此证之地势无一不合者也。

（C）会宁道里之疏证　《金史·地理志》所载会宁之四至地，北南荒远，难以实证，惟东之呼尔哈，为今宁古塔东之牡丹江；西之肇州，为今伯都讷城南之出河店（清改名珠赫店）。清康熙十六年，宁古塔将军萨布苏曾以绳量宁古塔西关门至吉林东关门，约六百三十里，此与《金史》会宁东至呼尔哈六百三十里之文合。若宁古塔西南之古城，附近牡丹江畔，不得言至呼尔哈六百余里也。今伯都讷城，东至阿勒楚喀六百里，与《金史》会宁西至肇州五百五十里文合。若至宁古塔，则相距千余里矣。又许亢宗《奉使行程录》，每程经过，道里分明，"自第三十六程渡来流河（今拉林河），五里至句孤寨，自此以东，散处原隰间，尽女真人，更无别族。自句孤寨七十里，至达河寨。自达河寨四十里，至蒲挞寨。自蒲挞寨至金使馆十里，即至北庭"云云。核其里数方向，均与阿勒楚喀城相符，而与宁古塔城相违。此证之道里无一不合者也。

（D）会宁史事之疏证　金初关于会宁之史事，虽无直接实指之明文，而间接之邻国，与对辽之用兵，可借证以明之。《契丹国志·天祚纪》云："女真东北与五国为邻。五国之东邻大海，出名鹰，自海东来者谓之海东青，小而俊健，能擒鹅鹜，爪白者尤以为异。辽人酷爱之，岁岁求之女真，女真至五国，战斗而后得。女真不胜其扰。"《金史·世纪》云："乌古迺时（乌古迺为金太祖阿骨打之祖父），五国蒲聂部节度使拔乙门叛辽，鹰路不通，辽人将讨之，先遣通肯来谕旨。乌古迺曰：'可以计取。若用兵，彼将走保险阻，非岁月可平也。'辽人从之。"盖乌古迺畏辽兵之入其境也，故自以为功。就上举二事观之，则会宁介辽与五国之间，而当两国之孔道。五国之地点既明，则会宁之地点自定矣。然试问五国之地点果安在乎？《啸亭杂录》以五国头城在伯都讷（今吉林扶余县），《扈从录》以五国城在松花、黑龙二江合流处之羌突里葛尚（今吉林同江县北），《盛京通志》以五国城在三姓（今吉林依兰县）。若以金隶五国于瑚尔哈路衡之，则三姓与羌突里葛尚正在今阿勒楚喀之东北，为辽鹰路之所必由也。使会宁而在宁古塔者，则三姓在其正北，辽人出宁江州（今吉林扶余县东南），径沿松花江而东北，以通五国，必不自西而东南至宁古塔，再自南而北至三姓，以自纡回其鹰路也明矣。至金初对辽之战争，以宁江州、出河店两役为最大。辽之备金人也，首集诸路军于宁江州；阿骨打之侵金也，会诸路军于拉林水。及阿骨打既破宁江州，辽天祚遣都统萧乣里、副都统托卜嘉将步骑十万会于鸭子河（今名松花江），阿骨打与敌遇于出河店，大败之。辽之伐金也向东北，金之攻辽也向西南，是会宁在松花江东北之阿勒楚喀，必不在松花江东南之宁古塔，观于兵事攻守之重心而可决矣。此证之史事无一不合者也。

## （五）会宁误解为宁古塔古城之由来

今尚有两端疑问者，一则前人何以误解宁古塔为会宁，一则宁古塔古城既非会宁而为何城，尚有说明之必要。关于前一疑问，则以辽东自金卫王大安三年以来，东京（金东京即今辽宁省辽阳县）为蒙古将者别所克，而耶律留哥起于前，蒲鲜万奴乱于后，会宁为蒲鲜万奴所据，改为开元路，建都其地。万奴僭号凡十有九年，至蒙古太宗时，为诸王阿勒赤歹、嗣国王塔思所讨平,开元、恤品两路均入于蒙古。则会宁之毁灭,必在于是时。后之考古者,以会宁废城既无可征,遂指同一松花江东之宁古塔古城当之。传说相沿,明清各《一统志》皆循之而不疑矣,此误解之所由来也。至于宁古塔西南之古城,实为唐末勃海国之首都,《唐书》称勃海以肃慎故地为上京,曰龙泉府,其地在忽汗河东。忽汗河者,今之瑚尔哈河,所谓牡丹江者也。唐贾耽曰:"勃海王城临呼尔罕海,其西南三十里有古肃慎城。"呼尔罕海者,即今宁古塔西南之毕尔腾湖也。后人不明会宁之所在地,遂以金人灭辽设都于勃海上京为言,而不知其非也。

原载1935年7月《国立四川大学季刊》第一期

# 复宋芸子论国学学校书

源澄于叶先生生前无一面之缘，近由蒙文通师征得其遗文，将依次发表于本刊。本篇虽是一封书札，叶先生讲学大旨，可以由此窥见。此书想当是宋先生长国学院时所为，固未采纳，或由人才缺乏之故，不能不为国学界惜。然法亦待人而举，以现在大学文史两系观之，又不能过存失望。此乃十余年前之文，或不免有失时效之处，望阅者耐心读之。叶先生讲学之态度，则反对抱残守缺之国学，而提倡科学化之国学。叶先生讲学之精神，则提倡有体有用之学问，而反对以学问为装饰品。叶先生对于国学之前途，志愿极大，内而发挥国学之效用以养成东亚伟大文明之国民，外而欲使国学发扬为世界之学。平心论之，并非夸大，且是中国人尤其是治国学者所应负之责任，惟视努力如何耳。惜当今办学之人，无此眼光，教授中即或有具此眼光者，孤掌难鸣，亦惟随顺世俗而已。此点请当今主持各大学文史科者留意留意，过而能改，有厚望焉。叶先生所提倡之科学化之国学，乃是以治科学之精神治理国学，以与学有关之科学辅助国学，并非如现在一般所标榜之以科学方法整理国学也。叶先生所谓为学问而修学，与梁任公先生所谓为学问而学问之意，亦不尽同。因叶先生自谓学问在于立身应务，故虽一字一句，必有大本大源在，然后不成为装饰品，反之即为装饰品；富人得之则为玩物，贫人得之则为废物，废物无益于人，自甘为废物，必先无待于人，制造生人为废物者，罪不容于死。即梁任公之学问，亦不是装饰品，而且影响于社会者甚大。为学问而学问，不过为清代人立门面耳。梁任公学问之门径，可从《万木草堂学记》看出，其渊源在康有为之《长兴学记》，康有为则本于朱九江，此乃当今国学界应走之路不可缓也。《万木草堂学记》虽为小学而设，但不仅是今日青年朋友有志于国学者应读之书，即现在一知半解而滥竽国学讲座之先生，亦无妨降心细读。至于叶先生所提之国文教员一事，尤值得注意，因此中应发挥者多，介绍文字超过本文，殊又不似，姑且从略。伏愿关心中国民族前途者留意及之。李源澄敬记。

窃以近三百年来，智识上之学问已趋于科学世界，无论东西各国之学术，必须经科学方法之估定，始有真正之价值，吾国国学当亦不能外此公例。居今日而谈国学，若不受科学之洗礼者，窃未见其可以发扬而光大之也。夫吾国学术丰富，数千年来演成之独立文化，持与欧洲文明史比较，洵无愧色。只以近数百年中，吾国学术停滞，少所启明，而欧洲学界锐进，一日千里，不独吾国国学瞠乎其后，即希腊、罗马之文明亦如横污行潦之比长江大河也。此非近百年之人智突过东西数千年之圣哲，实受科学发明之赐，而学术界乃有革新之成绩耳。此后中国国学苟无保存之价值则已，如其文明尚伴吾黄种以长存者，林（案：叶秉诚一名叶茂林，故林乃自称）敢断言之曰，必非从前抱残守缺之国学，而为新科学化之国学也。林持此眼光以论国学专修校，其意有三：

（一）学科宜准大学分科之预备别为三类　甲，中国哲学类：经学、诸子学、宋元明理学、中国哲学史、宗教学、心理学、伦理学、论理学、西洋哲学概论、认识论、美术学、生物学、人类学、语言学概论。乙，中国史地类：史学研究法、中国史、东洋史、西洋史、历史地理学、经济学、法制学、文化史、外交史、宗教史、美术史、中国地理、世界地理、海洋学、博物学、统计学、人类学、地文学、地质学、测量绘画学。丙，中国文学类：文学研究法、文字学、训诂学、词章学、中国文学史、西洋文学史、中国史、言语学概论、哲学概论、美术学概论、心理学概论、世界史、教育学、语体文教授法。以上三科，均以国学为主，西学为辅。盖无论何门之学科，未有不通世界同类之学，而能专精一国一类之学者。且欲使吾国固有之学将来成为世界之学，尤不可不兼通西学以为之导也。至来教所分科目，以伦理、政治、教育、修辞为主课，谓法孔门四科之遗意，不知此近日各校共同所有之学科，且较孔门为精确为详备。今日纵使孔子复生，亦必舍周时及古代之德行、政事、言语、文学，而教以现世通行之伦理、政治、论理、文学，以其宏括而精密，且最适于目前之实用故也。故经史子集虽不合于孔门之教科，而实为吾国专有之国学，为发扬国学之亟当从事；而孔门德行、政事、言语、文学之遗意，则是为普通或专门学校所共采，固不必候国学之专修而后为也。若能发明原理，改良进步，以提供各校之采用，此则有待于国学专修卒业后而研究院之所发明者也。总之，国学专修为大学之一部，今日若能提高程度，实行大学学科之规定，则可为将来四川大学之分科，不独学校得长存，而国学乃有进步之可望。

（二）招生务以中学毕业为合格　国学以科学化为主旨，则凡有志研究国学之士，必须先具有科学之常识，绝非前日咕哔媛姝者所可得语也。为启发国学计，固须具中学之根底；为造就有用人材计，亦必具备科学之常识，乃足以立身而应务。否则视学问为装饰之品，鄙世事为流俗之行，纵使学成古人，而已身为废物，此正吾国学术之不进、国力不振之所由。吾辈当力矫其弊，而必以科学常识为基，以植其为科学致用之本。

（三）用途以预备文学教习为相宜　国学专修学校原为发明国学原理而设，为学问而修学，此乃学人应具之精神，即使见浅见深之不同，自当与各专门学校之毕业生同一待遇。若就社会事业性质相宜者而言之，则以预备国文教习为最宜。国文为国学重要之位置，在现今各学校，咸以缺乏善良教习为通病，此非国文之难教，实教国文者无科学之组织故也。今国学既科学化，则将来卒业之人才，必能改良国文之教授，则国学之精神将普及于学子，而于不知不觉中受其感化，则养成东亚伟大文明之国民，皆于国文教授是赖，天下之大用，孰有过于此者乎？若借国学毕业生之头衔，而效无赖政客以为敲门砖，此不独非共和国民所宜出，而尤为孔孟程朱所深恶而痛绝者也。故用途一端，不必鳃鳃然为之过虑。

嗟乎！国学衰微极矣，正赖海内宿学通儒出而改良，以扬国光而惠来学。梁任公提倡自由讲座，拟办国学学校，志愿虽宏，事实未就。今吾川幸有此一校，又幸得先生之力图改进，以为改良国学着手之地。林虽学殖荒落，亦感于先生之热忱，不得不贡其狂瞽以仰赞高深于万一。是否可行，请俟卓裁。（下略）

原载1938年1月15日《重光》第二期

## 宋育仁：与叶秉诚谈学制书

秉诚先生史席：

前日接尘，略同研讨，良慰素心。归而披览大学规令，因条件下无说明，尚有疑点。如其必文科兼理科，始能立国学分科专修者，则国学所传缺点尚多，纵加剪裁，难求一当。又如文科一门所分子目，如规令原文左列中国文学之次有梵文及八国文字，哲学之次有左列印度哲学以次诸科，则就国中搜罗勉能承乏之次选，亦无以应此项支配教科之求，则此议组为国学专修校，以储备大学文科一类之分科学校，终竟不能成立。特以学制统系支配教科之原理推之，当是中国文学、哲学与外国文学、哲学分为列举，但得完成一列连类之学科子目，即可认为国学文科之专修学校，于法规事理始能通达无碍。乃复检前日手札校勘，果如昨者面谈，其间异点只在支配教科细则子目，诚按伟论部居，亦不必并包分列八国文字，及备设外国诸家哲学课程，方许成立专修一校。再循诵宏议及分举三列，与拙见异同，提出件系而析言之。卓见以哲学为纲，鄙意所草支配教科亦有此科，特不为主课。如为欲合部章起见，即以伦理易此名，而中国理学以次，如所列各科皆统属之，其性质则属中国伦理为主，而社会教育科目参以外国伦理比较，此外惟增入概论三课。其生物、人类、美术三课，与伦理性质固殊，亦自可并入矣。拙拟教育学一纲之下，文科内所列子目，即统属拙拟之修词，其小有出入，则拙列小学为专课，而论理附之。大论惟加概论五课，而以世界史、教育学附焉。拙拟以教育为主课一纲者，正欲消纳科学文化与非科学文化，俾相比较，有所损益，厘订旧学教法之专而狭，新学校支配教科之纷而杂，正合来诏所云"以国学为主而悉用科学方式，以西学为辅而约其言"。云略规孔门四科，其实以教育一纲当言语一科，乃假名假定之言诠，并非其物也。惟政治一纲主课，据部定规程令，别是一类。尊意本此，谓俟预备专修毕业后，再进于大学，始能及此程底，以蕲有用，今日只望能造成国文优胜之教员，即已满足光大国学之愿望。第即愚见研究所及，于此点确有不同。其所以然，即在以经史子集分科，与所见大有径庭，而私以为独有见地。经史子集系书目之分门，非教科之分科，此理易明，言下立破。惟此中国四部书中所含，有何种资料，颇难于剖解，而又不能不用剖解方法以析出其中含质取材，而用于科学方式之支配教科。如史学一门，拙见所拟支配之政治，即可谓之史学之代名。旧来史学家皆主经济，即今云政治。日人用经济名词以名财政支配，理亦相通，但厄漏耳。就大论所列中史地类，与拙意中政治学科下所未开出子目细则，只增海洋学、博物学、地质学三课，出入有限，设必符合部章名称，立为历史、地理，则不妨专条提议说明。旧言史学均断自秦汉，不顾其前尚有三千年史学。虽《太史公书》始自黄帝，而《五帝三代本纪》纯录经传，《世本》无人研究，《通鉴》于此二千余年亦舍此无材可取。此其历史在经学中。即中国地理，其原点纲要亦在经学家《禹贡》注释中为策源地，无如经学家旧习津梁，仅达到考订而止。乃所谓抱残守缺之学派，未以科学方式进求三代上二千余年之制度、典章、宪法、规则，所以求经济学于史，而缺其五千年之大半世纪，故不得竟称为政治学。而沿习四部书名，画断其前，归之于经济之科，由是史成半段之枪，经为断烂朝报，均成无用之学。其实通计五千年前半世纪较后半世纪，实加详备，非经传之有残缺，乃从汉博士来学者皆以守残自抱其缺也。弟阅世四十年而未尝一日废研经之业，以身世所历，合以后世史、外国史及游历外国社会环境，躬逢三次丧乱——甲午、庚子、辛亥，比考参稽，乃知合五千年为史前半段，为中国政治、教育两科学之精要所存所由，欲打破经史子之部居，而剖分其中要素资料，用科学方程以支配为政治、教育两科之大学预备也。是在专修国学校之本位，而非躐等也。至诸子原分为九家，不得云诸子科明矣。以愚所见者，道家、墨家主教育而兼有政治学概论；名家、法家主政治而兼有教育学、言语学、哲学、心理、论理等学概论；杂家、纵横家均有政治、教育、社会等学概论。是故须用剖解法以求合于科学式，正以打破旧学之颟顸而坚持狭义，故云来旨仅有分合之小差，而全体之要素原质无异也。修词与文学原无别，以训诂、六书、音韵之学别立，固可入此科条下亦宜。如以并入此科，则以文学称名为当矣。地理与历史本不得相离，谈政治不能不问地理，则地质、地文自可附课于此科条下列举。其测绘是附科之大门，古者本属图书并重，特图不能转印，故不持久，后世遂亡图学。今修而补之，设为专科增入，固得前拟，爰已有专学，因拟列附课耳。概论则旧学之有根柢，而研究新知者读译书可能尚不难其教员之选也。书代详谈较尤核实，原案抽一纸奉缴，以凭覆按。即颂著祺，回车再面。

弟育仁再拜

再笺：议学制二纸，于言略尽，尚有余论，补笺及之。自由讲学，须注储材，进而与大学合辙，特提高学业，只能就所已知，断不能求如大学之备卓著成就文学教员固是。但如梁卓如辈所讲，只不出读史考据之范围，是即以讲授读书方法为学，达到逻辑多书能下考订为成学，似即以此为国学之精华，造成之止境，如此辗转传授，则所称国学便是读书。拙见是书中有学，读书以求学，而非以读书为学。故期于学者能明教育之原则，与政治之比较，夫乃足以担任国学教科。其伦理、修词系就旧学心思习尚所趋，以伦理包括理学，即顾亭林所云"舍经学外，安有别所谓理学"？国人旧学从考试蜕化，作文故就所已知提高，求所未及。至于出身一则，不过为议学制不能不一列举，非意中所重也，删之可也。日内下乡，留布再问著祉。又及。

原载《国学月刊》第十七期

# 史　心

　　唐刘知幾言，史才须有三长，谓才也、学也、识也。清章学诚著《史德篇》，以刘氏所谓才、学、识，犹未足以尽其理，以为能具史识者必知史德。较刘氏所言，已属进步。顾其所谓史德者，不过关于著书者之心术纯驳而已。此乃文史之心，非史心，与章氏谓刘氏文史之识非史识何以异乎？余故于刘氏才、学、识，章氏史德之外而言史心。

　　我国历来言史学者，多就主观方面立言，如孔子作《春秋》，笔则笔，削则削，自隐至桓，推十二公，人事浃，王道备。太史公作《史记》，欲以究天人之际，通古今之变，成一家之言。此著史书者之主观则然，而历史的客观性（即历史本身）是否与著书者之主观性相符合，则属一最大之疑问，此无惑乎经与史分途。《春秋》重义而不重事（本《孟子》），史学又与历史殊致，《史记》重述作体裁而略于故事背景（读《史记自序》自悉）。至有宋朱子，又以直书其事而善恶自见，为修史之要旨。故《纲目》一书，专重书法，而事实舛牾，反远逊于《通鉴》原书。一言以蔽之，此皆偏于主观的历史，而非客观的历史也。夫言历史而无主观的精神，则历史将如满屋散钱，材料虽具，不过堆垛片断的知识，何能有裨于学问？然主观的精神，不从客观的历史中籀绎而出，又安能必其正确？故欲言史学者，必先明历史为何物，而后史心乃可得而明也。

　　历史者何？即古今人类社会的心理表现而已。人类之作用，樊然不同。顾就一时一地之社会观之，则莫不有其大齐，而不甚相远。当浅化僿野之时代，必不能产生释迦、孔子、亚里斯多德之圣哲；在罢荼懦弱之民族，必不能发现亚历山大、拿破仑之武功。由是推之，学术风俗之盛衰，君主民主之政变，道德宗教之信仰，法律典章之沿革，生活经济之变迁，国际交涉之纷繁，皆由社会之心理递演错综，而后形成种种之现象。故不明原人社会之心理学，必不能知太古史；不明现代社会之心理学，必不能知现世史。即在古代、中古、近世之历史，亦何莫不然。惟研究历史的心理现象，不可不注意者有三：

（一）社会群众之心理与个人之心理相异，故不可执历史特殊个人之心理，以概当时大多数之人心。

（二）社会之心理有常有变，每视环境现象为差别，故不可因一时偶然之冲动，而以可惊可喜之事实定为常例。

（三）人类心理变迁无定，故社会常为多方面之发展，令研究历史者易陷于惝恍迷离之歧途，必须从多方面之心理现象中，而抽出其最要点，以立研究之重心。

总之，历史的本身，即社会心理的作用。而此种作用之千差万别，遂呈形形色色之现象，以成此繁重复杂之历史。故历史的心在全体社会，而社会心理学实为研究历史进程之要素矣。

历史客观之史心，既已明了，然后历史学上主观之史心，乃有正确之根据。故历史学家之天职，不在恃凭一己之理想，以成一家之著作；亦不在胪列各种之事实，以示博物之资料。其要在于根据历史的重要现象，以寻求此种现象之心理，而得其所以然之故，以为人类之指导。顾历史所以指导人类者，不徒在明过去社会之心理，而贵于能适应现在社会之需要，以增长将来之进步而已。历史学家欲达此目的，其要件有二：

（一）须将史心放大　近五十年，世界事变之重大繁赜，为从来所未有。万国之交通如比邻，人类之利害相关系。以及科学发明，其应用范围之扩张；思想变迁，其潮流影响之伟大。历史学家非大大发展其史心，则拘墟于陈腐之事实，踌躇于局部之天地，对于现在社会心理之表现，必不能洞悉其来源，则现在尚无由解决，而何能利用过去之陈迹，以谋将来之计划乎？故现代历史学家，贵取革命的态度，以各类新科学之方法，搜集资料，融通各方，指陈精要，使人类群奉为圭臬，而认为改进社会之重心力，此则史心放大之效也。

（二）预将史心增速　近三百年来，世界人类历史，实具有长足之进步，较之已往四五千年之历史，在此短期中，其进步为最速，而成功为最大。顾历史学家心理上之弱点，其学理上之进步，往往较事实上之进步为最迟。盖社会心理之状态，无日不在潜滋暗长之中。惟其变化经过之历程，情形极为复杂，事理极为隐微。在常人固不自觉，即学者亦易于眩惑。及费长久之岁月，集各类之资料，然后逐渐归纳，始发现历史之真相，而定为公例。当此公例大明之日，历史学家方笃信而弗失。不知社会心理之进步，久已远超于公例之外，律以前日之发明，早为陈迹。历史学家不此之悟，故其学说多成僵石，求能伴社会以进步，尚不可能，安望其指导人类，以促社会之进化乎！要之，最近人类之历史，确已建筑于进化学说之上，历史学家当利用各种发明之新理，以为研究历史之帮助。盖人类新理之发明，莫不有社会以为之背景，此在物质界有然，即精神界亦何莫不然。苟能集合物质、精神两面之新发明，以考究现世社会之心理作用，则其所收之效果，必较往昔为捷径矣。

综上所明，可知现今人类社会，变动最大，进步最速，则其有需于历史之指导也，亦愈切而愈多。故吾深信此后历史之有关于人类社会，必较古代增长其价值。顾历史是否是以应现代人类之需要，而获得价值之效果，则历史学家之所有事也。

原载1929年成都大学史学研究会《史学杂志》第一期

# 青年修学之方法

在成大讲，黄朝栋笔记

吾国自古讲学及修学方法，与欧西各国讲学及修学方法迥不相同。详细究之，学是客观，修学是主观，是以学为对象，由各人用各种方法以修养之也。宋儒云"学是读书"，子路云"何必读书，然后为学"，宋儒云"学是学圣人"。吾侪就学字义而讲，可分两层：

（一）中说 《白虎通》曰："学之为言觉悟也，以觉悟所不知也。"《说文》敩字注曰："觉悟也。"学字，敩字篆文省。《尚书·说命》"敩学半"（学以觉己为半，学以觉人为半），即学是彻底了解我们自己智识，并以了解他人者。《说文·子部》："孯，放也。"模效性。以此与《白虎通》所讲之学比较，是《白虎通》为善，因人类不只有模效性，且有创造性。

（二）西说 西人所讲学字之义，如十七世纪英国学者贝根云："学者，由经验归纳之智识也。"其实智识是智识，学是学，是由经验归纳之而得一定规律，是为学之智识。意国赫胥黎曰："学者，完全之智识也。"

是以本上两层说法而融和之，则学者精密智识之系统的总体之谓也。所以学之义分四层：

（1）是普通之智识不能为学。

（2）智识是很精密。

（3）有精密之智识必有系统。

（4）学则精密智识有系统之总体。

如上所述，学之义明矣，然则修学之方法如何？就中外修学方法言之，有如下列十种：

（1）**立志** 就严格方面，立志是道德，不能为求学方法。朱子说："立志，心之所之，又为智识欲望。"所以必立志。若专从智识方面，立志为修学方法之必要，且学问不体广大精微，而学者非有包罗宇宙之志不能求学，非有精细心思亦不能求学，故志不可不先立也。

（2）**有恒** 吾人既有此种志向求学，而学又至广、至大、至精、至微，非朝夕可成，必继续修养，孜孜矻矻，焚膏继晷不为功，岂一时意志冲动之人所能成哉？

（3）**循序** 学之广大者，必自小者起；学之精微者，必自浅者始，是以学者必循序。

（4）**务博** 学问广大精微，须用一种理想，又非单独，并有关连；研究必于关连处各书留神，以为材料，而类别之，学问方期有成。（一）材料多，方使正确；（二）著作时，方减少心思。有恒、立志，是求学精神；循序、务博，是求学下手。

（5）**分析** 欧西文明结晶，学问广大，若笼统研究，难于明了，若剖晰一部一部研究，则易明了；各部既明，结合而成一种全体，皆了然矣。如欧西科学发明，则用分析法，以专精之精神，究单纯之事物，故易得正当之结果；以糊涂之精神，究笼统之学问，诚难得真确之了解。亚列斯多得谓"求学必先分类"是也。

（6）**提要** 记事者，必得其要，分析明了，必撮其要以助吾侪之记忆。

（7）**致疑** 分析既得明了，又能提要。然天下真理，非由正常而得者，多由错误而得，故有疑而后真理乃见。程子见人善疑，则以为好学。笛卡尔云："疑以致思。"虽有天经地义道理，亦有时代之不同。学而不怀疑，智识无以求也。

（8）**推证** 天下之理无穷，人生岁月有限，故求学必以所知推求其不知，而且证明之。故证明与推论相符则为是，不相符，或为例外,则谬误;如不能试验,则用论理学。

(9)假定真理 谓以致疑而推证所得为假定真理,即由以上种种手续之结果,比较真确者为一种真理,但未发现反对之理,则此理不得谓为固定真理,而可谓为假定真理,更必继续进步。凡未经过此理,则非真理。如牛顿三大定律、爱因斯坦相对论,均称为假定真理也。

(10)实用 既假定一种真理,似此真理有何用途,若无用途,则非真理。且求实用,可免除社会种种无益之问题。

原载1925年《广汉县旅省学会季刊》第一期

## 《蜀报》发刊词

《蜀报》何为而作也，盖发生于九年豫备立宪之明诏，而欲使政治思想普及于吾蜀，造成健全之舆论，直接而为本省咨议局之补助，间接而裨益政府之实力进行，以促国会之成立者也。

今中国国势之阽危极矣，上下汲汲焉所希望以救国者，来日之国会也。天下热心之士，方呼号奔走，再三为国会之请愿，以为国会早一日成立，则中国受无穷之利益；迟一日成立，则中国蒙巨大之损害。而政府顾迟迟若有待者，非于国会之利害尚有未悉也，亦非于国会之权利靳而不予也，毋乃人民程度之说，有所迟回审慎而未定乎？夫人民程度之标准，吾未知当局者果悬何格以定之也。例以政治学家之界说，则人民无反对立宪心，为消极立宪国民的程度；人民有希望立宪心，为积极立宪国民的程度。吾蜀虽地居西偏，得天下风气之后，苟非丧心病狂，必无反对立宪之意思。第较诸大江南北、沿海各行省，被发缨冠，上以强聒其君父，下以提倡其乡闾者，固瞠乎若后矣。中国国会之成立，早暮虽不可知，使幸而得请，以吾蜀委随其间，碌碌无所表见，固可耻；不幸而不得请，当局者或以边省人民程度不齐为说，则以吾蜀之不自振拔，而使天下不速蒙国会之利，甚且陷中国于意外之危亡，此则吾人之所大惧深忧，而《蜀报》之所以不容已于作也。

然则鼓吹吾蜀举三数代表人，上一二请愿书，即足以尽国民之义务，副天下之责望乎？则又非也。夫请求国会，在实事不在空言。使吾蜀人民于宪政之实事,深知力行,能自确立其政见,彼政府晓然于鱼凫、蚕丛之西鄙,其民皆具有一般常识,足以思时事而规宏远。虽有顽固之徒欲阻国会而不能,矧在朝夕期望宪政之成立,贤明如今上摄政者乎?或者曰:国会者,即实行宪政之根本组织,而为增长民智、促进民品之无上妙法也。舍国会而外,恶有所谓宪政之实事者乎?不知立宪政体以国会为中心,其与国会互相为用、曲成不遗者,尚有无数重要问题,徒鳃鳃然以国会之成立,而遂谓别无事事,又非所以语立宪国民之自处及其能力与责任者也。

夫吾国各省人民所处之地位,所宜共同策厉,以求副其能力与责任者,非本省咨议局之议事机关乎?咨议局一方为地方之上级自治团体,一方为国会之合成分子。读《钦定章程》:"凡一省之立法问题、财政问题,及官府利弊、人民治安诸要领,咨议局皆得自行提议。"是政府固明明予吾民以参政之权矣。然而咨议局范围之广狭,视议员之能力以为断;议员能力之大小,又视国民之舆论以为断。夫舆论者,事实之母也;议员者,非自抒其一己之议论而代表舆论者也。使舆论而健全也,议员虽政治之历练未周,社会之情形未熟,仍可以天下之公是公非,力持于大庭广众,以求达国利民福之目的。使舆论而不健不全也,则议员虽有高深之理想,伟大之政见,一意孤行,必为泰山压卵之势所劫制,非仗马立斥,即寒蝉终古矣。徒令有识者嘉其热忱,顽固者诮以迂阔,终于国计民生无毫发之实。呜呼!此岂可专诿为议员之责哉?吾故曰,造成健全之舆论,直接而为本省咨议局之补助者,此也。

吾国土地之广大,人民之众多,为全球各国所未有,非专恃官治之旧制,所能户说以眇,家谋其乐利也。故同一政也,在欧西行之为善政,在中国则反以厉民。论者徒归咎于官吏奉行之不善,而终不悟其非官之所能为力。代大匠斫必伤指,烹小鲜者烦则乱,此固事理之无由解免者也。今日地方之新政,法令若牛毛,簿书如山积。政府以催督为功,官吏以敷衍为事,上下相蒙。其所谓新政者,一纸之空文耳。求其实效之所在,则如捕风逐影而不可追迹已。循此而不变,上虽有周、召之臣，下虽有龚、黄之吏，亦将无以为治。则九年豫备之完否，尚未可必，恶能促国会之早开乎？夫官吏者，国家机关之奉公人，而人民乃组织国家机关之原动力也。善为政者，不法古，不修今，必度民而为之法，故令下如流水之源。是政府官吏欲政治之进行，必先增进人民自治之能力；欲增进其能力，必先有以养其知识。夫使常识之可以普及，其效速于置邮者，道莫过于政论。泰西政治家之有所兴革也，必先制造舆论。舆论既成，乃举而措之事业，则其治不劳而理，不肃而成，夫安有是烦扰凌杂之患哉？吾故曰，造成健全之舆论，间接而裨益官府之实力进行者此也。

然则吾人所最后希望者，尤在舆论构成而后，冀或有光明俊伟、发强刚毅之政党发生于其间。政党与立宪国体之关系，不啻车与辁轨之不可离。国会之代议士也，咨议局之当选人也，纵极有智识，有能力，有至性真诚，而宗旨未归画一，意见不无参差，彼一是非，此亦一是非，欲求议事之敏活进行、圆满无缺焉，盖亦难矣。且豫备立宪之明诏下，比年以来，各行省政谈政社之结合，万众同心，风起水涌，殆有一泻千里之势。而吾蜀山川险塞，交通阻滞，文著报章之输入，为数至少，为时亦至迟。凡所谓国家之学说，国民之责任，知其理者，或千百中有一二人焉。而此一二人者，则又苦于势孤力弱，无由组织同志，以求无负于豫备立宪时代之人民。泛沧海者必识航路，登泰山者必明首途。然则欲吾蜀人之团体舆论以组织政党，俾对于现在之咨议局，将来之国会，稍稍得尽心而知所从事焉，政论之倡不容已矣。《蜀报》之作，意在斯乎，意在斯乎！

原载1910年8月19日《蜀报》第一期

# 论沪庄倒欠川路公司存款

中国集款自建铁路之说，吾蜀实先于天下。自经铜圆局挪移，而机势为之中挫，虽以贤有司之弥补，查账人之报告，疑团莫释，至今犹生其观望，不谓意外之奇变，六月而有沪庄倒欠川路存款之事。此真川路安危存亡之所系，蜀人所当急起而力追者也。

方警电之初来也，董事局号召于上，在省股东奔走于下。电函交驰，上彻天听。顾沪道既以先折款而后存款朦禀于枢部，复代借官款以偿洋款见诸实行。此固非一手一足之力所能争，而其关系尤不止于蜀路之危险。斯则著者所愿与天下共明其是非，而以全力为后盾，以争中国国际之大体，及全国路政之权利者也。今就沪道之电禀，而以法理、事实详驳之于左：

一、违反国际私法也。两国人民通商，凡往来钱债之关系，苟非有特别条约所规定，一依行为地主权之裁判。此各国国际私法之通例也。中国与各国通商立约，对于华洋商民债务，并无公家代垫赔偿之条，故《钦定商律·破产律》第二十二条："各债主应会同董事，公定平均成数，一律收回。"夫既曰各债主，又曰平均一律，则华商、洋商，初无所轩轾于其间。遇有倒闭情事，洋商仅得与夫各债主一律办理，并无优先权可知，而国家官吏无有代还赔垫之责任，尤彰彰明矣。今沪道亦知以国家之公法人，而代私人清还洋债之非法也，乃巧其立名曰维持华洋贸易信用。夫维持贸易信用，诚行政官厅之所有事。然其道不出二端，事先则取缔各钱庄，而监督其所发钞票，使无溢额之数；

事后则坚持《破产律》，而严核其所有资产，使无隐骗之情。维持贸易之权限，行政官厅止于此矣。使必以官偿商款为维持，则试问官所借垫之款，将谁归乎？使借垫之款而归诸公也，断无以个人所负之私债，而摊诸公款以为弥缝；使借垫之款而归诸倒闭之股东也，则恐奸商卸责于官府，而反借为符伕以作抵赖之资。此其道施诸华商之贸易，已足助恶而长奸，令倒闭者接踵如云而起。况属华洋之贸易，乃不根乎国际法理，不据乎通商条约，悍然开从古未有之奇例。使此后十八国得援案而争，沿海内河各商埠得循例以请，吾恐挚天下之金钱而供私人之赔累，尚不足以满外商朘削之欲壑。真所谓聚九州之铁不能铸成此错，而沪道尚曰"维持贸易信用"，吾不知其用心果何居也。

一，显背《钦定破产律》也。《破产律》之初颁也，部臣奏明请将第四十条暂缓实行。盖以中国取缔钱业，银行之法未备，而各省银行、官银号存放多系公款，关系极重，若遇有倒闭，不能准其一律折扣。是枢部斟酌商情，郑重公款，固已预防其流弊。今沪道禀称上海钱庄倒闭通例，必先清还折票，次往来账款，又次存庄生息之款。其所分偿还先后次序，果为旧例与否，当别为详论。即假定如沪道之说，亦只谓私家之存款或然，而非所与论于川路之公款也。或谓沪道以四川铁路公司名为商办，当属于私人财团之性质，不能与公款并论。不知部奏各省银行存放多系公款者，非专指在官之款言之也。今各省库款奇绌，局署公费随收随支，从未闻有以存诸银行者，又安见其多乎？盖公款之性质有二：一属官厅命令之收入。四川铁路股款，强半出于地租，虽有购票之名，实同租税之供，故每岁之征收，与正粮同纳，而必借官吏之强力，此尤为四川路股特别之情状，非所与论于他省之私人财团也。一属地方公共之利益。四川之倡办自修铁路也，外杜强邻之觊觎，内图本省之发达，即所以自保其主权，而聊固中国之边隅者也。其倡之者出于爱国爱乡之热诚，其和之者本于好义急公之善意，初非有所私冀于其间，而以营利为目的者也。故其时官吏提倡于上，绅民景从于下，咸知蜀民不力图自修此路，则官吏必代为修；官吏不力图自修此路，则外人必代为修。一转移间，而吾国之安危利害乃不可以道里计已。明吾蜀路股之属公款，则应占有清还之优先权，不能与他款一律折扣，固煌煌见诸部奏矣。今沪道一概抹杀而朦混禀之曰存款，讵欲以一人之手掩尽天下目乎？

一，淆乱商案惯习例也。上海钱业定章，遇有往来商号因亏倒闭，所欠洋款、庄款，须俟结清后，于欠户还款内案照成数，华洋各商一律公摊，历经禀办有案。此见于光绪三十二年沪商之禀词，而商部据以入奏者也。足以见沪上惯例，无以清理折票居先而存款在后之事。今沪道不守经部奏明之习惯，而造为先折票后存款之说者，盖为拖延川路公司存款也。此次沪庄三家倒欠洋款一百四十万，华款三百余万，其中川路股本居一百余万。欠款数目之巨，虑无有逾于川路者矣。自沪道之心理视之，洋款则西官力为主张，庄款则私家视同性命，均不易于对付者也；而又事关交涉，责在地方，处置稍有不当，利害从而中之。若川路股本，则公款也，从来宦场习惯，视公款为不甚爱惜之物。蜀距沪远，而股东之势又散缓，冀可以稽迟日月而弛艰巨之责任也。不然，沪道胡为混川路公款为存款，而又捏造此不经见之例乎？

夫中国实业，初在萌芽，朝廷设邮部以提倡之，立专章以保护之，犹惧路政之不修也。乃沪道于吾蜀七千万人节衣缩食、积铢累寸之血款，不为设法先偿，不为严行追缴，反以破坏奏案、败坏沪市莫须有之罪名，加诸被亏公司之经理。是不独蔑视公款而明目张胆与朝章作反对，所谓奉公守法者，果如是乎？原沪道之本意，不过欲脱一己之责任，而天下铁路公司之有存款于银号者，咸有摇摇欲动之势，其弊不至解散铁路之股款，尽绝中国交通之生机不止也。吾为川路危，吾为中国之铁路危。

今者督宪专折入告，已代吾蜀请命矣。然沪道朦禀江督出奏于前，复又坚持执拗于后，恐非一时之所能骤了者。吾蜀七千万人，固不可不有预备以盾其后。督宪得请则已；不得请，则请三总理联合同乡京外官以上陈；再不得请，则继以蜀中同胞七千万人之吁请；最后则结合天下商办之铁路公司，而以铁路之成毁为解决。此则吾蜀对于路款之决心，而其责非异人任者矣。

原载1910年10月3日《蜀报》第四期

## 吴爵五先生事略

吴先生，讳天成，爵五其字也。蜀之威远人。幼失怙，教育于其母傅太夫人。傅太夫人以节孝著于乡，性严明，督课子女，虽元日不少懈。故先生自少时，已循循若成人然。先生素具大志，好经世学。弱冠为诸生，即研究当世利弊。戊子举于乡，对策礼闱，侃侃陈中外大故。当是时，中法越南战事初平，朝廷憬然有意于振兴，典试者奇先生文，谓其恺切沉痛，为今之贾长沙，卒以引用本朝人名，违禁例，不克取。先生益自负其才，欲厚其学以济世用，乃就教职归里。里居数年，捐千金以建宗祠，复衙规以除民害，凡有益于宗族乡党者靡不为。

及部选盐源教谕缺。盐源距成都二千余里，地界川滇边境，环境皆山，环山皆夷，乡人有以险远阻其行者，先生曰："是岂不足教耶？顾为之何如耳。"至则召邑诸生试季课，免赟敬卷赟，禁门包。其不至者，亦一律榜示。胪列其文行最优者，捐书籍以奖之；劣者记过以观其后。盐源诸生，多土豪著姓，借一巾以自雄于乡邑，至是始争自濯磨，彬彬然有向学之风矣。每春秋祀圣，榜邑之孝弟力田、义夫节妇及好行其德者，颁胙于其家，旁观者以为荣宠，人人重廉尚而绌耻辱焉。

先生在任之二年，盐边苦夷患甚。盐边之夷，无虑数十种，其最桀骜难驯者为猓夷。猓夷处川滇交界地，借报复冤家为名，啸聚山谷间，乘隙抢劫，自同治以来，胶绕不解，民夷不堪其虐。盐源穆令稔先生才，且以其素得士心，上言制府，夷务非先生不办。先生遂率诸生有力于乡里者数人，驰赴川滇界山，钩稽情实，知猓夷以余、胡两族为大，两族之结冤寻仇、屡覆诅盟者，实由于夷娃互逃故。盖夷豪每招留不法之娃利于抢掳，而良懦之夷不能独自报复，乃援引族类结为冤家，非令彼此互还夷娃，各归其酋豪管理，末由痛绝其根株。乃设公所于川滇界山之松坪，支木为案，矗立风雪中，十日结悬案三百数十起，取箕斗，钻牛皮，方刻期以换夷娃。

当是时，川边之胡夷弱，利和；滇边之余夷强，利得娃。余夷子秋者，故为杜文秀平北大将军，与滇标将蔡某同时投诚，又平东西崂岁有功，兼领十土司，征税科粮以自饶。狃于屡年和夷之故事，且恃滇委为奥援，案既具，遂与其侄余三三，率十三部落遁去，掠左所土司瀰门桥，势张甚。诸夷皆观望，不即如法。当余子秋之叛也，余阿所亦随同逃去。余阿所者，住牧川滇交界万山老林之旄牛坪，系小余一支头目也。先生以为不先擒余阿所，无以威川夷，即遣汉团民勇百余人往捕。先生则率健卒三人，别从老林山中间道，一夜踔百余里。天甫明，抵夷巢，传呼曰吴公来。余阿所素与汉团通，不为备，闻先生至，乃惊起，伏罪，先生手锁余阿所。旄牛坪距委员寓所黑盐塘九十里，先生虑其众乘夜劫夺，密遣团勇各备松明二十束，午贯燃之，疏布老林中，隐隐现旗帜，夷众惊啼。先生乃亲赴夷村，谕以毋恐，许其立刻将大军撤退，乃偃然擒余阿所以归。余阿所素为暴于夷汉，众请诛之，先生不许，许以自新，与之共寝食起居，诱令往说余子秋到案销差。

先生驰赴滇境之浪渠土司署，环浪渠皆余夷族类也，而先生随从仅三人，及夷人中证余阿所等。余子秋既习见先生为易与，又以中证夷族皆至而不疑也，乃与其侄余三三，随带夷娃百余，各执排枪，汹汹前来。先生故为安慰，命浪渠土司犒以羊酒，并责以统带多人，有不信委员之心。余子秋乃将其众立时遣回，先生遽下余子秋、余三三于土司狱。抵暮，先生先时密调之汉团、夷兵，四路蜂拥，至者数千人，分据要隘。翌日黎明，立将余子秋、余三三正法。该夷族四山啸聚，声震林木，头目既诛，复见兵勇四布，乃纷纷鸟兽散。先生乃调余、胡各夷，齐集黑盐塘，椎牛歃血，重立合同四条，永绝冤根，以杜乱萌。各夷人皆欢忻舞蹈以去。

方事之殷也，滇委员利余夷厚贿，而代之缓颊；永北厅蔡标官札调该夷，冀为营解，及得余夷死报，则攘以为己功。滇督崧制府专折上闻，保蔡记名提督。朝命下而先生尚办善后，终不自言其功也。黑盐塘以西，有汉人种万余家，陆沉夷落者垂三十年。先生既诛余夷，招集流亡，建碉堡以控扼要塞，由是自黑盐塘至滇之永北，遂为通途。厥后先生在盐奉批查回民叛产，又据条约以裁制教民，忤宁远守，咸磊落可称述。

时光绪庚子，朝廷明诏天下兴学，吴蔚若学使、岑云陔制府读先生所著《齐书》，均器其才，聘主高等学堂北斋监学。先生以其暇创立威远高等小学，为吾蜀倡。甲辰，高等学堂开校，先生以管理为德育之条规，阴以兵法布勒焉。及秋而学生为巡警所辱，先生以语言忤锡制府，次年遂辞去。创办公立嘉定中学于省垣，学子至四百人，多通敏强立，能自成风气，于是吴先生教育之名遍全蜀。

先生办学，事起仓卒，所建设规模又至宏远，购校地近万金，而建筑、校具之费不与焉，不期年而先生之家毁矣。先生志不少阻，欲以进取为保守，益复创设天成实业厂，开办邛州之姚家坝垦务，天全州之银矿，均次第成立。以开吾蜀实业之先声，亦欲借之以补助学堂也。然任务既繁，内疲敝于教科，外拮据于经费，而先生之心力亦交瘁矣。九月，咨议局开会，复朝夕断断于议案。二十四日，尚登台演说，疾作而归，是夕竟卒，年五十有二。

先生为人孝友于家，笃于公谊，视之若身家性命，遇事慷慨愤发，不贯彻其终始不止。生平无声色服食之好，独嗜义若纵欲然，尝言曰："凡有血气，莫不有嗜好。唯嗜义则为君子，嗜欲则为小人。"性肫诚强毅，虽仆役必尽其意，虽大人不屈其志。自甲辰之冬，学堂经费奇绌，复受外界之排窘，得便血疾，自此精神稍易，益复勇于自信，其经营不复如前此之精密，以至于卒，君子益悲其志云。

叶治钧曰：余与先生侄文伯交，时耳其行事，恨不身亲见其筹边时也。及创兴嘉学，余得左右其间，十日而定议，又十日而开学，不逾月而学风乃构若画一，洵哉其有巨刃摩天之概哉！顾先生之毁家兴学，昭昭在人耳目，而和夷事僻在川边，功名不彰，余故表而出之。先生喜事功，其轶行至夥，世有博雅方闻之君子，苟能笔之纪载，是亦发潜德之幽光已。好善者人情所同，其亦有乐于此欤！

原载1910年11月2日《蜀报》第六期

# 论国民对于国会之预备

今天下奔走呼号，所翘举以为救国之策者，莫不曰国会。国会自缩短国会期限定于宣统五年召集之谕下，热心爱国者，犹欿望其稽迟，无以赴时机而振阽危。然使国会开矣，以茫无预备之国民，贸贸然选举数十百人，内与数千年专制官吏争一旦之命，外与东西洋列强抗屡胜之威，果足以拨乱世反之正乎？吾有以知其势有所不能也。

今使谓国会果足以救亡乎？则是迦太基不必见灭于罗马，波兰不必分割于俄、普、奥矣。使谓国会果不足以救亡乎？则是英吉利不必称霸于西欧，日本不必勃兴于东亚矣。夫非有国会即足以救亡，有国会而上下一心，亿兆齐力，乃足以谋救亡之策耳。是国会即开，其足以救亡与否，尚属不可知之数；而国民无所预备以开国会，则全遗其精神，而仅得其形式，以云国会，尚不得谓之真也。其不足与于天下存亡之大计，尤章章明已。

夫所谓国会之精神安在乎？在于吾国各个人之心理，及其意力而已。盖国会也者，非一部分人之所能为力，实全国人民意思所表现者也。使各个人心理无所谓国会，则虽为外界所逼移，明诏所催成，亦只为政府附属利用之机关，而非国家独立立法之机关也。使各个人意力不能组织国会，则虽有钦定之宪法，议决之特权，亦只为政府之机械的作用，而不能为人民之积极的行动也。故今日不谋救亡则已，谋救亡则必出于国会；不希望国会则已，希望国会则必使各个人心理中皆有国会，尤必使各个人由意力而发为事实，以养成组织国会之能力。明乎此，则国民今日预备之道可知矣。

一，结立政团也。立宪制者，政党之产物也。无政党则人民失政治之指导，舆论乏统一之枢机，宪政易趋于腐败。政团者，政党之所从出也。无政团，则政治思想末由发达，政治人材无从训练，政党亦难于成立。故今日之要点，无论其为省治，为城乡，或以政见相同，或以事实相合，或以学问相研究，要必各具一团体，而后乃有进步之可言。盖真理以辩驳而愈明，人材经历练而后出，而其所以为磨世利钝之具者，要非政团不为功。必各派之政团立，而后有大政党出，镕合而消纳之，则其力伟；必各地之政团立，而后有大政党出联络而沟通之，则其势远。中语曰"千金之裘，非一狐之腋所能集"，西谚曰"必先有无数之无名英雄，而后有名之英雄出焉"，岂非今日政团与政党之关系乎？

一，刊行国会浅说也。国会为立宪政体所创有，原非专制国人民之所习也。况其理论深微，权限严密，虽学士大夫读其书者，尚惧扞格而不入，又安望林林总总之众声入而心通也乎？使国人不知国会为何物，而徒浮慕其虚名，吾恐日蕲立宪之福者，而反受专制之实，颠倒于朝三暮四之下，懵然而无以自觉。此真宪政前途之危险，而国民之所当发愤警惧者也。夫欲成天下之大事者，尚必先使天下知之，矧国会为人民总意之表现，而为其分子者，顾可不心知其意乎？以国会之难知既如彼，而国会之当知又如此，则惟求难于其易而已。以浅显之说，发明精深之理，使其效可以普及者，莫白话若。有志忧国之士，谓宜各分方面，将国会理论事实，演为白话浅说，或附报纸发行，或刊单章传送。庄子云："其作始也简，其将毕也巨。"西哲云："必先有理论而后有事实。"今日引起国民政治之思想，而养成实力于无形者，殆莫急于此矣。

一，调查惯习也。立宪国之所以保障人民者，法律也。法律之所以福利人民者，适合于人民之程度也。使不本于地势民俗之所宜，修之以为成法，则虽意美法良，终难收推行尽利之效。又况中外异俗，南北异宜，在彼以为利者，在此适反以为害乎！故以法典而委诸政府少数之编制，二三学者之理想，其不免于削足适履者几希矣。夫以中国土地之大，亿兆之繁，情伪万端，疾苦万状，必待政府一一烛照而数计，此必不可得之数也。故以政府代为谋，不如众人自谋之忠也；以政府代为察，不如众人自察之悉也。今地方各团体，宜分门别类，从事调查，令六礼风俗为一书，宗教学校为一书，农工商矿为一书，钱债物产为一书，赋税征役为一书，民生疾苦为一书，列其沿革，详其得失，庶将来提出法案于国会，持之有故，言之成理，为中国立一完全适当之法典，其利岂有既哉！

一，趋重地方自治也。积乡而成邑，积邑而成行省，积行省而成中国，未有城乡不治，而国家能发达者也。往岁地方自治章程已颁布矣，设城镇乡会以议政，设董事会以行政，上补官吏之不逮，下勖人民以有为，法至善也。然观于吾蜀，除通都大邑，人民能自举其职而外，往往以官吏而侵自治之范围，指名选举者有之，反对议案者有之，甚至不肖之乡绅与官吏联为一气，朋比为奸者有之。二三清流之士，方将高举远引，激而为厌世之思。夫民气之不申，公德之不立，乃吾国之所以衰弱也。今以钦章之煌煌，竟听官吏纵横，斲坏自治精神于冥冥之中，吾国人民之能力，毋乃过于示弱欤！据已定之钦章，犹不能与官吏争是非，又安望未来之国会，而能与政府争胜负乎？夫国会犹属理论，而自治则征诸事实，异日者，国会虽有完全之理论，而国民自治之能力，不足以盾其后，则其所得事实之效果，必与理论相违反。是人民之自治力强，足以催成国会而有余；人民之自治力弱，虽有国会而尚不能蒙其福。吾甚愿今日之热心国会者，毋宁热心地方自治之为愈也。

以上四端，皆切于现在之事实，而卑之无甚高论者也。然吾国人有二大患焉，一在于希望将来而不图现在，一在于浮慕空名而不求事实。夫现在之因，即将来之结果也。事实之难，不如空名之易得也。《记》曰："凡事豫则立。"《传》曰："有备无患。"吾愿吾国民思之，吾愿吾国民重思之！

原载1910年11月16日《蜀报》第七期

# 中国组织责任内阁私议

自资政院开幕，以军机大臣不负责任，而弹劾之严章再上。朝廷憬然于官制缺略，无以符舆望而策宪政，明诏天下，以组织责任内阁，期以今岁见诸实行。此真新政治之枢机，而国家前途兴亡之初轸。吾人所亟当讨论，以明其利弊得失者也。

夫责任内阁者，乃立宪国家之所谓政府，而非专制国家之辅助机关所得而比拟者也。法兰西路易第十四，以宰相为王之书记员。回部之王，皆有维齐（职与中国丞相大同而小异），其权决一国之事，而于王为大奴。中国汉时丞相，贰于天子，自后汉以来，事归台阁，而尚书为机衡之任，魏之中书令、秘书监，唐之侍中、中书、门下三省，宋之枢密、中书两院，元之中书省，皆天下机务所萃集，而为一国政本之从出。然中书、尚书之官，在秦汉属于少府，自汉武游晏后庭，始以宦者为之，魏晋以降，遂以宦者之官代古时三公之职矣。明废宰相，而以内阁学士司票拟。本朝自雍正设军机处，而内阁遂为闲曹。上下千余年间，中国所号为执政者，其职掌有以大异于书记员否乎？其权限有时或类于维齐否乎？此无他，盖专制政体之使然，而非尽由于尸其位者之不肖也。

朝廷怵于内忧外患之交迫，知欲整中外庶政之丛脞，不可不提其纲而挈其领也；知欲保君主神圣之尊严，不可以身当其冲而犯天下之大难也，乃欲以其责任付之内阁。夫责任内阁之与专制辅弼异者，以其权责有法律上之规定也，有政治上之执行也。今中国宪法未定，国会未开，则内阁之责任，果据何标准而定之乎？无已，则仿各国之成例，而假定为法律上之责任与政治上之责任焉。

法律上之责任，果何自生乎？生于君主关于国务之行为，必须得内阁大臣之副署而已。夫君主行为不负责任，必须有代任其责者，此内阁副署之制所由生也。故内阁之责任，非代君主之身而任其责也，亦非谓君主不能为恶。君主而有过失，即为内阁大臣之过失，当然而受其责任也。盖立宪国家，凡一切诏令、法律之发布，皆以大臣副署为原则，非得内阁大臣之参与，则未由生国法上之效力焉。是内阁大臣，对于上则有辅弼君主之义务。君主而有嘉谟嘉猷也，则竭其股肱腹心之力，以效赞襄；君主而或违反宪法，妨害公益也，则尽其犯颜敢谏之诚，以资矫正。故君主之于内阁也，听其言可也，不听其言亦可也；免其职可也，退其人亦可也；而必欲强之以副署，则必不可得之数也。对于外，则有证明同意之确征。君主而有仁心仁政也，无副署，则民不得蒙其泽；君主而有过言过动也，无副署，则民不至被其殃。故内阁之于副署也，以自由拒绝之可也，以去就力争之可也；逢迎唯诺，持禄以阿其上，而曰非吾力之所能逮者，是与于溺职之甚者也。由此言之，内阁大臣之负责任，实以自己参与君主之行为而自任其责，夫岂风马牛不相及，而为他人受过哉？此内阁官制之所宜明订者一也。

若夫政治上之责任，为凡有官守者之所同。盖天下断未有居其职而不任其责者也，而内阁大臣之与他官吏异者，他官吏专对于君主而任其责；内阁大臣，则一方负辅弼君主之责任，一方负对付议会之责任。夫内阁对于议会而负其责者，乃大臣责任之最重要者，亦即宪政、专制之所由分也。故近世国家，有以大臣违宪、违法、贪贿等事，由议院弹劾，载诸宪法者，普鲁士是也；有以弹劾权归议院，而议会弹劾之事实少，第议会对于大臣政策，为不信任之决议，而大臣必出于辞职者，英、法、美政党内阁制是也；有以质问上奏建议，而大臣负答辩之责任，规定于议院法者，日本是也。虽其弹劾所生之结果，或开高等法院以为裁判，或解散议院而听舆论，或大臣自行辞职，或君主特诏罢免，各视其法律之规定，事实之惯习，而判其重轻。第各国事实之效力，较诸法律之效力，反有重大之结果，此固近世宪政国家之通例也。今中国国会未开，初无事实之可言，暂以弹劾权付资政院而为其监督，以杜大臣之专横，略仿普鲁士设最高法院而司其裁判，以免君主之犯难。此内阁官制之所宜明订者二也。

然此皆组织责任内阁之理论，而非今日中国组织责任内阁之事实。今中国组织责任内阁事实之最难解决者，则各行省督抚加入国务大臣与否，与内阁负连带责任与否。此实吾国特别之事实，而为今日所亟宜解决者也。使督抚加入于内阁，则督抚众于部臣，阁议必为其所持，内阁时有更易，则全局必为之骚动。此督抚加入于内阁不可也。使督抚不加入于内阁，则内外情势既殊，无以收因地制宜之效；部省政见交错，何由致指臂应用之灵。此督抚不加入于内阁亦不可也。异日颁布新官制，如能裁撤督抚则已，其或以督抚积重之难返也，地方区域之难划也，广土众民之难治也，而仍以督抚为地方之长官，则规日、法郡县之法，既拟非其伦，仿德、美联邦之制，又自弱其势，此岂非世界之所无，而为吾国之特别情事者乎？夫事变苟非耳目所习见，虽贤智亦眢于情势，而嗒然失其所措。今欲调和于新内阁与旧督抚之间，则莫如先定中央政策与地方政策之界限。政属于全国所共同者，督抚与内阁负连带责任；政属于地方特别者，督抚自负其责任。其内阁会议也，由特敕督抚数人与议，则不患其掣内阁之肘矣。其内阁更替也，督抚中央政策不善，而地方政策善者留之；中央政策与地方政策俱不善者，免之，则不患其摇天下之心矣。故居今日而言组织内阁，主中央集权者固非，主地方分权者亦非。惟于权之可集者集之中央，权之可分者分之地方，而不必畸轻畸重于其间。昔来喀谷士之立法也，混合专制、贵族、共和三制为一，而斯巴达以兴。吾亦愿我中国混合中央集权、地方分权二义为一，而无削足以适屦，庶几与于识时务者之所为乎。虽然，有治法矣，尤贵有治人也。责任内阁之法虽善，苟非其人而据之，则适为政府、议会冲突之导线，尚安望上下一心，协力共图救亡之策也乎？然则如之何而后可以得人。

夫责任内阁者，任天下之责者也，则其人必先负天下之望。在政党发达之国家，其内阁总理大臣，即其一党之魁杰也。内阁与议院宗旨同、政策同，故能下令于流水之原。今中国虽未逮此，然以四万万人之众，夫岂无才以当之？而朝野上下咸鳃鳃然以乏才为虑者，则亲贵之说误之也。夫天潢贵胄，麟趾振振，必有公孙赤舄，足以遗大而投艰。然独不宜于内阁大臣者，则以代君主而受其责，而为议院集矢之地也。如以亲贵处此，则内阁欲行辅弼之职，以地近而嫌于逼矣。皇族屡为议院所攻，以官守而亵其尊矣。为君主者，行法则邻于伤恩，拒众则适以贾怨，是与代受责任精神相违反，而不容于立宪之制者也。故欧亚立宪之国家，皆以亲贵不入责任内阁为当然之原则。昔汤之兴也，立贤无方，齐之霸也，尊贵尚功，圣之至也，公之至也。

原载1910年12月2日《蜀报》第八期

# 西藏交涉之研究

西藏之为中国领土，殆数百年于兹矣。垂诸史乘，载在约法，固我国唯一主权之支配，而不容他人有所干预于其间也。其所以引起对外交涉者，则以与英领印度相毗连故。考英人于前清光绪初年，夺我哲孟雄，而藏边自此多事；割我布丹第斯泰河以东之地，而印度入藏之东路以通；其后亚东辟埠，英兵入藏，达赖出走，藏印通商，种种纠葛，缘英而起。西藏每生一次交涉，即英人多增一次进步。民国肇建，迭生内哄，藏人乘我多故，宣布独立，英人遂乘机提出藏约十一条。我国以国基未定，委蛇开议。锡姆拉中、英、藏委员会议之结果，卒以主权及境界两问题相龃龉，终至停顿，成为悬案。当欧战四年间，正予我以良好恢复西藏之机会，我政府因眷念中英邦交之故，卒未以兵力经营边藏。不意藏番乘川滇相争之际，称兵肆扰，屠杀我昌达之孤军，袭陷我昌都以东之十四县，川边区域，尽被藏番蹂躏。据最近报告，藏兵已有进逼打箭炉之势，探其后方，确有英人之援助。川省当局者鉴于事机危迫，蹙地无已，通电南北，请求协助。乃报载英使突于八月初旬，向我政府提出解决中英藏办法三条：

一、西藏版图，以大吉岭会议时所用地图为根据，青海、甘边、西宁、川边康定以西及云南之片马，尽归藏有。

二、西藏自治权、宗主权，以锡姆拉会议所讨论为根据，中英共认外藏有自治权，中国仅有宗主权而无统治权，不得干涉外藏内政。西藏不有代表于中国议院，或类似之团体。

三、西藏之自治权及兵备问题，应依民族自决主义，由藏民代表会议自行决定。

此则近日交涉相争之焦点，而为吾国所万万不能承受者也。此其理由有三：

（一）西藏旧隶于中国，其民族为组织中华民国之一部分。此次叛侵川边，全属我国之内政，不生英外交之关系，此主权在我之宜正者也。

（二）昌都以西，改设县治。青海原属我国特别行政区域，西宁、片马与藏风马牛不相及，外藏之名，不识何所根据，而妄行指鹿为马乎？此藏与边地理之名实所宜正者也。

（三）民族自决主义，乃发生于民族待遇之不平，而后始有自决可言。藏民之在中国，居于五族平等之列，本无所谓自决之发生。至于应否自治，乃属别一问题。即言自治开放，亦为我国与西藏直接解决之内政，初何干于英国，而乃汲汲为之谋自治、筹办法。是不独损我之主权，直明示藏人之不能自治，而英乃代为之治也；是直夺西藏统治权于吾国之手，而使之转受统治于英国者也。自治云乎哉？此民族自决主义之真谛所宜正者也。

要之，我国与西藏利害之关系，纯属内政之范围。中国与英人在藏之关系，纯属国际之范围，故我国治藏为一事，与英交涉又为一事。此其性质截然分为二事，绝不能混为一谈者也。嗟呼！十九世纪旧式之侵略主义，已为现在世界所不容。不谓山东问题，巴黎和会方铸九州之大错，今英国对于西藏问题，乃复尤而效之。无惑乎美人密勒氏之论文，揭破英、日、法分配亚洲土地之协约，谓英国以印度、波斯、阿拉伯、缅甸西部、暹罗、西藏、四川全省、广州一带之广东区域，及扬子江流域，为其势力之范围。此其约之有无不可知，虽外使亦声明其不实。然与其疾走而求灭迹，何如息阴而影自消也。观于山东之问题未了，西藏之交涉又来。铜山西崩，而洛钟东应。此固不能怪我相惊以伯有，而为吾全国国民所当然惕然自觉者也。自觉如何？分疏于下。

一则我政府当自觉敷衍之不可为国也。西藏自治问题，乃容许英人干涉，而与开中、英、藏委员之会议，已为根本上之错误。乃至划界一节之争议，我国志由雅鲁藏布江至江达为界者，乃一让而退至怒江。再议而藏人要求至金沙江，近且进兵侵至鸦砻江，而要求以打箭炉为界矣。以藏人之积弱，敢肆无厌之要求，固缘恃英人为后盾，亦以我谋国者之无远略，有以启其戎心故也。夫古今中外之成例，未有不能备战而能言和者。我不压迫西藏，藏人乃一再侵陵川边。若不力图恢复，痛于惩创，则川边之地有尽，而藏人之欲无穷。唐代吐蕃之祸，将复再见于成都矣。为今日计，唯有一方面备战，一方面交涉，必使我力足以惩藏番，而后英人乃失其假借。盖藏人若挫其凶锋，则交涉自迎刃而解。然川边僻在万里，道险难于登天，政府纵欲积极进行，而军队之输入，饷械之接济，至速亦远在数月。倘复意存观望，拘牵文例，则藏事将不可收拾，而外交必终归失败矣。

二则川人当自觉自卫之即所以卫国也。川边固属国防，然于川省自身有切己之利害。以四川之地大物博，不患无实力以固边防。今边事败坏至此，屡致丧师失地之奇辱者，一则由于川人与川人互相纷争，二则由于当局与边将彼此猜忌。此非徒当局者之谋国不忠，抑亦自谋之不智。盖边藏危则川危，川危则当局之地位亦危。故欲谋保固其地位，必先谋川边之肃清；欲谋川边之肃清，必先联川军、边军为一体。尹、胡以相猜而无功，周、刘以交倾而两败。当局者身亲见之，亟当翻然一改其所为，慎毋再蹈前车之覆辙，自误以误川也。

三则滇人当觉互助之即所以自助也。川边近年之多事，实由于川军无力西顾；川军自顾之不暇，实由于藏人之侵川。苟尚不图妥协之方，互谋交安之策，立撤驻川之兵，以供边防之用，坐令藏人肆其野心，英人逞其大欲，川边固属无幸，滇亦丧其藩篱。藏番将循元人入滇之路，以扰昆明，而英缅之孟拱铁道，将直由片马以通大理，而深入云南之腹心。与其川滇相持，使英、藏坐收渔人之利，孰若川滇互助，使国防有磐石之安。此其于国情顺逆，事势利害，固不待智者而决矣。

四则我国民当自觉国民外交之必要也。我政府对外交涉，素无准备。缓则虚与委蛇，急则屈受高压。苟国民不能监督事前，则失败无补救之方；或不力为后盾，则当局有孤立之虑。若其万众一心，万心一力，促当局著著之进行，不得以空文卸责。表舆论种种之主张，示英人以众怒难犯，则当局有所顾虑，不敢放弃其权。责外人亦有所忌惮，不致过予我难堪。则边藏已败之局，庶犹有一线挽回之希望。国民乎，盍不急起直追，以运其国民外交之权能，勿徒沾沾焉叹息痛恨于当局也！

然犹有持宽大之说者，谓藏主自治，不烦以兵力为解决。不知政府素未施压力于藏人，而藏人乃称兵以犯川边，我讨其叛变暴虐之罪，与予以正当自治之权，固不可同类而共谈也。又有持苟安策者，谓休战条约，期限将满，苟得英人斡旋，可不至重开兵祸。夫藏人服强，是其天性，我乃示弱，何望安边？不独张藏人桀骜之气，亦适启英人轻藐之心矣。要之，非能战不能言和，非积极准备不能言战。我愿吾国人必先有彻底之觉悟，而后藏事乃有解决之方。若徒游移于悠悠之口，诿责于空空之文，事机一失，万劫不复，诸公身受国民委托之谓何？将来课败国之罪，其咎必有所专归，当局其亦一念及之否耶？

原载1919年9月16日《晨报》，后载1919年9月18日《时事新报》、1919年9月19日《民国日报》、1919年10月《地学杂志》第十年第九十期

# 山东交涉之讨论

山东交涉之问题，自我国拒签巴黎对德和约以后，一般舆论多数主张提交于万国国际联盟开幕之初期。迩来日本正式提出山东交涉于我国，而中日两国直接交涉之说以生。今试分条其利害，以资比较，然后出愚最后外交根本之主张，以与国人共相讨论焉。

## （甲）中日直接交涉说

（一）日本既以归还胶澳为言，我国可收回土地主权之空名及一部分之利益。

（二）要求撤回驻鲁之日军，以救鲁民切肤之痛苦。

（三）我国不应其交涉，日本将宣言我国自行放弃胶澳之主权，而为继续之占领。不如直接交涉，尚可力图实际之补救。

此主张中日直接交涉之利也。而反对之者，则曰吾国之拒签巴黎对德和约者，以我国既列于协约国之一，当然有要求德国直接交还之权利。且我国对德宣战之布告，即已声明所有中德两国从前所订一切条约、合同、协约，皆因两国立于战争地位，一律废止，自不能承认第三者对我胶澳有承继之权利。昔以日、法、美三国劝签而不从，今以日本一纸要求而遽应，是不能贯彻其主张，而失国际间之信义。纵使中日直接交涉而无害，我国国际之地位，已受莫大之损失。况以历来中日交涉之历史观之，何一非损中而利日者乎？夫山东问题之所重者，以铁路足以囊括北部之腹心，矿产足以吸收鲁省之菁华。若我徒得领土之空名，而铁路、矿产之权利，仍操诸日人之手，是我所获者无益之虚名，而日本所据者无尽之实利。朝三暮四之术，虽曰归还，而其实等于不还也。鲁人苦日兵久矣，同胞未尝不亟冀其早拔出于水深火热之中。第山东铁路之权、矿产之利，一要不全行收回，则鲁人所受日本经济之压迫，其痛苦将倍于日本有形之军队。若恐将来日本宣布我国放弃胶澳之主权，则尤不足虑。盖日本交涉之通牒，实根据于巴黎对德和约而发生，我国原未签字，早将此项手续之根本打销。我国之不与日本直接交涉，即根据于拒签对德和约之原理而来，故非自行放弃其领土之权利，实欲主张我国固有正当之权利，而表示和会处置之失平耳。若然，则主张直接交涉之利者，实无利之可言，而徒增加贬损我国国际地位之价值，是亦不可以已乎！

### （乙）提交国际联盟仲裁说

（一）其根据理由有三：（1）我国对德宣战，即声明废止中德从前一切条约，就战时国际法之通例而言，胶澳领土，早已回复我国固有之主权。（2）中德胶澳条约，本有不准转租之明文。中德胶济铁路章程，本有中国国家可以收回之规定。故德既无权转让于他国，而他国亦断不能获得德人条约未载之权利。（3）英日联军占领青岛，此为战争期中之一种事实。及恢复和平，对德之目的已失，日本固不能以事实上之偶然，而变为法律上之承继。不独胶澳即当交还，即缘胶澳问题所生之二十一款之要求，高济顺徐铁路之换文，皆当随交还青岛之事实而同归无效。究此三种理由之性质，或涉及国际法之问题，或属于条约上之解释，与《万国联盟约法》第十三条规定适于仲裁之事件，全相吻合。吾国既为国际联盟之一员，此为其应当提交仲裁唯一根据之理由。

（二）巴黎和会拘于英日之密约，致生出德约第一百五十六七八三款之规定，铸此东亚之大错。若国际联盟之主义，在取国际法原则为缔约国政府间行为之真正准绳，其性质之公私，已与巴黎和会对德关系之性质大异。加以美国上院议决保留山东案，英、法亦咸相默认，时有另谋妥协之传闻。现在国际间四周之空气，已大异于巴黎和会之时，将来提交国际联盟之仲裁，必可大得欧美之助力。盱衡国际舆论之形势，在我国尤当贯彻拒签德约之初旨也。

（三）交还胶澳于中国，已屡见日本之宣言。顾日本必争承继德在山东权利之规定，而反对我国在和会直接交还之要求者。以日本处心积虑，在握山东铁路、矿产之实权，而以自行交还胶澳之空名，借塞列国之口实。故我国之所欲争者，不仅在胶澳之租借地，而并在由租借胶澳而附属之路矿权，暨由日本占领胶澳所发生种种条约之权利。与其受日归还，蹈承认日有承继德约权利之嫌疑，曷若提交国际联盟仲裁，予列国以监视之机会。故提交仲裁最后之胜利，此尚为其第一义，而予中日外交以公开，固已夺日本挟持我国之具矣。

此主张提交国际联盟仲裁之利也。而反对之者，则曰国际联盟不过巴黎和会之变相，我国力争于巴黎和会而不见听者，未必遽因提交仲裁而列国遂变更其主张也。此不知巴黎和会为对德战后之处分，而国际联盟在保障国际之和平与安全。此其性质全殊，则其裁决之着眼点自异也。或又以美国尚未加入国际联盟，我已失其有力之援助，而致疑于仲裁之失败者。不知美国之未遽行批准和约，正以山东问题为其保留之一条件。英、法方感其不便，而力思挽回之方，岂有一误再误，重招美国之恶感者乎？故为国际联盟自身计，惟有拥护其所标之正义，以坚各国之信用，庶速美人之加入。是美人之未遽加入国际联盟者，正予我以局外之莫大助力也。即或万一国际联盟否决我提议，依然维持巴黎和会之原款，则吾之所服从者，乃受国际仲裁执行之义务，而非承认日本承继之权利，较与日本直接交涉，已自免于矛盾之讥。况国际联盟未必出此下策，以自招其本身之破裂者乎！然尚有以国际联盟不能收受此项提议为疑者，则《国际联盟约法》十三条，已将适于交付仲裁之事件，为涉及条约上暨国际法之列举规定。彼对于适合规定事件，在法固不能不为受理也。

就甲乙二说而比较之，则与日直接交涉之为害，而提交国际联盟仲裁之为利也，明矣。惟我国人所宜下最后之决心者，则以我国外交之方针，始终出于力争国际正义，故其间虽不幸发生意外之危险，我惟一以无抵抗主义待之。倘日人增加一分之暴力，即增长各国一分之公愤。我国人须知德国军阀主义失败以后，世界武力侵略之外交，必将绝迹于地球。即假定仲裁失败，其所受日本之损害，亦不过与今日相等，而吾国人拥护正义之精神，永远不为之屈服。故吾国人惟力持昌明国际正义于天下，以保东亚之和平而促国际之进步，认定山东问题非一国的，而为世界的，惟有诉诸世界所组织之国际联盟，谋以自救，而为世界和平保障之试验品，是则在吾国人之自力也已。

原载1920年2月6日《晨报》，后载1920年2月9日《时事新报》、1920年3月10日《欧美同学会丛刊》第一卷第一期

# 庚申川军阵亡将士诔[①]

呜呼！天不勅恶，以滇、黔兵力之强，盘据吾川之广且久，几于气吞成都，目无全川。我川军师不再举，时不隔月，遂使江山危而复安，日月幽而复明。积年强敌，摧于一旦，解决西南之纠纷，促成国家之统一，此岂我川军阵亡诸先烈之所致乎？迈尔有云，兵可御而意不可御。吾川七千万人共同之心理在争省格，否则毋宁死。此岂区区滇、黔之武力所能抵御于万一者哉？当此川境肃清，开会追悼，用撮述其事实，昭示来兹，以见诸先烈成功之不易，后死者之不可不兢兢于川事之发展，以无负我诸先烈死事之志，则诸先烈为不死矣。爰为诔曰：

峨峨梁山，实为益州。开拓滇黔，地共疆畴。前清协饷，川惠旁流。民国多战，三省纷纠。蔡公护国，举世无俦。川人首稠，声应气求。邵阳东逝，熊戴交雠。锦城繁华，地广人□。百年休养，万象继搜。倐然一炬，廛市荒丘。六年鏖战，泸叙全收。功亏一篑，吁谁之尤。护法军兴，暂停戈矛。大局转变，南北纷糅。借口北伐，滇黔啁啾。外假公义，阴遂私谋。泸叙屯守，据我盐筹。资渝盘踞，扼我咽喉。煽动内讧，言恬利钩。吕杨卢石，教木升猱。轩然大波，骇浪惊鸥。中流一壶，舵折孤舟。全川鼎沸，众怒民愁。熊凶赧然，檄讨唐刘。东西齐举，奋我貔貅。合隆资内，激战方遒。如何吕氏，为后顾

---

① 标题为整理者所拟，原作"叶道尹及各机关法团祭文"。

忧。鸷鸟将击，戢翼松楸。猛兽将攎，伏爪山陬。养精蓄锐，保宁暂休。巴山矗矗，汉水悠悠。三年去蜀，王孙不游。故国有难，重茧来投。巍巍剑阁，天险无俦。一夫当关，万夫豫犹。深入其阻，吕部怅惆。桓桓杨公，勇冠群侯。慓悍迅疾，九天九幽。锦城直捣，龙泉一周。昼夜激战，血染兜鍪。敌势大集，长围其修。锦城累卵，炮及宴楼。刘公誓死，躬自援枹。诸将协力，敌忾同仇。枪林弹雨，肉薄相揪。十荡十决，彼此残踩。壮士决胆，将军断头。纷纷籍籍，沙场髑髅。敌经巨创，逃窜死囚。纷披离析，兵气未瘳。我军追击，速于置邮。遭遇辙战，昕夕不遒。资内隆富，复我金瓯。黔寇北道，兵数颇优。但公奋武，当道卧彪。何喻同援，用宏壮猷。遂合铜壁，我军相攸。刘总前敌，分道扬驺。攻坚叙府，如戈拨麰。肃清南服，十唱凯讴。中道攻渝，南北唱酬。跳梁余子，大树蜉蝣。黔军出走，吕石东浮。积年劲敌，去若赘疣。何以致此，神速时不。江山黧眸，天地异色。无量铁血，始复自由。蜀山青青，蜀江油油。先烈媲美，万岁千秋。巴讴渝舞，酒醴千糇。牲牢庶品，聿荐神羞。神之来兮，仿佛灵修。愿见临战，雄风赳赳。英魂毅魂，天地长留。永护西蜀，神其用庥。

原载 1920 年 12 月 10 日《国民公报》

# 复省议会电

成都省议会鉴：

卅号快邮代电敬悉。贵议会对于东川道属善后会议道署交议第一、第二两案，深用诧异，备致诘难。在林权摄东川，惟对于行政负责案、诸道官制暨省议会暂行法，本无答辩之必要，只以成渝远隔，见闻异辞，若不别白声明，恐致淆惑观听，用是特为贵议会一详陈之。

（一）来电误以交议为决议也。查议会通例，交议议案，在提案人只属个人之意见；一经会议议决手续，则提案人不负其责。道署提出第一，拟以明令声明各县议、参两会早经消灭案，只据各县呈报事实而言。"据呈报到署，列有十六县，其中如达县、开江、巫溪、秀山、黔江、彭水、丰都等县，议、参两会早经消灭。他如荣昌、长寿、酉阳等县，缺员过多，仅有机关名义，不能开会。似此呈报齐时，其零落残缺者必多"，仅以明令声明而已，非对于原有者而取消之也。消灭属于本体之自然，停止属于人力之强迫，性质各异，不能与停止混为一谈。第此字义末节，无关宏旨，经众讨论，已改消灭为结束。贵议会对于同日议决，以明令声明各县议、参两会早经结束之通过案，无一语及之，独于已经修正之废弃消灭字样，而断断肆其掊击，无论其掊击之是非，已为无的放矢。是贵议会误以交议案为决议案，此不能不为声明者一也。

（二）来电误以补充命令为法规命令也。查省议会议决事件，须经行政长官之公布，载在明文。贵议会于民国八年十二月议决，对于县会办法，咨请省署饬令各县知事，召集旧有议会，开临时会一次，以资结束。一面设立筹备选举事务所，改选由省署一二六八零号通令在案。九年二月，军政府内政部支电开："顷由政务会议咨称，贵省长邮电并省议会议决修正各项暂用章则阅悉。现在本部咨呈政务会议，凡暂行县制及县议会议员选举章程，已经议决公布。西南护法各省，不日一致进行。贵省省议会议决修正各项章则之希勿暂行，以免纷歧。"等由，复由省署一二二六号通令在案。乃旧会以时效久过，早已遵令结束，而新章未到，至今讫未举行。胡贵议会于通令结束之后，信口承认近年各县屡开临时会为有效，而于缺额者尚以依法递补改选为救济，诚不知其所依何法。岂以通令贵议会议决结束者为非法，而以违反通令开会者为合法耶？是必将《省议会法》须经行政长官之公布一条取消而后可。在本署不过遵奉省令而加以补充，在贵议会乃误以为命令而消灭法律，此不能不为声明者二也。

（三）来电误以行政会议为法定机关也。查善后会本为促进自治暨救济道属地方行政之临时机关，事属权责，本非法定机关可比，故一再声明本省正式省地方自治法公布时即失其效力。贵议会乃责以省宪之成可计日待，宜遵照省宪另订新法改选，不过期月间事。夫省宪为吾川根本大法，程续至为繁重，例以湖南成事，数月来仅订一省宪之起草组织法，将来吾川对于省宪何法起草，何法审查，何法通过，必经若干个月，猥谓计日而成，得无自蹈于卤莽灭裂之讥。即使新法订定，遵照改选，逆计筹备事务，调查户口，当非短时间所能办到。当此水深火热之时，人民宛转痛楚于匪队暴吏之下，纵使被发缨冠而往救，尚恐□□□□□□□□□□□呼吁，而不设法为救济。□□□□□□□未订，此在贵议会雍容坐论，□□□□□□地方之责，救死扶伤之不暇。苟自□□□□□□□，若抑制贪横于万一者，虽□法律小，□□□□□□将尽心力而为之，况不冒县会议参□□□□□□。夫自治之效，胜以人心之良知，必不□□□□□□。夫久远之法规，完备之手续，此正贵议会之所有事，非行政所得越权而代谋，亦犹各县善后会属于行政权范围之内，为道尹之所有事，亦非贵议会所得越权而代谋其成立或取消。贵议会误以地方行政会议为地方法定机关，此不能不为声明者三也。

　　至于经费一层，贵议会亦承认可以权宜移作善后急需。夫兵燹之余，百端待理，凡所兴革，皆曰善后。求于善后中而分别急需，则莫急于促进自治。而促进自治之唯一要务，首在予人民以发展之机关。今试问议决善后会简章，非人民发展之机关而足以促进自治者乎？则所谓移作善后之急需，当莫急于此矣。至于呈准省署，一俟省行政长官负责有人，林自当依行政法之手续补行呈报，而不待贵议会之鳃鳃过虑者也。若以保存为言，同各县自治经费早经省令拨充警备队之用，以致频年层令保存，终属无由归款。此亦经善后议决，以原有自治经费充用，即同时议决裁撤巡缉队，是不唯无所挪移，而并举历年不能保存之自治款而归还之，夫岂夺朱乱苗者所能得乎？要之，立法与行政各有职责，亦各有权限，其机关虽不同，而同以有利于大多数人为指归。值此国是未定、险象环生之际，各机关虽协力协助，尚恐不足以建法制而奠自治。若不熟察地方需要，互为双方之良解，徒摭报章未定之词，遽以查办相恫喝，则林方视一官为地狱，求代而不可得。倘借以早卸仔肩，则益拜贵会之赐矣。不尽缕缕，伏维谅察。东川道尹叶茂林。巧。

　　　　　　　　　　　　　　原载1921年4月29日、30日《国民公报》

# 致政务厅函

迳复者，案准贵厅第五八九号公函内开"迳启者，案准中国驻巴黎总领事函请分转各道道尹，饬县筹给留法勤工学生津贴，并附原呈等由。准此，除分函外，相应检送原呈六件，函请贵署查核办理，赐复备案。此致。计附送原呈六件"等由。准此，查游学异地，每年需费数百金，实为寒素所难撑持。本道尹为培植人才起见，此次召集善后会议，特提出游学贷费局一案，由各属代表议决，各属一体增抽中资捐百分之一，即以增抽款项中取十分之一作为贷费局基金，并促各属军政学界募集巨款，以资办理。其贷款方法，分省外、国外专门学生，分别多寡，分期取具妥保领用。其还款方法，如系工学并进者，即以取得工资之年起，以工资之三分之一作为还款。如须毕业后始能还款，此即以毕业之次年起，按年还三分之一。如不能还，由保人负责赔偿。其详细规定，由各属自定之。此本道尹对于游学各生所筹之接济方法，一俟各案议决后，即通令各属遵照办理。兹准来由，除将原呈批交该县知事遵照办理外，相应函复，即希查照，实为公便。此致四川省署政务厅厅长。道尹叶茂林。

原载1921年5月1日《国民公报》

# 再驳省议会

本省各军长、各师旅长、各机关、各法团、各县知事局长、各报馆钧鉴：

东川道署召集各属善后会议议决，声明各县议、参两会曾经结束案，设立各县善后会议案，省议会不查事实，撷拾报章未定之文，横加干涉，曾经道署巧电声明误会三端，并其他理由在案。乃省议会删电，突以越权违法、摧残民意通电各机关、各法团知照"自本会通电之日起，该道尹所发命令概属无效"等语，阅之不胜诧异。综其要点，诬陷者三，违法者二：

善后会议决以明令，声明省署通令省议会议决各县参、议两会曾经结束，而捏诬以命令变更法律。试问结束之案是否曾经省议会所议决？若以省议会议决结束为适法，何以行政根据省令声明为非法？若以省议会前之议决结束后之军政府电令"希勿暂行"为违法，何以不经正式修正、正式公布而信口承认其有效？此省议会之诬陷者一也。

善后会议之简章明订促进自治，而捏诬以一道尹破坏全国地方自治，此不独事证昭然，与其言适得其反，即让一步言，善后会议之代表、道尹命令之效力，均仅限于东川一隅，对于川北之善后会议尚不生连带关系，而川南、川西更风马牛不相及。他道尚不相及，何况全省？一省尚不相及，何况全国？此等危词耸听，冀以挑起各方之恶感，败坏一人之名誉。此省议会之诬陷者二也。

善后会议纯属行政范围，明订《省自治地方法》正式公布时，即失其效，而诬行政官吏消灭法定地方团体。若谓消灭旧有议、参两会耶？是议决结束而咨请通令为省议会，行政方面自不负其责。若谓消灭将来之地方法团耶？则善后会议既有《省自治地方法》正式公布，即行失效之规定，是行政方面不惟毫无妨碍意味，抑且促进其实现。明明议决结束，而省议会必咬定加以消灭；明明提倡地方自治，而省议会必故意加以消灭地方团体。此省议会之诬陷者三也。

查《省议会暂行法》认本省行政官吏有违法时，得咨请省行政长官查办，其认定应根据确切之事实，或当事之答复。今省议会不援据公布令文，不讨论道署复电，仅据片面请愿之词，遂加以"实属越权违法，摧残民意"。虽乡曲武断，尚须人证，乃以堂堂省议会，而高下由心，法律信口，置川北善后会议于不问，举三十六属法团举出代表之民意于不顾。此查办手续之违法者一也。

案须查办，则道尹之究属违法与否，尚不可知，必俟查办之机关，经过正当之手续，乃能停止其命令或处分。今省议会称："自本会通电之日起，该道尹所发命令概属无效。"省议会果据何法律而有此权力耶？此停止道署命令之违法者二也。

查官厅与议会，同属国家机关，行政与立法，各有明订权限。关于道尹个人之去就，在林可以无言；关于自治机关擅行停止行政机关之命令，坏国家法定之统系，酿议会专制之流毒，林不能不向七千万人一言。除依据《省议会暂行法》第卅九条，认省议会议决为违法，呈请省署咨明省议会撤消外，尚有不能不为诸公告者。东川各属兵队之多，搜括之繁，棒徒之纵横，妖匪之蠢动，民生焦然，实为各道署所未有。从前地方法团残缺零落，若存若亡，无几微抵抗护卫之实力。当此旧法既经省署通令失效，新法又一时不能产生，使省议会诸公试闭目遐思，梁山之焚烧数千余户，万县、黔江、彭水之杀毙千数百人，石柱之劫城频仍，大竹之沿乡索款，水深火热，朝不保夕。行政官吏若不急筹救济之方，假以机关之力，使其起而自救自卫，以辅官力之不逮，徒卸责于曾经结束之县会，坐待夫省自治之成立，此与引西江之水以苏涸辙之鱼者何异？况道尹不任一己之成见，案经各属法团推出代表之公决,以行政之官吏执行民意之议案,叩诸良知而无愧,案诸法令而无违。省议会纵不谅行政委曲之苦衷,亦当顾生民宛转之疾苦。乃省议会不惮违法越权,径行通电,取消道署之命令,而使地方无法以相救济,此则林个人之身可去,而职责所在,不能不为地方力争者也。谨此电陈,伏维昭鉴。东川道尹叶茂林叩。敬。

原载1921年5月3日《国民公报》

# 驳省议会宥电

本省各军长、各师旅长、各机关、各法团、各县知事、局长、各报馆钧鉴：

查省议会以议事机关擅行停止行政机关之命令，坏国家法定之系统，酿议会专制之流毒，业经道署敬日通电斥驳，并依据《省议会暂行法》第三十九条，认该会议决为违法，呈请省署咨明撤消在案。当此大法凌夷，盗贼遍地，该省会若稍守法系，顾念民生，应如何互为谅解，共谋救济。不此之图，后于宥日通电牵附题外，无干法理上之通则，冀以淆惑人心，阻挠道令。不知法律之成立，必须经公布之手续始能成立，苟其手续不完，则不生法律上之效力。

据省议会所称，新法未颁，旧法有效，虽属理之当然，而非省议会所指之事。盖实旧法因新法而失效者，系指未曾失效之旧法而言，非所论于已经停止或结束者也。法令效力，凡一度经明令停止与勿行未有同样手续回复以前，其规定内容纵极美善，决不能对人民而发生拘束力。而在行政方面，除执行法令所委任之职权范围以外，或程度尚有解释，及认定法规之适用的事实之权，在其解释及认定权之范围内，即令偶有违误，因之事实上明为违法，然未经裁判判决，或诉愿之裁决，或其他有审查其适法与否之职权之官厅之决定，亦不能不责人民以遵从。此则法令之形式的效力之结果，质之东西法学名家，早成公例。

今各县议、参既经该省会议决结束，军政府希勿暂行，均经省署通令在案。是此既结之命令，即使出于行政片面意思，于法实相违反。而以行政命令性质言，在未经正式裁决机关决定其违法以前，亦属有效，而况实系该会议决者乎？依法，该省会既无直接取消行政命令之权，省署复无后令以废止前令，何乃有二月议决通电各县召集开会之说？前之结束出于通令，后之开会果据何法？在道署身居行政机关，只知遵奉上级官厅之命令，何能尊重该会的法律？此与路易所谓"朕即国家"何异乎？

至谓"议决结束，意在即行改选。既未改选，则新议参事员未选出以前，旧议参事员依法当然行使其职权，犹之行政司法机关，新官吏未到任以前，旧官吏不得卸责"等语。不知旧法既经省署通令失效，新法又经军政府暂令勿行，则以缺员过多之议、参会，道署将遵元年之修正法补选耶？则以八年之通令结束而失效；将遵八年之修正法递补耶？则又以军政府之暂令勿行而失效。道署为行政机关，夫何敢信口造法，弥此缺陷？

至于拟议事机关，于行政、司法官吏尤属不伦。盖行政、司法官吏，自然人也；县议、参会，团体人也。自然人合四肢百骸而成作用，团体人则合各个人而成作用；自然人不以不具一肢一骸而人格不完，团体人则以不具法定人数而作用不显。如县议、参会既已陷于补选无由、改选无法之境遇，事实、法理早已不存，安得牵附于官吏个人之交替为比例，而曲辞以自文乎？

要之，各县旧时议、参会，即使该省会有博士为人之本领，补足法定人数，试问议、参会已往历史是否足餍人望，目前救济是否能应需要？事实昭然。该省议会虽欲不图善后，欲以死法厉生人，岂能尽掩三十六属人士之耳目乎？该议员等既踞一省最高自治机关，一再以危言耸听恫喝个人，复以破坏行政、阻扰地方，若不直川人士指其非，则道署救济地方区区之苦心，恐终无以见白于人。而行政失其统系，地方无法救济，则为害大矣。

林承乏地方职者，病犹责所在，但使一日不去，必尽一日之心，万不能以议员等不负责任之言、违法决议之电，自放弃其行政之权能，以苦我地方。惟有对于东川道属代表议决各县设立善后会案，积极进行，勉图救济于万一，是非毁誉，一听地方大多数人之公评。谨此电布区区，伏维鉴察。东川道尹叶茂林叩。

原载1921年5月19日、5月20日《国民公报》

# 再请辞职函

东川道尹叶茂林前因商学风潮，曾向川军联合办事处辞职，未获照准。现欲休养，昨又向刘兼省长具呈解职。其原文云：

为再请辞职，恳予收回成命事。窃道尹因缘际会，承乏东川。前因商学冲突之结果，曾经引咎辞职，呈请川军联合办事处，恳请开去东川道尹一职在案。适值川军联合办事处收束在即，尚未奉到明令。旋奉七月冬号秘书处电开"奉兼省长令，任命叶茂林为东川道道尹"等因。闻命之下，不胜惶悚。当此川救有主，军民喁喁望治之时，群策群力，莫不延颈企踵，愿效驰驱，共襄新政。矧道尹尝从幕府，曾共艰难。维自顾材质凡庸，讵不思勉竭绵薄以酬知己于万一。徒以匹夫有志，欲陈下怀，积劳致疾，难膺繁剧，不敢不为钧座一缕陈之。客岁南下渝城，形势未稳，一时权摄道篆，借以安定人心。当时通电，一俟川政负责有人，即当立卸仔肩。钧座为军民乐推兼摄省长，欣践前言，借遂初服，此道尹之不敢盗命者一也。承乏数月，无补地方，军队则供亿维艰，从贼则纵横莫制，有吏而不能察，有民而不能安，商学则屡形冲突，天灾则横流数县。每思民间疾苦，辄用内疚良知。小试数月，已丛愆尤，再尸高位，必重罪戾。此道尹之不敢从命者二也。体质羸弱，不堪烦剧，客岁以意气相感，勉与川事。去秋至今，朝夕无暇，积劳既久，遂患怔忡，彻夜寡眠，饮食少进。当此川局粗定之日，正为避位让贤之时，倘蒙借资休养，冀得精神复原，与其猖獗于日前，不如报称于将来。此道尹之不敢从命者三也。有此种种下忧，不能不量而后入，俯恳钧座收回成命，开去东川道尹一职，另拣贤能，借光新政，俾林得安心调养，则拜钧座之赐多矣。所有再行辞职、恳予收回成命各缘由，理合备文呈请钧座核准施行，勿任感激之至云云。

原载1921年7月16日《国民公报》

# 自劾辞职函

为自劾□□举贤以代事。窃道尹以世外书生，不乐仕宦，猥蒙钧座过听，忘其不肖，千里走书，遣使相迓。适当军事急难之秋，成都被围之时，意气感激，遂效驰驱。追随幕府，承乏东川，岁月匆匆，几及一载，未尝不欲勉竭绵薄，借酬知遇。乃进则无补于时局，退则负咎于神明，虽屡荷钧座优容，温语慰留，然揆以平生，自恃褊衷。当官职守专责，诚不敢冒昧以速官谤，致以负初心者转负钧座。用敢胪举自劾之事实，不能不去之理由，敬为钧座详陈之。

川省频年纷乱，固缘外患之侵入，推其原因，实由于南北之利用。客岁吾川揭橥自治，宣言不入南北之漩涡，实欲以内解频年之纠纷，外促国家之统一。道尹身在局中，实为忝附诸将领昌言自治之一人。乃组织省宪之筹备，尚属遥遥无期，而环顾地方自治之基础，不能促其蒸蒸日上，徒负空名，羌无实际。此道尹之所当自劾者一也。

欧战以还，世界各国竞趋改造。道尹值吾川拨乱反治之时，丁省长虚位之际，对于东川教育、实业诸行政，不能迎合世界潮流，对旧制为调和之保留，对新潮无彻底之主张，卒致新旧抵牾，互相龃龉，而呈倾轧反复之现状。此道尹之所当自劾者二也。

大难粗平，首以调和文武为要义。道尹性素愚戆，识鲜通方，守法则蹈胶执之愆，对人则乏温润之色，以致动辄得咎，跬步难行。此道尹之所当自劾者三也。

道官制所定职责，首重察吏安民。乃道尹对于属僚考核，虽屡经察访，而耳目短浅，顾昧于聪明：一、江北县知事李凤耀也，荐剡方陈，而钧署之代令已颁。一、涪陵视学刘极、梁山视学张世彦也，报最方闻，而钧署之撤任已下。一、涪陵县立中学也，起废方告开学，而钧署已勒令停办。一、各属自治经费也，职署前定以地方善后□促进自治之用款，而钧署敬电不准挪作他用，乃职署迄未奉到明令，徒致地方政令之纷歧。其他类此，尚难枚举。在道尹一人耳目之所及，事事赖钧署之救正；累月心力之计画，一一劳钧署之平反。在钧座纵曲予鉴原，姑留任以观后效；在道尹不得其职，安能觍然而冒官常？此道尹之所当自劾者四也。

夫国家设官分职，各有专司，不尽其职而去其人可也，徒留其人而废其职不可也。道尹虽学殖无底，亦常懔尸位素餐之戒，倘仍持禄苟容，不独负钧座知人之雅，而使地方怀疑，乘间生衅，小之持长官之短长，大之酿庶政之丛脞，地方必受其敝，问心何以自安？惟有恳请开去东川道尹一职，暨重庆市政督办，庶冀减罪戾于万一，而图报称于将来。至于用人行政，在钧座自具权衡，道尹以去职之人，何敢妄参末议？特以古人惓惓之义，临去不忘事上之忠，以人为大，用敢贡其刍荛之愚，附于各举所知之谊。查有前任四川高等检察厅长程莹度，思周识远，应事有方；前任四川政务厅长尹昌龄，老成练达，明习吏事；总部参议高岳，专精政法，明敏干练，前任蓬溪知事，临民有德，御变有方。此三人中，任择其一，咸足以副将来东道之望，而补道尹往事之阙。俯恳钧座留意详察，不胜惶悚待命之至。谨呈四川总司令兼省长刘。东川道尹叶茂林。

原载1921年10月23日《国民公报》

# 川东教育研究会演说

今天本会开幕,我可将本会宗旨简单说明。人群里内除了教育一宗以外,无论他是属乎政治上的事件,抑或属乎社会上的事件,都不能算为绝对的善,亦不能算绝对的恶。所谓善恶,大都相对的、比较的,惟有教育乃算绝对的善。人为有血气的动物,其本能较一切动物发达得快些,而其所处环境亦较复杂。但欲人类应付环境,处处适宜,与其任诸自然,又不如先行加以指导。从另一方面说,人类生来即有摹仿性,即是生来即有受教育的可能性。借教育以发展其本能,使得对于环境因应咸宜,这是绝对靠得住的。所以可说教育是绝对的善。无论甚么时代,其社会文化的升降都要随教育兴废为转移,这也是决不容疑的。但是教育既是用来教人应付环境的工具,则环境一变,教育的方法便当随之而变。诸君对于教育,学识和经验本都是很宏富的,但欧战停后,世界思潮已大变了,从前的教育如今感觉着有许多不对了,故从事教育的人对于新教育法应该详细研究。川省僻处边隅,风气闭塞,扩充教育实属刻不容缓。用特创设本会,派本处秘书长陈愚生延聘南京高等师范学校毕业学者到此,同诸君相互讨论,用期于新教育法以及教育、行政两项,均能收美满之效果。

原载1921年8月4日《国民公报》

# 对省宪之意见

刘总司令兼省长钧鉴：

齐电敬悉。国宪未定，川乱频仍，我公本川人自决之精神，为独立自治之倡导，先定省格之基础，促解国家之纠纷，全川喁喁，莫不渴望省宪之成立。乃自去秋以来，自治之呼声虽高，具体之办法无闻，固缘迟回审慎，徐俟各方民意之发摅，亦由负责无人，致演筑室道谋之纷扰。今欲求省宪之速成，必先蕲事实之确定。川人主张自治，实变更国家之组织，全属政治革命，本无成法可言，而其唯一无二之要点，则在如何根据目前之事实，得以表现全川人民之意思为指归。如以省议会为表现民意耶？则省议会成立于统一政府之下，而为《省议会法》所产出，法律既无制宪之规定，人民又未授以制宪之权能，此省会制宪说之不合于理势者也。如以大多自治团体会为表现民意耶？则假借自治之美名，冒窃人民之代表，投机射利，团体如蝟毛而起，彼此是非，卒为少数政客军人操纵之具，欲求民意而真正之民意反晦，欲求调和而各方之意见愈深，于法何据？于事何裨？此大多自治团体会制宪说之不合于理势者也。

夫全民制宪既为事实之不可能，而省会与多数自治团体制宪又为理势之所不许，则将以何法表现全川人民之意思耶？推寻人民意思之表现，不在于法始之发动，而在于最终之表决。美国十三州之宪团，成立费拉地费少数人之手，其后次第经各州之批准，遂定美利坚之基础于不摇，先例堪征，成绩具在。矧近日世界政治之趋势，大都顺人民直接参政之潮流，对于国家立法事业，既不愿受政客代表之利用，复不愿蹈群愚盲动之危机，故以表决权留诸人民之自身，而以起草事委诸学者之提案。美国各州国会之立法局，其先河也。迩者湖南省宪聘请学者起草，乃以各道代表为审查，遂致中道搁浅。此其草案与空文无异，何能贯彻学者制宪之主张乎？今若采最新式之立法例，而以学者制宪为较利，则起草与审查当为对等之形式，不为复决之手续。起草属诸学者，负有说明修正之责；审查属诸各县法团暨军政两界共推之代表，仅具辩驳发议之权。学者与审查意见一致，固无问题之发生；学者与审查主张不同，一听人民之公决。庶学者制宪之精神，可以贯彻民意真正之趋向，可以表现利害得失之相权，此其最便而较易于为功者矣。

若夫省宪之筹备，纯属政治责任之问题，全川人民既对于自治无间言，政府当局当对于筹备负全责。盖省宪之成立与否，当俟人民最终之公决，而省宪草案之有无与否，则非由政府负责，固末由进行也。或以政府筹备宪政而疑其无所根据，不知政治行动之责任，在根据乎事实，今日吾川之自治，全依据于政治革命之事实而来。与其付之于悠悠之口，使议论多而成功少，盍若当局直起力追，庶以杜纷歧而纳轨物。语云："需者，事之贼也。"又曰："恶法律胜于无法律。"深愿我公鉴国宪之稽迟，察现时之需要，设处克期，以促省宪之速成开，川省将来之治平，实惟我公开之。至于宪政筹备之手续，学者制宪之人材，自宜集思广益，详择而审处之，固非临电之所能尽也。谨贡鄙忱，用备高深采择于万一。东川道尹叶茂林谨叩，等语特达。叶茂林叩。养。

原载1921年12月20日《国民公报》

# 东川道巡毕呈报

东川道尹叶茂林，此次出巡各县，对于地方利弊兴革颇多，于本月四号返渝，已将所巡各县情形，就调查所得，具文呈报省长公署。兹将摘录如下，以供众览。

## 一、长寿县

（一）限期裁革差役　已专案呈报，免赘。

（二）裁减常练　查该县常练共有五队，丁共计三百人，随粮附加团款，每年至二万元之多，人民负担未免过重。已勒限十五日内裁去练丁百五十名，团款照此递减，通报候核。一面遵照通章，切实整顿门户练丁。

（三）禁烟情形　查该县境内尚未发现烟苗，惟开设烟馆及吸烟者不少，已责成该县知事严禁。

（四）学务情形　长寿县学务情形，约分县立学校与乡立学校两种。（甲）县立学校。查该县劝学所收入款项，约计生洋一万九千元。除该县行政事宜及其他补助一切开支，其余办理县立各校情形如次：（1）县立高小学校。该校地址宏廓，所有常年经费约计四千五百三十余元。自李鼎禧接办以来，人数约有一百六十余人。各科教授均改用新式教本，尚属办理得法。（2）乙种农业学校。系办农、蚕两科，其常年经费计有生洋三千二百三十余元，人数约有八十余人。各科教授多写黑板，徒费时间，已饬速购教本，或用油印讲义，俾教授不致多费时日。（3）女子高小学校。该校地址窄狭，不宜学校，已饬另觅地点，或将原地设法扩充。其常年经费钱一千七百余钏，其高小国民女生人数有八十余人，已饬用生洋开支，或酌增加，以资办理。（4）国民学校。查该县所开之国民学校，计有一所，约二十余人。所授学科亦未遵章办理，已饬严加取缔，力图改良。此县立各校之实在情形也。（乙）乡立学校。查该所关于各乡学校统计，计有高小学校六所，约有学生三百余人，其常年经费约有七千余钏，每校均有一千一百余钏，已饬遵令每校均应设法筹足一千六百吊，以资办理。至国民学校约有九十所，学生约有三千余人，其常有经费约有一万一千钏，平均每校约一百二十吊。其各校教授虽未亲临调查，已饬遵令办理，毋得再任因循。此乡立学校之大概情形也。

再查该县对于通俗社、图书馆、幼稚园、贷卖局等，均因无款未即办理，特查照前次呈准增抽中资捐五分之一以作学款之通案，令饬该县局定期于四月一日开始增抽，以便积极办理。又据县立高小学校校长李鼎禧呈请，据案再抽中资捐五分之一，作为筹备恢复中学之用，当于三月十三日召集各官绅、法团征求众意。对于此款均一致赞同，当由会议县局仍照前项增抽办法，于四月一日一律增收，以资筹办。此该县未办事件征求众意，权为处理者也。

（五）实业情形　长寿县实业所，全年度收入不下五千五百余元。其开支各场局，年费五千一百四十余元之多。其详细账目，因时间急迫，未及详查。其大概情形，略分两项：（甲）行政项下。查该所对于行政经费，均称呈请开支，惟有无亏偿，据多人呈据，均令县署查夺，一俟呈复到日，查酌办理。（乙）事业项下：（1）蚕务局。查该县桑园，自彭凤和接办以来，约有桑株数千，同时开办农业学校，所有养蚕事务，均借此以资实习。现该园桑株繁茂，各地到该园购买桑株者，亦颇不乏人。该所长承办该园，尚属尽力。（2）劝工局。该局开办织造、木器、竹器、油漆四科，据昨年决算，虽获鸿息二百三十余元，特所造物料，亦无甚特色，已饬认真改良，以重业务，借获收益。（3）农事试验场。该场租用民地，办理园艺、树艺，并办有菜园、苗圃，均属开办期间，无有起色。此即该县实业所之大概情形也。

至于该县知事陈善，到任甫及半月，自无政绩可言。观其勤求利弊，尚属有志办事。征收局长王志杰，清廉厚朴，声称翕然。实业所长舒兴泽，迹近怠惰。此该县各办事人员之大概情形也。

## 二、涪陵

（一）禁烟情形　涪陵毗连黔省，延袤五百余里，为川东著名产烟之区。近年迭经兵燹，烟禁废弛，豪棍包庇，奸商囤集，乡民习于犯禁，恬不为怪。虽经道尹迭次严令知事禁种于前，暨复派员查见烟苗，业行呈请钧署特记前陈知事大过一次，陈知事方开始下乡督铲。旋经钧署调任长寿县，知事恩□到任未久，未及下乡。迨道尹巡至该县，特派密查，于涪河南岸发见烟苗甚多，当即派随员吴象痴亲带一分队，驰赴新场、冻水铺等处督铲，往返三日，将大道附近四十里尽行铲尽。并访得青沟镇、白关镇、小河等处遍地种烟，即行严令知事召集该地团保，责成督铲并尽，克日亲身周历各处，严密督责，务绝毒卉。至该县烟馆林立，至达数百余家，并风闻烟犯囤户甚夥，除令该县知事严密查拿外，诚恐未与，以文告收功也。应请钧署特派烟禁大员，带领得力兵队，雷励风行，专责办理，庶几百年弊害或可革除。

（二）裁汰书差　该县以辖地广远，知事鞭长莫及，不得不寄耳目于书差。故差风之横，较各县为盛。虽经迭次裁撤，卒以形格势扞，未行改组，列册领薪，尚有百余人。其白役散差，竟达二三千人之众，案费需索，动过百千。积弊之深，良堪浩叹。召众集议，苦无良法。定人数太少，则事势难举；法警若多，则经费无济。惟有严令知事裁除白役，改制法警，缉捕盗匪，责成团保；书吏一端，饬令照章改组。至各乡镇，令其特别组织，授以特权。不然，虽有精神之官，殆未易以治理也。

（三）催地方税收支所成立情形　该县议会早已不足法定人数，其现在议长系由张列五任民政长时委任而来，各法团因地方税所长问题争执未已，故未成立。现责成该县知事召集县议会、地方各法团集议，克日办理，用符通令。

（四）整顿警察情形　查该县警察于民国十年十二月恢复，由警务处委任一等警佐夏祥国、二等警佐汤铭新办理。惟警款支绌，月仅二百串。所安置警长二名、舍长三名、警士九名，官多警少，事同儿戏，烟馆林立，熟视无睹，致招物议，不无由来。应请钧署令警务处立将该警佐撤任，另委他员办理，只须一等警佐一名，用节糜费。俟该县警务办有头绪，警款筹有余裕，再行增设二等警佐，以便逐渐改良。

（五）请撤换县佐　查该鹤游坪县佐赵铭鼎、武隆县佐何书德，均有违法受理民刑诉讼，妄索案费，擅行监禁等情，被人控告。赵县佐前经道尹揭参，曾奉钧署令准撤任。惟新委之徐望隆久不赴任，应请钧署另简贤员接替，并恳将何县佐一并撤任。

（六）学务情形　分甲、乙两种。（甲）县立学校。该县劝学所学款，每年计共生洋一万八千余元。除该所开支二千三百四十余元外，其余开支各校如下：（1）县立中小合校。由该县前任视学刘极呈准恢复后，计有中学班生八十余人，高小班二百人，国民班一百余人。该校地势宏厂，设备亦略可观，各级教授均合新教育趋势，每年由劝学所开支生洋计八千八百余元。（2）县立女子师范兼高小国民学校。计有学生一百八十余人，年费生洋二千七百三十余元。该校校长现因视学刘人杰处理不善，迭起风潮，已饬现代理校长极力整顿，认真办理。（3）县立四所国民学校。由该县前任视学改新教育趋势，办有四所。现任视学追办一所，年支生洋计二千六百余元，学生共有一百余人。（4）县立平民夜课学校三所，均由前任视学刘极开办，每年由所支洋三百二十余元。外有图书馆、贩卖部等项，虽已由前任主张办理，惟现任视学本所积极进行，其成绩无甚可观。此县立学校之大概情形也。（乙）乡立学校。该县乡立学校，计高小班十四所，学生约有一千零六十余人，校款约有一万三千三百余钏，其中校款有多至二千余钏者，亦有少至四五百钏者。至公立、私立国民学校，计有四百余所，学生约有九千三百余人，校款约有四万零四百余元，其中校款有四五十钏者，已饬将校款最少之学校设法调剂。当该县正东区地邻彭水，区域甚宽，而所办之学校与各校之学生均极稀少，已饬设法补充，以期教育普及。此乡立学校之大概情形也。

（七）实业情形　该县实业所收入约有生洋四千余元，除该所行政经费约支洋一千八百二十余元外，其余开支事业经费：（1）农场。约支生洋三百四十余元。（2）蚕务局。约支生洋九百八十余元。惟该局桑株仅二百株，尚不足供饲蚕之用，实属不合。已饬广植桑株，撙节局用。（3）劝工局。该局所积存之生洋二千余元，开办造卤、漆、藤器三科，其所出物品亦略可观。惟资本过少，实不足以谋发展。据该所呈称，前清劝工局厘款被商会挪用，迭奉上宪令饬划还，均未实行等情。前来已饬该县召集商会及该所人员商决划归该所抽收办法，并令即将此款补助该所办理劝工事务。

## 三、垫江

（一）团练情形　垫邑行政区划原分四镇两乡，连年遭兵匪蹂躏，疮痍未复，故人民咸知注重团练。计全县共置常练百九十名，以九十名常驻城内，此外每镇驻二十名，每乡驻十名，其经费由正税项下附加，每年收入约二万元。至门户练业已实行，由镇乡团练办事处就所辖区域内按户抽丁，组织成队，每队数十百人不等，轮流操练，周而复始。全县联为一气，平时分区防守，有警互相援助。前次击散教匪，均赖民团协助之力，故该县境内已无匪患。现时并于城内设有团练传习所，由各镇乡选送学生入校肄业，毕业后仍各回本地充当教练，计画更觉周至。惟现驻团练局长李香龄嗜好甚深，颇多物议，已令该县知事将该局长撤换，遴委妥员接替，以维团务。

（二）禁烟情形　查去年该县防军借烟案勒揞，全县财产损失约二十万，痛深创巨，民间始相戒不敢种烟。本年仅北里山间尚不免有违禁偷种者。二三月间，该县知事汝弼带队前往督铲数次，已造肃清。道尹经该县各场，沿途派队搜查，均未发现烟苗。惟禁运、禁吸两端异常废弛，已严令该知事认真进行，并迅速成立戒烟所，以符通令。

（三）核减地方税收支所经费　查《各县地方税收支所简章》第十条，明定该所经费至多不得超过收入百分之五，惟该县仅言交由县议会议决支取，以致各县地方税收支所多有编制预算，只图得县议会之同意，而蔑视该条但书之规定。道尹闻见所及，发见此弊，曾备文呈请钧署限制所长薪俸在案。垫邑地方附加税每年不过三万元左右，乃查该县税收支所经费预算表竟列二千余元，收支十分之一以上。据该所长面称，已咨交县议会核议，尚未议决等语。道尹当面谕，近将此项预算表收回，另制妥表交议，以符定章。

（四）整顿警察　垫邑警察尚未停办，惟因陋就简，无甚振作。现时仅设巡警二十余名，清道夫二名。其经费全年收入共银二千零二十元，钱三千六百四十八钏，支出共银一千七百四十九元，钱二千九百八十八吊，合计共不敷银六百余元。而查其内容，除巡警月饷以钱计外，所有警佐、巡官、庶务、文牍、书记、司事、巡长各员薪暨一切杂支，概以银计，以致入不敷出。爰令该警佐一律改元为钱，撙节开支，并商承该县知事召集各法团增筹之款，添设巡警及清道夫若干，以敷分配而资整顿。

（五）学校情形　分甲、乙两种。（甲）县立学校。该劝学所每年收入仅有五千余元，除该所用支一千四百余元外，其余办理各校如次：（1）县立中学校。该校距城十余里，地方阔大，前因匪徒盘踞，校具迭受损失。今春略事修葺，自习室、讲室等尚属可观。惟查学生仅有九十余人，计分五班，每班教授均无精神，甚至有讲授二三十分钟即下讲室者，已饬照章教授，毋任因循。至校款每年由劝学所支洋八百四十元，合征局拨交契底、肉厘两项，总计不满四千元，已饬该县筹足八千元，方足以资办理。（2）县立高小学校。计有二所，每校由劝学所开支生洋四百元，学生人数不过寥寥二三十人，固缘办理不得其人，亦由经费过于短少所致。故当时各县、各法团会议，议定增筹学款，当即令饬筹足一千五百元，并应遵照定章，将该两校应办事项认真办理。（3）县立国民学校。计有八所，分设各乡镇，年由劝学所开支生洋五百四十元，务有教授，并未遵章。其他女子学校、模范国民学校、平民学校、通俗图书馆、阅报室等，均未设置，实属该县视学、劝学不力之所致。（乙）乡立学校。该县私塾林立，而公立学校，全县仅有五十八所，每校学生不过二十人，学款不过七八十吊。且查经过学校，外观形式既未备具，内容学科更不足言，已饬改良私塾，增筹款项，力图改进。

（六）实业情形　该县实业所每年收入约有三千元，除该所开支行政经费一千五百元外，其余办理事业如次：（1）蚕桑局。该局蚕室即附所内，其建筑各项尚属合法，推广桑株不多，每年均须购叶饲蚕，年须经费七百七十余元，已饬力为撙节，务获收益。（2）农事试验场。该场园艺、树艺均无起色，畜牧一项仅于所内建筑畜栏，并无畜类，年用经费四百余元。（3）劝工局。未行举办。所有教养工厂仅有纺织一类，款项既绌，徒事位置人员，已令将该厂拨为实业所办理，即作劝工局基础。至于该县频经兵匪，四方人士损失惊悸之余，徒为苟且幸免之心，无复整顿进化之意，一切行政均无计画之可言。知事纳汝弼，人颇精干，日惟劳精敝神，于整饬团务、应付军队之不遑而无暇间其他。视学徐茂宏，神志阻丧，日以洗刷本身讼事为务，关于学务职守全行废弛，已由道尹呈请撤任，另保该县高等学校毕业、历任合川视学黄鸿烈接充在案。实业所刘浚明，毕业法校，不娴实业，因未访得该实业人物，暂未更动。

## 四、二次出巡呈报

东川道尹叶茂林二次出巡，于五月四日由璧山巡至合川县。其调查所得大概情形暨处理行政各项事件，已呈报省署备查。略分七条如下：

（一）整顿司法费，每年经费收支盈绌情形；（二）裁撤巡警队，拨归团局，以符通令；（三）团练情形，经费之抽派，户口之清查，丁队之组织，名额之数目，均令遵章办理；（四）恢复监狱工场，择宽地势建筑，俾人犯入场，不致妨害卫生；（五）催办教养工场，专收无业游民，劝地方热心人士赞助推广；（六）学务情形，分甲、乙两种：（甲）县立学校、中学校、高小学校、女子高小校、模范国民校、平民学校等，校地、校具、经费、学生名额、各班成绩，均指导以相当之办法；（乙）各区公立高小校、国民校之学款若干，学童若干，所有教科本，令改用国语教授，以符通令；（七）实业情形，如劝工局、农事试验场未照章办理，均令其速为改良，设法推广。至于合川县知事李宇杭，虽出身军界，颇明了精细；征收局长郭潜，任事循循，尚符人望；视学刘先兆，办学虽有计画，措置未免失宜；实业所长张守铭，办事敷衍，除蚕务外，了无成绩。此视察人员之情况也。

原载1922年4月14日至21日、5月27日《国民公报》

# 四川善后会议录叙

民国十四年九月，川战告终，各将领会议于富顺之自流井，图谋川局之善后决议。由川省军、民两长发布《四川善后会议条例》，召集全川军民代表于成都，开会于十二月六日，闭会于十五年二月十一日，其间正式会议经过五十日之久，收受议案至数百件之多，除一部分议案特别成立者外，其大多数皆归纳于军政、财政、团练、公约之中。嗟乎！集全川军民代表之智识精力，其可言之成绩仅此，吁亦难已。然会议未终而渝变突起，邦人士鳃鳃然虑本会并此仅有军、财、团、约之四大案，或为川局大势所牵掣，亦不克推行而尽利，则善后徒托空言，不将辜众望而无以警策将来乎？此其言似已而实非也。夫善后会议之精神，不在当局之行不行，而在民众是否有监督当局之智识与能力。民众监督之智识富、能力充，虽改造政府、解决川难而有余，矧此区区之议案，有不排百险、祛万难以期贯彻其所议者哉！然民众之智识、能力非一朝夕所可养成也，必须政治教训有以练习之。善后会议者，绝好政治教训之学校，而军、财、团、约之四大案，即应时需要之教材也。果能收此教材灌输于民众，使吾川七千万人咸奉为唯一无二之信条，虽有大力为之阻，巨变交相乘，而谓议案之不能实现者，吾不信也。庄子云："其作始也简，其将毕也巨。"昔英之《权利大宪章》成英吉利宪法之祖，美之菲拉地费亚会议开合众国民治之基，善后会议将来之结果，其将与英美媲绩乎？抑为或者之所虑而归于空言乎？是则在吾川七千万人之自为已。兹值编辑《会议录》既竟，辄述其缘起与感想而为之叙。民国十五年二月叶茂林识。

原载1926年成都昌福公司本《四川善后会议录》

# 何法恢复东三省

——国立四川大学九一八纪念讲演

东三省为构成中国领土之一部。自一九三一年被日本以暴力占领以来，东北同胞日处于日本铁蹄之下，我们不能在此一年之内，为有效之回复失地，救济同胞，而乃为此空言之纪念，真令人惭恶无地，然当今日纪念日，尚靦然出席讲演者，亦欲表示个人不甘愿为亡国奴，以发表一己之意见，引起大众之努力研究，以可以实行之方案，以唤醒群众，而督促政府之恢复实现而已。顾亭林有言："天下兴亡，匹夫有责。"其所谓责者，谓留心于天下兴亡之故，斟酌时势，以立言穷则造为舆论，达则见诸施行。今窃取此意以立论，固不必以弱国自馁，作楚囚相对之辞，亦不敢理论自高，为感情冲动之语。总之，论事务期其可行，两害惟择其较轻，若以不负责任之议论，取快飞誉于一时者，此非爱国，而适以误国，是则所愿与诸君共讨论之者也。

在讨论何法恢复东北问题之先，不可不先叙述经过之事实，以求现状之明了。然此事实有一绝大之谜而为国人所大惑不解者，则以三倍大于日本地理之满洲，拥有三十万军队之张学良，而日本以四万驻在满洲之军队，于九一八一夜之间，而占辽宁，两日的短时期之内，而全占南满，而张学良乃全无抵抗之力者，何也？在张学良，失地之罪固无可逭，而日本在东北之实力，早足以支配满洲之政权，而张学良及东北军队，不过为拥护日本在满洲特殊权利之工具，不过借九一八东省之事变，为之证明公布而已。日人所著《中国讲话》有云："满洲军队的职份，与其说是拥护满洲土著地主和资本家的利益，不如说是拥护着日本的特殊地位。……从张作霖以来，日本对满洲军人供给了多量的武器，张学良就任之后，也从日本购买了多数飞机。最要注意的，就是在这些飞机都添附着日本现任的将校，当然这种将校的添附，决不限于飞机一项。从二十一条以来，条件上规定了满洲军队，非用日本顾问不可，以战争技师有名于世界的日本陆军军人，现任他派遣到满洲的人数，决不很少。这些日本顾问，在满洲军人拥护日本帝国主义利益的那种条件之下，担当军队的指导工作。万一满洲军人有违反日本帝国主义利益的时候，那么，他们就要连带武器地复归到他们的本国。军事指导者归国，就是张学良势力的失坠。"我们看了以上这段话，就知满洲军事上的势力，实在是掌握在日本帝国主义的手里，加以利用点有满洲铁路百分之三十八强的交通线，所以在一刹间而占全辽，并不是意外希有的事了。

自九一八日本占领南满之后，十一月十八日日军炮击天津市，十一月十九日日军占领黑龙江省城，一九三二年一月二十八日日军炮轰淞沪市，三月九日日本组织傀儡之溥仪为满洲伪国，七月十八日日军攻击热河朝阳寺，此外如攫夺东北之盐税也，海关也，邮政也，尤不难数。一年以来，蹙地丧师，失权辱国之事，有加无已。现状如此，欲求恢复东北，果当出于何法乎？

如出于中日直接交涉也，则胡适有言："去年九月以后，衮衮诸公，无人敢负外交的责任，事事推诿，日日拖延，就把整个东三省，送在日本人手里，民众高呼'不撤兵，不交涉'，政府也就乐得躲在这个喊声里束手不作外交上的策画。"是直接交涉之时机，应于去年十月十六，日本币原外相提出五项基本原则之时：（一）否认互相之侵略政策及行动；（二）尊重中国领土之保全；（三）彻底的取缔妨害相互之通商自由及煽动国际的憎恶之念有组织的运动；（四）对于满洲各地之日本帝国国民之一切和平的业务予以有效的保护；（五）尊重日本帝国在满洲之条约上的权益。今则伪国已成立矣，满洲已成为日本军阀所统治矣，日本自五月政变造成军人的法西斯蒂，绝对反对中国之行主权于满洲矣（日陆荒木〔指日本陆军大臣荒木贞夫，系甲级战犯〕对调查团之言论）。是昔之直接交涉而我不愿者，今虽欲直接交涉而有所不能矣。假如中日直接交涉之实现，直迫我画押于失地之上，尚何交涉之可言乎！

如其出于依赖国际联盟，国际联盟为各国自由意志之结合，并非高于国家之团体，各国国际关系之不同，则各就其本身利害以立言，及法之袒日，即其明证。即使国联能主张公道，仗义执言，亦无实力以盾其后，而为强制之执行。不观夫去年十月日内瓦国联之限期撤兵乎，日本不惟毫未履行，且反而进兵攻昂昂溪及龙江矣；再则进兵攻中立地带之锦县矣。而国联于十二日巴黎之开会，不惟瞠目熟视，不加以有效之制裁，且放弃其限期撤兵之决议案，而别决议一派员调查案，以酿成东北事实之纠纷，而为坐观变化之敷衍。将来调查团结果之发表，未必有利于中国，即使国联不愿自毁其招牌，而要正义之裁决，则其效必等于限期撤兵案，成为一纸之空文，否则日本方且退出国联而占领东三省也。

如其出于武力收复也，日自甲午胜我以来，卅余年整军经武，处心积虑，以谋中国也久矣。不惟准备对我之武力，且进一步而为准备对俄美之大战。我国则廿年来元气尽于政争，兵力耗于内战，空军海军，其无丝毫之准备，而欲执白梃以挞坚甲利兵，张空拳以御炸弹飞艇，虽至愚者，亦知其不得交绥而胜负已决矣。况宁粤之分裂愈显，牵制犹昔，求其以羸弱之武力，一致对外，尚不可得，正与有鲁莽从事而可徼幸以图恢复者也。

以上途绝非可通之路，然则吾人坐视三省之沦亡而不为之所乎？依个人愚见亦有四策：

（一）政府急宜确定外交之方针，而为切实之准备。辽沈事变以来，蒋政府则持不抵抗之主义，静候国联之解决；汪政府则持一面抵抗，一面交涉，以言抵抗，则无准备，以言交涉，则未进行。今则汪辞行政院长而负责无人，几陷于无政府之状态，内政无主，遑言外交。目前唯一救亡办法，首在组织国防政府，容纳各方意见，网罗各方人材，共同商定外交根本政策，分途并进，为全国之总动员。所有国内之军备、财政、教育、实业，皆尚此外交根本目的以进行，庶国是定而责任明，对外乃能另辟一新途径。

（二）邀请国联及九国公约国家组织仲裁，以解决问题。东省交涉既陷于僵局，而国联又无实力，不如扩大范围，请国联及华盛顿九国公约之国家，组织仲裁，以求解决中日之纠纷。日本不从，则开罪于各国；日本若从，则其结果最低限度，必较有利于中日之直接交涉。此中操纵国际枢机，我之进退，较为绰有余地。

（三）智识界为有组织之团体，联合群众，以实行国民外交。现代国际之竞争，非一政府及个人之胜负，乃全国整个的道德力、政治力、智力、财力、生产力之总和试金石也。年来政府内政外交之失职，自为有目所共睹，然吾国经此空前未有之大难，而全国竟无应时救国之大规模的组织，为号召国人之重心，以为现政府之有力监督。则此国人之无组织力，虽有四万万之众，而其实则等于零。教育界之智识分子，亟宜觉悟无组织之足以召亡，速行组织救国团体，联合农工商界，讨论内政外交之方案，列为信条，造成全国之公论，以督促政府之实行。政府容纳则为政府之后盾，政府拒绝，则另行组织政府，以实行民有民治之主权，而救国家之危亡。

（四）厉行经济绝交。据日本去年九月份之贸易表，有工业制造品四分之一强于中为销场，其原料品七分之一强仰给于中国，是日本经济大部分命脉，实操诸中国之手，中国不能积极以武力与日本争，未尝不能消极以抵货与日本争。若海关商埠所在，为严密励行之检查，以绝其来源，个人组织小团体，以不买仇货相劝戒。如能坚持至三年之久，则日本产业得濒于破产，内有共产之扰乱，则对吾自无健全之力量，吾国将来恢复东省，必较易于为力矣。

以上四策，一、二两项属于政府，三、四两项属于国民。张学良以不负责而失东三省，政府以不负责而无法恢复，东三省国民，若不欲坐视中国之亡，惟有各尽其责，负起救亡之责任，以号召国人。而此种责任，尤以智识界之青年所负为尤大。苟大学学生人人以救亡自任，则必求有用之学术，练坚强之身体，养成改革内政之材，能储备抵御外侮之技术。一旦报国有途，出其所学，以为国人倡，则不独中国不亡，而东三省终有恢复之一日。嗟乎，中国乎，其兴其亡？其亡其兴？系于诸君！

原载1932年9月27日、10月4日《国立四川大学周刊》
第一卷第二、三期

# 国难中所需之县政人员

——在四川县政人员训练所大礼堂讲演

政治无绝对的善恶，人材亦无分乎新旧，皆视时代所需要，以能应付、能解决现实问题为唯一之要件。合此要件者，为良政治，为真人材；不合此要件者，为恶政治，为非人材。诸君所处之时代，为国难严重之非常时代。国家兴亡，民族存灭，在中国此时，为最紧要关头。诸君将来身任县政，若其举措不能裨益国家，复兴民族，则国难不惟依然存在，且将愈增其严重。是诸君之责任与县政之关系，为如何重大乎！故在承平之时，县政省刑罚，薄赋敛，已足为治，县官清慎勤，已称为良。若仅仅以此施诸目前，试问于国难有何关系乎？故必须识时务之人材，行改良之政治，庶足以应付非常时代于万一。今欲造就此项，就鄙见所及，其根本之宜改变者有三：

## （甲）官吏的人生观之改变

（一）做事而非做官　今之做官，古称入仕。《毛诗诂训传》"武王岂不仕"，《传》训仕为事。郑康成注《表记》，申之曰："仕之言事也。"《说文》仕字从士。入仕云者，即士之入官而能事其事之谓。若以现代之名词释之，则上为国家服务，下为人民公仆。官府为国家之公机关，于个人贵贱无与。入仕为致力国家之一途，当及时努力，以图报称，与昔日之官尊民卑，以官为家者，根本异矣。此点既明，则无时无地，莫不以职事为念，而官事无不举矣。

（二）**为人而非为己** 昔人有云："古之学者为己，今之学者为人。古之仕者为人，今之仕者为己。"为人者，有利于国家人民则为之，志在于公义。为己者，有利于禄位身家始为之，志在于私利。志在于公义者，义之所在，虽牺牲身家性命以赴之，尚甘之若饴。志在于私利者，利之所在，必迎合趋避以取之，虽厉民不顾。殊不知牺牲小己以利大己者，此为官守应尽之责任，人类高尚之精神，又况利人者未必不利于己耶？程子有言："天地万物，莫非己也。"若识得此理，则牺牲以利人才，实牺牲以利己也。禹稷之己溺己饥，盖为天下也，亦为人即所以为己也。若诸君本此人生观，以行县政，则人民之愚私贪弱，莫不引为己责，而朝夕汲汲然谋去其病者若不及矣。

## （乙）公文式的政治观之改变

（一）**积极而非消极** 昔之为治，主放任，故行政以清静不扰为出发点，是为消极的政治。今之为政，贵建设，故行政以奋发有为为出发点，是谓积极的政治。消极的政治，虽庸人尚可为之。积极的政治，非有才者不能办。然积极的政治，为利民也，非以扰民也。若终归利民而始不能不扰民者，则事之轻重缓急，力求其分别先后，筹款力求其公平，力役力求其均允，手续力求其简单，然后积极的政治目的始能达也。若全局漫无规划，施行漫无次第，实际漫无监督，则虽有良法美意，其结果反以虐民，非所谓积极的政治也。

（二）**创制而非因循** 从前官吏，贵在奉公守法。今吾川当省政刷新，法令如牛毛，事变若烟云。其有法可循者，行法尚须得法外意。若事势出于意外，既无成法，又乏先例，则须应用吾人之智慧力，以发挥其固有之创造本能。物来而为之应，事至而为之制，盖天下事未尝无办法也。办法即存在于事实之中。若悉心研寻事实之因果，推求办法之得失，而于解决事实之道，思过半矣。

## （丙）治人式的行政方法之改变

（一）训练地方人材，以推行县政　欲澄清一省之吏治，在旁求好县令。欲澄清一县之县政，在旁求好人。一县之公诚正朴人士，往往自好而不愿出任公事，或限于乡僻之见闻，虽勉强任事，而无才以推行。是在县长留心物色，因材善任，降之以礼貌，奖之以语言。或设讲习会，以训练其智能，或设试场区，以便其观摩。但得数十公诚明达之首人，分布于四乡，而县长随时指导监督于其后，则令下如流水之源，而推行无不尽利矣。

（二）组织民众，以图自卫　一县之民众无组织，则盗贼匪徒横行而莫之制。长官疲于捕匪，而庶政何由举行。故一县保甲之编制，壮丁之训练，为县政之第一要务。保甲以清剿匪，团练以捕盗贼，均须县令实心提挈于上，首人实力任事于下，方有成效之可言。倘使办理得人，训练有恒，督率有方，平时固为盗贼之防，战时足供兵役之用。管子之作内政，寄军令，广西新政之寓兵于团，皆组织民众之明效也。

（三）开发生产，以助长农工　从前官吏，分利而不生利，取民而不养民。今则中国外受列强经济之侵略，内苦农村工业之破产。若不开发生产，力辟财源，则四海困穷，固社会之隐忧，而税源竭绝，尤国家之大患。故农田水利，宜悉心讲求，手工机器，宜多方提倡，使地方少一穷民，即国家增一富源矣。

（四）联锁人民，与国家同利害　中国因地大人众，荒而不治，人民对于国家不生若何之关系。今宜广为宣传国为民有、国为民治、国为民享之意义，以培养地方自治之能力，使人民自除地方之弊而免其害，自兴地方之利而受其益。民愚也，而国家普及教育以使之智；民弱也，而国家训练民力以使之强；民贫也，而国家开发生产以使之富，则人民爱国之心油然而生，而捍卫国家之力自然庞大矣。

县政人员若能具备以上之要件，则地方之行政，始有图于国家救亡之大计，而为国难期中所必需。此固为其上选。若仅仅以清慎勤自将，亦不失为碌碌自守之官吏。若并此而不能，仅以官吏为解决个人身家计，则外人不能亡中国，实中国亡国奴自亡之也。诸君其何道之从？惟决之自己良心而已。

原载1935年12月30日《四川县训》第二卷第八期

# 县政最感困难之田赋问题

省府公审会委员叶秉诚氏在县训所讲演，题为"县政最感困难之田赋问题"，对于如何维持正税、清厘滥粮，阐述极为详尽切实，可为整顿赋税之参考。兹特将其讲词披露如次：

万事非财不办，故为政以理财为第一义。一县财计之收入，以土地税为大宗。今吾川承防区剥削之余，扰乱之后，而田赋之纷乱达于极点，几于每县皆有滥粮欠粮。行营以田赋蒂欠太多，决定整理办法廿七项，督催严惩，以期达到预算之的款，诚为整理地方财政之要务。然粮税蒂欠数目如此其巨，岂尽由催收官吏之不力耶？抑使官吏尽力催收，即足以达到预算之粮额耶？此问题关于政治之废弛，人民之利病，官吏之考成，不可不为实际之深切研究，以求解决田赋之困难。

第欲研究此问题，不可不先明赋税之原则。今特为列表如下：

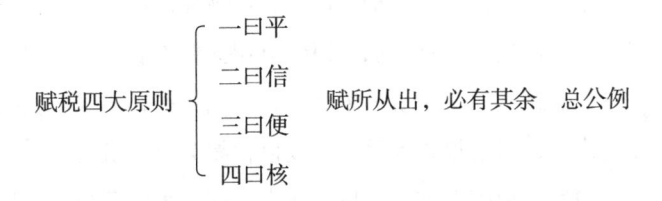

赋税四大原则 ｛ 一曰平 二曰信 三曰便 四曰核　　赋所从出，必有其余　总公例

四大原则者，亚丹斯密之言也。总公例者，罗哲士之言也。自其说出，遂为租税开一新纪元，盛为经济学者、政治家所欢迎。欧洲诸国宗之改良税法，至今犹为学者之金科玉律。守之者其国之财政罔不

治，违之者其国之财政罔不乱。古今国家未有能出其例外者也。今本此原则以求吾川田赋之办法，有三道焉。

一曰限制地方附加税以维正税。去年每亩所出，一年上田不过二石余，中田不过一石五斗，下田不过一石。今则一年四征，而又加以公债费、保安费，已六征矣。其他之碉堡路工、临时加派者不计焉。乃地方附加之款，有行政补助费焉，省中学费焉，有乡区小学费暨各机关补助费焉，有女中学补助费焉，有区署联保费焉，有建设经费焉。今若川北之南充，正粮不过七千余两，而地方附加至十八万元之多；川西之罗江，正粮不过五千余两，而地方附加至十二万元之多。以附加者例于正粮，有加至三倍、四倍以上者焉。故合正附两项计之，名为四征，而其实已十征上下矣。以中田收入计之，百亩所收为百五十石，佃户与田主大率各得其半，以七十石之收入，而上一年十征之正附税，此民力之所以重困而蒂欠之所以多也。今当剿匪非常时间，正赋既不可歉收，惟有紧缩地方各项行政，恪遵附加税不得超过正粮之限制，使民力得以少宽，以急完国家正税。歉于此者丰于彼，此为事势之所必然。盖必民力能胜其担负，而督催乃易收其实效矣。

二曰实行土地陈报以清厘滥粮。吾川在防区制未成以前，虽间有少数滥粮，仅尾数十余两，或数十两，或百余两而止耳。顷年以来，各县之粮每多巨额无着，如德阳一县，正粮五千余两，而二十四年下季滥粮之数竟达二千两有奇，粮民上季两征，每两完正税三十元者，下季则每两须完八九十元，盖以分摊滥粮于粮民，故其数于两征之外，几又两征矣。此正滥粮滞纳之由来，而缺额之所以多也。究其致此之原因，买卖田地，任意飞洒，以致有田无粮者有之，有粮无田者有之，一也。数经兵匪，赓册散失紊乱，无从钩稽，二也。防区按亩派款，任意借垫，但使粮款到手，不复以粮票为事，赓册空文，久成废物，历时逾远，爬梳逾难，三也。伟人军阀，土劣豪绅，力足以抵抗苛捐，官府从而优免，相沿既久，遂成惯例，四也。昔在防区制下，官府之能遂其搜括者，专在利用贪污之首人，首人之甘于供其驱策者，首在免除本身之担负，以分摊于花户。图册归其掌握，久则无可追寻，五也。今欲于最短之期间除滥粮之五弊，则莫如实行土地陈报之一法，制定户籍表式，详列田亩载粮数目，及佃户收获情形，事先召集办事及首人训练一周，然后分交各区保团甲克期逐一填明后，同时派人分区集合，按图册点，将陈报表对验粮契，以杜隐漏。至多不出三月，必可竣事，则滥粮无可逃免，督催乃能有着。不独积年之弊一旦而除，将来征收所入必然增加，当什百于办理陈报之所费矣。

三曰分期带征欠粮以裕税收。在廿四年度中，其欠粮数目之巨，实属骇人听闻，如川东之江北，欠粮至十八九万元，川南之眉山，欠粮至七八十万元，他县之类此者亦复不少。然推其所以致此之由者，必非一朝一夕之故。盖经屡年积欠而后成此巨额也。在昔防区制之非法征收，民力既有所不胜，而征收局扯粮之惯例，又必先行上清欠粮乃能扯本年之粮票。旧欠未清，新款重派，年复一年，愈欠愈多，遂迭次专为欠款之追呼，而无力再上本年之粮税，以致欠粮与年征两次者皆无由清结，而成不可收拾之势也。今欲出补救之方，则惟有截清年限，分别新旧，分期带征之一法。首须完清本年额征，其欠粮则酌量其地方之能力，每年带征几分之几。准此以收欠粮，有数善焉：每年额征不致受欠粮之影响，而收数必增，一也；与其同时收欠而势不可能，曷若分期收欠而犹有所得，二也；民间之带征数少，其力或能勉强完纳，三也。此在从前之随粮带征，昔人行之而有效，今虽非县府所能主持，亦必须研究解决之办法，以成为公同一致之舆论，以上贡献于当局，下以自顾其考成，盖舍此无他道也。

以上所陈第一之办法，则有合于罗哲士征赋必出有余之公例；第二之办法，则有合于亚丹斯密平之原则；第三之办法，则有合于亚丹斯密便之原则。至于征收之手续如何而信，征收之监察如何而核，则在实心任事者之随时随地以制宜，庶几关于田赋困难之问题，乃有解决之希望焉。

原载1936年4月1日《四川省政府公报》第四十期

# 科学与道德之关系

四川省政府统计人员训练班七月三十一日邀请公审会委员叶秉诚讲演，演词对科学及道德均予以明白的界说，大意如次：

诸君所学之统计学，为社会科学中技术学之一种，故余承龙主任邀请，来作精神讲演，遂定此题，以其能引起诸君之兴趣也。

现时代为科学时代，崇拜科学者以科学万能，人类生活之大有进步，一切皆受科学之赐予。而在诋毁科学者，则谓自十八世纪工业革命以来造成劳资阶级之纠纷，酿成社会人心之不安，人民不可安居乐业。且在一九一四年欧洲大战中，因科学进步，武器之发达，毒气炸弹，无奇不有，战士死者数千万人，草木鸟兽，悉被其害，较之以往人类之泊然安堵者，实不逮甚远，遂谓科学之存在，实足以消灭人类。

以上二说各持一部理由，现在用不着研讨其孰是孰非。但考科学本身，实有其存在之价值，不可任意抹杀。吾人须将其本体认清，加以探讨。盖科学者系精密之智识，有系统之组织，以说明其全体因果之学也（在说明科学与道德之关系前，先任此定义）。道德为精神之科学，此为人之良知良能，亦为人之所以异于禽兽之所在。此学为社会科学之一。张东荪之道德论，以道德为抽象物。韩愈云"道与德为虚"，虚即今抽象之意也。道者，路也，孟子云"道若大路然"。德，得也，内得于心也。即如前日邵明叔先生所讲之礼义廉耻，礼中古有曲礼三百，一举一动皆为道德。余之道德定义为：道德学者，修养人类之身心，见诸行事以使伦理各得其所之学也。据此，科学与道德，似若风马牛之不相及，并无任何关系。在形式上观察，科学为物质与自然现象之研究，道德在古言明心见性，今言博爱和平，浅见者实不能明了二者间之关系也。但吾人等能分析考较二者之条件，则可洞见其间之关系。按科学须注重精神，科学之精神有三：

一、重理智而戒感情。譬如吾川人口统计，有以吾川地大物博，人口逾七千万为言，此吾人闻之便欣然而喜；若有以四川一切落后，人口甚少为言者，吾人便艴然而怒矣。但在吾人作统计则不然，既不得以爱而加多，复不得以憎而减少，须确实记载，始有确实之考较。此则须赖有精神之修养也。推之吾人对一切科学，皆须有道德之修养，然后乃无偏见。

二、科学在求正确而黜虚伪。譬如就电力之大小，可以求出正确的光热的表现；反之，光与热之大小亦可推知其电力之强弱，丝毫不得粉饰。故学科学者，先须有自诚正确之修养始可。

三、科学有进步无保守。譬如物质之原素，在昔吾国只知有金木水火土，印度只知有风水火土，欧洲在百年前亦只知有七十二种，但现在物质之原素已超出九十种之多矣，足见科学为进步的而非保守的也。又就力学来说，在过去只知天秤、杠杆等简单力学，及至牛顿而有极大之进步。

道德之条件亦有三：

一、以理智驾驭感情。感情即孟子所谓气，亦即耳目之所欲，声色之好，所谓血性也。理智即孟子所谓恻隐之心、羞恶之心、是非之心、辞让之心是也。必张理智驭用感情，世间纷争始可避免。

二、道德以诚心行公道。诚心者即孔子所提倡之"忠"，公道即孔子所提倡之"恕"。现社会上一切罪恶皆源于作伪，故宜提倡公道以挽狂澜，而诚心实为公道之基础。且凡事能推诚相见，则过恶自少，故推诚心行公道，为道德之基本条件。

三、以进化达到圆成。道德亦如科学之一，是进化的，社会日渐进步，道德亦日渐进化，其原理原则虽不丰富，而其内容则随人事之复杂而充实。故将来人类社会进化于圆成，道德亦将进于圆成。圆成即圆满也。荀子云："士希贤，贤希圣，圣希天。"此亦即为道德进化之实证，在社会方面亦然，拨乱世反之正必有赖于优良之道德也。

由此知科学与道德二者，精神上条件完全相同。由上列一、二、三，三项看来，二者有共通之条件，故吾人可得一结论曰：科学足以帮助道德，乃为真科学；道德必受科学洗礼，乃为新道德。譬如诸君学统计学，须确知吾川人口之多少，物产之数量，工商之情况，人民之生活情况，以达到博施济众之事，使全川民众生活臻于完善，方是真正学统计学；反之，道德亦须受科学洗礼，合于时代，合于同情，对社会有伟大之贡献，始可称为真正之道德。

今天时间有限，不能充分解释，所说的话，不敢自谓允当，聊贡献于诸君作参考。如以为可采而加以实行，或提出加以探讨，个人实甚荣幸。

原载1936年8月1日《四川省政府公报》第五十二期

# 严毅精神

——悼念叶秉诚先生

吴天墀

四川大学的成立,虽然只有八年,若追溯他的前身,源远流长,实有三十多年的历史。在其间遭遇着的困难与波折,不知花费过几多师生的心血。今天当着他诞生的纪念日,使我不禁忆起一位可敬的教师——叶秉诚先生。

叶秉诚先生是本大学及前成大的史学系教授。我同他接触的机会不多,关系极浅,本没有资格来谈他的任何方面,不过即就我两度听讲的情形,加以别处得来的见闻,叶先生卓峻的人格,已够我有刻深的印象了。

第一次听叶先生的讲演,也是初次认识,是在民国二十年的秋季。那时我初到成都不久,因与许多朋友(我们多是前师大附高中的学生)很有兴趣于边疆情事,曾经组织了一个"满蒙藏研究会"。大家受着强烈的求知欲的驱使,分组研究,并在成都《大川日报》上有《满蒙藏周刊》的刊行。在我们这个小小学会方成立未久,即适逢"九一八"巨变发生;这个晴天霹雳打在我们一般青年的心坎上,愤慨之余,真是惶惑莫名。当时我们用学会的名义,借皇城学校里的教室,曾请叶先生来作过一次讲演。他讲的题目,好像是"满蒙藏之过去",由我充任记录,随后发表在《满蒙藏周刊》里。因为这一度的讲演,我才开始知道这一位老先生是有卓识的学者。

他在讲演时，极慨叹时人边疆知识的缺乏；不特不了解日、俄、英对于满蒙藏所抱的心理，更不了解边疆同胞的心理。平时一无所知，事到临头，张皇失措，妄想的以那主权的空名词，去在虎口中争回肥肉，无怪是要失败的了。他分析边疆同胞的心理（他特重蒙藏同胞，因为东三省实少纯粹的汉人），指摘内地同胞（汉人）一向所具的传统观念，谓为极不适宜于解决问题；他将日、俄、英对于满蒙藏的心理，或者也可说日、俄、英对于满蒙藏发生野心的来源，详加剖析之后，亦指出国人虚骄的意气与僵化的成见，挽救不了事实上的危机。记得当时的言论，在爱国主义的狂潮之下，多是情感丰而理智少，流为粗豪的叫嚣；而叶先生独能用其冷静的头脑，为自由无碍之批判，以客观精神，驾驭着爱国的热情，使之趋于正确的途径。苟非深于史学的修养，曷克臻此？他在结束他的讲演的时候，又郑重的说："知今而不知古，是为俗儒；知古而不知今，是为迂儒。"后来我读他编著的《中国史讲义》及别的论文，见其议论宏通谨严，贯通今古中外，于是更知叶先生的学问，足适世用，不徒是一种智识的点缀品！

我在附高中毕业后，考入本大学的史学系肄业。他在我们一年级班上，没有开课。翌年，他因身体衰弱之故，即辞去了本大学的教职，专任四川省政府公审委员会的委员。在他未离校的这一年里，由许多同学的口中，关于他教课的严格情形，我知道得不少。勤谨的同学佩服他的精专不苟，也有一部份同学抱怨他太苛刻，暗地里对他上了一个"叶家公"的诨号。四川人称外祖父叫家公，在这里大概包涵有"老气管闲"的意思。

叶先生离职一年以后，教授我们中国近古史的一位先生，因事中途离去，一时请不着替手，学校当局敦请他代授此课，他慨然应允了。言明每周三小时，以二周为期。

记得叶先生来校授课，出现我们讲坛的时候，瘦骨嶙峋，极显衰老（时已是六十岁以上的人了），但很振作，绝无懈怠之容。他走上讲坛，前伸两臂上仰，作指示同学起立的手势，等到全班同学立正而后，方才互相鞠躬就坐。以后上下讲堂都是如此。他本来带着嘶涩的声调，讲起话来非常吃力，喘气而且时时咳嗽。他讲书的态度，专一而诚虔。如果发觉同学的不合礼的行为，便毫不客气的告诫，并不因为代课时间很短，容许有一丝的马虎。有一次，他已上堂开讲了，一位同学方到，他告诉他："以后不可如此。"又有一位同学偶尔向地上唾痰，他也立刻纠正他说："大学生应该为人师表了，还可以有随地吐痰的恶习吗？"因为他的严毅，一向随便惯了的同学，这时正襟危坐，也不能不有些悚然。两周共六小时的时间太有限，所以他只择讲了两处：一是宋之制度概况，一是宋代之道学。他讲授后者，尤其聚精会神，他称许宋代此种新儒学之价值，足以"治身心，达体用，一内外，合天人"。他讲得有劲，我们也特别了解。他在喘气咳嗽中，连讲了两小时，预定的时间已告届满，而此题还未完毕。他问明我们，知道下面没有别的功课，便又勉力多讲了一小时，方才结束。但他确已声嘶力竭疲乏不堪了。

这一次恐怕是叶先生平生的"最后一课"，以后我也没有机会再看见他。去年在报上读到他逝世的消息，心里一惊，惋惜再没有请教这位老师宿儒的可能了！

叶先生给我的深刻印象，就是他的严毅精神。中国有句老话："师严而后道尊。"道之所指，我以为就是真理。一个国家民族没有拥护真理的勇气，他的命运是极悲惨的！真理表现在人生行为上，那就是"是非之心"，"认真""不苟且"的态度。任何人如果能把握坚定此点，以其光明磊落之人格，事业、学问自必多所成就。今日之世界，在文化上占有极优越地位的英德民族，我很怀疑这与他们对于生命之严肃的人生态度，大有关系。再若一究许多伟大的科学家及政治家的内心修养，益足证实此种情形之不虚。反之，万事到手化为轻松的民族式个人，决定是无出息的懒惰者！今日披靡举世的风气，美其名曰浪漫，曰摩登，曰活泼，曰活跃，曰识相，曰知趣，曰幽默，曰风流，通通走上纵欲自便的堕落之途。在起初倒不过是"满不在乎""迁就环境"，其结果往往弄得"自欺欺人""心照不宣"。这种非同小可的弊病，为国家民族的前途计，能够让他长此传染下去吗？

改造社会，不一其途，补偏救弊，端在识者。我以为在今日而言复兴，以刚救懦，以整济乱，以诚对伪，以明是非、绝乡愿，实在是对症良药，虽然初上口时尽管太苦！

叶先生逝世瞬已年余，其以师道自重的严毅精神，随其尽职纳忠之心血的奔流，久已渗透凝结于川大的新生命之中。我们今天庆祝母校的诞生纪念，实不当忘此曾经尽力保育母校成立者之一员。我希望叶先生的精神，同着川大的新生命发荣滋长，奠定新学风的基础，以刚健笃实之人才，贡献国家民族，负起新时代所要求于他的使命！

原载1939年11月11日《国立四川大学校刊》

# 叶秉诚先生年谱简编

王承军

1941年夏，四川大学史学教授祝屺怀去世，李思纯撰文纪念，其中有云："晚近蜀人以史学鸣者，有合川张式卿森楷、天全杨兰皋赞襄、罗江叶秉诚茂林。"并说："式卿雄豪非儒者象；兰皋早卒，学亦未精；秉诚从政，多亲世务。未如先生充实光辉，粹然君子。"但就存世著作来看，四人中却以祝氏、杨氏最少，而叶氏、张氏最多。李思纯盛赞的祝屺怀，"平生所欲著书，多未能就，常欲撰通史二百万言，自成一家"，亦仅"体例饬备，成秦汉六朝及唐五代诸篇，赵宋而下，未及写定"。天全杨赞襄早年就读尊经书院，著有《史记发微》等。就中唯合川张森楷著述宏富，有《通史人表》《二十四史校勘记》《史记新校注》等。罗江叶秉诚生当清末民国，"生前著作等身，其已编成全书者，有《中国上古史》《中国中古史》《中国近古史》《中国近三百年史》《高师预科国史讲义》《中国最近世史》《西洋思想方法之概要》《罗素学说之概要》《中国哲学史》等编"。1937年11月，叶秉诚去世后，"由其女公子叶广琼女士延请蒙文通先生代为整理史学部分，王介平先生代为整理哲学部分，其余短篇论文，所存者仅三十六篇，复由其女公子发出启事，广为搜求云云"。遗憾的是，自1937年卢沟桥事变以来，国势日艰，长子叶平琦从军，侄子叶庭槐1939年病逝，长女叶广琼1940年病逝，叶秉诚的遗著整理工作进展缓慢，仅整理发表了《复宋芸子论国学学校书》《中国通史教材研究》两文。李源澄在《复宋芸子论国学学校书》的识语中说："近由蒙文通师征得其遗文，将依次发表于本刊。"结果却未将叶秉诚36篇遗文悉数发布，致使今日我们整理叶秉诚《中国通史讲义》，仅搜得遗文20余篇作为附录。且其《中国通史讲义》因生前未及悉数付印，身后未及整理出版，致使现存讲义缺《中国近古史》第二章《自明至清中叶为专制极盛时代》、第三章《自西力东渐至革命成功为更化时代》及《现世史：从民国共和告成至今》。为方便读者了解叶秉诚其人，现据相关资料作一简谱。

### 光绪三年丁丑（1877） 一岁

正月初三日生，名治钧，号茂林，字秉诚。父齐福公，母刘氏。齐福公以银匠手艺在罗江县城东街城隍庙对面开银匠铺维持生计。兄妹五人，叶秉诚居长。

是年，颜楷（1877—1927）生，向楚（1877—1961）生，蒲殿俊（1875—1934）三岁，张澜（1872—1955）、吴虞（1872—1949）六岁，邵从恩（1871—1949）七岁，蒙裁成（1859—1928）十九岁，杨赞襄（1858—1916）二十岁，张森楷（1858—1928）二十岁，宋育仁（1857—1931）二十一岁，廖平（1852—1932）二十六岁。

### 光绪四年戊寅（1878） 二岁

吴玉章（1878—1966）生。

### 光绪五年己卯（1879） 三岁

王闿运任尊经书院山长，廖平、宋育仁中举，张森楷以事削尊经书院弟子籍，入锦江书院。

卢子鹤（1879—1963）生。

### 光绪九年癸未（1883） 七岁

廖平说经始分今古。

### 光绪十年甲申（1884） 八岁

祝屺怀（1884—1941）生。

### 光绪十一年乙酉（1885） 九岁

李植（1885—1975）生。
廖平《今古学考》二卷成。

### 光绪十二年丙戌（1886） 十岁

宋育仁中进士，授翰林院庶吉士。
王闿运归湘潭，不再至蜀。
吴君毅（1886—1961）生。

### 光绪十五年己丑（1889） 十三岁

廖平中进士。

### 光绪十七年辛卯（1891） 十五岁

善化瞿鸿机来督川学。

### 光绪十九年癸巳（1893） 十七岁

李思纯（1893—1960）生。

### 光绪二十年甲午（1894） 十八岁

中秀才。

　　按：卢子鹤《叶公秉诚墓志铭》云："未冠补博士弟子。家贫，假书以读。"刘良国《现代教育家叶秉诚》云："十八岁时考中秀才，被送到成都尊经书院深造。"十八岁入尊经书院，疑误。

廖平任尊经书院襄校。
蒙文通（1894—1968）生。

### 光绪二十一年乙未（1895） 十九岁

骆成骧中状元。

### 光绪二十二年丙申（1896） 二十岁

就读尊经书院。

### 光绪二十三年丁酉（1897） 二十一岁

就读尊经书院。
宋育仁任尊经书院山长，廖平任尊经书院襄校。

## 光绪二十四年戊戌（1898） 二十二岁

就读尊经书院。

廖平、宋育仁、吴之英等在成都组织蜀学会，创办《蜀学报》。

## 光绪二十六年庚子（1900） 二十四岁

向楚中举。

## 光绪二十八年壬寅（1902） 二十六岁

门人吴君毅来学。

张澜入尊经书院就读。

3月，尊经书院、锦江书院、中西学堂合并，改称四川通省大学堂。12月30日，改称四川省城高等学堂。

## 光绪二十九年癸卯（1903） 二十七岁

7月，四川总督锡良奏请自修川汉铁路，以辟利源而保主权。

癸卯恩科乡试中举。

按：卢子鹤《叶公秉诚墓志铭》云"癸卯科登贤书"。癸卯恩科乡试为清朝最后一次乡试。1903年9月29日至10月5日举行，分三场。第一场：子产不毁乡校论、李悝尽地力论、苏武留匈奴当持汉节论、陆贽谏置琼林大盈库论、范仲淹以《左氏春秋》授狄青论。第二场：泰西最重艺学，然公卿大夫之选仍以通达政治为主，其义安在；《周官》泉府即今之官银行，其行贷民取息、敛货待时，皆足以维持商务，行之何地尤为相宜；泰西兵制甚精，而不轻于开衅，与《司马法》不忘战、不好战之义是否相合；外国机构日新月异，其切实可用者有几？彼创我因，宜择善而从，勿作无益害有益；东西洋报馆多有裨于国政，其体例若何？中国可否仿而行之，以广流通而资采择。第三场：举直错诸枉则民服义、能言距杨墨者圣人之徒也义、濬畎浍义。同科中举者有林思进、蒲殿俊、刘咸焌等。

## 光绪三十年甲辰（1904） 二十八岁

**任教嘉定中学。**

　　按：据叶秉诚《吴爵五先生事略》，嘉定中学为吴爵五所创，时为1905年，此据挽廖平联。《事略》云："甲辰，高等学堂开校。……先生以语言忤锡制府，次年遂辞去，创办公立嘉定中学于省垣。……及创兴嘉学，余得左右其间。"又据1935年《国立四川大学一览》知，叶秉诚曾任教嘉定公学。另据卢子鹤《叶公秉诚墓志铭》"当是时清廷鉴于甲午之败，变法图强，士大夫留心国难者，以图强在人材，人材出于学校，皆唾弃当时之所谓科举，而发愤□□□，公于是遂与教育"，知叶秉诚在考中举人后即从事教育。

春，廖平任教嘉定中学，劝叶秉诚舍史专经。1933年廖平去世后，叶秉诚曾作挽联，回忆当时情景，上联云："公昔传经，我方治史，风雨忆联床，论难一周拟路德。"注云："甲辰岁春，获亲教益。先生劝以舍史专经，移榻嘉定公学，命诚发论，效玛丁路德难旧教之九十五条，往复一周。杨兰皋君从旁笔记。今宿论不存，而哲人其萎。感念畴昔，怆何如之。"

2月，川汉铁路总公司在成都成立。

10月，锡良奏请赵尔丰为川汉铁路总公司督办。

是年，吴君毅中秀才，考入四川高等学堂普通班肄业。

### 光绪三十一年乙巳（1905） 二十九岁

任教嘉定中学。

7月，四川各界对铁路名为自办，实为官吏把持，极为不满。总督锡良乃奏准督办之下设官、绅总办各一人，沈秉堃为官总办，刑部郎中乔树楠为绅总办。

### 光绪三十二年丙午（1906） 三十岁

任教嘉定中学。

6月，川人发表设立"川汉铁路商办公司"建议书。

### 光绪三十三年丁未（1907） 三十一岁

任教广安师范校。

　　按：据1935年《国立四川大学一览》，叶秉诚曾任广安师范校教员。又据《广安县志》记载，广安州立师范建于1907年，民国元年停办，故暂定叶秉诚于是年起任教该校。

3月，在籍编修伍肇龄等五十二人联名奏请修正章程，改川汉铁路公司为商办，四川总督锡良迫于众议，奏请将原设官、绅总办一律裁撤，定名为"商办川汉铁路有限公司"。

侄叶平廉（1907—1939）生。

## 光绪三十四年戊申（1908） 三十二岁

任教广安师范校。

11月，四川总督赵尔巽奏请派候补道詹天佑为川汉铁路总工程师。

## 宣统元年己酉（1909） 三十三岁

任教广安师范校。

10月14日，四川咨议局在成都成立，立宪派首领蒲殿俊为议长，萧湘、罗纶为副议长。

同月，川汉铁路公司召开第一次股东大会，成立董事局。

## 宣统二年庚戌（1910） 三十四岁

任四川绅班法政学堂教员、川路特别股东会董事。

  按：刘良国《现代教育家叶秉诚》云："光绪二十九年，叶秉诚考中清代最后一次乡试举人，不久之后清廷实行新政，废科举，办学堂。叶秉诚应聘到法政学堂任教，与名重当时的邵从恩、江三乘等学者共事。"今据黄绶《四川保路运动亲历记》知，叶秉诚任教四川绅班法政学堂在宣统年间。

8月（七月），为进一步控制四川咨议局，四川总督赵尔巽在宪政编查馆尚未拟定各省会议厅规则之前，特设四川官厅会议，自任议长，并札知咨议局，于咨议局议员之外公举士绅四人，以便随时召集与会，于是咨议局遂推举邵从恩、王缙、叶秉诚、夏鸿儒等四人参加。（据华生《清末之四川咨议局》）

8月19日（七月望日），《蜀报》第一期出版，朱山、叶治钧、杨士钦作发刊词,吴虞作祝词。其中,叶治钧即叶秉诚。

9月,成都成立"四川国会请愿同志会",派蒲殿俊赴京,联合各省,要求清廷速开国会。

10月3日(九月朔日),《论沪庄倒欠川路公司存款》刊《蜀报》第四期,署名叶治钧。

11月,川汉铁路公司第二届股东大会在成都召开,彭兰菜、都永和等十三人为董事,彭、都分任正副主席。

11月2日(十月朔日),《吴爵五先生事略》刊《蜀报》第六期。

11月16日(十月望日),《论国民对于国会之预备》刊《蜀报》第七期。

12月2日(十一月朔日),《中国组织责任内阁私议》刊《蜀报》第八期。

## 宣统三年辛亥(1911) 三十五岁

任四川绅班法政学堂教员、四川咨议局议员、川路特别股东会董事。

按:据黄绶《四川保路运动亲历记》"绅班法政学堂教员叶茂林",知本年叶秉诚仍任教四川绅班法政学堂。

4月,赵尔巽调任东三省总督,并保举其弟赵尔丰继任四川总督,未到任前由王人文护理。

5月9日,清廷发布上谕,规定铁路"干路均为国有,定为政策",强行接收各省铁路公司。

5月28日,川汉铁路公司召开临时股东大会,反对铁路国有政策。

6月17日,川汉铁路公司召开各界人士临时大会,讨论四国借款合同。罗纶在会上倡议组成"保路同志会",以"破约保路"为宗旨。蒲殿俊、罗纶分别担任正副会长。全川形成了声势浩大的保路运动高潮。

7月28日，由蒲殿俊、蒙功甫、叶秉诚、颜楷、罗纶、彭兰村等十七人发起，川汉铁路特别股东会在铁道学堂召开第一准备会。（据《四川保路同志会报告》第二十三号）

8月2日，赵尔丰接任四川总督。

  按：周善培《辛亥四川争路亲历记》云："赵尔丰（以下简称赵督）有六月底到省之说。铁路公司派邓孝可、叶秉成赴新津县迎接。曾培来请我陪他们同去，因为我熟习路事经过。我说：'路事我已不管，应请现任劝业道陪去。臬司出省照例必需具奏，非奉护院委派，我是不能自由出省的。'曾培去找了护院，采帅派我陪去，我约计赵督某天可到新津，我们三人就前一天到了新津。等了一天未到，且不得前站邛州（今邛崃县）的消息。我要回省，邓、叶二君再三求我陪他们往前一站。到了邛州，又等了一天，仍无某天可到的消息，我就同邓、叶二君返回成都了。回到成都，才听说藩台尹良已秘密到雅州去迎接赵督，赵督因此在雅州耽误两天，二十九日才到成都。"张惠昌《立宪派人和四川咨议局》据此谓："赵由西康到成都，立宪派人对赵原抱有希望，邓孝可、叶秉诚曾邀周善培一道特去新津、邛崃迎赵，因赵在雅州多住了两天，致他们没有接到而返。"

8月4日，川汉铁路特别股东大会召开。8日，川督赵尔丰到会。大会选举颜楷为特别股东会会长，张澜为副会长。

  按：据《四川保路同志会报告》第二十三号《川路公司特别股东会招待广告》："闰六月初十日本公司开特别大会。现将届期，经同人集议，因暑假之便，暂假铁道学堂为招待所，除由公司派员招待外，特此布告，祈代表各先生到省息架南门文庙前街铁道学堂为盼。"知召开日期为8月4日。又据《四川保路同志会报告》第三十二号《股东特别会志略三》，赵尔丰到会时间为十四日，即8月8日，并谓"川督入座，大众起立鼓掌致谢"，"川督监督在场，允为股东代奏。众大欢呼，屋宇为摇"。且《四川保路同志会报告》第三十一号《股东特别大会志略二》亦有"人皆谓吾辈月来久处含酸忍泪中，今季帅与吾人以小展眉矣！吾川可谓福星，前得王护院，今得赵季帅，天殆怜吾川人爱国区区之至诚，始以此相贶欤"之语，知赵尔丰曾一度得保路同志会、股东特别大会期待、认可、欢迎。

8月18日，四川保路同志会召开例会，叶秉诚有简短陈词，略谓："死无所谓可怕，无所谓不可怕。吾保路同志会众皆由发于良心不自已而来。问不过我良心之事，政府即赏我高官，縻我厚禄，我亦不可为。我自问良心之不容已，政府即威我以斧锧，胁我以鼎镬，我亦可勇往必为。"（据《四川保路同志会报告》第三十六号《同志例会志略》）

8月23日，川汉铁路特别股东大会上，资阳股东代表汪子宜提出罢市、罢课、罢工、罢耕以示抗争，颜楷说"请大家再考虑一下"，叶秉诚说"怕一发而不能收"。（据黄绶《蒲殿俊与四川保路运动》、《辛亥革命到五四时期四川大事记》）24日，特别股东大会讨论汪子宜"四罢"提议，决定罢市、罢课。午后，四川保路同志会在铁路公司开会，一致通过罢市、罢课的决定。

9月7日，川督赵尔丰诱捕正副议长蒲殿俊、罗纶，铁路股东会正副会长颜楷、张澜，主事邓孝可、胡嵘，举人江三乘、叶茂林、王铭新等，指为反逆，押于督署。又拘捕蒙裁成、阎一士、彭兰榇等三人。消息传出后，成都全城震动，要求释放蒲、罗诸人，赵尔丰下令开枪，遂酿成"成都血案"。

按：彭兰榇（即彭芬，又名彭兰村）《辛亥逊清政变发源记》谓："七月十四夜，假铁道学堂开预备会。……十五日，提学使刘嘉琛在学务公所召集各校监督，会商学务善后事宜。会开未久，而赵尔丰来请会议，予与刘学使偕谒督署，刘入而被缚矣。其先予而至者有罗子青、邓慕鲁、江叙伦、王又新、叶秉诚、张表方，手缚绳，刃指脑，较予时久。其后予而至者，为蒲伯英、颜雍者。其越日始至者，为胡雪树。其羁于警署者，为蒙功甫。"杨开甲《川路风潮之演变》则谓："叶秉诚、邓孝可语尤激，尔丰怒，欲斩之。"又云："一日，叶秉诚牙痛，欲延医入署诊视，守兵向尔丰请示，尔丰即传秉诚，见而谓之曰：'尔等保路同志会此次之举动，则扩大矣，各县均有分会，且各县聚众围攻省城矣。'秉诚曰：'我辈具爱国之热忱，本良心之动作，政府如不立宪，必招外强瓜分之祸。'尔丰云：'我由川边来省，不知近日中国大势。我亦本诸良心，愿中国力图自强。'言时声泪俱下。又云：'尔等造反。我已将黄袍、冕旒、印信、名册搜出，即各路统领名字皆具。'秉诚云：'我等皆系文士，何能用兵？'尔丰云：'此时可暂不说，将来在大理院去辩。'又云：'我此时闻尔牙痛，可往外就医，并借此可招抚同志会一切。'故秉诚遂得出。……及闻武昌革命军起，而川中同志会亦起兵响应，要释九人。于是尔丰乃授意司道，欲同志会众保之，而后释之。又屡向司道赞秉诚善言词有思想，于是同志会众举秉诚，秉诚乃偕各领袖往督署保蒲、罗等人。"

**10月26日**，清帝下令释放蒲殿俊等人。

按：戴执礼《四川保路运动史料》收《清帝准释放蒲殿俊等九人责成迅速解散同志军谕》备注时间为"宣统三年九月五日（1911，10，26）"，文云："四川咨议局议长法部主事蒲殿俊、副议长举人罗纶，度支部主事邓孝可、翰林院编修颜楷、贡生张澜、民政部主事胡嵘、举人江三乘、叶秉诚、王铭新，对于匪事绝无干涉，均著即行释放。法部主事萧湘，前被拘留，着一并免其置议。"而《辛亥革命到五四时期四川大事记》则谓10月1日赵尔丰迫于形势，释放张澜、胡嵘、彭兰荣、蒙裁成四人，继又释放叶秉诚、王铭新、江三乘三人。26日准释蒲殿俊诸人。又据杨家骆《史学家张森楷先生年谱》载，张森楷曾以股东代表身份奔走营救。

11月22日，布政使尹良、提学使刘嘉琛、提法使龙愚溪、盐运使杨嘉绅、巡警道于宗潼、劝业道胡嗣芬、陆军统制朱庆澜、兵备处总办吴璧华，与蒲殿俊、罗纶、邓孝可、张澜、叶秉诚、王铭新、江三乘、彭兰村、颜楷等在寰宇银行举行会议，共同签订了官绅商定的条件。（据张惠昌《立宪派人和四川咨议局》）

11月27日，大汉四川军政府成立，蒲殿俊任都督，朱庆澜任副都督。

12月8日，四川军政府成立，尹昌衡任都督，罗纶任副都督。

## 民国元年壬子（1912） 三十六岁

任上川南宣慰使。

按：四川军政府成立后，因"新旧更代"，"地方纷扰，乱将蔓延，政令不一，人心浮动"，决定设五道宣慰使，以"察吏安民，绥靖地方"，"各道宣慰使，均由都督酌派重兵随行，以资调遣"。其中，张澜任川北宣慰使，颜缉祜任川西成绵龙茂宣慰使，邵从恩任下川南眉嘉叙泸永资宣慰使，叶秉诚任上川南宁雅邛宣慰使，黄籀青任川边宣慰使。又据《吴虞日记》1912年4月19日载"叶茂林宣慰使取销"，知叶秉诚任上川南宣慰使仅三月。联系到《吴虞日记》1912年1月5日对叶秉诚、徐炯等有所谓"以上诸人皆小人之尤，不能再与修好。且此等小丑本不足道，与之往还徒污人耳"之言，知吴虞对立宪派在保路运动后的作为甚为不满,他在日记中记下叶秉诚宣慰使取销,亦旨在说明立宪派不能长久。

1月19日至23日(即十二月初一至五日),川西、下川南、上川南三道宣慰使陆续出发。

  按:据《蜀辛》记载,上川南宣慰使拟"杨、叶二人充任",其中杨未知指何人,叶指叶秉诚,应无异议。又据李劼人《〈大波〉札记》八《四川军政府部分成员(一)》载,川西道宣慰使颜缉祜,川北道宣慰使张澜,上川南道宣慰使陈希曾,下川南道宣慰使李德芳,川边宣慰使黄籀青;九《四川军政府部分成员(二)》载,川北宣慰使张澜,川西宣慰使颜缉祜,下川南宣慰使邵从恩,上川南宣慰使人名缺。知上川南、下川南宣慰使变动颇为频繁。

4月27日,成渝两军政府正式合并,在成都成立四川军政府,尹昌衡任都督,张培爵任副都督。叶秉诚改任下南道尹。

  按:叶秉诚去世后,《新新新闻》在介绍他的略历时说,曾任下南道尹。考下川南道存续时间在民国初年,1913年改永宁道,故叶秉诚任下南道尹当在其辞上川南宣慰使后不久,为时甚短。

同月,子叶平琦(1912—1994)生。
7月,四川通省师范学堂改名为四川优级师范学校,徐炯任校长,叶秉诚任教员,同时仍任教于四川绅班法政学堂。

  按:据1929年《国立成都大学一览》,叶秉诚曾任四川省立优级师范学校史地科主任教员,知其应在此后不久即到该校任教。盖该校名仅使用半年时间，叶秉诚不太可能记错校名及到校时间。至史地科之设立，则迟至1916年7月。又据1912年7月19日《国民公报》载《各州县议员姓氏名号住所一览表（续）》载，斯时叶秉诚住总府街法政学堂，足证其仍任教于四川绅班法政学堂。

7月1日至9月18日，参加四川省临时议会，系罗江县议员代表之一（另一人为范从云）。

## 民国二年癸丑（1913） 三十七岁

任教南充县立中学，同时任顺庆联中校长。

按：任乃强《筱庄笔记：回忆录》云："读联中一年，值辛亥革命，联中停课。我在双桂场万天宫自学一年。明年为民国元年，南充县立中学办成，我与杨长祥、王履祥、任戴卿（乃毅）、任刚（仲常）、何明琛等十二人转学来此，读二学年，为南中第一班学生；同时，还有任乃霆、王恩洋、盛承衡、蒲殿卿等四十余人编为第二班，自一年级读起。校长有时是林蒪丛，有时是张表方。张先生是自川北宣慰使卸职下来任校长。一时教师人选全是川中名士，如叶秉诚讲历史，卢子鹤教作文，杨茂丘（天全杨森，虽仅成都高工毕业，学问结实，人称"土博士"）教物理、化学，钟敬孚教数学，任文伯教博物，练哲庵任学监，罗一农教音乐，林旭村教图画，赵保桢、粟风教体育，无不胜任愉快。英文教师姓徐，忘其名，亦是高酬自远处聘至。"又据王恩洋《四十自述》云："二年，南充中学开办，洋入中学。"知南充县立中学成立于1913年，故叶秉诚应南充县立中学聘当在本年。又据1935年《国立四川大学一览》知，叶秉诚曾任顺庆联中校长。

### 民国三年甲寅（1914） 三十八岁

任教南充县立中学，同时任顺庆联中校长。

### 民国四年乙卯（1915） 三十九岁

任教南充县立中学，同时任顺庆联中校长。

12月12日，袁世凯宣布复辟帝制，下令改次年为洪宪元年。25日，蔡锷等通电全国，宣告云南独立，起兵讨袁，护国运动开始。

### 民国五年丙辰（1916） 四十岁

任顺庆联中校长、四川高等师范学校史地部主任教员。

3月28日，张澜与钟体道在顺庆成立川北护国军总司令部，钟体道任总司令，张澜任政务长，罗纶任参谋长，叶秉诚任秘书长，发表通电，响应蔡锷讨袁。

　　按：据卢子鹤《叶公秉诚墓志铭》云："袁世凯称帝，公适教习南充，驻军与县绅并起为护国之役，公与焉。……任秘书长。"

4月9日，天全杨赞襄去世，享年五十九岁。

6月6日，袁世凯去世。7月14日，护国运动结束。张澜任嘉陵道尹，叶秉诚回成都。

7月，经教育部批准，四川高等师范学校增设史地部、物化部、博物部，以足高等师范学校应设六部之数。叶秉诚任史地部主任教员。

　　按：1929年《国立成都大学一览》中，叶秉诚履历填"史地部主任教员",或与其治学特重史学有关。盖自其任教以来,此为真正从事历史教学,于其治史尤为重要。

## 民国六年丁巳（1917） 四十一岁

辞参议员职,任四川省长公署秘书、四川高等师范学校史地部主任教员。

按：卢子鹤《叶公秉诚墓志铭》云："护国事定,张澜任四川省长,约为臂助,公亦与焉,皆任秘书长。"据《张澜年谱新编》,8月24日,北京政府任命张澜暂行护理四川省长。11月5日,张澜至成都接省长印视事。6日,致电北京政府,报告已到成都就职。又据1917年11月22日《政府公报》第665号《四川省长致内务部电》："内务部汤总长钧鉴：前由周督选定参议员叶茂林因事辞职,已改选定谢刚德充任,并速其依限到院,证书随寄。张澜叩感。"知张澜上任后,叶秉诚辞参议员职,任省长公署秘书。至叶秉诚任教四川高等师范学校史地部事,亦有迹可循。《吴虞日记》1917年4月5日："力山于叶茂林、周凤翔皆不满,谓其不能持论,云成都读书讲学者吴先生一人而已,余甚愧其言。"（按：力山,即潘力山,亦作立三,名大道,开县人,时为省长公署秘书长,后为吴虞女婿。周凤翔,即周紫庭,时任高等师范学校校长。）

12月,宋育仁任国学学校校长。叶秉诚《复宋芸子论国学学校书》或作于宋任校长期间。

## 民国七年戊午（1918） 四十二岁

**任四川省长公署秘书。**

按：3月，张澜离川北上，熊克武执掌四川军民两政，叶秉诚似在此时辞去省长公署秘书一职。

**任法政专门学校教员。**

按：据1929年《国立成都大学一览》、1935年《国立四川大学一览》，叶秉诚曾任法政专门学校教员；又据《吴虞日记》1918年9月17日："晤陈希虞，希虞言，立三写信数次约叶秉诚来法校任外交史、政治、地理。"10月1日："同潘立三、李汉三访叶秉诚，谈久之。"知叶秉诚任教法政专门学校在本年9月后，与吴虞为同事，校长为熊晓岩。（另据邹辛士、胡恭叔《保路同志会干事长、川汉铁路股东会会长颜楷事略》载，斯时法政专门学校校长为颜楷。此据《熊晓岩先生事略》，俟考。）

## 民国八年己未（1919） 四十三岁

**任教法政专门学校。**
4月前后离川北上，6月3日到京，住张澜处。

按：王恩洋《四十自述》云："余在铁峰每得任筱庄、韩荫谷来信，促吾游学北京，广见闻，否则闭门造车，终为无用。适得秦先生函，约同行。……乃请于父兄，以八年三月赴北京。……洋之赴京也，哥哥先送至顺城。雇木船至合州。同船者秦先生外，王仲瞻、蒲兆魂、李辑五、李成溪、赖麟五。……至合川换船,到重庆。月余乃得轮赴宜昌,又与叶秉诚先生同行,观于三峡之雄峻奇绝。至宜昌,换轮,至汉口,即见报载北京学生五四运动。乘火车赴北京。……独至京之日,即见学生列队游行,感念国家危亡,不禁涕泪交流也。"知叶秉诚离川当在4月前后。又据《吴虞日记》1919年7月11日:"君毅来信,言:'叶秉诚六月三日到京,寓张表方处。'"知叶秉诚出川北上必在4月前后。又据《张澜年谱新编》,张澜早在1918年3月,即已离川北上,5月2日抵京。张澜离川赴京后,熊克武执掌四川军民两政,与省财政厅长肖德明捏造事实,指责张澜与卢廷栋(代理嘉陵道尹)在嘉陵道尹任上违令吞款,呈请通缉。同年秋,第三师师长石青阳派兵查抄张、卢任嘉陵道尹时住过的房屋,竟是一间陋室,一无所获,"询地方人,虽怨家亦称其廉洁"。联系到叶秉诚曾在嘉陵道任职,此次离川北上或与此有关。刘良国《现代教育家叶秉诚》一文中说,叶秉诚赴北京是为求学深造,就事后结果看,或是如此,就起因看,却未必如此。

先生在京,曾往北京大学等处听杜威讲演。

按:1919年10月11日《北京大学日刊》第458期《本校布告》教务布告七云:"叶茂林、秦之良二人请旁听杜威博士哲学讲演,除公开讲演可随意听讲外,其特别讲演,应俟哲学教授会规定办法后,径向哲学研究所报名可也。"王恩洋《四十自述》云:"余至京……闻北京大学收旁听生,因报名入本科哲学系听讲。时杜威博士到中国讲演,余未尝缺席。同学在京者,多预备游法,勤工俭学。彼辈住苦水井关帝庙,余与同住。往北大听课,约十余里。晨去晚归……不以为苦。"则前往听讲之四川人甚多,非仅叶秉诚、王恩洋也。

考杜威来华,系胡适、蔡元培、陶行知等商定,以北京大学、尚志学会、新学会和南京高等师范等团体名义,邀请来中国讲学。5月29日到达北京后，即担任北京大学客座教授，并在胡适、陶行知、蒋梦麟等人安排下进行学术演讲，主要有"社会哲学与政治哲学"（16讲）、"教育哲学"（16讲）、"伦理讲演"（15讲）、"思想之派别"（8讲）、"现代的三个哲学家"（3讲），并发表了《现代教育趋势》《美国民治的发展》等系列演说。叶秉诚到北京后不久，6月8日、10日、12日，杜威每日上午九时在北京西城手帕胡同教育部会场讲演《美国之民治的发展》，胡适任翻译。6月17日、19日、21日，应京师学务局邀请到北京美术学校向中小学教职员讲演《现代教育的趋势》，胡适任翻译。8月10日，应新学会请求，下午二时在北京化石桥尚志学校讲演《学问的新问题》，胡适任翻译。9月20日起，至1920年3月6日，每周六下午四时在北京大学法科大礼堂讲演《社会哲学与政治哲学》，胡适任翻译。9月21日起，至1920年2月20日，每周日上午九时在西单手帕胡同教育部会场讲演《教育哲学》，胡适任翻译。

11月14日起，至1920年1月30日，杜威在北京大学法科大礼堂作《思想之派别》特别讲演，详细介绍了西洋哲学史中的四派，即以亚里士多德为代表的系统派，以笛卡尔为代表的理性派，以洛克为代表的经验派以及实验派。11月30日《北京大学日刊》第485期《教务处布告》云："杜威博士特别讲演'思想之派别'由本星期起，定于每星期五下午八时至十时在新大楼第三十六教室讲演。兹将报名旁听已经哲学教授会许可未领证者姓名列后，请到哲学研究所领证可也。"叶秉诚名列其中，作"叶茂林"。虽然尚无证据证明叶秉诚悉数旁听了杜威的所有讲演，但就《北京大学日刊》教务处布告来看，他至少旁听了杜威《思想之派别》特别讲演。

1937年叶秉诚去世后，《新新新闻》在介绍其著作时，有《西洋思想方法之概要》一种，应系旁听杜威讲演的直接成果。

9月，《西藏交涉之研究》刊《晨报》《时事新报》《民国日报》，后载10月《地学杂志》第十年第九十期。

## 民国九年庚申（1920） 四十四岁

上半年在北京。曾往北京大学等处听杜威讲演。

按：叶秉诚侄孙叶家农《梦与魂——二十世纪回首录》载叶庭槐的话，说"记得1925年，我陪秉诚伯父到北平去听罗素讲学，住在四川会馆"云云。《梦与魂》系小说，时间、事件皆不确。叶秉诚去世后，《新新新闻》在介绍其著作时，有《罗素学说之概要》一种，应系根据罗素讲演而成。

考罗素来华时间是1920年10月12日，一个月后，才辗转抵达北京。11月9日，讲学社借北京美术学校礼堂开会欢迎罗素，梁启超致欢迎词。11月7日，罗素在北京大学的首个系列演讲在第三院大礼堂举行，题为《哲学问题》。此后，罗素每周在北大讲学两次，但题目不同，一次是星期日上午十时至十二时，一次是星期三晚上七时半至九时。至1921年3月，罗素在北京大学共计开设了《哲学问题》《心的分析》《物的分析》《数学逻辑》《社会结构学》五大系列讲座，后结集为《罗素五大讲演》，由北京大学新知书社出版发行。叶秉诚《罗素学说之概要》或据《罗素五大讲演》而成。

2月6日，《山东交涉之讨论》刊《晨报》，后载2月9日《时事新报》及3月10日《欧美同学会丛刊》第一卷第一期。

3月前后，致信吴虞，言"楷与周太玄夫人偕行，辟疆支身由京奉乘日船赴美。两公子英年壮志，求学之勤，冒险之勇，至可钦佩"云云。3月8日，吴虞收信后复信，并附寄《威克烈》一张。（按：楷、辟疆，皆吴虞之女。）

6月离京，8月抵成都，任四川陆军第二军军长兼前敌各路总司令部秘书长，军长为刘湘。

按：据《吴虞日记》1920年7月1日："君毅来信（六月十三日发）云，秉诚已回蜀。"知叶秉诚6月13日已离京。8月7日："午后叶秉诚来谈久之，言邵明叔讲佛学，周克勤做宋诗，蒲伯英、张表方很求新，伯英尤不主张法律，罗纶无进步。又言胡适之人品学问都好，且亦稳健，不似蔡子民之激烈。少年中国学会如王润玙、曾慕韩诸人皆极纯洁。王星拱讲学极结实，所著《科学方法》极好。"14日："饭后，过叶秉诚谈久之而归，借回《新潮丛书》第一种《科学方法论》，王星拱著，阅之极精。秉诚言，君毅举止不沉重，伯英、表方均目为书生。又言君毅一月收入四五百元，尚常呼不足，殊不可解。伯英近好生理学、心理学、社会学诸书。"知叶秉诚抵成都必在8月7日前。又据卢子鹤《叶公秉诚墓志铭》云："今省主席刘湘任全川总司令兼管民政，公以秘书长出任东川道尹。"知叶秉诚曾任四川陆军第二军军长兼前敌各路总司令部秘书长。

骆成骧来函，望促成筹办四川大学。

按：骆成骧《致叶秉诚、沈与白书》云："秉诚、与白两弟大鉴：川事扰攘数年，乡人望治之心甚于饥渴。今幸天心悔祸，得甫公兼摄军民两政，人望同归；又得弟等辅助，则前途之日进有功，自可操券而偿。如骧之衰朽，诚惭挂名顾问，无所裨益。然私心所专冀者，则以四川大学前经政府提交议会议决，至今搁置为可惜也。凡言自治者，无不以教育实业为重。此次大学原案，尤为注重工科，是一举而两得也。议会预算全年四十万元，单视似为巨款，较之全川经费不及五十分之一。罗镕轩时已定开办矣，倏因军事废置。后来诸公意不在此，吾亦缄口未敢言。今甫公能以霹雳手段驱敌，必能以霹雳手段行政。若明令拨盐款四十万即时举办，则勃然兴起，诸事必迎刃而解矣。稍一迟疑，沮滞必多，恐遂坐废，予怀此十年矣。请转达甫公，可否之处，幸有以报我。肃问台安。骆成骧手书。"甫公，即刘湘也。

10月31日，就任东川道尹。

按：《吴虞日记》1920年10月26日云："发叶秉诚信。秉诚已任川东道尹，故作此贺之，并商暂拨百元寄楷。"《国民公报》1920年10月26日《川东道尹已有人》载："二军前方总指挥部秘书长叶炳诚经委就川东道道尹职务，叶君遗职，刘总指挥昨电来省，延聘李光舍继任云。"31日《川东道尹就职电》云："熊督军、刘总司令、刘卫戍司令、省公署财政厅、高等审检两厅、川西川南川北各道尹均鉴：前奉川军前敌各军总司令刘令开，委任叶茂林为川东道尹，已电陈熊督军、刘总司令在案等因奉此。窃维东川甫经兵燹，万端待理，林以追随前敌，谬膺此任，自顾菲材，曷胜艰巨，拟再固辞，情同畏避，惟有勉竭绵薄，权篆东道，一俟政府正式任命有人，立卸仔肩。兹于漾日莅任视事，谨此电闻，希赐明规，用匡不逮。东川道道尹叶茂林叩。漾。"《告已委东川道尹电》云："熊督军、刘总司令、刘卫司令均鉴：渝城克复，前任东川道尹弃城潜逃，湘以行政不可久旷，乱后亟须待理，辄以前敌总司令名义委任叶茂林为东川道尹。查该员迭任川省省长行政公署秘书长，久参庶政。此次自省从军，任本部秘书长，谋议帷幄，勤治军书，匪独堪任行政，抑示隐寓酬庸，理合电陈。前敌总司令刘湘叩。皓印。"知叶秉诚就任东川道尹在10月31日。

叶秉诚就任东川道尹后，极重教育。

按：11月3日，《国民公报》有题作《叶道尹演说潮流》的报道，云："川东道尹叶炳臣君连日赴川东师范、省立师范及联合中学等校演说，略谓世界潮流变迁不常，外国文化进步非但一日千里，真有一日万里之势，诸生此时求学，必具远大之眼光，力求新进学说，将来出而用事，于社会、己身始得两有裨益。又谓时处今日，施行政治，必本民本主义下手，方足以立国于世界云云。"

12月10日，叶秉诚在重庆庚申阵亡诸将士追悼会上祭文刊《国民公报》，题作"叶道尹及各机关法团祭文"。

## 民国十年辛酉（1921） 四十五岁

任东川道尹。
1月15日，《国民公报》刊文称东川道尹注重教育。
2月1日，支持创办的《新蜀报》正式出版。

按：贺植君《四千号的追忆》云："时东川道尹叶秉诚先生，二军秘书长沈与白先生，铜元局长鲜特生先生，重庆城防司令袁承武先生……因陈愚生、刘泗英东游返里，遂相约创设一报，以为改建新四川的利器，并集资万余元，附营书业印刷。……本报便胚胎于此。……本报于民国十年二月一日出版。"刘泗英《新蜀报创始之回忆》云："陈君愚生以为日刊之难，在于继续，欲期持久，端在印刷，故决从集资办印刷厂入手，遂商于叶秉诚先生，叶又转商于鲜特生先生，议遂决。时叶任东川道尹，鲜任铜元局长，故转向军政友人募股，约得银万余元。"《持论之标准》云："叶秉诚先生以提倡科学，诱掖后进相期勉，力主言论自由，希冀本报担负指导社会与政治之职责。"

2月20日至3月9日，《国民公报》连续多日发布东川道尹公署训令。

3月16日、17日，主持召开川东善后会议。17日，提议取消各县议参两会，后刊26日《国民公报》，旋引起省议会反驳，详见《国民公报》。

4月3日至15日，出席在重庆总商会举行的全川自治联合会成立大会，并在大会上讲话。

4月17日，吴虞应北京大学聘北上，途经重庆。

> 按：《吴虞日记》1921年4月17日："午后三钟，至重庆。往访叶秉诚，未值。夜作一字与之。"18日："过叶秉诚。"20日："过穆世清，刘泗英、熊禹治午饭。是日为穆世清、秦文骏正式宣告婚约，由吴玉章主席报告，叶秉诚演说，穆世清报告结婚经过情形毕，全体照像。"23日："午后二时，过曹家巷三井洋行蒲泽东午饭，同座丁殷音、叶秉诚、吴玉章、李亚衡、段升阶、杨茂秋、蒲石铭诸人。席散后，秉诚、亚衡同来全记，谈久之而去。"24日："叶秉诚令道署号房送来助若膺学费银一百元。"（按：吴玉章主席一职指全川自治联合会国民委员会主席；若膺即吴虞之女吴楷。）

5月20日，川东学生联合会集合重庆部分学生，查获德和恒、天锡生、天锡福、源吉昌等商号大批日货，分别搬运至夫子池、打枪坝销毁。

5月29日，因重庆学生抵制日货，《新蜀报》在言论上支持学生爱国运动，连续发表评论，力请政府维持爱国运动，惩办奸商，刘湘借故要求叶秉诚取缔该报，《新蜀报》被迫停刊改组。

7月16日，《国民公报》刊文称"叶道尹再请辞职"，略云："东川道尹叶茂林前因商学风潮，曾向川军联合办事处辞职，未蒙照准，现欲休养，昨又向刘兼省长具呈解职。"

7月至8月，受叶秉诚、陈愚生、穆济波等邀请，高一涵、李大钊、陈豹隐、杨效春、邓中夏等著名学者到重庆讲学。

按：7月16日，《国民公报》有题作"胡适等将来川演说"的报道，云："日前陈愚生、穆济波到京，近闻代东川教育研究会聘请当代名人胡适、高一涵诸先生来渝讲演，藉以提倡新文化、策励教育进行云。"20日，《国民公报》有题作"渝城将有大演讲"的报道，略云："东川道尹叶茂林以所辖各县虽经明令颁示教育方针，然兹事体大，恐非一纸文告足以明其奥旨而宏其效用，特聘约当代教育专家，利用暑假期间，召集各县教育行政人员，为之传习。近叶又以教育研究会尚限于局部，未足以言文化之普及，更不足以言四川文化之普及，特派专员赴京邀请陈启修、高一涵等到渝讲演。闻四川军政各界长官对于此举极表赞助之意，诸人亦已由京起程，不日即可抵渝。"所聘之人有高一涵、文范邨、陈启修、李守常、苏演存、邓中夏、王克仁、杨效春、倪文宙、曹刍、胡适、陶孟和、王宏实等。31日，《国民公报》有题作"渝讲演会已开会"的报道，云"兹各讲演员业已陆续抵渝，特定期于七月二十五日即阴历六月二十一日假巴县中学校开会讲演"，并由叶秉诚介绍会员与讲演者。8月28日，《国民公报》有题作"东川教育讲演闭幕"的报道，略云："东川道教育研究会自前月二十七日开幕讲演，约四周，已定本月二十二日闭幕。"至讲学详情及讲词，见《国民公报》。

8月28日，《国民公报》有题作"东川教育革新计画"的报道，称"川东道尹叶茂林对于地方教育主张改革，现采纳所属各县视学及代表建议意见，斟酌各地方情形，特拟一革新教育之计画"。

10月23日，《国民公报》有题作"叶道尹自劾辞职"的报道。

12月20日，《国民公报》有题作"叶道尹对省宪意见"的报道。

12月25日，《国民公报》有题作"叶道尹维持联合校"的报道。

## 民国十一年壬戌（1922） 四十六岁

任东川道尹。

2月5日，《国民公报》各方面杂讯谓"某道尹有升任政务厅长消息，徐申甫任某道道尹，有已发表说"。某道尹即叶秉诚，某道即东川道。

3月至5月，巡视东川道所属各县。

按：3月7日，《国民公报》各方面杂讯谓"东川道尹叶茂林定本月十号出巡各属，道署事务委秘书长代理"。4月14日至21日，《国民公报》有题作"叶道尹巡毕之呈报"，略谓"东川道尹叶茂林此次出巡各县，对于地方利弊，兴革颇多，于本月四号返渝，已将所巡各县情形，就调查所得，具文呈报省长公署"。4月16日，《国民公报》各方面杂讯谓"东川道尹叶秉诚复出巡綦江、南川两县"。5月19日，《国民公报》各方面杂讯谓"东川道尹叶茂林出巡公毕，已于十一号午后一时返渝"。知叶秉诚巡视各县费时凡两月。

5月中旬，辞东川道尹。

按：5月21日，《国民公报》各方面杂讯有云"东川道尹叶秉诚向刘兼省长以病辞职，业已批准"；5月28日，有云"新委东川道尹徐申甫君已于二十一号到任视事"，知叶秉诚辞东川道尹在5月20日前数日。又向楚《巴县志》谓"叶茂林，罗江人，九年□月任"，"徐孝刚，华阳人，十年□月任"，皆误，叶秉诚任东川道尹时间为1920年10月至1922年5月。又据《重庆大事记》知，5月14日，刘湘与熊克武、但懋辛矛盾日益尖锐，刘湘以退为进，通电辞职，要求各军在10日内另选总司令；24日，刘湘再次通电辞职，声明将军民政务交王陵基、向楚，所兼第二军军长职，由杨森代理。叶秉诚辞东川道尹、刘湘批准，皆与此有关。

9月上旬回成都，任教成都高等师范学校。

按：1922年6月至9月，吴虞自北京回成都，往返皆经重庆，曾访叶秉诚。《吴虞日记》1922年6月22日回川过重庆："叶秉诚来，言里昂大学派人一百名留学，每年四万元，由大学代为考收留法之男女学生，楷女当然可得官费。又言明日约定杨军长，后日同秉诚往会之，约定，秉诚明日有信通知。"9月4日回京过重庆："饭后，过叶秉诚谈，秉诚将送家眷回成都。"又据《吴玉章年谱》知，9月4日，吴玉章正式就任成都高等师范学校校长，叶秉诚斯时回成都，应系应吴玉章之邀，任教成都高等师范学校。叶秉诚著有《高师预科国史讲义》，知其曾任教于高师预科。

### 民国十二年癸亥（1923） 四十七岁

任教成都高等师范学校。

### 民国十三年甲子（1924） 四十八岁

任二军秘书长，军长为刘湘。住成都奎星楼街。

按：《吴虞日记》1924年3月7日："毛升达来信，正月十一日寄，言叶秉诚任二军秘书长，仲成任秘书，少荆亦任杨森秘书，傅子东任高师校长，周敌凉任法专校长，周子高任第一师校校长，陈嘉谟任一中校长。"4月17日："孙少荆来信，言……叶秉诚努力组党,为省会改选之准备。"4月26日:"叶秉诚来信,四月十日寄。言毛仲成信已交到,前月虽决然舍去军部秘书长一职,而尚不免时事相干,甫澄有戡乱之德,而无其才;子惠有戡乱之志,而无其用。来日大难,未可乐观。"知叶秉诚任二军秘书长为时甚短。又据《吴虞日记》1924年1月30日:"何英来谈久之……叶秉诚在成都,云暑假当来京。叶秉诚现住成都少城奎星楼街十七号。"知叶秉诚自1924年以来即居奎星楼街。

**任教成都高等师范学校、四川公学。**

按:据《吴虞日记》1924年4月26日:"傅子东乃潘大道介绍于秉诚者,今年冬前,或可无事。……寄叶秉诚《新史学》一册。"知叶秉诚在辞二军秘书长后仍任教于成都高等师范学校,盖傅为高师校长也。又据吴虞寄《新史学》一册知,叶秉诚仍教授历史。至叶秉诚任教四川公学,亦有迹可循,其斯时学生郑绍文在回忆录里写道:"在四川公学里有一个历史教员叫叶秉诚。……他对当时的军阀很不满,经常在课堂上公开嘲笑张作霖、吴佩孚、曹锟等,有时连本校的董事长杨森也骂一通。如说:'杨森懂得什么?他也在那里妄谈治国平天下,真是不知羞耻!像这种不学无术的家伙也能治国,那学问就太不值钱了!'他还时常劝导同学们勤奋学习,将来到社会上去,做一个清白正直的人。叶秉诚老师的这些思想和品德,也对我有很大影响。"据《郑绍文回忆录》,他是1924年秋转到四川公学学习的,1925年毕业,知叶秉诚任教四川公学当在1924年至1925年间。

5月上旬,因传言吴玉章夺取政权,杨森派亲信副官查办。叶秉诚、黎纯一等极力解说、阻拦,并劝吴玉章离蓉。(据《吴玉章年谱》)

冬,少年中国学会会员舒新城到成都,任成都高等师范学校教育学教师。

11月，李劼人因事被宪兵司令部关押，叶秉诚等积极参与营救。（据《李劼人自传》）

### 民国十四年乙丑（1925） 四十九岁

任教四川公学、成都高等师范学校、成都大学。

按：《林思进日记》三月二十六日有云："晨过高师授课，教者仅三人，予及叶秉诚、石帚也。因以诗还石帚。高师今年完全未送束脩，故教者相率辍讲，而予辈不知，则仍上课而去，当访其事再作理会。"舒新城《三十五年教育生活史（1893—1928）》中说："到五月六日，劼人由成高教职员孙倬章、叶茂林、林文海等三十余人函达傅校长转函督署释放，卒于八日释出，当夜即来看我。"知是年叶秉诚仍任教成都高等师范学校。

熊焘去世，叶秉诚为其作传，已佚。

按：《林思进日记》云："叶秉诚以所作《熊焘传》印本见贻。熊虽同年相识，自命孤高，惟川北诸人称颂之，不知其学问所长为何等也。"知叶秉诚所作传当时已印，唯印数甚少，流传不广耳。

6月，在杨森支持下，成都高等师范学校改称国立成都大学。

9月，吴虞自北京回成都，12日抵家。10月4日，访傅养恬，同座有叶秉诚、陈志猷等。自此以后，吴虞、叶秉诚交往颇为频繁。

### 民国十五年丙寅（1926） 五十岁

任教成都大学。

1月20日，《青年修学之方法》载《广汉县旅省学会季刊》第一期，原系在成都大学的讲演稿，黄朝栋记。

按：该刊封面署"中华民国十四年冬季出版"，内署"中华民国十五年一月二十日出版"。

2月，总纂《四川善后会议录》成。叙略云："夫善后会议之精神，不在当局之行不行，而在民众是否有监督当局之智识与能力。民众监督之智识富、能力充，虽改造政府、解决川难而有余，矧此区区之议案，有不排百险、袪万难以期贯彻其所议者哉！然民众之智识、能力非一朝夕所可养成也，必须政治教训有以练习之。善后会议者，绝好政治教训之学校，而军、财、团、约之四大案，即应时需要之教材也。果能收此教材灌输于民众，使吾川七千万人咸奉为唯一无二之信条，虽有大力为之阻，巨变交相乘，而谓议案之不能实现者，吾不信也。"

按：据《四川善后会议录》编辑人员名单，叶秉诚为总纂，职务为秘书长。

2月3日，四川善后会议通过成立成都大学议案，同意年拨盐款60万元作为经费。

4月6日，张澜就国立成都大学校长职。叶秉诚任教务处长、历史学系主任、教授。

按：据《吴虞日记》载，张澜任职当日，学界到者叶秉诚、万克明、林君墨、吴虞，军政界到者刘湘、邓锡侯、刘文辉、赖德祥。又据《吴虞日记》4月9日，叶秉诚代致张澜意，聘吴虞任教成大国文；11日，吴虞作书致叶秉诚，请其将周四课移两小时到周二，知叶秉诚曾一度担任教务处长。

4月22日，与张澜、邵从恩、罗纶致电黔军袁祖铭，敦促撤兵回黔。

按：电文见《张澜文集》，题作"促袁祖铭撤兵回黔电"，署"四川善后会议张澜、邵从恩、叶茂林、罗纶叩"。

荐张森楷任教成都大学。

按：刘樊《张森楷传》云："十五年丙寅，国立成都大学成立。时南充张表方先生任校长，以延揽英才为务，历史学系主任罗江叶秉诚先生以先生荐，乃聘为中国史教授。"又据《吴虞日记》1927年5月28日载："张石卿来，言成大史学系废除，渠当返里。又言下学年减薪，有多人不干。"6月3日有"张石卿来信"云云，知张森楷任教成都大学仅一年时间。

夏，蒙文通自重庆回成都，任教于成都佛学院，曾往谒叶秉诚。

按：蒙文通《古史甄微自序》云："丙寅夏间适蓉，趋谒罗江叶秉老世丈。叶丈博物能文，淹贯史乘，讯蒙于乙部曾用何功。仓皇之间，无以为答，支吾数语，惭悚无似。盖学殖荒落，根底未充，一遇通人，辄瞠目无对，固其宜也。"

8月6日，骆成骧去世，享年六十二岁。

## 民国十六年丁卯（1927）五十一岁

任教成都大学，教授中国哲学史。

按：《吴虞日记》1927年9月17日："叶秉诚讲《中国哲

史》。"叶秉诚著作中亦有《中国哲学史》一种,似为当时授课讲义。

春,蒙文通发愤撰集,成《古史甄微》。

  按:蒙文通《古史甄微自序》云:"丁卯岁首稍暇,遂发愤撰集,谋以酬廖师之命者、应叶丈之责。"《经学抉原序》云:"丁卯春初,山居多暇,乃作《古史甄微》。"是叶秉诚于蒙文通治学由经入史有着重要的影响。

2月,颜楷病逝,年四十九岁。
8月,吴芳吉应成都大学聘,9月23日到校。

  按:据《国立成都大学一览》,吴芳吉历任上海中国公学、长沙明德学校文学讲师,国立陕西西北大学、奉天东北大学文科教授,时任文学系教授。

9月,蒙文通任教成都大学。

  按:据《吴虞日记》1927年9月12日"蒙文通已来",知蒙文通任教成都大学当在9月。又据《国立成都大学一览》,蒙文通曾任省立一中、成都联中、重庆联中、省立第二女子师范学校国文教员,时任文学系国文教授。

冬,参校之姚际恒《诗经通论》由成都书局刊印,其中叶秉诚负责第三册卷五、卷六,署"罗江叶茂林校"。其余各卷校者分别为卷首、卷一、卷二双流郑璋,卷三、卷四双流刘咸炘,卷七、卷八崇庆彭举,卷九、卷十成都吴虞,卷十一、卷十二双流李天根,卷十三、卷十四、卷十五双流谢禄均,卷十六、卷十七、卷十八简阳李志鸿。

按：此时间据该书牌记"丁卯仲冬成都书局据韩城王氏本重刊"，但实际成书时间应在1928年秋，盖该书末署"戊辰九秋重校，成都书局谨识"，知刊印该书，费时约一年。

## 民国十七年戊辰（1928） 五十二岁

任教成都大学。

2月，吴芳吉辞成都大学教职。5月，再次任教成大，任文学系主任教授。

2月16日黎明，四川军政当局借口省立一中校长杨廷铨案，逮捕成大、师大、师大附中等校师生100余人。是日下午三时，在下莲池，未经任何审理就将袁诗荛、张博诗、郭翼唐、龚堪慎、白贞瑞、周尚明、陈选、钱芳祥、王道文、王向忠、韩钟霖、李正恩、胡景元、石邦渠等十四人枪决。其中，成都大学学生六人，即钱芳祥、王道文、王向忠、韩钟霖、李正恩、胡景元。惨案发生后，成都大学召开全校师生员工大会，张澜当场宣布辞职，以示抗议。

按：《吴虞日记》1928年2月19日："过叶秉诚，始知此次杀学生，系名单早已开就，凡四十余人。不过杨案事出，借以发动而已。捕去学生，无口供，无证据，遽行枪毙，实无异借故仇杀也。现省城学校全体辞职。表字昨日有通电发出。"又云："秉诚因受此激刺，数夜不能安眠。"

张澜辞职后，成都大学校务停顿。20日，全体教职员召开紧急会议。首由叶秉诚报告张澜辞职之经过情形，即公推叶秉诚为临时主席，提出三要题：（一）对校长辞职后，主体无人，吾人应取如何态度？（二）对校长辞职所由来之事件，应取如何态度？（三）对校长辞职后，学校善后事件，应取如何方法？经逐一详加讨论，议决办法如下：（甲）同人对于校长辞职后，在地方政府未派人接收以前，请张校长暂不离开本校，借维现状，并派人向张校长说明此意。（乙）同人对于此次惨案发生以后，学校之保障及教员学生之生命保障问题，先用公函向各军部质问惨案之真相，并请其于某种期间内，宣布一种保障方法。若各军部延期不答时，则同人自行解职去校。（丙）由本校各教职员出名发起，于三日内函约省城各学校教职员，在本校开会讨论此次惨案事件。随即推吴君毅、沈懋德、叶秉诚、李劼人、熊晓岩五人，担任起草质问三军长并请求保障人权及学校公函。（据《张澜与四川大学》）

按：据《吴虞日记》1928年2月25日："晚饭后秉诚来谈，言成大教职员上三军部公函及三军部留张表方函，今日《新四川日刊》均登出。因令人往秉诚处取归阅之。同过表方小坐。"3月1日："晚饭后成大来函，言公函军部已批出。惟《新四川日刊》登载。对于要求之两点，批皆允维持。"

3月3日，成都大学教职员再开会议，由叶秉诚主席，报告开会理由：（一）宣读三军长复教职员公函；（二）宣读本校临时学生会呈请开课函。由各员详细讨论，发表意见。叶秉诚谓，三军长之复函，过于油滑。若吾人再与辩驳，殊属无益。依本人意，应否再向较高机关申述，或对社会说明，以求得公是公非。至于上课问题，有下之困难数点：（甲）经费之困难，如何筹划；（乙）学风之困难；（丙）张校长复职问题如何解决。嗣经各员逐一详加讨论，以为本校教职员为维持西南文化起见，仍宜继续开课。但对外，须声明否认三军长复函内但书，保留此次惨案作为流案；对内，须一面警告学生，不在校内为政治结社及政治行动，并不得以本大学名义在校外作政治活动；一面公函张校长，请其取消辞意，即日复职，并公推本校三学长代表全体教职员，往留张校长复职。（据《张澜与四川大学》）

3月9日，张澜对学生会代表表示"勉允复职"。12日，成都大学举行欢迎张澜复职大会。叶秉诚因病暂停授课，历史系主任一职由何鲁之暂代。

> 按：二一六惨案对叶秉诚影响甚大。据《吴虞日记》1928年3月15日："八时半至成大，尚早，晤表方略谈，始知秉诚吐血大病。"4月7日："途晤叶秉诚，病已稍好，但不会客。"6月16日："叶秉诚来谈，斑竹园田六十亩已售去，每亩售银票一百二十元，用以买丝。因病不能教书，欲经营商业，以维持生计也。德阳尚有田六十亩，每亩止收一石。予劝其将来仍买成田，较为稳妥。秉诚亦以为然。"

6月，蒙裁成去世，享年七十岁。
7月，叶秉诚复职。
8月，张森楷在北京去世，享年七十一岁。
同月，刘掞藜应成都大学聘。

> 按：李晓宇《刘掞藜先生年谱》谓1928年2月刘掞藜应成都大学聘，未知何据。又据《成都大学一览》，刘掞藜历任河南中州大学历史系教授、国立武昌中山大学历史社会系主任，前后五年。时任成都大学历史学系教授。

12月23日，成都大学历史学系成立史学研究会，下设会员大会、执行委员会。执行委员会又分总务部（庶务科、文书科、文际科）、研究部（调查科、讲演科、图书科）、出版部（印刷科、校对科、发行科）及编辑部（负责编辑员五人），叶秉诚为赞助会员。

> 按：据《吴虞日记》1928年12月19日："成大史学系代表二人来，请予任史学研究会赞助会员，星期日午前九钟开成立会。"知史学研究会正式成立于12月23日。又据《国立成都大学

史学研究会简章》，会员主要来自成都大学史学系同学及非史学系同学。又据会员一览表，叶秉诚、张澜、刘掞藜、景幼南、洪诚中、蒙文通、刘咸炘、吴虞、吴君毅、何鲁之、张仲和、徐朴生等系赞助会员，正式会员初期28名，后期增至39名。

## 民国十八年己巳（1929） 五十三岁

任教成都大学。

5月，《国立成都大学一览》出版，据《本校教员一览表》，斯时任教成都大学中国文学系有吴芳吉、吴虞、李劼人、林思进、李植、蒙文通、刘咸炘、伍非百、彭云生等；历史学系有叶秉诚、何鲁之、刘掞藜、洪诚中、张仲和等。

按：据《本校教员一览表》，叶秉诚曾任四川省立优级师范学校史地科主任教员、法政专门学校教员，现任历史系主任教授。

6月，长女叶广琼至南京，报考中央大学；长子叶平琦往上海，报考同济大学。

按：《吴虞日记》1929年6月26日有云："秉诚女过南京，考中央大学，名广珺。其子则往上海，考同济。"据1933年12月11日《国立四川大学周刊》第二卷第十四期，叶广琼后就读于四川大学文学院教育系；1940年3月21日《国立四川大学校刊》第八卷第九期毕业同学消息《辛勤教育，叶广琼同学病逝》载："叶广琼同学，前岁由成都返故乡罗江县，应地方人士邀请主持县立小学校长以来，辛勤任职，成绩斐然，月前因劳报病，突于本月加剧，医药罔效，竟于十七日与世长辞。噩耗遥传，校中师友，均深悼惜。此间毕业同学总会，特于二十日去电吊唁。

叶同学系本校第二届教育系毕业，故叶教授秉诚女公子，性情贞静，聪慧过人，毕业后，曾任省垣各中学教职员及社会教育工作云。"知叶广琼病逝于1940年3月17日。长子叶平琦后为黄埔军校十期学员。又据刘良国《"百年一鹤"历尽沧桑，精诚寻觅终见天日——叶秉诚墓志铭发现记》，叶广琼适梁巨文；叶平琦曾任国民党炮兵中校营长，后在重庆市三十三中任教，1994年病逝。

7月，《史心》载成都大学史学研究会《史学杂志》第一期。同期另有蒙文通《论先秦传述古史分三派不同》《论秦及汉初之攻取》、刘咸炘《记八朝名臣言行录》《记东林点将录》、洪诚中《历史观念之变迁及近代史家对于历史之解释》、景幼南《历史哲学初稿》、刘揆藜《晋惠帝时代汉族之大流徙》《历史中的政治家与民众意识研究之发端》等。

按：刘揆藜《历史中的政治家与民众意识研究之发端》附言云："日昨叶秉诚先生以这题很有研究之价值，相促将他作成，然而终于不遑广搜成例，只好写了这一点作个研究的发端。"

同月，三女叶华璧去世。

按：《吴虞日记》1929年8月1日："叶秉诚来，言二十一日死去一女。"

秋，以体弱事繁，嘱刘揆藜任中国上古史一课。

按：刘揆藜《中国古史答问》云："今年夏秋，历史系主任叶秉诚先生以体弱事繁，殊难兼任中国上古史一课，屡嘱余勉为担任。余曾一再申明，谓只能暂时代理，一俟有人，即当交卸。"又云"并详余所编《中国政治史》及叶秉诚先生所编《中国上古史》教本中",知叶秉诚《中国上古史》此前已编成。至叶秉诚体弱事,《吴虞日记》亦有记载,如11月4日:"晚饭后叶秉诚来,意象萧飒。言成大款子七拉八扯,教员老者不能上进,继起者无人,学生不良分子亦多,成大前途,未见有大光明也。"11月14日:"晚饭后过表方,略谈校中事。表方言秉诚行神俱枯。"

10月,罗纶去世,年五十四岁。

按:《吴虞日记》1929年10月27日:"秉诚云:罗子青(纶)九月十五日在西充因胃病去世,年五十四。"九月十五日,即10月17日。

## 民国十九年庚午(1930) 五十四岁

**任教成都大学。**

5月,成都大学史学研究会《史学杂志》第二期出版,内刊刘掞藜《中国古史答问》《世界史略旧稿》、景幼南《历史哲学初稿(续)》、刘咸炘《先河录序》《考石文论》、吴致华《古巴蜀略考》、周维权《三皇五帝说源流考异》等。

5月下旬,吴芳吉辞成都大学教职。

6月,精神不足,暂停授课。

按:《吴虞日记》1930年6月24日:"至叶秉诚处,云精神不足,不教书矣。"

夏秋,刘掞藜离成都,应国立武汉大学聘。

8月,张澜为筹措成都大学经费,离校返南充,后赴重庆寻求刘湘支持。校长一职,由文、理、法三学院院长轮流,每人代理一学期。

按:《吴虞日记》1930年8月9日:"成大诸人目叶秉诚为土诸葛,张仲文称秉诚集土气之大成,殊妙也。"张澜赴重庆寻求刘湘支持或为叶秉诚建议。

9月,蒙文通再应成都大学聘。

按:《吴虞日记》1930年9月23日:"蒙文通应成大聘,将趣装西返矣。"

10月至12月,张澜因政治和经济双重压迫愤而离校。

## 民国二十年辛未(1931) 五十五岁

任教成都大学。

5月26日,张澜以代理校长名义,致函四川省政府,对三大学合并表示赞成。

6月5日,成都大学派教师代表叶秉诚、职员代表杜象谷,学生代表蓝光桁、杨镇华等赴重庆谒见刘湘,一面请刘维持学校经费,一面请刘挽留张澜,催张返校。刘则回复叶秉诚等,成大经费,因军费困难,不能增加;张澜返校与否,由张自己决定,他不能勉强。

按:《吴虞日记》1931年6月4日云:"君毅云,推叶秉诚明日起程过重庆,与刘甫臣商议拨款事。"

7月10日,吴虞"晚饭后往看叶秉诚,言下半年学界恐有变动,成大经费动摇,亦恐不能办"。

秋,应满蒙藏研究会邀请,作"满蒙藏之过去"专题讲演。

按:吴天墀《严毅精神——悼念叶秉诚先生》中说:"第一

次听叶先生的讲演,也是初次认识,是在民国二十年的秋季。那时我初到成都不久,因与许多朋友(我们多是前师大附高中的学生)很有兴趣于边疆情事,曾经组织了一个'满蒙藏研究会'。大家受着强烈的求知欲的驱使,分组研究,并在成都《大川日报》上有《满蒙藏周刊》的刊行。在我们这个小小学会方成立未久,即适逢'九一八'巨变发生;这个晴天霹雳打在我们一般青年的心坎上,愤慨之余,真是惶惑莫名。当时我们用学会的名义,借皇城学校里的教室,曾请叶先生来作过一次讲演。他讲的题目,好像是'满蒙藏之过去',由我充任记录,随后发表在《满蒙藏周刊》里。因为这一度的讲演,我才开始知道这一位老先生是有卓识的学者。他在讲演时,极慨叹时人边疆知识的缺乏;不特不了解日、俄、英对于满蒙藏所抱的心理,更不了解边疆同胞的心理。平时一无所知,事到临头,张皇失措,妄想的以那主权的空名词,去在虎口中争回肥肉,无怪是要失败的了。他分析边疆同胞的心理(他特重蒙藏同胞,因为东三省实少纯粹的汉人),指摘内地同胞(汉人)一向所具的传统观念,谓为极不适宜于解决问题;他将日、俄、英对于满蒙藏的心理,或者也可说日、俄、英对于满蒙藏发生野心的来源,详加剖析之后,亦指出国人虚骄的意气与僵化的成见,挽救不了事实上的危机。记得当时的言论,在爱国主义的狂潮之下,多是情感丰而理智少,流为粗豪的叫嚣;而叶先生独能用其冷静的头脑,为自由无碍之批判,以客观精神,驾驭着爱国的热情,使之趋于正确的途径。苟非深于史学的修养,曷克臻此?他在结束他的讲演的时候,又郑重地说:'知今而不知古,是为俗儒;知古而不知今,是为迂儒。'"

10月1日,四川省主席刘文辉召集会议,宣布成立"四川省政府整理大学委员会",并自任委员长,教育厅长张铮任副委员长,向育仁任事务所主任,邓锡侯、田颂尧、尹朝桢、赵椿熙、熊晓岩(成大）、宋绍曾（师大）、向楚（公立川大）、叶秉诚（成大）任委员，立即着手三大学合并事宜。

按：《吴虞日记》1931年10月1日云："九时半到成大，晤叶秉诚，言三大学合并，事在必行，快则以一星期结束，迟则二星期，从明日起算。十一时至十二时，由熊小岩、叶秉诚召集学生报告经过情形。"10月2日："九时半过成大开会，熊小岩报告经过情形及其主张。叶秉诚、蒙文通各有议论，均关重要。"10月5日："蒙文通云，今日成大壁报，又加入叶秉诚，谓彼同熊小脚、吴金钰出卖成大。"知叶秉诚在三大学合并期间，身份甚为尴尬。

又按：此事《林思进日记》亦记之甚详，如八月十九日（9月30日）云："尧钦又言，今日刘在省府与张重民、向育仁、田、邓，外又招熊小岩、叶秉诚、师范校长宋，决办三大学合并之事，即以诸人为委员。宋不愿就，后又添出龚相农，准明日成立大学筹办会云云。是刘归而张委员之大计画成功矣。大约功名之士，其失意时颇与道近，其得意时则与道远。王介甫犹如此，况其下者乎？刘又言，此会是四川人才会议，非学校资格会议也。呜呼，四川人才即此数人欤？常笑袁世凯人才内阁为海内有识所讥，今复何必效颦？令人齿冷。"二十一日（10月2日）云："即开教职会，熊小岩、叶秉诚报告刘文辉三大合并会议经过，决于两周内派员接受。小岩申明，此事刘与张重民二月中就省委员职，即首提此事，其后因在渝阁置，而张重民虽素系交游，对于此合并办法亦未向言如何，故成大自未放暑假前，仍自汲汲进行。……蒙文通则认为，此次筹办大学，并非教育部派人，根本不能承认，盖大学不隶于教育厅（意即群儿自相贵耳）。众皆鼓掌。小岩复唤起众人注意，重申经费在军人手中之义，不可但博一时鼓掌，后来致无办法。吾闻此言极愤，培甫即发言，究竟如何，承认不承认，一言而决也。予即起言，吾一人完全反对不承认，不欲首鼠两端，拂衣竟出，不知后来如何结题。"

10月16日，刘文辉正式任命吴君毅为国立四川大学秘书长，向楚为文学院院长，熊晓岩为法学院院长，魏时珍为理学院院长，邓胥功为教育学院院长。

按：《吴虞日记》云："今日叶秉诚至成大劝谕学生，未知结果何如。"

国立四川大学成立后，叶秉诚、蒙文通等愤而辞职，故11月9日国立四川大学在皇城致公堂举行开学典礼，叶秉诚未去。《吴虞日记》云："九时至皇城，刘主席签名后即属予，其余教员均后至。山腴、向农、培甫、中仓、秉诚、张仲和、何鲁之俱未到。"

12月5日，宋育仁去世，享年七十四岁。

### 民国二十一年壬申（1932） 五十六岁

上半年赋闲，下半年任教四川大学，系第一届校务会议教授代表、第一届经济审查委员会主席。

2月，民国政府简任秀山王兆荣为国立四川大学校长。5月2日，王兆荣到校就职。在此之前，王氏曾往访叶秉诚，似已有意聘请叶秉诚任教四川大学。

按：据《吴虞日记》1932年4月26日："午后四时过叶秉诚，有王弘实、胡素民、谢升厂、尹尧卿、彭云生、周晓和、周太玄、予及魏时珍、君毅也。"知王氏就职前后曾多次礼聘叶秉诚。

5月，王恩洋至成都，在成都佛学社讲《佛学解行论》《八识规矩颂》《瑜伽真实品》《广四缘论》等，全家听讲，数月不辍。

按：王恩洋《四十自述》云："二十一年四月，得韩文畦来信，为成都佛学社请讲唯识。允之。五月，佛社来聘。因偕光天同往。……初讲《佛学解行论》，继讲《瑜伽真实品》，后讲《广四缘论》。听讲者常过百余席。得与成都诸大善士、信心男女及诸学者、诸旧师友讲说三月之久。……叶秉诚师，全家听讲，数月不辍。……后众复请余讲《八识规矩颂》，讲毕，已在八月初旬矣。"

5月9日，吴芳吉去世，年仅三十六岁。
6月6日，廖平逝世，享年八十一岁。
8月，任教四川大学。

按：据1935年《国立四川大学一览》叶秉诚到校时间。但据1932年9月20日《国立四川大学周刊》第一卷第一期校闻《增聘教授及讲师》载，文学院新聘教授有叶秉诚、向宗鲁、孟咸宇三人。9月27日《国立四川大学周刊》第一卷第二期《新聘教授略历》有叶秉诚，并介绍说："曾任川东道尹，前成都大学史学系主任兼教授。"10月4日《国立四川大学周刊》第一卷第三期《文学院近闻》云："本大学延聘教授叶秉诚、向宗鲁，早已到本院授课。"知8月为聘定时间。

同月，王恩洋回南充，临行，成都佛学社为其饯行，叶秉诚致词。

按：王恩洋《四十自述》云："余以母亲八月二十三日生辰将近，乃先辞归。临行，众共祖饯，请余作最后赠言。余言请众先赠我言。众推叶秉诚师致词，大意谓：佛法传来中国二千余年，朝野上下信之者多，而有因是以收个人修养之利者，亦有因是而遗误国事者。王先生于佛法研究得其精微，吾人数月受益不浅。但犹有望于王先生者，博观天下大势，详察国家危亡，变而通之，与民宜之，斯能世出世法并行不相害，则方便善巧不失慈悲救世之旨矣。余敬答之曰：'将答叶先生时才所说，当先知叶先生心之所疑，宁非谓如梁武帝笃事佛法致亡其国，方今天下纷争犹不适于佛法之普及通行也欤？'叶先生曰：'然。'"

9月9日，刘咸炘去世，年仅三十六岁。

9月27日、10月4日，《何法恢复东三省》刊《国立四川大学周刊》第一卷第二期、第三期，系四川大学九一八纪念演讲稿。

10月9日，四川大学举行廖平追悼会。叶秉诚挽云："公昔传经，我方治史，风雨忆联床，论难一周拟路德；早分今古，晚究天人，日月悬著作，知音千载待桓谭。"

冬，二刘之战爆发。11月16日，成都巷战，四川大学皇城校舍适为战场，又因经费困难，不得已提前放假。是时，叶秉诚有做地窖避难之举。

按：《吴虞日记》1932年11月29日："晨过叶秉诚，方做地窖，劝予亦为之。"12月15日："看秉诚地窖，用洋一百二十元，四面皆用城砖，堆拱背用界方砖。"

### 民国二十二年癸酉（1933） 五十七岁

任教四川大学，教授中国近古史，系第二届校务会议教授代表。5月至6月，参与拟定四川大学抗日方案。

按：此事《国立四川大学周刊》载之甚详。如5月15日《国立四川大学周刊》第一卷第十八期《校务会议着手订定抗日方案》载，校务会议第二次开会时，即决定推举周太玄、叶秉诚、张和笙、孔庆宗、刘新锐五人为委员，起草抗日方案，提交第三次校务会议讨论。5月29日《国立四川大学周刊》第一卷第二十期《抗日方案草案拟定》载，21日下午一时在四川大学秘书处开会，出席者周、叶、孔、刘四委员,讨论抗日方案草案。6月5日,《国立四川大学周刊》第一卷第二十一期刊载《国立四川大学抗日方案》,有云:"本大学为西南最高学府文化中枢,而抗日工作又非短时期内所能奏效,且以西南地位而论,在抗日工作上,远在后方,故宜从治本治标两方,分别着手,以图最后之胜利。楚虽三户,亡秦必楚,吾人苟能一致努力,终有还我河山之时。爰本斯旨,拟定方案。"6月19日《国立四川大学周刊》第一卷第二十三期《抗日委员会分组开会》载,叶秉诚、孔庆宗、邓胥功三人分别召集总务、宣传、调查各组第一次会议,会商进行办法。

**7月,吴虞未获四川大学续聘。**

按:据《吴虞日记》1933年7月3日:"过叶秉诚问续聘书,云去年已送者今年不再送。"4日:"今日阅川大聘教授细则,续聘书以一年为限,第二次续聘书未送,则作为解约矣。"22日:"叶秉诚来致王兆荣言,请予将毕业论文看出交去。"8月12日:"饭后,过叶秉诚。秉诚亦油滑,而以道学面孔文饰之,实伪人也。"知吴虞被解聘一事,叶秉诚身处四川大学、吴虞之间,亦甚难堪。至此,叶、吴交往渐绝,以致叶秉诚去世,《吴虞日记》仅以"周癸叔来言,叶秉诚昨日以吐血逝世,六十一岁"十九字记之。

**7月13日,《中国近古史》第一章《自宋至元为南北对抗时代》编毕。**

按:叶秉诚《中国通史讲义》今存《历史通论》《中国上古史》《中国中古史》及《中国近古史》第一章,其中仅《中国中古史》第一章《自秦至三国为汉族极盛时代》由国立成都大学印行,其余各章皆由国立四川大学印行。联系到《中国近古史》第一章编成时间,知《历史通论》《中国上古史》《中国中古史》皆成于其任教国立成都大学期间。又据1933年10月9日《国立四川大学周刊》第二卷第五期《函复考选会送教授讲师名册》载,叶秉诚授中国近古史,祝屺怀授中国上古史、中国中古史,孟咸宇授中国近世史。

9月19日,张澜偕邵从恩、奚致和,由重庆抵成都,下榻奎星楼街叶宅。

  按:《吴虞日记》云:"表方昨日十二点抵省,顷在秉诚处,请予往谈。予去,邵明叔、李劼人均在。予谈少顷而归。"

9月,刘湘在成都召开"剿匪会议",决议"变卖皇城地基,以作剿匪经费"。20日,刘湘再次召开会议,会商进剿经费筹措办法,提出:皇城地址存在,在名实上均觉有封建思想;省城迭遭巷战,皆以该城为争夺之地,可见该城存在之不祥;皇城环境,不适应学校驻地,旧有建筑也不适于学校所用;"匪祸不除",学校前途必陷于停顿;该地建筑商场,可便宜市民等,决定变卖皇城,招商建筑市场,所得经费提150万元作"剿匪"之用,余款拨给川大,另觅适当地点,建筑校舍。(据《四川大学史稿》)

10月19日下午二时,四川大学在皇城明远楼会议厅召开全体教职员大会,商量应付变卖皇城办法,一致决议:(一)反对任何机关越权变卖本大学一切校产;(二)关于变卖本大学皇城校产一案,即日以全体名义向各方发表反对文件,并推举向楚、叶秉诚、邓胥功、李培甫负责办理。(三)招待新闻界,请其一致反对变卖本大学皇城校产。(据1933年10月23日《国立四川大学周刊》第二卷七期《全体教职员反对变卖皇城》)

12月13日,安抚委员会邀请成都各教育专家于午后二时,在北新街安抚会开初度研究会,到者周太玄、胡少襄、刘子周、焦尹孚、彭云生、张叔沅、刘绍禹、黄方刚、程仰秋、沈与白、张与九、赵石藻、叶秉诚、邵明叔、张澜等,贡献意见甚多,后由叶秉诚指定专人研究。

按:详情见《新新新闻》1933年12月15日至23日《安护会邀请教育专家讨论收复匪区教育设施》专题报道。叶秉诚发言谓:"欲定教育方针,必先究明教育原则,教育原则根据多面决定,各人根据不同,所得结果亦异。依鄙人意见,对于反赤化教育最好用人格教育、人本主义。此二者正可针对唯物史观,因不论社会之客观条件如何,物质文明进化阶级如何,一个人必须有自立之人格在,而后可立脚于社会,如是可使儿童成为一社会有用之人。人是推动社会的,无论到何地步,不过尽人之本能而已。如此可打破经济为社会基础之说,可制止人类应当如何到充分得到物质享受之妄想。"

12月27日,安抚会召集教育专家开第二次讨论会。讨论大纲系叶秉诚所拟,附之:

(一)本项教育之宗旨,以人本主义为出发点,关于精神、物质两方面,为充分之发展,期以养成完全人格,为国家社会有力之公民。(二)关于精神方面之教育,可分为三:甲、身心。提倡人类之自立心,以发达固有之本能,使身心臻于健全,而道德亦加丰富;乙、对人。提倡人类之同情心,使个人与社会关系密切,扩大私利为公利;丙、文化。发扬中华民族独立之精神,时中之文化,使随时随进化而不偏于极端。(三)关于物质方面之教育,可分为五:甲、衣。说明各种衣服之原质,及利用天然制造之经过,示以衣服卫生之各种常识;乙、食。说明各种饮食之原质,及利用天然烹饪之经过,示以饮食卫生之各种常识;丙、住。说明各种房屋之原质,及利用天然建筑之经过,示以居处卫生之各种常识；丁、行。说明各种交通水陆之道，及其用具制造之经过，示以与人类进化之关系；戊、技能。视地方环境之需要，授以农工普通之智识，为生活必需技能立其基础。（四）关于家庭方面，启迪其慈爱孝弟之良能，使各自尽其责，实现天伦之至乐。（五）关于社会方面，说明人类精神相通，物质交换之原理，而归于人己两利益，示以互助合作与阶级斗争之利害效果。（六）关于国家方面，说明国家之组织，对于人民有若何之权利义务，及人民对于国家负成立改善进步之责任。（七）关于世界方面，说明世界重要国家之政治经济新趋势，使中国发生重大之影响，国民当协力一致，以谋对外而求生存。（八）照以上各条编制之教科，须一课为理论，引中外名言作结，以便记忆；一课为事实或故事，以为理论之证明，庶足以表示模型而暗示以理论之实现，其须数课始完者，皆仿此例。

## 民国二十三年甲戌（1934） 五十八岁

任教四川大学，系第三届校务会议教授代表。

秋，吴天墀考入四川大学，叶秉诚为复试主考官。

按：吴天墀《半生沉浮，返本皈原》中说："我报考的是川大历史系。初试后，又来了一次复试，主考的是老先生叶秉诚。叶秉诚是罗江人，他是蒙文通的老前辈，与蒙文通的父亲是好朋友。辛亥革命时，赵尔丰要杀张澜，叶秉诚就和张澜在一起，几乎被杀头。张澜当省长时，他做过嘉陵道尹。张澜当成都大学校长时，他就做系主任。复试时，叶秉诚非常认真，他把我的试卷一看，作文题目是'六经皆史说'，就问我，你读过章实斋的《文史通义》吗？我说读过。他说，什么时候读的？我说，去年读的，是把原书从头到尾读了一遍。他说，是的，我看了你的文章，没有读过，是做不出来的。我这篇文章是讲究竟为什么六经皆史，是阐发章学诚六经皆史理论的。叶先生见我回答问题，说得原原本本，这篇文章也写得不错，他又看了我的其他科目考试成绩，也还是好，就对我说，喂，你进来发愤一点，用功一点，以后注意一点。听了这番话，我知道我被录取了。因为叶先生当时在历史系当教授，有说话的权利，最后录取由他掌握。"《往事悠悠（代序）》叙述情景与此略有不同："1934年夏高中毕业时，就经过了两道考试：一是毕业考试；二是刘湘统一四川后，又来了一次全省会考。……我报考的是历史系，初试后，还又来了一次复试，主考就是叶秉诚教授。他口试的这一关是很不好过的，不少人在被反复问了几次之后，最终还是没通过。我口试时，叶先生对我还比较满意。最后，他又翻开我的作文试卷，那题目是'六经皆史说'，他仔细地看了一遍后问我：'你读过《文史通义》吗？'在听到我肯定的回答后，他便亲切地对我说：'进堂后，你还需好好用功呀。'在当时，这无异于告诉我已被录取了。……他对中国史学甚有研究，曾编写讲义七册，自上古起，直至宋元，只有明清两代未撰成。他为人严肃，办事认真，有些怕他的同学，私下称他为'叶家公'。其实他的人品和学问都是值得称赞的，他逝世后，我曾写过一篇题为'严毅精神'的短文来表示对他的怀念。"

10月1日，四川大学法学院长熊晓岩去世，年五十三岁。

10月29日，蒲殿俊去世，年五十九岁。

12月2日，四川大学举行熊晓岩追悼会。

### 民国二十四年乙亥（1935） 五十九岁

任教四川大学，兼任四川省公务员资格审查委员会委员、审计委员会常务委员。

2月，刘湘为澄清吏治，巩固地方政权，特设四川省公务员资格审查委员会，聘叶秉诚、张澜、邵从恩、卢子鹤等为委员。

5月19日，四川省政府县政人员训练所成立，学员招考事宜由公务员资格审查委员会办理。10月1日，在省政府举行第一期学员毕业仪式。10月上旬，第二期学员400名入所受训。

7月，《金会宁考》刊《国立四川大学季刊》第一期。

8月，王兆荣辞四川大学校长职。9月，任鸿隽任四川大学校长。

> 按：本年9月出版的《国立四川大学一览》教员一览表中尚有叶秉诚。详云："文学院史学系教授叶茂林，字秉诚，五十八岁，罗江人。前清举人，历任嘉定公学、广安师范校教员、顺庆联中校长、省立优级师范暨法政专门学校教员、前成大教授。二十一年八月到校，住成都奎星楼街诚庐。"史学系同时任教者有何鲁之、张仲和、洪承中、周谦冲、束世澂、张云波、叶德生，课程则有中国上古史、中国中古史、中国近古史、中国近世史等。其中，中国上古史系第一学年课程，每周四时，内容为秦以前；中国中古史系第二学年课程，每周四时，内容为秦至五代；中国近古史为第三学年课程，每周四时，内容为宋辽金元；中国近世史为第四学年课程，每周三时，内容为明至现在。

暑期，在暑假师资补习科讲授《中国通史教材研究》，后载1938年2月15日《重光》第三期、1941年4月30日《文史教学》创刊号。

12月30日，《国难中所需之县政人员》刊《四川县训》第二卷第八期。

### 民国二十五年丙子（1936） 六十岁

任教四川大学，兼任四川省公务员资格审查委员会委员、审计委员会常务委员。

1月12日，四川省政府县政人员训练所举行第三期学员第二甄审（笔试）。考试分国文、公牍、党义、历史四科，其中史地试题或为叶秉诚所出，题为：（1）郭隗谓王者与师处，霸者与友处，亡国与役处，试申论其义，并历举史事以证明之。（2）昔人谓四川非坐守之地，能举史事以证其然否？17日七时半起举行第三甄审，分七组口试，第三组叶秉诚。午后二时，口试完毕。

> 按：潘广晟《四川县训所纪实》云："第一关大家最怕的是叶秉诚先生，叶先生作过川东道尹，当时是四川大学的教授，他问问题，追根究底，一层推进一层，往往要问到个把钟头。我正遇到他，先问一些普通问题，后来问到义务征工，我临时想到的答案是距离工程近的县出人，远的出钱，不料他大为欣赏，说道：'你的意见很好，为什么不向省府上个条陈呢？'仅问十四分钟，就不再问下去。"据《第三期学员甄审与考询之经过》，潘广晟笔试成绩名列丙等，共145名，口试在正取，共100名。

2月3日，徐子休去世，享年七十五岁。

> 按：《大成会丛录》第五十五期有叶秉诚、卢廷栋挽联，云："处世衰道微之际，表章先儒，独抱遗经，数十年风雨晦明，期以人为留正气；居教育寂寞之乡，捐资建学，分甘济物，二三子日星景仰，奈何天意丧斯文。"

3月29日，在四川省政府县政人员训练所讲"县政上最感困难之田赋问题"。4月1日，刊《四川省政府公报》第四十期；10日，刊《四川县训》第三卷第五期。

> 按：据《四川省政府县政人员训练所第三期学科预定表》载，叶秉诚、尹昌龄、邵明叔、卢子鹤、龙国桢五人，共讲演20次。

7月31日，应四川省政府统计人员训练班邀请，讲演科学与道德之关系。8月1日，《科学与道德之关系》刊《四川省政府公报》第五十二期。

下半年，辞四川大学教职。

按：本年下半年（原书无出版日期，据大事记截至1936年6月24日推定）出版的《国立四川大学一览》史学系课程纲要虽有中国上古史、中国中古史、中国近古史、中国近世史，但授课教员已无叶秉诚。其中，中国上古史、中国中古史由杨筠如担任，中国近古史、中国近世史由张云波担任。又据吴天墀《严毅精神——悼念叶秉诚先生》中说："我在附高中毕业后，考入本大学的史学系肄业。他在我们一年级班上，没有开课。翌年，他因身体衰弱之故，即辞去了本大学的教职，专任四川省政府公审委员会的委员。……叶先生离职一年以后，教授我们中国近古史的一位先生，因事中途离去，一时请不着替手，学校当局敦请他代授此课，他慨然应允了。言明每周三小时，以二周为期。"知叶秉诚在张云波离职后曾到四川大学教授中国近古史两周六小时。又据1935年3月4日《国立四川大学周刊》第三卷第二十二期《本期新聘教授多人》载，史学系新聘教授有张云波、束天民，均已启程来川，知张云波任教四川大学仅一年左右。

5月至9月，王恩洋至成都讲《世间论》《摄大乘论疏》等，叶秉诚"全家复至"，时有聚会，后有组织学会之议，叶秉诚与会。

按：王恩洋《五十自述》云："（民国二十五年）予四十生辰后，不久即接成都佛学社谢子厚先生来函，言成都昭觉寺住持请予移龟山书房于成都，住昭觉寺，便在蓉讲学。……于是五月赴成都讲学。……既至成都，开讲《世间论》。……为时一月也。继讲《摄大乘论疏》。……约计两月讲毕。此次讲经听众极踊跃，暑假期中，说法堂至不能容，多环立阶前侧听。暑假前后，座亦常满。……昌圆老法师、广文师率四川佛学院听讲。叶秉诚师全家复至。黄肃方先生、邵明叔先生，及卢子鹤、庞懿如诸师，皆聚于法会。……讲学之余，时从诸师友切磋论学。……讲经毕，已至八月中旬。……佛学社诸友，暨成都学界，约组学会，以发扬东方文化为宗旨，请洋常住成都主其事。聚会两次，卒以友朋意见未能尽同，洋恐其无成，因谓现时已有佛学社，足资弘法，今尚未能充实至善，即宜就已成机构扩充之，不必更起炉灶也。诸友大体赞同。组织学会之议遂止。计到会者，叶师、卢师、邵先生、黄先生暨谢子厚、牛次封社长、刘肇乾、田伯施居士、彭芸生、李炳英教授也。彭、李两君为予祖饯，特请川大华大教授张真如、魏时珍等作长谈。一夕欢娱，其意至盛。魏君亟称叶秉诚师之老而好学，及对人之诚恳直谅，至为可感。叶先生于洋将返家时，特约至茶楼，与洋以批评。大意谓洋幼时至浑厚，今年与学进，然浑厚之气则不如幼时，如之何可使学愈高明而性愈敦庞耶。……总之此次在成都，不特法缘殊胜，即师友聚会，砥砺切磋，情感慰藉，亦至难得也。诸事既毕，偕宇眉、唯一同返龟山，时九月中旬先父生辰也。"

8月27日，孔子诞辰纪念，成都各界在文庙前街省文庙内举行纪念，叶秉诚讲述孔子学说。

### 民国二十六年丁丑（1937） 六十一岁

任四川省公务员资格审查委员会委员、审计委员会常务委员。

4月14日，因张澜到成都，原成都大学留省同学在少城公园聚丰餐馆设宴款待，叶秉诚、魏时珍、谢升庵三人作陪。

9月，因病辞去公审、审计委员。

按：9月23日，《新新新闻》曾作报道，题作"公审、审计委员叶秉诚辞职，刘主席恳切慰留"。详云："本省公务人员资格审查委员会委员兼审计委员会常务委员叶秉诚氏，以暑期感冒，久病未愈，今当该会改组，特函省府刘主席……并托省府邓秘书长代达一切。刘主席接函后，以叶氏办理公审两年，群情悦服，当此时势艰危，需才孔亟，正赖主持，特复函慰留，请勉抑谦怀，共济时艰。审计常委，亦同兹借重云。"

**11月7日夜**，病逝于成都市奎星楼街私邸，享年六十一岁。

按：叶秉诚去世后，《新新新闻》曾作报道，题作"公审会常委叶秉诚前夜逝世，身后萧条，享年六十一岁"。详云："省门耆宿叶秉诚氏自川政统一后，应省府之聘，任四川省公务员资格审查委员会委员，近年复兼任审计委员会常务委员，平日办事极为负责，暇辄专心研究学术，对历史学尤有心得，以致积劳致疾。近因公审会改组，力辞常委职务，闭门养疴，不意因积劳过度，体亏咯血，医药罔效，竟于昨夜（七日）在本市奎星楼街私邸病故。叶氏道德学问，久为川省人士所推崇，今突一病不起，闻者莫不惋惜云。叶氏略历：叶姓，字茂林，罗江县人。前清举人，曾任川东道尹、下南道尹、前四川省长公署秘书长，成都大学文学院历史系主任，前四川大学教授，四川省公务员资格审查委员会委员、审计委员会常务委员等职。享年六十一岁。"林思进挽云："身在吏儒间，可怜素抱空奢，不睹东愚化西圣；胎观壬癸始，谁道菁华已竭，翻教新进笑陈人。"

**11月14日**，灵柩运回罗江安葬。

按：11月16日，《新新新闻》有题作"叶秉诚灵柩定期运籍安葬"的报道。详云："省府审计会常委叶秉诚灵柩，定于十一月十四日由省运回罗江原籍安葬。顷闻省府已令沿途各县,于罗氏灵榇经过时妥为照护云。"又据卢子鹤《叶公秉诚墓志铭》,安葬日期为十一月九日,即1937年12月11日。

据《新新新闻》报道,叶秉诚著有《中国上古史》《中国中古史》《中国近古史》《中国近三百年史》《高师预科国史讲义》《中国最近世史》《西洋思想方法之概要》《罗素学说之概要》《中国哲学史》等。去世后,其女叶广琼曾延请蒙文通整理史学部分,王介平整理哲学部分。但遗憾的是,自1937年卢沟桥事变以来,国势日艰,长子叶平琦从军,侄子叶庭槐1939年病逝,长女叶广琼1940年病逝,叶秉诚遗著整理工作进展缓慢,仅发表了《复宋芸子论国学学校书》《中国通史教材研究》。其藏书也在1945年售与四川省立图书馆,真乃时也命也。

# 后 记

经过近五年努力，叶秉诚先生的《中国通史讲义》终于要出版了，在此我要感谢在搜集、整理、出版过程中曾经帮助过我的诸位朋友，他们是代为复印、拍照叶秉诚先生《历史通论》《中国上古史》《中国中古史》《中国近古史》的宋桂梅女士、孙齐兄；代为录入的颜玲女士；代为校阅全稿的余洋兄；代为校阅、通看的王雷女士、王楠女士、张雅昕女士及李竞恒、徐雨田、且志宇、刘堃、张利健诸兄。同时，我也要感谢四川人民出版社的封龙兄，正是他的慧眼，才使得叶秉诚先生的《中国通史讲义》能够顺利出版。2023年4月，经王川教授推荐，本书列入四川师范大学巴蜀文化研究中心2023年度重大项目，予以资助，在此亦一并感谢。

2023年年底，我前往重庆，拜访叶秉诚先生的后人，受到叶家芬老师的盛情款待，并得见其兄叶家森老师的《老马识途 志在传承》一书，内有《爷爷与诚庐》一文，同时得见叶秉诚先生合影、家人照片及诚庐旧影。遗憾的是，八十年代初先生子女应四川省文史馆、政协等邀请撰写的《回忆父亲》一文，因未曾发表及多次搬家，现在已无法找到了。

现在，叶秉诚先生的《中国通史讲义》终于要出版了，"晚近蜀人以史学鸣者"，终于有经过整理正式出版的著作了。晚清民国时期，我国出版了数十部中国通史类著作，而四川人无与，现在，终于有了叶秉诚先生《中国通史讲义》的一席之地——它代表了巴蜀学人在传统史学向现代史学过渡的历程中的努力与成就。叶秉诚先生是当之无愧的巴蜀现代史学的开山鼻祖，中国近代学术史及巴蜀学术史上应该有他的一席之地。是为记！

壹卷
YE BOOK

洞 见 人 和 时 代

官方微博：@壹卷YeBook
官方豆瓣：壹卷YeBook
微信公众号：壹卷YeBook
媒体联系：yebook2019@163.com

壹卷工作室
微信公众号